KB071526

상담심리학

Charles J. Gelso · Elizabeth Nutt Williams · Bruce R. Fretz 공저
이동귀 · 박현주 · 천성문 · 이희경 · 김동민 · 서영석 · 이성직 · 장석환 · 함경애 공역

Counseling Psychology 3rd Edition

학지사

Counseling Psychology, Third Edition

by Charles J. Gelso, Elizabeth Nutt Williams, and Bruce R. Fretz

Copyright © 2014 by the American Psychological Association.

This Work was originally published in English under the title of:
Counseling Psychology, Third Edition as a publication of the American Psychological
Association in the United States of America. Copyright © 2014 by the American
Psychological Association (APA). The Work has been translated and republished in
Korean language by permission of the APA. This translation cannot be republished or
reproduced by any third party in any form without express written permission of the APA.
No part of this publication may be reproduced or distributed in any form or by
any means, or stored in any database or retrieval system without prior permission of the APA.

Korean Translation Copyright © 2020 by Hakjisa Publisher, Inc.

본 저작물의 한국어판 저작권은 American Psychological Association과의
독점계약으로 (주)학지사가 소유합니다.
저작권법에 의해 한국 내에서 보호를 받는 저작물이므로
무단 전재와 무단 복제를 금합니다.

역자 서문

　상담심리학 및 상담의 여러 개별 영역(상담 및 심리치료 이론, 상담연구, 상담과정, 상담실무, 심리검사, 집단상담 등)에 대한 책은 그동안 많이 있었지만, 독립된 학문 분야로서 '상담심리학'에 대한 고급 개론서 한 권을 꼽는다면 바로 이 책이라고 말하고 싶다. 특히 고유한 학문 분야로서 상담심리학의 '정체성'을 정립했다는 점에서, 상담/심리치료 이론과 실무의 통합 그리고 상담 연구와 실무의 통합이 왜 중요한지를 밝혀 주었다는 점에서 이 책은 더욱 소중하다. 대표 역자들(이동귀, 박현주)은 미국에서 박사과정 수학 중에 이 책의 2판을 접했고, 특히 Bruce Fretz 교수가 집필한 장(障)인 '상담심리학자가 되는 길: 대학원과 그 이후의 전문적 발달(On becoming a counseling psychologist: Professional development in graduate school and beyond)'에 매료된 바 있다. 이 책이 상담심리학을 접하는 학부생이나 전공하는 대학원생 모두에게 훌륭한 나침반이 될 것이라고 믿는다.

　이 책의 원저인 『Counseling Psychology』는 1992년 미국 메릴랜드 대학교 심리학과의 Charles Gelso 교수와 Bruce Fretz 교수의 저술로 초판이 발간되었고, 2001년에 2판이 발간되었다. Elizabeth Nutt Williams 교수가 저자로 새로 합류하여 3판이 발간되었고, 안타깝게도 2012년에 원저 저자인 Bruce Fretz 교수가 세상을 떠났다.

　이 책의 번역 작업은 이동귀 교수가 저자 서문, 제1, 9장을, 박현주 교수가 제8, 10장을, 천성문 교수가 제3, 11장을, 이희경 교수가 제7, 12장을, 김동민 교수가 제5, 13장을, 서영석 교수가 제4, 14장을, 이성직 교수가 제6, 15장을, 장석환 교수가 제2, 17장을, 함경애 교수가 제16장을 맡아서 진행했다.

　물론 이 책이 미국의 상담심리학 분야에 기초해서 저술되었기 때문에, 특히 역사와 윤리, 상담심리학자의 훈련과 면허 등과 같은 부분에서는 한국의 상황과 차이가 있을 수 있다. 독자들은 이 점에 유의해서 읽어 주기 바란다. 상담을 포함한 대부분의 학문 분야가 미국과 서구권의 영향을 받고 있다는 사실을 부인하기 어렵지만, 유사점과 차이점, 강점과 약점에 대한 비교문화적 이해를 통해서 우리나라의 실정과 문화에 맞는 상담심리학자의 훈련과 제도의 발전을 도모해야 할 것이다.

상담심리학 서적 출판에 늘 아낌없이 지원해 주시는 학지사 김진환 사장님과 꼼꼼하게 편집 작업을 해 주신 황미나 선생님을 비롯한 편집부 관계자분들께 감사드린다. 상담을 공부하고 전문적인 상담자가 되고자 하는 많은 사람이 상담심리학 및 상담에 대한 전반적인 흐름을 이해하고 상담심리학의 과거, 현재, 미래를 조망하는 데 있어서 이 책이 도움이 되기를 기원한다.

2020년 3월
역자 일동

저자 서문

『상담심리학(Counseling Psychology)』의 초판을 출간한 1992년 이전에, 1판과 2판의 저자인 Charles Gelso와 Bruce Fretz는 상담 분야에 대한 입문 교재가 없다는 점에 우려를 표했다. 우리가 연구하고, 상담하고, 가르치고, 무엇보다 아끼는 상담심리학을 제외한 다른 모든 심리학 분야에는 학생들에게 각 세부 전공의 과학과 실무를 소개하는 전문서가 존재하는 것 같았기 때문이다.

그 당시에는 그리고 요즘도 여전히 그러하듯 상담 활동에 관한 책은 무수히 많았고, 이러한 책들은 일반적으로 상담심리학 입문 수업 교재로 사용되었다. 그 결과, 어떤 학생들 그리고 심지어 일부 전문가들조차 상담이라는 활동과 상담심리학이라는 전공을 혼동했고, 이 둘이 같은 것을 의미하는 것으로 오해했다. 상담심리학 분야만을 전적으로 다룬 교재는 없었다.

따라서 이 책은 구체적으로는 상담심리학, 보다 일반적으로는 심리학 분야에 존재하는 빈자리를 채웠다. 이는 저자들의 개인적인 필요를 충족시키기도 했는데, 우리가 학부 고학년 과정과 대학원 입문 과정을 가르치고 있었기 때문이다. 우리는 지난 수년간 이 분야에서 우리의 책『상담심리학』이 받아 온 관심을 생각할 때 힘이 나고, 이 책이 기여한 부분에 대해 기쁘게 생각한다.

새 판에 추가된 내용

이전 판의 발행 후 많은 변화가 있었다고 말하는 것은 아마 절제된 표현일 것이다. 그동안 상담심리학은 과학이자 전문성을 갖춘 분야로서 장족의 발전을 이루어 왔고, 심리학이라는 학문 내에서 이 세부 전공이 차지하는 입지는 그 어느 때보다 강력하다.

이러한 상담심리학의 강화와 더불어 이 책의 2판이 출판된 이후에 사회적, 문화적, 과학적, 전문적인 변화가 더욱 두드러지게 일어났다.

이번 판은 크게 재편되었다. 우리는 상담심리학 분야의 과학적 기반을 강조하는 장을 새롭게 만들었다. 이 분야의 전통적인 중점인 건강, 안녕감, 최적의 기능은 분야의 토대가 되어 온 직업심리학과 함께 강조되었다. 우리는 이 분야에서 특히 강조하는 다양성과 사회정의에 대해 설명하고, 각기 다른 사회적 정체성(social identities)에 걸친 (개념적) 정의와 논쟁거리도 포함했다. 또한 이 분야에서 관심이 점증하고 있는 상담과 심리치료 과정 및 성과 연구도 강조되었다. 이 부분은 이전 판에서도 분명히 다루었으나, 이번의 새로운 재편으로 상담심리학의 기초 영역에서의 과학적 기여 부분을 강조할 수 있었다.

우리는 치료 관계, 평가, 진로상담에 관련된 세부 장들을 여전히 포함하면서도, 이 분야에서의 주요 이론적 접근에 대해 설명하는 장으로 여성주의 다문화 상담을 추가했다. 앞서 자신만의 고유한 장을 차지했던 몇몇 중요한 주제는 다른 장들과 통합되었다 (예: '개인을 넘어서는' 심리치료와 관련된 주제들의 결합, 직업심리학에서의 자문 제공 부분 포함). 유감스럽게도 지면의 제약으로 인해 그 외의 다른 중요한 주제(예: 상담 수퍼비전 및 예방)와 관련된 장은 포함하지 못했다. 우리는 이번 판의 새로운 편제가 역사적으로나 현재 이 분야에서 중요한 주제를 모두 반영하고, 상담심리학을 공부하는 학생들이나 상담심리학의 제 측면에 대한 자신들의 광범위한 관점을 최신화하기를 원하는 전문가들에게 유용하기를 바란다.

이번 교재의 특징

이 책은 상담심리학에서의 전문적인 실무와 쟁점, 개입, 과학과 연구, 기초 개념과 같은 상담심리학에 대한 전반적인 개요를 제공하는, 유일하지 않다면 몇 안 되는 드문 교재이다. 이 책이 이전 판과 마찬가지로 숙련된 상담심리학자들에게 유용하면 (물론) 좋겠지만, 우리가 이번 판에서 주로 초점을 둔 대상은 상담심리학이라는 학문을 처음 시작하는 대학원 과정이나 학부의 고급 과정을 밟고 있는 학생들이다.

이번 3판은 네 부분으로 나뉜다. 제1부에서 우리는 독자들에게 상담심리학 분야[상담심리학의 핵심 가치, (개념) 정의적인 특성, 심리학 내외의 다른 세부 전공들과의 관련성, 역사적 배경과 발달, 윤리적 기반]를 소개한다.

　　제2부에서 우리는 상담심리학 분야의 연구 패러다임에 관한 개관에서부터 보다 구체적이고 역사적으로 중요한 연구 영역(직업심리학, 건강, 안녕감, 긍정심리학, 다양성 및 사회정의, 상담과 심리치료 과정 및 성과 연구)에 걸친 과학적 기초를 제시한다.

　　제3부에서는 상담심리학의 실무에 대해 초점을 맞추었다. 우리는 개인상담 및 심리치료의 근본적인 쟁점을 소개하고, 치료적 관계, 이 분야에 해당되는 네 개의 주요 이론적 관점인 정신분석, 인지행동, 인본주의, 여성주의를 포함한 다문화주의를 다루었다. 또한 제3부에는 평가, 진로상담, 그리고 커플, 가족 및 집단과의 치료 작업에 관한 주제를 다루는 장들이 있다.

　　제4부는 이 책의 마지막 장을 담고 있으며, 상담심리학자가 되기 위한 훈련과 관련된 다양한 측면을 설명한다. 즉, 대학원 과정을 선택하는 것, 학위 논문과 대학원 교육을 무사히 마치는 것, 전공 역량을 키우는 것 등을 전반적으로 포함한다. 이 책의 근본적인 목적이 종합 교재가 되는 것임에도 불구하고, 상담심리의 일부는 이 분야의 다른 과목에도 적절히 적용될 수 있다. 예를 들어, 제1부와 제2부에 포함된 장들은 연구방법론 수업이나 전문적인 쟁점에 대한 강좌에서 유용하게 사용될 수도 있다. 마찬가지로, 제3부에 소개된 장들은 상담이나 심리치료의 이론 및 기술에 관한 주제를 다루는 강의 또는 학생들에게 상담 과정을 소개하는 강좌에 접목시킬 수 있다.

　　우리는 이 3판에서 성장과 상실이라는 두 가지 측면의 새로운 국면에 접어들었다. Gelso와 Fretz는 Libby Nutt Williams에게 제3저자로 집필에 동참할 것을 요청했다. 그녀는 뜻밖의 우연에 흥미를 느끼는 사람으로, 이 책의 초판이 출간된 해인 1992년에 자신이 대학원 과정을 시작했다는 점과, 바로 이 교재를 통해 자신이 전문가가 될 수 있었다는 점을 의미 있게 생각했다. 저자로서 함께한 그녀는 새로운 관점을 제공했고, 우리 셋은 함께 작업하는 데 즐거운 시간을 보냈다. 하지만 개정판 작업을 착수한 지 얼마 되지 않아 소중한 동료인 Bruce Fretz가 세상을 떠나게 되었다. 그럼에도 Bruce가 3판의 많은 부분에 지울 수 없는 흔적을 남긴 결과, 그의 존재는 여전히 이 과정의 전반에 걸쳐 함께했다.

차례

제1부
상담심리학의 범위와 목적

제 4 부

상담심리학에서의 진로

제1부

상담심리학의 범위와 목적

제1장
상담심리학에 대한 소개

　이 책은 상담심리학에 대한 책이다. 상담심리학은 광범위한 과학과 직종을 포함하는 심리학의 주요 전문 분야 중 하나이다. 이 책에서 우리는 상담심리학이란 무엇인가, 즉 상담심리의 주제, 역사 및 주요 성장 영역, 과학과 실무에 대한 초점, 심리학 분야에 끼친 공헌 등을 탐색한다. 또한 우리는 윤리 및 문화적 역량과 같이 매우 중요한 영역을 포함하는 상담심리학의 근간을 살펴본다. 우리는 직업심리학 영역 및 사회정의 문제에서와 같이, 상담심리학자들이 최첨단의 연구를 수행해 온 독자적인 영역을 조명할 뿐 아니라 상담심리학자들이 심리치료 및 상담이라는 보다 전반적인 영역에 어떻게 기여해 왔는지도 함께 고찰한다. 상담심리학 분야의 직종은 광범위하고 다양하다. 우리는 그 범위가 얼마나 넓은지 살펴보면서 동시에 심리학의 다른 세부 전공과 구별되는 상담심리학만의 본질적인 요소를 강조하고자 한다.

　개인적으로 덧붙이자면, 이 책은 상담심리 분야에 대해 깊고 변함없는 애정을 가진 상담심리학자들에 의해 저술되었다. 독자는 상담심리학이라는 전공 및 관련 쟁점과 실

http://dx.doi.org/10.1037/14378-001

Counseling Psychology, Third Edition, by C. J. Gelso, E. N. Williams, and B. R. Fretz

무에 대해 완전히 공정한 설명을 듣게 되지는 않을 것이다. 그것은 우리 저자들이 상담 심리학 분야에 깊이 몸담고 있고, 이 분야를 소중하게 여기며, 이 분야의 성장과 발전을 위해 열의를 다하고 있다는 단순한 이유 때문이다. 우리는 상담심리학이 상담 실무자와 대중 모두에게 특별한 무언가를 제공해 줄 수 있다고 믿고 있고, 독자는 책을 읽어 가면서 이러한 우리의 견해를 확실히 감지하게 될 것이다. 그럼에도 불구하고, 우리는 이 세부 전공의 실제를 가능한 한 명확하고, 공정하고, 객관적으로 제시하기 위해 최선을 다했다.

　세부 전공으로서의 상담심리학과 상담심리학의 발전을 개괄적으로 소개하는 데는 정의, 다양성, 차별성이라는 세 가지 개념이 매우 적합하다. 처음부터 상담심리학은 정체성을 명료화하고, 심리학 내외의 다른 전문 분야와 차별화되며, 다양성이라는 가치를 발전시키고 유지하며 존중해야 할 필요성을 강조해 왔다.

상담심리학을 정의하는 특징

　상담심리학 직종에 속하는 다양하고 때로는 이질적인 요소와 활동들을 하나로 묶고, 상담심리학을 심리학 내외의 다른 전공이나 관련 분야로부터 차별화하는 데 기여하는 역할과 주제는 항상 존재해 왔다.

주요 역할

　상담심리학의 역사를 통틀어, 중심적인 세 가지 역할은 치료적 역할, 예방적 역할, 발달적 역할이다. [아마도 이 세 역할에 대해 최초로 체계적인 설명을 제공한 것은 Jordaan, Myers, Layton, Morgan(1968)의 연구였을 것이다.] 시대에 따라 세 역할의 개별적인 중요도는 달라졌지만, 이 세 역할 모두 상담심리학을 정의하는 데 중요하다.

　치료적(remedial) 역할은 개인이나 집단과의 작업을 수반하고, 그들이 겪는 이런저런 종류의 문제를 해결하는 데 도움을 주는 것이다. Kagan 등(1988)이 언급했듯이, 치료적 개입은 개인, 커플(예: 부부 상담), 또는 집단 수준에서 진행되는 개인적-사회적 상담 혹은 심리치료를 포함할 수 있다. 치료적 수준에서의 작업의 또 다른 예로, 미해결된 삶의 과제에 대해 도움이 필요한 학생들에게 제공되는 위기 개입 및 다양한 치료 서비스를 들 수 있다. 종종 상담심리학자가 되는 것을 고민하는 학생들은 이러한 치료적 역할을 가장 먼저 떠올리고, 타인을 돕고 싶은 욕구로서 이를 설명한다. 하지만 많은 측면에서 다른 두 역할이 상담심리학에 있어 더 기본적인 토대라 할 수 있으며, 그 두 역할이 지극히 잘 수행된다면 치료에 대한 필요성이 감소되는 결과를 낳을 것이다.

예방적(preventive) 역할이란 상담심리학자가 "미래에 일어날지 모르는 어려움을 예측하고, 피하고, 가능하다면 미연에 방지"(Jordaan et al., 1968, p. 1)하고자 하는 데 있다. 예방적 개입은 문제나 사건의 발단을 사전에 방지하는 것을 목적으로 하는 심리 교육 프로그램에 초점을 둘 수 있다. 예컨대, 학생, 기숙사 상담자, 대학 직원들에게 영향을 주기 위해 대학상담센터에서 설계한 강좌나 워크숍을 들 수 있다(Kagan et al., 1988). 또한 이러한 프로그램들은 개인을 위한 예방 전략(이를테면, 마약 중독 재발 방지)을 수반할 수도 있다. 기업이나 산업 현장에서의 예방적 역할로는 팀 빌딩(team building), 감독자−직원 관계, 경영 평가와 개발, 부서 간의 의사소통 향상과 같은 사안들에 대해 기업과 함께 하는 협의를 예로 들 수 있다. 예방 프로그램이 상황에 따라 다를 수 있겠지만, 가장 핵심적인 특징은 문제 발생을 최소화하고(Fretz, 1985) 문제 발생 가능성을 최소화할 수 있도록 내담자가 개인 환경과 대인관계 환경을 변화시키도록 도와주는 것이다. 상담심리학자들은 예방의 최선두에 위치해 있다(Hage & Romano, 2010). 예를 들어, John Romano, Sally Hage 그리고 몇몇 학자는 미국심리학회(American Psychological Association: APA)를 위하여 심리학자를 위한 예방 지침서를 개발하였다(APA, 2013).

상담심리학자의 세 번째 일반적인 역할은 교육적−발달적(educative-developmental) 역할이라 일컬어지는 것으로, "개인이 자신의 잠재력을 발견하고 개발하는 데 도움을 주는 일련의 경험을 계획하고 수행하고 그 경험으로부터 최대 이익을 이끌어 낼 수 있도록 돕는 것"(Jordan et al., 1968, p. 1)을 목적으로 한다. 교육적−발달적 역할의 예로는 다양한 기술 훈련 개입, 관계 향상을 위한 커플 집단치료, 성장 집단, 그 외의 다양한 워크숍과 세미나가 포함된다. 또 다른 예로, (비효율적인 학업 행동을 개선하기보다) 성적이 우수한 학생들이 더욱더 능률적이 되도록 하는 대학생을 위한 학습 기술 (향상) 수업을 들 수 있을 것이다. 발달적 역할에서 그 초점은 '향상'에 있다. 우리 상담심리학자들은 일상에서 필연적으로 경험하는 문제를 수월하게 처리하고, 효율성이나 만족감을 극대화하는 데 도움을 주는 기술을 가르치거나 태도를 향상시킨다. 발달적 역할과 예방적 역할의 차이는 종종 미세해서, 그 차이가 종류의 문제이기보다는 정도의 문제가 된다.

발달적 역할의 핵심적 특성은 상담심리학자들이 이 역할을 수행할 때 예방적 차원을 뛰어넘어 향상에 관여한다는 것이다.

지금까지 우리는 상담심리학자의 세 가지 일반적인 역할에 대해 살펴보면서, 마치 개별 활동이 오직 하나의 역할만을 수반하는 것처럼 이야기해 왔다. 따라서 독자는, 이를테면 개인 치료 및 상담은 치료적이고, 기숙사 상담자와의 상담은 예방적이며, 커플 관계 향상 워크숍은 발달적이라는 식으로 생각할지도 모르겠다. 그러나 이러한 구분은 결코 정확하지 않다. 대부분, 아니 어쩌면 모든 활동에는 이 세 역할이 어떤 식으로든 결합되어 있다. 차이는 다만 세 역할 중 어떤 역할을 강조하는가에 달려 있다. 예컨대, 상담심리학자가 업무 수행을 저해하는 불안으로 고통받는 내담자와 개인상담 작업을 할 때, 주된 역할은 치료적 역할일 수 있겠지만, 예방적 역할과 발달적 역할도 역시 공존할 것이다. 상담자는 보다 중증으로 발전될 수 있는(debilitating) 장애를 예방하고 내담자의 잠재력을 실현하고자 노력한다. 상담심리학자의 실로 차별화된 특성 중 하나는 이 세 역할에 대해 지속적인 주의를 기울인다는 것이다.

핵심 가치

다섯 개의 통합적 주제와 더불어 앞서 논의된 세 가지 주요 역할은 상담심리학이라는 전공 분야를 정의하고자 했던 Gelso와 Fretz(1992)에 의해 최초로 제안되었다. 이 다섯 개의 통합적 주제로 강조된 것은 (가) 자원과 강점, (나) 개인-환경 간의 상호작용, (다) 교육 및 진로 개발, (라) 단기적 상호작용, (마) 손상되지 않은(intact) 성격이다. 1990년대 초부터 많은 저자는 상담심리학의 정의를 보다 면밀히 검토하고, 명료화하고, 개선하기 위해 노력해 왔다(Howard, 1992; Scheel et al., 2011; Whalen et al., 2004). 상담심리학자의 정체성을 더욱 명백히 하려는 지속적인 시도는, 어느 정도는 심리학 내 세부 전공으로서의 역할을 명료화하라는 외부의 압력에 의해 발생했다. 이와 같은 지속적인 자기 탐색의 또 다른 이유는 이 분야가 여전히 성장하고 발전하는 과정에 있다는 것이다. 아울러 이와 같은 탐색 자체가 심리학자이자 상담자로서의 정체성에 부합하기도 한다.

따라서 지난 20년간 다른 저자들은 Gelso와 Fretz(1992, 2001)가 상담심리학에 중요하다고 제안한 다섯 개의 통합적 주제에 또 다른 주제, 가치, 특성을 추가해 왔다. 예를 들어, Howard(1992)는 문화적 맥락을 고려하는(ethnographic) 관점에서 상담심리학자들이 중요하게 여기는 것이 무엇인지 탐색했다(예: "다양성은 좋은 것이다.", p. 425). 2004년에 Whalen과 그의 동료들은 Gelso와 Fretz가 제안한 주제와 유사하지만 수정된 버전을 제안했는데, 이는 여성주의를 포함한 다문화적 관점에 입각한 상담 실무를 바탕으로 내담자의 강점, 위생학(또는 건강 및 최적의 기능), 전 생애적 발달, 직업 개발, 환경 속 인간, 예방/교육에 역점을 두는 것이었다. 2008년에 Goodyear와 동료들은 상담심리학자를 대상으로 설문조사를 실시하고 상담심리 직종이 이상적 자아와 실제 자아 간 불일치를 경험하고 있을지도 모른다고 밝혔다. 그들은 "이 세부 전공의 '이상적 자아'는 진로상담, 예방, 내담자의 강점 향상을 중심에 두는 것"이지만(Goodyear et al., 2008, p. 242), 그들의 자료에 의하면, 직업 상담에서의 상담심리학자의 관여는 감소하고 특정 문제에 보다 집중된 활동에 관여하거나 이를 특화하려는 경향성이 증가한다고 언급했다.

2009년에 Packard는 상담심리학의 핵심 가치에 대한 기존의 논의를 고찰하고 이를 토대로 아홉 개의 핵심 가치 항목을 제안했다. 또한 그는 2005년 1월 상담심리학회(Society for Counseling Psychology)의 집행 위원회가 2006년에서 2010년 사이에 전략적 초점으로 승인한 세 개의 '지속적 목표'에 대한 논의를 포함했다. 이 목표들은 (가) 다양성, (나) 강점 기반, 발달적, 환경맥락적 접근, (다) 과학과 실무의 통합에 중점을 두었다.

최근에 Scheel과 그의 동료들(2011)은 "상담심리학이 심리학의 다른 하위 학문 분야와 구별되는 가장 근본적인 것은 상담이라는 용어에 있다"(p. 674)라고 지적했다. 그들은 『Journal of Counseling Psychology』와 『The Counseling Psychologist』와 같은 학술지에 상담 관련 논문이 눈에 띄게 줄어들고, 대신에 사회정의 및 문화적 역량에 대한 관심이 더욱 증가하고 있음을 발견했다. 또한 그들은 "상담의 주요 학술지에 상담 연구의 게재가 감소하는 동향은 우리의 정체성에 결코 좋은 소식이 될 수 없다."라고 주장했다 (Scheel et al., 2011, p. 687). 반면에, 다른 사람들은 상담심리학 분야에서 다문화주의와 사회정의를 구현하기 위한 노력에 대한 관심이 높아지는 현상을 긍정적으로 평가한다 (Pope-Davis, Coleman, Liu, & Toporek, 2003; Toporek, Gerstein, Fouad, Roysircar, & Israel, 2006).

이러한 다양한 관점을 모두 종합하면, 상담심리학의 대단히 중요하고 지속적인 다섯 가지 핵심 가치가 드러난다.

1. 개인의 강점 및 최적의 기능에 대한 강조

2. 전 생애적 발달과 직업적 성장에 역점을 둔 전인적 인간(whole person)에 대한 초점

3. 환경적 맥락과 문화의 중요성에 대한 지속적인 인식 유지 및 사회정의에 대한 옹
   호와 헌신

4. 단기적, 교육적, 예방적 상담 개입에 대한 집중

5. 과학자-실무자 모델에 대한 전념

강점과 최적의 기능

상담심리학을 정의하는 첫 번째 가치는 장애의 정도를 막론하고 사람들의 자산과 강점 그리고 긍정적인 정신건강에 초점을 두는 것이다. 우리가 이 가치를 첫 번째로 제시한 이유는 이것이 바로 상담심리학자의 정체성에 있어 기본이 되는 것이고, 역사적으로나 대중의 시선에서나 정신건강을 바라보는 관점과 종종 상반되기 때문이다. 다행스럽게도 정신질환이 있는 사람들을 악귀가 들렸거나 가망 없는 불치로 여기던 시대는 이제 한 세기 이상이 지났다. 오늘날 정신건강 운동(mental health movement)이라고 알려진 것이 19세기 중반에 제대로 정립되었다. 1848년에 Dorothea Dix(1802~1887)의 선도로, 뉴저지주는 정신질환자들을 위한 병원(정신병자 수용소가 아니라)을 설립했다. 역사의 이 시점에서, 정신건강 운동은 정신질환자들을 위한 보다 인도주의적인 보호 간호를 제공하는 데 힘썼다. 치료에 대한 기대는 여전히 낮았다. 그로부터 수십 년 후 Clifford Beers(1876~1943)의 작업을 통해, 정신적인 문제를 다루는 데 있어서 (개인의) 자산과 강점이 지닌 역할에 관해 새로운 수준의 이해에 도달하게 되었다. 그의 저서인 『A Mind That Found Itself』(Beers, 1908)는 대중의 인식에 있어 결정적인 전환점을 나타낸다. 즉, 대중은 정신적인 문제를 가진 사람들이 회복될 수 있고, 아주 깊은 우울증이나 그 외의 문제로 고통받고 있을 때조차 그들에게는 스스로의 회복을 돕는 데 사용할 수 있는 강점이 있다는 것을 이해하게 되었다.

정신건강 이념에 중요한 진전을 불러일으킨 또 다른 발걸음은 20세기 초 펜실베이니아 대학교의 Lightner Witmer가 심리 클리닉을 설립한 것이다. 그의 클리닉에서는 정신이상 또는 정신적인 장애가 있는 사람들이 아니라 학습장애나 문제행동을 보이는 아동과의 작업에 전념했다. 이러한 클리닉은 정신질환자라고 확인된 사람들이 아닌 다른 사람들도 치료적 개입을 통해 도움을 받을 수 있다는 것을 대중에게 이해시키는 데 도움이 되었다. 어떤 의미에서 Witmer의 클리닉은 오늘날 미국 전역에 퍼져 있는 수천

개의 정신건강 클리닉과 상담센터의 선구자이다. 비록 이 클리닉의 활동이 주로 치료적 작업에 머물렀지만, 어린이들이 더욱 효과적으로 기능하도록 도움을 줄 수 있다는 개념은, 상담심리학이 개인이 반드시 극복해야만 할 결함이 아니라 그 개인의 잠재적 발달에 더 많은 중점을 두도록 이끌었다.

상담심리학자들은 정신건강에 문제가 있는 사람들이 자신의 어려움으로부터 벗어날 수 있는 가능성을 가지고 있다는 관점을 오랫동안 견지해 왔다. 즉, 그들은 불치의 환자가 아니라는 것이다. Super는 그의 대표적인 논문(1955)에서 이러한 (개인의) 자산에 대한 강조는 정신병리학(또는 질병)이 아니라 위생학(또는 건강)에 초점을 맞추는 것이라고 하였다. Super는 상담심리학자가 심각한 정신장애를 가지고 있는 사람과 작업할 때조차 그의 강점을 살피고 그 강점을 토대로 작업하려는 경향이 있다고 하였다. 이러한 경향은 아주 심각한 정신장애를 가지고 있는 사람들조차 그들만의 강점, 자산, 대처 능력이 있고, 이들을 토대로 작업하는 것이 매우 가치 있다는 전제가 그 바탕에 깔려 있는 것이다.

긍정적인 면에 대한 이러한 강조는 다음과 같은 신념을 바탕으로 희망과 낙관주의를 특징으로 하는 견해와 결속되어 있다.

> 개인은 변할 수 있고, 만족스러운 삶을 영위할 수 있으며, 자기주도적일 수 있고, 자신의 자원을 활용하는 법을 찾아낼 수 있다. 어쩌면 이러한 자원들이 정상적인 생활을 어렵게 하는 태도와 정서, 더딘 성장, 문화적 결핍, 기회의 결여, 질병, 부상, 또는 노령에 의해 손상되었을지라도 말이다(Jordaan et al., 1968, p. 2).

이처럼 긍정적인 면 그리고 자산과 강점을 강조하는 철학이 어떻게 실무적으로 구현될 수 있을까? 어느 정도는 상담심리학자 자신이 믿고 내담자들에게 전달하는 전제와 태도로 나타난다. 아울러 강점에 집중하는 것은 다양한 방식으로 구체화될 수 있다. 매우 불안정한 내담자와 진로상담을 할 때, 상담심리학자들은 내담자에게 이미 상담을 잘 활용할 수 있고 보다 발전될 수 있는 대처 능력이 있다는 믿음을 보여 줄 것이다. 그리고 입원 환자 병동에서 일하면서 정신적으로 불안정한 환자들을 위한 공감 훈련 프로그램을 개발할 때, 상담심리학자들은 환자들의 자원을 기반으로 프로그램을 개발할 것이다. 또한 상담심리학자들이 성격의 건강한 측면에 대한 실증적인 연구를 할 때, 그들은 자신들이 강점 집중이라는 핵심 가치에 관여하고 있다는 것을 보여 줄 것이다. 독

자들은 이러한 강점에 대한 강조가 다른 사례에서는 어떻게 나타날 수 있을지 생각해
보면 좋을 것이다. 지금으로서는 상담심리학자가 교육적−발달적 역할을 할 때마다 그
가 강점 및 자산에 초점을 두고 있는 것이라고 말해 두는 것으로 충분하다.

　실제로 최적의 기능에 중점을 두는 것은 건강과 긍정적 대처 기술에 대한 강조라는
중요한 가치를 상담심리학자들에게 제공한다. 더 많은 수의 상담심리학자가 갈수록 더
욱 심각한 정신장애가 있는 내담자들과 작업하는 것으로 보일지라도(Corazzini, 1997;
Goodyear et al., 2008), 상담심리학자들이 (임상심리학이나 정신의학과와 같은 다른 분야의
실무자들에 비해) 대체로 더 정상적인 기능 범위에 가까운 내담자들과 작업한다는 것 역
시 사실이다(Hayes, 1997). 상담심리학자들이 마주하는 내담자 범위가 대단히 다양하
다는 사실에도 불구하고, 상담 실무자는 보통 "삶의 문제"를 호소하는 내담자들을 다룬
다(Szasz, 1960, p. 113). 이를테면, 상담심리학자들은 흔히 내담자들의 대인관계 개선으
로부터 진로 계획 세우기, 삶의 역경을 직면할 때 회복탄력성을 촉진하기에 이르는 폭
넓은 문제에 관해 내담자를 돕는다. 이러한 상담 접근의 기저를 이루는 것은 긍정의 힘
(Snyder, Lopez, & Pedrotti, 2011), 즉 내담자가 자신의 강점을 발견하고 개발하도록 돕는
것이 치유와 변화를 가져온다는 데 대한 확고한 신념이다. 따라서 임상심리학과 같은
심리학의 다른 세부 전공의 전문가들에 비해, 상담심리학자들은 '질병'을 진단하고 치
료하는 데 관심을 두기보다는 내담자가 자신의 자산을 활용하여 스스로의 문제를 해결
하도록 돕는 데 더 많은 관심을 기울인다.

　상담심리학자들이 제공하는 개입의 범위를 고려하고 상담심리학을 다른 분야(예: 임
상심리학, 정신의학과)와 대비해 보면, 상담심리학이 질환 및 질병에 초점을 두기보다는
심리적 건강과 안녕에 관련된 사안에 상대적으로 더 많은 에너지를 쏟는다는 것을 알
수 있을 것이다(예: Lightsey, 1996). 광범위한 내담자를 상대로 다양한 개입을 제공한다
는 점에서, 앞서 논의된 예방적 역할과 발달적 역할은 상담심리학자의 과업에 매우 자
연스럽게 들어맞는다.

전 생애적 발달과 직업적 성장

　상담심리학의 두 번째 핵심 가치는 전인적 인간에 주안점을 두는 것으로, 전 생애적 발
달과 직업적 성장에 특히 역점을 둔다. 상담심리학계와 실제 심리학계 전반은 1960년대
와 그 후에 이르러서야 Piaget(1952), Erikson(1959), Vygotsky(1978), Maccoby(1980),
Kohlberg(1984)의 발달 단계 모델이 지닌 뚜렷한 중요성과 연관성을 비로소 온전히 인식

하기 시작했다. 지난 50년간 상담심리학자들은 정상적인 발달적 위기 및 전환, 나아가 성장의 기회에 대한 이해를 높이기 위해 발달 모델에 더욱 주목해 왔다(Juntunen, 2002).

발달 모델의 이론적 개념을 상담심리학자의 작업으로 옮기는 것은, 아동기(Werner & Smith, 1982)에서 노년기(Rowe & Kahn, 1998)까지 생애 전반에 걸친 개인의 요구에 남다른 초점을 두도록 해 준다. 또한 이러한 초점은 전환(기)에 대한 적응(Gibson & Brown, 1992) 및 전환(Brammer & Abrego, 1981)과 스트레스(Matheny, Aycock, Pugh, Curlette, & Cannella, 1986)에 대처하는 개입 전략과 같이, 생애 단계에서의 변화에 역점을 두도록 해 준다. 이러한 변화나 전환을 맞을 때마다 상담이나 심리치료가 항상 필요한 것은 아니다. 그러나 변화와 전환은 전인적 인간이 겪게 되는 경험의 일부이고, 따라서 상담심리학자들이 공부하고, 연구하고, 적용하는 대상이 된다.

마찬가지로, 진로 개발 분야에서 상담심리학자들은 직업 선택과 개발을 공부하고, 진로 개발을 향상하고 직업적 문제를 해결하는 데 필요한 서비스를 제공한다. '직업 지도 운동(vocational guidance movement)'의 초창기인 20세기 중반 이후, 상담심리학의 중심이 되었던 진로 상담 및 개발은 상담심리학에서 매우 중요하게 여기는 전인적 관점에 초점을 두도록 해 준다(Fitzgerald & Osipow, 1986; Richardson, 2012; Robitschek & Woodson, 2006). 오늘날과 같은 과학 기술 시대에는 그야말로 선택할 수 있는 직업이 무수히 많고, 그중 많은 직업이 고도의 전문화된 훈련을 요구한다. 따라서 100년 전까지만 해도 대부분의 젊은이는 진로를 선택한다는 것을 고민하지 않았다는 사실을 이해하기 어려울 것이다. 대부분의 젊은이가 농부든 구두 직공이든 재봉사든 부모님의 직업을 따랐다. 산업 혁명의 영향으로 새롭고 다양한 직업이 많이 생겨나면서, 사람들은 스스로 진로를 선택해야 한다는 것과 어떤 종류의 일들은 특정한 기술과 훈련이 필요하다는 사실을 점차 깨닫기 시작했다.

사회개혁가 Frank Parsons는 오늘날 진로상담 서비스로 불리는 것을 개발할 필요성을 인식하였다. 1908년에 그는 보스턴에 직업 정보 센터를 설립하고, 자신이 개발한 세 단계 과정으로 사람들을 지도하였다. 오늘날 행해지는 대부분의 진로상담은 여전히 이 과정에 바탕을 두고 있다. Parsons의 세 단계는 다음에 제시된 항목에 대한 습득을 수반한다.

1. (자기 자신), (자신의) 적성, 능력, 흥미, 야망, 자원, 한계와 그 원인에 대한 명확한 이해

2. 성공의 필요조건에 관한 이해, 장단점, 보상, 기회, 다른 직업군에 대한 전망

3. 1번 사실과 2번 사실 간의 관계에 대한 참된 추론(Parsons, 1909, p. 5)

직업 지도 운동은 개인의 적성, 능력, 흥미에 대한 정보를 제공하기 위한 수단으로 심리측정 전통의 많은 부분을 빠르게 흡수했다. 그 후 수년간, 두 번의 세계 대전에서 그야말로 수백만 명의 사람들에 대한 직업 분류가 필요했을 때, 대부분 직업 지도 및 심리측정 운동 방법이 사용되었다.

1930년대 미국 불황에 대한 직업 지도 및 심리측정 운동의 대응은 상담심리학의 발전에 한층 더 중요한 영향을 미쳤다.

> 1930년대의 경제 불황은 역사의 흐름에 새로운 파장을 불러일으켰다. 대규모 실업으로 인해 직업 지도는 취업 알선 활동으로서뿐만 아니라 교육적 기능으로서도 강조되었다. 미네소타 고용 안정 연구소(The Minnesota Employment Stabilization Research Institute)는 성인 근로자들을 다시 활동적인 노동 주체로 만드는 방안으로 각종 심리검사, 직업 정보, 재훈련에 대한 실험을 실시하였다. 그 후 많은 사립 및 공립 직업상담센터는 미국 고용국(the United States Employment Service)과 더불어, 이 선구적인 프로젝트에서 개발된 연구와 상담 방법을 빠르게 받아들였다(Super, 1955, pp. 3-4).

진로 개발에 대한 역사적인 강조는 여전히 상담심리학의 중요한 영역이지만, 진로 개발 분야는 보다 단순한 직업 평가로부터 상당히 멀어졌다. 최근 진로 영역에서 주목하는 것을 살펴보면, 상담심리학이 각 개인과 그들의 직업 경험을 그들이 속한 광범위한 삶의 환경적 맥락 내에서 그리고 문화적 배경에 걸쳐 이해하려고 노력한다는 것을 꾸준히 보여 준다(Arulmani, 2009; Flores, Hsieh, & Chiao, 2011; Vespia, Fitzpatrick, Fouad, Kantamneni, & Chen, 2010). 이 책의 제5장과 제15장에서, 우리는 상담심리학에서 직업 및 진로 문제가 지니는 중요성을 좀 더 살펴볼 것이다.

사회정의와 다문화 인식

상담심리학의 세 번째 핵심 가치는 사회정의를 옹호하고 헌신하는 것으로, (개인 또는 환경 중 하나에만 초점을 맞추는 대신) 개인과 환경 사이의 상호작용을 강조하고 문화적 맥락을 구체적으로 고려한다. 상담심리학이 처음 도입된 이래, 상담심리학은 (내담자의

형태가 개인, 집단, 또는 조직인가에 관계없이) 내담자의 삶에서 상황적 요소가 미치는 영향과 역할을 신중히 고려했다. 결과적으로, 행동에 대한 정신내적인(intrapsychic) 설명을 지나치게 강조하는 이론들은 대체로 상담심리학자의 주목을 끌지 못했다. 개인과 환경 사이의 교류에 대한 초점은 지난 수년간 자문, 지역사회 지원 활동(outreach), 환경 수정과 같은 활동에 관심을 기울여 왔다는 데서 분명하게 드러난다(Gallessich, 1985; Howard, 1993; Ivey, 1979; Meade, Hamilton, & Yuen, 1982). 과거 상담심리 전공은 개인과 환경 사이의 상호작용 중 환경 요인에 대해 실제 상담 실무에서[실무에 대해 서술된 것과 대조적으로, Ivey(1979) 참조] 충분히 주목하지 않고 있다는 비판을 받았지만, 최근 몇 년간 다문화주의 및 사회정의에 대한 연구, 관심, 헌신이 폭발적으로 늘어나면서(Ponterotto, Casas, Suzuki, & Alexander, 2001; Toporek et al., 2006) 상담심리학이 학문적으로도 상담 실무에서도 문화적 맥락과 환경적 맥락에 헌신하고 있음을 분명히 보여 준다.

상담심리학에서 문화와 개인과 환경 사이의 상호작용이 얼마나 중요한지 이해하려면, 상담심리라는 전문 직종이 성장하는 데 세 가지 특정한 역사적 요소, 즉 심리학의 측정 지향성, 환경의 결정적인 역할에 대한 발견, 문화적 맥락 및 역량이 이 직종에서 지배적인 영향력이 된 배경이 끼친 영향을 인정해야 한다. 초기 심리학자들의 우선 과제 중 하나는 (여전히 오늘날 심리학자의 주된 과제이기도 한) 현재 '심리측정(psychometrics)'이라고 불리는 심리적 과정 및 행동을 측정하는 도구를 개발하는 것이었다. 측정 분야에 대한 심리학의 뿌리는 Galton(1822~1911)의 연구로 거슬러 올라가는데, 그는 양적 방법을 활용하여 사람들 사이의 차이를 이해하고자 했다. J. M. Cattel(1860~1944)은 이러한 개인차 연구를 계속 이어 나갔고, 1879년 라이프치히에 설립된 Wilhelm Wundt (1832~1920)의 연구소에서 쌓은 지식을 많이 활용했다. 그로부터 얼마 지나지 않아, 프랑스의 Binet(1857~1911)는 최초의 지능검사를 개발함으로써 개인차에 대한 측정을 더욱 확장시켰다.

이러한 심리측정의 발달과 앞서 설명한 직업 지도 운동의 결합은 20세기 전반기에 심리학이 하나의 전문 분야로 출발하는 데 기여하였다. 대규모 검사를 했던 제1차 세계 대전 시절과 1920년대 전후의 호경기 시절부터, 단지 개인차를 측정하는 것만으로 달성할 수 있는 것에 한계가 있다는 점을 깨닫기 시작한 사람들이 있었다. 1935년에 Lewin은 행동이란 개인과 환경의 함수 관계라는 개념에 대해 이제는 고전이 되어 버린 설명을 제시했다. Lewin의 관점에서 보면, 사람의 행동을 예측할 때, 적성이나 기술에 대한 정보를 아무리 많이 알고 있더라도 그 사람이 활동하는 환경에 대한 정보를 함께 고려하지 않는 이상 언제나 제한적일 수밖에 없을 것이다.

심리학자들은 '어떤 종류의 사람이 치과 의사로 성공하는가?' 그리고 '어떤 종류의 내담자 문제가 심리치료로 도움을 받는가?'와 같은 질문을 환경적 맥락을 고려하지 않은 채 간단히 던질 수는 없다는 것을 점차 이해하게 되었다. 어떤 사람은 어떤 특정한 조직(환경)에서 효과적인 리더가 될 수 있지만 다른 환경에서는 아닐 수 있다. 여기서 결정적인 요소는 개인과 환경 간의 상호작용(interaction)이다. 환경이 개인에게 영향을 줄 뿐 아니라, 개인도 환경에 영향을 준다(심리학 그리고 보다 구체적으로 상담심리학에서의 상호작용적 사고의 역사에 대해서는 Claiborn & Lichtenberg, 1989를 참조).

최근 상담심리학자들은 개인과 환경 간의 역동적 상호작용을 이해하는 것이 중요하다는 그들의 역사적 관점을 통해, 개인이 속한 문화적 맥락의 중요성에 대한 연구가 폭발적으로 증가하도록 견인하였다(Ponterotto et al., 2001; Sue & Sue, 2008). 상담심리학자들은 다문화 상담의 평가(Suzuki & Ponterotto, 2008), 역량(Pope-Davis et al., 2003), 지침(APA, 2003a)의 개발에 매우 중요한 역할을 해 왔다. 상담심리학자들은 각종 문헌을 통해 사회정의를 대변하는 강력한 목소리를 제공하였고(Toporek et al., 2006), 이 핵심 가치들을 강화하고 다른 심리학 분야와 복지사업 분야에서도 그 가치의 중요성을 이해하는 데 기여하였다. 우리는 이 책의 제6장과 제14장에서 이 주제를 보다 깊이 다룬다.

단기적, 교육적, 예방적 개입

상담심리학의 네 번째 핵심 가치는 비교적 단기적인 개입에 대한 강조이다. 상담심리학자들은 일반적으로 상담을 자신들의 주된 활동으로 이해하고, 이러한 개입은 그 개념적 정의에 따라 상대적으로 단기적으로 이루어진다. 단기적이라는 용어에 대해 우리가 의미하는 바를 명확하게 하기 위하여, 우리가 상담(counseling)이라고 부르는 것과 이와 밀접한 관련이 있는 용어로서 심리치료(psychotherapy)를 대비해 보기로 한다. 일부 심리학자는 이 두 용어가 동일한 과정을 의미한다고 여기기도 하지만, 우리는 이 용어들이 적어도 극단적인 지점에서는 구별될 수 있고, 그러한 구별은 유용하다고 생각한다.

물론 정확한 숫자(예: 상담 회기의 횟수)는 임의적이겠지만, 우리가 생각할 때 12~15회기 정도의 개입으로 이루어지는 것이 상담이나 심리치료 두 용어에 모두 적합해 보인다. 하지만 이 시점을 넘어선 개입은 일반적으로 심리치료 또는 흔히 치료(therapy)라고 불린다. 상담과 치료를 더욱 세부적으로 구별하는 데 있어, 우리는 Brammer, Abrego,

Shostrom(1993)이 제시한 모델에 동의한다. 이들의 모델에 의하면, 상담과 치료 활동은 연속선상의 양 끝에 있다. 한쪽 끝에는 정상적인 사람을 대상으로 지지적이고, 교육을 제공하고, 의식적인 수준에서 상황적 문제와 문제해결에 집중하는 작업으로서, 이는 상담이라 부르기에 적절하다. 연속선상의 다른 끝에는 더 심각한 어려움을 겪는 사람을 대상으로 성격을 재구조화하고, 심층적인 분석을 하며, 잠재의식 과정을 분석하는 데 초점을 두는 개입이 있는데, 이는 심리치료로 분류하는 것이 가장 적절하다. 이 연속선상의 광범위한 중간 범위에서 앞서 설명한 요소들이 혼합된 개입의 경우, 상담과 심리치료라는 용어는 동일한 과정을 의미한다.

상담과 심리치료라는 용어에 대해 논의했으니, 치료 기간과 관련된 주제로 돌아가 보자. 앞서 언급했듯이, 상담심리학자들은 이 책에서 정의한 의미로서의 상담이 자신들의 작업에서 핵심적인 부분이라고 생각한다(Fitzgerald & Osipow, 1986; Scheel et al., 2011 참조). 나아가, 비록 상담심리학자들이 분명 장기적인 심리치료를 하기도 하지만, 상담심리학에서 중심적인 것으로 여겨 온 종류의 심리치료는 단기적인 경향이 있다(독자들은 상담심리학에 특히 적합한 형태로서 단기치료에 대한 Leona Tyler의 1961년 논의를 참조하기 바란다). 앞서 말한 것처럼 정확한 숫자는 임의적이겠지만, 일반적으로 6개월까지의 개입 기간은 단기치료로 여겨진다.

19세기 후반의 정신건강 운동으로부터 확산된 인도주의 관점(인본주의와 혼동되지 않는)에 근거한 치료는 1930년대까지 대개 정신분석적 관점에 크게 국한되었고, 장기적이고 집중적인 치료 형태였다. 그때 E. G. Williamson과 Carl Rogers는 상담과 심리치료에 대해 매우 다른 견해를 발전시켰다. Williamson(1939)은 대학생 후생 업무의 발전을 이끈 선구적 인물로서, 대규모 대학에 학생들이 가져오는 전 범위에 걸친 개인적 삶의 문제와 비학업적 고민들을 다루었다. 그는 학생들이 환경에 잘 적응할 수 있도록 초점이 분명하고, 목표지향적인 상담 과정을 만들었다. 그는 저술 활동(『How to Counsel Students』를 읽어 볼 것) 외에도 여러 세대에 걸친 상담심리학자들의 멘토로 활동했는데, 그 상담심리학자들은 제2차 세계 대전 이후 대학으로 돌아오게 된 수많은 참전 용사의 교육, 직업, 개인 상담에 대한 필요를 충족시키기 위해 전국적으로 생겨난 여러 대학상담센터에서 Williamson이 개발한 단기적이고 능동적이며 초점이 분명한 상담을 더욱 연구하고 발전시켰다.

동일한 시기에, Carl Rogers는 주로 아동 임상심리학에서 받은 정신역동적 교육훈련에 대한 반작용으로 그의 현상학적, 내담자 중심 상담 접근을 개발했다. 상담 및 심리치료의 고전이 된 그의 저서(Rogers, 1942)는 그 당시 상담심리학이라는 막 태동하는 전공의 초점을 평가와 진단에서 상담 및 심리치료로 전환시키는 데 큰 영향을 미쳤다. Rogers의 저서가 출판된 지 10년이 지난 후, 이러한 전환이 있었다는 증거가 명확히 드러났다. "1950년대 초에 상담 방법론에 관한 책 열 권이 출판되었고, 그중 오직 세 권이 유일하게 진단과 평가만을 강조하는 전통을 유지했다"(Whiteley, 1984b, p. 5).

최근 몇 년 사이에 많은 사회적·경제적 요인의 결합으로 단기치료를 강하게 선호하는 분위기가 조성되었고, 실제로 많은 관리의료회사(managed care companies)가 이를 의무화하였다. 비록 우리가 단기치료가 모든 문제의 해결책이거나 언제나 적절하다고 생각하는 것은 아니지만(Seligman, 1995), 이것은 때로 매우 효과적인 방식이다(Gelso, 1992; Steenbarger, 1992). 상담심리학자들이 오랫동안 비교적 단기적인 치료에 초점을 맞춰 왔다는 점을 고려해 볼 때, 그들은 현 분위기에서 성공적으로 일하는 데 좋은 위치에 있고, 동시에 각 내담자들이 단기치료이든 장기치료이든 자신에게 가장 적합한 치료를 받을 수 있는 환경으로 바꾸기 위해 노력할 수 있다. 단기치료에 대한 강조는 앞서 설명한 (대학 상담 센터에서의 적용된 작업과 같은) 교육적–발달적 작업과 예방에 있어서의 상담심리학자들의 역할과 밀접하게 연관되어 있다(Hage et al., 2007; Romano & Hage, 2000).

과학자–실무자 모델

앞서 설명한 상담심리학의 네 가지 핵심 가치는 안정적으로 정착되어 있고, 분야 내에서의 이견도 거의 없지만, 다섯 번째 핵심 가치에 대해서는 어느 정도의 논란이 있다. 지속적인 논쟁에도 불구하고, 상담심리학은 지난 60년간 과학자–실무자 모델에 대한 헌신을 유지하고 재확인하였다(Vespia & Sauer, 2006). 이 책의 제4장에서 더 상세히 설명되듯이, 상담심리학자들은 대학원 과정에서 어떻게 계속해서 과학자인 동시에 실무자가 될 수 있는지, 어떻게 그들이 맡은 모든 전문적인 역할에 이 두 관점을 통합시킬 수 있는지를 배운다.

과학자–실무자(scientist-practitioner)라는 용어는 1949년 임상심리학의 대학원 교육과정에 관한 보울더 학술대회(Boulder Conference on Graduate Education in Clinical Psychology)에서 처음 소개되었다(Raimy, 1950). 학술대회의 목적은 임상심리학 박사과정 교육에 대한 원칙을 세우는 것이었다. 이 학술대회는 아마도 오늘날 보울더 모델(Boulder model)로 알려진바, 과학과 실무 양측 모두의 중요성을 인정한 것으로 가장 잘 알려져 있을 것이다. 상담심리학은 1946년에 새롭게 설립된 학문 분야로서, 그로부터 머지않은 1951년에 첫 번째 주요 학회로 노스웨스턴 학술대회(Northwestern Conference)를 개최하였다. 상담 및 지도 분과[Division of Counseling and Guidance; 현재는 상담심리학회(Society of Counseling Psychology)]는 노스웨스턴 학술대회에 참여해서 상담심리학자를 교육하는 데 있어 과학자-실무자 모델을 기본 원리로 받아들였다(Blair, 2010). 이 모델은 거의 50년이 지나서 상담심리학의 '모델 훈련 프로그램(Model Training Program)'에서 다시 인정되었다(Murdock, Alcorn, Heesacker, & Stoltenberg, 1998). 그간 여러 해와 학술대회에 걸쳐 과학자-실무자 모델은 지속적으로 수용되어 왔다.

하지만 이 모델을 비평하는 사람들이 없는 것은 아니다(Stoltenberg, Kashubeck-West, Biever, Patterson, & Welch, 2000의 개관논문 참조). 외부의 압력은 다시 한번 지속적인 논쟁의 대상이 된 문제를 제기하였다. 1970년대에 이르러 심리학자들을 보건의료 전문가로 여겨야 한다는 요구가 증대되었다(Heppner, Casas, Carter, & Stone, 2000). 전문 심리학 학교들이 갑자기 등장하기 시작했고, 일부 전통적인 대학들에서조차 연구를 별로 중요시하지 않고 응용 분야의 전문성 훈련에 우선적인 중점을 두는 심리학 박사(Doctor of Psychology: PsyD) 학위를 수용하기 시작했다. 게다가 자격증과 제3자 보험 배상과 관련된 외부 압력뿐 아니라, 심리학 분야 건강 서비스 제공자 국가 등록원(National Register of Health Service Providers in Psychology)에 포함될 수 있는 자격 기준은, 상담심리학자들로 하여금 심리학(psychology)이라는 용어와 그 과학적 기반(상담과 지도에 역사적 뿌리를 둔 것과 대조적으로)을 더욱 강력하게 고수하도록 몰고 갔다. 같은 시기에, 광범위한 심리학계는 그 자체로 과학과 실무 간 엄청난 분리가 진행 중이었다. 미국심리학회의 일부 회원은 떨어져 나와 1988년에 미국 심리학 사회[American Psychological Society; 2006년 이후에는 심리과학학회(Association for Psychological Science)로 불리게 됨]를 세우기도 했다. 하지만 또다시 상담심리학은 1987년 조지아주에 있는 애틀랜타에서 열린 세 번째 전국 학술대회에서 과학과 실무 모두에 대한 헌신(즉, 과학자-실무자 모델)을 재확인하였다.

과학과 실무 간의 마찰은 계속되고 있다. "실증적으로 타당화된 기술"이라는 정의(Task Force on the Promotion and Dissemination of Psychological Procedures, 1995), 의료 모델에 대한 상담심리학의 애매 모호성(Wampold, 2003), 일각에서 논리적 실증주의에 대한 강조라고 여기는 것(Blair, 2010)에 대한 우려가 있다. 하지만 실무 기반 연구 네

트워크(Castonguay et al., 2010; Locke et al., 2011 참조)에 대한 강조가 증가하는 것과 같이, 과학과 실무를 통합하려는 주목할 만한 시도가 있어 왔다. 과학과 실무의 패러다임에 어느 정도의 갈등이 내재함에도 불구하고, 상담심리학에서 과학자-실무자 모델은 지속되고 있다. 이는 부분적으로 과학과 실무 사이의 상승효과가 중요함을 인정하고, 또 부분적으로는 우리의 뿌리가 상담과 심리학 양쪽에 모두 있다는 것을 인정함으로써 가능하다. 비록 상담심리학자들이 평소 과학과 실무에 50대 50으로 시간을 할애하지 않더라도(Gelso, 1979b; Neimeyer, Saferstein, & Rice, 2005; Watkins, Lopez, Campbell, & Himmell, 1986), 그들이 하는 모든 일에서 양쪽 모두의 관점을 융합하려는 경향을 보인다. 예를 들어, 상담심리학자들은 상담 및 심리치료에 대한 연구를 수행하고, 연구결과를 그들의 상담에 적용한다(Williams & Hill, 2001). Naomi Meara가 제17분과 회장단 연설에서 언급했듯이, "과학자-실무자 또는 실무자-과학자가 된다는 것은 우리가 무엇을 하느냐에 관한 문제라기보다는 우리가 어떻게 사고하느냐에 관한 문제이다"(Meara, 1990, p. 161). 1993년에 Gelso는 과학자-실무자 훈련을 강화시키기 위해 자신이 개발한 연구 훈련 환경에 관한 방법을 제안했고, 1997년에 Stricker는 과학자-실무자 모델이 "부활"(p. 444)을 경험하고 있다고 시사했다. 2000년에 Stoltenberg와 그의 동료들은 실무자-학자 모델(practitioner-scholar model)과 같은 다른 모델에 비해, "과학자-실무자가 상담심리학의 정체성의 '핵심'이다."(p. 629)라고 거듭 강조했다.

  비록 일부 사람들은 과학자-실무자 모델이 상담심리학과 임상심리학을 명확히 차별화하지 못한다는 점에 우려를 표하지만, 특히 전문직업화되는 경향성에 대한 저항으로서 이 모델에 대한 상담심리학의 강조는 상담심리학의 정체성에서 핵심적인 측면으로 남아 있다(Vespia & Sauer, 2006). Brown과 Lent(1984)의 상담심리학에 대한 구체적 정의, 즉 "직업적, 교육적, 개인적 차원에서 적응상의 어려움을 치료하고 예방하는 데 필요한 지식을 과학적인 방법으로 생성하고, 응용하고, 전파하는 데 헌신하는 응용심리학 분야"(p. ix)는 여전히 유효하고, 과학자-실무자 모델을 지지하는 것으로 보인다.

정의와 정체성에 대한 시각

  우리가 지금까지 제시한 바로부터, 독자는 상담심리학이란 심리학 내 세부 전공 분야로서, 예를 들어 정신과 의사나 임상심리학자들이 일반적으로 치료하는 내담자들에 비해 비교적 손상되지 않은 성격의(즉, 엄청나게 극심한 장애를 입은 사람이 아니라 '정상적인 범위'에 가까운) 내담자들과 관련하여 연구, 평가, 개입에 초점을 두는 경향이 있다는 점을 알 수 있을 것이다. 또한 상담심리학은 내담자가 심각한 장애가 있는 경우라 해도 개인의 자산과 심리적 강점에 세심한 주의를 기울이는 경향이 있다. 이 세부 전공에서 사용되는 중심적 개입은 주로 단기적이고 다양한 경향이 있다(예: 상담, 치료, 지도, 훈련, 자문, 지원 활동, 교육). 상담심리학이 태동한 이래, 개인과 환경 사이의 상호작용, 다문화적 맥락, 교육적·직업적 발달과 환경에 대해 각별한 주의를 기울여 왔다.

앞 절에서 논의된 역할과 가치가 주된 경향성을 의미함을 강조하는 것은 중요하다. 특히 비록 핵심 가치들이 상담심리학의 정체성을 견고하게 하고, 심리학 내외의 다른 분야와의 차별성을 명확히 하는 데 도움을 주지만, 이러한 주된 경향성 주변에는 엄청난 다양성이 존재하고, 아마도 상담심리학자들 가운데 그들의 경력에서 각각의 주제에 완벽히 부합하는 사람은 거의 없을 것이라는 점이 이해되어야 한다. 실제로, 개별 상담 실무자들은 각각의 주제가 그들의 실무에 부합하는 정도와 방식에 있어 대단히 다양하다. 예를 들어, 어떤 상담자는 주로 심각한 문제를 가진 내담자를 대상으로 장기치료를 하지만, 내담자의 성격 중 건강한 측면에 깊은 관심을 기울이고, 심리치료라는 맥락 안에서 상당한 정도로 진로상담을 다루며, 내담자의 발전에 있어 개인과 환경 사이의 상호작용에 세심한 주의를 기울인다는 점에서 여전히 스스로를 상담심리학자로 여길 수도 있다. 또 다른 상담심리학자는 대체로 비교적 건강한 내담자들과 작업하고, 이를테면 '어떻게 노동자들의 관심사에 대한 리더십 감수성을 증진시킬 수 있고, 일터에서의 폭력을 줄일 수 있는지' 등과 같은 주제를 다루는 다양한 워크숍을 수행하고, 경영 조직에 자문을 할 수도 있다. 이러한 그의 업무는 크게 예방적·발달적 틀 안에서 이루어진다.

앞과 같은 복잡성을 고려할 때, 어떤 사람이 상담심리학자인지 아닌지, 그가 상담심리학을 하고 있는지 아닌지를 결정짓는 것은 무엇일까? 어떤 분야나 직종에서와 마찬가지로, 이러한 질문에 대한 대답은 복합적일 수밖에 없다(이 책의 제17장에서 이 주제에 대해 더 살펴보기로 한다). 우리는 어떤 사람이 상담심리학자인지 아닌지는 그 사람의 전문가로서의 삶에서 앞서 살핀 다섯 개의 핵심 가치가 어떤 상호작용을 보이느냐에 따라 결정된다고 본다. 이 전공 분야에서 제대로 된 자격을 인정받는다면, 상담 실무자는 넓은 범위에 걸친 활동을 수행하고, 상담심리학자로 정당하게 인정될 것이다.

상담심리학과 다른 세부 전공 및 분야

다음으로 우리는 상담심리학이 심리학 내 다른 전공들(예: 임상심리학)과 심리학 외부의 다른 직종(예: 정신건강 상담)과 어떠한 유사점과 차이점이 있는지 논의한다.

심리학 분야 내 차별성과 공통점

1995년에 미국심리학회는 '전문심리학의 전공 및 숙련성 승인 위원회(Commission for the Recognition of Specialties and Proficiencies in Professional Psychology: CRSPPP)'를 설립했다. 1999년에 상담심리학은 CRSPPP로부터 독자적인 세부 전공으로 공식적으로 인정받았다(Heppner et al., 2000). 응용 분야의 세부 전공들 가운데 어떤 것들은 서로 그리고 상담심리학과 상당히 겹치는 부분이 있다. 이 세부 전공들이 '응용 분야'라고 불리는 이유는 각각 나름대로 인간이 지닌 문제를 해결하기 위해 심리학의 원리를 적용하고자 하기 때문이다. 전공들 간에 명확하고 간명한 경계가 없을 수밖에 없다. 왜냐하면 이들은 심리학의 기초 영역에서 본질적으로 동일한 훈련과 교육에 의존하고 있기 때문이다. 게다가 이들은 인간이 겪는 문제를 해결하려고 하는 데 유사한 평가와 개입 절차를 사용한다. 그와 동시에, 각 전공은 차별적이고 독자적인 초점을 가지고 있다.

상담심리학과 가장 많이 비교되는 전공은 임상심리학이다. 후자는 심리학 중 가장 큰 응용 전공 분야이다. 상담심리학자와 임상심리학자의 훈련, 직업 활동, 직업 환경에 겹치는 부분이 상당히 많음에도 불구하고, 두 전공 간에는 뚜렷한 차이가 있다. 역사적으로 또 현재까지도, 임상심리학은 이상 행동이나 부적응적인 행동에 관한 연구와 치료에 관심을 두었다(Garfield, 1985). 비록 임상심리학자들이 사람들의 자산이나 강점을 무시하지는 않는다고 해도, 일반적으로 건강보다는 기저의 병리에 더 주목해 왔다(Norcross, Sayette, Mayne, Karg, & Turkson, 1998). 아마도 결과적으로, 임상심리학자들은 상담보다는 대개 심리치료(장기적인 특성을 지닌 유형)로 불리는, 더 장기간에 걸쳐 진행되는 치료를 수행하는 경향이 있다. 교육적 · 직업적 발달과 환경에 주목하는 것은 임상심리학자들의 일에서 중심적인 부분을 차지하지 않았다. 정신병리에 초점을 두기 때문에, 임상심리학자들은 상담심리학자에 비해 극심한 장애가 있는 사람들에게 주력하는 업무 환경(예: 입원환자를 위한 정신과 병동, 정신병원)에서 만날 가능성이 훨씬 더 높다. 임상심리학자들은 교육 현장(예: 대학상담센터; Gaddy, Charlot-Swilley, Nelson, & Reich, 1995; Strauss, 1997)에서 만날 가능성은 그다지 높지 않다.

비록 상담심리학과 임상심리학 간에 중요한 차이가 있고(Neimeyer, Taylor, Wear, & Buyukgoze-Kavas, 2011) 앞으로도 그럴 것이라고 예상되지만(Norcross et al., 1998), 지난 몇 년간 이 두 전공 간의 거리가 보다 가까워졌다. 이를테면, 1980년대에 Garfield (1985)는 임상심리학자들이 과거에 비해 덜 심각한 장애를 겪는 사람들과 일하고 자산에 주목하는 경향이 높아졌다고 언급했다. 마찬가지로 우리가 앞서 언급했듯이, 장기적인 심리치료를 하는 상담심리학자들도 점점 늘어나는 추세이다.

또한 상담심리학은 때로 산업/조직심리학과도 비교된다. Siegel(1985)은 산업/조직심리학을 "산업 및 다른 조직에 종사하는 사람들에게 적용되는 행동과학"(p. 207)이라고 정의했다. 나아가 Siegel이 언급한 바, 산업/조직심리학자들은 어떤 식으로든 직원, 감독, 관리자의 수행능력을 평가하고 고양하는 데 핵심적으로 관여한다. Tenopyr (1997)가 지적한 대로, 산업심리학자가 하는 활동에서 전통적인 핵심은 인사 선발, 직원들의 직무 수행 능력 평가, 직무에서 요구하는 역할이 무엇인지 결정하기 위한 직무 분석, 각 직무 수행을 위해 직원들에게 요구되는 지식, 능력, 기술, 그리고 "직원들의 직무 능력을 알아내기 위한 목적으로 관찰하기 위한 모의 업무 상황의 집합체"(Tenopyr, 1997, p. 186)라고 할 수 있는 평가 센터의 개발을 중심으로 전개된다. 산업/조직심리학자의 전통적인 산업적 역할과 조직적 역할 간에는 중요한 차이가 있다. Tenopyr는 산업적 역할은 개인의 행동(예: 직무 수행 능력)에 대한 평가와 개선을 강조하는 반면, 조직적 역할은 조직 전체(예: 회사의 구매 부서)에 초점을 맞춘다고 하였다. 이 조직적 역할은 산업/조직심리학의 새로운 하위 분야인 '조직 개발'에 속하는 것일 수도 있다(Tenopyr, 1997). 산업/조직심리학과 상담심리학을 비교할 때 주요한 공통 영역이 분명히 드러나는데, 이는 진로 및 직업 발달과 환경에 대한 관심이다. 상담심리학자들은 모든 종류의 환경에서 진로 개발에 대한 연구를 하고, 사람들이 어느 특정 분야에 모여들게 하는 요소가 무엇인지, 사람들이 적합한 진로 결정을 하는 데 저해가 되는 요인이 무엇인지, 진로 개발을 촉진하는 데 어떤 처치가 효과적인지를 설명하는 이론을 개발하기 위해 힘써 왔다. 산업/조직심리학자들은 '진로 기능'에서 일과 '작업자-수행'이라는 측면에 더 관심이 있다. 경영 및 산업 현장에서 일할 때, 이 두 유형의 심리학자들은 유사한 기능을 수행한다. 이들의 차이는 종류보다는 정도의 문제이다. 대체로 상담심리학자는 상담 현장에서 개인들과 작업하게 될 가능성이 높고, 산업/조직심리학자는 보다 광범위한 조직적 수준에서 연구하고 개입할 개연성이 높다. 아마도 상담심리학자는 전반적인 개인의 정서적 적응에 더 많은 노력을 기울이고, 산업/조직심리학자는 조직과 개인의 수행 능력과 이것을 방해하는 요소에 더 많은 에너지를 투자할 것이다. 상담심리학자와 같이 산업/조직심리학자도 비교적 손상되지 않은 성격을 다루며, 개인과 환경 사이의 상호작용에 기본적으로 관심이 있다. 두 세부 전공 모두 조직 자문을 수반한다. 하지만 대체로 상담심리학자는 기본적으로 치료적 개입, 다시 말해 개인 수준에서의 치료적 개입에 더 관여한다.

상담심리학과 중복되는 부분이 많은 또 다른 전공은 학교심리학(school psychology)이다. 1985년에 Bennett은 학교심리학에 대한 정의를 정립했는데, 이는 "어린이들이 사회가 성공에 필수적이라고 여기는 것을 학습하는 과정에서 직면하게 되는 문제를 예방하거나 해결하기 위해 지식과 기술을 적용하는 학문"(p. 129)이다. Bennett은 이어서 학교심리학이 상담, 임상, 산업/조직심리학과 공통점이 있다는 점을 언급했다. 하지만 그녀는 그 전공들 간의 결정적인 차이는 학교심리학자들이 "그들의 일의 세계, 즉 학교 장면"에서 어린이, 청소년, 대학생들에게 쏟는 관심에 있다고 강조했다. 학교심리학자들은 교육 과정을 발전시키기 위한 목적으로 학생, 학부모, 선생님들과 자문, 상담, 평가활동을 수행한다. 예를 들어, 학교심리학자들은 어린이들이 보다 효과적으로 학습하도록 도울 수 있는 방법을 찾아내도록 선생님들을 돕기도 하고, 직접 어린이들과 만나 함께 작업하면서 정서 조절을 위한 효과적인 기술을 개발할 수 있도록 돕기도 한다.

상담심리학자와 학교심리학자 간의 공통점은 특히 상담심리학자들이 초등학교나 중학교(일반적으로 학교심리학자를 위한 환경)에서 일하거나 학교심리학자들이 고등교육 기관(일반적으로 상담심리학자를 위한 환경; Brabeck, Walsh, Kenny, & Comilang, 1997)에서 일할 때 두드러진다. 하지만 이러한 환경에서도 학교심리학자는 학생들의 교육 및 심리 평가(예: 효과적인 학습을 저해하는 요인이 무엇인지 알아내기 위한 것)를 하는 데 주로 관여할 것이고, 반면에 상담심리학자는 학생 및 가족 상담이나 학교 폭력, 가난, 유급(retention)에 관한 예방 프로그램을 개발하는 데 더 많이 관여할 것이다(Espelage & Poteat, 2012b; Kenny & Walsh-Blair, 2012).

상담심리학자들은 자신과 자신의 전공을 정의하려는 노력의 일환으로 임상심리학자, 산업/조직심리학자, 학교심리학자들과 그들 자신이 어떤 유사점과 차이점이 있는지에 자주 주목해 왔다. 아마도 이는 상담/심리치료, 진로/직업 자문, 교육 활동에서 이들이 겹치고, 이러한 영역에서의 활동이 다양한 전공(그리고 다른 분야)에서 폭넓은 호소력을 가진 것들이기 때문일 것이다. 그와 동시에 각 전공은 각각의 다른 전공들과 특정한 측면에서 차이가 있다. 응용심리학의 그 어떤 전공에서도, 주어진 활동(예: 상담, 자문)이나 환경에 대해 독점적인 권리를 주장할 수 없다는 점은 분명하다. 그렇지만 각 전공은 특정한 중점 영역, 특정한 초점, 일하는 환경, 즉 다른 어떤 전공보다 이 전공을 만나게 될 확률이 높은 일터가 있다.

상담심리학을 심리학 내외의 다른 분야 및 전공과 비교함에 있어, 앞서 논의한 상담심리학의 핵심 가치, 즉 (가) 개인의 강점 및 최적의 기능에 대한 강조, (나) 전 생애적 발달과 직업적 성장에 역점을 둔 전인적 인간에 대한 초점, (다) 환경적 맥락과 문화의 중요성에 대한 지속적인 인식 유지 및 사회정의에 대한 옹호와 헌신, (라) 단기적, 교육적, 예방적 상담 개입에 대한 집중, (마) 과학자-실무자 모델에 대한 전념을 염두에 두어야 한다. 비록 단순하고 직접적이지는 않지만, 이러한 핵심 가치를 강조함으로써 상담심리학이라는 전공에 차별성을 부여한다. 상담심리학의 차별성은 다섯 개의 핵심 가치를 모두 구현하는 데서 도출된다. 비록 앞서 요약한 여러 전공(그리고 그 외의 다른 전공들, 예를 들어 임상신경심리학, 가족심리학)이 적어도 이러한 주제들 중 하나 혹은 그 이상에 대해 상담심리학과 겹치는 부분이 있다고 해도, 종합적으로 고찰해 볼 때, 다른 어떤 전공도 상담심리학만큼 이 주제들을 잘 반영하지는 못한다.

상담심리학과 심리학 이외의 분야

심리학 외의 여러 분야가 상담심리학에서 수행하는 활동과 유사한 활동에 관여하고 있으나, 이러한 분야와 상담심리학 간에는 근본적인 차이가 존재한다. 상담심리학자는 그 시작부터 우선적으로 '심리학자'였고, 그다음이 '상담자'였다. 다시 말해, 이 전공에 종사하는 전문가들은 심리학이라는 기본 영역에서 훈련을 받고, 심리학의 이론과 원리를 자신들의 전문적인 활동과 개입에 적용하고자 한다. 심리학이 아닌 분야로서 상담심리학과 가장 밀접하게 연관되는 세 분야는 정신보건 사회복지, 정신의학, (흔히 '상담자 교육' 또는 '정신건강 상담'으로 불리는) 일반 상담학이다.

정신보건 사회복지사는 일반적으로 사회복지학 석사(MSW) 학위라고 불리는 2년제 석사 학위과정을 이수한다. 보통의 경우, 학위과정 1년차는 학업 위주로 구성되고, 2년차에는 기관이나 단체에서 일을 하며 수퍼비전을 받는다. 상담심리학자나 그 외 전문가들과 같은 정신보건 사회복지사는 상담과 심리치료를 하고, 개인 개업 장면에서도 흔히 볼 수 있다. 정신보건 사회복지사들은 병원이나 클리닉의 보건의료 팀에서 일한다. 그들은 접수 면접을 전문적으로 하거나, 다른 외부 기관에 자문하거나, 가족상담을 하거나, 환자에 관한 사회적 이력을 개발할 수도 있다(Brammer et al., 1993). 사회복지학 석사 학위를 가진 전문가들은 연구는 거의 하지 않고, 심리검사를 수행하지 않으며, 교육상담이나 직업상담도 거의 하지 않는다.

　정신과 의사들은 정신의학이라는 전공 분야를 수련한(의료계에 속한) 의사들이다. 이 전공은 심각한 정서적 장애를 진단하고 치료하는 일을 다룬다. 아마도 이러한 측면에서 응용심리학 전공 중 임상심리학과 가장 밀접하게 관련될 것이다. 정신과 의사들은 의사로서 약 처방과 같은 의학적 및 심리학적 개입에 책임을 진다. 그들은 상담과 심리치료를 하는 데 있어서 상담심리학자와 그 외의 여러 전문가와 겹치는 부분이 있다. 정신과 의사가 상담심리학자에 비해 정신역동이나 정신분석적 관점을 취하는 경향이 높기는 하지만, 그들이 진행하는 치료 유형은 흔히 상담심리학자들이 하는 것과 동일하거나 유사하다.

　우리가 다루게 될 마지막 분야는 어쩌면 모든 분야 가운데 상담심리학과 가장 유사할 것이다. 상담학('상담자 교육'이나 '정신건강 상담'으로도 불림)은 아마도 상담심리학이 내세우는 동일한 핵심 가치의 많은 부분을 고수한다. 상담자들은 넓은 범위의 직무 환경에서 일하며, 학교 상담자, 재활 상담자, 직업 상담자, 대학 상담자, 또는 지역사회 상담자로서 활동한다. 상담 관련 일자리는 박사 학위보다 석사 학위를 요구하는 경우가 많다. 일반적으로 석사 학위 수준의 상담 훈련 프로그램은 상담 및 상담 관련 교육 프로그램 인가 심의회(Council for Accreditation of Counseling and Related Educational Programs: CACREP)를 통해 인증된다. 비록 상담 및 지도와 어느 정도 공통된 기반을 가지고 있지만, 상담심리학은 석사 학위 수준의 교육에 대해 양가적인 관계를 가지고 있다(개요를 위해 McPherson et al., 2000을 참조).

　덧붙여, 상담심리학은 일반 상담학에 비해 교육과 실무에 대해 과학자-실무자 모델을 훨씬 더 높은 수준으로 수용한다. 이 때문에 상담심리학자는 연구와 심리학의 과학적 측면에 대해 더 많은 훈련을 받는다.

　또한 상담심리학자는 심리학의 여러 핵심 영역(예: 평가, 생물심리학, 학습)에서 대학원 수준의 교과과정을 필수적으로 이수해야 하는 등 심리학자로서 광범위한 훈련을 거친다. 그에 반해, 상담학 학위를 받고자 하는 학생들이 심리학 수업을 많이 들을 수는 있겠지만, 어떤 심리학 강의를 수강해야 하는지, 몇 과목을 수강해야 하는지에 대한 규정이 교육 프로그램에 따라 매우 다양하다. 심리학 분야의 광범위한 지식을 학습하고, 동시에 심리적 실무자 및 학문적 연구자가 되는 데 필요한 기술을 습득함으로써, 상담심리학자는 보다 넓은 범위에 걸쳐 역량을 계발하고 진로 선택의 기회를 얻을 수 있다.

요약

상담심리학은 심리학이라는 과학과 전문 직종에 속하는 세부 전공으로서, 성장, 강점, 생명력을 증명해 보인 독자적인 직종으로서 굳건히 자리를 잡았다. 상담심리학의 역사에 걸쳐 세 가지 역할, 즉 치료적 역할, 예방적 역할, 발달적 역할이 가장 중심에 있어 왔다. 다양한 환경에서, 이 세 가지 역할은 상담심리학자들이 수행하는 대부분의 활동에서 서로 결합된다.

상담심리학에서 다음과 같은 다섯 개의 핵심 가치, 즉 (가) 개인의 강점 및 최적의 기능에 대한 강조, (나) 전 생애적 발달과 직업적 성장에 역점을 둔 전인적 인간에 대한 초점, (다) 환경적 맥락과 문화의 중요성에 대한 지속적인 인식 유지 및 사회정의에 대한 옹호와 헌신, (라) 단기적, 교육적, 예방적 상담 개입에 대한 집중, (마) 과학자−실무자 모델에 대한 전념을 구별해 볼 수 있다. 이러한 가치는 상담심리학의 다양한 측면을 하나로 묶고 상담심리학이 심리학 내외의 다른 전공들과 어떻게 구별되는지를 명료화할 수 있게 해 준다. 비록 상담심리학을 정의하는 본질적인 요소들이기는 하지만, 이 다섯 개의 가치는 주된 경향성을 나타내는 것으로 그 이상은 아니다. 상담심리 실무자들마다 그들이 특정한 각각의 주제를 얼마나 수용하는가는 상당한 차이를 보인다.

상담심리학을 심리학 내 다른 응용 전공들, 이를테면 임상심리학, 산업/조직심리학, 학교심리학과 비교하고 대조해 보는 것은 각각의 독자적인 성격을 설명할 수 있도록 해 준다. 마찬가지로, 상담심리학과 심리학 이외의 분야, 이를테면 사회복지, 정신의학, 일반 상담학 간에는 상당한 차이도 있지만 공통점도 찾을 수 있다.

제**2**장
상담심리학의 역사

　초심 상담심리학자에게 흥미 있는 훈련 중 하나는 자신을 가르친 사람이나 지도교수의 학문적 전통을 따라가 보는 것이다. 상담심리학 전공의 역사는 길지 않아서, 대개 자신의 지도교수의 지도교수가 누구였고, 또 그의 지도교수는 누구였는지 등등을 상담심리학의 공식적 태동기인 1940년대까지 거슬러 올라가서 알아낼 수 있다. (많은 경우, 20세기 전반의 일부 선구자까지 추적할 수 있고, 몇몇 경우는 19세기까지 이를 수 있다.) Alex Haley(1976)가 아프리카계 미국인들의 뿌리에 대한 자신의 저서에서 묘사한 바와 같이, 전통을 이해함으로써 현재 삶에 대한 보다 깊고 새로운 의미를 부여하게 된다. 이 장에서는 상담심리학의 뿌리를 탐색함으로써 1940년대 상담심리학의 전문직으로서의 확립과, 시간이 흐르면서 어떻게 전문직으로 성숙해 왔는지를 기술한다. 마지막으로 상담심리학을 21세기와 그 이후까지 원기 왕성한 전문직으로 자리 잡게 한 최근의 연속성과 변화들을 기술한다.

http://dx.doi.org/10.1037/14378-002

Counseling Psychology, Third Edition, by C. J. Gelso, E. N. Williams, and B. R. Fretz

상담심리학의 역사와 발달

이 절에서는 제2차 세계 대전 직후, 어떻게, 특히 왜 상담심리학이 전문직으로서 정체성을 확고히 하였는지 알아본다. 그 시기에 전문직의 창조로 이끈 일부 요소들은 현재에도 그 활력을 불어넣는 데 지속적으로 기여하고 있다. [이후 본문에서는 전문직(profession)과 전공(specialty)이라는 용어를 호환해서 사용할 것이다. 전공이라는 용어는 심리학 전문직 내에서 구체적 학문(discipline)을 뜻한다. 하지만 대부분의 경우, 다양한 전공의 자율성과 조직 수준은 그것을 전문직으로 분류하게 한다.] 〈표 2-1〉에 상담심리학 역사의 주요 사건들을 제시하고 있다.

1940년대와 1950년대

전문직을 연구하는 사회학자들은, 전문직 종사자들이 그 전문직을 구성하기 위해서는 교육 기준과 서비스 기준을 확립하고, 그를 통해 자율적 기능을 수행하는 데 필요한 조건들을 창출하는 지배조직을 형성해야만 한다고 명시한다. 비록 많은 공식적 문서 기록이 1950년대 초에야 나타나기는 했지만, 상담심리학에서 이러한 자율적 조직 단계는 1940년대부터 시작되었다.

조직화된 상담심리학의 태동은 제2차 세계 대전의 "심리학적 참호(psychological foxhole)"(Scott, 1980)에서 발견할 수 있다. 그 시기에 심리학자로 훈련받던 사람이면 거의 모두 군 인사 선발과 훈련 평가 혹은 군 사상자에 대한 심리 진단과 같은 평가 활동에 어떤 형태로든 관여하였다. 그리하여 전국의 모든 주요 군사시설에, 때때로 해외에 주둔하고 있는 군사시설에도 심리학자들이 있었다. 전쟁 기간 동안 선발과 훈련에 관여한 심리학자들의 수가 증가하면서, 정신병원 영역 밖에서 그들의 구체적 관심을 들어 줄 조직의 요구를 알기 시작하였다.

제2차 세계 대전 직후부터 미국심리학회(American Psychological Association: APA)의 하위 분과들이 급속히 늘어나면서 이러한 관심은 새로 생긴 제17분과(상담 및 지도 분과, Counseling and Guidance)가 대표하였다. 이 분과는 늘어나고 있는 다른 응용 분과들, 예를 들면 임상심리학, 자문심리학, 산업심리학, 교육심리학, 학교심리학 분과와 발맞추어 E. G. Williamson과 John Darley가 1946년에 창립하여 곧 미국심리학회에

표 2-1 상담심리학 역사의 주요 사건

연도	사건
1946	제17분과: 미국심리학회 소속 상담 및 지도(Counseling and Guidance) 분과 설립
1949	보울더 학술대회: 임상심리학에서 과학자–실무자 모델 채택
1951	제17분과의 명칭을 상담심리학(Counseling Psychology) 분과로 변경 제1차 상담심리학 학술대회 개최: 시카고 노스웨스턴 대학교, 과학자–실무자 모델 동의
1954	학술지 『Journal of Counseling Psychology』 창간
1964	학술지 『The Counseling Psychologist』 창간 제2차 상담심리학 학술대회 개최: 그리스턴(뉴욕시 컬럼비아 대학교 사범대학 부설 그리스턴 학술대회센터)
1973	베일 학술대회: 심리학 내 훈련에 대한 일반 학술대회
1974	건강 서비스 제공자 국가 등록원 설립
1975	상담심리학 훈련 프로그램 심의회(Council of Counseling Psychology Training Programs) 창립
1987	제3차 상담심리학 학술대회 개최(애틀랜타, 조지아주)
1988	미국 심리학 사회(American Psychological Society) 창립[2006년부터 심리과학회(Association for Psychological Science)]
1999	미국심리학회 소속 전문심리학의 전공과 숙련성 승인 위원회(APA's Commission for the Recognition of Specialties and Proficiencies in Professional Psychology)에서 전공을 승인받음
2001	제4차 상담심리학 학술대회 개최(휴스턴, 텍사스주)
2003	제17분과 학회의 명칭을 상담심리학 사회(Society of Counseling Psychology)로 변경
2008	제5차 상담심리학 학술대회 개최[시카고, 일리노이주; 미래 창조: 변화하는 세계에서 상담심리학자(Creating the Future: Counseling Psychologists in a Changing World)]

참여하였다. 1951년에 제17분과는 상담심리학 분과(Division of Counseling Psychology)로 개명하고, 1952년에 정식으로 설립되었다(APA, 1952). Whiteley(1980)는 이러한 초기 조직 발달에 대해 회합 장소나 회의 내용, 참여 인물들 등등을 포함해서 많은 세세한 원자료를 제공하거나 기술하고 있다.

　이러한 역사를 기술하는 데 있어서 잘 다루지 않는 두 가지 질문, 즉 '상담에 관심 있는 사람들은 왜 심리학과 손을 잡았는가?' 그리고 '심리학은 왜 상담을 포함하기로 하였는가?'를 제기해 보자. 많은 장래 상담자는 여전히 심리학의 전문직이 아닌 영역에서 일한다. 다른 사람들은 실증적 그리고 심리측정 전통의 심리학과 연결할 필요성을 느낀다. 이러한 상담과 실증적 뿌리의 접목은 다른 일반 상담자들과 비교하여 왜 상담심리학자들이 상담 훈련과 기능에서 과학자—실무자(scientist-practitioner) 모델에 투신하는지를 설명한다. 그리하여 1949년의 보울더 학술대회에서 임상심리학은 과학자—실무자 모델을 채택하였다. 상담심리학은 1951년 제1차 전국 상담심리학 학술대회에서 이 모델을 공식적으로 채택하였다(더 자세한 사항은 추후 설명한다).

동전의 다른 면과 같은 질문으로, 심리학은 왜 상담을 분과로 포함시켰는가? 처음에 이미 언급했듯이, 임상심리학자들은 기본적으로 정신병원에서 평가와 진단에 집중하였고, 1950년대까지 어떤 심리학자도 상담과 치료에 초점을 두지 않았다. 산업심리학은 오늘날 인간 요인과 공학심리학(human factors and engineering psychology)으로 알려진 학문으로 시작하였다. (오늘날 산업/조직심리학에서 다루는 조직행동에 대한 초점은 1960년대에 크게 발달하였다.) 상담심리학의 출현은 심리학 내에서 산업심리학과 임상심리학 사이에 느껴지는 빈 공간을 메워 주었다. 즉, 일반인의 성격의 기능과 발달을 연구하고 치료하는 분야는 아직도 어떤 응용 분과에서도 대표하고 있지 않다.

한편으로는 일반적인 상담과, 다른 한편으로는 다른 응용심리학 분야들과 전통이 겹치고 공유되면서, 상담심리학은 70년 역사에서 계속 이 둘과 연결되어 있었다. 이 기간 동안, 아마도 상담심리학자로서 정체감을 가지고 있는 사람들의 반 이상이 주요 상담 조직[예: 미국 인사 및 지도 학회(American Personnel and Guidance Association)의 후신인 미국상담학회(American Counseling Association)] 혹은 보다 임상적으로 지향된 심리 분과 [예: 미국심리학회 제12분과인 임상심리학회(APA Division 12, Clinical Psychology)나 제29분과인 심리치료학회(Division 29, Psychotherapy)]의 회원이기도 할 것이다. 이러한 이중 가입은 때때로 긴장을 유발하기도 하지만, 관점의 폭을 넓게 유지하는 것이 전문직의 생명력의 원천이기도 하다.

> 전문가의 어려움은, 극단적 전문화로 인해 전문가가 일 중심적 사회적 담론에 따라 같이 일하게 될 중요한 타인의 범위를 철저히 협소하게 만든다는 데 있다. 비록 공통 관심사가 현대적이기보다는 다소 낭만적일지라도, 여기에서 한 번 더, 보다 넓은 직업 소명의식이 명백히 중요해진다(p. 83).

Schmidt(1977)는 미국에서 이 전공이 발달하고 가장 강하게 남아 있는 이유를 탐색하면서, 이러한 제2차 세계 대전 후 상담심리학의 등장에 대해 또 다른 관점을 제시하고 있다. Schmidt는 변화를 위한 사회의 투신—구체적으로는 과학적 기술을 통한 변화—

과 심리과학의 경험적 발견 사실들을 토대로 한 변화 과정으로서의 상담심리학을 평행 선상에 놓았다. 또한 Schmidt는 우리 문화의 높은 유동성이 자기향상(self-improvement) 을 이룰 것을 강조한다고 지적하였다. 상담심리학자들은 변화하는 환경에 대처하는 데 필요한 사회적 지지와 개인 진로를 시작하는 데에 필요한 기술적 지원 모두를 제공해 왔 다. 제2차 세계 대전 후, 자신의 고향을 여러 해 동안 떠나 있었던 수백만 상이용사는 준비가 거의 혹은 전혀 안 되어 있는 새로운 경력을 만들어야 했다. 이러한 관점에서 1945년부터 1950년 사이의 상담심리학은 '뭔가 일어나기를 기다리는' 전문직이었다.

1950년대에 상담심리학은 독립적 실체로 우뚝 설 수 있는 능력을 보여 주고 인식되 기 시작하였다. "조직력을 갖추자"라는 기치를 건 고양된 시기에는 전문직을 유지하는 데 필요한 체계적 지식의 토대를 확립하는 데 주력하였다. 이를 위한 첫 번째 주요 단 계는 상담심리학 전문직을 위한 최초 주요 학술대회인 1951년 노스웨스턴 학술대회 였다. 상담 및 지도 분과의 핵심 지도급은 1951년 8월 29~30일 양일간 노스웨스턴 대 학교에서 회합하였다. 그들은 상담심리학자들의 역할과 기능에 대한 공식적 정의들을 마련하였고, 상담실습 훈련, 연구 훈련, 핵심 심리학 과목 내용들에 대한 기준을 제시 하였다. 이 최종 성명서는 학술지『American Psychologist』(APA, 1952)에 게재되었고, Whiteley(1980)의 저서『The History of Counseling Psychology』에 다시 수록되었다.

비록 그 이후 학술대회에서 많은 같은 정의나 교과목 문제를 다루었고, 이 주제들에 대한 셀 수 없는 의견서들이 발간되었지만, 그 불후의 많은 원문을 다시 읽는 것이 유익 하다. 실제 훈련 실습과 상담심리학자들이 채용된 장소에 대한 설문조사가 긴 세월이 흐르는 가운데 많은 변화를 겪으며 문서화되었지만, 많은 초기 성명서의 적용 가능성 은 진정 괄목할 만하다. 역할과 기능에 대한 다음 정의를 고려해 보라.

상담심리학자들의 전문적 목표는 개인의 심리적 발달을 증진하는 것이다. 여기에는 적절하게 견딜 수 있는 수준의 기능을 하는 사람들부터 보다 심각한 심리적 장애를 겪는 사람들에 이르기까지 적응 연속선상에 있는 모든 사람이 포함된다(APA, 1952, p. 175).

이 전공이 막 태동하는 시기에는 재향군인관리국(Veterans Administration: VA)이 상담 심리학자들을 채용하고자 추진하여 훈련 기준을 정하였다. 재향군인관리국은 의학 및 신경병학부(Division of Medicine and Neurology)에서 직무를 수행할 상담심리학자라는 직위 명칭을 만들어서, 모든 일반 의학 및 수술 환자들에게 상담 서비스를 제공하려 하였는데, 여기는 일반적으로 임상심리학자들이 일하는 정신과 부서 밖의 영역이었다. 노스웨스턴 학술대회에서 확립한 훈련 및 실습 기준이 재향군인관리국 채용 기준으로 사용되었다. 상담심리학 역사상, 재향군인관리국은 상담심리학자들의 주요 채용기관이 되어 왔다. 같은 훈련 기준이, 당시 새로 생긴 미국 전문심리학 자격 심사 위원회(American Board of Examiners in Professional Psychology)에서부터 미국심리학회 박사 교육 위원회(APA Doctoral Education Committee)에서 프로그램 승인 절차를 확립하는 데 이르기까지, 상담심리학에서 자격취득 기준의 토대가 되기도 하였다.

이러한 의견서들을 강구해 냄으로써 상담심리학의 개척자들에게 그들과 심리학 분야의 연계가 증가함을 일깨워 주었다. 앞서 언급했듯이, 1951년에 분야 명칭을 공식적으로 '상담 및 지도'에서 '상담심리학'으로 바꾸었다(APA, 1952).

네 명의 젊은 상담심리학자―Milton E. Hahn, Harold G. Seashore, Donald E. Super, C. Gilbert Wrenn―의 지혜와 주도로 (아마 당시 일부 동료는 무모하다고 생각했을 수도 있겠지만) 상담 및 지도 분과가 주관해 왔던 분야의 발간 요구를 충족하기 위해, 1954년에 『Journal of Counseling Psychology』라는 새로운 주요 경험연구 학술지가 간행되었다. 물론 학술지를 간행하려면 많은 자금이 필요했다. Wrenn은 학술지의 경제적 원천을 다음과 같이 기술하였다.

> 우리는 상담에서 다양한 차원을 대표할 가능한 주주 명단을 확보하고, 한 주당 50불씩 일정 주식을 사도록 요청하였다. 바보스러울 정도로 위험을 감수하며, 더 많이 사고 싶어도 누구도 10주 이상은 살 수 없도록 하였다. …… 왜냐하면 이는 위험한 투자라고 명백히 말했기 때문이었다. …… 반응은 놀라웠다. 나는 시초에 28명의 후보자 명단을 작성했는데, 이 중 19명이 주주가 되었다. 난 애초에 이 특정 명단에 있는 인사를 모두 초청할 수 있으리라는 확신이 없었다!(Wrenn, 1966, p. 486)

『Journal of Counseling Psychology』 창간호는 1954년에 간행되었는데, 이후 상담심리학에서 가장 중요한 경험연구 학술지가 되었다. 첫 10년 발행 기간 동안 이것이 이룬 탁월한 업적으로 인해, 1967년부터 미국심리학회는 이 학술지를 학회 발행 학술지들에 적극 포함시켰다. 오늘날 미국심리학회 학술지들 중에 가장 정선된 학술지 중 하나이며, 『Health Psychology』와 『Professional Psychology: Research and Practice』 다음으로 세 번째로 구독자가 많은 학술지이다(http://www.apa.org/pubs/journals/

features/2012-statistics.pdf). Pepinsky, Hill-Frederick, Epperson(1978)은 발행 이전 시기(1946~1956)의 사회적·정치적 여건들과 이후 상담심리학의 전문직에 대한 영향들을 포함하여, 학술지 발행 첫 25년에 대해 흥미로운 조망을 제시하였다. 1992년의 미국심리학회 100주년 기념 학술지 특별호에 기고된 네 개의 논문에서는 『Journal of Counseling Psychology』의 다른 뛰어난 성과를 명시하고 있다. 이 논문들의 의도는 다음을 제시하는 것이었다.

> 상담심리학자들이 심리학의 핵심 분야들의 지식을 어떻게 사용하여 왔고, 상담심리학자들이 그 지식을 자신의 의도에 맞게 어떻게 변형하고 수정하여 왔는지, 그리고 이러한 과학적 심리학의 핵심 영역에 기초한 상담심리학자들의 지식의 영향이 있어 왔다면 어떠한 영향인지를 면밀히 탐색하는 것이다(Richardson & Patton, 1992, p. 3).

『Journal of Counseling Psychology』(1999~2011) 논문들을 분류해 보면, 전문직의 지속적인 상담에 대한 관심(논문의 18%), 직업적 주제들에 대한 관심(논문의 13%), 문화적 다양성에 대해 증가하는 관심(논문의 39%) 등이다. 『Journal of Counseling Psychology』의 시간에 따른 성장은 1940년대와 1950년대부터 시작해서 현재에도 지속되는 전문직의 성장을 강조하고 있다.

1960년대와 1970년대

상담심리학을 조직적이고 자율적인 전문직으로 창출한 1950년대 일부 문서의 잉크가 채 마르기도 전에, 일부 저자는 그 전공의 정체성에 대해 의문을 제기하고 있었다. 1960년대와 1970년대 초는 전문직 리더십 간에 상당한 자기회의의 시기이기도 했다. 분과의 회원 면에서나 인증된 프로그램 면에서 모두 성장 변동이 없었다.

Whiteley(1980)는 상담심리학의 '쇠퇴'에 관한 1960년대 초 미발행 논문(Berg, Pepinsky, & Shoben, 1980)과 상담심리학이 "현재 빈약한 성장 잠재력을 가지고 있다."라고 결론짓는 논문(Tiedeman, 1980, p. 126)을 밝히고 있다. 이 시기의 다른 논문들은 임상심리학자들에 비해 상담심리학자들의 낮은 수준의 명성을 예로 들고 있다. 쇠퇴하는 성장에 대해서뿐 아니라 미래의 방향성에 대해서도 이러한 긴장이 있었다. 1950년대 상담심리학자와 임상심리학자 모두 상담과 심리치료 활동이 증가하였기 때문에, 일부

상담심리학자는 이 두 전공이 통합할 시기라고 제안하고 있었다. 다른 상담심리학자들은 임상심리학이 교정적(remedial) 치료를 강조하는 데 격렬히 반대하며, 공동체 심리학(community psychology)의 출현과 이 분야의 예방 및 발달적인 활동에 대한 강조에 더 일체감을 느꼈다. 전문직 종사자들은 이 전문직을 비판하는 거의 모든 논문에 대해 반론을 제기하였다(예: Tyler, Tiedeman, & Wrenn, 1980).

이에 대해 분과는 원래 1951년 노스웨스턴 학술대회에서 정한 자기정의와 기준을 다시 재정비하는 두 번째 학술대회를 조직하는 것으로 응하였다. 1964년 그리스턴 학술대회[뉴욕시 컬럼비아 대학교 사범대학 부설 그리스턴 학술대회센터에서 개최]에서 많은 관심사가 광범위하게 논의되었다. 다수의 참가자는 노스웨스턴 성명에 동의하였다. 시대와 맥락의 변화를 인식하면서, 학술대회에서 구체적인 권장사항의 개요로 다음과 같은 성명을 포함하였다.

> 대회 참가자들은 더 나아가 상담심리학자들의 중요한 관심사가 임상, 교육, 산업/인사, 학교 심리학과 같은 관련 전문 분야의 관심사와 중복됨을 인식하고 있다. 모두는 아니더라도 다수는, 다른 심리학자들은 준비할 필요가 없지만 상담심리학에는 필요한 많은 교육 및 실습 과정 준비에 필수적인 전문적 본질과 강조점이 있다는 성명에 찬성한다. 이러한 전문적 본질은 개인의 교육적·직업적, 그리고 비교적 덜 독특한 가족적·공동체적 환경, 정상 발달의 심리, 신체적·감정적·정신적 장애의 심리로 구성된다. 기존의 혹은 변화하는 환경 속에 있는 개인을 더 발달시키기 위해 자산을 평가하고 활용하는 데 전문적 강조점을 둔다(Thompson & Super, 1964, pp. 3-4).

아마도 이렇게 공적으로 명시한 자기회의와 혼란의 측면들은 지난 수십 년간 수립해 온 기반 위에 세운 상담심리학자들의 계속되는 성취들을 숨기거나 최소한 흐리고 있었을 것이다. 진로심리 분야의 이론적·경험적 발달은 상당한 실용적 영향을 주며(예: 새로운 평가도구와 새로운 유형의 치료개입), 확장되고 성장하고 있었다. 심리치료에 필요충분조건들을 만족시키기 위한 상담자 훈련에 대한 연구는 매우 급속히 이루어져 1960년대 말까지 대부분의 상담심리학 연구자는 종종 훈련에 대한 연구자로 인식될 정도였다(Bergin & Garfield, 1971).

주로 Krumboltz와 Thoresen(1969)이 주도하여, 행동에 대한 실험적 분석의 발달은 주류 심리학과 계속 연계하며 상담 이론과 실제에도 이어지고 있었다. 아마도 전문직에 대한 경험적 전문성뿐 아니라 지속적인 개념 발달의 가장 뚜렷한 현시는 1969년에 창간된 학술지 『The Counseling Psychologist』이었을 것이다. 이 학술지는 당시 중요한 이론적·개념적 주제들에 대해 전문적 논의를 고무시키는 데 기여하였다. 창립자이자 초대 편집자였던 John Whiteley(1969~1984)는 각 발행호마다 하나의 주제에 대해 하나의 혹은 여러 주요 개념적 논문을 게재하고, 그에 대한 다른 상담심리학자들과 전문가들의 일련의 반응들을 실었다. 학술지의 주제들을 보면 초기 내담자 중심적, 행동주의적, 직업 상담부터 보다 최근 주제인 건강관리, 다문화 상담, 질적 연구, 사회인지적 훈련 모델 등에 이르기까지 각 10년 단위 주요 관심 주제들을 신속하게 파악할 수 있다. Heppner(1999)는 1969년부터 1999년까지의 학술지 논문들을 나열하며, 상담심리학에서 다룬 상담과 직업 이슈들에 대한 역사적 초점을 부각시켰다. 또한 Flores, Rooney, Heppner, Browne, Wei(1999)는 상담심리학에서 문화적 다양성을 포함하며 진화하고 있는 관심사들에 주목하였다. 2000년부터 2011년까지의 논문들을 살펴보면, 『The Counseling Psychologist』 논문의 다수(35%)는 그야말로 인종, 성별, 성적 취향, 국제적 주제들을 포함하며 다문화적 이슈들에 대해 초점을 맞춰 왔다. 대조적으로, 2000년부터 2011년까지 논문들의 10% 이하가 전문직의 이동과 변화에 다시 주목하면서 직업적 이슈들에 초점을 맞추었다.

비록 상담심리학에 대한 정체성 문제(우리는 우리가 누군지 확실히 아는가?)는 아직 완전히 해소되지는 않았지만, 1970년대에 이르러 정체성 이슈의 특징이 '이 분야가 존재해야 하는가'라는 비관적 견해에서 '다른 분야와 관련해서 어떻게 정의되어야 하는가'로 달라졌다. 1970년대 과제는 상담심리학이 많은 측면을 공유하는 다른 모든 전문직과 어떻게 연계될 수 있는지를 모색하는 것이었던 것으로 보인다.

미국심리학회 승인 훈련 프로그램의 숫자 면에서 보면, 1970년대 초에는 전문직의 최하점이었다. 하지만 20세기의 마지막 수십 년 동안 인증 프로그램의 수는 어떠한 기준으로 보든 괄목할 만큼 증가하였다. 이러한 성장의 한 주요 요인은 전문심리학의 자격 기준 설정에 대한 상당한 발달이었다. 1960년대에는 심리학자들의 자격부여 절차를 발달시키는 주가 증가하였고, 이에 더해 건강보험 정책에서 정신건강 혜택을 보다 널리 포함하면서, 보험의료 서비스 제공을 위해서뿐 아니라 심리학자들의 자격증 획득을 위해 어떤 적합한 훈련을 시킬지에 대한 질문이 모든 심리학에서 제기되었다. 심리학에서의 훈련 문제를 다루기 위해 1973년에 베일 학술대회가 열렸고, 심리학 분야 건강 서비스 제공자 국가 등록원(National Register of Health Services Providers in

Psychology)과 미국심리학회가 후원하는 다른 학술대회들이 열렸다. 그 결과, 프로그램 교과과정과 정체성이 훨씬 더 명세화되었다. 1975년에는 상담심리학 훈련 프로그램 위원회(Council of Counseling Psychology Training Programs: CCPTP)가 설립되었다.

상담심리학에서 가장 중요한 시사점은 자격기준 발달이 인정되어 심리학적 훈련이 심리학과 그 외의 다양한 분야, 예를 들면 교육대학, 경영대학, 의과대학, 심리대학들에서 실시되었다는 점이다. 심리학 프로그램이 (상담 및 지도 분야의 많은 프로그램의 거처가 된) 교육대학에 존재한다는 공식적 인정은 심리학(Psychology) 프로그램으로서 프로그램의 정체성에 대한 새로운 요건들[만약 졸업생이 심리학자(Psychologist)[1] 자격증을 획득하기 위해 갖추어야 할 것이 있다면 필요한 요건들]과 더불어, 이전에 '상담 및 지도'로 인정된, 그러나 스스로는 상담심리학자로 훈련받았다고 생각한 졸업생들을 오래전부터 배출한 많은 프로그램에 즉각적으로 영향을 미쳤다.

많은 프로그램은 미국심리학회 인증을 받기 위한 교과목, 교수진, 자원 등을 확보하기 위해 필요한 변화가 무엇이든 가능한 한 신속하게 취했다. 이러한 급속한 성장으로 새로운 정치적 강점을 가지게 되었다. 상담심리학은 미국심리학회 내에서 1950년대에는 있었으나 1960년대와 1970년대 초에 약해졌던 대표성과 리더십 역할을 1970년대 말에 일부 회복하였다. 상담심리학 분과와 상담심리학 훈련 프로그램 위원회 간부들의 리더십은 전문직 역사상 처음으로, 임상, 학교, 산업/조직 심리학의 리더들과 미국 인사 및 지도 학회(American Personnel and Guidance Association)의 리더들과 함께 상담심리학과 중복되었거나 구별되는 역할에 대한 이해를 높이려는 목적으로 지속적인 대화를 하였다. Heppner, Casas, Carter, Stone(2000)은 이러한 다양한 조직의 리더 위치에 있었던 많은 사람과 1990년대 말에 인터뷰하였다. 이들은 1970년대와 1980년대의 전문심리학에 대한 역사적 사실들뿐 아니라 정치적 발달과 관련해서 흥미를 자아내는 관점들을 제공하고 있다.

1980년대와 1990년대

1980년대는 두 가지 논문집 발간으로 시작되었다. 하나는 서기 2000년을 바라보는

---

1) 역자 주: 심리학자(Psychologist)는 임상심리학자와 상담심리학자를 포함해 미국에서 가장 높은 수준의 자격증 이기도 하여, 우리나라의 상담심리사 1급 혹은 임상심리사 1급에 해당함.

것이었고(Whiteley & Fretz, 1980), 또 다른 하나는 "다가오는 10년(The Coming Decade)"
을 보는 것이었다(Whiteley, Kagan, Harmon, Fretz, & Tanney, 1984). 두 논문집 모두 전문
직이 어떻게 다음 세대 상담심리학자들의 발달에 기여할지에 대한 접근이었다.

상담심리학의 성숙한 면을 가장 가시적으로 드러내는 지표는 전문직에 대한 첫 번
째 포괄적인 논문집(handbook)들, 즉 『Handbook of Counseling Psychology』(Brown &
Lent, 1984), 『Handbook of Vocational Psychology』(Walsh & Osipow, 1983), 두 전집
시리즈의 시작인 『Advances in Vocational Psychology』(Walsh와 Osipow가 편집함),
Brooks/Cole 시리즈인 『Counseling Psychology』(Whiteley와 Resnikoff가 편집함)의 발간
이다.

또한 이 시기에 상담심리학에 대한 리뷰 논문 세 편이 『Annual Review of Psychology』
(Borgen, 1984; Gelso & Fassinger, 1990; Osipow, 1987)에 실렸는데, 이 분야에서 증가하는
다양성을 지적하며 광범위한 주제들을 다루고 있다. Borgen(1984)은 "이 학문이 활력
과 해결을 낳고 있다."(p. 597)라고 특히 언급하였다. Osipow(1987)는 특히 경력 상담과
직업적 발달 분야에서 학문의 장점을 탐색하였다. Gelso와 Fassinger(1990)는 연구자들
이 초기 비평가와 평론들의 방법론적 · 개념적 권유들을 받아들이며 1980년대에 이룬
성취를 칭찬하였다.

다시 말하면, 처음의 두 주자는 성숙한 모습으로 자신감을 나타내며 전문직이 일부
비전통적인 연구방법을 볼 수 있게 하였다. 전례 없이 처음으로 『Journal of Counseling
Psychology』는 1987년 10월에 오로지 연구 설계에 대한 주제만을 다루는 특별호를 발
행하였다. 『The Counseling Psychologist』 역시 1989년 1월에 대안적 연구 패러다임에
대해, 이에 대한 교육에 특별한 주의를 두면서 특별호를 발행하였다. 또 다른 선발대는
1990년대의 시작과 함께 나타났다. Gelso와 Fretz가 1992년에 오로지 상담심리학 분야
에 기여하는 첫 번째 교재를 발간하였다(독자가 읽고 있는 이 책은 그 3판임). 이는 이 분
야의 첫 번째 교재일 뿐 아니라 전체가 상담심리학에만 완전히 전념하는 유일한 책으
로 남아 있다.

다른 전문 분야와 조직들이 공통적으로 상담심리학을 인정하는 것으로 전문직이 성
숙하고 있음을 알 수 있었다. 1980년대 어느 시점에서 미국심리학회 내 거의 모든 주
요 이사회와 위원회 의장은 상담심리학자들이 차지하였고, 자격 인증 관련 조직들의
이사회, 예를 들면 심리학 분야 건강 서비스 제공자 국가 등록원, 미국 전문 심리학 이
사회(American Board of Professional Psychology), 미국 주 심리학 이사회 연합(American

Association of State Psychology Board) 등도 그러하였다. 상담심리학의 초창기에는 매우 소수의 상담심리학자가 미국심리학회에서 리더 역할을 수행하였다. 그러나 그들은 미국심리학회 이사장(John Darley)이나 미국심리학회장(Leona Tyler)과 같은 핵심 지위에 있기도 하였다. 1970년대 말까지 자격증 수여, 전공에 대한 정의, 이와 유사한 주제들에 대한 많은 비판적 이슈가 등장했다. 당시 상담심리학자들의 목소리가 심리학의 전문직 내에서뿐 아니라 의료보험과 교육기관들에서 보다 온전하게 받아들여지는 데 매우 필수적이게 되었다. 1998년까지 미국심리학회 이사회의 14명 이사 중 7명이 상담심리학 박사학위를 받은 사람들이었다(Heppner et al., 2000). 1999년까지 미국심리학회 대표위원회(APA Council of Representatives)와 미국심리학회 기초 입법부(APA's primary legislative body)에 유례없이 많은 수의 상담심리학자가 기여하였다. 상담심리학 영역 밖의 넓은 영역의 분과와 주 연합회에 있는 여러 영역의 동료들이 이러한 상담심리학자들을 선출했다. 점점 더 많은 상담심리학자가 상담심리학 밖의 조직과 정부의 최고위직에 진출하기 시작하였다. 예를 들면, 미국 의회에 선출된 최초의 심리학자(Ted Strickland이며, 2007년 오하이오주 주지사가 되었다)는 상담심리학자이다. 그러한 리더의 역할을 하던 상담심리학자들은 이러한 주요 사회기관들이 장점과 자산들에 있어서의 개인차, 개인-환경 간 상호작용, 문화적 다양성을 수용하는 방법 등에 관한 상담 전문직을 이해하도록 하였다.

상담심리학자들 간의 그러한 열정과 리더십에 대해, 이 분야는 많은 사람이 오랫동안 요청해 온 제3차 전국 규모 상담심리학 학술대회를 개최하는 것으로 화답하였다. 1987년 4월에 조지아 학술대회가 개최되었다. 비록 이전 학술대회들에 비해 정부나 재단의 후원은 적었지만, 이 효력 있는 학술대회에 180명이 넘는 심리학자가 참여하였다. 여기에서 5개의 과업 팀(task group)이 구성되었는데, 각각은 훈련과 자격증 수여, 연구, 조직적 정치적 구조, 대외 이미지, 그리고 다양한 장면에서 전문적 실습 등의 영역을 담당하여 권장사항을 준비하였다. 전문직 발달을 위해 각 팀이 제시한 권장사항은 『The Counseling Psychologist』 1988년 7월호에 게재되었다.

Rude, Weissberg, Gazda(1988)는 학술대회에서 논의된 공통 주제들을 다음과 같이 요약하고 있다.

첫째, 우리는 과학자-실무자이다. …… 정체성에 대한 논의에서…… 상담심리학자들은 "개인의 긍정적 정신건강…… 적응적 방략…… 힘 실어 주기"도 강조한다. 또한 상담심리학자의 비전의 범위(scope of vision), 개인뿐 아니라 집단과 시스템 수준의 정신건강 증진, 전 생애에 걸친 발달, 개인 영역뿐 아니라 직업 영역에서의 적응과 만족, 교정만이 아닌 예방과 강화 등에 대한 관심이 논의되었다(pp. 425-426).

　Rude 등(1988)은 모든 과업 팀이 인종, 성별, 나이, 성적 취향과 같은 문화적 변인들 맥락 내에서 사람과 행동을 관찰하는 것이 중요하다고 재확인하는 것을 마지막으로 관찰하였다. 학술대회 참여자들은 다양한 역할을 장려하였으며, 상담심리학의 핵심 주제가 실행 가능하도록 열정적으로 헌신하였다.

　1980년대 말까지, 그동안 성취해 온 것이 의미 있다는 느낌은 직업 장면, 이론적 방향, 성별, 인종, 라이프스타일 등의 측면에서 전문직 내의 다양성을 보다 많이 수용하도록 하였다. 상담심리학자들은 다양성 문제와 싸우거나 둘 중 하나만을 선택해서 가야 한다는 압박감(예를 들어, 교정적/치료적 대 발달적/교육적)을 느끼기보다는 다양성을 수용하고 그 안의 장점을 찾고 있었다. 1989년도 상담심리학 분과 회장이었던 Naomi Meara는 연례 정기 학회에서 "통합된 다양성(unified diversity)"을 주제로 선정하였다(Meara, 1990). 비록 상담심리학자들은 다양한 장면에서 다양한 역할을 하지만, 통합된 관점과 이념을 공유한다. 보다 활발하고 엄격한 전공, 즉 "과학자-실무자들이 연구, 교육, 훈련 등 매우 다양한 활동을 하고, 측정, 치료, 평가 영역의 모든 범위의 심리학적 서비스를 제공하는, 명확하게 정의된 심리학적 전공"이 등장하였다(Meara & Myers, 1998).

　1980년대 말과 1990년대 초에는 정체성 발달과 내적 탐색 관점을 넘어서, 더 많아진 심리학 전문직에 부합할 수 있는 상담심리학이 되기 위한 보다 큰 관점이 대두하였다. 심리학과 관련된 전국 수준의 중요한 정치적 변화가 일어나고 있었다. 예를 들면, 미국심리학회 일부 회원이 학회의 응용적 임상적 이슈들에 대한 초점이 증가하는 것에 대해 불만을 가지고 학회에서 나와 1988년에 미국 심리학 사회[American Psychological Society; 2006년부터는 심리과학학회(Association for Psychological Science)로 변경됨]를 만들었다. 상담심리학의 성장과 더 커진 미국심리학회 조직과의 관계에 대한 응답의 일환으로 상담심리학 분과는 1992년 당시 Bruce Fretz 회장하에 현재의 부회장 구조를 만들며 재편되었다(Delgado-Romero, Lau, & Shullman, 2012; Heppner et al., 2000). 회장 트리오(현 회장, 차기 회장, 전 회장)에 더하여, 5명의 부회장이 구체적 영역들, 즉 다양성과 공익(Diversity and Public Interest), 교육과 훈련(Education and Training), 전문 실습(Professional Practice), 과학 사무(Scientific Affairs), (2006년에 추가된) 의사소통 (Communication)을 감독하였다. 부회장직은 제17분과 회원들의 전문가적 발전을 지원 하는 것뿐 아니라 미국심리학회 내 분과의 보다 적극적인 리더십을 촉진하기 위해 만 들어졌다. 새 구조 개편을 통해 하위 부서들, 특수 관심 집단들, 특수 과업 팀들이 생겼 다. 하위 부서들은 상당수의 회원이 등록하고 유지될 수 있고, 자체 프로그램을 제공 하고 학회를 개최할 수 있는 관심 집단들을 보유하도록 하였다. 새로운 구조는 기대 이 상으로 성공적이었다. 이러한 새 구조 개편 후 5년도 안 지나서 엄격한 부서 형성 기 준을 충족하는 6개의 관심 집단이 생겼다. 이들은 건강상담심리학(Counseling Health Psychology), 민족과 인종 다양성(Ethnic and Racial Diversity), 상담심리학의 독자 실습 (Independent Practice of Counseling Psychology), 성적 소수자 인식[Lesbian, Gay, and Bisexual Awareness(현재는 Lesbian, Gay, Bisexual and Transgender Issues로 바뀜)], 직업 심 리학 사회(Society for Vocational Psychology), 여성 부서[Section on Women(현재는 Section for the Advancement of Women으로 바뀜)]이다. 이 글을 쓰는 시점에는, 상담심리학 내 종교적 · 영적 이슈 채택(Adoption to Religious and Spiritual Issues)부터 군 이슈(Military Issues)에 이르는 9개의 특수 관심 집단이 추가되어 총 13개의 부서가 있다. 비록 "분과 의 초기 리더들이 그들의 주도권에 기인한 다면적이고, 복합적이며, 효율적이고, 관리 가 잘되는 조직을 예견했는지는 의문이지만"(Meara & Myers, 1998, p. 19), 우리는 상담 심리학의 의도에 관한 그들의 예견력, 비전, 명료성에 빚지고 있다.

또한 1999년에 미국심리학회의 전문심리학의 전공 및 숙련성 승인 위원회(Commission Recognition of Specialties and Proficiencies in Professional Psychology: CRSPPP)가 상담심 리학 전공을 승인한 것은 1990년대 전문직에 매우 중요한 일이었다. 1986년에 미국심 리학회 위원회(APA Council)는 심리학 내 전문 교육 및 훈련 프로그램의 승인 범위를 전 통적으로 전공들로 간주된 영역들을(예: 임상심리학, 상담 및 학교 심리학)을 넘어서 더 확 장하자는 결의안을 통과시켰다. 승인 범위와 기준에 대한 특별전문위원회(Task Force on the Scope and Criteria for Accreditation) 결성의 결과로 1995년에 전문심리학의 전공 및 숙련성 승인 위원회가 설립되었다(Heppner et al., 2000). 전문심리학의 전공 및 숙련 성 승인 위원회는 기존의 전공들이, 조망과 초점 면에서 전공의 독특성을 증명하는 과 정으로, 하나의 전공으로 재지명(redesignation) 신청을 하도록 요구하였다. 이 시기에 임상심리학과 상담심리학 간의 차이와 임상(clinical)이라는 용어가 광범위하고 보다 포 괄적인 방식으로 사용되는 것에서 생기는 혼란이 있었다. 1997년에 미국심리학회 회장

Norm Abeles는 이러한 이슈들을 검토할 특별전문위원회를 결성하였다. 새로운 용어[건 강 서비스 심리학자(health service psychologist)]가 이 과정에서 등장하였고, 많은 수의 전공 (예: 임상, 상담, 학교 심리학)이 포함되었다. 1998년 미국심리학회 위원회는 이러한 전공 들이 만든 공문서상 정의를 승인하였다. 이 정의는 "이 분야의 전공들로서의 역사적 입 지"를 확고히 구축하는 것이었다(Heppner et al., 2000, p. 17). (상담심리학의 공문서상 기 술을 보려면, 『The Counseling Psychologist』에 게재된 APA, 1999를 보라.)

21세기 상담심리학

새로운 세기는 상담심리학의 중심 가치를 재확인하면서도 이 분야에 많은 변화를 가져왔다. 세기가 변하면서 상담심리학 분과는 2003년에 그 명칭을 상담심리학 사회 (Society of Counseling Psychology: SCP)로 변경하였다. 여기서 우리는 지난 10여년 내에 상담심리학에 영향을 미친 3가지 특정 영역, 즉 제17분과와 미국심리학회 내에서의 리 더십, 실무 지침서의 발달, 상담심리학자들이 포용성과 장점에 기반을 둔 비전들로 향 하기 위해 모인 학술대회들의 영향에 초점을 맞추고자 한다.

상담심리학 사회(SCP)의 리더십

2000년에 제17분과 회장이었던 Jean Carter는 전문직이 실습 이슈들에 투신할 것을 명백히 표명하며, 최초로 실무자로서 회장이 되었다. 그녀의 주제는 "새 천 년을 위한 새로운 전통(New Traditions for a New Millennium)"이었고, 미국심리학회와 대외 조직 들 내에서 상담심리학을 보호하고 촉진하기 위해 상담심리학 전공 위원회(Council of the Specialty of Counseling Psychology)를 설립하였다. 그녀의 계획은 매우 성공적이었 고, 최근에도 많은 상담심리학자가 미국심리학회 내 모든 수준의 위원회에서 일하고 있다. 세기가 바뀐 이래 다른 여러 회장의 주제들은 전문직의 기반이 되는 중심 가치에 접근하고 상담심리학의 미래를 준비하는 것이었다. 매우 주목할 만한 것은 다양성과 사회정의[예: 2010~2011년에 Tania Israel이 초점을 둔 "특권 탐색(Exploring Privilege)"]에 대 해 힘주어 강조하며, 다문화주의에 지속적으로 초점을 두어 온 것이다. 예방에 대한 이 슈들[예: Andy Horne의 2012~2013년 주제인 "내일의 요구에 대한 오늘날의 접근: 상담심리 학에서의 진흥, 예방, 그리고 그를 넘어서(Addressing Tomorrow's Needs Today: Promotion, Prevention, and Beyond in Counseling Psychology)"]을 다시 강조하고, 미국 밖의 상담심리학자들을 포함하며(2008 국제 상담심리학 학술대회에 대한 다음의 기술을 보라) 국제화에 대한 초점 역시 증가해 왔다.

마지막으로, 상담심리학의 미래에 대한 염려와 미래 지도자에 대한 지지를 확실히 하기 위한 열망이 다시 제기되어 왔다. 한 예로서, Barry Chung의 "상담심리학의 미래를 위한 캠페인(Future of Counseling Psychology Campaign)"(2011~2012년)의 일환으로 새로운 리더십 아카데미(Leadership Academy)가 경력 초기 전문가들을 위해 설립되었다. 이 교재를 쓰는 시점을 기준으로 가장 최근 세 회장의 주제들이 예로서 여기에 나열되어 있다. 모든 회장의 주제는 상담심리학 사회 홈페이지에 있는 소식지에서 볼 수 있다(http://www.div17.org 참고).

최근 몇 년 동안, 상담심리학자들은 미국심리학회 내에서 더 높은 리더십 위치로 이동하였다. 예를 들면, 이 책을 수정하는 시기에 가장 최근 미국심리학회 회장 세 사람 중 두 사람, 즉 2010년 회장인 Carol Goodheart와 2011년 회장인 Melba Vasquez가 상담심리학자였다. 그러한 강력한 리더십 덕분에, 전문직은 자신에 대한 정의를 시도하는 것에서 전국적 그리고 국제적 수준에서 상담심리학의 핵심 가치를 진흥하는 것에 초점을 두는 것으로 성숙해 갔다. 우리는 상담심리학 가게에 무슨 물건이 있는지 몇십 년 앞서 보면서 신날 것이다.

실무 지침

상담심리학 사회와 미국심리학회 회장들은 상담심리학과 심리학을 위해 보다 넓은 리더십과 비전을 명백히 나타내었고, 회원들 또한 많은 비전 있는 리더십을 보여 주었다. 제17분과 회원들이 미국심리학회와 함께 실무 지침을 만드는 데 참여했다는 것이 그들의 에너지와 지지를 증명하는 한 예이다. 세기가 변한 이래로 미국심리학회 위원회는 많은 실무 지침을 통과시켰다. 실무 지침은 실무자들이 능력을 발달시키고 유지하는 데 도움을 주기 위한 실용적인 도구로서 그리고 실무자들이 새로운 능력을 발달시키기 위한 교육적 도구로 고안되었다.

2000년 미국심리학회는「Guidelines for Psychological Practice With Lesbian, Gay, and Bisexual Clients」(APA, 2000)를 채택하였다(2011년에 수정됨. APA, 2012b 참고). 비록 이 프로젝트는 제44분과에서 주로 담당하였지만, 제17분과 회원들도 모든 과정에 관여하였다. 2002년 제17분과와 제45분과가 주도해서「Guidelines for Multicultural Education, Training, Practice, and Organizational Change for Psychologists」를 만

들고 채택하였다(APA, 2003a 참고). 2004년에 제17분과 회원들은 「Guidelines for Psychological Practice With Older Adults」 마련에 참여하였다(APA, 2004a 참고). 2007년에 미국심리학회 위원회는 제17분과와 제35분과가 공동 참여한 특별전문위원회가 마련한 「Guidelines for Psychological Practice With Girls and Women」을 채택하였다(APA, 2007b 참고). 이 책을 쓰는 시점에서 가장 최근인 2011년에 미국심리학회 위원회가 제17분과 회원들이 참여하여 만든 「Guidelines for Assessment of and Intervention With Persons With Disabilities」 역시 채택하였다(APA, 2012a 참고). 매우 명백히, 제17분과 회원들의 고취적 노력이 이 분야와 다양한 종류의 능력이 요구되는 실무자들에게 지대한 영향을 미쳤다.

학술대회

상담심리학은 가장 최근의 학술대회가 증명하듯이 계속 진화하며 초점이 바뀌고 있다. 전국 다문화 학술대회 및 정상회담(National Multicultural Conference and Summit: NMCS)이 1999년 캘리포니아주 뉴포트 비치 회의를 통해 개최되었고, 이후 격년으로 열리고 있다. 이 학술대회는 제17분과(상담심리학 사회), 제35분과(여성심리학 사회, Society for the Psychology of Women), 제44분과(레즈비언, 게이, 양성애자, 성전환자 이슈에 대한 심리학연구 사회, Society for the Psychological Study of Lesbian, Gay, Bisexual, and Transgender Issues), 제45분과(소수인종 이슈에 대한 심리학연구 사회, Society for the Psychological Study of Ethnic Minority Issues) 등 미국심리학회 4개 분과가 공동으로 후원한다.

2001년에 제4차 전국 학술대회가 상담심리학 훈련 프로그램 위원회와 공동으로 텍사스주 휴스턴에서 개최되었다[학술대회 내용에 대해서는 Fouad 등(2004)의 논문 참고]. 대회 주제는 "상담심리학자: 변화하기(Counseling Psychologists: Making a Difference)"였다. 대회는 전문직을 위한 적극적인 안건을 만들고, 효과적인 실무 능력으로 상담 업무를 수행하도록 돕기 위해 구현되었다(Fouad et al., 2004). 2001년 미국심리학회장 Norine Johnson은 "건강한 세상 만들기: 상담심리학의 비전(Building a Healthy World: A Vision for Counseling Psychology)"이라는 제목의 개회 연설을 하였다. 그리고 기조연설, 심포지엄, 포스터 발표, 비공식적 공개회의 등이 있었다. 학술대회의 주요 초점은 지역사회의 폭력문제에서부터 노숙자, 인종차별, 관리의료제도의 도덕적 난제들에 이르는 주제들을 다루는 여러 사회운동집단(social action group) 만들기였다. 각 집단은 구체적 권유사항들을 발달시켰고, 전문직을 사회정의와 사회변화에 더 많이 투신하도록 이끌었다.

2006년에 상담심리학 사회는 텍사스주 산안토니오에서 열린 이민에 대한 미국심리학회 전문가 정상회담(APA Expert Summit on Immigration)을 공동 후원하였다. 이 회담의 의제는 "국제 현실: 교차와 전환(Global Realities: Intersections and Transitions)"이었다. 그리고 2008년에 상담심리학은 "미래창조: 변화하는 세계에 있는 상담심리학자(Creating the Future: Counseling Psychologists in a Changing World)"라는 의제로 제5차 학술대회(동시에 최초의 국제학술대회)를 시카고에서 개최하였다. 이전 학술대회와 마찬가지로 이 대회에서는 기조연설, 심포지엄, 원탁회의 등이 있었지만, 초점은 전 세계의 여러 상담심리학자(예: 실무자, 연구자, 경력 초기 전문가, 중견 전문가, 학생) 간의 협력을 증진시키는 것이었다. 21개의 작업집단에 속한 참여자들은 소규모의 상호 집단경험을 하였다. 결과는 매우 성공적이어서, 40개국을 대표하는 1,400명 이상의 상담심리학자가 참여하였다(Forrest, 2008). 제5차 학술대회는 전문직을 자기초점을 넘고, 미국 초점을 넘어서 전 세계 상담심리학자들과 온전히 협력하도록 하는 데 공헌하였다.

요약

비록 상담심리학의 문서상 공식 역사가 이제 막 21세기에 들어섰지만, 전문직의 뿌리는 19세기 말과 20세기 초의 사회문화적 발달과 학문적 발달에 있다. 상담심리학은 공식적으로 1946년 E. G. Williamson과 John Darley가 미국심리학회 내 상담 및 지도 분과(제17분과)로 설립하였다. 제17분과의 명칭은 공식적으로 1952년에 상담심리학 분과(Division of Counseling Psychology)로 변경되었고, 1954년에 『Journal of Counseling Psychology』가 발행되었다. 상담심리학 초기는 상담 분야와 심리학 분야와 이중 관련을 결합하는 데 씨름하며, 스스로에 대한 정의를 내리는 데 보냈다. 또한 1949년 보울더 학술대회에서 과학자-실무자 모델을 강조하였고, 후에 상담심리학의 최초 전국 학술대회(1951년 노스웨스턴 학술대회)에서 이를 재천명하였다.

1964년에 제17분과의 학술지인 『The Counseling Psychologist』가 발행되었고, 제2차 전국 학술대회(그리스턴 학술대회)가 개최되었으며, 이 대회에서 상담심리학을 근거 있고 활기 있는 전문직으로 굳게 확립하였다. 1970년대에는 정체감이 성장하여 1975년에 상담심리학 훈련 프로그램 위원회가 설립되었다. 1980년대에 상담심리학은 제3차 국제 학술대회(1987년 조지아 학술대회)를 개최하였으며, 논문집(handbook)들(예: Brown & Lent, 1984; Walsh & Osipow, 1983)을 발간하기 시작하여 분야의 성숙성 향상을 확립하였다. 1999년에 이르러 상담심리학은 전문심리학의 전공 및 숙련성 승인 위원회를 통해 전공을 인정받았다.

21세기의 시작 무렵, 제17분과의 리더십은 2003년에 상담심리학 사회로 개명하고, 다문화주의, 국제화, 이 분야의 미래에 대한 관심 등을 크게 강조하였다. 상담심리학은 (소녀와 여성; 레즈비언, 게이, 양성애 내담자; 다문화 교육, 훈련, 연구, 실무, 조직 변화; 노인; 장애인을 위한) 실무 지침을 발달시키면서 응용심리학 분야를 더 넓히는 데 적극적이었다. 그리고 상담심리학은 제4차(2001년 휴스턴)와 제5차(2008년 조지아) 학술대회를 열었다. 2008년 시카고 학술대회는 분과의 최초 국제 학술대회였다. 상담심리학이 지속적으로 유지한 다섯 가지 중심 가치(강점과 최적의 기능; 발달과 직업적 성장에 대한 초점; 사회정의와 다문화주의에 대한 투신; 간결하고, 교육적이고, 예방적인 치료개입에 집중; 과학자-실무자 모델 고수)는 분야가 성장하는 데 튼튼한 기초가 되었다. 이제 거의 70세가 되는 상담심리학 분야는 보다 정력적이고, 모든 사람의 요구를 진전시키는 데 더 투신하고, 심리학이 다음 시대에 연구, 실무, 서비스를 잘하도록 이끄는 데 더 기여한다.

제 **3** 장

상담심리학자의 윤리적 가치

    윤리적인 심리학자가 되기 위해서는 무엇이 필요한가? 우리는 이어지는 장에서 상담 및 연구의 기초를 제시하기 전에 윤리적 문제, 원칙 및 표준을 신중하게 검토한다. 내담자의 웰빙에 전적으로 집중하는 것은 훌륭한 상담 기술을 사용하는 것 이상의 문제이다. 심리학자들이 좋은 기술을 사용하는 것 이상으로 가져야 할 전문적인 의무는 무엇인가? 상담자가 할 수 있고 할 수 없는 것을 규정하는 규칙이 있는가? 무엇을 하고 무엇을 하지 말아야 하는가? 이 장은 모든 심리학자가 지켜야 할 현행 윤리 기준을 독자들에게 알려 줄 뿐 아니라, 모든 윤리적 상황을 해결하는 데 있어서 규범의 한계를 인식하게 하여, 상담자로 하여금 내담자, 동료 및 사회에 도움이 되는 방식으로 행동하게 한다.

    왜 윤리적인 기준이 필요한가? 어떤 기초에 의해 현재의 기준들이 선택되는가? 이러한 기준들은 인간 복지를 높이고 적절하게 보호하기에 충분한가? 이 장의 첫 번째 절에서 이러한 질문들에 깔려 있는 주요 쟁점들을 확인할 수 있다. 두 번째 절에서는 미국

http://dx.doi.org/10.1037/14378-003

Counseling Psychology, Third Edition, by C. J. Gelso, E. N. Williams, and B. R. Fretz

심리학회(American Psychological Association: APA)의 2002년 심리학자 윤리 원칙 및 윤리 강령(Ethical Principles of Psychologists and Code of Conduct)의 개관을 제공하고, 시간의 흐름에 따른 강령의 변화를 조명한다.

세 번째 절은, 미국심리학회 윤리 강령의 위반 가능한 행동의 각각의 예와 해설을 제공한다. 우리가 선택한 예시는 대체로 성 착취와 기밀 유지의 명백한 위반과 같은 윤리 위반에서 비롯된 것들인데, 언론이 강조하는 것 이상의 민감성을 높이기 위해 선택되었다. 네 번째 절에서는 '윤리적' 또는 '비윤리적'으로 식별될 수 있는 구체적인 행동과 비교된 윤리적 딜레마의 개념을 탐구한다. 이러한 상황은 심리학자에게 어려운 도전이 되는데, 왜냐하면 그러한 상황에서 취할 수 있는 단순히 옳고 그른 행동이 없기 때문이다. 그것들은 지난 10년간 심리학자들에게 제기된 논란의 여지가 많은 윤리적 문제들 중 두 가지를 포함한다. 심리학자의 윤리적 기준 및 행동 규범의 실행과 관련해서 발견된 문제나 어려움 중 일부는 이 장의 마지막 절에서 논의된다.

이론적이고 응용적이며 경험적 맥락을 통합한 이 절을 통해, 독자가 Meara, Schmidt, Day(1996)의 미덕 윤리(virtue ethics)에 대한 목표를 달성할 수 있기를 희망한다.

> 전문적인 강령, 변화하는 관습, 다문화 공동체, 지적 및 기술적 진보에서 도덕적인 영
> 역(이론, 원리, 미덕 및 기타 구성 요소)을 반영하고 이해하는 것은 개인의 윤리적 결정
> 과 정책 및 성격을 향상시키는 방법을 제공한다(p. 70).

윤리에 있어 진화하는 담론

사회 내 대부분의 주요 전문 서비스업은 어떤 행동은 명령하고 어떤 것은 금지하는 윤리 강령을 개발해 왔다. 전문이라는 것은 정의상으로는 "일반 대중이 쉽게 이용할 수 없는 전문 기술과 역량"(Biggs & Blocher, 1987, p. 3)이라는 의미를 가지고 있기 때문에 대중은 유능한 전문적 행동을 구성하는 요소에 대해 잘 알지 못한다. 따라서 전문가라는 개념에는 특정 전문가 그룹의 구성원들이 자신과 다른 회원의 행동을 모니터하여 대중에게 유능한 서비스를 제공한다는 신뢰가 포함된다. 주목해야 할 두 요소로 전문가는 자신의 서비스에 대해 유능해야 하며, 동료 전문가들이 유능한 서비스를 제공하고 있는지 살펴보는 것은 그들의 책임이다. 어떤 개인이 의사, 변호사 또는 심리학자

에게 접촉할 때, 그들은 일반적으로 무엇이 최선인지 모른다(도움이 필요하다는 것 외에는). 그러면 어떤 사람은 시장 원리에서 구매자가 주의를 기울여야 하는 '매수자 위험부담 원칙(caveat emptor)'이 옷이나 냉장고 같은 제품에는 적용되나 인간 서비스에는 적용되지 않는다고 할 수 있다. 그러나 상담심리학자들은 모든 정신건강 전문가와 마찬가지로 대중의 신뢰에 최고의 책임을 진다. 그들에게 도움을 구하는 사람들은 어려움에 처해 있고, 취약하며, 결과적으로 착취와 조작의 대상이 되기도 한다. 내담자의 신뢰는 직업에서 가장 가치 있는 상품 중 하나이다. 그럼에도 불구하고 종종 윤리는 문제가 발생한 후에야 고려되기도 한다.

전문 윤리에 대한 몇 가지 기준의 필요성은 대부분의 전문가들에 의해 널리 인정되어 왔다. 그러나 그러한 강령의 개발은 상당히 논란의 여지가 있다(미국심리학회 윤리 강령의 발전사는 다음을 참고하라.; Joyce & Rankin, 2010; Knapp & VandeCreek, 2003; Pope & Vetter, 1992). 1953년에 미국심리학회가 최초로 윤리 강령을 발표한 이래로, 2010년 개정안의 표준인 1.02절과 1.03절에 대한 최신 갱신을 포함하여 10건의 개정(1959년, 1963년, 1968년, 1977년, 1979년, 1981년, 1989년, 1992년, 2002년; Barnett & Lorenc, 2003)이 있었다. 윤리 강령과 1938년 이후 윤리적 강령을 모니터하는 미국심리학회 위원회의 존재에도 불구하고, 미국심리학회 윤리위원회에 제기된 사례가 1995년에 정점에 이를 때까지 증가했다. 1995년 이래 윤리교육이 박사과정 교육에서 공통된 부분이 되면서(Welfel, 1992), 미국심리학회 윤리위원회에 제기된 윤리 사례가 꾸준히 감소했다(APA, 2003b, 2007c, 2012c). 윤리위원회에 제기된 사례의 감소는 좋은 소식이지만, 심리학자는 윤리 강령을 이해할 뿐만 아니라 이들을 다양하고 복잡한 전문적 상황에 적용할 수 있어야 한다. 그렇지 않으면 공공의 신뢰가 침식될 뿐만 아니라 대중의 신뢰에 해를 미칠 위험이 있다(Meara et al., 1996).

> 효과적인 자기규제는 명확하게 쓰이고, 널리 전파되고, 엄격하게 시행되는 윤리 강령 이상을 수반한다. 어떠한 상황에서 어떤 행동이 윤리적이거나 비윤리적인지, 어떤 행동이 전적으로 윤리적이고 비윤리적인지에 대한 정교한 판단을 내릴 수 있는 회원들이 필요하다(Welfel & Lipsitz, 1984, p. 31).

따라서 윤리 강령을 넘어서 무엇이 더 필요한가? 1980년대 초반에 심리학자의 수가 계속 증가하면서 이들은 대중의 전적인 신뢰를 얻고 유지할 수 있는 전문성을 개발하기 위해 개념적이고 실행적인 쟁점에 참여하기 시작했다(Kitchener, 2000; Meara et al., 1996; Urofsky, Engels, & Engebretson, 2009). Biggs와 Blocher(1987), Jordan과 Meara(1990)와 같은 상담심리학자들에 의해 전문 윤리에 필요한 것에 대한 이해를 증진시키려는 시도가 있었고, Meara와 동료들(1996)은 고전 철학자들(예: Aristotle와 Kant)과 도덕적 발달에 대한 현대 이론가들(Kohlberg와 Gilligan)을 언급했다. 철학적 변증법의 개념, 즉 의무론적 · 목적론적 원칙, 전제주의, 상대주의는 많은 현대 논쟁의 근간을 이루고 있다.

> 확실히 심리학자들은 자신들의 작업의 가치 기반에 대해 더 의문을 제기하게 되었지만, 도덕적 비전을 명확히 표현하려는 노력에는 많이 취약하다. 심리학자들은 가치에 대해 더 많이 이야기하고, 해야 할 일에 대해 덜 아는 역설적인 입장에 있다고 할 수 있다(Prilleltensky, 1997, p. 517).

가장 기본적인 수준에서 윤리적인 심리학자는 도덕적인 사람이 된다는 것이 무엇을 의미하는지 이해한다. 그러나 이 장의 뒷부분에 제시된 현재의 미국심리학회 윤리 기준을 보면, 기준이 매우 특정한 행동을 다루고 있으며 종종 심리학자들이 해서는 안 되는 행동을 나열한 것을 볼 것이다. 예를 들어, "심리학자들은 성희롱을 하지 않는다."(APA, 2002, p. 1064), "심리학자들은 현재의 내담자/환자와 성관계를 갖지 않는다."(APA, 2002, p. 1073) 등이 있다. 윤리 기준의 서문에서 말하듯이, "윤리적 기준은 심리학자로서의 행동에 대한 집행 가능한 규칙을 제정한다"(APA, 2002, p. 1061). 이러한 시행 가능한 기준은 수용 가능한 행동의 최소 한계점을 설정하는 것은 물론, 어떤 심리학자가 기준을 위반했을 때 합법적으로 수용하게 하는데, 이러한 문제는 적어도 두 가지 주요 문제를 남긴다. 하나는 윤리적 딜레마(ethical dilemma)인데, 이것은 심리학자의 부적절한 행동에서 비롯된 것이 아니라, 내담자의 욕구, 상담자의 가치, 법률 또는 규정, 내담자가 속한 환경의 부정의함에서 비롯된 갈등으로부터 일어나는 것들이다. 이러한 딜레마에 대처하는 방법들은 이 장의 후반부에서 주로 다루어진다.

기존 기준에 의해 다루어지지 않은 다른 문제는 심리학자의 성품에 관한 것이다. Kitchener(2000)는 나쁜 토양에 좋은 씨앗을 넣는 은유를 인용했다. 결함이 있는 인물에게 윤리적인 훈련을 하면 윤리적 행동 감각을 형성할 수 있겠는가?

20세기 대부분의 시간 동안 성품은 사실상 윤리적 측면으로 무시되었지만, 지난 수십 년간 거의 모든 주요 저자가 이 주제에 훨씬 더 많은 관심을 기울였다(Beauchamp & Childress, 1994; Kitchener, 2000; Meara et al., 1996; Urofsky et al., 2009). Meara와 동료들 (1996)은 심리학의 작업에 있어 윤리적 입장을 향상시키는 가장 좋은 방법은 인격과 미덕에 대한 관심을 높이는 것이라고 제안했다. "미덕 윤리는 특정한 윤리적 딜레마를 해결하는 것보다 대리인이나 전문가의 성격과 의무에 오히려 더 초점을 맞추고 있다" (Meara et al., 1996, p. 47). 『The Counseling Psychology』에 발표된 이 도발적인 논문에서 그들은 심리학자의 윤리적 행동의 근본 기반이 되어야 할 덕목을 주장했다. 그들은 네 가지 미덕을 말했는데, 신중함, 진실성, 존중, 자비가 그것이다. 이들 중 누구도 이 네 가지 미덕이 서로 배타적이라고 보지 않았으며, 이는 가장 널리 지지되는 것들이다. 이들 각각을 어떻게 정의할 수 있는가?

> 신중함(prudence)…… 적절한 억제 또는 주의, 취해야 할 도덕적 행동, 선택의 장기적 결과에 대한 이해, 도덕적인 것에 대한 비전을 적절히 고려하여 행동하고 현재 상황과 어떻게 관련되어 있는지에 대한 지식을 고의적으로 반영하는 것과 관련이 있다(Meara et al., 1996, p. 39).

진실성(integrity)의 정의를 위해, Meara와 동료들(1996)은 Beauchamp와 Childress 의 다음과 같은 말을 빌린다. "도덕적 진실성은 합리적인 안정성, 정당한 도덕적 가치의 통합과 함께, 판단과 행동에 있어 그러한 가치의 충실함을 나타내는 특성이다." (Beauchamp & Childress, 1994, p. 473). 존중(respectfulness)과 관련하여, Meara와 동료들(1996)은 다음과 같이 썼다.

> 존중은 우리가 전문적인 심리학자들로서 개인이나 지역사회를 존중하고 그들이 그들 스스로를 정의하는 것을 존중한다는 것(즉, 특별한 주의를 기울이고 존중하는 것)을 의미한다. 중요한 문제는 다른 사람들이 어떻게 존중받기를 바라는가이다(p. 44).

Beauchamp와 Childress는 상담자의 문화와는 아주 다른 문화에서 온 내담자를 존중하는 것이 무엇을 의미하는지에 대한 정의를 예를 통해 보여 주었다. 마지막으로, 자비(benevolence)에 관해서 그들은 다음과 같이 제안했다.

개인에게 자비를 표하는 것은 인간이 선을 행함으로써 동물과 구별될 수 있다는 것을 의미한다. …… 우리는 심리학자와 심리학 전문인들이 공동의 선에 기여한다는 목표를 달성하려는 경우에 자비가 중요하다고 생각한다(Meara et al., 1996, p. 45).

따라서 자비는 내담자에 관한 것을 포함할 뿐만 아니라 직업의 사회적 책임에 대해서도 말한다. "신중함과 진실성은 능력의 목표와 밀접하게 관련되어 있다. …… 존중과 자비는 다문화주의에 민감한 심리학을 개발하고 공통의 이익을 제공하는 목표를 가진다"(Meara et al., 1996, p. 47).

심리학과에서 대학원생을 선발하는 기준에는 성품 평가가 포함되어야 하는가? 만약 그렇다면 평가 방법은 무엇인가? 각 사람에게 미덕은 얼마나 필요한가? 이러한 질문들은 대답하기가 어렵다. 미덕을 많이 가지고 있지 않은 사람이 윤리적인 심리학자가 되는 법을 배울 수 있을까? 미덕이 없는 사람에게 훈련이 제공된다면 '변형된' 윤리 의식에 따른 위험이 생기지 않을까? 이러한 질문들이 확실하게 다루어지지는 않았지만, 상담심리학자들은 미국심리학회가 제시한 심리학자 윤리 원칙 및 윤리 강령을 따르면서 도덕적으로 행동하려고 노력해야 한다.

미국심리학회 윤리 강령

1953년 초판 이후 미국심리학회 윤리 강령에 대한 개정이 여러 번 있었다. 일부는 광범위해졌으며, 다른 일부는 더 축소되었다. 윤리 강령의 마지막 개정판은 2002년이었다. 2010년의 가장 최근 개정판(1.02절 및 1.03절)은 이 장의 뒷부분에서 논의된다.

2002년 심리학자 윤리 원칙 및 윤리 강령(APA, 2002)에는 서론, 서문, 다섯 가지 일반 원칙과 열 가지 시행 가능한 윤리적 기준이 있다.

다섯 가지 일반 원칙은 심리학자들이 Kitchener의 윤리 원칙과 비슷한 도덕적 모델인, 윤리 태도로 일을 하기를 바라는 바람을 반영한다(Kitchener, 1984). 원칙 A(도움을 주나 해악을 끼치지 않는)는 심리학자들이 전문적인 환경에서 상호작용하는 사람들의 복지를 증진시키고 피해를 입히지 않도록 해야 한다고 제안한다. 이것은 표면적으로는 간단하지만, 이러한 포부가 있는 원칙은 종종 심리학자들이 일하는 복잡한 맥락(인터넷의 '가상' 맥락을 포함하는데, 이는 뒷부분에 논의된다)을 고려할 때 충돌하게 된다. 원칙 B(충실함과 책임)는 심리학자들이 "약속을 지키고 진실을 말하고 그들의 의무를 존중한다."
라고 주장한다(Knapp & VandeCreek, 2004, p. 250). 원칙 C(진실성)는 심리학자들이 "심
리학의 과학, 교육 및 실습에서 정확성, 정직성 및 진실성을 촉진하고자 한다."라고 명
시한다(APA, 2002, p. 1062). 또한 심리학자들에게 청렴성을 가지고 행동하며 절도, 부
정행위, 사기 또는 고의적인 허위 진술을 금지함을 상기시킨다. 원칙 D(정의)는 심리학
자들이 모든 노력에서 공정하고 언제나 합리적인 판단을 내리도록 상기시킨다. 끝으
로, 원칙 E(인권과 존엄성의 존중)는 개인의 권리와 모든 배경과 문화의 사람들의 존엄성
에 대한 존중, 심리학자가 편견을 경계해야 할 필요성을 강조한다. 이 다섯 가지 기본
원칙은 윤리적인 심리학자가 되는 것이 무엇을 의미하는가를 말한다.

　뒤따르는 열 가지 윤리적 기준은 윤리적 행동에 대한 보다 명확한 지침을 제공하며,
미국심리학회에 의해 시행 가능하다. 다음에 열 가지 기준을 간략하게 소개했으며, 이
어지는 절에서 더 자세히 설명하고 있다.

- 1절(윤리적 문제 해결)은 심리학자들에게 윤리학과 법률, 규정, 조직 요구 및 기타
  관리 당국 간의 갈등을 관리하는 방법에 관한 지침을 제공한다.
- 2절(전문적 능력)은 "교육, 훈련, 감독 경험, 상담 또는 전문적인 경험"에 명시된 바
  와 같이, 심리학자는 그들의 전문적 능력의 범위를 벗어나는 실무를 하지 않는다
  (APA, 2002, p. 1063). 반면, 응급 상황에서는 어느 정도의 관용이 허용된다.
- 3절(인간관계)은 차별, 괴롭힘, 다중 관계, 이해관계의 충돌 및 착취 관계를 피하는
  데 주의를 기울이는 많은 근거를 다룬다. 또한 다양한 설정(예: 연구, 평가, 치료, 상
  담)에서 내담자 사전 동의를 위한 모범 사례를 자세히 설명한다.
- 4절(개인정보 및 비밀 보호)은 비밀 보호의 한계와 심리학자가 개입해야 하는 사생
  활의 다른 측면에 대해서도 논의하면서 비밀 보호 및 심리적 활동에 대한 신뢰의
  중요성을 강조한다.
- 5절(광고 및 기타 공공 표현)은 특히 전자매체가 널리 퍼지고 있는 현대 시대에, 심
  리학자들이 자신이 쓰는 글, 주장하는 바, 홍보하는 것에 대해 세심한 주의를 기
  울이게 하고 "허위, 기만, 또는 사기"가 될 수 있는 행동을 하지 않도록 한다(APA,
  2002, p. 1067).
- 6절(기록 보관 및 비용)은 심리학자가 가능한 한 가장 보호적이고 윤리적인 방식으
  로 기록을 작성, 유지 및 처분하도록 돕는다. 또한 비용, 의뢰, 지불자(보험회사 등)

를 관리하는 지침을 제공한다.

- 7절(교육 및 훈련)은 교육의 정확성을 높이고 교육 프로그램에서 학생에게 명확한 보호(수행의 평가, 개인정보 유출 및 개인치료를 위해 요구되는 프로그램)를 제공한다.

- 8절(연구 및 출판)은 연구에 대한 기관의 승인은 물론, 정보에 입각한 동의, 보고 및 동물에 대한 인간의 보호에 대한 필요성을 분명히 한다. 또한 중요한 연구 과정을 개관하고 연구에서의 유도 및 기만, 표절 회피, 신용 문제의 적절한 관리에 관한 주의사항을 포함한다.

- 9절(심리평가)은 심리학자가 공유할 수 있는 것(예: 검사 결과)과 보호해야 하는 것 (예: 검사 원자료)에 대한 최근의 정보를 제공한다. 심리학자들이 평가 자료와 모범 사례에 대한 주의사항을 사용할 수 있는 방법을 명확히 한다(예: 검사 보안을 유지하 며, 오래된 검사를 사용하지 않는 것).

- 10절(치료)은 개인, 부부/가족 및 그룹 치료 환경의 윤리적인 행동을 개관한다. 특히 이 강령은 내담자 및 내담자의 친지들과의 성적 친밀감을 분명히 금지하고, 치료 서비스의 중단과 치료 서비스의 방해에 있어 주의할 것을 포함한다.

2002년 윤리 강령은 단 14쪽이지만 심리학자들에게 유용한 정보를 많이 담고 있다. 심리학자는 강령을 알고 있어야 하며, 주의 깊게 읽어야 하며, 전문 작업에 강령을 적 용할 준비가 되어 있어야 한다. 강령을 적용하는 것이 종종 보기보다 어렵기 때문에, 우리는 비윤리적인 행동의 삽화를 보여 주어 독자들로 하여금 윤리 강령의 뉘앙스를 고려할 수 있도록 하겠다.

비윤리적 행위의 삽화

앞서 언급했듯이, 모든 심리학자는 미국심리학회의 심리학자 윤리 원칙 및 윤리 강령 (2002)을 충분히 숙지하고 기꺼이 준수해야 한다. 이러한 기준은 심리학자, 심리학 전 공생, 주(州)심리위원회, 법원 및 기타 공공기관에 적용될 수 있다. 이 절에서는 미국심 리학회의 윤리 기준 열 개 항목에 대해 하나 이상의 위반 사례로 설명한다. 위반 사례 가 진술된 후, 가장 적절한 기준 및 관련 해설의 축약된 인용문이 제공된다. (인용된 세 자리 숫자는 2002년 미국심리학회 행동 강령의 참조 번호이다. 일부 위반사항은 여러 기준을 위반한 것으로 간주될 수 있으나, 각 위반사항에 대한 논의를 간결하게 하기 위해 우리는 각각의 위반 사례에서 하나의 중요한 기준만을 제시한다.)

앞서 언급했듯이, 우리는 착취적인 성관계와 사기성 청구(예: 심리학자가 보험회사에 대해 더 큰 비용을 청구하는 것이나, 피보험자에게 제공된 것보다 많은 회기 수와 수수료를 청구하는 것)와 같은 가장 많은 위반을 고의로 선택하지 않았다. 오히려 우리는 전형적으로 심리학자들의 충동적이고 생각이 없는 행동으로 인해 생기는 윤리적 문제를 반영한 사례를 선택했다. 이는 가장 널리 퍼진 윤리적 위반의 원인이 된다(Bersoff, 2008). 이 장에서는 89개 기준 중 몇 가지만 탐색할 수 있기 때문에, 독자는 Knapp, Gottlieb, Handelsman과 VandeCreek(2012), Koocher와 Keith-Spiegel(2008), Pope와 Vasquez(2010) 등의 출판물에서 발견되는 윤리적 위반 및 딜레마에 대한 수많은 다른 사례에 익숙해지는 것이 좋다. 이러한 사례를 광범위하게 아는 것은 윤리적 상황의 존재에 대한 민감성을 높이는 데 중요하다.

윤리적 문제의 해결

위반: 심리학자 A는 동료인 심리학자 B가 종종 내담자를 초대해서 함께 저녁 식사를 하고 때로는 함께 주말여행을 떠나도록 초대한다는 사실을 인지하게 되었다. 심리학자 A는 심리학자 B와 만나서 심리학자 B의 다중 관계에 관한 표준 위반(3.05)에 대한 우려를 표현했다. B는 이와 같이 내담자를 밖에서 만나는 것은 효과적인 우정을 발전시키는 방법을 배우기 위해 필요한 치료의 일부라고 주장한다. 그 후, 심리학자 A는 여러 다른 출처에서 B가 이러한 내담자들 중 일부와 성관계를 맺는다는 소식을 듣는다. 심리학자 A는 B에 대한 우려를 표명한 이후 더 이상의 조치를 취하지 않는다.

1.05. 윤리적 위반의 신고(Reporting Ethical Violations): 만약 명백한 윤리적 위반이 사람 또는 조직에 실질적으로 해를 끼치거나 실질적으로 해를 끼칠 수 있고, 기준 1.04인 '윤리적 위반에 대한 비공식적인 해결'이 적절하지 않거나 이러한 방식으로 적절하게 해결되지 않는다면, 심리학자들은 상황에 적절한 추가 조치를 취하게 될 수 있다. 그러한 조치에는 전문 윤리에 관한 주 또는 전국위원회, 주정부 이사회 또는 적절한 제도 당국에의 회부가 포함될 수 있다(APA, 2002, p. 1063).

심리학자들은 윤리적 위반이 일어난 사실을 알고는 있지만 위반사항을 윤리위원회 또는 면허위원회에 보고하는 단계에 대해 주저한다. 심리학자 A와 마찬가지로 심리학자들은 비공식적인 해결책을 시도하지만, 여기에서 실패하면 생길 수 있는 일하는 관계에서의 오래 지속될 수 있는 갈등과 법률적 결과로 인해 윤리적 위반을 공식적으로 보고하는 다음 단계로 나아가는 것을 주저하게 된다. 그러나 분명히 밝혀야 할 것은, 그러한 행동을 취하지 않는 것은 심리학자의 내담자 복지의 보호라기보다 자기보호에서 파생된다는 것이다. 따라서 알려진 윤리적 위반을 보고하지 않는 것은 실제로 윤리적 위반이며, 동료의 비윤리적인 위반 사실을 보고하지 않은 자는 면허위원회 또는 윤리위원회의 엄격한 처벌을 받을 수 있다.

전문적 능력

위반: 심리학자 C는 미국 원주민 출신 아동이 내담자로 많이 있는 정신건강 클리닉에서 일할 것을 수락하고 작업을 시작한다. 심리학자 C는 미국 원주민이나 어린이들과 함께 일한 경험이 없으며 훈련을 받지 못했다.

> 2.01. 전문적 능력의 경계(Boundaries of Competence): (b) 심리학의 훈련에서 과학적이거나 전문적인 지식이 내담자의 나이, 성별, 성 정체성, 인종, 민족성, 문화, 출신 국가, 종교, 성적 성향, 장애, 언어 또는 사회경제적 지위가 서비스 또는 연구의 효과적인 수행에 필수적이라면, 심리학자는 자신의 서비스 능력을 강화하기 위해 필요한 훈련, 경험, 상담 또는 수퍼비전을 받아야 한다. 혹은 기준 2.02인 '응급 서비스를 제공하는 것'(APA, 2002, p. 1064)을 제외하고는 적절한 상담자나 기관으로 연계해 주어야 한다.

심리학자 C가 적절한 훈련을 완수할 때까지 수퍼비전을 받도록 조치를 취했다면 정신건강 클리닉에서 윤리적인 방식으로 일자리를 수락한 것이다. 제14장에서 문화적으로 유능한 실무에 대해 더 자세하게 다룬다. 그러나 문화적 유능성을 갖추는 것뿐만 아니라 자신의 전문적 능력 내에서 일하며 전문 영역을 확장하기 위해 추가적인 훈련을 받는 것이 윤리적 의무라는 점에 유의해야 한다.

위반: 심리학자 D는 12년 동안 결혼생활을 했던 아내와 이혼 소송 중에 있으며, 4명의 자녀에 대한 양육권을 가지고자 한다. 심리학자 D는 예상하지 못했던 일들로 인해

사무실에 오기 어렵다고 말하면서, 매주 예정된 약속의 40%가량을 취소하기 시작했다. 그를 본 몇몇 내담자는 심리학자 D가 마음이 딴 데 가 있는 것 같았으며 최근 상담 회기 중 종종 잠이 드는 것을 보았다고 하였다.

> 2.06. 개인적인 문제와 갈등(Personal Problems and Conflicts): (b) 심리학자가 업무 관련 의무를 적절히 수행하는 데 방해가 될 수 있는 개인적인 문제를 알게 되면, 전문 상담이나 도움을 받는 것과 같은 적절한 조치를 취하고, 특정한 업무를 제한하거나 중지 또는 종료해야 한다(APA, 2002, p. 1064).

심리학자도 사람이다! 그들은 때때로 자신의 개인적인 생활에 어려움을 겪거나 그들의 일로 인해 과부하 상태가 된다. 다행스럽게도 많은 연구 논문과 평생교육 프로그램은 심리학자로서의 전문적 역할에 내재된 스트레스의 일부를 예방하고 개선하는 방법에 중점을 두고(Coster & Schwebel, 1997; Myers et al., 2012; Orlinsky & Rønnestad, 2005), 일이 가져올 스트레스는 물론, 보상에도 집중한다. Sherman과 Thelen(1998)은 훈련 프로그램이 "수련생들로 하여금 효과적으로 고통과 장애에 능동적으로 대처할 수 있게 해야 한다."라고 권고했다(p. 84).

인간관계

위반: 심리학자 E는 그를 고용한 회사의 최고 경영자(CEO)에게서 부사장으로 승진될 후보들의 심리평가를 제공하도록 요구를 받는다. CEO는 자신이 평가하기를 원하는 사람은 남자들이며 부사장이 남자가 되기를 바라기 때문에 여성은 고려하지 않고 있다고 말한다. 심리학자 E는 남성들에게만 심리평가를 실시한다는 것에 동의한다.

> 3.01. 불공정한 차별(Unfair Discrimination): 심리학자들은 일과 관련된 행동에서 나이, 성별, 성 정체성, 인종, 민족성, 문화, 출신 국가, 종교, 성적 성향, 장애, 사회경제적 지위나 법에 의해 금지된 근거에 따라 부당한 차별을 하지 않는다(APA, 2002, p. 1064).

심리학자 E는 남성 후보자들에게만 검사를 하는 것에 동의하면서, 윤리적 의무와 법적 권리가 있는 여러 대안이 있음에도 불구하고 여성에 대한 차별적 행동을 하게 된다. 심리학자는 CEO의 차별적인 행동에 결탁하는 일 대신 다른 것을 선택할 수 있어야 한다.

위반: 성적 학대 피해자들에 대한 연구 및 실무로 유명한 심리학 교수 F는 그녀의 지도학생 중 한 명에게서 인턴십에서 주수퍼바이저가 되어 달라고 요청받는다. 그녀의 지도학생은 인턴 과정 중에 박사논문을 진행할 것이다. F 교수는 자신이 박사논문 지도교수와 임상 수퍼바이저의 역할을 둘 다 하는 것에 동의한다.

> 3.05. 다중 관계(Multiple Relationships): (a) 심리학자는 다중 관계가 자신의 객관성, 전문적 능력, 심리학자로서 기능 수행에 있어서 효과를 손상시킬 것으로 예상될 경우, 또는 전문적 관계를 맺고 있는 사람을 착취하거나 해를 끼칠 위험이 있는 것을 합리적으로 예상할 수 있는 경우, 다중 관계를 맺는 것을 피해야 한다. 합리적으로 생각했을 때 손상이나 착취 또는 해를 초래할 것으로 예상되지 않는 다중 관계는 비윤리적이지 않다(APA, 2002, p. 1065).

인턴의 입장에서는 연구와 실무 분야에서 뛰어난 전문가로부터 수퍼비전을 받기를 원한다는 명백한 논리가 있지만, 이러한 이중 역할은 교수와 인턴 모두의 객관적인 수행에 위험을 초래할 수 있으며, 무엇보다도 그들이 하는 일의 질에 영향을 미칠 수 있다(Barnett, 2008). 심리학자는 매우 다른 두 가지 맥락에서 평가 역할을 해야 하기 때문에(박사논문에 대한 평가와 인턴의 수행평가), 한 영역에서 갈등이 발생하면 다른 영역의 평가 또는 성과로 넘어갈 수 있으며, 이는 해를 초래하게 된다. Slimp와 Burian(1994)은 인턴십에서 발생하는 여러 역할 관계에 관한 꽤 많은 유감스러운 결과를 나타냈다. 이러한 다중 관계가 해를 끼치지 않았다는(따라서 비윤리적이지 않다고 말하는) 사례가 있기는 하지만, 이러한 관계는 양 당사자의 상사(예: 인턴십의 기관장, 심리학과 학과장)가 이중 관계의 수립에 대해 보고를 받고 이들의 동의를 받은 뒤에 체결되어야 한다.

개인정보 및 비밀 보호

위반: 심리학자 G는 상담센터 접수원에게 최근에 그의 내담자 중 한 명에게 제공한 검사 결과를 보여 주며 그 내담자가 그가 본 가장 높은 IQ 점수를 받았다는 것을 알려 주었다.

4.04. 사생활 침해의 최소화(Minimizing Intrusion on Privacy): (b) 심리학자는 직업에서 얻은 기밀 정보를 적절한 과학적 또는 전문적인 목적에서, 그리고 그러한 문제와 명백하게 관련되는 사람들과만 논의한다(APA, 2002, p. 1066).

심리학자는 자신이 아무것도 손상시키지 않고 공유하고 있다고 생각할 수 있으나, 전문적 관계에서 얻은 모든 정보는 비밀로 다루어져야 한다. 이러한 정보를 나누는 것이 유익한 상황이거나 그저 유머러스하게 공유한 경우에도 '꼭 알아야 하는' 사람들과 공유하는 것으로 항상 제한되어 있다.

위반: 심리학자 H는 회사의 중역 중 한 명에게 약물 남용 상담을 제공하라는 회계법인 사장의 요청을 받았다. 3개월간의 치료가 끝난 후, 회사에서 심리학자의 치료비를 지불하기 전에 치료 기록을 요청한다. 심리학자 H는 기록 제공을 거부하지만 내담자와 상담을 진행하는 과정 보고를 제공한다. 회계법인 사장은 이를 받아들이지 않고 회사 변호사에게 상담기록에 대한 소환장을 발부하도록 했다. 그러자 심리학자 H는 회계법인 사장에게 상담기록을 제출한다.

4.05. 공개(Disclosures): (b) 심리학자는 법률에 의해 요구되거나 다음의 경우에만 개인의 동의 없이 비밀 정보를 공개할 수 있다. (1) 필요한 전문 서비스를 제공하는 것, (2) 적절한 전문 상담을 받을 권리, (3) 내담자/환자, 심리학자 또는 다른 사람들을 해로부터 보호하기 위한 경우, (4) 내담자/환자로부터 서비스에 대한 비용을 지불받는 경우로, 그 목적을 성취하기 위해서 필요한 최소한의 공개로 제한한다(APA, 2002, p. 1066).

소환장 발부 당시 심리학자 H의 행동이 윤리적인 위반이었던 이유는 무엇인가? 이 예는 두 가지 중요한 구분을 할 수 있는 기회를 제공한다. 하나는 법원 명령과 소환장의 차이이다. 모든 변호사는 소환장을 요청할 수 있다(Stromberg, 1993). 둘째, 특권은 심리학자가 아닌 환자에게 속한다. 따라서 심리학자는 소환장에 응답하기 전에 소환장에 대한 응답에 대해서 내담자(및 아마도 내담자의 변호사)와 상담해야 한다. 회계법인 사장은 그가 치료비를 지불했기 때문에 기록에 대한 자격이 있다고 믿었지만, 치료가 필요하고 제공된다는 증거 이상의 것을 정당하게 요구할 수는 없다. 치료자와 내담자 간의 추가적인 대화는 비밀 유지의 의무가 있는 대화로 남아 있다(Glosoff, Herlihy, & Spence, 2000; Knapp & VandeCreek, 1997).

광고 및 기타 공공 표현

위반: 인기 있는 라디오 아나운서는 심리학자 J에게 가벼운 학습장애가 있는 아동을 위해 심리학자가 개발한 프로그램을 통해 자신의 아들이 보여 준 진보가 얼마나 깊은 인상을 주었는지를 말한다. 그러자 심리학자 J는 아나운서에게 라디오 프로그램 중에 자신에게서 얻은 '좋은 결과'에 관해 말해 준다면 그녀의 아들에 대한 프로그램 참여 수수료를 면제해 주겠다고 했다.

> 5.05. 증언(Testimonials): 심리학자는 현재 치료 중인 내담자/환자 또는 그들의 특별한 환경 때문에 부당한 영향을 받기 쉬운 사람들에게 증언을 요구하지 않는다(APA, 2002, p. 1067).

심리학자 J가 자신의 프로그램에 대한 홍보를 원한다면 라디오에서 광고 시간을 구입하는 일반적인 절차를 따라야 했다. 심리학자 J가 라디오 아나운서에게 광고 시간을 구입할 수 있는 가장 좋은 방법을 묻는 것은 부적절하지 않지만, 아나운서가 그 이상으로 관여하는 것은 다중 관계와 홍보에 대한 윤리 기준 모두에 부적합하다.

기록 보관 및 비용

심리학자 K는 인턴 과정을 마쳤으며, 새로운 일자리를 얻기 위해 미국 반대쪽으로 이주하게 되었다. 그녀는 상담센터에서 모든 고객 파일을 폐기하고 모든 내담자와의 상담을 성공적으로 종결했다. 그녀는 상담사례 노트를 모두 버리지만, 식별 정보가 포함되어 있는지 확인하기 위해 모든 노트를 일일이 검토하지는 않았다.

> 6.02. 전문적 업무 및 과학 업무에 대한 기밀 기록의 유지, 보급 및 폐기(Maintenance, Dissemination, and Disposal of Confidential Records of Profesional and Scientific Work): (a) 심리학자는 글자로 기록된 것이나 기타 매체에 의해 자동화된 모든 기밀의 작성, 저장, 전송 및 기록을 처분할 때 철저히 통제해야 하며 비밀을 유지해야 한다(APA, 2002, p. 1067).

심리학자 K는 인턴십에서 상담 작업을 모두 마쳤으며 적절한 기록은 인턴십 기관에 남겼지만, 사례노트를 처분하기 전에 식별 정보를 삭제했어야 했다. 그녀는 종이 노트를 파쇄하고 컴퓨터에 디지털 파일이 남아 있지 않도록 해야 했다.

교육 및 훈련

한 학생이 상담심리학 박사과정에 입학했다. 교육 프로그램의 일환으로, 학생들은 개인상담에 참여해야 한다. 박사과정의 훈련 감독자는 박사과정 프로그램에서 강의를 하면서 소액의 비용으로 학생들을 상담하는 강사 명단을 대학원생들에게 제공하고, 학생들에게 학기 중반까지 개인상담을 시작하도록 요청한다.

> 7.05. 개인치료 또는 집단치료의 의무(Mandotory Individual or Group Therapy): (a) 개인 또는 집단 치료가 프로그램 또는 학과 과정에 요구될 때, 해당 프로그램을 담당하는 심리학자는 학부 및 대학원 학생들이 대학의 프로그램과 관련이 없는 실무자로부터 치료를 선택할 수 있도록 허용한다(APA, 2002, p. 1069).

프로그램이 학생에게 개인치료나 집단치료를 필수적으로 요구하는 것은 비윤리적이지 않지만, 학생들이 프로그램과 관련이 없는 실무자 중에서 자신의 치료자를 선택할 수 없도록 하는 것은 비윤리적이다. 그러한 절차는 다중 관계의 여지를 남겨 두며, 학생의 사생활을 존중하지 않는다.

연구 및 출판

위반: 심리학자 L은 학생들에게 집단 토의의 다양한 방식에 대한 연구로서 자신의 실험에 참여할 것을 권유한다. 학생들이 실험에 참여하기 시작하면서 일부 집단의 리더들이 학생들에게 가장 중요한 개인적 문제를 밝힐 것을 강요한다. 개인적 문제를 드러내고 싶어 하지 않는 참여자들에게는 '우리는 모두 서로를 돕고자 하는 친구들이다.'라는 것을 강조한다.

> 8.07. 연구에서의 기만(Deception in Research): (b) 심리학자들은 참여자들에게 육체

적 고통이나 심각한 정신적 스트레스가 발생할 것으로 예상되는 연구에 대해 기만하지

않는다(APA, 2002, p. 1070).

심리학자 L은 학생들이 집단에서 다른 사람들에게 자신의 개인적 문제를 밝히도록
조작된 상황에 대해, 학생들에게 이러한 정보를 완전히 알리지도 않았으며, 학생들의
복지를 보호하기 위한 조치를 취하지 않았다. 윤리 기준 8.07의 (a)항과 (c)항에 제시된
바와 같이, 연구에서 기만이 허용되는 상황은 매우 제한되어 있다.

위반: 심리학자 M은 대학원생에게 자신과 함께 연구 프로젝트에 참여하자고 하며,
그에게 자료를 수집하고, 분석을 하고, 결과에 대한 보고서를 준비하도록 한다. 심리학
자 M이 연구보고서를 기반으로 출판을 위해 원고를 준비할 때, 그는 자신을 단독 저자
로 기재하고 각주에만 대학원생의 기여도를 표시한다.

8.12. 출판 저작권(Publication Credit): (b) 주저자 자격 및 기타 출판 저작권은 상대적

인 지위에 관계없이 관련된 개인의 과학적 또는 전문적 기여를 정확하게 반영한다(APA,

2002, p. 1070).

자료수집, 분석 및 보고에 대한 주요 책임은 물론, 연구의 거의 모든 단계에서 대학
원생의 참여도는 최소한 공동 저자나 주저자일 수도 있다. 심리학자 M은 대학원생의
일이 어떻게 인정될지와 인정 수준이 연구에 대한 학생의 기여도에 비례할 것이라는
점을 그들의 협력 관계 초기부터 명확히 했어야 했다.

심리평가

위반: 학생의 60%가 소수민족이고 이 중에서 30%가 영어를 제2언어로 사용하는 지
역전문대학에서 진로개발 수업을 하는 심리학 교수 N은, 학생들에게 자신의 개인 컴퓨
터를 사용하여 (대다수가 백인으로 구성된) 전통적인 대학생 집단을 대상으로 개발되고
규준이 맞추어진 학업 적성 검사를 실시하도록 한다. 학생들은 결과를 해석하는 결과
지를 받는데, 교수는 검사 결과지를 통해 학생들이 지역전문대학 수준 이상의 교육을
받을 수 있는 능력이 있는지 결정하는 데 도움이 얻을 수 있다고 한다. 학생들은 검사
결과에 대해서 N 교수로부터 더 이상 설명을 듣지 못한다.

9.02. 심리평가의 사용(Use of Assessment): (b) 심리학자는 인구 구성원의 특성을 고려하여 타당도와 신뢰도가 입증된 평가도구만을 사용한다(APA, 2002, p. 1071).

심리학자 N은 자신이 가르치던 사람과 근본적으로 다른 사람을 대상으로 개발된 심리평가 도구를 사용했을 뿐만 아니라, 학생들과 만나서 그러한 결과가 어떻게 민족 및 언어 배경에 영향을 받는지 말하지 않았다. 이러한 검사 결과는 학생들이 교육을 계속 받을 잠재력을 평가하는 데 있어서 의문스러운 가치를 나타낸다.

치료

위반: 심리학자 O는 자신을 고용한 회사의 사장에게서 직원인 Jones가 그의 문제에서 벗어날 수 있도록 그에게 상담을 제공하기를 요청받았다. 심리학자 O는 직원 Jones를 자신의 사무실로 불러서 커피를 함께 마시고, 이후 계속해서 커피를 마시는 자리를 가지면서 이 시간이 마치 개인상담 회기인 것처럼 자리를 만들어 간다.

10.01 사전 동의(Informed Consent): (a) 심리학자는 치료적 관계에서 가능한 한 빠른 시기에 내담자/환자에게 치료의 성격과 예상되는 과정, 비용, 제3자의 개입과 비밀 유지의 한계에 대해 알린다(APA, 2002, p. 1072).

심리학자 O가 직원 Jones에게 도움을 제공하도록 요청받았음을 명확하게 밝히지 않음으로써, 심리학자 O는 Jones에게 커피를 마시자고 했을 때 이미 자신의 의도에 대해서 Jones를 속였던 것이다. 그러한 기만은 거의 필연적으로 내담자, 심리학자, 전문 분야로서 심리학의 신뢰에 대한 배신으로 이어질 것이다.

윤리적 딜레마

어떤 행동을 취하든지, 또는 아무런 행동을 취하지 않아도 적어도 하나 이상의 윤리적 원칙을 위반하게 되는 상황을 말할 때 윤리적 딜레마라는 용어를 사용한다.

이 절에서 우리는 매일 벌어지는 심리학 실무에서 자주 접하게 되는 윤리적 딜레마의 종류를 탐구한다(Bersoff, 2008). 그런 다음 이러한 어려운 상황을 분석하고 조치를 취하는 데 가장 유용한 방법을 모색한다. 다음과 같은 상황들에 대해 생각해 보자.

가. 내담자는 상담자에게 자신이 자살하고 싶으며 이를 실행할 계획이 있다고 말하지만 이러한 사실을 아무에게도 하지 말라고 한다. 내담자는 신중하게 자살에 대해 생각했고, 이것이 '최고의' 선택이라고 결정했다. 그는 대안을 고려하도록 하려는 상담자의 모든 시도를 거부한다. 그는 상담자의 우려를 감지하고 상담자가 자신을 병원에 보낼 것이라고 의심하면서 상담자에게 자신의 계획에 대해 누군가에게 말하면 비밀 유지 위반으로 인해 고소할 것이라고 위협한다. (이 시나리오에서는 상담자와 내담자가 이전에 비밀 유지의 한계에 대해 서로 논의하지 않았다는 것을 가정한다.)

나. 어느 시골 정신건강센터의 유일한 여성 상담자에게는 상담을 위해 최대 3개월을 기다린 여덟 명의 명단이 있다. 새로운 고객은 매우 심한 우울 상태에 있는 채로 센터에 와서 '남자는 아무도 신뢰할 수 없기 때문에' 여성 상담자를 만날 것을 요구한다. 여성 상담자는 이 내담자가 즉시 치료를 받지 않으면 정신증적 쇠약이나 자살의 위험이 있다고 생각한다. 그러나 만약 상담자가 새로운 내담자를 만나기 시작하면, 상담자는 상태는 그만큼 나쁘지 않지만 먼저 의뢰된 다른 내담자들로 하여금 몇 주나 몇 달을 더 기다리게 하는 셈이다. 다른 기관으로 연계할 수 있는 곳이 없는데, 있다고 해도 125마일이나 떨어진 곳에 있기 때문이다.

다. 다음은 Kitchener의 사례(1984)이다.

> 대학상담센터에서 폭식증 사례의 증가에 대한 보고를 접한 상담심리학자는 인지행동치료와 약물치료의 효과를 비교하기로 결정한다. 그는 대기자 명단 집단과 위약 집단을 사용하는 것을 고려하고 있지만, 위약 집단을 사용하는 것은 참여자를 속이는 것이 되며, 대기자 명단 집단을 사용하는 것은 몇 개월 동안 일부 개인 치료를 거부하는 것과 관련 있다(p. 43).

상담과 연구 환경에서 상담심리학자들은 흔히 진퇴양난에 빠지곤 한다. 그러한 상황은 일반적으로 이중 관계, 자격의 허위 진술이나 부적절한 홍보문과 같은 윤리적 위반보다는 언론의 관심을 받지는 않는다. 그러나 윤리적 문제를 해결하는 데 있어서 윤리 강령의 한계를 분명하게 이해하는 데에는 윤리적 위반 사례보다 딜레마가 도움이 된다.

Kitchener(1984, 2000)는 이러한 딜레마에 직면했을 때 기존의 윤리 기준과 "원칙 윤리(principle ethics)"의 관계를 유용하게 명시했다. 그녀의 '결정 트리(decision tree)'에서, 심리학자는 먼저 현재의 미국심리학회 윤리 기준에서 어떻게 진행해야 하는지를 적시하고 있는지 알아본다. 앞에 언급된 것과 같은 대부분의 딜레마에 있어서, 두 개 이상의 서로 상충되는 행동 과정이 권장된다. 만약 내담자의 소망이 내담자 자신 또는 다른 사람들을 해칠 수 있는 것을 의미한다면, 우리는 내담자의 희망을 존중할 수 있는 것인가? Kitchener(1984, 2000)는 이러한 딜레마에 직면한 상담심리학자들에게 원칙 윤리에 대한 매우 유용한 설명을 제공했다. 그녀는 원칙 윤리가 미국심리학회 윤리 기준의 개발을 어떻게 도출하는지뿐만 아니라 윤리적 딜레마가 나타날 때 어떻게 진행할지를 결정하기 위해 기본 원칙으로 돌아갈 필요성을 설명했다. 심리학자들은 이러한 기본 원칙을 이해하면서, 윤리적 가치가 충돌하는 것에 대해 더 잘 이해하게 되고, 주어진 윤리적 기준을 위반할 필요가 있는 때와 정보에 입각한 선택을 할 수 있게 된다. Beauchamp와 Childress(1994)의 연구 초기 버전에서 추출한 다섯 가지 기본 원칙에 대한 Kitchener(1984)의 설명은 심리학자들에게 매우 중요한 원칙에 대해 가장 간결하게 표현했다는 평을 받는다. 원칙의 정의, 기원 및 유용성에 관한 광범위한 자료는 Kitchener의 가장 최근 저서(Kitchener & Anderson, 2011)에서 찾을 수 있다.

　　자율성(autonomy)은…… 자율적 존재로서 스스로 결정을 내리고 자신의 가치를 개발하는 권리를 포함한다. …… 다른 사람들의 선택이 타인의 권리를 침해하지 않는 한도 내에서, 비록 그들의 선택이 잘못되었다고 생각하더라도 그들이 자유로운 선택을 할 수 있는 권리가 있음을 존중하는 것이다.

　　무해성(nonmaleficence)은…… 다른 사람에게 해를 끼치지 않는 것이다. 여기에는 의도적인 해를 입히거나 다른 사람에게 해를 끼칠 위험이 있는 행동을 취하지 않는 것을 포함한다. …… 무해성의 원칙을 기본으로 하는 것은, 만약 우리가 누군가에게 해를 입히는 것과 누군가에게 또는 사회에 도움을 주는 것 중에서 선택을 해야 한다면, 다른 조건이 모두 동일한 상태에서 우리가 지켜야 하는 더 강한 의무는 해를 입히지 않는 것이다.

　　선행(beneficience)은…… 다른 사람들에게 선을 행하는 것으로 심리학, 특히 상담심리학의 윤리적 문제에서 중요하다. …… '돕는 직업(helping profession)'이라는 용어는 이런 의무를 말한다.

정의(justice)는…… 인간이 최소한의 투쟁만으로 함께 살기 위해서, 사람들은 공정한 방식으로 서비스와 판결을 위한 규칙과 절차를 개발해야 한다. …… 동등한 욕구를 고려하는 것은 희소한 심리적 서비스를 어떻게 분배할 것인가의 문제에 있어서 특히 중요하다.

충실성(fidelity)은…… '신뢰(faithfulness)', 약속을 지키는 것, 충성심에 대한 질문이다. 충실성의 문제는 개인이 어떤 종류의 자발적 관계(예: 상담자-내담자, 남편-아내, 수퍼바이저-인턴)에 들어올 때 발생한다. …… 진실성과 충실성 같은 문제는 신뢰의 기초가 되기 때문에 충실성은 심리학에서 특히 중요하다. …… 그것은 내담자-상담자, 연구-참여자, 수퍼바이저-수퍼바이지, 자문하는 사람-의뢰인의 관계에 특히 중요하다. 이 모든 관계는 정직한 의사소통과 함께 양 당사자가 특정 기능을 성취해야 하는 의무를 가지고 있다는 것을 가정한다(Kitchener, 1984, pp. 46-51)

이 절의 시작 부분에 있는 자살 위험의 내담자의 예는 자율성과 선행의 원칙 사이의 갈등을 나타낸다. 만약 내담자가 자신을 해치지 못하도록 어떤 개입이 이루어지면, 자율적인 인간으로서의 그의 존엄성과 가치는 '위배된다'. 왜냐하면 그가 자신의 계획대로 행동하고자 하는 소망이 심리학자에 의해 존중받지 못하기 때문이다. 반면, 개입하려는 노력을 하지 않는다면, '복지를 보호하는 것'이 내담자가 자살을 하지 않도록 하는 것을 의미한다고 가정할 때 내담자의 복지를 보호하지 않았다는 커다란 위험이 있다. Beauchamp와 Childress(1994)가 지적한 바와 같이, 우리 사회에서는 이러한 딜레마 상황에서 선행의 원칙은 대체로 자율의 원칙을 능가한다. 이것은 내담자가 자신의 질병, 미성숙 또는 심리적 무능력으로 인한 위해로부터 보호받는다는 측면에서 정당화하는 것이다.

고도로 불안하고 우울한 여성에 대한 두 번째 예에서는, 정의와 무해성 간의 갈등이 설명된다. 정의의 원칙은 모든 사람이 똑같이 받아들여질 것이라는 가정에 근거하기 때문에, 내담자에 대한 치료는 선착순으로 이루어져야 한다고 주장할 수 있다. 그러나 이 경우에 극도로 불안한 내담자에게 치료를 제공하지 않는 것이 내담자의 잠재적 위험에 기여하는 것처럼 보일 수 있다(해를 끼침). 이상적으로 말하면, 정당한 사회에는 모든 개인을 위한 적절한 자원이 있을 것이다. 그러나 이러한 자원의 이용 가능성은 매우 드물고, 특히 농촌 지역에서는 가용한 자원이 많지 않기 때문에 이런 종류의 딜레마는 거의 매일 발생한다. 대학상담센터 역시 상담자들이 제공할 수 있는 서비스보다 훨씬 많은 내담자가 있기 때문에 종종 학기가 끝날 즈음 거대한 대기자 명단이 있는 비슷한 상황에 처해 있다. 많은 기관은 어떤 요구는 다른 요구보다 더 중요하다는 것을 인식하고 이런 경우에 대처하는 정책을 개발한다. 서비스의 분배는 이러한 요구에 대한 차별적 평가에 근거를 두고 있으며, 따라서 정의(justice)의 기본을 재정의한다고 할 수 있다.

세 번째 예인 폭식증에 대한 연구에서는, 무해성의 원칙(대기자 명단을 없앰으로써 몇몇 사람이 몇 달 동안 치료를 받지 못하는 상황을 피하고, 따라서 해를 끼치지 않음)과 선의의 원칙(연구가 폭식증을 위한 가장 효과적인 치료를 결정하는 데 기여할 가능성이 높음) 사이에서 갈등이 발생한다. 연구 프로젝트를 진행할 것인가에 대한 결정을 하는 과정에서는 연구 프로젝트의 잠재적 이점이 위약으로 치료받거나 전혀 치료받지 않은 사람들에게 가져올 혜택이 더 큰지 여부를 신중하게 고려해야 한다(대기자 명단에 있는 경우).

이와 같은 예는 윤리적 딜레마에 직면했을 때 원칙 윤리를 어떻게 사용할 것인지를 보여 주는 많은 예시 중 일부에 지나지 않는다. 어떤 원칙이 존중되고 어떤 원칙이 '위반'되어야 하는가? 이러한 분석은 Rest(1984)의 도덕적 행동 모델에서 세 번째 단계를 수행하는 데 중요하다. 즉, 서로 경쟁하는 가치들 중에서 행동할 가치를 선택하는 것이다. 이 장의 마지막 절에서 우리는 Rest 모델의 네 번째 단계, 즉 '수행하려는 것을 실행하고 구현하는 단계'로 돌아간다.

법률에 의해 발생하는 윤리적 딜레마

최근 수십 년 동안 여러 법률이 통과함에 따라 몇 가지 유형의 윤리적 딜레마가 복잡하고 긴박해졌다. 이제 많은 주에는 '경고 또는 보호할 의무(duty to warn or protect)'에 관한 법률이 있다. 즉, 내담자가 상담에서 AIDS를 일으키는 바이러스를 감염시키는 행동을 통해 다른 사람에게 해를 입히려는 의도에 대해 이야기를 나눈 경우, 심리학자는 의도된 희생자를 보호하기 위해 적절한 조치를 취해야 한다. '보고해야 하는 의무(duty to report)'는, 예를 들어 심리학자가 아동학대에 대해 직접 알게 되었을 때 그러한 학대가 적절한 사회복지 당국에 보고되어야 한다는 것이다.

한쪽 면에서 보면, 심리학자가 법적인 의무를 이행하면 내담자의 비밀 유지가 위반될 수 있기 때문에 이러한 법률은 윤리적 딜레마를 만든다. 또한 위반행위를 보고하는 것은 때로 내담자-상담자 관계에서 심각한 파멸을 일으킬 수 있다. 그러나 또 다른 측면에서 보면, 법률은 인식된 딜레마를 일으키지만 무엇을 해야 하는지 정확하게 처방한다. 법률은 비밀 유지보다 보호가 우선되어야 하며 자율성이 선의를 위해 희생되어야 한다는 점을 분명하게 하고 있다.

경고 의무 및 보고 의무와 관련된 법률의 성격은 주(州)마다 다르므로, 심리학자는 그들이 실무를 수행하는 모든 주에서 이러한 종류의 법률을 숙지해야 한다. 이러한 상황에 직면했을 때 신속하게 행동하지 못하면, 심리학자는 형사처벌이나 민사 소송에서 피고인이 되는 상황을 초래할 수 있다. Pabian, Welfel, Beebe(2009)는 심리학자들이 자신이 이러한 법을 이해하고 있다는 확신을 가지고 있지만 자신이 일하는 주의 법에 대해 잘못 알고 있음을 발견했다. 독자는 해당 분야의 법률 및 모범 사례에 대한 정보를 얻기를 바란다. Werth, Welfel, Benjamin(2009)의 『The Duty to Protect』와 같은 유용한 책이 많이 있다. 그러나 그러한 지식이 있다고 하더라도, 특히 윤리와 법이 충돌하는 경우에는 윤리적 딜레마를 탐색하는 것이 어렵다는 점을 인정해야 한다. 명확한 답이 법률 문서나 판례에서 항상 분명하게 보이는 것은 아니다. 따라서 심리학자는 윤리적 원칙에 대한 실무 지식을 이용하여 대답이 명확하지 않을 때 결정을 내릴 수 있도록 해야 한다.

개인의 가치에 의해 발생하는 윤리적 딜레마

어떤 윤리적 딜레마는 모든 상담심리학자가 자신의 개인적 가치를 지니고 있기 때문에 발생하며, 그중 일부는 내담자의 가치와 서로 충돌할 수 있다. 우리 모두는 문화적 규범을 제공하는 환경에서 자랐고, 일부는 인종적 배경에서 파생되었으며, 일부는 종교적 배경에서 파생되었다. 이러한 가치관은 남성성, 여성성, 성적 관계, 결혼생활에서의 적절한 역할, 육아 행동 등과 같은 문제와 관련하여 우리 자신의 삶을 어떻게 관리해야 하는지에 대한 개인적인 견해뿐만 아니라, 우리가 내담자에 대해 고려할 수 있는 선택의 범위에도 영향을 미친다. 20세기 초반에 전통적인 Freud 분석심리학 및 Rogers의 내담자 중심의 관점을 지지하는 사람들은 치료와 상담에서 가치가 배제되어야 한다고 주장했다. 치료를 가치중립적으로 진행하고자 오랫동안 노력한 끝에 점차 어떤 합의에 도달하게 되었고, 이를 Corey, Corey, Callanan(1979)이 다음과 같이 잘 표현했다.

상담자의 가치가 필연적으로 치료 과정에 영향을 미친다고 생각하므로, 상담자는 자신의 가치관이 내담자와의 회기에서 제기되는 문제와 관련이 있을 때 공개적으로 이를 표현하는 것이 중요하다(p. 85).

만약 상담자가 낙태는 항상 잘못된 일이라고 생각한다면, 내담자가 낙태 수술을 원할 때 효과적인 치료자가 될 수 있는가? 상담자가 아이는 동성애자 부모에 의해 양육되어서는 안 된다고 믿거나 같은 인종의 부모에 의해 양육되어야 한다고 믿는다면, 인종이 다른 아이를 입양하기 원하는 동성애자 내담자에게 효과적인 치료자가 될 수 있는가? 여기서 문제는 심리학자가 이러한 개인적 가치를 가지는 것이 바람직한가의 문제는 아니다. 미국심리학회 윤리 강령의 서문(APA, 2002)에서 "이 윤리 강령은 심리학자들의 과학적 역할, 교육적 역할, 전문적 역할의 한 부분으로서 심리학자의 활동에 대해서만 적용된다."(p. 1061)라고 분명히 명시하고 있다. 따라서 여기서 문제는 우리의 개인적인 가치가 내담자의 복지를 저해하지 않는지를 분명하게 하는 것이다. 우리의 첫 번째 과제는 우리가 가지고 있는 가치를 충분히 인식하는 것이다. 우리는 다른 문화, 종교, 세계관을 가진 사람들의 가치(이 책 제14장 참조)와 서로 충돌하는 많은 암묵적 가치를 가지고 있다는 경험을 한 뒤에야 이 과제가 우리의 생각보다 더 크다는 것을 깨닫게 된다. 두 번째 과제는 Corey 등(1979)에 의해 언급된 것과 같다. 이러한 상담자의 가치를 내담자에게 표현하고자 하는 마음, 그리고 이것이 치료관계에 어떤 영향을 미치는지와 내담자가 고려할 수 있는 여러 가지 선택지에 대해서 함께 탐색하는 것이다. 여기에는 내담자가 모든 가용한 선택지를 탐색하도록 돕는 것을 더 편안하게 느끼고 더 효과적으로 이를 수행할 수 있는 다른 치료자와 작업하는 것이 포함된다.

사회적 수준에서 논쟁이 되고 있는 윤리적 딜레마

지난 10년 동안 두 가지 쟁점이 심리학자들과 사회로부터 큰 관심을 받아 왔다. 두 가지 쟁점 모두 특정한 사회 변화와 관련이 있으며, 많은 윤리적인 우려와 딜레마를 일으켰다. 우리는 이들을 여기에 제시하여 독자가 자신들의 윤리적 신념에 대해 생각해 보고 비판적 사고 기술을 연마하기를 바란다.

군(軍)심리학자의 심문 참여

군대 심문에서 심리학자의 역할만큼 많은 논란과 우려가 제기된 문제는 거의 없다. 2001년 9월 11일 뉴욕의 세계무역센터와 워싱턴 D.C의 펜타곤과 펜실베이니아주 샹크스빌에 있었던 유나이티드 항공 93의 테러리스트의 공격으로, 미국과 세계는 테러를 예방하는 데 더 관심을 가지게 되었다. 미국 정부는 테러 조직에 참여한 것으로 의심되는 사람들을 모아서 이들을 여러 지역에 감금했다. 9 · 11 테러 이후, 이라크의 아부 그라이브 교도소, 아프가니스탄의 바그램 구금 센터, 쿠바의 관타나모만 해군 기지에서 감금자들에 대한 학대가 보고되었다. 이 보고서는 몇몇 구금지에서 관련된 수감자들이나 '적 전투원'에 대한 심문에 참여한 심리학자들의 역할에 관한 질문을 제기했다(Abeles, 2010). 관심사는 주로 심문에 사용된 전략 중 일부가 학대와 고문을 했다는 것이었다. 몇몇 사람(Kalbeitzer, 2009 참조)은 심리학자들이 '생존, 회피, 저항과 탈출(Survival, Evasion, Resistance, and Escape: SERE) 훈련'을 역으로 작동시키는 것(Soldz, 2008; SERE 훈련에서 배운 원리를 사용해서 구금되어 있는 사람들의 저항과 방어를 깨뜨리는 것)과 같은 심문에서 핵심적인 역할을 했다는 증거가 있다고 보았다. 다른 사람들(James, 2008 참조)은 심리학자들의 역할이 제한적이었으며, "국방부(Department of Defense: DoD) 심리학자들이 심문을 지원하는 불법적이거나 비윤리적인 행위를 하지 않았다."라고 주장했다(Greene & Banks, 2009, p. 29). 군심리학자들의 구체적인 잘못된 행동에 대한 논쟁이 계속되고 있지만, 이러한 논쟁 자체가 심리학자에 대한 대중의 신뢰를 이미 갉아먹기 시작했을 수 있다. 우리는 여기에서 정치적 논쟁이나 사실의 발표가 아니라 제기된 윤리적 문제를 개관하려고 한다.

한 가지 윤리적 우려는 2002년 미국심리학회 윤리 강령의 표현을 중심으로 제기되었다. 1992년에 윤리 강령이 개정되었을 때(2002년 8월 21일 승인), Pope(2011)의 주장에 따르면 윤리 강령 서문에 국제법 및 뉘른베르크 윤리를 거부하는 문구를 제시했다는 것이다. 뉘른베르크 '방어'는 제2차 세계 대전 이후 나치의 피고인들이 자신들은 단지 '명령을 따르거나' '법을 따랐다'고 주장하는 것을 두고 명명되었다. 뉘른베르크 재판에서 "기본적인 윤리적 책임을 위반한 사람들은 법률, 명령 또는 규정을 비난함으로써 책임을 회피할 수 없다."(Pope, 2011, p. 153)는 사실을 분명하게 했다. 그러나 Pope(2011)는 "9 · 11 이후 미국심리학회의 윤리 강령은 역사적인 뉘른베르크 윤리를 거부했다."라고 하며, 윤리와 법 사이에서 갈등하게 될 때, "심리학자들은 법, 규정 또는 기타 통치 기관의 요구사항을 충실히 고수할 수 있다."(p. 153)라고 한 측면에서 이와 같이 주장했

다. 2002년 윤리 강령(1.02절)은 9·11 사건 이전에 작성되었으며 학교 및 법의학 심리
학자들이 부딪히는 법적 딜레마에 기반을 두고 있었지만, 2010년에 미국심리학회는
2002년 윤리 강령 1.02절 및 1.03절을 개정하였으며, '어떠한 경우에도' 윤리 강령의 언
어가 인권 침해를 정당화하는 데 사용될 수 없다는 점을 분명히 했다(APA, 2010, p. 493
참조).

> 1.02 윤리와 법률, 규정 또는 기타 통치 법적 권한 사이의 갈등. 만약 심리학자의 윤리
> 적 책임이 법률, 규정 또는 기타 통치 법적 권한과 충돌할 경우, 심리학자는 갈등의 본질
> 을 분명히 하고 자신이 윤리 강령을 지켜야 함을 알리고 윤리 강령의 일반 원칙 및 윤리
> 기준에 따라 갈등을 해결하기 위한 합리적인 조치를 취한다. 어떠한 경우에도 이 기준은
> 인권 침해를 정당화하거나 방어하는 데 사용될 수 없다.

> 1.03 윤리와 조직의 요구 사이의 갈등. 심리학자와 관련된 또는 심리학자가 일하고 있
> 는 조직의 요구사항이 윤리 강령과 서로 충돌한다면, 심리학자는 갈등의 본질을 분명히
> 하고 자신이 윤리 강령을 지켜야 함을 알리고 윤리 강령의 일반 원칙 및 윤리 기준에 따
> 라 갈등을 해결하기 위한 합리적인 조치를 취한다. 어떠한 경우에도 이 기준은 인권 침
> 해를 정당화하거나 방어하는 데 사용될 수 없다.

미국심리학회 대표자 협의회는 윤리 강령의 이러한 변화를 이끌어 내면서 고문에 반
대하는 미국심리학회의 결의안을 통과시켰으며(APA, 2006), 2008년 회원 투표를 통해
서 심리학자들은 국제법이나 미국「헌법」을 위반하는 구금시설에서 일하는 것을 금지
하며, 심리학자들이 인권 보호 또는 심리치료 제공에 직접 종사하는 경우에는 일할 수
있다는 것을 통과시켰다(Abeles, 2010). 그러나 결의안이 회원 자격으로는 통과되었지
만 윤리 강령으로 적시되지 않았기 때문에, 윤리 강령으로서 강제력이 있는 것은 아니
다(Pope, 2011).

그러나 심리학자들의 심문에 대한 우려에서 가장 논쟁이 되는 문제는 아마도 「PENS
보고서」로 알려진 문서일 것이다. 2003년 미국심리학회는 '심리적 윤리 및 국가안보
(Psychological Ethics and National Security: PENS) 특별위원회'(Greene & Banks, 2009)를
설립했다. PENS 특별위원회에서 작성한 이 보고서는 2005년 7월 1일 미국심리학회 이
사회에서 승인되었다. 이들의 주요 권고사항은 "심리학자는 고문 또는 다른 잔인하고

비인간적인 처치에 관여하거나, 지시하거나, 지원하거나, 촉진하거나, 훈련을 제공하지 않는다."라는 것이며, 심리학자들은 "그러한 행위를 주의 깊게 인지해서 적절한 당국에 보고할 윤리적 책임이 있다."라고 했다(PENS Report; APA, 2005, p. 1). 실제로 관타나모만의 학대에 대한 '내부고발자'는 PENS 특별위원회의 구성원이었던 Michael Gelles라는 심리학자였다(Abeles, 2010).

고문에 반대하는 미국심리학회의 입장은 분명하지만, 군심리학자들은 종종 서로 충돌하는 윤리적 요구에 부딪히게 된다. Johnson과 Kennedy(2010)는 군심리학자들이 군대 장교(따라서 국방부의 명령에 따를 의무가 있음)이자 심리학자(따라서 미국심리학회 윤리 강령 및 전문을 따를 의무가 있음)로서 "냉엄한 책임감"(p. 298)을 가지고 있다고 했다. Jeffrey, Rankin, Jeffrey(1992)가 지적했듯이, 군심리학자는 '두 명의 주인'을 섬겨야만 한다. 군대에서 일하는 심리학자는 여러 가지 다른 역할(예: 직무 적합도 평가, 인사 자격 평가, 리더십 또는 조직 심사 및 훈련)에 참여한다. 또한 역사적으로 비(非)군사적 장면에서 일하는 심리학자들이 (경찰 훈련, 교도소 시설, 전문가 증인 및 법의학 전문가와 같은 사법제도 내에서) 심문에 참여했다는 것을 이해하는 것이 중요하다(Johnson, 2002). 가장 논란의 대상이 되어 왔던 이슈는 심리학자들이 [군대 또는 비(非)군대 장면에서] 심문에서 자신의 역할을 잘못 이해할 수 있다는 우려이다. 우리의 견해로는, 인간의 행복과 인간적인 처치를 보장하는 것이 심리학자의 역할임을 항상 기억하는 것이 심리학자의 의무라고 본다.

이 특별한 윤리적 문제(심리학자의 역할과 책임이 서로 다른 경우)는 심리학자들이 직무를 수행하고, 윤리 강령을 준수하며, 그들과 관련된 사람들을 보호해야 하는 데서 직면하는 딜레마를 말한다. 2013년 8월 미국심리학회 대표자 협의회가 이 문제에 관한 모든 미국심리학회 정책을 통합하여,「PENS 보고서」를 포함한 이전 정책들 중 일부를 폐지하고 보다 강력하고 강제적인 결의안으로 통합하기로 결정했다는 것은 주목할 만하다(APA, 2013). 우리는 복잡한 윤리적 문제를 다루는 심리학자가 미국심리학회 윤리 강령을 지키고 필요에 따라 전문가와 상담하며 Kitchener(2000) 윤리 원칙에서 묘사된 것과 같이 개인적인 도덕성을 고수할 것을 촉구한다.

심리학자와 원격의료 서비스

심리학자들이 전자 수단(예: 유선 전화, 스마트폰, 전자메일, 채팅룸, 화상 회의, 웹사이트)을 통해 내담자에게 서비스를 제공하는 것은 지난 10년간 또 다른 논쟁의 대상이 되었다. 이러한 새로운 기술이 심리 서비스의 제공을 보다 효율적이고 편리하게 만들었지만, 또 다른 윤리적 딜레마를 만들기도 했다(Barnett & O'Leary, 1997; Ragusea & VandeCreek, 2003). Barnett와 Scheetz(2003)는 초기 전자 기술을 사용한 윤리적 실무에 대한 몇 가지 알려진 권고사항을 요약했다. 예를 들면, 컴퓨터에 저장한 비밀정보에 암호를 걸고 암호화된 소프트웨어를 사용하는 것, 팩스번호를 잘못 입력하는 것을 방지하기 위해 전화번호를 단축 다이얼로 저장해 두는 것, 휴대전화 주파수가 일부 라디오 및 베이비 모니터에 감지되어 사적 대화가 공개될 수 있음을 인지할 것, 내담자에 대한 메시지를 남기기 전에 누가 음성메일 메시지에 접속할 수 있는지를 알아야 하는 것 등이다. Collins(2007)는 전자메일이나 리스트서버 메시지로 인해 소환장을 받는 것과 같이, 전자메일 및 리스트서버[1] 메시지에서 발생할 수 있는 윤리적 문제를 살펴보았다. 그녀는 "리스트서버의 대화는 법정에서 증거로 채택될 수 있다."(p. 693)라고 하면서, 메시지를 보내거나 받은 사람뿐만 아니라 서버의 소유자(회사 또는 기관)가 소환될 수 있음을 지적했다. 다른 이들은 온라인 연구(예: Mathy, Kerr, & Haydin, 2003) 및 온라인 심리평가(예: Barak, 2003)에서의 윤리에 대해 논의했다.

분명한 것은 서비스 제공에서 전자기기 사용의 장점(예: 광장공포증, 지방)에도 불구하고, 우리가 인지해야 할 윤리적 우려가 많다는 것이다. 원격의료 서비스 또는 서비스에서 전자기기의 사용은 인기가 높아지고 있다(Nickelson, 1998). 세계 인구의 3분의 1 또는 미국 인구의 4분의 3 이상이 인터넷 사용자이다(Internet World Stats, 2011). 마찬가지로, Salaway, Caruso, Nelson, Ellison(2008)은 학부생의 85.2%가 페이스북, 링크인(LinkedIn), 트위터와 같은 사이트에서 소셜 네트워킹에 참여한다고 보고했다. 이 숫자는 Prensky(2001)가 초기에 '디지털 이민자(digital immigrants)'라고 일컫던 집단에서조차 증가하고 있는 것으로 보인다. 예를 들어, DigitalBuzzBlog(2011)는 페이스북 사용자의 30% 이상이 35세 이상이라고 주장했다. 매년 '디지털 원주민(digital natives)'은 늘어나고 있으며, 이들은 인터넷 및 유사한 기술이 이미 존재하고 널리 사용되는 시대에 태어난 사람들이다. 따라서 시간이 흐를수록 더 많은 내담자와 치료자가 '디지털 원주민' 세대의 사람들일 것이며, 개인적 삶에서 그리고 전문가로서의 삶에서 이러한 기술을 사용하지 않는 것을 상상하기 어려울 것이다.

---

1) 역자 주: 리스트서버(LISTSERV)란 일반적으로 전자 이메일링 리스트 응용 소프트웨어를 말함. 특정 주제에 관한 내용을 다수에게 메일링할 수 있는 네트워크임.

관심을 가지게 하는 (또한 앞으로 수년간은 더 관심을 가지게 될) 몇 가지 문제를 살펴보면, 내담자가 치료자를 만나기 전에 치료자를 '검색'함에 따른 원치 않았거나 계획되지 않은 자기공개의 효과(Lehavot, Barnett, & Powers, 2010), 기술을 통한 개입의 적절한(혹은 적절하지 않은) 시기, (예를 들면 해킹에 의한) 비밀보장에 대한 위협(Maheu, 2001), 치료자가 자격 면허가 있는 주(州)를 넘어서 또는 다른 관할 구역에 서비스를 제공하는 것과 관련되는 문제(Koocher & Morray, 2000) 등이 있다. Barnett와 Scheetz(2003)는 전화, 이메일 또는 화상 회의를 통해 서비스를 제공하려는 사람들의 경우, 포괄적인 사전 동의 절차의 사용, 긴급 절차에 대한 계획, 비밀 유지(예: 암호화 사용)를 위한 노력과 같이 추가적으로 주의해야 할 사항들을 제시했다. 이뿐만 아니라 상담자가 전자상으로 접촉하고 있는 사람의 실제 정체를 알고, 심리학자가 활동하고 있는 관할 구역에서 해당 법률(예: 경고 의무 및 보고 의무)을 잘 알고 있어야 한다.

원격 서비스의 윤리 문제는 전반적으로 빠르게 변화하고 끊임없이 확대되고 있는 주제이다. 모든 실무 문제에 관해서 심리학자는 관련 윤리 및 법적 문제에 대해 잘 알고 있어야 하며, 특히 2002 APA 윤리 강령을 적용하는 방법을 알고 항상 고객과 공공의 이익을 염두에 두고 행동해야 한다.

윤리적 결정의 이행

Rest(1984)의 도덕적 행동의 네 번째 구성 요소는 개인이 결정한 윤리적 행동의 실행이라는 것을 기억하라. 이러한 말은 '말보다 행동'이라는 뜻일 것이다. 다른 사람들의 부적절한 직업 행동을 신고하지 않을 수 있는데, 이것은 불평을 하는 데 걸리는 시간과 정서적인 혼란을 피하고 싶기 때문일 것이다. T. S. Smith, McGuire, Abbott, Blau(1991)는 윤리적 순응에 영향을 미치는 요인을 처음으로 연구했다. 그들의 주요 연구들 중 하나는 법규와 윤리적 기준이 확실한 상황에 적용될 때(예: 내담자와의 성관계, 아동학대 보고, 보험사기 등) 준수할 가능성이 훨씬 더 높다는 것이었다. 그러나 Smith 등의 연구 결과(법이 관련될 때 법률을 준수하는 것이 더 높다)에 대한 함의 중 하나는 자기규제에 초점을 맞추기보다, 시간이 지남에 따라 법률이 더 발전하고 있다는 것이다. 법률의 적용을 받는 직업 행동의 수가 증가하면 모든 심리학자의 법적 비용 및 의료비용 상승뿐만 아니라 심리학 직업에 대한 불신이 커지게 된다. 추가 기준이 필요하지 않도록 기존 기준에 자발적으로 준수하는 것이 바람직할 것이다. 이를 위해 Cottone와 Clause(2000)와 같은 여러 연구자는 심리학자들이 다양한 어려운 윤리적 딜레마를 겪을 때 도움이 되는 윤리적 의사결정 모델에 대한 개요를 제공했다.

요약

그래서 우리는 다시 묻는다. 윤리적인 심리학자가 되기 위해서 무엇이 필요한가? 이 장에서 우리가 제시한 지식은 필요한 것이지만, 그러나 자기 모니터링을 하는 최고의 수준만큼 충분한 것을 제시한 것은 아니다. 상담심리학자는 문제에 처해 있는 그리고 힘든 상황에 있는 사람들에게 봉사하는 전문가로서 최고 수준의 인지 속에서 윤리적 고려사항을 유지해야 한다. 심리학자들은 철학자 및 생물의학 윤리학자와 함께 대중이 이 직업을 통해 봉사를 받을 수 있도록 최선의 노력을 하고 있다. 심리학 및 기타 정신건강 분야에서 성격(미덕)의 역할에 대한 건전한 토론이 있으며, 대중이 보다 신뢰할 수 있는 직업이 되는 목표를 달성하기 위해 훈련하고 있다. 심리학자의 윤리적 상황 파악을 향상시키고 적절한 행동을 선택하고 시행하기 위해서는 보다 효과적인 훈련 프로그램 개발에 대한 지속적인 연구가 필요하다.

우리의 목적은 현재의 미국심리학회 윤리 기준의 주요 부분에 대한 삽화를 제공하여 독자들로 하여금 많은 전문적인 행동의 윤리적 함의에 대해 상기시키는 것이었다. 많은 윤리적인 위반은 좋은 의도에서 기인한 결과이기도 하다. 위반은 종종 심리학자들이 그들의 행동의 윤리적 함의를 충분히 고려하지 않은 결과로 나타나기도 한다.

윤리적 딜레마는 미국심리학회 윤리 강령만으로 쉽게 대응하지 않은 상황이다. 이러한 딜레마는 한 가지 윤리적 기준을 준수하는 것이 필연적으로 하나 이상의 다른 원칙을 위반하게 되는 상황에서 발생한다. 예를 들어, 상담자가 내담자가 누군가를 죽이려는 희망에 대한 상담 회기에서의 기밀을 유지한다면, 다른 사람에게 심각한 신체적 상해를 초래할 수 있다. 심리학자의 원칙 윤리, 적용 가능한 법률 및 개인 가치의 이해와 사용이 이러한 딜레마를 처리하는 주요 방법이다. 마지막으로, 윤리적 기준의 구현과 준수는 종종 그 책임이 자신과 동료 간의 관계에 스트레스를 가져올 수 있으나, 심리학자는 책임의 무게를 인식할 필요가 있다.

제2부

상담심리학에서의 과학

제**4**장
상담심리학자의 연구 전략 및 패러다임

앞으로 이어질 몇몇 장에서 우리는 상담심리학에서의 과학과 연구라는 주제에 초점을 맞추고자 한다. 연구 전략과 패러다임을 다루는 제4장은 네 개의 절로 구분된다. 첫 번째 절에서는 과학자—실무자 모델 내에서 '과학자'의 개념에 대해 살펴본다. 우리는 "과학자—실무자 모델에서 '과학자' 부분이 실제로 무엇을 의미하는가?"라는 질문에 대한 답을 구하려고 한다. '과학자가 되는' 몇 가지 수준에 관해 살펴볼 것이다.

첫 번째 절이 다소 철학적인 영역을 지향한다면, 두 번째와 세 번째 절은 좀 더 실제적이다. 우리의 목표는 상담심리학 연구에 대한 서로 다른 접근들과 연구에서의 몇 가지 주요 이슈를 이해하는 것이다. 우리는 의도적으로 초보자를 위한 개론 수준의 강좌를 넘어서서 심리학 연구에 어느 정도 배경을 가지고 있지만 상담심리연구에 대해서는 경험이 거의 없거나 전무한 학생들 또는 실무자들에게 초점을 맞추고 내용을 제시하였다. 두 번째 절에서는 상담심리연구에서 주로 사용하는 네 가지 양적 연구 전략을 제시하였다. 세 번째 절에서는 상담심리 분야에서 사용하는 질적 연구방법에 초점을 맞추었다.

http://dx.doi.org/10.1037/14378-004

Counseling Psychology, Third Edition, by C. J. Gelso, E. N. Williams, and B. R. Fretz

　　이 장의 마지막 부분에서는 상담심리연구에 대한 한 가지 관점을 소개하고 연구가
상담 실무와 어떤 연관성을 가지는지에 대해 논하고 있다. 이 마지막 절에서 Gelso의
'기포 가설(bubble hypothesis)'을 제시하였는데, 이 가설은 서로 다른 연구 전략과 연구
방법들에 내재된 장단점에 대해 생각해 볼 수 있는 유용한 도구이다. 또한 우리는 연구
관련성(research relevance)이라는 개념을 탐색할 것인데, 상담 실무자가 연구에서 무엇
을 기대하고 무엇을 기대하지 말아야 하는지를 강조할 것이다. 마지막으로, 연구 관련
성의 개념 중에 간혹 간과되는 복잡한 부분을 탐색할 것이고, 연구가 어떤 방식으로 실
무와 연관될 수 있는지에 대해서도 논할 것이다.

과학자-실무자 모델에서의 '과학자': 이것은 무엇을 의미하는가

　　제1장에서 우리는 상담심리학에서 훈련과 실무에 대한 과학자-실무자 모델에 관해
논하였다. 우리는 상담심리 전문 분야가 태동하면서부터 상담심리학자가 관여하는 모
든 활동(예: 상담, 평가, 자문)과 상담심리학자들이 연구하는 현상(예: 진로발달, 예방)을
이해하는 데 있어서 이 모델이 중요하게 간주되어 왔음에 주목하였다.

　　과학자-실무자 모델 내에서 학생들이 훈련을 받고(좀 더 정확하게는 교육을 받고), 이
를 통해 과학자이자 전문적인 실무자가 된다. 그리고 이러한 과학적인 훈련의 중요 요
소는 어떻게 과학적인 연구를 수행하는지를 배우는 것이다. 연구라는 것이 이 모델에
서 그리고 이 분야에서 매우 결정적인 것이기 때문에, 이야기를 더 전개하기 전에 '과학
적인 연구가 왜 이토록 상담심리에서 중요한 것인가?' '내담자 및 다른 사람들과의 경험
을 통해 우리가 진실이라고 믿는 것만으로 실무를 하면 왜 안 되는가?'라는 질문에 대
한 답을 제시하고자 한다.

　　만일 과학적인 점검과 엄격한 검증이 없다면, 상담심리학자들은 현실에서 발생하는
일이 아니라 우리의 상상이나 개인적인 욕구 때문에 발생하는 마법적인 해결책이나 치
유법을 만들어 낼 위험이 있다. 마찬가지로 과학적인 연구와 이론이 없다면, 우리의 편
견과 선입견의 부산물에 불과한 치료법을 개발할 가능성이 매우 농후하다. 만약 특정
실무가 효과가 있는지에 대한 통제된 검증이 부재할 경우, 상담 실무는 기껏해야 효과
가 매우 제한적이고 최악의 경우 해를 끼칠 수 있다. 우리는 연구를 통해 우리의 믿음
과 이론이 통제된 조건하에서도 지지되는지를 점검할 수 있고, 마찬가지로 우리가 믿

고 소망하는 것처럼 실제로 내담자들에게 효과를 보이고 있는지를 확인할 수 있다. 이러한 방식으로 과학은 우리가 하는 실무를 계속해서 향상시킨다.

과학적 연구는 상담심리학자로 하여금 자신의 이론과 처치를 점검하고 공부하는 데 도움을 주는 것에 더해서, 좀 더 전향적인 효과를 제공한다. 우리의 연구가설이 통제된 조건하에서 지지되는지를 발견할 수 있을 뿐 아니라 연구를 통해 새로운 지식과 이론을 창출할 수 있다. 사실, 연구 결과는 연구자들을 새로운 방향으로 이끌고, 새로운 아이디어와 이론을 제안하며, 처치가 좀 더 효과적이 될 수 있는 방법을 제시해 준다. 이러한 방식으로 과학적인 연구와 연구 결과는 늘 우리를 흥분시킨다. 도출되는 결과의 일부분은 거의 항상 새로운 것이다.

그렇다면 모든 상담심리학자가 과학과 연구에 관여해야 한다는 말인가? 예를 들어, 상담심리학자는 사설 상담기관의 전일제 상담자로 근무하면서 연구를 일과의 한 부분으로 삼아야 하는가? 실무자는 과학적으로 사고하는 것만으로도 충분한가? 또는 과학적인 이론과 연구의 생산자가 아니라 소비자(즉, 독자)가 되는 것만으로 충분한가? 이러한 질문은 과학자–실무자 모델에서 과학자가 실제로 무엇을 의미하는지에 대한 논의를 불러일으킨다.

과학자–실무자 모델이 우리 주변에 오랜 세월 존재했지만, 이 모델의 용어가 무엇을 의미하는지, 대학원 교육과 상담심리학자(또는 다른 영역의 심리학자들)의 직업생활에서 어떻게 구현되는지에 대해서는 이견이 존재한다. 이 모델 안에서 과학자가 되는 것이 무엇인지를 정의하는 것은 생각보다는 더 복잡하다. '과학자'라는 개념에는 몇 가지 의미가 존재하며, 이 개념이 실무에서 구현되는 것 또한 몇 가지 방식이 있다.

1951년 노스웨스턴 학술대회에서부터 몇몇 학자가 최소한 '과학적이라는 것은 연구 결과를 검토하고 활용하는 능력을 갖추는 것'을 의미한다고 제안한 바 있다(APA, 1952, p. 179). 따라서 상담 실무자들은 연구를 이해할 수 있어야 하고, 연구 결과를 자신의 실무에 적용할 수 있어야 한다. 우리는 이것을 과학자–실무자로서 기능하는 첫 번째 수준, 즉 최소 수준으로 간주할 것이다.

상담심리학자가 과학자가 되는 두 번째 방식은 상담 실무에 대해 사고하는 방법뿐만 아니라 상담 실무를 수행하는 방법과 관련이 있다. 사고(thinking)와 관련해서 실무자는 아마도 과학적 태도의 가장 근본적인 명제인 '비판적으로 사고하고 충분히 의심하라!'를 따를 것이다. 따라서 상담 실무자는 이론에 대해서 그것이 자신의 이론이건 다른 사람들의 이론이건 단순히 수용하기보다는 비판적으로 사고할 필요가 있다. 또한 연구물을 읽을 때 비판적으로 사고해야 한다. 문헌에 새로운 접근이 소개되었을 때, 실무자는 단순히 그것을 받아들이지 않고 회의적인 시선으로 바라보아야 한다. 주의 깊게 검토한 후 잠정적으로 새로운 접근을 시도해 볼 수 있을 것이다.

상담자가 상담 실무를 수행하는 방식에는 과학적인 과정이 수반된다. 상담자는 내담자가 제시하는 자료를 토대로 (가) 내담자 문제의 본질에 대한 가설, (나) 최선의 개입 방안에 대한 가설, (다) 다양한 개입에 대해 내담자가 어떤 식으로 반응할지에 대한 가설을 형성한다. 그런 다음 상담자는 이러한 가설을 실무에서 검증하고, 내담자의 반응에 따라 가설을 수정한다. 이러한 단계가 상담 내내 반복된다.

이렇듯 비판적인 사고방식을 견지하고, 실무에서 과학적인 절차를 따르는 것은 과학자–실무자 모델에서 두 번째 수준의 기능으로 간주될 수 있다. 상담에서 적용되는 과학적 과정은 Pepinsky와 Pepinsky(1954)에 의해 체계적으로 논의되었고, 이후 과학자–실무자 모델의 주요 부분이 되어 왔다('개인 과학자로서의 상담자' 모델의 흥미로운 버전에 대해서는 Howard, 1986을 참조). 상담 분야에 있는 많은 학자는 과학자–실무자 모델의 과학자 부분이, 연구를 검토할 수 있는 수준 그 이상, 연구물을 실무에 적용하는 능력 그 이상, 과학적인 방식으로 상담 실무를 수행할 수 있는 수준 이상이어야 한다고 믿는다. 실제로 이들은 과학자–실무자 모델에서 세 번째 기능을 요구한다. Whiteley(1984b)는 과학자–실무자 모델의 보다 엄격한 관점을 제기하였다. 그는 상담 심리학 박사과정에서는 최소한 연구를 검토하고 활용하는 것뿐 아니라 학생들이 '가설을 형성하고, 독창적인 연구를 수행하도록' 가르칠 것을 제안하였다(p. 46).

실제로 박사과정 학생들은 가설을 형성하고 독창적인 연구를 수행하도록 교육받고 있다. Whiteley와 다른 학자들이 의미하는 것은, 학생들이 이러한 과학의 영역을 교육받아야 할 뿐 아니라, 이들이 교육 현장에 있건 사설 상담기관에서 일을 하건, 아니면 다른 장면에서 일을 하건, 이후 진로의 일부분으로서 경험적인 연구를 실제로 수행할 것이라는 기대가 있어야 함을 시사한다. 이러한 의미에서 과학자–실무자가 된다는 것은, 연구에 할애하는 시간의 양이 개별 상담심리학자들마다 매우 다르겠지만, 자신의 진로 내내 상담뿐 아니라 연구에도 관여한다는 것을 의미한다.

요약하면, 과학자–실무자 모델에서 '과학자'라는 개념은 방금 전에 논의한 세 가지 수준 각각을 지칭한다(Heppner, Wampold, & Kivlighan, 2008 참조). 비록 상담심리학자들이 각각의 수준 그리고 어떤 수준에서건 기능하지만, 상담심리학자들이 세 가지 수준 모두를 실현한다면 상담심리 분야에 큰 도움이 될 것이다. 이 장의 후반부에서 제안하는 것처럼, 연구를 실무에 직접적으로 적용하는 것이 드물기는 하지만, 상담심리학자들은 연구를 이해하고 그것을 실무에 적용할 수 있어야 한다. 또한 상담심리학자들은 과학적으로 사고해야 하고, 과학적인 방식으로 상담 실무를 수행해야 한다. 마지막으로, 상담심리 분야와 우리의 내담자들이 최대한 혜택을 받으려면, 상담심리학자는 진로의 한 부분으로 학술적인 활동을 수행해야만 한다. 이때 연구(research), 경험적인 연구(empirical research), 또는 과학(science)이라는 용어 대신에 학술활동(scholarly work)이라는 용어를 사용한 것에 주목하라. 학술활동은 이러한 용어들을 모두 포괄하는 가장 광범위한 용어로서, 어떤 현장에 있건 상담심리학자들이 경험적인 연구를 할 것으로 기대하는 것보다는 학술활동에 참여할 것으로 기대하는 것이 더 현실적이다(Carter, 2006). 이러한 제안이 설득력을 지니기 위해서는 우선 연구, 과학, 학술활동이라는 용어를 더 명료하게 정의할 필요가 있다.

연구, 과학, 학술활동

상담심리학 제3차 학술대회(조지아 학술대회로 불림) 중 개최된 연구위원회(Gelso et al., 1988)에서는 연구, 과학, 학술활동이라는 서로 연관된 세 가지 개념 간의 유사점과 차이점을 파악하고자 했다. 종종 이 용어들은 상호 호환되고, 상담심리학 문헌에서 뚜렷하게 구분해서 사용하고 있지 않다. 과학자-실무자 모델과 상담심리학에서 연구의 역할을 논함에 있어서 우리는 이것들을 구분할 필요가 있다.

Gelso 등(1988)이 지적한 것처럼, 경험적인 연구는 좀 더 폭넓은 과학의 맥락에서 수행된다. 일반적으로 보통 연구자는 통제를 가하는데, 관찰을 통해 연구하고 있는 현상을 편견 없이 드러내고자 한다. 항상 그렇지는 않지만, 일반적으로 상담심리연구는 어느 정도 수량화된다. Gelso 등(1988)이 논의한 것처럼, 연구의 목적은 지식기반에 기여하는 것이고, 이렇게 확장된 지식은 이론과 함께 과학적인 노력에 해당된다.

여기서 연구뿐 아니라 이론 또한 과학적 노력의 일부분임을 주목해야 한다. 상담심리학뿐 아니라 다른 전문 분야와 현장에서는 이론과 연구가 과학을 수반해야 한다는 사실을 종종 잊곤 한다(Gelso, 2006). 가설을 생성함에 있어서, 이론은 주제를 제공하고, 연구를 통해 검증한다(물론, 이론은 그것이 얼마나 공식적으로, 일관되게, 포괄적으로 기술되었느냐에 따라 매우 다양하다). 그런 다음에 연구 결과들은 이론적인 가설을 수정하고 세련화하는 데 사용된다. 이러한 상호 과정을 '과학적 활동 주기(the cycle of scientific work)'라고 명명하였다(Strong, 1991, p. 208).

연구, 과학, 학술활동의 세 가지 개념 중에서 명료하고 간단하게 정의하는 것이 가장 힘든 것은 과학이다. 왜냐하면 과학은 많은 것을 포함하기 때문이다. 과학은 이론과 연구로 구성될 뿐 아니라, 태도, 방법, 일련의 기법으로 간주될 수 있다(좀 더 자세한 설명은 Heppner et al., 2008; Howard, 1985; Rychlak, 1968을 참조). 여기에서는 과학을 통제된 관찰과 정확한 정의, 반복 가능성 또는 재연 가능성 등을 최우선으로 하는 태도이자 방법으로 간주할 수 있을 것이다. 과학자는 변인들을 통제해서 경쟁하고 있는 설명(또 다른 가능성)을 배제한다. 과학자는 용어, 조작, 절차를 명료하게 정의함으로써 다른 과학자들이 해당 연구가 무엇을 의미하는지 이해하고 연구를 재연할 수 있게 한다. 과학적인 이론 또는 연구 결과가 타당한 것으로 수용되기 위해서는 관찰되고 있는 사건이나 현상이 재연될 수 있어야 한다. 통제, 엄밀함, 재연 가능성에 부여하는 가치는 과학적인 이론과 과학적인 연구 모두에 적용된다.

Gelso 등(1988)이 지적한 것처럼, 학술활동은 세 가지 중에서 가장 포괄적이고 일반적인 개념이다. 학술활동에는 보통 우리가 과학으로 간주하는 것 이상의 지적인 활동들(예: 철학적 탐구, 역사 분석, 수량적이지 않고 최소한의 통제를 가한 상태에서 상담사례를 신중하게 분석하기 등)이 포함되어 있다. 학술활동은 지식과 이해에 대한 훈련되고 사려 깊은 탐색으로 정의할 수 있다. 비록 학술활동이 통제, 엄밀성, 재연 가능성과 같은 과학적 특징을 포함하지 않을 수 있지만, 그럼에도 불구하고 학술활동에 내재된 지식 탐구는 훈련된 것이다.

학술활동과 상담심리학자

연구, 과학, 학술활동에 대한 논의의 핵심은, 상담심리학(그리고 심리학에서의 다른 응용 분야)에서 과학자–실무자 모델의 과학자 부분을 이야기할 때, 우리는 무엇보다도 효과적인 학자를 훈련시키는 데 관심을 가지고 있다는 것이다. 이들은 상담심리학에서의 현상들을 신중하고 창의적으로 깊이 있게 이해하려고 노력하며, 그러한 이해를 다른 사람들과 소통하려고 한다(예를 들면, 학술논문과 학술대회 발표를 통해서). Gelso 등(1988)이 제안했던 것처럼, 학생들이 과학자이자 연구자로서의 역할을 다할 수 있도록 훈련시키는 것은 바로 이러한 지적인 맥락 안에서 진행된다.

이제 과학자–실무자 모델 중 과학자 부분에 대해 무엇을 기대해야 하는지에 대한 논의로 돌아가 보자. 우리는 이 모델 안에서 과학자가 되는 것이 어떤 식으로 나타나는지 세 가지 방식으로 살펴보았다. 이는 바로 (가) 연구를 통해 나타난 결과물을 살펴보고 자신의 실무에 적용하는 것, (나) 과학적으로 사고하고 자신의 실무를 과학적인 방식으로 수행하는 것, (다) 직장에 관계없이 진로의 한 부분으로 연구를 실제로 수행하는 것이다.

상담심리학자가 연구물을 검토하고 적용하는 것에 대한 기대는 세 가지 방식 중에서 가장 적게 부담이 되는 것인 반면, 실제로 연구를 수행하는 것에 대한 기대는 가장 많이 부담이 되는 것이다. 후자의 경우 현실적이고 실행 가능한 것일까? 아마도 실현하기 어려울 수 있다. 많은 사람이 동의한 것처럼(예: Gelso, 1979a, 1979b, 1993; Gelso & Lent, 2000; Heppner et al., 2008; Magoon & Holland, 1984; Scheel et al., 2011; Whiteley, 1984b), 현재에도 그리고 미래에도 상담심리학 분야에서 더 많은 연구와 더 좋은 연구들이 지속되기를 기대할 것이다. 상담심리학자를 길러 내는 교수들은 학생이 박사 학위를 취득한 이후에도 계속해서 연구를 지속할 수 있도록, 한 훈련 과정 중에 할 수 있는 모든 것을 해야 한다.

많은 상담심리학자는 연구를 수행하는 것이 극도로 힘든 업무환경(예: 지역정신건강센터, 사설상담센터)에서 일하고 있다. 어떤 상담심리학자들은 박사과정 중에는 영감이 뛰어나고 유능했지만 연구를 하려는 의도가 없거나 그것에 필요한 능력을 충분히 갖추고 있지 않다. 이 중 많은 사람은 연구 이외에 다른 학술적이고 과학적인 작업을 효과적으로 수행할 수 있다. 예를 들어, 이론이나 치료적 접근을 개발해서 전문 학술지에 출간하는 일은 매우 학술적이고, 실무뿐 아니라 과학적인 측면에도 의미 있는 기여를 하는 것이다. 임상장면에서의 이론적인 보고서들을 엮어서 개념적인 논문을 작성하거나, 개인이 경험한 사례들로부터 가설을 발전시키는 활동을 하는 사람들은 과학자-실무자 모델에서의 과학자 부분이 요구하는 일을 효과적으로 수행하는 것이다. 이러한 활동들은 어떤 상황에서는 경험적인 연구보다도 더 현실적이다.

실무자들이 경험적인 연구에 좀 더 온전히 참여할 수 있는 또 다른 방식은 실무-연구 네트워크(Practice-Research Network: PRN)와 함께하는 것이다. "경험적 제국주의(empirical imperialism)"(Lampropoulos et al., 2002)에 대한 주장, 즉 몇몇 소수 연구자가 밝혀낸 경험적인 연구 결과들이 많은 실무자의 근거기반 실무를 지배한다는 주장에 대한 반응으로 새로운 전략이 나타났다. 이 전략은 유용한 임상 연구를 설계하고 실행함에 있어서 실무자의 경험에 상당히 의존한다. 이제 막 발전하고 있는 PRN에서는

(Castonguay, Locke, & Hayes, 2011), 연구자와 실무자 간의 온전한 협력적 관계를 통해 "과학적으로 엄격하면서 임상적으로 적합한 연구"가 진행될 수 있다(Castonguay et al., 2011, p. 107).

펜실베이니아 심리학회에서 첫 번째 PRN 연구라고 볼 수 있는 것을 착수했다 (Borkovec, Echemendia, Ragusea, & Ruiz, 2001 참조). 첫 번째 PRN 과정 연구라고 볼 수 있는 후속연구에서 Castonguay와 동료들(2010)은 심리치료 회기 중 발생하는 유용한 사건들과 방해하는 사건들을 조사했는데, 목적은 선행연구 결과(Llewelyn, 1988)를 재연하는 것이었다. 비록 Llewelyn(1988)의 연구 결과 중 유일하게 한 가지가 반복검증되었지만(문제해결의 유용함에 대한 내담자의 지각), Castonguay와 동료들은 좀 더 큰 표본과 더 많은 통계분석을 사용했고, 연구자들과 실무자들이 협력해서 연구문제와 연구방법, 자료분석을 고안했기 때문에, 본인들의 연구 결과에 대해 더 확신하게 되었다고 주장했다. 미래에 더 많은 PRN 연구를 볼 수 있기를 기대한다(예: Andrews, Twig, Minami, & Johnson, 2011). 이 전략을 사용하면 새로운 관점으로 연구문제를 바라보게 되고, 심리학자들이 과학자-실무자 모델에 보다 충실하게 참여할 수 있을 것이다.

요약하면, 학술적이고 과학적인 작업은 어떤 곳에서 일을 하건 상담심리학자의 직무로 자리 잡아야 한다. 구체적으로 어떤 일을 해야 하느냐는 많은 요인에 영향을 받는데, 어떤 일을 요구하고 어떤 시설을 갖추고 있느냐뿐 아니라 특정 상담심리학자의 의향과 능력에 따라 달라진다. 업무환경과 관련해서는, 대학에서 일하는 사람들, 특히 전공 학과에 있는 사람들이 연구 수행에 있어서 가장 우호적인 분위기와 촉진적인 환경을 가지고 있을 것이다. 사설상담소나 기타 상담기관에서 일하는 사람들의 경우, 연구를 수행할 수 있는 실제적이고 심리적인 시설이 매우 미흡하다. 이례적으로 연구에 대한 동기 수준이 높거나, 연구에 우호적인 환경에서 일하고 있는 동료들과 협업할 수 있는 상황이 아니라면, 이들이 연구를 수행하는 일은 거의 없을 것이다. 그러나 모든 상황에서 상담심리학자들은 학술활동에 기여할 수 있고, 또 그래야만 한다.

탐구 유형: 양적 연구에 대한 유형론

지금까지 과학자-실무자 모델 내에서 연구의 대안이 될 수 있는 학술활동에 관해 논의했지만, 경험적인 연구는 항상 상담심리학 내에서 매우 현저한 위치를 차지해 왔다.

다음에서는 이 분야에서의 주요 연구 현안인 양적 연구방법의 분류에 관해 이야기하고자 한다. 연구방법론을 수강하는 학생들은 일반 심리학 분야에서뿐 아니라 상담심리 연구에서도 주요 현안이 많이 존재한다는 것을 알고 있다. 참여자 선별 기준, 통제집단 활용, 측정도구의 신뢰도와 타당도, 통계적 이슈 등에 대해 할 이야기가 매우 많다. 우리는 이러한 문제들을 피상적으로 이야기하기보다는(상담심리학의 전 분야를 다루는 책에서는 필요한 일이겠지만), 상담심리학 연구를 이해하는 데 기본이라고 여겨지는 연구방법에 초점을 두기로 했다[Heppner와 동료들(2008)이 저술한 책에서 상담연구 현안 전체에 대해 포괄적으로 다루고 있다].

이 절에서 우리는 독자들이 상담심리학 연구 일반에 대해 이해할 수 있도록 양적 연구방법을 분류하는 것에 관해 논하고자 한다. 저자 중 한 명이 주장한 것처럼(Gelso, 1979a, 1979b) 그리고 경험적으로 입증된 것처럼(Ponterotto, 1988; Scherman & Doan, 1985), 상담심리학에서 대부분의 양적 연구는 네 가지 기본적인 유형 또는 접근으로 분류할 수 있다. 각각의 유형은 단점과 장점을 가지고 있기 때문에, 상담심리학 연구를 공부하는 학생이라면 이것들을 이해하는 것이 중요하다.

네 가지 유형의 연구를 논하기 위해서는 두 가지 기본적인 차원에 따라 상담연구를 생각해 보는 것이 도움이 된다. 이 중 한 가지 차원은 연구자 또는 실험자가 독립변인(실험적인 영향 또는 효과를 가지고 있다고 판단되는 변인)을 통제 또는 조작하는 정도를 반영한다. 〈표 4-1〉에서 볼 수 있듯이, 연구들은 조작된(manipulative; 독립변인에 대한 통제가 강한) 연구와 조작되지 않은(nonmanipulative; 통제 수준이 낮은) 연구로 구분될 수 있다.

〈표 4-1〉에서 통제 정도를 나타내는 차원이 '내적타당도 문제'로 명명된 것에 주목할 필요가 있다. 이유는, 연구자가 독립변인을 통제 또는 조작하는 정도가 연구의 내적

표 4-1 연구 유형 분류체계

		독립변인 통제 정도 (내적타당도 문제)	
환경 (외적타당도 문제)		A 조작적(높은 통제)	B 비조작적(낮은 통제)
	A 실험실	AA유형: 유사실험연구	AB유형: 유사상관연구
	B 현장	BA유형: 현장실험연구	BB유형: 현장상관연구

주: Gelso, C. J. (1979). Research in counseling: Methodological and professional issues. *The Counseling Psychologist*, 8(3), p. 13. 허락을 받고 재출판함.

타당도와 매우 밀접하게 관련이 있기 때문이다. 즉, 내적타당도는 다른 변인들이 아니라 실험의 효과를 가져올 것으로 가정되는 변인이 실제로 그러한 효과를 가졌다고 분명하게 말할 수 있는 정도를 의미한다.

상담심리연구의 두 번째 차원은 〈표 4-1〉에서 환경으로 명명하였다. 기본적으로 실험실과 현장이라는 두 개의 환경이 존재한다. 실험실 연구들은 보통 그들이 연구하고 있는 활동의 시뮬레이션인 반면, 현장 연구에서는 연구자가 자연스러운 환경에서 나타나는 실제 활동(예: 상담)을 조사한다.

앞에서 언급한 것처럼 첫 번째 차원은 내적타당도와 직접적으로 관련이 있는 반면, 이 두 번째 차원은 외적타당도와 관련이 있다(특정 연구에서 도출된 결과를 일반화할 수 있는 정도, 즉 이 특정 표본의 결과를 실제 활동과 모집단에 적용할 수 있는 정도를 의미한다). 예를 들어, 누군가가 대학생 표본을 대상으로 진로상담을 연구했다면, 외적타당도와 관련된 질문은 연구를 통해 도출된 결과를 어느 정도로 실험실 밖의 상황(예: 실제 대학상담센터)에서 이루어지는 진로상담에 일반화할 수 있느냐이다. 일반적으로 현장에서 수행된 연구들은 외적타당도가 높은 반면, 실험실 상황에서 수행된 연구들은 외적타당도에 문제가 있다. 이와 관련된 문제들은 연구 유형을 이야기하면서 좀 더 자세히 논할 예정이다. 독자들은 연구에서의 내적타당도와 외적타당도를 논한 Cook과 Campbell(1979)의 저서와 최근에 Heppner 등(2008)이 언급한 문제들을 참고하기 바란다.

〈표 4-1〉에서 볼 수 있는 것처럼, 통제 차원의 두 수준(조작적, 비조작적)과 환경 차원의 두 수준(실험실, 현장)을 조합하면 네 가지 유형의 양적 연구 또는 탐구 유형이 나타난다. 각각의 유형이 상담심리연구에서 어떻게 나타나는지 살펴보기 전에, 이와 같은 분류체계가 불가피하게 현상을 단순화하고 있음을 알 필요가 있다. 실제 상담심리연구에서는 연구들이 특정 유형을 대표하는 정도가 다르고, 네 가지 유형이 섞여 있는 연구들도 많다. 그러나 이렇게 단순화함으로써 다른 유형의 연구들이 가지고 있는 장점과 단점을 쉽게 이해할 수 있다.

연구 전략 AA: 유사실험연구

첫 번째 연구유형인 유사실험연구(experimental analogue)에서는 연구자가 독립변인을 완전히 통제하고 있기 때문에 이를 실험이라고 간주한다(예를 들어, 상담에서는 독립변인이 처치를 누가 받고 언제 받느냐이다). 연구자는 독립변인(IV)을 통제하는데, 이러한 통제는 참여자들을 서로 다른 처치에 무선으로 할당하고 그 처치를 언제 제공할지를 결정함으로써 정해진다. 따라서 상담 분야의 유사실험연구에서는 연구자가 대학생들을 서로 다른 유형의 30분짜리 처치와 그러한 처치가 주어지지 않는 통제집단에 무선으로 할당할 수 있다. 서로 다른 처치를 받는 집단들은 비교가 될 뿐 아니라 통제집단과도 비교된다. 또는 연구자가 피험자내 실험이라고 부르는 것을 수행할 수 있는데, 두 개 이상의 처치를 모두 받되, 처치를 받는 순서는 무선으로 결정된다[순서를 균형 잡히게 한다(counterbalancing order)고 부른다].

집단에 무선으로 할당이 이루어졌고 모든 처치가 같은 기간 동안 제공되었다면, 연구자는 실험의 효과가 다른 가외변인이 아니라 처치 때문이라고 결론 내릴 수 있는 위치에 있게 된다. 마찬가지로, 내담자 또는 참여자가 각각 처치를 받았고 처치를 제공한 순서가 참여자들 간에 교차되었다면 동일한 결론을 내릴 수 있다. 달리 말하면, 실험통제로 인해 인과관계를 추론할 수 있는 정도가 커진다. 만일 연구자가 잘 통제된 상황에서 독립변인을 조작했고 그러한 조작 이후에 종속변인에서 변화를 발견했다면, 연구자는 독립변인이 그러한 효과를 가져왔다고 안전하게 결론 내릴 수 있다.

지금까지 우리는 유사실험연구가 어떻게 실험적인가에 대해 논의하였다. 이러한 논의는 심리학이나 다른 학문 분야에서 실험을 구성하는 요소가 무엇이고, 실험을 통해 어떤 종류의 결론을 내릴 수 있는지에 대한 일반적인 생각을 담고 있다. 그러나 유사실험연구는 우리가 연구하고자 하는 것의 아날로그(analogue, 유사체)이다. 즉, 아날로그는 실제 삶의 현장에서 직접적으로 그러한 행위를 연구하지는 않는다. 대신, 유사한 행위를 하거나 모의실험을 해서 해당 행위를 연구하는 것이다.

상담심리 내에서 유사 연구는 종종 특정 개입에 관해 연구한다. 이러한 개입은 상담심리학자가 관여하는 광범위한 행동 또는 처치를 포함한다. 예를 들어, 상담, 심리치료, 자문, 지도, 평가, 수퍼비전, 교육, 훈련 등이 이에 해당된다. 개입이 자연스럽게 발생하는 실제 현장에서 연구하는 것이 아니라, 연구자가 가장 유사한 형태로 만들어서 개입을 연구한다. 또한 유사실험연구는 개입 전체보다는 개입의 한 단면을 조사한다.

특정 개입의 맥락에서 실험자는 무한대에 가까운 독립변인들을 연구할 수 있고, 마찬가지로 다양한 종속변인을 연구할 수 있다. 예를 들어, 상담의 여러 측면 중에서 연구자는 (가) 상담자 기법, 행동, 성격, 외모, 의도 또는 스타일의 효과, (나) 다양한 내담자 특성의 효과, (다) 서로 다른 종류의 처치의 효과를 연구할 수 있다. 같은 방식으로,

연구자는 그러한 변인들이 다양한 내담자, 상담자 행동, 지각, 반응 등에 미치는 영향을 조사할 수 있다. 여기서 우리는 독립변인이 내담자 행동의 어떤 측면에 영향을 미치는지, 상담자 행동의 어떤 측면에 어떻게 영향을 미치는지, 이 두 당사자의 상호작용의 어떤 측면에 어떻게 영향을 미치는지를 살펴볼 수 있다. 일반적으로 독립변인은 시청각 설계를 활용해서 조작되는데, 상담자나 내담자 또는 이 둘을 담은 테이프나 영상을 연구 참여자들에게 제시한다(어떤 설계에서는 참여자들이 실제 사람, 즉 공모자 또는 배우를 만나는데, 이 공모자는 미리 정한 행동이나 특징을 보여 준다). 테이프나 영상에서 무엇을 보여 줄지는 연구자가 결정한다.

Yeh와 Hayes(2011)가 수행한 실험이 시청각 유사실험연구의 한 예이다. 연구자들은 상담자의 자기개방(제11장에서 더 자세히 다루는 주제인 역전이 관련 문제에 대한 자기개방)이 상담자에 대한 인식과 상담 회기의 질에 미치는 영향을 이해하고자 했다. 실험 참여자인 대학생들이 두 개의 다른 처치조건에 할당되었다. 한 조건에서는 상담자가 해결되지 않은 개인적인 문제를 개방했고, 다른 조건에서는 상담자가 좀 더 해결이 된 개인적인 문제를 개방하였다. 학생들은 암호를 사용해서 웹사이트에 접속해서 12분가량의 비디오를 시청하고, 그런 다음 상담자와 상담에 대한 설문에 응답했다. 특히 Yeh와 Hayes는 참여자들로 하여금 상담자의 신뢰성, 전문성, 매력도를 평가하게 하였고, 참여자들은 상담자가 내담자에게 얼마나 희망을 주었다고 생각하는지, 상담자가 내담자와 얼마나 유사하다고 생각하는지를 평가했다. 또한 연구자들은 회기의 깊이(즉, 회기가 피상적인 수준에 머물렀는지 아니면 좀 더 깊은 소재를 다루었는지)와 순조로움(즉, 회기가 얼마나 순조롭게 또는 어렵게 진행되었는지)에 대한 학생들의 지각을 평가했다.

평가에는 소위 조작점검(manipulation check)이 포함되었는데, 이때 연구자들이 질문을 던졌는데(이 경우 해당되는 질문은, '상담자는 회기 중에 개인적인 정보를 나타내는 어떤 말을 했나요?'와 '상담자가 개방한 정보는 여전히 힘들어하고 있는 개인적인 어려움을 나타냈나요?'이다), 연구자가 의도한 대로 독립변인이 조작되었다고(이 경우, 해결된 또는 미해결된 개인적인 문제에 대한 개방) 참여자들 또한 인식하는지를 확인하였다. Yeh와 Hayes(2011)에 따르면, 상담자가 이미 해결된 개인적인 문제를 개방했을 때 참여자들이 상담자를 더 신뢰할 만하고 매력적이며 희망을 더 많이 준다고 평가했다. 그러나 상담자의 전문성이나 회기의 깊이, 순조로운 정도에는 차이가 없었다. 이러한 연구 결과는 내담자들이 상담자의 자기개방을 긍정적으로 받아들인다는 기존의 연구 결과를 지지하는 것이다.

상담심리연구에서의 유사실험연구에 대한 평가

유사실험은 연구를 진행하고 검토할 때 유념해야 할 수많은 장점과 단점을 가지고 있다. 긍정적인 측면에서는 엄격하게 통제된 상황에서 변인들을 엄밀하게 통제할 수가 있다. 연구자는 Yeh와 Hayes(2011)의 상담자 자기개방 연구에서처럼 연구를 위해 매우 구체적인 변인들을 분리시킬 수 있다.

실험자는 특정 변인들을 구분해서 통제할 수 있을 뿐 아니라 실제 상담에서는 가능하지 않은 정도로 변인들을 조작할 수가 있다. 가령, 상담센터에서 이루어지는 실제 상담 장면에서는 상담자가 최선을 다하지 않는 방식으로 내담자에 대한 행동을 제한하거나 수정하는 것이 가능하지 않다. Yeh와 Hayes가 했던 실험과는 반대로, 실제 상담자들은 모든 회기에서 자기개방을 하려 하지 않을 것이다. 또한 연구자들이 어떤 개방은 해결된 문제에 관한 것이고 또 어떤 것들은 미해결된 것들인지에 대해 은밀하게 관여하지 못할 것이다. 연구자들은 윤리적인 문제 때문에 실제 상담 장면에서는 자유롭게 변인들을 조작할 수가 없다. 물론 실험적 통제를 가해야 하는 상황에서는 늘 윤리적인 문제를 고려해야 한다(제3장 참조).

아마도 유사실험연구가 지닌 가장 근본적인 장점은 통제하고 조작하기 때문에 강한 인과적 추론이 가능하다는 것일 것이다. 만일 실험의 효과가 발생했다면, 그 효과가 다른 가외변인에 의해서가 아니라 바로 독립변인 때문에 발생했다고 강하게 확신할 수 있다.

모든 연구 전략에서 그런 것처럼, 유사실험연구에서도 모든 것이 방법론적으로 좋은 것은 아니다. 어떤 측면에서는 유사실험연구의 장점이 단점이기도 하다. 특정 변인을 구분해서 엄격하게 통제할 경우, 우리는 소위 자연스러움을 위반하게 된다. Yeh와 Hayes(2011)가 한 실험을 예로 들면, 녹음된 사례에서 차이가 나는 유일한 반응은 자기개방의 유형이었고, 다른 반응(예: 개방형 질문, 최소한으로 격려하는 반응)은 동일하도록 대본을 작성했다. 이 반응은 조심스럽게 구분했고, 다른 참여자들이 서로 다른 종류의 자기개방을 들을 수 있도록 조작되었다. 우리가 유사실험연구에서 변인들을 격리시킬 때, 그 변인의 효과는 그 자체로 평가될 수 있지만, 우리는 그러한 효과가 실제 생활에서도 동일한 방식으로 발생할지는 알 수가 없다. 이러한 방식으로 외적타당도를 희생하면서 내적타당도가 향상되는 것이다.

실험적 통제를 극대화하기 위해, 실험실에서 이루어지는 연구는 현상을 단순화한다. 앞에서 언급한 것처럼, 전체 상황이 연구되는 것이 아니라 부분적인 내용이 연구되는 것이다. 이와 관련된 질문은 '우리가 너무 단순화시킨 것은 아닐까? 그래서 연구 결과가 우리가 연구하고자 하는 처치와 실제로 관련이 없는 것은 아닐까?'이다. 상담심리학에서는 이 문제가 매우 민감한 사안인데, 유사실험연구를 진행하는 연구자들은 가능한 한 실제를 반영할 수 있도록 시뮬레이션을 개발하려고 노력하고 있다.

유사실험연구를 가능한 한 현실과 비슷하게 만들려고 노력하는 것과는 상관없이, 특성상 유사실험연구들은 인위적일 수밖에 없다. 인위성과 그로 인한 일반화 가능성의 문제로 인해 실험실에서 진행되는 유사실험연구가 궁극적으로 유용할 수 있는지에 대해 최근 면밀한 조사가 진행되고 있다. 이 접근이 지닌 장점에 대해서는 종종 논쟁이 있어 왔다(예: Forsyth & Strong, 1986; Gelso, 1979a, 1979b; Gelso & Fassinger, 1990; Goldman, 1979; Heppner et al., 2008; Stone, 1984). 몇몇 학자는 유사실험연구가 특별한 가치를 가지고 있지 않기 때문에 없어져야 하거나 아주 특별한 상황에서만 수행되어야 한다고 믿는다. 실제로 예전에는 많은 유사실험연구가 주요 상담 학술지에 출판되었지만(Scherman & Doan, 1985), 최근에는 그 수가 급격하게 줄어들었다. Scheel 등(2011)은 1979년부터 2008년까지 『The Counseling Psychologist』와 『The Journal of Counseling Psychology』에 실린 논문들을 조사했는데, 시간이 지나면서 유사실험연구들이 꾸준하게 감소한 것을 발견했다.

우리는 유사실험연구가 상담심리학 내에서 가치 있는 위치를 차지하고 있다고 믿는다. 무엇보다도 어떤 접근을 취할지를 결정하는 것은 연구자의 연구문제이고(Heppner et al., 2008), 특정 연구문제에 대해서는 유사실험연구가 훌륭한 전략이 될 수 있다. 유사실험연구는 많은 연구문제에 대해 최고의 접근이고, 어떤 질문에 대해서는 유일하게 실행할 수 있는 방법이다. 어떤 연구들은 연구문제 때문에 엄밀한 통제와 정확성이 요구된다. Yeh와 Hayes(2011)의 연구에서처럼 상담자들이 자주 자기개방을 하는 것이 아니기 때문에, 상담자 자기개방의 실제 사례를 포착할 수 있을 것이라는 기대를 갖고 실제 상담 회기를 연구하는 것은 합리적이지 않다. 또한 윤리적인 이유 때문에, 실제 상담 상황에서는 연구할 수 없는 연구문제들이 존재한다. 예를 들어, 서툴게 제공한 임상적 개입의 효과를 연구하는 것은 실제 내담자들에게 도덕적으로 적절하지가 않다. 더욱이 유사실험연구의 한계에 대해 충분히 이해를 하고 있고, 실제 상황을 반영하는 정도를 향상시키기 위한 노력을 기울이고 있다는 점에서, 유사실험연구는 계속해서 상담심리학 연구에서 중요한 역할을 차지할 것이다.

연구 전략 AB: 유사상관연구

두 번째 연구 전략인 유사상관연구는 어느 정도 개입상황을 유사하게 만들었다는 점에서 유사실험연구와 비슷하다. 일반적으로 유사상관연구는 실제 개입 상황에서는 발생하지 않지만 실험실 상황에서 수행되는데, 그 자체로 자연스러운 개입 상황을 시뮬레이션한 것이다. 유사상관연구가 자연스러운 상황에서 발생할 때조차, 예를 들어 대학상담센터에서 수행된다면, 그것은 여전히 유사한 상황이다. 왜냐하면 실제 물리적 환경이 자연스러울 수는 있지만, 실제 상담이 일어나는 것처럼 조사하지는 않기 때문이다.

유사상관연구가 유사실험연구와 다른 것은, 연구설계상 실험을 하는 것이 아니라 상관을 보는 데 있다. 본질적으로 그것은 관계를 보는 것인데, 독립변인이 조작되지 않는다. 그리고 참여자를 처치에 무선으로 할당하지 않는다. 기본적으로, 연구자는 어떤 참여자가 어떤 시점에서 어떤 실험적 조건을 받는지에 대해 통제권을 가지고 있지 않다. 유사상관연구에서 발생하는 것은 연구자가 통제된 맥락 안에서 두 개 또는 그 이상의 변인이 서로 어떻게 관련이 있는지를 조사하는 것이다. 거의 무한대의 변인이 이러한 방식으로 연구될 수 있는데, 어떤 변인을 선정하느냐는 이론 또는 설득력 있는 추론에 기반을 둔다(두 가지 모두에 기초한다면 더 좋을 것이다).

여기서 강조하고 싶은 것은, 이 연구 전략이 가지고 있는 관련성 측면은 어떤 방식으로든 자료분석에 사용된 통계 유형과는 관련이 없다는 것이다. 실험에서 상관분석을 사용할 수도 있고, 마찬가지로 상관연구에서 서로 다른 집단의 평균 차이를 검토할 수 있다. 상관과 관련된 통계치와 집단 간 차이를 나타내는 통계치는 수학적으로 호환이 된다. 우리가 관련성(correlational), 실험적(experimental)이라는 용어를 사용하는 것은 어떤 실험적 조작을 가했는지, 어떤 변인들이 어느 정도로 분리되어 조작되고 통제되었는지와 관련이 있다.

AB 전략이 상관에 관한 것이라는 점은 연구 결과에 대해 우리가 내리는 결론에 매우 중요한 시사점을 지닌다. 즉, 우리는 변인들이 서로 체계적으로 관련이 있다고 결론 내릴 수 있다. 그러나 우리는 인과적인 추론을 강하게 이끌어 낼 수는 없다. 우리는 무엇이 무엇을 야기했는지 알 수 없다. 예를 들어, 연구자가 30분간의 면접 후에 상담자의 공감 정도가 피면접자가 자신을 면접한 상담자와 상담하기를 원하는 정도와 밀접하게 관련이 있다는 것을 알게 되었다면, 우리는 상담자의 공감이 그 상담자를 만나고 싶게 만들었는지 알 수 없다. 왜냐하면 상담을 받고 싶어 하는 참여자들에게는 상담자로 하여금 쉽게 공감하게 만드는 특성이 있을 수 있기 때문이다.

'상관은 인과관계를 의미하지 않는다.'는 원리는 심리학 연구에서 흥미로운 역설을 표현한다. 관련성을 담고 있기 때문에 우리는 연구방법에 기초해서 인과관계를 추론할 수 없다. 그러나 많은 경우 우리는 무엇이 무엇을 초래하는지에 관한 이론을 세워야 하고, 무엇이 무엇을 초래하는지에 관한 이론을 검증하기 위해 상관연구를 활용할 수 있다. 예를 들어, 상담자의 공감이 상담자와 상담하고 싶어 하는 내담자의 바람과 인과적으로 관련이 있다는 이론을 검증할 때, 만일 가설로 설정한 관계를 확인하게 된다면 그 이론이 기각되지 않은 것이므로 상관연구는 이론을 지지하는 셈이 된다(관계가 존재하는 것으로 확인되었다).

유사상관연구의 예를 살펴보자. Williams와 Fauth(2005)는 면허를 가지고 있는 심리학자들과 박사과정 학생들을 초대해서 내담자로 자원한 학부생들과 한 회기 상담을 진행하도록 초청했다. 학생 내담자들은 학업, 정서, 관계와 관련된 실제 문제들을 호소했다. 상담 회기는 실험실에서 진행되었는데, 녹화되었고, 상담이 끝난 뒤 비디오를 시청하면서 상담 과정을 검토했다(Hill et al., 1994). Williams와 Fauth(2005)는 상담자가 회기 중에 가진 자기인식 경험("회기 중에 즉각적으로 떠오르는 생각과 감정, 생리적 반응, 행동에 대해 상담자가 순간적으로 인식하고 주의를 기울이는 것으로 정의됨"; p. 374)과 그러한 자기인식을 방해하는 것을 관리하기 위해 특별히 사용하는 상담자의 전략을 연구하고자 했다. 또한 연구자들은 연구를 확장해서 내적이면서도 개인적인 경험인 자기인식이 회기 중에 어떻게 정서적으로 또는 관계적으로 나타나고 내담자는 그것에 어떻게 반응하는지를 조사하고자 했다.

상담자와 내담자는 여러 측정도구를 작성했고, 연구팀은 상담 회기를 전사하고 코드 작업을 했다. Williams와 Fauth(2005)는 상담자들이 중간 정도의 회기 내 자기인식을 보고한다는 것과, 내담자에게 다시 초점을 돌리기 위해 기본적인 기법(예: 질문, 반영)을 사용한다는 것을 발견했다. 그러나 서로 다른 관리 전략들은 효과 면에서 유의한 차이가 없었다. Williams와 Fauth는 상담자의 회기 내 자기인식이 좀 더 많은 내담자의 긍정적인 반응과 더 높은 수준의 상담자 활기, 낮은 수준의 상담자 스트레스와 관련이 있음을 발견하였다. 연구자들은 이러한 연구 결과가 그들이 사용한 자기인식 척도와 관련이 있을 수 있다고 제안하였다. 상담자들은 '방해하는'부터 '도움이 되는'까지 분포하는 연속선상에서 자기인식을 평정하였다. 그러나 부정적인 자기인식(예: 자기비난)조차 상담자에게는 도움이 된다고 인식되었을 수 있다. Williams와 Fauth는 실험설계를 사용하지 않고서는 변인들을 조작할 수 없었고, 따라서 무엇이 무엇을 초래했는지에 대해 강한 결론을 내릴 수 없었다. 그들은 후속연구를 통해 지각된 도움 정도에 더해 자기인식이 부정적인지 또는 긍정적인지를 구분할 것을 제안했다.

상담에 내재되어 있는 문제들(예: 상담자의 자기인식, 상담자에 대한 내담자의 인식)을 다루기 위해, 과정 연구자들은 보통 회기 후 비디오 회상 전략을 사용해 왔다(제8장 참조). 연구자들이 회기를 비디오로 녹화할 때(그런 다음 상담자, 내담자, 그리고 가끔은 관찰자가 녹화된 회기를 검토한다) 보통 실험실 상황이 필요하고, 따라서 유사상담 장면을 만들게 된다. 독립변인을 조작하거나 참여자를 처치조건에 무선으로 할당하지 않은 채, 가능한 한 상담이 자연스럽게 진행되게 하므로 상관 전략이 사용되는 것이다. 따라서 유사상관연구를 통해 그렇지 않고서는 접근할 수 없는 현상을 연구할 수 있다. 그러나 도출된 연구 결과에 대해 인과적 추론을 할 수 있는 여지는 제한된다.

상담심리연구에서 유사상관연구에 대한 평가

일반적으로 유사상관연구는 그 자체로는 연구 전략 또는 연구 접근으로 논의되지는 않는다. 종종 저자들은 유사연구가 정의상 실험이라고 잘못 가정한다. 이러한 가정은 한 연구에서 맥락을 통제하는 것과 독립변인을 통제하는 것을 혼동하게 만든다. 지금까지 살펴본 것처럼, 유사상관연구는 실제로 상담심리연구에 대한 하나의 접근이다.

유사상관연구의 한계로는, 개입 또는 상황을 유사하게 만들어서 진행했기 때문에 유사실험연구가 가지고 있는 많은 문제점을 공유하는데, 예를 들면 인위성과 일반화 가능성(외적타당도)과 같은 것들이다. 반면, 연구자들이 특정 독립변인들을 분리해서 조작하지 않기 때문에 유사상관연구는 유사실험연구보다는 좀 더 현실적이라고 볼 수 있다.

한 가지 예를 들어, 현실성이 증가하는 것이 가능한지 살펴보자. 당신이 실험실 맥락에서 상담자의 전문성과 내담자의 자기탐색이 서로 관련이 있는지를 살펴보고 싶어 한다고 가정해 보자. 실험에서는 상담자를 연기하는 공모자가 전문가처럼 또는 비전문가처럼 행동하도록 조작할 수 있다. 내담자로 참여한 사람들은 전문가 또는 비전문가 조건에 무선으로 할당되고, 30분간 진행되는 인터뷰에서 역할연기를 통해 자신의 문제를 이야기하도록 요청받는다. 이 연구는 현실성이 부족한데, 왜냐하면 상담자들이 미리 정해진 방식으로 행동하고 있고, 내담자는 역할연기를 하도록 요청받았기 때문이다. 사실, 이와 같은 실험에서 '비전문' 상담자는 지나치게 비효과적으로 행동하도록 요구받았기 때문에, 실제 세상에서 납득할 만한 것 이상으로 덜 전문적이다(물론 어떤 상담은 매우 끔찍할 수 있다). 이제 이 실험을 유사상관연구와 비교해 보자. 유사상관연구에서는 30분간 진행되는 회기에서 상담자들이 평소와 다름없이 자연스럽게 행동하고, 연구에 참여하기 위해 모집된 학생들은 실제 문제를 이야기했다(이것은 윤리적으로 허용이 되는데, 왜냐하면 상담자들이 최선을 다해 상담을 하고 있기 때문이다. 연구에서의 윤리와 관련해서는 제3장을 참고하기 바란다). 훈련을 받은 평정자들이 상담자의 전문성을 평가하고, 이 평정값이 회기 중 내담자의 자기탐색과 관련이 있을 수 있다(이 연구의 구체적인 부분과 가장 부합하는 통계기법이라면 무엇을 사용하건 관계가 없다). 이 접근에서 독립변인(상담자의 전문성)이 조작되지 않았고, 실험에서보다도 상담을 더 현실적으로 만들었기 때문에 상관관계를 보는 것이다.

유사상관연구에서 현실성이 증가했기 때문에 치르는 대가는 인과적 추론을 강하게 할 수 없다는 것이다. 유사상관연구는 보통 현장상관연구에 비해 훨씬 더 많이 통제를 가한다(이 점에 대해서는 이후에 논할 예정이다). 그럼에도 불구하고 상관연구이다.

상담 관련 학술지에서 유사상관연구가 출판되는 경우는 매우 드물다. 그러나 AB 전략은 몇 가지 강점을 가지고 있어서 가치가 있다. 이 접근에서는 현장연구보다 더 많은 통제를 가할 수 있고(예: 상황을 통제함), 유사실험연구보다 더 현실성이 있으며, 다른 연구 전략보다 더 편하다. 마지막으로, 비록 유사상관연구들이 그 자체로는 빈번하게 활용되고 있지는 않지만, 상관의 요소는 실험장면에 종종 포함되곤 한다. 따라서 많은 연구가 상관적인 요소와 실험적인 요소를 동시에 가지고 있다. 예를 들어, Ruelas, Atkinson과 Ramos-Sanchez(1998)는 흥미로운 연구를 진행했는데, 네 개의 실험조건 하에서 멕시코계 미국 학생들과 백인 학생들로 하여금 상담자의 효과성을 평가하게 했다. 이 네 개 조건은 흡연을 하게 된 이유와 금연에 대한 학생들의 책임이 어느 정도인지에 대해 상담자들이 다르게 생각한다는 데에서 차이가 있었다. 학생들은 학생들의 책임에 대해 서로 다른 생각을 하고 있는 상담자를 묘사하고 있는 네 개 대본 중 하나를 읽었다. 이 연구에서 상관적인 요소는 멕시코계 미국 학생들이 멕시코와 미국의 가치, 태도 및 행동을 어느 정도 따르는지와 관련이 있다[문화적응(acculturation)이라고 부른다]. 연구 결과, 네 개의 실험조건에 따라 상담자에 대한 참여자들의 평가에는 차이가 없었다. 그러나 멕시코계 미국 학생들의 상담사에 대한 평가는 멕시코의 가치, 태도 및 행동을 따르는 정도와 정적으로 관련이 있었다(상관적인 요소). 학생들이 멕시코의 가치를 고수할수록 모든 실험조건에 있는 상담자들을 더 긍정적으로 지각하였다.

상관적인 부분을 유사실험연구에 포함시키면 두 접근이 가지고 있는 장점을 활용할 수 있다. 이러한 절차가 지닌 이점에 대해서는 Heppner 등(2008)이 더 자세히 설명하고 있다.

연구 전략 BA: 현장실험연구

세 번째 연구 유형은 현장실험(field experiment)이라고 부른다. 〈표 4-1〉에서 볼 수 있듯이, BA 유형은 조작적이다. 연구자가 독립변인에 대해 완전히(또는 거의 완전히) 통제하고 있는데, 누가 언제 어떤 실험적 처치를 받을지를 정한다. 참여자 또는 집단을 처치에 무선할당한다.

현장(field)이라는 용어는 개입이 실제 생활에서 발생한다는 것을 의미한다. 예를 들어, 누군가가 자문의 효과를 연구하고 싶다면, 현장실험은 실제 자문을 조사할 것이다. 보통 현장이라는 용어는 자연스러운 상황에서 개입이 발생한다는 것을 의미한다. 상담심리학 연구에서 이러한 환경은 상담센터이거나, 지역사회 상담소 또는 학급일 수 있다. 그러나 우리가 이 용어를 사용할 때는 인위적이지 않은 맥락에서 실제 생활에서 발생하는 활동(그것과 유사한 것을 수행하는 것이 아니라)을 수행하고 있다는 것이다.

상담심리연구에서 현장실험은 보통 어떤 개입의 효과를 조사한다. BA 유형의 연구가 개입의 효과를 보고 있을 때, 그것은 성과연구(outcome study)로 부른다. 이러한 성과연구들은 종종 개입의 효과를 비교함에 있어서 한 개 혹은 그 이상의 처치집단에 무선으로 할당된 참여자들과 통제집단에 속한 참여자들을 비교하거나, 처치집단과 한 개 이상의 통제집단을 비교하거나, 처치집단과 비통제집단을 비교한다. 상담심리 분야의 현장실험연구에서 통제집단을 활용하는 것과 관련해서는 방법론적 문제뿐 아니라 윤리적 문제가 포함되어 있다. 이 문제에 대해서는 제8장에서 논할 것이다. 전통적인 통제집단을 활용하는 것과 관련해서 방법론적 · 윤리적 문제가 있기 때문에, 대안적인 방법들(처치를 유사통제집단으로 구성하거나, 대기 기간을 짧게 한 것을 통제집단으로 활용하거나, 통제집단에 무선할당하는 것을 유사하게 하는 등; Gelso, 1979b)이 제시되었고 고려해 볼 만하다.

BA 연구 전략의 한 예로 Worthington 등(1997)의 실험을 들 수 있는데, 커플-결혼 상담을 평가하는 실험을 진행하였다. 이 처치는 전략적 희망 초점 관계향상 상담(Strategic Hope-focused Relationship enrichment Counseling: SHRC)이라고 불렸다. 이 상담에서는 커플의 친밀감을 증진시키고, 차이점을 해소하며, 서로에게 헌신하도록 도와주는 것을 목표로 한다. 커플은 5주 동안 시행된 SHRC 집단에 할당되거나 또는 통제집단에 할당되었다. 통제집단에서는 세 가지 과제를 아무런 피드백 없이 수행하였고, 연구가 종료된 후에 처치를 받을 수 있다는 약속을 받았다. 상담자들은 SHRC에 대한 특별 훈련을 받았고, 매뉴얼에 기술된 지침을 따랐다. 상담이 종료되고 3주가 지난 후, SHRC를 경험한 커플들은 통제집단에 속한 커플들에 비해 관계만족도에 더 큰 변화를 나타냈다. 상담을 받은 커플들이 보인 긍정적인 변화의 정도는 상담이 더 오래 진행되었던 선행연구와 유사했다. 이 연구를 현장실험(field experiment)으로 볼 수 있는 이유 중 하나는, 참여자들을 서로 다른 실험적 조건(예: 처치집단, 통제집단)에 무선으로 할당했다는 것이다. 무선할당이 실험의 주요 특징이지만, 현장에서는 이를 실행하기가 무척 어렵다. 따라서 상담 문헌에서는 보통 진실험 현장연구보다는 준실험 현장연구가 발견된다.

준실험 현장연구의 한 예로, Chien, Fischer, Biller(2006)는 사전검사−사후검사 설계를 사용해서 12주 진로훈련의 효과를 평가하였다('준'실험으로 간주되는 이유는 비록 자료분석의 일환으로 초기 집단 간 차이를 확인했지만, 참여자들을 학급에 무선으로 배당하지 않았기 때문이다). 특히 연구자들은 계획된 우연 이론(Mitchell, Levin, & Krumboltz, 1999)에 사용하는 메타인지적 접근의 영향을 조사하는 데 관심을 가지고 있었다. 이 접근을 현장에서 검증하기 위해, Chien 등은 대만의 한 대학에서 네 개 학급을 선정하였다. 두 개 학급(하나는 주간에 개설되고 다른 하나는 저녁에 개설됨)은 메타인지를 강조하는 12주 진로과목에 참여했기 때문에 '처치집단'으로 분류되었다. 두 개의 통제집단이 있었는데, 한 집단은 낮에 개설되어 아무런 처치를 받지 않은 통제집단이었고, 다른 한 집단은 저녁 시간에 개설되고 메타인지에 초점을 두지 않는 진로 수업을 들은 비교집단이었다.

준실험설계를 사용했기 때문에, Chien 등(2006)은 집단 간 초기 차이를 검증했다. 측정치들에서 사전검사 평균이 동일하지 않았기 때문에, 사전검사 점수와 사후검사 점수의 차이에 대해 자료분석을 실시했다. 분석 결과, 처치집단의 차이 점수가 유의하게 달랐는데, 수업이 끝날 즈음 긍정적인 자기인식이 더 높은 것으로 나타났다. 이뿐만 아니라 처치집단에서는 동기, 시간관리, 문제해결, 메타인지 유능감이 더 많이 향상된 것으로 나타났다. Chien 등은 비교집단(진로발달 정보를 받은 집단)이 통제집단에 비해 더 큰 진전이 있음에 주목하였다. 비록 몇 가지 혼재된 결과가 나타났지만, 연구자들은 메타인지적 접근을 훈련받은 집단에서 특히 '주목할 만한 향상'이 있었다고 주장했다.

상담심리연구에서 현장실험연구에 대한 평가

BA 연구 전략은 현장 상황에서 통제된 실험을 한 것이기 때문에, 과학적 엄밀함과 임상적 관련성을 조합한 것으로 이해할 수 있다. 임상적 적합성은 높거나 적어도 높을 가능성이 있는데, 왜냐하면 BA 전략은 실제 개입 또는 이러한 활동이 발생하는 현장 상황에서의 현상을 조사하기 때문이다. 앞서 언급한 것처럼, 현장실험연구(준실험연구)에서 만일 주요 처치변인 이외에 다른 독립변인을 추가로 설정한다면 특별히 효과적인 전략이 될 수 있다. 이러한 변인들은 내담자, 상담자, 개입, 개입 상황과 관련된 측면들이다. 주요 독립변인 이외에 추가로 한두 개의 변인을 포함시킬 경우 '누가, 무엇을, 언제, 그리고 어떤 상황에서'와 관련된 중요한 질문들을 다룰 수 있다.

긍정적인 특징에도 불구하고, BA 전략에 제한점이 없는 것은 아니다. 주요 어려움 중 하나는 현장실험을 실제로 하기가 매우 어렵다는 것이다. 현장 상황에서 통제된 실험을 수행하는 데 실제적인 문제들이 많다. 예를 들어, 어떤 연구자가 대학상담센터에서 개입 연구를 수행하기로 계획을 세웠다면, 내담자들을 서로 다른 처치집단에 무선으로 할당하고, 내담자들에게 사전검사와 사후검사 및 추후검사를 실시하고, 내담자들을 통제집단에 할당하는 모든 일이 기관 상황에서는 녹록지 않다. 윤리적인 문제가 늘 존재할 뿐 아니라, 실험이 잘 조직되지 않을 경우 기관에서 행정적인 어려움이 발생할 수 있다. 이러한 이유로 인해 무선할당을 시행하지 않은 준실험설계를 더 많이 발견하게 된다.

현장에서 실행하기 어렵다는 것 이외에도 현장실험은 광범위한 변인들을 조사하는 경향이 있다는 측면에서 한계를 지니고 있다. 실제 내담자 역할을 하고 있는 수혜자에게 처치의 요소인 구체적인 변인들을 조사하는 것은 가능하지가 않다. 예를 들어, Yeh와 Hayes(2011)의 유사실험연구에서 연구자들은 자기개방이라는 구체적인 상담기법을 분리해서 조사할 수 있었다. 그러나 현장실험연구에서는 상담자가 최선을 다해 상담하기로 암묵적으로 약속을 해 놓고서는 약속한 개입의 한 부분만을 처치로 제공한다는 것은 가능하지 않을 것이다. 현장실험연구에서는 보통 포괄적인 변인들을 조사하고, 실험실 연구들은 좀 더 정확한 방식으로 구체적인 변인들을 조사할 수 있기 때문에, 연구자들이 특정한 현상을 연구함에 있어서 이 두 가지 접근을 모두 사용하는 것이 매우 가치 있을 수 있다. 이렇듯 효과적인 방식으로 지식을 진보시킬 수 있도록 조사 유형들이 조합될 수 있다.

현장 연구는 자연스러운 상황에서 현상을 연구하는 것을 강조하기 때문에(Gelso &

Fassinger, 1990), 우리는 이 책의 1판에서 상담심리 분야에서 현장실험연구가 매우 큰 비중을 차지할 것이라고 예상하였다. 그러나 상황은 그렇지가 않았다. 유사상담연구처럼 상담에서의 현장연구들은 시간이 지나면서 그 수가 감소했고(Scheel et al., 2011), 이는 현장실험연구에서 특히 그렇다.

연구 전략 BB: 현장상관연구

현장상관연구의 핵심적인 특징은 무엇인가? 이것의 가장 기본적인 요소는 조작적이지 않다는 것이고 현장 상황에서 발생한다는 것이다. 연구자는 언제, 누구에게 실험적 조건을 노출시킬지 통제하려고 노력하지 않는다. 무선할당 또한 시도되지 않는다. BB 전략은 연구되는 현상이 자연스럽게 발생하는 상황에서 이루어진다. 처치나 상황을 시뮬레이션하려는 시도도 없다. 전반적으로 현장상관연구는 변인들이 자연스럽게 발생하는 과정에서 서로의 관련성을 살펴보려고 한다.

우리가 유사상관 전략을 검토하면서 주목했던 것처럼, BB 전략이 상관을 토대로 한다는 점은 자료분석을 위한 통계방법과는 아무런 관련이 없다. 현장상관연구를 수행하는 연구자는 자료분석을 위해 상관분석(상관계수)을 실시할 수도 있고, 분산분석을 통해 차이를 검증할 수도 있다. BB 전략의 핵심은 변인들이 자연스럽게 발생하는 과정에서 변인 간 관련성을 연구한다는 것이다.

지금까지 논의했던 세 가지 연구 전략이(늘 그런 것은 아니지만) 어떤 개입(예: 상담, 자문, 훈련, 수퍼비전) 또는 개입의 요소들이 가지고 있는 효과를 조사한다면, 현장상관연구에서는 개입에 초점을 둘 수도 있고 그렇지 않을 수도 있다. 종종 현장상관연구에서는 사람의 특성 간 관련성을 연구한다(예를 들어, 성격과 행동 간 관련성, 사고와 감정의 관계, 흥미와 선택의 관계 등).

BB 연구 전략을 이해함에 있어서 일반적으로 자연주의 연구(naturalistic research)로 불리는 것과의 연계성을 검토할 필요가 있다. 연구 장면을 관찰한 사람들이 정의상 현장상관연구와 자연주의 연구를 동일한 것으로 바라보는 것은 흔한 일이다. 이러한 생각은 부정확하다. 비록 자연주의 연구가 현장상관연구인 것은 바뀔 수 없는 사실이지만, 그 반대는 그럴 수도 있고 아닐 수도 있다. 자연주의 연구의 특징은 무엇인가? 고전이된 논문에서 Tunnell(1977)은 자연스러움에는 세 가지 독립적인 차원이 존재한다고 주장했다. 자연스러운 행동(행동 연구자에 의해 촉발되지 않고 이미 그 개인에게 존재하는 행동), 자연스러운 상황, 자연스러운 처치(연구에서건 연구가 아니건 참여자가 경험했을 수 있는 사건)가 그것이다.

인위성은 Tunnell(1977)이 지적한 세 가지 차원 중 어떤 것에서도 발생할 수 있다. 몇몇 시점에서 참여자들에게 검사를 실시하는 현장상관연구를 고려해 보자. 우선, 우리가 만든 검사도구를 사용할 경우 우리는 참여자들의 반응에 범주를 부여하는 것이다(즉, 범주는 참여자가 자연스럽게 반응하는 것을 방해한다). 참여자들에게 반복해서 검사를 실시하는 것 역시 행동의 자연스러운 흐름을 방해하는 것이다. 따라서 현장상관연구는 매우 '비자연스러운' 방법일 수 있고, 또는 완전히 자연스러운 방법일 수 있다.

유사상관연구에서처럼 BB 전략의 상관적인 측면이 연구에 대한 결론에 영향을 미친다. 예를 들어, 변인들이 체계적으로 관련이 있다고 결론을 내릴 수 있음에도 불구하고, 방법론적인 이유 때문에 인과적으로 관련이 있다고 결론을 내릴 수 없다. 그러나 이미 이야기한 것처럼, 이론과 내용을 토대로 인과적인 해석을 내릴 수도 있고, 또 그래야 한다.

이제 BB 전략을 사용해서 연구한 사례를 살펴보자. Kasper, Hill, Kivlighan(2008)은 사례연구에서 상담자 즉시성(지금-여기의 치료적 관계에 초점을 둔 것으로 정의됨)을 조사했다. 그들은 15회기의 상담을 받은 24세 여성을 면밀하게 연구했다. Lily라는 내담자는 연구의 일부분으로서 광범위한 검사를 받았다. 상담 전에 일련의 심리검사를 받았고, 각 회기 직전 및 직후에 측정도구들을 평정했고, 상담이 종료된 이후에도 1주 후에 그리고 4주 후에 사후검사를 받았다. 또한 Lily는 마지막 상담 회기 1주일 후에 주 저자와 만나서 연구에 대한 자신의 반응을 이야기했다. 'N 박사'로 불린 상담자 역시 각 회기 직후에 측정도구들을 평정했고, 연구에 대한 자신의 반응을 이야기하기 위해 마지막 상담 회기 1주일 후에 면담에 참여했다. 모든 회기는 전사되었고, 훈련을 받은 평정자들이 즉시성과 내담자의 관여도를 평정하였다.

Kasper 등(2008)은 상담자의 즉시성이 내담자의 즉시성을 자극한 것을 발견했는데, 상담자는 Lily가 자신의 감정을 표현하고 상담자와 좀 더 정서적으로 가깝게 느끼도록 도와주었다. 그러나 연구자들은 상담자의 즉시성이 "가끔은 내담자로 하여금 반응에 대한 압력을 느끼게 했고, 어색하고, 도전을 받고, 아프게 했다."(p. 293)라고 보고하면서 즉시성의 복잡함을 인정했다. 즉시성이 내담자로부터 더 많은 표현을 불러일으킨다는 점 때문에, 즉시성은 종종 부정적인 효과를 가질 수 있다.

Kasper 등(2008)의 연구가 아무런 개입 또는 제한 없이 '평소처럼 이루어지는 상담'

장면에서 진행되었다는 점에서(내담자가 실제 상담자로부터 상담을 받았다는 점에서) 현장연구이지만, 설문연구가 더 BB 전략의 전형적인 모습을 가지고 있다. 예를 들어, Dunkle과 Friedlander(1996)는 관련 이론과 선행연구들을 토대로, 상담자의 상담 경력뿐 아니라 특정 성격특성이 상담자와 내담자 간 치료적 동맹의 질에 대한 내담자의 평가와 관련이 있다고 가설을 세웠다. 73명의 상담자가 자기지향적 적대감, 사회지지망의 양, 친밀함에 대한 편암함의 정도를 측정하는 검사를 작성했다. 각각의 상담자에게 배정된 내담자들이 치료적 동맹의 질을 평가하였다. 예상한 것처럼, 상담자의 자기지향적 적대감이 높을수록 치료적 동맹이 덜한 것으로 나타났다. 반면, 상담자의 사회지지망이 많을수록 그리고 친밀함에 대해 더 편안해할수록 치료적 동맹을 더 강하게 느끼는 것으로 나타났다. 예상과는 달리, 상담자의 상담경험은 상담자의 치료적 동맹의 강도와 관련이 없었다. 상관 방법론을 사용했기 때문에, Dunkle과 Friedlander는 인과관계에 대한 결론을 도출하는 데 주의했지만, 상담자 요인(예: 자기지향적 적대감)이 어떻게 치료적 동맹에 부정적인 영향을 미치는지에 대한 흥미로운 견해를 제시하였다.

상담심리연구에서 현장상관연구에 대한 평가

BB 유형은 많은 장점을 가지고 있다. 현장상관연구는 어떤 전략보다도 많은 변인을 동시에 다룰 수 있다는 장점이 있다. 동시에, 이 전략은 연구하고 있는 현상이 자연스러운 과정에서 발생하기 때문에 상대적으로 많은 추론을 할 필요가 없다. Kiesler(1971)는 이러한 유형의 연구가 "좀 더 포괄적인 전략을 나타내는데, 잠정적으로 다수의 변인을 다루고 있고, 따라서 현실에서 발생하는 사건들의 복잡성을 인정하는 데 도움이 된다."(p. 55)라고 말했다.

아마도 현장상관연구의 주요 장점은 외적타당도이다. 이것은 사실인데, BB 전략은 연속선상에서 보다 자연스러운 쪽에 위치하고 있다. 우리가 자연스러운 상황에서 자연스러운 행동과 사건을 연구할수록 연구 결과를 우리의 이론들이 지향하고 있는 실제 삶에 더 잘 일반화할 수 있다. 부정적인 측면이라고 하면, 보통 외적타당도는 내적타당도를 희생하면서 얻어진다. 앞서 언급한 것처럼, 현장상관연구에서는 방법론적인 이유 때문에 무엇이 무엇을 야기했는지는 결정할 수가 없다.

상담심리학에서의 질적 연구방법

우리는 이전 교재에서 질적 연구방법을 현장상관연구에 포함시켰었다. 그러나 현장 상관연구에서는 통계를 사용하고 질적 연구에서는 언어학을 사용한다는 점에서, 그리고 연구의 '목적'(예: 양적 연구에서는 가설을 검증하고, 질적 연구에서는 자료에서 발생하는 개념을 탐색한다)과 같은 측면에서 연구 패러다임과 철학에서 주목할 만한 차이점이 있다. 이러한 패러다임의 차이는 후기실증주의(postpositivist; 확률통계를 사용해서 보편적 진리에 유사한 것을 확립하는 것에 양적인 초점을 두는 것)와 구성주의(constructivist; 개입이나 사전에 설정한 가설 또는 통계분석을 사용하지 않은 채 참여자의 관점을 통해 생각이 떠오를 수 있게 하는 것에 질적인 초점을 두는 것)로 불려 왔다(서로 다른 연구 패러다임에 사용된 용어 및 가정과 관련해서는 Ponterotto, 2005를 참조). 따라서 이 책에서는 질적 연구방법을 별도의 범주에 포함시키고 있다.

지난 수십 년간 상담심리학계에서는 전통적인 연구 접근들에 대한 불만이 계속해서 쌓여 왔고, 전통적인 접근의 대안에 대한 관심이 증가하였다(Borgen, 1984; Gelso & Fassinger, 1990; Haverkamp, Morrow, & Ponterotto, 2005; Heppner et al., 2008; Hill, 2012). 전통적인 방식이 가치가 없다고 주장하는 질적 연구자들은 거의 없다. 그들은 전통적인 방법을 대체하기 위해서가 아니라 보완하기 위해 다른 접근들이 필요하다고 제안한다. McLeod(2011)는 "질적 연구의 주요 목표는 이 세상이 어떻게 구성되어 있는지에 대한 이해를 발전시키는 것이다."(p. 3)라고 설명한다. 심리학 연구에서의 전통적인 견해(예: 후기실증주의), 즉 '진리'라는 개념이 발견될 수 있고 가까이 다가갈 수 있다는 주장이 지배적인 시절에, 지식이 '구성된다'는 관점은 질적인 연구를 하나의 '대안적' 관점으로 부상시켰다. 구성주의 이론가들이 '진리'의 가정에 도전하기 시작했을 때(Neimeyer, 1993) 대안적인, 즉 질적인 운동이 시작되었는데, 실제로 구성주의적 관점은 1781년의 Kant 철학으로 거슬러 올라간다(Ponterotto, 2005).

1980년대 상담심리학계에서는 대안적인 접근을 옹호하는 수많은 저서가 출간되었다(예: Hoshmand, 1989; Howard, 1984, 1985; Neimeyer & Resnikoff, 1982; Patton, 1984; Polkinghorne, 1984). 1990년대에 질적 방법을 사용한 논문들이 주요 상담 학술지에 게재되기 시작했고, 이후로 그러한 방법들은 점점 더 가치를 인정받고 점점 더 일반적인 것이 되었다(Haverkamp et al., 2005; McLeod, 2011). O'Neill(2002)은 "질적 연구는 심리학에서 양적 방법의 주도권을 대체할 수 있다(아마도 대체해야 한다)."(p. 193)라고까지 말했다. 대부분의 연구자는 어떤 접근이 다른 접근을 대체하는 것을 원하지 않겠지만, 어떤 연구자들은 연구방법론에서의 균형을 요구해 왔는데, 즉 양적인 접근과 질적인 접근이 모두 사용되고 방법론적 다양성을 확보하기 위해서는 두 접근이 함께 협력해야 한다고 주장한다(Haverkamp et al., 2005).

질적인 범주에 묶일 수 있는 구체적인 접근들이 많은데(Morrow & Smith, 2000 참조), 가령 담화분석, 근거이론, 현상학적 접근이 여기에 포함된다. 현재 상담심리학 내에서 광범위하게 사용되고 있는 질적 연구방법은 Hill, Thompson, Williams(1997; Hill 등이 2005년과 2012년도에 확장함)가 고안한 합의적 질적 연구이다. 합의적 질적 연구를 사용한 연구들이 50개 이상 출간되었고, 50개 이상의 박사학위논문이 이 방법을 사용했다.

Hill(2012)은 합의적 질적 연구의 주요 구성 요소를 개관했다. Hill에 따르면, 이 접근은 연역적이기보다는 귀납적인데, 자료분석이 하향식(top-down) 접근이 아니라 상향식(botton-up) 접근을 지향한다는 점에서 그렇다. 즉, 연구자들은 가설을 세워 이를 검증하는 것이 아니라, 예상하지 못한 방식으로까지 자료에서 결과가 도출되는 것을 허용하고 있다. 또한 합의적 질적 연구는 면담에서 개방형 질문을 사용하고, 이를 통해 풍부한 자료를 얻을 수 있다. 비록 결과를 코딩하는 것이 어렵지만(전통적인 양적 연구에서보다 자료분석에 더 많은 시간이 소요된다), 어떤 결과가 도출될지 미리 방향을 정하지 않고, 참여자의 반응이 숫자(예: Likert 척도상의 반응)로 환원되지 않는다. 그만큼 합의적 질적 연구는 숫자보다 단어에 의지하고 맥락의 중요성을 강조한다. 당신은 1점에서 5점 사이의 반응[강하게 부정한다(strongly disagree)에서 매우 동의한다(strongly agree)까지] 중 하나를 선택하도록 요청하는 설문지를 완성한 적이 있는가? 이때 당신이 가지고 있는 반응의 미묘한 차이점을 연구자에게 설명할 수 있으면 좋겠다고 원해 본 적이 있는가? 정수로 반응을 표시하라고 요청하는 설문지에 참여자들이 3.5점을 기재하거나 설문지 여백에 자신의 반응이 무엇을 의미하는지 설명한 참여자들을 경험한 적이 있는가? 우리는 이러한 반응들을 양적 연구 분석에서는 포함시키지 않는다. 그러나 질적 연구에서는 참여자 반응의 미묘한 차이점과 전체 설명을 이해하고 포함시키고자 한다.

전통적인 양적 연구와 달리, 합의적 질적 연구와 같은 질적 연구들은 일반적으로 12~15명(Hill & Williams, 2012)으로 구성된 작은 표본을 사용한다. 작은 표본을 사용할 경우 연구자는 면담 방법을 사용할 수 있고, 각 참여자로부터 좀 더 깊이 있는 자료를 모을 수 있다. 그러나 분석 단계에서 많은 자료를 가지고 있다는 것은 도전이 될 수 있다. 얼마나 많이 포함시킬 것인가? 중요한 정보를 누락시키지 않고 있다는 것을 어떻게 확신할 수 있을까? 우리는 결과를 요약해서 특정 결론을 이끌어 내도록 훈련을 받았다. 그러나 질적 연구에서는 연구자들이 다양한 관점을 존중하고 '보편적인' 결론에 이르는 것에 저항할 것을 요구한다. 합의적 질적 연구는 연구자들 간의 합의에 의존하는데, 이것이야말로 이 방법에서 필수적인 부분이라 할 수 있다. 연구팀은 참여자들이 사용한 단어의 의미를 존중하는 동시에 그들 자신의 기대와 세계관, 그리고 연구팀원 간에 종종 발견되는 힘의 역학을 균형 맞추려고 한다. 참여자의 목소리와 연구자의 목소리 사이에서 균형을 맞추는 일은 중요한 이슈이다. 이때 합의적 질적 연구에서는 자료분석의 신빙성을 향상시키기 위해 노력하는데, 자료의 온전함에 주의를 기울이고(연구자들은 독자에게 충분한 정보를 제공했는가?), 유연성과 주관성 문제를 검토하며(즉, 연구자가 말한 것과 연구자들이 들은 것을 어떻게 해석했느냐 사이의 긴장), 결과를 명료하게 전달했는지를 확인한다(Williams & Morrow, 2009). 마지막으로, 합의적 질적 연구를 사용할 때 연구자들은 계속해서 원자료로 돌아가서 명료성과 정확성(참여자들의 관점을 대변함에 있어서)을 확인한다.

초기에 합의적 질적 연구를 사용한 연구 중 하나가 Hayes 등(1998)의 연구이다. 연구자들은 상담자 역전이의 원인과 촉발 요인이 무엇이고, 역전이가 상담 회기 중 어떻게 나타나는지를 발견하고자 하였다. 이를 위해 Hayes 등은 시간이 제한된 심리치료를 마친 후에 여덟 명의 전문 상담자에게 역전이와 관련된 질문을 제시했고, 그 답변을 연구했다. Hayes 등은 상담자들의 반응을 읽은 후 상담자의 역전이가 담긴 사례를 모두 추출하였다(상담자 역전이는 상담자의 미해결된 심리내적 갈등으로 인해 발생하는 상담자 반응으로 정의했다). 연구자들은 상담 회기 중 80%에서 역전이가 발생했음을 확인했고, 역전이 반응이 실제로 세 개의 일반적인 영역으로 분류될 수 있다고 결정했다. 그중 하나가 상담자 삶에서 역전이의 기원(origins)이고, 두 번째는 촉발제(triggers) 또는 상담 회기 중에 역전이를 불러일으킨 사건, 세 번째는 역전이 발현(manifestations) 또는 상담자가 회기 중에 어떻게 역전이를 나타냈는가이다. 연구자들은 상담자의 반응을 읽으면서 이러한 결론에 도달했는데, 어떤 반응이 역전이를 나타내고 있는지에 관해 합의하였다. 또한 역전이에 대한 상담자들의 반응이 어떻게 범주화될 수 있는지 합의하였다. 중요한 것은, 양적인 연구에서처럼 미리 어떤 종류의 역전이를 연구할지 결정하기보다는 연구자들이 회기 중에 발생한 상담자 역전이에 대해 개방형 질문에 응답함으로써 범주들이 도출되었다는 것이다. 따라서 이러한 범주는 연구자의 가설로부터 도출되기보다는 자료로부터 도출된 것이다.

최근 Tuason, Güss와 Carroll(2012)은 2005년에 발생한 허리케인 카트리나 생존자들의 경험을 합의적 질적 방법으로 연구했다. Tuason 등은 질적인 접근을 사용해서 천재지변 후 자신의 가정을 떠나 새로운 장소로 거주지를 옮긴 사람들의 경험에 대해 "미리 생각한 가설 없이"(p. 289) 그들의 이야기를 말할 기회를 제공하였다. 연구자들이 희망한 것은, 생존자들의 경험을 조명함으로써 보금자리를 떠나야 했던 사람들의 신체적, 정신적, 영적 도전들에 대한 통찰을 제공하는 것이었다. Tuason 등은 허리케인으로 인해 뉴올리언스로부터 이주한 아홉 명의 참여자들을 면담했다. 일반적 범주(모든 참여자에게 해당되는)에는 새롭게 시작하기, 재정적인 어려움, 자원 탐색을 위한 분투, 스스로에게 의지함 등이 포함되었다. 또한 참여자들은 정부에 대한 신뢰 상실, 부적절한 건강보험, 고립, 삶에 대한 새로운 이해 등을 보고하였다. 이들의 연구는 거주지를 박탈당한 생존자들이 높은 수준의 스트레스를 경험한다는 이전 연구(Madrid et al., 2008)와 가장 큰 도전은 그들의 삶을 다시 시작해야 한다는 것임을 밝힌 선행연구(Zwiebach, Rhodes, & Roemer, 2010)를 지지하는 것이었다. 그러나 이 질적 연구는 그러한 상실과 비극을 경험한 생존자들에게 통렬한 목소리를 제공해 주었다.

그렇다면 질적 연구가 유용한 이유는 무엇일까? 우리는 지금까지 두 개의 사례를 통해 어떻게 질적 연구(특히 합의적 질적 연구방법)에서는 미리 이론적인 틀을 가정하지 않고 자료로부터 개념을 도출할 수 있는지, 연구자들이 참여자들의 내적인 생각과 감정에 다가갈 수 있는지, 특정한 상황에 처한 사람들로 하여금 자신의 목소리와 관점 및 견해를 공유하도록 격려하는지를 보여 주고자 했다. 다른 연구방법에서처럼 질적 연구에도 한계(예: 변인을 통제하는 것이 불가함)가 있지만, 질적 연구를 통해 새로운 관점(양적인 연구가 많이 진행되지 않음)을 탐색할 수 있고, 전통적인 연구에서 발견한 미세한 부분들을 확장할 수 있다. 우리는 상담심리학 내에서 질적 연구와 양적 연구가 견고한 균형을 이루고 있고, 두 가지 접근 모두 온전하고 생산적인 연구 환경을 위해 필요하다고 믿는다.

기포 가설과 임상적 적합성에 관한 탐색

우리는 이 지점에서 심리학 연구 일반, 특히 상담심리학 연구에 한 가지 관점을 제공하고자 한다. 목표는 연구의 모든 부분, 좀 더 폭넓게는 연구 접근이 어쩔 수 없이 약점을 가지고 있다는 점을 분명하게 밝히는 것이고, 모든 연구와 연구 접근에 포함된 약점과 강점 간의 연계를 드러내는 것이다. 이러한 연구 관점을 제시함과 함께 마지막 절에서는 연구가 상담 실제에 가지는 적합성과 관련된 문제를 탐색하고자 한다. 즉, 연구가 상담 실제에 부합하는 방식, 적합성으로 인해 치러야 할 대가, 연구를 상담 실제에 부합하게 만들 때 소비자의 역할 등을 살펴볼 것이다. 이러한 문제들을 제시함으로써 적합성이라는 개념이 복잡한 것이고, 연구가 실제에 덜 부합한다는 문제가 간단히 해결할 수 있는 문제가 아니라는 것을 보여 줄 것이다.

조금이라도 연구에 참여한 적이 있는 사람이라면 숙련된 연구자들에게는 매우 명백하게 다가오는 것이 보일 것이다. 즉, 모든 연구는 불완전하고 각각의 연구에는 흠이 있다는 것을 알게 된다. 각각의 연구 전략 또한 장점과 단점을 가지고 있다. 누구라도 약간의 연구 경험을 가지게 되면 이러한 문제가 불가피하다는 것을 인식하게 되지만, 덜 분명한 것은 단점들이 제거될 수는 없는가, 그리고 방법론적인 문제와 단점을 해결하기 위한 시도가 또 다른 문제를 야기하는가이다.

앞 단락에서 논한 현상을 강조하기 위해 Gelso(1979a, 1979b)는 기포 가설(bubble hypothesis)이라는 용어를 제시하였다. 이 개념은 차 앞 유리에 붙인 스티커와 비슷하다. 일단 스티커에 기포가 발생하면 그것을 제거하는 것은 불가능하다. 기포를 누르면 다른 곳에 기포가 발생하게 된다. 새롭게 시도하는 해결책은 다른 곳에 또 다른 문제를 초래하게 된다.

상담연구에서 기포 가설이 어떻게 작동하는지를 설명하기 위해 Gelso(1979a)는 두 가지 명제를 제안하였다.

　　a. 연구의 각 단계에서 연구자가 선택을 할 때는 어쩔 수 없이 절충을 해야 한다. 그러한 절충은 중요한 부분에서 가장 분명해지는데, 예를 들어 연구 설계를 채택할 때나 기준을 선택할 때, 표본을 선택할 때, 연구의 범위를 결정할 때 등이 해당된다.

　　b. 설계 문제에 대한 해결책 자체가 다시 문제를 초래하는데, 따라서 연구 설계에 관한 일면 주관적이고 일면 객관적인 선택을 해야 할 경우에는, 가장 관심을 두고 있는 지식을 창출함에 있어서 어떤 문제가 가장 적게(그리고 가장 많이) 해를 끼치는지를 고려해야 한다(p. 62).

사실, 우리가 특정 연구를 어떻게 설계할지 결정할 때는 얻고 잃는 것이 있다. 우리가 어떤 방법론적인 문제를 해결하기 위해 특정한 결정을 내릴 때에도 또 다른 일련의 문제가 초래된다. 앞서 논의했던 네 개의 연구 전략 각각의 장단점에 기포 가설이 어떻게 적용될 수 있을지 고려해 보기 바란다.

기포 가설을 일반 연구방법론에 적용한 예로 상담심리 분야에서 '엄격함–적절함 문제'로 불려 온 것을 검토해 볼 수 있을 것이다(Gelso, 1985). 엄격함(rigor)이라는 용어는 일반적으로 어떤 연구가 촘촘하게 통제되었다는, 즉 내적타당도가 높다는 것을 의미한다. 이는 다른 가외변인이 아니라 독립변인이 종속변인에서의 변화를 발생시켰다는 것을 확신할 수 있는 증거가 충분하다는 것을 의미한다. 따라서 무엇이 무엇을 야기하고 있는지 이해를 할 수가 있다. 앞서 언급한 네 가지 연구 전략 중에서는 AA 전략(유사실험연구)이 내적타당도 측면에서 가장 강력하다.

유사실험연구에서 연구자는 적합성을 희생하는 대신, 엄격한 통제를 얻는다. 통제가 강할수록 연구에서 조작한 것이 실제 생활을 반영하는 정도는 줄어든다(즉, 연구절차의 자연스러움이 줄어든다). 달리 말하면, 연구자들은 외적타당도를 희생하면서 내적타당도를 확보하는 것이다.

낮은 외적타당도(우리가 연구하고 있는 현상을 실제에 적용할 수 있는 정도가 적음)의 문제를 해결하기 위해, 우리는 온전히 자연스러운 현장상관연구를 수행할 수 있다. 이 경우 우리는 가능한 최고 수준의 외적타당도를 확보할 수 있는데, 왜냐하면 실험자에 의해 어떤 것도 조작되지 않기 때문이다. 연구자는 단지 상담에서 일어나고 있는 것을 관찰하고 기록할 뿐이다. 앞서 논의한 것처럼, 이러한 외적타당도는 대가를 치르면서 획득된다. 이제 우리는 무엇이 무엇을 초래하는지에 대한 인과적 추론을 확신 있게 할 수 있는 능력은 심각하게 줄어든다.

독자들은 이러한 절충이 방법론의 다른 측면에도 존재한다는 사실을 알아야 한다. 그래야 우리 상담심리학자들이 과연 지식을 향상시키고 우리의 연구 기법을 증진시킬 수 있을지 독자들이 고민하기 시작할 것이다. 모든 연구에는 흠이 있으니, 포기하고 열등한 연구에 안주해야 하는가? 모든 연구와 연구 전략에 흠이 존재하는 것이 불가피하다면 지식은 어떻게 진보하는가?

앞의 질문에 대한 우리의 대답은 낙관적이고 긍정적이다. 한계를 피할 수는 없지만, 우리는 연구문제에 대해 가장 효과적으로 답할 수 있는 연구를 설계할 수 있고 설계해야만 한다. 기포 가설에도 불구하고, 각각의 접근이 한계를 포함하고 있기는 하지만, 다양한 관점에서 특정 주제를 연구하면 지식은 진보할 수 있다. 앞서 언급했던 사례를 들면, 상담자 역전이의 영향을 연구할 때 비록 그 자체에는 방법론적인 문제들이 포함되어 있지만, 서로 다른 유사실험연구들(예: Yeh & Hayes, 2011)과 질적 연구(Hayes et al., 1998)가 서로 결합될 수 있다. 이러한 연구들에서 도출된 결과들을 수렴하게 되면 지식이 일관되게 진보되어 왔음을 확신할 수 있게 된다. 여기서의 주요 개념은 지속된 연구(continued study; 또는 실증적인 연구), 다양한 방법(variety of methods) 사용, 방법론적 다양성하에서의 연구 결과의 수렴(convergence of findings under conditions of methodological diversity)이다.

최근 상담심리학과 다른 응용심리학 분야에서는 우리가 하는 연구가 실제에 충분히 적합하지 않다는 염려가 제기되었다. 몇몇 비판가는 연구, 특히 실험연구가 통제와 수량화에 집착하고 있어서 부적절하다고 비판했다(Goldman, 1978, 1979). 다른 사람들은 서로 부합하는 정도가 낮은 것이 문제라고 지적했는데, 전통적인 연구모델에서는 인간을 자극의 수동적인 수혜자로 간주하는 반면, 상담자들은 인간을 목표와 계획, 의도가 그들의 행동을 결정하는 적극적 주체로 바라본다(Howard, 1985 참조). 과학자와 실무자들이 바라보는 인간에 대한 상이 이렇게 심오하게 다르기 때문에, Howard와 동료들에 따르면 과학과 실무 사이에는 부합되는 점이 매우 적고, 연구가 실무에 부합하는 정도가 낮다고 주장한다.

연구가 실제에 부합해야 한다는 믿음은 아마도 이 분야에서 가장 대표적인 연구자 중 한 명으로 알려진 분이 수년 전에 언급했던 '적절성 검증'이라는 표현에서 가장 분명하게 드러난 것 같다(Krumboltz, 1968). Krumboltz의 적절성 검증에 따르면, 연구의 어떤 부분이 가치 있기 위해서는 상담자들이 실제 상담에서 하고 있는 것에 영향을 미쳐야만 한다. 상담자가 하고 있는 것에 영향을 미치지 않는 연구는 '학문적 미용체조(academic calisthenics)'로 간주되고(Krumboltz & Mitchell, 1979, p. 50), 상담심리 학술지에 출판되어서는 안 될 것이다.

일반적으로 연구가 어느 정도로 실무에 적합한지, 그리고 얼마나 적합해야 하는지에 대해서는 논쟁의 여지가 있지만(Castonguay, 2011; Cohen, Sargent, & Sechrest, 1986; Heppner & Anderson, 1985; Williams & Hill, 2001), 대부분의 연구자와 실무자는 연구와 실무를 연계하는 일을 계속해야 한다고 믿고 있다.

연구를 상담심리 실제에 부합하도록 노력하는 데 있어서 반드시 이해하고 넘어가야 할 문제가 있다. 사실 우리는 임상적인 적합성을 향상시키는 데 있어서 한 가지 딜레마에 봉착하게 될 수 있다. Gelso(1985)는 분명 가장 적합한 연구의 종류가 경험에 근접한 연구(experience-near research)라고 칭했다. 경험에 근접한 연구에서 연구하는 질문들은 실무에서 발생하는 것들과 비슷하다. 연구가 그 기원을 두고 있는 이론은 상담에서 진행되고 있는 것에 대한 상담자의 경험과 닮아 있다. 연구에서 사용하고 있는 방법은 상담과 근접하게 닮아 있다. 그리고 연구되고 있는 개념은 실무에서 활용되고 있는 것과 유사하다. 경험에 가장 근접한 연구들의 사례로는 상담에서 통제되지 않고 수량화되지 않은 사례연구, 상담연구에서 도입한 다양한 질적 연구(예: 근거이론), 연구방법으로서의 상담 자체(정신분석에서 자주 사용되는 것처럼, 분석 자체가 하나의 연구 모델로 간주된다)를 들 수 있다.

경험에 근접한 연구가 지닌 문제 그리고 앞에서 언급한 딜레마의 원천은, 그러한 방향으로 점점 더 나아갈수록 우리는 연구에서 무엇이 무엇을 야기하는지 점점 덜 확신하게 되고, 연구 결과가 다른 표본에 어떻게 일반화될 수 있을지 자신이 없어진다는 것이다. 이렇게 확신이 줄어드는 이유는 통제와 수량화의 부족 때문이기도 하고, 사례연구에서처럼 경험에 근접한 연구는 개인에 초점을 두는 경향이 있기 때문이다. 반면, 경험에서 먼 연구(experience-far research)는 더 많은 통제를 가하고, 무엇이 무엇을 초래하는지 더 분명하게 설명할 수 있게 한다(촘촘하게 통제된 유사실험연구는 경험에서 먼 연구의 전형인 경우가 많다). 그러나 경험에서 먼 연구 쪽으로 이동하게 되면, 연관성은 떨어진다. 이러한 연구는 개입의 전체성과 풍부함, 생동감을 적게 포착하는 경향이 있다. 또다시 우리는 기포 가설에 직면하게 된다. 경험에 근접한(연관성 있는) 연구와 경험에서 먼(엄격한) 연구는 모두 치러야 할 비용이 있다. 우리가 연관성이 큰 연구(경험에서 근접한 연구)를 한다고 해서 지식을 최고로 증진시키거나 실무를 향상시킬 수는 없다.

이렇듯 한계가 불가피함에도 불구하고 연구는 여전히 실무에 중요하다. 연구는 실무자로 하여금 명료하고 덜 편견을 가지고 생각할 수 있도록 도와줄 수 있고, 자문이나 교육 또는 치료와 관련된 자신만의 이론을 조직하는 데 도움을 줄 수 있다. 이러한 방식으로 연구는 연관성이 있다. 그러나 연구는 실무에 직접적으로 관련이 있기보다는 간접적으로 관련이 있다. 상담자는 비록 그것이 경험에 근접한 연구에 기반을 둔 결과라고 하더라도, 연구 결과를 실무에 직접적으로 적용할 수 있다고 기대해서는 안 된다. 대신, 연구 결과를 통해 실무에 대한 자신의 이론을 세련되게 하고 실무에 대해 보다 분명하게 생각할 수 있게 된다. 이런 식으로 연관성의 이슈를 생각하면, 경험에서 먼 연구도 (간접적으로) 실무에 연관성이 매우 높다고 볼 수 있다.

이 과정에서 실무자가 적극적인 주체가 될 때에만 연구는 실무와 관련이 있을 수 있다. 종종 연구에 대한 소비자들은 학술지를 읽으면서 연관성을 보려고 적극적으로 노력하기보다는 연구의 연관성이 스스로 드러나기를 기대한다. 이러한 수동적인 자세는 실패하기 마련이다. 독자가 경험적인 연구를 실무에 활용할 수 있으려면, 무엇이 관련이 있는지에 대한 생각을 가지고 연구물에 접근해야 한다. 즉, 독자 스스로 무엇이 관련이 있는지 찾아야겠다는 자세를 가지고 주어진 연구가 어떻게 실무에 적용될 수 있을지 적극적으로 생각해야 한다. 이렇게 적극적으로 연구물을 읽는 자세를 취할 때 각각의 연구물이 얼마나 많은 분야에 적용될 수 있는지 바라볼 수 있을 것이다.

요약

과학적인 연구는 상담심리학에서 매우 중요하다. 과학적 연구는 우리의 이론을 검증하고 향상시키는 데 기여한다. 과학적인 연구가 없다면, 우리는 단순히 상담심리 실무에서 우리의 편견을 그대로 이행하게 될 것이고, 결국 그러한 실무는 아무런 효과가 없게 될 것이다. 과학자-실무자 모델 내에서 과학자가 되는 세 가지 수준이 논의되어 왔다. 이 세 가지는 (가) 연구 결과물을 검토하고 그것을 자신의 실무에 적용하는 것, (나) 자신의 실무를 과학적으로 사고하고 이행하는 것, (다) 일의 일부로서 연구를 수행하는 것이다.

상담심리연구 전략으로 네 가지 주요 양적 전략(quantitative strategies)이 깊이 있게 논의되어 왔다. 이 네 가지 전략은 두 가지 차원, 즉 환경 차원(현장 또는 실험실)과 독립변인의 통제 정도 차원(높은 또는 낮은 통제)을 결합해서 나타난다. 그 결과로 (가) 유사실험연구, (나) 유사상관연구, (다) 현장실험연구, (라) 현장상관 연구로 명명된 네 가지 전략이 도출된다. 각각의 전략은 주목할 만한 이점과 단점을 가지고 있다. 일정한 방식으로 전략들을 조합하면 지식을 최대한으로 진보시킬 수 있을 것이다.

또한 질적 연구방법이 논의되어 왔다. 질적 연구와 관련해서 특징적인 이슈들을 설명했는데, 표본의 크기가 작고, 수보다는 단어를 사용하고, 맥락(참여자와 연구자의 맥락)에 관심을 둔다. 특히 몇몇 사례를 들면서 합의적 질적 연구에 대해 설명했다. 중요한 원칙은, 특정 연구에서 어떤 접근을 취하느냐는 연구자가 답하고자 하는 연구문제에 따라 정해져야 한다는 것이다.

Gelso의 기포 가설은 모든 연구방법이 불가피하게 이점과 단점을 동시에 지니고 있다는 점을 명료하게 보여 주면서, 연구자가 어떤 설계를 사용해서 연구를 진행할지 결정할 때는 대가를 치러야 한다는 점을 분명하게 보여 준다. 가장 기본적인 특징은, 연구의 모든 단계에서 연구자가 어떤 선택을 할 때는 절충해야 할 점이 불가피하게 존재하고, 문제를 해결하기 위한 특정 방법 역시 다른 문제를 초래한다는 것이다. 실제로 모든 연구에는 어느 정도 흠이 있다. 비록 각각의 연구방법에 다른 종류의 한계가 숨어 있지만, 주어진 주제에 대해 다양한 연구방법을 사용해서 지속적으로 연구를 수행할 때 지식의 진보는 더 강력하게 일어날 것이다.

제**5**장

직업이론과 연구: 이정표와 새로운 개척자들

상담심리학 내에서 직업심리학은 가장 오래되고 특징적인 연구 영역으로 많은 관심을 받고 있다. 제1장에서 기술했듯이 직업 행동 및 상담에 대한 공식적인 연구는 1909년 Parsons의 '직업보도국(vocations bureau)' 설립으로 거슬러 올라간다. 직업심리학은 농경사회에서 산업사회로의 변화, 측정 및 평가 분야의 발달, 그리고 제1차 세계 대전 동안 군 관련 업무 담당자의 자격 기준 개발에 대한 필요를 배경으로(Walsh & Savickas, 2005), 사람과 사람-환경 간 조화를 연구 영역으로 삼았다(Larson, 2012). 1930년대와 1940년대에는 산업심리학자들이 산업 그 자체(예: 근로자 생산성, 직원 선발 기준)에 대한 연구로 옮겨 간 반면, 직업심리학자들(1946년에 공식적으로 상담심리학자가 되었음)은 개인의 욕구와 진로 선택에 대한 연구를 추구하였다. 그래서 처음부터 직업심리학의 초점은 다음과 같은 점에서 상담심리학의 핵심 가치와 일치하고 있다.

http://dx.doi.org/10.1037/14378-005

Counseling Psychology, Third Edition, by C. J. Gelso, E. N. Williams, and B. R. Fretz

1. 개인의 강점과 최적의 기능에 대한 강조
2. 전 생애에 걸친 전체로서의 인간에 대한 초점
3. 환경 맥락의 중요성에 대한 지속적 인식
4. 단기적, 교육적, 예방적 상담 개입에 집중
5. 과학자–실무자 모델 지향(dedication)

   직업행동과 관련된 상담 및 연구 교과목이 상담심리 전공 프로그램 내에 개설되어 있다고 해서, 상담심리학자들이 진로 문제를 연구하는 유일한 전문가임을 의미하는 것은 아니다. 직업심리학은 산업심리학 및 조직심리학과도 내용을 공유한다. 상담심리학자들은 직업행동에 대해 연구하는 과정에서 사회학자 및 경제학자들과도 교류한다. 이들은 그 영역의 고유한 방법론과 접근을 활용하여 '일의 세계' 문제에 접근한다. 보다 전형적으로는 산업 및 체계 관점에서 접근하며, 개인의 관점으로 접근하는 경우는 드물다.

   이 장에서는 직업행동 연구에서 활용되어 왔던 이전의 패러다임이 변화되고 확장되는 과정에서 보이는 발전을 탐색해 보고자 한다. 이러한 변화는 상담심리학자들이 일의 세계에서 사회문화적·경제적 변화를 경험하고, 연구자들이 초기 이론의 부적절함을 고민하고 반성함에 따라 나타났다. 이러한 새로운 변화는 일의 세계와 관련하여 이전부터 지속되어 오고 있는 또는 새로 등장하고 있는 사회적·개인적 문제들을 드러내서 논의할 수 있게 한다. 이러한 의미에서 새로운 변화는 이론과 실제를 진전시킬 수 있는 큰 가능성을 가지고 있다. 이 장에서는 일의 세계에서 변화를 선도하는 요인, 직업행동에 관한 새로운 이론, 상담심리학자들의 특별한 관심을 끄는 전 생애에 걸친 문제(예: 학교에서 일의 세계로의 이행, 직업 적응, 일–가정 균형, 직업 만족과 건강, 퇴직 준비)에 관한 연구를 검토하고자 한다.

변화하는 일의 세계

   진로심리학의 태동부터(Parsons, 1909), 산업영역에서 일하는 상담자들의 초점은 적절히 잘 훈련된 근로자를 선발하는 것이었다. 제2차 세계 대전 이후, 상담심리학자들은 산업 및 조직심리학자들과 더불어 근로자들의 만족과 적응을 향상시키기 위한 연구와 개입을 통해 산업 및 경영 영역에 관여하였다. 산업 및 조직심리학자들은 조직 (organizations)에 초점을 두고, 이 조직이 근로자의 생산성과 만족도를 높이게 만드는 방법이 무엇인지에 관심을 두었다. 반면, 상담심리학자들은 근로자들(employees)이 자신의 복합적인 역할과 요구에 맞추어 직업생활(worklife)을 변화시켜 나갈 수 있는 능력을 가지게 하는 데 중점을 두었다(Gerstein & Shullman, 1992).

1960년대 초, 사회와 노동 인력(workforce)에서의 변화로 인해 직장에서 상담심리학자들의 역할이 크게 확대되었다. 경제는 팽창하였지만 노동력이 그 속도를 따라가지 못했기 때문에(베이비붐 세대의 인구학적 거품이 학교와 대학에 여전히 존재하고 있었음), 기업들은 관리자와 경영자를 선발하고 훈련하는 데 필요한 도움을 심리학자들에게 요청하게 되었다. 선발이 잘못되면 그에 따른 막대한 비용이 발생한다. 선발 문제에 직면한 산업계의 지도자들은 제2차 세계 대전 당시 선발을 담당했었던 심리학자들에게 매력을 느꼈다. 이렇게 해서 상담심리학자들은 선별 및 코칭 역할을 하게 되었다. 이때쯤 일부 대기업에서 경력개발센터가 처음으로 등장하였다. 근로자는 센터에서 자기 스스로를 평가할 수 있었고, 승진을 위한 리더십 개발 워크숍에도 참여할 수 있었다. 물론 일부 근로자는 그러한 훈련을 다른 회사의 더 나은 직위로 이동하기 위한 수단으로 받아들이기도 하였다. 그러나 많은 회사는 사내 경력 개발 기회가 고용주와 근로자 모두에게 근로자의 발전 가능성을 판단할 수 있는 더 나은 기회를 제공하며, 따라서 비용 대비 효과적이라고 느꼈다. 1960년대에는 인권운동의 영향으로 상담심리학자들에게 새로운 역할이 부여되었다. 기존의 '학연 또는 지연에 의한(old-boy network)' 고용 및 승진 방식은 더 이상 용인될 수 없게 되었다. 심리학자들은 처음에는 고용균등기회 프로그램을 설계하고 실행하는 데 필요한 평가기술 제공을 요청받았다. 현재 기업들은 인간관계관리 프로그램을 설계하고 실행하기 위해 보다 빈번히 심리학자들의 도움을 요청하고 있다. 이런 프로그램은 고용주와 근로자들이 차별, 괴롭힘, 그 외에 다른 종류의 고충에 보다 효과적으로 대처할 수 있게 하는 데 그 목적이 있다.

1970년대에는 재취업 및 고용 지원 프로그램이 발달하면서 상담심리학자들에게 또 다른 역할이 요구되었다. 이러한 발달은 다른 양상으로 나아갔다. 재취업 프로그램과 퇴직 준비 프로그램은 1970년대 초 갑작스러운 경기 하락의 결과로 나타났다. 이와 함께 베트남 전쟁이 끝나고 인간이 달에 착륙한 이후 우주항공 및 방위 산업이 극단적으로 침체되었다. 갑자기 다수의 미국 최고 엔지니어들이 실직 상황에 놓이게 되었다. 우주항공 또는 방위산업 분야에서의 경력이 유일한 이들에게는 맞는 일자리가 거의 없었다. 이들은 대학 졸업 후 곧바로 방위산업체 및 우주항공 산업체에 고용되었기 때문에 구직 경험이 거의 없었다. 많은 정부기관과 대규모 우주항공 회사는 직원들에게 이전 경력을 바탕으로 이력서를 작성하여 구직을 도울 수 있는 효과적인 직업 계획과 전략 프로그램을 지원해 주었다. 이러한 프로그램은 자기평가를 실시하고 일자리 탐색을 실행하도록 조력할 뿐 아니라 실직한 상태에 놓였을 때 나타나는 심리적인 영향/결과에 대처할 수 있는 전략이나 방법을 포함해야 했다(Mallinckrodt & Fretz, 1988). Pickman(1994)은 취업 프로그램의 역사, 발달, 내용에 대해 상세히 기술하였다. 이러한 프로그램은 고용주가 시행하는 합리적이고 좋은 의도를 가진 노력으로 인식되어 계약 만료를 앞두고 있는 직원 사이에서 인기가 좋았다. 이러한 프로그램들은 경제적으로 안정된 시기에는 필요하지 않기 때문에 현재 대부분의 회사는 이러한 서비스들을 외부에 위탁하고, 경제 상황의 악화나 합병으로 인해 구조조정이나 장기근로자에 대한 대량 해고가 요구될 때 이러한 서비스를 활용한다. 기업체에서 자문가로 일하는 대부분의 상담심리학자는 개인 및 집단 재취업 상담을 제공할 수 있다.

퇴직 준비 프로그램들은 현 직원들의 조기 퇴직을 장려하기 위해 회사가 지원한다는 점에서 재취업 프로그램과 유사하다. '조기 퇴직(early out)'은 회사 입장에서 직원 인력을 감축하는 유용한 방식 중 하나로 유지되고 있다. 그러나 오늘날 이러한 프로그램 중 회사가 운영하는 경우는 거의 없다. 회사가 어떠한 이유에서든 직원 수를 감소시키고자 할 때, 회사는 나이가 더 많은 근로자들에게 조기 퇴직을 제안한다. 이를 위해 회사는 퇴직 준비 프로그램을 설계하고 운영하는 상담심리학자와 같은 자문가와 계약을 맺는다. 이 장의 후반부에서 상담심리학자의 퇴직 관련 업무의 개념적 이슈 및 연구 이슈를 살펴볼 것이다.

근로자 지원 프로그램(Employee Assistant Programs: EAPs)은 재취업 프로그램과는 다른 양상으로 발달하고 발전하였다. 근로자 지원 프로그램은 알코올 및 약물 남용자를 치료하는 데 소용되는 직간접 비용을 감소시키기 위해 회사가 직접 운영하는 프로그램으로 1970년대에 등장하였다. 이런 문제를 병원이나 외래 프로그램에서 치료하면 치료비가 많이 든다. 더구나 피고용인들은 직접적인 약물 남용으로 결근하는 것보다 더 잦은 결근 문제를 가지고 있다. 물론 심각한 사례는 병원기반 프로그램으로 의뢰되어야 하나, 많은 예방적, 교정적, 그리고 병원치료 이후의 추수 서비스는 직장에서 제공될 수 있다. 이를 통해 직원들은 더 높은 출근율을 보이게 되며, 직장에 있는 동안 도움을 구할 수 있는 장소를 확보하게 되고, 직장이 자신의 상황을 중요하게 생각한다는 지각을 유지할 수 있게 된다. 이와 같은 지지에 대한 즉각적인 접근 가능성과 지각이 약물 중독으로 인해 어려움을 겪고 있는 사람들을 위한 심리 서비스의 구성 요소들이다.

　고용주가 직장에서 발생한 문제를 해결하도록 지원해 주는 것(심지어 문제가 직업 환경과 관련되지 않는다고 해도)이 가치 있다고 인식했다는 사실은 중요한 돌파구가 되었다. 직장에서 이루어지는 처치(workplace treatment)는 이제 단순히 직장에서 입은 상해에 대한 응급치료를 넘어서는 의미를 지닌다. 비교적 적은 수의 연구들이지만, 근로자 지원 프로그램은 직원(더 나은 심리적 기능)과 고용주(약물을 남용하는 직원을 돌보고, 수행 수준이 떨어져 소모되는 직접적·간접적 비용을 낮춤) 모두에게 유의한 영향을 미친다는 결과가 보고되고 있다(Myers & Cairo, 1992). 많은 근로자 지원 프로그램이 처음에는 석사 학위 수준의 약물남용(AODA) 상담자를 채용하였지만, 몇몇 근로자 지원 프로그램은 서비스의 범위를 확대하면서 다양한 평가와 상담 서비스를 제공하는 박사 학위 수준의 심리학자들을 고용하기 시작했다. 이로 인해 박사 학위를 가진 심리학자들의 고용 기회가 증가하였다.

　일부 고용주들은 비용과 회사 이미지 때문에 근로자 지원 프로그램이 종합적인 정신건강시설로 계속 확장해 가는 것에 대해 매우 양가적인 태도를 견지해 왔다. 다른 한편, 고용주들은 1990년대에 있었던 흥미로운 진화, 즉 직업건강심리학의 출현과 그것의 일 관련 스트레스라는 더 좁은 초점에 환호한다. 일 관련 스트레스가 이직률의 증가를 야기하고 부적인 정신건강을 가져온다는 명백한 증거가 있다(Humphrey, Nahrgang, & Morgeson, 2007; Podsakoff, LePine, & LePine, 2007). 국립 직업 안전·건강 연구소(National Institute for Occupational Safety and Health)와 미국심리학회(American Psychological Association: APA) 간 협력의 직접적 결과로 직업건강심리학의 새로운 훈련 프로그램이 개발되었다. 직장생활의 질을 개선하며, 직장인의 안전·건강·안녕을 보호하고 증진시키는 데 심리학을 적용하는 대학원 커리큘럼을 제공하기 위한 기금이 일부 대학교에 주어졌다. 상담심리학과 가장 밀접히 통합된 프로그램 중 하나는 미네소타 대학교에 있다. 미네소타 대학교 상담심리 프로그램 소속 학생들은 직업건강심리학을 부전공할 수 있다. 또한 Carlson 경영 대학원의 산업 센터, 운동치료 및 여가 대학원, 여성 및 소녀 대상 스포츠 연구센터가 협력하여 교육하는 코스를 밟을 수 있다. 직업건강심리학 훈련 및 서비스 프로그램의 발달 및 필요에 대한 내용은 『Professional Psychology: Research and Practice』의 특별호에 실려 있다(1999, Vol. 30, pp. 117-142).

1990년대에 상담심리학자들은 직장에서 발생하는 스트레스를 예방하기 위한 프로그램(Kagan, Kagan, & Watson, 1995; Roberts & Geller, 1995)과 직무 스트레스 대처 향상 프로그램(Bowman & Stern, 1995)의 구성 요소 관련 연구를 본격적으로 시작하였다. 최근에 직업심리학자들은 위기에 처한 사람들(예: 대처 자원이 부족하고, 지각된 스트레스가 더 높으며, 일을 삶의 핵심 역할로 받아들여 강조하는 사람; McKee-Ryan, Song, Wanberg, & Kinicki, 2005)에 대한 개입방법을 개발하는 데 초점을 두고 있다. 직업 시장에서 변화하고 있는 스트레스 요인들(여기에는 세계화, 정리해고, 감축으로 인한 충격이 포함된다; Gysbers, Heppner, & Johnston, 2009), 그리고 2008년과 그 이후의 경제 위기는 직무 스트레스를 감소시키기 위한 개입방법을 훈련받은 상담심리학자가 미래에도 근로자와 구직자를 조력할 기회를 계속적으로 가지게 될 것이라는 점을 시사한다.

지난 30년 동안, 일의 세계에서 상담심리학자에게 영향을 미친 가장 큰 변화 중 하나는 자문(consultation) 영역에서 일어났다. 1990년대 경제의 세계화는 서비스 영역의 축소를 요구하였다. 이에 따라 사내 경력개발 서비스는 대부분 사라지고, 아웃소싱으로 대체되었다. 기업 기반 경력개발센터에 고용되었던 수많은 상담심리학자는 개인 혹은 소규모의 파트너십 형태의 자문을 담당하게 되었다(이후에 보다 자세히 기술할 것임). 이러한 자문 서비스는 인간관계에 대한 임원 교육부터 기업합병이나 인수를 담당하는 직원들의 대인관계 스트레스 관리 교육(일부 심리학자들은 이를 경영 영역에서의 '결혼 상담'이라고 부름)까지 다양한 서비스를 제공한다. 그러나 자문가는 아동 발달과 학급관리 전략을 향상시키는 방법을 이해하도록 부모 또는 교사와 작업하고, 회사의 직원 발달 계획을 세우며, 대학의 새로운 주거 공간과 학생 서비스 프로그램의 설계를 돕는 등과 같이 다양한 위치에서 다양한 역할을 수행하고 있다. 자문은 전형적인 간접 서비스이므로(자문을 통해 습득한 정보를 개인들에게 직접적으로 적용할 개인, 집단, 또는 시스템과 자문가가 일한다는 의미임), 자문가는 지식을 공유하여 피자문자가 내담자에게 서비스를 제공할 때 그 지식을 적용할 수 있도록 조력한다.

오늘날 상담심리학자들은 정신건강 자문, 행동 자문, 학교 자문, 조직 자문을 포함하여 다양한 유형의 자문에 참여한다(Cooper & Shullmans, 2012). 정신건강 자문(mental health consultation)은 직접 접촉하고 있는 사람들의 정신건강 요구와 도전을 더 잘 이해할 필요가 있는 의사, 목사, 거주생활 관리자, 경찰관 및 교사와 같은 사람에게 자문가가 정신건강 정보를 제공하는 상황을 지칭한다. 행동 자문(behavioral consultation)에서 심리학자는 피자문자가 기본적인 행동 원리(제12장 참조)를 이해하여 특정한 상황에 적용하도록 조력한다. 학교 자문(school consultation)에서 자문가는 교사를 직접 지원해 주거나(예: 학습 전략 또는 학급관리) 학교가 시스템 전반의 기능을 개선하도록 돕는다. 조직 자문(organizational consulting)은 대인관계 문제와 조직 정책 및 과정에 초점을 맞추어 일부 영역에서의 효과성을 향상시키고자 한다. 이 외에 자문가는 교육과 훈련 영역에서 프로그램 개발 혹은 문제-해결 시나리오를 구성하는 일을 하고 있다. Cooper와 Shullman(2012)은 "자문심리학은 심리학적 처치의 주요 영역"(p. 853)이며, 다양한 영역의 다양한 역할에 걸쳐 있다고 하였다. 직업심리학에 초점을 맞추는 상담심리학은 자문 업무에 관심 있는 사람들에게 훈련의 이점을 제공해 준다(Shullman, 2002).

최근 직업심리학에 영향을 미치고 있는 가장 큰 변화는 인터넷과 사회연결망 사이트(Social Networking Sites: SNS)의 보편화와 활용이다. 웹 기반 진로정보 및 상담이라는 영역이 등장해서 웹을 통해 접근할 수 있게 된 방대한 양의 진로 정보를 이용해서 제기된 문제들을 해결하려 한다. 일부 '가상경력센터'는 완전히 온라인상에서 서비스를 제공한다. 온라인 평가 도구는 오래전부터 현대 진로상담의 일부로 활용되었다. 예를 들어, 컴퓨터 지원 시스템인 DISCOVER는 오랫동안 경력개발센터의 주요 요소로 받아들여졌다. 비록 DISCOVER는 폐기되었으나, 출판사 ACT(원래 American College Testing이지만, 현재는 단순히 ACT라고 함)는 새 버전인 ACT 프로파일(개정된 흥미 목록, 능력 목록, 가치 목록)을 제공하고 있다. 새 ACT 프로파일은 특성이나 접근 방식에 있어서는 과거와 유사하나 그래픽이 업그레이드되었으며, 일반 사용자가 정보에 접근할 수 있는 방법도 바뀌었다. ACT는 2013년에 새로운 프로파일을 출시하였다. 물론 (Focus와 같은) 다른 웹 기반 평가 프로그램도 존재하며, 진로탐색검사(Self-Directed Search; Holland, 1994)와 같이 잘 확립된 평가도구에 무료로 접근하는 것도 가능하다. 이 분야에서 가장 큰 변화는 진로 관련 서비스 전달에 사회연결망 사이트를 도입한 것이다. 과거의 네트워킹 서비스는 SNS, 블로그, 트위터로 대체되었으나 구직에 대한 정보를 얻기 위해 사람들과 연결한다는 점에서 개념은 동일하다. 이 영역은 계속해서 변화하기 때문에, 우리는 국가경력개발협회(National Career Development Association)가 출간하는 『The Internet: A Tool for Career Planning』(Osborn et al., 2011)과 같은 것을 통해 정기적으로 업데이트하기를 권한다.

21세기의 선구자: 패러다임의 변화와 확장

2040년대 후반 상담학 100년사가 작성될 때, 21세기의 초반은 직업심리학 연구에 활용되어 온 중요한 이론의 확장과 패러다임의 변화로 기록될 것이라고 우리는 믿는다. 이러한 변화를 알아보기 전에 패러다임(paradigm)이 무엇인지 그리고 패러다임 변화의 내용(what), 전개방식(how), 이유(why)에 대해 설명해 보자. Borgen(1992)은 패러다임과 그 영향을 규정하면서 더 광범위한 관련 과학 이슈를 훌륭하게 설명했다. Borgen은 Kuhn을 패러다임의 중요성을 제안한 첫 번째 인물로 규정하면서, Kuhn(1970)의 패러다임의 정의를 인용하였다. "나는 이러한 것들을 보편적으로 인정되는 과학적 성취로 보는데, 이런 성취는 일정 기간 동안 과학자 집단에게 모델이 되는 문제와 해결책을 제시한다."(p. viii) Kuhn은 뭔가 다른 방향으로 일이 벌어지고 있다거나 현재 모델에 해결하기 어려운 결함이 있다는 깨달음이 있을 때, 과학자들이 더 나은 예측과 이해가 가능한지 보기 위해 다른 모델이나 관점으로 변경하기 시작한다고 기술한 바 있다.

Borgen(1992)은 많은 상담심리학자가 전통적인 모델을 버리는 것이 아니라 오히려 기존의 문제를 새롭게 분석하기 위해 새로운 이론과 통계 기법을 활용하고 있다고 느꼈기 때문에 패러다임 확장(expanding)이라고 부르기를 선택하였다. 다음 절에서는 기본적인 진로이론과 관련하여 이론 발달을 강조하면서 이 분야에서 일어나고 있는 패러다임 변화와 확장의 예를 제시할 것이다(제15장 참조).

사람-환경 간 상호성과 성격의 역할

Walsh와 Chartrand(1994)는 사람-환경 간 상호작용 패러다임을 확장해야 할 핵심적인 이유를 다음과 같이 보았다. "진로 선택과 발달 이론은 대체로 선택이나 직업과의 조화(fit)에 대한 내용을 언급하고 있으나 무엇인가를 떠올리고, 인지적으로 재구조화하며, 조작하는 과정에 대해서는 거의 말하지 않는다."(p. 193) 특성 지향 이론을 지지하는 사람들은 사람과 환경 간 상호작용이 있다는 것을 처음으로 인식한 사람들에 속하나(제15장에 보다 상세히 기술되어 있음), 그 초점은 사람과 일 사이의 더 나은 조화에 도달하기 위해 그런 상호작용을 어떻게 활용할 것인지에 있었다. 더 많은 관심을 두어야 할 사실은 직무환경이 정적이지 않고 역동적이며, 그 환경 속에 있는 사람들의 속성 때문에 종종 변화한다는 것이다(Schneider, 2008). 또한 개인이 자신에게 맞지 않던 직무환경에 적응하려고 노력할 때, 자기 자신에 대해 새로운 것을 배우기 때문에 개인은 변한다. 즉, 환경이 사람에게 영향을 미치는 것과 같이, 사람 역시 환경에 영향을 미친다. 어느 한 시점에서 보이는 좋은 조화는 사람이나 환경 중 어느 하나가 바뀌면, 덜 바람직한 조화로 나타날 것이다.

이런 일이 일어나는 예로, 일반적으로 매우 구체적이고 과업지향적인 사람들에게 매력적인 작업환경에 갑자기 사회적이고 대인관계적 이슈에 훨씬 더 잘 참여하는 사람들이 쇄도한다면 무슨 일이 생길지 상상해 보자. 개인 간 상호작용이 증가하고, 기꺼이 자기개방을 하며, 정확성이 약간 떨어지더라도 참아 내는 정도가 증가할 것이다. 기존의 과업 지향 환경이 이와 같이 변화하게 되면, 새로 들어오는 과업지향적인 사람들은 새로운 환경이 이전만큼 '적합하다'고 느끼지 못할 수 있다. 이제 사람이 환경을 변화시킨 것이다. 반대로 환경이 그 속에 있는 사람을 변화시키는 경우도 있다. 예를 들어, '사회형' 흥미가 높은 많은 심리학자(예: 상담 영역의 직업에 경도되는 경향이 있는 사람들)는 개업해서 사설상담소를 운영하면서 사업체를 경영한다는 것(전형적으로 '기업가형' 특성으로 생각되는)이 무슨 의미인지에 관해 훨씬 더 많이 배워야 할 필요가 있다는 점을 발견한다. 개업에 성공한 심리학자들은 학습한 자신의 사업 감각에 큰 기쁨을 느끼고, 사업 관련 기술을 증대시킬 추가적인 방법을 모색한다. 이들이 머지않은 미래에 흥미 척도에서 기업가형 점수의 상승을 보일 것이라는 것을 합리적으로 예측할 수 있다(제15장 참조). 요약하면, 직무환경은 그들의 행동이나 기술을 변화시킬 수 있을 뿐만 아니라 흥미 패턴까지도 변화시킬 수 있다.

이 절의 제목에서 상호성(reciprocity)이라는 용어를 사용했는데, 이는 이러한 변화가 양방향적이라는 점을 나타내기 위해서이다. 이러한 주고받는 영향에 대한 이해는 점점 더 증가하고 있다. 많은 진로 발달 이론에는 변인들 사이의 이러한 양방향적 영향이 명백히 포함되어 있다(Staggs, Larson, & Borgen, 2007). 이와 같은 이론의 확장은 보다 새로운 통계 모델링 기법의 활용을 반영한다. 상담심리학자들은 직업 행동의 역동적인 변화를 예측하기 위해 개인과 환경이 서로에게 미치는 역동적 영향을 이해할 필요가 있다는 것을 이해하기 시작했다. 특정 집단에 대해서는 어느 정도 좋은 예측을 할 수 있게 되었지만, 서로 주고받음의 역동 때문에 특정 개인에 관한 예측은 언제나 완벽하지 못할 수밖에 없다. 더구나 개인의 흥미가 시간이 흘러도 잘 변하지 않는다는 증거가 있다고 해도(Low & Rounds, 2006), 흥미가 환경과 상호작용하여 변화를 낳는다는 증거 또한 존재한다(Betz, 2006; G. D. Gottfredson, 1999).

사람-환경 이론에서 가장 최근의 변화 중 하나는 성격과 기질에 대한 연구이다. 흥미는 한 사람이 관심을 가지는 환경이나 특별한 활동뿐만 아니라 성격 특성 및 기질과도 관련된다. 흥미는 어떤 환경 또는 특정 활동에 끌림과 관련되는 반면, 성격 특성과 기질은 환경과 상호작용하는 방식과 더 관련이 있는 것으로 보인다(Low & Round, 2006). 몇몇 메타분석(Barrick, Mount, & Gupta, 2003; Larson, Rottinghaus, & Borgen, 2002; Staggs et al., 2007)은 Holland의 6가지 흥미 유형(제15장 참조)과 5요인 성격 특성(신경증, 우호성, 성실성, 외향성, 개방성; McCrae & Costa, 1999, 2008)을 연결시켰다. 한 예로 Larson 등(2002)은 이러한 차원들 간 몇 가지 안정적인 관계를 발견하였다. 즉, 예술형 및 탐구형과 개방성, 기업가형 및 사회형과 외향성, 사회형과 우호성 간의 관계가 유의하게 나타났다. Barrick 등(2003)도 매우 유사한 관계를 발견하였으며, 사무형과 성실성 간의 관계를 추가하였다. Larson(2012)은 "흥미는 직업심리학에서 가장 많이 연구된 구인 중 하나"(p. 162)라고 하였지만, 우리는 앞으로도 새로운 이론의 등장과 경험적 진척, 직업 행동에 대한 특성-요인/사람-환경 접근에 있어서의 계속적인 패러다임 변화를 보게 될 것이다.

구성주의와 발달이론

20세기 초에서 중후반 동안, 심리학을 포함한 사회과학 분야는 일차적으로 논리실증주의 과학 패러다임(물리학 및 화학과 같은 자연과학분야에서는 매우 잘 기능하고 있는 패러다임)에 의존하였다. 논리실증주의에서는 논리적 근거를 기반으로 이론을 먼저 개발하고, 그다음 경험적 자료를 수집하여 자료가 이론을 지지하거나 반박하는지 결정한다. 그러나 사회과학 분야에서는 논리실증주의가 자연과학 분야의 이론들에 필적할 정도의 생산적이고 지지할 만한 이론을 산출하지는 못했다는 데 대체로 동의한다. 20세기 후반에 과학철학에 대해 연구하고, 대안 패러다임을 검토했던 사회과학자들은 구성주의에 점점 더 관심을 기울이게 되었다. 최근 몇십 년 동안 구성주의를 설명하는 많은 논문과 서적이 출판되었다. D. Brown, Brooks와 동료들(1996)은 주요 명제를 다음과 같이 요약하였다.

1. 세상의 모든 측면은 상호연결되어 있다. 그래서 전경과 배경을, 주관과 객관을, 환경과 사람을 분리하는 것은 불가능하다.
2. 절대적인 것은 없다. 따라서 인간의 기능은 법칙이나 원리로 감환(感換)될 수 없으며, 원인과 결과도 추론될 수 없다.
3. 인간의 행동은 그 행동이 발생하는 맥락 안에서만 이해될 수 있다.
4. 인간의 주관적인 참조 틀만이 타당한 지식의 원천이다. 사건은 인간 외부에서 발생한다. 개인이 자신의 환경을 이해하고 이러한 사건에 참여할 때, 비로소 자기 자신과 환경을 정의한다.

이러한 명제들을 주의 깊게 살펴보면, 구성주의 접근이 직업심리학 연구에 얼마나 매력적인지 분명해진다. 어떤 면에서 구성주의는 Rogers의 현상학적 견해를 정교화하고 확장한 것이라 할 수 있다. Rogers의 현상학적 견해는 자기와 환경을 바라보는 주관적인 관점이 행동을 이끈다고 본다(제13장 참조). 그러나 직업심리학에서 구성주의 패러다임으로 변화할 수 있도록 동력을 제공한 것은 진로 선택과 발달에 관한 Super의 발달이론(제15장 참조)이었다. 구성주의 진로이론이 출현하게 된 것은 Super의 이론 덕분이었다 해도 과언이 아니다(Savickas, 2002, 2005).

구성주의 이론 접근에서 사람들이 일 경험에 부여하는 의미에 관한 독특한 내러티브는 그들이 진로를 어떻게 '구성(constructed)'하였는지 이해할 수 있게 해 준다. 상담자는 개인으로부터 이러한 내러티브 또는 이야기를 끌어내어서 세 가지 주요 구인, 즉 직업 성격(vocational personality), 생애주제(life themes), 진로 적응성(career adaptability)의 증거를 찾는다. 직업 성격의 개념은 앞서 언급했던 사람-환경 조화 모델과 관련되어 있다. 다시 말해서, 사람의 흥미, 가치, 기술 및 요구가 선택한 직업 환경과 얼마나 일치하는지와 관련된다(Savickas, 2005). 한 사람의 생애주제는 그 사람이 선택한 직업이 자기개념을 어떻게 반영하고 있는지에 관한 정보를 알려 준다. 마지막으로, 진로 적응성은 진로라는 관념을 구안하는 방식을 지칭하는데, 행동 및 태도에서부터 과제, 전환 및 어려움에 대처하는 자신의 능력까지를 포괄한다. 비록 더 많은 경험적 연구가 필요하기는 하지만(Larson, 2012), Savickas(2002)는 검증되어야 할 많은 명제를 제시하였다. 구성주의 진로이론은 진로 선택을 도울 수 있는 객관적인 '대답'을 찾는 것이 아니라 진로 발달에 있어 필수적인 주관성 요인을 도입했다는 측면에서 패러다임의 변화를 나타낸다. 특히 급속도로 변화하는 오늘날의 직업 현장에서 개인이 다양한 직업 경험의 의미를 구성할 수 있도록 돕는 것은 더욱 중요해질 것이다.

사회-인지 혁명

1991년, Borgen은 "인지혁명이 조용히 직업심리학을 접수하였다."(p. 279)고 하였다. Lent, Brown, Hackett(1996)은 "이런 조용한 인지혁명에 따른 상황 역시 인간을 자신의 진로 발달에 적극적인 행위자 또는 조형자(shaper)로 바라보는 관점을 향해 나아가게 했다."라고 강조하였다(p. 373). Lent, Brown, Hackett(1994, 2000)은 Krumboltz의 사회학습이론(제15장 참조)과 여성 진로 발달에 관한 자기효능감 연구(Hackett & Betz, 1951)를 바탕으로 흥미 발달, 직업 선택, 직업 수행을 설명하는 포괄적인 진로 발달 모델을 개발하였다.

Lent 등(1996)의 이론에 중심이 되는 것은 사회인지이론의 세 가지 주요 변인이다. 즉, 자기효능감(내가 이것을 할 수 있는가?), 결과 기대(만약 내가 이것을 하면, 그 결과는 무엇일까?), 개인 목표(personal goals)가 그것이다. 이 모델에 따르면, "사람들은 개인 목표를 설정함으로써 자신의 행동을 조직하고, 이끌고, 유지한다. …… 환경적인 사건과 개인사는 의심할 여지 없이 행동 형성에 영향을 미친다. …… 사람들은 부분적으로 자신이 설정한 목표에 의해 동기화되고 활성화된다"(pp. 381-382). 이 모델은 개인 특성, 외부 환경 요인, 외현행동 간 완전한 양방향 인과관계를 의미하는 Bandura(1986)의 삼원 상호작용(triadic reciprocity) 개념을 받아들인다. 이런 상호작용을 설명하기 위해 Lent 등의 흥미 발달 모델을 보자. 한 개인이 어떤 것에 관심이 있다고 믿을 때, 그 활동을 선택하고 연습해 보고자 하는 의도가 생성된다. 실제로 거둔 성과는 스스로가 가진 기술이나 능력을 판단하는 데 영향을 미친다. "새로운 흥미의 출현 여부는 단순한 노출과 과거의 강화 경험보다는 그 활동에서 자신의 유능성을 어떻게 판단하는지(자기효능감) 그리고 좋은 결과 대(對) 무가치한 결과를 획득하는 것에 관한 기대에 더 의존한다"(Lent et al., 1996, p. 385). 흥미 발달 모델에서처럼 선택 및 수행 모델에서 핵심 요소는 일어나는 일과 그것에서 개인이 내리는 결론의 피드백 루프이다([그림 5-1] 참조).

이 모델은 양방향 인과성을 확인할 수 있는 통계적 모델링 기법과 결합하여 이 장에서 검토해 본 다른 모델들보다 직업행동의 발달에 관한 더 정교한 가설을 설정할 수 있게 해 준다. 최근에 실시한 메타분석은 자기효능감과 흥미 간 강한 상관이 있다는 것을 보여 주었다(예: Rottinghaus, Larson, & Borgen, 2003). 예를 들어, 과학적인 능력에 효

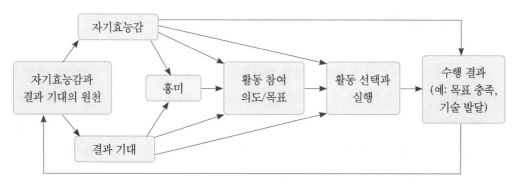

[그림 5-1] 사회인지진로 이론의 흥미 발달 예측 모형

직업 흥미가 시간의 흐름에 따라 어떻게 발달하는지를 나타내 준다. 이 모델은 아동기와 청소년기의 인지적 및 행동적 영향을 강조한다. "Toward a Unifying Social Cognitive Theory of Career and Academic Interest, Choice, and Performance," by R. W. Lent, D. Brown, & G. Hackett, 1994, *Journal of Vocational Behavior, 45*, p. 88. Copyright 1994 by Academic Press. 허락을 받고 재출판함.

능감을 느끼는 사람들은 수학과 과학(STEM) 직업들에 흥미를 보일 것이다. 다른 연구들 또한 자기효능감이 전공(Larson, Wei, Wu, Borgen, & Bailey, 2007) 및 진로 선택(Betz et al., 2003)과 관련될 것이라는 이 모델의 예측을 지지하였다. 또한 자기효능감과 결과 기대(Ali, McWhirter, & Chronister, 2005) 간의 관계와 자기효능감과 직업 선택(Gore & Leuwerke, 2000) 간의 관계를 지지해 주는 연구도 존재한다. Hackett과 Lent(1992)는 흥미 발달 및 직무수행 분산 중 능력과 흥미 변인이 설명하는 부분에 추가하여 자기효능감이 고유한 설명 분산을 가진다는 명제를 연구 결과들이 지지한다고 하였다. 예를 들어, 특정 업무에 대한 적성 수준이 낮은 사람들을 자기효능감 지각 수준이 높은 집단과 낮은 집단으로 구분할 경우, 적성에서는 차이가 없지만 자기효능감을 더 높게 지각한 집단에 속한 사람들이 더 나은 수행을 보일 것이다. 상담자에게 가장 중요한 분석 결과는, 더 나은 수행 결과를 얻게 하고 그 수행에서 보다 적절한 결론을 내리게 하는 방법을 제공하는 '자기조절 기술훈련 프로그램'으로 자기효능감이 향상될 수 있다는 것이다. 자기효능감이 향상되면 직무수행도 향상된다(Lent et al., 1996).

그러나 삼원 양방향 상호작용의 복잡성 때문에, 직업 행동을 선택하거나 변경하는 데 있어서 한 개인(또는 집단)이 취할 특정 방향을 예측하는 일반 모델을 만들어 내기는 매우 어렵다. 연구 결과를 바탕으로, 예를 들어 상담심리학자는 내담자의 업무와 관련된 자기효능감을 증진시킬 수 있도록 도와야 한다고 가정할 수 있을 것이다. 그러나 오랫동안 차별을 경험해 온 소수 민족의 경우, 제도적 인종차별(제6장 참고)과 같은 현실적 장벽을 제거하는 데 주의를 기울이지 않으면 자기효능감을 증진시키고자 하는 프로그램에 반응하지 않을 것이다. 진로 자기효능감을 증가시켜야 한다는 생각과 관련한 다른 한 가지 잠재적인 문제는 과장된 자기효능감을 발달시키는 사람이 스스로에게나 타인에게 문제를 불러일으킬 수 있다는 것이다(Silvia, 2003). 자기효능감을 효율적으로 그리고 효과적으로 수정할 수 있는 최선의 교육 및 상담 전략에 대해서는 좀 더 탐색될 필요가 있다. 이 장에서 살펴본 여러 이론 가운데 이 접근은 진로 교육과 진로 개입에 있어 '비약적으로 나아갈 수 있는' 가장 큰 잠재력을 가지고 있는 것으로 보인다.

이론적인 진전은 계속해서 나타나고 있다. Larson(2012)은 "직업심리학의 비전은 다양한 견해들의 모자이크이다."라고 하였다(p. 168). 상담심리학 100주년에 가까워져 갈수록 직업심리학에서 더 큰 이론적 발전을 볼 수 있기를 고대한다.

인간의 발달적 요구에 관한 직업 영역의 연구

우리는 시간의 흐름에 따른 직업 이론의 발달을 검토하였다. 이 외에도 다양한 삶의 단계에 있는 사람들의 발달적 요구와 관련한 몇몇 직업 이슈에 많은 관심이 주어지고 있는 것을 목격하고 있다. 여기서 우리는 상담심리학자들이 조명하고 있는 학교에서 일로의 전환, 직업 적응, 일-삶 균형, 퇴직 준비와 같은 영역을 살펴보고자 한다.

학교에서 일로의 전환

상담심리학자들은 학교에서 진로 교육 프로그램을 개발하는 데 있어 특히 중요한 역할을 해 왔다(Espelage & Poteat, 2012a). 진로교육 프로그램은 1960년대에 급속히 확대되었는데, 이는 러시아의 스푸트니크호(Sputnik) 발사 성공에 대한 대응이었다. 미국은 우수한 학생들을 선발하여 최대한의 성취를 거둘 수 있도록 조력해야 한다고 느꼈다. 당시 Lyndon Johnson 대통령은 모든 학생이 자신의 잠재력을 발견하고 실현할 수 있도록 조력하는 것을 포함한 '위대한 사회(Great Society)' 개념을 제시하였다. 1960년대와 1970년대에 걸쳐 많은 상담심리학자가 진로교육 프로그램의 설계, 실행 및 평가에 참여하였다. 그러나 앞서 언급하였듯이 이후 공교육의 초점이 기본적인 학업 기술로 좁아지면서(즉, 예술, 음악, 진로교육 등의 축소나 배제) 그런 프로그램의 개발과 지속에 상당한 제약을 가져왔다. Gysbers(1997)는 그런 개념이 현재의 몇몇 종합 생활지도 프로그램에서 유의미하게 지속되고 있음을 보여 주었다. 최근에는 미국 정부가 「아동 낙오 방지법(No Child Left Behind Act)」과 교육부의 정상을 향한 도전 프로그램(Race to the Top program)과 같은 것으로 K-12 체계를 강하게 압박하고 있는 것이 목격되고 있다. 또한 우리는 성인 초기(18~25세)에 대한 새로운 관심사를 여러 문헌에서 목격하고 있다(Arnett, 2000, 2004).

진로교육 프로그램에 대해 지속적으로 제기되고 있는 비판은 이 프로그램들이 대학 입학을 희망하는 청소년에 초점을 맞추고 있다는 것이다. '진로(career)'라는 개념이 학생들 모두의 경험에 적용되지는 않는다. 즉, 학생들 중 대부분은 고등학교를 졸업한 직후 혹은 고등학교를 졸업하기도 전에 노동 부문으로 옮겨 가기 때문이다. 노동이 훨씬 더 기술적이고 서비스 지향적으로 변화하고, 미숙련 또는 반숙련 기술이 필요한 제조업 공장의 일자리는 점점 더 줄어들게 됨에 따라, 대학에 진학하지 않은 학생들은 점점 더 취업의 기회가 줄어들었으며, 직업을 얻더라도 정착하지 못하고 빈번히 직업을 변경하였다. 따라서 승진할 기회를 잡지 못하였다. 고졸자와 대졸자 간 임금 격차는 최근 꾸준히 확대되고 있다. 인플레이션을 감안한 시간당 임금을 비교해 보면, 현세대 고등학교 졸업자는 부모 세대 고등학교 졸업자보다 수입이 적다. 연방 정부는 개인의 정신건강에 드는 비용, 실업과 복지수당 지급에 드는 비용 같은 잠재적으로 비싼 사회적 대가를 우려하여 1994년 「학교에서 일로 기회제공법(School-to-Work Opportunities Act)」을 통과시켰다. 이 법의 목적은 산업-학교 간 협력을 증진시켜 고등학생들이 졸업 후 하고자 하는 일과 직접적으로 관련된 과목을 더 많이 듣고 관련 경험을 할 수 있도록 지원하는 데 있다. 이상적으로 학생들은 고등학교를 졸업하면서 "어느 주에서나 취업에 활용할 수 있는…… 직업기술 습득을 확인하는 기술 증명서"를 받게 될 것이다 (Worthington & Juntunen, 1997, p. 311).

대학 진학을 목표로 하지 않고 직업세계에 발을 들일 청소년을 위해 일하는 상담심리학자에게는 중대한 도전이 존재한다. 현존하는 진로교육 프로그램을 약간 바꾸어 보았자, 이러한 문화적으로 다양한, 낙담한, 가난한 집단의 문제를 다루지는 못한다 (Blustein et al., 2002). Fouad(1997)는 이러한 프로그램에 참석하고 있는 많은 참여자가 학교에 불규칙하게 출석하고 있으며, 직장에서도 그런 불규칙한 출근 패턴을 계속 이어 간다고 기술하였다. 지난 10년 동안, 경제적으로 어려운 환경에서 성장한 학생들에게 가장 유용할 것으로 보이는 심리교육 모델을 되살리는 프로그램이 개발되어 오고 있다. 예를 들어, Kenny, Bower, Perry, Blustein, Amtzis(2004)는 고등학교에서 활용하기 위한 목적으로 'Tools for Tomorrow program'을 개발하였다. 이 프로그램은 자기인식을 향상시키고 진로탐색과 목표 설정을 촉진하며, 고등학교에서의 학습 경험과 진로목표를 연결하도록 돕기 위해 설계되었다. 연구에 따르면, 학교와 일 간 연결의 중요성을 내면화한 학생은 학교에서 더 열심히 공부하며, 이를 통해 자신의 진로 포부를 실현한다(Solberg, Howard, Blustein, & Close, 2002).

Blustein 등(2010)은 도시에 위치한 고등학교 학생 32명(90% 이상이 유색 인종이었으며, 주로 카리브해계 미국인, 아프리카계 미국인, 라틴계 미국인이었음)을 대상으로 합의에 의한 질적 연구(Consensual Qualitative Research: CQR; C. E. Hill et al., 2005)를 수행하였다. 학생들의 절반은 Tools for Tomorrow program에 참여하였다. 프로그램에 참여한 학생의 50%는 9학년이었으며, 나머지는 12학년이었다. Blustein 등은 앞서 논의했던 진로구성(career construction) 이론을 기초로 인터뷰 프로토콜을 구성하였다(Savickas, 2005). 연구자들은 학생들이 학교와 일 간의 관계를 어떻게 이해하는지 그리고 자신에 대한 사회의 기대와 미래 성공에 있어서 인종과 민족의 역할을 어떻게 이해하는지 알아보고자 하였다. 연구자들은 Tools for Tomorrow program에 참여한 모든 학생이 학교와 일 간 연관을 지지하며, 다른 학생들도 이러한 연관을 지지한다는 것을 발견하였다. 학생들은 미래의 직업적 성공에 교육이 중요한 역할을 한다는 것과, 인종주의로 인해 자신의 인생 경로에서 마주하게 될 장벽을 알고 있었다. Blustein 등은 "우리의 표본에서 교육의 가치에 대한 믿음은 굳건했다."(p. 253)라고 기술하였다. 이러한 결과는 인종과 사회경제적 배경에 상관없이 모든 학생이 학교와 일 간 관계를 중요한 것으로 내면화하고 있으며, 학교에서 학업적으로 잘 하기를 원한다는 다른 연구 결과와도 일치한다(Cokley, 2003; Tyson, Darity, & Castellino, 2005).

최근 대학에서 일로의 이행(college to career transition)을 위해 설계된 프로그램들과 함께 대학 경험에 대한 관심이 되살아나고 있다. Yang과 Gysbers(2007)는 "진로탐색은 대학을 졸업하는 학생들이 직면하는 가장 중요한 과제 중 하나이다. 이런 학생들에게 진로탐색은 자기정체성의 일부가 될 전일제 직업이나 진로 경로를 탐색하는 첫 경험이된다."(p. 157)라고 하였다. Yang과 Gysbers는 실제로 진로탐색 자기효능감과 스트레스 간의 부적 상관이 있음을 발견하였는데, 이는 놀라운 일이 아니다. 우리는 구직 과정을 "전일제 직업"처럼 생각하며, 양가감정과 걱정을 불러일으키는 일로 느끼고 있는 많은 학부생과 이야기를 나누었다. 스트레스 증가와 효능감 저하의 위험을 가장 많이 가지고 있는 학생들은 일로의 이행(career transition)에 준비가 거의 되어 있지 않고, 자신감도 가장 낮으며, 가장 많은 지지를 필요로 하였다.

2010년 Murphy, Blustein, Bohlig, Platt는 오늘날의 어려운 직업 환경 속에서 진로준비도(adaptability)의 중요성을 보기 위해 여덟 명의 학부 졸업생을 대상으로 합의에 의한 질적 연구방법(C. E. Hill et al., 2005)을 활용한 연구를 수행하였다(Blustein, 2006). 놀랍게도 참여자들은 안녕감과 '대학에서 일로의 이행'의 어려움 사이의 어떠한 관계도 보고하지 않았다. 또한 이들은 '대학에서 일로의 이행'의 성공 가능성을 높이거나 낮추는 데 (특히 어머니로부터의) 사회적 지지가 중요하다는 것을 강조하였다. 마지막으로, 성인 초기 탄력성 문헌에서 보고되는 것(Masten et al., 2004)과 같이, 참여자들은 실망스러운 직업 환경에 적응한 후에도 낙관적인 느낌을 보고하였다. 이러한 결과는 오늘날의 대학 졸업생들이 자신의 진로를 첫 번째 직업에 의해 결정되는 것이 아니라 장기적인 과정으로 인식하고 있음을 나타낸다.

상담심리학자들과 기타 전문가들은 계속해서 '대학에서 일로' 그리고 '학교-직장-삶으로 전환' 프로그램을 진행하고 있다(Lapan, Turner, & Pierce, 2012; Solberg et al., 2002). 그럼에도 불구하고 이와 관련된 일의 기회는 확대되고 있다. 또한 이런 일들은 전문적으로 도전적인 과제가 되고 있다. 이 분야는 상담심리학자의 예방적, 발달적, 교정적 역할을 모두 포괄하여 상담심리학의 모든 핵심 가치를 드러낸다. 이러한 핵심 가치에는 강점과 최적의 기능에 대한 강조, 전체로서의 인간에 대한 초점, 옹호와 사회정의에 대한 헌신, 단기·교육적·예방적 개입에 대한 초점, 과학자-전문가 모형에 대한 헌신 등이 포함된다.

직업 적응

일단 개인이 어떤 영역의 일을 선택하면, 상담심리학자들은 종종 그 개인이 다양한 직무 요구와 기회에 얼마나 잘 적응하는지로 관심을 돌린다. 아마도 이 분야에서 가장 잘 알려진 이론은 직업 적응 이론일 것이다(Dawis & Lofquist, 1984). 직업 적응 이론은 직업 재활 내담자의 직업 적응을 조사한 1959년 연구에서 시작되었다. 더 짧은 기간이 소요되는 직업 선택(choice)에 대한 초점에 비해 재활 내담자에 대한 초점은 더 긴 기간이 소요되는 적응(adjustment) 문제에 대한 강조로 이어졌다. Dawis, England, Lofquist(1964)는 재직기간이 만족(satisfaction; 직업 만족도에 대한 직원들의 자기보고)과 충족(satisfactoriness; 직원이 만족스럽게 수행하는지에 대한 감독자의 평정)의 조합 그리고 두 요소 간의 상호작용 방식(더 높은 직무 만족은 충족에 대한 더 높은 평정으로 이어질 것이고, 더 높은 충족 평정은 더 큰 직무 만족으로 이어질 것이다)에 의해 예측될 것이라는 명제를 가진 이론을 제시하였다. 동일 시기에 독립적으로 발전한 Holland의 이론(제15장 참조)에서처럼 Dawis 등도 관심의 초점을 개인-직원(worker)의 특성에서 개인-직업환경 간 상호작용(interaction)으로 초점을 이동시켰다. 가장 최신 이론은 개인-환경 상응 이론(person-environment correspondence theory; Dawis, 2005)이라 지칭되고 있다.

1978년, Dawis와 동료들은 이론이 제안하고 있는 상호작용과 그 효과에 관한 충분한 자료를 가지고 있어서 직업 적응을 "사람과 환경 모두 수용할 만한 수준의 만족을 성취하고 유지하려는 대칭적이고 순환적인 과정"으로 재정의할 수 있다고 느꼈다 (Dawis, 1996, p. 79). 이 진술에서, 어느 정도의 상응성을 성취하고 유지하는 것은 개인뿐 아니라 환경도 변화시키는 원동력이 된다. 어떻게, 언제, 그리고 왜 직무환경이 변하는지에 대한 관심은 이 이론의 독특한 측면이고, 사람-환경 간 서로 주고받음 (reciprocity)에 대해 새롭게 등장하고 있는 개념의 핵심적 요소이다(이 장의 앞부분에서 논의하였음).

Dawis 등의 이론은 사람-환경 조화의 사람 쪽을 평가하기 위해 능력 측정치를 활용한다. 이 이론의 저자들은 초기 자료의 한계를 검토한 끝에 단순히 능력을 평가하는 것을 넘어 때로는 요구라고 부르기도 하고, 다른 때는 1960대에 등장했던 학습심리학 용어를 빌려 '강화 요인'이라 부르는 것에 대한 평가도 포함시켰다. Dawis와 동료들은 MIQ(Minnesota Importance Questionnaire; Weiss, Dawis, Lofquist, Gay, & Hendel, 1975)를 개발하였다. 여기에서 20개의 '강화 요인'이 여섯 개의 가치를 중심으로 군집을 이루고 있다. 여섯 개의 가치란 성취, 편안함(스트레스가 없는 상태), 지위, 이타심, 안전, 자율성이다. 비록 해당 측정치가 직업 적응 이론을 검증하는 목적 이외의 용도로 널리 사용되지는 않았으나, 몇 년간의 경험 연구를 통해서 요인구조와 타당도(근로자가 중요하게 느끼는 것을 이해한다는 측면에서)가 지지되었다.

환경 쪽 측면에서 Dawis, Dohm, Lofquist, Chartrand, Due(1987)는 미네소타 직업 분류체계(Minnesota Occupational Classification System)를 개발하였다. 이 분류체계는 데이터가 입력되면 개인의 능력과 가치를 검토하고 개인-직업 간 '상응(correspondence)' 하는 직업 목록을 생성하는 컴퓨터 프로그램에 통합되었다. 이러한 상응이 어느 한 직장에서의 재직 기간을 결정하는 핵심 요인이라는 것을 독자는 기억할 것이다.

직업 적응 이론은 명백하게 진술된 가설과 조작적으로 잘 정의된 직업이론 구인을 가지고 있다(Betz, 2008). 이 이론은 Holland의 이론만큼 많은 연구자의 관심을 끌지는 못했는데, Holland의 진로탐색검사(Self-Directed Search)보다 개인과 환경을 더 철저히 평가해야 할 필요 때문이었을 것이다. 그러나 산업계에서 일하는 상담심리학자와 산업/조직심리학자들에게는 매력적인 이론이다. 산업현장에서 수집한 경험 데이터는 만족과 충족 모두를 성취하기 위해 사람과 환경 사이의 조화가 중요하다는 것을 지지한다. 또한 근로자가 특정 직업에 오래 남아 있게 되면, 직업 환경에 상응하는(일치하는) 방식으로 스스로를 변화시킨다는 명제를 지지하는 연구 결과 또한 증가하고 있다(Dawis, 2005).

일 만족(work satisfaction) 이론에 관한 많은 연구는 다른 많은 진로이론에 관한 연구에 비해 철저한 동료 평가를 받지 못했다(Walsh & Savickas, 2005). 이 이론에서 제안된 많은 명제 역시 아직 경험적으로 검증되지 못하고 있다(Larson, 2012). 그러나 이와 관련된 직무 만족(job satisfaction)에 관한 연구에서는, 특히 산업/조직심리학 문헌에서 많은 진척이 이루어지고 있다. 다수의 메타분석에서 사람–환경 간 조화와 직무 만족 간 강한 상관이 보고되고 있다(Verquer, Beehr, & Wagner, 2003). 일부 분석에서는 업무량, 시간 압박, 조직 방침, 직무 안전성에 대한 염려와 같이 직무 만족을 방해하는 요인에 초점을 맞추었다(Podsakoff et al., 2007). Lent(2008)는 직무 만족의 다양한 자료와 측정치를 검토하고, 앞으로의 연구는 통합모델과 종단 설계에 초점을 두어야 한다고 제안하였다. 직업 적응 이론이 '어떻게'(내담자가 적응해 가는 과정)가 아니라 적응의 '무엇'에 초점을 두는 한, 상담자는 이 이론을 활용하기 어려울 것이다. 마지막으로, 현재 미국의 노동력을 특징짓고 있는 문화적 다양성에 비추어 보면, 지금까지 연구된 사람들의 범위는 비교적 제한적이었다. 비록 그 추세가 변하고 있다는 증거가 존재하기는 하지만 말이다(Lyons, Brenner, & Fassinger, 2005; Lyons & O'Brien, 2006).

일–삶 균형

일–삶 균형은 직업 적응과 관련된 문헌에서 많은 관심을 받아 왔다. (한 가지 덧붙이자면, 이 책의 두 번째 저자가 이 부분을 쓰려고 앉았을 때, 그녀는 쓰기에 얼마만큼의 시간을 배분할 수 있을지를 생각했다. 그다음 아이의 학교로 가서 필요한 일을 하였고, 그 후 사무실로 돌아와 그날 할당된 만큼의 시간을 글 쓰는 데 보냈다. 이처럼 일–삶 균형은 많은 사람에게 중요하며 당면한 문제이다.) 여성의 진로 발달에 대한 초기 연구, 특히 1980년대에는(Astin, 1984; Betz & Fitzgerald, 1987; Farmer, 1985), 일−가정 갈등을 포함하여 여성이 직업적으로 나아가는 데 장벽으로 작용하는 요인을 검토하였다(Greenhaus & Beutell, 1985). 1990년대와 21세기에는 여성(Betz, 2008; Fitzgerald, Fassinger, & Betz, 1995)보다는 성(gender; 남성과 여성 모두가 수행하는 역할 포함)에 관심을 가졌다. 또한 다중 역할을 관리하는 긍정적인 측면에 초점을 맞추었다(Ormerod, Joseph, Weitzman, & Winterrowd, 2012). 이전의 일−가정 갈등에 대한 초점은 일−삶 균형 또는 일−삶 인터페이스를 향해 움직였다(Gilbert & Rader, 2008; Ormerod et al., 2012; Whiston, Campbell, & Maffini, 2012).

Frone(2003)은 일−가정 문헌을 검토하고, 다양한 이론의 발전이 이 분야에 영향을 끼쳤다고 하였다. 예를 들어, 분할(segmentation) 모델은 초기 모델 중 하나인데, 일과 가족에서의 역할이 분리된 영역이고 서로에게 영향을 주지 않는다는 가정을 가지고 있다. 그러나 Blustein(2001)이 지적한 바와 같이, 사람들이 일과 가정을 분리된 별도의 영역으로 바라보는 경우는 극히 드물다. 파급(spillover) 모델은 분할 모델과는 완전히 다른 이야기를 한다. 가족에서의 역할과는 양립하기 어려운 일에서의 역할(예: 많은 시간과 노력을 요하는 중요한 발표가 아이의 밴드 공연 때문에 일정이 변경됨) 혹은 일에서의 역할과 갈등하는 가족에서의 역할(예: 아픈 아이와 함께 집에 있어야 해서 중요한 회의를 취소할 필요가 있는 부모)과 같이 일에서의 역할과 가족에서의 역할이 서로 영향을 미친다는 것이다. 더구나 최근의 통합(integrative) 모델은 우리가 일과 가정에서 가지고 있는 역할들의 상호 호혜적 속성을 강조하며, 그 영향이 종종 양방향적이라는 것을 인정한다.

이전 연구는 주로 일−가정 갈등에 초점을 두고, 각 역할이 서로에게 미치는 영향을 검토하였다. 예를 들어, Carlson(1999)은 일−가정 갈등이 발생하는 몇 가지 방식을 개관하였다. 어떤 사람은 시간 기반 갈등(time-based conflicts)을 경험한다. 즉, 가족에서의 역할과 일에서의 역할 모두에 초점을 둘 충분한 시간이 없다고 느낀다. 다른 사람은 긴장 기반 갈등(strain-based conflicts)을 경험한다. 예를 들면, 자녀 문제로 교사에게 전화를 받은 아버지는 이후 업무에 집중하여 일을 처리하는 데 어려움을 겪는다. 행동 기반 갈등(behavior-based conflicts)은 한 가지 역할을 수행하는 데 요구되는 행동이나 조치가 다른 역할과 양립할 수 없을 때 발생한다. 예를 들어, 어떤 엄마는 연락을 받으면 바로 직장으로 복귀해야 하는데, 이는 자녀가 소속된 축구팀 코치로서의 일정과 상충된다. 이러한 융통성(일) 요구와 항상성(가족) 요구는 어려운 상황을 만들고 스트레스를 증가시킨다. 많은 메타분석 연구에서 일-가정 갈등의 부정적 영향이 발견되었다. 이러한 부정적 영향의 예로는 더 낮은 삶의 만족도와 더 높은 수준의 스트레스 등이 있다(Allen, Herst, Bruck, & Sutton, 2000; Byron, 2005).

상담심리학자들에게 일-가정 갈등과 관련한 상황을 개인이 관리할 수 있도록 도움을 제공할 것이 요청되고 있다. 그러나 일과 가정에 관한 좀 더 긍정적인 최근의 관점은 상담심리학의 강점과 자산에 대한 강조와 일치하는데, 사람들이 일-가정의 다중 역할로부터 무언가 얻는 것이 있을지 모른다는 점이다. 2006년에 Greenhaus와 Powell은 일과 가정에서의 역할을 통합적인 것으로 볼 뿐 아니라 갈등적이기보다는 긍정적으로 보는 일-가정 강화(enrichment) 이론을 제안하였다. 예를 들어, 어떤 사람이 한 역할을 수행하는 데서 과도한 스트레스를 경험한다면, 다른 역할은 스트레스를 경감시키거나 완화시킬 수 있다. 서로 다른 역할은 또한 서로 다른 지지체계와 관점을 제공한다(Barnett & Hyde, 2001). 실제로 연구 결과들은 일-삶 인터페이스가 삶과 관계에 더 큰 만족을 제공할 수 있다는 아이디어를 지지한다(Eby, Maher, & Butts, 2010). 또한 최근 이론들은 한 명의 아버지와 한 명의 어머니를 부모로 보는 이성애 규범(heteronormative) 가정들을 넘어서는 변화하고 있는 가족에 대한 정의를 고려하고 있다(Perrone, 2005; Schultheiss, 2006). 문헌에 나타난 가족에서의 역할 또한 확대되어서, 많은 사람이 자녀뿐만 아니라 나이 든 부모를 보살펴야 한다는 가족에 대한 책임감을 가지고 있다는 점을 인정하게 되었다(Beauregard, Ozbilgin, & Belle, 2009). 또한 '삶'('가족' 개념을 넘어섬)에 대한 정의도 확대되어서 지역사회에서의 자원봉사와 친구들과의 사회적인 접촉과 같은 비업무 요인을 포함하게 되었다(Voydanoff, 2005). 따라서 우리는 지난 10년 동안 일과 삶 사이의 관계에 관한 이론과 가정에 있어 큰 변화를 정의의 변화 및 정책적 함의와 함께 목격해 오고 있다.

정책 측면에서 Slan-Jerusalim과 Chen(2009)은 많은 조직이 직원들의 일-가정 갈등을 관리하도록 돕는 특정 조치들을 제시하고 있다는 점에 주목하였다(Anderson, Coffey, & Byerly, 2002). 그러나 이러한 조치들이 항상 효과가 있는 것은 아니었다. 이러한 조치들은 개인보다는 조직 수준에 초점을 두며(Rosin & Korabik, 2002), 오래된 갈등이 아니라 코앞의 갈등에 주목하도록 구조화되어 있기 때문이다(Lobel, 1999). 결과적으로, Slan-Jerusalim과 Chen은 일-가정 갈등 상황에서 진로상담이 중요한 요인이 될 수 있음을 시사하였다. Gilbert와 Rader(2008)는 상담자가 내담자에게 자신이 가지고 있는 공정성에 대한 관점을 다루게 하고, 의사소통과 상호 지지에 대한 문제를 작업하게 도울 필요가 있다고 주장하였다. 예를 들어, 배우자가 가정에서 일을 '너무 적게' 한다고 인식하는(즉, 가정에서의 역할이 불평등하다고 느끼는) 사람들은 낮은 관계 만족도를 경험할 것이다(Stanley, Markham, & Whitton, 2002). 그러나 상담자는 "누가 어떤 일을 할지에 관해 이전에 언급하지 않은 규칙을 다시 협상하도록 내담자를 도울 것이다" (Gilbert & Rader, 2008, p. 434). 상담자는 내담자가 자신의 성역할 사회화에 대해 탐색하고, 그러한 사회화가 현재 삶의 선택에 어떻게 영향을 미치는지 이해하도록 도울 필요가 있다(제14장 참조).

유사한 맥락에서 Jackson, Wright, Perrone-McGovern(2010)은 Gottfredson(1981, 1996)의 제한과 타협 이론이 일-가정 인터페이스에서 내담자의 성과 성 사회화가 어떤 역할을 하는지 이해하도록 돕는 데 '특히 유용하다'(p. 159)고 주장하였다. Gottfredson (1996)은 "퍼즐처럼 보이는 문제, 즉 '성과 인종, 그리고 사회적 계급에 따라 희망하는 일의 종류와 속성이 다른 이유는 무엇인가?' '심지어는 어린 시절에조차 차이를 보이는 이유는 무엇인가?'(p. 179)를 해결하기 원했다. 따라서 그녀의 이론은 다른 이론들이 원론적으로 초점을 두고 있는 보다 사적이고 개인적인 요인(가치관, 성격, 가족계획)보다는 오히려 자기의 가장 공적이고 사회적인 측면(성, 사회적 계급, 지능)을 강조한다 (Gottfredson, 2005). 그녀는 제한(circumscription)을 "사회적 공간(수용할 수 있는 대안들의 영역)을 만들기 위해 받아들일 수 없는 대안을 점진적으로 제거해 나가는 과정"으로 정의하였다(p. 187). 또한 타협(compromise)을 "아이들이 가장 선호하는 대안을 포기하고 덜 적합하지만 보다 접근하기 쉬운 것을 선택해 나가는 과정"(Gottfredson, 1996, p. 187)으로 정의하였다. 그녀가 사회학적 관점을 진로 선택과 발달에 도입한 것은 도발적이고 기념비적인 것이었다. 이 이론을 지지하는 경험적 증거는 빠르게 축적되고 있다 (Coogan & Chen, 2007 참조). 특히 경험적 연구들은 제한과 타협의 과정이 어릴 때부터 정기적으로 일어난다는 명제를 지지한다. 성 사회화 또한 아동기 초기에 이루어진다는 것은 이미 잘 알려져 있다(Crawford & Unger, 2004). Gottfredson의 이론은 일에서의(그리고 가정에서의) 성역할(gendered roles)이 어떻게 발달할 수 있는지 그리고 개인의 선택지와 태도를 확장하기 위해 생의 초기에 어떻게 개입할 수 있을지에 대해 이해할 수 있게 해 준다. Lapan과 Jingeleski(1992)는 여학생의 진로 선택 범위가 극대화되려면 중학교 입학 전에 개입이 이루어지기 시작해야 한다고 제안하였다.

퇴직 준비

지난 10년 동안 심리학 문헌에서 퇴직에 대한 관심이 되살아나고 있다(Shultz & Wang, 2011). 사회는 명백하게 늙어 가고 있으며(Vacha-Haase, Hill, & Bermingham, 2012), 상담심리학은 퇴직에 관한 문헌에 중요한 기여를 할 준비가 되어 있다(Vacha-Haase & Duffy, 2012). 강점 및 자산에 초점을 두며 생애주기 및 직업적 강조와 함께 전체로서의 인간에 초점을 두는 상담심리학의 핵심 가치를 바탕으로, 상담심리학자들은 노화에 대한 관점을 질병과 쇠퇴에서 개인의 노화 경험에 많은 다양함이 있는 이질적인 것으로 변경할 수 있게 하였다. 만성 질환에서 '정상 노화'로의 초점 변화는 성공적인 노화에 대한 연구를 자극하였다. 성공적인 노화는 최적의 상태(condition)와 관여(engagement)를 강조한다(Rowe & Kahn, 1998). Vacha-Haase 등(2012)에 따르면, 성공적으로 늙은 사람은 "(가) 삶에 적극적인 참여, (나) 질병 또는 질병의 위험 요인의 부재와 회피, (다) 높은 수준의 신체적 · 인지적 기능의 유지"(p. 492)와 같은 특성을 가진다. 결국, 노화에 대한 현대의 관점은 계속해서 노화의 긍정적 측면에 초점을 둔다(Charles & Carstensen, 2010; R. Hill, 2005).

Fretz(1993)는 상담심리학에서 노화 문제에 대한 더 많은 관심을 촉구하였다. 그러나 Werth, Kopera-Frye, Blevins, Bossick(2003)에 따르면, 20세기 말 "상담심리학 분야의 두 학술지에 보고되고 있는 문헌에 노인은 거의 나타나고 있지 않다"(p. 803). 전반적으로 이러한 경향이 지속되고 있는 것으로 보이나(Vacha-Haase et al., 2012), 상담심리학자들이 가장 큰 공헌을 할 수 있는 분야는 직업심리학과 퇴직 준비 영역이다. 몇몇 대규모 연구(예: Mermin, Johnson, & Murphy, 2007; Topa, Moriano, Depolo, Alcover, & Morales, 2009)에서 베이비붐 세대는 더 오래 일하고 퇴직을 연기할 가능성이 높은 것으로 보고된다. 2001년에 발생했던 엔론 스캔들(Healy & Palepu, 2003)과 같이 많은 근로자의 퇴직 준비 자금을 날리게 한 비윤리적이고 불법적인 일들의 부정적인 영향과 2008년에 발생한 경제 위기로 인해 이러한 가능성이 훨씬 더 높아졌다(Barlett & Steele, 2012). 더구나 점점 더 많은 수의 노인이 '가교 고용(bridge employment)'이라 지칭되는 것에 참여하고 있다. 가교 고용이란 퇴직 전과는 다른 퇴직 후의 일을 가지는 것이다(Jones & McIntosh, 2010).

이에 따라 직업 관련 연구와 진로심리학 적용에 대한 요구가 증가하고 있다. Simon과 Osipow(1996)는 내담자가 자신의 '진로 각본'을 인식하고, 이를 퇴직 계획에 활용하도록 돕기 위해 구성주의 접근(이 장에서 기술하였음)을 활용할 것을 제안하였다. 이들은 극심한 변화와 전환의 시기에도 내담자가 자신의 진로 각본을 보존할 수 있는 방법을 가지도록 돕는 것이 특히 중요하다고 주장하였다. 이와는 대조적으로 Harper와 Shoffner(2004)는 퇴직 시 내담자들이 긍정적인 개인-환경 상응(correspondence)에 이를 수 있도록 직업 적응 이론을 활용하여 조력할 것을 제안하였다. 퇴직에 적응한다는 것은 지금까지의 진로를 넘어서서 다른 만족의 근원을 검토해 보는 것과도 관련이 있다. 예를 들어, Hansen, Dik, Zhou(2008)는 여가 관심사를 직업과 생활 계획의 중요한 부분으로 받아들일 필요가 있다고 강조하였다. 이들은 대학생, 직장인, 퇴직자를 대상으로 여가 관심사의 요인구조를 조사하였다. 여가 관심사와 Holland의 직업 흥미 간 눈에 띄는 차이가 나타나기는 하였으나, 세 집단을 통틀어 흥미 구조에 놀라운 유사점도 존재하였다. 이들은 여가 관심사에 대한 평가가 내담자에게 새로운 여가 거리를 찾게 하고, 더 많은 사회적 접촉을 하게 하며, 추가적인 기술을 개발하도록(이 모든 것은 퇴직 준비에 매우 유용하다!) 돕는 유용한 탐색 경로가 될 것이라고 하였다. 상담학에서 전 생애 관점이 중요시된다는 점을 고려하면, 이러한 유형의 연구가 더 많이 수행되어야 할 필요가 있다.

이 분야에 존재하는 엄청난 양의 정보, 이론, 경험적 연구를 감안하면, 직업심리학의 모든 이슈를 한 장에 다룬다는 것은 거의 불가능하다. 그러나 우리는 이 분야에서 이루어진 최근의 발전과 상담학자들이 최일선에서 새롭게 노력하고 있는 영역에 대한 대략적인 정보를 독자들에게 제공하였다. 우리는 상담심리학 내 활기찬 영역이라 할 수 있는 직업이론과 연구에서 앞으로도 추가적인 변화를 볼 수 있기를 기대한다.

요약

이 장에서는 변화하는 직업 세계와 일터 및 학교에서 상담심리학자들에게 주어지고 있는 새로운 기회들에 대해 설명하였다. 일터 장면에서는 경력개발부서에서부터 근로자 지원 프로그램, 새로 자금이 지원되고 있는 직업건강심리학 훈련 및 서비스 프로그램까지 다양한 기회가 존재한다. 자문이 상담심리학에서 가지는 중요성을 살펴보았으며, 인터넷과 사회적 매체로 대변되는 기술 발전과 관련하여 직무환경 및 직업심리학에서의 변화를 개관하였다.

다음으로 우리는 최근 노동력의 다양성에 기존 진로이론 및 연구가 적용될 수 있는지에 대한 의문이 증대되고 있음을 기술하였다. 21세기의 시작에 이르러서는 진로심리학 내 혁신적인 생각을 하는 사람들 및 연구자들은 일의 세계를 바라보는 새로운 방식으로의 변화를 수용했을 뿐 아니라 전통적인 전략들을 확장하기 위한 토대를 확립하였다. 우리는 사람-환경 상호작용에 대한 연구 전략들이 왜 그리고 어떻게 확장되어야 하는지 기술하였다. 여기서 특히 주목한 것은 직무환경이 사람을 변화시키는 방식, 사람이 직무환경을 변화시킬 수 있는 방식이었다. 우리는 구성주의와 진로 구성주의 이론에서 등장하고 있는 주제들을 검토하였다. 또한 우리는 사회-인지 '혁명'을 검토하였는데, 여기서 진로 선택과 발달에 대한 자기효능감 이론의 적용이 강조되었다.

마지막 부분에서는 진로 발달과 직업심리학의 중요한 4단계에 대해 개관하였다. 첫째, 우리는 '학교에서 일로' 그리고 '대학에서 일로'에 관한 연구물을 검토하였다. 다음으로, 직업 적응에 관한 Dawis의 기존 이론과 최근의 갱신된 내용을 검토하였다. 이어서 우리는 일-가정 균형 문헌들에서 변화하고 있는 정의와 경향을 탐색하였다. 여기서 연구와 정책이 보다 통합적이고 긍정적인 관점(framing)을 가지고자 하는 최근의 경향을 주목하였다. 마지막으로, 직업심리학과 전 생애 연구가 오랫동안 가져온 관계를 고려하며, 퇴직 준비 영역을 탐색하였다.

지난 70년간 이룩해 온 발전과 이 장에서 검토했던 새롭고 확장된 패러다임을 결합한다면, 상담심리학자들은 21세기 일의 세계에서 발생하는 사회적·개인적 문제를 드러내고 해결해 나갈 수 있는 태세를 갖추게 될 것이다.

제**6**장
다양성과 사회정의

 1990년대에 상담심리학계에서는 사회정의 및 다양성과 관련된 문헌의 폭발적인 증가가 일어났고, 이는 21세기까지 계속되었다. 여성주의 치료와 다문화 상담에 주안점을 둔 문화적 유능성을 가진 상담에 대한 쟁점들은 제14장에서 다룰 것이다. 이 장에서는 상담심리학자들이 그들의 연구에서 다양한 사회적 정체성의 복잡한 문제들을 다루고, 사회구조의 변화, 자원의 가용성, 모든 사람을 위한 기회의 접근성을 옹호하는 많은 방법에 초점을 맞추기로 한다.

 모든 사회적 정체성을 한 장(障)에서 살펴보는 것은 불가능하므로, 우리는 상담심리학에서의 사회정의에 대한 논의로 옮겨 가기 전에 상담심리학자들에 의해 가장 많은 연구를 이끌어 낸 분야인 인종/민족성, 젠더(성), 성적 지향에 초점을 맞추고자 한다. 이 장에서 다루어지지 않은 다른 사회 정체성에 대해서는『APA Handbook of Counseling Psychology』(Fouad, Carter, & Subich, 2012),『Oxford Handbook of Counseling Psychology』(Altmaier & Hansen, 2012),『Oxford Handbook of Feminist

http://dx.doi.org/10.1037/14378-006

Counseling Psychology, Third Edition, by C. J. Gelso, E. N. Williams, and B. R. Fretz

Multicultural Counseling Psychology』(Enns & Williams, 2012)를 읽기를 권한다. 노화(Vacha-Haase & Duffy, 2012; Vacha-Haase, Hill, & Bermingham, 2012), 장애 문제(Olkin, 2012; Palombi, 2012), 사회 계층(Liu, 2012; Smith, Appio, & Chang, 2012)에 대한 훌륭한 장(障)도 읽어 보기 바란다. 이러한 문헌을 검토함으로써, 미래의 상담심리학자들은 21세기의 문화적으로 다양한 세계에서 윤리적이고 유능한 연구와 실무를 보장하기 위해 개발되고 이행되어야 할 역량의 범위와 종류를 이해해야 한다.

정의

오늘날 미국의 패러다임과 인구 통계의 변화를 고려하면, 다문화주의는 미국 심리학의 제4의 세력이 되었으며(Pedersen, 1999), 이 책의 제11, 12, 13장에서 각각 설명된 20세기의 세 가지 세력인 정신역동, 인지행동, 인본주의-경험주의 이론을 보완하고 있다. 특히 상담심리학 안에서 다문화주의의 중심적인 역할에 대한 증거의 한 가지는, 상담심리학 분야의 주요 이론 학술지인『The Counseling Psychologist』에 출간된 다문화주의의 상담과 훈련, 다양성, 사회정의에 대한 논문의 비율이다. 1990년대에 다문화 상담의 훈련과 상담은 그 어떤 주제보다 더 자주『The Counseling Psychologist』에 대한 주요 공헌의 초점이 되었고(Jackson, 1995), 그 추세는 지금도 이어지고 있다. 비록 많은 상담심리학자가 진정으로 다문화적인 전문 분야가 되기 위해 더 많은 발전이 필요하다는 것을 여전히 우려하고 있지만, 다음과 같은 현상들은 모두 다양성의 개념이 특히 소수 집단을 위한 주제가 아니라 모든 상담심리학자의 관심을 필요로 하는 중요한 전문적인 문제로 이동했다는 것을 보여 준다. 이를 보여 주는 현상으로는『The Counseling Psychologist』에서 다문화 주제가 계속 강조되는 것, 과거 수십 년 동안 문화적으로 다양한 배경을 가진 많은 지도자가 당선된 것, 제17분과 학회(상담심리학 사회) 안에서 여성 인권의 진전을 위한 분과위원회, 인종과 민족 다양성 분과위원회, 레즈비언, 게이, 양성애자, 트랜스젠더 문제에 대한 분과위원회의 등장, 다양성과 사회정의 문제에 대한 문헌의 증가 등이 있다. 사실 문화적 유능성은 모든 심리학자를 위한 효과적이고 윤리적인 실무에 매우 중요한 것으로 간주된다(American Psychological Association [APA], 2003a).

상담심리학 분야의 모든 사람에게 문화적 유능성을 강조하고 있지만, 문화적(cultural)

그리고 다문화적(multicultural)이라는 용어가 무엇을 의미하는지를 정의하는 것은 어려운 것으로 나타났다. 특히 다문화(multicultural), 문화 다양성(cultural diversity), 소수 민족 (minority)이라는 용어를 사용할 때, 무엇이 또는 누가 포함될 것인가 하는 것은 하나의 논점이 된다. 이 질문에 답하는 것은 계속 진행되고 있으며, 일부 상담심리학자들은 열정적으로 한 가지 입장을 주장하고, 다른 사람들은 똑같이 열정적으로 반대 입장에서 주장하고 있다. 이 절에서는 이러한 다양한 입장을 탐색하고, 용어의 사용에 대해 왜 그렇게 강렬한 감정을 가지게 되는지에 대해 살펴본다. 용어의 정의에 대한 우려를 이해하는 것은 상담심리학자들이 그들 자신의 문화뿐만 아니라 그들의 연구와 실무에서 함께 일하는 사람들의 문화에 대해서도 탐구하는 데 필요한 몇 가지 기초를 제공한다.

또한 우리는 독자들이 2003년에 APA 정책에 의해 승인되어 발표된 「Guidelines on Multicultural Education, Training, Research, Practice, and Organizational Change for Psychologists」에 명시된 문화, 인종, 민족성, 다문화, 다양성의 정의에 익숙해지는 것이 중요하다고 생각한다. 미국심리학회(2003a)는 문화(culture)를 "관습, 표준, 관행 및 사회제도에 영향을 미치는 신념체계와 가치 지향"(p. 380)이라고 정의했다. 이 정의에는 언어 및 특정 문화에서 나타나는 양육방식과 같은 심리적 과정과 미디어 및 교육 체계와 관련된 특정 경험을 포함하는 조직적 과정이 모두 포함된다. 모든 사람은 그들의 특별한 세계관을 결정짓는 독특한 문화적, 인종적, 민족적 유산을 가진다. 우리의 세계관은 우리가 배운 신념과 가치, (영적 또는 종교적 관습과 같은) 전통에 의해 구성된다. 몇몇 '보편적 현상'(APA, 2003a, p. 380)에 대한 증거가 있기는 하지만, 문화는 일반적으로 역동적이고, 시간이 흐르면서 세계의 다양한 사회정치적·역사적·경제적 변화와 함께 변화하고 있다.

미국심리학회(2003a)는 인종(race)을 "개인을 피부색이나 머리 모양과 같은 신체적 특성에 기초하여 배정하는 범주, 그리고 그 결과로 만들어진 일반화와 고정관념"이라고 정의했으며, 민족성(ethnicity)을 "집단 관습과 출신 문화의 수용, 그리고 이에 동반되는 소속감"이라고 정의했다(p. 380). 인종이 생물학적으로 결정된 것이 아니라 사회적으로 구성되었다는 생각은 심리학자들 사이에서 오랫동안 논쟁의 주제였다(Levin, 1995; Phinney, 1996; Rushton, 1995; Yee, Fairchild, Weizmann, & Wyatt, 1993). 실제로 합의된 인종의 정의는 없지만(Helms & Cook, 1999), 우리 모두가 인종이 명확하게 정의된 구성개념인 것처럼 행동하는 것은 분명하다. 사람들이 인종과 민족성의 개념을 종종 혼동하고 통합한다는 것 또한 분명하다(Helms & Talleyrand, 1997).

왜 이렇게 인종과 민족성의 개념을 헷갈리는 것일까? 많은 다른 전문 분야의 심리학자들뿐만 아니라 상담심리학자들 사이에서도 서로 상반되는 관점을 주장하고 있다. 우리는 먼저 인종을 정의하는 문제를 다룬다. Yee 등(1993)의 논문인 「Addressing Psychology's Problems With Race」가 출판되었을 때, 곧바로 여덟 개의 다양하고 열정적인 반응 논문이 이어졌다(American Psychologist, January 1995, pp. 40-47 참조). 어떤 사람들은 인종이 더 이상 심리학에서 범주형 변수(categorical variable)가 되어서는 안 된다고 주장하고, 다른 사람들은 생물학적인 이유부터 심리학적 이유에 이르는 매우 다양한 이유로, 심리학 연구와 실무의 변인으로서 인종에 보다 많은 관심을 기울여야 한다고 주장했다. 많은 연구에서 인종으로 표시된 것이 신뢰성 있게 정의되지 않았을 수 있다는 증거가 많이 있다. 인종은 연구의 대상이 되거나 상담을 받는 내담자들에 의해 스스로 정의되는 것인가? 만약 그렇다면, 아시아계 미국인 아버지와 아프리카계 미국인 어머니를 둔 자녀에게 부여된 인종은 무엇인가? 인종은 피부색이나 눈 모양처럼 신체적인 특징으로 결정되는가? 만약 그렇다면, 타고난 금발에 몽골인의 얼굴형을 가진 사람이 속하는 범주는 얼마나 신뢰도가 있는가?(Rushton, 1995) 또한 인종은 때로 기술적 변수나 설명적 변수로서 사회적 계층과 혼동된다. 인종이 어떻게 결정되는지에 대한 이 의문스러운 신뢰도는, 일부 사람이 추가 연구를 위해 범주로 인종을 포함하지 않을 것을 주장하는 한 가지 이유이다.

이 논쟁의 또 다른 측면에는 Eisenman(1995)과 Helms(1992)와 같은 연구자들의 주장이 있다. 이들의 주장은, 연구의 범주로 인종을 포함하지 않는 것이 실제로 더 많은 인종차별로 이어지고, (백인 중산층과 같은) 주류 계층이 자신들이 계속해서 인종차별에 기여하고 있는 것에 대한 자각이 감소한다는 것이다. 왜 인종이 심리학자들의 연구와 실무에서 지속적인 관심의 초점이 되어야 하는지에 대한 이들의 강한 우려는, 인종을 연구의 범주로 지속하는 것뿐만 아니라 민족성과의 차별화에도 적용된다.

이와 유사하게, Phinney(1996)는 민족성(ethnicity)이라는 단어의 사용에 있어서 많은 혼란을 다루고자 했다. "민족성은 복잡한 다차원 구조로 이루어져 있으며, 그 자체로는 거의 설명하는 것이 없다"(p. 918). 그녀는 민족 집단(ethnic group)이라는 용어를 사용했는데, 이 용어를 비(非)유럽 출신의 비주류 집단의 구성원을 지칭하는 데에만 그 정의 안에 인종을 포함시켰다. 왜냐하면 민족 집단에 대한 그녀의 정의는 거의 독점적으로 유색 인종(예: 아프리카계 미국인, 아시아 및 태평양 토착인, 미국인, 라틴계, 북미 원주민)을 일컫는 것이기 때문이다. "인종이라는 용어는 그 의미와 심리학에서의 사용에 대한 광범위한 의견 차이로 인해 사용하지 않는다. …… 생물학자들은 소위 말하는 인종 집단 간에서보다 인종 집단 내에서 더 많은 차이를 발견한다"(Phinney, 1996, p. 918). Phinney의 초점으로 인해 심리학 연구의 한 분야로서의 민족성이, 문화로서의 민족성, 정체성으로서의 민족성, 소수 집단의 지위로서의 민족성의 문제들과 혼동되었음을 인식하는 선례를 만들 수 있었다. 다음 절에서 우리는 모든 사람이 문화적 배경과 인종 정체성을 가지고 있다는 생각을 탐색한다. 우리 각자에게 있어서 문화와 인종 정체성의 강점, 현저함, 의미는 매우 다양하다.

　　Phinney(1996)의 구별에 대한 반응으로, Helms와 Talleyrand(1997)는 "인종은 민족성이 아니다."라고 주장했다. 인종이라는 용어가 아무리 불충분하게 정의될지라도, 그들은 인종이 민족성보다 덜 혼란스러운 구성개념이라고 보았다. 민족성은 "인종 구분이나 이민자로서 지위를 대신하는 단어로서의 위치를 제외하고 실제 의미가 없는 것으로 보인다"(p. 1246). Phinney의 연구가 있기 몇 년 전에, Cook과 Helms(1988)는 다양성이나 민족성 같은 단어가 사용될 때 주된 관심사는 눈에 보이는 인종 민족 집단에 있으며, 이는 Phinney가 미국 민족 집단이 무엇을 의미하는지를 명확하게 하기 위해 포함시킨 것과 같은 집단들임을 인식했다. 또한 어떤 사람들은 인종에 대한 토론을 피하기 위한 방법으로서 민족 정체성을 따르는 경향이 있다. 예를 들어, 어떤 사람이 자신의 폴란드 혈통에 대해 이야기하는 것은 편할 수 있지만, 미국에서 백인으로 사는 것의 의미를 설명하는 것은 어색할 수 있다.

　　인종과 민족성의 정의에 대한 의견이 일치하지 않음에도 불구하고, 두 단어는 모두 미국에서의 소수 집단(minority)의 개념을 정의하는 용어로 사용되어 왔다. 원래 소수 집단이라는 용어는 통계적으로 볼 때 미국에 사는 사람들 중 소수를 대변하고 "신체적 또는 문화적 특징 때문에 차별적이고 불평등한 대우를 받는 사회에서 다른 사람들과 구별되는"(Wirth, 1945, p. 347) 미국인들을 지칭한다. 미국의 인구통계학적 변화로 인해 많은 지역에서 더 이상 인종 집단 및 민족 집단이 통계적 소수 집단이 아니며 실제로 다수가 되었음을 의미함에도 불구하고, 이 용어는 계속 사용되고 있다. 소수 집단이라는 용어는 대부분 인종/민족적 범주와 연관되지만, 다른 사회적 범주에도 적용되어 왔다. 용어의 정의의 범위가 확대됨에 따라 소수 집단은 잘못된 명칭이 되었다. 예를 들면, 여성들은 1960년대에 이미 통계적으로 소수가 아니었음에도 불구하고 소수 집단이라는 꼬리표가 붙었다. 따라서 1970년대에는 '문화적으로 취약한(culturally disadvantaged)'이라는 용어가 유행하게 되었다. 그러나 이 용어에서 '취약한(disadvantaged)'이라는 부분은 많은 결핍의 의미를 가지고 있는데, 심지어 이 용어가 문화적으로 취약한 사람들은 다른 시민들이 누리는 많은 기회를 박탈당한다는 것을 보여 주는 좋은 의도로 사용될 때에도 결핍의 의미를 가졌다. 따라서 '문화적으로 취약한(culturally disadvantaged)' 대신 '문화적으로 다양한(culturally diverse)'이라는 용어가 사용되었는데, 이는 오늘날 가장 자주 사용되는 것 중 하나로 남아 있다(Sue & Sue, 2012).

비슷한 이유로, 1960년대 소수 집단 상담(minority counseling)이라는 단어는 비교문화 상담(cross-cultural counseling)으로 변해 갔다. 이 변화에는 두 가지 중요한 함의가 있다. 첫째, 고려해야 할 문제가 소수 집단 내담자들과 일하는 다수 집단 상담자들의 문제를 넘어섰다는 것이었다. 즉, 상담자와 내담자가 서로 다른 소수 집단 출신이거나, 상담자가 소수 집단 출신일 때 고려해야 하는 이슈가 있다는 것이다. 둘째, "소수 집단에 대해서만 초점을 맞추었던 것에서 벗어나면서, 이러한 용어들은 다수 집단 출신 상담자들이 내담자들과의 상호작용에서 그들 자신의 문화적 가정이 하는 역할을 자각하도록 했다."는 것이다(Jackson, 1995, p. 11).

1980년대에 비교문화 상담(cross-cultural counseling)이라는 용어는 적어도 다음의 두 가지 이유에 의해 다문화 상담(multicultural counseling)으로 변화되었다. 첫째는, '비교문화(cross-cultural)'라는 용어가 오랫동안 사회학적 용어로 국제적 민족 집단 연구에 사용되었기 때문에, 미국의 민족 집단에 주요 초점이 맞추어졌을 때 이 용어가 혼란을 야기했다는 것이다. '다문화'라는 단어는 다른 나라의 문화들과 비교하여 미국의 민족 집단에 대한 초점을 구별하기 위해 사용되었다. 두 번째 이유는, 많은 상담자와 내담자가 문화적으로 다양한 하나 이상의 집단에 속하기 때문이었다(예: 아시아계 미국인인 청각장애 남성, 기독교 근본주의자 여성, 혼혈인 양성애자 남성, 아프리카계 미국인 여성 등). '다문화'라는 용어는, 상담심리학자들의 연구와 실무에 두 개 이상의 문화에서 나온 문제들이 관련될 수 있다는 것을 분명히 했다.

'다문화'와 '다양성(diversity)'이라는 용어는 자주 번갈아 사용되나, Liu와 Pope-Davis(2003)는 다음과 같이 말했다.

> 사람들은 다양성과 다문화주의를 같은 동전의 반대면으로 해석하고 싶어 하지만, 다양성과 다문화주의는 서로 다른 액면가를 나타내고 전후 사정에 따라 다른 화폐를 가진다고 말하는 것이 더 정확할 것이다(p. 91).

Liu와 Pope-Davis는 다문화주의를 이해하는 데 있어서 권력(예: 획득하고 보유하고 손실되고 회복되고, 심지어 인식하지 못하는 권력)이 필수적인 요소라고 본다. 반면에 다양성은 성별, 인종/민족성, 성적 지향, 사회경제적 계층, 장애 여부를 포함한 '개인의 사회적 정체성'을 보다 직접적으로 언급한다(APA, 2003a, p. 380). 미국심리학회(2003a)는 다문화주의의 정의가 개인의 '광범위한' 정체성을 포함하고 있다는 것을 인정하면서도, '미국에서의 인종/민족 집단 간의 상호작용'에 대한 지침서(guidelines)의 목적에 관심을 집중했다(p. 380). 따라서 이 지침서는 다문화주의가 정말로 모든 사회적 정체성(성별, 성적 지향 등)을 포함하는지, 아니면 인종과 민족성에 더 초점을 맞추는 것이 적절한지에 대해 심리학자들이 동의하는 것이 어렵다는 것을 보여 준다.

Jackson(1995)은 다문화 상담을 "서로 다른 문화적 배경을 가진 두 사람 사이에서 또는 여러 사람 간에 일어나는 상담"(p. 3)이라고 정의했다. 다문화 상담에 대한 Jackson의 넓은 정의는 논란의 여지가 많음에도 불구하고 보편적으로 사용되고 있다. 이 광범위한 정의에 따르면, 다문화 상담은 아프리카계 미국인 남성 상담자가 아프리카계 미국인 여성 내담자를 상담하는 것, 아시아계 미국인 상담자가 히스패닉계 내담자를 상담하는 것, 시각장애인 상담자가 휠체어를 탄 내담자를 상담하는 것, 이성애자인 상담자가 양성애자인 내담자를 상담하는 것, 25세의 백인 상담자가 85세의 백인 내담자를 상담하는 것 등을 모두 포함한다. 인종/민족성을 넘어서 이와 같이 포괄적으로 정의하는 것에 대한 우려는 무엇이 있을까? 다음과 같은 Helms(1994)의 언급이 이를 가장 잘 표현할 것이다. "포괄적이고 다원적이며 다문화적인 관점의 결정적인 단점은 정신건강 전문가들의 관심이 치료 과정에 미치는 인종 요인이 미치는 영향에 대한 분석에서 멀어지게 한다는 것이다"(p. 162). 우리가 지적했듯이, 지금 다문화주의에 쏟아지는 관심의 뿌리는 1950년대 후반에서 1970년대 전반의 시민권 운동에 근거를 둔 것이다. 특히 1960년대 아프리카계 미국인들이 경험한 차별과 학대, 기본적인 건강과 교육 및 복지 서비스에 대한 방치에 대한 인식은 "다양한 인종(예: 아시아계와 흑인), 문화(예: 라틴계와 여성), 민족 집단(예: 미국 원주민)의 사람들의 정신건강 문제에 대한 복합적인 고려"(Helms, 1994, p. 162)로 이어졌다. '다문화'라는 단어가 이와 같이 광범위하게 포괄적으로 정의될 때 미국 사회에서 인종과 관련한 많은 독특하고 강력한 문제들이 충분히 관심을 받지 못할 것이라는 중요한 우려가 있다.

다문화주의를 광범위하게 정의하는 것의 긍정적인 면은 사회 전반에 걸쳐, 특히 정신건강 분야에서 많은 계층의 수많은 사람이 자신들이 속해 있는 집단(예: 나이, 민족성, 성별, 성적 지향, 사회 계층, 종교적 신념, 신체적 장애)에 기초해서 사회적 억압의 고통스러운 심리적 영향을 받을 뿐만 아니라, 교육이나 취업의 기회를 얻기 위해 노력할 때 차별을 경험한다는 것에 대한 인식이 커지고 있다는 점이다. 아마도 Liu와 Pope-Davis(2003)가 제시한 바와 같이, 관심은 다문화주의라는 용어에 더 많은 사회적 정체성을 포함할 것인지의 여부에서 우리가 사회적 정체성이라고 주장하는 것을 탐색할 때 권력, 억압, 차별의 영향을 인정하는 것의 중요성으로 옮겨졌을 것이다. 따라서 (모든 사회적 정체성을 지닌 사람들을 인정하고 포함하는) 다양성을 향상시키기 위해 계속 노력하는 것이 중요하지만, 이것만으로는 충분하지 않다. 우리 상담심리학자들은 다양성의 문제에 대한 우리의 관심이 "보이지 않는 방패처럼 작동하는 것"(Liu & Pope-Davis, 2003, p. 100)을 경계해야 한다. 이것이 보이지 않는 방패처럼 작동하게 되면, 이는 우리가 다문화주의의 더 어려운 요소들(예: 특권, 억압, 사회 변화를 옹호하는 것과 관련된 어려움을 인식하는 것)을 보지 못하게 할 수 있다. 따라서 우리는 이제 상담심리학자들에 의해 확인된 주요 사회적 정체성에 대한 특정한 연구를 살펴보고자 한다.

인종과 민족성

지난 몇십 년간 상담심리학계에서는 인종과 민족성에 대한 몇 가지 주목할 만한 연구가 있었다. 우리는 이 장에서 인종차별주의, 몰인종적 태도(color-blind racial attitudes), 문화적응 문제, 이민자들의 문제, 인종 정체성 이론에 초점을 맞춘다. 인종차별주의(racism)는 "한 인종 집단의 구성원들에게는 기회나 특권에 대한 접근을 체계적으로 거부하는 반면, 다른 인종 집단의 구성원들에게는 기회와 특권에 대한 접근을 지속하도록 하는 행동 양식"(Ridley, 1995, p. 28)으로 정의 내릴 수 있다. Ridley(1995)의 정의는 행동과 억압의 체계적인 특성을 강조하고 있다. 사람들이 인종차별주의를 떠올릴 때, (제도적인 문제는 무시하면서) 외현적 행동에 초점을 맞출 수 있다. 인종차별적인 외현행동이 분명히 존재하지만(실제로 미국에서 2011년까지 3년 연속으로 극단적인 혐오 집단이 폭발적으로 증가했다; Southern Poverty Law Center, 2012), 현대의 인종차별주의(Dovidio, Gaertner, Kawakami, & Hodson, 2002 참조)는 때로 보다 미묘하며 개인과 개인의 행동을 넘어선다.

1967년에 Carmichael과 Hamilton은 인종차별이 사회적 · 정치적 구조를 통해 영속되고 있다는 것을 인정하면서, '제도적 인종차별주의(institutional racism)'라는 용어를 도입했다. 1999년에 Thompson과 Neville은 인종차별주의의 구조적 측면을 확대하면서 다음과 같은 새로운 정의를 제안했다.

> 인종차별주의는 서로 맞물리는 다음의 두 개의 차원으로 이루어져 있다. (가) 지배의 제도적[구조적] 기제와 (나) 이에 상응하는 이념적 신념으로, 이러한 이념적 신념은 정치적·사회적으로 지배적인 집단(즉, 백인)의 신체적 특징 및 문화적 양상과 다른 사람들에 대한 억압을 정당화한다(p. 163).

Neville, Spanierman, Lewis(2012)는 인종차별주의의 구조적 개념을 백인 특권과 연결시켰다. 그들은 백인 특권이 "자원에 대한 더 용이한 접근과 자기가치에 대한 규범적 추정, 인종을 기반에 둔 차별에 대한 불이익으로부터의 탈출"(p. 335)이라고 했다. 이러한 일하지 않고 얻은, 눈에 보이지 않는 사회적인 권력은 거시적인 부분(예: 더 높은 봉급, 새로운 기술에 대한 접근)과 미시적인 부분(예: 개인적 권리 의식) 두 가지 모두에서 나타나며(Neville, Worthington, & Spanierman, 2001), 종종 그 특권을 가진 사람들에게 인식되지 못한다. 예를 들어, 백인들은 인종차별주의가 죄의식을 느끼게 하고 자신이 좋은 사람이라는 생각(예: '나는 좋은 사람이야.' '나는 인종차별주의자가 될 수 없어.')에 거스르는 것이기 때문에 인종차별주의를 인식하는 것을 어려워한다. 아마도 개인적이고 외현적인 인종차별주의를 부정하는 것(예: '나는 나와 다른 사람을 괴롭힌 적이 없고, 인종차별주의적인 농담을 하지 않아. 따라서 나는 인종차별주의자가 아니야.')이 진정으로 인종차별주의의 좀 더 구조적인 부분을 이해하기 위해 노력하는 것(예: '나는 단순히 내 피부색을 통한 특권을 통해 이득을 보고 있어.')보다는 쉬울 것이다. 단순히 개인적인 수준에 초점을 맞추는 것은 미시적 공격(microaggression)이라 불리는 인종차별주의의 개인 간 또는 집단 간 요소를 모호하게 한다. Sue와 동료들(2007)은 미시적 공격을 "의도를 가졌든 가지지 않았든 상관없이, 간단하고 아주 흔한 매일의 언어와 행동 또는 환경적인 모욕으로 적대적이고 경멸적이거나 부정적인 인종적 무시와 유색인종을 향한 모욕을 표현하는 것"(p. 271)이라고 정의했다. 인종적 편견은 의식적 자각의 바깥에 있기 때문에(Dovidio et al., 2002), 사람들은 자신들이 미시적 공격(예: 인종적 비방)과 모욕(예: 몰이해적인 언급) 또는 무효화(예: 누군가의 인종적 혹은 문화적인 관습에 대한 무시; Sue et al., 2007)를 하고 있음을 인지하지 못할 수도 있다.

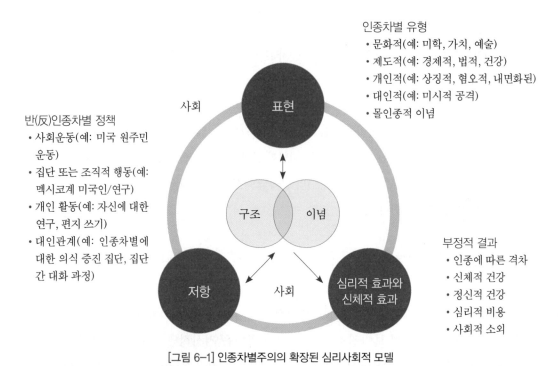

인종차별 유형
• 문화적(예: 미학, 가치, 예술)
• 제도적(예: 경제적, 법적, 건강)
• 개인적(예: 상징적, 혐오적, 내면화된)
• 대인적(예: 미시적 공격)
• 몰인종적 이념

반(反)인종차별 정책
• 사회운동(예: 미국 원주민 운동)
• 집단 또는 조직적 행동(예: 멕시코계 미국인/연구)
• 개인 활동(예: 자신에 대한 연구, 편지 쓰기)
• 대인관계(예: 인종차별에 대한 의식 증진 집단, 집단 간 대화 과정)

부정적 결과
• 인종에 따른 격차
• 신체적 건강
• 정신적 건강
• 심리적 비용
• 사회적 소외

[그림 6-1] 인종차별주의의 확장된 심리사회적 모델

출처: *APA Handbook of Counseling Psychology* (p. 336), by N. A. Fouad, J. A. Carter, and L. M. Subich (Eds.), 2012, Washington, DC: American Psychological Association. Copyright 2012 by the American Psychological Association.

Neville 등(2012)은 인종차별주의에 대한 우리의 표현[문화적, 제도적, 개인적, 대인적, 몰인종적 이념(color-blind racial ideology)[1]]이 심리적 영역과 신체적 영역에 영향을 미치는 방식(예: 인종 격차, 심리적 비용)에 대한 확장 모델을 제시했다([그림 6-1] 참고). 예를 들어, 인종차별주의의 문화적 표현은 사회의 서로 다른 집단들이 아름답고, 도덕적이고, 바람직하다고 간주하는 것, 근본적으로 이상적이고 규범적인 것에서 전형적으로 보인다. 문화적 인종차별주의의 가장 극단적인 예는 1940년대에 나치가 푸른 눈과 금발, '독일인'이 아닌 이들을 모두 없애 버리자고 했던 것이라고 하겠다(유대계 독일인도 독일인이라는 사실은 무시되었다). 이보다는 덜 극단적이지만 아마도 지금도 존재하는 문화적 인종차별주의의 아픈 예라고 하면, 어떤 연예인들이 '아름답다'고 여기는 것과 미국의 공교육 체계에서의 아이들의 교과서에 어떤 역사의 부분들이 포함되는지와 같은, 현대 사회에서의 '정상적인' 것 혹은 '좋은' 것에 대한 인식일 것이다. 예를 들어, 2013년

---

1) 역자 주: 인종차별이 실제로 존재함에도 불구하고 인종적·민족적 차이가 존재하지 않는다고 보는 이념.

9월에 뉴욕의 시러큐스 출신인 Nina Davuluri가 미국 원주민 출신으로는 최초로 미스 아메리카가 되었을 때, 소셜 네트워크 사이트에는 인종차별적인 코멘트가 이어졌으며, 이는 그녀가 아랍인이고, 무슬림이며, 알카에다 테러리스트 집단과 관련이 있다는 잘못된 정보로, 그녀의 민족성에 기초해서 근본적으로 '미국인이 아님'을 시사하는 것이었다(http://www.cnn.com/2013/09/16/showbiz/miss-america-racist-reactions/).

Neville 등(2012)은 제도적 인종차별주의는 특정 인종 및 민족 집단에 불리한 정책과 관행을 포함한다고 지적했다. 예를 들어, 차별적 관행과 자원 배분은 미국의 소수 민족 집단들(예: 흑인, 라틴계)이 백인들보다 낮은 교육적 성취도(National Center for Educational Statistics, 2010)와 낮은 임금(Bureau of Labor Statistics, U.S. Department of Labor, 2010)을 보인다는 결과를 설명하는 요인으로 확인되었다. 또한 Neville 등은 상징적 인종차별주의, 혐오적 인종차별주의(제14장 참조), 자유방임 인종차별주의와 같은 개별 인종차별주의의 여러 형태가 미치는 영향에 대해 개관했다. Neville 등은 "구시대 인종차별주의와 대조적으로, 상징적 인종차별주의는 생물학적 열등감의 인식에 의존하지 않으며 그 대신 문화적 박탈과 문화적 열등감의 논리에 의지한다."(p. 341)라고 했다. 반대로, 자유방임 인종차별주의는 자원 분배(예: 한 집단의 지위 및 자원에 대한 권리 의식)에 초점을 맞추고, 제로섬의 관점(Radloff, 2007; 예: '다른 집단이 부가적인 자원을 얻으면, 나는 자원을 잃는다.')을 강조하며, 사회 자원의 보다 공정한 분배를 위한 정책과 관행을 고치는 노력에 저항한다.

또한 Neville은 지난 10년간 몰인종적 이념 주제에 대한 연구의 큰 흐름을 주도했다(Neville, 2009; Neville, Awad, Brooks, Flores, & Bluemel, 2013; Neville, Lilly, Duran, Lee, & Browne, 2000; Neville, Spanierman, & Doan, 2006 참조). 몰인종적 이념은 인종차별주의가 존재한다는 개념 자체를 축소시키고[예: 흑인 대통령이 등장함으로써 미국이 '탈인종(postracial)'이 되었다는 주장], 대신에 '인종 중립적(race-neutral)'이라는 주제로 틀을 만든다[예: '우리는 탈인종 세계에 살고 있으므로 적극적 우대조치(affirmative action)는 더 이상 필요가 없다.']. 몰인종적 태도를 취하는 사람들은 종종 이것이 긍정적인 입장임을 표현한다(예: '나는 피부색을 인식하지 않아. 나는 모든 사람을 동등하게 대해.'). 이는 분명히 긍정적으로 들리겠지만(특히 사람들을 동등하게 대한다는 행동), 피부색을 '인식하지' 않는다는 이러한 주장은 인종, 민족, 문화가 개인 및 사회 수준 모두에서 중요하다는 점을 적절하게 고려하지 않는 것이다. Neville 등(2012)은 대신 인종차별에 저항하고, 인종차별주의를 분열시키며, 권력, 특권 및 억압에 대한 인식을 높이고, 인종에 관한 어려운 집단 간

대화에 참여하자고 제안했다(인종차별 연구에 있어서 방법론적 진보와, 편견 및 인종차별을 줄이기 위해 제안된 전략에 대한 개요에 대해 Utsey, Ponterotto, & Porter, 2008 참조).

오늘날 미국의 민족 집단들 간에 지속되고 있는 인종 격차(예: 의료 서비스 접근, 임금 격차, 교육 기회)는 또한 이민과 문화 적응(acculturation)의 개념에 영향을 미친다. 매년 미국으로 오는 이민자들은 다른 모든 국가의 이민자들을 합친 것보다 더 많다(Segal, Elliott, & Mayadas, 2010). 미국에는 3,800만 명의 합법적 이민자가 있으며(U.S. Census, 2010), 여기에 더해서 불법 이민자는 약 1,200만 명으로 추산된다(Yakushko & Morgan, 2012). 미국에는 거의 3억 1,500만 명의 사람들이 살고 있으므로(U.S. Census; http://www.census.gov/mail/www/popclock.html), 이민자들이 전체 인구의 약 12%를 차지하고 있다. 따라서 상담심리학자들이 이민자 집단에 대한 특정 문제에 대해 지식을 얻는 것은 반드시 해야만 하는 일이다.

새로운 나라로 이민을 가는 것은 스트레스를 야기하는 사건이다(Yakushko, Watson, & Thomson, 2008). 예를 들어, 새로운 국가에 도착하는 사람들은 언어적 어려움, 경제적 스트레스, 차별, 사회적 지지의 손실을 겪을 수 있다(Levitt, Lane, & Levitt, 2005). 이민자들이 직면하는 차별의 한 가지 특별한 형태는 외국인 혐오(xenophobia)이다. Yakushko(2009)는 외국인 혐오를 "이민자들과 외국인으로 인식되는 사람들에 대한 태도적, 정서적, 행동적 편견의 형태"(p. 43)로 정의했다. 미국에서 외국인 혐오의 한 예는 2001년 9·11 테러 공격 이후 아랍계 사람들에 대한 반응이었다. 이민자들(또는 이 경우에는 보다 넓은 범위에서, 아랍계 혈통으로 보이고 따라서 '외국인'으로 인식되는 사람들)은 잠재적 테러리스트로 여겨졌고, 우려의 근원으로 인식되었으며, 경제적인 문제에서 인구 과잉에 이르기까지 많은 문제에 대해 비난받았다.

이러한 스트레스 요인들은 낯선 나라에서의 삶으로 이동하는 것을 어렵게 만들 수 있다(Chung, Bemak, Ortiz, & Sandoval-Perez, 2008). 새로운 문화의 행동과 문화적 전통에 적응하는 과정을 문화 적응(acculturation)이라고 부른다(Merluzzi & Hegde, 2003). Lecca, Quervalú, Nunes, Gonzales(1998)는 문화 적응의 다섯 가지 수준을 제시했다. 이는 (가) 전통 유지(traditional; 자신의 원래 문화를 고수하는 단계), (나) 동화(acculturated; 새로운 지배적 문화와 동일시하는 단계), (다) 이중문화(bicultural; 원래의 문화와 적용한 문화 둘 다와 동일시하는 단계), (라) 가장자리(marginality; 두 문화 모두 거부하는 단계), (마) 과도기(transitional; 이중문화 단계로 간주되지만 원래 문화의 전통과 가치에 대해 의문을 제기하는 단계)이다. 이 목록은 이민자들이 동화 과정에서 하나의 특정한 경로를 거치는 것이 아님을 분명히 보여 주는 것이다.

문화 적응에 대한 초기 연구는 대안적인 용어인 이중문화주의(biculturalism)의 발전으로 이어졌지만, LaFromboise, Coleman, Gerton(1993)은 상담심리학자들이 대신에 제2문화 습득(second culture acquisition)이라는 용어를 사용할 것을 제안했다. 그들은 연구를 통해 제2문화 습득의 최소한 다섯 개의 서로 다른 수준을 제안했는데, 각각의 수준에 있는 사람들은 지배 문화에 대해 상당히 다른 감정과 반응을 보인다. 그들의 5단계는 동화(assimilation), 문화 적응(acculturation), 교체(alternation), 다문화주의(multiculturalism), 융합(fusion)이다. LaFromboise 등이 주장한 5단계의 가장 높은 수준인 융합에 관심이 있는 사람들은, 두 문화의 구성원을 위한 삶의 질을 향상시키기 위해 어떻게 그들 자신의 문화에서 일부 독특한 요소들이 지배 문화와 결합될 수 있는지를 찾고자 한다. 예를 들어서, 미국 원주민 혹은 아프리카계 미국인의 문화에서 전통적인 서양 의학의 질을 향상시킬 치료법이 있을까? 몇몇 문화에서 백인들이 그들의 삶에서 스트레스를 덜 받고 덜 우울하게 만드는 데 도움을 줄 수 있는 영적인 전통이 있을까? 지난 수십 년 동안 라틴아메리카계 미국인, 미국 원주민, 아시아계 미국인 및 최근 도착한 이민자 집단의 (이중문화주의와 제2문화 습득을 포함한) 문화 적응에 대한 연구 결과, 이들이 사용하는 다양하고 때로는 독특한 대처 전략을 확인하였다. 이러한 연구들을 통해서 다양성에 대한 다양한 대처 도식이 개념화되었으며(예: Coleman, 1995), 문화 적응의 유형을 평가하기 위한 도구들이 개발되었다(Paniagua, 1998 참조).

이민자들과 일하는 전문가들은 이민 과정이 주로 긍정적이었는지 아니면 주로 부정적이었는지에 대해 가정해서는 안 된다. 하지만 개인이 이민 과정에 대해 어떻게 느끼는지를 알아보기 위해 여러 변수를 평가하는 것은 도움이 된다. 이러한 변수에는 이민 가족의 세대 수, 개인 및 다른 직계 가족의 언어 유창성, 이민 과정에 도움이 되는 가용한 지역사회 자원 등이 있다. 이민 문제가 미국 정치권의 주요 이슈가 되면서, 불법 체류 학생들에게 접근권을 제공하는 것에 대한 주(州)정부 차원의 변화와 함께(http://dreamact.info 참고), 동화(assimilation)의 어려움을 포함해서 문화 적응 과정을 이해하는 것이 상담심리학자들에게 더욱더 중요해질 것이다.

어떤 사람이 자신의 문화 적응 상태에 대해 어떻게 생각하는지를 알고 있다고 가정할 수 없는 것처럼, 어떤 사람이 자신의 인종이나 민족이 그 사람에게 얼마나 중요한지 알 수 없다(Yakushko, Davidson, & Williams, 2009). 예를 들어, 흑인 남성을 아프리카계 미국인으로 단정할 수 없는 것처럼, 백인 여성의 인종이 그녀에게 중요하지 않다고 가정할 수는 없다. 따라서 상담심리학 연구자들이 인종과 민족성에 대한 논의에 추가한 한 가지 방법은, 인종이 삶에서 서로 다른 시기에 서로 다른 사람들에게 서로 다른 의미를 지닌다는 개념을 강조하는 것이다. 다시 말해서, 우리 모두는 인종 정체성(racial identity)이라고 불리는, 인종적 존재로서의 자신에 대해 계속 발달하는 생각을 가지고 있다. 우리가 우리 자신을 인종적 존재로 어떻게 생각하느냐가 단순히 외부적으로 보이는 특징보다 상담 관계와 상담 효과에 더 큰 영향을 미칠 수 있다.

　인종과 민족성에 대한 초기 연구는 서로 다른 인종-민족 집단들에 대해서, 비슷한 태도와 가치관 및 경험을 가진 집단 내 동질성이 강한 것으로 보았다(Quintana, Chew, & Schell, 2012). 인종 정체성 개념의 도입과 함께, 상담심리학자들은 우리의 인종적 자기인식의 복잡성을 탐색하기 시작했다. 그러나 우리는 또한 많은 인종 정체성 모델의 명확하고 계단처럼 생긴 구조로 인해 몇몇 사람이 이러한 복잡성을 지나치게 단순화하여 이해하게 할 수 있다는 것을 짚어 둔다. Ponterotto와 Park-Taylor(2007)는 상담심리학 연구에 가장 큰 영향을 미친 인종 정체성에 대한 이론으로 Cross(1971, 1991)의 심리적 흑인 정체성 모델(model of psychological nigrescence)과 Helms(1984, 1992)의 백인 정체성 모델(White identity model)을 제안했다.

　(1991년에 수정된) Cross의 모델은 전체적으로 4단계로 나뉘며, 4단계는 각각 하위 단계를 가지고 있다. 전(前) 접촉(pre-encounter) 단계는 동화, 잘못된 교육, 자기혐오의 세 개의 정체성 하위집단을 포함한다(Cokley, 2002). 이 단계에서 사람들은 그들의 인종이 매우 두드러진다고 보지 않거나, 자신들의 인종에 대한 부정적인 고정관념(예: 게으른, 폭력적)을 내면화하고 있다. 접촉(encounter) 단계라고 불리는 2단계에서는, 개인이 인종차별에 직면하고 결과적으로 새로운 방식으로 인종을 인식하게 된다. 3단계인 몰입/출현(immersion/emersion) 단계는 강렬한 흑인 관여 하위단계에서의 개인의 인종에 대한 극단적인 긍정적 관점(예: 흑인은 아름답다)과 반(反)백인 하위단계에서의 백인 문화에 대한 극도의 부정적인 시각이 있다. 내면화(internalization) 단계는 긍정적인 인종 정체성을 동반하며, 이는 흑인 민족주의 범주[아프리카 관점을 강조하는 친(親)흑인 정체성 초점]에 속하거나 다문화주의의 포괄적인 범주(성별과 성적 지향성과 같은 다른 사회적 정체성 범주의 중요성과 현저성 또한 포용하는 긍정적인 흑인의 정체성)에 속할 수 있다. Cross의 원(原)모델(1971)과 수정된 모델(1991)은 지난 40년 동안 상담심리학 분야에서 엄청난 양의 연구를 촉발했다.

　지난 20년 동안 인종 정체성에 대한 연구의 흐름은 각 모델의 기본적인 차원의 수를 늘리는 것이었다. Quintana 등(2012)은 인종이나 민족 정체성 개발의 대부분의 모델은 감정적 차원(예: 긍정적 자존감), 심리학적 관계와 대인관계의 발전(예: 친밀감), 정체성에 대한 탐색과 헌신(1960년대에 제안된 정체성 형성 모델과 유사한 과정; Erikson, 1968; Marcia, 1966)을 포함한다고 설명했다. Quintana와 동료들은 "긍정적이고 강력한 민족과 인종 정체성의 형성"(p. 462)이 소수 민족 어린이들과 청소년들을 위한 발전의 중요하고 규범적인 부분이라고 지적했다.

인종 정체성 발달은 백인 어린이, 청소년, 성인들에게도 중요한 과정으로 제안되어 왔다. Helms(1992)는 개인이 6단계를 통해 발달하는 백인 정체성 발달(White racial identity development)에 대한 이론을 창안했다. 6단계는 접촉(contact; 인종적 존재로서의 자신에 대한 인식이 부족한 단계), 분열(disintegration; 인종 의식에 대해 떠밀려 가며 혼란을 경험하는 단계), 재통합(reintegration; 백인 문화를 이상화하기 시작하는 단계), 가짜 독립(pseudo-independence; 인종에 대해 보다 균형 잡힌 시각을 가지게 되었지만, 인종 문제를 계속해서 지적으로 분석하는 단계), 몰입/출현(immersion/emersion; 인종 의식을 재정의하고 인종차별주의를 이해하기 시작하는 단계), 자율성[autonomy; 비(非)인종차별주의자로서의 긍정적 인종 정체성을 내면화하는 단계]이다. 이 모델과 소수 민족의 인종 정체성 모델 사이에는 많은 유사점이 있지만(예: 내면화된 긍정적인 자아인식으로의 발전과 인종차별 철폐), 분명한 차이도 있다. 예를 들어, 미국에서 소수 인종 구성원이 아주 어린 나이부터도 인종적 존재로서의 자신을 인식하지 못하는 것은 사실상 불가능하며, 차별은 종종 민족적 소수 민족 정체성 탐색의 촉발제가 되기도 한다(Quintana, 2007).

인종 정체성 모델은 다문화 상담 역량에 관심을 촉발하는 것과 같이(Burkard, Ponterotto, Reynolds, & Alfonso, 1999) 상담 현장에서 유용하지만, 인종 정체성 발달이 학업 성취도(Costigan, Koryzma, Hua, & Chance, 2010) 및 안녕감(Rivas-Drake, Hughes, & Way, 2009)과도 관련이 있다는 강력한 증거가 있다. 인종 정체성과 문화적 적응에 대한 개념화와 측정도구의 발달은 모든 배경의 상담자들이 문화 특정적 정보와 관련된 태도와 행동들의 이질성을 이해하도록 돕는다는 점에 있어서 상담심리학자들에게 주요한 기여를 했다.

성(性)과 성별

상담심리학자들은 인종, 민족, 인종차별에 대한 이해에 기여한 만큼, 성(性)과 성역할, 성차별에 대한 연구에도 상당한 공헌을 했다. 그리고 인종과 민족을 정의하는 것과 같이, 상담심리학자들이 언제나 성과 성별의 정의에 대해 명확하게 알고 있었던 것은 아니다(Unger, 1979). 성(性, sex)은 전형적으로 유전자, 호르몬, 내적·외적 생식기의 배열에 근거하여 사람을 정의하는 데 사용되는 생물학적 용어이다(Mintz & O'Neil, 1990; Wiesemann, 2011). 일반적으로 사람들을 남성과 여성의 두 개의 성으로 분류하지만, 모든 사람이 이 두 개의 지배적 유형으로 명확하게 나뉘는 것은 아니다. 이 문제는 상담심리학에서 더 많은 관심을 받고 있다(Schweizer, Brunner, Schützmann, Schönbucher, & Richter-Apelt, 2009). 예를 들어, 안드로겐 무감응 증후군을 가진 사람들은 X염색체와 Y염색체를 모두 가지고 태어나지만(일반적으로 남성임), 신체가 테스토스테론에 무감각해지기 때문에 발육은 더 여성적으로 된다(Gough, Weyman, Alderson, Butler, & Stoner, 2008). 현재 알려진 성유형은 남성, 여성, 중성(intersex)이다. 생물학적 표지의 사용과 대조적으로, 성별(gender)은 전형적으로 사회에 의해 남성적, 여성적, 혹은 중성적인 것으로 정의되는 행동이나 기대 및 역할로 정의된다(Mintz & O'Neil, 1990). 따라서 성별은 생물학적인 구성개념이 아니라 사회적인 구성개념으로 간주되고, 수십 년 동안 상담심리학에서 연구 주제가 되어 왔다(Farmer, 1985; Gilbert & Waldroop, 1978; Niemann, 2001; O'Neil, 2008; Pyant & Yanico, 1991).

성차별(sexism)은 "여성을 평가절하, 폄하, 비난하거나 제한하는 부정적인 태도, 신념, 행위"로 정의될 수 있다(Szymanski & Moffitt, 2012, p. 361). 성차별이 미치는 영향의 예로, 남성과 여성 사이의 급여의 불평등, 언론에서 여성의 성적 대상화, 여성이 남성보다 더 감정적이라는 신념 등이 있다. 성차별에는 여러 가지 종류가 있는데, 적대적이거나 공공연한 형태의 성차별(여성이 남성보다 덜 유능하다고 믿으면서 여성과 남성의 차별적인 대우를 허용하거나 권장하는 것), 남성이 여성에 대한 보호적인 태도를 취하는 (그리고 잘난 체하는) 이른바 '자애로운' 성차별(Glick & Fiske, 1996)이라고 불리는 것들이 있다. 인종차별과 마찬가지로, 성차별은 여성들의 삶의 경험(예: 경제적 지위, 출산 관련 건강상태를 통제할 수 있는 능력, 폭력으로부터의 안전)뿐만 아니라 심리적 건강에 심각한 영향을 미친다(Klonoff, Landrine, & Campbell, 2000; Moradi & Funderburk, 2006). 여성에게 미치는 영향이 더 흔하고 더 극단적이지만, 성차별은 또한 부정적인 방식으로 남성들에게 영향을 미친다(Swim, Hyers, Cohen, & Ferguson, 2001).

여성심리학(Moradi & Yoder, 2012)과 남성심리학(O'Neil, 2012)에 대한 상담심리학의 연구는 어마어마하다. 따라서 우리는 이 절에서 최근 몇 년 동안 상담심리학자들로부터 많은 관심을 받아 온 세 가지 특정한 문제인 남성의 성역할 갈등, 여성의 신체 대상화의 영향, 여성에 대한 폭력의 충격에 대해 집중적으로 다룬다.

남성 해방운동(Pleck & Pleck, 1980) 이후 지난 30년간 남성심리학(O'Neil, 2012)이 대두되었다. O'Neil(2012)에 따르면, Skovholt, Gormally, Schauble, Davis(1978)가 『The Counseling Psychologist』 특별호에 「Counseling Men」이라는 제목의 글을 내면서 상담심리학은 남성의 심리학을 인정하는 미국심리학회의 첫 번째 분과 중 하나가 되었다. 1995년에 '남성과 남성성에 대한 심리학 연구를 위한 모임(Society of the Study of Men and Masculinity)'은 공식적으로 미국심리학회의 51번째 분과가 되었다. Mintz와 Tager(2012)는 제51분과의 대다수의 학회장(예: Gary Brooks, Glenn Good, Mark Kiselica, Sam Cochran, John Robertson, Fred Rabinowitz, Chris Kilmartin, Jay Wade, Aaron Rochlen)이 상담심리학자로서 훈련을 받았음을 보여 주었다(p. 323). 계속 성장하고 있는 이 분야를 정의하는 데 있어서 상담심리학자들이 주도적인 역할을 했다는 것은 분명하다.

현재까지 이 분야에서 가장 잘 정의된 이론적 개념은 남성의 성역할 갈등이다(O'Neil, 1981, 2008). O'Neil(2012)은 성역할 갈등(Gender Role Conflict: GRC)을 정의하기를, "사회화된 성역할이 부정적인 결과를 가져오는 심리적 상태"이며 이러한 부정적인 결과에는 "경직되고, 성차별적이고, 제한적인 성역할이 한 사람의 잠재력을 제한하거나 다른 사람의 잠재력을 제한하는"(p. 381) 것과 같은 것이 있다고 하였다. 성역할 갈등은 남성들이 "전통적인 남성 역할을 경직되고 제한적으로 고수하거나 남성의 역할에 충실하지 못할" 때 발생한다(Szymanski & Ikizler, 2013, p. 211). O'Nell(2012)은 성역할 갈등의 네 가지 영역을 (가) 인지적(성별에 대해 어떻게 생각하는지), (나) 정서적(성별에 대해 어떻게 느끼는지), (다) 행동적(성역할에 기초한 반응과 상호작용), (라) 무의식적(인식 밖에 있는 성역할이 여전히 행동에 영향을 미치고 갈등을 일으킬 수 있는 방식)으로 보았다.

문헌을 통해 도출된 성역할 갈등의 양상에는 네 가지가 있다. 첫 번째 양상은 성공이 경쟁과 권력 획득을 통해 얻어진다는 태도를 반영한 성공–권력–경쟁 양상이다. 두 번째 양상은 제한적 정서성이다. 성역할 갈등이 높은 남자들은 감정 표현에 대한 두려움을 나타낸다. 세 번째 양상은 남성들 사이에서 제한적인 정서 행동으로, 몇몇 남성은 다른 남성들을 만지고 자신의 생각과 감정을 그들에게 표현하는 것을 불편해한다. 마지막 양상은 일과 가족 관계 사이의 갈등으로, 스트레스, 과로, 긴장 완화의 어려움을 초래할 수 있다.

이러한 양상들은 남성들에게 신체 건강, 심리, 대인관계에서 다양한 부정적 결과를 가져올 수 있다(O'Neil, 2008). 특히 Szymanski와 Ikizler(2013)는 성소수자 남성들에게 있어서, 일과 가족관계 사이에 일어나는 성역할 갈등이 높은 수준의 우울과 관련된다는 것을 발견했다. 그러나 Jones와 Heesacker(2012)는 짧은 비디오(예: 남성들이 울어서는 안 된다는 남성적인 규범에 대한 스탠드업 코미디 영상 장면들)에 대한 노출로 성역할 갈등의 표현이 조작될 수 있다는 것을 발견했다. 그들은 이러한 조작이, 성역할 표현이 상황에 따라 다르며 어쩌면 일시적일 수도 있다는 증거를 제공한다고 주장했다. 특히 그들은 성역할 행동의 다양성과 그 결과를 더 잘 이해하기 위해 '미세맥락(microcontexts)'을 조사할 필요가 있다고 강조했다. 상담심리학자들은 환경적이고 맥락적인 세부 사항에 주의를 기울이는 것을 핵심 가치로 두고 있으며, 따라서 전반적인 남성의 성역할 및 특히 남성 성역할 갈등을 이해하는 데 있어서 이러한 추가적인 방법을 사용하는 데 잘 맞는다고 할 수 있다.

또한 상담심리학자들은 여성의 대상화(objectification)에 대한 문헌에 상당한 기여를 하고 있다. 남성들이 여성성에 대한 두려움을 경험할 수 있는 것처럼, 미국 사회에서 여성들도 충분히 여성스럽지 않다는 것을 두려워하도록 조건화되는 것처럼 보인다. 여성의 성적 대상화는 '일상 성차별(everyday sexism)'(Enns, 2012b)의 한 형태로 간주되며, 소녀들과 여성들의 가치가 전반적으로 도달 불가능한 미의 기준과 동일시되는 것을 말한다(Moradi & Yoder, 2012). 소녀들과 여성들은 관찰자의 시선으로 자신을 바라보고 외모로 자신을 평가하도록 사회화된다. 그들은 이상적인 모습에 미치지 못한다면(이상적인 모습은 너무나 자주 완벽함을 나타내기 때문에, 대부분의 경우 이상적인 모습에 미치지 못함), 소녀들과 여성들은 종종 수치심과 불안을 경험한다(Moradi & Huang, 2008). 결과적으로 여성들은 거의 언제나 어떤 면에서 자신의 몸에 만족하지 못하고, 그 결과로 우울증, 성기능 장애, 섭식장애와 같은 몇 가지 진단 유형에 있어서 더 큰 정신건강 문제를 경험한다(Fredrickson & Roberts, 1997).

언론은 여성의 이미지를 전달하고 사회적 가치와 태도를 형성하는 문화적 고정관념을 전달하는 데 중요한 역할을 했다. 특히 TV는 20세기 말에 젊고, 마르고, 성적인 모습들을 지나치게 강조함으로써 그러한 이상화된 여성의 모습을 자주 보여 주었다

(Fouts & Burggraf, 2000). 지금 그러한 이미지들은 TV, 영화, 광고, 잡지를 넘어서 인터넷, 스마트폰, 태블릿을 통해 우리의 일상에 들어왔다. 그러한 이미지들이 어디에나 있기 때문에, 우리는 이들을 하나씩 분석하지 않는 경향이 있다. 그러나 이러한 고정관념적인 이미지들의 축적은 한 사람의 신념과 태도에 강한 영향을 미친다(Blaine & McElroy, 2002; Botta, 2003; Monro & Huon, 2005). Kashubeck-West와 Tagger(2012)가 지적했듯이 이러한 신체적 불만족은 여성들 사이에서 널리 퍼져 있는데, 1980년대부터 규범적 불만족(normative discontent)으로 불렸으며(Rodin, Silberstein, & Striegel-Moore, 1985), 초등학교 여학생들에게서 매우 일찍 시작된다(Kashubeck-West, Saunders, & Coker, 2012). 안타깝게도, 소녀들과 여성들이 자신의 신체에 대해 불행하게 느낀다는 증거가 있을 뿐만 아니라, 자신의 친구들에게 불만족을 표현하는 사회적 압력을 고려하면 자신이 불행하다고 느껴야만 한다고 생각할 수도 있다(Salk & Engeln-Maddox, 2011).

이와 같이 소녀들과 여성들이 신체 이미지에 과도하게 집중하는 것의 결과로 특히 문제가 되는 것은 미국의 섭식장애 발병률이다(Kashubeck-West & Mintz, 2001). 신체 불만족이 미국 여성들에게 규범적일 수도 있지만, 신경증 거식증이나 신경성 폭식증과 같은 장애로 진단되는 것은 여전히 드물다(진단율은 전체 인구의 1~2%로 추정됨; 『Diagnostic and Statistical Manual for Mental Disorders, 4th ed., DSM-IV-TR』, American Psychiatric Association, 2000). 그러나 (폭식장애와 같은) 일부 장애는 출현율이 증가하고 있는 것으로 보인다(Hudson, Hiripi, Pope, & Kessler, 2007). 다수의 치료 접근이 개발되었으며, 섭식장애에 대한 성공적인 치료에 있어서 상당한 진전이 있었다(Wilson, Grilo, & Vitousek, 2007). 특히 인지행동치료에 잘 반응하는 신경성 폭식증에 있어서 큰 진전이 있었다(Wilson, 2005). 그러나 거식증은 대부분의 치료 접근에 '인상적으로 저항하는' 상태로 남아 있다(Kashubeck-West & Tagger, 2012, p. 399). Kashubeck-West와 Tagger(2012)가 리뷰한 몇 가지 유망한 새로운 접근법으로는 수용전념치료(Hayes, Strosahl, & Wilson, 1999), 변증법적 행동치료(Linehan, 1993), 마인드풀니스 스트레스 완화 치료(Kabat-Zinn, 1990)가 있다. 상담심리학의 핵심 가치 중 하나가 예방이기 때문에, 상담심리학자들이 치료(때로는 위기상황 대처)가 필요하기 전에 섭식장애를 예방하기 위한 방법을 찾는 것은 놀라운 일이 아니다. 예를 들어, Mussell, Binford, Fulkerson(2000)은 위험 요인과 예방 전략을 검토하면서, 개인의 사회문화적 맥락을 이해하는 것의 중요성을 강조했다.

또한 상담심리학자들은 외상(trauma)이 여성의 경험에 미치는 영향에서부터 치료와 예방에 초점을 둔 지지 노력에 이르기까지, 여성에 대한 폭력 문제에 많은 일을 해 왔다. 미국 여성의 약 15%가 일생 동안 강간이나 성폭행을 경험할 것이며(Rozee & Koss, 2001), 약 25%는 친밀한 파트너에 의한 폭행을 경험할 것이다(Browne, 1993). 어린 시절에 (근친 성폭력과 같은) 학대가 일어나면, 나중에 어떤 방식으로든 재희생자가 될 가능성이 높다(Courtois, 2011). Courtois(2012)는 성별에 기초한 성범죄 피해의 범위에 대해 "정말로 정신이 번쩍 들게 하고 비극처럼 무서운 일"(p. 376)이라고 했다.

이러한 형태의 외상적 폭력은 여성의 삶의 질에 중대한 영향을 미치고, 무력감, 우울, 불안이 높아지게 한다(Goodman, Koss, & Russo, 1993). Christine Courtois(1988, 2012)와 같은 상담심리학자들은 성폭력에 대한 일련의 반응을 외상후 증후군(예: 강간 외상증후군, 매 맞는 여성 증후군)이라고 보았다. 그러나 외상후 스트레스 장애(DSM-IV-TR에서 PTSD; American Psychiatric Association, 2000)의 진단이 항상 잘 들어맞지는 않는데, 왜냐하면 이 장애가 원래 참전 남성에 대한 연구에서 비롯된 것이기 때문이다(Courtois, 2012). 1992년에 Herman은 성폭력 피해자들에게 별도로 명기되지 않은 극심한 스트레스 장애(DESNOS)와 복합 외상후 스트레스 장애(CPTSD)의 개념을 소개했다. 그러나 복합 외상후 스트레스 장애는 최근 DSM 개정판(DSM-5; American Psychiatric Association, 2013)에서도 독립적인 진단으로 포함되지 않았다.

여성들은 그들의 학대에 대해 전문가보다는 가족 구성원들과 이야기할 가능성이 높지만(Goodman, Dutton, Weinfurt, & Cook, 2003), 학대 생존자들을 돕기 위해 상담심리학자들에 의해 고안된 훌륭한 프로그램들이 있다. 예를 들어, Courtois(2012)는 3단계로 구성된 치료 계획을 소개했는데, 이는 (가) 안전, 안정화 및 기술 습득, (나) 외상 기억과 감정의 통합, (다) 재통합과 삶의 재강화이다. 전통적인 상담 및 치료 교정 모델도 중요하지만, Goodman과 동료들은 강간과 가정폭력을 포함하는 친밀한 파트너 폭력(intimate partner violence) 문제를 다루는 데 있어서 지역사회 기반 및 소셜 네트워크 기반의 개입을 주장했다. Goodman과 Smyth(2011)는 "반(反)가정폭력 운동은 가장 중요한 목표 중 하나인 친밀한 파트너 폭력을 두 개인 간의 문제가 아니라 지역사회의 문제로 만드는 것에 완전히 성공하지는 못했다."(p. 79)라고 했다.

상담심리학자들이 사회정의를 지향하는 것은, 폭력 생존자의 개인적 요구와 그러한 폭력의 존재를 유지하는 체계적인 사회적 요소 둘 다에 초점을 맞출 수 있는 길을 제공한다. Bell과 Goodman(2006)이 언급했듯이, "상담심리학의 전통적인 활동 중 (프로그램 설계 및 평가, 연구 및 자문을 포함한) 많은 활동이 정책과 대중의 사고방식을 형성하는 것에 효과적으로 적용될 수 있다"(p. 158). 상담심리학자들이 이와 같이 사회정의를 옹호하는 것의 한 가지 예로 Epstein, Bell, Goodman(2003)의 활동을 들 수 있다. 이들은 메릴랜드주에서 형사 사법체계가 (범죄자 기소에만 집중하는 것이 아니라) 희생자의 관점을 고려하도록 돕는 방법으로 희생자 의견에 기반을 둔 기소 프로젝트(Victim Informed Prosecution Project)를 만들었다. Chronister와 Aldarondo(2012)는 피해자 쉼터 프로그램, 과도기 주거 프로그램 및 권리 신장 프로그램과 같은 다수의 지역사회 기반 개입이 "여성과 아동에 대한 억압을 야기하고 우리 가정과 사회에서 폭력의 사용을 강화하는 체계적인 요소들을 다루기 위한"(p. 136) 주요 접근법으로 고려되어야 한다고 주장했다. 상담심리학이 지난 10년 동안 보다 의도적으로 사회정의를 위한 노력으로 움직이면서, 상담심리학의 핵심 가치(개인의 강점, 전체적이고 다양한 사람, 환경적 맥락과 지지를 위한 노력, 예방과 교육, 과학과 실무 간의 균형; 제1장 참조)는 우리에게 큰 도움이 될 것이다. 이는 우리가 개인의 치료에 대한 필요성, 정신건강을 보장하는 예방적 접근, 더 광범위한 사회적 변화를 이루어 내는 체계적 노력에 참여할 수 있도록 한다.

성적 지향성

인종-민족성과 성-성별에 대한 논의에서와 마찬가지로, 우리는 개념의 정의와 '~주의(isms)'에서부터 상담심리학에서 성적 지향성(sexual orientation) 연구에 대한 논의를 시작하고자 한다. 우리는 성적 지향성을 논할 때 이분법적 담화로 끌려가게 되는 것을 인지하고 있다(Fassinger, 2000). 인간은 종종 어떤 구성개념을 설명하기 위해 두 개의 서로 반대되는 범주를 사용하며(예: 남자-여자, 동성애자-이성애자), 이는 해당 구성개념의 복잡성과 실재를 놓치게 된다(Smith, Shin, & Officer, 2012). 또한 레즈비언(Lesbian), 게이(Gay), 양성애자(Bisexual), 트랜스젠더(Transgender), 퀴어(Queer), 퀘스처닝(Questioning),[2] 앨라이(Ally)[3](LGBTQQA)와 같은 '두문자어 우산(acronym umbrella)'(Moradi, Mohr, Worthington, & Fassinger, 2009)의 확장이 있었다. 용어 또한 빠

---

2) 역자 주: 자신의 성 정체성이나 성적 지향성에 의문을 가진 사람들.
3) 역자 주: 옹호자 또는 협력자. LGBTQ가 아니지만 스스로를 이들의 친구로 생각하며, 이들에 대한 차별에 반대하는 사람들.

른 속도로 변하고 있다(Morrow, 2012). Morrow는 다음과 같은 예를 제시했다. "일부 이 성애자들은 'straight'라고 불리는 것을 좋아하지 않는데, 왜냐하면 그 말이 정체성이 경 직되어 있다는 암시를 주기 때문이다. 이로 인해 몇몇 진보적 이성애자는 'Straight but Not Narrow'라는 구호를 주장했다"(p. 412). 따라서 우리는 검증되지 않은 용어의 사용 에 대해 주의를 기울이고, 현재 성적 지향성 문헌에서 용어가 의미하는 바에 대한 통찰 력을 제공하고자 한다.

Chung, Szymanski, Markle(2012)는 성적 지향성(sexual orientation)을 "남성과 여성에 대한 사람의 감정적 또는 정서적, 신체적 또는 성적 매력"(p. 426)으로 정의했다. 성 정 체성(sexual identity, 또는 더 정확히 말하면 성적 지향 정체성; Morrow, 2012)이란 자신의 성적 지향성과 관련해서 한 사람이 어떻게 의식적으로 자기 정체성을 판단하거나 자 신을 명명하는지를 말한다[예: 레즈비언, 게이, 양성애자, 퀴어, 동성애자, 이성애자, 무성애 자, 메트로섹슈얼, 다자연애(polyamorous),[4] 바이큐리어스(bicurious)[5]; Chung et al., 2012; Worthington & Reynold, 2009]. Worthington과 Reynold(2009)는 성적 지향성을 정의하 는 것의 복잡성을 인정하는 데는 오랜 역사가 있다고 지적했다. 비슷하게, Chung 등 (2012)은 "이성애자, 동성애자(게이 또는 레즈비언), 혹은 양성애자와 같은 범주를 사용 해서 한 사람의 성적 지향성을 기술하는 것은 지나치게 단순화하는 것이 될 것이다." (p. 426)라고 언급했다. Worthington과 Reynolds(2009)는 문헌 리뷰를 토대로 "일반적 으로 추정되는 것보다 더 많은 성적 지향성의 하위 집단이 있을 수 있으며"(p. 46), 군집 분석을 통해 레즈비언, 게이, 양성애자, 이성애자 그룹 내의 하위 집단을 파악해야 한 다고 제안했다.

마찬가지로 동성애 혐오(homophobia)의 개념도 다시 분석되고 있다. 역사적으로 동 성애 혐오라는 용어는 성적 및 성별 소수자들(sexual and gender minorities)에 대한 공포 또는 공포 반응을 묘사하기 위해 사용되어 왔다. 이런 종류의 차별의 예는 일상적인 유 치한 농담에서부터 신체적 폭력이나 죽음과 같은 난폭한 증오 범죄에 이르기까지 매 우 많다. 비록 이러한 억압적이고 사악한 행동들이 존재할지라도, 그 용어 자체는 의

---

4) 역자 주: 관련된 모든 사람의 동의하에 한 명 이상의 파트너와 친밀한 관계를 맺는 관습 또는 이에 대한 욕구 (www.wikepedia.org).

5) 역자 주: 동성애자나 이성애자로서 정체성을 가진 사람이 자신이 선호하지 않는 성(性)의 사람과 성행위에 호 기심을 가지는 현상. 양성애자와는 구별됨(www.wikepedia.org).

문의 여지가 있다. "이 용어는 성적 그리고 성별 소수자에 대한 편견을 암묵적으로 개인 안에 위치시킴으로써 이성애주의적 억압에 대한 맥락적 이해를 방해하기" 때문에 L. C. Smith, Shin, Officer(2012)와 다른 이들(Dermer, Smith, & Barto, 2010; Herek, 2004; Schiffman, Delucia-Waack, & Gerrity, 2006)은 "용어 사용을 일시 중단할 것을 지지한다" (p. 392). 대신에 그들은 이성애주의(heterosexism)와 이성애 규범성(heteronormativity)이라는 용어를 사용할 것을 제안했다. 이성애 규범성은 이성애주의의 특권을 영속화하는 교활한 문화적 메시지, 가정, 담화를 가리킨다(Chin, 2004). 비슷하게, 이성애주의는 차별의 명백한 행위가 없음에도 불구하고(Herek, 2004), 성적 소수자들에게 불리하도록 이성애에 규범적이고 이상적인 체계적 특권을 부여하는 행동과 과정을 말한다(Chesir-Teran, 2003). L. C. Smith 등(2012)은 동성애 혐오보다 이성애주의라는 용어의 사용을 선호했는데, 왜냐하면 이성애주의가 인종차별주의와 성차별주의라는 용어와 마찬가지로 "개인의 도덕적 과실뿐만 아니라 체제의 도덕적 과실을 전달하는 데 사용될 수 있기 때문이다" (p. 394).

이성애주의에 대한 연구는 (가) 성(性)소수자에 대한 태도와 행동, (나) 이성애주의의 대상으로서 개인적 경험, (다) 내면화된 이성애주의에 집중되어 왔다(Szymanski & Moffitt, 2012). 상담심리학자들은 지금까지 태도와 행동 사이의 강한 연관성을 확립해 왔다. 전통적인 성역할 태도와 권위주의적 견해를 가진 사람들이 성소수자에 대한 부정적인 태도와 연결되고, 이는 결과적으로 이성애주의자 행동과 연결된다(Goodman & Moradi, 2012). 특히 자극을 추구하는 이성애자 소년들과 남성들, 또래관계에서 자신의 이성애를 주장할 필요가 있다고 느끼는 이성애자 소년들과 남성들이 반(反)동성애적 행동을 보일 가능성이 높다(Franklin, 1998, 2000). 이성애주의가 개인에게 경험되는 방식은 부모에 의한 아동학대, 언어적 괴롭힘, 증오 범죄에 이르기까지 광범위하게 연구되고 있다(Szymanski & Moffitt, 2012). Herek(2008)은 성소수자의 약 20%가 증오 범죄의 희생자라고 했으며, 이는 높은 수준의 우울 및 불안과 관련된다고 보고했다(Herek, Gillis, & Cogan, 1999). 심리적 고통 또한 높은 수준의 내면화된 이성애주의와 관련이 있다(Szymanski, Kashubeck-West, & Meyer, 2008).

많은 문헌이 차별과 이성애주의의 영향에 대한 우려, 결과, 치료를 다루었지만, 이 분야의 또 다른 대규모 문헌은 레즈비언, 게이, 양성애자, 트랜스젠더에 대한 보다 긍정적인 정체성 개발 과정에 전념하고 있다. 실제로 Croteau 등(2008)은 성소수자 문헌에서 상담심리학이 '가장 많이 연구한 개념'으로 성 정체성 이론을 언급했다(p. 196). 성 정체성 발달은 자신의 성적 지향성을 인식하고, 자신의 정체성을 수용하고, 이성애 규범성에 직면해서도 자신의 성적 지향성을 드러내는 과정이다(Chung et al., 2012; Croteau et al., 2008).

오랜 시간에 걸쳐 많은 성 정체성 발달 모델이 제안되어 왔다. 두 개의 초기 모델(Cass, 1979; Coleman, 1982)은 초기 인종 정체성 모델과 어느 정도 유사했는데, 사람들이 인식 부족이나 혼란에서 긍정적이고 통합적인 정체성으로 이동하였다. 예를 들어, Cass(1979)는 정체성 혼란에서 시작해서 가장 높은 수준인 정체성 통합까지 여섯 개의 정체성 발달 단계를 거치는 모델을 제안했다. Cass의 단계 이론은 한 사람이 자신의 성적 지향성을 숨기는 것에서부터 다른 이들에게 정보를 밝히는 쪽으로 이동하는 커밍아웃(coming out) 과정을 보여 준다(Chung et al., 2012). 일반적으로 커밍아웃은 먼저 스스로에게 밝히고(예: Cass 모델의 초기 단계) 이후에 의도적으로 다른 이들에게 밝히는(예: Cass 모델의 마지막 단계) 2단계의 과정으로 여겨진다.

하지만 초기 모델들은 지나치게 단순하고 선형적이며 전후 맥락의 문제들을 충분히 다루지 못한다는 비난을 받았다(Chung & Singh, 2009; Fassinger & Arseneau, 2007). 또한 초기 모델들은 게이들에게 더 적용 가능하고 레즈비언, 양성애자, 트랜스젠더들에게는 잘 적용되지 않는다는 비난을 받았다(Lev, 2007; Potoczniak, 2007; Rust, 2003; Savin-Williams, 2001; Sophie, 1986). 현대의 모델들은 더욱 맥락적이고 포괄적이며, 인종-민족성의 이슈를 통합한다(Morrow, 2012). 예를 들어, McCarn과 Fassinger(1996)는 개인적 성 정체성과 집단 소속 정체성의 두 개의 개별적인 발달 단계를 체계화한 레즈비언들을 위한 모델을 제안했다. 예를 들어, 이 모델은 다른 사람들에게 커밍아웃하는 것을 정체성에서 가장 통합적이고 긍정적인 단계로 보지 않고, 따라서 어떤 사람이 강력하고 긍정적인 성 정체성을 가지고 있지만 차별의 실제적인 위험 때문에 공개적으로 성 정체성을 밝히지 않는다는 것을 인정한다. 그러나 정체성 발달의 두 가지 측면(개인과 집단 구성원)은 자각, 탐색, 헌신, 통합의 다양한 과정을 통해 진행된다. 이와 유사하게, 양성애자 정체성 발달 모델은 양성애성을 '과도기적인'(그 자체로 성숙하지는 않은) 것으로 여기는 것에서 양성애성을 '정체성 흐름의 성숙한 상태'로 간주하는 것으로 성숙했다(Rust, 2007, p. 4). Diamond(2008)는 성적 지향성의 유연한 성질을 강조하면서, 여성의 양성성에 대해서 맥락적 변수(예: 상황적 변인 또는 대인관계 변인)에 따라 양성성의 표현(예: 동성 파트너 또는 이성의 파트너를 선택)이 달라지는 (양쪽 성에 모두 매력을 느끼는) 안정적인 패턴으로 보는 모델을 제안했다. 연구에 따르면, 여성이 남성보다양성애자 정체성을 더 많이 보이며(Sheets & Mohr, 2009), 양성성 정체성 발달은 남성과 여성에게 다르게 경험된다는 것을 제안한다(Brown, 2002).

가장 최근에는 트랜스젠더 정체성 발달에 관심이 모이고 있다. 트랜스젠더(transgender)라는 용어는 성별에 대해 매우 다양한 비관행적 표현을 하는 사람들을 포괄하며, 가장 전형적으로 복장 도착자[예: 크로스드레싱, 여장남자(cross-dresser)]와 성전환자[예: 자신의 생물학적 성(性)과 다른 성 정체성을 가진 사람]가 있다(Caroll, Gilroy, & Ryan, 2002). Lev(2007)는 6단계를 포함하는 트랜스젠더 정체성 발달 단계를 (가) 자각, (나) 정보를 구함/타인에게 다가가기, (다) 중요한 타인에게 공개, (라) 정체성 탐색, (마) 과도기 탐색, (바) 통합/수용(이행 후 문제를 포함)이라고 제안했다.

트랜스젠더 정체성 발달에 대해서는 연구가 많지 않다. 이 주제는 현재 많은 관심을 받고 있으며, 대중문화에도 HBO의 영화 〈Normal〉(2003)과 배우 Felicity Huffman이 아카데미상 후보에 오른 독립 영화 〈Transamerica〉(2005)가 있다.

이 분야에서 중요성이 높아지고 있는 또 다른 주제는, 게이와 레즈비언 사회에서의 결혼과 육아 문제이다(Croteau et al., 2008). 동성 결혼 문제는 여전히 뜨거운 정치적 논쟁거리로 남아 있지만, 몇몇 주에서는 동성 결혼을 합법화하는 법안을 통과시켰다. 예를 들어, 2012년 선거에서 메릴랜드주는 (메인주, 워싱턴주와 함께) 투표를 통해 동성 결혼을 처음으로 합법화한 주 중의 하나가 되었다(Linskey, 2012). 또한 2013년 6월 26일 미국 대법원은 「결혼보호법(Defence of Marriage Act)」(1996)을 폐지하고 캘리포니아주의 동성 결혼 금지를 거부했다. 이러한 최근의 변화에도 불구하고, 동성 결혼은 아직도 대부분의 주에서 법적으로 승인되지 않았다. 이러한 법과 정책들은 여러 방식으로 동성 커플을 어렵게 만드는데, 여기에는 의료보험 혜택과 이전에 이성애 관계에서 가진 아이들에 대한 양육권 유지 문제 등이 있다(Morrow, 2012). 게다가 아이를 가지고 싶어 하는 동성 커플에게는 분명한 어려움이 있다(Patterson, 2009). 생물학적 자식을 가지는 방법을 결정하는 데에도 어려움이 있을 뿐만 아니라(예: 이성애 성교, 인공수정, 대리모), 가족들이 직면하고 있는 사회적 난제들도 있는데, 이를테면 아이들이 같은 성을 가진 두 명의 부모로 인해 해를 입을지도 모른다는 믿음이다. 미국심리학회(2012b)는 "아이의 적응, 발달, 심리적 복지는 부모의 성적 지향성과 관련이 없다."(p. 3)라고 분명히 밝혔다. Haldeman(2012)이 지적했듯이, 미국심리학회는 "입양, 양육권 및 면접권, 위탁 양육, 출산 의료 서비스"(APA, 2004b, p. 1)에 있어서 성적 지향성에 근거한 차별에 반대함을 분명히 표명해 왔다.

미국 연방법, 주법 및 미국심리학회의 옹호 노력 외에도 Haldeman(2012)은 "개인적 가치를 분명히 하고 건강 행동을 활성화하는 것을 강조하는 상담심리학은, 가족 구조의 진화를 바라보는 훌륭한 렌즈"(p. 105)라고 했다. 상담심리학의 중심 가치를 기반으로 해서(제1장 참조) 상담심리학자들은 이 분야에서 성인과 아동 모두를 대상으로 하는 연구와 지지 노력을 계속하기 위한 준비가 잘되어 있다. Szymanski와 Hilton(2012)은 상담심리학자들에게 몇 가지 치료 전략을 제안했다. 예를 들면, 성 정체성 발달과 커밍아웃 과정을 촉진하고 이성애주의와 다른 형태의 억압에 주의를 기울이는 데 있어서 상담심리학자의 역할을 강조했다. 상담심리학이 개인의 발전과 맥락 문제를 강조한다는 것을 고려하면, 이 분야에서 개인의 문제와 사회적 옹호 문제 모두에 주의를 기울이는 것은 중요할 뿐만 아니라 숙련된 상담심리학자에게 기대되는 것이다. 또한 상담심리학은 내담자의 강점과 자원을 강조하기 때문에, Szymanski와 Hilton(2012)은 차별에 대처하기 위한 내담자의 강점과 자원을 개발하는 것을 강조했다. 더 넓은 수준에서 Szymanski와 Hilton은 포괄적인 조직 정책과 강령을 만들고, 정치적이고 입법 행동에 참여하는 것을 제안했다. 개인에 대한 관심(예: 장점을 살려서 발전적인 문제에 주의를 기울이는 것)과 개인에게 영향을 미치는 사회문화적 과정과 구조(예: 맥락 요인에 주의를 기울이고 내담자가 사회적 변화를 옹호할 수 있도록 격려하는 것) 사이의 상호작용은 상담심리학의 사회정의에 대한 헌신의 핵심이다.

상담심리학에서의 사회정의

Fouad, Gerstein, Toporek(2006)은 상담심리학 분야의 소명으로, "더 많은 상담심리학자가 사회정의, 사회적 행동, 지지에 대한 정교한 이해를 발전시키는 것이 중요하다."(p. 2)라고 했다. 나아가 Williams와 Enns(2012)는 "이해를 넘어 우리는 행동, 활동주의, 지지를 보여야 한다."(p. 486)라고 하면서 상담심리학의 뿌리에 충실할 것을 강조했다. Fouad 등(2006)은 상담심리학자들의 초기 옹호 노력을 개괄적으로 살펴보았는데, 여기에는 일과 직업 문제에서 공정성을 보장하기 위한 이들의 헌신이 있었다. 상담심리학은 사회정의 문제의 부활 및 새로운 헌신을 맞이하고 있다(Fouad & Prince, 2012; Goodman et al., 2004; Speight & Vera, 2004).

Vasquez(2012)는 사회정의(social justice)를 "인간의 고통을 줄이고 평등과 정의의 인간 가치를 증진시키기 위한"(p. 337) 목표로 정의했으며, 공정성과 정의가 심리학자들의 도덕적 원칙을 이끌고 있다고 보았다(Kitchener & Anderson, 2011; 제3장 참조). 상담심리학자들은 때로 개인의 권리 증진과 복지를 촉진하는 개인적인 수준에서 일하지만, 사회정의에 대한 초점 역시 제도적, 조직적, 구조적 수준(예: 경제, 환경 문제, 정부, 정치)에서 변화를 창조하는 것이다. 이러한 다양한 수준을 다루기 위해서, 상담심리학자들은 치료실, 강의실, 연구 실험실과 같은 그들의 편안한 장소에서 벗어나야 할지도 모른다. 현재 더 많은 상담심리학자가 사회정의 모델에서 훈련되고 있으며(예: McWhirter & McWhirter, 2007), 이는 학생들로 하여금 불공정 문제를 경험하고 사회정의에 대한 헌신을 더 깊게 하고 이에 필요한 기술을 발전시킬 수 있도록 한다(Caldwell & Vera, 2010).

Toporek과 Liu(2001)는 상담심리학자들이 다음과 같은 사회정의의 네 개 분야에 초점을 둘 것을 제안했다. (가) 여러 학문 분야 간의 연결성에 대한 자각(예: 상담심리학이 아닌 분야의 연구 및 심리학이 아닌 분야의 연구 전반에 대한 지식), (나) 문화적 유능성에 대한 헌신(제14장에서 다룰 것임), (다) 복잡한 역할 수용(개인에게 힘을 북돋아 주는 것부터 보다 광범위한 사회적 옹호 문제), (라) 사회정의 자원에 대한 지식(예: 재정적 자원이나 법률적 자원). 미국상담협회(American Counseling Association)는 옹호 유능성(advocacy competencies)을 채택했으며(Lewis, Arnold, House, & Toporek, 2002), 그들의 제안에는 상담자들이 사회정의 노력에 직접 참여할 수 있는 다른 방법들로 지역사회 협력 및 대중과 소통에 중점을 두는 것도 포함된다. 상담심리학자들은 오랫동안 사회정의 활동에 참여해 왔는데, 여기에는 학교에서의 예방 노력(Roysircar, 2006), 노숙자 문제(Campbell & Durrah, 2012), 보건(Chwalisz, 2012), 가난(L. Smith, Appio, & Change, 2012), 입법과 공공정책(Shullan, Celeste, & Stickland, 2006), 국제적-초국가적 노력(Horne & Aurora, 2012) 등이 있다.

Norsworthy, Abrams, Lindlau(2012)는 사회적 변화의 수행자로서 상담심리학자들의 개인적인 여정과 발달에 대해 인터뷰했다. 지역사회 수준에서의 개별적인 상담심리학자의 노력의 예로는 Sue Morrow의 여성과 레즈비언, 게이와 양성애자의 권리에 대한 연구와 Laura Palmer의 아동학대 네트워크(Child Abuse Network)에 대한 연구를 들 수 있다. 전문 조직 수준에서는, Norsworthy 등은 「Guideline for Practice With Girls and Women」(APA, 2007b)을 작업한 Carol Enns, Roberta Nutt, Joy Rice의 연구와, Melba Vasquez가 미국심리학회장일 때 수행한 윤리 및 사회정의 문제에 대한 연구를 인용했다. 또한 이들은 Dawn Szymanski의 레즈비언, 게이, 양성애자, 트랜스젠더 대학생을 위한 안전 지역 프로그램 연구와 Lisa Goodman이 보스턴 칼리지에서 수행한 대학원생들을 위한 신입생 경험(First Year Experience) 프로그램을 인용했다. 정치/법률 및 국제적 차원에서는, Sharon Horne의 작업(지역과 주 차원에서 LGBT 권리 신장 및 초국가적인 차원에서의 작업)과 Kathryn Norsworthy의 작업(주 차원에서 국내 파트너의 혜택에 대한 옹호 및 아시아에서 국제적 작업)이 강조되었다. 이는 각 수준에서 사회정의를 위해 노력하는 많은 상담심리학자의 몇몇 예에 불과하며, 이 장의 앞부분에서도 다른 예들이 강조되었다. 우리는 앞으로 10년 동안 상담심리학에서 사회정의 작업에 대한 더 많은 사례를 볼 수 있을 것으로 기대한다.

요약

상담심리학은 오랫동안 다양성과 사회정의의 문제에 있어서 선두 주자였다. 다문화주의에 대한 강조가 증가하고 권력, 특권, 차별, 억압의 문제가 인식됨에 따라, 상담심리학자들은 우리의 다양한 사회적 정체성과 관련된 많은 연구와 옹호 노력을 하고 있다. 우리는 지금까지 가장 많은 연구를 해 온 세 가지—인종-민족성, 성-성별, 성적 지향성—에 초점을 맞추었다.

우리는 다양성과 다문화주의, 인종과 민족성, 성역할, 성적 지향과 성적 정체성이라는 용어에 대한 정의와 논란에 대한 개요를 제공했다. 또한 우리는 인종차별주의, 성차별주의 및 이성애주의에 대해서도 개괄적으로 알아보았다. 여기서 다룬 주의들과 이 장에서 충분히 다루지 못한 다른 것들(예: 연령차별주의, 계급차별주의)은 상담심리학자들이 꼭 이해해야 하는 중요한 것들이다. 이러한 용어들 사이의 미묘한 차이와 복잡성 때문에 이러한 이슈들 사이의 역동적인 상호작용을 이해하고 흐름을 유지하기 위해서 전문적인 직업이 요구된다.

인종과 민족성에 관해서는 인종차별주의, 문화적 적응과 이민, 인종 정체성 이론의 세 가지 주요 이슈에 집중했다. 몰인종적 이념과 미세공격에 관한 문헌을 검토했다. 우리는 미국의 인구통계학적 변화와 정치적 이슈를 감안할 때 이민 문제에 관한 지식의 중요성이 증가하고 있다는 사실에 주목했다. 그리고 그 분야에 가장 큰 영향을 미친 인종 정체성에 대한 이론들, Cross(1971, 1991)의 심리적 흑인 정체성 모델과 Helms(1984, 1992)의 백인 정체성 모델을 살펴보았다.

성역할에 관한 단락에서, 우리는 남성과 여성의 심리학에 있어서 문헌의 작은 부분을 검토했다. 우리는 특히 남자의 성역할 갈등과 여자의 대상화 결과, 여성에 대한 폭력에 관한 정보를 검토했다. 인종과 민족이라는 문제에서처럼, 상담심리학자들에 의해 제공된 여성과 남성의 심리학에 관한 자료들은 한 챕터의 부분으로는 충분하게 다루어질 수 없다. 하지만 우리의 목표는 독자들에게 중요한 주제를 소개하고 연구자, 이론가, 사회정의 옹호자로서의 상담심리학자의 역할을 강조하는 것이었다.

또한 우리는 성적 지향성에 관한 주제를 다루었으며, 다른 단락과 마찬가지로 복잡한 문제를 정의하고 연구하는 데 어려움을 겪었다. 우리는 이성애주의, 성 정체성 발달 모델과 결혼과 육아 문제에 초점을 맞추었다. 시간이 지나면서 초점과 연구방법이 달라진 것은 꽤 분명하며, 이러한 주제를 다루는 데 있어서 정교함이 증가되고 있다. 현재의 정치적·사회적 환경에서 성적 소수자에 대한 더 큰 수용과 더 어려운 정치적 도전이 있음은 분명하다. 이런 광범위한 사회정치적 문제들은 개인들에게 영향을 미치며, 이는 상담심리학자들에게도 중요하다. 하지만 상담심리학자들 또한 사회정의를 중심 가치로 간주하기 때문에, 광범위하고 체계적인 문제들 또한 (그들이 지지하고, 연구하고, 직접적인 정치적 활동을 하는) 레퍼토리의 일부이다.

상담심리학에서의 사회정의에 대한 논의로 결론을 맺는다. 우리는 Vasquez(2012)가 제안한 "인간의 고통을 줄이고 평등과 정의를 증진시키기 위한 노력"이라는 정의를 강조한다. 따라서 상담심리학자들은 (고통을 줄이기 위한) 치료적 역할과 (모두에게 공정한 대우, 기회, 자원의 접근 권한을 보장하기 위한) 예방적 역할의 균형을 맞춘다. 우리는 심리상담에서 사회정의가 이루어진 많은 사례를 재검토하고, 그것이 그 분야에서 행해지고 있는 실제적인 일의 일부분이라는 것을 인식한다. 우리는 이 장을 읽음으로써 독자들이 이러한 문제들에 대해 잘 알고 스스로 추가적인 정보를 찾게 되기를 바란다.

제**7**장

강점 작업하기: 상담심리학의 소명

    강점과 그 관련 개념인 최적의 기능(optimal functioning)은 초창기부터 상담심리학의 뿌리 깊은 일부였다(Walsh, 2003). 앞서 제1장에서 언급한 바와 같이, 사실 강점과 최적의 기능에 초점을 두는 것은 지난 수십 년간 매우 중요하며 오랫동안 지속되어 온 전문성에서의 핵심적인 가치였다. 이러한 성향은 비록 심각한 정신장애를 지닌 사람들과 함께 작업했음에도 불구하고, 상담심리학의 초점을 정신병리학(또는 질병)보다는 위생학(또는 건강)에 두어 강조하는 Donald Super(1955)의 진술에서 가장 두드러지게 나타난다. 따라서 상담심리학자들은 심각한 문제를 지닌 사람들 역시 강점, 자산 및 대처 능력을 가지고 있으므로, 사람들의 강점을 찾고 그 강점에 기반을 두어 함께 다루는 것이 가치 있다는 입장을 취하였다. 희망과 낙관주의로 특징지어진 이러한 관점은 다음과 같은 신념에 기반을 둔다.

    비록 개인이 무력한 태도와 감정, 더딘 성숙, 문화적 박탈, 기회 부족, 질병, 부상, 노

---

http://dx.doi.org/10.1037/14378-007

Counseling Psychology, Third Edition, by C. J. Gelso, E. N. Williams, and B. R. Fretz

화로 인해 손상을 입었다 하더라도, 그는 변화할 수 있고, 만족스러운 삶을 이끌 수 있고, 스스로 방향을 설정할 수 있고, 자신의 자원을 활용하는 방법을 찾을 수 있다(Jordaan, Myers, Layton, & Morgan, 1968, p. 2).

제1장에서 논의한 바와 같이, 강점과 최적의 기능에 초점을 두는 것은 상담심리학자들이 그들의 연구에서 취하는 발달적, 예방적, 교정적인 역할에서 입증된다. 그러나 강점에 초점을 두는 것은 Menninger, Mayman, Pruyser(1963)가 언급했듯이 우리는 내담자들이 "더 잘 살아갈 수 있도록"(p. 401) 도울 것이라는 발달적인 역할에서 가장 두드러진다.

비록 이러한 깊은 철학적 헌신이 20세기 상반기에서 후반기까지 상담심리학의 선구자로 보일지라도(Lopez et al., 2006), Gelso와 Woodhouse(2003)는 1950년대 초기부터 15년에서 20년의 기간 동안 긍정적인 정신건강과 인간의 강점에 대한 개념이 특히 빠른 속도로 발달해 왔다고 언급하였다. 이는 정신장애와 정신건강 공동위원회(Joint Commission on Mental Illness and Mental Health, 1961) 연구에서 강력하게 입증되었다. Jahoda(1958)는 위원회의 연구에 어떠한 일이 발생하고 있는지를 정확하게 집어냈다.

> 우리는 보통 '정신질환'과 호환되는 용어로 '정신건강'을 사용하는데, 이는 '공중 보건'이 일반적으로 다양한 방법으로 질병을 예방하고 통제하는 것을 언급하는 것과 같이 완곡한 방법으로 사용된다. 정신건강 집단에 참여하여 정신건강 운동에 중요한 기여를 하고 있는 행동과학자들은 '아픈 행동(sick behavior)'에 주된 초점을 두는 것에 불만을 표현했다. 그들은 긍정적인 영향력으로서 정신건강에 대한 관심이 개념적으로 분명하고 실제로 유용하기 위해서는 더 새롭고 넓은 관점이 필요하다고 주장하였다(p. ix).

이 시기에 높은 수준의 기능(high-level functioning)에 대한 중요한 개념화가 발전했다. Rogers(1962)의 충분히 기능하는 사람, Allport(1963)의 성숙한 인격, Heath(1964)의 합리적 모험가, Maslow(1970)의 자아실현적 인간 등이 높은 수준의 기능에 대한 개념화의 예이다. 이러한 개념들은 상담심리학자들에 의해 개발되지 않았지만 전문 분야에서 중요한 의미를 지니고 있으며, 상담심리학자들은 연구에 이러한 개념들을 통합시키고자 노력하였다. 예를 들면, 그 당시에 Foreman(1966)은 심리적으로 매우 높은 수준으로 기능하여 '열정적(zestfuls)'이라 불린 대학생들과 '일반적인(normal)' 정신건강을 지닌 대학생들을 비교함으로써 최적의 기능에 대해 연구하였다. 이론적인 수준에서는 상담심리학자인 Blocher(1966, 1974)가 효과심리학(psychology of effectiveness)을 발달시켰다. Blocher는 이전의 잘 기능하기(well-functioning)의 개념이 "살아 있는 사람보다는 미덕의 귀감(paragons of virtue)을 이상적으로 묘사하는 것"(1966, p. 97) 같이 보인다는 이유로 비판적이었다. 그는 효과적인 성격의 다섯 가지 특성을 일관성, 헌신, 통제성, 유능감, 창의성으로 이론화했다. 이러한 특성들은 이상화되기보다는 실제 사람들이 지닌 강점으로 여겨졌다.

Gelso와 Woodhouse(2003)가 언급한 바와 같이, 이러한 이론적·경험적 문헌이 나온 시기의 후반기 무렵부터 인간의 잠재력에 대한 움직임이 본격적으로 시작되었다. 이때 '전쟁이 아닌 사랑을 하자.'와 '감금되지 말고 회복하라.'와 같은 문구가 자주 들려왔다. 그러나 1970년대 중반에 이르러 최적의 기능과 강점에 대한 연구는 몇 가지 주목할 만한 예외를 제외하고는(다음 단락 참고) 중단된 듯 보였다. Gelso와 Woodhouse는 다음과 같이 제안하였다.

> 의심할 여지 없이, 복잡한 사회적, 문화적, 경제적 요인들은 긍정적인 방향으로 향하는 움직임의 근원이었다. 또한 이러한 요인들은 그러한 움직임을 마치게 하는 장본인이기도 했다. 이후 심각한 경기 침체와 함께 베트남 전쟁 후 냉소주의 시대가 훨씬 더 보수적인 시대에 개막하였다. 긍정적인 정신건강과 인간 강점에 대한 관심이 심리학의 의식 속에서 서서히 멀어져 갔다(pp. 172-173).

비록 베트남 전쟁 이후 강점은 상담심리학의 철학적인 부분으로서 지속적으로 관심을 받아 왔고, 일부 연구 역시 긍정적인 특성에 관한 연구를 지속해 왔지만, 강점의 활용 혹은 최적의 기능에 대한 이론은 거의 없었다. 사실 1990년대 초반까지 발달심리학과 상담심리학이 서로 기여한 점에 대한 개관에서, Gelso와 Fassinger(1992)는 상담심리학에서 채워지지 못한 갈증을 해결하기 위해 건강한 혹은 효과적인 자기(self)에 대한 연구를 고려하였다.

긍정성에 대한 낮은 관심은 금세 다시 변화하였고, 이러한 변화는 외부의 상담심리학으로부터 자극을 받아 시작되었다. Martin Seligman은 1990년대 후반 미국심리학회(American Psychological Association: APA)의 회장직에 있을 동안 강력하게 강점에 대한 연구를 촉진했고, 긍정심리학(positive psychology)이라는 용어를 창시하였다. Seligman

은 심리학에서 결함(deficit)에 대해 지나치게 관심에 가지는 데 반하여 긍정성에는 낮은 관심을 가지는 것에 대하여 한탄하였다. 그는 Csikszentmihalyi와의 논문에서 이렇게 언급하였다.

이 시점에서 사회 및 행동과학은 매우 중요한 역할을 할 수 있다. 이들은 이해하기 쉽고 매력적인 동시에 경험적으로 좋은 삶(good life)의 전망을 표현할 수 있다. 또한 어떠한 행동이 안녕감, 긍정적인 개인, 번영하는 공동체로 이어지는지 보여 줄 수 있다. 심리학은 어떤 유형의 가족이 아이들의 성공을 이끄는지, 어떤 업무환경이 근로자들의 높은 만족감을 지원하는지, 어떤 정책이 가장 강력하게 시민의 참여를 이끌어 내는지, 어떻게 사람들의 삶이 가장 가치 있을 수 있는지에 대해 기록할 수 있어야 한다.

아직 심리학자들은 무엇이 삶을 가치 있게 만드는지에 대한 지식이 부족하다. 그들은 어떻게 사람들이 역경 속에서 견디며 생존하는지에 대해서는 꽤 많이 이해하게 되었다. 그러나 심리학자들은 평범한 사람들이 평범한 조건에서 어떻게 번영하는지에 대해서는 거의 알지 못한다. 제2차 세계 대전 이후, 심리학은 치료(healing)의 많은 부분을 차지하게 되었다. 인간의 질병 모델 내 발생하는 손상을 회복시키는 것에 집중하였다. 이처럼 정신병리학에 지나친 관심을 두는 것은 충분히 기능하는 개인(fulfilled individual)과 번영하는 공동체를 도외시하였다. 긍정심리학의 목표는 삶에서 일어날 수 있는 가장 최악의 사태들을 보수하는 데 골몰해 있던 심리학을 최상의 삶의 질을 형성하는 방향으로 변화하도록 촉진하는 것이다(Seligman & Csikszentmihalyi, 2000, p. 5).

이러한 진술에서 Seligman과 Csikszentmihalyi(2000)는 앞서 기술된 역사를 무시하고, 상담심리학이 강점에 관해 오랫동안 지향하던 부분 혹은 그 당시까지 치료에서 강점, 최적의 기능, 강점의 활용에 대한 연구를 위해 기여했던 바를 포함하지 않은 것으로 보인다. 그러나 긍정심리학에 대한 Seligman의 이러한 유별난 관심은 상담심리학 안팎으로 이러한 주제들에 대한 과학연구와 실무가 활성화되는 데 기여하였다.

이 장의 후반부에서는 상담심리학에서 긍정심리학의 역할, 심리학적 개입에 있어서 상담심리학이 강점과 강점 활용 연구에 최근 기여한 부분, 긍정성 발전에 도움이 되는 상담건강심리학 분야를 좀 더 탐색하고자 한다.

긍정심리학과 상담심리학

Lopez와 Edwards(2008)에 따르면, 긍정심리학이라는 용어는 정확하지는 않지만 다양한 방법으로 사용되어 왔다. Lopez와 Edwards는 PsycINFO에서 855개의 참고문헌과 Google 검색의 1,030만 개 검색 내역을 통해 긍정심리학의 용어가 철학, 과학, 운동, 실무, 그리고 전문적인 분야를 기술하는 데 사용되어 왔다고 지적하였다. 또한 긍정심리학의 개념에 대해 "최적의 기능에 대한 과학적이고 실용적인 추구"(Lopez & Edwards, 2008, p. 87)로서 합리적인 정의를 제공하였다. 긍정심리학은 다음의 세 가지 영역, 즉 (가) 긍정적인 주관적 경험(예: 기쁨과 즐거움과 같은 긍정정서), (나) 긍정적인 개인의 특성(예: 성격강점과 미덕), (다) 앞의 두 가지를 가능하게 하는 긍정적인 조직과 공동체(Seligman & Csikszentmihalyi, 2000)를 포함하는 것으로 보인다. 최근 몇 년간 이들 중 긍정적인 주관적 경험과 개인의 특성을 연구하는 데 중점을 두었다. 예를 들면, Lopez와 Edwards(2008)는 애착, 몰입, 영성, 마음챙김, 기쁨, 만족감, 그리고 특히 행복에 대한 긍정적인 주관적 경험이 연구되어 왔다는 것에 주목했다. 또한 희망, 낙관주의, 자기효능감, 정서지능, 지혜, 용기, 특히 성격강점과 같은 긍정적인 개인의 특성이 사회과학자들로부터 많은 관심을 받아 왔다고 지적했다(p. 87).

긍정 경험, 강점, 최적의 기능에 관한 연구와 이론의 수준

상담심리학자들에 의해 강점과 최적의 기능이 어떻게 연구되어 왔는지를 고려할 때 광범위한 이론에서부터 개인의 긍정 특성과 정서 경험에 대한 개념화에 이르기까지 네 가지 수준의 연구와 이론을 생각할 수 있다. 이러한 수준을 각각 살펴볼 필요가 있다.

가장 첫 번째로 광범위한 수준은 보편적이면서 시간과 문화를 초월하는 인간의 최적의 기능에 관한 이론들로 구성된다. 이로써 우리는 보편적인 강점과 미덕을 이론화할 수 있으며, 이러한 특성들이 어떻게 상호작용하는지, 어떻게 발달되었는지, 어떻게 가능하게 되었는지, 어떻게 사람들의 삶에 영향을 미치는지에 관해 이론의 틀을 구성할 수 있다. 앞서 말한 충분히 기능하는 사람(Rogers, 1962), 자아실현적 인간(Maslow, 1970), 성숙한 인격(Allport, 1963), 효과적인 성격(Blocher, 1966)이 그러한 광범위한 이론의 예이다.

40년보다 더 오래전에 강점과 자아심리학 영역에서 선두적인 이론가들 중 하나였던 R. W. White(1973)는 건강한 성격에 관한 광범위한 수준의 이론들이 두 가지 주요한 이유로 문제가 있다고 지적하며 상담심리학자들에게 경고하였다. 첫째, 이러한 이론들은 의학적 모델과 의견을 나란히 하는 듯 보였고, 둘째, 더 중요한 것은 길게 나열된 개인의 긍정 특성들의 구성이 각각의 사람들이 개별화된 삶의 방식을 발전시키고자 하는 현실을 간과하고 있다는 것이다. 이러한 패턴 안에서는 그 누구도 긍정적인 모든 특성을 다 가질 수 없다. 왜냐하면 어떤 특성들은 부정적으로 관련되기 때문이다. 예를 들면, 훌륭한 의사에게 필요한 긍정적인 특성들은 아마도 좋은 친구나 연인에게 필요한 특성과는 반대일 수 있다. 대신에, White는 효과적인 특정한 특성(예: 유능감)에 관한 연구를 주장하였다.

White의 이러한 추론이 유효할지도 모르는 이유는 그의 논문이 발간된 이후로 상담심리학에서 광범위한 수준의 건강한 성격에 관한 이론들이 나타나지 않았기 때문이다. 그러나 White의 관점에 대해 Cattell(1973)이 말한 것처럼, 모든 문화에 걸쳐 나타나는 성숙함의 공통된 핵심, 즉 생존과 성공에 필요한 특정한 특성들(예: 지능, 충동조절능력, 통찰력, 신뢰성)이 있을 가능성이 있다.

Gelso와 Fassinger(1992)는 보편적인 수준 및 두 번째 수준에서 이론과 연구가 효과적이거나 건강한 성격(또는 최적의 기능을 추가하는 것)에 유용할 것이라고 제안하였다. 두 번째 수준은 더 많은 상황특징적 혹은 문화특징적인 이론을 포함한다. 이 수준에서는 민족성, 인종집단, 혹은 더 넓은 의미에서 문화집단 내 최적의 기능에 대한 이론을 발전시킬 수 있다. 이러한 집단들 간의 유사점 혹은 차이점 또한 이론화될 수 있고 연구될 수 있다. 이와 유사하게, 이러한 집단들은 특정한 영역(예: 일, 건강, 혹은 관계)에서 최적의 기능과 관련 있기 때문에, 그들의 초점은 성격과 발달적 요인에 맞추어질 수 있다.

이러한 두 가지 수준에 관해서, 상담심리학자들이 효과적인 기능에 대해 이론을 세우고 연구한 주요 영역은 직업 선택과 발달일 것이다(Robitscheck & Woodson, 2006; Savickas, 2003). 이러한 연구자들은 긍정 발달이나 최적의 기능에 초점을 맞추는 상담심리학의 직업심리학 영역에서 연구와 이론을 강조하였다. 그들은 직업상담심리학자들이 역사적으로 발달의 긍정적인 측면을 강조해 왔고, 사람들의 강점을 구축하는 데에 중점을 둔 상담심리학의 토대가 되어 왔다고 제안하였다.

　세 번째 수준에서 상담심리학자들은 일반적으로 긍정적이거나 적응적인 개인의 특성 혹은 자질들을 연구하였다. Seligman과 Csikszentmihalyi(2000)가 강조하고 Lopez 와 Edwards(2008)가 지적한 바와 같이, 이들은 성격강점과 미덕을 포함한다. 상담심리학자들이 가장 많은 연구를 했던 것으로 보이는 바로 그 수준이다. 지난 몇 년 동안 상담심리학 연구와 이론에 초점을 맞춘 특성과 자질에 관한 몇 가지 예로 자기효능감(Hackett & Betz, 1981), 효과적인 문제해결력(Heppner & Krauskopf, 1987), 안전애착(Woodhouse, Schlosser, Ligiero, Crook, & Gelso, 2003), 회복력(Arbona & Coleman, 2008), 진로의사결정의 적응성(Gadassi, Gati, & Dayan, 2012), 직업만족(Lent, 2008)이 있다. Gelso와 Fassinger(1992)는 이러한 구체적인 수준의 연구에서 개인의 특성 혹은 자질이 건강하거나 효과적인 성격과 기능에 관한 더 광범위한 이론적 체계 안에 배치된다면 가장 효과적으로 유용할 것이라고 제안하였다. 비록 그렇다 하더라도, 개인의 긍정적인 자질의 수준에서 연구하는 것 역시 매우 가치 있을 수 있다.

　상담심리학자들의 네 번째 그리고 마지막 수준의 이론과 연구는 긍정 정서와 경험에 포함된다. 비록 이 수준에서 상담심리학 내 일부 연구가 이루어졌지만, Lopez와 Edwards(2008)는 이 영역에서의 연구가 무엇이 개인의 행복을 구성하고 있는지와 행복에 관해 떠오르는 이론들에 의해 지배되어 왔다고 말했다.

　우리는 Seligman과 Csikszentmihalyi(2008)의 세 번째 영역에서의 연구에 대해서는 언급하지 않았는데, 이는 긍정 특성 및 자질과 긍정 정서 및 경험을 촉진하는 긍정적인 공동체와 조직을 의미한다. Gable과 Haidt(2005)는 이 영역이 긍정 특성과 긍정 정서의 영역만큼 많은 관심을 끌지 못했다고 말했다. 그러나 이는 상담과 다른 심리학자들이 다루기에 유익한 영역이다.

강점 기반 개입

　상담심리학자들은 상담과 심리치료에 있어서 내담자들의 강점을 돌보고 활용하고 촉진하는 방법에 오랫동안 관심을 가져 왔다. 그러나 최근까지도 상담자들이 실제로 강점을 다루거나 촉진하기 위해 어떤 노력을 하는지에 대한 명확한 기록이 거의 없다. 21세기가 되어서야 이 분야는 이론화되기 시작했고, 개입 차원에서 어떻게 강점을 돌보고 활용해야 하는지에 대해 연구하기 시작했다. 최근에 강점이 어떻게 기존의 이론적 접근(제11~14장)에서 활용될 수 있는지와 특히 강점에만 중점을 둔 새로운 접근에 관해 임상적·이론적 논의가 이루어졌다.

강점에 관심 가지기

우리는 상담심리학자와 임상심리학자와 같은 관련 전문 분야의 심리학자들이 평가와 치료를 포함한 그들의 연구에서 실제로 어느 정도 내담자의 강점에 관심을 기울이고 있는가에 대한 질문을 다루면서 시작할 것이다. 두 가지 최근 연구는 상담자들이 치료에서 내담자의 강점에 주의 깊게 주목하고 이를 활용하는 것으로 보인다는 사실과 관련된다. 예를 들면, 질적 연구에서 Scheel, Davis, Henderson(2013)은 치료 동안에 상담자들이 내담자의 강점을 어떻게 그리고 어느 정도로 돌보는지를 알기 위해 여덟 명의 상담자와 인터뷰를 진행하였다. 이 상담자들은 다양한 이론적 성향을 지닌 것으로 확인되었다. 연구의 일환으로, 참가자들은 그들의 치료에서 강점 중심의 중요도와 문제 중심의 중요도에 대해 평가하도록 요청받았다. 1점(전혀 중요하지 않음)~10점(매우 중요함)인 10점 척도에서 강점 중심에 대한 상담자들의 평균 평점은 8.88인 반면, 문제 중심에 대해서는 8.13점으로 나타났다. 또한 작지만 다양한 이론적 성향을 지닌 상담자들의 표본은 그들이 자신의 치료에서 강점을 매우 중요하게 여겼음을 보여 준다.

또한 Scheel과 그의 동료들(Scheel et al., 2013)은 상담자들이 결함과 강점을 연속체의 양극단으로 보는 것이 아니라, 두 가지 모두에게 동등한 관심을 보이려 했음을 예상치 못하게 발견하였다. 이러한 상담자들은 문제와 강점을 두 개의 다른 연속체로 보았고, 이는 동시에 문제와 강점에 집중하는 것을 가능하게 했다.

Harbin, Gelso, Pérez Rojas(2013)는 폭넓은 상담 경험과 이론적 성향을 지닌 많은 상담자를 대규모 표본(N=225)으로 연구하였다. Scheel과 동료들(2013)의 소규모 표본 연구와 유사하게, Harbin과 동료들은 상담자들이 내담자의 강점을 다루는 것을 매우 중요하게 여긴다는 사실을 발견하였다. 그리고 중요도 등급은 조사되었던 치료의 세 가지 요인에서 높게 나타났다. 이 세 요인은 (가) 강점을 어떻게 다룰 것인가를 고려한 상담자들의 긍정심리학 이론의 활용, (나) 상담자들의 강점 평가, (다) 상담자가 치료 과정에서 내담자의 관심을 끌고 변화를 지원하는 것이다. 상담자들의 강점 작업에 대한 중요도는 그들의 이론적 성향과 관련이 있었다. 인지행동, 인본주의-경험주의, 여성주의-다문화의 이론적 성향을 지닌 상담자가 많을수록(제12, 13, 14장 참조), 그들의 강점 작업에 대한 중요도는 더 강해졌다. 그러나 정신분석적–정신역동 성향을 지닌 경우에는 대개 강점을 다루는 상담자의 중요도와 관련이 없었다.

마지막으로, 이러한 중요도 등급은 상담자들이 실제 그들이 본 내담자와 강점으로 작업했던 보고와 상당히 관련이 있었다. 또한 중요도 등급은 상담자가 실제로 내담자에게 행하는 것으로(행한다고 보고하는 것으로) 전환되는 것으로 보인다. 전반적으로, 현 시점에서 봤을 때 심리치료사들은 치료에서 평가를 진행할 때, 긍정심리학 이론을 반영할 때, 내담자의 성장을 지원할 때 그들이 지닌 강점에 많은 관심을 기울이는 것으로 보인다.

기존의 이론적 접근으로 강점에 관심 가지기

기존의 치료적 접근에서, 내담자를 평가할 때와 치료가 제공되는 동안에 강점을 다룰 수 있다. 평가는 특히 치료의 초기 단계에서 일어날 수 있을 뿐만 아니라 상담 과정을 통해서도 계속 유지된다.

강점 평가하기

긍정심리학 운동은 긍정성에 대한 지나친 강조로 비판을 받아 왔다. 사실상 치료에서 강점에 관심을 두는 것에 대해 글을 쓰는 사람이라면 누구나 내담자의 취약점이나 정신병리를 심각하게 받아들이는 것의 중요성 역시 언급할 것이다. 여전히 긍정성에 중점을 두는 경향은 독자들로 하여금 '상담자들이 어떻게 정신병리뿐만 아니라 강점까지 다룰 수 있을까?'라는 의문을 가지게 한다. 상담자들은 명백히 내담자들의 정신병리를 단순하게 무시할 수 없다. 내담자들은 어찌 됐든 현재 고통을 겪고 있고, 그들이 다루고 해결하기를 원하는 문제와 갈등 혹은 장애를 지니고 있기 때문에 치료를 원한다. 따라서 상담자들이 강점과 결함을 모두 평가하는 것은 중요하다. 사실, 상담자는 내담자의 환경에서 자원과 결함에 대한 정보도 필요하기 때문에, 내담자의 강점과 약점에 대해 질문하는 것만으로는 충분하지 않다. Wright와 Lopez(2002)는 그들의 네 가지 전면 접근법(Four Front Approach)에서 유용한 틀을 제공했다. 심리학자들은 인간의 기능에 대한 네 개의 질문을 고려하도록 요구받았다. 이 네 질문은 (가) 개인의 강점과 자산은 무엇인가, (나) 인간의 결함과 부족한 성격은 무엇인가, (다) 개인의 환경에 존재하는 자원과 기회는 무엇인가, (라) 환경에서 결핍되고 파괴적인 요소는 무엇인가였다. Lopez, Edwards, Magyar-Moe, Pedrotti, Ryder(2003)가 제안한 바와 같이, 네 가지 전면 접근법은 인간의 행동과 상황을 좀 더 복합적으로 보도록 안내하고 상기시켜 주는 유용한 역할을 할 수 있다. 또한 Lopez와 동료들은 인간의 강점과 취약성을 평가할 때 내담자의 문화적 배경 및 환경에서의 기회와 결핍을 탐색하는 것의 중요성을 강조하였다.

강점(혹은 취약점)을 평가하는 것은 소위 사례개념화라 일컬어지는 맥락에서 주로 발생한다. 여기에서, 치료 초기에 상담자는 내담자가 제시하는 문제, 문제 배경, 성격 혹은 행동 패턴, 내담자가 어떻게 행동할 것 같은지 등 내담자에 대해 개념화한다. Gelso와 Woodhouse(2003)는 이러한 개념화의 일부로 강점과 관련된 질문들을 열거하였다.

- 내담자는 삶의 어떤 영역에서 잘 수행하고 있는가?
- 내담자의 내적–심리적 자산은 무엇인가?
- 내담자의 적응력은 어떠한가? 그 혹은 그녀가 자기 자신과 자신의 심리과정을 살펴볼 수 있는 능력은 무엇인가?
- 내담자가 스스로를 이해할 수 있는 능력은 무엇인가?
- 내담자가 관계에서 지닌 강점은 무엇인가?
- 내담자의 직업, 진로에서의 강점과 자산은 무엇인가?
- 내담자가 지닌 사회적 지지는 무엇인가?

또한 Gelso와 Woodhouse(2003)는 개별적인 내담자에 따라 어떤 질문을 해야 하는지를 맞추어야 하며, 이러한 질문은 상담 시간이나 심리평가를 통해 혹은 둘 다를 통해 다루어질 수 있다고 하였다. 또한 상담자는 치료 시간 내뿐만 아니라 보다 전반적으로 내담자의 강점을 고려하는 것이 중요하다. 예를 들면, '치료 과정의 어떤 측면으로 인해 내담자가 잘 적응할 수 있는가? 내담자는 상담자와 건강한 작업 동맹을 맺을 수 있는가? 상담에서 내담자는 감정을 경험할 수 있는가? 그 혹은 그녀가 충동과 감정에 대한 통제력을 어느 정도 유지할 수 있는 능력을 가지고 있는가?'와 같다. 비록 이러한 평가 중심의 질문들이 대부분 상담 초기에 자주 발생할지라도, 평가 역시 상담을 통해서 진행 중인 하나의 과정으로 볼 수 있다(제10장 참조).

치료 동안의 강점

각각의 주요한 이론적 성향은 심리적 건강, 효과적인 기능, 강점이 어떻게 치료에서 다루어져야 하는지에 대한 전망을 가지고 있다. 이러한 견해들은 때로 명확하게 설명되기는 하지만, 대부분 암시적이고 애매하다. Gelso와 Woodhouse(2003)는 상담자들이 실제로 내담자의 강점을 활용하고 강점에 기반을 두는 것에 초점을 맞추어 상담 중에 어떻게 강점을 다룰 수 있는지에 대한 다양한 예시를 제공하였다. 이러한 전략은 다양한 이론적 성향을 가로질러 사용될 수 있다. Gelso와 Woodhouse가 제공하는 사례의 예시와 함께, 이러한 전략들은 다음과 같이 묘사될 수 있다.

강점을 언급하기

Wachtel(1993, 2011)의 업적 외에, 치료 과정을 촉진하기 위해 내담자의 강점을 언급하는 방법에 대해서는 거의 보고되지 않았다. 가끔은 단순히 내담자의 강점을 언급하는 것이 매우 도움이 될 수 있다. 예를 들면, 대학교 1학년 학생이 대학 생활에 적응하고 친구를 사귀는 데 어려움을 겪고 있었다. 이 내담자는 그녀의 집에서 멀리 떨어진 대학에 다니면서 고등학교 친구들과의 정기적인 연락을 놓치게 되었다. 대학교 기숙사 부족으로 인해 평소와 달리 고립된 생활환경을 경험하게 되었다. 그녀의 상담자가 내담자에게 고등학교 때 친구를 사귈 수 있었던 사회적 기술을 언급했을 때, '사회적 기술을 잊어버리는 것'에 영향을 미치는 그녀의 삶에서 현재 일어난 일들에 대해 탐색하였다. 이를 통해, 상담자는 비록 그 당시에는 분명해 보이지 않았지만, 그녀의 매우 강력한 사회적 기술이 무엇이었는지를 확인할 수 있었다.

또한 발달의 초기 단계에서 강점을 언급하는 것은 유용할 수 있다. 상담자는 발달하는 강점을 지적할 수 있고, 이는 내담자가 자신이 이러한 강점을 소유하고 있다는 사실과 더불어 그러한 강점을 가진 것에 대한 느낌을 탐색하는 데 도움이 될 수 있다. 예를 들면, 한 내담자는 관계에서 자신의 기대를 표현하는 데 상당히 어려움을 겪고 있다. 특정 상담 회기에서 그는 감정적으로 요동이 없었으며, 상담자는 이에 대해 지적했다. 내담자는 그가 회피해 왔던 주제에 대해 상담자가 좀 더 직면시켜 주기를 내심 바랐다는 속마음을 털어놓았으며, 상담자는 내담자에게 이러한 기대를 표현할 때 어떤 느낌이 들었는지를 물었다. 이 내담자에게 있어서 이전에 그가 할 수 없을 것이라 느꼈던 것을 실제로 할 수 있었다는 인식은 그가 원하는 대로 할 수 있다는 그의 능력에 대해 믿음을 쌓는 것에도 도움을 주었다.

Wachtel(1993)은 올바른 방향으로 작은 부분들에 대해 상담자가 언급함으로써 강점을 구축하는 과정이 도움을 받을 수 있다고 하였다. 그는 남성과 데이트하는 것에 문제를 가지고 상담에 방문한 여성 내담자를 예로 들었다. 상담자는 내담자에게 그녀가 데이트했던 남자들을 매우 비난하고 있다고 언급하였다. 내담자가 비난하지 않고 자신의 주장을 펼칠 때를 묘사했을 때, 상담자는 다음과 같이 언급하였다.

> 당신이 그에게 그가 얻은 것보다 더 많이 얻었다고 말하려는 게 아니라, 다만 잘 살고 있다는 것을 말하려 한다는 걸 알았어요. 내 생각엔 이걸 알아차리는 건 중요할 것 같아요. 왜냐하면 분명하게 그리고 직접적으로 의사소통을 하면서도 그를 위협하거나 지나치게 경쟁적이지 않으니까요(Wachtel, 1993, p. 117).

상담의 목표는 내담자가 남성과 의사소통하는 데 있어서 문제적인 방법이 아니라 그녀가 보여 준 능력을 바탕으로 더 효과적으로 의사소통하도록 하게 하는 것이었다. 이처럼 때때로 긍정적인 측면을 주의 깊게 살펴보는 것은 중요하다. 예를 들면, 자신의 감정을 경험하거나 탐색할 수 없어서 매우 곤란을 겪고 있는 내담자의 경우, 마음을 터놓는 것을 향해 작은 걸음을 뗐을 때를 주목하는 것이 도움이 되었다. 시간이 지나면서, 그녀의 내적인 세상을 경험할 수 있는 능력이 성장하였다. 때때로 어떠한 강점도 분명하지 않을 때, 상담자는 강점의 징후를 기다리며 지켜볼 필요가 있을 수 있다.

치료자가 강점을 발견하고 언급하려고 할 때 고려해야 하는 몇 가지 중요한 요소가 있다. 네 가지 주요 요소는 (가) 강점은 새로운 긍정적인 행동을 보이기보다는 오래된 부정적인 행동을 피하는 데에서 때때로 나타나고, (나) 강점은 내담자 삶의 다른 생활 영역에서 입증되지 않은 치료적 관계에서 나타날 수 있고, (다) 내담자가 긍정 정서의 신체 경험에 대해 자각하도록 돕는 것이 효과적일 수 있으며, 마지막으로 (라) 내담자의 강점에 대해 비언어적인 반응을 보이는(예: 내담자의 발전에 기쁨을 보이는) 것 역시 가치 있을 수 있다는 것이다.

때로는 상담자가 내담자의 강점에 대해 명백하게 언급하지 않는 것이 최선일 수도 있음을 유의해야 한다. 예를 들면, 저자들 중 한 명은 어린 시절 내내 자신의 부모님으로부터 부정적인 감정들을 무시당했던 여성 내담자와의 장기 치료 경험이 있었다. 그녀는 긍정적인 것에 대한 치료자의 관심을 어린 시절부터 경험했던 무시하는 태도의 반복으로 경험하였다. 이후, 치료 후기에 결국 그녀는 자신의 긍정적인 면에 대한 언급을 무시하는 것이기보다는 도움이 되는 것으로 받아들일 수 있었다.

긍정적 재구성

상담자가 숨겨진 강점을 밝히는 한 가지 방법은 다음의 예와 같이 명백한 약점을 탐색될 강점으로 재구성하는 것이다.

> 한 내담자가 15개월 동안 주 2회씩 치료를 받아 왔다. 이 내담자는 권위 있는 실력자로서 자신의 대학원 문제를 처리할 수 없는 것에 불평하였다. 그녀는 과제를 지속적으로 늦게 제출하는 것에 대해 스스로 통제할 수 없다고 말하였다. 그녀는 계속 늦게 과제를 제출하는 이러한 패턴에 대해 무력감을 느꼈고, 이 문제에 대해 그녀의 교수와 지속적인 갈등을 빚었으며, 연구를 중지할 것을 요청받는 것에 대해 매우 걱정하였다. 상담자는 이러한 방어적 패턴에 기반이 되는 강점을 내담자가 깨달을 수 있도록 돕고자 하였는데, 그녀가 계속해서 보고서를 이틀 늦게 제출하기로 선택하는 것은 사실 그녀가 과제에 관하여 상당히 통제하고 있다는 사실임을 언급하였다. 이러한 강점에 기반을 두어 상담자는 내담자가 스스로 선택한 시간에 과제를 제출하기 위해 동일한 통제력을 사용할 수 있음을 제안하였다. 내담자는 이러한 긍정적인 재구성을 잘 활용할 수 있었고, 결국 그녀가 언제 과제를 제출할지에 대한 선택권이 있다는 사실을 깨닫게 되었다. 그녀는 이러한 자신의 행동 패턴과 관련하여 어머니를 향해 반항하는 역동이 반영되었음을 알게 되었다. 내담자가 늦는 것으로 어머니에게 수동적으로 반항할 경우, 어머니는 매우 화를 내면서 반응하였다. 내담자는 그녀의 교수에게 어머니와 비슷한 역동이 벌어지고 있음을 깨닫게 되었다. 일단 이러한 이슈들이 한번 탐색되면, 내담자는 더 이상 이와 유사한 패턴을 지속하지 않는다. 그녀는 선택할 수 있는 그녀의 강점을 스스로 탐색해 보기 시작했고, 제시간에 과제를 제출할 수 있게 되었다(Gelso & Woodhouse, 2003, p. 188).

명백한 약점을 강점으로 재구성할 때, 상담자는 그들이 실제로 강점이라고 언급했던 것을 진심으로 믿는 것에 대해 주의할 필요가 있다. 재구성은 속임수 혹은 상담자가 내담자의 고통을 보고 싶어 하지 않는 인상으로 내비쳐질 수도 있는데, 이는 결과적으로 작업 동맹에 균열을 만들어 내는 공감의 실패로 경험될 수 있다.

방어에 숨겨진 강점에 주의하기

방어는 보통 처리하거나 해결하거나 없애는 것으로 여겨진다. 이러한 의미에서 방어란 개인의 삶에서 일찍이 필요했음에도 불구하고 그것의 유용성을 넘어섬으로써 형성되는 바람직하지 못한 자기보호를 의미한다. 그러나 강점은 종종 방어에 포함되어 있으며, 이러한 강점을 알아차리고 활용하는 것은 도움이 된다. 심지어 상담자와 내담자가 함께 방어를 순화시키거나 해결하기 위해 노력할 때조차도 상담자는 내담자의 강점에 대한 감사함을 공개적으로 표현할 수 있다. 저자들 중 한 명의 사례에서 고통스러운 감정을 회피하기 위한 방법으로 주지화하는 경향이 있는 변호사 내담자와의 치료를 예시로 들 수 있다. 그러나 이러한 방어에 포함된 것은 깊게, 분명하게, 이성적으로 생각하는 능력이므로 강점으로 볼 수 있다. 그는 자신의 마음을 사용하는 것을 즐기면서 변호사 훈련을 통해 지적인 날카로움을 쌓았다. 그는 적응하기 위해서뿐만 아니라 섬세하고 위협적인 감정을 회피하기 위해 방어적인 방법으로도 그의 지성을 사용했다. 이를 통해, 상담자는 사실 이처럼 잘 사고하는 내담자의 능력을 감사해하고 즐거워하였다. 이러한 가치평가는 내담자가 감사함을 느끼도록 도와주었고, 그가 고통에 맞서 방어하기보다는 자신의 감정을 개방하는 방향으로 나아가게 해 주었을 뿐만 아니라 문제를 통해 생각하는 능력을 유지하도록 해 주었다.

이처럼 약점이나 방어에서 강점을 발견하는 것은 때로 내담자에게 뜻깊은 경험이 될 수 있다. Gelso와 Woodhouse(2003)는 이에 대한 예시를 제공하였다. 중요한 것은 상담자가 스스로에게 내담자들의 방어 속에 숨겨진 강점이 무엇인지를 물어보는 것일지도 모른다. 또한 이러한 생각은 내담자들에게 정당한 이유로 방어가 형성되었다는 것과, 그것이 형성되던 때에 내담자 스스로 강점을 나타냈다는 것을 이해하도록 도울 수 있다.

문화적 맥락에서 강점 해석하기

강점과 더불어 취약점은 반드시 내담자의 문화적 배경이 지닌 맥락 안에서 이해되고 해석되어야 한다(Constantine & Sue, 2006). 실제로 모든 문화는 강점뿐만 아니라 취약점을 가지고 있으며, 이는 모든 내담자를 다루거나 평가하는 것의 일부로 이해되어야 한다. 상담심리학도라면 다양한 문화와 친해지는 것은 중요한데, 특히 그의 내담자가 속한 문화일 경우 더욱 중요하다. 민족과 인종은 문화 혹은 적어도 문화의 한 측면을 반영하므로, 상담자들이 그들의 내담자의 인종과 민족성의 문화적 요소를 이해하는 것은 매우 중요하다. McGoldrick, Giordano, Garcia-Preto(2005)는 미국에서 54개의 다른 인종/민족 집단으로 이루어진 가족 배경과 조직(예: 아프리카계 미국인 가족, 슬라브족 가족, 한인 가족)에 대해 훌륭한 정리를 제시하였으며, 이에 대해 읽어 보는 것은 상담심리학도로서 매우 중요하다.

　문화적 맥락 안에서 강점을 개념화하는 것은 매우 복잡할 수 있다. 이에 대한 예시로 한국에서 온 국제학생 내담자를 생각해 볼 수 있다. 심리적 강점이 많았던 이 내담자와의 상담은 어머니와의 갈등에 관한 것이었다. 어머니는 내담자가 한국으로 돌아와 가족 사업에 참여하거나 미국에 자신을 초대하여 내담자와 함께 살 수 있기를 원했다. 어머니 없이 미국에서 자신만의 사업을 시작하고자 하는 내담자의 소망에도 불구하고 효도를 강한 미덕으로 여기는 내담자의 강력한 문화적 가치에 비추어 볼 때, 현재 내담자는 큰 갈등에 빠져 있다. 내담자의 한국 친구들은 내담자에게 어머니가 요구한 대로 하라고 압력을 가했지만, 미국 친구들은 내담자에게 단호하게 행동하며 '자신만의 일을 하라'고 압력을 주었다. 이러한 문화적 가치의 충돌(효도 vs. 개인주의)은 내담자 내부에서 유발되고 있었다. 상담이 진전됨에 따라 이러한 갈등에 대해서, 내담자는 어머니가 어린 시절 내내 그리고 심지어 젊은 시절 어머니의 사업을 위해 일할 때에도 신체적·언어적으로 매우 학대당해 왔다고 보고하였다. 상담자는 내담자 어머니의 행동이 좋은 어머니의 역할수행에 대한 문화적 가치와 부합되지 않는다는 것을 알려 줌으로써 도움을 주었다. 이는 내담자가 어머니로부터 독립하고 싶어 하는 그녀의 바람이 어떻게 이루어질 수 있는지를 알게 해 주었고, 내담자는 표면상으로는 문화적으로 부합하지 않음에도 불구하고 이러한 바람을 강점으로 바라보게 되었다. 이 사례에서, 어머니로부터의 독립이 미국에서 가치 있는 특성으로 여겨지기 때문에, 이를 강점이 아니라고 할 수는 없다. 내담자와 상담자는 한국의 문화적 특성을 고려하였고, 과연 그 내담자의 삶의 현실이 그녀가 문화적 규범을 고수하거나 고수하지 않는 것에 어떻게 영향을 미쳤는지에 대해서 조사하였다. 이 사례에서 얻을 수 있는 교훈은, 상담자들이 강점을 해석할 때 문화를 주의 깊게 고려해야 하며, 동시에 강점과 약점이 무엇인지를 평가할 때 아무리 미묘하더라도 다른 문화적 가치 간의 비교를 장려하지 말아야 한다는 것이다.

상담자들은 실제로 무엇을 하는가

　우리는 상담자들이 실제로 내담자의 강점에 주목하고 심리치료에서 강점을 구축하기 위해 노력한다는 최근의 증거들을 인용하였다(Harbin et al., 2013; Scheel et al., 2013). 하지만 강점을 다루는 그들의 특정한 방법들은 어떠한가? 앞서 언급된 Scheel과 그의 동료들의 연구에서, 여덟 명의 치료자들은 강점을 다루는 치료에서 그들이 하는 일에 대해 집중적인 인터뷰를 하였다. 면접자들은 상담자들이 그들의 치료에서 강점 기반적 평가와 치료행동을 명확하게 식별했다고 언급하였다. 이러한 치료행동들은 앞서 설명한 바와 강하게 일치한다. 따라서 Scheel과 동료들(2013)은 상담자들의 치료가 "내담자의 강점에 대한 직접적인 질문, 내담자 강점에 대한 언급, 결함 혹은 방어에 내재된 강점 찾기, 긍정적 재구성 및 강점에 대한 맥락적(예: 문화적) 해석을 포함한다고 언급하였다"(p. 422). 연구자들은 다음과 같은 사실을 강조하였다.

> 내담자의 강점을 활용하는 것은 격려를 받거나 긍정성을 추구하는 것 이상의 효과를 나타내었다. 상담자가 진심으로 내담자를 믿고 치료 과정을 통해 내담자가 가치를 평가할 수 있는 긍정적인 측면을 밝혀낼 수 있을 것이라 믿었다. 상담자가 경청하고 재구성함에 따라 강점에 대한 의미가 형성되었다. 회복력, 희망, 자기효능감 및 권한 부여는 치료에서 강점 지향적 개념들과 연결되었다. 치료에서 내담자의 노력과 작업 동맹은 치료적 상황을 넘어서 강점을 구축하고 일반화하였다(Scheel et al., 2013, p. 421).

Gelso와 Woodhouse(2003)가 언급하였던 평가와 상담 행동에 관하여 초기에 일부 지원이 존재하였다. 그러나 다양한 강점 지향적 평가와 치료 전략이 효과적으로 적용될 수 있는 범위에 대해서는 현재 연구가 더 필요하다.

강점 지향 심리치료

마지막 절에서는 강점 지향 평가와 더불어 모든 이론적 방향에 통합될 수 있는 개입 전략과 다양한 방향으로 상담자들을 훈련시킴으로써 많이 활용되는 개입 전략들을 살펴볼 것이다. 그러나 강점에 기반을 둔 치료 접근법이 있는 반면에, 일부는 기존에 이미 수년간 존재해 왔다. 이러한 치료의 예시로 Ivey의 발달 치료(Ivey, 1986; Ivey, Ivey, Myers, & Sweeney, 2005)와 해결중심치료 및 이야기치료와 같은 부부 및 가족 치료(제16장 참조)에서 유래한 치료법이 있다. 최근 몇 년간 심리학의 긍정적인 측면을 요구하는 Seligman의 지도력으로 인해(예: Seligman, 2002; Seligman & Csikszentmihalyi, 2000) 많은 자극을 받았으며, 특히 강점에 초점을 맞춘 새로운 심리치료가 상담심리학자들에 의해 개발되었다. 그중 가장 많은 관심을 받은 두 가지는 Smith(2006)의 청소년을 위한 강점 기반 상담과 Wong(2006)의 강점중심치료가 있다. 우리는 이러한 접근법을 다음에 설명하였다.

강점 기반 상담

상담심리학과 치료에 있어서 강점 활용에 대한 가장 큰 발견 중 하나로, Smith는 강점 기반 상담(Strengh-Based Counseling: SBC)에 기반을 둔 열두 개의 이론적 제안을 발표하였다. 그녀의 이론은 청소년들, 특히 위기에 처한 10대들에게 초점이 맞추어져 있다. Smith는 그녀의 상담 이론에 대해서 철학적이고 이론적인 배경으로 다음과 같이 언급하였다.

> 강점에 기반을 둔 관점은 심리학자들로 하여금 내담자들이 얼마나 가난하고, 낙담하고, 아픈지와 상관없이, 그들이 생존해 왔고, 최악의 상황에서 잘 성장해 왔음에 대해 인식하는 것을 필요로 한다. 다른 모든 것이 사라진 것처럼 보일 때 사람들은 그들의 강점을 모아서 함께 협력했다. 심리학자들은 사람들이 가지지 못한 것보다는 가지고 있는 것, 할 수 없는 것보다는 할 수 있는 것, 실패한 것보다는 성공한 것에 대해 집중하였다 (p. 38).

Smith는 강점 기반 상담의 10단계를 다음과 같이 요약했다.

1단계: 치료적 동맹을 형성하기(Creating the therapeutic alliance). 상담자는 내담자들이 자신의 어려움과 역경에 직면하는 강점과 능력을 확인할 수 있도록 도움으로써 내담자들과의 관계를 형성한다.

2단계: 강점 확인하기(Identifying strengths). 상담자는 내담자들에게 심리적 강점의 관점으로 그들의 삶의 이야기를 하도록 가르친다. 자신의 이야기를 하고, 자신을 생존자로 바라보며, 자신의 삶을 이해하는 것은 내담자에게 강력하고도 긍정적인 영향을 미치는 경향이 있다.

3단계: 현재의 문제를 평가하기(Assessing presenting problems). 비록 강점 기반 상담이 해결지향적 성향을 지님에도 불구하고, 상담자들은 내담자가 자신의 문제와 원인, 이에 따른 결과를 어떻게 인식하는지에 대해 명확하게 이해해야 한다.

4단계: 희망을 심어 주고 격려하기(Encouraging and instilling hope). Smith는 상담자들이 치료 초기에서부터 긍정적인 강화를 지나치게 지향한다는 사실을 파악하기 위해 격려상담(encouragement counseling)이라는 용어를 사용한다(제12장 참조). 희망은 치료의 초석으로 불리는데, 이러한 희망을 심어 주기 위해서 기술들이 활용된다.

5단계: 해결을 구성하기(Framing solutions). 강점 기반 상담은 해결에 초점을 맞추고, 문제에 대한 해결을 찾도록 돕기 위해 다양한 기술을 활용한다. 이들은 해결초점치료로부터 얻을 수 있다(제16장 참조).

6단계: 강점과 능력을 구축하기(Building strength and competence). 상담자는 내담자의 외적 자산(가족의 지원과 사랑)과 내적 자산에 주의하고 이를 활용한다. 또한 상담자는 집중력, 목표 그리고 중심력을 기르고자 한다.

7단계: 권한을 부여하기(Empowering). 내담자의 권한 기능을 인식하고 촉진하는 과정으로서, 상담자는 내담자들이 그들 자신과 그들의 공동체 내에서 자원을 활성화할 수 있도록 돕는다.

8단계: 변화하기(Changing). 변화란 하나의 과정을 의미하며, Smith는 내담자들이 자신의 삶을 개선하는 데 필요한 변화뿐만 아니라 이러한 변화를 이루도록 돕기 위해 필요한 내적·외적 자원을 이해하도록 돕는 것에 기반을 둔 상담자들의 도움을 확인하기 위하여 '변화 대화(change talk)'라는 개념을 활용하였다. 이는 특히, 이전에 오직 부정적으로만 경험되었던 것을 긍정적으로 바라볼 수 있도록 재구성하고 의미를 변화시키는 것에 중점을 둔다.

9단계: 회복력 구축하기(Building resilience). 상담자는 동일한 혹은 유사한 문제가 반복되는 것으로부터 내담자들의 기운을 복돋우기 위해 회복력을 발달시킬 수 있도록 돕는다.

10단계: 재평가 및 종결하기(Evaluating and terminating). 상담자와 내담자는 내담자가 이룬 변화의 과정에 감사를 표한다. 그들은 내담자의 목표에서 개선이 이루어진 정도와 이러한 목표가 달성되기까지 내담자의 어떠한 강점과 환경자원이 기여했는지를 평가한다. 이후 추가 상담의 필요성에 대한 평가가 이루어진다.

독자들이 알고 있듯이, 상담의 단계에 대한 논의는 꽤 일반적이다. 이 이론은 유망한 이론이며, 더욱 많은 특수성과 연구 평가가 이 이론을 명확하게 만드는 데 도움이 될 것이다. 상담 회기에서 일어나는 일들과 그 과정의 각 단계에서 상담자가 무엇을 하는지에 대해 명시화하기 위해서 더 많은 연구가 필요하다. Smith(2006)는 치료가 어떻게 작용하는지에 대한 독자들의 이해를 돕기 위해 사례를 제시하였다. 좀 더 구체적으로 설명된다면, 이는 매우 가치 있는 이론이 될 수 있을 것이다.

강점중심치료

최근 주목받고 있는 두 번째 강점에 기반을 둔 접근은 Wong(2006)에 의해 개발되었는데, 이는 긍정심리학 이론과 포스트모던, 사회적 구조주의 철학을 통합하고자 한다. 이러한 과정의 일부로, 강점중심치료(Strength-centered Therapy: ST)는 정치적, 체계적, 문화적 요인들이 어떻게 내담자가 성격강점에 부여하는 의미를 구성하는지에 대해 주의를 기울인다. 미덕뿐만 아니라 탁월한 성격강점으로 여겨지는 것은 문화마다 다양하다. Wong은 강점중심치료를 네 가지 단계로 개념화하였다.

노출 단계

강점중심치료의 초기 단계에서 상담자는 성격강점을 명확하게 식별하는 데 주력한다. 상담자는 잠정적으로 내담자의 강점에 대한 인식을 언급하며, 고통스러운 경험을 부정하지 않고 강점에 대한 내담자의 우려를 탐색한다. 이 단계에서 치료자는 앞서 설명한 대로 긍정적인 재구성을 활용할 수 있고, 내담자의 한두 명의 친구를 상담 회기에 초대해서 내담자의 강점에 대한 그들의 인식에 관해서 물어볼 수도 있고, 강점을 강조하는 것을 목적으로 하는 다른 기법을 사용할 수도 있는데, 이때 내담자가 지닌 부정적인 측면을 자유롭게 탐색하기 위해서 내담자에게 부담을 주면서까지 이 작업을 수행하지 않도록 주의해야 한다.

계획 단계

강점중심치료의 두 번째 단계에서 상담자들은 내담자가 개발하고자 하는 성격강점과 더불어 이전의 노출 단계에서 식별된 강점을 활용하여 목표를 달성할 수 있는 방법을 계획해 보도록 돕는다. 이때, 내담자는 어떤 강점을 개발하고 싶은지 혹은 어떤 강점이 그들의 목표를 달성하는 데 도움이 될 것 같은지에 대한 직접적인 질문을 받을 수 있다. 여기에서 강조할 점은 이러한 강점들이 내담자의 성격에서 회피하고자 하는 측면이기보다는 긍정적인 측면을 의미한다는 것이다. 내담자들은 그들이 개발하고 싶어 하는 강조의 의미를 상세하게 설명하도록 격려받는다. 예를 들면, 만약 내담자가 더 큰 야망을 발달시키기를 원한다면, 내담자는 미래의 삶(예: 현재로부터 5년 이후)을 야망 있는 사람으로서 상상하도록 요구받을 수 있다.

권한 부여 단계

세 번째 단계는 내담자들이 희망하는 성격강점을 개발하는 데 있어서 권한 부여를 경험하는 것을 수반한다. 권한 부여는 내담자가 실제로 희망하는 성격강점을 활용할 수 있는 기회가 있을 때 발생할 가능성이 더 높다. Wong은 감사의 향상이 목표인 내담자를 예로 들었다. 내담자는 매주 일기장에 감사한 것 다섯 가지를 기술하는 습관을 시작할 수 있다. 또한 내담자들은 특정한 강점을 개발하려는 그들의 노력을 누가 지원할 수 있는지에 대한 질문을 받는다. 내담자는 주어진 강점을 활용하는 시기와 정도에 대해 판단할 수 있어야 한다. 이는 강점중심치료가 사회적 구조주의에 뿌리를 두고 있어서 행동의 적합성을 결정하는 주체로서 맥락과 상황에 주의를 기울이기 때문이다.

진화 단계

상담의 종결 단계에서 이 마지막 단계는 가장 두드러진다. 진화(evolving)라는 용어는 성격강점을 위한 성장 과정에는 결코 끝이 없음을 암시하며, 이는 치료가 종결된 후에도 오랫동안 지속된다. 이러한 종결 단계에서는 내담자에 의해 이루어진 긍정적인 변화를 검토하고 축하하는데, 이는 특히 이러한 변화들이 성격강점을 반영하기 때문이다. 또한 상담자와 내담자들은 추후의 성장을 위한 영역을 탐색해 볼 수 있다. 이러한 의미에서, 강점중심치료는 상담자와 내담자가 함께 왔던 길을 되돌아보고 미래에 필요하거나 희망하는 것을 기대한다는 점에서 대부분의 다른 치료와 유사하다. 강점중심치료가 지닌 차이점은 성격강점에 특히 초점을 맞추었다는 것, 성격강점이 어떻게 내담자의 목표를 개발하고 촉진시키는지에 대해 집중한다는 것이다. 이처럼 내담자는 자신의 중요한 대상으로부터 자신의 성장 영역을 공유하도록 요구받을 수 있다.

Smith의 강점 기반 상담과 유사하게, Wong의 강점중심치료는 상담심리학의 지속적인 핵심가치와 상당히 잘 호환될 수 있는 유망한 접근법이다. Wong은 강점중심치료 접근의 효과성에 대하여 다른 치료 접근법과 더불어 치료에 적절한 내담자와 문제를 비교해 봄으로써 강점중심치료가 얼마나 효과가 있는지에 대한 연구의 필요성에 대해 논의하였다. 그녀는 질적연구 또한 강점중심치료를 공부하는 데 도움이 될 것이라고 언급하였다. 마지막으로, Wong은 강점중심치료를 효과적으로 사용하는 상담자는 아

마도 격려하기와 관련된 성격강점을 가지고 있을 것이라고 언급하였다. 격려하는 상담
자들은 내담자가 지닌 잠재력에 대해서 진실한 믿음을 전달하는 능력이 있다.

치료와 강점 기반 치료에서의 강점에 대한 견해

2010년대에 상담심리학은 그 뿌리로부터 멀어진 듯 보인 이후에 긍정성을 중심으로
그것의 역사적인 강조를 명백히 현실화하고 있는 중이다. 이러한 진전은 심리치료에
서부터 Lopez, Tree, Bowers, Burns(2004)의 강점 멘토링과 같이 강점을 촉진하기 위
해 간략히 구조화된 개입에 이르기까지 이러한 범위에서 사용되었던 개입으로부터 입
증된다. 특정한 강점에 기반을 둔 전략과 치료에 관한 접근방식에 있어서 이제 추가적
인 이론적 개선이 필요하다. 이에 대한 예시로 유명한 경험적인 시도가 있어 왔는데,
Seligman, Rashid, Parks(2006)는 우울증 완화를 목표로 매뉴얼화된 일련의 훈련으로
이루어진 긍정심리치료를 개발하고 실험적으로 연구하였다. 그들은 우울증을 감소시
키는 데 있어서 이러한 강점에 기반을 둔 간단한(최대 14회기) 치료법이 일반치료나 약
물치료보다 더 우월하다는 것을 발견하였다. 이는 훌륭한 시작이 되었고, 강점 기반 치
료 및 기술의 개발과 이러한 개입에 대한 실험적 정밀조사를 통해 앞으로 10년 후 무엇
을 얻을 수 있을지 바라보는 것은 매우 흥미로울 것이다.

상담심리학과 건강

심리학의 더 넓은 분야는 수년간 건강 문제의 심리적 선행요인 및 결과 연구와 치료
에 관여되어 왔다. Chwalisz와 Obasi(2008)는 전문 심리학자들의 건강과 관련된 역할에
환자와 그들의 가족이 의학적 질병이나 상태와 관련된 정서적 혼란과 장애에 대처할 수
있도록 돕는 것이 포함된다고 언급하였다. 이러한 작업은 정신병리와 교정치료를 강조
하는 전통적인 정신건강 관점에서부터 행해졌다. 또한 Chwalisz와 Obasi는 의료 분야
에서 상황이 크게 변화했으며, 이러한 변화는 건강 문제를 다루는 방법적인 측면에서
건강관리 시스템에 변화를 가져왔다고 하였다. 예를 들면, 의학의 발전은 생명을 위협
하는 몇 가지 질병(예: 결핵)을 제거했지만, 심장질환, 당뇨, 관절염을 포함하는 질병과
만성질환이 여전히 많이 존재한다. 이러한 만성적인 생활습관적 질병은 새로운 건강관

리 개념화를 필요로 하며, 관리를 위한 비용의 막대한 증가에 대응해야 한다.

방금 설명된 바와 같이, 이전에 교정치료에 독점적인 초점이 맞춰져 왔다면, 앞으로는 예방과 공중보건에 더 큰 중점을 두는 변화가 필요할 것이다. 이에 더 나아가, 건강 과학에서는 건강과 질병에 대하여 생물의학적 모델에서 생물심리사회적 모델로 변화가 일어나고 있다(Chwalisz & Obasi, 2008). 또한 연구자들은 위험한 행동에 대한 유전적 근거를 찾고 있으며, 이러한 행동들이 심리치료를 통해 수정될 수 있고 건강 결과가 개선될 수 있다는 것은 중요하다.

건강과 건강 문제의 예방 및 좋은 건강의 촉진 방법에 관한 이러한 주요 변화에 대해 이해함으로써, 건강심리학의 맥락에서 상담심리학에 주의하는 것은 점차 적합한 역할을 행하였다. 이로써 실제로 상담건강심리학(counseling health psychology)이 발전해 왔다. 이 분야에서 처음부터 상담심리학은 사람들의 건강과 복지에 깊이 투자해 왔다. Whiteley(1984a)는 이 분야의 초창기에 상담심리학자들이 군인들을 회복시키기 위해 필요한 포괄적인 건강관리의 제공에 부응하기 위해 재향군인병원에서 근무하는 다른 의료 전문가들과 함께 일해 왔다는 사실을 언급하였다. 하지만 이에 대하여 Chwalisz(2012)는 다음과 같이 설명하였다.

지난 반세기 동안 인구수, 건강 문제, 개입의 대상과 수준이 확장되면서 상담심리학자들은 훨씬 더 광범위한 범위의 건강관리 및 다른 전문 분야로 이동하게 되었다. 그러나 건강심리학의 상담 분야에서는 여전히 기본적인 학제간의 특성이 남아 있었고, 따라서 상담심리학자들은 그들의 고유한 정체성과 그들이 지닌 강점을 이러한 학제간적 환경에 가져오게 되었다(p. 207).

상담심리학자들의 건강 분야에 대한 그들의 검토에서, Raque-Bogdan, Torrey, Lewis, Borges(2013)는 건강 문제에 대해 상담심리학의 증진된 개입을 보여 주는 추가적인 내용을 요약하였다. 이러한 조사관들은 병원 환경에서 일하는 상담심리학자들의 추정되는 숫자가 30년 동안 4배로 늘었고, 재향군인의료센터에서 근무하는 상담심리학 대학원생의 비율이 1995년과 2005년 사이에 4.7%에서 14%로 거의 3배가 되었으며, 일반 병원에서 상담전공 대학원생의 비율이 5.6%에서 9%로 증가하였음을 지적하였다. 이러한 환경과 추가적인 환경에서, 상담심리학자들은 통증관리, 섭식장애, 심장질환, 신경병리, 불임, 만성질환 및 생명위협적 질병과 같은 분야에서 진단과 치료를 제공한다(Raque-Bogdan et al., 2013).

상담심리학에서의 박사과정은 점점 더 건강심리학과 관련된 대학원 과정의 선택권을 포함하는 것으로 보인다. 예를 들어, 상담심리학의 박사과정에 대해 Nicholas와 Stern(2011)이 조사한 바에 따르면, 박사과정의 3분의 2 이상이 건강심리학에 소속되어 있는 교수진이었다. 더 중요한 점은, Raque-Bogdan과 동료들(2013)의 연구에서 상담심리학 박사과정 프로그램 중 41%가 학생들에게 건강심리학의 부전공(minor), 집중(concentration) 과정을 추구할 수 있는 기회를 제공한다는 사실을 발견하였다는 것이다. 이러한 프로그램의 교육 담당자는 졸업생의 16%가 건강심리학 분야에서 일자리를 추구한다고 보고하였다.

상담건강심리학이란

건강심리학에서 상담심리학자들은 건강과 관련된 문제들을 다룰 때 다른 심리학자들과 근본적으로 동일한 작업을 수행할 수 있다. 그러나 상담심리학자들은 강점과 안녕감, 인간의 최적의 기능에 초점을 맞춰서 해결하려고 하는 특정한 태도와 기술들을 가진다. 또한 이들은 건강 분야에서 예방과 발달의 중요한 역할을 강조하기 위해 교정치료를 넘어서는 것에 특히 중점을 둔다. 이러한 점에 기반하여, 우리는 상담심리학자들의 다양성, 사회정의, 다문화주의에 대한 관심이 그들의 시각을 특정 민족/문화집단의 건강 불균형 및 모든 집단의 예방과 발달 목표와 접목시키는 경향이 있다는 사실을 덧붙이고자 한다.

상담건강심리학은 매우 새로운 분야인데, 특히 Thoresen과 Eagleston(1985)이 건강심리학의 떠오르는 분야로서 상담심리학을 도입했을 당시인 1985년도처럼 최근의 일이라고 생각할 경우 더욱 그렇다. 상담건강심리학이란 무엇인가? 그리고 상담건강심리학자들이 건강심리학 분야에서 지니는 고유성은 무엇인가? 미국심리학회의 제17분과(상담심리학회) 상담건강심리학 영역은 상담건강심리학이 무엇인지를 알려 준다.

건강에서 상담심리학은 의료, 재활, 또는 관련 모집단을 통한 연구, 수명 전체에 걸쳐 개인을 위한 직접적인 서비스(예방, 질병의 조절 및 회복, 건강한 생활방식 변화, 내과 및 심리질환의 병존), 대학원생들 혹은 다른 건강관리 전문가들의 교육과 훈련, 또는 보건정책의 참여 중 일부를 통해 건강과 관련이 있는 상담심리학의 연구와 실습에 기여한다(Section on Counseling Health Psychology of Division 17, 2005).

이처럼 상담건강심리학자들은 다른 건강심리학자들과 같이 많은 일을 하는 것처럼 보인다. 다른 심리학자들과 달리 상담건강심리학자들을 구별하기 쉬운 이유는 그들이 상대적으로 예방과 개발에 더 집중하는 것 외에도 상담심리학 분야에서 매우 중요하며 지속적인 핵심 가치들을 상담건강심리학 분야에 동일하게 적용한다는 점에 있다. 이는 선두적인 상담건강심리학자인 Chwalisz(2012)가 중요하게 언급한 부분이다. 그녀는 상담건강심리학자들이 특히 그들의 핵심 가치들로부터 도약하는 영역들에 주목할 만한 기여를 했다고 언급하였다. 예를 들면, Chwalisz는 (가) 스트레스를 받는 사건과 환경을 다루는 탄력성과 스트레스와 탄력성이 건강에 미치는 영향, (나) 건강과 질병에 대한 성별, 인종, 다른 문화적 측면, (다) 안녕과 건강한 발달을 촉진하기 위한 개입 및 치료 요소 영역에 중요한 기여를 했다고 강조하였다.

Chwalisz(2012)는 다음과 같은 말로 그녀의 광범위한 개관을 끝마쳤다.

비록 상담심리학자들이 그들의 수행을 이러한 식으로 개념화하지 않을지도 모르지만, 대부분 이들은 건강심리학과 관련이 있다. 따라서 모든 상담심리학자의 약간 변화된 관점은 국가의 건강에 훨씬 더 큰 이득이 있을 수 있다(p. 227).

미래에는 건강 및 복지 문제와 관련된 상담심리학과 새로운 상담건강심리학 분야가 유리할 것이다. 우리는 상담심리학의 이 분야가 계속해서 성장·발전하고, 자체적인 이론을 구축하고, 막대한 연구지원을 받고, 좋은 건강을 촉진하고 질병을 예방하는 개입을 열심히 연구하리라 기대해 본다. 현재의 상태와 건강과 관련된 상담심리학의 기여에 관한 훌륭한 검토를 위해, 독자들은 Chwalisz(2012), Chwalisz와 Obasi(2008), Tucker와 동료들(2007), Buki와 Selem(2012)을 참조할 수 있다.

요약

처음부터 상담심리학은 사람들의 강점, 안녕감, 최적의 기능에 초점을 맞추는 것을 가장 기본적인 가치 중 하나로 여겨 왔다. 이러한 가치는 20세기 중반 상담심리학의 초기 역사에서 이론적이고 실험적인 문헌으로 나타났다. 그러나 강점과 최적의 기능에 대한 관심은 20세기 후반에 Gelso와 Fassinger(1992)가 이를 상담심리학의 채워지지 못한 갈증의 영역으로 간주할 정도로 상담심리학 문헌에서 감소한 듯 보였다. 긍정심리학은 발전하였고, 세기가 바뀐 이래로 심리치료에 있어서 긍정심리학과 강점에 대한 관심이 재개되었다.

강점을 다루고 촉진하는 여러 평가문항과 치료 전략들이 기술되어 있다. 내담자의 개인적이고 환경적인 강점에 대한 질문들이 열거되었다. 논의되었던 상담 전략은 강점을 언급하기 위해 올바른 방향과 단계들을 알려 주고, 방어와 취약점에 내재된 강점에 주의하고, 문화적 맥락에서 강점을 해석한다. 두 가지 강점에 기반을 둔 치료법, 즉 Smith(2006)의 강점 기반 상담과 Wong(2006)의 강점중심치료가 요약되었다. 이를 통해 상담자들이 그들의 치료에 있어서 강점에 주의를 기울인다는 것을 보여 주었고, 그들이 하는 대부분의 방법은 이 장에 명시된 기법과 일치함으로 나타났다.

이제 상담심리학에서 강점과 안녕감에 관심을 두고 있는 또 다른 분야는 신체적 건강과 관련된 연구와 실무로, 건강을 증진시키고, 건강한 생활양식을 형성하고, 질병을 예방하는 방법에 관한 것이다. 상담건강심리학 분야는 현재 초기 단계에 있고, 전반적으로 상담심리학의 중요한 부분이 되고 있다.

제 **8**장

상담과 심리치료의 기법, 과정, 결과에 대한 **분석**

상담과 심리치료에 대한 연구는 왜 해야 하는 것일까? 이 질문에 대한 현대적 대답은, 보험회사들이 계속해서 상담 서비스에 대한 비용을 지불하도록 하기 위해서는 상담심리학자들 자신이 상담의 효과성(effectiveness)에 대한 근거를 가질 필요가 있다는 것이다. 물론 이것이 어느 정도 사실이지만, 이에 대한 보다 근본적인 대답은 이것이 중요하다는 것이다. 우리는 우리가 도움을 주고 있고 치료적이고 치유적이라고 주장하는 상담이 실제로 효과가 있으며, 우리가 어려움을 겪고 있는 사람들을 실제로 돕고 있고, 증상을 완화시키고 있고, 사람들이 자기 자신과 삶에서 긍정적인 변화를 만들도록 돕고 있다는 것을 알 필요가 있다.

표면적으로 보면, 이는 상대적으로 명백한 질문으로 보인다. 당신의 치료가 누군가를 돕고 있는가? 당신이 이 장(障)을 읽으면서 알게 되겠지만, 이 질문에 대한 대답은 명확한 것과 거리가 멀다. 당신은 이 분야의 연구 전체가 다양한 방식으로 이 질문에 답하고자 애쓰고 있다는 것을 알게 될 것이다. 우리는 이 장에서 심리치료에 대한 연구

http://dx.doi.org/10.1037/14378-008

Counseling Psychology, Third Edition, by C. J. Gelso, E. N. Williams, and B. R. Fretz

결과에 초점을 둔다. 또한 우리는 상담 방법에 대해서 자세하게 다루는데, 왜냐하면 많은 심리치료 연구가 치료자가 상담에서 하는 것 중에서 무엇이 변화를 일으켰는지에 집중했기 때문이다.

하지만 우리가 연구에 대해 자세하게 논의하기 전에, 독자들이 먼저 익숙해져야 하는 두 개의 용어가 있다. 바로 과정연구(process research)와 성과연구(outcome research)이다. 상담 연구를 구별하는 핵심적인 방법 중 하나는, 연구의 초점이 상담 개입의 과정에 있는가 아니면 상담 개입의 효과 또는 결과에 있는가이다. 과정과 결과를 구별하는 것은 상담 또는 심리치료 연구 영역에서 오랜 역사를 가지고 있다(Hill & Corbett, 1993; Hill & Williams, 2000). 여기에서는 먼저 과정과 결과의 구별을 명확하게 하고, 상담 결과 영역에서 몇 가지 중요한 연구 결과 및 이슈를 요약한다.

과정(process)은 일반적으로 개입(예: 상담, 치료)이 이루어지는 동안 일어나는 것을 말하며, 보통 상담자 행동, 내담자 행동, 내담자와 상담자의 상호작용으로 나타난다(Hill & Corbett, 1993; Lambert & Hill, 1994). Hill과 Corbett(1993)이 명시한 것처럼, 연구의 대상이 되는 행동은 명시적일 수도 있고(예: 움직임이나 언어적 반응과 같이 다른 사람들에 의해 관찰될 수 있는 것) 암묵적일 수도 있다(예: 생각, 내적 반응, 내적 경험과 같이 직접적으로 관찰될 수 없는 것). 상담과정에 대한 연구는 수십 년 동안 이루어졌으며(Robinson, 1950 참조), 광범위한 연구문헌이 축적되었다(Hill & Williams, 2000; Scheel & Conoley, 2012).

과정연구가 무엇이 일어나고 있는지(예: 상담 시간 동안)에 초점을 맞추는 반면, 성과(outcome) 연구는 특정 치료의 결과 또는 효과를 연구한다. 연구자가 조사하는 성과란 바라는 변화를 향해 한 걸음 다가가는 것 또는 바라는 효과 그 자체를 나타낸다. '바라는 변화를 향해 한 걸음 다가가는 것'의 예를 든다면, 치료가 시작했을 때와 비교해서 치료가 끝나는 시점에 내담자가 회기에서 자신의 감정을 보다 솔직하게 표현하는 것을 생각해 볼 수 있다. 이 수준에서의 성과는 근접(proximate) 성과라고 할 수 있다. 왜냐하면 이러한 성과는 바라는 효과에 가깝지만, 바라는 효과를 실제로 측정하지 않기 때문이다. 추구하는 효과를 실제로 측정하는 성과는 원위(distal) 성과 또는 최종(ultimate) 성과라고 할 수 있다. 이러한 성과의 예로는 변화하고자 하는 구체적인 행동, 상담이 아닌 일상 장면에서의 적절한 감정 표현 증가 등이 있다. 성과의 측정은 보통 치료가 종결된 직후와 추수(follow-up) 시점에서 이루어진다. 추수 시점은 치료 종결 후 몇 주 또는 몇 달이 될 수 있으며, 때로는 몇 년이 지난 뒤가 되기도 한다.

성과연구

Eysenck(1952)는 심리치료 효과성의 증거를 알아보고자 하는 첫 번째 시도로 간주되는 연구를 실시했다(Heesacker & Lichtenberg, 2012). Eysenck의 논문은 심리치료 사회에서 악명이 높은데, 왜냐하면 그는 심리치료가 비효과적일 뿐 아니라 실제로는 역효과를 낳거나 해로울 수 있다고 제안했기 때문이다. 독자들이 상상할 수 있듯이, 심리치료를 하는 사람들은 이에 강하게 반발했다. 첫째, 1950년대 후반부터 1960년대 초반까지 Eysenck의 방법론에 관한 비판들이 봇물처럼 제기되었으며, 그 결과 심리치료에 대한 여러 개의 주요 연구 프로그램이 설립되었다(예를 들어 몇 가지만 언급하면, Lester Luborsky의 Penn 심리치료 연구 프로젝트, Hans Strupp의 Vanderbilt 연구, David Shapiro의 Sheffield 프로젝트 등이 있다). 그리고 1958년, 1961년, 1966년에 많은 미국심리학회 학술대회에서 심리치료 연구를 강조했다(Muran, Castonguay, & Strauss, 2010). 1963년에 심리치료 학술지인 『Psychotherapy』가 발간되었으며, 이어 미국심리학회(American Psychological Association: APA)의 제29분과 학회인 심리치료(Psychotherapy)가 설립되었다(Williams, Barnett, & Canter, 2013). 1970년에는 시카고에서 David Orlinsky와 Kenneth Howard가 새롭게 설립한 학회인 심리치료 연구회(Society for Psychotherapy Research: SPR)의 첫 학술대회를 열었다. 현재까지 심리치료 연구회는 심리치료 연구자들의 중요한 국제기관으로 남아 있다.

따라서 심리치료의 효과성에 대한 질문을 연구하는 일련의 연구들은 오늘날에도 계속 이어지고 있다. 전반적으로 보았을 때 이러한 연구들은 Eysenck의 연구 결과와 반대되는 결과를 낳았다. 즉, 심리치료는 실제로 도움이 된다. (우리는 독자들에게 학술지 『Psychotherapy』의 2013년 3월 특별호를 일독할 것을 강력하게 권한다. 이 특별호에서는 Strupp과 Eysenck가 '심리치료의 성과 문제'에 대해 논쟁을 벌였던 일련의 논문들을 재출간했다. 또한 이 특별호에는 심리치료의 성과연구의 현 상태를 다루는 많은 논문이 실려 있다.) 많은 양의 연구 근거를 요약하기 위해 연구자들은 종종 메타분석(meta-analysis)이라는 전략을 사용한다. 메타분석은 여러 개의 경험연구를 분석해서 공통적인 효과크기(effect size)를 구하고자 하는 통계절차이다. 다른 말로 하면, 여러 개의 연구를 결합했을 때 우리가 알고자 하는 구성개념의 전반적인 효과는 얼마나 되는지를 알아보는 것이다. 메타분석은 연구 결과들을 말로 요약하는 것이 아니라 여러 개의 연구를 결합했을 때 전반적인 결과에 대한 수학적이고 통계적인 답을 제공한다. 심리치료의 성과를 살펴본 첫 번째 메타분석은 M. L. Smith와 Glass(1977)에 의해 이루어졌다. 이들은 375개 연구에서 나온 결과를 분석해서 .68이라는 전반적인 효과크기를 산출했다. 이는 평균적으로 심리치료가 도움을 주었음을 제안한다. 구체적으로 살펴보면, 비(非)치료 통제집단과 비교했을 때 심리치료를 받은 내담자들이 통제집단 참여자들보다 75% 이상 좋아졌다. 물론 Eysenck의 연구에서처럼 통제집단에 속한 몇몇 사람은 상담을 받지 않고도 상태가 좋아졌다[이를 자발적 회복(spontaneous remission)이라고 한다]. 그러나 상담을 받은 사람들이 더 많이 향상되었으며, 이는 긍정적인 치료 성과에 대한 증거를 보여 주는 것이다.

계속된 연구를 통해 심리치료의 효과성이 굳건하게 성립되면서, 연구자들은 다양한 심리치료 접근들의 차별적 효과성을 연구하는 쪽으로 방향을 돌렸다. 이 책에서는 제11장부터 제14장까지 상담과 심리치료의 주요 이론적 접근에 대해 다룬다. 제11장에서는 정신분석과 정신역동적 접근, 제12장에서는 인지행동적 접근, 제13장에서는 인본주의와 경험적 접근, 제14장에서는 여성주의 접근과 다문화 접근에 대해 다룬다. 시간이 흐르면서 심리치료사들에 대한 훈련은 보다 통합적인 방향을 지향해 왔지만 (Boswell, Nelson, Nordberg, McAleavey, & Castonguay, 2010; Norcross & Halgin, 2005), 원래(그리고 오늘날에도 여전히 종종) 심리학자들은 다른 접근을 배제하고 특정한 접근에 대해 훈련을 받았다. 이러한 훈련 방식은 특정 유형의 치료가 다른 유형의 치료보다 더 효과적이라는 제안을 낳았다. 독자들이 예상하듯이, 이 이슈에 대한 연구가 곧바로 이어졌다. 전반적인 연구 결과는 실무자와 연구자 모두를 경악하게 만들었는데, 크게 보았을 때 서로 다른 치료 접근 간에 유의한 차이가 없다는 것이었다. Luborsky, Singer와 Luborsky(1975)는 이러한 연구 결과를 도도새 가설(DoDo Bird hypothesis)라고 일컬었다. 이는 Lewis Carroll의 책인 『이상한 나라의 앨리스(Alice in Wonderland)』에 나온 것으로, 경주 뒤에 도도새가 "모든 사람이 이겼고 모두가 상을 받아야 한다."(Carroll, 1865/2001, p. 18)라고 주장한 것에 근거하고 있다.

성과연구자들은 여기에서 다시 한번 범위를 좁혀서 "특정 문제를 가진 내담자에게 어떤 상황에서 누가 하는 어떤 치료가 가장 효과적인가?"(Paul, 1967, p. 111)와 같은 질문을 던진다. 성과와 과정의 측면에서 이러한 미묘한 차이와 상호작용을 다루는 또 다른 조류의 심리치료 연구가 시작되었으며, 그 결과 1980년대와 1990년대에 전 세계적으로 주요 대학에서 보다 영향력이 높은 연구 프로그램이 설립되었다(Muran et al., 2010).

이제 치료가 전반적으로 효과적이라는 것을 알고 있다면, 왜 오늘날 심리치료 연구 분야에서 새롭게 성장하고 활력이 넘치는 분야가 존재하는가? 이 장의 시작 부분에서 우리는 '당신의 치료가 누군가를 돕고 있는가?'라는 질문이 겉으로 보기보다 복잡하며 충분한 답이 나오지 않았음을 언급했다. 연구자는 어떤 방법으로 심리치료를 연구하기 시작해서 이 질문에 어떻게 답할 것인가? 첫째, 무엇이 치료인가? 실무자의 치료적 지향(제11~14장 참조)을 살펴봄으로써 이 질문에 대한 답을 시작할 수 있다. 당신의 연구에 참여한 치료자들이 모두 인지행동치료를 지향하고 있다면, 당신은 충분한 정보를 가지고 있는가? 아마도 아닐 것이다. 그렇다면 치료에 대해 다른 어떤 요인들이 관련되는가? 연구자들은 이러한 질문에 다음과 같은 사항들, 즉 '치료 기간이 얼마나 오래되었는가(예: 회기 수, 치료에 소요된 시간)? 내담자와 상담자가 얼마나 자주 만났는가(예: 1주일에 한 번, 1주일에 두 번, 한 달에 한 번)? 각 회기에 소요된 시간은 어느 정도인가(예: 일반적인 50분 회기, 30분, 2시간)? 어떤 유형의 치료가 사용되었는가(예: 개인치료, 커플치료, 집단치료)? 치료자는 누구였는가(예: 나이, 성별, 인종과 같은 치료자의 인구학적 특징)? 이러한 개인적 특징이 영향을 미치는가? 치료를 전달하는 데 있어서 치료자가 얼마나 유능한가? 그것을 어떻게 아는가? 치료자가 자신이 인지행동치료를 한다고 말한다면, 그들이 실제로 인지행동치료를 하는지 어떻게 알 수 있는가? 어떤 요소가 그 치료를 정의하는가? 해당 치료의 어떤 요소들이 다른 치료들과 공통적인가?'를 고려한다. 지금까지 제기한 질문도 충분히 많다. 아마도 독자들은 그 복잡성을 보기 시작했을 것이다.

'당신의 치료가 누군가를 돕고 있는가?'라는 질문에서 '누군가'는 어떠한가? 내담자는 누구인가? 내담자의 개인적 특징은 무엇인가? 내담자는 어떤 종류의 근심거리나 문제에 대해서 도움을 받고자 하는가? 우울증이 있는 사람에 대한 치료가 진로에서 혼란을 느끼고 있는 사람에 대한 치료와 동일하게 보이는가? 내담자는 얼마나 통찰력이 있는가? 또는 얼마나 저항적인가? '도움'이라는 말에서 우리는 무엇을 의미하는가? 치료가 내담자를 도왔는지 우리는 어떻게 알 것인가? 내담자의 말(자기보고)을 취할 것인가, 치료자의 말(자기보고)을 취할 것인가, 관찰자의 보고(관찰)를 취할 것인가? 설문지를 사용하는가? 행동적 측정치를 사용하는가? 서로 다른 측정치를 사용한다면, 서로 다른 답을 얻을 것인가? 언제 측정도구를 실시해야 하는가? 회기 중에 실시하는가, 회기가 끝난 직후에 실시하는가, 상담 종결 후 2주 뒤에 실시하는가, 상담 종결 후 6달 뒤에 실시하는가? 회기가 끝난 직후에 우리가 '도움이 되었다'는 것을 발견한다면, 도움을 준 효과가 지속될 것인지를 우리는 아는가?

이것은 복잡한 문제이다. 독자들에게 겁을 주어서 심리치료 연구에서 멀어지게 하는 것이 우리의 의도는 아니다. 사실 우리는 심리치료 연구자들이며, 상담 분야에 대해 깊은 열정을 가지고 있다. 우리에게는 치료가 도움이 되는 정도라는 단순한 질문을 풀어 나가는 것도 대단히 매력적으로 다가온다. 이것은 우리를 비롯한 많은 사람이 열정을 가지고 풀어 나가려고 하는 퍼즐이다. 왜냐하면 이러한 연구의 결과가 심리치료를 받는 사람들에게 대단히 중요한 의미를 가지기 때문이다. 우리가 독자들에게 겁을 주어서 심리치료 연구에서 멀어지게 하지 않았다고 가정해 보자. 당신은 연구문제를 탐색하는 연구설계를 만들기 위해서 치료의 이러한 요소들을 어떻게 다룰 것인가?

독자들이 이 문제에 대해 생각해 보는 것을 돕기 위해, 우리는 여기에서 치료 성과에 대한 문제에 답하고자 하는 세 가지 주요 연구 영역에 대해 집중적으로 알아본다. 세 가지 연구 영역은 효율성(efficacy) 대(對) 효과성(effectiveness), 경험적으로 지지된 치료, 치료적 접근에서의 공통 요인(common factor)이다.

효율성 대(對) 효과성

우리가 제4장에서 배운 것에 따라 연구문제를 실험실로 가져갈 것인가 아니면 현장으로 가져갈 것인가? 연구 접근에 대한 이와 같은 질문은 문헌에서 효율성 대 효과성 논쟁(efficacy versus effectiveness controversy)으로 불려 왔다(Nathan, 2007). 효율성 연구(efficacy studies)에서는 연구자가 치료 유형, 치료 길이, 내담자의 주호소 문제와 같은 조건이나 변인에 대해서 통제하는 정도가 높다. 효율성 연구에서 연구자는 [치료 조건과 비(非)치료 통제와 같은] 서로 다른 조건에 참여자를 무선할당하며, 이러한 조건은 일반적으로 매우 구조화되어 있거나 표준화되어 있다. 효율성 연구는 내적타당도는 높지만 낮은 외적타당도, 또는 실제 치료에 일반화 정도에 있어서 비판을 받았다(Shean, 2012). 이 지점이 효과성 연구가 역할을 하는 지점이다.

효과성 연구(effectiveness studies)는 실제 상담에서 일어나는 치료의 어떤 측면을 연구하기 위해 자연주의적 모델을 사용하는 연구(예: 현장연구)이다. 독자들이 상상할 수 있듯이, 효과성 연구자들의 과제는 실제 상담 장면에서 연구의 대상이 되고자 하는 모집단에 접근하는 것이다. 또한 효과성 연구는 실제 치료에서 발생하는 일이나 내담자가 누구인지에 대한 통제가 결여되어 있다는 측면에서 '깔끔하지 못하다(messy)'. 연구자는 현장을 '있는 그대로' 취해야 한다. 하지만 이러한 유형의 연구는 치료에서 실제로 일어나는 것을 우리에게 보여 주고, 따라서 효율성 연구와 같이 일반화의 제약을 받지 않는다.

두 가지 유형의 연구를 비교해 보기 위해서, 여기에서는 우울증 치료의 성과를 연구하는 두 가지 접근을 대조해서 제시한다. 첫 번째 예로 효율성 연구를 보면, Connolly Gibbons와 동료들(2012)은 지역사회 정신건강센터에서 우울증에 대한 단기 정신역동치료를 연구했다. Connolly Gibbons와 동료들은 40여 명의 환자를 대상으로, 약 절반 정도는 12주 동안 지지표현적 정신역동치료를 받고 나머지 절반은 12주 동안 일반 치료를 받는 조건에 무선할당했다. 지지표현적 정신역동치료 조건의 치료자들은 지역사회 정신건강센터에서 모집했으며, 관계 중심, 치료동맹 형성, 사회화 전략, 교육 기법, 문화적 민감성 등에 대한 훈련을 받았다. 두 조건의 성과를 비교한 결과, 지지표현적 정신역동치료 조건의 내담자들이 증상에서 더 많이 호전된 것으로 나타났다. 이때 효과크기는 일반 치료와 비교했을 때 인지치료의 효과크기와 비슷했다(Simons et al., 2010 참조). 일반 치료를 통제집단으로 사용하기는 했지만, 이 연구는 구조화된 치료 조건에 내담자가 무선할당되었다는 측면에서 효율성 연구방법을 사용한 것이다. 여기에서 구조화된 치료 조건의 요소를 보면, 두 유형의 치료 모두 12주로 한정되었으며, 지지표현적 정신역동치료 조건에서는 치료의 표준화를 위해 매뉴얼에 따른 치료(manualized approach)를 적용했다. 매뉴얼에 따른 치료를 적용하는 것은 효율성 연구의 전형적인 형태인 무작위 대조군 연구(Randomized Control Trials: RCTs)에서 일반적으로 사용하는 전략이다(Maltzman, 2012).

이와는 대조적으로 Blais와 동료들(2013)은 동일하게 우울증 치료를 연구하면서 효과성 연구방법을 사용했다. 효과성 연구는 1995년에 Seligman이 강조했는데, 그는 무선할당이나 통제집단을 사용하지 않으면서 자연스러운 환경에서 치료를 연구하는 것에 더 많은 관심을 가질 것을 요구했다. Blais와 동료들은 대학의료센터에서 우울증에 대한 치료를 받고 있는 환자 1,322명의 경험을 연구했다. 연구자들은 환자들을 치료에 할당하지 않고, 환자들이 받은 치료의 유형[예: 개인 심리치료, 약물치료, 심리치료와 약물치료 모두 받는 경우(combined treatment)]에 대한 정보를 수집했다. 연구 결과, 모든 유형의 치료에서 우울증이 향상되었으며, 치료집단에 따른 변화율 역시 유사했다. 따라서 연구자들은 실제 치료 조건에서 우울증 치료에 있어서 심리치료(와 약물치료)의 효과에 대한 강력한 논거를 마련했다.

Connolly Gibbons와 동료들의 연구(2012)와 Blais와 동료들의 연구(2013)는 모두 우

울중 치료에 대해서 유용하고 흥미로운 정보를 제공했다. 또한 두 연구 모두 심리치료 연구문헌에 중요한 기여를 했다. 두 연구가 차이를 보이는 중요한 지점은 효율성 접근을 사용했는지 효과성 접근을 사용했는지이다. 우리는 효율성 연구와 효과성 연구 모두 중요하다고 본다. 왜냐하면 이들은 연구문헌에서 '기포'(제4장 참조)를 제거하고 동일한 주제를 다른 관점에서 연구할 수 있도록 하기 때문이다.

경험적으로 지지된 치료 논쟁

최근 상담과 심리치료 분야는 상담 성과 영역에서 심각한 역설(paradox)에 직면했다. 한쪽 측면에서 보면, 상담과 심리치료가 전반적으로 효과가 있다는 것은 분명해졌다. 이 사실은 오랜 시간 동안 반복해서 경험 연구의 지지를 받아 왔다(Lambert, 2013). 또한 전반적으로 평가했을 때 상담에 대한 기존의 이론적 접근들(예: 정신역동, 인간중심, 인지행동)의 효과성이 유사한 것으로 보인다는 관점도 연구 결과를 통해 지지되었다(Wampold et al., 1997). 따라서 (가) 전반적으로 상담이 효과적이며, (나) 전반적으로 기존의 치료 접근들이 효과성에서 크게 다르지 않은 것으로 보인다.

다른 측면에서 보면, 몇몇 치료 접근이 다른 치료 접근보다 명백하게 효과적이라고 가정하며 이러한 특정 치료 접근들을 선택해서 공개적으로 발표하고자 하는 움직임이 일어났다. 경험적으로 지지된 치료(Empirically Supported Treatments: EST) 운동(Chambless & Ollendick, 2001)은 연구를 통해서 특정 장애가 있는 내담자에게 효과적인 것으로 밝혀진 특정한 치료 접근의 목록을 만들고자 했다. 이 관점에서는 이러한 치료 접근이 대학원 훈련과 보험 환급에서 우선순위가 되어야 한다고 본다.

경험적으로 지지된 치료 운동이 촉발된 배경은 두 가지 정도로 볼 수 있다. 하나는 정부기관과 보험회사에게 효과성이 증명된 심리치료 목록을 제시하고자 하는 바람이며, 또 다른 하나는 심리치료보다 더 효과적이지 않은 항정신성 약물을 선호하는 실무 지침서가 빠른 속도로 등장하면서 이러한 와중에 심리치료가 뒤처질 것이라는 두려움이다(Elliott, 1998). 미국심리학회 제12분과 학회인 임상심리학회는 이러한 목록을 만드는 전문위원회를 구성했다(Chambless, 1996; Task Force on the Promotion and Dissemination of Psychological Procedures, 1995). 심리치료 접근 중에서 어느 것이 연구를 통해 타당화되었는지 밝히는 것이 가치 있다는 것은 분명해 보이지만, 그러한 심리치료 목록을 만들고자 하는 노력에는 커다란 논쟁이 뒤따랐다.

이러한 논쟁의 주제는 상당히 많지만(Bohart, 2000; Lampropoulos, 2000), 타당화된 심리치료 목록을 만드는 것에 반대하는 주장이 가장 설득력이 있다. 가장 근본적인 주장은 심리치료의 타당화에 사용된 기준에 초점을 맞춘다. 첫째, 초기에는 치료를 타당화하는 기준으로 이 치료들이 매뉴얼로 만들어질 것이 요구되었다. 따라서 치료자들은 매뉴얼에 쓰인 것에 따라 치료를 수행했으며, 많은 사람은 이러한 방식이 창조적인 접근을 억제하고 궁극적으로는 효과성을 저해한다고 보았다. Blatt(1995)은 다음과 같이 제안했다.

치료 매뉴얼은 치료적 만남의 복잡성을 파괴하는 기계적 레시피가 될 수 있는 위험이 있다. 다른 말로 하면, 숫자를 사용해서 그림을 그리면 그림은 나오지만, 이는 예술작품이 아니다. 또한 학생들이 예술가가 되게 하거나 이들에게 그림의 미묘함을 가르치는 방식이 아니다(p. 75).

경험적으로 지지된 치료 목록을 만드는 것에 대한 두 번째 근본적 어려움은 특정 치료의 사용에 요구되는 기준이다. 이러한 기준은 이론적으로 통합적인 치료를 하고자 하는 노력을 선호하지 않는 편이다. 세 번째 어려움은, 이러한 기준이 특정한 내담자 문제나 진단을 다루는 치료나 연구를 선호한다는 것이다. 예를 들어, 인본주의 또는 정신역동을 기본으로 하는 많은 치료는 특정한 문제를 다루기 위해 개발되지 않았으며, 특정한 내담자 문제나 장애의 맥락에서 연구되지 않았다. 즉, 이러한 치료들은 광범위한 문제와 장애 집단을 치료하고자 한다. 특정한 문제에 대해서 치료가 타당화되어야 한다는 요구조건은 '동반이환(comorbidity; 대부분의 내담자가 단일 특정 문제를 가지고 있지 않음)'을 무시하는 것이다.

'타당화'를 위한 기준을 생각해 본다면, 전문위원회가 처음 만든 치료 목록의 대부분이 행동적 접근과 인지적 접근에 부합했다는 것은 그다지 놀라운 일이 아니다. 행동적 접근과 인지적 접근은 기준에 잘 부합한다. 타당화에 있어서 몇 가지 특정한 기준을 적용한 결과, 주요 이론에 기초한 많은 치료가 해당 이론과 관련되는 기준을 사용한 연구에서 경험적 지지를 받았지만 전문위원회의 치료 목록에는 오르지 못하기도 하였다.

경험적으로 지지된 심리치료의 목록을 만들고 공개적으로 발표하고자 하는 움직임은 시간이 흐르면서 방향을 조정했다. 예를 들면, 이제는 경험적으로 지지된[또는 이의 전신(前身)인 경험적으로 타당화된] 치료라고 하기보다는, '근거기반 실무(evidence-based practice)'(Carter & Goodheart, 2012)라고 하는 것이 보다 일반적이 되었다. 우리는 이러한 의미의 변화가 고무적이라고 평가한다. 왜냐하면 초기 명칭인 경험적으로 타당화된 치료는, 과학적으로 근거가 부족한 어느 정도의 한정적 또는 제한적 의미를 띠고 있었기 때문이다. 또한 보다 중요한 점은, 경험적 지지 또는 경험적 타당화의 기준이 계속해서 넓어지고 더 정교하게 되었으며, 이를 통해 더 광범위한 유형의 연구들, 내담자 선택, 치료에 대한 접근이 가능하게 되어 많은 다양한 이론을 더 공정하게 평가할 수 있게 되었다는 것이다.

미국심리학회 제17분과 학회는 경험적으로 지지된 치료개입(Wampold, Lichtenberg, & Waehler, 2002)과 근거기반 실무(Wampold & Bhati, 2004)를 파악하는 데 있어서 상담심리학의 관점을 형성하는 작업에 적극적으로 임해 왔다. 특히 Wampold와 Bhati(2004)는 근거기반 움직임(또는 근거기반 실무와 경험적으로 지지된 치료로 명명된 움직임들)이 많은 측면에서 중요하지만, 이론적·치료적 차이[예: 인지행동치료를 무선화된 이중은폐 연구(randomized, double-blind study)에서 위약(僞藥) 통제집단과 비교]를 과도하게 강조하며, 심리치료 관계(제9장 참조) 및 다른 '공통 요인들(common factors)'(다음에서 자세하게 논의됨)과 같이 심리치료 성과에 기여하는 다른 요인들을 과소평가하는 경향이 있다고 보았다. Wampold와 Bhati는 우리가 전통적으로 의학 모델에 의존한 결과[또한 약물 허가에 대한 미국 식품의약국(Food and Drug Administration)의 규칙을 강조한 결과], 잘못된 논리에 기반을 둔 상태에서 심리치료에 대한 연구를 접근해 왔다고 제안했다. 여기에서 잘못된 논리는, 심리치료 연구에서 이중은폐 연구설계를 만드는 것이 가능하다는 논리이다. Kirsch(2005)는 '위약(僞藥) 심리치료'라는 말 자체가 모순이라고 제안했는데, 왜냐하면 "심리치료에 있어서 의미 있는 위약 통제집단을 설계하는 것이 불가능하기"(p. 800) 때문이다. Wampold와 Bhati가 지적한 바와 같이, 심리치료 위약은 (약물 실험에서 기대되는 것처럼) '비활성(inert)'하지 않으며 "적극적인 치료와 구별할 수 없다"(p. 566).[1] 또한 Wampold와 Bhati는 심리치료 연구는 완전하게 은폐하는 것이 가능하지 않음을 강조했는데, 왜냐하면 "분명한 것은, 심리학자는 자신이 전달하는 치료를 인

---

1) 역자 주: 약물 실험의 경우 겉으로 보기에 동일하게 보이는 약물이지만, 복용 후에 실험 약물은 활성화해서 실제 효과가 나타나고, 위약(僞藥, placebo)의 경우 활성화하지 않으므로(inert) 실제 효과가 나타나지 않음. 그러나 심리치료의 경우 심리치료를 받고도 심리치료가 활성화하지 않아서 참여자에게 영향을 미치지 않는 위약 심리치료를 설계하는 것은 가능하지 않다는 의미임.

식하고 있어야 하기"(p. 566) 때문이다.

Borkovec과 Sibrava(2005)는 심리치료 연구에서 위약 조건을 없애는 것을 주장했다. 그들은 연구자들이 위약 조건 대신에 기본 지식(예: 실험 방법으로 세울 수 있는 인과 조건; 제4장 참조)에 보다 집중하고 실무적 질문(예: 어떤 치료가 가장 효과적인가?)에 주의를 덜 기울일 것을 제안했다. 왜냐하면 이들의 주장에 따르면, 이러한 실무적 질문은 "과학적 방법으로 직접적으로 대답할 수 없기"(Borkovec & Sibrava, 2005, p. 807) 때문이다. (윤리적 문제를 포함해서) 위약 심리치료의 사용과 관련되는 문제들을 고려해서, Borkovec과 Sibrava는 심리치료 연구자들이 사용할 수 있는 다른 연구설계에 초점을 맞출 것을 제안했다. 예를 들면, 이들은 심리치료의 효과적인 요소를 파악하는 데 있어서 해체 및 추가 설계(dismantling and additive designs; 특정한 심리치료 요소가 치료 성과에 미치는 영향을 평가하기 위해 해당 요소를 체계적으로 제거하거나 추가하는 설계)가 매우 유용했음을 보여 주었다(예: Newman, Castonguay, Borkovec, Fisher, & Nordberg, 2008). Borkovec과 Sibrava는 특히 모수설계(parametric designs; 치료의 지속 기간과 같은 구성개념의 수준이 단일 치료 유형 내에서 비교됨)와 촉매설계(catalytic designs; 치료 효과 간의 상호작용이 연구됨)가 우리가 사용할 수 있는 가장 강력한 연구설계일 것이라고 제안했다.

전체적으로 보았을 때, 상담심리 분야 내에서 심리치료 연구의 방향 전환은 상담심리의 핵심적 가치 중 하나인 '한 사람 전체에 대한 강조'를 중시하는 것이다. 상담심리학에서 심리치료 연구는 전통적인 의학 모델을 따르는 대신, 기저에 있는 '인간(person)' 요인과 인간 요인이 상담의 '환경(environment)'과 어떻게 관련되는지에 대한 연구에 더 힘을 실었다. 특히 Wampold와 Bhati(2004)가 제안했듯이, 심리치료 연구는 치료자 요인, 내담자 요인, 치료자와 내담자의 관계 요인, 치료의 유형에 관계없이 치료 성과에 영향을 미치는 '공통 요인(common factors)'에 집중할 필요가 있다. 이제 이러한 공통 요인에 대한 연구를 살펴보도록 한다.

공통 요인 접근

경험적으로 지지된 치료 움직임에도 불구하고, 서로 다른 치료적 지향성들을 비교하는 대부분의 연구에서 치료 성과의 차이는 미미한 것으로 나타났다. 따라서 어떤 요인들이 "범(汎)이론적"(Grawe, 1997)이며 모든 치료에 공통적인 요인인지를 조사하는 방향으로 연구 관심이 선회했다. 수많은 연구가 치료 접근과 관계없이 치료에 영향을 미치는 공통 요인(Wampold, 2001)에 대해 연구했다. 이러한 공통 요인의 관점에서 여러 가지 다양한 유형이 연구되었다. 공통 요인 연구 영역에서 상대적으로 연구가 덜 되었지만 심리치료의 성공(Bohart & Tallman, 2010)에서 매우 중요한 영역으로 희망, 동기, 관여와 같은 내담자 요인이 있다. Norcross와 Lambert(2006)는 내담자 요인, 특히 심리적 고통의 심각성과 같은 요인들이 치료 성과의 분산에서 유의한 정도를 설명한다고 제안했다.

치료자와 관련된 공통 요인으로는 공감(Norcross, 2010)과 역전이 또는 자기초점적 주의 다루기(Williams, Hayes, & Fauth, 2008)와 같은 구성개념이 있다. 많이 연구되지는 않았지만 흥미로운 치료자 요인으로 개인치료의 영향 또는 치료자 효과(therapist effect)가 있다. Wampold(2006)는 치료적 작업 동맹(제9장에서 설명)보다 치료자 요인이 더 중요할 수 있다고 제안했다. 다시 말하면, "몇몇 심리치료사는 다른 치료자들보다 일관적으로 더 좋은 성과를 낸다."(Wampold, 2006, p. 205)는 것이다. 몇몇 연구자는 숙련된 심리치료사들을 효과적으로 만드는 것이 무엇인지를 연구했다(예: Jennings & Skovholt, 1999; Skovholt & Jennings, 2004). 연구 결과, 숙련된 심리치료사들은 인지적 복합성을 중요하게 여기고, 관계 형성 기술이 강하며, 내담자들에게 정서적으로 수용적인 환경을 만드는 방식으로 자기 자신의 정서적 건강에 주의를 기울이는 것으로 나타났다. 이와 같은 연구 결과는 심리치료 관계가 실제로 치료에서 핵심적 치유 요인임을 제안하는 연구를 지지하는 것이다. 또한 숙련된 치료자가 되는 것은 단순히 "시간과 경험의 축적"(Jennings & Skovholt, 1999, p. 9)으로 되는 것이 아니다. 숙련된 치료자는 '왕성한 학습자(voracious learners)'이며 자신에 대한 피드백에 열려 있고 자기인식이 높고 경험 수준과 관계없이 성숙함을 보이는 사람들로 파악될 수 있다. 또한 숙련된 심리치료사들에 대한 연구 결과는 치료자들이 숙련되지 않은 방식에 대해 제안했다. 숙련되지 않은 치료자의 예로는, 기술이 뛰어나고 지적이지만 정서적 성숙이나 자기통찰이 결여된 치료자, 또는 통찰력이 뛰어나지만 모호함과 복합성을 편안하게 받아들이기 어려워하는 치료자가 있다. 실제로 연구 주제로서 치료자라는 사람에 대한 관심은 증가하고 있는 것으로 보인다. 이에 대해서는 과정연구에 대한 부분에서 다시 다룰 것이다.

끝으로, 여러 치료방식과 치료 지향성에 걸쳐서 공통 요인으로 치료적 관계에 대한 수많은 연구가 수행되어 왔다. 하나의 핵심적 예로, 상당수의 연구가 긍정적 치료 성과와 연관된 요인으로 애착양식(Bowlby, 1973)을 연구했다. 예를 들면, Mallinckrodt,

Porter, Kivlighan(2005)은 안정적 애착양식이 치료에서 높은 수준의 내담자 탐색과 관련된다는 것을 밝혔다. 대조적으로 회피 애착양식은 강력한 치료적 관계를 만들기 어려워하는 것과 연결되었다[Fuertes et al., 2007; Marmarosh et al., 2009; 작업 동맹, 실제 관계(the real relationship), 전이, 역전이 등과 같은 치료적 관계에 대한 자세한 내용은 이 책의 제9장 참조].

또한 연구자들은 치료자와 내담자 간의 치료적 관계의 단절과 회복에 대해서도 연구했다. Safran, Muran, Samstag, Stevens(2001)는 방어적이지 않은 자세를 취하는 것이 작업 동맹에서의 문제를 복구하는 효과적인 방법일 수 있다고 제안했다. 작업 동맹의 단절을 다루지 않는 것은 치료 종결 또는 치료 경과를 늦출 수 있기 때문에 작업 동맹에서의 단절을 회복하는 것은 중요하다(Gelso & Samstag, 2008). 예를 들어, Hill, Nutt-Williams, Heaton, Thompson, Rhodes(1996)의 연구에 따르면, 치료자들은 종종 교착(impasse) 후의 일방적 종결에 놀라며, 일방적 종결의 결과로 자기의심 및 반추에 힘들어한다. 치료자들은 구체적인 관계 단절 사건을 기억하지 못하는 편이며, 치료적 관계에서의 문제가 만연할 때 관계 단절이 일어난다고 제안했다. Hill과 Williams(2000)는 언제 치료가 효과적이지 않은가를 이해하는 데 있어서 단절과 교착에 대한 연구가 중요하다는 것을 제안했다. 주목할 만한 점은, 심리치료가 효과적이지 않은 방식에 대한 연구 관심이 부활하고 있다는 것이다(이는 Eysenck의 비판과 맥을 같이한다; Lilienfeld, 2007 참조). Barlow(2010)는 심리치료에서 나타날 수 있는 위해(harm)의 효과를 경감시키고 위해의 원인을 더 잘 이해하는 하나의 방법으로 심리치료의 부정적 효과에 대한 연구의 필요성을 주장했다. Castonguay, Boswell, Constantino, Goldfried, Hill(2010)은 심리치료사에 대한 훈련을 향상시키기 위해 해로운 효과를 이해할 필요성을 강조했다.

독자들이 알 수 있듯이, 심리치료 성과에 대한 연구는 방대하다. 이 분야의 연구는 관심 정도나 연구 생산성에 있어서 지난 60여 년 동안 줄어들지 않았다. 답을 찾지 못한 수많은 질문이 여전히 남아 있지만, 여러 치료 접근에 걸쳐서 치료의 효과성에 대한 증거가 존재하며, 무엇이 이러한 모든 다양한 접근을 효과적으로 만드는지에 대한 증거도 계속 증가하고 있다.

상담과정연구와 상담 기법

이제 우리가 치료 성과를 연구할 수 있다는 것을 독자에게 설득했기를 바라면서, 실제로 상담실 안에서 어떤 일이 일어나는지에 대해서도 지금까지 배운 것만큼(또는 그보다 더 많이) 배울 것이 있다. 상담과정연구에서 드러난 결과에 대해 논의하기 전에, 상담에서 사용되는 기법의 범위에 대해 설명한다. 이를 설명하는 과정에서 우리는 학생들에게 상담이 어떻게 진행되어야 하는지에 대한 레시피를 제공하려고 하는 것이 아니다. 우리의 목적은, 상담자가 내담자에게 긍정적인 변화를 일으키려는 노력을 하면서 상담자가 하는 반응의 종류에 대한 전반적인 그림을 그리는 것이다. 우리는 특히 상담 기법(technique)에 대해 Harper와 Bruce-Sanford(1989)가 내린 "효과적인 상담 또는 내담자에게서 긍정적인 행동 변화를 촉진하기 위해 상담자가 사용하는 정해진 도구나 방법"(p. 42)이라는 정의를 좋아한다. 이 정의에는 상담 기법이 의도적이라는 의미가 담겨 있다. 즉, 상담 기법은 상담자가 내담자에게 어떤 행동적 반응 또는 내적 반응을 일으키려는 의식적인 의도를 가지고 하는 언어적 · 비언어적 반응이다. Brammer, Abrego, Shostrom(1993)이 주지하듯이, 상담자가 자신이 추구하는 치료적 목표를 잘 알고 있지 않다면, 상담자가 상담의 핵심이 되는 기본적 태도를 잘 알고 있지 않다면, 상담자가 상담 기법과 연결된 이론적 가정(제11~14장 참조)을 잘 알고 있지 않다면, 상담 기법의 가치는 매우 제한될 것이다. 중요한 점은, 상담에 대한 보다 폭넓은 이해 없이 상담 기법을 사용하는 것은 궁극적으로 효과적이지 않을 것이라는 것이다. Brammer와 동료들(1993)은 "돌팔이 의사의 한 가지 특징은 아무 생각 없이 모든 내담자에게 동일하게 상담 기법을 슬쩍슬쩍 적용하는 것을 고집하는 것이다."(p. 111)라고 말하면서 이 관점의 중요성을 부각시켰다.

상담자 기법은 크게 세 가지 수준 또는 유형으로 구분될 수 있다(〈표 8-1〉 참조). 처음 두 개 유형인 비언어적 행동과 언어적 행동은 가장 구체적이고 관찰 가능한 수준의 상담자 기법을 담고 있다. 이 수준의 기법은 특정한 상담 이론에서 도출된 것이 아니다. 예를 들면, 언어적 행동 유형에 있는 개방적 질문은 모든 상담 이론에서 사용된다. 우리는 이 장에서 1수준(비언어적 행동)과 2수준(언어적 행동)에 초점을 둔다. 3수준에는 행동에서 추론되어야 하지만 직접 관찰하는 것은 가능하지 않을 수 있는 보다 추상적이고 일반적인 변인들이 있다. 이 변인들은 때로 특정 상담 이론에서 도출된다. 예를

표 8-1 상담자 기법의 분류

수준 또는 유형	정의	예시
1수준: 비언어적 행동	언어를 통해 표현되지 않는 행동	얼굴 표정, 눈 움직임, 신체 언어, 비언어적 소리, 접촉, 침묵
2수준: 언어적 행동	상담자가 내담자에게 하는 언어적 반응	최소격려반응, 승인, 정보, 직접적 안내, 질문, 재진술, 해석, 직면, 개방
3수준: 일반적 전략	일반적인 경계 절차	빈 의자 기법, 체계적 둔감화, 자유연상

들면, '빈 의자 기법'은 게슈탈트 치료에서 나온 것이다. 3수준에 있는 일반적 전략들은 제11~13장에서 살펴볼 것이다.

비언어적 행동

당신이 심리학자와 상담을 하고 있다고 상상해 보자. 당신이 어떤 감정적으로 고통스러운 경험을 이야기할 때, 상담자가 당신에게 실제로 하는 말은 배려하고 관심 있고 존중하는 의미를 전하고 있는 것으로 보인다. 동시에 이 상담자는 대부분의 시간 동안 당신을 바라보기보다는 창문 밖을 보고 있으며, 일정하고 감정이 없는 목소리로 말하고, 편안한 의자에 뒤로 기대서 팔짱을 끼고 앉아 있으며, 앉은 상태에서 발을 까딱거리고 있다. 이 상담자가 긍정적인 말을 하고 있음에도 불구하고, 당신이 심리학자가 아니더라도 이 장면에서 무언가 잘못되었고 상담자의 비언어적 반응에 상처를 받고 있다는 것을 쉽게 알 수 있을 것이다. 이 장면에서 무언가 변하지 않으면 당신은 아마도 이 상담을 오래 받지 않을 것이다.

이 예시가 극단적인 것처럼 보일지 모르지만, 우리는 비언어적 행동이 언어적 행동과 일관적이지 않은 상담자들을 봐 왔으며, 이는 상담의 성공에 상당히 광범위하게 그리고 부정적으로 영향을 미칠 수 있는 것이다. 효과적인 상담자는 자신이 광범위한 비언어적 기제를 통해서 내담자와 의사소통하고 있음을 인식하고 있으며, 상담자뿐만 아니라 내담자도 비언어적으로 메시지와 단서를 소통할 수밖에 없다는 것을 알고 있다. 이러한 상담자들은 자신의 비언어적 행동과 내담자의 비언어적 행동에 주의를 기울이며, 이러한 비언어적 행동을 효과적으로 읽을 수 있다. Hill(2009)이 기술한 바와 같이, 비언어적 행동은 여러 유형으로 나뉠 수 있다(〈표 8-2〉 참조). 가장 일반적이고 중요한

표 8-2 | 상담에서 나타나는 비언어적 행동의 유형

유형	정의
유사언어	무엇을 말하는가보다 어떻게 말하는가
얼굴 표정	의미와 의도를 전달하는 얼굴 움직임
몸동작	얼굴 표정과 눈 움직임을 제외한 몸의 움직임. '신체 접촉'은 몸동작의 한 형태임
눈 맞춤	상담자와 내담자가 서로를 바라보는 정도. 상담자와 내담자가 서로를 어떻게 바라보는지의 정도
공간	공간이 어떻게 구성되고 사용되는가의 문제. 예를 들면, 상담자와 내담자가 앉아 있는 거리

비언어적 행동은 유사언어, 얼굴 표정, 몸동작, 눈 마주치기, 공간이다. 이러한 행동이 상담자 반응과 관련될 때, 이를 때로는 주의 집중 행동(attending behavior; 상담자가 내담자에게 신체적으로 어떤 자세를 취하는가)이라고 부른다.

유사언어(paralanguage)는 무엇을 말하는가보다 어떻게 말하는가와 관련된다. 유사언어 단서는 단어나 언어적 메시지가 어떻게 보내지고 받아들여지는지를 말한다. 예를 들면, 이 절의 시작 부분에서 기술된 상담자의 일정하고 감정이 없는 목소리는 유사언어 단서이다. 상담자가 언어적으로 배려, 관심, 존중의 표현을 하는 것과 마찬가지로, 이러한 유사언어 표현을 하는 것은 결과적으로 내담자의 믿음을 감소시킨다. 유사언어에는 목소리의 톤에 더해서, 단어를 말하는 시간 간격, 강조, 억양(말의 크기와 높이), 잠깐 멈춤, 다양한 비언어적 소리(예: 탄식, 큰 소리 내기), 비언어 소리('음' '아') 등이 있다. 이러한 비언어 소리는 때로 최소격려반응(minimal encouragers; Hill, 2009)으로 불린다. 최소격려반응은 단순한 인정, 동의, 이해를 나타내는 짧은 언급(예: '음-음' '알겠어요' '오케이')이다. 최소격려반응은 일반적으로 내담자에 대한 수용과 내담자로 하여금 이야기를 계속하도록 격려하는 것을 나타낸다. 이러한 측면에서 최소격려반응은 내담자의 탐색을 촉진하고 내담자에 대한 상담자의 수용을 전달하는 목적을 가진다. 한 가지 주의할 점은, 때로 '음-음'과 같은 말을 너무 자주 사용할 수 있는데, 이 경우 '격려반응'이라는 것을 계속해서 사용함으로써 상담 회기의 흐름이 저해될 수 있다.

얼굴 표정(facial expression)은 비언어적 행동의 또 다른 영역이다. 일반적으로 상담은 대면 상태에서 이루어진다. 따라서 얼굴 자체가 상담자와 내담자 간에 무엇이 일어나고 있는지의 중요한 특징을 나타낸다. 우리가 사용하는 유사언어(어떻게 말하는가)가 언어와 일치한다고 하더라도, 메시지의 의미가 어떻게 받아들여지는지에 있어서 얼굴 표정은 핵심적 요인이다. 상담자는 때로 내담자의 이야기의 의미를 탐색하는 하나의 방법으로서, 내담자가 하는 말과 얼굴 표정이 일치하지 않는 것(예: 내담자가 고통스러운 외상 경험을 말하면서 미소를 지음)을 지적한다. 상담자의 얼굴 표정 역시 내담자에게 어떤 의미를 전달한다. 예를 들면, 미소, 찌푸림, 멍하게 바라보는 것은 각각 관심, 걱정, 주의를 기울이지 않음을 전달한다. 우리는 초보 상담자가 자신의 얼굴 표정에 대해 과도하게 걱정하기를 바라지는 않지만, 상담자가 긴장하지 않고 편안한 표정을 취할 것을 권한다.

몸동작(kinesics)은 얼굴 표정과 눈 움직임을 제외한 몸의 움직임과 관련된다. 비언어적 행동에 대한 설명을 시작하면서 들었던 예에서 보면, 뒤로 기대는 것, 팔짱을 끼는 것, 발을 까딱거리는 것이 이 분류에 해당하는 몸의 움직임이다. Ekman과 Friesen(1969)은 몸동작을 네 가지 유형으로 분류했다. 상징(emblems)은 손을 흔들며 작별인사를 하는 것처럼 언어를 명확하게 대체할 수 있는 동작이다. 일러스트레이터(illustrators)는 말과 같이 하는 동작으로, 지금 하는 말을 시각적으로 명확하게 하는 역할을 한다. 예를 들면, 슬픔을 나타내기 위해 양손으로 얼굴을 감싸는 동작이다. 제어기(regulators)는 고개를 끄덕이거나 자세를 바꾸는 것과 같이 언어적 상호작용의 흐름을 관찰하는 동작이다. 끝으로 어댑터(adaptors)는 의사소통의 목적으로 의식적으로 하는 것은 아니지만 때로 내면의 생각과 감정을 나타내는 동작이다. 예를 들면, 머리를 긁거나, 발을 까딱거리거나, 입술을 무는 동작이다. 상담심리학 연구에서는 오랫동안 몸동작이 상담에 미칠 수 있는 영향에 대한 근거를 축적해 왔다. 예를 들면, 약 50년 전에 Fretz(1966)는 상담자가 몸을 앞으로 약간 숙이는 동작과 정면으로 바라보는 자세가 상담에 대한 내담자의 긍정적인 평가와 관련된다는 것을 밝혔다. 상담자가 상담에서 자신의 신체를 어떻게 사용하는가 하는 것이 내담자에게 어떤 의미를 전달하는 것이다(상담자가 그럴 의도가 있는지의 여부와 관계없이).

몸동작으로 분류되는 비언어적 행동의 한 영역은 상담에서 신체 접촉(touch) 영역이다. 신체 접촉은 비언어적 주제에서 가장 논쟁의 대상이 되는 주제이다(Bonitz, 2008). 몇몇 치료자는 상담이나 치료에서 신체 접촉이 절대 일어나서는 안 된다고 주장한다. 여기에서 예외가 될 수 있는 것은 악수로, 처음 만났을 때, 초기 몇 번의 회기가 끝난 후, 휴가 이전이나 이후, 종결 시의 악수는 가능하다. 이와 비슷하게 많은 상담자는 내담자에게 신체 접촉을 하는 것에 대해서 보수적인 관점을 가지고 있다. 이들은 신체 접촉이 매우 조심스럽게 이루어져야 한다고 믿는다. 신체 접촉에 대한 우려에는, 이것이 내담자의 의존성을 과도하게 자극할 수 있으며, 성적 충동이나 상담자의 성적 동기에 대한 두려움을 불러일으킬 수 있고, 상담을 '말로 하는 치료(talking cure)'로부터 신체적 행동화로 밀어낼 수 있다는 것 등이 있다. 이러한 보수적인 관점에서도 몇몇 상담자는 내담자와 일정한 종류의 신체 접촉은 적절하며, 특정한 상황에서는 도움이 될 수도 있다고 믿는다. 예를 들면, 위기 또는 커다란 정서적 고통의 상황에서는 내담자의 손을 만지는 것이 상담자의 근심을 전달하는 데 도움이 되고 편안함을 제공할 수 있다(Hunter & Struve, 1998).

눈 마주치기(eye contact)와 공간(proxemics) 역시 중요하면서 다소 복잡한 비언어적 행동의 유형이다. 예를 들면, 내담자와 치료자가 서로를 바라보는 정도와 서로를 어떻게 바라보는지는 치료적 관계의 강도에 상당한 영향을 미칠 수 있다. 초기 연구에서는 상담자의 눈 맞춤이 상담자에 대한 내담자의 긍정적 평정과 관련된다는 결과가 있었지만(Lee, Uhlemann, & Haase, 1985), 이 구성개념은 보이는 것보다 더 복잡하다. 당신이 다른 사람에게 말할 때나 다른 사람이 당신에게 말할 때 그 사람을 똑바로 바라보고 있는지를 인식한 적이 있는가? 당신은 대부분의 사람이 눈 마주치기에 대한 '규칙'이 비슷하다고 생각하는가? 당신이 어떤 사람에게 말하고 있는데 그 사람은 당신을 바라보지 않는다면 당신은 어떤 감정이 드는가? 서로에게 기대하는 눈 마주치기가 일치하지 않을 경우 의사소통의 오류가 일어날 수 있다. 눈 마주치기로 인한 의사소통의 오류의 많은 예 중에서 하나를 들면, Hill(2009)은 문화 요인이 눈 마주치기 행동에 미치는 영향을 꼽았다. Hill에 따르면, 중산층 백인계 미국인들은 이야기를 듣는 동안에는 눈 마주치기를 유지하고 자신이 말할 때는 시선을 돌리는 경향이 있다. 이와는 반대로 흑인계 미국인들은 자신이 말할 때는 눈 마주치기를 유지하고 이야기를 들을 때는 시선을 돌리는 경향이 있다. 또한 Brammer와 MacDonald(1996)는 일부 미국 원주민 집단에서 계속 눈을 맞추는 것이 결례를 나타내는 것으로 생각된다고 했다. 눈 마주치기 대한 문화적 각본은 상당히 복잡하다. 눈 마주치기와 유사하게, 우리가 다양한 장면과 맥락에서 다른 사람과 얼마나 가깝게 있어야 하는지(공간)에 대해서도 문화적으로 다양한 각본이 존재한다. 예를 들면, 초기 연구(E. T. Hall, 1963)에서는 중산층 백인계 미국인의 경우 다양한 유형의 의사소통에 대해서 친밀한 거리(0~18인치, 0~46cm), 개인적 거리(1.5~4피트, 46cm~1m 22cm), 사회적 거리(4~12피트, 1m 22cm~3m 66cm), 공식적 거리(12피트 이상, 3m 66cm 이상)와 같은 다양한 거리가 존재한다고 보았다. 서로 다른 민족,

서로 다른 사회경제적 집단, 서로 다른 나라에 있어서, 이러한 의사소통의 유형에 따른 거리는 상당히 다양하며, 이들이 얼마나 편안하게 또는 불편하게 느끼는지에 영향을 미칠 수 있다.

앞서 언급했듯이 상담자가 되는 올바른 방법에 대한 '레시피'는 존재하지 않는다. 우리가 줄 수 있는 가장 좋은 조언은, 다문화 분야의 연구(제6장 참조)에 대해 잘 숙지하고, 상담 회기에서 내담자가 보이는 다양한 비언어적 요구와 선호에 맞추면서 동시에 당신이 할 수 있는 만큼 진실되고 긴장하지 않고 편안하고자 노력하라는 것이다. 또한 자신의 비언어적 행동에 긴밀하게 주의를 기울이고, 내담자와 내담자가 상담에서 나누는 내용에 대해서 당신이 함께하고 있고 관심이 있음을 전달하는 것이다. Hill(2009)은 모든 상담자와 내담자 쌍이 각각 비언어적 행동에 대한 자기만의 규칙을 세울 수 있으며, 모든 상담자와 내담자 쌍에 적용할 수 있는 보편적인 비언어적 행동을 세우기보다는 각각의 상담자-내담자 쌍을 개별적으로 연구할 것을 강조했다.

언어적 행동

비언어적 행동이 그 자체로 의사소통의 힘이 있다는 것은 분명하지만, 상담자와 내담자 간에 일어나는 많은 일은 언어 수준에서 일어난다. 상담자 언어 행동을 이해하는 가장 유용한 접근 중 하나는 반응 모드(response modes) 접근이라고 불리는 것이다. 이 접근에서는 상담자 언어 반응의 내용보다는 언어 반응의 문법적 구조에 초점이 주어진다. 따라서 우리는 상담자 언어 반응을 반영, 조언, 질문, 해석과 같이 분류 또는 유형으로 나누고, 이러한 언어 반응의 유형이 상담에서 광범위한 다른 변인들과 어떻게 관련되는지 살펴본다. 상담 회기를 관찰할 때 반응 모드 접근을 사용하면, 대부분의 경우 관찰자는 (약간의 훈련을 받으면) 상담자 반응의 거의 전부를 즉각적이고 신뢰할 만하게 분류할 수 있다. 이러한 장점으로 인해, 그리고 상담자는 대개 훈련의 일환으로 다양한 반응 모드를 배워야 하기 때문에, 여기서는 반응 모드에 초점을 맞추도록 한다.

Hill과 Williams(2000)는 상담자 반응 모드를 분류하는 데 있어서 30개 이상의 도구 또는 체계가 있다고 보았다. 이러한 체계들은 자연스럽게 약간씩 차이를 보이지만, 차이점보다는 유사점이 더 많은 것으로 보인다. 우리는 여기서 Hill(1985, 1986)이 개발하고 Hill과 O'Brien(1999)이 개정한 분류체계를 약간 수정한 것으로 개별 상담자 반응을 살펴본다(〈표 8-3〉 참조). 각각의 상담자 반응 모드에 대해 설명하고 예를 제시하기 전

표 8-3 반응 모드로서 상담자 기법

반응 모드	정의	예시
지시적 반응		
승인	내담자에게 동의/내담자를 지지	"그건 정말 효과적인 반응이었어요."
정보 제공	사실, 의견, 자료, 자원을 제공	"동물학 분야의 Gelsomini 박사님이 좋은 정보를 주실 겁니다."
직접적인 안내	지시, 제안, 조언을 줌	"당신의 감정을 Ralph와 나누는 것이 도움이 될 것 같습니다."
정보를 구함		
폐쇄형 질문	1~2단어의 대답이 요구되는 질문	"슬픈가요?"
개방형 질문	탐색을 촉진하는 질문	"어떤 느낌이 드세요?"
복잡한 상담자 반응		
재진술	내담자가 말한 것을 요약. 여러 가지 종류가 있음	"친구의 반응으로 마음에 상처를 입었군요."
해석	내담자의 말을 연결, 숨겨진 원인, 기저에 있는 주제를 말함	"당신의 아버지가 당신에게 반응했던 것처럼 당신이 Jane에게 반응하는 것 같군요."
직면	내담자에게 도전하는 반응	"당신은 친구를 원한다고 하지만, 받은 전화를 다시 걸고 다른 접근을 하는 것을 피하고 있군요."
자기개방	치료자에 대한 사실 또는 치료자의 감정을 내담자에게 노출	"당신이 많은 성장을 해서 행복합니다."

에, Hill(2009)이 이러한 상담자 반응 모드를 조력 기술(helping skills)이라고 칭했음을 밝혀 둔다. 왜냐하면 이러한 언어적 기법들은 실제로 내담자를 돕는 것을 목표로 하기 때문이다. 또한 Hill은 자신이 제안한 치료의 세 가지 핵심 단계인 탐색(exploration), 통찰(insight), 행동(action)으로 조력 기술을 나누었다. 실제 상담에서는 이 단계들이 항상 탐색-통찰-행동의 순서로 나타나지 않으며, 순서대로 나타난다고 하더라도 한 번 이상 다시 반복된다. 그렇지만 이러한 단계는 임상적으로 이해가 된다. 치료가 진행되면서 치료자는 먼저 내담자의 감정과 사고를 포함해서 내담자의 문제를 탐색하고자 한다. 내담자에 대한 탐색이 충분히 이루어지면, 내담자의 문제를 이해하거나 문제에 대한 통찰을 얻는 것이 목표가 된다. 끝으로 충분한 탐색과 통찰이 일어나면, 치료자는 내담자가 문제를 해결하기 위해 행동을 취하도록 돕는 방향으로 이동한다. 그러나 실

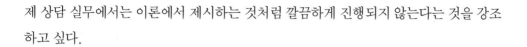

제 상담 실무에서는 이론에서 제시하는 것처럼 깔끔하게 진행되지 않는다는 것을 강조하고 싶다.

침묵

언어적 행동의 다른 분류에 대해 논의하기 전에 언어적 행동이 없는 상태인 침묵에서부터 시작하고자 한다. 초심 상담자들은 침묵의 가치를 평가절하하는 편이라고 할 수 있다. 초심 상담자들은 무언가를 말하고 있어야 한다고 느끼기 때문에, 침묵은 초심 상담자를 불안하게 만든다. 하지만 실제로 침묵은 의미로 가득 차 있다. 침묵은 상담자와 내담자의 정서적 연결을 촉진하거나 작업 동맹에서 무언가 잘못되고 있음을 가리킬 수 있다. 일반적으로, 유용한 침묵(내담자가 중요한 생각과 감정을 경험하거나 진행시키고 있는 것이 분명한 상담)과 '텅 빈 침묵(empty silences; 치료적 목표에 도움이 되지 않는 상담)'을 구별한다. 침묵을 상담 기법으로 사용하면서 치료자는 의도적으로 내담자에게 생각하고, 아이디어를 진행시키고, 감정을 흡수하는 시간을 제공한다. 텅 빈 침묵에서는 긍정적인 면이 거의 나타나지 않으며, 내담자는 일반적으로 안절부절못하는 것과 같은 불안한 모습을 보인다. 침묵이 목적을 가지고 사용되지 않는다면, 긴 침묵은 피해야 한다는 것이 우리의 주장이다. 그러나 '긴' 침묵이 무엇인가에 대해서는 논쟁의 여지가 있다. 초심 상담자는 때로, 실제로는 몇 초 동안 침묵이 있었는데도 상당히 긴 시간 침묵이 있었다고 생각한다. 항상 그렇지만, 당신이 생각하기에 최선의 판단을 하면서 목적과 배려를 가지고 상담 기법을 적용하고자 노력하도록 한다.

지시적 반응

실제 언어적 행동에 있어서, 지시적 반응(directives)이라는 넓은 유형은 내담자에게 무언가를 하도록 지시하는 것을 말한다. 지시적 반응을 사용함에 있어서 상담자는 내담자가 이미 하고 있는 행동을 계속하도록 하거나(승인) 내담자가 해야 하는 행동에 대해서 정보나 안내를 제공하고자 노력한다. 치료자가 승인(approval)의 반응 모드를 사용할 때, 치료자는 지지, 내담자 또는 내담자 행동의 어떤 측면에 대한 명백한 승인, 안심, 강화를 제공할 수 있다. 동정(sympathy) 또한 이 유형에 속하지만, 일반적으로 상담 교육자와 이론가들은 특수한 상황을 제외하고는 동정을 하는 것이 바람직한 상담 반응이 아니라는 데 동의한다. 승인의 반응 모드에 속하는 반응은 매우 짧거나(예: "아주 좋아요.") 좀 더 길 수도 있다("당신이 옳은 일을 했다고 봅니다.").

심리치료 문헌에는 한 인간으로서 그리고 전반적으로 내담자에게 승인과 지지를 보이는 것이 도움이 된다는 증거가 존재한다(Hill, 1989, 1990 참조). 그러나 상담은 지나치게 지지적일 수 있다. 어떤 경우에는 너무 지지적이어서 내담자 자신의 강점이 정돈되지 않을 수 있다. 또한 모든 상담 기법에 있어서 효과적인 사용과 비효과적인 사용을 구별하는 것이 매우 중요하다. 적절한 시점에 제시하는 지지와 안심시키기는 내담자를 앞으로 나아가게 할 수 있지만, 어떤 방식으로 주어지는 어떤 종류의 안심시키기는 내용이 없는 것으로 경험될 수 있고 내담자의 성장을 저해할 수도 있다. 예를 들면, "모든 일이 다 잘될 거예요."라고 하는 것은 때로 공감이 없는 것으로 경험되고, 이러한 안심시키기는 내담자가 생생하게 경험해야 하는 정서를 훈습(work through)하는 것을 방해하기도 한다.

지시적 반응에 속하는 두 번째 반응 모드는 정보 제공(providing information)이다. 이 분류에 속하는 상담자 반응은 내담자에게 사실, 자료, 의견, 자원의 형태로 정보를 제공한다. 내담자에게 주어지는 정보는 상담 과정, 상담자의 행동, 또는 만나는 시간, 장소, 상담비 등과 같은 상담 합의사항과 관련될 수 있다. 상담에서 정보 제공은 상당히 중요하다. 예를 들면, 내담자가 직접적인 정보나 사실을 요청할 때 이에 답하는 것은 상당히 중요하다. 동시에 상담자는 정보를 제공하는 전문가의 역할에 지나치게 몰입해서, 단순한 정보는 기저에 있는 감정과 태도에 거의 영향을 미치지 않는다는 사실을 망각하기도 한다. 또한 상담자는 내담자가 자기탐색과 고통스러운 감정을 회피하기 위한 방법으로 정보를 찾을 가능성에 대해서도 민감할 필요가 있다.

지시적 반응에 속하는 세 번째 반응 모드는 직접적인 안내(direct guidance)이다. 이는 상담자가 제공하는 지시, 제안, 충고를 말한다. 직접적인 안내는 두 가지 종류로 생각해 볼 수 있다. 한 가지는 상담 회기 안에서 조언이나 지시를 주는 것이고, 다른 하나는 상담 회기 밖에서 행동에 대한 조언이나 지시를 주는 것이다. 다음은 상담 회기에서 직접적인 안내의 예이다.

상담자: 지금 긴장을 풀고 숨을 깊이 마시세요.
상담자: 당신이 어머니에 대해서 생각할 때 당신 마음에 떠오르는 것은 무엇이든지 저에게 말씀해 주셨으면 합니다. 내용이나 말을 수정하려고 하지 말고, 그것이 얼마나 비현실적이거나 바보같이 들린다고 느껴지는지에 대해서 걱정하지 마세요.

다음은 상담 회기 밖에서 내담자의 행동에 대한 직접적인 안내의 예이다.

> 상담자: 당신이 이 문제를 Jim과 함께 이야기하는 것이 좋은 생각이라고 봅니다.
> 상담자: 당신이 지난주 시험에서 겪었던 문제를 수학 과목 교수님과 의논해야 한다고 생각해요.
> 상담자: 숙제를 드릴게요. 매일매일 당신이 불안감을 몇 번 느꼈는지, 그 순간에 어떤 일이 일어나고 있었는지를 기록해 보세요.

직접적인 안내의 사용, 특히 상담실 밖에서 내담자의 행동에 대한 조언의 형태로 직접적인 안내를 사용하는 것은 항상 논쟁의 대상이 되는 주제이다. 많은 상담자는 특별한 상황을 제외하고는 조언을 하지 말아야 한다고 믿는 반면, 보다 '지시적인' 치료에서는 조언을 치료과정의 바람직한 요소로 본다. 우리의 관점에서 조언에 대한 요청에 응답하는 첫 번째 단계는, 논의되고 있는 상황에 대해 내담자가 어떻게 생각하는지, 내담자가 어떤 대안들을 고려했었는지, 갈등 상황에 대한 내담자의 희망과 두려움은 무엇인지를 탐색하는 것이 되어야 한다.

> 상담자: 당신이 이에 대해서 심각하게 걱정하고 있다는 것을 알게 되었습니다. 당신이 고려했었던 여러 가지 대안들과 당신이 그 대안들에 대해서 어떻게 느꼈는지를 저에게 말씀해 주실 수 있다면, 우리는 당신에게 이해되는 무언가에 다다를 수 있을 거예요(Benjamin, 1987, p. 234).

이러한 탐색을 하게 되면, 때로는 상담자로부터 조언을 받을 필요가 없어진다. 내담자는 자신이 스스로에게 지시하는 것을 따라갈 수 있게 된다.

정보 추구

내담자로부터 어떤 종류의 정보를 구하는 데 사용되는 상담자 반응은 정보 추구(information seeking)로 분류된다. 일반적으로 정보 추구에는 폐쇄형 질문(closed questions)과 개방형 질문(open questions)의 두 가지 상담자 반응 모드가 있다.

폐쇄형 질문은 상담자가 정보를 모으는 데 사용되며, 일반적으로 한두 단어로 된 대답, '예' 또는 '아니요' 또는 확인 반응이 요구되는 질문이다. 몇 가지 예를 들면 다음과 같다.

> 내담자: 저는 기하학에 대해서 충분히 공부하고 있다고 생각하지 않습니다. 학습 기술에 들이는 시간보다 문제에 더 많은 시간을 들이고 있어요.
>
> 상담자: 평균적으로 기하학을 몇 시간 공부하세요?
>
> 내담자: Jane과 저는 드디어 아이들 없이 주말을 보냈어요.
>
> 상담자: 좋은 시간을 보내셨어요?

개방형 질문은 내담자의 반응을 제한하기보다, 내담자의 탐색 또는 명료화를 추구한다. 일반적으로 개방형 질문을 할 때에는 구체적이고 짧은 대답을 구하는 것이 아니다. 앞서 제시한 내담자 반응과 동일한 반응을 사용했을 때 개방형 질문의 몇 가지 예를 들면 다음과 같다.

> 내담자: 저는 기하학에 대해서 충분히 공부하고 있다고 생각하지 않습니다. 학습 기술에 들이는 시간보다 문제에 더 많은 시간을 들이고 있어요.
>
> 상담자: 당신이 더 많이 공부하는 것을 방해하는 요소가 무엇이라고 생각하세요?
>
> 내담자: Jane과 저는 드디어 아이들 없이 주말을 보냈어요.
>
> 상담자: 그런 경험은 당신에게 어떻게 다가왔나요?

이와 같은 반응에서 볼 수 있듯이, 상담자는 개방형 질문을 사용하면서 내담자로부터 탐색을 촉진하고자 한다. 이러한 탐색은 내담자의 감정, 사고, 행동, 성격 역동, 상담에 대한 기대와 관련될 수 있다.

개방형 질문과 폐쇄형 질문은 모두 상담 기법에서 자신의 위치를 가지고 있으며 때로 도움이 될 수 있지만, 상담 기법에 대한 글을 쓰는 많은 사람은 폐쇄형 질문이 특히 남용될 수 있다고 믿는다(예: Benjamin, 1987; Hill, 2009; Ivey, Ivey, & Zalaquett, 2010). 우리는 수련생들이 내담자가 탐색하도록 돕고자 하는 마음에서 치료 회기에서 많은 폐쇄형 질문을 던지는 경향이 있음을 봐 왔다. 안타깝게도, 폐쇄형 질문을 계속해서 던지는 것은 탐색을 촉진하기보다는 저해하는 편이다. Benjamin(1987)이 말했듯이, "개방형 질문은 접촉을 넓고 깊게 한다. 폐쇄형 질문은 이를 억제할 수 있다. 즉, 개방형 질문은 좋은 라포를 향한 문을 활짝 열 수 있다. 폐쇄형 질문은 일반적으로 그 문을 닫아 놓는다"(p. 136).

복잡한 상담자 반응

상담자 언어 반응 모드 분류체계(Counselor Verbal Response Modes Category System)로 불렸던 Hill(1985)의 분류체계에서 네 가지 복잡한 상담자 반응 모드 또는 기법으로는 재진술, 해석, 직면, 자기개방이 있다. 이 네 가지 반응 모드는, 이들이 다른 반응 모드보다 추상적이라는 점에서 그리고 반응 모드 각각이 1~2개의 하위 유형으로 나뉠 수 있다는 점에서 복잡하다. 또한 이 반응 모드들의 효과는 복잡하고 때로는 미묘한 문제인 시의성(timing), 정확한 언어 표현, 전반적인 그리고 특정한 순간에서 내담자의 역동과 감정 상태에 대한 민감성에 의해 크게 좌우된다. 이러한 여러 가지 고려사항으로 인해 네 가지 복잡한 기법은 상담자가 학습하기가 더 어려우며, 숙달하는 것도 당연히 더 어렵다. 각각의 기법에 대해 살펴보자.

바꾸어 말하기

바꾸어 말하기(paraphrase) 기법은 서로 공통되는 부분이 많은 네 가지 종류의 반응인 재진술, 반영, 비언어적 참조, 요약으로 나뉠 수 있다. 이 네 가지 반응은 모두 기본적으로 내담자가 언어적 또는 비언어적 수준에서 상담자에게 의사소통한 것을 다시 말하거나 요약하는 것이다. 상담자는 여기에 자신의 관점을 더하지 않고, 자신이 들은 내담자가 표현한 바를 내담자에게 다시 돌려준다.

상담자가 재진술(restatement)을 말할 때에는 내담자가 말한 것을 다시 말하거나 다시 표현하며, 내담자가 사용한 것과 유사하지만 더 적은 단어를 사용한다. 좋은 재진술 반응에서는 상담자의 표현이 내담자가 말한 것보다 더 분명하고 구체적이며, 이는 내담자가 자신이 표현하는 것을 살펴보도록 돕는다.

내담자: 대학에서 다음 단계로 승진하는 데 충분할 만큼 논문이나 책을 출판했는지 잘 모르겠어요. 그게 아니라면 제가 찾을 수 있는 또 다른 직업이 무엇인지 알아봐야 할 거예요.

상담자: 당신이 승진 기준을 통과했는지, 또 새로운 직업을 찾아야 하는지가 분명하지 않군요.

내담자: 올해에는 어떤 일이 생기면 이어서 또 다른 일이 생기고 그런 식인 것 같아요. 아내가 아팠고, Heather의 사고는 견디기 어려웠어요. 이제 8살인 제 아들이 수술을 받아야 합니다. 이런 일들이 과연 끝이 날지 모르겠군요.

> 상담자: 문제가 끊임없이 계속 일어났고, 앞으로도 이렇게 계속 이어질지 걱정하는 것 같
> 군요.

재진술과 대조적으로 반영(reflection)은 내담자의 표현에 담겨진 감정에 분명하게 주
의를 기울이면서 내담자의 표현을 다시 진술하는 것이다. 이러한 감정은 내담자가 이
미 말했을 수도 있고, 암묵적으로 표현했을 수도 있다. 암묵적으로 표현되었을 경우 상
담자는 내담자의 비언어적 행동이나 내담자의 전체적인 의사소통에서 감정을 추론한
다. 말로 진술되지 않은 감정을 반영하기 위해서는 상담자가 공감적으로 들어야 한다.
반영을 할 때 치료자는 자신의 관점을 더하지 않는다. 우리가 이후에 살펴볼 상담 기법
인 해석에서는 자신의 관점을 더한다. 반영에서는 상담자가 내담자의 말에 깔린 감정
을 수면 위로 끌어올리는 것이다. 이런 측면에서 상담자는 내담자가 탐색하고자 애쓰
고 있는 보다 깊은 감정을 거울처럼 비춰 주는 역할을 한다.

> 내담자: 이런 일에 대해서는 말을 하는 것도, 생각하는 것조차 어렵군요. 오랫동안 이성
> 관계가 없는 것에 대해 불평해 왔고, 이제 가능성이 보이는데, 저는 어떻게 해야
> 할까요?
> 상담자: 당신이 원한다고 생각했던 일에 대해서 두려워하고 회피하는 것을 보니 마음이
> 좋지 않군요.
> 내담자: 정말 그래요. John이 저에게 맞는 사람인지 모르겠어요. 그는 너무 좋은 사람인
> 것 같고, 제가 바라는 것을 모두 가지고 있어요. 정말 모르겠네요.
> 상담자: 당신이 John을 원하는지 아니면 원해야 하는지 혼란스러운 감정을 느끼는군요.
> 내담자: 예. 하지만 생각해 보면, 전 항상 그런 식이었던 것 같아요. 누군가가 나를 좋아
> 하고 잘 대해 주면 저는 달아나요. 누군가가 저를 원하지 않을 때 저는 그 사람을
> 원해요. 얼마나 엉망진창이에요? 제가 좋아지기는 할까요?
> 상담자: 당신은 낙담해 있군요. 다른 사람이 당신을 좋아할 때, 당신이 그 사람과 연결될
> 수 있을지 알기 어렵군요.

비언어적 참조(nonverbal referent)는 반영 및 재진술과 유사하지만, 내담자의 감정을
나타내는 내담자의 비언어적 행동을 가리킨다. 여기에서 '비언어적(nonverbals)'이란 몸
의 자세, 얼굴 표정, 목소리 톤, 몸짓 등을 말한다.

내담자: 뭐가 잘못되었는지 모르겠어요. Sally가 저에게 관심을 가지는 것에 행복해야 하
는데, 그렇지가 않네요.

상담자: 여기에 대해 말하면서 당신의 얼굴 표정이 슬프네요.

내담자: 하지만, 어휴, John이 이상하고 사교성도 없지만 저는 John을 좋아해요.

상담자: 당신이 그 말을 할 때 목소리가 힘이 없네요.

내담자: 처음으로 이 관계에서 행복감을 느껴요.

상담자: 당신이 그렇게 말할 때 목소리에 힘이 있네요.

재진술의 마지막 유형은 요약(summary)이다. 요약은 내담자가 표현한 것에서 중요한 주제를 말하는 것이다. 요약은 한 상담 회기의 일부분, 상담 회기 전체, 또는 치료 전반에서 중요한 주제에 대해 이루어질 수 있다.

상담자: 오늘 당신이 씨름하고 있는 주제는, 관계에 대한 당신의 두려움과 당신에게 좋은
관계를 당신이 어떻게 피하는지에 대한 것 같군요.

상담자: 요약하면, 당신은 몇 주 동안 당신이 원하는 것을 선별했고 공학을 원하지 않는
다는 것을 깨닫게 되었군요. 당신은 이제 경영학에 집중하고 있고 여기에 대해서
기분이 좋네요.

일반적인 상담 기법으로서 네 가지 유형의 재진술은 상담과 심리치료에서 그 역사가 길다. 1940년대를 시작으로 그 당시에 비지시적 치료(nondirective therapy)로 불리는 치료[이후 내담자 중심 치료(client-centered therapy), 그 뒤에는 인간 중심 치료(person-centered therapy)로 불림; 제12장 참조]가 대세가 되면서 바꾸어 말하기는 주요 언어적 기법이 되었다. 그렇지만 내담자 중심 치료나 비지시적 치료를 하지 않는 치료자도 바꾸어 말하기를 사용한다. 네 가지 유형의 바꾸어 말하기는 각각 내담자에게 상당한 도움이 될 수 있다. 바꾸어 말하기 기법은 내담자에게 상담자가 그들의 이야기를 듣고 있으며, 내담자로 하여금 탐색을 계속하도록 하고, 때로는 상담자의 공감적 이해를 내담자에게 전달한다. 또한 바꾸어 말하기는 내담자가 말한 것에 대해 치료자가 이해한 바를 확인할 수 있게 한다. 한편, 모든 상담 기법과 마찬가지로, 바꾸어 말하기는 잘못 사용될 수 있다. 바꾸어 말하기를 계속 사용하는 것은 내담자에게 짜증을 불러올 수 있으며, 특히 상담자가 내담자가 말한 것을 똑같이 반복하는 방식으로 접근할 때 그렇다.

Egan(1998)은 내담자가 말한 것을 단순히 반복하는 것을 '앵무새 같은 행동(parroting)'이라고 했으며, 이를 공감을 흉내 내기만 한 것으로 보았다. Egan은 "단순히 반복하는 것은 내담자에 대한 진정한 이해도, 내담자와 함께하는 것도 전달하지 못한다. (내담자에 대한) 진정한 이해는 어떤 면에서는 상담자에 의해 '처리되는' 것이므로, (내담자에 대한 진정한 이해는) 상담자를 통해 이루어지므로, 상담자의 일부분을 전달해야 한다."(pp. 96-97)라고 말했다. 우리는 효과적인 상담자는 항상 내담자에 의해 표현되는 것의 핵심이 무엇인지를 찾으며, 효과적인 상담자는 그 핵심을 찾아서 내담자에게 이를 전달하는 것의 전문가가 되어 간다는 측면에서 Egan의 말에 동의한다. 이러한 종류의 반응은 재진술보다는 반영일 가능성이 높다.

해석

복잡한 상담자 반응 중에서 아마도 해석이 가장 복잡할 것이다. 우리가 보기에 해석은 훨씬 높은 수준의 기술을 요구하며, 내담자를 앞으로 나아가게 하거나 내담자의 진전을 방해할 가능성이 더 높다. 재진술 기법은 내담자와 함께 머무르면서 치료자가 들은 내담자가 표현한 것을 내담자에게 돌려주는 반면, 해석은 내담자가 말했거나 인식한 것 이상을 다룬다. 일반적으로 해석은 새로운 의미를 부여하며, 내담자의 행동과 감정의 기저에 있는 원인을 지적한다. 치료자가 지금 일어나고 있는 것에 대해 자신의 관점에서 내담자가 표현한 것을 다시 구조화하기 때문에, 치료자의 참조틀(frame of reference)이 드러난다. 이를 통해 내담자가 새로운 관점에서 새로운 방식으로 바라보도록 돕고자 한다.

해석이 서로 다른 여러 유형을 포함한다는 측면에서, 해석의 복잡한 성격이 강조된다. 예를 들면, Hill(1985, 1986)의 분류체계에서는 해석의 다섯 가지 유형이 제시된다.

해석의 가장 일반적인 유형은 겉으로 보기에 따로 떨어진 말, 문제, 사건들을 서로 연결하는 것이다. 예를 들면, 다른 사람들 앞에서 연설하는 것에 대한 두려움, 낮은 자존감, 관계에서의 문제에 대해 말해 온 내담자에게, 궁극적으로 상담자는 이 세 가지 문제가 서로 어떻게 연결되어 있으며, 한 걸음 더 나아가 각각의 문제의 기저에 내담자의 극단적으로 높은 기준과 스스로에 대한 높은 기대가 깔려 있는 것으로 보이는지에 대해 말할 수 있다.

해석의 두 번째 유형은 내담자의 행동이나 감정에 있는 주제 또는 양상을 보여 주는 것이다. 이 유형의 예로는, 처음에는 취업에 잔뜩 희망을 가졌다가 실망하는 행동을 계속 보이는 내담자에 대한 반응을 생각해 볼 수 있다. 상담자는 "당신은 매번 직장의 가능성에 대해 아주 흥분했다가 어쩔 수 없는 문제를 보게 되면 돌아서는 것 같군요."와 같이 말할 수 있다. 상담자는 이 해석 반응에 이어서 이러한 양상의 의미가 무엇일지에 대한 개방형 질문을 할 수 있다. 또는 내담자가 충분한 자료를 제공했다는 가정하에, 상담자는 더 깊이 있는 해석을 할 수 있다(예: "우리가 지금까지 이야기를 나눈 것에 기초해서 생각해 보면, 당신이 돌아서는 것은 실패에 대한 두려움을 다루는 당신의 방식인 것 같군요"). 이와 같은 후속 반응은, 어떻게 숙련된 치료자가 동일한 반응 안에서 두 개 또는 그 이상의 서로 다른 유형의 해석을 연결할 수 있는지를 보여 준다.

앞서 제시한 마지막 해석 반응에서는 불안(실패에 대한 두려움)에 대한 내담자의 내면의 방어('돌아서는 것')를 지적한다. 이러한 유형의 해석은 Hill(1985)이 설명한 세 번째 유형인 방어, 저항, 전이의 해석에 해당한다. 전이의 해석은 아마도 정신분석치료의 핵심 기법일 것이다(제11장 참조). 전이의 해석에서 치료자는 치료자의 감정, 행동, 또는 태도에 대한 내담자의 지각이 어떻게 과거의 관계, 일반적으로 아버지 또는 어머니와의 관계에 기초해 있는지를 가리킨다. 내담자가 통찰을 얻도록 돕고자 하는 노력의 일환으로, 상담자는 내담자가 어떻게 상담자에게 반응하고 어떻게 상담자를 지각하고 있는지, 내담자가 마치 상담자를 내담자가 어렸을 때 중요한 사람인 것처럼 대하는지를 보여 준다. 예를 들면, 다음과 같다.

내담자: 제가 동성애자인 것에 대해서 당신에게 편안하게 말할 수 없는 것 같아요. 당신이 거기에 앉아서 조용히 저를 평가하는 것 같아요. 내가 남자답지 않다고 생각하면서요. 당신이 저를 수용하는 것처럼 보이지만, 저는 그걸 믿을 수 없어요. 당신이 인간적으로 저를 비판하고 있다는 두려움이 있어요. 절반 정도는 당신이 저에게 소리를 지르기 시작할 거라고, 정말로 폭발할 거라고 예상하고 있어요.

상담자: 당신의 이야기를 들으면서, 당신이 당신의 아버지를 바라보았던 방식과 당신이 지금 저를 바라보는 방식이 너무나 비슷한 것이 놀랍군요. 마치 당신이 당신의 아버지를 저에게 집어넣는 것 같아요.

해석의 네 번째 유형은 현재 사건, 경험, 또는 감정을 과거와 연결한다. 이러한 유형의 해석을 할 때, 치료자의 목표는 내담자가 현재의 문제와 갈등이 어떻게 과거와 인과적으로 연결되어 있는지를 보도록 돕는 것이다. 궁극적으로 치료자는 내담자에게 "당신은 당신의 과거의 문제와 경험으로 인해서 현재를 잘못 지각하고 있거나 현재의 당신이나 다른 사람들에게 상처를 주는 방식으로 행동하고 있어요."와 같이 말한다. 예를 들면, 다음과 같다.

> 내담자: 잘 모르겠어요. …… 저는 저에게 잘해 주는 남자들은 피하고, 저를 학대하는 이런 나쁜 놈들과 사귀는 것 같아요. 그리고 저는 엄청나게 잔소리를 하죠. 잔소리를 하고 또 하고. 잔소리를 너무 심하게 해서, 처음에는 나쁜 놈이 아니었던 남자들도 제가 나쁜 놈으로 만들 거예요. 제가 왜 이러는지 정말 모르겠어요.
>
> 상담자: 당신이 어린아이였을 때 당신의 어머니와 아버지의 관계와 똑같은 상황에, 당신이 계속해서 들어가고 또 그런 상황을 만드는 것 같군요.

Hill(1985)의 체계에서 다섯 번째이자 마지막 해석의 유형은 감정, 행동, 문제에 새로운 참조틀을 제시하는 것이다. 상담자는 내담자가 자신과 자신의 삶의 일정한 측면을 바라보는 새로운 방식을 제공하기 위해 이 기법을 사용한다. Hill은 이 과정의 예를 다음과 같이 들었다.

> 내담자: 그는 집에서 어떤 일도 하지 않고, 밖에 나가서 친구들과 항상 술을 마셔요. 저만 집에 갇혀서 아이들을 돌보고 모든 집안일을 하고 있어요.
>
> 상담자: 그 사람은 당신에게서 당신의 삶과 진로에 있어서 무엇을 할 것인지에 대한 결정을 없애고 있는 것 같군요.

우리는 해석에 대한 설명을 시작할 때, 해석이 얼마나 복잡한 기법이며 대부분의 다른 상담 기법들보다 더 효과가 있거나 더 안 좋을 수 있는지를 언급했다. 해석은 내담자를 도울 수도 있고, 내담자에게 상처를 줄 수도 있다. 해석이 바람직한 효과가 있는지 결정하는 데에는 아마도 다른 어떤 기법들보다도 깊이(depth)와 시의성(timing) 문제가 절대적으로 중요할 것이다. 예를 들어, 정신분석 이론을 잘 살펴보면 해석을 매우 민감하게 사용한다는 것을 알게 될 것이다. 내담자의 통찰 수준보다 아주 약간 앞서서 해석이 이루어져야 하며, 이는 내담자로 하여금 딱 한 걸음 더 이해할 수 있도록 한다. 이러한 측면에서, '좋은 해석'은 깊이가 깊은 해석이 절대 아니며, 적어도 내담자의 인식과 맞닿지 못할 정도로 깊이가 있어서는 절대 안 된다. 시의성의 측면에서는, 효과적인 해석은 내담자가 이를 흡수할 수 있을 때, 즉 내담자가 그 해석을 받아들일 수 있을 때 이루어져야 한다. 어떤 해석이 아무리 정확하고 아무리 잘 기술되었다고 하더라도 적절한 시점에 이루어지지 않는다면, 내담자의 반응은 치료자가 바라는 통찰과 인식의 반응이 아닐 것이다. 최근 연구들을 검토해 보면(Hill, 2009; Hill & Williams, 2000; Levy & Scala, 2012), 적절한 시점에 이루어지고 중간 정도의 깊이가 있는 해석 반응의 중요성을 명백하게 지지하고 있다. 이 주제는 과정연구에 대한 절에서 논의될 것이다.

직면

직면은 많은 치료자와 내담자에게 상대방을 공격하거나 공격을 당하는 이미지를 떠올리게 하기 때문에 논쟁적이다. 실제로 직면(confrontation)은 공격적일 수도 있지만 부드러울 수도 있다. 몇몇 직면은 명백하게 공격적일 수 있지만, 우리는 가장 효과적인 직면은 배려하는 관계에서 이루어지는 것이며 적대적이지도 공격적이지도 않다고 믿는다.

직면은 내담자의 행동에 도전하는 치료자의 모든 반응으로 볼 수 있다. 여기에서 도전의 대상은 내담자의 행동, 사고, 감정에서 나타나는 불일치나 모순이다. 또한 도전의 대상은 내담자가 하고 있고 궁극적으로 내담자가 문제를 해결하는 것을 방해하는 왜곡, 회피, 게임, 속임수, 변명, 연막 등이 되기도 한다.

불일치나 모순에 집중하는 종류의 직면에는 두 가지 부분이 있다. 첫 번째 부분에서 치료자는 내담자의 행동의 어떤 측면에 대해 진술하거나 설명한다. 두 번째 부분은 종종 '그러나'로 시작하며, 내담자가 보이는 불일치가 제시된다. 그러나 해석과 달리, 직면은 그 불일치의 원인을 말하지 않는다.

내담자의 말과 행동(또는 언어적 행동과 비언어적 행동) 간의 불일치를 직면하는 예는 다음과 같다.

> 내담자: 우리 상담 작업에서 제가 얻는 것이 정말 많아서 이번 회기에 오는 것을 계속 고대하고 있었어요.
>
> 상담자: 당신은 그렇게 말씀하시지만, 15분 늦게 왔고 팔짱을 긴 채 계속 조용히 앉아 있었습니다. (상담자는 이 직면에 이어서 다음과 같은 개방형 질문을 할 수 있다. "당신이 말로 표현한 것과 당신의 행동 간의 이러한 차이를 어떻게 이해하시나요?")

Egan(1986)은 왜곡에 대해 직면하는 좋은 예를 제시했으며, 여기에서는 이를 약간 수정했다. 젊은 동성애자 남성인 Eric은 자신의 문제에 대해서 형을 비난했는데, Eric의 형은 Eric이 고등학생이었을 때 그를 유혹했었다.

> 상담자: Eric, 우리가 당신의 성적인 행동에 대해 이야기하기 시작할 때마다 당신은 당신의 형 이야기를 꺼내는군요.
>
> 내담자: 그게 모든 것의 시작이에요!
>
> 상담자: 당신의 형은 더 이상 당신 곁에 없습니다. …… Eric이 원하는 것을 말해 보세요. 하지만 있는 그대로 말해 보세요.
>
> 내담자: 저는 사람들이 저를 그냥 내버려 두었으면 좋겠어요.
>
> 상담자: 저는 그 말을 믿지 않아요. 왜냐하면 당신이 그 말을 믿는다고 생각하지 않으니까요. …… 스스로에게 솔직해지세요.
>
> 내담자: 저는 어떤 한 사람이 저를 진심으로 위해 주기를 바라요. 하지만 그건 제 마음 깊숙한 곳에 감춰져 있어요. …… 표면적으로 제가 원하는 것처럼 보이는 건, 사람들에게 벌을 주고 그 사람들이 저에게 벌을 주도록 만드는 거예요.

해석과 관련해서 설명했던 것처럼, 직면 역시 내담자에게 도움이 될 수도 있고 해를 끼칠 수도 있다. 연구 결과를 살펴보면, 직면은 내담자의 방어성을 일으킬 수 있고 내담자가 오해받았다고 느끼게 할 수 있음을 명확하게 보여 준다(Hill & Williams, 2000). 그러나 직면은 각성으로 이어지고 내담자가 변화를 좀 더 수용하게 만든다는 연구 결과도 있다(Hill, 1989). 이러한 연구 결과와 더불어 우리의 상담 경험을 고찰했을 때, 우리의 결론은 다음과 같다. 민감하게 공감하고 숙련된 치료자의 핵심적인 요소는 어떤 내담자들에게 직면하는 것이 도움이 되는지를 아는 것뿐만 아니라, 언제 그리고 어떻게 내담자를 직면할지를 아는 것이다. 일반적으로 직면은 내담자가 이해받고 배려받는다는 것을 느끼는 신뢰로운 관계의 맥락에서 가장 잘 작동한다. 또한 우리는 효과적인 직면에서 해야 할 일과 해서는 안 되는 일에 있어서 Egan(1986, pp. 227-228)의 가이드라인이 유용할 것으로 생각한다.

1. 낙인찍기를 피하라(Avoid labeling). 경멸하는 낙인은 특히 내담자에게 비난받았다는 느낌을 가지게 하고 피드백에 대한 저항을 높인다.

2. 상황과 관련되는 행동에 대해 설명하라(Describe the situation and the relevant behaviors). 낙인을 찍기보다는, 맥락과 자기를 제한하는 행동을 가능한 한 구체적이고 정확하게 설명하라. 이렇게 할 때에도 모든 것을 한꺼번에 내담자에게 덮어씌우지 않는다. 당신은 재판을 위해 소송을 하려고 하는 것이 아니다.

3. 행동의 영향이나 결과를 설명하라(Describe the impact or consequence of the behavior). 관련 당사자들(예: 상담자, 내담자, 중요한 타인)이 정서와 행동의 측면에서 내담자의 행동에 의해 어떤 영향을 받는지 보여 준다.

4. 문제를 다루기 위해 내담자가 해야 하는 것을 파악하도록 도우라(Help clients identify what they need to do to manage the problem). 당신이 내담자의 어떤 행동에 도전할 때, 내담자에게 대안을 제시하거나 내담자 스스로가 대안을 탐색하도록 돕는 것이 매우 도움이 된다.

자기개방과 즉시성

마지막으로 논의할 기법인 자기개방과 즉시성은 여러 가지 논쟁의 대상이다. 상담과 심리치료 문헌에서 자기개방의 강점과 책임은 오랫동안 논쟁의 대상이었다. 일반적으로 인간 중심 상담자들(제12장 참조)은 치료자의 자기개방이, 상담자와 내담자 간의 진솔한 나-너 관계(I-thou relationship)를 촉진하는 매우 효과적인 방법이 될 수 있다고 믿는다. 상담자가 자기개방을 할 때, 상담자는 치료자라는 지위에서 내려와 자신이 내담자와 같은 인간임을 보여 준다.

일반적으로 자기개방은 관계 맺는 반응(involving statements)과 노출하는 반응(disclosing statements)으로 나뉠 수 있다(McCarthy & Betz, 1978). 관계 맺는 반응에서는 상담자가 상담자의 감정이나 지각을 내담자에게 전달하는데, 이때 상담자의 감정이나 지각은 (항상 그렇지는 않지만) 보통 그 순간, 그리고 내담자 또는 관계에 대한 것이다. 이러한 노출이 현재에서 감정과 사고에 대한 것일 때, 이러한 노출은 종종 즉시성(immediacy)으로 불린다. 이러한 반응의 예로는, "때로는, 바로 지금 같은 경우에, 당신에게 도움이 되었다고 느껴지는 방식으로 당신에게 어떻게 반응할지 정말 알기 어렵습니다." "당신이 계속해서 스스로를 공격하는 것을 듣고 있으니 슬퍼집니다." "우리 관계가 좋은 관계로 느껴집니다. 이 관계를 이제 종결해야 하는 것을 알지만, 이것은 저에게도 상실이군요."가 있다. 노출하는 반응에서는 상담자가 내담자 또는 상담자와 내담자의 관계와 직접적으로 관련되지 않는 자신 또는 자신의 삶에 대한 무언가를 드러낸다. 이러한 노출의 내용은 치료자에 대한 사실, 치료자와 내담자의 비슷한 점(치료자와 내담자가 어떻게 느끼는지), 또는 치료자가 사용한 치료적 전략일 수 있다. 이와 같이 다양한 유형에 해당하는 노출하는 반응의 예로는, "만약에 누군가가 저에게 그런 식으로 반응한다면, 저 역시도 분노나 무기력감 같은 많은 감정이 들 것 같습니다."(감정이 비슷한 것에 대한 노출), "저도 10대 아이들이 두 명 있어서 이해해요."(유사성에 대한 노출), "저의 상담 실무와 삶에서 잘 작동했고 도움이 되었던 것 중에 한 가지는, 주의 깊게 경청하고 방해하지 않는 것이었습니다."(전략에 대한 노출), "저는 메릴랜드 대학교에서 상담심리 학위를 받았고 20년 동안 상담 실무를 해 왔습니다."(사실에 대한 노출)가 있다.

자기개방을 관계 맺는 반응과 노출하는 반응으로 구분하는 것에 더해서, 자기개방을 긍정적인(positive) 것과 부정적인(negative) 것으로 나누어 볼 수 있다. 긍정적인 자기개방은 내담자의 관점을 지지하고 강화하고 정당화한다는 점에서 내담자에게 위안을 준다. 예를 들면, "저 역시도 우리의 상담 작업과 우리의 관계에 대해 좋은 느낌을 가지고 있습니다."(Hill, Mahalik, & Thompson, 1989)와 같다. 반면, 부정적인 자기개방은 내담자의 관점, 사고 방식, 또는 행동을 직면한다는 점에서 내담자를 힘들게 만드는 경향이 있다. 예를 들면, "당신은 괜찮다고 말하지만, 누군가 그런 식으로 저에게 반응한다면 저는 꽤 화가 날 겁니다."(Hill et al., 1989 참조)와 같다.

자기개방을 할 것인지의 여부를 결정하는 것은 어려운 결정일 수 있기 때문에, 우리는 다음 부분에서 자기개방에 대한 몇 가지 연구 결과를 검토한다. 그렇지만 우리는 먼저 독자들에게 주의사항을 언급하고자 한다. 연구 결과에서 특정 반응 모드나 기법이 효과적인 것으로 나타났다고 해서, 이것을 더 많이 사용하면 상담이 더 좋아진다는 것을 의미하는 것은 아니다. 반대로, 어떤 기법이 효과가 미미한 것으로 연구 결과에서 나타났다고 해서, 이 기법을 상담에서 사용하지 말아야 함을 의미하는 것도 아니다. 상담 기법을 어떻게 조합할 것인지는 특정 상담 기법의 사용만큼 중요한 주제이다.

과정연구가 우리에게 말해 주는 것

지금까지 여러 가지 광범위한 상담 기법에 대해 알아보았다. 그렇다면 상담에서 긍정적 변화를 도모하기 위해서 무엇이 작용하는지 우리는 어떻게 알 수 있을까? 이러한 측면에서 우리는 심리치료 연구에 대한 논의로 다시 돌아와서, 이제 상담과정연구에 초점을 맞추고자 한다. 치료자가 사용하는 서로 다른 구체적인 기법의 효과는 어떠한가? 치료자가 상담 회기에서 무언가를 하고자 하는 의도가 있을 때, 치료자의 기법은 자신의 의도를 따라가는가? 이는 내담자에게 어떻게 지각되는가? 겉으로 보이는 표면 아래에서는 어떤 일이 일어나는가? 치료자의 주의, 역전이, 내담자의 반응과 비밀에 대한 치료자의 혼잣말에서 무엇이 일어나고 있는가?

심리치료의 과정에 대해 진정한 경험 연구를 가져온 공로는 Carl Rogers의 것이다. 1940년대에 Rogers는 다양한 방법을 사용해서 녹음된 치료 회기를 이해하고자 했다 (Muran et al., 2010). 또한 그는 잘 알려진 많은 과정연구자를 지도했고, 이들은 Rogers의 연구를 계속 이어 나갔으며, 자신만의 창조적이고 고유한 기여를 했다. 그 결과, 치료 회기에서 치료자들이 실제로 무엇을 하는지(do)를 살펴보는 많은 연구가 이루어졌다. 예를 들어서, Hill(1982)은 연구자들이 여섯 개 수준에서 상담과 심리치료를 분석할 수 있다고 제안했다. 이 여섯 개 수준은 가장 관찰 가능한(그리고 쉽게 평정할 수 있는) 수준부터 보다 추상적이고 추론적인 수준으로 구성된다. Hill의 여섯 개 수준은 (가) 조력 행동(예: 생리적 측정도구를 사용해서 살펴볼 수 있는 행동), (나) 반응 모드(예: 언어적 언급), (다) 내용(예: 논의 주제), (라) 행동 평정(예: 내담자의 관여 정도에 대한 평정), (마) 암묵적 행동(예: 치료자의 의도 또는 내담자의 내적 반응), (바) 임상적 전략(예: 구체적 개입)이다. 여기에서 우리는 보다 쉽게 관찰될 수 있는 분류 중 하나로 반응 모드 또는 치료자의 언어적 행동, 보다 연구가 어려운 분류 중 하나로 치료자와 내담자의 암묵적 행동에 대한 연구를 집중적으로 알아본다.

치료자 반응 모드

이전 절에서 다양한 치료자 반응 모드에 대해 개관했다. 반응 모드를 연구하는 일반적인 방법은 비디오로 녹화하거나 오디오로 녹음된 치료 회기의 축어록을 코딩하는 것이다. 이 장에서는 Hill(1978)의 원(原)체계에서 나온 다섯 가지 분류인 지시적 반응, 해석, 자기개방, 질문, 재진술에 대한 연구 결과에 초점을 두고 살펴본다.

이제 막 상담을 배우기 시작한 사람들은 때로 치료자가 조언을 주고 문제를 해결해야 하며, 이러한 일들이 1~2회기에 효과적으로 일어날 수 있다고 가정한다. 그러나 여러 가지 이유로, 가장 훌륭한 치료자는 내담자에게 조언하는 것을 피하며, 그 대신 내담자가 자신만의 답을 발견하도록 돕고자 노력한다. 이런 측면에서, 치료자의 지시적 반응에 대한 연구 결과는 상당히 혼재되어 있다. 내담자의 저항은 좋지 않은 상담 성과와 강하게 관련되며(Beutler, Rocco, Moleiro, & Talebi, 2000), 따라서 몇몇 연구자는 치료자의 지시적 반응이 내담자의 저항과 관련되기 때문에 그다지 도움이 되지 않는다고 제안했다(Bischoff & Tracey, 1995). 저항 수준이 높은 내담자에게 지시적 반응을 사용하는 것(Beutler, Harwood, Michelson, Song, & Holman, 2011)은 좋지 않은 상담 성과를 가져왔다. 이와는 반대로, 상담 회기 밖에서 작업하는 숙제를 내주거나(Bennett-Levy, 2003) 상담 회기에서 경험적 직면을 하는 것이 보다 효과적일 수 있다(T. Strong & Zeman, 2010). 따라서 치료자의 지시성은 특정한(예: 저항 수준이 낮은) 내담자에게 특정한 방식(예: 숙제 부과)으로 사용될 때 효과적인 전략일 수 있다.

　이와는 대조적으로, 상담개입으로서 해석(interpretation)의 효과성에 대해서는 보다 일관적인 연구 결과가 나타난다. 치료자가 내담자의 현재 이해 수준을 넘어서서, 두 개 이상의 주제를 서로 연결하고, 관통하는 주제나 양상을 보여 주고, 내담자가 새로운 참조틀을 만들도록 도울 때 해석이 사용된다. 일반적으로 치료자들은 해석을 중간 정도로 사용하지만(예: 치료자의 언어적 반응에서 6~8%; Auletta et al., 2012; Hill et al., 1988), 내담자는 치료자의 사려 깊음에 긍정적으로 반응하며 자신의 고유한 관점을 정교화하는 것에 해석을 성공적으로 사용할 수 있다(Peräkylä, 2010). 다양한 이론적 지향에서 해석을 효과적으로 사용하는 것으로 보인다(Gazzola & Stalikas, 2004). 정확한 해석(Crits-Christoph, Barber, & Kurcias, 1993)이 그 해석을 받아들일 '준비'가 되어 있는 내담자에게 전달될 때(Joyce, Duncan, & Piper, 1995) 해석은 상당히 효과적인 것으로 증명되었다. 그러나 특히 전이 해석은 논쟁의 대상이 되었다. 몇몇 연구 결과는 전이 해석이 몇몇 내담자에게 상당히 부정적으로 경험되었음을 제안했으며(Bateman & Fonagy, 2004) 긍정적이지 않은 치료 성과와 관련되는 것으로 나타났다(Crits-Christoph & Connolly Gibbons, 2001; Ryum, Stiles, Svartberg, & McCullough, 2010). 그러나 Levy와 Scala(2012)는 어떤 사람들에게는 전이 해석이 상당히 효과적일 수 있다고 제안했다. 이들의 연구 결과는, 더 좋은 연구문제를 향해서 연구가 진전하면서 예전에는 맞는 것으로 보였던 것이 더 이상 100% 정확하지 않을 수 있다는 것을 훌륭하게 보여 준다. 따라서 이러한 연구 결과들은 치료 효과성을 최대화하기 위해 특정 개입을 언제 사용할 것인지를 이해하는 것이 복잡한 문제임을 보여 준다.

　앞서 논의했듯이, 자기개방(self-disclosure)은 상당한 논쟁의 대상이 되는 치료자의 언어적 반응 모드이다(Farber, 2006). 치료자에 대해서 어느 정도가 내담자에게 알려져야 하는가? 어느 정도의 자기개방이 적절하며, 언제 이것이 치료의 경계선을 넘어서 보다 상보적인 관계가 되는가? 연구 결과에 따르면, 치료자가 자기개방을 선택했을 때 치

료자가 이미 해결한 문제에 대해 개방하고(Yeh & Hayes, 2011) 치료적 즉시성의 맥락
에서 자기개방을 하는 것(Hill, 2009; Knox & Hill, 2003)이 성공 가능성이 가장 높다. 흥
미로운 점은, 치료자는 자기개방의 사용을 선호하지 않는 편인 반면에, 내담자는 치료
자의 자기개방을 치료자의 개입에서 가장 도움이 되는 것으로 꼽는다(Audet & Everall,
2003). 특히 Mayotte-Blum과 동료들(2012)은 치료자 즉시성에 대한 Hill(2004)의 모델
을 사용하여, 치료자의 자기개방이 더 좋은 치료 성과와 관련된다고 제안했다. Gelso
와 Palma(2011)는 내담자에게 자기개방을 할 것인지 하지 않을 것인지를 결정할 때 작
업 동맹의 강도를 고려하는 것이 중요하다고 제안했다. Gelso와 Palma는 Henretty와
Levitt(2010)이 제시한 고려사항들(예: 무엇에 대해, 무엇을, 언제, 왜, 어떻게)을 검토하면
서, 연구자들이 자기개방의 '최적의 양(optimal amount)'을 파악하는 데 집중해야 한다
고 조언했다. 왜냐하면 '적절한 시점에서 자주 사용하지 않는 것'(Gelso & Palma, 2011,
p. 347)이 자기개방 기법의 효과성을 높이는 방법일 수 있기 때문이다.

　내담자와 치료자로부터 서로 엇갈린 평가를 받는 또 다른 언어적 상담 기법은 질문
(questions)이다. 내담자는 질문을 받는 것을 좋아하지 않는 경향이 있는 반면, 질문을
하는 것은 다른 어떤 기법보다도 치료자가 가장 일반적으로 사용하는 기법 중 하나이
다(Goates-Jones, Hill, Stahl, & Doschek, 2009; Hill et al., 1988). 치료자들은 일반적으로
정보를 모으고 내담자가 어떤 주제에 대해 보다 깊이 있게 탐색하거나 논의하도록 돕
는 방법으로 질문을 사용한다. 질문의 과도한 사용, 특히 폐쇄형 질문(주로 예/아니요와
같은 유형의 반응을 요구하는 질문)의 과도한 사용은 치료자의 기술이나 공감에 대한 부
정적인 인식과 관련될 수 있다(Hill & O'Brien, 1999). 매우 경험이 풍부한 치료자들이 진
행한 여덟 개의 심리치료 사례를 집중적으로 분석한 Hill(1989)의 연구에서, 내담자들
은 폐쇄형 질문이 도움이 되는 정도에 대해서 전반적으로 낮게 평가했다. 폐쇄형 질문
기법은 내담자에게 치료적 관계에 정서적으로 관여하도록 초대받기보다는 면접을 받
는 느낌을 가지게 할 수 있다. 반면에 개방형 질문은 내담자로 하여금 말을 더 하고 자
신의 감정, 사고, 문제에 대해 보다 깊이 있게 말하도록 격려하는 데 유용한 것으로 나
타났다(Hill, 2009). 그러나 Hill(1989)이 연구한 여덟 개 사례에서, 몇몇 내담자는 개방
형 질문이 동반되는 도전을 좋아했지만, 다른 내담자들은 이를 위협적으로 경험했다.
개방형 질문의 효과성은 많은 요인에 의해 좌우되는 것으로 보인다. 예를 들면, 질문이
적절한 시점에 이루어졌는지, 내담자가 질문에 대한 준비가 되어 있었는지, 내담자가
다루고 있는 문제, 물론 묻는 질문의 구체적 성격 등이 그러한 요인들이다.

마지막 분류인 바꾸어 말하기(paraphrase)는 여러 가지 도움이 되는 정보를 제시했다. 내담자들이 좋은 재진술이나 감정의 반영을 항상 잘 받아들이지는 않는다. 내담자들은 자신의 생각이나 감정을 명확하게 하기 위해 돕고자 하는 치료자의 의도를 오해하기도 하고, 재진술 기법을 앵무새처럼 정보를 그대로 반복하는 기법으로 보기도 한다. 바꾸어 말하기 반응은 치료에서 자주 사용될 뿐만 아니라(치료자 반응의 31%까지 차지함), 내담자의 협력과 정서적 경험과 같은 치료 과정의 다른 측면들과도 긍정적인 관련성을 보인다(Williams, 2002). 이와 유사하게, Iwakabe, Rogan, Stalikas(2000)의 연구 결과, 내담자가 감정의 즉시적 표현에 초점을 두는 상담 회기에서 치료자와 내담자 간의 작업 동맹 수준이 더 높았다. 내담자들은 상담자의 바꾸어 말하기 반응에 대해 부정적 반응을 거의 보이지 않았지만(Cooper, 2008), 때로 학생들은 바꾸어 말하기의 효과성에 의문을 가진다. (학생들은 미디어에서 그리는, 내담자의 이야기를 제대로 듣지 않으면서 내담자가 말한 것을 단순히 반복하는 치료자의 모습에 대해 잘 알고 있다. 이러한 미디어의 고정관념은 저자들을 분노하게 하지만, 수업에서 토론을 시작하는 훌륭한 주제가 되기도 한다.) (적절한 시점에 이루어지고, 정확하고, 배려와 사려 깊음을 전달하는 방법으로 이루어지는) 아주 좋은 바꾸어 말하기 반응은 매우 강력한 기법이 될 수 있다고 우리는 믿는다.

치료자의 언어적 기법에 대한 연구는 탄탄한 기반을 갖추고 있으며, 상담실무자들에게 유용하고 중요한 정보를 제공한다. 그러나 비언어적 의사소통에 대한 연구와 마찬가지로(Hill & Williams, 2000), 이 분야의 연구는 감소하고 있는 것으로 보인다. 저자들은 우리가 사용할 수 있는 방법론이 현재 우리의 창조성을 제한한 것은 아닌지 의문이 든다. 예를 들면, 특정한 상담 기법을 사용하는 빈도를 아는 것은 흥미롭기는 하지만 대단히 유용한 정보는 아니다. 우리는 이러한 기법의 복잡성과 미묘한 차이에 더 관심이 있으며, 이는 그 자체로 측정의 난제(難題)이다. 미시분석적 연계분석(microanalytic sequential analysis)을 사용한 몇 개의 매우 흥미로운 연구가 이루어졌으며(Elliott, 2010), 우리는 이 분야가 다시 활력을 띠어야 하는 연구 영역이라고 본다.

암묵적 과정에 대한 연구

상담 회기에서 치료자가 내담자에게 무엇을 (그리고 어떻게) 반응하는지를 연구하는 것은 중요하지만, 상담의 표면 아래에서 무엇이 진행되고 있는지를 밝히는 것 역시 매우 흥미로운 영역이다. 암묵적 과정을 연구하는 것은 매우 어렵지만, 동시에 매우 중요하고 (또한 놀라운) 정보를 제공하는 것이 밝혀졌다. 암묵적 반응을 연구하는 일반적인 방법은, 상담 회기를 녹화하거나 녹음한 뒤 해당 상담 회기 직후에 내담자와 치료자에게 회상하도록 하는 것이다. 이러한 회상 회기에서는 녹화 테이프(또는 녹음 테이프)를 다시 틀면서 특정 지점(미리 결정한 시간 간격 또는 치료자가 말한 직후)에서 멈춘다. 내담자와 치료자는 테이프를 멈출 때마다 측정도구를 작성한다. 예를 들면, 내담자는 상담 회기에서 그 순간에 자신의 내적 반응이 무엇이었는지 또는 그 순간에 치료자가 얼마나 도움이 되었다고 느꼈는지를 적을 수 있다. 치료자는 그 순간에 자신이 도움이 되는 정도를 스스로 평정하거나 스스로에게 어떠한 자기진술(혼잣말)을 했는지 적을 수 있다. 이러한 유형의 연구에 내재되어 있는 어려움은 회고적(retrospective)이라는 것이다. 내담자는 상담 회기에서 그 순간에 자신이 실제로 경험하고 있던 것을 기억하고 있는가, 아니면 이어진 상담 회기 동안에 또는 연구 과정 자체로 인해서 내담자의 관점이 변했는가? 치료자는 자신이 스스로에게 했던 말을 실제로 기억하고 있는가, 아니면 자신의 현재 생각에 반응하고 있는가? 이러한 회기 후 회상 방법의 대안이 될 수 있는 것은, 물론 실제 상담 회기를 중단하고 그 장면에서 측정도구를 작성하는 것일 수 있다[또는 피부전류반응(galvanic skin response)과 같은 비(非)방해 측정도구를 도입하는 방법을 생각해 볼 수 있다]. 그러나 상담 회기를 중단하는 것은 상담 그 자체를 바꾸며, 생리적 측정도구는 치료자의 자기진술과 같은 종류의 연구문제를 다루지 못한다.

연구의 어려움에도 불구하고, 상담 회기 동안 실제로 일어나고 있는 일들에 대해 훌륭한 통찰을 주는 여러 가지 흥미로운 연구 결과가 있었다. 여기에서 우리는, 내담자 반응과 치료자의 자기초점적 주의라고 하는 두 가지 연구 영역에 대해 살펴본다. Hill, Thompson, Cogar, Denman(1993)은 암묵적 내담자 반응(covert client reactions)에 숨겨진 반응, 말하지 않은 것들, 비밀이라는 세 가지 유형이 있다고 제안했다. Farber와 Hall(2002)의 연구 결과에서는 내담자가 상당한 정도로 치료자에게 개방하는 것으로 나타났지만, Farber(2003)의 연구 결과에서는 내담자의 50%가 치료자에게 말하지 않는 비밀이 있다고 제안했다. D. A. Hall과 Farber(2001)는 내담자가 치료자와 공유하기 가장 어려운 문제가 성(性) 문제임을 발견했다. Kelly(1998)는 비밀을 감추는 것이 (증상의 감소와 관련되기 때문에) 실제로 촉진적이라고 제안했지만, Hill, Gelso, Mohr(2000)는 내담자들이 실제로는 치료자에게 숨기는 것이 거의 없다고 보고하는 것에 주목하면서 이에 동의하지 않았다. 뒤이어 Kelly와 Yuan(2009)은 Kelly(1998)의 초기 주장과 반대되는 근거를 발견했다. 즉, Kelly와 Yuan은 비밀을 숨기는 것이 더 좋지 않은 치료적 동맹과 관련된다는 결과를 얻었다. 전반적으로 보았을 때 내담자는 치료자에게 숨기는 것이 거의 없지만, 때로 치료자에게 정보를 드러내지 않으며, 특히 성(性) 문제에 대해서 더욱 그렇다. 비밀을 숨기는 것이 그 순간에 불안한 감정을 덜 느끼는 것과 관련될 수는 있지만, 치료에서 비밀을 계속 가지고 있는 것은 장기적으로 보았을 때 성공적인 결과를 위한 전략은 아닌 것으로 보인다.

치료자의 암묵적 반응에서 우리가 특히 관심을 가지는 영역은 치료자가 경험하며, 또 궁극적으로는 관리해야 하는 치료자의 내적 반응이다. 상담자가 내담자와 상담을 진행할 때, 상담자는 그 순간에 자신의 생각, 감정, 반응을 어떻게 인식하는가? 그러한 상담자의 인식이 어느 정도로 치료를 촉진하며, 어느 정도로 치료를 방해할 가능성이 있는가? 치료자가 명확하게 자신을 인식하는 것이 가능한가? 자기인식(self-awareness)이라는 용어는 자기통찰이나 자기지식의 한 유형으로 정의되었으며(Williams et al., 2008), 매우 긍정적인 성격을 가진 것으로 인식되었다. 그러나 Williams와 동료들은 자기초점이 순간적으로 높아진 상태를 기술하는 자기인식의 정의에 관심을 두었으며(Williams & Fauth, 2005), 이는 치료에서 도움이 될 수도 있고 방해가 될 수도 있다고 보았다. 연구에서 용어의 사용을 분명하게 하기 위해서 Williams와 동료들(2008)은 치료자 자기초점적 주의(therapist self-focused attention)라는 용어의 사용을 제안했으며, 연구자들은 치료자의 혼잣말(self-talk)과 치료를 방해하는 자기인식과 같은 치료자의 자기지향적 주의를 연구하고자 할 때 이 단어를 사용할 수 있다.

그렇다면 치료자는 상담 회기 동안 어떤 생각을 하는가? 아마도 사람들은 치료자가 내담자 또는 치료와 관련되는 다른 과정들에 대해 생각하고 있을 것이라고 생각하거나 바랄 것이다. 그러나 치료자가 다른 생각들, 눈앞에 진행되고 있는 상담 회기와 전혀 관련이 없는 생각들을 할 가능성도 상당히 높다. 치료자의 혼잣말에 대한 초기 연구는 치료자의 혼잣말을 촉진적인(facilitative) 것 또는 주의를 분산시키는(distractive) 것으로 분류했다(Borders, Fong-Beyette, & Cron, 1988; Fuqua, Newman, Anderson, & Johnson, 1986; Morran, 1986; Morran, Kurpius, & Brack, 1989). 따라서 어떤 생각들(예: 내담자에게 초점을 둔 생각들)은 치료에 도움이 될 수 있지만, 다른 생각들(예: 골치를 아프게 만드는 차 수리에 대한 생각, 새로 획득한 자격증에 대해서 온라인 프로필을 업데이트하는 것을 기억하는 것)은 치료자의 주의를 분산시키거나 다른 방식으로 치료를 방해할 수 있다. Hiebert, Uhlemann, Marshall, Lee(1998)의 연구 결과, 상담자의 불안은 부정적인 혼잣말과 관련되는 것으로 나타났다. 이와 유사하게, Nutt-Williams와 Hill(1996)의 연구에서는 치료자의 부정적인 혼잣말이 내담자가 부정적으로 반응하고 있다는 치료자의 지각과 관련되는 것을 발견했고, 이러한 치료자의 지각이 치료에 도움이 되지 않는 것으로 나타났다.

치료자가 가지고 있는 이러한 지각이 실제로 정확한 것인지 검증하기 위해, Williams(2003)는 회기 후 회상 설계를 사용해서 치료자와 내담자의 관점을 평가했다. Williams의 연구 결과, 치료자들은 (내담자와 비교했을 때) 스스로의 자기인식 수준이 더 높은 것으로 평정했고, 내담자들은 치료자의 자기인식이 도움이 되지 않는 것으로 평정했다. 이는 치료자의 자기인식에 주의를 분산시키는 요인이 있음을 시사한다. 그러나 유사한 다른 연구들에서는 치료자의 자기인식이 긍정적으로 도움이 되는 평가와 관련되었다. 따라서 치료자의 자기초점적 주의는 "굉장히 흥미롭고 복잡한 것으로 보인다"(Williams et al., 2008). 치료자는 회기에서 다양한 생각을 하는 것으로 보고하며, 여기에는 지루하거나 상담과 관련없는 일에 대한 걱정 등이 포함된다(Williams, Polster, Grizzard, Rockenbaugh, & Judge, 2003). 이러한 연구 결과는, 치료자의 자기인식이 때로 도움이 되도록 하는 것은 주의를 분산시키거나 방해가 되는 자기초점적 주의를 관리하는 능력임을 제안한다. 많은 연구에서 이와 같은 치료자의 관리 전략을 연구하기 시작했으며(Gelso & Hayes, 2007; Williams & Fauth, 2005; Williams, Hurley, O'Brien, & de Gregorio, 2003), 치료자의 마음챙김에 대한 관심도 높아지고 있다(Bruce, Shapiro, Constantino, & Manber, 2010; Ryan, Safran, Doran, & Muran, 2012).

독자들이 여기까지 읽었다면, 이제 '당신의 치료가 누군가를 도왔는가?'라는 질문이 매우 복잡한 이유를 잘 이해했을 것이라 생각한다. 상담실에서 일어나는 (또는 일어나고 있지 않은) 관찰 가능한 행동들을 연구할 수 있을 뿐만 아니라 표면 아래 존재하는 치료자 또는 내담자의 반응도 연구할 수 있다. 우리는 때로 일반적인 50분의 치료 시간이 그저 바쁘다고만 생각한다. 우리는 우리가 치료에서 관찰할 수 있는 현상들(예: 치료 회기에서 치료자가 자신의 비언어적 행동의 한 측면을 바꾸었을 때 어떤 일이 일어나는가?)뿐만 아니라 내담자와 치료자의 암묵적 경험(예: 상담 회기에 들어가기 전에 치료자들에게 그들이 작성해야 하는 보험서류에 대해서 상기시켰을 때 이것이 어떤 영향을 미치는가?)을 연구하는 데 많은 시간이 걸릴 수 있다. 그리고 앞으로 많은 사람이 이에 대한 연구를 할 것으로 예상할 수 있다. 궁극적으로는 심리치료의 연구에서 흥미로운 진전이 있게 된다면, 이는 훈련 방법을 향상시키고, 상담 실무자의 실무 작업을 지원하며, 치료적 도움을 구하는 사람들을 돕는 더 좋은 방법을 찾도록 도울 것이다.

요약

이 장에서 우리는 상담과 심리치료의 효과성을 확립한 연구의 역사를 살펴보았다. Eysenck(1952)의 치료에 대한 도발적 비판과 이후 Eysenck의 연구 결과와 상충되는 메타분석 연구들(예: M. L. Smith & Glass, 1977)을 살펴보았다. 독자들에게 도도새 가설(Luborsky et al., 1975)을 소개했으며, 치료가 효과적이지만 어떤 한 유형의 치료가 반드시 다른 유형의 치료보다 효과적이지 않다는 놀라운 연구 결과를 제안했다. 성과연구의 복잡성을 고려할 때, 연구자들이 효율성(높은 실험실 통제의 사용)과 효과성(연구 결과로부터 치료의 일반화를 최대화)에서 선택하는 방법들에 대해 논의했다. 또한 경험적으로 지지된 치료와 근거기반 실무 운동에 대해 알아보았으며, 여러 이론적 지향에 걸쳐서 치료의 효과성을 확립하기 위해 고도로 구조화되고 매뉴얼화된 전략을 사용하는 것의 한계에 대해 짚어 보았다. 끝으로 여러 치료 간의 차이를 연구하는 것에서 심리치료의 공통적인 치유 요인을 연구하는 것으로 방향 전환이 이루어진 것을 살펴보았다. 분명한 것은, 치료에서 변화의 기제가 무엇인지에 대해서는 여전히 명확하지 않지만, 치료가 매우 효과적일 수 있음을 제안하는 대규모의 연구 결과가 축적되어 있다는 것이다.

치료의 변화에서 한 가지 가능한 기제는, 치료 시간에 치료자가 실제로 무엇을 하는가이다. 우리는 이론적 지향과 관계없이 치료자들이 사용하는 기본적인 비언어적 기법과 언어적 기법에 대해 알아보았다. '기법'의 개념은 내담자에게서 긍정적인 변화를 촉진하기 위해 치료자가 사용하는 도구나 방법으로 정의된다. 이 장에서 우리는 비언어적 행동과 언어적 행동의 수준에서 기법의 두 가지 수준에 초점을 두었다. 비언어적 행동은 유사언어(paralinguistics), 얼굴 표정, 몸동작, 시각적 행동(visual behavior), 공간으로 구성된다. 효과적인 치료자는 자신이 항상 비언어적 의사소통을 하고 있음을 인식하며, 내담자 역시 비언어적 의사소통을 하고 있음을 안다. 치료자가 자신의 비언어적 행동에 대해 인식하고 이를 이해하고자 하며, 상담에서 치료자의 관심과 관여를 드러내는 방식으로 이를 사용하고자 하는 것이 중요하다.

치료자의 언어적 행동은 치료자의 반응 모드 접근(response modes approach)을 통해 기술되었다. 이 접근은 치료자의 언어적 반응의 내용보다 문법적 구조에 초점을 맞춘다. 이러한 반응 모드는 우리가 치료에서 언어적 기법(verbal technique)이라는 용어로 뜻하는 것이다. 반응 모드를 분류하는 Hill(1985)의 체계를 사용해서 침묵, 승인, 정보 제공,

직접적 안내, 개방형 질문 및 폐쇄형 질문, 재진술, 해석, 직면, 자기개방과 같은 다양한 반응 모드를 구별했다.

이 장의 마지막 부분에서는 과정연구의 몇몇 연구 결과를 개관하였다. 특정한 언어 반응의 사용에 대한 연구 결과에서 우리가 알게 된 것들, 예를 들면 지시적 반응, 해석, 자기개방, 질문, 재진술에 대한 연구 결과에 초점을 맞추었다. 또한 우리는 우리가 직접 관찰할 수 없는 암묵적 과정에 대한 분석에 대해 논의했다. 예를 들면, 약 절반 정도의 내담자들이 치료자들에게 감추는 비밀이 있음을 보고하며, 이처럼 비밀을 감추는 것이 치료적 동맹에 해가 될 수 있다는 것이 연구 결과를 통해 확립되었다. 그리고 우리는 치료자의 암묵적 경험에 대해 알아보았으며, 특히 치료자 자기초점적 주의, 혼잣말, 마음챙김에 초점을 두고 알아보았다. 우리는 독자들이 이 장에서 개관한 상담 기법과 전략을 상담 실무에서 사용하기를, 동시에 심리치료의 흥미로운 뉘앙스를 연구하기를 희망한다.

제3부

상담심리학에서의 실무

제9장
치료적 관계

새내기 학생이 처음 개인상담이나 심리치료가 대체 무엇인지 고민할 때, 아마도 심리학자들이 기술적인 요소라고 여기는 것에 초점을 둘 것이다. 다시 말해, 이 학생은 전문가들이 사용하는 심리치료 기법이나 절차에 대해 생각할 것이다. 사실, 기법 적용은 심리치료 공식의 한 부분에 불과하다(제8장 참조). '나머지 다른 부분', 즉 치료자와 내담자 사이에 형성되는 관계가 이에 못지않게 중요하다(Norcross, 2011의 경험연구에 기초한 문헌고찰 논문 참고).

지난 몇 년간 이 두 부분(치료적 관계 대 치료자 기법) 중 어떤 것이 더 중요한가에 대해 상당히 많은 논쟁이 있었지만(Gelso, 2005), 상담심리학에서 가장 최신 견해는 치료적 관계와 기법은 서로 맞물려 작용하고, 하나가 없이는 다른 하나도 존재할 수 없으며, 그 둘이 함께 심리치료의 전부라는 견해를 지지한다(Goldfried & Davila, 2005; Hill, 2005; Norcross & Lambert, 2011). 이 장은 이러한 견해에 바탕을 둔다. 제8장에서 우리는 치료자의 언어적 기술에 관한 연구를 다루었다. 이제 우리는 상담에서 치료자와 내담자 관

http://dx.doi.org/10.1037/14378-009
Counseling Psychology, Third Edition, by C. J. Gelso, E. N. Williams, and B. R. Fretz

계, 관계라는 말이 의미하는 것, '촉진적 조건'이라 불리는 것, 즉 높은 수준으로 제공될 때, 내담자들에게 건설적인 변화를 불러일으키는 것으로 보이는 조건들에 대해 탐색해 보려고 한다.

관계의 중요성

인간은 사회적 동물이다. 그들은 다른 사람들과의 상호작용을 형성하고 이로 인해 형성되면서, 일련의 상호관계들 속에서 살아간다. 사람이 느끼게 되는 감정이나 상태는 많은 부분, 그들이 다른 사람들과 맺어 온 관계의 질에 직간접적으로 연관되어 있다. …… 만약 관계가 (자연스러운 환경에서) 삶을 어렵게 만드는 데 일조한다면, 어려운 삶을 변화시킬 수 있는 새로운 관계가 필요하다. 환자와 심리치료사 사이에 형성되는 관계는 성격 변화를 촉진하는 데 특히 영향력이 크다. 환자가 그동안 쌓아 왔던 성공적인 관계와 성공적이지 못한 관계의 오랜 역사에도 불구하고, 환자가 치료자와 형성하게 되는 관계는 치료자가 사용하는 기법과는 완전히 별개로(고딕체 강조는 저자들이 추가) 환자의 성장을 촉진할 수 있다(Lambert, 1983, p. 1).

다년간의 실증적 연구와 상담 경험 모두를 근거로, 실제 상담을 하는 대부분의 전문가와 상담을 연구하는 사람은 상담자와 내담자 관계가 매우 중요하다는 Lambert(1983)의 견해에 동의할 것이다. 그럼에도 치료적 관계가 성공적인 상담에 얼마만큼 중요한가에 대해서는 여전히 폭넓은 의견 차이가 존재한다. 일부 사람들은 상담자와 내담자 관계를 효과적인 상담 개입의 필수 조건이라고 여긴다(Duncan, Miller, Wampold, & Hubble, 2010; Norcross, 2011). 여기에서 더 나아간 이들도 있다. 그들은 특정한 관계 조건들이 성공적인 치료를 위해 요구되는 전부라고 말한다. 이 관계 조건들은 건설적인 행동과 성격 변화를 위한 충분조건이라고 여기는 것이다(Patterson, 1984).

이와 반대편에도 관계가 중요하지 않다고 여기는 치료자는 거의 없다. 하지만 주로 행동치료나 인지행동치료와 연계성을 가진 상당수의 치료자는 상담자와 내담자 관계가 중요하기는 하지만, 내담자 변화 촉진의 측면에서는 상담자 기법에 비해 영향력이 약하다고 본다. 중요도에 대한 이 연속선상의 중간 지점 정도에는 아마도 관계를 매우 중요하게 여기고, 치료자와 내담자 간의 좋은 관계가 긍정적인 변화를 위한 필수 요소이기는 하나, 충분한 요소는 아니라고 생각하는 치료자들이 있을 것이다. 다른 요소들, 이를테면 상담자 기술이나 내담자 특성도 역시 중요하다고 여기는 것이다.

나중에 보다 상세히 설명하겠지만, 치료적 관계의 역할 및 중요성에 대한 이해는 개인의 이론적 지향을 밀접하게 따르는 것으로 보인다(우리는 제11, 12, 13, 14장에서 상담에 대한 네 가지 기본적 이론적 지향을 상세히 고찰할 것이다). 관계가 내담자와 내담자 변화에 영향을 미치는 방식이라는 측면에 있어서, Prochaska와 Norcross(2010)는 상담자와 내담자 관계를 (가) 치료 진행을 위한 전제조건 중 하나(합리적-정서적 치료 또는 아마도 행동치료에서처럼), (나) 그 자체가 변화를 생산하는 필수적인 과정(특정한 인본주의적 접근법에서와 같이), 또는 (다) 치료에서 이야기되고, 또 다루어져야 할 내용의 일차 자료(대부분의 심리역동적 지향을 가진 접근법들에서와 같이)와 같이 볼 수 있다고 제안했다. 여성주의적 다문화 접근법들에서, 치료적 관계는 내담자와의 권력을 공유하는 문제(예컨대, 치료자의 이름 부르기)를 고려하고, 내담자가 인종, 민족성, 성별, 성(性)적 지향과 같은 주제를 언급할 수 있는 안전한 환경을 구축하는 데 있어 결정적인 요소이다(제14장 참조). 중요도의 측면에서 인간 중심 치료, 실존주의치료, 게슈탈트치료와 같은 인본주의를 지향하는 접근에서는 관계가 내담자 변화에 있어 핵심적이다. 이는 심리역동을 지향하는 대부분의 치료에서도 마찬가지이다[예: 프로이트식 분석(Freudian analysis), 신분석적 접근(neo-analytic approaches), 아들러 치료법(Adlerian therapy)]. 따라서 비록 인본주의적 치료와 심리역동적 치료가 상담자와 내담자 관계에서 각기 다른 방식으로 작업을 하지만, 두 치료법 모두 상담자와 내담자 관계를 지극히 중요한 것으로 여긴다.

학습 기반 접근법(행동치료, 인지치료, 합리적-정서적 치료 등)에서 중요도에 대한 관점은 관계가 중요하지 않다고 주장하는 소수의 사람들부터 중간 정도로 중요하다고 생각하는 사람들에 이르기까지 광범위하게 나타난다. 일부 학습 지향 치료자들은 정말 우리가 앞서 시사한 바 이상으로 관계가 변화에 있어 핵심이라고 여기기도 하지만(Lejuez, Hopko, Levine, Gholkar, & Collins, 2005), 이들에게 있어 보다 일반적인 경향은 관계 요인이 그 중요성에 있어서 상담자 기술 다음이라고 생각한다.

치료적 관계의 정의

관계가 이론, 실무, 연구 영역에서 수년간 주요한 구성 요인으로 여겨져 왔지만, 치료적 관계가 무엇이고, 관계 요소가 비관계적 요소와 어떻게 다른지를 정의하는 데 있어 별다른 노력이 기울여지지 않았다. 관계를 변화의 핵심에 놓은 이론들 편에서 바라보면, 개념을 정의하는 데 무관심했다는 것은 매우 놀라운 일이다. 일례로 내담자 중심 치료(지금은 인간 중심 치료로 불림, 제13장 참조)와 같은 관계지향적 치료들에서, 개념 정의에 기울인 노력은 관계를 그리 중요하게 여기지 않는 다른 접근법들에 비해 별반 낫지 않았다. 이 관계 접근법들은 흔히 긍정적인 변화가 발생하는 데 필요한 조건 또는 필요충분한 조건으로서, 이른바 '관계 조건'에 대해 논의하였다. 이 조건들은 치료자의 자질 또는 자질과 행동을 의미하고, 내담자의 역할은 본질적으로 그 조건들을 인지하거나 받아들이는 것이다. 예를 들어, 치료에서의 긍정적 변화에 대한 필요충분조건에 대한 Rogers(1957)의 유명한 말이 등장한 시점부터, 실제로 모든 내담자 중심 치료자는 상담자의 공감적 이해를 관계 조건 중 하나로 여겨 왔다. 즉, 건설적인 변화가 일어나는 경우라면, 상담자는 반드시 내담자를 공감적으로 이해해야 하고(이 장의 뒷부분에서 정의된 대로), 내담자는 상담자의 공감을 인지해야 한다는 것이다.

치료자가 제공하는 조건이 꽤 중요하고, 어쩌면 꼭 필요할지라도, 이것은 관계라는 것이 무엇이고 무엇이 아닌 것인지에 대해 정의하는 데 그다지 도움이 되지 못한다. 관계의 필수 요소라기보다는 관계에 기여할 수 있는 조건이라는 점에서, 이 조건들은 일면적이다. 치료자가 제공하는 조건은 관계에서 내담자의 역할을 축소시키고, 두 사람 간의 관계에 반드시 있어야 하는 주고받는 상호작용과 영향력을 포함하지 않는다.

관계의 상호성이라는 본질을 제대로 담은 정의가 Gelso와 Carter(1985, 1994) 그리고 Gelso와 Hayes(1998)에 의해 제안되었다. 이 정의는 단순하고 일반적이다. 관계란 상담 참여자들이 서로에게 가지는 느낌과 태도이며, 이 느낌과 태도가 표현되는 방식이다. 이 정의에 의하면, 상담자가 자신의 이론에 근거하여 사용하는 기법은 관계로부터 영향을 받거나 관계에 영향을 미칠 수 있지만, 이러한 기법이 관계 자체를 정의하지는 않는다. 이를테면, 정신분석치료사가 제공하는 해석은 기법이고, 이 기법은 치료자의 상담 이론(즉, 정신분석치료 이론)에 따라 규정된다. 마찬가지로, 행동치료사가 조건 형성 기법을 사용할 때, 이를 관계라고 할 수는 없다. 이 치료자는 자신의 상담 이론에서 나온 지침을 따르는 것이다.

치료에서 관계와 기술적인 요인을 따로 구별하는 것은, 이러한 매우 복잡한 과업을 이해하는 데 유용하다. 그럼에도 아마 알려진 것 이상으로, 관계 요소는 기술적 요소가 상담에서 실제 어떻게 구현되는지에 대한 모양을 형성하고 색을 입혀 준다(Gelso & Carter, 1985, 1994; Gelso & Hayes, 1998). 따라서 상담 참여자들이 서로에게 가지고 있는, 때로 미묘한 감정과 태도는 이론적으로 규정된 역할을 바로 어떻게 수행할 것인지에 강력한 영향력을 행사할 것이다. 상담자의 입장에서 보면, 예를 들어 만약 상담자가 정신분석학적 이론적 배경을 가지고 있고, 그래서 해석이라는 기법을 중요하게 여긴다면, 상담자가 내담자를 향해 무엇을 느끼고 어떻게 느끼는지에 따라 그가 제공하는 해석의 본질, 깊이, 빈도, 길이, 내용에 영향을 미칠 것이다. 상담자가 자신의 감정을 이해하는 능력에 있어 빈틈이 없고 자신의 감정이 작업에 방해되지 않도록 하는 경우에도, 이러한 감정은 그 해석에 상당한 영향을 미친다.

관계가 상담 참여자들이 이론적으로 규정된 역할을 어떻게 수행하는지에 영향을 미칠 뿐만 아니라, 이 역할도 관계에 영향을 끼친다. 예를 들어, 상담자가 우선적으로 감정을 반영하는지, 해석하는지, 충고하는지, 또는 조건 형성 활동(conditioning exercises)을 수행하는지는, 각각 관계에 서로 다른 영향을 미칠 것이다. 또한 이러한 역할이 현장에서 구현되는 방식이 새롭게 형성되는 관계에 의해 영향을 받고, 그 관계에 영향을 주며, 그 관계를 변화시킨다는 것은 말할 나위 없다.

요약하면, 관계와 기술적 요인은 모든 치료적 만남에 존재하는 두 요소로 여겨질 수 있지만, 이 두 요소는 대단히 상호의존적이다. 한 요소는 다른 요소에 현저한 정도로 영향을 미친다. 관계의 경우, 상담 참여자들이 서로에 대해 느낌과 태도를 형성할 때, 관계는 소리 없이 생겨난다. 치료자와 내담자는 상담자의 이론적 배경, 내담자의 요구 및 내담자가 상담자의 이론과 부합하는지의 여부에 따라 각자 해야 할 일을 한다. 보통, 관계는 무언가가 틀어지거나(예를 들어, 부정적인 감정이 올라올 때) 특별한 일이 생길 때(예를 들어, 상담자의 감정 표현에 내담자가 특히 감동을 받았거나 그 반대의 경우) 중요성을 띠게 된다.

치료적 관계의 구성 요소

수년간 심리학자들이 치료적 관계를 하나의 통합체로서 이론화해 왔다. 하지만 보다 최근에, 학자들은 전체 관계를 주요 요소로 나누어 보는 것이 유용하다고 믿게 되었다 (Gelso, 2009; Horvath, 2009; Norcross, 2011). 전체 관계를 구성하는 세부 요소나 하위 영역을 연구한다면, 심리학자들이 상담 과정에서 관계가 어떻게 작동하는지를 연구하고 이해하는 데 더 도움이 될 것이라고 여겨졌다.

실제로, Sigmund Freud의 초기 저술(Freud, 1912/1959)로부터, 적어도 몇몇의 정신분석가는 치료적 관계의 여러 차원에 대한 이론을 제시했다. 정신분석에서는 관계에서의 전이(transference) 요소가 가장 주된 관심사이기는 했지만, Freud 이후 일부 분석가들은 전이 관계보다 분석적 관계가 더 흥미롭다고 제안했다. Freud 자신도 분석적 관계에는 두 가지 중요한 요소가 있다고 믿었다. 첫 번째 요소는 전이 특성(transference proper) 또는 신경증적 전이(neurotic transference)였다. 이 요소는 분석이 필요하고 작업을 통해 해결되어야 하는 것이었다. 하지만 이러한 신경증적 전이와 함께, Freud의 표현에 의하면, 정신분석을 받는 환자가 분석자를 향해 느끼는 '친근하고' '애정 어린' 감정이라는 것이 있고, 그는 이러한 감정들이 성공적인 분석에 필수적이라고 여겼다.

분석적 관계가 세 부분, 즉 작업 동맹(working alliance), 전이(transference), 진정한 관계(real relationship)로 나뉠 수 있다고 이론화한 것은 Ralph Greenson(1967)에 이르러서였다. Greenson의 저술은 정신분석에 중요한 영향을 미쳤다. Gelso와 Carter(1985)는 Greenson의 제안을 (정신분석에 국한하지 않고) 본질적으로 모든 이론적 접근에까지 확장시켰다. 그들의 범이론적 진술에서 말하기를, "모든 치료적 관계는 세 가지 요인(작업 동맹, 전이, 진정한 관계)으로 구성되어 있다. 하지만 상담이나 치료 장면에서 각 요인이 얼마나 두드러지고 중요한지는 치료자의 이론적 관점과 주어진 치료의 구체적 특성에 따라 달라진다."(p. 161)라고 하였다.

이 절의 남은 부분에서 우리는 치료적 관계의 세 가지 구성 영역을 살펴본다. 우리의 논의는 상당한 정도로 Gelso와 Carter(1985)의 초기 개념과 후속 개정에 바탕을 두고 있다(Gelso, 2014; Gelso & Carter, 1994; Gelso & Hayes, 1998; Gelso & Samstag, 2008). 논의를 시작하기에 앞서 강조할 점은, 우리가 각각의 세 요소를 별개의 구성개념으로 다루지만, 이들은 사실 실제 상담에서는 상당히 밀접하게 연결되어 있다는 것이다. 논의의 마

| 표 9-1 | 상담 관계의 구성 영역 |

구성 영역	요약 설명
작업 동맹	내담자의 합리적인/관찰하는 측면과 상담자의 작업하는 측면의 연결
내담자 전이	치료자에 대한 내담자의 경험으로서, 초기 중요한 타인과의 관계에서 파생된 감정 및 생각이 수반됨
치료자 역전이	치료자 반응으로서, 자신의 미해결된 갈등 및 취약점에 바탕을 둠
진정한 관계	상담자와 내담자 관계에서 진솔하고 실제적인 부분

지막 부분에서는 각 영역이 어떻게 함께 작동하는지 탐색할 것이다. 상담 관계를 구성하는 세 가지 이론적 영역 및 이들의 정의를 〈표 9-1〉에 제시하였다.

작업 동맹

지난 수십 년에 걸쳐서 조력 동맹(helping alliance), 작업 관계(working relationship), 치료적 동맹(therapeutic alliance)으로 불린 작업 동맹은 아마도 상담자와 내담자 관계와 관한 그 어떤 구성개념보다 더 많은 실증적 연구가 이루어졌다. 동맹을 연구하기 위해 많은 척도가 개발되었고(Horvath, Del Re, Flückiger, & Symonds, 2011 참조), 치료 관계에서 동맹이 핵심적인 부분이라는 것이 명백하게 입증되었다(Gelso, 2014; Horvath et al., 2011).

작업 동맹이란 무엇인가? 이를 이루는 요소는 무엇인가? 작업 동맹의 발달을 촉진하거나 저해하는 상담자 및 내담자의 특성과 행동은 무엇인가? Gelso와 Hayes(1998)의 입장에 따라, 우리는 작업 동맹을 상담 작업을 촉진하는 것을 목적으로, 내담자의 합리적이고 관찰자적인 면[정신분석 용어로는 합리적/관찰 자아(reasonable/observing ego)]과 상담자의 작업하는 또는 '심리치료를 하려는' 측면(상담에 적용된 상담자의 관찰 자아)의 동맹 혹은 결합으로 생각해 볼 수 있다. 이 정의는 인간의 성격에는 두 개의 다소 다른 특성이 존재한다는 개념을 바탕으로 한다. 첫 번째로는 우리 자신과 우리의 기능, 동기, 감정을 포함하여 어떤 현상에 대해 한 걸음 뒤로 물러나, 합리적으로 관찰할 수 있도록 하는 것이다. 이러한 면이 바로 합리적/관찰 자아로 여겨질 수 있는 측면이다. 두 번째 특성은 우리가 반성적 사고 없이 경험하고 느끼도록 하는 것으로, 이것은 자아의 경험하는 측면, 경험 자아라고 할 수 있다.

표현적이거나 통찰지향적인 처치라고 간주되는 치료(예를 들어, 정신역동적 치료와 인본주의적 치료)에서, 그리고 아마도 여성주의 다문화 상담, 행동치료, 인지치료에서도 마찬가지로, 내담자는 자신의 성격의 경험하는 면과 관찰하는 면 사이를 오고 갈 수 있어야 한다. 이와 같이 내담자는 느끼고 경험할 수 있어야 하며, 그다음 자신의 감정과 경험을 살피고 또 숙고할 수 있어야 한다.

다시 한번 말하자면, 작업 동맹에서는 상담자와 내담자의 합리적 면이 결합하고, 그 결과 두 사람이 상담 작업에서 각자의 역할을 성공적으로 수행할 수 있다. 상담자와 내담자 모두 이 경험이 내담자에게 가치 있는 일이 될 것이라는 합리적인 믿음을 공유하고, 따라서 두 사람 모두 상담 작업에서 충실하게 협력한다.

작업 동맹을 이토록 중요하게 만드는 것은 무엇일까? 작업 동맹은 작업에 대한 참여자들의 헌신과 협력하고자 하는 의도를 반영해 줄 뿐만 아니라, 어려운 시기에 봉착하게 되었을 때 내담자에게 계속적으로 작업할 수 있는 힘이 된다. 예를 들어, 만약 내담자가 방어와 부정적 전이 반응으로 인해 상담 중단을 고려하게 될 때, 내담자로 하여금 이런 감정으로부터 한 걸음 물러나서 자신의 감정이 방어로부터 비롯되었다는 사실을 인식할 수 있도록 하는 것이 바로 작업 동맹이다. 이와 같이 동맹은 상담 과정에서 언제나 중요하지만, 상담자와 내담자의 사이가 어려울 때 특히 중요하다.

다양한 형태의 심리치료에 걸쳐 작동하는 작업 동맹에 대해 가장 중대한 이론적 진술을 한 것은 아마 Edward Bordin(1979)일 것이다. Bordin은 동맹이 세 부분, 즉 상담 목표에 대한 상담자와 내담자 간의 합의, 작업에 필요한 과업에 대한 합의, 참여자들 간에 형성된 정서적 유대감으로 구성되었다고 제안했다. 목표에 대한 합의는, 합의가 명시적으로 이야기되었는지의 여부나 목표 자체가 명시적으로 기술되었는지의 여부와 상관없이, 참여자들이 작업에 필요한 목표를 공유한다는 것을 시사한다. 과업에 대한 합의 역시 치료자와 내담자가 목표를 효과적으로 달성하는 방법에 대한 관점을 공유한다는 것을 시사한다. 여기서 반드시 이해해야 할 것은, Bordin이 말하는 과업이 구조화된 활동 과제를 뜻하는 것이 아니라는 점이다. 오히려 그는 치료 장면 내에서나 치료 장면 밖에서 참여자들에게 기대되는 역할 행동을 의미하였다. 예를 들어, 대부분의 치료 형태에서 기대되는 내담자 과업은 내담자가 자기 자신에 대해 이야기하고 감정을 표현하는 것이다. 정신분석치료에서 치료 장면 내 과업은 정신분석 대상자가 자유연상을 하는 것이다. 반면에, 대부분의 구조화된 치료에서 흔히 하는 과업은 내담자가 집에서 숙제를 이행하는 것이다. 어떤 경우이든 동맹이 강해지기 위해서 내담자와 상담자는 주어진 치료의 주요 과업이 가지는 가치에 대해 적절한 합의에 도달해야 한다. 마지막이지만 여전히 중요한 점으로, 동맹이 강해지기 위해서 상담자와 내담자 간 애착관계가 필요하다.

작업 동맹에 대해 우리가 생각하는 방식에 의하면, 과업과 목표에 대한 합의와 유대감은 동맹의 강도에 기여한다. 거꾸로 동맹의 강도는 과제와 목표에 대한 합의뿐만 아니라 정서적 애착을 촉진한다. 따라서 Bordin(1979)이 언급한 세 가지 차원과 동맹 간에는 상호적 인과관계가 존재한다. 이 상호관계에 함축된 사실은, 작업 동맹이 약하거나 존재하지 않는 지점에서 매우 강한 지점까지 일종의 연속선상에 존재한다는 것이다. 유대감과 과업과 목표에 대한 합의도 역시 연속선상에 있으며, 작업 동맹과 마찬가지로 그 강도에 있어 다양하다.

지금쯤 명료해졌을 테지만, 작업 동맹은 상담자와 내담자가 모두 기여한다는 면에서 상호작용적이다. 상담자의 기여와 관련하여, 많은 자질과 행동이 중요한 역할을 할 것이다. 상담자의 전문적인 염려, 연민, 끈기 있게 작업을 계속하려는 자발적 의지가 매우 중요하다. 또한 '촉진적 조건'으로 널리 알려진 공감적 이해, 무조건적 긍정적 존중, 일치성(congruence)(이 장의 후반부에서 다루도록 하겠다)은 강한 동맹에 필수적으로 보인다. 내담자의 경우와 마찬가지로, 동맹이 강해지기 위해서 상담자는 반드시 자신의 합리적 또는 관찰적 측면을 활용해야 하고, 그럼으로써 내담자를 향해 느끼는 자신의 감정을 적절하게 활용할 수 있을 것이다. 상담자들은 내담자에게 다양한 정서적 반응을 경험한다. 이러한 반응을 이해하기 위해, 상담자는 반드시 자신의 합리적/관찰적 역량을 사용해야 한다. 즉, 결론적으로 말해, 상담자들은 자신의 정서적 반응을 내담자를 위해 내담자의 이익에 맞추어 사용해야 하고 반치료적이 되도록 해서는 안 된다.

앞 문단에서 기술한 치료자 자질은 작업 동맹에 이른바 위기가 생겼을 때 특히 제 역할을 한다. 동맹에서의 위기는 치료자와 내담자의 협력 관계에 긴장감이나 붕괴가 발생하는 것으로 정의된다. 이는 치료자의 오해로 내담자가 마음의 준비가 되지 않은 방식으로 압박을 가하거나 내담자가 과거의 관계에서 비롯된 부정적 투사를 함으로써 발생할 수 있다(이 장의 후반부에서 논의될 전이에 대한 내용 참조). 치료자가 이러한 위기를 민감하게 느끼고, 방어적이지 않은 태도로 직면하고, 내담자의 감정을 공감적으로 이해하는 것은 중요하다. 연구 결과에 의하면, 적어도 어느 정도의 가벼운 위기는 거의 피할 수 없고, 위기가 효과적으로 탐색되면 실제로 긍정적인 영향을 미칠 수 있다. 이러한 긍정적 영향은, 이를테면 내담자가 그들이 관계에서 경험하는 어려움과 이를 해결할 방안에 대해 이해하게 되는 데서 비롯된다(Safran, Muran, & Eubanks-Carter, 2011;

Samstag, Muran, & Safran, 2004).

작업 동맹에 있어 내담자가 기여하는 바와 관련하여, 아무래도 가장 기본적인 특성은 신뢰할 수 있는 능력이다. 이것 없이는 건강한 유대감이나 긍정적 애착이란 있을 수 없다. Gaston, Marmar, Thompson, Gallagher(1988)의 연구에서 밝혀진 것처럼 내담자의 방어적인 태도나 저항은 동맹에 부정적인 영향을 끼친다. 적어도 나이 많은 우울증 환자를 대상으로 한 단기치료(정신분석, 행동치료, 인지치료)에는 그런 경향이 나타난다. 하지만 어쩌면 가장 기본적으로는, 내담자에게 자기 자신과 작업에서 일어나는 일들을 한 걸음 떨어져 관찰할 수 있을 만큼 충분히 강하고 합리적이고 관찰적인 측면 혹은 자아가 있어야 한다.

Gelso와 Carter(1994) 그리고 Gelso와 Hayes(1998)는 동맹이 어떤 식으로 작동하고, 치료의 과정과 결과에 어떤 영향을 미치는지에 대해 일련의 이론적 제안을 발표했다. 그들의 제안은 상담 실무와 연구를 촉진하려는 데 목표가 있었다. 이 구성개념에 대해 좀 더 공부하고자 하는 독자들은 Gelso와 Hayes(1998)의 작업, Horvath와 Greenberg(1994)가 쓴 책 한 권 정도 길이의 작업 동맹 치료법, Horvath와 동료들(2011)의 동맹 연구에 대한 주요 문헌고찰 논문을 참고하는 것이 좋겠다. 연구 근거와 관련하여, 어쩌면 지금처럼 실증적 연구의 초기 단계에서 가장 명확한 연구 결과는 상담이나 치료 처음 몇 회기 내에 측정된 동맹의 강도가 매우 다양한 결과 지표와 연관된다는 것일 것이다. 상담 초기에 동맹이 강할수록, 상담의 결과는 더욱 긍정적이다. 작업 동맹은 아이, 청소년, 어른, 커플, 가족과 작업하는 데 있어서 동등하게 중요한 것으로 나타난다(Friedlander, Escudero, Heatherington, & Diamond, 2011; Horvath et al., 2011; Shirk & Karver, 2011). 이 연구 결과는 상당히 견고한 것으로 보이는데, 단기치료와 장기치료에서, 다양한 이론적 배경(정신분석, 행동, 인지, 인본주의적, 게슈탈트 등)에 바탕을 둔 상담에서, 동맹을 측정하는 여러 다른 종류의 척도에서 뒷받침된다.

요컨대, 연구 결과는 상담 초기에 건강한 작업 동맹을 구축하는 것이 상당히 중요하다는 명제를 지지해 준다. 상담 초기에 동맹을 형성하는 것은 상담자에게 점진적인 동맹 구축을 위해 쏟을 수 있는 시간적 여유가 없는 단기상담에서 특히 중요하다. 우리 자신의 상담 경험을 토대로, 우리는 여기서 더 나아가 전체 상담 관계에서 이 측면, 즉 상담 초기의 동맹 관계를 촉진하는 데 가장 많은 주의를 기울여야 한다고 제안할 것이다. 동맹 없이 치료 작업이 궁극적으로 매우 효과적으로 이루어질 거라고 상상하기는 어렵다.

Horvath와 동료들에 의하면(Horvath et al., 2011), 작업 동맹을 개념화하는 데 다음 두 가지 개념, 즉 협력(collaboration)과 합의(consensus)가 필수적이다. 협력과 관련하여, 상담자와 내담자는 함께 작업에 힘을 투자해야 한다. 협력의 느낌이 상담 초반에 강하지 않다면, 작업이 진행되는 동안 이를 발전시키는 것이 필요하다. 합의와 관련하여, 상담자와 내담자가 명시적으로 또는 비명시적으로 암암리에 그들의 공동 작업이 무엇에 초점을 두어야 하는지, 치료적 과업은 무엇이 되어야 하는지에 대해 함께 의견을 일치시키는 것은 필요하다. 협력과 합의라는 두 요소는 이론적 지향을 관통하는 작업 동맹에 대한 현대적 개념에 있어 공통적이다.

무엇이 건강하거나 충분히 강력한 작업 동맹을 구성하는가는 다수의 요인에 좌우된다. 예를 들어, 내담자에게 더 많은 정서적 노력을 요하는 개입은 그렇지 않은 치료법에 비해 더 강한 동맹을 필요로 할 수 있다. 또한 치료의 어느 결정적인 시점, 이를테면 부정적 전이 또는 저항이 상담 작업을 위협하거나 내담자가 특히 취약한 상태에 있을 때, 특히 더 강한 동맹이 필요하게 될 수도 있다. 마지막으로, 동맹의 어떤 특정한 측면이 작업의 어느 특정 시기에 더 강해질 필요가 있을 수도 있다. 후자의 예로, 상담 작업의 초반에는 과업에 대한 합의가 필수적인 반면, 상담의 후반에서는 유대감의 측면이 더 중요할 수도 있다.

요약하면, 지난 수십 년 동안 이론과 연구는 동맹이 각각 다른 치료적 접근에서 어떻게 작동하는지, 동맹이 상담 과정과 성과에 어떤 영향을 주는지를 다루었다. 연구에 의하면, 작업 동맹은 치료의 핵심 요소 중 하나이고, 어쩌면 치료 관계의 가장 기본이 되는 것이다.

전이 형태

치료적 관계를 구성하는 두 번째 영역은 실제 두 가지 요소인 내담자 전이와 상담자 역전이를 포함한다. 먼저 전이에 대한 정의를 살펴보고 논의한 후, 이어서 치료자의 역전이에 대해 살펴보도록 하겠다.

전이

많은 사람은 전이를 Freud의 가장 중대한 발견이라 생각한다. 전이(그리고 역전이)가 정신분석 이론의 중심을 이루고 있기는 해도, 전이(그리고 역전이)는 모든 치료적 만남의 일부이고 모든 치료적 관계의 구성 요소라고 볼 수도 있다. 사실 Freud(1912/1959)가 명확히 수립해 놓았듯이, 전이는 모든 인간관계에서 발생한다고 볼 수 있다. 예를 들어, Andersen과 동료들(Andersen & Przybylinski, 2012 참조)은 방대한 사회심리학 프로그램 연구를 통해 광범위한 전이 반응이 일상적 생활 및 관계에서 어떻게 발생하게 되는지를 설득력 있게 증명했다. 이와 같이, 전이는 자연스러운 인간의 성향으로, 치료 관계에서 그 관계의 속성상 더욱 증폭되고 강렬해지는 것이다. 말하자면, 치료적 상호작용은 한 사람이 다른 사람의 심리적 성장을 도모하기 위해 필요한 조건을 제공하려고 한다는 점에서 조력 제공에 중점이 두어지기 때문에, 전이 반응을 경험하고 드러내 보이게 될 가능성이 높아진다.

대체 전이란 무엇인가? Freud의 고전적 관점에서는, 전이가 오이디푸스 문제를 치료 관계에서 다시 체험하는 것이라고 여긴다. 내담자는 마치 치료자가 자신의 초기 오이디푸스 갈등 상황에 관련된 사람들 또는 특정한 어떤 사람, 대개는 내담자의 어머니나 아버지인 것처럼 치료자에게 반응한다. 이 정의는 오이디푸스적 맥락에 초점을 한정시키기 때문에 상당히 좁고 제한적이다. 그리고 당연히 인간 발달에 있어 오이디푸스 콤플렉스가 매우 중요하다는 정신분석학적 견해를 치료자가 공유할 것을 요구한다.

우리가 전이를 모든 치료적 관계에 포함되는 요소라고 바라볼 때, 이 구성개념에 대한 보다 넓은 의미의 개념화가 가능해진다. 이는 보다 현재적 사고에 발맞춰서, Gelso와 Bhatia(2012, p. 385)에 의해 제시되었다. 전이(transference)란 치료자에 대한 내담자의 경험으로, 내담자 자신의 심리적 구조 및 과거 경험으로부터 형성되며, 초기 중요한 관계에서 비롯된 감정, 태도, 행동이 치료자에게 이월되거나 전치되는 것이라고 정의된다. 상담자에 대한 내담자의 반응이 전이에 기반을 두는 정도만큼, 내담자는 상담자가 마치 자신의 전이의 대상, 예컨대 어머니, 아버지, 형제나 자매의 어떤 면을 대표하고 있는 것처럼 상담자에게 반응하게 된다. 전이 현상이 발생하게 될 때 내담자가 정말로 치료자를 자신의 어머니, 아버지, 또는 형제나 자매로 생각하거나 믿는 것이 아니라는 점을 이해하는 것이 중요하다. 그렇기보다는 내담자는 과거에 부모가 자신에게 보였던 반응의 어떤 중요한 측면을 치료자에게 전이하는 것인데, 그 결과로 치료자가 그러한 부모의 반응(예: 동기, 태도)을 보이고 있다고 그릇된 가정을 하는 것이다.

이와 같은 전이 상황에서, 내담자는 마치 치료자가 자신을 좋아하지 않는다거나, 자신에게 비판적이라거나, 자신을 저버릴 것이라거나, 신뢰할 만한 사람이 아니라거나, 완벽하다거나, 멋있다거나 등등과 같은 식으로 치료자에게 반응할 수 있다. 즉, 거의 무한한 종류의 정서, 특징, 동기, 행동을 상담자의 탓으로 돌리게 된다. 이러한 내담자의 인식을, 때로는 긴 시간에 걸쳐 탐색해 보면, 이러한 반응들이 대개 초기 중요한 관계로부터 전치된 것이라는 사실이 드러난다. 저자 중 한 명이 실제로 작업했던 사례에서 다룬 전이 반응에 대한 예시를 다음에 제시했다.

• 사례 1: 다수의 회기에 걸쳐, 이 내담자는 치료자가 자신의 인생 문제에 대한 해결책을 제시해 줄 수 있을 것이라고 확신했다. 사실 그녀의 문제는 심각한 것들이었다. 그녀는 치료자가 해결 방안을 정말 알고 있음에도 자신에게 알려 주지 않고 있다고 느꼈다. 그는 그녀가 마땅히 받을 만한 몫을 주지 않고 있었다. 이러한 이유로 그녀는 치료자를 향해 만성적으로 깊은 분노를 경험했다. 어느 한 회기에서 그녀는 분개하며 치료자를 비난했고, '그녀에게 말해 달라고' 간곡히 부탁했다. 그는 그녀의 요청에 드러난 비통함을 지적하고 어떻게 이런 감정이 그녀가 오래전에 느꼈던 감정을 되풀이하는 것인지를 알려 주었다. 그녀는 눈물을 드러내며, 어떻게 자신이 부모님으로부터 자신의 몫을 받은 적이 없고, 어떻게 돌봄을 받지 못했는지 이야기하였다. 이 상호작용은 그녀가 자신의 전이를 이해하고, 그 이면에 자리 잡은 갈등을 해결하는 데 결정적인 단계였다.
• 사례 2: 비록 내담자가 치료자의 공감과 관심을 계속적으로 경험했음에도 불구하고, 작업을 하는 동안 그는 치료자를 비판적이고 요구가 많고 매우 공격적인 인물로 대했다. 건강한 작업 동맹과 내담자의 강인한 관찰 자아는 그가 이러한 자신의 감정으로부터 거리를 두고, 이러한 감정이 어디에서 비롯되는지 이해하는 데 도움이 되었다. 작업의 상당 부분이 매우 비판적이고 요구가 많았던 아버지와의 갈등, 이러한 아버지와의 관계가 내담자의 자아개념과 대인관계에 준 영향을 중점적으로 다루었다.
• 사례 3: 장기상담 과정의 처음 몇 주간, 이 내담자는 여러 가지 중에서도 특히 새로운 소재를 이야기함으로써 침묵을 깨는 행동을 절대로 하지 못했다. 그녀의 머리는 백지상태가 되곤 하였다. 실제 치료 상황은 그녀가 먼저 주도적으로 이야기하는 것이 환영받는 것이었다. 그럼에도 불구하고, 그녀는 새로운 주제를 먼저 꺼낸 자신에 대해, 그리고 자신이 꺼낸 소재에 대해, 치료자가 비판적으로 느낄 것을 두려워하고 또 그럴 것이라고 완전히 믿어 버렸다. 상담의 상당 부분에서 그녀의 어머니와의 상처 입은 관계를 집중적으로 다루었다. 그녀의 어머니는 자기애적 특

성이 매우 강한 사람으로, 타인과 자기의 경계가 거의 없었으며, 내담자는 그녀의 필요를 끊임없이 충족시켜 주어야 했다. 이 내담자는 가까운 사람과의 관계에서 상대의 애정을 얻기 위한 유일한 방법은 사실상 자신의 필요를 모두 부인하고 상대방의 필요를 살피는 것이라는 느낌을 늘 가지고 있었다. 그녀는 자신의 욕구를 전혀 모르게 되었다. 상담의 많은 부분은 그녀가 무엇을 원하고 필요로 하는지 알아 가고, 종종 무의식적으로 어머니와의 얽히는 것에서 물리적으로 분리되도록 돕는 데 할애되었다.

모든 상담 관계에서 그러하듯, 이들 세 사례에도 많은 전이 요소가 포함되어 있었다. 우리는 상담에서 전이 반응이 어떤 식으로 발생할 수 있게 되는지를 명확히 보여 주기 위해, 어쩌면 단일 요소로 인한 전이인 것처럼 보일 수 있는 내용을 제시하였다. 이 복잡한 개념을 보다 명료화하는 방법으로서, 전이에 관한 다음의 경험 법칙이 유용할 수 있을 것이다.

1. 전이는 언제나 오류이다(Transference is always an error). 전이에 기반을 둔 것이라면, 내담자가 상담자에 대해 가지고 있는 인식은 그 자체로 중요한 오류이다. 이러한 인식은 과거 다른 시점과 장소로부터, 다른 사람과의 관계에서 적절했던(오류가 아니었던) 전치에 해당된다. 여기에서 내담자가 상담자에 대해 가진 인식이 다 잘못되었다는 것은 절대 아니라는 점을 명시할 필요가 있다. 또한 상담자의 모든 경험이 오해에 기반을 둔 것도 아니다. 상담자는 어떠한 반응이 현실에 바탕을 둔 것이고 어떠한 반응이 전이에 기반을 둔 것인지 알아차리는 것이 중요하다.

   모든 전이 반응에는 적어도 어느 정도의 현실적인 요소가 있다. 종종 치료 관계에서의 무언가(이를테면, 치료자가 언어적으로나 비언어적으로 했던 말이나 행동)가 전이를 촉발하는 작용을 한다. 하지만 근본적으로 내담자는 치료자와 그의 행동에 적합하지 않고 그보다는 자신이 과거에 맺은 관계와 문제를 반복하는 방식으로 치료자 및 치료자와의 관계를 경험한다는 것이다.

2. 전이는 긍정적이거나 부정적일 수 있다(Transference may be positive or negative). 전이 반응의 일부에 해당되는 오해는 부정적인 만큼 긍정적일 수도 있다. 따라서 내담자는 과거의 갈등 관계에 얽힌 욕구를 바탕으로 상담자에게 긍정적인 태도를 투사할 수 있다. 예를 들어, 부모님으로부터 경험한 박탈감 때문에 내담자는 상담자

를 실제보다 더 다정하고 강한 사람으로 보아야 할지도 모른다. 상담자의 감정은 주로 긍정적이고 상담의 역할 또한 긍정적이기 때문에, 긍정적 전이를 전이라고 인식하는 것은 부정적 전이에 대해서보다 더 어렵다.

3. 상담에서 전이의 발생은 치료자의 중립성과 모호함으로 인해 촉진된다(The emergence of transference in the counseling is facilitated by the therapist's neutrality and ambiguity). 중립성이라는 개념은 모든 심리치료와 상담 문헌을 통틀어 가장 잘못 이해되고 있는 것 중 하나이다. 우리가 말하는 중립성이란 담담한 무관심 또는 관심의 결여를 의미하지 않는다. 그보다는, 치료자가 어느 쪽으로 치우치지 않고 자신의 가치 및 신념을 내담자에게 강요하지 않는다는 것을 의미한다. 모호함은 유사하지만 동일한 개념은 아니다. 모호함은 자신의 감정, 삶, 태도에 대해 명확한 설명을 하지 않는 성향을 가리킨다. 모호함이란 개념을 수용하는 정도에 있어서 상담자와 상담의 이론적 접근에 따라 큰 차이를 보인다.

어쨌거나 상담자의 모호함과 중립성이 전이가 발달하고 완전히 드러날 가능성이 보다 높은 환경을 만든다는 데는 일반적으로 동의하고 있다. 그렇다고 치료자가 자신의 가치를 매우 솔직하게 표현하고, 어느 한쪽 편을 들기도 하는 적극적 치료 상황에서는 전이가 발생하지 않는다고 말하는 것은 아니다. 그러한 치료에서도 전이는 발생한다. 하지만 모호함과 중립성이야말로 전이를 발달시키고, 보다 완전히 그리고 많은 상담자가 (상담자의 현실로부터) 덜 '오염되었다'고 여기는 방식으로 밖으로 드러나도록 해 준다. 덧붙이자면, 상담자들은 전이가 발달하고 드러나도록 촉진해야 하는 정도에 대해 거의 의견 일치를 보지 못한다. 이 사항에 대해서는 이론들마다 큰 차이를 보인다.

4. 전이는 의식적인 수준에서 이루어지지 않는다(Transference is not conscious). 비록 내담자가 상담자를 향한 감정을 충분히 의식하고 있다 해도, 그러한 감정이 과거의 관계에서 비롯된 전치라는 사실을 의식하지는 못한다. 어떤 상담 접근법(특히 심리역동에 근거한 접근법들)은 전이 왜곡을 해소하거나 교정하기 위하여, 전이를 의식 수준으로 끌어올리고자 노력한다.

5. 전이는 삶의 이른 시기에 중요한 사람들과의 관계에서 가장 중대한 미해결된 갈등 영역에서 가장 빈번히 발생하게 된다(Transferences are most likely to occur in areas of greatest unresolved conflict with significant others earlier in one's life). 마지막 경험 법칙은 인간이 과거 중요한 관계에서 중대한 미해결 갈등이 있는 영역에서, 과거를 바탕으

로 현재를 잘못 인식할 가능성이 높다는 것을 시사한다(즉, 과거를 현재로 잘못 투
사한다). 따라서 예를 들어, 어린 시절에 해결되지 않는 갈등의 핵심이 의존성과
관련이 있다면, 치료자와의 전이 관계에서도 의존성과 관련된 문제들이 나타날
개연성이 있다.

　다시 한번 되풀이하자면, 우리가 앞에 제시한 것은 상담과 치료에서 전이가 어떻
게 작동하는지에 관한 경험 법칙이다. 이들 중 몇몇은 전이의 정의를 구성하는 기본적
인 부분이다(예: 전이는 의식적으로 이루어지지 않는다). 나머지는 엄정한 과학적 방식으
로 입증된 것이 아니다. 전이라는 개념은(그리고 다음에 논의될 역전이라는 개념은) 오늘
날 심리학에서 가장 복잡한 개념 중 하나이고, 이를 과학적으로 연구하는 방법을 발전
시키는 것은 극히 어려웠다. 왜냐하면 무의식적 과정을 수반하는 이론적 명제를 전통
적인 과학적 방법으로 검증하기가 쉽지 않기 때문이다. 하지만 최근에 실증연구가 발
전하기 시작했다. 양적 및 질적 방법을 포함해서 전이를 연구하는 여러 방법이 출현했
다. 이러한 방법 중에는 치료자의 판단을 활용하는 것도 있고, 상담 회기에 대한 녹음
이나 녹화본에 근거한 평정자들의 판단을 사용하는 것도 있다. 보다 최근에는, 내담자
의 관점에서 전이를 평가하는 방법이 개발되었다(이러한 방법론들에 대한 설명은 Gelso &
Samstag, 2008과 Kivlighan, 2002 참조). 또한 치료에서 어떻게 하면 전이를 더 잘 다룰 수
있을지에 관해 많은 양의 연구가 축적되고 있다(Levy & Scala, 2012).
　다양한 형태의 치료에서 전이는 어떻게 작동하는가? 상담자는 이를 어떻게 다루고
있고, 어떻게 다루어야 하는가? 이 복잡한 문제에 대한 상세한 논의는 이 책의 다음 장
들(제11, 12, 13장) 및 Gelso와 Hayes(1998)의 논문을 참조하기를 바란다. 지금은 이렇게
말하는 정도로 충분할 것이다. 우리가 모든 형태의 상담에서 전이가 치료 관계의 한 요
소라고 말하고 있기는 하지만, 어떤 접근법들은 다른 접근법들에 비해 전이가 보다 완
전히 발현될 수 있는 조건을 제공하고, 내담자가 전이 반응에 대한 통찰을 얻도록 도울
목적으로, 이러한 반응을 대상으로 작업한다. 일반적으로 정신분석을 기반으로 한 접
근에서 그렇게 한다. 다른 접근에서는 전이에 대한 관심이 더 적다.
　일반적으로 전이 반응을 핵심적인 것으로 보고 이를 대상으로 작업하고자 하는 치료
에서 전이가 발생하고 그 모습을 드러내는 정도가 훨씬 크다. 그와 동시에, 전이를 중요
하지 않게 생각하는 치료에서조차 전이가 실제 발생한다는 증거도 있다(Gelso와 Bhatia
의 2012년 비분석적 치료에서 전이 발생에 관한 문헌고찰 논문을 참조). 어떤 이론적 신념을

가졌든지 상담자들은 적어도 전이의 조짐을 인식하고, 전이 문제가 상담의 진전에 방해
가 될 경우 이를 다룰 수 있는 훈련이 되어야 한다. Gelso와 Hayes(1998)가 논의했듯이,
치료자들은 그렇게 하면서도 여전히 자신들이 실천하는 이론적 접근에 충실할 수 있다.
예를 들어, 행동치료사는 행동치료의 기본 원리들을 어기지 않으면서도, 내담자로 하여
금 상담에 부정적인 영향을 주는 전이로 인한 어려움을 이해하도록 도울 수 있다.

역전이: 상담자 전이

내담자와 상담자 관계가 두 참여자 모두 관계에 기여하는 상호적인 것이라는 점을
고려할 때, 상담자가 전이 형태에 어떠한 기여를 하는지 살펴보는 것은 중요하다. 앞
서 시사된 바와 같이, 상담자는 특정한 전이 반응이 일어나도록 행동할 수 있다. 그렇
게 함으로써 상담자는 내담자의 전이에 기여하는 것이다. 하지만 상담자도 자신의 전
이 반응에 기여할 수 있다는 점에 주목하는 것이 중요하다. 상담자의 전이 반응을 역전
이(countertransference)라고 한다.

우리가 내담자 전이가 모든 치료에서 발생한다고 말한 것과 마찬가지로, 역전이도
역시 그러해서 보편적인 현상으로 여겨진다. 상담자가 얼마나 정서적으로 성숙한지,
그가 얼마나 효과적으로 불가피한 갈등을 극복하는지에 상관없이, 상담자도 인간이고,
그런 만큼 그만의 미해결된 갈등 영역이 있다. 그러한 아픈 지점이 역전이 반응으로 발
전할 수 있는 문제들을 담고 있다. 이러한 현상은 내담자가 제시한 내용이 상담자의 미
해결된 갈등 영역을 건드릴 때 발생한다. 역전이의 보편성에 대해서는 실증적인 기록
이 이루어져 있다(Hayes et al., 1998).

앞의 논의는 역전이에 대해 어떤 합의된 정의가 있다고 시사한 것처럼 보일 수 있다.
사실, 이 구성개념은 심리학의 역사상(그리고 정신분석의 역사에서도) 가장 혼란스럽고
사람들이 가장 많이 혼동하는 개념 중 하나이다. 매우 다양한 정의가 문헌에서 발견된
다. 이러한 정의는 가장 넓은 의미의 총체적(totalistic) 정의부터 가장 좁은 의미의 고전
적(classical) 정의라는 넓은 범위에 걸쳐 있다. 역전이에 대한 총체적 정의는, 이 현상을
내담자에 대한 상담자의 사실상 모든 정서적 반응을 포함하는 것으로 본다. 따라서 상
담자 내면의 특정한 갈등에 근거한 것이 아닌 현실적인 반응도 갈등에 기반을 둔 반응
과 마찬가지로 역전이로 여겨지게 된다.

역전이에 대한 고전적 정의는 "내담자의 전이에 대한 상담자의 전이"이다. 이 정의는
오직 내담자 전이 반응만이 역전이를 촉발할 수 있고 비전이적 반응은 그럴 수 없다는

점에서 매우 좁은 정의이다. 아마도 중간 범위의 정의가 가장 유용할 것 같다. 따라서 역전이는 내담자가 가져온 재료, 즉 내담자가 제시하는 전이 및 비전이적 소통에 대한 상담자의 전이라고 정의할 수 있다. Langs(1974)가 제안한바, 역전이는 다음과 같이 생각될 수 있다.

> 환자에 대한 반응의 한 측면으로서, 치료 장면에서의 어떠한 사건 또는 치료자의 실제 삶에서 유발되지만, 주로 그의 과거 중요한 관계에 기반을 둔다. 기본적으로 이러한 반응은 환자의 치료적 노력에 앞서 치료자의 욕구를 충족시키는 것이다(p. 298).

역전이는 치료적인가, 아니면 반치료적인가? 상담의 진전에 도움이 되는가, 아니면 방해가 되는가? 이 질문에 대한 답은 역전이를 외현적 행동으로 볼지 또는 상담자의 내적 경험으로 볼지에 따라 달라진다. 일반적으로 정신분석의 초기 문헌들에서는 외현적 행동, 즉 작업 과정에서 내면적 갈등에 기반하여 분석가가 내담자에 대해 무엇을 하였는가에 초점을 두었다. 외현적 행동으로 간주될 경우, 역전이는 통제되어야 하고, 이상적으로는 공들여 해결되어야 할 대상이 된다. 왜냐하면 치료자가 자신의 갈등을 내담자에게 그리고 내담자에 관해 행동으로 드러내지 않는 것이 중요하기 때문이다. 이러한 행동화는 여러 형태로 나타날 수 있다. 예를 들어, 상담자가 자신의 미해결된 문제로 인해 화를 내거나 순종적이 되거나 무반응하게 된다면, 이는 상담자가 역전이를 행동화하고 있는 것이라고 볼 수 있다.

최근 들어, 더 빈번하게는 역전이를 상담자의 내적 경험이라고 바라본다(Gelso & Hayes, 2007). 내적 경험으로 볼 때(내담자에게 행해지는 행동이라기보다는), 상담자가 역전이를 잘 이해하고 효과적으로 다룰 수 있다면, 역전이는 상담에 지극히 도움이 될 수 있다(Hayes, Gelso, & Hummel의 2011년 실증적 연구에 대한 문헌고찰 논문 참조). 예를 들어, 상담자가 역전이에 기초한 자신의 내적 경험을 활용하여, 내담자가 자신이나 다른 사람들에게 미치는 영향을 더 잘 이해할 수 있다면, 이는 (상담) 작업에 대단히 유익할 수 있다. 이를 위해서는, 내담자에 대한 감정이 갈등으로 경험될 때, 상담자는 내담자를 향한 자신의 감정에 기꺼이 초점을 두어야만 한다. 또한 이러한 감정들이 자신의 삶의 어디에서 비롯되는지 기꺼이 이해하려고 노력하고 또 이해할 수 있어야만 한다. 이는 불안을 유발하지만 극히 중요할 수 있는 과제이다.

요약하면, 전이와 마찬가지로 역전이는 모든 치료 관계를 구성하는 하나의 요소라고 간주된다. 이러한 역전이 경험은 상담자가 자신의 경험을 탐색하고, 자신의 갈등에 기초한 내담자에 대한 반응이 어디로부터 오는지, 그 뿌리를 살펴보고자 하는 자발적 의지에 따라 좋을 수도 있고 나쁠 수도 있다. 또한 전이의 경우와 마찬가지로, 역전이는 여러 해 동안 연구자들에게 주목받지 못했다. 그럼에도 지난 20년에 걸쳐 상당한 정도의 연구가 축적되었고, 이 연구들은 치료자가 상담 회기에서 역전이를 행동화할 경우 역전이는 상담에 부정적인 영향을 미치고, 반면 역전이를 잘 이해하고 효과적으로 다룰 경우 상담에 긍정적인 영향을 준다는 점을 시사한다(Gelso & Hayes, 2007; Hayes et al., 2011).

진정한 관계

세 번째 요소는 작업 동맹과 상담 관계에서의 전이 요소와 상호 밀접한 관계에 있다. 대표적인 정신분석가 Ralph Greenson(1967)의 선례를 따라서, 저자들은 이 요소를 "진정한 관계"라고 이름 붙였다(Gelso, 2009, 2011; Gelso & Carter, 1985, 1994; Gelso & Hayes, 1998). 비록 우리가 진정한 관계(real relationship)라는 용어를 사용했지만, 이 용어는 혼란스러울 수 있다. 사실상 이 용어는 얼마나 '진정한가'에 있어서 관계마다 정도의 차이가 있다고 은연중 암시한다. 모든 관계는 실제 존재한다는 측면에서 당연히 진정하다. 어느 하나가 다른 것보다 더 높은 정도로 존재하는 것은 아니라고 말해도 지나치지는 않을 것이다.

진정한 관계란 치료자와 내담자 간 개인적인 관계로 볼 수 있고, 이는 두 개의 주요소(진정성과 현실적 지각)를 포함하는 것으로 개념화된다. 두 참여자 모두 꾸밈없이 진실하고 서로를 실제 그대로(왜곡되지 않게) 지각할 때, 상담 관계는 강력한 진정한 관계를 이룬다고 볼 수 있다. '진정성'이라는 개념은 수년간 상담과 치료, 특히 인본주의적 치료(예: 인간 중심, 게슈탈트)에서 핵심적인 것이었다. 진정성이 상담 문헌에서 논의될 때, 주로 의미하는 바는 치료자(therapist)의 진정성이다. 특히 인본주의적 접근에서 치료자의 진정성은 중요한 촉진 요인으로 간주된다.

진정성(genuineness)이 의미하는 것은 무엇인가? 우리는 이를 관계에서 기꺼이 자신의 있는 그대로의 모습으로 존재하고, 정직하고 열린 마음으로 꾸밈없이 존재하고자 하는 마음과 능력이라고 정의한다. 앞에서 지적한 바와 같이, 상담 문헌은 치료자의 진정성에 중점을 두는 경향이 있었고, 그러한 맥락에서 관계란 쌍방향으로 이루어진다는 사실을 소홀히 했다. 관계가 높은 수준의 진정성을 갖추기 위해서는, 양측 모두 마음을 열고, 정직하고, 꾸밈이 없어야 한다. 최소한 서로 상대방에게 이러한 자질을 표현하려고 노력해야 한다. Greenberg(1985)가 표현한 대로, 진정한 관계에서는 상담 장면의 두 참여자가 "체면 차리기를 생략하고, 그 순간 있는 그대로의 자기 자신을 드러내려고 고집스럽게 시도한다"(p. 254). 비슷한 맥락에서, 진정성이 높은 관계는 종종 나-당신 관계(I-thou relationship)로 묘사되기도 한다. 한 걸음 더 나아가 Greenberg(1985)의 견해에 의하면, 나-당신 관계에서의 진정한 관여는 "사람들이 자신의 내면과 외면, 이미지와 경험 사이의 경계를 허물고, 매 순간의 내적 경험을 친밀하게 소통하려는 시도"(p. 254)라고 이해된다.

하지만 관계에서 상담자와 내담자는 관계에서의 역할이 다르기 때문에, 그들이 진정성을 표현하는 데는 상당한 차이가 있다. 내담자의 측면에서는 자신의 감정, 생각, 내적 경험을 본질적으로 항상 표현하려고 노력하는 것이 기대된다. 물론, 내담자가 이러한 내적 자질을 정확하게 표현하는 데 늘 성공할 것이라고 기대되는 것은 아니지만 말이다. 그래도 이러한 의미에서 상담 작업의 전 과정에 걸쳐 내담자에게는 진실할 것이, 적어도 진실하려고 노력할 것이 기대된다.

진정한 관계를 위해 상담자가 기여하는 것은 내담자의 역할에 비해 훨씬 더 복잡하다. 상담이나 치료에 대한 어떤 접근법도 상담자에게 자신의 마음속에 있는 것을 모두 말하거나 자신의 감정을 무분별하게 표현하거나 행동에 옮기라고 조언하지는 않을 것이다. Greenberg(1985)가 지적했듯이, "그러므로 이 관계는 상담자도 동등하게 내담자로부터 지속적으로 인정받고 확인받아야 하는 엄격한 의미의 상호적인 나-당신 관계라고 할 수 없다"(p. 255). 작업을 하는 동안 상담자는 자신의 욕구를 상당 부분 뒤로하고, 내담자의 필요와 성장을 돕기 위해 헌신한다. 다시 진정성에 관한 문제로 돌아가서, 상담자가 얼마나 그리고 어떤 방식으로 자신을 개방하고, 정직하고, 또 꾸밈없어야 하는가는 작업의 특정 단계에서 그 내담자에게 최선이 무엇인지에 따라 좌우된다. 이러한 의미에서 상담자는 일종의 '통제된 자발성(controlled spontaneity)', 즉 내담자에게 무엇이 최선일지를 고찰하고 자신의 감정을 표현하는 것이 적절할지를 판단한 후에, 자신이 느끼고 생각하는 바를 표현하는 것을 실행해야만 한다.

요약하면, 상담자는 내담자와 그의 표현에 세심한 주의를 기울인다. 상담자는 작업 과정에서, 내담자 안에서, 자기 자신 안에서, 관계에서 무슨 일이 벌어지고 있는지에 대해 생각한다. 어떤 시점에서는 상담자는 내담자를 향한 것이든, 내담자에 대한 것이든, 자신의 감정을 내담자에게 표현할 수도 있다. 하지만 강조하건대, 우리의 견해가 상담자는 어느 시점에서든 솔직하거나 정직해서는 안 된다는 것을 의미하는 것이 아니다. 비록 특정한 감정을 직접적으로 표현하는 것이 좋은지, 어떻게 표현하는 것이 좋은지는 논쟁의 대상이 되겠지만, 상담에는 상담자의 부정직한 또는 솔직하지 않은 태도가 있을 자리는 없다는 것이 우리의 주장이다.

　진정한 관계의 두 번째 측면은 '현실적 지각(realistic perceptions)'이다. 여기서 참여자들은 전이 경험이나 그 외의 다른 방어로 인해 왜곡이 없이 현실적이고 정확하게 서로를 지각한다. 첫 만남의 순간에서부터, 적어도 치료적 관계의 일부는 내담자와 상담자 양측 모두에 대한 이와 같은 현실적인 지각이 담겨 있다. 우리가 여기서 양측 모두라는 단어를 강조하는 이유는, 어떤 이론적 접근들(특히 심리분석에 기반을 둔 것)은 치료자의 지각은 작업의 초반부터 대체로 현실적인 반면, 내담자의 지각은 전적으로 혹은 거의 전이에 기반을 두고 있다고 시사하는 것처럼 보이기 때문이다. 반대로, 내담자는 상담자의 특성을 현실적으로 지각하거나 무의식적으로 느낄 뿐만 아니라, 이 현실적이고 정확한 이미지는 전 작업 과정을 통해 만들어지고 증가한다. 또한 전이 왜곡이 다루어지기 시작하면서(내담자에게도 전이 왜곡이라고 해석되는지의 여부와 상관없이), 현실적 지각이 적어도 부분적으로라도 제자리를 잡기 시작한다.

　모든 치료자는 상담실 내부 장식부터 옷차림, 전반적인 생김새, 유머 감각, 물어보는 질문 등등 수많은 방식으로 자신들의 개인적 특성을 전달한다. 그리고 전이 성향과 왜곡하는 경향이 매우 강한 내담자들이라고 해도, 어느 정도는 상담자를 현실적으로 지각할 수 있는 법이다.

　진정한 관계가 긍정적이 되는 것, 즉 참여자들이 서로에게 진실하고 현실적으로 긍정적인 감정과 생각을 경험하는 것이 얼마나 중요할까? 긍정적인 진정한 관계는 대체로 상담의 시작부터 유익하다는 증거가 있다. 내담자가 어느 정도 부정적인 반응을 경험하는 것은 효과적인 상담에서 틀림없이 발생하는 일이지만, 이런 때조차 관계의 전반적인 분위기가 긍정적인 것은 중요하다. Gelso(2011) 그리고 Gelso와 동료들(2012)이 요약한 연구 결과에 의하면, 내담자와 치료자의 관점에서, 더욱 성공적인 치료에서는 진정한 관계가 치료 작업의 초반부터 견고하고 작업이 진행되면서 더욱 강화되는 경향이 있다. 진정한 혹은 개인적 관계에 대한 연구가 비록 기대되는 연구 영역이기는 하지만, 아직까지는 작업 동맹이나 전이/역전이에 대한 연구에 비해 초기 단계에 있다. Gelso와 동료들(2005) 그리고 Kelley, Gelso, Fuertes, Marmarosh, Lanier(2010)에 의해 진정한 관계를 측정하는 신뢰도와 타당도가 높은 척도가 개발된 이상, 앞으로 몇 년 동안 연구가 늘어날 것으로 예상된다.

관계 요소에 대한 한 조망

이 절의 시작에서 우리는 치료적 관계를 구성하는 세 요소가 실제 상담 실무에서 서로 연관되어 있다고 언급했다. 우리는 이 세 요소가 서로 어떻게 연관되어 있고 상담에서 어떻게 함께 작동하게 되는지 살펴봄으로 이 절을 마치려고 한다.

상담 초반에 작업 동맹이 특히 중요하다. 상담자와 내담자의 합리적인 면이 결합되고 묶여야 할 것이고, 그럼으로써 공동 작업의 가치를 이해하고, 이제 막 구축되기 시작한 관계를 망가뜨리지 않으면서 새로 형성되는 관계에 대해 느끼는 정서적 위협을 살펴볼 수 있게 된다. 앞서 살펴보았듯이, 상담자와 내담자는 또한 명시적으로든 암묵적으로든 상담의 목표와 과제에 대한 합의에 이르러야 한다. 상담 초반에는 이러한 동맹을 구축하는 데 최대한의 주의를 기울일 필요가 있다. 초기의 긍정적 전이와 긍정적인 진정한 관계는 동맹의 발달에 상당한 도움이 된다. 비록 전이 반응이 과거 관계에서 비롯된 전치 현상(즉, 앞서 설명한 것과 같이, 오류)이지만, 그것이 긍정적이라면, 전이 반응은 따뜻하고 친근한 감정을 자아내는 데 도움이 되어 상담 참여자들 간의 작업 유대감을 강화할 수 있다. 마찬가지로, 각 참여자들이 상대방을 현실적으로 보고 있고 그가 진실하게 자신을 표현하고 있는 사람이어서, 상대방을 향해 긍정적인 감정을 느끼게 된다면, 작업 동맹은 강화될 것이다. 이처럼 진실하고 현실적인 배려는 사적·정서적 유대감의 한 부분이기도 하고 그 자체로 이를 생성하기도 하는 것으로, 동맹의 작업 유대감을 더욱 발전시킨다.

결과적으로, 작업 동맹이 견고할 때, 내담자는 전이 관계에서 상담자를 향해 부정적인 감정을 경험하면서도, 이 감정이 작업에 손상을 주지 않도록 할 수 있다. 실제로 동맹의 강도는 내담자가 부정적 전이를 해결할 수 있도록 돕고, 그리하여 전체 관계를 더욱 강화시킨다. 반면에, 부정적 전이가 상담 초반에 강한 작업 동맹이 발달할 기회조차 생기기 전에 발생했다면, 이러한 부정적인 감정을 탐색하고 전이의 근원을 알아내는 것은 아마도 필수적으로 중요할 것이다. 이러한 과정을 거치지 않는다면, 동맹은 부정적 전이로 인해 돌이킬 수 없을 만큼의 손상을 입고 관계가 종결되거나 침체될 수 있다[메닝거 클리닉에서 20년간의 과정 성과 연구(process outcome study)를 바탕으로 이러한 현상에 대해 조사한 Horwitz, 1974 참조]. 이러한 부정적 전이를 탐색하고 이해할 때, 결과는 더 좋고 더 성공적인 상담으로 나타난다(Gelso & Bhatia, 2012; Levy & Scala, 2012). 하지만 여기서 우리는 한 가지 언급할 점은, 부정적 전이가 언제나 심각한 수준으로 나타나고 언제나 치료의 중요한 부분을 차지하는 것은 아니라는 것이다(Gelso, Kivlighan, Wine, Jones, & Friedman, 1997; Patton, Kivlighan, & Multon, 1997).

　상담자와 내담자가 지속적으로 함께 작업하고 그들의 동맹이 견고해지면, 진정한 관계가 강화될 것이라고 기대할 수 있다. 내담자는 갈수록 더 진실해질 수 있고, 상담자를 더욱 현실적으로 지각할 수 있게 될 것이다. 작업 동맹은 이를 촉진하며, 그러므로 진정한 관계를 강화시키는 하나의 요소라 할 수 있다. 이는 진정한 관계가 작업 동맹에 영향을 미치는 것과 마찬가지이다.

　상담 과정에서 이 세 요소는 어떠한 발달 과정을 거치게 되는가? 앞서 지적한 바와 같이, 작업 동맹은 관계의 초반에 가장 두드러진다. 초기 단계가 지난 후 작업 동맹이 만족스러운 수준으로 구축되었을 때, 동맹은 배경으로 물러나고 필요한 경우(예: 전이로 인해 발생한 부정적 정서가 관계를 위협할 때)에만 주목을 받게 된다. 최근 연구 결과에 의하면, 성공적인 상담에서는 일정 기간 동안 작업 동맹의 강도가 줄어든다. 말하자면, 처음에는 강했던 동맹이 상담자가 내담자의 저항이나 기본적인 정서 문제에 초점을 두기 시작하면서 약화된다는 것이다. 나중에 동맹은 다시 강화된다. 이러한 고-저-고(high-low-high) 패턴은 덜 성공적인 상담에서는 발생하지 않는 것으로 보인다. 하지만 성공적인 사례에서는 동맹 결렬과 회복의 형태로 재순환되거나 반복된다.

　반면에, 진정한 관계는 처음부터 긍정적인 경향이 있는데, 치료자와 내담자가 개인적으로 서로 '통한다'고 느낀다는 의미에서 그렇다. 우리가 앞서 언급했듯이, 이러한 진정한 관계는 관계의 전 과정에 걸쳐 잘 형성되며, 작업의 후반부, 즉 상담의 참여자들이 서로에 대해 더욱 깊이 알게 되고, 갈수록 더 진실해지며, 서로를 가장 현실적으로 지각하게 될 때 가장 뚜렷해진다. 전이는 상담의 전 과정에 걸쳐 계속되지만, 내담자는 이것을 점점 더 잘 이해하게 된다(Gelso et al., 1997; Graff & Luborsky, 1977; Patton et al., 1997). 적어도 이러한 전이 반응에 초점을 두는 치료에서는 그러할 것이다. 전이 반응에 초점을 두지 않는 치료들의 경우, 전이 이외의 다른 현상에 주목하기 때문에, 전이가 작업에 손상을 주지 않는 한 전이가 두드러지게 중요한 문제가 되지는 않을 것이다. 전이가 작업에 손상을 주는 경우, 전이를 다루고 해결해야 한다. 그렇지 않으면 회복할 수 없을 정도의 손상을 초래할 수 있다.

요약하면, 상담 관계를 구성하는 각 요소는 상호의존적이지만, 각기 독자적인 발달 과정을 거친다. 성공적인 상담과 실패한 상담에서 다양한 요소가 어떠한 발달 과정을 거치는지 보다 폭넓은 이해를 위해서는 추가적인 이론과 연구가 필요하다.

촉진적 조건과 치료 관계

이 장의 여러 부분에서 치료자가 제공하는 조건, 필요충분조건, 관계 조건에 관해 언급되었다. 이러한 언급은 약 60년 전, 지금은 인간 중심 치료(person-centered therapy)로 알려진 내담자 중심 치료의 창시자인 Rogers(1957)에 의해 처음 고안된 일련의 조건들과 관계가 있다(제13장 참조). Rogers의 독창적인 이론적 진술은 상담심리학의 역사상 가장 영향력 있는 것 중 하나이다. 이는 방대한 양의 연구를 창출했고, 상담 실무에 지대한 영향을 미쳤다.

그의 유명한 진술의 서문에서 Rogers(1957)는 "과연 건설적인 성격 변화를 가져오는 필요하고 충분한(고딕체 강조는 저자들이 추가) 심리적 필요조건을 정의할 수 있고, 측정이 가능한 용어로 기술하는 것이 가능한가?"(p. 95)라고 질문했다. Roger는 자신의 질문에 대한 답으로 〈표 9-2〉에 제시된 여섯 가지 조건을 기술하였다.

이러한 조건에 의하면, 내담자는 상담자와 접촉하고 있어야 하며, 도움을 받아들일 수 있는 수용적인 상태(즉, 불일치, 불안, 취약함)에 있어야 한다. 또한 내담자는 상담자가 제공하는 것을 지각하거나 받아들일 수 있어야 한다. 이러한 내담자의 기여 부분이 중요함에도 불구하고, Rogers의 진술 중 지난 수년간 가장 큰 주목을 받아 온 것은, 그럼에도 〈표 9-2〉의 3, 4, 5번 항목, 즉 세 가지 치료자 제공 조건들이다. Rogers 자신의 저술뿐만 아니라 많은 다른 연구에서도 시사되듯이, 세 가지 치료자 제공 조건들 혹은 관계 조건들은 그의 이론적 진술의 대부분을 구성한다.

이 세 조건들을 하나씩 고찰하기에 앞서, 우리가 촉진적 조건(facilitative conditions)이라는 용어를 선호한다는 것을 분명히 하고자 한다. 지난 수년간 축적된 연구 증거들은, 성공적 치료에는 이 세 요소 이외에도 다른 요소들이 관여한다는 의미에서 이 세 조건이 충분하지는 않다고 시사한다(Lambert, 2013; Norcross, 2011). 또한 적어도 어떤 치료의 어떤 내담자들에게는 이러한 조건들이 낮은 수준에 있을 때도, 긍정적인 변화가 일어날 수 있는 가능성이 있다. 그러나 앞으로 자세히 설명되겠지만, 이 조건들은 성공적

표 9-2	Rogers의 상담에서 건설적인 변화를 위한 필요충분조건들

1. 두 사람이 심리적 접촉 상태에 있다.
2. 우리가 내담자로 지칭할 첫 번째 사람은 불일치 상태로, 취약하거나 불안하다.
3. 우리가 상담자로 지칭할 두 번째 사람은 관계에서 일치된 또는 통합된 상태에 있다.
4. 치료자는 내담자에게 무조건적인 긍정적 존중을 경험한다.
5. 치료자는 내담자의 내적 준거 기준에 공감적 이해를 경험하고, 이러한 경험을 내담자에게 전달하려고 노력한다.
6. 치료자의 공감적 이해와 무조건적인 긍정적 존중에 대한 내담자와의 소통이 최소 수준에서 성취된다.

이 외의 다른 조건들은 불필요하다. 만약 이 여섯 가지 조건이 존재하고, 일정 기간 동안 지속될 수 있다면, 이로써 충분하다. 건설적인 성격 변화 과정이 뒤따를 것이다(고딕체 강조는 저자들이 추가).

출처: Carl Rogers (1957). "The necessary and sufficient conditions of therapeutic personality change," *Journal of Consulting Psychology, 21*, p. 96. Copyright 1957 by the American Psychological Association.

인 상담을 위해 전반적으로 중요하며, 내담자에게 긍정적인 변화를 촉진하는 것으로 보인다.

공감적 이해

세 가지 촉진적 조건 중에서 공감적 이해는 이론적으로나 임상적으로 가장 큰 관심을 끌었고, 긍정적인 상담 성과와 연관된다는 데 대해 가장 많은 실증적 지지를 얻어 왔다(Elliott, Bohart, Watson, & Greenberg, 2011). 실제로 상담자가 내담자와 그의 문제에 공감하지 못한다면, 효과적인 상담을 기대하기는 어렵다. 사실상 모든 이론적 지향에서 치료자들은 공감의 중요성에 주목했다(예: 1997년 Eagle과 Wolitzky의 정신분석에서의 공감의 중요성에 대한 심층적 논의와 1997년 Linehan의 인지행동치료에서의 공감의 역할에 대한 논의 참조). 공감에 대한 그의 관점을 설명하면서, Rogers(1957)가 다음과 같이 언급했다.

내담자의 사적인 세계를 마치 당신 자신의 것처럼 느끼되, '마치 ……인 것처럼'의 특성을 결코 잃지 않는 것—이것이 공감이며, 치료에 필수적으로 보인다. 우리가 설명하고자 하는 조건이란 내담자의 분노, 공포, 혹은 혼란을 마치 당신 자신의 것처럼 느끼지만, 그러면서도 자기 자신의 분노, 공포, 혹은 혼란이 그 속에서 얽히지 않는 것이다. 내담자의 세계가 치료자에게 이처럼 명료해지고, 그가 그 세계 안에서 자유롭게 움직일 수 있을 때, 그러면 그는 내담자가 이미 명확히 알고 있는 것에 대한 자신의 이해를 내담자와 소통할 수 있을 뿐만 아니라, 내담자가 거의 인식하고 있지 못하는 내담자의 경험에 담긴 의미를 표현할 수 있게 된다(p. 98).

Rogers가 앞으로 중대한 영향력을 미치게 될 진술을 발표한 직후에, Rogers와 함께 연구했던 G. T. Barrett-Lennard(1962)는 상담을 받는 내담자의 시점에서 공감적 이해 및 그 외 치료자 제공 조건을 측정하기 위한 평가도구를 출간했다. Barrett-Lennard는 여러 해에 걸쳐 관계척도(relationship inventory)에 관한 세밀하고 중대한 연구를 수행하고 여러 차례에 걸쳐 수정하였다(Barrett-Lennard, 1986 참조). 그렇기 때문에 '관계척도'는 아직까지도 Rogers의 이론에 충실하게 촉진적 조건을 측정하는 가장 효과적인 방법으로 남아 있다. '관계척도'의 일부 항목은 공감의 의미를 명확히 하는 데 도움이 될 것이다. 더하기 부호는 높은 공감을, 빼기 부호는 낮은 공감을 나타낸다.

(+) 그는 내가 경험하는 것들이 나에게 어떻게 느껴지는지 정확히 이해한다.
(−) 그는 내 말을 이해할지는 몰라도, 내가 어떻게 느끼는지는 알지 못한다.
(−) 때로 그는 내가 어떠어떠한 식으로 느끼고 있다고 생각하는데, 그것은 그가 그렇게 느끼기 때문이다.
(+) 그는 내가 말하는 데 어려움을 느낄 때조차 내가 무슨 말을 하는지 이해한다.

그의 최초의 정의와 이후의 많은 저술에서(예: Rogers, 1975), Rogers는 공감과 그 외 다른 조건들이 태도 및 치료자와의 주관적 경험이라는 점을 강조했다. 그러나 오랜 기간에 걸쳐 Rogers와 다른 많은 사람(Bozarth, 1984, 1997 참조)이 '존재의 방식'으로 여겨 온 것들이 훈련 가능한 기술로 축소되고 한정되었다.

이러한 변화의 일부로서 공감이 감정의 반영이라는 상담 기법, 즉 내담자가 방금 말한 내용에 수반된 감정들을 상담자가 내담자에게 다른 말로 재진술하거나 재반영해 주는 것과 거의 동일시되는 것으로 나타났다. Bozarth(1997)는 상담 분야에 종사하는 많은 사람이 감정의 반영이 곧 공감이고, 또 공감이 곧 감정의 반영이라고 믿게 되었다고 지적했다.

비록 반영의 기법이 상담자가 자신의 공감을 표현하는 것에 도움을 줄 수는 있겠지만, 이 둘을 동일시하는 것은 공감의 개념을 지나치게 단순화하고 과도하게 제한한다. 공감과 반영이 왜 반드시 구별되어야 하는가에 대한 그의 사려 깊은 설명에서, Bozarth(1984)는 (1) '나는 당신에게 강렬한 성적 욕망을 느껴요.', (2) '내가 나의 폭스바겐 엔진을 제거했을 때, 자동차가 언덕 아래로 굴러가면서 토끼 우리 등등에 부딪쳤어요.', (3) '당신은 마치 물리적 세계와의 연결을 잃어버린 것 같이 느끼고 있군요.'와 같은 선다형 항목을 제시했다. 세 번째 반응은 일반적인 감정의 반영이지만, Bozarth는 1번과 2번 대안이 얼마나 공감적이었는지를 보여 주기 위한 매우 흥미로운 사례 자료를 제시했다. 예를 들어, 대안 2에서, 내담자는 어떤 한 상담의 회기에서 강렬하고 고통스러운 의사소통장애를 경험했다. 그녀는 그다음 회기를 시작할 때 치료자에게 "당신은 그동안 무엇을 하며 지내셨어요?"라는 질문을 던졌다. 그에 대해 치료자는 거의 한 회기 내내 자기 자동차에 대한 이야기를 들려주었다. 나중에 그녀는 치료자가 그녀에게 고통스러운 경험을 다시 직면하도록 강요하려 하지 않은 데 대해 감사했다. 그녀는 그 고통으로부터 한숨 돌리는 여유가 필요했다. 또한 그녀는 이 회기가 자신이 겪는 어려움의 핵심이 무엇인지 발견하는 데 어떻게 도움이 되었는지 설명하였다.

앞의 사례는 비반영적 반응이 어떻게 공감적일 수 있는지를 보여 준다. 다른 한편으로, 반영은 심지어 아주 정확한 반영들이라고 해도 공감의 결여를 뜻할 수도 있다. 저자 중 한 명은 미팅 중 한 동료가 다른 동료의 잠재된 감정을 정확하게 반영하자, 반영을 받은 상대가 그 결과 울먹이고 감정을 주체하지 못해 부끄러워했던 사례를 생생히 기억한다. 그 당시 이 동료는 누군가가 자신의 잠재된 감정을 밝히는 것을 필요로 하지도, 또 원하지도 않았다. 따라서 그렇게 하는 것은 감정을 정확하게 반영했다고 할지라도 매우 공감적이지 못한 행위였다.

공감적일 수 있는 방법에는 여러 가지가 있다. Hackney(1978)가 권장하듯이, 상담자는 "먼저 감정을 경험하고, 자신이 할 수 있는 최선을 다해 그것을 이해하고, 그런 후에 그에 반응하도록"(p. 37) 할 필요가 있다. 공감적으로 되는 방식은 치료자가 어떠한 사람인가, 내담자가 어떠한 사람인가, 치료자와 내담자의 상호작용, 아마도 다른 여러 요소에 따라 달라질 수 있고 그래야만 한다(Elliott et al., 2011). 본질적으로 공감은 주관적으로 경험되며, 상담 참여자들과 그들의 관계에 적합한 방식으로 가장 잘 표현된다. 공감은 많은 다양한 반응(침묵, 감정의 반영, 해석, 이야기하기 등)으로 표현될 수 있다.

Gladstein(1983)은 공감에 대한 여러 개념화가 일부 공통적인 단계를 포함하고 있는 것 같다고 하였다. 첫째, 공감은 내담자와의 동일시라는 과정을 통해 정서적으로 경험되는 것이다. 이는 완전한 동일시는 아니다. 오히려 상담자가 내담자가 느끼는 것을 어느 정도 경험하면서도, 필요한 개별성을 유지하는 과정이다. 둘째, 인지적 활동이 있다. 상담자가 의식적으로 내담자의 표현들을 꼼꼼하게 고찰해 보고, 그 표현들이 내담자에게 어떤 의미가 있는지 고려한다. 셋째, 그러한 공감을 내담자에게 소통하는 것이 있다. 마지막으로, "즉각적이고 인간적인 이해에 있어서, 치료자가 얼마나 자신의 마음의 파장에 맞춰져 있고, 실제로 자신과 '함께' 있는지에 대한 내담자의 느낌과 지각"이 있다(Barrett-Lennard, 1986, p. 446). 공감의 단계를 대면(encounter) 전 과정에 걸쳐 재순환되는 것으로 개념화하는 것이 유용하다.

예를 들어, Elliott, Bohart, Watson, Greenberg는 모두 공감 분야에서 선두적인 연구자이고 이론가들로서, 치료자가 반응하고 내담자의 의사전달에 담긴 의미를 더 진척시키는 데 사용할 수 있는 네 가지 유용한 방법을 기술하였다(Elliott et al., 2011). 이들은 다음과 같다. (가) 공감적 이해 반응(empathic understanding responses)으로서, 이는 (제8장에서 논의한) 감정의 반영과 유사하며, 내담자의 경험에 대한 이해를 전달한다. (나) 공감적 확인(empathic affirmations)으로서, 내담자의 관점을 타당화하려는 시도이다(예: "맞아요. 여기저기서 당신한테 요구되는 상황을 견디는 것은 너무 힘들어요. 더군다나 당신한테 시간도 없었는데, 모든 게 엉망이라고 느껴지는 것이 당연해요"). (다) 공감적 환기(emphatic evocations)로서, 풍성하고 구체적이고 이미지를 연상시키는 언어를 사용하여 내담자의 경험을 생생하게 묘사하는 것이다(예: "소용돌이에 휘말리는 것 같은 것이죠. 마치 당신의 배가 수면 밑으로 가라앉지 않도록 하는 게 어려운 것처럼요"). 그리고 (라) 공감적 추측(empathic conjectures)으로서, 내담자의 말에는 암시되어 있으나 아직 명시적으로 표현되지 않은 바를 이해하는 것이다(예: "정말 끊임없이 방해받는 느낌이죠. 아마 이것 때문에 당신은 침범당한다고 느낄 것 같군요"). 요약하면, Elliott과 그의 동료들(2011)은 "공감적인 치료자들은 내담자가 자신의 경험을 언어로 표현하고, 자신의 정서적 반응을 추적하도록 도움을 주어, 내담자가 자신의 경험에 깊이를 더하고, 자신의 감정, 가치, 목표 등을 반성적으로 점검할 수 있도록 한다. 치료자들은 의식의 주변부에 없는 것과 있는 것, 나아가 말로 표현된 것과 의식의 초점에 있는 것에 주의를 기울인다."(p. 48)고 서술했다.

무조건적 긍정적 존중

세 가지 촉진적 조건 가운데 무조건적 긍정적 존중은 가장 논란의 여지가 많고, 아마도 가장 복잡한 개념일 것이다. 역사적으로 다양한 시점에, 이 개념은 온정, 비소유적인 온정, 수용, 무조건적인 수용, 존경, 존중, 배려와 같은 개념의 일부 또는 전부와 동의어로 간주되었다. 그의 독창적인 이론적 진술에서 Rogers(1957)는 무조건적 긍정적 존중에 대해 다음과 같이 논의했다.

> 치료자가 내담자 경험의 각각의 측면이 내담자의 일부분인 것으로 따뜻한 수용을 경험하는 정도만큼, 그는 무조건적인 긍정적 존중을 경험하는 것이다. …… 이것은 수용에는 조건(condition)이 없다는 것을, "오직 당신이 이러저러하다면 나는 당신이 좋다."와 같은 감정이 없다는 것을 의미한다. 이것은 그 사람을 지극히 소중하게 여기는 것을 뜻한다. …… 이것은 선별적으로 평가하는 태도, 즉 "당신은 이러한 면에서는 나쁘고, 저러한 면에서는 좋다."와 같은 태도와는 반대편 끝에 있다. 이것은 내담자의 부정적인, 즉 '나쁜', 고통스러운, 두려운, 방어적인, 비정상적인 느낌들을 표현하는 데 대해서도, 내담자의 '좋은', 긍정적인, 성숙한, 자신 있는, 사교적인 느낌에 대한 표현을 수용하는 것과 동일한 수준으로 수용적 감정을 느끼는 것, 그의 일관적이지 못한 모습에 대해 그가 일관성이 있는 모습을 수용한 것과 동일한 수준으로 수용적 감정을 느끼는 것을 수반한다. …… 이것은 내담자를 개별적인 인격체로서 배려하고 내담자가 그 자신의 감정과 그 자신의 경험을 가지도록 허용한다는 것을 의미한다(p. 98).

Rogers가 처음 내린 정의에서 알 수 있듯이, 무조건적 긍정적 존중(unconditional positive regard)과 동일한 것으로 사용되어 온 거의 모든 용어는 그의 서술에 포함되어 있다. Lietaer(1984)가 지적했듯이, 무조건적 긍정적 존중이라는 개념을 둘러싼 논란과 모호함은 일정 부분 Rogers가 더 자세하게 설명하지 않았거나 적어도 이 개념과 관련된 일부 문제들을 검토하지 않았기 때문이다.

무조건적 긍정적 존중의 개념을 둘러싼 논란은 가장 기본적으로 치료자가 내담자에게 반응할 때 무조건적이 될 수 있는지와 관련된다. 비판적 견해는 치료자가 아무런 조건 없이 내담자를 향해 어떤 감정을 경험하라는 기대는 비현실적이라고 주장한다. 이러한 면에서 무조건성(unconditionality)의 개념은 세 번째 촉진적 조건인 진정성

(genuineness) 또는 일치성(congruence)과 충돌한다. 비판적 시각에서는 순전히 무조건 적이라는 것은 가능하지 않기 때문에, 지극히 드문 경우를 제외한다면, 내담자를 존중하는 데 있어 무조건적으로 긍정적이면서 진실하거나 일치성이 있을 수는 없다고 주장한다.

다른 한편으로, Lietaer(1984)는 무조건성이라는 개념을 고려할 때, 내담자의 내적 경험을 그의 외현적 행동과 반드시 구별해야 한다는 설득력 있는 주장을 했다. 무조건성 이란 내담자의 경험(감정, 환상, 생각, 욕망)을 수용한다는 것을 의미한다. Lietaer는 "나의 내담자는 나와 있을 때 무엇이든(고딕체 강조는 저자들이 추가) 느낄 자유를 경험해야한다. 그는 내가 그의 경험에 대해 열린 태도를 가지고 있고 그것을 판단하지 않을 것이라고 느껴야 한다."(p. 46)라고 설명했다. 나아가 Bozarth(1997)는 상담자가 진정으로 내담자의 세계에 공감적으로 들어간다면, 그 상담자는 그 사람을 진정 완전히 수용하게 될 것이라고도 하였다. 그러나 Lietaer는 내담자의 내적 경험적 세계를 수용하는 것이 그가 하는 모든 행동을 동일하게 환영한다는 것을 의미하지는 않는다고 하였다. "치료적 관계의 안과 밖에 모두, 내가 반대하거나 바꾸고 싶거나 단순히 받아들일 수 없는 특정한 행동들이 있을 수 있다"(Lietaer, 1984, p. 48). 동시에 상담자는 자신이 반대하는 행동의 이면을 보고, 내담자가 그의 삶에서 겪은 모든 경험을 포괄한 시각에서 그 행동을 이해하려는 노력을 하는 것이 중요하다.

무조건적인 긍정적 수용이라는 개념의 복잡성을 고려할 때, 그간의 연구들이 이 개념을 다차원이라고 기술한 것은 놀랍지 않다. 예를 들어, Barrett-Lennard(1986)는 존중의 정도(level of regard)와 존중의 무조건성(unconditionality of regard)이라는 두 차원으로 구별하였다. 그는 존중의 정도를 한 개인이 다른 사람에게 주는 정서적인 수용 또는 긍정적인 존중의 전반적인 수준이나 경향성이라고 정의하였다. 긍정적 존중은 온정, 호감, 배려, '끌리는 마음', 내담자를 소유함 없이 소중하게 여기는 것을 포함한다. 앞서 언급한 Barrett-Lennard의 관계척도에서의 긍정적 문항의 예는 다음과 같다.

    그녀는 나를 한 사람으로서 존중한다.
    그녀에게 인정받는다고 느낀다.
    그녀는 나를 배려한다.

존중의 무조건성이란 내담자를 변함없이 수용하는 정도 혹은 Lietaer가 말한 대로 만약이라는 가정적 조건 없이 내담자가 수용되는 정도를 의미한다. 수용의 무조건성 (unconditionality of acceptance)이란 내담자를 향한 치료자의 기본적인 태도가 내담자의 감정이나 행동에 따라 변하지 않는다는 것을 의미하며, 어떤 사람을 그 사람의 결점에도 불구하고 긍정적으로 존중할 수 있다는 것을 뜻한다. Barrett-Lennard의 관계척도의 무조건성 문항들에서 긍정적으로 기술된 문항들은 다음과 같다.

> 그가 나를 얼마나 좋아하고 싫어하는지는 내가 그에게 나 자신에 대해 무엇을 이야기하느냐에 따라 달라지지 않는다.
> 내가 표현하는 아이디어나 감정들이 '좋은' 것이냐 '나쁜' 것이냐는 나를 향한 그의 감정에 아무런 변화를 주지 않는다.

연구 논문에 대한 가장 최근의 문헌고찰은 치료자의 긍정적 존중의 정도가 치료의 성공에 중요한 요소라는 것을 보여 준다(Farber & Doolin, 2011). 최소한 이것은 변화를 유도하는 다른 개입이 일어날 수 있는 토대를 마련해 주고, 경우에 따라서는 그 자체만으로 지대한 영향을 끼친다. Farber와 Doolin에 의하면, "대부분의 내담자까지는 아니더라도 많은 이에게 있어 '나의 치료자는 나를 진심으로 염려한다'는 확신은 특히 정신적 압박감이 심한 시기에 결정적인 역할을 한다"(p. 184).

일치성

흔히 일치성(congruence) 혹은 진정성(genuineness)이라는 용어로 불리는 이것은 Rogers가 처음 언급한 이후, 근간이 되는 기초 변인으로 여겨졌다. 이는 Barrett-Lennard(1986)가 언급한 바와 같이, 만약 치료자가 일치성 또는 진정성이 없다면, 공감, 긍정적 존중, 무조건성은 기대된 효과를 발휘할 수 없다는 것을 의미한다. 실제로 Barrett-Lennard와 같은 이론가들은 사람이 일치성이 없는 채로 정말로 공감적이거나 무조건적으로 긍정적인 존중을 할 수 있는지에 대해 의문을 제기한다. 이러한 의미에서, 일치성은 다른 조건들이 존재할 수 있고 기대 효과를 발휘할 수 있는 정도의 상한선이 된다.

일치성과 진정성이라는 용어로 우리가 의미하는 바가 무엇일까? 이 장의 전반부에서 진정성이라는 개념은 상담에서 '진정한 관계'의 일부로서 논의되었다. 이제 우리는 이 조건을 더 자세히 검토한다. Rogers(1957)는 일치성이 다음의 내용을 뜻한다고 믿었다.

> 관계에서 그는 (상담자는) 자유롭고 완전히 자기 자신으로 존재하며, 스스로에 대한 자기인식이 자신의 실제 경험을 정확하게 반영한다. 이것은 알면서든 모르고서든 꾸며진 겉모습을 보여 주는 것과는 정반대되는 것이다. …… 이것은(일치된 상태에 있다는 것은) 심지어 심리치료에서 이상적으로 여겨지지 않는 방식으로도 그가 그 자신으로 존재한다는 것임을 분명히 해야 한다(p. 98).

그렇다면 상담자가 항상 일치성이 있어만 하는가에 관해, Rogers는 우리에게 다음과 같이 말했다.

> 치료자가 자기 삶의 모든 영역에서 이 정도의 통합성과 전체성(wholeness)을 보이는 모범이 되는 것은 필요하지 않다(또한 가능하지도 않다). 그가 이 관계의 이 시간에 정확하게 자기 자신으로 있는 것, 이러한 기본적인 의미에서 그가 지금 이 순간 그의 실제 모습으로 있는 것으로 충분하다(p. 98).

Rogers의 관찰을 연구해 보면, 일치성에 관한 많은 질문이 떠오르게 된다. 왜 Rogers는 일치성을 통합성이나 전체성을 의미하는 것으로 언급한 것일까? 일치성은 기저 경험과 그 경험에 대한 인식 사이에 있는 것일까? 기저 경험과 내담자와의 명시적인 소통 사이에 있는 것일까? 인식과 소통 사이에? 아니면 이 모든 수준 사이 어딘가에? 일치성은 치료자의 즉흥성 그리고 상담에서 충동을 행동으로 옮기는 것과 어떻게 연관이 될까? 일치성이 있기 위해서 치료자는 자신의 감정을 내담자에게 표현하는 데 어느 정도까지 초점을 맞추어야 하는 것일까?

이러한 복잡한 질문들은 Rogers와 촉진적 조건을 연구해 온 다른 이론가들에 의해 수년간 제기되었다. 앞으로 보게 되겠지만, 여기에 대한 답은 상호 연관되어 있을 수밖에 없다. 예를 들어, Rogers가 왜 일치성을 통합성과 전체성과 동일한 것으로 여기는 듯 보이는가에 대한 대답을 하자면, 애초부터 일치성이라는 개념은 경험의 여러 다른 수준 간의 일관성을 내포한다. 사람의 기저 경험, 인식, 소통이 모두 일관성이 있다. 이러한 의미에서, 그 사람은 통합된 사람이라 할 수 있다. 촉진적 조건에 대해 기술하는 이론가가 전체성과 통합성을 논할 때, 그들은 치료자가 전적으로 긍정적인 감정을 가지고 있거나 자신의 문제가 없다는 것을 의미하는 것은 명백히 아니다. 앞에 제시된 Rogers의 첫 진술문에서도 그는 이 점을 분명히 했다. 상담자는 관계에서 부정적인 감정을 가지게 될 수 있으나, 만약 그가 자신의 이러한 감정을 방어적이지 않은 방식으로 인식하고, 적절한 경우 이 감정을 공유할 수 있다면, 그는 여전히 전체적이고 통합되고 일치된 상태일 수 있다. 하지만 거듭 강조하지만, 통합과 전체성 경험의 다양한 수준과 의사소통 간의 일관성을 가리킨다.

만약 상담자가 자신의 경험에 대해 열린 마음이 없다면, 기저 단계에서 경험된 것은 인식할 수 없을 것이다. 결과적으로 상담자는 이 경험을 자각 혹은 인식하지 못하고, 따라서 그 정도에 따라 경험과 인식 간에 불일치가 생겨난다. 또한 이러한 상태는 경험과 내담자와의 명시적인 소통 간에 불일치를 야기한다. 왜냐하면 경험은 간접적으로 —언어적으로든 비언어적으로든— 내담자에게 표현되는 경향이 있고, 이것이 치료자가 명시적으로 말한 것과 모순될 수도 있기 때문이다.

우리는 앞서 상담에서의 진정한 관계에 대해 논하면서, 상담자 진정성이라는 개념이 논란의 여지가 있다고 언급했다. 비록 어떤 이론적 접근도 치료자의 가식이나 부정직함을 지지하지는 않지만, 접근법에 따라 상담자가 내담자, 상담, 관계에 대해 자신이 느끼는 감정을 내담자와 직접적으로 공유하는 데 대해 얼마만큼 지지하는가에 대해서는 차이가 있다. 일반적으로 정신분석학적 접근은 더욱 많이 공유할 것을 장려한다. 하지만 사실상 그 어떤 정통적인 접근법도 상담자가 자신의 충동을 내담자에 대해 행동으로 표현하거나, 이례적인 상황이 아니라면 자신의 개인적인 문제를 내담자에게 이야기하거나, 떠오르는 생각을 무엇이든 말할 것을 옹호하지는 않을 것이다. 내담자 혹은 내담자와의 관계에 대한 부정적인 감정을 직접적으로 소통한다는 점에서, 인본주의적 관점은 일반적으로 부정적인 감정을 표현하는 것을 지지하고, 사실 그렇게 하는 것을 매우 중요하게 여긴다. 특히 상담자가 경험한 감정이 효과적으로 상담하고 공감과 존중을 경험하는 데 방해가 된다면 더욱 그러하다.

마지막으로, 다른 촉진적 조건에 관하여, Barrett-Lennard의 관계척도 문항들은 일치성 개념에 대한 조작적인 예시를 제공한다. 두 항목은 다음과 같다.

나는 그녀가 나에게 진실하고 진심으로 대한다고 느낀다.

때로 나는 그녀가 실제 나에게 느끼는 감정이 무엇인지 스스로 인지하지 못한다고 느낀다. (부정형 진술)

촉진적 조건에 대한 견해

촉진적 조건에 대한 논의를 시작할 때 언급했듯이, 지난 몇 년간의 연구들은 이 조건들이 일반적으로는 충분한 조건이 아니고, 아마 어떤 경우에는 필요조건조차 아니라는 주장을 강력히 지지한다. 그러나 그 연구들은 그만큼 명백하게 이러한 조건들이 그야말로 촉진적 역할을 한다고 시사한다.

지난 몇 년간 여러 문헌고찰 논문은, 촉진적 조건이 외부 평가자(예: 녹음된 상담 회기에 기초해서 평가하는 사람)에 의해 매겨진 점수보다는 내담자의 지각에 기초할 때, 다양한 범위의 상담 성과와 훨씬 더 강력하게 연관된다고 밝혔다. 다시 말해서, 내담자가 자신의 치료자를 촉진적 조건이라는 면에서 평가할 때(예: Barrett-Lennard의 관계척도상에서), 이 평가 점수가 외부 평가자의 관점에서 촉진적 조건에 대해 매긴 점수보다 상담의 궁극적인 결과와 훨씬 더 높은 관련성을 보인다는 것이다. 비록 어떤 관찰자들은 이것이야말로 촉진적 조건이 그리 중요하지 않다는 것을 나타내는 것이라고 믿지만, 우리 관점으로는 이러한 결과는 Rogers의 초기 이론에 완전하게 부합한다. Rogers가 이들 조건의 효과를 나타내는 가장 중요한 지표로 주목한 것은 관계에 대한 내담자의 지각이지, 관계의 당사자가 아닌 제3자가 매긴 '객관적'인 평가 점수가 아니었다.

관계 요소, 촉진적 조건, 치료적 과정

앞에서 논의한 촉진적 조건과 이 장의 전반부에서 살펴본 관계 요소는 상담이 진행되는 동안 상호 밀접하게 연관되는가? 만일 그렇다면, 그러한 연관은 어떻게 발생하는가? 비록 일부 연구는 이러한 상호 관련성을 지지하지만(Gelso, 2011, 2014), 대부분 우리에게 주어진 것은 이론적인 추론에 불과하다. 이러한 추론을 뒷받침할 연구가 필요하다.

우리는 촉진적 조건들이 아마도 작업 동맹의 발달에 있어 핵심이라고 생각한다. 그러므로 진정한 관계에 대한 작업 동맹은, 치료자가 공감적이고, 긍정적인 존중을 보여주며, 일치된 모습을 보이는 정도에 따라 더 긍정적이고 더 강력할 것이다.

또한 촉진적 조건들은 그들이 조성하는 동맹을 통해 효과를 발휘할 수 있다. 실제로 치료자 제공 촉진적 조건이 전이와 진정한 관계, 나아가 작업 동맹에 미치는 영향을 통하여 내담자에게 영향을 미칠 수 있다. 예를 들어, 공감, 무조건성, 긍정적인 존중, 일치성에서 높은 수준의 치료자는 긍정적인 전이를 조성할 가능성이 높다. 그러나 이에 못지않게 중요한 것은, 상담자가 촉진적이고 내담자도 그를 촉진적이라고 경험하게 되면, 이러한 상담자는 부정적인 전이 반응이 생겼을 때 내담자가 이를 탐색할 수 있는 안전한 분위기를 만들어 준다는 것이다. 누구라도, 진실하다고 느껴지는 치료자가 자신을 깊이 이해하고, 염려하고, 거의 조건 없이 자신을 개인적으로 수용해 준다면, 마음속에서 들끓는 부정적인 감정을 탐색하고 표현하는 것이 더 가능해진다. 물론 견고한 동맹(이것 또한 치료자의 촉진성에 영향을 받지만)이 주어진다면, 내담자는 한 걸음 뒤로 물러나 관찰하고, 궁극적으로 이러한 감정의 실체, 즉 전이라는 것을 이해하게 된다.

상담자의 촉진성은 진정한 관계에 영향을 미치기도 하고 동시에 그를 구성하는 일부이기도 하다. 진정성이 진정한 관계를 정의하는 자질 중의 하나라는 것을 기억할 것이다. 그리고 물론 상담자의 진정성은 촉진적 조건 중 하나이다. 이러한 의미에서, 촉진성은 진정한 관계의 일부이다. 또한 촉진적인 치료자는 내담자 편에서 치료자를 향해 느끼는 현실적이고 진정성 있는 긍정적 감정을 증진시켜 줄 것이다. 그러면 우리는 상호적인 효과를 기대할 수 있다. 진정한 관계라는 맥락에서, 내담자가 치료자를 향해 긍정적인 감정을 느끼고 표현하는 정도만큼, 치료자도 마찬가지로 그렇게 할 것이다.

앞의 논의에 의하면, 치료자 촉진성이 상담 성과에 바람직한 효과를 미치고 관계 요소에 우호적인 영향을 미친다는 면에서, 기본적인 원인 요소라고 말하는 것처럼 보일 것이다. 그러나 우리는 임상 경험을 통해 어떤 내담자들은 다른 사람들에 비해 촉진적으로 되기가 더 수월하다는 것을 알고 있다. 그러므로 내담자는 치료자가 얼마큼 촉진적일 수 있고 또 촉진적으로 될 것인지에 영향을 끼친다. 중요한 연구 방향은 치료자 촉진성을 증진시키거나 지연시키는 내담자 요인과 관계 요인을 함께 연구하는 것이다. 치료자 촉진성이 어떻게 치료적 관계의 각 요소와 연관되는지에 관한 심층적인 논의에 대해서는 Gelso와 Hayes(1998)를 참고하기 바란다.

요약

치료적 관계와 치료자들이 사용하는 기법 중 어떤 것이 더 중요한지에 대해 지속적인 논쟁이 있어 왔지만, 일반적으로 둘 다 성공적인 치료에 필수라는 점이 점점 더 명백해지고 있다. 실제로 치료적 관계와 치료자 기법은 하나가 다른 하나에, 그 질과 효과에 영향을 미치는 방식으로 상호작용하며 작동한다. 이 장에서 우리는 관계에 초점을 두어 논의했고, 관계를 상담 참여자들이 서로를 향해 가지는 감정과 태도, 그리고 이를 표현하는 방식이라고 정의하였다.

치료적 관계는 세 가지 상호 연관된 요소, 즉 작업 동맹, 전이 형태, 진정한 관계로 구성된 것으로 보인다. 세 요소 모두 치료자의 이론적 지향에 상관없이 치료의 중요한 부분이다. 작업 동맹이란 상담 작업을 촉진하려는 목적으로 이루어진 내담자의 합리적이고 관찰하는 측면과 상담자의 작업하는 또는 치료하는 측면의 연합이라고 정의된다. 많은 연구가 치료에서의 작업 동맹의 중요성을 지지한다. 전이 형태는 내담자 전이와 치료자 역전이를 포함한다. 최근에 두 측면 모두 연구 주제로 주목을 받았고, 비록 이 구성개념들이 본래 정신분석에 뿌리를 둔 것이기는 해도, 모든 다양한 이론적 지향에 바탕을 둔 치료에서 중요한 것으로 밝혀졌다. 전이란 치료자의 실제 모습에 근거하기보다 내담자의 심리적 구조와 과거에 근거한, 치료자에 대한 내담자의 지각과 경험이라고 정의된다. 역전이란 내담자에 대한 치료자의 반응으로, 치료자의 미해결된 갈등과 문제에 근거한다. 역전이 반응이 치료를 방해하지 않도록 치료자가 이를 이해하고 관리하는 것이 중요하다. 진정한 관계란 치료자와 내담자 간의 개인적인 관계로서, 각자가 서로를 진정성 있게 대하고 상대방을 그에게 맞는 방식으로 경험하고 인식하는 정도에 의해 특징지어진다. 이 요소들 가운데 진정한 관계는 가장 최근에야 실증적 연구가 이루어졌다.

치료적 관계를 다룬 글이라면, Carl Rogers의 성공적 상담을 위한 필요하고 충분한 조건에 대한 매우 영향력 있는 진술을 반드시 포함해야 한다. 수년간 연구와 이론은 이러한 조건들 중 세 가지, 즉 치료자가 제공한 공감적 이해(therapist-offered empathic understanding), 무조건적인 긍정적 존중, 일치성에 주목했다. 이제는 Rogers가 무엇을 말하려던 것인지 분명해 보인다. 이 세 조건은 비록 Rogers가 주장한 것처럼 충분한 조건은 아니지만, 성공적 상담에 중요한 역할을 한다는 것이 실증적으로 검증되었다.

제 **10** 장
심리평가의 과학과 실무

심리검사는 심리과학의 혁명을 이끈 발명이며, 심리검사가 미친 여파는 물리학에서
망원경의 발명이나 생물학에서 현미경의 발명과 비견된다. …… 실무 적용의 측면에서
심리검사는 심리학이 사회에 가장 큰 영향을 미친 기술적 혁신이다(Dawis, 1992, p. 10).

비판자들은 심리평가가 소모적이고 비용이 많이 들고 현대의 정신건강 관리의 맥락
에서 유용하지 않다고 주장한다. …… 정신건강 분야에서 심리평가의 효과와 유용성을
증명하는 연구를 권장하고 수집하고 전파하는 노력을 등한시했으며, 이것이 문제를 더
복잡하게 만들었다(Eisman et al., 2000, pp. 131–132).

앞서 제시한 두 인용문은 서로 충돌하는 메시지를 담고 있는데, 심리검사와 심리평
가에 대한 심리학계의 태도를 분명하게 보여 준다. 이러한 심리학계의 태도는 아마도
양가적(ambivalent)이라고 표현하는 것이 가장 좋을 것이다. 이러한 양가적 태도는 상

http://dx.doi.org/10.1037/14378-010
Counseling Psychology, Third Edition, by C. J. Gelso, E. N. Williams, and B. R. Fretz

담심리학에도 적용되며, 수십 년 동안 지속되었다. 이 장에서 우리는 이러한 양가성을 설명하고, 심리치료 및 사람들에 대한 다양한 결정을 내리는 데 있어서 심리평가가 중요한 이유를 밝히고자 한다. 또한 이 장에서는 다양성이 높아지는 사회의 관리의료체계 시대에서 상담심리학자가 심리평가에 유능하기 위해 필요한 개념, 검사, 기술에 대해 설명한다.

심리검사와 심리평가의 강점과 약점

오늘날의 세계에서 대부분의 사람이 심리학자에 대해 가지는 핵심적인 인식은 '정신과 의사'의 이미지이다. 즉, (그 순간에 바로 당신을 분석할 수도 있는) 정신건강 전문가라는 인식이다. 다른 의료 분야 종사자들조차 심리학자를 주로 정신적 문제에 대한 치료자로 바라본다. 이러한 관점에 비추어 보면, 1960년대까지만 해도 심리학자를 병원, 치료소, 상담센터, 인사국에서 심리검사를 개발하고 실시하고 해석하는 전문가로 인식한 것이 심리학자에 대한 주된 인식이었다는 사실은 쉽게 이해되지 않는다.

그 당시 상담자의 전문적 역할이 심리평가에 치중되어 있던 것은, 20세기 전반에 능력검사, 그다음 성격검사, 그다음 흥미검사가 성공적으로 개발된 것의 직접적 결과물이었다. 제1차 세계 대전과 대공황을 거치면서 심리검사의 개발과 사용에 대한 정부의 강력한 지원이 있었다. 이러한 발전은 매우 가치 있게 여겨졌으며, 이후 미국 고용정보원(U.S. Employment Service)의 발전으로 이어졌다. 미국 고용정보원은 현재 직업사전(Dictionary of Occupational Titles)과 일반적성검사 배터리(General Aptitude Test Battery) 등을 출판하는 기관이다.

같은 시기에 객관적 성격검사와 투사적 성격검사의 개발[이 두 검사의 구별은 이 장(障) 후반부에서 설명될 것임]은 그 당시 정신병원으로 불리던 곳에서 심리학자가 고유한 역할을 가지는 기반이 되었다. 그 당시 미국의 모든 주(州)에는 심각하고 만성적인 정신장애를 가진 환자들을 집중적으로 치료하는 병원이 있었다. 기질적 정신장애와 비(非)기질적 정신장애, 조현병과 우울증, 정신증과 신경증을 변별하기 위해 심리학자들의 검사 기술이 요구되었다. 심리검사에서 나온 정보는 정신과 면접에서 나온 정보(그 당시 병원에서 일하는 심리학자들은 거의 대부분 정신과 의사의 수퍼비전을 받았다) 그리고 간호사와 직원들이 관찰한 자료와 결합되어 최종 진단, 치료 계획, 예후, 병원에서 퇴원 후 치료 계획 수립에 사용되었다. 제2차 세계 대전이 끝날 무렵 미국 재향군인관리국(Veterans Administration: VA)은 심리학자들에게 이러한 심리평가 기능을 훈련하는 프로그램을 개발했다. 그 당시 심리학자들은 재향군인에 대한 심리치료를 거의 하지 않았다.

또한 제2차 세계 대전이 끝난 이후부터 1960년대까지 대부분의 대학상담센터에서 일하는 상담심리학자들의 주요 업무 역시 심리검사의 실시와 해석이었다. 실제로 그 당시에 학생들은 상담자와 상담을 하기 전에 적어도 한 개 이상의 성격검사와 흥미검사 또는 추가적으로 능력검사를 받아야 했다. 상담자는 상담을 하기 전에 접수면접 자료와 더불어서 모든 심리검사 정보를 검토했다.

1940년대에 개발된 상담심리, 학교심리, 임상심리 분야에 대한 정의를 보면, 심리평가에 대한 심리학자의 역할을 강조했음을 알 수 있다. 이 분야들에 대한 정의는 2013년 미국심리학회(American Psychological Association: APA)가 기술한 정의에 이르기까지 계속해서 수정되었지만, 심리평가의 역할에 대한 강조는 여전히 유지되었다. 그러나 최근에 실시된 조사에 따르면, 상담심리학자가 자신의 업무에서 심리검사에 사용하는 시간은 10% 정도에 불과하며 근무환경에 따라서 5~15% 정도인 것으로 나타났다. 예전에 비해서 심리검사를 실시하는 상담심리학자의 수는 적어졌다(Goodyear et al., 2008). 심리검사가 상담심리학자의 중심 역할에서 보조 역할로 변한 것이다.

왜 이렇게 되었을까? 1960년대에 일어난 두 가지 중요한 현상이 많은 장면에서 심리검사의 쇠퇴를 가져왔다고 할 수 있다. 첫 번째 현상은 심리학자의 역할에서 심리치료와 상담의 증대이다. 특히 내담자 중심 치료의 발전은 상담심리에 큰 영향을 끼쳤다. 내담자의 호소 문제에 관계없이 촉진적 조건을 강조하는 Rogers의 접근(1951; 제11장 참조)은 공식적 진단의 필요성을 사라지게 했다. 검사 결과에 관계없이 모든 사람에게 동일한 상담개입 전략을 사용한다면, 상담 전에 모든 사람에게 검사를 실시하는 관례의 정당성을 어떻게 세울 수 있겠는가? 또한 내담자 중심 이론의 관점에서 보면, 심리검사는 내담자에 대한 평가의 소재(locus)를 내담자의 외부에 둔다. 반면, 내담자 중심 치료자는 평가의 소재가 내담자의 내부에 있어야 한다고 믿는다. 심리검사에서 나온 진단 정보가 심리치료의 성격이나 기대되는 결과와 관련된다는 경험연구 자료의 부재(不在)는 관습적인 심리검사의 실시에 대한 비판으로 이어졌다. 20세기 중기에 내담자에게 어떤 종류의 치료를 제공할 것인지를 알 수 있는 가장 좋은 방법은, 내담자의 문제 또는 진단에 대한 정보가 아니라 상담자가 선호하는 이론에 대한 정보였다.

심리검사의 쇠퇴를 가져온 두 번째 요인은 1960년대에 시작된 움직임으로, 많은 심리검사 결과가 여성과 소수 민족/인종의 취업 기회 및 교육 배치에 부정적인 영향을 미친다는 근거가 나타나기 시작한 것이다. Walsh와 Betz(2001)는 1980년대 이전에 심리검사 내용과 사용에서 나타났던 몇 가지 인종과 성별 편파와 관련된 문제들을 간결하게 요약했다. 몇몇 미국 국회의원과 심리학자들은 교육 프로그램에 학생을 입학시키거나 직원을 선별하는 데 있어서 심리검사 결과를 사용하는 것을 일시적으로 정지할 것을 요청했다. 심리검사를 향한 분노에 찬 비판의 시대에서, 많은 대학원생은 자신들의 대학원 과정에서 필수로 요구되는 심리검사 수련에 대해 상당히 냉소적인 태도를 가지게 되었고, 많은 대학에서는 심리평가 필수 과목을 축소했다.

그러나 심리평가에 대한 이러한 비판적 도전의 과정에서 적어도 두 가지 긍정적 발전이 일어났다. 첫 번째는 진단 검사의 사용이 엽총(shotgun) 방식으로 불리던 방식에서 레이저 방식으로 전환된 것이다. 이러한 비유는, 평가에 의뢰된 모든 환자나 학생들에게 심리검사 배터리를 실시하는 방식(엽총 방식)에서 진단이나 배치에 필요한 정보를 제공하기 위해 특정하게 설계되어 보다 선택과 집중의 방식으로 심리검사를 고르는 평가 방식(레이저 방식)으로의 전환을 일컫는다. 엽총 방식에서는 검사 배터리 결과를 통합함으로써 환자나 학생에 대한 전체적인 그림을 그렸다. 이러한 그림은 해당 수검자를 심리검사에 의뢰하게 된 질문에 대한 구체적인 답을 줄 수도 있고 아닐 수도 있었다. 심리평가에 대한 보다 집중된 모델(레이저 방식)에서는 평가에 필요한 시간이 단축되었고, 꼭 필요하지 않은 자료는 제외되었다. 오늘날 법정심리학에서는 장애, 차별, 양육권, 정서적 상처와 관련된 소송에서 심리적 기능을 결정하는 데 있어서 여전히 집중적 심리검사 결과에 크게 의존하고 있다(Gregory, 2011).

두 번째 긍정적인 발전은 내용, 규준, 사용에서 문화적 편파가 적은 심리검사의 개발이다. '문화적 편파가 없는(culture free)' 심리검사를 찾는 것은 불가능한 목표인 것이 증명되었지만, 어느 정도 문화적으로 공정한(culturally fair) 심리검사의 개발은 가능한 것으로 나타났다. 문화적으로 유능한 상담심리학자는 문화적으로 다양한 내담자에게 진정으로 도움이 되는 방식으로 심리검사를 사용할 수 있어야 한다(Fuertes, Spokane, & Holloway, 2013). 이 장에서 검토하는 거의 모든 심리검사는 넓은 범위에 있는 내담자들에게 보다 유용하게 사용될 수 있도록 개정되었다.

앞서 언급한 심리검사에 대한 두 가지 비판으로 인해 심리평가는 상담과 무관한 활동이 될 위험에 처했지만, 심리학 초기에 심리평가의 성공적인 역사와 함께 심리평가의 긍정적인 발전으로 인해 이러한 손상을 어느 정도 감소시킬 수 있었다. 심리평가는

1990년대까지 어떤 면으로는 약화되고 있었고, 다른 면으로는 강해지고 있었다. 1990년대에 관리의료(managed health care)기관들이 심리평가에 대해서 매우 제한적인 입장을 취한다. 예를 들면, Eisman 등(2000)은 관리의료체계에서 일하는 400명 이상의 심리학자에 대한 설문조사에서, 심리평가에 대한 의료보험의 보상 범위에 대해 관리의료회사들이 극도로 제한을 둔다는 결과를 발견했다. 이러한 방식으로 심리평가 분야는 제대로 펀치를 맞게 된 것이다.

아이러니하게도, 이러한 심리평가에 대한 관리의료체계의 매우 보수적인 입장은, 전문 분야로서 심리학이 훨씬 오래전에 주의를 기울였어야 했던 문제에 주의를 기울이도록 하는 출발점이 될 수 있다. 우리에게 필요한 것은, 심리평가 결과가 수행의 향상을 가져오고 또한 비용 대비 효율이 높다는 것을 보여 주는 탄탄한 경험적 근거이다. 심리학 분야에서 지난 10여 년 동안 여러 가지 측면에서 심리평가와 교육평가의 (경제적 가치를 포함한) 가치를 분명하게 하려는 노력이 있어 왔다. 현세대와 다음 세대의 상담심리학자들이 관리의료체계에서 오는 이러한 어려움을 극복할 수 있다면, 심리평가는 다시 한번 "사회에 가장 큰 영향을 미친 심리학의 기술적 혁신"(Dawis, 1992, p. 10)이 될 수 있을 것이다.

심리평가: 심리검사를 넘어서

이 장의 시작 부분에서는 평가(assessment)라는 용어와 심리검사(psychological test)라는 용어가 혼용되었다. 심리검사의 내용과 사용에 대한 비판이 일어나기 시작한 1960년대까지는 평가와 심리검사를 혼용하는 것이 개념적으로 그리고 실무적으로 큰 문제가 없었다. 그 당시 실무와 연구에서 평가의 사용은 그 목적이 진단이든 치료이든 상담 결과의 평가이든 관계없이, 특수하게 설계된 측정도구보다는 출판된 심리검사에 대한 의존도가 컸다. 그러나 보다 최근으로 오면서 심리검사에 대한 대중의 비판과 오해로 인해 많은 심리학자가 평가(assessment)와 검사(testing)를 구별하고자 했다. 예를 들면, 관리의료체계가 심리평가를 바라보는 시선에 대해 걱정하는 심리학자들은 심리검사에 대비해서 평가에 대해 다음과 같은 관점을 취한다.

(심리평가에서) 주안점은 여러 가지 평가방법을 통해서 검사에서 도출된 다양한 정보

를 가지고, 역사적 정보, 의뢰 정보, 검사와 면접 과정에서 이루어진 행동관찰의 맥락에서 이러한 자료들을 배치하는 것이다. 그 목적은 평가를 받는 사람에 대한 통일적이고 포괄적인 이해를 하는 것이다(Meyer et al., 1998, p. 8).

평가와 비교해서 심리검사를 구성하는 것이 무엇인가에 대해서 심리학 분야에서 명확한 합의가 있는 것은 아니다. 몇몇 심리학자는 정답이 있는 성취 및 능력검사에 대해서만 검사라는 단어를 사용하는 것으로 범위를 좁게 한정한다. 흥미검사나 성격검사와 같이 정답이 존재하지 않으며 개인의 반응을 규준집단의 반응과 비교하는 도구에 대해서는 질문지(inventories)라는 단어를 사용한다. 진단과 치료과정 연구에서 자주 사용되는 행동이나 증상, 문제 등의 목록에 대해서는 척도(scales) 또는 체크리스트(checklists)라는 단어를 사용한다.

'평가'라고 불리는 것이 무엇이든, 여기에서 중요한 문제는 평가 과정이 (다음 절에서 설명하는) 적절한 기준(standards)을 만족하는 정도이다. 그러나 기준에 대한 논의를 하기 전에, '평가가 왜 필요한가?' '사람이 왜 심리적으로 측정되어야 하는가?'와 같이 일견 자명해 보이는 질문을 던지는 것이 유용할 수 있다. 가장 근본적인 지점에서 평가는 심리학자가 의사소통하는 방식이다. 개별 사람들은 나름대로의 방식으로 고유성을 가지고 있지만, 또한 많은 부분에서 다른 사람들과 비슷하기도 하다. 개인 내 또는 개인 간의 유사점과 차이점을 파악하고 소통하는 방법이 없다면, 심리학자들은 우연(chance) 수준의 정확성 정도의 예측밖에 할 수 없게 된다. 예를 들면, 어떤 사람이 인간지향적 직업에 만족도가 높고 어떤 사람이 자료지향적 직업에 만족도가 높은 사람인지를 결정하기 위해 어떤 도구가 반드시 존재해야 한다. 또 다른 예로는, 어떤 내담자가 우울한지 또는 알코올, 마약, 담배와 같은 물질에 의존적인지 또는 두 가지 문제를 모두 가지고 있는지를 평가하는 방법이 없다면, 우울증이 있는 내담자와 물질 의존 문제가 있는 내담자에 대한 상담 전략이 달라야 한다는 지식은 의미 없는 정보일 뿐이다. 따라서 평가는 상담심리학의 과학과 실무 모두에서 핵심적인 부분이다.

그렇다면 사람들에게 자신이 어떤 면에서 독특한지 또는 자신의 문제가 우울증인지 물질 의존 문제인지를 직접 물어보면 되지 않을까? 어쨌든 '자신보다 스스로를 더 잘 아는 사람은 없다'. 그러나 우리 각자가 자신을 얼마나 잘 알고 있을까? 대부분의 사람은 '규준의(normative)' 측면에서 자신의 감정과 행동을 잘 알고 있지 않다. 자신과 비교해서 다른 사람들은 얼마나 자주 우울한가? 내가 전문적인 도움을 구할 만큼 우울한

가? 다른 사람들의 언어 능력과 비교해서 나의 언어 능력이 상대적으로 취약하다고 느
낀다면, 나는 언어 능력을 요구하는 모든 직업을 구하지 말아야 하는가? 분명한 것은
진로를 결정하는 데 있어서 스스로의 강점, 약점, 선호하는 것, 싫어하는 것을 자각하
는 것이 중요한 것처럼, 타인과 비교했을 때 자신의 능력과 흥미를 이해하는 것 역시 중
요하다. 따라서 심리학자들은 평가를 하는 어떤 방법을 가지고 있어야 자신의 실무나
연구를 진행할 수 있다.

모든 평가 기법에 대한 기준

심리평가의 기초에 대한 수업을 듣지 않은 독자들의 경우, 이 장을 더 읽기에 앞서
Green(1981)의 고전적인 논문인 「A Primer of Testing」을 읽을 것을 권한다. Green이
일반 대중을 위해 쓴 이 11페이지의 논문은, 이 절에서 다루는 내용과 권장사항의 기저
에 있는 구성개념과 고려사항들을 간명하게 기술하고 있다. 상담심리학자들이 심리평
가를 윤리적으로 사용하기 위해서는 기본적으로 Green의 논문에서 다룬 주제들에 대
한 이해가 요구된다.

심리평가의 기준이 얼마나 광범위하게 세워져야 하는가 그리고 이 기준이 얼마나 엄
격하게 적용되어야 하는가에 대한 결정은 60여 년이 넘도록 심리학자들 사이에서 중
요한 논쟁의 대상이 되었다. 『Standards for Educational and Psychological Testing』
(American Educational Research Association, American Psychological Association, &
National Council of Measurement in Education, 1999)의 1999년판을 준비하고 있었을 때,
참여 기관의 모든 구성원에게 기준서 원고를 보냈다. 그리고 여기에 8,000페이지가 넘
는 의견이 제시되었다. 대부분의 의견은 크게 두 가지 우려를 담고 있었다. 첫째, 다른
형태의 평가와 비교할 때 언제 심리평가를 사용하는 것이 바람직한가의 문제이다. 예
를 들면, 간호사 훈련 프로그램 입학에 있어서 고등학교 졸업증명서를 유일한 요구조
건으로 할 것인가, 아니면 지원자의 정서적 안정성과 세부사항에 주의를 집중하는 능
력에 대한 어떤 측정을 요구할 것인가? 둘째, 측정도구가 어떻게 사용될지의 여부에 따
라서 심리평가 적용 기준의 엄격성이 달라져야 하는가의 문제이다. 예를 들면, 교원평
가를 위한 척도를 개발할 때와 핵에너지 시설에서 일할 안전 요원을 선발하는 척도를
개발할 때, 기존에 확립된 평가 기준을 똑같이 완전하고 엄격하게 지켜야 하는가? 모든

심리평가 기준을 쉽게 만족시키는 것이 가능하다면, 이 문제는 존재하지 않을 것이다. 그러나 높은 수준의 심리평가 기준을 만족하는 것은 시간과 비용이 많이 든다. 이 두 가지 문제에 대해 보다 면밀하게 살펴보자.

지극히 예외적인 경우를 제외하고, 모든 심리평가는 예언의 효과성에 있어서 제한적이다. 여기에서 중요한 문제는, 심리평가보다 더 효과적인 예언을 할 수 있는 다른 것들, 예를 들면 학교 수행이나 직업 수행, 추천서 등이 있는지의 여부이다. 예를 들어, 대부분의 독자가 이미 치렀거나 곧 치르게 될 시험인 GRE(Graduate Record Examination)[1]를 생각해 보자. GRE에는 여러 가지 한계가 있지만, 대학원 수행에 대한 상당히 훌륭한 예언변인이며 다른 변인들 이상으로 수행을 예언한다(Burton & Wang, 2005). GRE의 한계는 "민주주의는 흠이 있는 정치체계이다. 단지 우리가 더 좋은 정부체계를 발견하지 못한 것이다."라는 말을 생각나게 한다. 심리평가는 여러 단점이 있지만, 우리가 사람들의 정신적·신체적 건강을 더 좋게 하고 삶에서 더 좋은 선택사항을 가지도록 돕기 위해 진단을 내리고 개입을 하고자 애쓰는 많은 상황에서 모든 것을 고려할 때, 우리는 수행에 대해 심리평가보다 더 공정하고 좋은 예언변인을 발견하지 못했다.

기준서를 얼마나 엄격하게 적용할 것인지에 대한 논쟁만큼 해결하기 어려운 문제는, 그 사람에 대한 다른 자료와 비교했을 때 언제 심리평가를 사용할 것인가이다. 심리평가 수업에서 할 수 있는 훌륭한 연습은, 각 학생에게 교육과 심리검사의 기준서(AAN, 1999)에 따라서 출판된 평가도구를 평가(評價)하도록 하는 것이다. 이러한 평가(評價)에 있어서 다음에 제시된 현재 기준서의 서문을 고려하는 것이 가장 중요하다.

> 하나의 검사 또는 검사 적용의 적절성을 평가(評價)하는 것은 이 기준서에 있는 모든 기준을 문자 그대로 만족시키는 것에 달려 있지 않으며, 이러한 적절성은 체크리스트에 의해 결정될 수 없다. 특정 환경이 개별 기준의 중요성에 영향을 미친다. 개별 기준은 따로 떨어져서 고려될 수 없다. 따라서 적절성을 평가(評價)하는 것은 다음을 포함한다. (가) 행동과학, 심리측정학, 검사가 적용되는 전문 분야에 대한 지식에 기초한 전문적 판단, (나) 해당 기준의 의도가 검사 개발자와 검사 사용자에 의해 만족된 정도, (다) 즉시 가용한 대안, (라) 기준을 만족시킬 가능성에 대한 연구 근거 및 경험적 근거(AAN, 1999, p. 1).

---

1) 역자 주: 미국 및 여러 영어권 국가에서 대학원에 입학하려는 학생들을 평가하는 시험으로, 거의 모든 대학이 입학사정에서 GRE 점수를 요구함.

다음에 이어지는 세 개의 절은 이러한 기준서의 세 가지 주요 절에 기초하고 있다. 우리는 과학자이자 동시에 실무자로서 상담심리학자가 가지는 평가의 몇몇 주요 문제 영역을 파악하고, 연구와 실무에서 평가를 사용할 때 어떻게 나아갈 것인지에 대한 조언을 할 것이다.

평가(assessments)를 평가(evaluate; 評價)하고 구성하기[2]

이 절의 제목에 있는 단어는 순서가 뒤바뀐 것처럼 보인다. 무언가를 구성(construct)하기에 앞서 평가(evaluate; 評價)를 먼저 하는가? 우리가 이와 같이 순서를 정한 것에는 이유가 있다. 앞서 언급했듯이 기존의 평가(assessment)도구가 적절한 것으로 평가(評價)될 수 있다면, 실무나 연구 장면에서 해당 평가도구를 사용해야 한다. 그러나 상담심리학자가 평가하고자 하는 몇 가지 문제에 대해서, 적합한 심리측정적 속성 또는 공평성과 유용성의 근거가 있는 도구가 거의 없을 수 있다. 이 같은 상황에서는 상담심리학자들이 적절한 평가도구를 개발할 것을 장려한다. 컴퓨터가 상용화되기 이전에는 어느 정도 정교함을 갖춘 평가도구를 개발하는 것이 대부분의 심리학자의 능력을 넘어서는 작업이었다. 예전에는 복잡한 분석으로 간주되었던 것들, 예를 들면 내적 일관성(internal consistency)의 측정, 요인분석, 판별분석(discriminant analysis)과 같은 분석들을 이제는 개인 컴퓨터에서 실행할 수 있다. 따라서 과학자-실무자인 상담심리학자는 이제 새로 개발된 도구에 대한 기본적인 심리측정적 자료나 또는 독특한 표본(예: 문화적으로 다양한 모집단)에서 기존 검사의 심리측정적 자료를 구하는 것이 상당히 용이해졌다.

평가도구를 평가(評價)하는 데 있어서 주요한 고려사항들 중에서도, 신뢰도(reliability)와 타당도(validity)는 적절한 평가의 핵심축이다. 신뢰도는 어떤 도구가 무언가를 측정하는 데 있어서 일관성(consistency)을 말한다. 일관성이 없다면 타당도를 개발할 수 없다. 여기에서 타당도란 내담자의 정신건강, 직원의 진로적응, 청소년의 자존감

---

2) 역자 주: 평가(assessment)와 평가(evaluate; 評價)를 동일하게 '평가'로 번역함. 평가(assessment)란 심리검사 정보를 포함해서 그 사람의 개인력(history), 면담자료, 관찰자료 등 여러 가지 정보를 통합해서 한 개인을 포괄하는 과정을 일컬음. 평가(evaluate; 評價)란 사물이나 사람의 가치를 규명하는 작업을 말함. 'assessment'는 '평가' 또는 '사정'으로 번역되기도 하지만, 상담이나 심리치료 분야에서는 '심리평가' 또는 '평가'로 번역되는 것이 일반적임. 두 단어를 구별하기 위해 'evaluate'는 '평가(評價)'로 한자를 병기함.

과 같이 우리에게 중요한 다른 변인들과의 예측 가능하고 유용한 관련성을 말한다. 신
뢰도에 관해서 우리가 한 가지 추천하는 사항은, 측정도구의 시간적 일관성(temporal
consistency)과 내적 일관성(internal consistency) 둘 다 평가(評價)되어야 한다는 것이다.
시간적 일관성은 검사−재검사 신뢰도를 생각하면 가장 쉽게 표현될 수 있다. "어떤 검
사를 이번 주에 실시하고 동일한 검사를 2주 뒤에 다시 실시할 때, 수검자들의 두 번째
검사 점수가 첫 번째 검사 점수와 얼마나 상관이 높은가?" 상관계수가 클수록 더 신뢰
롭다 또는 더 일관적이라고 할 수 있다.

내적 일관성은 한 검사에서 문항들의 동질성(homogeneity)을 말한다. 검사에서 일관
성의 중요성에 대해서는 여러 가지 이론적 논쟁이 있지만, Green(1981)과 Nunnally
(1978) 모두 "검사는 많은 수의 동질적인 문항을 더함으로써 검사의 신뢰도와 검증력
(power)을 얻는다."(Green, 1981, p. 1005)는 주장을 했다. 동질적인 문항들은 한 검사의
모든 문항이 서로에 대해 보이는 문항 간 상관을 검토함으로써 알 수 있다. 컴퓨터 통
계 패키지 프로그램을 사용해서 내적 일관성의 핵심적인 측정치인 알파계수(coefficient
alpha)를 결정할 수 있다. Nunnally에 의하면, 알파계수가 낮을 경우 검사의 타당도를
증명하려는 시도를 하는 것조차 무의미하다. Nunnally는 내적 일관성을 높일 수 있는
방법들을 설명했으며, 이를 통해 새로운 검사도구가 더 유용하게 인간 행동을 예언하
고 이해하는 것이 가능해진다.

평가도구의 타당도 문제에 관해서는 우리가 고려해야 하는 두 가지 기본 질문이 있
다. 많은 종류의 타당도 중에서도(Green, 1981 참조) 우선적으로 고려해야 하는 타당도
질문은 '내가 지금 하고 있는 질문과 비슷한 질문에 답하는 데 있어서 과거에 이 검사를
사용하는 것이 유용했다는 어떤 근거가 있는가?'이다. 예를 들면, 어떤 사람이 청각장
애가 있는 내담자의 우울을 평가하고자 한다면, 내가 고려하는 우울증 척도가 청각장
애가 있는 내담자에게 유용한 결과를 낸다는 근거가 있는가? 만약 그러한 근거가 없다
면, 우리는 (가) 청각장애인에 대해 유용성이 성립된 다른 도구를 찾거나, 만약 그런 도
구가 없다면, (나) 청각장애인의 우울 평가에 유용할 수 있는 도구를 개발하는 것을 고
려해야 한다. 두 번째 방법은 학생들에게는 너무 큰 과제로 보일 수 있지만, 청각장애
인 내담자와 같이 특수한 내담자 집단과 많은 작업을 하는 상담 실무자라면 보다 유용
한 평가도구를 개발하는 것은 당연하다. 연구자들에게 있어서 고유한 척도를 개발하는
작업은 널리 이루어져 왔다. 『Journal of Counseling Psychology』의 최근 호를 살펴보
면 연구자들이 신뢰도와 타당도를 평가하면서 어떻게 고유한 척도를 개발했는지를 알

수 있다.

새로운 척도가 개발될 때 고려해야 하는 두 번째 중요한 타당도 질문은, 도구가 수렴타당도와 변별타당도를 가지고 있는 정도와 관련된다(Campbell & Fiske, 1959). 수렴타당도(convergent validity)란 도구가 측정하는 특질이나 행동의 다른 지표와의 유의미한 관계를 말한다. 예를 들면, 외향성 도구에서 높은 점수를 받은 사람은 혼자 있기보다 사람들과 같이 있는 것을 선호하는 것을 예측할 수 있다. 변별타당도(discriminant validity)는 수렴타당도의 반대로, 우리가 다르다고 생각하는 변인들(예: 외향성과 불안) 간에 최소한의 관련성이 나타나는 것이다. 검사에 변별타당도가 없다면, 그 검사는 다른 도구들에서 우리가 이미 알고 있는 바에 더하는 것이 없다. 또한 검사들이 유사한 구성개념을 측정하면서 명칭만 다르다면 일반대중과 검사 사용자 모두 혼란스러워질 것이다. 이는 자기효능감과 유능감(competence)을 연구하는 사람들이 직면하고 있는 문제이다. 자기효능감과 유능감은 서로 다른 관계를 가지는 두 개의 서로 다른 구성개념인가, 아니면 본질적으로 동일한 인간 특징에 대한 두 개의 서로 다른 명칭일 뿐인가? 이러한 질문에 대한 결론에 도달하는 것은 어려운 일이지만, 심리평가에 대한 높은 기준을 충족하는 데 있어 핵심적인 단계이다.

심리평가와 검사에서 공정성

앞서 논의한 바와 같이, 1960년대에 심리검사에 대한 광범위한 비판에서 나온 한 가지 중요한 긍정적 발전은, 심리검사의 제작과 사용에서 편파(bias)에 대한 민감성이 매우 높아졌다는 것이다. 지난 수십 년 동안 검사의 내용과 규준에서 편파를 줄이는 데 많은 주의를 기울여 왔다. 모든 평가도구가 내용에서 편파가 없다는 점에서, 그리고 검사 과정에서 모든 수검자에게 동일한 처치를 제공한다는 점에서 공정성의 근거가 있어야 한다. 상담심리학자를 위해서 Fouad와 Chan(1999)은 여성과 소수 인종에게 심리평가를 사용할 때 심리측정적 문제들을 간명하게 요약했으며, 상담자와 내담자가 평가 결과를 사용하는 데 있어서 문화적 위치가 어떤 영향을 미치는지를 검토했다.

보다 논쟁의 여지가 많은 문제는, 수검자 하위 집단(예: 인종, 젠더)의 검사 결과의 동등성과 관련되는 문제이다. 이것이 검사가 불공정성으로 인한 문제인가, 아니면 관련 지식과 기술을 학습하는 데 있어서 기회가 동등하지 않음으로 인한 문제인가? 이 문제는 교육심리학자와 산업/조직심리학자에게 특히 중요한 문제인데, 이들은 심리검사를 사용해서 다양한 프로그램에 사람을 배치하기 때문이다. 모든 사람이 선발 검사와 배치 검사에서 다루는 내용을 배우는 데 있어서 동등한 기회를 가져야 한다는 것에는 심리학자들의 의견이 일치한다. 그러나 그러한 기회를 제공하는 것은 모든 교육자와 심리학자들의 윤리적 책임이지, 심리검사를 개발하는 사람들의 주요 책임은 아니다. 또한 현재 심리평가에 대한 기준에서, 검사의 공정성 측면에서 모든 하위 집단이 비슷한 정도의 합격률을 보여야 한다는 것은 평가도구 자체에 대한 기준으로 지지되지 않고 있다. 그러나 문화 집단 소속을 제외하고 다른 조건들이 동등한 사람들은 경쟁률이 높은 프로그램에 입학할 기회가 동일해야 한다는 것에 심리학자들의 의견이 일치한다. 따라서 평가 전략에서도 심리검사에서 등가성(equivalence)의 결여가 주로 문화적 위치에 의해 결정되는 것으로 보이는 상황을 주의 깊게 살펴보아야 한다. 심리평가의 사용에서 어떻게 공정성을 지킬 것인지를 더 잘 이해하기 위해 오랜 시간 동안 다양한 평가 방법과 복잡한 통계 기법들이 개발되어 왔다(Hambleton, Merenda, & Spielberger, 2005; Suzuki, Onoue, Fukui, & Ezrapour, 2012). 상담심리학자는 사회정의, 문화 연구, 심리학 이론과 실무에 문화적 고려를 통합하는 작업에 깊이 관여하고 있으며, 이러한 흐름에 맞추어 현재 그 어느 때보다 심리검사와 평가에서 문화적 요인에 특히 주의를 기울이고 있다(예: Pieterse & Miller, 2010; Suzuki et al., 2012 참조).

심리평가의 적용

상담심리학자에게 있어서 심리평가의 적용의 기준은 점점 더 증가하는 문화적으로 다양한 내담자에게 심리검사를 사용하는 것과 주로 관련된다. 상담심리학자들이 심리평가를 적용하는 데 있어서 적합한 기준을 충족하기 위해 주의를 기울여야 하는 문제들에 대해 다루는 종합서적이 여러 권 출판되었다(Dana, 2000, 2005; Paniagua, 2005; Suzuki, Ponterotto, & Meller, 2008). 상담심리학자들은 그들이 자주 할 수 있는 두 가지 실수를 하지 않도록 조심해야 한다. 이 실수들은 내담자의 문화를 고려하지 않고 심리검사를 사용하는 것만큼 위해(危害)가 클 수 있다. 첫 번째 실수는, 거의 모든 심리평가가 미국 중산층 백인을 대상으로 개발되었다는 이유로 심리평가를 아예 사용하지 않는 것이다. Dana(2005)가 지적했듯이, 내담자의 문화를 고려하면서 심리검사 결과를 적절하게 해석하면 미국 중산층 백인에게 검사 결과가 가치 있는 만큼 문화적으로 다양한 내담자에게도 검사 결과는 충분히 가치가 있다.

상담심리학자가 조심해야 하는 두 번째 실수는, 특정 하위 집단(예: 미국 원주민, 흑인계 미국인)에 속한 모든 사람은 그들이 세계를 바라보는 방식과 문화적 배경에서 유사하다고 가정하고 해당 하위 집단에 속한 사람의 평가 결과를 즉각적으로 '조정하는' 것이다. 이와 같은 조정 작업은 중요한 심리적 현상을 과도하게 진단하거나 축소해서 진단하는 결과로 이어진다. Ridley, Li, Hill(1998)은 상담심리학자들이 도구의 선택부터 결과 해석까지 심리평가 과정의 모든 부분에서 문화적 측면에 대해 주의를 기울이는 것을 어떻게 향상시킬 수 있는지를 잘 개념화했다. 이 책에서는 한정된 지면의 문제로 이들이 제시하는 다문화 평가 절차(multicultural assessment procedure) 전체를 기술할 수 없지만, 이제 모든 상담심리학자에 대한 심리평가 수련에서 이러한 모델에 대한 훈련이 포함되어야 한다. Spengler(1998)가 언급했듯이, 이들이 제시하는 절차들은 인간의 행동, 의사결정, 정보처리에 대한 심리학자의 지식에서 확립된 원리에 기초하고 있다.

심리검사

상담심리학에서 심리검사의 사용은 점차 하락세를 타고 있지만(Goodyear et al., 2008; Watkins, Campbell, & McGregor, 1988), 심리검사는 여전히 상담심리학의 중요한 부분이다. 심리검사와 평가에서 유능성 또한 상담심리 분야의 박사과정 수련에서 기대되는 주요 유능성 영역 중 하나이다(Fuertes et al., 2013).

현재 출판된 심리검사는 수백 개가 있으며, 이 중에서 많은 검사가 우리가 지금까지 검토한 기준과 일치하도록 개정되고 업데이트되었다. 또한 실무자들이 보다 효과적인 평가를 하도록 돕기 위한 목적으로 새로운 검사가 등장한다. 우리는 이 절에서 상담심리학자들이 많이 사용하는 심리검사의 주요 범주에 대해 설명하고, 각각의 범주에서 많이 사용되는 심리검사들에 대해 간략하게 설명한다. 많은 교재가 이러한 심리검사들에 대해서, 또한 우리가 여기에서 다루지 않는 검사의 범주에 대해서 자세한 세부 사항들을 제시하고 있다(예: Watkins & Campbell, 2000; Whiston, 2009).

흥미검사

상담심리학자들은 다른 어떤 심리평가보다 흥미검사 개발을 많이 하고 있다. 상담심리학이 진로개발과 진로상담에 주도적으로 관여하는 분야이기 때문에, 흥미검사의 역사에서의 핵심 인물은 모두 상담심리학의 리더십과 학계에서의 핵심 인물이기도 하다. 흥미검사의 역사를 간단하게 살펴보면 다음과 같다. 1920년대에 들어서면서 초기 심리학자들은 직업 성공의 예언변인으로 능력만을 고려하는 것의 한계를 보기 시작했다. 따라서 직업 성공과 적응을 이해하는 데 있어서 흥미의 역할에 많은 관심이 주어졌다. 1920년대 후반에 시작된 E. K. Strong(1943)의 연구는 Strong 흥미검사(Strong Interest Inventory: SII; Donnay, Morris, Schaubhut, & Thompson, 2005)의 개발의 토대가 되었다. Strong 흥미검사는 20세기와 21세기에 걸쳐 가장 널리 사용되는 흥미검사이다.

합리적인 회의론자라면, '흥미검사가 왜 필요한가? 그 사람이 자신의 흥미를 말하게 하면 되지 않을까?'라는 의문을 가질 수 있다. Strong 흥미검사 매뉴얼에서는 표현된 흥미(expressed interests)와 측정된 흥미(measured interests)가 어떻게 일치하지 않는지를 보여 주는 수십 년 동안 축적된 자료를 간명하게 리뷰하고 있으며, 그 이유를 설명하기 위해 제안된 다양한 가설을 설명하고 있다. 이러한 자료와 더불어 누가 직장을 계속 유지하고 직장에서 성공하는지를 예측하는 데 있어서 측정된 흥미의 중요한 기여에 대한 광범위한 연구문헌은, Strong 흥미검사의 여러 번의 개정 작업과 잘 만들어진 여러 개의 다른 흥미검사들의 개발로 이어졌다. 이러한 흥미검사로는 Kuder 직업 흥미검사(Kuder & Zytowski, 1991)와 자기지시검사(Self-Directed Search: SDS; Holland, 1998; Reardon & Lenz, 1998)를 꼽을 수 있다. 이러한 흥미검사들은 Strong 흥미검사와는 다소 다른 형식과 개념적 역사를 가지고 있지만, 내담자들이 만족스럽고 성공적인 진로를 탐색하고 선택하는 것을 돕는 유용하고 적절한 타당도가 있는 검사도구로서 상담심리학의 주요 검사로 자리 잡았다(Whiston, 2009 참조).

이 세 가지 검사 중에서 Strong 흥미검사가 가장 광범위한 정보를 제공하며 경험 연구의 역사가 가장 풍성하다. 1974년 이후로 Strong 흥미검사는 Holland의 자기지시검사(SDS)의 여섯 개 직업 주제(다음 절 참조)를 비롯해서 25개의 기본 흥미 영역(예: 판매, 교사, 의과학)과 207개의 직업 척도[예: 청능사(audiologist), 임업인, 경찰, 심리학자]를 포함하며, 기본 흥미 영역과 직업 척도는 모두 Holland의 여섯 개 직업 주제 안에 분류된다. 각각의 영역에 대해서 남성과 여성 모두에 해당하는 규준이 제공되며, 여성이 너무 적거나 남성이 너무 적은 일부 소수의 직업에 대해서는 별도의 규준이 개발되었다. Strong 흥미검사의 가장 최신판인 2004년 매뉴얼(Donnay et al., 2005)에서는 미국의 주요 인종·민족 집단에 대한 타당도의 근거와 Strong 흥미검사의 유용성을 제시하고 있다.

앞서 제시한 세 개 흥미검사는 모두 중·고등학교와 대학교 장면에서 사용되고 있으며, 자신의 흥미를 확인하려고 하는 학생들뿐만 아니라 어떤 진로로 가야 할지 전혀 모르는 학생들에게도 진로 선택을 광범위하게 탐색하도록 돕는 역할을 하고 있다. 또한 사설 상담을 하는 상담심리학자들에게는 내담자의 문제가 진로 문제와 연관되는 경우 내담자들에게 새로운 시야를 넓히는 데 이러한 흥미검사가 큰 도움을 준다. 흥미검사는 연구에도 많이 사용되고 있다. 『Career Development Quarterly』『Journal of Vocational Behavior』『Journal of Career Assessment』의 거의 모든 호에서 흥미검사를 주요한 평가 기법으로 사용한 연구 보고서를 볼 수 있다.

성격검사

심리측정 원리에 기초를 둔 성격검사 개발의 역사는 연대순으로 보았을 때 흥미검사의 개발과 거의 일치한다. 그러나 성격검사의 다양함은 흥미검사의 다양함을 훨씬 뛰어넘는다. 20세기 전반에 여러 가지 성격 이론이 제시되었으며, 그 결과 매우 다른 모습의 검사들이지만(예: 어떤 검사는 지필식으로 질문하고, 다른 검사는 잉크 반점이나 그림을 보여 주고, 또 다른 검사는 그림을 그리도록 요구함) 이들은 모두 '성격' 검사로 불린다. 현재 미네소타 다면적 인성검사(Minnesota Multiphasic Personality Inventory: MMPI)가 독보적으로 가장 널리 사용되는 성격검사이지만, 거의 10개 이상의 다른 성격검사 또한 상담심리학자들이 자주 사용하고 있다. 이러한 검사로는 16 성격 요인 질문지(Sixteen Personality Factor Questionnaire), 캘리포니아 심리검사(California Psychological Inventory), 에드워드 개인기호검사(Edwards Personal Preference Schedule), MBTI(Myers–Briggs Type Indicator), 주제 통각 검사(Thematic Apperception Test), 로르샤하(Rorschach) 검사 등이 있다. 이들 각각의 심리검사에 대한 설명, 그리고 실무 및 연구에서 이들 검사의 사용에 대해서는 심리검사에 대한 주요 교재라면 어디에서든지 찾을 수 있다(예: Walsh & Betz, 2001; Watkins & Campbell, 2000).

앞에 제시한 심리검사 중 주제 통각 검사와 로르샤하 검사를 제외한 나머지 검사들은 모두 객관적 성격검사(objective personality tests)로 볼 수 있고, 주제 통각 검사와 로르샤하 검사는 투사적 성격검사(projective personality tests)로 불린다. 객관적 성격검사는 보통 질문 또는 진술문들의 목록으로 구성되며, 수검자는 이에 대해 그렇다/아니다, 동의한다/동의하지 않는다, 좋아한다/싫어한다로 응답한다. (이 절의 후반부에서 설명하겠지만, 이러한 객관적 성격검사들은 정신병리를 파악하기보다 강점을 파악할 때 상담심리학자들이 가장 유용하게 사용해 왔다.) 투사적 성격검사는 애매한 그림이나 잉크반점과 같이 모호한 자극을 제시한다. 수검자는 제시된 자극에 대해 자기 자신을 '투사'해서 개방형 반응을 제시한다. 투사 검사는 무의식 경험을 평가하는 방법으로 정신분석 접근을 따르는 사람들에 의해 개발되었다. 무의식에 대한 정의에서 볼 때, 내담자는 자신의 무의식에 무엇이 있는지를 의식하지 않고 있기 때문에, 우리는 내담자의 자기보고를 통해 무의식 경험에 직접 다가갈 수 없다. 오랜 기간 동안, 투사적 기법을 해석하는 유일한 방법은 내담자의 반응에서 드러나는 주요 주제에 대한 임상가의 판단이었다. 채점의 신뢰도 측면에서, 또한 진단을 내리거나 치료 예후를 결정하는 데 있어서 투사검사 결과의 타당도를 성립하는 측면 모두에서 상당한 문제가 있었다. 지난 20~30년 동안 Exner(2003)는 신뢰도와 타당도에 있어서 투사 검사의 이러한 문제들을 다루는 로르샤하 검사의 통합 채점 체계를 개발했다. Exner 체계에서 도출된 핵심 변인, 군집, 지표(constellation)는 이제 실무에서는 진단 및 치료의 측면에서, 그리고 다양한 연구 프로젝트에서 보다 널리 사용되고 있다. 전통적으로 상담심리학자는 이론적 · 실제적 이유에서 투사 검사 사용에 대한 훈련을 받지 않았다(Watkins, Campbell, Hollifield, & Duckworth, 1989). 이제 상담심리학자들이 관리의료체계에 있는 상담센터와 사설 상담 장면에서 매우 심각한 문제를 호소하는 내담자들과 상담하는 경우가 많아지면서, 상황은 변한 것으로 보인다. 이제 투사 검사는 상담심리학에서 심리평가에 대한 논의의 한 부분이 된 것으로 보인다(예: Suzuki et al., 2012).

도구의 유형과 관계없이 지금까지 가장 광범위하게 연구된 성격평가도구는 MMPI이다. MMPI는 서로 다른 유형의 정신병리를 파악하기 위해 설계되었다. 반세기가 넘는 기간 동안 말 그대로 수천 개의 연구가 MMPI의 임상척도와 타당도 척도에 대해서 수행되었다. MMPI는 현재 2판이 출시되었으며, 별도로 존재하는 청소년용 척도를 비롯해서 실무와 연구에서 MMPI의 사용은 독보적이다. 500개 이상의 문항에 대해서 그렇다/아니다의 척도로 응답함으로써, 임상척도 10개(예: 우울, 편집증, 사회적 내향성), 타당도 척도 4개(예: 부인, 방어), 내용척도 15개(예: 불안, 강박, 기태적 정신상태, 낮은 자존감)에 대한 점수가 제공된다. MMPI-2는 1989년에 출판되었으며, 그 이후로 여러 번 개정되었다(예: 2003년, 2008년). 현재 MMPI-2 축소판이 있으며, 검사 시행에 45분이 소요된다. 전체 버전은 검사 시행에 1시간 30분 정도 걸린다.

MMPI에 대한 초기 연구 결과에서도 단일 척도에서 상승 점수는 별다른 의미가 없음을 가리키고 있으며, 상승척도 점수의 양상(configuration)이 가장 중요하다. 오랜 기간 동안 다양한 유형의 내담자들에 대해서 많은 상승코드 책자가 출간되었다. MMPI-2를 사용하는 상담심리학자들에게 유용한 책으로는 Duckworth와 Anderson(1995)의 책, Butcher의 『MMPI-2: A Practitioner's Guide』(2005), 그리고 『A Beginner's Guide to the MMPI-2』(3rd ed., 2011) 등이 있다. 이 책들은 상담심리학자들이 진단을 내리거나 개인 및 진로 영역에서 호소 문제를 탐색하는 데 있어서 유용한 MMPI 반응 양상을 파악할 수 있도록 도움을 준다. 그러나 이와 같이 유용한 자료의 도움에도 불구하고, MMPI는 정신병리에 강하게 초점을 맞추고 있기 때문에 진단을 내리는 것 이상으로 사용하기 어려운 성격 평가도구이다. 즉, MMPI 결과를 내담자에게 해석해 주고 상담 과정의 일부로 내담자들이 MMPI 정보를 사용하기는 쉽지 않다. 상담심리학자들은 오랫동안 강점과 자원에 보다 초점을 두는 다른 성격검사 도구들을 선호해 왔다.

1980년대 이전에 상담심리학자들이 가장 자주 사용했던 성격검사는 캘리포니아 심리검사, 에드워드 개인기호검사, 16 성격 요인 질문지였다. 이 검사들은 지금도 몇몇 상담자가 사용하고 있고, 신뢰도와 타당도에 대한 개정 자료도 있다. 하지만 성격검사를 상담의 한 부분으로 통합해서 사용하고자 하는 상담심리학자들은 MBTI를 더 많이 사용한다. 원래 MBTI는 Jung의 성격 이론의 네 가지 핵심 차원을 평가하기 위해 개발되었지만(Quenk, 2009), 심리상담과 진로상담, 또한 기업상담에서도 매우 유용한 도구인 것으로 나타났다. MBTI는 소위 말하는 '안면타당도(face validity)'가 높은 검사이다. 즉, MBTI의 126개 양자택일 문항을 작성한 사람은 검사 문항과 결과가 모두 의미 있고 논리적이라고 느낀다. 네 개의 선호점수[외향성 대(對) 내향성, 감각형 대 직관형, 사고형 대 감정형, 판단형 대 인식형]를 조합해서 16개 성격유형 중 하나로 나타나게 된다. 각각의 유형은 다양한 진로와 연관되었다. 또한 16개 유형에 대한 설명에서 각 유형이 정보처리와 의사결정 스타일에서 어떻게 다른지를 설명하기 때문에, 내담자가 자신의 MBTI 유형을 이해하는 것이 직장에서 관리 스타일 및 대인관계와 결혼생활에서의 갈등을 이해하는 데 유용한 것으로 나타났다. 그럼에도 불구하고 MBTI의 타당도의 과학적 측면에 대해서는 여전히 의문이 존재한다(Murphy, 2005). Quenk(2009)는 MBTI에 대한 비판적 리뷰와 MBTI의 사용 범위에 대한 실질적 가이드를 제시했다.

적성검사와 지능검사

이 장에서 검토하는 심리검사의 모든 유형 중에서 상담심리학자들의 역할이 가장 크게 변한 심리검사 범주는 적성검사와 지능검사이다. 이러한 변화를 이해하기 위해서는 적성검사와 지능검사의 개발과 사용의 역사를 잠시 언급할 필요가 있다. 지능검사는 20세기 초 Binet의 업적으로 거슬러 올라간다. Binet는 개별적으로 실시하는 하위 검사 배터리를 주의 깊게 개발하였으며, 이 검사 배터리는 학교에서 학생들의 잠재력을 평가하고 학습의 어려움을 이해하는 방법으로 점점 더 많이 사용되었다. 이후 제1차 세계 대전과 제2차 세계 대전에서 병사들의 지적 잠재력과 특정한 적성을 평가하고자 하는 군 지도부의 열망으로 인해, 많은 사람이 빠르게 검사를 받을 수 있는 집단검사의 개발이 이루어졌다. 군대용 집단 지능검사의 개발은 현재 미국의 모든 대학생이 알고 있는 검사인 SAT와 미국 대입평가시험(American College Test: ACT)의 전신(前身)이다.

다른 응용 전문 분야와 더불어서 상담심리학도 제2차 세계 대전 직후에 부상했다는 것을 기억할 것이다. 제2차 세계 대전에서 지능검사와 적성검사가 상대적으로 성공적으로 개발되고 사용되었음을 생각하면, 상담심리학자들이 수백만 명의 재향 군인을 대상으로 상담하면서 지능검사와 적성검사를 광범위하게 사용한 것은 그다지 놀라운 것이 아니다. 그 당시 재향 군인들은 뒤늦게 노동시장으로 들어가거나 퇴역군인 원호법(GI Bill)에 의해 재정 지원을 받으면서 고등교육에 지원했다. 1950년대 상담심리학 교재를 보면 다양한 지능검사와 적성검사들을 상담에서 사용하는 가장 효과적인 방법에 대해 논의한다.

그러나 이전 시대에 비해서 현재 상담심리학자들은 지능검사와 적성검사의 개발 및 사용에 관여하는 정도가 훨씬 덜하다. (여기에 예외적인 경우가 두 가지 있는데, 이에 대해서는 다시 논의할 것이다.) 왜 이렇게 되었을까? 먼저, 대학상담센터에서 일하는 상담심리학자들의 경우 SAT와 같은 일반 적성검사에서 얻을 수 있는 정보와 비교했을 때 지능검사가 더 많은 정보를 주지 않는다는 것이 명확해졌다. SAT와 같은 일반 적성검사는 대학 입학의 표준 과정이었다. 또한 제2차 세계 대전에서 1960년대로 접어들면서 사무직 근로자의 수가 증가했는데, 전체 인구에서 고등교육을 받는 사람들의 비율이 급증했기 때문이다. 특정 지능검사나 적성검사(예를 들면, 손재주, 코딩 속도, 기계 추리력을 측정하는 검사)는 사무직 근로자를 위한 진로상담과의 연관성이 떨어졌다. 따라서 1960년대에 이르러 상담 과정의 일부로 지능검사나 특수 적성검사를 정기적으로 실시하는 관습은 없어졌다.

앞서 지능검사와 적성검사 사용의 전반적인 감소에 대해 알아보았는데, 상담심리학자들이 지능검사와 적성검사에 여전히 상당한 정도로 관여하고 있는 영역이 두 개 있다. 이 중에서 상담 분야의 역사와 가장 밀접하게 관련되는 영역은 특정 적성검사(specialized aptitude test)이다. 군대, 직업훈련(job corps) 유형의 프로그램, 또는 교정 시설에서 일하는 상담심리학자에게는 특정 적성검사가 여전히 유용하다. 이러한 환경에 있는 내담자들은 일반적으로 가장 하위 수준 또는 견습 수준의 직업에서 직장 경력을 시작할 것이다. 또한 이러한 내담자들은 대개 자신의 적성에 대해 거의 알지 못하며, 이들이 성공할 가능성이 있는 훈련이나 자리로 이끌어 줄 수 있는 모든 상담에서 큰 도움을 받을 수 있다. 직업훈련 프로그램에 등록되어 있는 내담자의 경우 초기에 성공적인 직장 경험을 가지는 것은, 이들이 유능감을 발달시키고 노동인구와 사회로 통합되는 데 있어서 아마도 가장 중요한 요인일 것이다. 이러한 내담자 집단과 일하는 상담심리학자는 자신이 사용할 수 있는 모든 적성검사에 대해 잘 알고 있어야 하며, 적성검사 결과가 어떻게 상담의 핵심 요소가 될 수 있는지를 잘 알아야 한다.

지능검사와 적성검사에서 상담심리학자들이 계속해서 관여하고 있는 두 번째 영역은 개인용 지능검사와 관련된다. 개인용 지능검사는 학교심리학자와 임상심리학자가 주로 사용했지만, 일반병원이나 정신병원에서 일하는 상담심리학자들은 광범위한 의학적·정신의학적 문제를 가진 환자에 대한 진단 평가의 일부분으로 개인용 지능검사가 널리 사용되고 있다는 것을 알게 될 것이다. 이 영역에서 개인용 지능검사가 왜 특히 더 유용한가? 환자의 IQ 점수를 굳이 알 필요가 있는가? 꼭 그렇지는 않다. 만일 IQ 점수가 필요하다면 집단용 지능검사가 훨씬 더 효율적이다. 병원 장면에서 개인용 지능검사를 특히 더 유용하게 만드는 두 가지 요인이 있다. 개인용 지능검사를 통해서 특정 영역에서 지각 또는 인지 기능의 문제가 있는지 파악할 수 있는데, 지각 또는 인지 기능의 문제는 뇌손상, 물질 남용, 우울증과 같은 정신의학적 문제와 관련될 수 있다. 가장 널리 사용되는 개인용 심리검사에 대해서 간략하게 설명한 뒤에, 뇌손상, 물질 남용, 정신의학적 문제와의 관련성에서 지능검사가 어떻게 사용될 수 있는지에 대해 알아보도록 한다.

1950년대 초반 이후로 Wechsler와 동료들은 학령기전 아동부터 성인까지 모든 연령대에 시행할 수 있는 개인용 심리검사를 개발하고 개정해 왔다. 모든 검사는 본질적으로 동일한 구조로 구성되는데, 5~6개의 하위 검사로 이루어진 언어성 검사와 5~6개의 하위 검사로 이루어진 동작성 검사로 구성된다. 언어성 IQ, 동작성 IQ, 전체 IQ의 3개 IQ 점수가 계산된다. 일반적으로 상담심리학자들은 성인들과 상담을 진행하므로, 우리는 여기에서 Wechsler 성인용 지능검사의 가장 최신판인 WAIS-IV(Wechsler, 1998)에 대해 설명한다.

WAIS-IV의 언어성 하위 검사에는 어휘, 공통성, 산수, 숫자 외우기, 기본 지식, 이해가 있다. WAIS-IV의 동작성 하위 검사에는 빠진 곳 찾기, 바꿔 쓰기, 토막 짜기, 차례 맞추기, 모양 맞추기가 있다. 가장 최신판 WAIS에서는 IQ 점수에 더해서 언어 이해, 지각 조직화, 작업 기억, 처리 속도에 대한 지수를 제시한다. 이러한 지수들은 노년층의 인지 기능을 평가하는 데 있어서 중요한 평가지수이다.

앞에 제시된 WAIS 하위 검사들의 다양한 명칭을 살펴보면, 지각 또는 인지 기능의 유형을 결정하는 데 있어서 WAIS-IV의 진단적 가치를 어느 정도 짐작할 수 있다. 정상적인 인지 기능을 가진 수검자는 WAIS의 각 하위 검사에서 어느 정도 동일한 수준의 점수를 획득한다. 따라서 하위 검사 점수에서 상당한 정도의 편차(deviations; 예: 다른 언어성 검사들에 비해서 숫자 외우기 검사 점수가 현저하게 낮은 수행을 보일 경우)가 나타날 때, 심리학자는 이러한 주의집중을 방해하는 원인을 확인하고자 할 것이다. 무엇이 주의집중 문제를 일으키는지에 대해 지능검사 결과에서 알려 주는 것은 아니지만, 지능검사 결과를 통해 추후 평가를 필요로 하는 문제 영역을 알 수 있다. 이러한 추후 평가에는 심리검사뿐만 아니라 신경검사도 포함될 수 있다(신경학적 검사에 대해서는 다음 절에서 설명할 것이다).

개인용 지능검사의 두 번째 진단적 가치는 수검자가 각 검사에 접근하는 방식에 대한 광범위한 관찰에서 얻을 수 있다. 예를 들면, 내담자가 하위 검사 중 한 검사를 어려워할 때, 끈기의 부족인가? 반응 속도가 느린 것인가? 부주의한 것인가? 수검자의 우울 정도가 심해서 많은 문항에 답하기 어려워하는 것인가? 몇몇 하위 검사로 인해 수검자가 특히 불안해졌는가? 이러한 모든 관찰은 환자가 가지고 있는 인지적 문제에 대한 진단을 내리는 데 매우 유용할 수 있다. 이러한 인지적 문제는 우울이나 알코올 중독과 같은 정신의학적 문제의 결과일 수도 있고, 심혈관계(cardiovascular) 이상, 만성 당뇨, 뇌손상과 같은 의학적 문제의 결과일 수도 있다. 개인용 심리검사의 실시 및 해석에 대한 훈련은 일반적으로 상담심리 훈련 프로그램보다는 임상심리 훈련 프로그램의 한 부분이었다. 그러나 최근에는 점점 더 많은 상담심리 훈련 프로그램에서 박사과정 학생들로 하여금 적어도 성인용 Wechsler 검사의 실시에 대해서 훈련과 수퍼비전 경험을 쌓도록 프로그램을 구성하고 있다. 검사 실시에 대한 훈련을 마치고 나서, 진단을 내리고 치료 계획을 세우는 데 있어서 개인용 지능검사를 어떻게 사용할 것인지에 대한 안내는 Lichtenberger와 Kaufman(2013)을 참조하도록 한다. 아동용 지능검사에 대해서는 Flanagan과 Kaufman(2009)을 참조한다.

신경심리검사

개인용 지능검사에 대해 논의할 때, 검사 도중에 보이는 행동에 대한 관찰에서, 또는 하위 검사 점수 수준에서 상당한 차이가 있다면 이것이 신경심리검사의 필요성을 나타낼 수 있다는 점을 언급했다. 1960년대 이후로 심리학자들은 크게 향상된 신경심리검사들을 개발했다. 이러한 검사들은 오늘날에도 그 중요성을 여전히 가지고 있다. 왜냐하면 전산화 단층촬영(computed tomography scan)과 자기공명영상(MRI)이 뇌손상의 위치와 정도에 대한 정보를 제공할 수 있지만, 환자가 어떻게 수행하는지를 알려 줄 수 없기 때문이다. 이러한 신경심리검사 배터리를 실시하고 결과를 주의 깊게 사용하는 법을 배우는 데에는 광범위하고 집중적인 훈련이 요구되는 것으로 나타났다. 충분히 훈련받지 않은 사람이 이러한 도구를 사용하는 것은 심각한 진단 오류를 가져올 수 있다. 따라서 이러한 기법에 대한 훈련은 주로 인턴십과 박사후 레지던트 과정에서 이루어지고 있다. 공식적인 평가에 관여하는 상담심리학자들의 수는 수십 년 동안 감소하고 있지만, 신경심리 평가를 실시하는 상담심리학자들은 증가했다(Goodyear et al., 2008). 신경심리학에 관심이 있는 상담심리학자는 신경심리학에 초점을 두는 인턴십과 박사후 레지던트 과정 모두를 선택할 필요가 있다.

행동 및 증상 체크리스트

1970년대를 시작으로 행동, 정서, 증상에서 작은 변화를 민감하게 반영하도록 설계된 수많은 검사지와 체크리스트가 개발되었다(Derogatis, 1977). 전반적인 성격검사와 대조적으로 이러한 도구들은 진단, 치료 경과, 최종 성과 간의 의미 있는 관련성을 보여 주는 데 특히 유용하다. 앞서 언급했듯이, 이러한 경험적 관계를 수립하는 것은 관리의료기관들이 행동건강관리(behavioral health care)에 있어서 평가의 사용을 더 많이 허가할 수 있도록 하는 데 핵심적이다.

상담에서 행동적 접근의 등장(제12장 참조)은 이러한 측정도구의 개발을 크게 진척시켰다. 행동적 접근에서는 치료자, 외부 관찰자, 내담자 자신이 어떻게 행동을 신뢰할 만한 방식으로 기록해야 하는지를 배워야 한다(Drummond, 1996). 이러한 측정도구는 때로 진단 단계의 일부분으로 초기에 실시되는데, 이는 행동주의자들이 기저선(baseline) 행동[혹은 정서 또는 증상 수준(levels of affect or symptoms)]이라고 부르는 것을 세우기 위한 목적이다. 이러한 측정도구는 전체 치료 기간 동안 정기적으로 반복실시될 수 있는데, 왜냐하면 많은 도구가 상대적으로 짧아서(적게는 15~30문항) 몇 분 안에 작성할 수 있기 때문이다.

심리치료에서 상담 성과 연구문헌에 오랫동안 기여해 온 Lambert와 동료들은, 현재 진행중인 치료에서 나타나는 작은 변화들을 평가하는 데 적합한 측정도구들을 개발해 왔다(Lambert & Vermeersch, 2008 참조). 각 회기가 끝난 뒤에 또는 적어도 2~3회기에 한 번씩 내담자와 치료자의 시간을 몇 분만 사용해서 이러한 측정도구를 실시함으로써, 상담자는 내담자가 행동, 정서, 신념, 증상에서 어떤 변화를 경험하고 있는지에 대해 즉각적으로 정보를 얻을 수 있다. 또한 중요한 것은, 각 영역에서 내담자의 수준에 대한 규준적(normative) 측면에서의 정보를 상담자가 얻을 수 있다는 것이다. 내담자는 심리치료에서 측정 가능한 진전을 보이고 있지만, 적응적이라고 볼 수 있는 수준에서는 여전히 상당한 정도로 낮은 상태에 있을 수 있다. 이러한 정보를 통해서 상담을 계속 진행하는 것의 필요성을 세울 수 있다. 또한 이는 상담 접근에서 언제 전환이 요구되는지를 결정하는 데 도움을 줄 수 있다.

진로 발달과 진로 결정 도구

앞서 언급한 것처럼, 진로상담의 초기 형태는 흥미척도와 적성척도에 크게 의존했다. 그다음으로 가장 자주 사용된 검사는 성격검사였다. 많은 내담자에게 혹은 대부분의 내담자에게 이러한 평가는, 상담 과정에 적절하게 통합된다면, 내담자들의 진로 관련 문제를 만족스럽게 해결하는 데 필요한 도움을 제공했다. 그러나 상담을 장기간 실시해도 이러한 평가가 성공적인 성과로 이어지지 않는 상당수의 내담자가 항상 존재했다. 지난 20~30년 동안 상담자들이 이러한 내담자들을 더 잘 이해하고 상담할 수 있도록 돕기 위해 수많은 종류의 도구가 개발되어 왔다. 이 절에서는 이러한 도구들을 네 가지 종류로 분류하고, 이들의 이론적·경험적 기원에 대해 간략하게 짚어 본다.

홍미척도, 적성검사, 성격검사를 사용한 전통적인 상담 접근의 결과가 만족스럽지 않았던 내담자들에 대한 면밀한 연구 결과, Holland, Johnston, Asama(1993), 그리고 Osipow, Carney, Winer, Yanico, Koschier(1976)는 상당히 다른 치료적 관점에서(제15장 참조) 우유부단함(indecisiveness)에 대한 척도를 개발했다. 시간이 지나면서 이러한 우유부단함 척도들은 전통적 또는 자기주도적 진로 개입을 통해서는 성공적인 상담 성과를 얻기에 충분하지 않을 가능성이 높은 내담자들을 진단하는 데 상당히 유용한 것으로 판명되었다. Holland와 동료들이 개발한 18문항으로 구성된 직업정체성 척도(Vocational Identity Scale, 1993)와 Osipow와 동료들이 개발한 18문항으로 구성된 진로결정 척도(Career Decision Scale, 1976)에서 낮은 점수를 받은 사람들이 진로 의사결정에서 진전을 보이기 위해서는, 적절한 홍미 평가 및 성격 평가와 더불어 적어도 여러 번의 상담이 필요할 가능성이 높았다. 또한 이 척도들은 내담자들이 막혀 있거나 갈등을 겪고 있는 영역들, 예들 들면 진로 선택에 있어서 부모 또는 중요한 타인(예: 배우자)과의 갈등, 가치관 갈등 등을 파악하는 데에도 상당히 유용하다.

Super와 동료들의 이론적·경험적 연구는 진로 결정이 언제 그리고 어떻게 이루어지는가를 결정하는 데 초점을 맞추고 있다(제15장 참조). 이러한 연구는 진로 발달(career development)에 대한 척도(Super, Thompson, Lindeman, Jordaan, & Myers, 1981)와 진로성숙도(career maturity) 척도(Crites, 1981)의 개발로 이어졌다. 이러한 척도들은 개인이 효과적인 진로 의사결정(예: 자기평가, 직업 정보, 목표 선택, 계획, 문제해결)의 핵심적인 과제들을 완수했는지에 초점을 맞춘다. 이와 같은 여러 가지 영역에서의 척도 점수를 가지고 있는 것은, 진로를 결정하는 데 어려움을 겪는 내담자에 대해서 상담자가 상담 과정에서 어디에 그리고 어떻게 초점을 맞출 것인지를 분명하게 할 수 있다.

Krumboltz와 동료들은 사회학습이론의 관점에서 연구를 하면서 진로 미결정과 진로 문제가 때로는 직업세계에 대한 내담자의 비합리적 신념과 관련된다는 것을 보여 주었다. 직업세계에 대한 비합리적 신념이란, 예를 들면 여성은 절대로 성공적인 건축가가 될 수 없다든지, 미적분을 모르면 소프트웨어 프로그래머가 될 수 없다든지 하는 것이다. Krumboltz는 이러한 신념의 유형과 만성적인 정도(pervasiveness)를 평가하기 위해 진로신념 질문지(Career Beliefs Inventory, 1988)를 개발했다. Sampson, Peterson, Lenz, Reardon, Saunders(1996)는 이러한 비합리적 신념의 개념을 진단과 치료의 형태로 보다 발전시켰다. 이들은 요인분석을 사용해서 역기능적 신념이 주로 (가) 어떻게 하면 효과적인 결정을 내릴 수 있는지에 대한 혼란, (나) 헌신(commitment)에 대한 불안, (다) 외부 갈등(예: 부모의 선택 대 자신의 선택, 지각된 차별)에서 나온다는 것을 발견했다. Sampson과 동료들의 진로신념 질문지는 워크북이 있으며, 이 워크북은 진로에 대한 부정적인 생각을 파악하고 이에 도전해서 바꾸며 적절한 행동으로 연결할 수 있도록 설계되어 있다.

우리가 검토하는 네 번째이자 마지막 유형의 진로 평가도구는 진로 가치(value)에 대한 것이다. 진로상담의 한 부분으로서 가치의 평가에 주목하는 것은 오래전부터 이루어졌다(Weiss et al., 1975). 그러나 우유부단한 내담자들과 문화적으로 다양한 내담자들을 돕고자 하는 노력은 진로 결정을 내리는 데 있어서 가치가 하는 역할에 주목하는 것으로 이어졌다. 어떤 내담자들은 강력한 가치 갈등을 경험한다. 예를 들면, 성취하고자 하는 욕구와 안정성에 대한 욕구 간의 갈등 또는 사회 봉사에 대한 욕구와 높은 보상에 대한 욕구 간의 갈등(이는 미국 문화에서 충돌하는 욕구이다)을 생각해 볼 수 있다. 미네소타 중요성 질문지(Minnesota Importance Questionnaire; Weiss et al., 1975), Super(1973)의 일 가치 질문지(Work Values Inventory), Super와 Nevill(1986)의 가치 척도와 같은 도구들은 내담자가 경험하고 있는 갈등을 파악하는 데 도움이 될 수 있다. 이러한 갈등은 진로 의사결정 과정의 회피로 이어진다.

이러한 모든 도구의 개발은 진로상담을 받는 내담자들을 위한 보다 비용적으로 효과적인(cost-effective) 서비스를 개발하는 데 도움이 되었다. 이러한 종류의 검사들을 선별도구로 사용함으로써, 상담자는 자기지시검사와 진로신념 질문지와 같은 자가실시검사를 사용해서 자신의 진로 문제를 스스로 해결하거나 상담자로부터 최소의 도움으로 해결할 수 있는 내담자들을 파악할 수 있게 되었다. 개인상담을 필요로 하는 내담자들에게는, 우리가 살펴본 도구들을 사용함으로써 상담자는 빨리 그리고 효과적으로 내담자가 가장 힘들어하는 영역에 초점을 맞출 수 있을 것이다. 이와 같이 매우 실용적인 장점이 많지만, 앞서 기술한 네 가지 유형의 도구가 서로 독립적인지에 대해서는 많은 이론적·경험적 의문이 남아 있다. 이 네 가지 유형의 도구들은 서로 다른 이론적 틀에서 개발되었기 때문에 서로 다른 명칭이 붙었다. 이 도구들은 서로 분리되고 상보적인 도구들인가, 아니면 실제로 서로 경쟁적인 도구들인가? 이 도구들이 서로 경쟁적인 도구들이라면 하나 이상의 도구를 사용하는 것은 불필요한 일이 될 것이다. 여기에서 필요한 것은 도구 개발을 안내할 수 있는 보다 통합적인 이론들이다. 예를 들면, Brown과 Rector(2008)는 사람들이 진로 의사결정을 하는 데 있어서 경험하는 문제들을 측정하는 기존의 도구들을 검토하고 분석한 것에 기초해서, 진로 미결정(indecision)의 이유를 만성적 우유부단함, 결정을 내리는 준비성의 부족, 현명한 결정의 기초가 되는 정보의 불충분, 대인관계 문제와 장벽 등의 네 가지로 이론화했다. 이와 같이 경험적으로 도출된 이론적 모델을 검증하게 되면 상담에서 매우 유용한 도구를 만들 수 있다.

평가의 사용: 관리의료의 도전 과제

1960년대와 1970년대를 지나면서 심리검사가 점점 선호되지 않게 된 것은 놀라운 일이 아니다. 심리학자들은 심리검사가 현대 임상심리의 실제 작업에서 거의 의미를 가지지 못하는 낙후된 산업이라고 느꼈다. 행동주의자들과 심리학의 실험 전통에서 훈련받은 사람들은 심리검사의 경험적 기초에 의문을 가졌다. 반면, 정신분석학 심리학자들은 진단 영역의 침체에 반영된 이러한 분위기를 감지했다. 진단 용어의 의미에 대해서 또는 진단과 치료의 관련성에 대해서 합의는 거의 이루어지지 않았다(B. L. Smith, 1998, p. 229).

이 절에서는 한동안 진단이라는 것을 거의 '금기어(dirty word)'로 만든 몇 가지 요인에 대해 설명하고, 이제는 진단 과정에 새롭게 주목하게 만든 심리학 안팎의 변화에 대해 설명한다. 그다음, 진단뿐만 아니라 치료 계획, 치료(상담 과정의 일부분으로 심리검사 사용), 상담의 효과성 평가 등 새롭게 나타나고 있는 평가의 사용에 대해서 알아본다.

진단을 내리기: 필요하지만 충분하지 않은 단계

상담심리학 분야의 초창기에는 모든 상담 교재가 진단을 내리는 것에 중요한 부분을 할당했다(예: Pepinsky & Pepinsky, 1954). 『Journal of Counseling Psychology』에 출판된 초기 몇몇 연구는 진단 과정에 초점을 두었다. 이러한 연구를 하게 된 이유 중 하나는, 합의된 심리적 진단을 내리는 것이 의학적 진단을 내리는 것보다 훨씬 더 어렵다는 것이었다. 폐렴의 사례는 우울증의 사례보다 훨씬 더 많은 증상을 공유한다. 또한 심리적 증상은 신체적 질병의 증상보다 일관적이지 않게 나타난다. 이러한 문제를 더 복잡하게 만드는 것은 심리학자들이 진단을 내릴 때 어떤 요인에 주목하는지에 대해서 상당히 다르다는 것이었다. 정신분석을 지향하는 심리학자들은 기저에 있는 역동을 강조하는 반면, 행동주의자들은 겉으로 드러나는 행동을 강조했다. 앞서 설명한 것들을 모두 종합하면, 같은 환자에 대해서 여러 명의 심리학자가 내린 진단이 때로 커다란 차이를 보이는 것은 그다지 놀라운 일이 아니다.

　심리학에서 진단에 대한 우려는, 앞서 설명한 일관성의 부재 이외에 두 가지 다른 이유로 인해 1950년대에 빠르게 높아졌다. 첫 번째 이유는 이 장의 시작 부분에서 살펴본 것처럼, 진단과 치료 활동 간의 의미 있는 관계가 없다는 것에 대한 증거가 점점 많아졌다는 것이다. 두 번째 이유는 진단의 낙인에 대한 우려가 높아졌다는 것이다. 이는 상담자가 내담자를 어떻게 볼 것인가 그리고 내담자가 자신에게 부여된 진단에 대해 알게 된다면 스스로를 어떻게 볼 것인가 모두에 해당된다. 실제로 Rogers(1951)는 전통적인 진단이 많은 측면에서 내담자의 성장과 발전을 촉진하는 데 해가 된다고 믿게 되었다. Rogers의 관점에서는 의학적 전통에서 진단이 결함과 문제에 초점을 두고 있기 때문에, 진단을 내리는 것 자체가 성장과 발전의 가능성에 초점을 두기 어렵게 만드는 역할을 한다. 이러한 경향은 상담심리학자들에게 특히 우려의 대상이었다. 또한 Rogers는 진단을 내리는 것이 심리학자들로 하여금 독특한 차이와 개별성보다는 유사성에 초점을 두게 만든다고 믿었다. 끝으로, Rogers는 인간에게 명칭을 붙인다는 것을 우려했다. 명칭을 붙이는 것이 내담자 스스로의 잠재력에 대한 내담자의 관점에 어떤 영향을 미칠 것인가의 문제뿐만 아니라 중요한 타인이 내담자를 어떻게 대할 것인가의 문제도 있다. Rogers는 이후에 나타날 상당히 충격적인 경험 증거를 매우 적절하게 예견한 것이었다. Rosenhan(1973)은 실험의 일환으로서, 일상생활에서 정상적으로 기능하고 있었던 사람들을 정신과 진단을 기초로 병원에 입원시켰다. Rosenhan은 참여자들('환자들')이 일상생활에서 행동하는 것과 별반 다르지 않게 행동했음에도 불구하고 병원 의사와 직원들에 의해 '미친' 사람들 취급을 받았다는 것을 발견했다. 진단을 내리는 것에 대한 이러한 모든 우려를 고려할 때, 20세기 후반기, 적어도 1990년대까지 진단이 많은 상담심리 교재에서 중요한 주제로 거의 다루어지지 않았다는 것은 그다지 놀라운 일이 아니다.

　그렇다면 왜 1990년대에 진단에 대한 관심이 다시 새롭게 일어났을까(Barron, 1998)? 이에 대한 가장 단순하고 간략한 대답은 관리의료체계의 대두이다. 관리의료체계에서는 진단이 내려진 후에야 치료를 허가한다. 특정한 종류의 문제에 대해서 어떤 종류의 치료가 사용되어야 하는지를 구체화하는 실무 가이드라인이 점점 더 많이 사용되는 것 역시 진단을 요구한다. 감별진단이 없다면 어떤 치료 가이드라인을 적용할지를 어떻게 알 수 있겠는가? 따라서 관리의료체계는 실질적으로 심리학에서 진단에 대한 요구, 이러한 진단을 치료 계획과 연결하는 것에 대한 요구에 초점을 맞추는 데 도움이 되었다. 1990년대 후반에 들어서, 진단을 내리는 것과 치료 계획을 세우는 데 심리평가를 사용하는 것에 초점을 두는 새로운 교재들이 나타나기 시작했다(예: Beutler & Berren 1995; Maruish, 1999; Quirk, Strosahl, Kreilkamp, & Erdberg, 1995).

현재 진단을 내리는 것은 어떻게 이루어지고 있으며, 어떤 종류의 평가를 할 필요가 있는가? 다음 절에서는 대부분의 심리학자들이 진단과 연결 짓는, 현재 미국정신의학회(American Psychiatric Association)의 진단 매뉴얼인 DSM-5(2013)에 대해 알아본다.

DSM-5

앞서 설명했던 진단의 문제점에도 불구하고, 신뢰도가 있고 유용한 진단을 내리는 데 있어서 정신건강 실무자들에게 도움이 되는 매뉴얼을 제공하고자 하는 시도는 1952년으로 거슬러 올라간다. 1952년 미국정신의학회에 의해서 『정신질환의 진단 및 통계편람(Diagnostic and Statistical Manual of Mental Disorders: DSM)』의 초판이 출판되었다. DSM-IV의 준비과정에 참여했었던 많은 심리학자 중 한 사람인 Nathan(1998)은 DSM의 초판부터 4판까지의 개발의 간략한 역사에 대해서 압축적이고 훌륭하게 설명했다. (DSM 초판의 준비과정에는 심리학자가 전혀 참여하지 않았으며, DSM-II의 준비과정에는 한 명의 심리학자만이 참여했다.) Nathan(1998)에 의하면, 각각의 후속판에서는 이전 판에 제기되었던 비판을 가능한 한 많이 반영했다. DSM-5 역시 이러한 경향을 계속 이어 갔으며, 사용자가 이용하기에 보다 편리해졌다. 몇몇 진단명은 삭제되었고, 몇몇 진단명은 추가되거나 수정되었다. 최근 정신병리에 대한 연구들이 가속도가 붙으면서, DSM-5의 분류는 보다 신뢰도와 타당도가 높아졌다. 그러나 DSM-5의 용어는 여전히 매우 의학 중심이다. 상담심리학자들에게 있어서 건강과 강점보다 질병과 결핍에 초점을 두는 것은 중요한 철학적 문제를 제기한다. 또한 사람들이 단순한 분류체계에 쉽게 부합되지 않으며 그보다는 많은 특징으로 구성된다는 증거에도 불구하고, 사람들을 정신장애의 분류체계로 흩뿌린다. 이러한 문제에도 불구하고 DSM-5는 관리의료회사들이 가입자들에게 어떤 행동적 의료서비스가 보장될 것인지를 결정하는 기준이 된다. 만약에 가입자의 문제가 DSM-5 진단으로 나오지 않는다면 관리의료회사들이 어떤 치료도 허가하지 않을 가능성이 높다. 그렇게 되면 내담자들은 자신의 문제에 대해 상담을 받고자 할 경우 그 금액을 자신이 모두 지불해야 할 것이다.

인간의 기능이상이 단순히 유형별로 일어나는 것이 아니라 차원의 측면에서 일어난다는 사실에 대해서 DSM-5는 이를 더 민감하게 반영하고 있음을 보여 준다. 따라서 DSM-5가 정신장애의 유형별 분류를 유지하고 있지만 차원적 평정도 추가되었다. 이러한 차원적 평정의 예로는, 여러 정신장애(예: 불안, 우울, 자살 위험)에 걸쳐서 상태에 대한 심각도 평정이 있다. 또한 단일 장애에 특수한 차원적 평정도 있다(예: 외상후 스트레스 장애에서 회상의 빈도). 정신장애의 분류에 있어서는, DSM-5에서 몇몇 장애가 추가되었고, 몇몇 장애는 삭제되었으며, 두세 개 장애는 큰 폭으로 다시 정의되었다. 이번 개정 작업의 핵심은 정신장애에 대한 가장 최신의 과학적 근거에 기반을 두고 있다는 것이다.

DSM의 다섯 개 버전이 과학적 근거 및 진단에서 사용의 유용성의 측면에서 계속해서 향상했다는 점에 대해서는 의문의 여지가 없다. 그러나 아무리 DSM 분류가 신뢰도와 타당도가 있다고 하더라도, 사람들이 이 분류에 즉각적으로 들어맞지 않는다는 것을 반드시 기억해야 한다. 사례를 예로 드는 것이 이 현상을 분명하게 보여 주는 데 도움이 될 것이다. 몇 년 전에 이 책의 제1저자는 자신의 사설상담에서 상담을 하던 12명 내담자 모두에 대해 DSM 진단을 내리고자 했다. 제1저자는 오랫동안 이상심리학을 강의했고 DSM-IV(American Psychiatric Association, 1994)에 매우 정통했지만, 12명의 내담자 중에서 오직 한 명의 내담자에 대해서만 분명한 단일 진단을 내릴 수 있었다. 12명의 내담자 모두 심각한 심리적 어려움과 생활에서 문제를 겪고 있었음에도 불구하고, 나머지 11명의 내담자들은 두 개 또는 세 개 진단을 보이거나 진단이 가능하지 않은 정신장애를 가진 것으로 보였다. DSM을 사용해서 12명의 내담자를 진단하는 데 있어서 이러한 문제는 제1저자에 국한된 어려움이었을 수 있다. 그러나 제1저자의 경험 수준, DSM과 심리평가에 익숙한 정도를 고려하면, 이것이 제1저자에 국한된 어려움이었을 가능성은 별로 없다.

DSM-5의 많은 긍정적 특징, 그리고 지난 네 버전에 걸쳐서 이루어진 발전에도 불구하고, DSM은 그 정의상 정신장애에 대한 평가이며 앞으로도 그럴 것이다. 상담심리학자들이 가지고 있지 않은 것은 강점과 자원을 평가하는 좋은 체계이다(Suzuki et al., 2008). 치료 계획을 세울 때 강점을 평가하는 데 있어서 할 수 있는 몇몇 질문은 다음과 같다. '이 내담자는 어떤 심리적 강점과 자원을 가지고 있는가?' '심리적 발달 또는 성숙도에 있어서 이 내담자의 수준은 어떠한가?' '앞으로 치료에서 이 내담자의 강점이 어떻게 드러날 것인가?'

치료 방식으로서 평가의 사용

상담심리학자들은 1940년대 상담심리학 분야의 공식적인 시작 이래, 상담 과정에 검사 결과를 통합해 왔다(Goldman, 1961; Zunker, 1990). 초기에 상담심리학자들은 임상심리학자들과 대조적으로, 병원에 입원한 정신과 환자보다는 대학생들과 주로 상담 작업을 했다. 그 결과, 상담심리학자들은 광범위한 심리평가 결과를 내담자와 직접 공유하는 것이 가능했으며, 이 장에서 앞서 설명했듯이 이러한 광범위한 심리평가는 상담 클리닉이나 대학상담센터의 정기적인 절차로 인식되었다. 1940년대 이래로 심리평가의 선택과 해석에 있어서 내담자를 어떻게 관여시키는 것이 가장 좋을지에 대한 연구들이 꾸준히 이어졌다. 심리평가의 선택과 해석에 내담자가 관여함으로써 내담자는 심리평가에서 가장 큰 이득을 얻을 수 있다. 이러한 연구가 이루어진 초기 40년 동안의 많은 연구를 요약한 Goodyear(1990)는 "(평가의) 형식 또는 사용된 특정한 성과 기준에 관계없이, 검사 해석을 받은 내담자들이 (검사 해석을 받지 않은) 통제 조건의 내담자들보다 더 큰 성과를 보이는 것"(p. 242)을 발견했다.

심리검사를 상담 과정의 한 부분으로 사용하는 것의 효과에 대한 초기 연구의 초점은, 자신들이 시행할 심리검사의 선택에 적극적으로 참여한 내담자들이 자신의 개인적 문제를 다루는 데 있어서 심리검사 결과를 더 효과적으로 사용할 것인가의 문제였다(Bordin & Bixler, 1946). Brammer와 Shostrom(1977)은 이러한 내담자의 참여의 긍정적인 효과를 (가) 내담자의 문제해결을 돕기 위해 필요한 자료에 대해서 상담자와 내담자가 서로 논의했는지, (나) 그러한 정보를 제공할 수 있는 심리검사에 대해 상담자가 설명했는지의 측면에서 살펴보았다. Gustad와 Tuma(1957)의 연구 결과에 근거해서, 몇몇 상담자는 검사 실시 후에 검사 결과가 어떨지를 내담자가 예상해 보도록 했다. 이러한 전략은 상담자로 하여금 어떤 심리검사가 제공할 수 있는 자료를 내담자가 얼마나 이해하고 있는지를 평가할 수 있도록 하고, 검사 결과가 내담자에게 무엇을 말하고 있는지를 이해하는 데 있어서 내담자의 책임을 높일 수 있다.

이보다 더 방대한 연구문헌은, 검사 결과로부터 내담자가 학습하는 것을 높이기 위해 검사 해석이 다양화될 수 있는 방식과 관련된다. Goodyear(1990)가 언급했듯이, 개인 해석 대(對) 집단 해석, 컴퓨터 해석 대 상담자 해석, 해석 과정에서 실제 검사 프로파일을 사용하는지의 여부 등은 크게 중요하지 않다. 이보다 훨씬 더 강력한 요인은 검사 결과를 사용하는지 아니면 사용하지 않는지의 비교이다. 심리검사 결과를 상담의 한 부분으로 사용하는 것은 내담자에게 큰 도움이 된다. S. D. Brown과 동료들 (2003)은 개별화된 검사 피드백과 심리검사 결과 해석이 진로상담의 중요한 요소임을 밝혔다. 이는 특히 내담자의 흥미검사 프로파일이 복잡하거나 해석하기 어려울 때 더욱 그러했다. 따라서 개별화된 검사 해석의 중요성은 반복검증을 통해 강력하게 지지된 연구 결과이다. 물론 모든 연구 결과가 이 주장을 지지하는 것은 아니다(Whiston & Rahardja, 2008).

Hanson, Claiborn, Kerr(1997)는 서로 다른 검사 해석 스타일에 대해 연구한 결과, 학생들의 인지적 성장에 있어서는 상담자가 '전문가' 스타일로 검사 해석을 했을 때와 협력적 스타일로 검사 해석을 했을 때의 차이가 없었다. 그러나 보다 협력적 스타일의 검사 해석 과정에 참여한 학생들이 자신들의 검사 해석 회기가 더 깊이 있고 자신들의 상담자를 더 전문적이고 신뢰할 수 있고 매력적이라고 평가했다. 상담심리학자들은 오랫동안 전문가 스타일보다 협력적 스타일을 더 편안하게 사용해 왔다. Hanson과 동료들의 연구는 검사 결과 피드백을 제공하는 데 있어서 전문가의 역할을 하는 것이 내담자와 협력적 참여자가 되는 것보다 실제로 더 전문적이지 않은 것으로 지각된다는 것을 잘 보여 주고 있다. 대학생을 대상으로 한 이러한 연구 결과를 임상 집단을 대상으로 반복검증하는 것이 중요하며, 결과 준거가 인지에서의 변화뿐만 아니라 정서와 행동에서의 변화를 포함할 때에도 협력적 스타일의 해석의 결과가 유사한 효과가 있는지를 연구하는 것 역시 중요하다.

Healy(1990) 및 Tinsley와 Bradley(1986)는 상담자가 전문가보다 협력자로서 상담 과정에 검사 해석을 더 잘 통합할 수 있는 전략에 대해 기술했다. Tinsley와 Bradley는 검사 해석에 대한 자신들의 권장사항의 기저에 있는 두 가지 기본 원칙에 대해 다음과 같이 설명한다.

> 첫째, 검사 해석은 상담 과정과 따로 떨어져서 분리된 활동이 아니라 상담 과정의 한 부분으로 개념화되어야 한다. …… 검사 해석을 진행하면서 민감하고, 따뜻하고, 공감적이고, 배려하지 않는 상담자는 전체 상담 과정을 저해하는 일을 하는 것이다. …… 둘째, 내담자에게 효과적인 방식으로 정보를 제공하도록 설계된 구조화된 면접으로 심리검사를 생각하는 것은 유용한 접근으로 보인다. 심리검사는 숭배의 대상이 되거나 마법의 방법으로 해답을 제공하는 것으로 간주되어서는 안 된다(p. 462).

Tinsley와 Bradley(1986)의 권장사항은 이들이 1986년에 처음 제시했을 때처럼 오늘날에도 유용하다. 그러나 상담자들은 때로 몇 가지 권장사항을 간과하기도 한다. 검사 해석을 하는 모든 상담심리학자는, 심리검사를 치료 방식으로 사용하기 전에 이들의 모든 권장사항을 철저하게 숙지할 것을 강조한다. 최근 심리평가 교재에서는 치료로서 심리평가에 대해 깊이 있게 다루고 있다(Hood & Johnson, 2007; Whiston, 2009).

심리평가에서 임상적 판단

심리학자들이 심리평가를 사용함에 있어서 오랫동안 많은 경험을 해 왔다는 것을 고려할 때, 내담자에 대해 예측하고 판단을 내리는 데 있어서 심리학자들은 얼마나 정확한가? 몇몇 심리학자가 다른 심리학자들보다 더 정확하게 심리평가를 하는가? 상담심리, 임상심리, 학교심리와 같은 응용심리학 분야에서는, 초창기부터 심리평가의 과정연구와 성과연구를 시행해 왔다. 다음 절에서는 그러한 연구들의 결과를 살펴본다. 그다음 절에서는 판단의 정확성을 어떻게 높일지를 결정하기 위해 이루어진 중요한 진전에 대해 설명한다. 이러한 진전은 주로 상담심리학자들에 의해 이루어졌으며, 심리평가에서 여러 분야의 권위자들로부터 그 가치를 인정받았다. "이러한 (판단) 과정은 최종 결론과 권유하는 치료방법을 한층 더 정교화하는 데 도움이 되고, 궁극적으로는 심리평가의 정확성과 임상적 유용성을 높인다"(Meyer et al., 1998, p. 48).

컴퓨터가 승자인가?

심리학자의 연구실에 컴퓨터가 있기 전이었다면, 이 절의 제목이 '임상적 예측 대 통계적 예측'이었을 것이다(Holt, 1970; Meehl, 1954). 통계적 예측(statistical prediction)은 수리(數理)표를 사용해서 행동을 예측하며, 임상적 결정과 예후를 결정하기 위해 검사 점수에만 의존하는 것을 말한다. [오늘날 많은 주요 심리검사는 검사 소프트웨어 패키지가 있어서, 이를 컴퓨터에 다운로드하고 내담자의 검사 결과를 입력하면 다양한 진단과 예측(예: DSM-5 진단, 내담자가 물질 남용을 하거나 자살할 확률)을 산출한다.] 통계적 예측과 대조적으로 임상적 예측(clinical prediction)은 심리학자가 내담자와의 면접, 또는 로르샤하나 MMPI-2와 같은 검사 결과 해석과 면접 자료를 통합한 것에 기초해서 진단과 예측을 하는 과정을 말한다. 성과 측면에서의 질문은 항상 '심리평가에 있어서 통계적 또는 컴퓨터가 산출한 분류와 예측이, 광범위하고 다양한 자료를 통합해서 도출한 심리학자의 분류와 예측만큼 좋은가?'였다. 여기에서 논쟁점은 단지 호기심에서 나오는 것은 아니다. 컴퓨터 검사에서 나온 진단과 예후가 (진단을 내리기 위해 여러 번의 면접과 평가 회기를 가져야 하는) 심리학자의 진단과 예후만큼 정확할 수 있다면, 관리의료회사들은 컴퓨터 심리평가만 허가하려고 할 것이다.

1954년 Meehl은 통계적 예측과 임상적 예측을 비교한 대규모 자료에 대한 논문을 최초로 발표했다. 그가 발표한 결과는, 때로 임상적 판단의 정확성과 검사에 기초한 통계적 예측의 정확성 간에 유의한 차이가 없기도 했지만, 한쪽이 다른 쪽보다 더 우수한 경우에 더 우수한 쪽은 거의 언제나 통계에 기초한 예측이었다는 것이다. 이러한 Meehl의 연구 결과는 이후 수십 년간 이어진 논쟁을 불러일으켰다(Aegisdottir et al., 2006). 다행스러운 점은, 이 논쟁에서 세 가지 유용한 결과가 나왔다는 것이다. 심리학자들의 판단이 불공정하게 공격받았다고 느낀 사람들은 다음의 두 가지 이슈에 대해 많은 경험연구를 수행했다. 첫 번째 이슈는 심리평가 판단을 내리는 데 있어서 다른 사람들보다 더 정확한 심리학자들이 있는지, 만약 그렇다면 그들의 전략은 무엇인지(이러한 연구의 유용한 성과에 대해서는 다음 절을 참고한다) 알아보는 것이고, 두 번째 이슈는 심리학자의 예측이 거의 항상 통계적 예측보다 더 좋은 상황이 있는지, 특히 아주 독특한 상황이 있는지 알아보는 것이다. 두 번째 질문에 대한 답은 '그렇다'이다. 일반적으로 임상적 판단이 통계적 예측보다 더 정확한 경우를 결정하는 몇몇 핵심 요인에 대해서는 Chwalisz(2006)를 참고하도록 한다. 임상적 예측과 통계적 예측을 비교하는 연구의 세 번째 긍정적인 결과는 심리검사의 상대적인 힘에 대한 심리학자들의 존중이 높아졌다는 것이다. 양육권 소송, 사전 평가, 차별 사례 등을 다룰 때 법정에 출석해서 증언하는 현대의 심리학자들은 거의 항상 공식적인 심리평가 결과를 증언에 포함하게 되며, 통계적 예측 규칙에 의한 예측과 출판된 심리검사 소프트웨어에 의해 산출된 자동 심리평가 보고서를 경계하게 된다. 심리학자가 하는 예측이나 권고사항에서 심리검사에 기초한 예측과 일치하지 않는 내용은 매우 잘 정당화되어야 한다. Garb(1994)는 법정에 출석해서 증언하는 모든 심리학자가 참고해야 하는 심리평가에서의 기본적 고려사항들을 아주 잘 제시했다.

판단의 정확성을 높이기

심리학자들의 판단의 정확성을 이해하고 높이는 것에 대한 우려는, Meehl(1954)이 논쟁적인 연구 결과를 내놓기 이전에 이미 시작되었다. Meehl의 논문과 같은 시점에 출판된 『Journal of Counseling Psychology』 초판에는 「Analyzing the Clinical Process」라는 제목의 McArthur의 논문(1954)이 수록되어 있었다. 같은 해에 Pepinsky 부부는 상담에 대한 교재를 출판했는데(Pepinsky & Pepinsky, 1954), 여기에는 상담자의 판단 과정에 대한 모델이 제시되었다. 심지어 이 모델은 오늘날 Strohmer와 동료들의 연구의 초석이 되고 있다(예: Strohmer & Arm, 2006 참조).

Spengler, Strohmer, Dixon, Shivy(1995)의 연구에서는, 다양한 과제에 있어서 심리학자들의 판단의 정확성에 상당한 분산이 존재함을 가리키는 많은 연구 결과가 있음을 발견했다. 몇몇 심리학자는 전혀 정확하지 않았지만, 또 다른 심리학자들은 그들이 상담 분야에서 오랜 경험이 있거나 국가적 수준의 지도자로서 인정받지 않음에도 불구하고 상당한 전문가인 것으로 나타났다. 판단을 내리는 데 사용한 과정이 인구학적 변인(예: 경험, 나이, 성별)이나 이론적 지향(예: 행동주의, 분석주의)보다 훨씬 더 중요한 것으로 나타났다. Spengler와 동료들은 정확한 심리평가 판단이 어떻게 이루어지는지에 대해 오랫동안 연구했으며, 이러한 연구 결과를 사회인지 연구와 통합했다. 그 결과 Spengler와 동료들(1995)은 자기교정적 "심리평가와 개입 결정 또는 판단 간의 상보적 상호작용"(p. 517)이라는 모델을 만들었다. 즉, 심리학자가 (가) 각각의 평가에 기초한 예측의 결과를 실제 결과와 주의 깊게 비교한 뒤, (나) 이러한 자료를 이용해서 이후의 내담자에 대한 심리평가 해석과 예측을 조정할 때 정확성이 높아진다.

Spengler와 동료들(1995)의 모델에 대한 간단한 설명을 보면, 과학자-실무자 모델을 따르는 심리학자가 당연히 해야 하는 것에 대한 기술로 보인다. 그러나 Spengler와 동료들(1995)은 심리학자가 이렇게 기능하는 데 있어서 수많은 장애물을 발견했다. 이들은 네 가지 유형의 일반적인 판단 오류를 발견했으며, 이는 모두 광범위한 연구에 의해 지지되었다. 지면의 한계로 이 네 가지 판단 오류를 여기에서 설명하기는 어렵다. 그러나 가장 중요하게 언급되어야 하는 것은, 모든 심리학자에 대한 심리평가 훈련에서 여러 유형의 오류를 분명하게 알아야 하고, 판단의 정확성에 오류가 미치는 영향을 줄이는 전략을 배워야 한다는 것이다. Spengler와 동료들(1995)이 언급했듯이, 이들의 모델과 연구는 비단 심리평가 절차에만 관련되는 것이 아니라 효과적인 상담과 심리치료의 전체 과정에도 관련된다. Spengler와 동료들(1995)은 수퍼바이저들이 학생들로 하여금 내담자에 대한 가설을 세우고, 이를 검증하고, 자신들의 가설을 수정해서 다시 세우는 과정을 훈련시키는 일이 거의 없음을 안타까워했다. Belar와 Perry(1992)는 상담심리학 자들이 정확성과 효율성을 높이기 위해서는 "전체 훈련과정 동안, 비판적 사고과정, 가설-검증, 과학적 방법의 요소들이 키워지고 모든(고딕체 강조는 저자들이 추가) 경험적 활동에 통합되어야 한다."(p. 72)고 했다. 이는 그 주제가 심리평가이든, 상담이든, 연구이든 공통적으로 해당되는 사항이다.

심리평가에서 임상적 예측 대 통계적 예측에 대한 연구 결과에 대한 가장 최근의 메타분석 리뷰에 대해서, 독자는 Aegisdottir와 동료들(2006)의 논문을 참고하기 바란다. 이 논문에는 상담 실무에 대한 제안도 실려 있다. 다양한 상황에서 통계적 예측이 많은 이점이 있다는 것이 분명하지만, Chwalisz(2006)가 언급한 다음의 주의사항을 명심하는 것이 중요하다.

> (일반적으로 연구가 수행되는 환경과는 대조적인) 실제 상담 장면에서 내담자의 삶은 훨씬 더 복잡하다. …… 그리고 많은 내담자는 동반질환 및 다른 문제들을 보이며, 이는 내담자의 주호소 문제와 서로 상호작용한다. 숙련된 임상가는 각각의 새로운 자료가 등장하는 시점에서 계속해서 면접을 조정하면서 면접에서 중요한 진단 자료를 밝혀낸다. 나는 통계 절차가 이러한 중요한 진단 자료를 놓치지 않을 것이라는 확신이 필요하다. 예전에 나의 동료가 병원 장면에서 만났던 내담자를 예로 생각해 보자. 나이가 지긋한 남성이 섬망(delirium)과 치매를 나타내는 증상과 행동을 보였지만, 그의 증상과 행동은 전형적이지 않았다. 신경심리학 전문가였던 나의 동료는 면접을 하면서 이 남성 환자가 제2차 세계 대전에서 입은 부상으로 여전히 어깨에 유산탄이 박혀 있음을 알게 되었다. 그의 증상은 치매보다는 납 중독에 가까웠으며, 유산탄을 제거한 결과 증상이 완화되었다. 만약 통계적 예측 모델을 따랐다면, 이러한 중요한 정보가 없는 상태에서 예측이 이루어졌을 것이기 때문에 환자의 증상을 잘못 분류했을 것이다. 따라서 전문 임상가에게 있어서 통계적 예측 결과는 결정을 내릴 때 사용하는 자료의 원천 중 하나로 작용하며, 부정 오류 결정(false negative decisions)[3]이 치명적일 가능성이 높을 때 더욱 그러하다. 또한 가용한 임상가가 경험이나 전문성이 높지 않을 경우 또는 내담자가 너무 많아서 철저한 심리평가가 가능하지 않은 경우에 통계적 절차가 사용될 수 있다(p. 394).

심리평가 결과를 전달하기

심리평가 보고서를 작성할 때 고려해야 할 여러 가지 사항이 있다. 여기에서는 이러한 고려사항들 중에서 목적이 무엇인가 그리고 읽는 사람이 누구인가, 이 두 가지에 대해 살펴본다.

보고서 준비

지금까지 이 장에서 심리평가 결과를 전달하는 것에 대해 설명할 때, 심리평가 결과를 내담자에게 전달하거나 내담자에 대한 치료 서비스 요구를 정당화하기 위해 관리의료 담당자에게 전달하는 것에 주로 초점을 두었다. 그러나 전통적으로 응용심리학 분야에서, 특히 학교심리학과 임상심리학에서, 심리평가(assessment)는 대개 '심리평가(evaluation; 評價)' 의뢰에 대해 답을 하는 것으로 완성된다. 심리평가(評價)에 대한 요구는 일반의[내담자의 성(性)기능 저하에 심리적 원인이 있는가?], 교사(학생이 학습장애가 있는가?), 변호사(강제 조기 은퇴로 인해 내담자가 심리적으로 상처를 받았는가?), 법원(내담자가 자신이나 타인에게 위해를 가할 가능성이 있는가?) 등에게서 있을 수 있다. 종합병원이나 개인병원에서는 다른 정신건강 전문가들이 심리평가(評價) 의뢰를 할 수 있으며, 이들은 심리학자들만큼 심리평가(assessment)에 대한 특수한 훈련을 받지 않은 사람들이다. 이러한 병원 장면에서 의뢰는 일반적으로 환자에 대한 진단을 내리고 치료 계획을 세우는 데 사용될 수 있는 정보를 얻기 위해 이루어진다. 만일 이러한 의뢰가 치료 말미에 이루어졌다면, 이는 더 이상의 입원치료 없이 환자의 예후를 평가하기 위한 목적인 경우가 많다. 심리평가 결과 환자가 독립적 기능을 할 준비가 되지 않았다면, 환자에게 어떤 외래치료 서비스를 제공해야 하는가?

앞서 설명한 각각의 의뢰에 있어서, 심리학자가 의뢰 사유에 대한 답을 제공하는 보고서를 제공할 것이라는 기대가 항상 뒤따른다. 이 보고서에는 의뢰 사유에 대한 답을 뒷받침하는 심리평가 결과를 분명하게 구체적으로 제시할 것이라는 기대가 있다. 심

---

3) 역자 주: 실제는 참(true)인데 예측 모델이 거짓(false)인 경우로, 이 경우 심리적 장애가 있는 사람을 심리적 장애가 없는 일반인으로 잘못 결정하는 것을 가리킴.

리평가에 대한 거의 대부분의 교재에는 보고서 작성에서 고려해야 할 중요한 사항들과 다양한 종류의 보고서 예시가 포함되어 있다. 다음으로는, 심리평가 보고서 작성에서 고려해야 할 두 가지 중요한 사항들을 집중적으로 살펴본다.

목적이 무엇인가

이 질문은 심리학자가 다른 전문가로부터의 의뢰에 답하는 모든 측면에 존재해야 한다. 의뢰하는 전문가로부터 심리평가에 대한 의뢰가 왜 이루어지는지를 명확하게 이해하는 것부터, 사용하는 평가도구의 선택, 심리검사에서 나온 결과에 대한 해석, 심리평가 보고서를 어떻게 구성할지에 대한 고려에 이르기까지 모든 측면에서 심리학자는 '목적이 무엇인가'라는 질문을 고려해야 한다. 심리평가를 의뢰하는 전문가가 가능한 한 직접적인 답을 원하는가, 아니면 내담자의 기능에 대한 보다 포괄적인 기술이 도움이 되는가? 앞서 제시한 의뢰 종류에서 다음의 두 가지 예, '내담자의 성기능 저하에 심리적 원인이 있는가?' '학생이 학습장애가 있는가?'를 생각해 보자. 첫 번째 예(내담자의 성기능 저하에 심리적 원인이 있는가?)의 경우, 의사는 예 또는 아니요와 같은 간단하고 직접적인 답을 원한다. 두 번째 예(학생이 학습장애가 있는가?)의 경우, 특히 학습장애의 근거가 없는 것으로 판단된다면, 교사는 학생의 학업 수행 문제를 이해하기 위해 가능한 한 많은 도움을 원할 것이다. 분명한 점은, 첫 번째 예시와 두 번째 예시를 비교했을 때 상당히 다른 보고서가 작성될 것이라는 점이다. 어떤 경우이든지, 심리평가 보고서에는 어떤 종류의 평가가 이루어졌고 심리검사 결과가 의뢰 질문에 대한 응답을 어떻게 지지하는지에 대해 명확하고 정확한 정보를 담아야 한다.

읽는 사람이 누구인가

심리평가 보고서를 작성할 때 고려해야 할 두 번째 주요 질문은, 보고서의 대상이 누구인가의 문제이다. 앞서 제시한 의뢰의 예시들을 생각해 보면, 정신건강을 전문 영역으로 하지 않는 사람들이 심리평가를 의뢰했다. 의뢰한 사람들은 사용할 수 있는 심리검사의 종류와 검사의 다양한 강점 및 약점을 거의 이해하지 못할 것이다. 그럼에도 불구하고, 상담심리학자의 경우 보고서 작성에 있어서 주요 훈련은 다른 심리학자들을 위해서 보고서를 작성하는 것이다. 그것이 연구보고서를 작성하는 것이든, 상담 실무 장면에서 동료 심리학자와 수퍼바이저가 읽을 사례보고서를 작성하는 것이든, 다른 심리학자들을 위해 보고서를 작성하는 훈련을 주로 받았을 것이다. 우리는 매우 기술적인 용어를 사용해서 보고서를 작성하도록 배웠으며, 자아 강도, 자기효능감, 자기애적 상처, 구성타당도, 예언타당도 등의 용어를 설명하지 않아도 된다고 가정한다. 분명한 것은, 이러한 용어들은 심리학자들에게 심리평가를 의뢰한 많은 전문가를 좌절하게 만든다는 것이며, 자신의 질문에 대해 이해할 수 있는 답을 받지 못했다고 느낄 것이다. 따라서 상담심리학자들은 어떤 보고서든지 작성하기 전에 자신의 보고서를 읽게 될 전문가에 대해 주의 깊게 생각하고 전문용어를 최소화하도록 주의를 기울일 필요가 있다. 동시에 심리평가 절차와 결과의 강점과 약점에 대해 분명하고 이해하기 쉽게 설명해야 한다. 또한 보고서를 작성하는 사람은 보다 쉽게 이해할 수 있는 보고서를 만들수 있는 효과적인 작문의 기본 지침에 주의를 기울일 필요가 있다. Harvey(1997)가 언급한 것처럼, 보고서는 매우 기술적인 용어를 사용해서, 아주 긴 문장으로, 복잡한 산문체로 작성되며, 이런 경우가 너무 흔하다. 일반적으로 좋은 글이 그러하듯이, 생각과 글쓰기에서 단순함과 명료함은 높은 수준의 보고서에서 매우 중요한 측면이다.

요약

20세기 전반부에는, 심리검사와 심리평가 기법의 발전이 심리학이 사회에 공헌하는 중요한 기여로 간주되었다. 그러나 20세기 후반부에 접어들면서 심리검사의 사용에 있어서 두 가지 중요한 도전과제가 부상했다. 이 장의 초반부에서 이러한 도전과제들로 인해서 어떻게 심리검사의 사용이 눈에 띄게 감소했는지를 살펴보았다. 몇몇 심리검사가 여성과 소수 인종/민족에 미치는 부정적인 영향을 보여 주는 근거들이 축적되면서, 심리학자들의 역할이 심리평가/심리검사를 하는 것에서 치료자의 역할로 전환했던 것이다. 그렇지만 다행스럽게도 몇몇 상담심리학자는 단순히 심리검사를 버리거나 또는 보다 편중되고 부정확한 전략을 사용하기보다, 이러한 문제들에 대해 건설적인 방법으로 주의를 기울이고 이러한 문제들을 다루는 리더의 역할을 했다. 심리평가를 평가(evaluate; 評價)하고 구성하기, 다문화적 심리평가에서 공정성, 심리평가를 적용하는 기준서에 대한 절에서 심리평가의 기준을 세우는 것에 대한 이 상담심리학자들의 공헌을 살펴보았다.

이 장의 중반부에서는 상담심리학자들이 자주 사용하는 일곱 가지 유형의 심리검사에 대해 알아보았다. 각각의 심리검사 유형에 대해서, 해당 유형에서 가장 잘 알려진

심리검사들, 상담심리학자들이 상담 실무와 연구에서 어떻게 검사를 사용하는지 설명했다. 상담심리학자들에 대한 이상적인 훈련에는 이들 각각의 유형의 심리검사에 대한 수업과 수퍼비전을 받는 실습이 포함될 수 있다.

　이 장의 후반부에서는 심리평가의 보다 효과적인 사용에 대한 문제들과 이를 위한 전략에 초점을 맞추었다. 관리의료체계의 대두는 심리학자들이 심리평가를 사용하는 것에 새로운 어려움을 가져왔다. 다행스러운 것은, 이러한 어려움들이 오히려 심리학자들이 진단에서, 치료 계획에서, 치료의 한 가지 방법으로(심리검사를 상담에서 사용), 심리치료의 성과 평가에서 심리평가를 사용하는 데 있어서 새로운 전략을 개발하도록 도왔다는 점이다. 이와 같은 전략들을 확인하는 것에 더해서, 심리평가를 사용할 때 임상적 판단의 정확성을 향상시키는 것에 대해서 어떻게 상담심리학자들이 가장 유용한 연구를 했는지 설명했다. 이 장의 마지막 절에서는 심리검사 결과를 다른 전문가들에게 효과적으로 전달하는 데 있어서 두 가지 핵심 요소를 다루었다.

제 **11**장
- - - - - - - - - -
정신역동적 접근

    오늘날 사실상 수십 개의 상담과 심리치료 이론들이 있고, 사실 각각의 실무자들은 자신만의 독특한 이론을 개발하고 있는 듯하다. 가장 눈에 띄는 이론들은 네 개의 주요 군집으로 결합될 수 있다. 이 장과 이후 세 장에서 우리는 상담심리학과 상담 및 치료에서 상담심리학자들이 활용하는 네 개의 지배적인 이론 군집을 살펴본다. 이러한 군집은 정신역동(psychodynamic; Freud의 접근과 그로부터 파생된 이론), 학습(learning; 인지, 행동 및 인지−행동 접근), 인본주의(humanistic; 경험적이고 실존적인 것), 여성주의 다문화(feminist multicultural) 이론으로 분류될 수 있을 것이다.

    많은 훌륭한 상담 이론이 있다. 우리의 목표는 다음의 네 개 장에서 이들을 중복하지 않는 것이다. 오히려 우리는 세 이론 군집의 각각의 주요 재료의 윤곽을 그리고, 각 이론의 치료적 접근과 절차 및 상담심리학에서 각 관점의 위치를 명확히 하고자 한다. 주요 참고문헌들은 학생들에게 각 이론을 좀 더 깊게 공부할 수 있도록 해 줄 것이다.

http://dx.doi.org/10.1037/14378-011

Counseling Psychology, Third Edition, by C. J. Gelso, E. N. Williams, and B. R. Fretz

실제로 정신역동을 상담 실무에서 하고 계신 분 일어나 보시겠어요? 만약 이러한 질문을 치료자들에게 한다면, 일어난 사람들은 아마도 자신들이 하고 있는 성격의 발달, 건강과 정신병리학, 심리학적 개입만을 나열할 것이다. 이제 공부를 시작하는 학생들은 종종 일반적인 정신분석이나 정신역동 관점의 접근과 관점의 광범위하고 다양함에 압도당할 수 있다. 이러한 다양성, 즉 정신분석 이론에 내재된 상당한 복잡함은 초보자들에게 무엇이 정신분석이고 아닌지를 구분하기 어렵게 한다. 정신분석을 경험하고, 실천하고, 많은 독서를 하면, 문제는 분명해진다. 그러나 숙련된 실천가들이나 학자들 역시 이 질문에 대해 쉽게 답을 하지 않는다.

이 장의 주요 목표 중 하나는 정신역동이라는 우산 아래 다양한 정신분석적 접근의 이해와 재료에 대한 틀을 독자에게 제공하는 것이다. 우리는 정신역동(psychodynamic)과 정신분석(psychoanalytic)이라는 용어를 사용하는데, 이 둘 사이에는 몇 가지 미묘한 차이가 있다(Prochaska & Norcross, 2007). 또한 우리는 정신분석이 상담심리학에 어떻게 어울리는지 설명하고자 한다.

정신분석의 창시자 Sigmund Freud의 성격과 그의 삶을 엿보는 것으로 시작한다. 그후, 우리는 (가) 정신분석을 처음 배우는 학생들이 혼란스러워할 수 있는 몇 개의 빈번한 문제를 알아보고, (나) 정신분석 내에서 주된 이론 군집을 분명히 하고, (다) 모든 정신분석 접근에 공통되는 자료에 대해 논의하고, (라) 상담심리학에 적합한 정신분석치료의 통합적 이론 접근을 제시하며, (마) 정신분석과 상담심리학과의 관계, 즉 두 분야가 사실 서로 맞지 않는 부분이 있음에도 어떻게 최근에 들어와서 '어울리게' 되었는지에 대한 논의로 결론을 맺으려 한다. 이 장의 마지막 절에서는 최근 몇 년 동안의 정신분석과 관련된 연구들의 쟁점과 결과물들이 제시된다.

이 장에서 독자들은 Freud의 심리성적 단계(예: 구강기, 항문기, 남근기), 오이디푸스 콤플렉스, 정신의 구조(원초아, 자아, 초자아), 방어기제, 의식의 수준(무의식, 전의식, 의식)과 같은 기본적인 정신분석 개념의 이해로 시작하는 것에 주목해야 한다. 이러한 개념들의 훌륭한 논의는 Prochaska와 Norcross(2007)와 Murdock(2013)에 의해 제공된다. 상급 수준의 학생들은 Brenner(1973)의 고전 작업을 참고할 수 있다.

초기 Freud 이론가들과 정신분석의 시작

상담 개입과 관련된 모든 심리학의 분야는 정신분석, 특히 Sigmund Freud에게 최초로 치료를 개발해 준 것에 대한 빚을 지고 있다. '말하는 치료'를 발견하고 개발한 것은 Freud이며, 그로 인해 모든 구두 치료가 만들어질 수 있었다. 모든 심리적 개입의 접근에 Freud와 그의 초기 작업이 지대한 영향을 미쳤기 때문에, 그의 삶과 초기 정신분석 운동을 깊이 있게 다루는 것은 의미가 있겠다.

Sigmund Freud는 1856년에 모라비아(이전 오스트리아)의 프라이베르크에서 태어났다. 그의 아버지 Jakob은 비엔나에서 양모 상인이었고, Freud는 그곳에서 네 살까지 살았다. Jakob은 두 번 결혼했는데 Freud는 Jakob이 두 번째 결혼한 Amalie의 아들로, 그녀는 Jakob보다 스무 살 어렸다. Jakob과 Amalie는 일곱 명의 아이들을 두었으며, Freud는 그 대가족의 장남이었다. 그의 어린 시절은 비교적 행복했던 것 같다. Jakob은 진보적 성향을 가진 자유주의 유태인이었다. 비록 그가 Freud에게 규율과 함께 권위적이던 것은 분명하지만, 그는 유머감각이 있는 사랑스러운 아버지였다. Freud와 그의 아버지의 관계는 다소 거리가 있었던 것으로 보인다. Freud의 어머니는 활기찬 성격으로 기술되고 있으며, 그녀는 Freud에게 상당한 애정과 관심을 주었던 것으로 보인다. 그녀에게 장남은 자랑이었고, Freud는 그녀가 95세를 일기로 사망할 때까지 그녀를 좋아했다.

Freud는 아주 어렸을 때부터 학문에 대한 깊은 지향성을 보였다. 그의 훌륭한 지적 능력은 그의 가족에 의해 일찍 인지되었고, 그가 학자가 되는 것은 자명했다. 그의 운명은 의심의 여지가 없었다. Freud의 공부방 겸 침실은 그 집에 있는 유일한 석유램프가 있는 곳이었고, 다른 가족의 방들에는 양초가 있었다. Freud는 엄청나게 공부하며 독서를 했다. 그는 여덟 살의 나이에 Shakespeare의 작품을 즐기기 시작했고, 10대에는 시간을 아끼고 공부하기 위해 자신의 방에서 저녁 식사를 했다. Freud의 학습과 이해에 대한 정열은 그칠 줄 몰랐다. Freud는 성인기 대부분 동안 정신분석 실무에 빠져 있었지만, 실제로 그의 정열적인 관심은 무엇이 사람들을 움직이게 하는지—인간 정신의 작동—를 이해하는 데 있었다.

Freud는 비엔나시에서 잘 알려진 병원에서 일을 하게 된 후인 1881년에 비엔나 대학교에서 의학 박사 학위를 받았다. 그의 실무는 번창했고, 그는 유아 뇌성마비와 실어증에 대한 책을 썼다. 젊은 Freud는 순탄하고 부유한 직업을 향해 나아가는 것으로 보였다. 그러나 Freud의 쉴 틈 없는 창조적인 천재성은 인간 정신에 대해 새롭고 더 깊은 이해를 자극했다. 이러한 그의 욕구는 그의 삶에서 많은 전문적인 자원과 정서적 고통의 원천이 되었다. 1886년에 그는 히스테리에 대한 그의 첫 번째 논문을 발표했다. 이 논문은 의사 동료들에게 잘 받아들여지지 않았으며, 이는 아마도 역사상 가장 위대한 사상가 중 한 명인 Freud가 이후 오랫동안 받았던 거부의 첫 시작이었을 것이다.

Freud가 의대생이었을 때 그는 자신보다 열네 살 위인 명성 높은 의사였던 Joseph Breuer를 만났다. 그들은 친구가 되었으며, 이들의 우정은 오랫동안 지속되었다. Breuer는 그가 1880년에서 1882년까지 치료한 사례에 대해 Freud와 논의했는데, 이것이 지금은 유명해진 Anna O의 사례이다. Anna O는 전환 반응을 포함한 다양한 증상을 보였으며, 이러한 증상들은 최면과 정화(catharsis)로 불리는 감정의 자유로운 방출을 통해 치유되었다. Freud는 이 사례에 매료되었고, 대단한 발견이라고 느꼈다. Freud는 Nancy School에서 Bernheim, Liebault와 최면술을 공부하고 돌아온 1889년 이후로 정화, 최면술, 병적 관념을 제거하는 새로운 방법을 실험했다.

Breuer와 Freud는 궁극적으로 Anna O의 사례를 『히스테리 연구(Studies in Hysteria)』(1895/1955)로 출간했지만, 이 책은 그들이 기대한 만큼 받아들여지지 않았다. 그 당시의 의학 분야는 모든 증상을 몇몇 기관의 손상이나 뇌의 비정상에 의한 것으로 설명했다. Freud가 계속해서 신경증의 성(性)적인 기초에 대한 관점을 발전시켰지만, 상황은 더 악화되었다. Freud가 히스테리와 다른 증상들이 성적 억압의 결과에 따른다는 것을 이론화했을 때, Breuer는 이 작업에서 손을 뗐다. Freud는 실질적으로 혼자 일했고, 동료 의사들에게 직업적 조롱의 대상이 되었다. 그는 미친 사람으로 보였고, 그의 사설 상담은 거의 환자가 끊겼다. 1900년 초에 Freud는 몇 달 동안 새로운 사례가 없었다고 보고했으며, 그의 재정은 바닥나 있었다. 그는 아내와 여섯 아이들, 어머니를 부양해야 했기에(Freud의 아버지는 사망했음) 스트레스가 쌓였을 것이다.

19세기의 마지막 해는 Freud와 정신분석에 중요한 해였다. Freud는 실질적으로 혼자 일했기 때문에, 그는 정신을 이해하고 자신의 개인적인 신경증을 해결하기 위한 방법으로 자기분석을 시작했으며, 꿈의 의미와 성(性)에 대한 그의 이론들을 발전시켰다(Freud, 1900/1938). 그는 곧 최면의 사용을 중단했다. 너무 많은 환자가 최면에 걸리지 않았으며, 또한 너무 많은 '치료' 효과가 오래가지 않았다. 대신, Freud는 그의 부모와의 지난 과거에서 억압된 경험과 감정을 기억하기 위해 자유연상(free association)이라고 불리는 절차를 사용하기 시작했다. 따라서 정신분석이라는 혁명적이고 새로운 방법을 시작했다.

Freud의 작업은 1900년대 초에 긍정적인 인정을 받기 시작했다. 비록 그가 주로 혼자 일했지만, 이 기간에 Freud는 정신분석의 내부적 성소(聖所)를 형성하게 된 많은 사람을 만났다. 예를 들면, 1902년에 그는 자신의 집에서 갓 시작하는 소규모 정신분석가 집단과 함께 매주 토론을 했다. 이것이 그 유명한 비엔나 정신분석협회(Vienna Psychoanalytic Society)이다. Freud의 일부 성격적인 측면뿐만 아니라 그가 정신분석을 개발하는 초기에 한 고군분투를 감안할 때, 정신분석이 한 사람의 신념 주위를 돌고 도는 체계라는 점은 피할 수 없는 사실이라고 할 수 있을 것이다. 20세기의 첫 10년간, Freud의 관점은 유럽과 미국에서 점점 더 영향력을 가지게 되었다.

그의 천재성이 지금은 널리 인식되고 있지만, Freud는 종종 자신이 좀 더 뛰어난 두뇌로 태어나지 않은 것에 대해 불만을 표했다. 그는 자신의 주요한 미덕은 용기와 자기비판성이라고 믿었다. 이러한 자질, 즉 용기와 자기비판성은 이 분야에 대한 계속적인 모욕과 거부에도 불구하고 Freud로 하여금 인간의 정신에 대한 이해를 추진하게 하였다.

Freud는 종종 그의 견해를 바꿨다. 그러나 그는 다른 사람들이 그의 입장에서 벗어나는 것에 대한 어려움이 있었는데, 특히 그들이 자신들의 이론을 위해 정신분석이라는 단어를 사용할 때였다. 정신분석은 Freud가 창조한 것이고, 그만이 어떤 것이 그 영역에 정당하게 속하는지 결정할 수 있었다. 일단 Freud가 어떤 이론이 타당하다고 인정하면, 그는 이를 완전한 확신으로 유지했다. 그는 모순을 인정할 수 없었다. 이를 두고 Ellenberger(1970)는 Freud를 반대하는 사람들은 이를 편협으로 간주한 반면, Freud의 추종자들은 이를 진실을 위한 열정으로 보았다고 하였다.

어떤 경우에도 Freud는 그의 지적 활동에 대한 깊은 열정이 있었고, 작업에 대한 거대한 능력이 있었다. 그의 매일의 스케줄을 보면 그가 얼마나 일에 헌신했는지 알 수 있다. 전형적인 하루 일과를 보면, Freud는 아침 8시에 첫 환자를 보았고 그의 임상 실무는 오후 1시까지 계속되었는데 매 회기마다 5분간의 휴식을 가졌다. 1시에 그는 점심을 먹고 가족과 함께 산책을 했다. 그다음 3시부터 9시 또는 10시까지 계속 환자를 보고, 저녁 식사를 하고 그의 아내와 함께 산책을 한 번 더 했다. 그 후에 서재로 돌아가서 밤 11시부터 새벽 2시까지 집필했다. 이는 하루 18시간 근무에 해당했다. 이에 대해 Prochaska와 Norcross(1999)는 성(性)을 이해하는 데 자신의 인생을 헌신한 사람이 정작 자신의 성(性)을 위해서는 거의 시간을 쓰지 않은 것은 역설적이라고 했다.

　　Freud는 자신의 환자와 일반 사람들을 깊이 보살피는 정열을 가진 사람이었다. 그의 용기와 지식에 대한 열정은 대단했다. 이러한 자질을 보면 어떻게 그가 끔찍하게 고통스러운 턱암과 구개암을 이겨 냈는지 분명하게 증명한다. 1923년에 첫 번째 암 수술을 했고, 이는 그가 받은 총 33번의 수술의 시작이었다. 16년 동안 Freud는 끔찍한 고통을 겪었다. 그의 말, 청각, 섭식은 심각하게 영향을 받았다. 암이 악화됨에도 불구하고 Freud는 대체로 약물 없이(그의 생각을 흐리게 할 수 있으므로) 1939년에 사망할 때까지 계속 일을 하였다. 그의 저서 중 가장 심오한 저술이 이때 이루어졌으며, 그의 정신분석 이론을 개정한 마지막 진술문인「정신분석의 개요(An Outline of Psychoanalysis)」(1940)가 여기에 포함된다.

　　Freud의 삶과 정신분석 운동의 배경에 대해 깊이 있는 책을 원한다면 Freud가 가장 신뢰한 동료인 Ernest Jones의 세 권으로 된 Freud 전기(1953, 1955, 1957)를 참조하기를 권한다.

정신역동적 개입: 주요 특징

　　현대 정신분석을 이해하기 위해서는 정신분석 문헌에서 종종 다루지 않는 몇 가지 핵심적 특징을 아는 것이 도움이 될 것이다. 세 개의 특성은 다음과 같다.

인간에 대한 이론 대 치료 과정 이론

　　정신분석은 인간이 어떻게 발달하는지에 대한 다양하고 복잡한 일련의 가정, 이론 및 법칙을 포함한다. 정신분석적 성격과 발달이론이 있고, 건강과 정신병리에 관한 정신분석 이론이 있다. 우리는 인간의 성격 발달, 건강 및 병리학에 대한 이러한 관점을 인간에 대한 이론(theories of the person)이라고 한다. 이 절의 후반부에서 정신분석에서 중요한 인간에 대한 네 가지 이론을 제시할 것이다.

　　인간에 대한 이론을 개발하는 것에 더해서, 정신분석은 치료 과정의 이론을 공식화한다. 이러한 이론은, 예를 들면 분석이나 치료 과정에서 치료자와 내담자 사이에 무엇이 일어나는지, 치료 과정에서 내담자의 문제가 어떻게 전개될 것으로 예상되는지를 알아본다. 정신분석의 치료이론은 분석가 또는 치료자가 환자와 함께 사용하는 기술,

혹은 더 일반적으로 치료자가 회기 중에 어떻게 행동해야 하는지를 말해 준다.

대부분의 정신분석치료사는 치료자가 인간에 관한 정신분석 이론과 개입으로서 정신분석 이론 둘 다를 깊이 이해하기 위해 노력해야 한다는 것에 동의할 것이다. 동시에, 이 두 이론은 전혀 같지 않다는 것을 명심하는 것이 중요하다. 정신분석 용어를 사용해서(정신분석 이론을 사용하여) 개인 내담자를 개념화하지만 정신분석이 아닌 치료를 할 수 있다. 반면, 치료자가 치료 과정을 역동적 용어로 개념화한다면(예: 해석과 통찰, 전이 및 역전이에 초점을 둠), 그는 아마도 인간에 대한 정신분석적/정신역동적 공식에 의존했을 것이다.

중요한 점은 우리가 정신분석을 이야기할 때, 인간에 대한 공식(그 사람의 성격, 발달, 건강 정도, 정신병리의 정도 또는 종류)에 대해 말하는 것인지 아니면 제공되는 치료에 대해 말하는 것인지를 명확하게 해야 한다는 것이다.

정신분석 이론 대 정신역동 이론

정신분석과 정신역동이라는 용어는 종종 혼용되어 사용되고 이 장에서도 그렇지만, 둘 간의 미묘한 차이점을 짚어 두는 것이 유용하겠다. 정신역동이라는 단어는 이 둘 중에 더 광범위한 말이다. 이 단어는 사람들마다 다른 의미를 지니지만, 이러한 서로 다른 정의에서조차도 기본 과정(감정, 생각, 충동, 추동 등)이 명백한 행동에 영향을 미친다는 것, 이러한 기본 과정은 종종 의식 수준에 있는 것이 아니라는 것, 인간은 불안감을 불러일으키는 감정, 생각 및 충동을 유지하기 위해 방어기제를 자주 사용한다는 가정을 공유한다.

그렇다면 어떤 이론을 정신분석 이론으로 만드는 것은 무엇인가? (정신역동 이론과 마찬가지로) 무의식적 과정과 방어기제를 통합하는 것에 더해서 실질적으로 모든 현대 정신분석 이론은 (가) 심리성적 단계(예: Freud, 1923/1961), 심리사회적 단계(예: Erikson, 1950) 또는 관계적 단계(예: Mahler, Bergman, & Pine, 1975)의 형태로 학습과 발달의 순서를 제시한다는 점에서 발달적이다. 또한 (나) 본능적, 사회적, 대인관계 및 생물학적 결정 요인의 상호작용에 주의를 기울이고, (다) 정신 기능이나 구조의 중요성을 지지하며, 이러한 정신 기능이나 구조는 기본적으로 생의 초기에 결정되거나 학습된다.

이러한 구조(예: 자아)가 마련되면, 이 구조는 의식적으로 또는 무의식적으로 추구되는 환경 및 관계와 함께 그 사람의 삶에 커다란 영향을 준다(Gelso & Hayes, 1998;

Robbins, 1989). 이러한 성분들은 정신분석적 접근의 공통 요소에서 더 자세하게 논의된다.

　　정신역동 이론과 정신분석 이론 사이의 구분은 주로 성격 이론과 많은 관련이 있다. 우리가 치료 과정 이론을 말할 때에는 이러한 구분은 대부분 사라진다. 이것은 다음으로 논의되는 바와 같이 우리가 정통 정신분석을 넘어서게 되면 더욱 그렇다.

정신역동적 개입의 수준

　　정신역동적 개입을 볼 때, 정통 정신분석, 정신분석 지향 치료, 분석적 정보제공 상담의 세 가지 치료 수준의 차이를 구분하는 것이 좋다. 이 세 가지 수준은 〈표 11-1〉에 요약되어 있다. 다음은 각 수준에 대해 자세히 설명한다.

표 11-1 ┃ 정신분석적 개입의 수준

치료	회기 빈도(1주일당)	지속 기간	주요 기법	실무자
정통 정신분석	3~5	3~7년	해석 자유연상	정신분석가
정신분석 지향 치료	1~2	수개월에서 수년	해석과 그 외	정신건강 전문가
분석적 정보제공 상담	1	다양함	기술적으로 얽매이지 않음	정신건강 전문가

주: 정신건강 전문가는 정신분석가 혹은 비(非)정신분석가로서 심리학자, 정신과의사, 사회복지사 혹은 상담자를 말할 수 있음.

정통 정신분석

　　정신분석은 가장 집중적이고 깊이 있는 치료 개입의 형태이다. 회기는 일반적으로 1주일에 3~5번 정도이며 사실상 장기간의 분석을 한다. 치료 기간은 대개 3년에서 7년 사이이다. 분석은 정신과 전공으로 의학 박사 학위를 받은 사람 또는 심리학 박사 학위를 받은 사람과 같은 공인된 정신분석가가 수행한다. 의학 박사(MD) 또는 심리학 박사(PhD) 학위를 받은 후, 정신분석학자는 많은 정신분석 훈련기관 중 한곳에서 몇 년 동안 추가적인 훈련을 받는다. 수십 년 동안 이러한 훈련기관들은 의학 박사 학위를 가진 실무자만을 인정했지만, 1980년대에 정신분석 훈련을 받는 것이 심리학자들에게 널리 보급되었다(Slavin, 1989).

정통 정신분석은 일반적으로 피분석자가 소파에 기대어 눕고 분석가는 피분석자의 뒤에 앉은 상태에서 수행된다. 피분석자의 주요 임무는 자유연상을 하는 것이다. 즉, 그 사람의 마음에 떠오르는 생각들을 편집하지 않고, 또는 그 사람의 연상의 의미를 지적으로 공식화하려고 애쓰지 않고 마음에 떠오르는 생각은 무엇이든지 말하는 것이다. 피분석자의 또 다른 과제는 분석가에게 자신의 꿈을 보고하는 것이다. 꿈의 의미에 대한 Freud의 획기적인 연구의 시대부터(Freud, 1900/1938), 꿈과 꿈의 해석은 정신분석학에서 특별한 자리를 차지했다. 분석가들은 꿈이 피분석자의 잠재의식에 접근하는 강력한 방법을 제공한다고 믿는다. 분석 중에 꿈을 보고할 때, 피분석자는 꿈의 일부를 자유연상하도록 요구받는다. 분석가는 피분석자의 역동적인 문제의 측면에서 이러한 꿈의 의미에 대한 해석을 제공한다.

분석을 통한 분석가의 임무는 간섭하지 않는 것이며, Freud가 '유쾌한 집중'이라고 부르는 해석을 하고, 피분석자에게 떠오르는 것들에 대해 피분석자에게 이해가 되는 정도로 해석을 하는 것이다. 이러한 해석은 피분석자의 의식 수준과 경험에 근접해야 한다. 만약 해석이 피분석자가 느끼는 감정에서 너무 많이 벗어나면 치료는 결실이 없는 지적 운동이 될 수 있다.

분석가가 피분석자와 하는 상호작용의 세 가지 특징은 정신분석의 근본이기 때문에 특별히 언급할 가치가 있다. 첫째, 작업을 하는 동안 분석가는 분석적 태도(analytical attitude)라고 하는 것을 유지해야 한다. 이러한 태도는 분석가가 피분석자로 하여금 자신의 내부 세계에 대한 탐구에 참여하게 하는 것으로, 이는 분석가의 가장 기본적인 임무이다. 사실상 이러한 모든 작업은 심층적인 탐구와 그 결과로 얻게 되는 통찰을 목표로 하고 있다.

분석가와 피분석자와의 상호작용의 두 번째 특징은, 피분석자가 분석에서 사랑을 받고 돌봄을 받고자 하는 희망이나 요구를 만족시키는 것에 대한 분석가의 입장이다. 모든 치료적 상호작용이 도움을 주고받는 강력한 압력임을 고려할 때, 피분석자가 이러한 희망이나 요구를 경험하는 것은 불가피하다. 그러나 분석가는 Freud의 자제의 규칙(rule of abstinence)을 따르고, 그렇게 하는 과정에서 애정과 충고의 직접적인 표현을 피한다. 이렇게 하는 데에는 두 가지 좋은 이유가 있다. 첫째, 애정 및 의존성 요구를 직접 만족시키는 것은 이러한 요구를 더 키울 위험성이 있으며, 따라서 피분석자로 하여금 자신의 문제를 해결하기보다는 치료에 너무 많이 매달리게 될 가능성을 증가시킨다. 둘째, 그러한 요구가 분석 그 자체에서 도출되면, 피분석자의 기저에 있는 문제가 의식으로 떠오를 가능성이 적다. 따라서 이러한 피분석자의 희망이나 요구를 만족시키는 것은 통찰력을 키우는 분석가의 임무에 역행하는 것이다.

분석가와 피분석자와의 상호작용에서 특히 주목할 가치가 있는 세 번째 요소는, 첫 번째 요소 및 두 번째 요소와 관련성이 높다. 이는 분석가의 중립성(neutrality)과 모호성(ambiguity)의 입장이다. 이러한 입장은 때로 차갑고, 무관심하거나 비인간적이라고 오인된다. 이것은 훌륭한 분석 작업의 경우와는 거리가 있다. 분석가는 피분석자의 내적 경험에 깊이 관여하고 있으며, 분명히 분석가는 피분석자를 염려한다(Greenson, 1967; Langs, 1976 참조). 그러나 중립성은 분석가가 피분석자의 투쟁에서 어떠한 편도 들지 않는다는 것을 의미한다. 비록 분석가가 피분석자의 건강한 자아 측면에 있지만, 예를 들어 분석가는 피분석자가 자신의 삶에서 중요한 타인에 대해 느낀 감정에 대해 동의하지도 않고 반대하지도 않으며, 일반적으로 피분석자가 자신의 삶에서 무엇을 해야 하는지에 대해 어떤 한쪽의 입장을 취하지 않는다. 분석가의 일은 피분석자가 자신을 최대한 깊게 이해하도록 돕는 것이다. 피분석자가 해야 할 일이 어떤 것이라든지 누가 옳고 그르다는 피분석자의 투쟁에 대해 어떤 한쪽의 입장을 가지는 것은 분석가의 주요 임무를 방해한다.

모호함의 개념은 분석가들이 자신들의 문제, 삶, 관점을 너무 많이 표현하는 것을 피해야 함을 의미한다. 이러한 절제는 피분석자의 문제가 분석가의 문제에 의해 혼동되지 않고 펼쳐질 수 있는 분위기를 제공한다. 분석가의 모호함은 또한 피분석자가 감정과 생각을 분석가에게 투사할 수 있도록 하며, 이와 같은 방식으로 인해 한 사람으로서 분석가가 작업에 침투할 때보다 훨씬 순수하게 중요한 전이들이 일어날 수 있게 된다. 최근 정신분석가들은 훨씬 더 자기공개를 많이 하고 있지만, 집단으로서 정신분석가들은 언제 그리고 무엇을 자기공개할지에 대해 여전히 매우 신중한 입장이다.

분석 과정에서 피분석자는 계속해서 자유연상을 하고 분석가는 앞서 논의된 작업을 수행할 때, 피분석자는 자연스럽게 자신의 연상으로 회귀한다. 즉, 피분석자의 연상과 기억은 계속해서 시간적으로 (직선은 아니지만) 과거로 이동한다. 이런 일이 일어나면서 피분석자는 현재의 문제가 발생하는 구조를 형성하는 아동기 갈등과 문제에 점점 더 가까이 가게 된다. 또한 이에 따라 전이 반응(제9장에서 논의됨)이 계속 만들어지고 쌓여 간다.

정신분석이 진행되는 중요한 지점이 있다면, 바로 이 전이의 전개이다. 많은 분석가(예: Gill, 1994; Kernberg, 1975)는 정신분석 자체를 전이의 체계적인 분석(systematic analysis of the transferences)으로 정의했다. 이와 같이 전이가 진행되면서 전이는 점점 더 강력해지고, 어느 시점에서 전이 신경증(transference neurosis)이 나타난다. 이 전이 신경증에서는 분석가에게 엄청난 양의 에너지가 투자되는 것처럼 보이며, 피분석자의 신경증의 핵심은 분석에 유입되고 분석을 가속화한다. 이 단계에서 분석가는 피분석자의 중심이 된다.

제9장에서 정의된 것처럼, 전이는 과거의 중요한 타인들과의 갈등이 반복되는 것이다. 전이에서는 실제로는 과거에 관계를 맺었던 사람에게 속한 감정, 행동 및 태도가 분석가 또는 치료자에게 옮겨진다. 정신분석에서 피분석자가 신경증적 갈등을 해결하도록 돕는 열쇠는, 전이와 관련된 왜곡에 대한 통찰력을 제공하는 데 있다. 전이가 강해지면서 분석가는 자신의 모호성과 중립성을 유지하며, 이를 통해 계속해서 투사가 전개될 수 있게 된다. 분석에서 치유는 전이를 반복적으로 해석하고, 훈습하고, 해결하면서 일어난다. 분석가가 시기적절하게 해석을 제공하는 것이 매우 중요하다.

전이가 훈습되면서 피분석자는 자신의 초기 갈등으로 인해 자신과 다른 사람들을 왜곡하고 잘못 인식하게 한 것에 대해 깊은 통찰을 가지게 된다. 피분석자가 보다 나은 삶을 살 수 있도록 피분석자의 방어는 줄어들게 된다. 다시 강조하지만, 분석의 목적은 이러한 깊은 통찰, 가장 핵심적으로 피분석자의 숨겨진 욕구와 쟁점에 대한 통찰이며, 이는 전이로 나타난다. 분석에서 전개되는 전이의 양과 종류는 분석 장면 밖에서 피분석자의 내면 갈등과 대인 갈등을 깊고 중요하게 반영한다는 가정이 있다. 따라서 분석에서 전이를 작업하는 것은 피분석자의 자신과의 관계는 물론, 다른 사람들과의 관계에도 깊고 긍정적인 영향을 미친다. 이는 성격 구조에 심대한 변화를 가져온다.

정신분석 지향 치료

초기 저서에서 정신분석이라고 부르는 것의 대부분은 앞 절에서 설명한 바와 같이 정통 정신분석보다는 오히려 분석적 지향성을 보이는 심리치료이다. 정신분석적 치료에서 내담자와 치료자는 일반적으로 마주 보고 앉는다. 회기는 일반적으로 일주일에 한두 번이며, 상담의 기간은 몇 회기에서 몇 년까지 걸릴 수 있다. 정신분석적 치료의 실무자는 공인된 정신분석가일 수 있지만, 또한 분석가가 아니지만 정신분석치료를 훈련받은 심리학자, 정신과 의사, 상담자, 정신의학 사회복지사일 수도 있다.

정통 정신분석과 분석적 치료의 차이는 일반적으로 종류가 아닌 정도의 차이이며, 많은 사람은 이 두 치료법이 동일한 기본 과정을 나타낸다고 본다(Fosshage, 1997). 분석치료는 정통 정신분석보다는 상담 회기가 덜 빈번하기 때문에, 정신분석만큼 집중적인 치료로 간주되지 않는다. 전이 반응이 이 치료의 중심이지만, 치료자는 전이 신경증을 배양하려고 하지 않는다. 자유연상은 분석치료 중에 때때로 사용될 수 있지만, 분석에서처럼 주요 방법은 아니다. 치료의 초점은 내담자가 인생에서 겪고 있는 문제와, 내담자의 내부에서 일어나고 있는 것, 즉 문제의 근원인 심리내적 요인에 두고 있다. 분석치료에서 전이에 다소 덜 초점을 맞추며, 내담자가 (순전히 심리내적 문제보다는) 삶에서 겪는 문제들을 해결하고 돕는 것에 더 중점을 둔다.

분석적 치료에서 치료자의 입장은 분석가의 입장과 매우 유사하며, 차이가 있다면 정도의 문제이다. 해석은 여전히 중요한 기법이지만, 이러한 해석적인 입장에서 벗어나는 것이 치료에서 더 자주 발생한다. 분석적 치료자는 여전히 분석적 태도를 가지고 Freud의 자제의 규칙을 따르며 중립성과 모호성을 유지한다. 그러나 분석적 치료자는 이러한 입장에서 벗어나고자 하며, 내담자와 주고받는 상호작용에 참여하고, 보다 적극적으로 회기를 이끈다. 정신분석적 치료의 목적은 정통 분석의 목표와 유사하지만, 정신분석가들은 분석적 치료에서 발생하는 변화가 정통 분석에서처럼 광범위하고 깊지 않다고 주장한다.

앞에서 설명한 역동적 치료는 종종 통찰지향적이라고 불린다. 그러나 정신분석적 치료는 통찰지향적이기보다 지지적일 수 있다. 정신역동적 관점에서의 장기간의 지지적 치료는 심각한 정서적 문제가 있지만 통찰보다는 지지를 필요로 하는 내담자에게 바람직하다. 다만, 이러한 내담자들이 감정적으로 더 강해지면서 치료는 보다 통찰지향적인 방향으로 전환될 수 있다. 단기간의 지지적 치료는 위기 상황에 있는 내담자에게 가장 적합할 수 있다. 지지적인 역동적 치료에서, 치료자는 내담자에게 지지가 필요하며, 적어도 현재 상태의 내담자는 자신의 내면의 갈등을 밝히고자 하는 치료(즉, 통찰 중심 치료)에 잘 반응하지 않을 것이라는 결정을 내린다. 지지적인 입장의 일부로서, 통찰치료에서보다 더 자주, 치료자는 내담자의 삶의 문제를 해결하는 데 있어서 긍정적인 단계를 촉진하고 자존감을 높이기 위해 제안, 안심, 강화를 제공하기도 한다. 치료자는 때로는 교육적 입장을 취하여 필요한 정보를 제공하고, 필요하다면 심지어 가르칠 수도 있다.

분석적 정보제공 치료
분석적 정보제공 상담은 상담심리학자들이나 다른 비(非)정신분석 심리학자들에 의해 가장 많이 사용되는 정신분석 관련 개입일 것이다. 이 치료에서 인간에 대한 정신분석적 이론이 상담 작업에 대한 정보를 제공하는 데 사용된다. 즉, 내담자와 내담자의 역동에 대한 이해뿐만 아니라, 이러한 역동이 상담이나 치료에서 어떻게 전개될 것인지를 이해하는 것에 사용된다. 그러나 상담자가 사용하는 기법과 절차는 많고 다양하다. 본질적으로 치료자는 인간에 대한 분석이론을 사용하지만, 치료에 있어서 반드시 분석적 접근을 사용하지는 않는다. 오히려 내담자에게 가장 잘 맞는 것으로 보이는 기법과 절차는 무엇이든 사용한다는 측면에서 치료자는 기법적으로 절충적이다.

분석적 정보제공 치료의 예로는 대학상담센터에서 일하는 치료자들의 분석적 정보제공 상담을 들 수 있다. 이들은 역동과 방어 측면에서 학생-내담자를 개념화하고, 고전적 정신분석 이론가와 마찬가지로 원초아-자아 갈등으로 이러한 방어를 공식화한다. 그러나 이러한 치료자는 센터에서의 치료가 12회기의 제한과 같은 단기의 시간제한적 상담임에도 불구하고 광범위한 기법을 사용한다. 예를 들면, 어떤 학생-내담자에 대해서 치료자는 게슈탈트치료 기법(제13장 참조)을 주로 사용하면서 바람직한 방향으로의 행동 변화에 대한 언어적 강화(제12장 참조)를 함께 사용할 수 있다. 내담자의 감정 탐색을 돕기 위해 반영적 기법(제13장 참조) 또한 사용된다. 이러한 모든 기법은 엄격한 분석 기법, 절차 및 태도(예: 전이, 해석, 분석적 태도, 자제)와 함께 사용된 경우 치료 시간을 단축할 수 있다. 또한 치료자는 지지-분석적 치료보다 기법의 측면에서 더 자유롭지만, 지지-분석적 치료와는 달리 분석적 정보제공 치료는 지지적이기도 하고 아니기도 하다.

독자가 예상할 수 있듯이, 분석적 정보제공 치료는 다양한 영역의 상담자들에 의해 실행될 수 있다. 치료는 일주일에 한 번, 두 번 또는 세 번 할 수 있으며, 치료 기간은 치료 자체의 특성보다는 치료 장면에 따라 달라진다. 실제로 치료 기법은 종종 상황에 맞추어 선택된다. 예를 들어, 단기 치료를 전문으로 하는 대학 정신건강 클리닉에서는 장기치료 전문의 사설 클리닉과는 다른 기법을 사용할 수 있다.

정신분석적 개입 수준에 대해서

정신분석 지향 실무자들 간의 차이를 만드는 주요 요인은 인간에 대한 이론이다. 따라서 예를 들어, Heinz Kohut(1971, 1977, 1984)의 이론을 따르는 정신분석 자기심리학자는 고전적 Freud 추동 이론을 사용하는 분석 실무자들과 비교할 때 성격의 다른 측면에 주의를 기울일 것이다. 이 실무자들은 성격이 어떻게 발달하는지, 정신내적 문제가 어떻게 발생하는지, 정신건강과 정신병리를 만드는 데 어떤 힘 또는 요인이 기여하는지에 대해 서로 다른, 때로는 매우 다른 전제들을 지지하기 때문에 서로 다른 쟁점에 주의를 기울일 것이다. 그러나 동시에 몇 가지 뚜렷한 예외가 있지만, 분석적 개입의 수준은 정신분석의 서로 다른 인간에 대한 이론을 가로질러서 동일하게 논의된다. 따라서 정통 정신분석에 대한 우리의 논의는 Freud의 추동심리학, 자아심리학, 대상관계이론, 또는 정신분석적 자기심리학 분석가의 관점과는 관계없이 적용된다. 이러한 서로 다른 이론적 관점들은 치료자의 인간에 대한 이해를 안내하고 치료자가 초점을 둘 수 있는 내용을 제안하지만, 일반적으로 서로 다른 이론들이 치료 과정이나 치료자가 내담자와 어떻게 작업해야 하는지에 관해 거의 말하지 않는다. 다음에서 우리는 정신분석적 사고에서 두드러지는 네 개의 주요 이론 집단을 각각 탐구한다.

정신분석의 네 가지 심리학

정신분석에 대한 흔한 오해는, 인간에 대한 이론으로서 정신분석과 치료 과정으로서 정신분석이 Freud의 기본 이론들로 제한되어 있다고 보는 것이다. Freud의 개념에서 벗어나는 것은 정신분석이 아닌 다른 것으로 간주되며, 종종 정신역동이라는 용어가 주어진다. 실제로 많은 이론이 정신분석 안에서 개발되어 왔으며, 어떤 이론들은 Freud의 생각에서 상당히 벗어난 것이다. 이와 같이 Freud 이론에서 벗어나는 것은 Freud가 자신의 기본 이론을 구성하고 있었던 시기에도 시작되었으며, 오늘날까지 계속되고 있다. 특히 지난 수십 년 동안 중대한 변화가 일어났고, 그 성격상 많은 부분이 혁명적인 것으로 보이는 변화가 일어났다(Eagle, 2011; S. A. Mitchell, 1993). 이와 같이 높아지는 다양성을 조직화하는 방법으로, 여러 저자(예: Gelso & Hayes, 1998; McWilliams, 2011; Mishne, 1993; Pine, 1990)가 정신분석을 이론 군집 또는 '심리학(psychologies)'으로 불리는 것으로 나누었다. 다음에서 우리는 이러한 네 개의 군집에 대해 설명한다. 이들 중 처음 두 가지는 Freud의 추동심리학(drive psychology)과 자아심리학(ego psychology)이다. 역사적으로 이 두 군집은 가장 초기에 개발되었다. 이들은 종종 고전적 정신분석 이론으로 불린다. 대상관계이론(object relations theory)과 정신분석적 자기심리학(psychoanalytic self psychology)은 최근에 두드러지게 나타났으며, 이제는 정신분석의 이론적 근거를 지배하는 것으로 보일 수 있다(Eagle, 2011; Gelso, 1995). 정신분석의 네 가지 심리학 간에는 상당히 중첩되는 부분이 있지만, 인간 발달, 기능, 치료에 대한 그

표 11-2	정신분석의 네 가지 심리학의 요약	
이론	창시자	주요 개념
추동심리학	Sigmund Freud	기본 추동(성과 공격성) 심리성적 단계 무의식 과정
자아심리학	Heinz Hartmann, Anna Freud	적응 자아방어 자아의 강점과 약점
대상관계	Ronald Fairbairn, Melanie Klein, H. S. Sullivan	인간 관련성과 관계 내적 표상
자기심리학	Heinz Kohut	건강하고 병리적인 자기애 발달의 경로(과대 자기와 전능한 대상) 공감

들의 시각에는 상당한 차이 역시 존재한다. 이러한 차이로 인해 학생들이 네 가지 심리학의 주요 특징을 이해하는 것은 중요하다. 정신분석의 네 가지 주요 이론 군집이 〈표 11-2〉에 요약되어 있다. 표의 오른쪽에 제시된 각 군집의 주요 개념은 치료보다는 인간에 대한 이론과 관련된다. 왜냐하면 네 개 군집의 치료에 대한 주요 개념은 상당히 중복되기 때문이다.

Freud의 추동심리학

Freud의 글에서 추동(drive)과 본능(instinct)은 같다. 이들은 우리의 생물학의 일부분이며, 심리적 흥분을 일으키는 에너지원이다. 이러한 흥분(또는 긴장)은 개인이 행동을 하게 한다. 그 사람이 추동을 느끼는 것은 물론 아니며, 추동은 충동으로 경험되고, 충동은 그 자체로 소망과 환상으로 이어진다. 여기에서 핵심은 인간이 경험하는 충동, 소망, 환상이 기본적 추동의 형태로 생물학에 뿌리를 둔다는 것이다. 경험되는 구체적인 충동은 아동이 성장하면서 경험하는 심리성적 단계(예: 구강기, 항문기, 남근기, 잠복기, 생식기)에 따라 다르다. 초기 경험, 특히 부모와의 경험은 Freud의 추동심리학에서 매우 중요하지만, 이러한 경험은 항상 기본 추동의 맥락에서 발생하며, 또한 기본 추동을 통해 개인에게 영향을 미친다.

　Freud의 추동심리학은 성(性)과 공격성의 두 가지 기본 추동을 제시한다. 추동심리학은 이 두 가지 일반적 추동을 이해하고자 할 뿐만 아니라, 이러한 추동에서 솟아나는 충동, 이러한 충동으로 인해 일어나는 갈등, 그리고 인간이 잠재적으로 위험한 충동을 자각하지 않기 위해 사용하는 방어에 초점을 맞춘다. 많은 충동은 사람들에게 불안, 죄책감 또는 수치심을 불러일으키며, 개인은 방어기제(예: 억압, 승화, 투사, 부인)를 사용해서 이러한 충동들을 전의식적으로 억압함으로써 반응한다. 위험하고 갈등적인 충동은 숨겨지고 돌려지며 변형된다. 결과적으로 개인의 실제 행동은 그 행동이 표현하는 기저의 충동과는 매우 다른 것처럼 보일 수 있다. 예를 들어, 한없이 '좋은' 사람으로 보이는 내담자는 불안을 불러일으키는 사랑받고자 하는 열망 또는 자신의 무서운 공격적 충동을 무의식적으로 표현하고 있을 수 있다. 또는 과도하게 도덕적인 사람은 위협적인 성적 감정을 방어하고 있을 수 있다. 외적 행동이 기저의 충동과 어떻게 다른지에 대해서 셀 수 없이 많은 예가 있으며, 학생들이 그러한 사례에 대해 생각해 보기를 권한다.

　추동심리학에 대한 요약에서 우리는 성적 본능과 공격적 본능, 심리성적 단계(예: 구강기, 항문기, 남근기), 의식(예: 의식, 무의식)과 같은 Freud의 기본 개념을 볼 수 있다. 추동심리학은 추동이나 본능이 (마음의 다른 기관인 자아나 초자아보다는) 원초아에 자리 잡고 있는 것으로 보인다는 의미에서 원초아(id) 심리학으로도 불린다.

　치료와 관련해서, 우리가 정통 정신분석에서 설명한 것의 상당 부분이 추동심리학과 잘 들어맞는다. 아마도 추동의 관점에서의 정신분석치료의 핵심 특징은 내담자의 충동과 소망, 그리고 이를 둘러싼 방어와 갈등을 이해하고자 하는 것일 것이다. 정통 정신분석에서 설명된 바와 같이 치료자의 중립성, 모호성이나 절제와 같은 개념은 추동심리학에 깊이 뿌리를 두고 있다. 마찬가지로 전이의 개념도 중립적이고 애매모호한 분석가에 대한 내담자의 투사로 간주된다. 분석가의 독특한 성격은 별로 중요하지 않은데, 왜냐하면 피분석자는 잘 기능하고 있는 치료자에게 동일한 자료를 전달하기 때문이다. 분석가의 역할은 피분석자가 이러한 전이 투사를 이해하고 기저에 있는 갈등을 해결할 수 있도록 돕는 것이다.

자아심리학

　Freud의 초기 이론화는 원초아 심리학을 대표하지만, 그는 결국에는 자아의 역할에 더욱 관심을 가지게 되었다(Freud, 1923/1953). 이러한 관심은 자아가 주요한 역할을 한다는 그의 유명한 구조 모델을 만들었을 때 분명해졌으며, 이는 이후 그의 모든 이론에 나타난다. 동시에 Freud의 사고에서 자아는 원초아로부터 자라나고 원초아에서 에너지를 끌어온다. 자아의 역할은 충동이 개인을 위협할 때 원초아가 뿜어내는 충동에 대한 방어를 세우는 것이었다. 원초아는 여전히 마음의 근본 기관이었다.

이는 Anna Freud(Sigmund Freud의 딸)와 특히 Heinz Hartmann과 같은 중요한 인물에게 이어져서, 자아가 심리에서 보다 근본적인 역할을 한다는 자아심리학을 만들었다 (A. Freud, 1936/1966; Hartmann, 1939/1958). 예를 들어, Hartmann은 자아를 개인 외부의 세계에 적용할 수 있는 개인의 기관으로 간주했다. 추동심리학이 길들이기, 사회화, 추동의 만족에 중점을 두고 있는 반면, 자아심리학은 "내면세계와 관련된 방어의 발전, 외부 세계에 대한 적응, 그리고 두 가지 모두에 관한 현실 검증을 강조한다"(Pine, 1990, p. 50). 따라서 자아분석치료사에게 자아는 내적 충동이나 가혹한 초자아의 명령에 대항하는 방어 그 이상을 한다. 그것은 또한 우리가 관계하는 세상을 포함하여 우리가 바깥 세계에 적응하는 것을 돕는 마음의 부분이며, 지각의 과정을 통해 우리가 관계나 삶의 다른 측면을 현실적으로 인식하도록 돕는다(이것을 현실 검증이라고 함).

강하고 건강한 자아가 정서적으로 건강한 발달의 일부인 것처럼, 약하거나 결함이 있는 자아는 정신병리가 성장하는 씨앗을 형성하는 것으로 간주된다. 자아의 힘은 체질적 요인과 초기 가족관계에 의해 결정된다. 삶의 초기에 자아의 결함이 발생하면, 이는 이후의 발달에서 중요한 함의를 가진다. 그러한 결함으로 인하여 개인은 현실 검증에서 약점을 가지고, 감정을 조절하는 데 어려움을 겪고, 자신과 타인 간의 확고한 경계가 결여될 수 있다. 또한 약한 자아는 왜 사람들이 충동을 효과적으로 제어할 수 없고, 왜 강력한 감정을 다루는 데 어려움을 겪고, 왜 특정 상황에서 공황 반응을 나타내는지를 설명한다(Mishne, 1993). 초기 자아발달이 중요하기 때문에, 정신분석 자아심리학자들은 자신들 이론의 많은 부분을 삶의 초기, 예를 들면 4세에서 6세 사이인 오이디푸스 기간 이전에 초점을 맞춘다.

자아심리학 관점의 정신분석치료는 추동 관점의 치료와 비슷하다. 정통 정신분석에서 살펴본 개념들이 자아분석적 틀에서 정신분석에 바로 적용될 수 있다. 자아분석 지향 치료의 가장 두드러진 특징은 그 내용에 있다. 내담자의 의식적 경험과 외부 세계에의 적응, 세상에서의 현실 검증, 자신의 방어기제의 효율성에 더 중점을 둔다. 또한 (정통 정신분석과는 대조적으로) 정신분석 지향 치료에서 내담자가 외부 세계에 적응하는 데 중점을 두기 때문에, 치료자는 보다 적극적이고 더 많은 교환을 할 가능성이 있다. 내담자가 약한 자아를 가지고 있을 때, 자아분석치료사는 치료에서 지지적이고 현실지향적이고 이끄는 접근 방법을 취할 가능성이 높다.

대상관계 이론

대상관계 이론은 추동심리학과 자아심리학에서 근본적인 무엇인가가 빠져 있다는 많은 사람의 신념에서 발전되었다. 그것은 인간관계와 관계성에 대한 인간의 욕구에 대한 강조였다. 이 집단은 20세기 중반에 자아심리학이 발달한 후 주목을 받기 시작했다. 실제로 몇몇 이론이 대상관계 이론에 속하는데, 예를 들면 대인관계 이론, 관계적 관점, 애착이론으로 불리는 이론들이다(Eagle, 2011; J. R. Greenberg & Mitchell, 1983; Mishne, 1993; Osofsky, 1995; Silverman, 1998; Sullivan, 1954). Harry Stack Sullivan은 일반적으로 Freud식 정신분석학에서 주요하게 벗어난 이론 중 하나인 대인관계 접근법의 창시자로 간주된다.

일반적인 대상관계 이론들의 견해가 때로 서로 충돌하는 것처럼 보여도, 이들을 하나로 묶어 주고 다른 정신분석 이론들과 대상관계 이론을 차별화하는 것은, 사람들이 근본적으로 추동이나 쾌락을 추구하기보다는 대상이나 관계를 추구한다고 보는 입장이다. [정신분석에서 대상(object)이라는 단어는 일반적으로 사람(person)이라는 단어를 대체하는 단어로 사용된다.] 이러한 의미에서, 모든 대상관계 이론은 관계성과 관계를 향한 내재적인 경향을 가정한다. 이러한 욕구는 인간 본성의 기본적인 부분으로 우리에게 고정되어 있다(Eagle, 2011).

대상관계 이론이 인간의 애착과 인간관계에 깊이 관여하고 있지만, 이것이 유일한 관심사는 아니다. 또한 중요한 것은 내적 표상의 개념이다. 이러한 표상들은 대체로 삶의 초기에 형성되고 중요한 타인(예: 부모, 형제자매)에 대한 표상이다. 표상은 똑같은 복제품이 아니다. 표상은 타인이 그 사람에게 어떻게 경험되는지에 기초하고 있으며, 이것은 많은 요인에 의해 결정된다. Pine(1990)은 이러한 표상의 핵심 역할을 다음과 같이 보았다.

개인은 유아기에서 파생된 내적 드라마의 측면에서 볼 수 있고, 이러한 내적 드라마는 (의식적 또는 무의식적인) 기억 속에서 진행되며, 개인은 그 안에서 하나의 역할, 여러 역할, 또는 모든 역할을 수행한다. …… 이와 같이 어린 시절의 경험에 기초한 내적 이미지는 또한 새로운 경험에 그 흔적을 남긴다. 이로써 새로운 경험은 현재의 형태로 완전히 경험되기보다는 오래된 드라마에 동화된다. 이러한 내적 드라마는 어린 시절 주요 대상과의 경험에서 형성되는 것으로 이해되지만, 그러한 관계에 대한 진정한 표상으로는 보이지 않는다. 어린아이가 경험한 대상관계는 기억 속에 놓이고 반복되는 것이며, 이러한 경험은 경험하는 그 순간에서의 아이의 정서와 소망의 함수이다. …… 조용히 생각에 잠겨 있고 활동적이지 않은 어머니는 배고픈 아이에게는 박탈자로 경험될 것이지만, 만족스럽게 혼자서 노는 아이에게는 어쩌면 편안한 사람으로 경험될 것이다. 대상관계 심리학의 임상적 관련성에서 중요한 것은 이러한 오래된 드라마를 반복하는 경향이며, 애착 이후 또는 숙달 이후 노력에 의해 추진되는 반복이다(pp. 34-35).

심리적으로 건강한 사람은 내적 표상의 반복으로서 현재를 경험하고 인식하기보다 그 자신으로서 현재의 관계를 맺을 수 있는 능력이 더 크다. 또한 심리적으로 건강한 사람의 경우, 내적 표상이 보다 긍정적이고 양육적이며 지지적이다. Pine(1990)이 내적 드라마라고 부르는 것과 관련해서 간단히 말하면, 어떤 드라마는 다른 드라마보다 더 건강하고 더 긍정적이다(Gelso & Hayes, 1998).

대상관계 관점에서 정신분석치료는 어떤 모습인가? 대상관계 관점에서 정신분석치료가 다른 정신분석학 집단에서 유래된 치료와 어떻게 다른가? 앞서 언급했듯이, 대상관계 지향 치료의 가장 두드러진 특징은 내담자의 삶에서 인간관계와 내담자-치료자 관계에 중점을 두고 있다는 것이다. 비록 추동심리학이 알려진 것보다는 더 관계지향적이지만(Frank, 1998 참조), 대상관계치료사에게는 대인관계, 초기 관계에 대한 내적 표상, 치료적 관계가 다른 모든 것을 해결하는 중요한 지점이다. 내담자는 본질적으로 대상과 관계를 추구하기 때문에, 이러한 기본 욕구를 방어할 때조차 치료자는 관계를 맺는 중요한 사람이 되며, 한 인간으로서 치료자는 대단히 중요하다. 치료자가 하는 모든 것은 (전이를 포함한) 관계에 기여하며, 실제로 치료자와 내담자 자체가 관계를 형성한다. 심지어 치료자의 중립성도 이에 기여한다. 다시 말하면, 한 인간으로서 치료자는 다른 분석적 접근들에서보다 대상관계 이론에서 더 중요한 것으로 간주된다.

현재 대상관계 이론가들 사이에서, 내담자-치료자 관계는 그 자체로 치유적 요소를 가지는 것으로 간주된다(Eagle, 2011). 좋은 치료적 관계를 통해 내담자는 내적 대상 표상을 재작업함으로써 그 사람과 함께 전달되는 이미지가 왜곡되지 않고, 현재 관계의 실제에 보다 건설적이고 적응적인 반응을 할 수 있다"(Gelso & Hayes, 1998, p. 176). 비록 전이와 역전이가 상당히 중심이 되지만, 내담자의 정서적 상처를 치유하는 데 도움이 되는 전이와 공존하는 깊은 인간 대 인간의 관계가 있다.

정신분석적 자기심리학

네 개의 이론 군집에서 네 번째이자 가장 최근의 이론은 Heinz Kohut(1971, 1977, 1984)의 저서에 의해 개발되었다. 이 네 번째 군집은 종종 대상관계 접근으로 간주되지만, 이 이론들을 서로 별개의 그러나 관련되는 범주에 둘 만한 충분한 이유가 있다(Eagle, 2011 참조). 용어에서 암시하는 바와 같이, 정신분석적 자기심리학은 자기의 발달과 관련된다. 자기애(narcissism)라는 단어는 포괄적으로 자기(self)의 동의어로 사용된다. 다른 이론들에서는 자기애가 정신병리를 반영하지만, 자기심리학에서 자기애는 모든 사람의 기본 특성으로 간주되며, 성장하는 아이가 부모나 다른 중요한 타인들에 의해 어떻게 반응하는지에 따라서 건강하거나 건강하지 않은 방식으로 발전할 수 있는 특성으로 간주된다.

Kohut(1971)은 자신의 초기 연구에서 자기(self) 또는 자기애 발달의 두 가지 경로를 제시했는데, 과대 자기의 발달과 전능한 대상의 발달이다. 첫 번째 경로인 과대 자기의 발달은 어린아이의 위대함에 대한 감각 및 자신의 성취를 과시하고자 하는 욕구에 대한 것이다. 부모가 이러한 요구를 적절하게 반영하면(예: 자녀의 성취를 진심으로 인정함), 그 결과 과대하고 과시적인 자기의 건강한 성숙이 나타난다.

두 번째 경로의 자기 개발(전능한 대상)은 전능한 부모 역할에 대한 자녀의 요구를 반영한다. 자기와 전능한 자기-대상 간의 연결은 아이에게 힘과 보호를 제공한다. 아이가 커 가면서 점차적으로 부모가 불완전하다는 것을 알게 되면, 아이는 부모가 제공했던 힘을 내면화할 수 있다. 부모가 충분한 공감적 반영과 강력한 자기-대상 경험을 제공하지 못하면 자기의 문제가 발생한다. 자기 또는 자기애 문제의 예시로서, 아이는 내면의 공허함을 느낄 수 있고, 계속해서 관심을 갈구하며, 자신이 동조하고 병합할 수 있는 강력한 사람을 계속해서 찾거나, 지속적인 정서적 에너지가 부족하거나, 타인을 (자기의 연장선상이 아닌) 타인으로 사랑할 수 없게 될 수 있다.

자기심리학 관점의 분석치료는 앞에 언급된 발달의 문제에 이어진다. 내담자의 요구를 반영하고 내담자가 자신을 이상화하도록 허용하는 공감적 치료자와 내담자가 연결될 때 내담자의 성장이 일어난다. 내담자가 치료자를 좋은 반영자로 경험하는 것을 거울 전이(mirror transferences)라고 하고, 강력한 부모상으로 경험하는 것을 이상화 전이(idealizing transferences)라고 한다. 이해와 해석을 통해 치료자는 내담자가 이러한 전이들과 이들이 반영하는 심오한 자기쟁점들을 훈습하도록 돕는다.

앞서 제시한 세 가지 접근을 사용하는 치료자와 비교했을 때, 자기심리학자는 내담자나 피분석자를 공감적으로 이해하는 데 집중할 가능성이 더 크다. 공감은 치료자가 내담자의 내적 세계를 깊이 이해하고, 따라서 보다 효과적인 해석을 할 수 있게 하는 측면에서 치료에 도움을 준다. 공감은 또한 내담자에 직접적인 효과가 있기 때문에 자기심리학자들에 의해 공감 그 자체가 치유적인 것으로 간주된다(예: Wolf, 1991).

정신분석적 자기심리학자들은 내담자에게 반응적인 것에 깊은 관심을 가지고 있으며, 다른 어떤 분석적 접근보다 내담자에게 관심을 가지고 초점을 맞추는 반응의 분위기를 개발하고자 노력한다(Doctors, 1996; MacIsaac, 1996; Wolf, 1991). 치료자는 내담자의 요구를 '밝히고 조명하고 변형시키는' 과정을 촉진하는 데 필요한 만큼의 공감, 지지와 안내를 제공하는 것을 목표로 한다(Eagle, 2011; Lindon, 1994).

정신분석적 접근의 공통 요소

표 11-3 모든 정신분석 이론의 공통 요소

개념	기본 입장
정신적 결정론	인간 반응은 정신적 요인에 의해 발생한다.
유전-발달 가설	초기 아동기가 개인의 성격, 심리적 건강과 정신병리를 결정한다. 발달은 (심리성적 혹은 심리사회적) 단계를 통해 발생한다.
무의식적 과정	무의식적 과정은 행동의 중요한 결정인이다.
방어기제	내적 충동을 위협하는 것은 무의식적 방어에 의해 억압된다.
반복과 전이	인간은 과거에 해결하지 못한 문제를 현재에서 반복하는 경향이 있다. 전이를 통찰하는 것은 내담자에게 큰 도움이 된다.
치료 관계	내담자-치료자 관계는 매우 중요하며, 특히 작업 동맹과 관계의 전이 요소에서 그러하다.
치료 기법	해석은 통찰지향 치료에서 핵심 기법이다.
내담자 통찰	통찰은 행동의 변화를 유발하고 나타내는 핵심 내적 기제이다.

우리는 정신분석의 네 가지 기본이론 집단을 살펴보았으므로, '모든 정신분석 이론에 공통적인 요소는 무엇인가?'라는 질문을 할 수 있다. 우리는 정신분석과 정신역동이라는 단어를 구별하면서 이러한 공통 요소들을 간략히 언급했다. 이제 우리는 모든 정신분석 이론의 인간에 대한 이론과 치료 과정의 특징인 여덟 가지 요소를 자세히 설명할 것이다. 이러한 요소들에 대한 요약이 〈표 11-3〉에 제시되어 있다.

정신적 결정론

일반적으로 말하면, 심리학의 과학 이론은 결정론적이고, 이는 행동은 유발되거나 결정되는 것이며, 따라서 행동은 그 원인이나 결정인의 관점에서 설명될 수 있음을 의미한다. 이러한 측면에서 정신분석 이론의 의미는 다른 과학 이론과 다르지 않다. 그러나 정신분석 이론들이 차이를 보이는 지점은, 정신내적(intrapsychic) 요인을 결정인으로 강조하는 것이다. 이러한 접근은 행동주의 이론(제12장 참조)과 가장 쉽게 대조될 수 있는데, 행동주의 역시 결정론적이지만 원인을 찾기 위해 인간의 마음이나 정신을 들여다보지 않는다. 행동주의의 경우, 행동의 원인은 행동에 대한 외부 강화자나 처벌자의 관점에서 개인의 외부에서 찾을 수 있다. 이와는 대조적으로, 정신분석 이론에서는 다양한 요인(생물학적, 사회적, 가족)이 생애 초기에 개인 내면의 정신세계를 형성하는 것으로 본다. 일단 이러한 정신내적 세계나 정신이 형성되면, 이것은 행동의 중요한 결정인이 된다. 정신(psyche)은 원초아 · 자아 · 초자아 형태로 된 기본 구조, 기본 추동 · 소망 · 신념 · 갈등 및 요구, 서로 다른 의식 수준을 담고 있다.

정신적 결정론 원칙에서 파생된 것으로 정신분석치료에서 중요한 의미를 가지는 것은, 내담자의 모든 행동이 사실상 이러한 정신내적 힘들의 상호작용에 의해 일어나기 때문에 치료에서 내담자가 보이는 모든 행동은 의미 있는 것으로 간주된다는 것이다. 내담자가 행하고 말하는 모든 것은 목적과 의미가 있고, 치료자가 내담자를 이해하고 작업하는 것과 관련되며, 정신분석 실무자는 이러한 정신내적 결정 요인의 측면에서 내담자를 이해하는 것을 특히 중요하게 여긴다.

유전-발달 가설

모든 정신분석 이론의 근본 가정은 과거가 현재에 결정적으로 영향을 미친다는 것이며, 내담자의 현재 개인내 기능과 대인관계 기능을 충분히 이해하기 위해서는 치료자가 그 사람의 과거를 살펴보아야 한다는 것이다. 여기에서 과거가 의미하는 것은 보통 그 사람의 어린 시절이며, 보다 고전적인 분석이론은 성격 발달의 핵심으로 가장 초기의 시기에 초점을 맞추는 경향이 있다. 예를 들어, 고전적 Freud 이론, 대상관계, 자기심리학 이론과 같은 분석이론에서는 처음 6~7년의 삶이 개인의 기본 성격의 발달에 결정적인 것으로 본다.

유전-발달 가설은 내담자의 어린 시절이 성격 형성과 정신건강/정신병리에서 결정적일뿐만 아니라 발달 단계의 개념을 포함한다는 것을 의미한다. 따라서 Robbins(1989)는 모든 현대 정신분석 이론이 발달 단계를 중요하게 여긴다고 했다. 그러나 이러한 단계를 정의하는 것은 다양한 분석이론에 따라 다를 수 있다. 예를 들어, 고전적 Freud 이론은 구강기, 항문기, 남근기, 잠복기 등 심리성적(psychosexual) 단계라고 불리는 것을 가정한다. 이 단계들에 대한 명확한 논의와 상담 개입에 있어서의 함의와 관련하여 독자는 Patton과 Meara(1992)의 저서를 참고하기 바란다. 반면, Erikson의 이론은 일련의 심리사회적(psychosocial) 단계의 관점에서 성격 발달을 개념화한다(Erikson, 1950, 1968 참조).

단계 이론의 정신분석적 함의는 고착(fixation)과 퇴행(regression)의 두 가지 개념을 고려하면 더 분명해진다. 예를 들어, 아이들이 심리성적 단계이든 심리사회적 단계이든 관계없이 다양한 발달 단계를 통과하면서, 이들의 건강한 발달은 심리적 요구를 최적으로 만족시키는 부모에 의해 촉진된다. 주어진 단계에서 가장 중요한 욕구에 대해서 과도하게 충족하거나 과다하게 박탈하는 것은 고착, 퇴행, 또는 둘 다를 초래할 것이다. 아이의 정신의 일부는 너무 많은 좌절을 경험한 단계에서 고정되거나(고착되거나) 좌절이 너무 많지도 적지도 않았던 초기 단계로 퇴행한다. 발달 과정에서 고착이나 퇴행이 발생하면, 이 찌꺼기는 발달 과정에서 개인의 성격에 나타나는 경향이 있다. 이러한 신경증의 씨앗과 기타 심리적인 어려움은 요구에 대한 좌절이나 과도한 충족의 어린 시절 경험에서 찾을 수 있고, 이로 인한 성향은 고착되거나 퇴행한다. (고착과 퇴행에 대한 자세한 설명은 Fenichel의 1945년 정신분석학 고전 저서를 참조하라.)

치료 개입에 있어서 유전-발달 가설이 가지는 함의는 무엇인가? 과거가 현재를 결정하고 인간의 정서적 문제의 씨앗이 어린 시절에 담겨 있는 것처럼, 가장 강력하고 광범위한 치료법은 아동기 문제에 대한 깊이 있는 탐색을 촉진한다. 나아가, 분석적 관점에서 가장 강력한 치료는 내담자가 자신의 신경증의 핵심을 형성하는 초기 경험을 감정적으로 재현하고 작업하는 것을 돕는다. (우리는 과거에 대한 무분별한 지적 탐색에 대해서 말하고 있는 것이 아니라 현재에서 과거의 감정적인 재현에 관해 이야기하고 있음을 밝힌다.) 모든 정신분석학에 근거한 치료들이 이러한 탐색과 재현을 요구하는 것은 아니다. 많은 사람은, 특히 실용적인 이유(예: 시간 제약)로 그렇게 하지 않는다. 분석적 실무자들은 내담자의 과거에 대한 심층적인 검토 없이도 정신분석을 실행할 수 있다는 것에 대체적으로 동의한다. 그러나 정신분석 이론들은 그러한 탐색이 가장 효과적인 개입을 만든다고 믿는다.

무의식의 중심성

인간에 대한 모든 정신분석 이론들에서 인간의 행동에 동기를 주는 것은 의식적 자각의 바깥에 있는 힘이며, 이를 가장 중요하게 여긴다. Freud의 초기 이론에서 의식적 마음은 행동을 결정하는 데 상대적으로 작은 역할만을 했다. 앞서 언급했듯이, 초기 Freud 심리학은 원초아 심리학이었다. Freud와 다른 사람들(예: Anna Freud, Heinz Hartmann)에 의해 자아심리학이 발전하면서 의식적 경험에 훨씬 더 많은 관심이 주어졌는데, 왜냐하면 자아의 많은 부분이 의식적 마음과 관련되기 때문이다. 의식은 초기 Freud 이론보다 현대 정신분석 이론에서 더 중요한 역할을 하고 있다.

무의식적 요소는 여전히 모든 분석이론에서 성격 발달에 있어 매우 중요하게 여겨지며, 가장 효과적인 개입은 적어도 어느 정도는 무의식을 의식으로 만드는 것이다. 기저에 있는 무의식적인 믿음, 소망과 욕구는 거의 모든 병리적 증상과 행동에 의미를 가지는 것으로 보인다. 그리고 분석적 관점에서 가장 효과적인 치료는 그러한 증상이나 겉으로 보이는 부적응 행동에 대한 작업을 넘어서야 한다는 것이다. 개입은 증상의 기저에 있는 무의식적 핵심 갈등에 대한 작업이 이루어져야 할 필요가 있다. 무의식을 의식으로 만드는 작업에 대한 가치는 분석적 치료의 목표와 관련한 Freud의 유명한 말, "원초아가 있었던 곳에 자아가 있을 것이다."에서 볼 수 있다.

대부분의 분석 실무자는 무의식을 의식화하거나 핵심 무의식적 갈등을 해결하지 않고도 효과적인 치료를 할 수 있다는 데 동의한다. 실제로 여러 가지 유형의 정신분석적 개입에 대한 메닝거 클리닉의 연구는 그러한 해결이 없어도 지속적인 변화가 발생할 수 있다는 견해를 분명히 지지한다(Wallerstein, 1989). 그러나 일반적인 관점은 (가) 무의식적 과정이 성격 발달에서 매우 중요하다는 것, (나) 가장 효과적인 치료는 적어도 어느 정도는 내담자로 하여금 자신의 무의식적 갈등, 신념 등을 의식하게 하도록 돕는다는 것이다.

방어의 역할

방어의 개념은 현대 정신분석 이론에서 핵심적인 것이다(Eagle, 2011). Brenner(1973)가 논의하고 Patton과 Meara(1992)가 보다 명확하게 한 바와 같이, 방어(defense)란 불안이나 우울을 예방하기 위한 마음의 작동이다. 방어는 일반적으로 지금은 잘 알려진 방어기제의 관점에서 생각되는데, 예를 들면 억압, 부인, 합리화, 주지화, 격리, 투사, 전치, 반동형성 등이다. 본질적으로 사람은 자신에게 좋지 않거나 잠재적으로 유해한 것으로 보이는 소망, 충동, 생각, 신념 또는 정서를 경험할 수 있다. 예를 들면, 이러한 것들은 부모와 같은 인물로부터의 사랑의 상실을 위협하거나 버림받음, 또는 자신의 양심이나 외부 인물로부터 처벌을 의미할 수 있다. 이러한 소망은 의식화되는 것이 차단되고, 따라서 방어를 사용함으로서 불안과 우울을 야기하지 못하게 된다. 소망은 보통 원초아로부터 오는 것으로 보이며, 자아는 (초자아로부터 오는) 내적 처벌이나 외부의 위해로부터 개인을 보호하기 위해 방어를 사용한다.

방어기제는 흔히 자아의 작동으로 보이지만, 불안이나 다른 고통스러운 상태를 감소시키는 일종의 정신내적 작동으로 보다 폭넓게 볼 수 있다. 따라서 성격 특질, 태도 및 지각이 방어의 역할을 할 수 있다. 예를 들어, 극도로 정리정돈을 해야 하는 성격 특질은 지저분하고 통제하지 않는 상태에 대한 충동이나 소망에 의해 야기된 불안으로부터 방어하는 역할을 할 수 있다. 애당초 그러한 소망이 불안을 야기하는 이유는, 통제 문제가 중요한 문제가 되는 심리성적 단계인 항문기에 그 사람과 부모의 상호작용의 구체적인 모습의 관점에서 설명될 수 있다.

치료의 관점에서 정신분석적 개입은 방어에 영향을 미치고자 한다. 정신분석적 개입의 목표는 방어를 줄이거나 없애는 것 또는 내담자가 보다 건강한 방어 수단을 마련하도록 돕는 것이다. 내담자의 방어와 함께 작업을 하거나 방어에 대한 작업을 통해, 이러한 치료는 이전에 무의식적 또는 전의식적 반응을 의식화하고, 따라서 내담자의 이

성적인 통제하에 두게 하는 것이다. 방어를 통한 작업은 또한 이러한 방어를 유지하는데 무의식적으로 사용해 왔던 에너지를 자유롭게 해서 이러한 에너지가 보다 건강한 목적으로 사용될 수 있도록 한다. 효과적인 치료에서 치료자는 내담자의 방어에 대한 요구 문제에 매우 민감하다. 치료적 개입은 내담자가 정서적으로 방어를 포기할 준비가 되어 있을 때 방어에 대해 작업하고 방어를 훈습하는 방식으로 보조를 맞춘다.

반복과 전이

Freud가 초기에 이론화했던 시기부터, 정신분석 이론가들은 개인의 과거에 해결되지 않은 문제가 현재의 삶에서 어떻게 반복되며 살고 있는지, 그리고 현재 개인의 정서적 문제가 과거에 해결되지 않은 갈등과 어떻게 관련되는지를 지적해 왔다. 반복하고자 하는 강박, 즉 반복 충동(repetition compulsion)에 대한 Freud의 심층적인 분석은 왜 갈등적인 과거가 자주 현재에서 반복되는지, 그리고 왜 사람들이 현재를 왜곡하여 과거와 일치하게 만드는지(Gelso와 Carter의 1985년 논의, pp. 169-173 참조)에 대한 이유를 고심해서 이해하고자 했던 그의 시도였다. 이 반복의 개념은 초기뿐 아니라 현대 정신분석 이론의 깊고 고유한 부분이 되었고, 해결되지 않은 갈등의 반복은 인간 경험의 보편적인 측면으로 간주되었다.

우리가 말하는 반복의 종류의 예는 임상 실무와 일상생활에 많이 있다. 생애 초기 몇 년 동안 부모에게 너무 많이 혹은 너무 일찍 (감정적 또는 신체적인) 손실을 경험한 내담자는 다른 사람들에게 자신이 버림받는 것에 대한 두려움을 가지고 있다. 그 사람은 친구나 연인에게 마치 이들이 부모와 비슷한 사람인 것처럼 반응하고, 다시 버림받을 수 있다는 두려움에 친구나 연인에게 매달리고, 그럼으로써 다른 사람들을 밀어내기도 한다. 직장에서 권위자(상사)와의 관계에서 반항과 과도한 순종 사이를 끊임없이 오고 가는 내담자는, 지배적인 아버지와의 생애 초기의 미해결된 문제를 현재에서 반복하고 있으며, 반항할 때는 두려움을 느끼고 순종적일 때는 분노를 느낀다. 여성들을 사로잡고 정복하고 싶어 하지만 그러고 난 뒤에는 곧 흥미를 잃는 내담자는, 인생 초기에 어머니와 아버지와의 관계에서 비롯된 해결되지 않은 갈등을 행동화하는 것이다.

정신분석학에 기초한 개입은 내담자가 앞서 언급한 것과 같은 반복을 이해하도록 돕고자 하고, 이러한 이해를 통해 내담자는 현재를 보다 정확하게 인지하고 적어도 반복을 보다 잘 통제할 수 있다. 분석적 치료는 내담자가 이러한 모든 반복을 이해하고 작업하도록 돕고자 하는 것은 아니라는 점에 유의해야 한다. 오히려 치료자 또는 분석가는 특정 핵심 문제와 그로부터 생기는 반복에 집중하는 경향이 있다. 일반적으로 내담자의 삶에서 가장 큰 고통을 일으키는 문제들에 중점을 둔다.

분석치료와 반복에 있어 핵심은 내담자 삶의 초기로 돌아가는 미해결된 문제들이 치료시간에 나타나는 경향이 있으며, 특히 치료자/분석가에게 발전되는 전이로 나타난다는 것이다. 이 사실은 치료자에게 내담자의 신경증적 반복을 다루는 강력한 도구를 제공한다. 즉, 설득력 있는 해석이 가능할 정도로 충분한 자료가 펼쳐지면서, 치료자는 현재 치료의 실제 상황에서 내담자가 어떻게 왜곡하는지, 그리고 이러한 왜곡(즉, 전이)이 어떻게 반복을 표상하는지를 지적할 수 있다. 따라서 치료자와 내담자는 왜곡의 기저에 있는 내담자 문제에 대한 이해를 함께 찾는 작업을 할 수 있다.

내담자–치료자 관계의 역할

심리치료에 대한 초기 대규모 연구에서(Sloane, Staples, Cristol, Yorkston, & Whipple, 1975), 연구자들은 그들이 연구한 정신분석치료사들의 경우, 내담자–치료자 관계와 정신분석치료가 거의 동의어임을 지적했다. 내담자–치료자 관계는 사실상 모든 현대 정신분석 개입에서 치료의 과정과 결과의 핵심이다(Eagle, 2011; Gelso & Hayes, 1998; McWilliams, 2011). 관계가 핵심이라는 것을 이해하고자 노력하는 과정에서, 독자는 제9장에서 논의된 치료적 관계의 구성 요소인 작업 동맹, 전이 구성 및 진실한 관계를 다시 생각해 보면 도움이 될 것이다. 치료에 대한 현대의 모든 정신분석적 접근에서 분석 작업이 효과적이려면 탄탄한 작업 동맹이 필수적이라는 데 동의하지만, 정신분석적 개입의 정통 특징은 치료자의 역전이를 포함하여 전이 관계에 대한 관심이다. 우리가 '정통 정신분석(psychoanalysis proper)'이라고 명명한 접근에서는, 전이를 일으키고 해석하고 훈습하는 것이 치료의 핵심이다. 정통 분석이 아닌 분석적 개입에서도, 상담 작업에서 전이의 전개와 해석 또는 치료자가 내담자의 역동을 이해하도록 돕는 매개체로서 사용된다는 측면에서 전이는 여전히 핵심이 된다. 반면, 진실한 관계는 Greenson(1967)의 개념화가 있기는 하지만 정신분석적 사고에서 중요한 부분이 아니었으며, 진실한 관계에 대한 강조는 최근에 등장했다(Gelso, 2011).

해석과 다른 기법들

제8장에서 논의된 언어 반응 방식의 관점에서 정신분석치료를 다른 치료와 차별할 수 있는 단 하나의 기법을 말한다면, 바로 해석(interpretation)이다. Greenson(1967)은 그의 정신분석에 대한 고전적 논문에서 해석은 궁극적이고 결정적인 도구라고 언급했다. 다른 기법들은 이 기준선(해석)으로부터 벗어난 것으로 간주되며 예외적인 상황에서만 사용해야 한다. 예를 들어, 정신분석을 할 때 분석가가 직접 안내를 하는 것은 드문 경우이지만, 그렇게 하기 위해서는 명확하고 반드시 그렇게 해야 하는 필요성이 있어야 한다(예: 피분석자가 장기간에 걸쳐 매우 부정적인 결과를 야기할 어떤 행동을 할 것이라는 신호가 있는 경우).

해석의 목표는 통찰력을 제공하는 것이다. 즉, 지금까지 무의식 상태였던 것을 의식하도록 돕는 것이다. 분석가는 한 시간 또는 몇 시간 동안 피분석자의 자료가 전개되도록 하고, 적절한 시점에서 해석을 제공한다. 이러한 해석은 피분석자가 의사소통한 것의 여러 양상 간의 숨겨진 연결을 조명하거나 숨겨진 원인을 밝혀내고자 한다. 사실, Greenson(1967)이 명확하게 말했듯이, 분석가는 하나의 해석을 하기보다는 일반적으로 여러 회기에 걸쳐서 일련의 부분적인 해석을 제공하며, 각각의 해석은 특정한 역동에 실마리를 던져 주는 것을 목적으로 한다. 적절한 시점에서 효과적인 분량의 해석이 재치 있게 제시되는 것이 매우 강조된다. 이러한 모든 문제에서 아마도 시점(timing)이 가장 복합적인 문제일 것이다. 내담자가 해석을 듣고 작업할 준비가 되어 있을 때가 해석의 시점이 가장 적절하고, 이러한 경우라면 해석에 관련된 충분한 자료가 이미 제시되어 있어야 한다. 그런 후에만이 내담자에게 해석을 설득력 있게 제시할 수 있는 감정적 증거가 충분할 것이다.

정통 정신분석보다는 정신분석적 치료에서 해석은 여전히 핵심 기법이지만, 치료자는 훨씬 더 많은 기법적 자유가 허용된다. 정통 정신분석에서 분석지향 치료로 이동하면서 기법의 유연성이 증가한다. 보다 적극적인 기법들, 지시적 범주에 속하는 기법(제8장 참조)들도 매우 조심스럽게 그리고 신중하게 고려된 이유를 가지고 사용된다. (이러한 언급은 우리가 '분석적 정보제공' 치료라고 부른 치료에는 그다지 분명하게 적용되지 않는데, 왜냐하면 분석적 정보제공 치료는 기법의 측면에서 절충적이기 때문이다.) 심리상담의 맥락에서 해석 과정에 대해 특히 도움이 되는 논의가 Patton과 Meara(1992)에 의해 제시되었다. 해석이 정신분석에서 가장 강력하고 적절한 기법으로 간주되지만, 최근에는 보다 광범위한 기법을 허용하고 다른 기법들을 유용하게 보는 흐름이 있다는 점을 언급해야 한다(Eagle, 2011; Fosshage, 1997; Holinger, 1999; McWilliams, 2011).

이상적인 통찰

Baker(1985)는 광범위하게 말하면 모든 형태의 정신분석치료가 (가) 비합리적인 충동의 강도 감소와 이에 상응하는 본능적 추구의 성숙한 관리의 증가, (나) 개인이 사용하는 방어의 레퍼토리, 성숙도, 효과성 및 유연성의 향상, (다) 현실에 대한 정확한 평가에 기초를 두고 효과적인 적응을 촉진하는 가치, 태도 및 기대의 개발·지원, (라) 성숙한 친밀감과 생산적인 자기표현 능력의 개발, (마) 양심의 요구와 금지에 뿌리를 둔 초자아와 완벽주의의 처벌성 경감과 같은 다섯 가지 기본적인 심리치료 목표를 공유하는 경향이 있다고 했다.

이러한 목표를 달성하기 위한 기제 또는 수단은 무엇인가? 정신분석에서 중심이 되는 내부 기제를 전통적으로 통찰(insight)이라고 한다(Gelso & Hayes, 1998). 따라서 내담자가 앞으로 전진하고 Baker(1985)가 지적한 건강한 목표를 달성하는 것은 치료 시간 동안 또는 치료 시간 밖에서 얻은 통찰을 통해서이다. 이러한 통찰은 기본적으로 두 가지 방법을 통해 건강한 목표 달성을 촉진한다. 첫째, 그리고 가장 중요하게는 통찰에 따라오는 자기자각(self-awareness)을 통해 내담자는 의식적 통제의 증가를 경험한다(Baker, 1985). 욕구, 충동 및 노력이 의식적 통제하에 있게 될 때, 내담자는 논리적인 선택을 더 잘 할 수 있게 되고, 자기파괴적이고 비생산적인 행동 양식에 덜 휘둘리게 된다. 통찰을 통해 건강한 목표 달성을 용이하게 하는 두 번째 수단을 '자기의 객관화(objectification of the self)'라고 한다. 본질적으로 통찰을 통해 내담자는 한 걸음 뒤로 물러서서 자신을 관찰할 수 있게 되며, 더 분명하고 보다 정확한 시각을 얻게 된다.

통찰이란 정확히 무엇을 의미하는가? Patton과 Meara(1992)는 통찰을 내담자와 치료자의 생산물이며 내담자의 정서적 어려움에 기여하는 내담자의 내적 요인에 대한 이해로 정의했다. 치료에서 내담자의 통찰은 '현재의 갈등이 과거의 문제와 어떻게 관련되어 있는가' '사용하고 있는 방어, 자각되고 있지 않은 감정과 욕구, 갈등이 현재의 삶에서 어떻게 나타나고 있는가' '이러한 갈등은 치료자와의 전이 관계에서 어떻게 발현되고 있는가' 등과 같은 여러 가지 영역 중 어떤 것과도 관련될 수 있다.

정신분석 문헌에서는 종종 두 가지 종류의 통찰이 구분된다. 인지적 통찰(intellectual

insight)은 한 사람의 삶에서 원인과 효과 관계에 대한 이해를 반영하지만, 이를 감정에 대한 이해와 연결하지 않기 때문에 깊이가 부족하다. 그것은 자기를 멀리서 관찰하는데 관찰되는 대상에 동반하는 감정 없이 관찰하는 것과 같다. 한편, 감정적 통찰(emotional insight)은 인지에 정서를 연결한다. 내담자는 감정적으로 자신의 이해와 연결되어 있다. 내담자가 자신의 문제를 이해하게 되면서 강한 감정이 표면에 드러날 것이다. 이러한 감정과 함께 자기를 이해하는 것을 같이 경험하는 것이 가장 강력하고 치료적인 의미에서의 통찰이다. 이러한 종류의 통찰은 지적인 이해와 정서적 감정을 통합하기 때문에, Gelso와 Harbin(2007)은 이를 통합적 통찰(integrative insight)이라는 용어로 제안했다.

우리는 정신분석적 성격을 가진 모든 치료가 깊이 있는 통찰을 추구하지 않는다는 것을 알아야 한다. 보다 단기의, 보다 초점을 맞춘 치료(예: 6개월 미만)는 종종 통찰지향적이지만, 하나 또는 몇 개의 핵심 문제 영역에 대한 보다 제한적인 통찰을 촉진한다. 또한 보다 장기간의 분석적 성격의 작업에서도, 치료자가 내담자의 핵심 욕구가 지지라고 생각할 때에는 깊이 있는 통찰을 추구하지 않는다. 보다 심각한 상태의 내담자, 연약한 자아 상태 또는 역기능의 정도가 지지적 전략을 필요로 하는 경우가 특히 이러한 경우이다.

최근 몇 년 동안 통찰의 중요성은 몇몇 정신역동 이론가, 특히 관계적 관점을 취하거나 포스트모던 철학적 관점을 취하는 사람들에 의해 격렬한 도전을 받았다. 이러한 관점에 대한 검토는 이 책의 범위를 벗어나지만, 관심 있는 독자들은 Morris Eagle의 사려 깊고 철저한 분석을 참고하기 바란다(Eagle, 2011).

단기 정신역동 치료: 상담심리학자를 위한 접근

많은 다양한 정신분석적 접근의 치료 중에서 상담심리학자들에게 가장 관련성이 높은 것으로 보이는 치료는 일반적으로 매우 장기적인 성격의 정신분석치료를 단축한 치료이다. 이러한 접근들은 여러 가지 이유로 1980년대와 1990년대에 인기를 얻었고(Johnson & Gelso, 1980, Messer & Warren, 1995), 최근에 이러한 인기를 유지하고 더욱 강화했다(Levenson, 2010). 이제 광범위한 단기 정신분석 및 단기 정신역동적 치료들이 있다(이에 대한 종합적 리뷰는 Crits-Christoph & Barber, 1991, Messer & Warren, 1995 참조).

이 모든 접근은 단기 분석적 개입에 대한 몇 가지 가정을 공유한다. 이는 (가) 오랫동안 지속되어 온 심리적 문제를 가진 내담자는 이전에 생각했던 것보다 훨씬 짧은 시간에 역동적 기반 치료로 치료할 수 있고, (나) 정신역동적 치료의 기본 원칙이 시간제한 치료에 적용될 수 있으며, (다) 시간 단축 치료는 내담자의 기본 성격에 지속적인 변화를 초래할 수 있다는 것이다.

이 책의 이전 버전에서, 우리는 상담심리학자들에게도 적합한 단기 치료의 정신분석 모델로서 James Mann의 시간제한적 심리치료를 제시했다. 그러나 이제는 단기 심리치료에 대한 효과적인 정신역동 접근으로 효과성이 입증된 접근들이 매우 많기 때문에, 이번 판에서는 이러한 접근들에 대한 주요 참고문헌들을 제공하면서 단기 정신역동 치료(Brief Psychodynamic Psychotherapy: BDT)의 주요 공통 요소를 탐색하고자 한다.

Levenson(2010)은 단기 정신역동 치료의 역사에 대한 개요에서, 이러한 치료의 4개 세대들에 대해 설명했다. 1세대는 Otto Rank, Sandor Ferenczi, Franz Alexander, Thomas French와 같은 지도자들로 구성되며, 장기 정신분석을 단축하고 보다 적극적인 개입을 개발하는 것에 대한 금기를 깨고자 했다. 단기 정신역동 치료의 2세대는 대략 1960년에서 1980년까지로, James Mann, Peter Sifneos, David Malan, Habib Davanloo와 같은 임상가들이 주도했다. 이 세대는 치료를 단기화하는 방법으로 해석과 같은 정신분석 기법을 사용하고자 했다. 치료자는 방어를 적극적으로 해석했으며, 과거가 현재에서 어떻게 재현되고 있는지를 해석한다. 이 이론가들이 만든 접근들은 오늘날에도 여전히 매우 적절하다. 1980년대 중반에 시작된 단기 정신역동 치료의 3세대는 단기 치료를 경험적으로 평가한 최초의 집단으로, 이 세대의 치료들은 엄격하게 정신내적 사건에서 대인 간 또는 관계적 모델로 초점을 옮겼다. 대인 간 또는 관계적 모델은 문제의 원인과 치료에 있어서 관계의 기본적 중요성을 강조한다. Strupp과 Binder(1984)의 시간제한 역동적 심리치료와 Luborsky(1984)의 지지표현적 심리치료가 그 예이다. 마지막으로 4세대이자 현재 세대의 단기 정신역동 치료는 Levenson에 따르면 다음과 같은 세 가지 특징을 가지고 있다. (가) 이들은 정신분석이 아닌 다른 접근들(예: 인지행동치료, 발달심리학 연구)에서 기법과 개념을 통합한다는 의미에서 통합적이다. (나) 이들은 치료의 핵심 요소로서 회기에서 내담자의 정서적 경험에 초점을 맞춘다. (다) 대부분의 이전 세대와 마찬가지로, 이들은 효율성과 실용주의를 향한 강력한 사회경제적·정치적 힘의 영향을 강력하게 받는다. 이러한 4세대 치료 집단은 매우 통합적이며, 따라서 이론적 순수성과 임상적 순수성에 대한 금기를 깼다. Levenson은 "그들은 정신역동 개집의 개가 되었다."(p. 28)라고 하였다. 이러한 치료의 예로는, McCullough Vaillant(1997)의 단기 불안-조절 심리치료, Safran과 Muran(2000)의 단기 관계치료, Fosha(2000)의 가속화된 경험적 역동치료, Strupp과 Binder의 시간제한 역동적 심리치료의 Levenson 버전이 있다.

단기 정신역동 치료의 주요 요소

대부분 혹은 모든 단기 정신역동 치료에 영향을 미치는 근본적인 성분이 있는가? 단기 정신역동 치료에 대한 많은 글에서 발견되는 다섯 가지 핵심 요소를 제안한다.

치료 단축

단기 정신역동 치료의 내재적 특징은, 장기간 정신분석치료이었을 것을 단축한다는 것이다. 엄격한 제한이 설정되었는지 여부에 따라 지속 기간이 달라지듯이, 단기 정신역동 치료의 지속 기간은 다양하다. 또한 한 사람에 대한 단기 치료가 다른 사람에게는 장기 치료라는 점을 이해하는 것이 중요하다. 예를 들어서, 대부분의 단기 정신역동 치료는 약 25회 회기를 최대 한계로 보지만, 대부분의 대학상담센터에서 25회기는 장기 상담이다. 단기 정신역동 치료에 대한 현재의 주요 접근들을 살펴보면, 대다수가 약 8~10회기에서 25회기, 또는 2~6개월로 다양하게 나타난다. 몇몇 치료는 굳건하고 빠른 지속 기간 제한(예: Mann, 1973에 의해 설정된 12회기 제한)을 설정하는 반면, 다른 치료들은 범위를 지정해서 환자에게 치료가 3~6개월 동안 지속될 가능성이 있음을 알린다. 이러한 후자의 접근에서, 치료는 치료 기간을 엄격하게 제한하기보다는 목표를 제한함으로써 기간을 단축시킨다. 기간 제한은 그것이 엄격하든 유연하든 간에 치료 초기, 대부분의 경우 첫 회기에 내담자와 상의되어야 한다.

핵심문제 기술

기간 제한이 미리 지정되었는지 여부에 관계없이, 사실상 모든 단기 정신역동 치료의 치료자는 작업할 핵심 문제를 치료 초기에 상세히 기술하고, 이후 심리치료에서 나타날 수 있는 다른 무수한 문제에 초점을 두기보다는 해당 핵심 문제에 초점을 유지해야 한다. 상담 작업이 이루어질 핵심적이고 한정적인 문제의 개념은 핵심 갈등적 관계 주제(core conflictual relational theme; Luborsky, 1984), 주기적 부적응 패턴(cyclical maladaptive pattern; Strupp & Binder, 1984), 핵심 문제(central issue; Mann, 1973)와 같은 용어로 표현된다. 그러나 근본적인 요점은 치료자가 핵심 역동 문제로 보이는 것으로 이슈를 제한하고 초점을 유지한다는 것이다.

또한 내담자가 핵심 문제를 결정하는 과정에 참여하는 것이 중요하다. 따라서 내담자가 치료를 찾는 이유를 탐색하고 이러한 이유에 대한 정보를 제공할 수 있는 개인력을 탐색한 후에, 일반적으로 치료자는 자신이 핵심 문제로 보는 것을 내담자에게 말하고, 내담자가 이것이 맞다고 보는지 묻는다. 예를 들어, 이 책의 제1저자는 메릴랜드 대학교의 상담센터에서 오랫동안 12회기 시간제한 치료를 실시했다. 접수면접/평가 회기(어떤 경우에는 1회기 이상 소요됨)을 시행한 후, 그는 일반적으로 다음과 같이 말했다.

> 치료에 오기까지 오랜 기간 동안 복잡한 상태에 있었지만, 우리는 12회기만 할 수 있습니다. 12회기가 상당히 도움이 될 수 있지만, 도움이 되려면 당신의 모든 문제를 해결하려고 하기보다는 핵심 문제에 집중하는 것이 중요합니다. 우리가 오늘 이야기한 내용을 생각해 볼 때, 당신은 핵심 문제가 무엇이라고 생각하는지 말해 줄 수 있나요?

그리고 나서 상담자(이 책의 제1저자)는 내담자와 협력해서 진술을 더욱 구체화한다. 내담자들이 자신의 핵심 문제를 얼마나 효과적으로 묘사할 수 있는지를 듣는 것은 놀랍기도 하고 감동적이기도 했다.

핵심 문제란 무엇을 의미하는가? 이것을 규격화할 수 있는 방법은 많이 있지만, 우리는 James Mann(1991)의 관점이 설득력이 있다고 본다. Mann은 치료자가 내담자의 현재 그리고 오랫동안 견뎌 낸 고통을 핵심 문제로 볼 것을 제안했다. 따라서 핵심 문제는 주호소 문제나 즉각적인 어려움과 같은 것이 아니고, 오랫동안 고통의 근원이 된 내면의 삶과 행동의 끈을 잡는 것이다. 이는 내담자의 삶의 초기부터 내담자의 존재를 괴롭혀 왔던 깊숙하고 기저에 깔려 있는 자기문제이다. 또한 핵심 문제는 절대 기술적인 용어로가 아닌 감정 용어로 구성되는 것이 중요하다. Mann(1991, pp. 32-33)에서 다음과 같은 예를 볼 수 있다.

• 기본적인 자존감 문제로 어려움을 겪고 있는 30세의 아시아계 미국인 여성에게: "당신은 항상 당신이 충분히 좋지 않은 사람, 그리고 충분하지 않은 사람인 것처럼 느껴 왔고, 이 느낌은 오늘날까지 항상 당신과 함께합니다. 이것이 당신이 누구를

친구로 선택하는지, 그들과 어떻게 행동하는지에 영향을 미치는 것 같네요."

- 자신의 직업 분야에서 갈등적 상황에 있음을 알게 되고 몸이 아프고 우울을 겪게 된 36세의 아프리카계 미국인 남성에게: "당신은 당신 분야에서 능력을 가진 사람이고 매우 잘해 왔습니다. 그러나 당신은 자신의 무언가로 인해 거부당하거나 심지어 관련이 없는 사람이라고 느끼고 있고, 항상 이렇게 느껴 왔습니다."
- 불안과 우울로 고통받고 있는 55세의 백인 여성 조직 자문가에게: "당신의 성과에도 불구하고, 당신은 다른 사람들이 당신을 추켜올려 주지 않으면 성공한 느낌이 들지 않고 내면이 공허해집니다. 이러한 느낌은 당신이 기억하는 한 오랫동안 당신에게 있었습니다."

일단 핵심 문제가 정해지면, 단기 정신역동 치료자는 계속해서 핵심 문제에 초점을 맞추고 일반적으로 발생하는 환자의 삶의 다른 영역들로 이끌려 가는 것을 피한다. 수련생들은 종종 핵심 문제를 상세하게 기술하고 단기상담에서 핵심 문제에 집중하는 것을 배우는 것이 매우 어렵다. 따라서 심리평가에서 그리고 핵심 문제를 전문 용어가 아닌 경험에 가까운 언어로 직접 기술하는 데 있어서 이러한 상위 기술을 발달시키기 위해 상당한 임상 수퍼비전이 필요하다.

치료자 적극성 수준과 직접성

단기 정신역동 치료의 연구와 이론에서 모두 치료자가 장기 치료에서보다 역동적 지향의 단기 치료를 시행할 때 더 적극적인 것으로 나타났다. 이것이 의미하는 바는, 핵심 문제에 대한 보다 적극적이고 초점을 맞춘 탐색과, 내담자의 현재 문제가 과거 및 치료적 관계와 가지는 연결성에 대한 보다 적극적인 해석을 한다는 것이다. 물론, 치료자는 지나치게 적극적이면 안 되며, 적극성은 참을성 있는 경청과 균형을 이루어야 한다. 그러나 시간의 제약을 고려하면, 치료자는 수개월 또는 수년이 걸릴 수 있는 과정인 내담자가 스스로 이해에 도달하기를 기다리기보다는, 때로 갈등과 문제를 보다 직접적으로 지적해야 한다. 또한 치료자는 첫째로 회기를 이끌어 나가는 데 있어서 보다 지시적이고, 둘째로는 숙제를 추천한다든지 하는 방식으로 회기 안팎에서 제안을 하는 데 있어서 보다 지시적이다.

Levenson(2010)이 분명히 밝힌 바와 같이, 4세대 단기 정신역동 치료는 엄격한 정신분석 기법에 덜 의존하는 경향이 있으며, 우리가 '분석적 정보제공 상담'으로 명명한 성격의 상담을 할 가능성이 높다(앞부분 논의를 참조). 정신분석적 기법과 다른 이론들의 기법을 통합하는 것의 목표는 치료를 빨리 진행시키는 것이다. 그렇지만 단기 정신역동 치료자는 한편으로는 너무 수동적인 것과, 다른 한편으로는 내담자가 준비되기 전에 너무 빨리 움직이는 것 사이의 적절한 경계를 지켜야 한다.

종결

장기 역동적 접근 방식과 비교할 때 단기 정신역동 치료는 신속하게 종료된다. 단기 정신역동 치료 역시 효과적으로 끝나는 것이 중요하다. 이 효과성의 중요한 부분은 치료자가 종결과 종결이 내담자에게 의미하는 바에 주의를 기울이는 것이다. 일부 단기 정신역동 치료는 단기 치료가 끝날 때 환자가 필연적으로 경험하는 상실의 감정에 초점을 맞추고, 치료 동안 이러한 상실에 주의를 기울인다. Gelso와 Woodhouse(2002)가 제시한 연구와 이론을 토대로, 우리는 단기 치료의 경우 적어도 회기의 6분의 1은 종결 문제에 사용되어야 한다고 제안한다. 예를 들어, 단기 정신역동 치료가 12회기의 제한이 있는 경우, 적어도 2회기는 종결에 대해 이야기를 나누는 데 할애되어야 한다. 물론 이것은 내담자에 따라서 크게 다를 것이다. 분리와 상실에 대한 많은 갈등을 겪고 있는 내담자는 치료 종결, 치료 종결이 의미하는바, 종결에 대한 자신의 감정에 대해 훨씬 더 많은 시간을 할애해야 할 수도 있다.

단기 정신역동 치료의 종결 단계에서는 어떤 일이 일어나는가? Gelso와 Woodhouse(2002)는 모든 치료에서와 마찬가지로 치료자는 내담자가 자신이 탐색하고 성취한 것을 되돌아보도록 돕고, 내담자의 미래와 앞으로 해야 할 일이 무엇인지 나누고, 서로에게 작별인사를 하는 것이라고 했다. 연구 결과에 따르면, 효과적인 종결은 내담자의 성장을 도울 수 있지만, 종결이 제대로 다루어지지 못할 경우 치료의 성과 중 일부를 되돌릴 수 있다.

긍정적 기대와 강점에 주의를 기울이기

단기 정신역동 치료자는 단기 개입의 힘을 믿어야 한다. 즉, 치료에 할당된 짧은 기간 내에 중요한 변화가 이루어질 수 있다는 것이다(Levenson, 2010; Messer & Warren, 1995). 경험적 연구 결과는 낙관적인 태도를 분명하게 지지한다(Levenson, 2010). 동시에, 단기 정신역동 치료자는 단기 작업에서 내담자의 성격과 역동을 크게 변화시킬 수는 없으며, 내담자가 성장을 향해 한두 걸음을 내딛을 수 있도록 돕는 단기 작업이 대단히 가치 있다는 것을 인정하는 것 역시 동일하게 중요하다. 필요하다면 치료에서 더 많은 작업이 이루어질 수 있다. 단기 정신역동 치료를 받은 내담자는 이후에 다른 치료를 받으러 돌아올 수 있으며, 실제로 돌아온다. 오래전에 Gelso와 Johnson(1983)은 이와 같이 치료로 돌아오는 것을 시간-개입 치료(time-interrupted therapy)라고 했다. 끝으로 Levenson(2010)은 단기 정신역동 치료가 다른 정신역동 접근들보다 내담자의 심리적 강점에 더 면밀하게 주의를 기울인다고 지적했다. 단기 정신역동 치료는 전반적으로 정신분석치료사보다 내담자의 강점을 평가하며 이에 기반을 두어 상담 작업을 하고자 하는 경향이 있다. 이러한 접근들에서 강점에 주의를 기울이는 것은 상담심리학자들에게 상당히 매력적이다.

정신역동적 접근에 대한 조망

오랫동안 정신분석이 상담심리에 미치는 영향은 가장 좋게 말해서 미미한 수준이었다. 그러나 지난 10여 년 동안 상담심리학자에 의한 정신분석적 관점에서의 연구와 이론이 증가하였다. 이 연구는 특히 치료적 관계와 관련이 있다(예: Gelso & Samstag, 2008; Mallinckrodt, 2010; Markin & Kivlighan, 2007). 인간에 대한 정신분석 이론에서 John Bowlby의 애착이론이 다른 어떤 발달이론보다 더 많은 관심을 모았고, 내담자와 치료자의 애착 패턴이 치료 관계에서 어떻게 영향을 미치고 재현되는지에 대한 연구가 수행되었다(Mallinckrodt, 2010; Mohr, Gelso, & Hill, 2005).

어색한 동반자에서 화합하는 파트너로

역사적으로 보았을 때, 정신분석과 상담심리학은 여러 가지 이유로 어색한 동반자로 볼 수 있다. 첫 번째 이유는, 몇 년 동안 지속되기도 하는 장기 치료에 대한 정신분석의 강조가 상담심리학이 강조하는 단기상담과는 부딪치게 되었다. 상담자들이 때로 몇 회기로 개입을 줄이는 것에 관심이 있었던 반면, 정신분석에서는 매우 확장된 치료만이 가치 있다고 제안하는 기조가 있는 것으로 보였다. 역사적으로 정신분석과 상담심리학이 서로 맞지 않는 두 번째 이유는, 정신분석이 정신병리나 기저에 깔려 있는 건강하지 못한 것에 초점을 두는 경향이 있는 반면, 상담심리학은 개인의 자산과 강점에 초점을 두는 경향과 관련된다. 이 점에 있어서 두 분야는 실제로 반대 방향으로 움직이는 것처럼 보였다. 정신분석학은 비교적 건강한 사람들에게서조차 결핍이나 정신병리에 주의를 기울였고, 상담심리학은 매우 혼란스러운 내담자에게서조차 그의 강점에 에너지를 집중했다. 셋째, 수년 동안 정신분석은 인간 행동을 설명하는 요인으로 내부적, 정신내적 요인만을 바라보았고, 반면 상담심리학은 인간의 행동의 근본 원인을 개인(정신내적), 환경(외부), 개인-환경의 상호작용에 각각 초점을 두었다.

그러나 지난 20여 년 동안 이러한 것들이 변화되었고, 두 분야는 더욱 양립 가능하게 되었다. 앞에서 언급한 차이점은 여전히 존재하지만 과거보다 훨씬 덜 극단적이다. 이 책의 앞부분에서 우리는 상담심리학의 변화를 논의했다. 이제 우리는 상담심리학자들의 작업과 보다 양립 가능하게 된 정신분석에서의 몇 가지 변화를 살펴볼 것이다.

아마도 가장 근본적인 변화는, 추동심리학의 인기가 줄어들고, 자아심리학, 대상관계 이론의 몇 가지 버전, 정신분석적 자기심리학이 우세해졌다는 것이다. 이러한 기본적인 변화는 정신분석의 강조점에서 몇 가지 중대한 변화를 가져왔다. 첫째, 심리적 건강과 부적응 행동에 기여하는 환경적, 문화적, 대인관계적 요인이 더 많이 강조되었다. 정신분석학에서 발달과 치료에 있어 다문화 문제에 대한 문헌이 나오기 시작했다. 또한 현재의 사고에서 Freud의 심리성적 단계들(예: 구강기, 항문기, 남근기)은 종종 정신사회적 단계로 대체되는 경우가 많으며, 그 과정에서 (숨겨진 성적 충동보다) 성장하는 인간이 중요한 타인과 가지는 경험이 발달의 주요 결정 요인으로 간주된다. 이러한 대인관계 경험은 어린 시절 동안만이 아닌 평생 동안 행동에 영향을 미치는 것으로 보인다. 따라서 현재의 분석이론에서 심리적 발달은 평생의 과정으로 간주되지만, 여전히 초기 아동기가 후기 발달을 위한 심리적 청사진을 수립하는 데 매우 중요한 것으로 여겨진다.

자아분석적 접근, 자기심리학 접근, 대상관계 접근은 심리적 건강과 정상적 발달 과정에 상당한 관심을 기울인다. 또한 그들은 창의성, 숙달 및 사랑의 능력에 대한 긍정적인 인간의 노력에 많은 관심을 기울인다. 예를 들어, 자아분석가들은 자아의 기능이 불안에 대한 방어를 세우는 것 이상이라고 본다. 또한 자아는 사람들이 스트레스, 생활 상황, 대인관계 등에 적응하도록 돕는 역할을 한다. 여기에서 강조되는 것은 단순한 방어보다는 대처 그리고 숙달이다.

상담심리학과의 관계를 제한하는 고전적 Freud 이론의 어려움 중 하나는 여성의 성적 발달에 주의를 기울이지 않은 것, 여성을 심리적으로 열등하다고 묘사한 것이다

(Gelso & Fassinger, 1992). 성기에 대한 부러움(penis envy)과 같은 고전적 분석 개념은 낡고 성차별적인 것으로 보이며 과학적으로 지지를 받지 못했다. 그러나 보다 최근의 '심리학'은 여성의 발달을 이러한 방식으로 개념화하지 않았으며, 여성의 성적 발달을 진지하게 연구하고자 하는 의지를 보여 주었다. 이러한 변화의 뿌리에는 오이디푸스 콤플렉스의 역동의 재구성이 있으며, 이는 성적인 용어보다는 심리사회적 용어로 보고 자 하는 것이다.

끝으로, 지난 몇십 년 동안 분석 개입의 길이를 단축하는 움직임으로 인해 분석 기반 치료가 상담심리학에 더 적합하게 하는 데 있어서 커다란 진전이 있었다. 이는 대학상 담센터와 다른 지역사회 정신건강기관과 같은 곳에서의 실무에서 더욱 그러하다. 특히 이러한 측면과 관련되는 것은 마지막 절에서 다룬 단기 또는 시간제한 치료이다.

과학, 연구, 정신분석

역사적으로 정신분석과 상담심리학 간에 양립되지 않는 주요 영역 중 하나는 과학적 연구에 대한 서로 다른 견해였다. (상담심리학을 포함한) 심리학은 과학이 실천되는 중 요한 방법으로 통제된 경험적 연구를 보면서 심리학을 (실무 영역으로서뿐만 아니라) 과 학으로 정의하는 것에 깊이 투자했다.

정신분석 역시 스스로를 (실무 영역으로서뿐만 아니라) 과학으로 간주했으나, Freud 이후로 정신분석은 통제된 경험연구의 가치에 대해 비관적인 입장을 취해 왔다. 극단 적으로 표현하면, 통제된 연구는 정신분석이 인간의 성격과 정신분석치료 상황의 위대 한 복합성을 이해하는 데 도움을 줄 수 없다는 것이다. 사실, 이를 밝힐 수 있는 유일한 종류의 연구는 정신분석을 하는 동안 정신분석가에 의해 행해지는 것들이다. 이러한 견 해에서 정신분석치료 과정에서의 정신분석가의 관찰과 추론이 과학을 구성하는 것이 며, 나아가 인간의 정신과 정신분석치료 상황을 이해하는 데 도움이 되는 유일한 종류 의 연구이다.

불행하게도, 이러한 연구에는 다음과 같은 엄청난 과학적 문제가 있다. 과정을 침범 할 수 있는 정신분석가의 편견, 통제집단과 통제의 절대적 부재, 극단적인 전반적 관측 등이 그것이다. 그러나 이러한 문제들은 정신분석에서 인식되지 않는 것처럼 보이거나 단지 정신분석이 안고 가야 할 문제로만 보이는 듯했다. 나아가 과학에 대한 이러한 관 점을 굳히게 한 것은, 진실은 피분석자에 대한 전문 정신분석가의 관찰을 통해 드러날 수 있다는 믿음이었다. 이는 이론을 구축하기 위한 충분한 수단으로서, 그리고 이론을 검증하기 위한 적절한 방법으로서의 역할을 한다.

역사적으로 심리학은 역시 문제에 기여했다. (너무도 빈번하게 규범인) 극단적으로 표현하면, 진리에 다다르는 유일한 길이자 심리학에서 좋은 과학의 유일하게 실행 가능한 형태는 실험실 상황에서 이루어진 통제된 실험이었다. 여기에서는 아주 구체적인 형태의 외현적 행동이 정확하게 연구될 수 있다. 이것이 아닌 다른 모든 것은 주관적이며, 따라서 비과학적으로 간주되었다. 심리치료 영역에서 이론을 개발하는 상담심리학자들은 드물었다.

다행히 최근 여러 가지 변화로 인해 과학과 연구에 대한 관점에 있어서 정신분석과 심리학은 더욱 가까워졌다. 정신분석가와 정신분석 심리학자들은 통제된 경험적 연구를 더 많이 받아들이게 되었다. 이러한 연구들은 미국심리학회의 제39분과(정신분석)에 의해 출간되는 『Psychoanalytic Psychology』와 같은 학술지에서 명백하게 드러난다. 연구로서의 정신분석치료가 여전히 가장 두드러지는 접근으로 보이지만, 과학적 통제의 필요성에 대한 인식이 커지고 있으며, 실제로 (의학 내의 정신분석과는 대조적으로) 심리학 내의 정신분석에서는 통제된 연구의 양이 증가하고 있다. 정신분석에서 이러한 변화가 일어나는 것과 동시에, 심리학에서 받아들여지는 과학적 방법의 견해가 전반적으로 넓어졌다. 이것은 상담심리학에서 질적 방법의 사용이 증가한 것을 통해 가장 분명하게 나타난다(제4장 참조). 상담심리학자들은 질적 방법을 사용하고, 개인에 초점을 맞추고, 현장에서 이루어지고, 광범위한 행동 패턴과 주관적 의미를 조사하고자 하는 연구를 훨씬 더 포용하고 있다.

통제연구에서 정신분석적 개입에 관해 밝혀진 것은 무엇인가? 정통 정신분석에 관해서는, 장기간 치료하는 성격으로 인해 이 치료에 있어 통제된 연구 결과를 수행하는 것이 극히 어렵다. 따라서 거의 연구가 존재하지 않는데, 연구가 있다고 해도 정통 정신분석에 유리한 것들뿐이다. 정신분석은 다양한 관점(예: 대상관계)에서 피분석자에게 다양한 차원에서 긍정적인 영향을 미치는 것으로 보이는데, 예를 들어 성격의 깊은 변화가 그러하다(Shedler, 2010). 이 그림은 정신분석 지향 상담이나 치료에서도 똑같이 긍정적이다. 통제된 연구 결과에 따르면, 그러한 치료를 받는 내담자는 전반적으로 다양한 방식으로 개선되었고, 개입이 상대적으로 단기이거나 시간제한인 경우에도 그러했다(Town et al., 2012). 더욱 고무적인 것은 정신역동을 기반으로 하는 이론들의 긍정적인 결과가 치료 후에도 유지될 수 있을 뿐 아니라 계속 증가할 수 있다는 결과이다

(Shedler, 2010). 증명되지 않은 것은 다른 이론적 접근법에 비해 정신분석 지향 개입이 우월하다는 것이다. 모든 주요 접근법은 효과가 있는 것으로 보인다. 그러나 어떠한 접근법이 어떤 조건하에서 어떤 내담자에게 가장 효과적인지는 명확해져야 한다.

지난 10여 년 동안 이러한 치료의 과정에 대한 연구가 크게 증가했다. 이러한 과정 연구는 회기에서 회기로 어떻게 치료가 전개되며, 내담자와 치료자의 어떤 요인들이 이러한 치료 전개와 관련되고, 어떤 요인들이 치료에서 내담자가 좋아지는 것과 관련되는지를 연구한다. 이러한 연구들은 여기에서 요약하기에는 너무 광범위하지만, 상당히 많은 연구가 치료적 관계의 측면들(예: 작업 동맹, 전이, 역전이)과 해석과 같은 분석적 기법에 초점을 두고 있다는 점을 언급할 필요가 있다(Levy & Scala, 2012; Marmarosh, 2012 참조).

요약

정신분석과 모든 대화 치료의 창시자는 Sigmund Freud이다. 그의 천재성, 용기 및 사려 깊음은 그의 경력 전반에 걸쳐 분명히 드러나며, 또한 과학으로서의 정신분석과 심리치료에 대한 하나의 접근으로의 정신분석에 대한 그의 유산이다.

정신분석에 대해 이해하고자 한다면, 인간에 대한 이론(theory of the person)으로서 정신분석과 치료 상황의 이론(theory of the treatment situation)으로서 정신분석을 구분할 수 있어야 한다. 또한 정신분석치료에는 여러 가지 수준이 있는데, 정통 정신분석, 정신분석 지향 치료, 분석적 정보제공 상담이 그것이다. 정통 정신분석은 이중에서 가장 장기로 진행되고 강도가 높다. 분석적 정보제공 상담은 인간에 대한 정신분석 이론을 사용하여 내담자를 이해하지만, 내담자와 내담자의 상황에 가장 잘 맞는 치료 기법은 무엇이든 사용한다.

Freud와 그의 추종자들의 이론이 정신분석만 있다고 보는 것은 흔한 잘못이다. 실제로 정신분석의 폭넓은 범주 아래에 '심리학(psychologies)'이라고 불리는 적어도 네 가지 주요 군집이 놓일 수 있는데, 이는 Freud의 추동심리학, 자아심리학, 대상관계 이론, 정신분석적 자기심리학이다. 인간에 대한 이론과 치료 상황에 대한 이론으로서 정신분석의 여덟 가지 공통 요소는 (가) 정신적 결정론, (나) 유전-발달 가설, (다) 무의식의 중심성, (라) 방어의 역할, (마) 반복과 전이, (바) 치료적 관계, (사) 정신분석의 기법,

(아) 정신분석의 이상적인 결과물로서 통찰이다.

치료에 대한 많은 정신분석적 접근 중에서 상담심리학과 가장 관련이 높은 접근들은 종종 정신역동 치료의 장기 치료적 특성을 단축하고자 한다. 여기에서 단기 정신역동 치료라고 명명한 이러한 단기 치료에는 공통적인 몇 가지 특징이 있는데, 다음과 같다. 그들은 장기간의 치료를 줄이거나, 기간 제한을 설정하거나 유연하지만 여전히 간략한 기간을 엄격히 지키려 노력하며, 역동적인 중심 문제에 초점을 맞추고, 긴 역동적 치료가 하는 것보다 더한 치료자의 활약과 직접성을 포함하며, 종결에 특별한 주의를 기울이고, 단기간의 변화 가능성에 낙관적이고 간략하게 치료할 수 있는 변화에 가치를 주고, 내담자의 강점에 세심한 주의를 기울여 치료에서의 장점을 구축하는 치료자에 의해 수행된다.

수년 동안 한때 어색한 동반자였던 정신분석과 상담심리학은 잠재적으로 호환 가능한 파트너가 되었다. 정신분석적 치료가 다른 치료들보다 더 혹은 덜 효과적이라는 증거는 없지만, 정신분석 개입에 관한 연구들은 강력하게 치료의 효과를 지지한다. 정신분석치료의 과정에 대한 연구가 상당히 증가했으며, 이들은 치료적 관계의 주요 구성요소와 그들의 효과, 주요 치료 기술들에 연구의 초점을 맞추는 경향이 있다.

제 **12** 장

인지행동적 접근

이 장에서 논의될 이론은 실제로는 중복되는 두 가지 상담 접근인 행동적 접근과 인지적 접근의 조합이다. 각 접근은 현대 상담의 실무에서 서로 다른 측면에 의존하지만, 이 두 관점은 이론적으로 양립될 수 있다. 인지 및 행동 접근은 현재 인기 있는 두 가지 이론의 조합인 인지행동치료(cognitive-behavioral therapy)와 함께 상담심리학의 실무에 있어서 주요한 영향력이 되었다. 예를 들면, 상담심리학자들의 연구(Bechtoldt, Norcross, Wyckoff, Pokrywa, & Campbell, 2001; J. A. Hayes, personal communication, February 8, 2013; Zook & Walton, 1989)에 따르면, 조사 대상이 된 대부분의 교수와 실무자의 절반 이상이 그들의 일차적 혹은 이차적 이론 성향 중 하나로, 상담에서 인지 및 행동 접근에 크게 영향을 받았다고 보고하였다. 비록 이러한 연구들 중 일부가 몇 년 전에 이루어졌음에도 불구하고, 모든 지표가 인지와 행동 접근법이 현재 실무에 가장 영향력이 있다는 것을 나타낸다.

우리는 행동과 인지 접근의 발전에 대한 역사적 개요를 제공함으로써 이 장을 시작

http://dx.doi.org/10.1037/14378-012

Counseling Psychology, Third Edition, by C. J. Gelso, E. N. Williams, and B. R. Fretz

한다. 이후 행동과 인지 두 가지 모두에서 공통적인 아홉 개의 기본적인 가정을 검토한다. 이러한 가정들을 검토함에 따라, 다른 주요한 이론들과 마찬가지로, 현재의 상담 현장을 지배하는 단 하나의 행동 혹은 인지 접근이 없다는 것이 분명해질 것이다. 오히려 행동과 인지치료의 현재의 실무는 다양성과 이질성에 의해 특징지어지는데, 많은 사람은 이를 건강과 성장의 표시라고 믿는다.

이 장의 세 번째 부분에서는 두 가지 접근법의 구체적인 방법과 기법을 탐구하여 공통점과 특징을 탐색한다. 행동 절차를 검토한 후에, 두 개의 주요 인지치료법이 선별되어 요약된다. 이 장은 오늘날의 상담심리 현장에서 인지행동치료에 대한 관점으로 마무리된다.

역사적 개요

이 장에서 검토된 두 접근법 중에서, 행동적 접근은 훨씬 더 일찍 전개되었다. Wilson(2011)은 행동치료를 개발하는 데 있어서 두 가지 역사적 사건이 다른 모든 것보다 더 중요하다고 지적하였다. 첫 번째로 20세기 초 행동주의—초기 행동치료의 이론적이고 철학적인 기초—의 대두이다. 미국에서 이러한 움직임의 선두 주자는 John B. Watson이었다. Watson의 관점은 인간의 행동을 이해하기 위해서는 내부를 보아야 한다는 당시의 내성주의 이론(introspectionist theories)에 대한 대응이었다. 이와는 대조적으로 Watson은 그러한 '정신주의적(mentalistic)' 접근이 비과학적이고 별로 도움이 되지 않는다고 주장하였다. 대신에, 심리학은 외현적 행동(overt behavior)에 대한 학문이어야 한다고 주장하였다. Watson은 인간의 행동이 오로지 환경적 요인(사람의 외부에 있는 것)에 의해 야기된 것으로 보았고, 행동이 학습의 결과로 충분히 이해될 수 있다고 믿었다. 이러한 극단적인 입장은 인간이 무엇이든 되는 법을 배울 수 있고, 모든 행동을 배우거나 배우지 않을 수 있다는 것을 암시했다. 사실상 어떤 인간도 의사, 변호사, 범죄자 등이 되기 위한 조건화가 될 수 있다.

20세기 초기에 인기가 있었던 Watson의 입장은 최근에는 널리 거부되어 왔다. 행동주의의 요구는 더욱 복잡한 형태로 받아들여졌는데, 그 주요한 예로 B. F. Skinner의 급진적 행동주의가 있다. 비록 Skinner는 인간의 생물학적 구조뿐만 아니라 내적 사건 역시 중요하게 보았지만, 그는 외현적 자극과 행동에 대한 연구를 통해서 인간의 행동이 가장 잘 이해되며 수정된다는 견해를 장려했다. Skinner 이론 지지자들의 관점에서, 조작적 조건화의 원리(강화와 처벌의 원리)는 행동을 결정하는 데 가장 강력한 영향을 미친다. Skinner의 견해는 일반적으로 행동치료와 심리학 모두에 깊은 영향을 미쳤다.

행동치료의 발전에 중요한 두 번째 역사적 사건은 학습심리학과 고전적 및 조작적 조건화의 원리에 대한 발견에 관한 실험연구이다. 그중 가장 중요한 사건은 세기가 전환되는 시점에 일어났다. 러시아의 생리학자 Ivan Pavlov의 실험은 개들의 침 흘리는 반응에서 나타나듯이 고전적 조건화의 원리를 보여 준다. 같은 시기에 E. L. Thorndike는 보상과 처벌의 법칙에 따라 행동이 학습되는 방법을 자세히 설명한 그의 유명한 이론인 효과의 법칙을 개발하였다. 이와 유사하게, 1930년대 후반에 Skinner는 조작적 조건화에 대한 그의 연구와 함께 조작적 학습의 원리를 정교화하였다.

그러나 상호 연관된 사건으로서 행동주의의 상승과 학습에서 실험연구의 발전은 행동치료를 위한 길목을 빨리 열지 못하였다. 임상적 문제들에 대한 조건화 원리의 적용은 사실 세기의 이른 시점에서 일어났다. 예를 들어, Mary Cover Jones는 아이들의 특정 두려움을 극복하기 위한 조건화의 활용을 증명하였다. 또한 1930년대에 O. Hobart Mowrer와 E. Mowrer는 아이들의 야뇨증 치료를 위해 조건화 과정을 활용하였다(이는 오늘날에도 유효하게 사용된다). 그러나 Wilson(2011)이 지적했듯이, 이러한 행동치료법은 당시 활동 중인 심리학자들에게 단순하게 보였기 때문에 응용심리학을 장악하지 못하였다. 행동치료는 학술적인 실험심리학의 일부로 간주된 반면, 실무자들은 대부분 정신역동을 지향하며 내담자의 무의식적인 문제와 동기에 관심을 가졌다.

행동치료의 등장

Joseph Wolpe(1958)의 『Psychotherapy by Reciprocal Inhibition』은 아마도 행동치료 개발에서 가장 중요한 단 하나의 책이었을 것이다. 그때까지 상담자와 치료자는 내담자와 함께하는 그들의 치료에 조건화 원리를 적용할 수 있는 일련의 기술이 부족하였다. 몇 년 동안, Wolpe는 남아프리카에 있는 그의 진료소에서 일하면서 행동기법을 그의 치료에 고안하고 적용하였다. 정신분석전문의처럼 Wolpe는 모든 신경증 문제가 불안에 의해 야기된다는 이론을 내세웠다. 그러나 여기에서 정신분석과의 유사점은 끝이 났다. Wolpe는 고전적 조건화 이론과 당시 인기 있던 Clark Hull의 학습 이론을 결합시켜 그의 치료의 기초로 사용하였다. 불안은 조건화된 반응을 통해 학습되었고,

Wolpe는 이러한 불안을 없애기 위해 몇몇 기술을 고안하였다. 그중 가장 널리 인용되고 사용되는 것은 바로 Wolpe의 체계적 둔감화로, 이는 오늘날에도 강력한 행동치료법으로 사용되고 있다(Murdock, 2013; Wilson, 2011). 더 나아가, Wolpe는 그의 행동치료법으로 치료한 성인 신경증 환자의 90%가 눈에 띄게 개선되었다고 주장하였다.

이처럼 Wolpe가 그의 획기적인 업적을 발표했을 당시, 또 다른 행동치료사인 Hans J. Eysenck(1952)는 상담과 치료에서 가장 논쟁이 많은 논문 중 하나를 출판하였다(제8장 참조). 그는 신경증 환자에 대한 정신분석적이고 절충적인 심리치료에 대한 기존의 연구들을 검토하였고, 이후 치료를 받지 않은 신경증 환자들에 비해 뚜렷이 향상된 바가 없다는 것을 발견하였다. 두 집단의 참가자들 중 약 3분의 2가 유의미하게 향상되었는데, 비록 그것의 타당도가 수년간의 연구로 인해 결정적으로 반박되었음에도 불구하고 이는 1950년대와 1960년대에 상담자와 치료자가 되기 위한 전문가 훈련에 깊은 영향을 미쳤다. Eysenck의 연구 결과를 행동치료에서 매우 높은 치유율을 보고하는 Wolpe의 주장에 (그리고 1960년대 초기에 Eysenck 자신을 포함한 다른 행동주의자들에) 비추어 보았을 때, 이러한 접근법의 인기는 급격히 증가하였다.

1950년대 말에 탄생한 이후(Eysenck, 1959 진술 참조), 행동치료는 1960년대에 빠르게 성장하였다. Rimm과 Cunningham(1985)이 언급했듯이, 정신역동적 접근의 대안을 찾는 심리학자들은 Skinner의 조작적 조건화와 Wolpe의 고전적 조건화를 결합한 설득력 있는 이론을 찾아냈다. 이는 1960년대에 Eysenck의 『Behavior Therapy and the Neuroses』라는 행동치료에 관한 첫 번째 교재의 출현과 함께 시작되었다. 1960년대 중반에, Ullmann과 Krasner(1965)는 광범위한 심리적 문제와 함께 Skinner 지지자들의 조작적 조건화 원리의 활용을 증명하는 그들의 저명한 『Case Studies in Behavior Modification』을 제작하였다. 상담심리학에서 행동치료는 John D. Krumboltz와 Carl E. Thoresen에 의해 가장 효과적으로 전달되었고, 행동치료법은 Krumboltz가 '상담에서의 혁명'에 관해 쓸 정도로 매우 빨리 발전되었다(Krumboltz, 1966).

1960년대는 그해가 시작됐던 만큼이나 중요하게 끝을 맺었다. Albert Bandura(1969)는 『Principles of Behavior Modification』이라는 책을 출판하였고, 이는 막대한 영향력을 미쳤다. 이 책의 많은 중요한 부분 중에는 모델링(modeling) 혹은 모방학습(imitation learning)이 있다. Bandura는 고전적 조건화 또는 조작적 조건화가 사람들의 학습방법을 설명하기에는 불충분하다고 판단하였다. (낚시나 사냥을 배울 때 조작적 조건화의 원리를 사용하면 적절한 대응이 있은 후에만 정보를 얻을 수 있으며, 이는 매우 비효율적인 학습방법이다.) 사람들은 타인을, 즉 모델을 관찰함으로써 학습하며, 모방된 것을 수행함으로 써 강화된다.

인지 혁명

행동치료가 1960년대에 급증하면서, 또 다른 치료 접근법이 이제 막 형태를 갖추 기 시작하고 있었다. 인지 접근법의 씨앗은 1962년 Albert Ellis의 유명한 『Reason and Emotion in Psychotherapy』가 출판되면서 심어졌다. 이 책에서 Ellis는 우리의 감정과 행동은 우리가 생각하고 자신에게 말하는 것과 관련된 우리의 인지로부터 야기된다고 주장하였다. Ellis의 합리적 정서 치료(rational-emotive therapy)는 1960년대 동안 인기 를 얻었지만, 그것이 일반적으로 심리학에서 인지혁명에 의해 결합된 1970년대가 되어 서야 널리 퍼지게 되었다.

행동주의는 Watson의 시대부터 1960년대까지 전반적으로 심리학에서 지배적이었 다. 그러나 1970년대에 어떻게 인지 과정이 행동을 결정하는지에 관한 이론들은 행동 이론들 사이에서 인기를 얻으며 지배적이 되었다. 인지심리학을 포함한 응용심리학에 서 이러한 움직임은 Ellis 접근법이 큰 인기를 얻은 것과, 보다 더 중요하게 행동상담 접 근에서 인지 개념을 통합한 것으로부터 증명되었다. Bandura(1969)는 인지이론과 행 동이론의 통합을 촉진하는 최초의 세력 중 하나였다. 행동치료사들은 계속해서 외현적 행동에 관심을 두었으며, 사고, 믿음, 가치관, 다른 내적 및 인지적 체계의 상호작용과 이들이 행동에 미치는 영향에 대해서도 주의를 기울이기 시작했다. 예를 들면, 최근 몇 년간의 가장 중요하게 연구된 개념 중 하나는 Bandura(1977, 1997)의 자기효능감(사람 들이 할 수 있는 것에 대한 스스로의 믿음)이다. 자기효능감은 다양한 행동, 예를 들면 스 포츠 활동, 사회적 기술 개발, 교육적 성취, 경력개발에 영향을 미치는 것으로 확인되 었다(Bandura, 1997; Lent, Brown, & Hackett, 1994 참조).

인지 혁명의 일부로서 많은 치료 이론이 개발되었다. 비록 이러한 인지지향적인 이 론들 중 일부는 전통적인 행동치료 내에서, 일부는 그 외에서 개발되었지만, 이들 모두 행동치료기법을 사용하며 학습 측면에서 개념화될 수 있다는 점에서 행동치료와 양립 될 수 있다. 예를 들어, Beck(1976)은 우울증 치료로 가장 잘 알려진 인지치료를 개발했 지만, 이는 훨씬 더 폭넓게 적용될 수 있다. 그의 접근법은 기본적으로 인지지향적이지 만, 행동 기법도 많이 활용한다. 반면에, Meichenbaum(1977)은 초기부터 인지와 행동

개념을 통합하는 상담의 형태를 개발하였다. 이러한 인지행동 접근은 1990년대 동안에 추가적인 개발이 이루어졌다(예: Goldfried & Davison, 1994). 확실히 21세기 초까지만 해도, 인지와 행동 접근의 통합은 놀랄 만한 것이었다(Beck & Weishaar, 2011). 현재 순수하게 행동 혹은 인지만을 다루는 상담자는 거의 없다.

Wilson(2011)에 따르면, 행동치료가 '마음'(인지)을 발견한 반면에, 1980년대와 1990년대에는 감정과 정서에 대한 관심이 증가하였고, 이러한 상태가 어떻게 인지와 외현적 행동과 상호작용하는지에 대하여 높은 관심을 보였다. 또한 행동치료에서는 '생물행동적인(biobehavioral)' 상호작용을 포함하여 행동의 생물학적 기반에 훨씬 더 많은 관심을 두었다(O'Leary & Wilson, 1987). 1990년대를 통해 인지와 행동 접근의 다양성은 더욱 확장되었고, 이로써 때때로 다른 이론들과 이러한 접근을 구분하는 것이 어렵기도 했다(Wilson, 2011). 그 사유로 이러한 접근법들을 뒷받침하는 통합적인 이론이 없다(Prochaska & Norcross, 2010). 그러나 현재 구별되는 많은 특징이 존재하며, 이러한 특징들은 앞으로 다루어질 것이다.

인지행동치료의 기본적인 접근 및 가정

비록 상담이 광범위한 인지와 행동 치료를 포함할지라도, Wilson(2011)은 세 가지 기본적인 접근법을 식별하는 데 유용한 틀을 제공했다. 이 세 가지는 각각 외현적 행동이나 인지 과정에 초점을 맞추는 정도에 따라 다르다. 행동과 인지 관점의 아홉 가지 일반적인 가정에 대해 논의하기 전에, 우리는 이 세 가지 접근법을 간단히 요약하고자 한다.

세 가지 기본적인 접근

첫째, 응용행동분석(applied behavior analysis) 또는 급진적 행동주의는 오직 외현적 행동에만 초점을 맞추고, 인지를 행동을 이해하고 수정하는 데 있어서 불필요한 것으로 여긴다. 이에 대해 B. F. Skinner는 주요 대변인으로서, 그의 조작적 조건 형성(이 장의 뒷부분을 참조)이 주요 절차가 된다.

둘째, 신행동주의적 매개적 자극-반응 모델(neo-behavioristic mediational stimulus-response model)은 Clark Hull, Neil Miller, Kenneth Spence와 같은 저명한 심리학자들의 학습

이론을 활용하였다. 이러한 매개모델은 유기체 내부에서 어떤 일이 일어나는지에 관심을 가졌다. Wolpe의 체계적 둔감화가 그러한 모델의 주요한 예이다. 체계적 둔감화는 불안(내적 반응)을 해소시키고자 한다. 이러한 과정의 일환으로, 내담자는 이미지(다른 내적 사건)를 사용하여 불안을 유발하는 장면을 시각화한다. 이러한 내적 과정은 외현적 행동을 하는 것과 동일한 학습법칙을 따르는 것으로 간주된다.

셋째, 사회적 인지 모델(social cognitive model)은 Bandura(1977, 1986, 1997)의 연구에서 유래한다. 행동은 (가) 외적 자극 사건, (나) 외적 강화, (다) 인지매개 과정의 세 가지 시스템의 상호작용에 달려 있다.

사회적 인지모델에 따르면, 환경이 행동에 어떻게 영향을 미치는지는 환경적 사건 그 자체보다는 개인이 이러한 환경적 사건과 자극을 어떻게 인식하고(perceive) 해석하느냐(interpret)에 달려 있다. 이러한 인식과 해석은 근본적으로 인지능력이다. 또한 이 상호성(reciprocity) 역시 사회인지이론의 핵심 개념이다. 예를 들면, 한 개인의 행동은 어떻게 환경(예: 타인)이 반응하고 강화가 수용되는지에 영향을 미친다. 이러한 환경으로부터의 강화는 상호적인 방법으로 행동에 중요한 영향을 미친다. 우리의 행동에 기초한 경험들은 부분적으로 우리가 무엇을 어떻게 생각하고, 기대하고, 할 수 있는지에 영향을 미친다. 이러한 인지 과정은 결국 행동을 바꾼다. 따라서 행동과 인지 과정 및 환경 간에는 끊임없는 상호작용이 이루어진다.

상담 측면에서 사회인지 모델은 인지와 행동 접근의 통합에 힘을 실어 왔다. 예를 들면, 행동치료는 인지치료방법(예: 이 책의 후반부에 실린 Aaron T. Beck과 Albert Ellis의 논의를 보라)을 점점 더 많이 사용해 왔고, 이로써 인간의 문제와 갈등의 기저를 이루는 내적인 인지에 초점을 맞추고 있다. 인지 및 행동 접근이 사회인지 모델에 기초하여 결합될 때, 인간은 초기 행동치료 모델처럼 자극의 수동적인 수용자보다는 변화의 근본적인 매개자로 보인다.

아홉 가지 기본 가정

행동과 인지 관점의 아홉 가지 기본 가정에 대해 논의하면서, 이러한 모든 가정이 모든 상담자에 의해 균일하게 유지된다는 것을 의미하는 것은 아니다. 실제로 엄격한 행동 접근 중에서도 아주 많은 다양성이 존재하기 때문에, 많은 비평가는 행동치료가 실제로 존재하는지에 대해 궁금해하였다. 이와 동시에, 인지 및 행동 집단과의 차이보다

표 12-1	상담에 대한 인지행동적 접근의 아홉 가지 가정

1. 개입 시, 외현적 행동 혹은 최소한 외현적 행동에 근접한 과정에 주의를 두는 것이 최선이다.
2. 행동은 학습되며, 탈학습되거나 재학습될 수 있다.
3. 가장 효과적인 치료법은 인지와 행동 접근을 통합하는 것이다.
4. 비록 과거가 행동을 형성하는 데 중요함에도 불구하고, 행동을 바꾸기 위해서는 현재에 초점을 맞추는 것이 가장 효과적이다.
5. 내담자의 현재 문제와 증상이 치료의 초점이 되어야 한다.
6. 치료를 위해 명확하고 구체적인 목표가 설정되었을 때 상담 진행이 가장 효과적이다.
7. 인지행동 상담자는 능동적, 지시적, 권위적 방식을 취할 때 가장 효과적이다.
8. 인지행동 상담에서 내담자-상담자 관계는 매우 중요하지만, 이는 건설적인 변화를 위해서는 충분하지 않다.
9. 인지행동 상담자는 연구 결과를 실행에 옮기고 그 결과를 따르는 응용행동과학자이다.

인지행동과 정신분석 혹은 인본주의적 집단 사이에 더 많은 차이점이 존재한다. 아홉 가지 가정에 대해 논의하면서, 우리는 행동 및 인지적 관점뿐만 아니라 이들과 정신분석 및 인본주의 관점 사이에 어떤 차이점이 존재하는지를 분명히 하고자 노력할 것이다. 독자의 편의를 위해, 이러한 아홉 개의 가정은 〈표 12-1〉에 요약되어 있다. 다음에서 이러한 내용을 좀 더 자세히 논의하고자 한다.

외현적 행동과 외현적 행동에 근접한 과정에 주의를 기울이기

사실상 모든 행동 및 인지 치료는 외현적 행동에 집중하지만, 급진적 행동주의자(응용행동분석가)들은 그러한 외현적 행동의 과정에만 주의를 기울인 유일한 사람들이다(Spiegler & Guevremont, 2010). 인지적인 면에 대한 관심이 증가하면서 상담자는 인지와 같은 내적 과정에 관심을 두게 되었다. 이와 동시에, 외현적 행동수정에 대해 모든 접근법에서 높은 관심을 보이며, 심지어 명백한 인지 접근에서도, 예를 들면 정신분석과 같은 다른 이론 집단에서 보다 높은 관심을 보인다.

행동치료사들의 관심이 외현적 행동에서 멀어질 때조차도 그들은, 예를 들어 정신분석 상담자들과 같이 의지(will)보다는 표면상으로 근접한(외현적 행동과 더 가까운) 과정을 다루는 경향이 있다. 이로써 Wolpe의 체계적 둔감화에서 상담자들은 조건화된 불안(내적 상태)을 직접적으로 다루려 하며, 인지상담자들은 이에 더 나아가 그러한 불안을 야기하는 것으로 추정되는 인지를 다루려고 할지도 모른다. 이와 반면에, 정신분석학자들은 외현적 행동으로부터 훨씬 더 멀리 떨어진 곳에 집중하려는 경향이 있다. 이들에게는 불안을 넓은 범위보다 한 가지 상황으로 제한하려는 무의식적인 필요에서 비롯된 방어적인 수단으로 공포증을 볼 수 있다. 결과적으로 이러한 불안은 무의식적인 어린 시절 처벌의 두려움에서 기인하고, 아버지와의 관계를 끊고, 어머니를 자신의 편으로 만들기 위한 소망에 기인하는 것일 수 있다. 여기에서 더 깊은 무의식적 두려움과 동일하게 결국 깊은 무의식적 소망에 의해 야기된 무의식적 방어(공포증 그 자체)를 살펴볼 수 있다. 이와 반대로 Wolpe의 관점은 공포 회피와 내적 불안을 공포화된 대상이나 사물에 대한 조건화된 반응으로 여긴다.

인지행동을 포함한 행동이 학습되고, 탈학습되고, 재학습될 수 있다는 믿음

비록 거의 모든 성격이론과 치료가 인간의 기능은 생물학적 성향과 환경 요인들의 상호작용의 결과라고 가정하지만, 행동과 인지 접근은 인간의 행동, 정서, 인지반응과 패턴의 학습이 이루어지는 방법에 좀 더 초점을 맞춘다. 생물학적 전제에도 불구하고, 행동은 여전히 학습되는 경향이 있으며, 세 가지 기본적인 학습 모델로 도구적 학습, 고전적 조건 형성, 모델링이 있다. 또한 부적응적 행동이 적응적(건강한) 행동과 다른 과정을 통해 획득된다고 가정하지 않는다. 이러한 두 가지 행동 유형은 동일한 기본 학습 원리에 따라 습득된다. 행동이 어떠한 특정 원리에 따라 학습되는 것처럼, 행동은 탈학습될 수도 또는 재학습될 수도 있다. 동일한 원리를 사용하여 이러한 탈학습과 재학습 과정을 설명할 수 있다. 세 가지 형태의 학습과 그들이 포함하고 있는 원리를 각각 간략히 살펴보자.

도구적 학습

종종 조작적 조건 형성(operant conditioning)이라 불리는 이러한 형태의 학습에서, 행동은 그 결과에 의해 통제되는 것으로 보인다. 긍정적 강화(positive reinforcement)로 여겨지는 결과는 반응의 확률을 증가시키는 것이다. 예를 들면, 진로에 대하여 상담 중인 내담자가 좀 더 많은 정보를 모을 계획이라고 말할 때 그녀의 상담자가 호의적으로 대답한다면("좋은 생각이에요!"), 만약 그러한 호의적인 답변에 뒤이어 내담자가 실제로 더 많은 정보를 찾는다면, 우리는 상담자의 이러한 반응을 긍정적 강화물이라고 부를 것이다. 긍정적 강화는 행동이 학습되는 가장 강력한 절차로 보인다.

이와 같이, 부적 강화(negative reinforcement)는 어떤 행동을 하면 고통을 회피할 수 있는 결과로서 반응의 확률을 증가시키는 것이다. 이와 관련한 하나의 예로 대중연설을 회피함으로써 드는 안도감으로 인해 이러한 활동을 회피하고자 하는 마음이 강화되는 내담자를 생각해 볼 수 있다. 이와 유사한 개념으로, 처벌(punishment)은 혐오적인 결과에 대한 반응을 의미하며, 종종 그러한 반응의 감소가 뒤따른다. 예를 들면, 자신의 질문이 교수에 의해 비웃음을 당했던 경험이 있는 학생은 질문하는 것이 줄어들 가능성이 있다. 그러나 혐오스러운 자극의 활용은 종종 부작용을 지니기 때문에, 행동치료사들은 보통 처벌의 두 번째 종류인 긍정적 강화의 제거를 선호한다. 주로 사용되는 이러한 형태의 처벌의 예는 타임아웃(time out)이라 불린다(Sundel & Sundel, 1999 참조). 일반적으로 개인은 통상적인 강화물이 결핍된 장소로 데려간다(예: 잘못된 행동을 하는 아이는 장난감이나 TV와 같은 보상이 되는 자극이 없는 방에 놓인다).

마지막으로, 조작적 조건 형성에서 언급되는 개념은 조형(shaping) 혹은 접근(approximation)으로, 이는 원하는 행동이나 최종 상태에 성공적으로 근접할 경우 보상을 받는 것이다. 예를 들면, 어린아이가 그의 어머니가 있을 때 "음음음……." 하는 소리를 낼 경우, 이는 어머니의 호의적인 반응으로 강화된다. 그러면 그 아이는 '엄마'를 말한 것과 유사하게 강화되고, 이후 '엄마'의 반응에 대해서만 강화가 된다.

고전적 조건 형성

이 형태의 학습은 Pavlov가 개에 대한 실험을 하면서 발견되었다. 중립적인 자극이 효과를 지닌 자극—무조건적 자극(Unconditioned Stimulus: UCS), 예를 들면 굶주린 개들에게 주어진 음식—과 결합되면서 중립적 자극(Neutral Stimulus: NS)은 무조건적 자극(UCS)과 유사한 효과를 이끌어 내기 시작했다. 다시 말해서, 종소리는 마치 음식처럼 개들에게 침을 흘리도록 유도하는 조건적 자극(Conditioned Stimulus: CS)이 된다. 음식에 대한 개들의 반응은 무조건적 반응(Unconditioned Response: UCR)이라 불린다. 종에 대한 개들의 반응은 조건적 반응(Conditioned Response: CR)이라 불린다. 심지어 개들이 조건화된 이후라 하더라도 조건적 자극(CS)이 무조건적 자극(UCS) 없이 반복적으로 제공되면, 조건화된 반응(CR)은 소멸된다(이는 강화물이 발생하지 않을 경우, 조작적 조건 형성의 소멸과 유사하다).

고전적 및 조작적 조건 형성에서 두 가지의 추가적인 원리는 학습 과정에 있어서 매우 중요하다. 첫 번째는 자극 일반화(stimulus generalization)로, 한 개인이 특히 조건화되거나 강화된 자극을 다른 사람들에게 일반화하는 과정이다. 예를 들면, 어머니를 믿도록 학습된 남자 내담자는 신뢰할 수 없는 이유가 딱히 없다면 다른 여성들 또한 잘 믿는 경향을 보일 것이다. 빠르게 움직이는 차로부터 멀리 떨어져 있도록 학습되어 온 아이는 빠르게 움직이는 다른 물체로부터도 멀리 떨어져 있을 것이다. 그러나 정확한 일반화 혹은 부정확한 일반화 모두 가능하다. 따라서 자극 사이에 적절한 변별력에 대한 학습으로 변별(discrimination)이라 불리는 원리는 자극 일반화와 함께 작용되어야 한다. 정서적으로 파괴적인 아버지와 함께 자란 내담자는 모든 남자에 대해서 그녀의 반응을 일반화하는 것이 아니라, 남자들이 지닌 친절한 혹은 파괴적인 능력을 변별하는 것을 배워야 한다.

　복잡한 행동을 학습하고 학습하지 않는 것에 있어서 고전적 조건화가 어떻게 작용할 수 있는지에 대한 수많은 예시가 있으며, 학생들은 상담 상황에 적용될 수 있는 예시들을 제시하도록 제안받았다. 여기에서 우리가 추가하는 한 가지 관점은 고전적 조건 형성이 더 이상 단일의 무조건적 자극(UCS)과 단일의 조건적 자극(CS)과의 단순한 결합으로 보이지 않는다는 것이다. 오히려 Wilson(2011)이 언급한 바와 같이, 자극 사건들 간의 관련성이 학습될 수 있다. 앞의 예시에서 어머니 혹은 아버지에서부터 다른 여성이나 남성에게 일반화하는 것은 전반적 조건화(global conditioning)를 보여 준다.

모델링

　세 번째 형태의 학습인 모델링(modeling)은 모방학습(imitative learning)과 대리 학습(vicarious learning)이라고도 불린다. 인간의 많은 행동은 다른 사람들(모델들)을 관찰하고, 그들이 하는 것을 따라 하고, 그들이 경험하는 것을 감정적으로 경험하고 모방함으로써 학습하게 된다. 우리가 배우는 많은 것은 모델링 없이는 전혀 학습될 수 없거나 비효율적으로만 학습될 수 있다.

　학습의 세 가지 형태 중에서 모델링은 이론화할 수 있는 가장 최근의 것이고, 일부 심리학자들은 모델링을 단지 고전적 및 조작적 조건 형성의 부분집합으로 계속해서 믿고 있다. 조작적 및 고전적 조건 형성의 측면들이 모델링 과정의 일부라는 것은 사실이다. 예를 들어, 모델에 의해서 보이는 행동들이 강화되기 때문에 모델과 학습자 모두에게 모델링이 발생된다. 그러나 모델링은 그것의 개별성을 보장할 만큼 충분히 분명한 듯 보인다. 오직 조작적 및 고전적 조건 형성만을 통해서(모델링 없이) 복잡한 기술(비행기 조종하기, 자동차 운전하기, 효과적인 상담자가 되기)을 배운다고 생각해 보자. 어느 정도의 효율성, 심지어 어떤 경우에는 안정성을 배우는 것은 어렵다. 이와 동시에, 어떻게 다른 두 가지 형태의 학습이 모델링에 추가되는지 쉽게 알 수 있다. 상담자가 되는 법을 배울 때, 당신은 직접적으로(영상, 상담 실습을 통해) 혹은 책을 통해서 다른 사람들을 관찰할 수 있다. 또한 당신은 적절한 상담 반응에 대해 강화될 수 있다. 당신은 특정한 내담자의 행동에 정서적 반응을 경험하는 사람들도 관찰할 수 있으며, 당신이 상담을 시작할 때, 대리적 고전적 조건 형성(vicarious classical conditioning)을 통해서 그러한 행동에 대해 동일한 반응을 경험할 수도 있다.

이러한 세 가지 학습 형태(도구적 학습, 고전적 조건 형성, 모델링)에 대한 논의를 마치기 전에, 우리는 인지행동 연속체에서 인지적 측면을 선호하는 상담자들 역시 최소한 부분적으로 내담자가 지닌 문제를 학습 측면에서 개념화하는 경향이 있다는 것을 강조해야 한다. 예를 들어, Ellis(1995)는 어떻게 개인이 특정한 방법으로 지각하고 인식하기 위해 사회적으로 조건화되는지를 언급하였다. 이와 같이, Beck과 Weishaar(2011)는 사회적 학습 이론과 더불어 인지 과정이 어떻게 발달하고, 실패하고, 변화할 수 있는지를 이해하기 위한 시도의 중요성을 지지하였다.

실무에서 행동 및 인지 접근의 융합

비록 상담에 대한 일차적인 인지 접근(Ellis의 합리적 정서 치료와 Beck의 인지치료와 같이)이 행동치료의 주류 밖에서 발전되었음에도 불구하고, 행동과 인지 접근은 상담심리학의 현재 실무에서 융합되는 경향이 있으며, 우리가 언급한 바와 같이 이로써 실무자들은 자신을 인지행동 상담자로 여긴다(예: Persons, 2008). 이러한 융합은 (가) 인지 이론이 행동기법의 활용 및 학습적 용어로 인간행동의 개념화를 분명하게 언급했기 때문에, (나) 가장 인기 있는 행동치료 이론이 발달과 변화를 위해서 내적 요인(예: 인지)을 중요하게 고려하기 때문에 발생하였다.

앞 단락의 (나)에서 암시한 것처럼, 행동치료 장면은 최근 몇 년 동안 극적인 변화를 겪었다. 오직 외현적 행동에만 초점을 맞춘 급진적 행동주의의 한 형태로서 응용행동분석은 멀지 않은 과거에 (응용심리학을 포함한) 미국 심리학에서 지배적인 영향력이었다. 그러나 21세기에 몇몇 급진적 행동주의자가 여전히 실무 활동을 하고 있다. 주요 대변인이었던 Albert Bandura의 업적으로 대표되는 사회인지 이론이 널리 퍼지게 되었다. 기대, 가치, 사고, 자기효능감과 같은 내적 요인은 이러한 접근법의 핵심 개념이다. 외현적 행동은 여전히 사회인지 이론에서 많은 관심을 받고 있지만, 내적인 인지 개념은 외적인 행동 개념에 더하여 현재 연구가 되고 있다. 따라서 현대의 행동 상담자는 거의 언제나 인지행동 상담자이다(Persons, 2008).

최근 경향

모든 인지행동 접근법은 지금-여기(here and now)에 강조를 두고 있다. 문제는 현재에 존재하고, 따라서 상담에서 관심을 필요로 하는 것은 현재이다. 분명히도, 사실상 모든 것이 과거가 현재의 인지 및 행동 패턴을 형성하는 데 중요하다는 점에 동의한다. 따라서 행동 및 인지 상담자들은 내담자의 학습 이력에 관심이 많으며, 이에 대한 세심한 평가자료를 수집한다. 예를 들면, 시간이 흘러도 공포증이 지속되는 것은 치료법과 관련이 있기 때문에, 상담자는 내담자의 사회공포증 발달에 대한 자세한 정보를 요구할 수 있다. 이와 마찬가지로, 상담자는 과거의 활동을 검토하여 내담자의 자원에 대한 중요한 정보를 드러낼 수도 있다.

내담자의 학습 혹은 강화의 과거이력에 대한 검토가 매우 가치 있는 것으로 보일지라도, 치료는 현재 문제에 초점을 맞추어야 한다. 내담자의 과거에 묻혀 있는 자료를 심층적으로 탐색하는 행동인식 상담자는 드물다. 이러한 통찰은 현재의 문제를 해결하는 데 특별히 도움이 되는 것으로 보이지 않는다. 과거는 매우 흥미로울지 모르지만, 그것을 단지 드러낸다고만 해서는 아무것도 바꿀 수 없다. 그럼에도 불구하고, 행동과 인지 상담자들은 다른 종류의 통찰력을 찾을지도 모른다. 예를 들면, 내담자들이 스스로에게 말하고 있는 것에 대한 통찰력 또는 특정한 두려움이 발생하는 조건에 대한 통찰력과 같은 것이다. 하지만 이러한 종류의 통찰은 정신분석적 또는 심지어 인본주의적 치료에서 추구되는 것과는 매우 다르다.

지금-여기에서 강조하는 것은 고전적 정신분석치료사와 인지행동 상담자를 명확하게 구분한다. 반면에, 인지와 행동 접근에서 현재에 중심을 두는 것은 인본주의 상담자의 성향과 유사하다.

현재 당면한 문제를 진지하게 받아들이기

한 내담자가 수업 시간에서 말하는 것에 대한 불안 때문에 상담에 왔다. 내담자의 수업 규모가 매우 작고, 토론수업에 중점을 둔 상담대학원 프로그램에 이제 막 입학했기 때문에 현재 당면한 문제가 더욱 절박해졌다. 행동 상담자는 이러한 문제에 대해—그것의 빈도, 강도 및 지속 시간—신중하게 검토할 것이나, 말하는 어려움을 주로 개입해야 할 문제로 볼 것이다. 인지심리학자는 한 걸음 더 나아가 이러한 불안을 야기하는 인지적 신념을 탐색해 볼 수 있으며, 현재 당면한 문제에도 매우 가까이 머무를 것이다.

반면에, 정신분석 또는 인본주의적 상담자는 말하기의 어려움을 다른 문제의 증상으로 볼 수 있다. 이러한 문제들은 일반적으로 무의식적이거나(정신분석학자들에 의해) 외부의식(인본주의적 상담자들에 의해)으로 보인다. 치료가 필요한 것은 그러한 증상이 아니라 그것의 기저를 이루는 '근본적인' 원인이다. 그러나 행동 상담자는 주로 증상 그 자체를 치료할 것이다(인지 상담자와 다소 구분되는 점). 행동 상담자들은 전통적으로 "문제는 증상이고, 증상은 문제이다."라는 표현을 고수해 왔다.

구체적으로 명확하게 정의된 목표의 중요성

행동과 인지 상담자들은 전반적인 용어로 진술되는—'흐릿한' 것으로 여겨지는—상담 목표를 특히 꺼린다. 따라서 '자아실현' '성격 재구성' 및 '핵심적인 무의식적 갈등의 해결'과 같은 목표들은 이러한 상담자들에 의해 항상 무시되어 왔다. 심지어 내담자들이 그러한 이유로 상담을 원하거나 이러한 관점에 기반을 둔 목표를 표현하려 할 때조차도, 행동인지 상담자들은 이러한 목표가 명확하고 구체적일 수 있도록 돕는다. 사실, 상담자는 주로 무엇이 내담자의 발전을 이루는지 설명하려고 한다. 즉, 상담자는 그들이 쉽게 측정할 수 있고 공개적으로 확인받을 수 있는 목표를 설정하려고 노력한다.

이것의 한 예로 자기 자신을 높이 평가하지 않는다는 막연한 느낌 때문에 상담을 받으려고 하는 여대생을 생각해 볼 수 있다. 신중한 평가를 통해서, 이 내담자가 도달할 수 없는 기준을 가지고 있으며, 이를 충족하는 데 실패했을 때 그녀 자신을 혹독하게 비판한다는 사실이 드러났다. 상담자와 내담자는 자기비하적 발언 줄이기, 자기비판적 인식 줄이기, 좀 더 성취 가능한 기준을 선정하기의 세 가지 목표를 정했다. 이러한 특정 문제와 목표는 다양한 행동과 인지 개입을 통해 해결될 수 있으며, 또한 쉽게 측정될 수 있다.

이와 유사하게, 특정한 문제에 대해서 상담을 구하는 내담자에게 목표는 가능한 한 구체적인 행동 및 정서적 변화 측면에서 언급되어야 한다. 예를 들면, 밀폐된 공간과 실외 모두를 두려워하는 광장공포증을 지닌 남자 내담자의 경우, 지역의 식료품점을 방문하는 횟수를 늘리고 그러한 방문 동안에 느끼는 불안감 수준을 낮추는 것을 목표로 가질 수 있다. 우울증을 겪고 있는 내담자라면 더 많이 웃고, 자기비난을 줄이고, 긍정적인 활동에 더 많이 참여하고, 우울 목록에서 좀 더 좋은 점수를 얻는 것을 목표로 할 수 있을 것이다.

능동적이고 지시적이며 권위적인 상담자의 역할이 지닌 가치

인지행동 상담자들은 그들의 내담자와 함께 상담의 목표를 발전시킬 수 있도록 능동적으로 작업한다. 상담이 진행됨에 따라, 상담자의 태도는 (인본주의적 및 정신분석적 상담자들보다 훨씬 더) 능동적이고, 지시적이며, 권위적이다.

따라서 상담자는 상담을 진행하는 동안에 능동적으로 내담자를 지도하고, 문제가 무엇이며 이를 가장 잘 해결할 수 있는 방법에 대해 제안하고, 상담에서 이루어질 수 있는 활동(예: 역할극, 심상화, 둔감화)에 내담자가 참여하도록 제안하고, 상담 밖에서 내담자의 행동을 규정한다. 이러한 외부 활동들은 소위 과제라고 불리는 인지행동 접근의 특징이다. 대부분의 많은 치료는 여러 회기 중 내담자가 자신에 대해 발견한 부분, 연습, 과제의 시도를 통해 이루어진다.

따라서 인지행동 상담자들은 비지시적인 정신분석 상담자가 지닌 고정관념과는 동떨어져 있다. 그들은 치료 중에 대화하는 것을 주저하지 않는다. 결국, 상담자는 내담자 활동에 비례하여 표현을 한다. Wilson(2011)은 다른 치료법에 비해 행동치료가 내담자에게 무언가를 요청하는 것을 포함한다는 것을 분명히 했다(예: 이완연습, 칼로리 섭취자가 점검, 불안을 야기하는 상황 직면하기, 강박적 의식을 줄이기).

중요하지만 충분하지 않은 상담자-내담자의 관계

행동치료가 1950년대 후반과 1960년대 초반에 처음으로 응용심리학 분야에 등장했을 때, 이는 과학적이지 않은 것으로 묘사되었던 인간 중심 치료와 특히 정신분석학에 대한 최상의 과학적 대안으로 나타났다. 행동치료 문헌에서 엄격한 객관성에 대한 명백한 필요성은 상담자와 내담자에게 '실험자와 피실험자'와 같은 비개인적인 언어를 활용하는 것에서 표현되었다. 과학적 객관성이 지닌 강점을 감안하면, 내담자-상담자 관계의 역할은 '취약한(soft)' 요인으로 경시되었다. 그것은 쉽게 관찰할 수 있는 외현적 행동이 아니었고, 엄격한 과학적 측정에 의존하지 않았다.

행동치료가 더욱 발전되고 내적 과정에 대한 치료와 연구가 더욱 개방적이게 되며, 과학과 과학적인 개념이 더욱 확장되고 완화됨에 따라서, 상담자-내담자 관계 역시 많은 관심을 받게 되었다(제4장 참조). 사실상 모든 인지 및 행동 상담자들은 이제 효과적인 치료가 일련의 기술을 적용하는 것 그 이상이며, 변화 과정에 있어서 상담자-내담자 관계가 매우 중요하다는 믿음을 표현한다. 이와 동시에, Carl Rogers와 인간 중심 접근의 지지자들과 달리(제13장 참조), 인지 및 행동 상담자들은 좋은 관계가 그 자체로 지속적인 변화를 가져오기에 충분하다고 믿지 않는다. 하지만 오히려 관계는 효과적인 기술의 활용을 위한 환경을 설정하기 때문에 중요하다.

　Persons(2008)가 설명한 대로, 인지행동치료에서 좋은 관계란 필요하지만 충분하지 않다. 좋은 관계의 핵심 단어는 협력(collaboration)이며, 상담자의 주된 역할은 치료에서 내담자와 상담자가 기술적 개입을 수행하는 효과적인 팀으로 활동할 수 있도록 협력을 구축하는 것이다.

> 따뜻하고, 신뢰할 수 있고, 존중하고, 협력적인 관계는 내담자가 상담자의 의견을 수용하고, 치료의 목표와 과제에 대해 상담자와 합의하고, 치료의 기술적 개입을 따르기 위해 열심히 노력하고, 치료에서 발생하는 모든 문제를 상담자와 상의하도록 하는 데 도움을 줄 것이다(Persons, 2008, p. 167).

　Persons(2008)와 다른 연구자들에 따르면(예: Goldfried & Davila, 2005), 현대 인지행동치료에서 치료적 관계는 또한 평가와 개입 도구로서 유용하다. 여기에서 상담자는 회기에서 나타나는 내담자의 행동을 회기 밖에서 또한 발생하는 행동의 예로 본다. 회기에서 이러한 행동의 발생은 상담자에게 내담자의 문제에 대한 직접적인 예시를 제공하며, 이로써 그러한 행동들이 치료적 관계에서 발생할 때 수정할 수 있는 기회를 나타낸다. 30여 년 전 Brady(1980)에 의해 묘사된 행동치료에서 관계가 지닌 역할은 여전히 적절하다.

> 내담자에 대한 상담자의 감정 또한 중요하다. 만약 상담자로 하여금 내담자가 괜찮은 사람이 아니거나 무슨 이유에서든 내담자를 좋아하지 않는다면, 그는 내담자에 대한 이러한 태도를 숨기는 데 성공하지 못할 수 있으며, 이는 일반적으로 관계에 해로운 영향을 미칠 수 있다(pp. 285-286).

　행동치료에서 관계는 중요하지만, 그 자체가 목적이 아니다. 관계는 상담자에게 내담자가 치료 요법을 따르도록 하는 수단을 제공하고, 치료자가 보다 효과적인 강화자가 되게 만든다. 따라서 관계의 역할은 정신분석 또는 인본주의적 개입과는 매우 다르다(치료적 관계에 대해서 제9장을, 정신분석적 및 인본주의적 상담에 대해서 제11장과 제13장을 참조).

경험적 자료와 과학적 방법이 지닌 가치

수년간 행동치료에서는 그것의 정의조차 더 이상 명확하지 않았음에도 불구하고 많은 변화가 있었다. 이러한 혼란은 행동치료가 인지이론을 포함하고, 인지치료가 행동 기법 및 학습이론 모두를 기본적인 설명도구로서 채택했을 때 특히 두드러지게 되었다. 이와 동시에, 소위 행동 및 인지 접근이라 불리는 모든 것에 공통적인 유일한 가정 혹은 요소는 치료 기법에 대한 신중한 경험적 연구에 근거한다는 것이다. 아마도 다른 어떤 상담자들보다 행동 상담자들은 자신을 상담에서 과학적 자료를 수집하고 특정 치료에 대한 연구 결과를 활용하는 응용행동과학자로 볼 것이다(Goldfried & Davison, 1994; Murdock, 2013).

행동 상담에서 특수성을 매우 강조한다는 점을 감안할 때, 실무자들이 특정한 내담자 집단에 활용하기 위해 특정 치료 기술에 대해 신중하고 정확한 조사를 중시하는 것은 놀라운 일이 아니다. 목표는 특정한 상황에서 특정 내담자의 문제에 활용하기 위해 과학적으로 입증된 효과를 지닌 특정 기술의 설비를 구축하는 것이다. 또한 제8장에서 설명한 바와 같이, '경험적으로 입증된 치료'와 '경험적으로 지지된 치료'에 대한 움직임이 인지행동치료의 연구자들로부터 생겨났다는 사실 또한 놀라운 일이 아니다. 치료 기술에 대한 엄격한 과학적 연구가 지닌 가치는 인지행동 접근의 깊고 내재적인 부분이다.

인지행동 접근의 방법과 절차

이 부문에서는 인지행동치료자들에 의해 종종 사용되는 다양한 평가 및 치료절차와 방법을 간략히 설명한다. 우리는 상담의 두 가지 주요 인지이론, 즉 Ellis의 행동치료와 Beck의 인지치료를 설명할 것이다. 그러나 이 부문은 흔히 사용되는 몇 가지 방법과 절차의 요약만을 구성한다. 이에 대한 보다 충분한 설명을 위해서, 독자들은 Butler, Fennell, Hackman(2008), Dattilio와 Freeman(2007), Goldfried와 Davison(1994), Hofmann(2011), Persons(2008)에 의한 책 한 권 분량의 논의를 참고할 수 있다. 특정한 행동 및 인지 접근에 관한 훌륭한 논의는 Murdock(2013)과 Prochaska와 Norcross(2010)를 참고할 수 있다.

평가 과정

  인지행동 상담자의 첫 번째 업무는 라포(rapport)를 형성하고 내담자를 신뢰하는 것이다. 상담자는 내담자가 현재의 문제에 대해 논의할 때 민감하고 공감적으로 경청한다. 이를 통해 형성되는 관계는 상담자가 그러한 유대 없이 말하기에는 너무 당황스러울지 모르는 정보를 내담자로부터 찾는 것을 허용한다. 상담 초기에서, 상담자는 내담자가 지닌 현재 문제를 온전히 이해하고자 한다. 내담자가 지닌 행동 및 상담에 따른 안내를 활용하여, 상담자는 내담자의 문제에 대한 상세한 정보, 즉 그 문제가 어떻게 그리고 언제 발달했는지, 그 문제의 지속기간, 빈도, 강도, 및 심각성, 그 문제가 일어나는 상황에 대해 알아낸다. 문제에 대한 내담자의 생각과 느낌 그리고 내담자가 그 문제에 대처하기 위해 어떻게 노력해 왔는지가 드러난다. 상담자는 내담자가 지닌 문제를 유지시키고, 내담자의 생각, 감정, 혹은 행동을 통해 표현될 수 있는 환경적이고 인지적인 영향을 주의 깊게 살펴본다[예: Persons(2008)의 사례개념화 접근을 참고].

  Wilson(2011)이 언급했듯이, 인지 및 행동 상담자들은 '왜'라는 질문을 거의 하지 않는다(예: '시험을 보기 전에 왜 불안해하나요?' 혹은 '직장에서 왜 스트레스를 받나요?'). 그러한 질문은 정신분석치료사의 평가 작업에서는 핵심적일 수 있지만, 인지 상담자들은 문제행동과 환경을 유지하는 요소들을 이해하고자 할 때 어떻게, 언제, 어디서, 무엇이라는 질문을 매우 선호한다. 상담자는 내담자의 자기보고에 크게 의존하지만, 반드시 액면 그대로 받아들이지는 않는다. 대신에, 상담자는 내담자의 보고가 일관적이지 않거나 부정확해 보이는 면을 찾는다. 이러한 불일치는 자연스럽게 탐색되거나 추후에 재탐색을 위해 조용히 기록된다. 내담자의 문제와 그 맥락을 이해하기 위한 노력으로, 상담자는 특히 내담자로 하여금 문제가 나타난 방법, 시기, 상황 측면에서 가능한 한 구체적일 수 있도록 돕는다.

  상담자는 평가에 도움이 되는 언어적 상호작용 외에도 다양한 기법을 활용한다. 그중 두드러지는 기법으로는 역할놀이, 유도된 심상, 자가점검, 행동관찰, 심리검사가 있다. 역할놀이(role-playing)를 활용하는 데 있어서, 상담자는 내담자에게 문제시되는 특정한 대인관계 상황에 대한 역할놀이를 하도록 요구할 수 있다. 치료자는 내담자가 어려움을 겪고 있는 사람의 역할 혹은 그 반대의 역할을 할 수 있고, 치료자가 내담자 역할을 하는 동안에 내담자는 다른 역할을 혹은 이러한 활동 모두를 수행할 수 있다. 이러한 역할놀이는 상담자로 하여금 내담자에 대한 행동관찰을 할 수 있도록 돕고, 또한 내담자로 하여금 과연 무엇이 그 혹은 그녀가 어려움을 겪고 있는 사람과의 상호작용을 유지하도록 동기부여하는지를 더 명확하게 볼 수 있도록 돕는다.

유도된 심상(guided imagery)에서 상담자는 내담자에게 문제 상황에 대한 시각적 이미지를 만들어 내고 이를 언어화하도록 요청할 수 있다. 이는 상담자와 내담자 모두가 문제 상황에서 무엇이 일어나고 있는지 그리고 내담자가 그 상황에서 무엇을 생각하고 느끼고 있는지에 대해 한 걸음 더 가까이 다가갈 수 있도록 한다(단순한 언어적 설명 그 이상으로). 자가점검은 주요 문제를 나타내는 사건이나 반응을 내담자가 매일 주의 깊게 기록하는 것을 수반한다. 예를 들면, 불안장애가 있는 내담자는 그 혹은 그녀가 불안을 느끼는 상황, 경험하는 불안의 정도, 불안을 유발한 원인에 대해 기록할 수 있다. 결과적으로, 내담자와 상담자 모두 문제와 그 문제를 유지시키는 원인에 대해 더 명확하고 상세한 그림을 그려야 한다.

다른 기법들과 달리, 행동관찰(behavioral observations)은 주로 내담자가 아닌 다른 사람들(예: 부모, 교사, 병원 직원)에 의해 활용되며, 문제가 발생하는 내담자의 주변 환경(예: 학교, 집, 병원)에서 생성된다. 행동 상담자는 이 사람들에게 내담자의 행동을 객관적으로 관찰하고 기록하는 방법을 안내한다. 주로 이러한 절차는 조작적 조건 형성의 관점에서 사용된다. 관찰자는 내담자의 행동을 관찰하는 법을 배우고—예를 들면, 교실 혹은 집에서—그 행동에 영향을 미칠 수 있는 강화와 처벌에 주목한다. 관찰자들은 자신의 행동을 수정하는 방법을 배움으로써 내담자의 행동 변화를 도울 수 있다. 예를 들면, 부모들은 종종 강화 절차와 더불어 어떻게 그들의 행동이 문제가 발생하는 과정과 자녀의 문제행동을 강화시킬 수 있는지에 대해서 배운다. 이를 통해 부모들은 강화물을 활용하여 바람직한 행동을 생성할 수 있는 방법에 대해서 배울 수 있다.

심리검사(psychological tests), 설문지(questionnaires), 체크리스트(checklists)는 행동 및 인지 상담자들에 의해 사용되는데, 단 내담자의 문제 상황 혹은 행동과 직접적으로 관련된 특정한 자질을 측정할 때에만 사용된다. 미네소타 다면적 인성검사(Minnesota Multiphasic Personality Inventory: MMPI) 혹은 다양한 투사적 검사와 같이 일반적인 정신 진단 검사들은 선호되지 않는다. 대신에, 예를 들어 두려움, 불안, 우울, 혹은 자기주장성을 평가하는 체크리스트나 설문지는 내담자의 문제의 심각성 정도를 예비적으로 파악하고 이러한 불안감의 정도가 치료 과정 전반에 걸쳐 어떻게 변하는지를 판단하는 데 매우 유용할 수 있다.

마지막으로, 내담자의 현재 문제가 완전히 파악된 후에도 평가는 중단되지 않아야 한다. 인지행동 상담자는 치료를 통한 평가를 지속해야 한다. 사실, 이러한 상담에서 평가는 진행 중인 치료의 필수적인 부분이다.

인지행동치료 절차

다른 이론적 성향을 지닌 상담자들 이상으로, 인지행동 상담자는 특정한 내담자의 문제에 특정 치료 기법들을 연결시키고자 노력한다. 이러한 기법들은 내담자의 문제에 대한 모든 측면, 그 기법의 효과성에 대한 연구문헌, 내담자에게 가장 적합할 것이라는 상담자의 임상적 판단에 기초하여 선택된다. 다음의 문장은 치료 기술의 예시를 보여준다(〈표 12-2〉 참조). 이와 같이 실제 치료에서는 다양한 방법이 주로 결합되며, 인지 및 행동 절차 모두가 동일한 사례에 자주 사용된다는 것을 명심하는 것이 중요하다.

표 12-2 인지행동치료의 여러 가지 기법	
1. 조작적 조건 형성	8. 자기주장 및 사회적 기술 훈련
2. 긍정적 강화	9. 행동 시연
3. 행동조성	10. 홍수요법
4. 둔감화	11. 참여적 모델학습법
5. 체계적 둔감화	12. 자기조절 과정
6. 실제 상황 둔감화	13. 혐오조건 형성
7. 인지 재구조화	

조작적 조건 형성

조작적 조건 형성은 행동이 학습되는 원리와 행동이 수정되는 기법 모두를 포함한다. 내담자의 문제가 발생하는 환경뿐만 아니라 사무실에서도 조작적 조건 형성 기법이 사용될 수 있다. 상담에서 이루어지는 조작적 조건 형성을 먼저 살펴보자.

만약 내담자가 상담자에게 긍정적 유대감을 느끼거나 최소한 상담자의 전문 지식을 존중한다면, 내담자는 상담자의 견해와 반응에 수용적일 것이다. 행동 상담자는 어떠한 행동을 변경해야 할지를 결정하고, 만약 사무실에서 강화 기법이 상황에 적합한 것으로 보인다면 상담자는 보통 언어적으로 이를 강화할 수 있다. 예를 들면, 진로 문제를 해결하고 좀 더 적절한 진로를 추구하려는 내담자와 함께 작업하면서, 상담자는 직업 관련 정보를 찾는 것이 내담자에게 매우 중요하다고 믿을지도 모른다. 만약 상담자로 하여금 이러한 활동에 내담자가 저항하는 것 같이 느껴진다면, 내담자는 그러한 정보가 도움이 될 것이라는 암시를 제공하며 언어적으로 강화할 수 있다(예: "좋은 생각이에요!" 혹은 "좋은 방향으로 나아가는 데 진정한 도움이 될 것 같네요"). 이후 상담이 진행됨에 따라, 상담자는 정보를 찾으려는 내담자의 의지를 긍정적으로 강화한다. 이러한 방법은 직업 관련 정보 탐색을 장려하는 데 매우 효과적인 것으로 밝혀졌다.

이러한 예시에서 긍정적 강화는 반응을 증진시키기 위해 사용된다. 행동을 소거하기 위한 조작적 조건 형성 절차는 어떠한가? 회기 밖의 상황을 예로 들면, 만약 어떤 엄마가 그녀의 세 살짜리 아이로 인해 상담을 받으려고 한다고 가정해 보자. 아이는 최근 숨을 참거나 장난감을 던지는 무섭고 파괴적인 방식으로 성질을 부리고 있다. 상담자는 문제가 발생하는 상황에 대해서 엄마에게 조심스럽게 질문하였고, 이러한 현상들이 최근 그녀가 일을 막 시작하면서 집에서 아이와 함께 있을 시간이 줄어들며 발생하게 되었다는 것을 발견하였다. 상담자는 그러한 상황을 직접적으로 관찰하기 위해 가정을 방문하기로 결정하였다. 이때 아이가 화를 낼 때마다 엄마가 아이를 따뜻하게 안아주고 애정을 표현한다는 것을 확인하였다. 이로 인해 아이의 화난 행동이 강화되고 있었다. 비록 엄마는 자신의 새 직업을 흥미롭게 느끼고 발전해 나가고 있다고 생각함에도 불구하고, 그녀가 집을 떠나 있는 것에 대해 죄책감을 느낀다는 사실이 추가적으로 드러났다. 상담자는 엄마가 아이의 화난 행동을 강화하는 것을 멈추고, 그 대신에 이를 무시하도록 도왔다. 이를 위해 상담자는 아이가 성질을 부리기 시작할 때면 언제든 방을 나가야 한다고 제안했다. 또한 아이가 바르게 행동했을 경우 신체적 및 언어적 애정을 아낌없이 제공하도록 제안했다. 아이와 시간을 보내는 동안에도 종종 일에 몰두하는 아버지 역시 아이가 바르게 행동할 때 이를 강화하는 방법을 안내하였다. 짧은 시간 동안 상담의 일환으로 신중하게 기록을 남긴 엄마는 이후에 아이가 근본적으로 성질 부리기를 멈췄고, 부모로부터 많은 사랑을 받고 있으며, 전반적으로 더 행복해 보인다고 보고하였다.

둔감화

체계적 둔감화(Systematic Desensitization: SD)는 불안과 두려움에 기반을 둔 반응들을 제거하기 위해 연구된 행동 개입들 중 하나이다. 이는 불안과 관련된 다양한 문제들에 대해 효과적인 것으로 밝혀졌다(Goldfried & Davison, 1994). 동물들에게 조건화된 두려움을 제거하기 위한 연구에서 발달되면서, Joseph Wolpe(1958)에 의해 인간에게 적용되었다. 불안이 양립할 수 없는 상태와 체계적으로 결합될 때, 상호 억제의 원리(reciprocal inhibition)에 따른 역조건 형성 혹은 억제를 통해 불안은 결국 사라지게 된다. 불안을 억제하기 위해 가장 자주 사용되는 반응은 이완, 특히 깊은 근육의 이완이다.

체계적 둔감화는 네 가지 단계를 이룬다(Deffenbacher & Suinn, 1988). 첫 번째 단계는 내담자에게 진행 절차에 대한 근거를 제공한다. 이는 비기술적인 방법으로 진술되어야 하고, 두려움이란 학습되며 둔감화를 통해 학습되지 않을 수 있다는 개념을 전달해야 한다. 두 번째 단계는 이완 훈련이다. 내담자는 대개 점진적으로 깊은 근육의 이완을 배우는데, 이는 Jacobson(1938)에 영향을 받은 Wolpe의 기법이다. 또한 내담자는 그 혹은 그녀가 깊은 편안함을 느낄 수 있는 특정한 경험을 기억하도록 요구받으며, 이때 상담자는 내담자의 그러한 주변 장면을 구성하도록 돕는다. 세 번째 단계에서, 상담자와 내담자는 불안을 야기하지 않는 것에서부터 특정 문제와 관련하여 모든 것에 극도로 불안을 느끼는 것에 이르기까지 불안을 야기하는 장면에 대한 시각적 위계(visual hierarchies)를 구성하기 위해 함께 노력한다. 예를 들면, 만약 내담자가 시험불안으로 인해서 상담을 받고자 한다면, 가장 불안을 야기하는 장면은 아마도 그 학생이 기말고사를 앞두고 교실에 앉아 있는 모습일 것이다. 시각적 위계는 전형적으로 8~15개의 장면을 포함하며, 그중 어느 것도 그 전 단계보다 더 많은 불안을 이끌어 내지 못한다. 상담자들은 보통 불안을 야기하는 잠재적인 상황에 따라서 장면을 고르게 배치하도록 노력한다.

체계적 둔감화의 마지막 단계는 적절한 둔감화로, 이는 위계에 속한 장면들을 단계적으로 이완과 결합시키는 것을 의미한다. 일반적으로 내담자가 깊은 편안함을 느낀 후에, 상담자는 내담자로 하여금 그러한 위계에서 가장 불안을 적게 느끼는 장면을 시각화해 보기를 요청한다. 만약 내담자가 그 장면을 시각화할 때 어떠한 심각한 불안을 느낀다면, 그 혹은 그녀는 손가락을 들어 올린다. 이 경우, 내담자는 가장 편안함을 느끼는 경험을 시각화하도록 지시받는다. 첫 번째 상황을 두 번 더 시도한 후에도 아무런 불안감이 느껴지지 않을 경우, 상담자는 내담자에게 위계에서의 다음 장면을 시각화해 보도록 요청한다. 만약 불안감을 경험했다면, 상담자는 그 장면으로 돌아가서 해당 장면을 두 번 더 시각화하도록 반복한다. 이러한 과정은 내담자가 불안을 경험하지 않고 계층의 모든 장면을 시각화할 수 있을 때까지 계속된다. 상담의 종결은 내담자가 실제로 두려워하는 상황을 성공적으로 다룰 수 있을 때 발생한다. 예를 들면, 시험불안이 있는 내담자는 비교적 쉽게 시험을 볼 수 있고, 공포증이 있는 사람은 이전에 공포를 느꼈던 활동들을 할 수 있을 것이다.

체계적 둔감화의 변형 모델은 실제 상황 둔감화(in vivo desensitization)이다. 이는 위계가 실제 생활에서 나타난다는 것을 제외하고는 체계적 둔감화와 동일하다. 외부 출입이 어려운 광장공포증을 지닌 내담자는 집 밖으로 나가서 식료품점에서 쇼핑하는 것과 관련된 위계를 가질 수 있다. 상담자는 대개 위계에 따른 이동 시 내담자와 함께 동행한다. 만약 내담자가 불안해한다면, 상담자는 이완 행동을 통해 도움을 준다. 실제 상황 둔감화는 강력한 방법이 될 수 있으며, 이로써 실행 가능할 때면 언제든 권유된다(Beidel & Turner, 1998; Goldfried & Davison, 1994 참조). 그러나 효과적이기 위해서 상담자는 위계의 실행에 대해 완전한 통제권을 가져야만 하지만, 이는 언제나 가능한 것은 아니다. 대중연설, 사회적 상호작용, 또는 성적인 상황과 관련된 불안이 있을 경우가 그 예이다.

체계적 둔감화가 지닌 점진적 완화 요인이 종종 그 자체로 치료로서 사용되고, 불안과 스트레스를 다루는 데 효과적일 수 있다는 점에서 유의해야 한다. 체계적 둔감화의 또 다른 변형모델은 내재적 민감화(covert sensitization)로, 알코올 중독이나 특정한 성적 장애(예: 노출증)와 같이 바람직하지 못한 행동을 제거하는 데 사용된다. 여기에서 내담자는 원치 않는 행동에 대한 혐오스러운 결과를 상상해 보도록 요구받는다. 알코올 중독자는 음주를 생각할 때 메스꺼움을 상상할 수 있고, 노출증 환자는 경찰에 의해 공공장소에서 수갑이 채워지는 것을 상상해 볼 수 있다. 원하지 않는 행동을 묘사하는 장면의 위계가 발달하고, 각 장면은 내담자가 문제행동을 통제할 수 있을 때까지 단계별로 나타난다.

노출

어떤 면에서 노출치료는 체계적 둔감화와 정반대이다. 체계적 둔감화는 불안과 더불어 그것과 모순되는 상태(예: 이완)를 결합함으로써 불안을 최소화한다. 반면에, 노출은 불안을 극대화한다. 광장공포증을 가진 내담자는 위계의 단계별 과정을 거치지 않고 집을 떠나서 사람들로 붐비는 슈퍼마켓에 있는 것을 상상해 보라고 요구받을 수 있다. 여기에서 상당한 불안감을 느낄 테지만, 만약 내담자가 그 장면에 오래 머물 경우 대개 이러한 불안감은 사라진다. 따라서 불안을 크게 야기하는 장면에의 반복적인 노출을 통해서 실제적인 피해가 없을 때 불안감은 사라질 수 있다.

혼히 활용되는 노출의 한 형태는 실제 상황 노출(in vivo exposure)이며, 이는 광장공포 증에 효과적인 것으로 밝혀졌다. 다시금, 슈퍼마켓의 방문에 대한 앞의 예시를 활용하여, 내담자는 그 일에 단계적인 방법으로 접근할 수 있다(실제 상황 둔감화와 같이). 이후 일단 내담자가 슈퍼마켓에 접근할 수 있다면, 상담자는 내담자와 슈퍼마켓에 함께 가서 불안감에 상관없이 내담자의 불안이 해소될 때까지 계속 그곳에 머무는 것을 권유할 수 있다. 즉, 여기에서 적용되는 원리는 만약 불안이 강화되지 않을 경우 사라진다는 것이다. 내담자가 위기에 처해 있지 않고 나쁜 일이 일어나지 않는 것을 알게 되므로, 결국 불안감은 사라지게 된다.

노출치료는 특히 불안과 외상장애를 치료하기 위해 연구되어 왔다. 일부 광범위한 연구 검토를 통해 노출치료가 불안에 기반을 둔 여러 문제에 대해 효과가 있음이 강력하게 지지되어 왔다(Prochaska & Norcross, 2010).

자기주장 및 사회기술 훈련

상담자들은 종종 자신의 감정을 표현하지 않거나 스스로를 옹호하지 않는 내담자들을 만난다. 이들은 행동 및 인지 상담자들이 몇 년에 걸쳐 상당히 관심을 가져 온 사회기술인 자기주장성이 부족하다. 주장 훈련에서 사용되는 주요 전략은 행동 시연(behavior rehearsal)이라 불린다. 여기서 상담자는 내담자가 확신이 없는 상황을 명시하도록 도와준다. 이후, 상담자는 내담자가 좀 더 자기주장을 내세우고 싶어 하는 상대 역할을 맡고, 반면 내담자는 자신을 표현하는 역할을 맡는다. 내담자는 그러한 역할놀이 동안에 그리고 그 이후에 자신의 감정에 주의를 기울인다. 상담자는 긍정적인 행동을 긍정적으로 강화하고 부정적인 것을 비판단적으로 주의하면서 내담자의 특정한 강점과 약점을 관찰한다. 더 나아가, 상담자는 내담자를 위해 종종 효과적으로 주장하는 행동을 모델화한다. 치료자 모델링은 내담자가 효과적인 자기주장성에 대한 지식이 부족할 경우에 특히 더 효과적이다. 또한 모델화된 반응의 대상이 되는 느낌이 어떠한지 내담자에게 알려 준다.

이와 같은 상담자 모델링에서, 내담자는 모델의 반응을 모방하고, 상담자는 내담자의 행동에 언어적 및 비언어적으로 반응하며 내담자의 개선을 강화할 수 있다(조형). 만약 내담자가 부정적인 감정을 표현하고자 노력한다면, 이는 가벼운 반응으로부터 시작하는 것이 좋다. 이를 통해 내담자는 '궁지에 몰리거나' 방어적으로 반응하는 것을 줄이는 방향으로 목표를 세울 수 있다(Rimm & Cunningham, 1985). 최소한의 반응이 효과적이지 못한 경우에, 자기주장 훈련은 내담자가 자신의 주장을 확대할 수 있는 방법을 배우는 데 도움이 된다. 또한 실제 상황에서는 모델링이 발생하지 않고 내담자는 자기 강화(self-reinforcing) 방법을 배워야 하기 때문에, 치료 동안에 상담자는 모델링과 강화 모두를 더 적게 사용하는 것이 좋다. 이러한 쇠퇴는 내담자로 하여금 자신의 실생활에서 더 큰 자기지시적 숙달과 지속성을 가지도록 한다(Rimm & Masters, 1979).

참여자 모델링

주장 훈련에 대한 논의와 다른 부분들에서, 우리는 모델링의 활용에 대해 언급해 왔다. 참여자 모델링[participant modeling; 혹은 접촉 둔감화(contact desensitization)]이라는 용어는 상담자의 모델링을 포함하는 특정한 절차들을 설명하기 위해 종종 사용되며, 모델화된 반응에 대한 내담자의 모방이 뒤따른다. 이러한 절차들은 수준별로 수행된다. 참여자 모델링은 광범위한 범위의 특정한 공포와 불안에 효과적인 것으로 밝혀졌고, 현재 사회공포증 치료를 위해 사용되고 있다(예: 광장공포증).

광장공포증으로 고통받고 있는 내담자를 치료할 때 참여자 모델링으로 취할 수 있는 조치를 생각해 보자. 치료의 목표는 아마도 내담자가 지역의 식료품 시장으로 편안하게 걸어갈 수 있도록 하는 것일 수 있다. 첫 번째 단계는 심호흡에 초점을 맞추면서 이완 기술을 가르치는 것이다. 이때 상담자는 내담자가 있는 보도로 걸어 나가서 심호흡을 한다. 이후 상담자의 안내와 지원을 통해 내담자와 상담자는 함께 보도로 걸어 나간다. 마지막으로, 내담자는 그녀가 방금 배운 기술들을 활용하여 이 과제를 혼자 수행한다. 매 단계에서 동일한 절차가 사용되고(상담자 먼저, 이후 상담자와 내담자가 함께, 마지막으로 내담자 혼자), 이로써 마지막 단계가 목표지점인 내담자가 편안하게 지역의 식료품 시장으로 걸어가는 것이 된다. 매 단계마다 상담자는 언어적인 칭찬으로 내담자의 행동을 긍정적으로 강화해야 한다.

자기통제 방법

자기통제 방법은 내담자가 수동적 조건 부여를 받아들이는 것이 아닌 자신의 운명을 스스로 통제하도록 돕고자 하는 행동치료사들의 바람에서 비롯되었다. 자기통제 방법은 문제 상황에서 효과적인 대처와 통제를 가할 수 있는 능동적인 대상으로서의 내담자를 강조한다. 이러한 방법은 바람직한 행동을 위해서 장기적인 강화가 가능한 상황에서 가장 적합하다. 이에 대한 예시로 학습행동을 고려해 보면, 효과적인 학습행동은 보통 그것이 발생한 직후에 강화되지 않는다. 오히려 그 학생은 강화를 위해 다음 시험이나 심지어 학기 말까지 기다려야 한다. 이러한 지연은 새로운 바람직한 행동을 배우거나 혹은 오래되고 바람직하지 않은 행동을 소멸시키는 것을 매우 어렵게 만든다. 자기통제 방법은 장기 강화가 가능해질 때까지 단기 강화를 제공한다.

자기통제 방법을 활용하는 내담자는 자신의 보상과 처벌을 관리하는 데 있어서 스스로 치료자 역할을 한다. 이로 인해 치료자들은 종종 그러한 내담자들에게 행동수정에 관한 지침을 제공하는데, 이때 특히 조작적 조건 형성의 원리에 중점을 둔다. 그러므로 내담자들은 기본적인 학습원리, 일정한 행동에 따른 강화의 중요성 및 자극통제에 대해 배운다.

행동치료사들은 이제 다양한 자기통제 방법을 활용한다(Persons, 2008; Wilson, 2011). Kanfer(1977)는 내담자들로 하여금 자기통제력을 향상하는 데 도움이 되는 단계적 절차를 고안하였으며, 이는 특히나 비만치료에 효과적이었다(Rimm & Cunningham, 1985). 첫 번째 단계는 내담자가 자신의 행동을 주의 깊게 관찰하는 것을 수반한다. 예를 들면, 식사의 빈도(얼마나 많이, 얼마나 빨리, 얼마나 자주)나 주변 상황들(TV 시청 시, 늦은 밤)을 포함한다. 이는 상담자와 내담자에게 문제행동에 대한 기준을 제공한다. 두 번째 단계는 목표 설정을 포함한다. 이때 목표는 구체적이고, 강화될 수 있으며, 단기적이어야 한다. 이로써 상담자는 내담자와 함께 매일 섭취하는 칼로리 양을 명시화할 수 있다. 목표가 단기적일 때 내담자는 더 많은 강화를 경험할 수 있으며, 목표가 구체적일 때 내담자는 필요한 것을 더 명확하게 인식할 수 있다.

세 번째 단계로 자기통제 방식이 적용되는 실제적인 치료가 있다. Rimm과 Masters(1979)는 비만치료를 위해 다음의 절차를 제시하였는데, (가) 집에서 바람직하지 않은 음식, 특히 준비가 필요 없는 고칼로리 음식을 치우기, (나) 식습관을 바꾸기, 예를 들어 식사를 하는 동안 중간중간에 짧은 휴식을 취하기, (다) 자극 좁히기(stimulus narrowing)를 통해 특정한 장소로 식사를 제한하기, (라) 내담자가 일반적으로 과식할 수 없는 상황에서 식사하도록 하기, (마) 식습관 개선을 강화하기, (바) 식사를 미루고 산책을 하는 것과 같이 경쟁적 반응들을 격려하기를 들 수 있다.

조건부 계약

조건부 계약(contingency contracting)이란 조작적 조건 형성에 해당되는 행동치료의 한 형태로, 바람직하거나 바람직하지 않은 행동에 대한 보상과 처벌이 내담자와의 서면

계약(written contract)에 의해 사전에 설정되는 것이다(Rimm & Masters, 1979). 첫 번째 단계는 평가이다. 이는 상담자와 내담자가 수정이 필요한 행동들을 구체화하는 것을 의미한다. 그들은 좀처럼 발생하지 않는 바람직한 행동의 빈도를 증가시키거나 너무 자주 발생하는 바람직하지 않은 행동을 감소시키기 위하여 함께 협력한다. 평가하는 동안, 상담자와 내담자는 누가 보상과 처벌을 줄 것인지와(예: 상담자, 부모, 선생님) 어떤 보상과 처벌이 주어질지를 결정한다. 보상은 돈, 칭찬, 영화 관람의 허락 등 내담자가 즐기는 모든 것일 수 있다. 처벌은 주로 선호하는 보상을 보류하는 것을 수반한다. 평가하는 동안, 목표행동에 대한 기준을 확보하는 것은 도움이 된다. 행동에 대한 이러한 감시와 기록은 또한 치료 동안에 변화에 대한 명확한 그림을 얻기 위해서 유용하다는 점에 주목하라. 더 나아가, 변화를 보는 것 그 자체가 강화일 수 있다.

　치료는 단순히 만일의 사태에 대비해 조치를 취하는 것을 포함한다. 다시금, 이는 내담자(자기통제 방법) 혹은 다른 누군가에 의해서 행해질 수 있다. 목표행동이 나타날 때마다 강화가 적용되어야 한다. 만약 이것이 불가능하다면, 목표행동을 위한 각각의 수행에 '점수'를 매길 수 있다. 명시된 점수에 도달한 후, 이는 보상이나 처벌로 변환될 것이다. 자기통제 방식으로서 조건부 계약의 좋은 예시로 잘못된 학습행동으로 인해 상담을 받고자 하는 학생을 생각해 볼 수 있다. 상담자와 내담자는 보상받기를 원하는 바람직한 학업 행동과 처벌을 받을 수 있는 바람직하지 못한 행동을 명시화하고자 함께 노력할 수 있다. 효과적인 단기 조치에 대한 보상을 얻기 위해 주의를 기울일 것이다(조형). 예를 들면, 만약 학생이 일반적으로 하루에 30분만 공부한다면, 점수 혹은 보상은 하루에 1시간을 공부할 경우 주어질 수 있고, 이로써 공부하는 시간이 점차 늘어날 수 있다. 상담자의 지도를 받으며, 학생은 강화 여부에 대한 결정을 하게 될 것이다. 여기에는 때로 효과적인 자가칭찬도 포함될 수 있다. 이때 치료는 회기별 사이에서 이루어진다는 점에 유의하라. 상담 회기 동안에, 상담자와 내담자는 필요한 경우 상황을 검토하고 계약을 조정한다. 또한 상담자는 바람직한 행동에 대해 언어적으로 강화할 수도 있다.

인지적 재구조화

　인지행동 스펙트럼에서, 지금까지 논의된 방법과 절차는 행동 범위에서 찾을 수 있다. 반면에, 인지적 재구조화는 인지 범위에서 발견되는 가장 중요한 방법이다. 이것의 기본 가정은 내담자가 스스로에게 말하는 내용과 방법(자기대화 및 인식)이 그들의 문제를 결정하고 형성한다는 것이다. 따라서 인지적 재구조화는 내담자들이 인식을 바꾸도록 돕는 것을 수반한다.

인지적 재구조화(cognitive restructuring)는 광범위한 용어로 불안을 야기하는 인식의 식별 및 변화를 포함한다. Meichenbaum과 Deffenbacher(1988)에 의해 자세히 설명되듯이, 이러한 인식은 인지 사건, 인지 과정, 인지 구조 등의 형태로 이루어진다. 인지 사건은 사람들이 의식하고 있고 보고할 수 있는 그들 자신에게 말하는 내용과 이미지를 의미한다. 인지 과정은 자동적이고 '무의식적인' 수준에서 작동하고 사람들의 정보처리 방식을 포함하는데, 이는 사건을 평가하는 방식, 선택적으로 사건에 관심을 기울이고 기억하는 것, 자신의 신념과 일치하는 정보를 통합하는 것이다. 인지 구조는 훨씬 더 광범위하고, 자신과 연관 있는 자기(self)와 세계에 대한 개인의 가정과 신념으로 구성된다. 이러한 세 가지 개념은 분명히 중복되는 부분이 많으며, 이들을 특정한 생각에서 더 넓은 가정에 이르기까지 연속적인 범위에 존재하는 것으로 생각하는 것이 유용하다. 후자는 사람들이 어떻게 행동하고 느끼는지에 대해 전반적인 영향을 미친다.

현재에는 매우 다양한 인지 접근법이 존재한다(Murdock, 2013). 그러나 Meichenbaum과 Deffenbacher(1988)가 언급한 바와 같이, 모든 인지적 재구조화 절차는 다음을 포함하는데, (가) 내담자와 사고와 신념이 얼마나 타당하고 실현 가능한지 평가하기, (나) 내담자가 기대하는 점과 자신의 행동 및 타인의 반응을 예측하는 경향을 평가하기, (다) 내담자의 행동과 다른 사람들의 반응의 원인이 될 수 있는 요인을 탐색하기, (라) 내담자에게 이러한 원인에 대해 좀 더 효과적으로 귀인할 수 있도록 훈련하기, (마) 절대적으로 치명적인 사고방식을 변경하기(합리적 정서 치료에서 논의)이다.

상담에 대한 두 가지 주요 인지 접근법

여기에서는 치료에서 가장 두드러지는 두 가지 인지 접근인 Ellis의 합리적 정서 행동 치료와 Beck의 인지치료를 요약한다. 그러나 이들은 각각 그 자체로 이미 잘 알려진 치료 이론이고 상당한 연구적 근거가 있기 때문에 이 둘을 제외한다. 두 접근법은 모두 인지 변화에 초점을 맞출 뿐만 아니라 학습 원리와 행동 방법을 활용하는 인지행동 치료법이다. 그러나 핵심적으로 두 가지 접근법은 인지를 행동과 감정의 주요 동기로 보기 때문에, 행동보다는 인지에 더 중점을 두며, 인지의 변화가 가장 효과적인 치료를

표 12-3　Ellis의 합리적 정서 행동 치료 및 Beck의 인지치료의 주요 개념

이론	창시자	주요 개념	치료 접근
합리적 정서 행동 치료	Albert Ellis	ABC이론 비합리적 신념 파국화 당위적 사고 절대적 사고	능동적이고, 지시적이며, 권위적인 접근
인지치료	Aaron T. Beck	인지적 왜곡 임의 추론 선택적 추상화 과잉 일반화 극대화 혹은 극소화 개인화	협력적 경험주의, 소크라테스식 대화

제공한다고 주장한다.

　다음에 논의된 두 가지 접근법에 대해 참조하는 것 외에도, 관심이 있는 학생은 Goldfried(1988)의 합리적 재구조화를 참고할 수 있는데, 이는 Ellis의 합리적 정서 행동 치료보다 더 많은 요소를 제공하고, 개인의 대처 기술에 더 중점을 두는 방법이다. 또한 Meichenbaum의 스트레스 예방 훈련(Meichenbaum & Deffenbacher, 1988)은 실질적으로 인지적이고 불안과 관련된 많은 문제에 효과적인 것으로 증명되었다(Prochaska & Norcross, 2010). 〈표 12-3〉에서는 이러한 두 가지 치료법에 대한 주요 개념뿐만 아니라 치료사가 내담자에게 접근하는 방식을 요약한다. 다음에 Ellis와 Beck의 이론들을 더 자세히 설명하고자 한다.

Albert Ellis의 합리적 정서 행동 치료

　Albert Ellis는 정신분석적 심리치료를 수행함으로써 그의 임상적 실습을 시작하였지만, 이를 통해서 그가 추구하는 변화를 얻을 수 없다는 것을 깨달았다. 이에 대한 결과로, 그는 자신만의 치료법인 합리적 정서 치료를 개발하였다. 이러한 치료와 더불어 모든 Ellis의 후속 연구에 대한 기반을 제공한 것은 바로 그의 책인 『Reason and Emotion in Psychotherapy』(Ellis, 1962)이다. 결국, 그는 치료의 이름을 합리적 정서 치료에서 합리

적 정서 행동 치료(Rational Emotive Behavior Therapy: REBT)로 변경하였다(Ellis, 2011). 비록 그의 이론이 근본적으로 인지에 중점을 두었음에도 불구하고 치료의 이름을 변경한 이유는 Ellis가 언제나 행동 변화를 치료의 중요한 요소로 생각해 왔기 때문이다. 그는 행동과 인지가 상호 간에 어떻게 영향을 미치는지를 언급했고, 내담자들의 인지에 영향을 미치기 위해 그들의 행동에 주의를 기울였다(Ellis, 2011).

REBT에서 가장 기본적인 요소는 Ellis의 ABC 이론이다. 여기에서 A는 활성화된 사건, B는 내담자의 신념 혹은 인지, C는 내담자의 결과적인 정서적 반응과 행동을 의미한다. 대부분의 경우 활성화된 사건(A)은 내담자의 감정과 행동(C)을 야기하는 것으로 보인다. 그러나 이는 Ellis의 이론상에서는 그렇지 않다. 대신에 내담자의 신념 혹은 인지(B)가 결과적으로 행동과 감정을 야기한다. 다시 말하면, 가장 기본적으로 우리의 결과적인 정서적 반응과 행동을 결정하는 것은 우리가 인지적으로 활성화된 사건을 해석하는 방법이라는 것이다. 이러한 인지에는 내담자가 (A)에 대해서 그리고 (A)와 관련해서 자기 자신에게 말하는 것이 포함된다. 이는 내면화된 문장으로 표현된다. (B)는 내담자의 신념 체계를 나타낸다. 정서적 어려움은 그 사람의 인지가 비합리적이거나 자기패배적일 때 발생한다. 이때, REBT의 역할은 이러한 비합리적 신념을 수정하고 이를 합리적이고 정서적으로 건강한 신념으로 교정하는 것이다.

Ellis(2011)는 (B)와 관련하여 연인에게 거절당한 뒤 심각한 정서적 문제를 겪게 된 한 여성 내담자의 비합리적 신념을 예시로 들 수 있다. 이 여성은 단지 거절당하는 것이 바람직하지 않다고 느끼지 않는다. 오히려 그녀는 "(가) 그러한 일이 끔찍하게 느껴지고, (나) 견딜 수 없고, (다) 자신은 절대로 거절당해서는 안 되고, (라) 다시는 호감 가는 이성에게 받아들여지지 않을 것이고, (마) 전 연인이 그녀를 거절했기 때문에 자신은 무가치한 사람이며, (바) 그렇기 때문에 비난받아 마땅하다."(p. 164)고 믿는 경향이 있다.

그의 초기 연구에서, Ellis는 우리의 문화에서 흔히 경험할 수 있고 신경증과 관련 있는 11개의 비합리적이고 '무의미한' 생각들을 나열하였다. 아마도 그중 가장 흔한 두 가지는 타인의 인정과 완벽주의일 것이다(Goldfried, 1988). 타인의 인정에 관한 예시로, "나는 타인에 의해 사랑받거나 인정받지 못해. 이건 끔찍한 일이고, 나는 좋은 사람이 아니야."를 들 수 있다. 완벽주의에 관한 예시로는, "내가 하는 모든 일에 완벽하지 않으면, 나는 쓸모가 없어."를 들 수 있다. 이러한 신념의 근본적인 요소는 파국화(만약 어떤 일이 일어나거나 혹은 일어나지 않는다면, 그것은 끔찍하고 재앙일 것이다), 당위적 사고(어떤 일이 일어나거나 혹은 반드시 일어나야만 한다), 절대적 사고(이것 혹은 저것은 언제나 그렇다)이다.

이러한 비합리적 신념과 도식(schema)은 어디에서 비롯되었으며, 과연 어떻게 다루어져야 하는가? 인간은 성장을 위해 방대한 자원을 지니고 있음에도 불구하고, 그들은 또한 비합리적으로 생각하며 스스로를 해치는 식의 강력한 선천적 경향을 가지고 있다. 인간은 '필요'하다고 믿는 것을 즉시 얻지 못할 때, 그들 자신, 타인, 세상을 원하고, 필요로 하고, 비난하는 매우 강력한 경향을 가지고 태어난다(Ellis, 2011). 이러한 경향성은 종종 한 개인의 가정교육 및 사회적 조건에 의해 깊은 영향을 받는다. 이렇게 초기에 형성된 조건은 계속 유지된다. 비합리적 신념은 일단 조건화되면, 개인의 지속적인 체계에 의해 계속 유지된다. 내담자가 상담을 원할 때쯤에는 이미 그들의 인지적인 신념과 가정은 내면 깊이 뿌리박혀 있게 된다.

상담자가 능동적으로 내담자의 비합리적이고 자기패배적인 사고를 드러내고 수정할 때 상담은 가장 효과적이다. 비합리적 신념은 이미 내담자 내면에 깊이 뿌리박혀 있기 때문에, 이를 변화시키기 위해서는 능동적이고 강력한 치료방법을 필요로 한다. 예를 들어, 정신분석 접근과 같이 좀 더 수동적인 접근법은 능동적이고 지시적인 치료보다는 덜 효과적이다. 이와 반면에, Ellis(1995)가 말하기를, 연인에게 거절당한 여성 내담자가 지닌 그러한 비합리적 신념들은 치료자가 지닌 가치관에 의해 더 명확해지거나 혹은 불명확해질 수 있는데, 일부 합리적 정서 치료사들은 개방적이며 회의적이다(p. 164). 합리적 정서 이론의 치료자들은 역할놀이, 자기주장 훈련, 조작적 조건화, 둔감화, 유머, 제안, 지원 등 다양한 기법을 활용한다. 하지만 무엇보다도 REBT는 능동적이고, 강력하고, 논리적인 설득을 통해 내담자가 비합리적인 신념과 행동을 바라보고 변화하도록 돕는 것을 수반한다.

REBT는 무의식 또는 어린 시절을 살펴보는 데 중점을 두지 않는다. 대신에, REBT 치료자들은 내담자들로 하여금 그들이 지닌 신념과 가정이, 일단 한번 학습되면 계속 유지되기 때문에, 어떻게 문제의 근본적인 원인이 되는지에 대한 통찰력을 기를 수 있도록 돕는다. 일단 내담자가 이를 이해하게 되면, REBT는 열심히 노력하고 연습하는 것(hard work and practice)만이 이러한 비합리적인 자기패배적 신념을 교정하고 수정된 채로 유지할 수 있게 한다는 것을 내담자에게 일깨워 주기 위해 노력한다. 지속적으로 다시 생각하고 행동하는 것을 통해서만 비합리적 신념을 제거할 수 있다. REBT에 대한 Ellis의 견해는 다음의 인용구에 잘 요약되어 있다.

REBT 실무자들은 종종 상당히 빠른 속도의 능동적-지시적-권위적인 철학적 방법을 사용한다. 대부분의 경우, 이들은 재빨리 내담자들이 지닌 몇 가지 근본적인 역기능적 신념을 밝혀낸다. 또한 내담자에게 이러한 생각들을 논박하도록 제안한다. 그러한 신념이 논리적으로 입증될 수 없는 비논리적인 전제를 포함하고 있음을 보여 준다. 그러한 신념을 분석하고 적극적으로 이의를 제기한다. 이러한 신념들이 작용될 수 없는 이유와 왜 더 많은 혼란을 야기할 수밖에 없는지를 강력하게 보여 준다. 이러한 신념을 모순적인, 때로는 유머러스한 방식으로 축소한다. 이를 좀 더 합리적인 철학으로 대체할 수 있는 방법을 설명한다. 내담자에게 객관적으로 사고하는 법을 가르침으로써 그들이 자기패배적인 감정과 행동을 야기하는 후속의 비합리적 생각과 비논리적 추론을 관찰하고, 논리적으로 분석하고 최소화할 수 있도록 돕는다(Ellis, 1995, p. 178).

Aaron T. Beck의 인지치료

Albert Ellis와 같이, Aaron T. Beck은 원래 정신분석학으로 수련을 받았다. 1960년대 초에 그는 '자기에게 향한 분노(anger turned on the self)'로 Freud의 우울증에 관한 이론을 검토했으나, 그가 수집한 자료가 이를 뒷받침하지 않는다는 것을 발견하였다. 대신에, Beck은 우울증의 근본적인 문제가 내담자들이 정보를 처리하는 방법, 즉 인지처리 과정이라는 것을 발견하였다. 이를 기반으로, Beck(1967)은 우울증의 인지이론을 개발하였고, 추후에 우울증뿐만 아니라 다른 장애에 대한 인지치료를 개발하였다(Beck, 1976). 이러한 인지치료에 대한 최근의 개관은 Beck과 Weishaar(2011)에 의해 제공되었다.

상담에서 인지치료는 단기(일반적으로 12~16회기), 현재 중심적, 능동적, 지시적, 문제 중심적 접근이다. 이런 점에서 인지치료는 REBT와 유사하다. Beck은 이러한 유사점과 더불어 인지행동치료의 전반적인 발달에 대한 Ellis의 영향력을 언급하였다(Beck & Weishaar, 2011). 그러나 인지치료는 성격이론과 부적응적 행동 측면에서, 그리고 상담자가 내담자와 함께 작업하는 방식에서 REBT와 다르다. REBT와 달리, 인지치료는 문제가 있는 사람이 '비합리적 신념'을 가지고 있다고 가정하지 않으며, 장애는 설득을 통해 그러한 신념들을 수정함으로써 교정될 수 있다고 생각한다. 오히려 내담자가 지닌 문제에 기여하는 역기능적 인지사고와 기본 가정을 탐색하고 이해하기 위해서 상담자와 내담자가 함께 협업해야 한다고 주장한다. REBT와 대조적으로, Beck은 각각의 심리장애가 고유한 인지요소를 지니고 있다고 이론화한다. 예를 들어, 공황장애를 겪고 있는 사람들은 우울증, 강박장애, 편집증을 겪고 있는 사람들과는 다른 인지요소를 나타낸다. 따라서 각각의 장애는 다른 치료 접근법을 요구한다.

인지치료는 성격과 더불어 역기능적 인지 사고와 가정이 형성되는 방법을 개념화하기 위해 학습 모델을 사용한다. Beck은 인간이 고통을 겪을 때 나타나는 체계적인 오류(인지적 왜곡)를 강조하였다. 임의적 추론(arbitrary inference)은 증거가 불충분함에도 불구하고 결론을 내리는 것을 의미한다. 예를 들어, 한 상담자는 내담자들과 특히 힘든 하루를 보낸 후에 스스로 '나는 무능한 상담자야.'라고 결론지을 수 있다. 선택적 추상화(selective abstraction)는 맥락에서 벗어난 세부 요소에 근거하여 전반적인 상황을 개념화하는 것을 의미한다. 예를 들어, 한 내담자는 자신의 약혼녀가 시끄러운 장소에서 상대방의 이야기를 잘 듣기 위해 다른 남자에게 기대는 것을 보며 질투하게 된다. 과잉일반화(overgeneralization)는 몇 가지 상황에서 일반적인 규칙을 추상화하고 이를 매우 광범위하게 적용하는 것이다. 예를 들어, 한 대학 교수는 자신의 강의에 대해 몇몇 학생의 냉담한 반응에 근거하여, '모든 학생이 내 강의를 좋아하지 않는구나. 내 강의는 결코 좋아질 수 없어.'라고 결론짓는다. 의미확대(magnification) 및 의미축소(minimization)는 무언가를 원래보다 더 혹은 덜 중요하게 인식하는 것을 의미한다. 예를 들면, '만약 이 데이트에서 내가 잘하지 못하면, 그건 재앙이 될 거야.' '이건 아주 식은 죽 먹기지.'와 같다(의미축소가 발생하는 상황을 생각해 보자). 개인화(personalization)는 어떤 사건에 대해 아무런 근거 없이 비난하는 것을 의미한다. 예를 들면, 사람들로 꽉 찬 방을 가로지르면서 한 여성이 지인에게 인사하지 않으면, '내가 그를 불쾌하게 했구나.'라고 결론 내린다. 마지막으로, 이분법적 사고(dichotomous thinking)는 경직된 사고를 의미한다. 예를 들어, 한 남자는 여성이 자신을 거부하고 증오하거나 혹은 사랑하고 원하는 모든 것을 들어줄 것이라는 인지 가정을 지니고 있다.

Beck과 Weishaar(2011)에 따르면, 내담자들이 세상을 어떻게 경험하고 그들의 경험을 어떻게 인지하는지 인지 상담자들이 이해하려고 노력할 때, 이들이 따뜻하고 공감적이고 진실하다고 한다. REBT 상담자들과 달리, 인지치료 상담자들은 그들의 내담자가 지닌 비합리적 신념을 설득하고자 맞서지 않는다. 대신에, 내담자와 함께 작업하는데, 이를 Beck은 협력적 경험주의(collaborative empiricism)라 부른다. 상담자들은 종종 그들의 내담자가 자신의 생각과 가정에 대한 가설을 세우도록 돕는다. 이러한 가설에서 인지왜곡이 나타낼 때, 상담자는 내담자가 잘못된 논리를 볼 수 있도록 도와줄 것이다. 또한 상담자들은 상담 기간 외에 내담자가 자신의 가설을 점검하도록 요구하는 행동 실험을 강구한다. Beck은 상담자가 내담자에게 새로운 신념을 채택하도록 권유하고 부추기는 대신에, 유도된 발견(guided discovery) 중 하나의 치료 과정을 개념화하였다. 인지치료사들이 주로 사용하는 치료 기법은 소크라테스식 대화(Socratic dialogue)이다. 이로써 치료자들은 내담자들에게 학습을 촉진하도록 요구하는 일련의 질문들을 조심스럽게 개발한다. 이러한 질문의 목적은 내담자가 논리적인 결론에 도달하도록 돕는 것이다. 이는 인지치료사들이 단지 질문을 하는 것 이상의 의미를 지닌다. 그들은 내담자에게 반하여 작용하는 것으로 보이는 인지주제와 기본가정을 적극적으로 지적하고, 내담자가 역기능적 사고, 가정, 행동을 탐색하고 수정할 수 있도록 돕기 위해 과제를 설계하고, 잘못된 인지와 행동을 수정하기 위해 광범위한 인지 및 행동 절차를 사용한다.

네 가지 특정한 인지 기법으로 탈파국화, 재귀인, 재정의, 탈중심화가 있다. 탈파국화(decatastrophizing) 혹은 '만약 ～하면 어쩌지'라는 가정 세우기는, 내담자가 자신이 가장 두려워하는 결과와 더불어 이에 대처하기 위한 계획을 세울 수 있도록 돕는다. 재귀인(reattribution)은 사건과 반응에 대한 대안적 원인을 고려하는 쪽으로 내담자를 움직인다. 이 기법은 특히 사건과 타인의 반응에 대해 잘못된 책임감을 느끼는 내담자에게 도움이 된다. 재정의(redefining)는 문제를 좀 더 명확하고 구체적으로 만들고, 내담자의 행동 측면에서 이를 진술한다. 예를 들어, 내담자가 '아무도 나를 신경 쓰지 않아.'라고 느끼는 경우, 이를 '나는 사람들에게 다가가서 그들에 대한 관심을 보여 줄 필요가 있어.'라고 문제를 재정의하게 될 것이다. 탈중심화(decentering)는 자신이 지속적으로 타인의 관심의 중심에 있다고 느끼며 불안해하는 사람들을 치료하기 위한 기법이다. 이러한 신념이 지닌 논리를 자세히 탐색한 후에, 인지치료사는 이를 검사하는 행동실험을 계획하였다. Beck과 Weishaar(2011)는 모두가 자신에게 집중하고 있다고 믿어 불안해하는 학생의 예를 들었다. 이 학생은 다른 이들을 주의 깊게 관찰하도록 지시받았고, 이로써 일부 학생들은 노트를 쓰고, 일부는 공상을 하거나 교수님을 보고 있다는 것을 알게 되었다. 이를 통해서 그는 결국 다른 학생들이 서로 다른 관심사를 가지고 있다고 결론짓게 되었다.

인지행동 접근에 대한 조망

행동 및 인지 접근법이 치료에 얼마나 효과적인가? 치료에서의 다른 주요 접근법들과 이들을 어떻게 비교하는가? 그리고 인지 및 행동 접근법 사이의 호환성 정도는 어떠한가? 다른 한편으로 상담심리학에서는 어떠한가? 우리는 이제 이러한 질문을 탐색할 것이다.

인지행동치료의 효과

특정한 행동 기법과 절차에 대한 행동치료, 인지치료, 인지행동치료의 효과성에 대해 수많은 연구가 진행되었다. 1950년대에 시작된 행동치료는, 최근의 인지치료와 인지행동의 결합과 같이, 내담자에게 긍정적인 효과를 가지고 있는 것으로 나타났다. 압도적인 다수의 연구에서, 행동 및 인지 절차는 통제나 대상을 사용할 때 예상되는 결과를 뛰어넘는 효과를 보여 주었다(Prochaska & Norcross, 2010의 요약을 참조). 또한 정신분석 및 인본주의 치료와 비교하여(제8장 참조), 행동 및 인지 접근은 최소한 다음과 같은 경우에도 유효하다. 상담에 대한 모든 주요한 접근이 동등하게 잘 수행된다는 것이다. 그러나 한편으로 행동 혹은 인지 치료에서, 다른 한편으로는 정신분석 혹은 인본주의 치료에서 차이점이 발견될 때, 결과적으로 인지행동치료가 주로 약간 더 선호되었다. 그러나 이러한 작은 우월성도, 특정한 방법론적 문제(예: 사용된 결과 측정의 유형)가 통제될 때 이는 사라지는 것처럼 보인다.

행동치료가 초기부터 다뤄 온 대단히 중요한 질문은 '치료자가 어떠한 유형의 문제를 지니고 있는 내담자와 함께 활동할 때 가장 잘 대처하는 치료자로부터 제공되는 기법은 무엇인가?'이다(Krumboltz, 1966; Paul, 1967 참조). 상담 연구에서 '누가, 무엇을, 언제, 어디서'라는 질문을 언급하면서, 이러한 공식은 심리학자들이 다룰 필요가 있는 수많은 구체적인 질문을 포함한다. 행동과 인지 상담자들은 아마도 응용 심리 분야에서 다른 누구보다도 이러한 다양한 문제들을 다루기 위해 더 많은 일을 했을 것이다. 그러나 이에 대한 대답은 파악하기가 어렵고, 인지 혹은 행동 기법을 다른 기법과 비교하는 압도적인 대다수의 연구는 별다른 차이를 보이지 않았다. 비록 일부 대답들이 현재 나타나고 있지만, 어떻게 치료와 내담자를 적절히 맞출 것인가는 인지행동치료에서 가장 어려운 질문들 중 하나로 여전히 남아 있다.

우리가 이 본문을 마무리할 때, 행동치료에 있어서 한 가지 추가적인 이슈는 행동치료 바로 그 자체에 있다. 예를 들어, 정신분석학이 행동치료에 대해 지적한 잠재적으로 파괴적인 한 가지 초기 비판은 한 개인의 증상을 치료할 때, 심지어 치료가 성공적이라고 해도 근본적인 문제는 단지 다른 형태로 재현할 것이라는 점이다. 근본적인 문제가 치료되지 않는 한, 한 문제의 해결은 또 다른 증상의 출현으로 이어질 것이다. 이러한 증상 대체(symptom substitution)는 행동치료에서 매우 치명적일 수 있기 때문에, 초기 행동치료 연구자들은 그러한 현상을 암시하기 위해 경험적 증거가 존재하는지의 여부를 주의 깊게 관찰하였다. 사실, 이 주제에 관한 다수의 연구 중에서 그 무엇도 행동치료의 증상 대체를 지지하지 않는다. 오히려 많은 자료는 행동치료에서 특정 증상이나 행동을 성공적으로 치료하는 것이 개인에게 다른 방식으로 긍정적인 영향을 미칠 가능성이 있다는 것을 암시하는 듯 보인다. 예를 들면, 만약 발표불안을 지닌 내담자가 체계적 둔감화를 통해 성공적으로 치료된다면(Paul의 연구와 후속연구, 1966, 1967 참조), 내담자는 또한 전반적으로 감소한 불안감과 향상된 자기개념을 경험할 가능성이 있다.

상담심리학과 행동 및 인지 접근

대부분 행동 및 인지 접근은 그들의 기본적인 호환성으로 인해 오늘날 상담심리학에 주요한 영향을 미친다. 상담심리학에서 정의된 특징들의 관점에서, 인지 및 행동 접근은 또한 내담자의 강점 혹은 자산에 매우 분명한 초점을 맞추고 있음을 확인할 수 있다. 마치 모든 것이 무언가에 대한 방어인 것처럼 보고 병리학이 모든 행동에 잠재되어 있는 것으로 보는(요점을 위해 일부 과장하였다) 고전적 정신분석과 대조적으로, 행동치료법은 그것의 시작 이래로 내담자의 강점을 드러내고 이를 구축하는 것에 능숙하다. 실제로 최근의 한 연구에서 상담자들이 내담자의 강점에 대해 관심을 가지도록 연습하는 것이 인지행동적인 관점으로 내담자를 식별하는 것과 관련이 있다는 것이 밝혀졌다 (Harbin, Gelso, & Pérez Rojas, 2013).

인지와 행동 접근법에 있어 탁월한 적합성을 보임으로써 상담심리학에서 두 번째로 정의되는 특징은 치료의 간결성에 중점을 둔다는 것이다. 상담심리학과 이러한 학습기반 접근법 모두가 장기적인 치료를 허용할 수 있고 반대하지는 않지만, 간결한 치료를 중요시한다. 개별적인 상담이나 치료의 기간으로 전환하여, 행동 및 인지 접근은 일반적으로 6개월 안에 완료된다. 일반적인 회기 수는 10~12회이다.

마지막으로, 상담심리학의 주요하게 정의되는 특징들 중 하나는 행동을 결정하는 데 있어서 사람과 환경 모두(사람−환경 상호작용)에 주의를 기울인다는 것이다. 그러나 상담심리학 연구와 실습에서 환경적인 부분은 종종 생략된 것처럼 보였다. 하지만 상담의 모든 접근법 중에서 학습기반 접근법은 본래 행동을 야기한 원인, 현재 그것을 통제할 수 있는 것, 수정하는 방법의 측면에서 환경에 매우 긴밀한 주의를 기울인다. 환경이나 외적 요인에 중점을 두는 것은 특히 행동치료에서 강력하였다.

상담심리학과 학습기반 접근법이 매우 양립할 수 있는 이러한 방법들에도 불구하고, 행동치료는 인지 과정이 다루어지기 전까지 상담심리학에서 주요한 영향을 미치지 못하였다. 행동치료 초기에는 단지 외부사건과 인간의 내적 삶에서 제한된 측면만을 고려하고 치료했는데, 이때 인간의 내적 요인에 대한 부분(예: 자동적으로 조건화된 불안)은 생략된 것처럼 보였다. 많은 상담심리학자에게 행동치료는, 행동주의자들의 근본에 맞게, 인간의 가치와 존엄성에 매우 작은 가치를 두고, 대신에 복잡하더라도 이들을 조건화된 반응이라 본다. 그러나 사회인지 이론과 인지행동 접근의 출현으로 인해 이는 변화하였다. 인간의 내적 요인은 학습기반 접근법에서 우세한 형태로 충분한 주의를 두고 있고, 개인은 삶의 학습과정에서 자극에 대해 수동적인 수령인이 아닌 능동적인 행위자가 된다.

요약

오늘날 상담심리학에서 행동과 인지 관점은 서로에게 의존하고 있으며, 인지와 행동 이론에 의지하는 거의 모든 실천가는 이 둘을 결합시킨다. 이러한 이론적 성향을 인지행동 상담(cognitive-behavioral counseling)이라 부른다.

상담에 대한 두 가지 접근법 중에서 행동치료가 먼저 발전하였고, 20세기 초 시작된 행동주의의 움직임으로 인해 그 세기가 시작될 무렵부터 학습심리학에 대한 실험적 연구가 시작되었다. 이후, 고전적 조건 형성(Pavlov의 실험에서와 같이)과 조작적 조건 형성(B. F. Skinner의 연구에서와 같이)의 원리가 공식화되었다. 행동치료 그 자체는 1950년대에 태어났다. 그것의 가장 중요한 초기의 책인 1958년에 나타난 Joseph Wolpe에 의한 『Psychotherapy by Reciprocal Inhibition』이다. 1960년대에 행동치료는 기대, 가치,

신념과 같은 내적 인지 과정에 관심을 가지기 시작했다. 이런저런 방식으로 인지를 강조하는 Albert Ellis, Albert Bandura, Aaron T. Beck은 행동과 인지 상담에 깊은 영향을 미치는 인지 혁명에 크게 기여하였다.

인지 및 행동 관점이 지닌 아홉 가지 가정은 (가) 외현적 과정에 주의 기울이기, (나) 고전적, 조작적, 모방적 학습에 중점을 두고, 행동이 학습된다는 믿음, (다) 오늘날 상담 심리학의 실무에 있어서 인지 및 행동 접근의 혼합, (라) 상담 수행에 있어서 현재의 준비, (마) 내담자의 현재 문제가 이러한 접근법들에 의해 매우 심각하게 고려된다는 사실, (바) 구체적이고 명확하게 정의된 치료 목표의 중요성, (사) 상담 동안에 능동적, 지시적, 규범적인 접근에 놓인 가치, (아) 상담자-내담자 관계가 중요하지만 충분하지 않다는 관점, (자) 상담 실무에서 통제되고, 객관적인 연구의 중심 가치이다.

상담에서 활용된 조작적 조건 형성에서 둔감화까지, 다양한 행동과 인지 절차가 인지 재구조화의 인지과정을 묘사하기 위해 설명되었다. 가장 두드러지게 드러나는 두 가지 인지치료는 Ellis의 합리적 정서 행동 치료와 Beck의 인지치료이다. 행동과 인지 치료가 지닌 효과에 대한 연구와 이들의 조합은 적어도 다른 치료법들만큼이나 효과적이라는 것을 보여 준다. 인지행동 상담의 효과를 더욱 뒷받침하면서, 이용 가능한 증거는 증상 대체가 이러한 증상의 효과를 약화시킨다는 비판을 분명히 반박한다.

인지와 행동 접근법은 현재 상담심리학에서 주요한 영향력을 행사하고 있다. 왜냐하면 이들은 인간의 자산, 치료의 간결성, 개인-환경 상호작용에 중점을 두는 상담심리학과 매우 양립되기 때문이다. 행동과 인지 접근은 인간의 내적인 삶에 주어진 관심 때문에 최근 상담심리학자들에게 훨씬 더 매력적이다.

제 **13** 장

제3세력: 인본주의-경험 접근

인본주의-경험 접근은 내담자 중심 또는 인간 중심, 실존주의, 게슈탈트, 경험적 접근 등을 지칭한다. 이러한 접근들은 20세기 중반까지 미국 심리학계를 지배했던 정신분석과 행동주의보다 더 늦게 부각되었다. 이러한 이유로 이들을 제3세력(third force)으로 분류한다.

인본주의-경험 접근[이하 인본주의(humanistic)라 함]은 미국과 유럽 모두에서 정신분석과 행동주의 다음에 나타났다. Belkin(1980)에 따르면, 인본주의 상담은 정신분석학의 결정론과 행동주의의 기계론에 대한 반작용으로 나타났다. 인간의 성격과 정신을 창의적이고 무형적이고 예측할 수 없는 것으로 보는 많은 인본주의자에게 Freud식 접근은 틀렸다는 것 이상으로 더 나쁘다. Freud식 접근에서는 인간의 행동이 개인의 의식적 통제력 밖에 있는 심리내적 힘에 의해서 결정된다고 보기 때문이다. 제3세력의 핵심 이론가 중 하나인 Rollo May(1967: Belkin, 1980에서 재인용)는 Freud의 결정론을 다음과 같이 신랄히 비판하였다.

http://dx.doi.org/10.1037/14378-013

Counseling Psychology, Third Edition, by C. J. Gelso, E. N. Williams, and B. R. Fretz

Freud식 분석체계는 전체로서의 인간 성격에 대한 결정론적 해석으로 이어지기 때문에 위험하다. 이 체계는 단순한 인과도식에 불과할 수 있다. 예를 들면, '본능적 충동의 차단은 억압을 낳고, 억압은 심리적 콤플렉스를 낳고, 심리적 콤플렉스는 신경증을 낳는다.'와 같이…… Freud 이론의 위험성은 잘 모르는 사람들에게 성격에 대한 기계론적이고 결정론적인 견해를 가지게 하는 데 있다. …… 모든 인간의 마음이 원인과 결과의 기계적 원리로 환원될 수 있다고 생각하는 것은 완전한 오류이다. 왜냐하면 인간의 마음은 창의적이고 때로는 예측불가하고, 규정할 수 없는 것이기 때문이다. …… 만약 그러한 결정론이 수용된다면 우리는 인간에게 책임을 물을 수 없을 것이다(고딕체 강조는 저자들이 추가; pp. 48-49).

행동주의에 대한 인본주의 이론가 및 상담자의 비판은 정신분석에 대한 May의 비판만큼 신랄하다. 비판의 대상은 엄격한 결정론과 관찰 가능한 행동에만 초점을 두는 것이었다. 이는 과거 미국 행동주의의 특성이었다(제12장 참조).

정신분석과 행동주의에 대한 이와 같은 우려 때문에 1960년대와 1970년 초에 인본주의는 상담과 심리치료 내에서 사회운동으로 번성했다. 미국에서 인본주의와 관련되는 인물들은 Gordon Allport, Sidney Jourard, Abraham Maslow, Rollo May, Carl Rogers가 있다. 미국의 인본주의는 유럽의 실존주의 상담과 밀접히 연결되어 있었다. 그리고 이 둘은 동일하지는 않지만 상담 실제에 있어서 매우 유사한 것으로 간주된다. 유럽에서 실존주의 상담운동은 인간 존재에 대한 철학으로서 실존주의의 통찰을 정신의학 및 상담과 통합하려 하였다. 유럽의 주요 인물들은 Medford Boss, Ludwig Binswanger, Viktor Frankl, R. D. Laing, Frederick Perls였다. Belkin(1980)은 Rollo May가 오랫동안 실존주의 상담을 옹호한 대표적인 미국 정신의학자라는 점을 지적하였다.

1960년대와 1970년대 미국에서 인본주의 운동이 꽃을 피웠지만, 그 시작은 훨씬 전이었다. 아마도 상담과 심리치료 분야에서 이를 가장 먼저 제안한 사람은 Carl Rogers일 것이다. 그는 자신의 상담에 관한 첫 주요 저서를 1940년대 초에 완성하였고(Rogers, 1942), 10년 후에는 『Client-Centered Therapy』를 출판하였다(Rogers, 1951). 또한 1950년대 초에 Fritz Perls는 게슈탈트 치료의 기본적 이론적 개요(Perls, Hefferline, & Goodman, 1951)를 제시하였다.

인본주의 관점은 상담심리학과 함께 또는 병행하여 성장하였다(제2장 참조). 상담심리학의 공식적 시작은 1951년 노스웨스턴 학술대회에서부터라고 할 수 있다. 이는

Rogers와 Perls의 저서가 출간된 해와 같다. 연대순보다 더 중요한 것은 인본주의 접근이 항상 상담심리학에 영향력을 행사하고 있었다는 점이다. 앞으로 보게 되겠지만, 인본주의 접근은 제1장에서 기술했던 상담심리학의 주요 특징들과 잘 부합한다.

사실 오늘날 인본주의의 영향은 일반적으로 실무에 종사하는 심리학자들, 특히 상담심리학자들 사이에 상당히 강하게 남아 있다. 이론적 지향에 대한 데이터를 보면 (Goodyear et al., 2008; Hayes, personal communication, February 8, 2013; Prochaska & Norcross, 2010), 인본주의 이론이 많은 상담심리학자의 전문 활동을 선도해 왔다는 것을 알게 된다. 예를 들어, 대학생 정신건강 센터(Center for Collegiate Mental Health)가 수집하고 Jeffrey A. Hayes가 제공한 자료에 의하면, 상담심리학자의 10% 정도만이 인본주의가 자신의 주된 이론 지향성이라 말한다. 그러나 613명으로 이루어진 상담심리학자 표본에서 80%에 가까운 이들은 인본주의 이론에 따라 현재 상담 실무를 수행한다고 보고한다. 사실 50% 이상의 상담심리학자들은 그들의 실무가 인본주의 이론에 크게 또는 매우 크게 영향을 받고 있다고 보고하였다. 이들 상담심리학자 대부분은 스스로를 이론적으로 통합적 또는 절충적이라 보지만, 동시에 인본주의 원리에 강하게 영향을 받아 오고 있다고도 볼 것이다. 그래서 인본주의 이론은 하나의 주된 이론으로서보다는 다른 비인본주의 이론과 결합하여 영향력을 행사해 왔다고 할 수 있다.

인간, 상담, 과학에 관한 인본주의의 가정

인본주의 이론을 배경으로 하는 임상가들 사이에는 각 이론이 제시하는 기법에 있어서의 차이 때문에 상당한 정도의 이질성이 존재한다(Elliott, Greenberg, Watson, Timulak, & Freire, 2013). 예를 들어, 이 장의 후반에 검토될 두 가지 접근법인 인간 중심 상담과 게슈탈트 상담은 치료자 적극성(therapist activity) 또는 지시성(directiveness)에서 큰 차이가 있다. 게슈탈트 상담자는 전통적인 인간 중심 상담자보다 훨씬 더 적극적이고 지시적(active-directive)인 의사소통을 한다. 동시에, 두 접근은 인간, 치료, 과학에 관한 공통적인 가정을 공유하고 있는데, 이는 인본주의-경험 접근하에 있는 서로 다른 이론 접근들을 관통하고 있다. 그중 여섯 가지를 제시한다.

민주주의 이상

Grummon(1965)의 내담자 중심 상담에 관한 초기 설명이자 여전히 매우 적절한 설명에서 '민주주의 이상에 대한 믿음'은 Carl Rogers 이론의 주요 가정으로 언급된다. 사실, 이러한 믿음은 사실상 거의 모든 인본주의 접근에 내재해 있다. 민주주의 이상은 정의하기 어렵지만, 각 개인의 가치와 존엄성에 대한 믿음이라는 핵심 원리로 요약할 수 있다. 또 다른 기본 원리는 의견과 생각, 이익을 추구할 개인의 권리에 대한 믿음이다. 더 나아가서 개인은 자신의 운명을 통제할 권리와 책임을 지니고 있다. 민주주의 이상은 개인을 독립적이고 자기결정적이 되도록 격려하는 사회와 사회제도에서 가장 잘 실현되고 있다(Grummon, 1965).

개인과 개인의 선택에 부여된 가치는 처음부터 인본주의 철학의 핵심 요소였다. 이 가치는 인본주의 전통이 특징적으로 가지고 있는 개인주의를 보여 준다(Lowe, 1969). 이러한 개인주의는 Fritz Perls(1969a)의 "게슈탈트 기도자(Gestalt Prayer)"에서 명확하게 드러난다.

> 저의 일은 제가 하고, 당신의 일은 당신이 합니다.
> 저는 당신의 기대에 부응하기 위해 이 세상에 존재하는 것이 아닙니다.
> 그리고 당신은 저의 기대를 위해 이 세상에 존재하는 것이 아닙니다.
> 저는 저고, 당신은 당신입니다.
> 그리고 만약 우연히 우리가 서로를 발견한다면, 그것은 정말 아름다운 일일 것입니다.
> 만약 그렇지 않다면 어쩔 수 없지요.

그러나 이러한 가치가 다른 사람들이나 더 넓은 사회제도에 대한 관심을 부정하지는 않는다.

주관성의 근본적인 우세

르네상스 이후, 인본주의 철학자들은 이성적 능력을 특히 중요시해 왔다. 하지만 인본주의 상담자들 사이에서는 삶의 주관적인 측면에도 동일한 정도의 가치가 부여된다. 사실, 인본주의 상담자는 삶의 주관적인 측면을 건강한 기능의 핵심으로 보는 경향이 있다(예: Schneider & Krug, 2010). Rogers는 이 입장을 다음과 같이 명확하게 설명했다. "본질적으로 인간은 자신의 사적이고 주관적인 세상에 살고 있다. 심지어 과학, 수학 등과 같은 가장 객관적인 영역에서 발휘되는 자신의 가장 객관적인 기능도 주관적인 목적과 주관적 선택의 결과이다"(Rogers, 1959, p. 191). 게슈탈트 상담자가 주관적인 경험을 강조하고, 자신의 내적 주관적 경험을 인식하고 살아가는 것을 중요하게 여긴다는 것은 오해의 여지가 없이 분명하다. 다른 한편, 주관적 경험을 부정하고 지적 능력으로만 사는 것은 역기능의 징후라는 것 역시 그들의 분명한 견해이다.

　Rogers는 주관적 측면의 우세에 대한 인본주의자들의 믿음을 다음과 같이 기술하였다(Rogers, 1961: Grummon, 1965에서 재인용).

　　인간이 자신을 이미 결정된 현상 또는 과거와 과거 세력의 결과로 이해한다 해도, 그리고 미래 사건과 행동을 결정짓는 원인으로 이해한다고 해도, 그는 결코 (수동적인) 대상으로 살아갈 수 없다. 그는 오로지 주관적으로만 살 수 있다. …… 자신의 완전한 잠재력을 개발하고 있는 사람은 자신의 주관적인 측면을 받아들이고 주관적으로 살 수 있다. 그가 화를 낼 때, 그는 화를 내는 것이다. 단지 아드레날린 효과의 표시가 아니다. 그가 사랑을 할 때, 그는 사랑하는 것이다. 단지 '사랑의 대상에 고착되어 있는 것'이 아니다. 그는 스스로 생각한 방향으로 움직이고, 책임감 있게 선택하고, 생각하고, 느끼고, 경험하는 사람이다. 그는 단지 그에게 사건이 일어나고 있는 대상이 아니다. 그는 이미 결정되어 있을지 모르는 세상에서 어떤 역할을 하고 있을지 모른다. 그러나 그는 주관적으로 살고 있으며, 그래서 인간이 되고자 하는 욕구를 충족시키고 있다(pp. 20-21).

　Grummon(1965)은 Rogers의 인간에 대한 주요 개념 중 하나가 인간은 '자신들의 지성보다 더 현명하다'는 것이라는 데 주목했다. 완전한 경험으로 살아갈 때 효과적인 기능이 발휘되며, 우리의 의식적 생각이란 그 한 부분일 뿐이다.

성장과 실현 경향

　"궁극적으로 스스로와 사이좋게 지내려면, 음악가는 음악을 만들어야 하고, 예술가는 그림을 그려야 하며, 시인은 글을 써야 합니다." Abraham Maslow(1954, p. 91)는 인간의 근본적인 본성을 실현하려는 경향에 관한 첫 번째 책에서 이렇게 기술했다.

Maslow와 모든 인본주의자에게 인간의 동기는 긴장을 줄이거나 벗어나는 것, 불쾌한 상태를 제거하는 것 이상의 의미이다. 인간은 선천적으로 성장과 자기실현을 위한 경향과 잠재력을 가진 능동적이고 적극적인 유기체이다. 그 능력은 부정적 양육이나 개인의 가능성을 억압하는 무수한 요소들로 인해 잠재되어 있을 수 있다. 그러나 그럼에도 불구하고 이 능력은 존재하며, 적절한 조건(예를 들어, 효과적인 교육이나 상담을 통해)이 되면 발현될 수 있다. Rogers는 이러한 실현 경향성을 "자신을 유지하거나 향상시키는 방향으로 모든 가능성을 개발하려는 유기체의 타고난 경향"(1959, p. 196)으로 정의했다. 그는 실현 경향성을 인간뿐 아니라 단세포 원생생물, 꽃, 야생 동물 등 살아 있는 모든 것에 작용하는 근본적인 특성이라 보았다.

자기실현의 과정이란 무엇인가? 이 질문에 대한 답은 Abraham Maslow의 연구에 가장 잘 나타난다. 몇 년에 걸쳐 Maslow는 자기를 실현한 사람들을 연구했고, 인간의 동기와 자기실현에 관한 이론을 발전시켰다. 그의 글은 아직도 인본주의 상담자의 시금석이 되고 있다.

Maslow는 그 과정을 다음과 같이 정의했다.

> (숙명, 운명 또는 천직이라 불리는) 임무의 달성으로서, 본성의 수용 및 이에 관한 보다 완전한 지식으로서, 자신의 통일성, 통합성 또는 시너지를 향한 멈출 수 없는 경향으로서 잠재력과 능력 그리고 재능을 지속적으로 실현해 나가는 것(1968, p. 25).

Maslow는 모든 인간에게 공통적으로 있는 '기본 욕구들의 위계'를 이론화하였다. 사람의 보다 기본적인 욕구(공기, 물, 음식, 쉼터, 수면, 섹스와 같은 생리적인 요구사항)들은 위계구조의 맨 아래에 위치한다. 그다음으로 안전, 소속과 사랑, 자존감과 존경의 욕구가 순서대로 따라온다. 위계의 최상위에는 자아실현을 위한 성장 욕구가 있다. 한 단계의 욕구가 채워지면, 사람들은 그 다음 단계를 충족시키기 위해서 노력한다. 따라서 개인은 자기실현을 향해 위계의 위로 올라가려고 끊임없이 노력한다. Maslow는 좋은 정신건강 상태가 지속되려면 모든 욕구가 충족되어야 한다고 믿었다. 만약 그렇지 않다면, 신경증, 성격장애, 정신병 등을 지칭하는 '결함 상태'가 나타난다.

인본주의 상담자를 성장심리학자(growth psychologists)라고 볼 수도 있다. 왜냐하면 그들은 건강한 정신을 정신병리 증상의 부재라기보다는 성장, 개인적 성숙, 실현으로 보는 경향이 있기 때문이다(Elliott, Bohart, Watson, & Greenberg, 2011). 인본주의 상담자는 성숙하고 실현하는 개인(Maslow, 1970) 또는 완전히 기능하는 사람(Raskin, Rogers, & Witty, 2011)을 정신건강의 가늠자로 활용한다.

인간에 대한 신뢰

만약 우리가 인간의 기본적인 선함이나 신뢰성에 대한 관점으로 인본주의, 정신역동, 학습적 관점을 분류한다면, 정신역동은 인간이 나쁘거나 신뢰할 수 없다는 관점으로 기울 것이다. 과장하자면, 정신역동 모델에서는 인간을 본능들의 집합(원초아)이라 본다. 사회가 생존하기 위해서는 이들이 이후에 발달하는 것(자아, 초자아)에 의해 길들여져야 한다. 우리는 본질적으로 비이성적이고, 비이성적인 충동에 의해 움직인다. 학습이론의 관점(예: 행동주의)에서 보면, 인간은 백지 또는 깨끗한 판이다. 우리는 기본적인 본성을 소유하지 않는다. 다만, 조건화와 모방을 통해 현재의 우리가 되는 법을 배울 뿐이다.

정신역동이나 학습 관점과는 대조적으로, 인본주의는 항상 긍정적인 입장을 취해 왔다. 인간이 기본적 합리성을 가지고 있다고 믿는 것은 인간에 대한 신뢰의 한 측면이 된다. Lowe(1969)가 진술했듯이, "첫 번째 인본주의 가치는 인간이 합리적 존재라는 것이다. 인간을 그 무엇보다도 선한 생명체라 평가한다면, 동물과 인간을 구별하는 합리성은 더없는 영광이다"(p. 99).

신뢰할 수 있는, 선한, 믿을 만한, 건설적인과 같은 단어들은 Rogers와 다른 인본주의자들의 저작에서 계속해서 나타난다. 인본주의자들도 인간이 악하고 신뢰할 수 없는 행동을 하는 것을 알고 있다. 그러나 이들은 이러한 행동을 방어라고 보는 경향이 있다. 방어는 환경적 배경에 의해 발생하는 불행한 결과로 학습된 것이다. 인간 본질에 대한 이러한 긍정적인 관점을 Rogers(1961)가 다음과 같이 설득력 있게 제시하였다.

나는 인간이 근본적으로 비이성적이고, 충동이 통제되지 않으면 다른 사람들과 자신을 파멸로 이끌 것이라는 보편적인 개념에 그다지 동의하지 않는다. 인간의 행동은 합리적이어서, 그의 유기체가 성취하려고 애쓰는 목표를 향해 미묘하지만 질서가 있는 복잡성을 띠며 나아간다. 비극적인 것은 방어가 이 합리성을 인식하지 못하게 한다는 것이다. 그래서 우리는 의식적으로는 이쪽으로 나아가지만, 유기체적으로는 다른 쪽으로 나아간다. 그러나 좋은 삶의 과정을 살고 있는 사람에게 있어서는 그런 장벽의 수가 적을 것이다. 그리고 그는 유기체의 합리성에 점점 더 가까워질 것이다. 존재하는 또는 없어서는 안 되는 유일한 충동의 통제는 욕구들 사이의 자연적이며 내적인 균형을 이루는 것이며, 모든 욕구의 만족에 가장 근접하는 일련의 행동을 발견하는 것이다(pp. 299-300).

모든 제3세력 상담자가 인간 본성에 대한 긍정적인 관점을 옹호하는 것은 아니다. 게슈탈트 상담자에게 인간의 본성은 좋은 것과 나쁜 것의 혼합이고, 인간에게는 두 가지 모두의 잠재성이 있다. 심지어 몇몇 인간 중심 이론가(예: Levant & Shlien, 1984)도 이러한 견해를 표현했다. 하지만 수년에 걸쳐 우리에게 남겨진 인본주의 관점의 유산은 인간의 본성과 그 가능성에 대한 낙관성이다.

현재에서의 진정한 인간 만남의 가치

모든 인본주의 접근은 상담자가 '진실(real)'해지는 것, 내담자와 인간 대 인간으로 만나는 관계를 맺는 것, 그 만남에서 지금-여기에 집중할 것을 촉구한다. 초기의 내담자 중심 상담에서는 상담자의 역할을 억제하고, 그들의 반응을 바꾸어 말하기로 제한해 왔지만, 수년에 걸쳐 중요한 변화가 일어났다. 이 변화의 주된 양상 중 하나는 치료적 대면에서 상담자들이 진솔해지는 것에 대한 암묵적 허용이 증가해 왔다는 점이다.

이러한 진정성에 대한 초점이 이후의 인간 중심 접근에서 발전했다 해도, 이것이 인본주의 접근의 기본적 특징이라는 점에는 변함이 없다. 예를 들어, 게슈탈트 상담에서 상담자의 진정성은 상담자와 내담자 사이의 나-너 관계를 통해서 발생한다(Greenberg, 1985). 여기에서는 상담자가 완전히 지금 이 순간에 있고, 내담자와 상담자가 서로에게 개방적인 상태에 있다. 상담자는 내담자에게 개방을 강요할 수 없지만, 내담자가 궁극적으로는 나-너 관계 안으로 들어올 것이라는 믿음을 유지하면서 개방적일 수 있다.

인본주의 상담자들이 상담 관계가 완전히 상호적이라 말하는 것은 아니다. 내담자는 도움을 구하고 자신의 느낌, 생각, 경험을 탐색하는 존재이다. 상담자는 자신을 내려놓고, 부분적이고 일시적일 수밖에 없지만 내담자의 세계로 들어가려고 한다. 게슈탈트 상담자들과 인본주의 관점을 가진 거의 모든 사람이 지지하는 나-너 관계는 내담자가 상담자를 동등하게 인정하고 승인하는 엄격히 상호적인 것은 아니다(Greenberg, 1985). 상담자는 나-너 태도로 관계에 참여하지만 내담자에게 승인을 구하지는 않는다. 따라서 관계의 '나-너'라는 특성에 대한 상담자의 기여란 상담자가 이 순간에 완전히 존재하고, 거리낌 없이 의사소통하고, 다른 사람과 지속적으로 관계를 맺는 것이다.

Greenberg(1983)는 게슈탈트 관점에서 진정성 있으며 개방적인 나-너 대면을 반영하는 상담자 반응의 몇 가지 예를 제시하였다. 이 반응의 예는 모든 인본주의 접근에서 광범위하게 적용 가능하다.

> 상담자가 나-너 대화로 들어갈 때, 상대방의 승인을 요구함 없이, 나-너 수준으로 참여하는 것은 상담자 태도의 정수이다. 상담자는 접촉의 첫 순간에 스스로가 무엇을 느끼는지 내담자와 공유할 수 있다. "나는 당신을 만나고, 당신이 원하는 것이 무엇인지 찾기를 간절히 바라요." 또는 나중의 대면에서 이렇게 말할 수도 있다. "당신이 그렇게 말하는 것을 들었을 때 저는 슬펐어요. 당신은 어떻게 느끼는지 궁금하네요." 대면이 강렬해짐에 따라 상담자는 내담자에게 "이걸 당신에게 말할 걸 생각하니까 제 심장이 두근거리네요. 그러나 저는 당신에게 말씀드리고 싶어요. 당신이 그럴 때마다 저는 당신으로부터 멀어지는 저 자신을 발견하게 되네요." 또는 "저는 제가 당신의 말에 귀 기울이고 있지 않다는 것을 깨달았어요. 당신은 당신이 이야기하는 것에 진정으로 관여되어 있다고 느낍니까?"라고 피드백을 줄 수 있다. 대면에서는 상담자가 자기감(sense of self)을 또한 받아들이고 공유해야 한다. "제가 요청했던 것을 하고 싶지 않아 했을 때 저는 방어적이 되었어요. 그리고 당신에게 그것을 하도록 강요하려는 저 자신을 발견했어요." 또는 "당신의 무기력함에 저는 좌절감을 느껴요. 그리고 내 기분이 좋아지도록 당신이 좀 더 활기차지기를 기대하고 있다는 걸 깨달아요."라고 하는 것이다. 상담자가 공유해야 하는 또 다른 중요한 순간은 초점을 잃었다고 느끼거나 내담자와 어디로 가고 있는지 모를 때이다. 모든 대면의 핵심적인 특징은 상담자가 반드시 자신의 느낌을 요구적이지 않게 표현해야 한다는 것이다. 그리고 이러한 감정이 어떤 것에 관한 것인지 내담자와 기꺼이 탐색해야 한다는 것이다. 게다가 상담자는 감정을 단순히 "저는 화가 났어요."라고 표현할 뿐 아니라 "제가 이 이야기를 했을 때 당신을 서운하게 할까 봐 두렵네요."와 같은 표현도 해야 한다. 이러한 방법으로 상담자는 자신의 전인성(total humanness)을 공유할 수 있다(p. 141).

이러한 반응들과 치료적 대면에 대해 이들이 밝히는 비전이 정신분석 관점과 학습 관점의 그것과는 매우 다르다는 것은 명백하다.

인간 경험을 수용하는 과학적 방법의 필요성

심리학에서의 인본주의 운동은 상담이나 치료에만 초점을 맞추지는 않았다. 인간 행동에 관한 과학적 연구와 그러한 연구에 사용되는 방법들에도 동일한 정도의 관심을 가지고 있었다. 지난 몇 년 동안 인본주의 이론가들과 연구자들은 과학을 특정한 방법과 동일시하고 그것의 주제를 제한하는 과학적 독단을 비판해 왔다. 따라서 인본주의 심리학자들은 보통 실험실에서 수행되었던 전통적인 심리학 실험 이외의 방법들을 강력하게 옹호했다. 이와 관련하여, 인본주의자들은 행동을 미세한 부분으로 나누고, 각 부분을 연구할 수 있다는 믿음에 비판적이었다. 마찬가지로 인본주의자들은 오로지 드러나는 행동만이 심리학의 적절한 대상이라는 행동주의자들의 생각에 깊이 반대해 왔다.

인본주의 심리학자들은 과학적 이단(scientific heterodoxy)을 주장했다(Maslow, 1970). 그들은 엄격한 실험에서 덜 통제된 질적인 방법에 이르기까지 모든 과학적 방법은 연구되고 있는 대상에 적합해야 한다고 믿었다. 미세한 부분들에 대한 협소한 집착으로 축소된 인간 본성에 대한 연구보다는 인간행동의 전체성이 과학적으로 검토되어야 한다. 같은 의미에서, 심리학의 적절한 대상은 간결하고 단순하게 연구하기 어려운 모든 내적 과정과 경험을 포함한 복잡한 인간 경험이어야 한다. 연구에서 인간은 자신의 운명을 선택할 수 있고 조형할 수 있는 적극적인 존재로 파악되어야 한다.

제4장에서 상담심리학의 과학적 연구에서의 질적 연구방법론을 논의했다. '기존의 견해'에 대한 많은 공격과 대안으로 요구되고 있는 방법들은 인본주의 전통과 명확한 관련을 가지고 있다. 과학적 이단의 뿌리는 인본주의의 영향으로 상담심리학에 깊이 스며들어 있다. 〈표 13-1〉은 지금까지 설명해 온 여섯 개의 인본주의-경험 가정을 요약한 것이다.

표 13-1 인본주의-경험 이론의 기본 가정과 주장

1. 각 개인은 가치와 존엄을 가진다.
2. 삶을 주관적으로 살아야 한다.
3. 모든 인간은 자기실현을 향한 선천적인 경향을 가지고 있다.
4. 사람들은 근본적으로 이성적이고 신뢰할 만하다.
5. 효과적인 상담은 진정한 나-너 대면을 필요로 한다.
6. 과학은 적극적 주체라 할 수 있는 전체로서의 인간이 가지고 있는 주관적인 의미를 연구할 필요가 있다.

이제 우리는 상담심리학에서 가장 두드러진 두 가지 인본주의 접근법을 살펴볼 것이다. 하나는 Carl Rogers의 인간 중심 접근이고, 다른 하나는 Fritz Perls에 의해서 유래되었지만 몇 년에 걸쳐서 상당한 정도로 수정된 게슈탈트 상담이다. 이 논의에서 두 가지 이론이 상담심리학 및 상담 실무와 맺고 있는 관계에 대해 주의 깊게 살펴볼 것이다.

Carl Rogers의 인간 중심 상담

상담 및 심리치료 이론은 많은 부분 그 이론을 주창한 사람의 성격, 욕구, 삶을 반영한 것이다(Dolliver, 1981a; Prochaska & Norcross, 2010). 이런 점은 이제 논의할 두 이론에서 가장 명백하게 드러난다. 여기서는 인간 중심 상담의 주창자이자 지적 선도자인 Carl Rogers의 삶과 전문적 성취에 대해 간단히 살펴보고자 한다. Rogers의 배경에 대해서는 좀 더 자세히 살펴볼 것인데, 상담의 역사에서 아마도 가장 영향력 있는 과학자-임상가라고 여겨지기 때문이다. 상담심리학에 대한 Rogers의 영향은 너무나 광범위해서 많은 그의 생각은 이제 자명한 사실처럼 보이는 정도가 되었다. 또한 그의 생각은 상담에 너무나 깊숙이 침투해 있어서 많은 상담자는 이러한 생각들이 Rogers로부터 기원했다는 것을 잊어버린다.

Carl Rogers(1902~1987)는 근본주의 종교 분위기가 강한 가정에서 여섯 번째 아이로 태어났다. 그는 부유한 시카고 교외의 초등학교를 다녔다. 이후 가족이 위스콘신의 농장으로 이주했는데, 엔지니어였던 그의 아버지는 과학적 방법을 농업에 적용했다. Rogers(1973)는 가족과 유년기에 대해 다음과 같이 이야기하였다.

나는 부모님이 나를 사랑한다는 것을 알았다. 그러나 나의 내밀한 생각이나 감정은 부모님과 공유하지 못했다. 이런 것들은 결핍된 것으로 판단되고 지각될 것이기 때문이었다. …… 오늘날에는 타인과 친밀하고 잘 소통하는 대인관계로 간주될 뭔가가 완전히 결여되었다고 그때를 이야기할 수 있다. 가족 외의 타인을 향한 나의 태도는 부모님으로부터 물려받은 거리 두기와 냉담함으로 특징지을 수 있다. 나는 같은 초등학교를 7년간 다녔다. 이후 대학원을 졸업할 때까지 같은 학교를 2년 이상 다니지 않았는데, 이러한 사실은 의심의 여지 없이 나에게 영향을 미쳤다. 고등학교 입학과 함께 나는 친구관계에 대한 갈망을 좀 더 인식할 수 있었다. 그러나 그런 갈망의 충족은 일차적으로 이미 언급했던 부모님의 태도에 의해 막혔고, 그다음으로는 상황에 의해 막혔다(pp. 3-4).

상담자와 내담자 간의 가깝고 수용적이며 비판단적인 관계에 초점을 두는 Rogers
의 상담이론이 Rogers의 충족되지 않은 유년기의 욕구를 반영한다는 것은 쉽게 알 수
있다. Rogers 이론에 있어서 새로운 개념을 담아낼 수 있는 능력 및 융통성 또한 그
의 성격과 스타일을 반영하는 것이다. 예를 들어, 인간 중심 상담에 대한 Prochaska와
Norcross(1999)의 논의 서문에 제시된 Rogers에 대한 관찰을 주목해 보자.

그에게서 발산되는 분위기와 기운은 따뜻하고 부드럽다. 비록 그의 말은 강하고 신
랄하지만 말이다. 그는 어떤 질문에도 기꺼이 답을 하고, 가장 가혹한 비평에도 반응하
려 하였다. 상담자로서 어떻게 진실하면서 동시에 비노출적이 될 수 있는지 질문을 받았
을 때, 그는 솔직함으로 우리 모두를 놀라게 했다. 그는 정신과 내담자들 및 성장지향 집
단과 함께 한 지난 몇 년간의 작업을 통해 반영적이고 비지시적인 상담자 모델이 자신과
같은 사람에게 매우 편안하다는 것을 알게 되었다고 이야기하였다. 그가 살아온 대부분
의 시간 동안 그는 수줍음을 많이 탔고, 그래서 자신을 잘 드러내지 않았다. 캘리포니아
의 햇빛 쨍쨍한 날씨 속에서 집단에서의 개방성을 강조할 때, 그는 자신의 이전 스타일
이 스스로의 많은 부분을 노출해야 하는 부담으로부터 자신을 보호했던 편리한 역할이
었다는 것을 인식하게 되었다. Rogers는 삶에서처럼 상담에서도 진실성을 보다 완전하
게 실현하고 있었다. 진실성은 그가 소중하게 여겨 왔지만 그때까지는 결코 완전히 실현
시키지 못한 것이었다(p. 136).

농장에서 몇 년을 보낸 후 Rogers는 위스콘신 대학교에서 먼저 농업을 전공하고 이
후 역사를 전공했다. (Rogers의 이름은 학부에서 심리학을 전공하지 않은 유명 심리학자들의
명단에 올라 있다.) 이후 그는 근본주의 가정 배경에서 벗어나 목사가 되기 위해 매우 자
유주의적인 맨해튼의 유니언 신학대학원에 입학했다. 2년 후 Rogers는 다시 전공을 바
꾸었다. 이번에는 그의 마지막 직업과 관련이 있는 심리학이었다.

1931년 Rogers는 컬럼비아 대학교에서 임상 및 교육 심리학으로 박사 학위를 받
았다. 흥미롭게도 그의 대학원 훈련기간 동안 이론적 초점은 정신분석이었다. 이후
Rogers 이론은 여러모로 정통 정신분석에 대한 반발이었다.

인간 중심 이론에 이르기까지 Rogers의 경로

박사 학위를 받은 후 Rogers는 뉴욕 로체스터에 있는 아동진료소에서 12년을 인턴과 심리학자로 보냈다. 그곳에서 그는 자신의 개인 경험에 토대를 둔 상담이론을 발전시켰다. 그 시기 동안 Rogers는 성격 및 상담에 관한 정통 정신분석과는 확연히 다른 관점을 개발한 저명한 정신분석학자 Otto Rank의 저술에 영향을 받았다. Rogers는 특히 상담에서 (기법이 아니라) 인간의 의지와 관계의 중요성에 대한 Rank의 견해에 영향을 받았다.

1939년에 Rogers는 그의 첫 저서 『The Clinical Treatment of the Problem Child』를 발간하였다. 나중에 인간 중심 접근으로 발전하는 씨앗을 이 저서에서 찾아볼 수 있다. 1940년대에 Rogers는 오하이오 주립대학교로 옮겨 상담을 수행하는 심리학자 훈련에 관여하였다. 이러한 흥미로운 분위기에서 일군의 학생들과 자신의 생각을 더 발전시키면서, 마침내 그 유명한 『Counseling and Psychotherapy』(1942)를 출판하였다. 이 책에서 Rogers는 상담자가 내담자를 따뜻하게 받아 주고 허용적인 분위기를 형성하는 것이 중요하다고 주장하였다. 상담은 본질적으로 내담자가 이끌어 가는 비지시적 과정으로 파악되었다. 상담에 있어서 비지시성의 토대가 여기서 확립되었다. Rogers는 진단에 반대하는 견해를 강조하였는데, 이러한 입장은 그 당시 거의 받아들일 수 없는 이단적인 것이었다. Rogers는 내담자를 진단하는 것은 아무리 좋게 평가해도 비치료적이라고 주장했다. 왜냐하면 자기 이론의 핵심이라 할 수 있는 내담자의 내적 참조틀을 이해하고자 한다는 것 그리고 개인에게 최선이 되는 방향으로 나아가게 돕는다는 것으로부터 상담자를 멀어지게 하기 때문이었다.

오하이오에서 Rogers는 또한 전 생애를 통해 추구해 왔던 것, 즉 상담과정에 대한 과학적 연구를 시작하였다. 그와 그의 학생들은 일련의 비지시적 상담에 대한 연구를 수행하였다. Rogers와 Francis P. Robinson은 새롭게 개발된 녹음기를 상담과정 연구에 활용했던 연구 프로그램을 조직했다. 최초로 연구자가 녹음 테이프를 통해 상담에서 진행되고 있는 일들을 관찰할 수 있었다. 이러한 테이프의 활용은 상담 연구에 과학적 돌파구를 제공하였다.

1945년에 Rogers는 시카고 대학교로 옮겨서 학생상담센터를 운영하였다. 그는 자신의 엄격한 연구 프로그램을 지속하였고, 그의 가장 영향력 있는 저서인 『Client-Centered Therapy』(Rogers, 1951)를 출판하였다. 명칭을 비지시적(nondirective)에서 내담자 중심

(client-centered) 상담으로 변경한 것은 Rogers의 접근에 있었던 핵심적 변화를 반영하였다. 『Counseling and Psychotherapy』에서는 기법의 사용이 여전히 강조되었지만, 새 책에서는 내담자에 대한 상담자의 태도가 초점이 되었던 것이다. 이러한 초점은 시간이 지나면서 계속 유지되었고, 더 강화되기도 하였다. 또한 이 책에서는 상담자가 내담자의 말이나 명백한 감정이 아니라 말하지 않은 잠재해 있는 감정에 주의를 기울여야 함을 강조하였다.

1950년대는 Rogers와 그의 동료 및 학생들에게 매우 생산적인 시기였다. 사실, 이 집단이 개념화한 상담에 관한 근본 아이디어 대부분이 이 시기에 출판되었다. 내담자 중심 상담에 대한 연구에 기반을 둔 『Psychotherapy and Personality Change』라는 책은 1954년에 출판되었다(Rogers & Dymond, 1954). 1957년에 Rogers는 '필요충분조건(necessary and sufficient conditions)'(Rogers, 1957)에 관한 그의 유명한 논문을 발표하였다. 이것에 대해서는 이 책의 제9장에서 자세히 논의하였다. 상담과 심리치료의 역사에서 이 논문만큼 이후의 수많은 연구를 자극했던 경우는 있었다고 해도 매우 소수에 불과하다. 1950년대 말에 Rogers는 성격과 대인관계에 관한 자신의 이론을 중심으로 내담자 중심 상담의 과정에 대한 완전한 견해를 제시하였다(Rogers, 1959). 그의 다음 책인 『On Becoming a Person』(Rogers, 1961)에서는 상담, 과학, 교육, 삶에 대한 일련의 경탄할 만한 논문들을 제시하였다. 이 책은 전문가들뿐 아니라 일반인들도 이해할 수 있게 명확하고 흥미진진하게 쓰여 있다. 또한 1961년에 처음 출판되었을 때처럼 오늘날에도 매우 적절한 것으로 남아 있다.

1957년에 Rogers는 위스콘신주로 이주한다. 위스콘신 대학교에서 그는 '필요충분조건'에 대한 연구를 이어 갔다. 그는 가장 치료하기 어려운 집단 중 하나인 조현병 입원환자를 대상으로 그의 이론을 검증하려 하였다. 그가 수행했던 5년간의 연구는 가장 큰 상담 및 심리치료 연구였을 것이다. 연구 결과는 내담자 중심 상담과 필요충분조건의 효과성에 대해 단지 부분적인 지지만 제공하였다(Rogers, 1967). Rogers와 그의 동료들은 매우 어려운 과제를 설정하였다. 즉, 그들은 내담자 중심 상담의 대상자들을 아무런 치료를 받지 않는 환자들로 구성된 동등집단과 비교한 것이 아니라 병원에서 제공하는 일반 처치 프로그램(예를 들면, 집단 상담)에 참여하고 있는 환자들과 비교하였다.

어쨌든 조현병 환자를 대상으로 한 이 연구는 내담자 중심 상담이론에 더 많은 변화를 초래하였다. 이미 몇 년간 진행되어 오고 있던 상담자의 개방성 및 진정성을 향한 움직임은 이러한 어려운 환자들과의 개인상담 경험을 통해 더욱 힘을 얻었다. 이 연구의 주요 연구자 중 한 사람인 Eugene Gendlin은 다음과 같은 논평을 하였다.

> 내담자가 우리에게 많은 일을 해 주었다는 것은 확실하다. 우리는 엄청난 진전을 이루
> 었다고 할 수 있다. …… 예를 들어, 진실함은 단순히 위선 없음에서 매우 적극적이고 자
> 기표현적으로 상호작용하도록 우리를 변화시켰다(Gendlin, 1970, p. 284).

1964년에 Rogers는 대학을 떠나 캘리포니아주 라욜라(La Jolla)에 위치한 서부행동과
학연구소(Western Behavioral Sciences Institute)로 옮겨 와 정상적인 개인 및 집단을 대상
으로 상담을 진행했다. 1968년에 라욜라에서 인간연구센터(Center for the Study of the
Person)의 설립을 도왔다. 그곳에서 그는 자신의 이론을 광범위한 상황, 특히 교육, 집단,
커플에 적용해 보려 하였다. 상담 기법으로부터는 멀어지고 관계 태도에는 가까워지는
움직임은 1974년에 내담자(client) 중심에서 인간(person) 중심 상담으로의 변화와 함께
절정에 달하였다. 이 두 번째 변화는 단순한 이름의 변화가 아니라 몇 년에 걸쳐 삶과
존재를 향한 태도가 된 모든 것을 반영한다. 1980년에 Rogers는 다음과 같이 말하였다.

> '내담자 중심 상담'이라는 오래된 개념은 '인간 중심 접근'으로 전환되었다. 달리 이야
> 기하면, 나는 이제 더 이상 단순히 심리치료에 대해 이야기하지 않는다. 나는 성장(개인
> 의 성장이 되었건, 집단 또는 지역사회의 성장이 되었건)이 목표의 부분을 이루는 어떠
> 한 상황에도 적용되는 견해, 철학, 삶에 대한 접근, 존재방식에 관해 이야기한다(Rogers,
> 1980, p. ix).

성격이론: 성장과 부적응

Rogers는 성격 발달의 뿌리보다는 변화와 성장의 조건에 늘 더 많은 관심을 보였다.
이러한 그의 관심 덕분에 개입에 관한 그의 아이디어는 성격에 대한 기술보다 전에 등
장하였다. 어쨌든 그는 성격, 발달 그리고 그 전개에 대한 공식적 개념들을 제시하였
다. 이 주제에 대한 Rogers의 핵심 이론은 『Client-Centered Therapy』(Rogers, 1951, pp.
481-533)와 이후 주요 챕터(Rogers, 1959)에 실려 있다. 1951년 저작에 성격 발달에 대한
19개의 명제가 제시되어 있다. 이 명제들 중 일곱 개는 이론의 주요 부분을 이루고 있
으며, 〈표 13-2〉에 제시되어 있다.

표 13-2	성격 발달에 관한 Rogers의 주요 명제

1. 각 개인은 지속적으로 변하는 경험의 세계에 살고 있으며, 그곳에서 자신이 중심이 된다.
2. 유기체는 경험되고 지각된 대로 장에 반응한다. 이런 지각 장은 그 개인에게 '현실'이다.
3. 행동은 기본적으로 장에서 지각된 대로 그리고 경험된 대로의 욕구를 만족시키려는 유기체의 목적지향적인 시도이다.
4. 유기체는 현상학적 장에 조직화된 전체로 반응한다.
5. 개인 스스로의 내적 참조체제가 행동을 이해하기 위한 가장 좋은 지점이다.
6. 전체 지각적 장의 일부는 점진적으로 분화되어서 자기가 된다.
7. 유기체가 수용하는 대부분의 행동방식은 자기개념과 일치하는 것들이다.

〈표 13-2〉를 자세히 보면, Rogers 성격이론의 핵심 요소를 파악할 수 있다. 첫째, 이론은 현상학(phenomenology)에 토대를 두고 있다. 즉, 행동을 이끄는 것은 자기와 환경에 대한 그 개인의 주관적 지각, 또는 개인의 주관적 경험과 현실이다. 둘째, 각 개인은 자기 고유의 사적인 세상을 가지고 있으며, 개인을 이해하기 위해서는 이 사적인 세상에 들어가서 그 개인의 내적 참조틀로 개인을 이해하려 노력해야 한다. '외부' 이해(예를 들면, 전문가에 의한 진단)는 종종 우리를 내적 참조틀에서 멀어지게 한다. 셋째, 모든 사람은 자기개념 또는 자기구조를 형성한다. Rogers에게 자기개념은 자기 자신 및 환경과 상호작용하는 자신에 대한 지각과 이런 지각에 부착되는 가치를 의미하였다. 이러한 자기구조는 유동적이고 변화하지만, 일단 형성되면 개인의 행동과 지각을 이끄는 역할을 한다. 마지막으로 인간의 반응은 다른 이론들에서 주장되고 있는 것처럼 지각의 특정 부분에 기반을 두고 있지 않다. 오히려 세상과 스스로에 대한 지각 및 자기구조 전체에 기반을 두고 있다.

불일치, 일치, 그리고 완전히 기능하는 인간

모든 개인이 기본적으로 신뢰할 만하고 자기실현을 향한 경향을 가지고 있다면, 이 세상에는 왜 불행이 존재하는 것인가? 무엇이 잘못되어서 사람들의 실현 경향성을 막는 것인가? 그의 초기 저작에서 Rogers는 부적응에 대한 내담자 중심(현재 인간 중심) 이론을 개발하였는데, 여기에 불일치(incongruence)가 핵심 개념이다.

부적응은 개인의 자기개념과 유기체적 경험 사이, 즉 자기에 대한 개인의 이미지와 내적 경험 사이의 불일치 또는 간극이 존재할 때 발생한다. 왜 그리고 어떻게 이런 일이 일어날까? 아이가 성장하면, 긍정적 존중(positive regard)과 긍정적 자기존중(positive self-regard)에 대한 내재적 욕구도 성장한다. 세상(대부분 가족 및 주 양육자)에 대한 경험이 전개되어 감에 따라 아이는 자기개념을 또한 발전시킨다. 아이가 충분한 사랑, 특히 조건 없는 사랑을 경험하면, 긍정적 자기개념을 발달시키고 가치의 조건(conditions of worth; 자신이 가치 있게 느끼려면 충족시켜야 하는 조건)은 발달시키지 않는다. 다른 한편, 부모가 지나치게 제지하거나 조건적이면(예: 아이에게 "우리가 정한 것을 따른다는 의미에서 좋은 아이라면 널 사랑할게."라고 말하는 것), 아이는 이러한 가치의 조건을 발달시킨다.

우리의 자기개념이 너무 많은 가치의 조건을 가지고 있다면, 이러한 자기개념은 엄격하고 융통성이 없을 것이다. 그래서 결국 긍정적 자기존중감을 결하게 된다. 그 결과 내적으로 느끼는 경험(소위 '유기체적 경험')의 너무 많은 부분이 왜곡되거나 인식으로부터 차단당한다. 그래서 불일치감을 경험하게 된다. 이러한 상황에 처해 있는 개인은 자기개념과 경험이 일치되지 않기 때문에 스스로와 불화한다. 즉, 갈등에 놓이게 된다.

이러한 불일치가 일어날 때(Rogers는 현대 서구 문명에서 이런 일이 매우 자주 일어난다고 덧붙인다), 개인은 자기 자신과 어긋나고 심리적 부적응에 취약하게 된다. 이러한 사람은 더 이상 통합된 전체 인간으로 살지 못한다. 이러한 사람이 감정 수준에서 경험되고 있는 것을 정확히 지각할 수 있다면, 자기개념이 위협받을 것이다. 위협은 불안을 야기하는데, 개인은 내적 경험을 부정하거나 오류지각함으로써 이러한 불안을 방어한다.

그러나 아이가 가치의 조건이 없거나 최소화된 환경에서 자란다면, 자기개념은 보다 융통성 있게 될 것이고, 자기개념에 대한 위협감 없이 자신의 유기체적 경험을 인지하게 될 것이다. 이러한 일치는 실현 경향성이 제 역할을 하도록 허용하며, Rogers가 완전히 기능하는 인간(fully functioning person)이라고 불렀던 존재가 되게 한다. 완전히 기능하는 인간의 특성은 앞서 검토한 인간 중심 발달이론뿐 아니라 이미 논의한 인본주의 가정을 반영한다. 완전히 기능하는 사람은 점점 더 (가) 경험에 개방적이 되고, (나) 자신의 감정을 수용하며, (다) 과거나 미래에 집착함 없이 현재를 살게 된다. 또한 (라) 자신에게 최선이 될 선택을 하는 데 자유로우며 그런 선택을 자발적으로 한다. (마) 스스로와 인간 본성을 신뢰하고, (바) 공격성과 애정 모두에 대해 균형 있고 현실적인 표현을 할 수 있다. 마지막으로 (사) 창의적이고 비동조적(Burke, 1989; Prochaska & Norcross, 1999)이다.

인간 중심 접근을 활용한 상담 및 심리치료

상담에 대한 인간 중심 관점은 앞서 논의한 인본주의 가정과 성격발달, 불일치, 완전한 기능에 관한 개념에서 직접적으로 그리고 논리적으로 도출된다. 상담자는 내담자의 주관적인 세상으로 들어가 그(녀)의 내적 참조틀로 내담자를 이해해서 가치의 조건없이 수용되고 양육받는 경험을 제공해 주려 한다. Prochaska와 Norcross(2010)가 주목했듯이, 내담자가 상담을 찾게 되는 이유가 지각적 왜곡에 기인한 부적절한 기능 때문이든, 방어 증상이 너무 많은 정서적 고통을 유발하기 때문이든, 또는 자기실현 소망 때문이든, 상담의 목표는 모두 동일하다. 즉, 자기개념과 유기체적 경험 간의 일치를 증가시키는 것이다. 상담 관계, 특히 그것의 사적·정서적 요소는 자기와 경험의 이러한 재통합을 위한 일차적 추진체가 된다. 사실, 내담자를 성장하게 하는 것은 이러한 관계 그 자체이다. Rogers(1951)는 이러한 점을 명확히 했다. "상담의 과정이란 내담자와 상담자 사이의 경험 관계와 동일한 것으로 보인다"(p. 172).

긍정적인 관계라면 어떤 것이든 변화를 증진시킬 수 있다는 것은 오해이다. 인간 중심 이론에 따르면, 건설적인 변화가 일어나는 것은 오직 특정 관계 조건이 지배적일 때이다. Rogers는 "나는 나의 호감, 나의 확신, 그리고 다른 사람의 내적 세상에 대한 나의 이해가 '~이 되어 가는' 의미 있는 과정(process of becoming)으로 이끌 것이라는 가설 또는 신념을 가지고 상담 관계에 뛰어든다."(Rogers, 1951, p. 267)라고 했다. 이 진술은 건설적인 변화가 일어나는데 '필요하고 충분'하다고 Rogers가 믿었던 관계 조건을 효과적으로 요약한다. 간단히 말하면, 다음과 같다.

1. 상담자와 내담자가 심리적 접촉 상태에 있다.
2. 내담자는 불일치 상태에 있어서 취약 또는 불안을 느낀다.
3. 상담자는 이 관계에서 일치 또는 통합되어 있다.
4. 상담자는 내담자에 대해 무조건적 긍정적 존중을 경험한다.
5. 상담자는 내담자의 내적 참조틀에 대한 공감적 이해를 경험한다.
6. 상담자는 조건 4와 5를 전달하는 데 성공한다. 즉, 내담자가 이런 조건을 지각한다.

제9장에서 논의했듯이, 인간 중심 상담에서 가장 큰 주의가 주어지는 조건은 항목 3, 4, 5이다. 이들, 즉 일치, 무조건적 긍정적 존중, 공감은 관계에 상담자가 기여하는 부

분이다. 상담자가 이러한 태도를 가지고 상담 관계에 들어가는 것은 매우 중요하다. 상담기법은 단지 이러한 태도를 실행하는 방법에 불과하다. 이러한 태도가 없다면, 세상에 존재하는 모든 세련된 기법을 동원해도 효과적인 상담이 되지 못할 것이다.

　Rogers(1980)는 공감을 강력한 치료적 힘을 지닌 존재의 방식으로 기술하였다. (가) 공감적 분위기의 비(非)평가적이고 수용적인 특성은 내담자가 스스로를 귀하게 여기고 보살피는 태도를 가지도록 촉진한다. (나) 이해해 주는 누군가가 들어 주고 있다는 경험은 자신의 유기체적 경험에 대한 더 큰 공감과 함께 모호하게 느꼈던 자신의 경험을 더 정확히 듣도록 해 준다. (다) 내담자의 스스로에 대한 더 많은 이해와 자부심은 스스로를 개방해서 내적 경험에 이르게 하고, 이러한 내적 경험은 역으로 보다 정확한 자기개념의 일부가 된다.

　내담자와 함께하는 상담자의 공감이 주는 근본적인 영향을 논의하는 데 있어서 Rogers는 한 가지 역설에 주목하였다. 상담에서 내담자가 상담자의 공감, 긍정적 존중, 일치를 통해 변해 가면, 이러한 내담자는 스스로를 향해 보다 공감적이 되고, 스스로를 긍정적으로 존중하며 스스로와 일치하게 된다. 그래서 다른 사람(예: 상담자)으로부터 공감을 경험하면, 자신을 향한 어떤 태도를 발달시킨다. 이 태도는 스스로에게 효과적인 상담자가 되게 한다(이 과정을 보다 심층적으로 검토하려면 Barrett-Lennard, 1997 참조). Rogers(1980)가 주로 공감에 초점을 두었다고 해도, 그는 또한 세 가지 촉진적 조건들의 중요성에 대한 인간 중심적 견해를 되풀이하여 강조하였다. 세 가지 조건의 영향력을 비교하면서 Rogers는 일상적인 상호작용(커플, 교사와 학생, 동료, 친구)의 경우 일치가 아마도 가장 중요한 요소일 것이라고 보았다. Rogers는 일치 또는 진실성은 자신의 정서 상태를 타인이 알도록 해 주는 것이기 때문에 진실하게 함께 살기 위한 토대가 된다고 믿었다. 다른 상황에서는 보살피는 또는 자부심을 가지게 하는 것(즉, 무조건적 긍정적 존중)이 아마도 가장 중요할 것이다. 예를 들면, 긍정적 존중은 상담자와 심각한 정도의 장애를 경험하고 있는 내담자 사이, 부모와 유아 사이, 의사와 중증의 환자 사이의 관계와 같은 비언어적 관계에서 큰 중요성을 가질 것이다. 마지막으로 Rogers는 "상대방이 곤궁할 때, 혼란되어 있을 때, 곤란하게 되거나 불안할 때, 소외되었을 때, 겁먹었을 때, 또는 자신의 가치에 대해 의문이 들 때, 즉 정체성을 확신할 수 없을 때"(1980, p. 160) 세 조건 중 공감이 아마도 가장 중요할 것이라고 믿었다. Rogers에 따르면, 공감적인 사람이 제공하는 부드럽고 민감한 동행은 명료화하고 치유하는 데 도움이 된다. Rogers가 이러한 민감하고 공감적인 사람에 대해 이야기할 때, 공감은 다른 조건들에 합류하는 것 같다. 그래서 우리는 창의적으로 상호작용하는 이 세 조건으로 다시 돌아간다.

지금까지 인간 중심 상담이 무엇이고 내담자와 무엇을 하는지에 초점을 두어 왔다. 마지막 코멘트로 이 접근에 '해야 할 것'만큼 '하지 말아야 할 것'도 있다는 점을 추가하고자 한다. 인간 중심 상담자는 내담자에게 평가적인 함의를 가지는 표현을 피한다. 비(非)평가적이라는 것은 이 접근에 필수적이다. 또한 인간 중심 상담자는 내담자에게 의미를 해석해 주지 않는다. 캐묻듯이 질문하지 않는다. 진단하거나 안심시키지 않고, 비판하거나 판단하지 않으며, 칭찬하지도 않는다. 내담자를 기술하지도 않는다. 이와 같은 '하지 말아야 할 것'은 매우 중요하다. 매우 흔한 오해 중 하나는 인간 중심 상담자는 칭찬과 안심을 수없이 많이 한다는 것이다. 그렇지 않다. 상담자는 내담자를 한 인간으로 소중히 여기지만, 상담자의 존중과 공감이 계속적인 긍정적 평가 또는 안심으로 전환되지는 않는다(Raskin et al., 2011 참조).

인간 중심 접근에 대한 조망

인간 중심 상담자는 상담 회기 내에서 무엇을 할까? 기법이 아니라 태도와 관계를 강조한다는 점에도 불구하고 인간 중심 상담자들이 선호하는 기법이 있을까? 무엇이 인간 중심 상담자를 다른 접근을 선호하는 상담자와 구분하게 해 주는가?

사실 우리가 보아 왔던 모든 것(사례 제시, 내담자-상담자 상호작용의 예)이 인간 중심 상담자는 특징적인 방식으로 내담자에게 반응한다는 것을 나타낸다. 예를 들면, 상담자의 반응은 '선도하는' 반응이 아니라 '따라가는' 반응이다. 즉, 내담자가 표현을 하면 상담자가 따라간다. 이때 재진술 반응이 가장 흔히 사용된다. 문헌에 제시된 거의 모든 Rogers의 사례에서 볼 수 있는 것처럼 감정반영은 많이 활용되는 기법이다. 동시에, 인간 중심 접근과 공감적으로 함께함(empathic way of being)을 하나 또는 몇 가지 기법(예: 감정 반영)과 같은 것으로 여기는 것은 잘못된 것이다. 반영이 활용되는 이유는 인간 중심 이론 및 철학에 적합하기 때문이다. 지금까지 점점 더 넓은 범위의 기법들이 허용되고 있다. 이론적으로 허락할 수 있는 최소한의 요건은 기법이 인간 중심 이론 및 철학과 맞아야 한다는 것이다(Bozarth, 1997).

비지시적 상담(nondirective therapy)은 이제 선호하지 않는 것이 되어 버렸지만, 인간 중심 상담은 처음부터 비지시적 접근이었다. 인간 중심 접근을 옹호하는 사람들은 이 용어가 필요 이상으로 내담자에 대한 좁은 범위의 반응들을 함의하는 것이 되었으며, 잘못된 곳(즉, 기법)에 강조점을 두고 있는 것 같다고 믿고 있다. 동시에 아주 깊은 비지시성이 인간 중심 상담의 근본적인 부분이라는 것은 분명하다(Bozarth, 1990, 1997; Raskin & Rogers, 1995). Bozarth(1990)는 이러한 비지시적 태도의 함의는 '경이적인 것이며(staggering)', 상담자는 다음과 같은 의도 외에는 어떠한 목적도 가지고 있지 않아야 한다고 했다.

상담자는 내담자와 함께 간다―내담자의 속도에 맞춰서 간다―내담자 자신의 생각방식, 경험방식, 처리방식과 함께 간다. 상담자는 다른 의도를 가질 수 없으며, 다른 의도를 가지게 되면 내담자 중심/상담자 중심의 본질을 훼손시키게 된다. 그것이 무엇이 되었건 다른 의도를 가지는 것은 이 접근의 정수에 대한 '예, 그러나' 반응이 된다(p. 63).

Rogers는 경력의 초기부터 자신의 이론에 대한 경험적 연구에 깊이 몰두했다는 것을 강조했다. 인간 중심 접근의 효과성이 경험적으로 검증되었다는 것이 무슨 의미인가? 간단히 말하면, 그것이 작동한다는 것인가? 인간 중심 상담은 지난 몇 년간 심층적으로 연구되고 있다. 그리고 통제된 연구들의 결과는 대체로 그렇다는 것이다. 특히 촉진적 조건이 매우 높은 정도로 나타날 때 더 그렇다는 것이다. 세 가지 촉진적 조건이 인간 중심 상담에서뿐만 아니라 매우 다양한 치료에서 중요하다는 것을 지지하는 충분한 연구가 있다. 세 조건을 특히 내담자의 관점에서 평가할 때 그런 결과가 나타났는데, Rogers는 이를 가장 타당한 관점에서의 평가라고 믿었다(공감적 이해에 대해서는 Elliott et al., 2011 참조; 긍정적 존중에 대해서는 Farber & Doolin, 2011 참조; 일치성/진정성에 대해서는 Kolden, Klein, Wang, & Austin, 2011 참조). 더구나 인간 중심 상담 그 자체의 효과에 대한 증거도 긍정적이다. 그러나 모든 치료가 그러하듯이, 이런 증거가 인간 중심 상담이 다른 상담 접근보다 더 우월하다는 것을 의미하지는 않는다(Elliott et al., 2013; Murdock, 2013).

인간 중심 접근과 상담심리학 분야는 항상 잘 맞아 왔다. 인간이 성장과 자기실현의 잠재성을 가지고 있다는 것에 대한 인간 중심 상담자의 굳은 믿음은 상담심리학 내에 깊이 각인되어 있으며, 제1장에서 논의했던 바와 같이 이 영역의 핵심 가치와도 일치한다. 특히 최적의 기능과 자산 혹은 강점에 초점을 두는 상담심리학의 가치와 일치를 이루고 있다. 또한 실현을 향한 인간의 타고난 경향성에 대한 신념 때문에 인간 중심 접근은 장기 상담보다는 단기 상담(제1장에서 논의된 바와 같이 상담심리학의 중심 가치)을 선호한다. 비지시적 상담에서 내담자 중심 상담으로 그리고 인간 중심 상담으로 발전하는 동안, 이 접근은 상담심리학과 실무자들에게 심대한 영향을 주었다.

보다 심층적이면서 가독성이 높은 그리고 사례가 포함된 문헌으로 Bozarth(1997), Murdock(2013), Prochaska와 Norcross(2010), Raskin 등(2011)이 있다. Cooper, O'Hara, Schmid, Wyatt(2007)이 편집한 책은 인간 중심 접근과 이 접근의 적용 가능성에 대해 포괄적인 최신의 관점을 제공한다. 마지막으로 Rogers(1980)의 『A Way of Being』은 풍부한 내용을 담고 있으며 흥미롭다. 또한 인간 중심 상담의 방향과 이슈에 대해서도 매우 적절히 진술하고 있다.

Fritz Perls와 게슈탈트 상담

인간 중심 상담이 Carl Rogers의 개성 및 저작과 밀접히 관련되어 발전해 온 것처럼 게슈탈트 상담의 시작과 초기 발전도 Fritz Perls의 저작과 성격의 결과이다. Rogers와 Perls가 동일한 진영(인본주의, 제3세력, 성장지향 상담)에 소속되어 있고 상담과 성격에 관한 몇 가지 기본적 가정을 공유한다고 해도, 겉으로 드러난 성격이 이 둘보다 더 다른 두 사람을 찾기는 어려울 것이다. 예를 들면, Carl Rogers가 전형적으로 따뜻하고 친절하며 부드러운 목사(또는 할아버지)라면, Fritz Perls는 다혈질적이고 창의적이며 다소 괴짜인 영화감독 같은 사람으로 비칠 수 있다.

Prochaska와 Norcross(2010)에 따르면, 한 인간으로서 Fritz는 자신의 글(생기 있고 당혹스럽게 하는)과 같았다. 글에서 그리고 특히 게슈탈트 상담 워크숍에서 Perls는 예민하게 알아차렸고, 도발적이었으며, 조종하는 데 능했다. 또한 암시적이었고, 적대적이었으며, 고무적이었다. 그의 효과성은 물론이고 강력한 카리스마는 특히 그의 워크숍에 참여했던 전문가들 사이에 거의 광신도와 같은 추종자를 만들어 냈다. 이들은 게슈탈트 상담 복음을 전파했다. Rogers의 부드럽고 온화한 자기 제시가 Perls의 말과 어떻게 대비되는지 생각해 보라.

나는 신경증에 관한 한 내가 미국에서, 아마도 세상에서 가장 훌륭한 상담자라고 믿는다. 굉장한 망상 아닌가? 동시에 내가 모든 사람을 성공적으로 상담할 수는 없다고 나는 인정한다(Perls, 1996b, 페이지 수가 없는 면).

사람들이 Perls에게서 보고 싶은 것이 부드럽고 할아버지 같은 인자함이라면, 그와의 대면에서 실망하고 좌절할 것이다. 만약 그의 워크숍 참여자들이 원하는 바가 뭔가를 자극하는, 생생하며, 자발적인, 진실한 대면이라면, 충만하고 깨어 있는 감정을 가지게 될 것이다(Prochaska & Norcross, 2010 참조).

Frederich S. Perls(1893~1970)는 정신분석가로 상담 경력을 시작했다. 1920년에 프리드리히 빌헬름 대학교에서 의학 박사 학위를 받은 후, 그는 베를린과 비엔나 정신분석연구소에서 공부했다. 정신분석 틀 내에서 그는 Karen Horney, Otto Rank, 그리고 1930년대 초 Perls의 분석가였던 Wilhelm Reich의 영향을 강하게 받았다. Perls가 경력의 처음 절반 동안은 정신분석을 했다고 하지만, 이후 그는 분석적 접근 또는 태도를 거의 활용하지 않았다. 우리 눈에는 그의 누를 수 없는, 자발적인, 외부지향적인, 공격적인 특성이 효과적인 분석에서 요구되는 절제와 통제에 반(反)하는 것으로 보인다.

정신분석 훈련을 받을 때, Perls는 그 당시 게슈탈트 심리학을 이끌고 있던 심리학자들(예: Kohler, Wertheimer, Lewin)을 알았고, 그들로부터 심대한 영향을 받았다. 1926년에 그는 Goldstein의 뇌손상 군인 연구소에서 저명한 게슈탈트 심리학자 Kurt Goldstein의 조수가 되었다. Goldstein의 연구소에 머무르는 동안, Perls는 후에 그의 아내가 되는 Laura Posner를 만났다. 많은 사람(예: Simkin & Yontef, 1984)은 Laura Perls를 게슈탈트 운동의 공동 창시자로 보고 있다. 그녀는 1932년에 프랑크푸르트 대학교에서 과학 박사 학위(DSc)를 받았다. 그녀는 일반심리학과 게슈탈트 심리학을 잘 알고 있었다. Laura는 거의 저작 활동을 하지 않았지만, 게슈탈트 운동 내에서 리더로 간주된다.

그의 첫 번째 책인『Ego, Hunger, and Aggression』(1947)이 나올 때 즈음해서 Perls는 Freud 이론에서 멀어졌다. 그러나 그가 정신분석과 완전히 결별한 것은 1951년에 이르러서였다. 그 시기, 그는 Ralph Hefferline과 Paul Goodman과 함께『Gestalt Therapy: Excitement and Growth in Personality』를 출간하였다.

1934년에 Fritz와 Laura는 히틀러의 독일을 탈출하여 남아프리카로 가야 했다. 그 직후 그는 남아프리카 정신분석연구소를 조직하였다. 인종차별정책이 대두되자 1946년에 뉴욕으로 이주하였다. 1952년에 그들은 미국 심리학자인 Paul Goodman과 함께 뉴욕 게슈탈트 상담 연구소를 설립하였다. Perls의 아파트를 빌려서 운영된 이 연구소는

1950년대와 1960년대에 미국 전역에서 설립된 많은 게슈탈트 상담센터의 전형이 되었다. 1960년에 Perls는 캘리포니아로 가서 1964년에 에살렌 연구소에서 일하게 되었다. 여기에서 그는 게슈탈트 리더들인 James Simkin, Walter Kempler, Irma Shepherd, John Enright와 많은 훈련 워크숍과 세미나를 개최하였다. 이 시기에 Perls는 그의 가장 흥미로운 책 두 권을 썼다. 『Gestalt Therapy Verbatim』(1969a)은 게슈탈트 상담의 개론서이며 일반적으로 Perls가 자신의 접근을 가장 잘 제시한 것으로 평가되고 있다. 『In and Out of the Garbage Pail』(1969b)은 심리학 분야에서 가장 창의적이고 흔하지 않은 성격을 가진 한 인물에 대한 자서전이다. Perls는 밴쿠버 섬에서 생의 마지막 해(1970년)를 보냈다. 여기서 그는 게슈탈트 공동체를 세우는 과정을 진행하면서 죽음을 맞이하였다.

게슈탈트 상담 운동은 처음에는 천천히 시작되었으며, 1960년대에 가서야 완전한 세력화에 도달하였다. 1960년대의 정서적 분위기는 이 접근의 지금-여기에서 자기표현의 강조와 더불어 게슈탈트 상담이 번성하는 데 이상적인 상황이었던 것으로 보인다. 그리고 번성하였다. Belkin(1980)은 1960년대 후반과 1970년대에 게슈탈트 상담보다 더 빠른 시간 내에 급속하게 보편화한 상담 접근은 존재하지 않는다고 주장하였다. 게슈탈트 상담에 대한 흥분과 그 분위기를 글로 전달하기는 어렵다. Burke(1989)는 다음과 같은 말로 마무리한다.

> 1960년대 후반이고, 당신은 캘리포니아 빅서 지역의 태평양과 여러 산 사이에 자리 잡은 에살렌 연구소에서 개최한 '인간 잠재력' 세미나에 참석한 운 좋은 사람들 중 한 명이다. 당신은 많은 사람으로 북적거리는 큰 방으로 들어온다. 자리를 차지하고 앉아 있는 사람도 있고, 바닥에 다리를 꼬고 앉아 있는 사람도 있으며, 벽을 따라 그냥 서 있는 사람도 있다. 상상할 수 있는 각 유형의 사람이 여기에 있는 것 같다. 데님 소재 옷을 입고 있는 젊은 사람도 있는데, 몇몇은 약간 지저분하다. 캐주얼한 옷차림으로 논쟁을 하고 있는 전문직 유형의 사람도 있다. 이 집단에는 턱수염을 기르고 파이프 담배를 피우며 이런 주변에 약간 불편해하는 것 이상으로 보이는 정신분석가도 있다. 할아버지처럼 보이는 한 남자가 방으로 들어오자 웅성거림은 조용해지고 "Fritz, Fritz"라고 외치는 소리만이 간간이 들려온다. Fritz는 다시키[1]를 입고 있으며 그의 둥근, 웃는 얼굴이 풍성한 흰색 수염 사

---

1) 역자 주: 아프리카 서부의 남자들이 입는 화려한 무늬의 헐렁한 셔츠(출처: Naver).

이로 나와 있다. 그다음은 기적을 볼 차례이다. 산타 앞에 서 있는 아이들같이 멤버들 한 명 한 명은 그 방의 한쪽 끝 세 개의 의자가 마련되어 있는 '무대' 위로 자발적으로 올라와 Fritz와 함께한다. Fritz는 비록 그들의 이름은 모르지만 영혼을 아는 듯하다. 그는 이들 한 명 한 명을 설득하여 회유하고, 지적하고, 겁주고, 놀라게 한다. 그에 따라 이들은 울고, 웃고, 소리 지르고, 포옹하고, (이들 대부분의 보고에 따르면) 치유된다(p. 252).

Burke(1989)는 자신이 포착해 보려 했던 장면이 20년 후에 보기에는 상담 훈련을 위한 것 같지 않지만(이 장을 쓰고 있는 시점에서는 더욱 그럴 것으로 보이지만), 실제로는 많은 똑똑한 젊은 임상가가 게슈탈트 상담자가 되기 위해 배웠던 것이라는 점을 지적하였다. 이와 같은 장면은 1960년대에 계속 반복되었고, 그 당시 많은 사람에게(일반인뿐 아니라 전문적인 상담자들에게도) Fritz Perls는 인간의 잠재력을 해방시켜 주는 일종의 영적 지도자였다(Burke, 1989).

성격이론: 성장과 부적응

Fritz Perls도 후대의 다른 게슈탈트 상담자들도 체계적인 성격이론이나 정신병리 이론을 개발하지 못했다. 많은 상담 원리와 절차가 오랫동안 검토되었지만, 종합적인 또는 확정적인 성과물이 없다. 아마도 이러한 결핍은 게슈탈트 상담은 현장에서 일어나는 생생한 것이어야 한다는 Perls의 견해(게슈탈트 영역에서 인정되는 견해)와 관련이 있을 것이다. 그것에 관해 글을 쓴다는 것은 그 정수를 잃어버리는 것이다. 종합적인 이론과 확정적인 입장을 만드는 것은 상담에 대한 게슈탈트 접근이 다른 살아 있는 유기체와 마찬가지로 변화하고 진화하는 계속적인 과정에 있다는 현실을 무시하는 것이다.

현재 볼 수 있는 성격이론은 성격에 대한 총체적인 이론이라기보다는 게슈탈트 상담자의 임상경험으로부터 진화해 온 느슨하게 연결된 아이디어들의 군집이라 할 수 있다. 그래도 게슈탈트 문헌들을 찬찬히 검토해 보면 성격 발달 및 건강한 기능과 건강하지 못한 기능에 관련한 몇 가지 주제가 있음을 알 수 있다. 여기서 게슈탈트 상담이 게슈탈트 심리학과 동의어가 아니라는 점을 강조해야겠다. Perls와 다른 게슈탈트 상담자들이 게슈탈트 심리학으로부터 몇 가지 아이디어를 빌려 왔다. 그러나 게슈탈트 상담의 성격이론은 정신분석, 현상학, 실존주의, 게슈탈트 심리학, 동양 종교, 인본주의 철학, 그리고 심지어는 행동주의 심리학까지도 포함시켜 놓은 정말이지 느슨하고 독특한 혼합물이라 할 수 있다. 다음에 핵심 주제로 보이는 것들을 열거하고 간단히 설명하였다.

1. 인간은 통일된 유기체이고 항상 전체로 기능한다. 행동은 바로 전체 인간에 의해 인도된다. 즉, 전체가 부분을 결정한다.

2. 인간은 자신의 균형을 방해하는 요소들을 끊임없이 직면하고, 자신의 신체적·유기체적 욕구를 충족시킴으로써 균형을 다시 잡거나 평정을 성취하려 한다. 충족되지 않은 욕구는 완성되어야 할 불완전한 게슈탈트이다.

3. 성격은 많은 극(polarities) 또는 대립(예: 강함과 약함, 능동성과 수동성)으로 구성되어 있다. 건강하게 기능할 때 이러한 극성은 통합되어 조화롭게 작동한다. 이때 인간은 중심이 잘 잡혀 있다(centered). 역기능적으로 기능할 때는 극성이 분열되거나 이분화되어서 인간은 갈등의 상태에 놓이게 된다.

4. 생태학적 상호의존성(ecological interdependence)이라는 원리는 인간이 자기와 타자를 연결시킬 뿐 아니라 자기와 타자를 변별함으로써 존재한다는 것을 시사한다. 자기와 환경 또는 타자 사이의 경계는 교환(접촉)이 가능한 정도로 침투성을 유지해야 한다. 동시에 이 경계는 유기체적 자율성을 유지할 만큼 충분히 견고해야 한다.

5. 인간의 조절은 상당히는 유기체적인 것(what is)에 토대를 두고 있거나 그래야 한다('shouldistic')고 믿는 것을 임의로 부과한 것에 기반을 두고 있다. 전자는 건강한 기능으로 이어지며, 후자는 신경증으로 이어진다.

6. 현재, 즉 지금-여기(here and now)에서 느끼고 경험하는 것의 자각(awareness)은 건강한 발달과 변화의 핵심이며 게슈탈트 상담의 즉각적인 목표이다.

이러한 명제들을 연결하는 것은 무엇인가? Perls와 다른 게슈탈트 상담 지도자들은 성격 발달 그 자체보다는 건강한 또는 건강하지 못한 발달에 더 관심을 가지고 있다. 건강한 개인은 스스로에 대해 책임을 지고 그런 자기를 추구한다. Perls(1969a)가 주장했듯이 "책임이란 간단히 이야기해서 '나는 나다.' 그리고 '나는 지금의 나야.'라고 기꺼이 말할 수 있는 것이다"(p. 70). 만약 개인이 '그래야 한다'나 좋은 것에 대한 이미지로 사는 것 대신에 자신의 유기체적 욕구 인식을 추구한다면, 그 결과는 정서적 건강이 될 것이다. 이러한 자기수용이 일어난다면, 앞에서 언급한 극성들이 수용된다(예를 들어, 우리는 우리의 부드러운 측면뿐 아니라 공격적인 측면도 수용한다). 그래서 이러한 측면들은 서로 싸우는 것이 아니라 통합된다.

성숙한 사람은 현재(소위, 지금-여기)에 살아간다. 이 말은 그런 사람이 자신의 자아 욕구에만 관심이 있는 쾌락주의자라는 의미는 아니다. 이 말은 과거와 미래에 대한 집착을 거의 포기하고, 그래서 현재에 자신의 경험을 살아간다는 의미이다. 가치와 기준은 즉각적인 경험의 부분이다. 게슈탈트 상담자는 가치의 필요를 이해한다. 건강하지 못한 것은 자신이 누구이고 무엇을 원하는지를 희생한 채 너무 자주 내재화된 '그래야 한다'로 경도되는 경향이다. 자신이 되는 데 대한 책임을 지고 현재에 살아갈 때면, 그는 모든 순간을 새롭게 살고 보라는 Perls의 제안을 따르고 있는 것이다.

잘못된 방향으로의 성장: 신경증의 배후 층들

성장 과정과 실현 경향에 방향을 받으면 어떤 일이 일어나는가? 많은 사람이 사회적 역할만을 수행하는 이유는 무엇인가? 어린애 같은 의존성에 머무르거나, 인간이기보다는 컴퓨터 같이 기능하는 데 멈추는 이유는 무엇인가? Perls는 자신이 성장장애라고 불렀던 것의 원인에 대한 이론을 발전시키지는 않았다. 그러나 그는 몇 가지 아동기 요인을 제시하기는 하였다(Perls, 1969a, 1970). 무엇이 잘못되어 가고 있는지에 대해 이야기하기 위해, 우리는 Perls의 성숙 개념을 먼저 검토해 보자. Perls에게 있어서 "성숙해 간다는 것은 환경적 지지로부터 자기지지로의 초월이다"(Perls, 1969a, p. 30). 부모는 아이를 충분히 지원하지 못해서 이 과정을 방해할 수 있다. 그 결과, 발달하고 있는 아이가 독립할 준비가 되기도 전에 필요한 지원이 제거된다. 아이에게 최선이 무엇인지 알고 있는 비판적이고 요구적인 부모는 보다 흔한 요인이다. 아이는 이러한 비공감적인 부모의 요구를 따르거나 사랑과 인정을 잃을 위험을 감수한다. 그래서 아이는 독립적으로 행동하는 것을 두려워하고, 자신이 되도록 '예정되어 있는' 존재가 되어 간다. 성숙에 대한 세 번째로 흔히 발생하는 장애는 아이를 버릇없이 만들어 버리는 것이다. 부모는 자신의 충족되지 않은 욕구 때문에 자신이 가지지 못했던 것을 아이에게 너무 자주 줘 버린다. 이러한 부모는 아이의 소망 좌절을 두려워한다. 그러나 그런 좌절은 아이가 자기지지를 개발하려면 반드시 필요한 것이다. 가정환경이 너무나 안전하고 만족스러운 것이어서 아이의 모든 요구가 충족된다면, 이 아이는 앞으로 나아가지 못할 것이고 멈추어 버리게 될 것이다.

이러한 장애 중 어떤 것이 발생하든 그 결과는 동일하다. 자신의 두 발로 서는 것을

배우는 대신, "아이(또는 아이 같은 신경증 내담자)는 자신의 잠재력을 자기지지를 위해
서가 아니라 허구적인 역할을 수행하는 데 사용할 것이다. 이러한 역할들은 자신의 잠
재력을 동원하는 대신 지지를 위한 환경을 동원하는 수단이다. 우리는 무기력한 존재
가 됨으로써, 멍청하게 행동함으로써, 질문을 함으로써, 구슬리거나 알랑거림으로써
환경을 조종한다"(Perls, 1970, pp. 17-18).

　　Perls와 다른 게슈탈트 상담자들은 신경증[Perls는 성장장애(growth disorders)라고 부르
기 원했다]에 대한 체계적 또는 공식 이론을 개발하지 않았다. 그러나 Perls는 '신경증의
배후 층들'이라고 불렀던 흥미로운 개념을 제시했다. 이러한 층들은 신경증에서 건강
함으로 성장하기 위해 작업해서 걷어 내야 하는 방어막이라 할 수 있다. Perls는 일관성
에 큰 의미를 두지 않았기 때문에 실제 층들은 1년 간격으로 출판한 두 책에서 다소 차
이를 보인다(Perls, 1969a, 1970).

　　Perls가 신경증의 구조로 보았던 것을 형성하는 다섯 개의 신경증 층이 있다. 이 층
들에 대한 Perls의 저작들을 합쳐서 보면, 첫 번째 층은 가식(phony) 수준 또는 인조
(synthetic) 수준으로 파악될 수 있다. 신경증을 가진 사람은 대부분의 시간을 이 수준에
서 보낸다. 이 수준에서 신경증을 가진 사람은 역할을 하고 게임을 하며 진정한 자신이
라기보다는 이상적 자기개념에 따르려 노력한다. Perls(1970)는 이 층을 다음과 같이 기
술하였다.

　　　　우리는 마치 유명인사인 것처럼, 멍청이인 것처럼, 초등학생인 것처럼, 숙녀인 것처
　　　럼, 나쁜 사람인 것처럼 등등과 같이 행동한다. (그래서 신경증을 가진 사람은) …… 자
　　　기를 실현하는 방식과 일치하게 자신을 위해 사는 것을 포기한다. 그는 어떤 개념을 위
　　　해 살기 원한다. …… 마치 장미나무가 되기를 원하는 코끼리처럼, 그리고 캥거루가 되
　　　려는 장미나무처럼 말이다. 우리는 자신이 되는 것을 원하지 않는다. 우리는 현재의 우
　　　리 자신이 되기를 원치 않는다. 우리는 뭔가 다른 것이 되기 원한다. 뭔가 다른 것이 된
　　　다는 것의 실존적 기반은 불만족의 경험이다. 우리는 우리가 현재 하고 있는 일에 만족
　　　하지 못한다. 또는 부모는 자녀가 하고 있는 일에 만족하지 못한다. 그는 달라야 한다.
　　　그는 현재의 자신이 되어서는 안 된다. 그는 다른 어떤 것이 되어야 한다(p. 20).

　　일단 가식 층을 통과하면, 공포(phobic), 교착(impasse), 내파(implosive) 층을 통과해
야 한다. Perls의 글에서 이 층들 사이의 구분이 매우 모호하지만, 핵심은 인간이 더 현

실적이 되어 가면서 진솔해지기가 어려워진다는 점이다. 마음속에 있는 모든 '하지 말아야 할 것'을 의미하는 내적인 반대에 직면하기 때문이다. 이것 너머에는 막힌 느낌과 죽어 있는 것 같은 느낌이 있다. 내파 층에서 인간은 스스로를 축소하고 압축한다. 이를 넘어서기 위해서는 자신의 내적 파열과 관련한 죽어 있는 것 같은 생기 없음과 접촉해야 한다. 이렇게 하면, 그다음 층으로 들어가게 된다. 외파 층이 경험되면서 내적 파열은 외적 파열이 된다. 이러한 외적 파열은 "자신의 정서를 경험하고 표현할 수 있는 진솔한 인간과 연결"되므로 이제 삶에 도달하게 된다(Perls, 1969a, p. 60).

이제 출현하고 있는 건강한 개인이 그때까지 동화하지 못한 상실 경험을 해결할 필요가 있다면, 그는 상실감(grief)을 느낄 것이다. 성적으로 막혀 있다면 오르가슴(orgasm)을 느낄 수도 있을 것이다. 감정이 부정되어 왔다면 분노(anger)를 느낄 것이다. 이전에 없었던 기쁨(joy)을 느낄 것이다. 사실, 진정으로 잘 기능하기 위해 인간은 이런 네 개의 외적 파열 또는 경험 모두를 할 수 있어야 한다. 외적 파열 층과 관련한 위험에 대한 질문에 답하며, Perls는 그런 위험이 감소될 수 있는 한 가지 방법이 '녹임(melting)' 과정이라는 점에 주목하였다. 상담에서 내담자가 전진할 때, 내담자는 녹기 시작하고, 부드러움을 느끼거나 울기 시작하는데, 이는 위험한 외적 파열의 충격을 완화시키는 일종의 녹임이다. 그러나 동시에 "기본적으로 위험을 기꺼이 감수해야만 한다"(Perls, 1970, p. 23).

게슈탈트 상담의 실제와 절차: 연습과 실험

게슈탈트 상담자가 실제로 무엇을 하는가? 어떤 주요 상담이론도 게슈탈트 상담처럼 흥미롭고 좋은 기법과 절차를 광범위하게 제시하지 못한다. 우선, 반응양식(제8장 참조)에서 핵심 언어 기법은 직면이다. 게슈탈트 상담자는 내담자의 자기제시에서 나타나는 불일치를 엄격하게 직면시키고, 그 순간 내담자가 진정으로 느끼고 있는 것이 무엇인지 표현하도록 도전한다.

"슬프다고 제게 이야기하는군요. 하지만 웃고 있네요."
"편안하다고 이야기하지만 당신의 다리는 떨고 있네요."
"강해지고 싶다고 이야기하네요. 그러나 지금 그걸 믿기는 어려워요. 왜냐하면 제게 당신은 아기처럼 보이니까요."

이러한 것들이 게슈탈트 상담자들이 자주 사용하는 직면이다. 순간에서의 불일치를 감지하고, 내담자의 말들 사이에서, 내담자의 행동들 사이에서, 내담자의 말 또는 행동과 상담자가 스스로에 관해 가지는 환상 사이에서 모순된 것들을 조명한다.

게슈탈트 상담자를 특징짓는 다른 반응양식은 직접적인 안내(direct guidance)이다. 게슈탈트 상담자는 종종 내담자에게 그 순간에 요구되는 연습(〈표 13-3〉 참조)과 그 외 다른 행동에 관해 가르친다. 또한 게슈탈트 상담자는 다른 상담자들보다 자기개방을 더 많이 사용한다. 지금-여기서 내담자와 함께하면서 경험되고 있는 것에 관해 자기관여적으로 노출하는 것(self-involving disclosure)은 선호되는 양식이다. 부정적 측면에서 보면, 해석(interpretation)은 게슈탈트 상담에서 명백히 금기시되는 반응양식이다. 이러한 반응양식은 행동의 '왜'를 추구한다. 반면, 게슈탈트주의자들은 '어떻게'와 '무엇을'에 더 관심이 있다. 해석은 즉각적으로 경험하고 있는 바를 반영하지 않는 주지화 반응으로 이끌 가능성이 높다. Perls에게 이면의 원인을 찾는 것은 기껏해야 쓸모없는 일에 불과하다. 내담자가 머물 필요가 있는 곳으로부터 떨어지게 할 뿐이다.

게슈탈트 연습과 실험을 논의하기 전에 내담자의 과거 재료가 게슈탈트 접근에서 어떻게 다루어져야 하는지부터 알아본다. 자각을 목적으로 지금-여기 경험에 초점을 둔다는 것이 과거 경험의 탐색을 금하는 것은 아니다. 중요한 것은 과거 경험이 현재에 살아 있는 듯 탐색되어야 한다는 것이다. 그래서 내담자는 과거에 대해 단순히 이야기하는 것이 아니라 과거를 현재에서 경험해야 한다. 게슈탈트 상담자는 종종 내담자에게 과거가 검토되고 있는 동안 자기 자신이 되라고 요구함으로써 이런 과정을 격려한다. 예를 들면, "바로 지금 기억 속의 일곱 살이 되어 보세요. 그리고 이제 당신에게 무슨 일이 일어나고 있는지 이야기해 주세요."라고 한다.

Perls와 다른 게슈탈트 상담자들이 연습이라는 이름하에 기법에 지나치게 의존하는 것을 반복적으로 경고해 왔다. 하지만 게슈탈트 상담자들은 어느 정도 이러한 전략들을 사용한다. 여기서 이런 연습과 실험 중 몇 가지를 논의할 것이다. 이것들이 게슈탈트 상담에서 가치 있는 절차이기 때문이기도 하고 게슈탈트 상담의 주요 요소들 중 몇 가지를 명료화하는 방법이기도 하기 때문이다. 상담자는 사용할 기법을 사전에 계획하지 않는다. 경험(내담자의 경험뿐 아니라 상담자의 경험)으로 작업한다는 규칙에 따라 게슈탈트 상담자는 그 순간 적합하다고 느낄 때 연습을 사용한다.

연습과 실험의 기본 목적은 내담자의 자각을 증진시키는 것인데, 특히 지금-여기에서 내적 경험과 감정의 자각을 증진시키고자 한다. 연습(exercise)은 개인 또는 집단 상

표 13-3 게슈탈트 상담 연습과 실험의 예

연습	방법과 이유
두 의자 기법	상담자가 내담자에게서 갈등을 볼 때, 내담자에게 양쪽 모두를 재현하도록 함. 내담자가 첫 번째 의자에 앉아 있을 때 어느 한쪽이 재현되고, 내담자가 두 번째 의자에 있을 때 다른 쪽이 재현되게 해서 양쪽의 대화가 이루어지게 함. 이를 통해 내담자가 내적 분열 또는 극성을 해결하도록 도움
빈 의자 기법	상담자는 내담자에게 현재 갈등하고 있는 사람의 시각적 이미지를 빈 의자에 두도록 요구함. 이는 아직 끝나지 않은 일을 해결할 수 있도록 하는 뛰어난 기법임
"내 책임이죠"	내담자는 "저는 할 수 없어요."라고 하기보다는 "하지 않을 거예요." 또는 "하고 싶지 않아요."라고 말할 것을 요청받음
투사해 보기	내담자는 감정이나 반응을 투사하고 있는 사람이 되어 주기를 초청받음. 이는 내담자가 자신이 투사하고 있다는 것을 깨닫는 데 도움을 주며, 그런 투사가 실제로 자신의 감정임을 받아들이는 데 도움을 줌
역할 바꾸기	상담자는 내담자에게 자신이 표현하고 있는 것의 정반대 입장을 취해 보라고 요구함. 이러한 연습은 숨겨진 반응에 도달하도록 도움
과장하기	내담자는 몸짓 또는 신체 움직임을 과장하도록 지시받음. 이를 통해 자신의 숨겨진 감정을 생각해 보고 그에 접촉해 볼 수 있음
반복하기	상담자는 내담자에게 숨겨진 감정을 반영하는 말을 계속 그리고 점점 더 크게 반복하도록 요청함. 내담자는 이를 통해 숨기고 넘어간 일을 볼 수 있게 됨
"나는 보고 있어"	커플이 서로를 어떻게 지각하고 있는지에 대한 지각을 공유함. 이를 통해 각자가 상대방에게서 보는 것에 대해 이해하고 의사소통하게 됨

담에서 활용되는 기법이다. 실험(experiments)은 내담자의 자각과 진척이 막혔을 때 상담자가 활용하는 혁신적 기법이다. 이 두 용어는 종종 함께 사용된다. 게임(game)이라는 용어 또한 종종 사용된다. 다음에 몇 가지 핵심적 게슈탈트 기법들의 표본을 제시한다. 게슈탈트 접근의 연습과 실험에 대해 보다 깊이 있게 탐색하고자 하는 독자는 Levitsky와 Perls(1970), Passons(1975), Murdock(2013)을 보라. 주요한 연습과 기법들은 〈표 13-3〉에 간략히 제시되어 있다.

대화의 게임

앞서 논의했던 바와 같이, 게슈탈트 상담은 성격을, 예를 들면 수동적임과 공격적임, 약함과 강함, 남성성과 여성성, 통제됨과 충동적 등과 같이 많은 극 또는 대립으로 구성되어 있는 것으로 본다. 건강한 기능에서 이러한 대립은 통합되어 있다. 이들은 조화롭게 공존하며 사실상 서로를 지지한다. 예를 들면, 우리 안의 지배와 복종 극은 각자의 표현을 가지고 있으며, 각자는 상대방을 덜 극단적이게 한다. 이러한 극들이 통합될 때 인간이 중심이 될 수 있다. 그러나 종종 극들 사이에 분열이 존재하며, 이는 갈등 상태의 원인이 된다.

대화의 게임은 그러한 분열이 발생하는 상황에 특히 적절하다. 이 게임의 목적은 내담자 내에 존재하는 분열에 대해 완전하게 자각하도록 하려는 것이다. 자각은 해결로 이어지고, 결국 그 사람이 중심이 된다. 대화의 게임에서 내담자는 자신 안의 두 부분 사이의 대화를 해 보라고 요청받는다. 상담자의 안내로 각 부분은 자신의 입장을 드러낸다. 이 대화는 멈출 때가 되었다고 느껴질 때까지 계속 진행된다. 종종 이러한 대화는 '두 의자 기법'으로 진행된다. 내담자는 분열의 한쪽을 나타내는 한 의자에 앉아 다른 쪽에게 이야기를 한다. 다른 쪽이 반응할 시간이 되었다고 느끼면, 내담자는 의자를 바꾸어서 대화를 계속한다.

우리 모두에게 다양한 범위의 극성들이 존재한다 해도, 게슈탈트 접근을 지지하는 사람들이 가장 크게 주목해 온 것은 강자(top-dog)와 약자(under-dog) 분열이다. 강자는 '당위'의 세상에서 살면서 도덕화하는 성격의 측면이다. 반대로 약자는 아이처럼 유치하고, 충동적이며, 무책임하다. 그래서 변명하고 책임지지 않으려 한다. 이 두 측면 사이에 분열이 얼마나 쉽게 생길 수 있는지 당신은 알게 될 것이다(정신분석 이론의 초자아 및 원초아와 유사하다는 점을 주목하라; 제11장 참조). 그리고 이런 극이 당신 안에 어떻게 존재하는지 고려해 보면, 이 개념을 분명히 하는 데 도움이 될 것이다. 어쨌든 강자 대 약자 분열이 흔하게 발견되기 때문에, 많은 게슈탈트 대화 게임은 이것에 초점을 둔다.

미해결 과제

'미해결 과제(unfinished business)'는 게슈탈트 심리학에서 '불완전한 게슈탈트'의 한 형태이다. 게슈탈트 상담에서 완료되지 않은 일이 발견될 때마다(일반적으로 해결되지 않은 감정의 형태로 나타남), 내담자는 그것을 완료하기를 요청받는다. 어떤 사람이라도 대인 영역(예를 들면, 부모, 형제나 자매, 그리고 배우자)에서 완료되지 못한 일을 가지고 있다는 것은 분명하다. Perls의 견해에 따르면, 한(resentment)은 가장 흔하고 중요한 완료되지 못한 일이다.

"내 책임이죠"

게슈탈트 상담에서 자신의 감정과 행동에 대한 책임을 진다는 것은 매우 중요하다. 내담자는 "저는 못해요."가 아니라 "저는 안 해요."라고 말하라는 요청을 받는다. 또한 자신의 지각, 감정, 그리고 행동 다음에 부가적으로 "그리고 그건 내 책임이죠."라고 말하라는 요청도 받는다. 그래서 내담자는 "이러한 고통스러운 감정에 대해 이야기할 때 제가 웃는다는 것을 알고 있어요. 그리고 그것은 제 책임이죠." 또는 "무슨 말을 해야 할지 모르겠어요. 그리고 그건 제 책임이죠."라고 말한다. 이것이 좀 바보 같은 기계적인 게임처럼 보일지 모르겠지만, 궁극적으로는 모든 행동에 대한 책임이 개인 내에 있고, 우리가 행하며 느끼는 것에 관하여 선택을 끊임없이 하고 있다는 점을 납득시킨다.

투사해 보기

게슈탈트 상담자들에 따르면, 투사는 주요 방어기제 중 하나이다. 게슈탈트 상담자가 투사의 실마리를 볼 때마다, 내담자는 타인에게 투사되는 자신의 부분에 대해 자각하기 위해 투사를 해 보라고 요청받는다. 예를 들면, 상담자가 비판적으로 느껴지면, 내담자는 비판적인 상담자 역할을 해 보라고 요청받는다. 종종 두 의자 대화가 이러한 투사와 함께 발생하는 분열을 조명하는 데 활용될 수 있다.

게슈탈트 상담에서 꿈에 대한 작업을 할 때보다 더 생생하게 투사를 하게 하는 곳은 없다. 그러한 꿈 분석은 정신분석에서 수행되는 것과는 확연히 다르다. 정신분석에서 내담자는 꿈의 부분들에 대한 자유연상을 하지만, 게슈탈트 상담에서 내담자는 꿈속에 나타난 모든 대상이 되어 보도록 요구받는다. 예를 들어, 다음과 같은 꿈을 상상해 보자(저자 중 한 명의 내담자가 실제로 보고한 것임). "다락방에 있었는데, 괴물이 저를 증오의 눈빛으로 보고 있었죠. 그 괴물 옆에는 아기가 있었는데 무척 무서워하고 있었어요. 다락방 문이 꽝 닫혔어요. 저는 도망쳤지만 콘크리트 벽돌에 걸려 넘어졌죠."

게슈탈트 상담에서 이 내담자는 괴물, 아기, 콘크리트 벽돌, 꽝 닫힌 문의 역할을 해 보라고 요청받았다. 각각은 궁극적으로 싸우고 있는 자신의 한 부분으로 경험되었다. 그 결과 나타난 자각은 이러한 분열을 해결하는 방향으로 내담자를 한 단계 더 나아가게 했다.

역할 바꾸기

분열의 한 예로 내담자의 행동은 종종 이면 충동의 반전으로 파악된다. 숨겨진 측면에 대한 자각을 유발하기 위해 게슈탈트 상담자는 내담자에게 표현되고 있는 것의 반대쪽을 실연해 볼 것을 요구한다. 예를 들면, 지나친 심약함을 표현하는 내담자에게는 과시적인 사람의 역할을 해 보라고 요구한다. 적대적이고 비판적인 내담자에게는 수용적이고 비판단적이 되어 보라고 요구한다. 지나치게 달콤한 내담자에게는 비수용적이고 공격하는 사람의 역할을 해 보라고 요구한다.

과장과 반복

과장(exaggeration)은 내담자가 신체언어를 이해하도록 돕는 데 그 목적이 있다. 자신도 모르는 몸짓이나 움직임이 유의미한 의사소통으로 보일 때(예: 팔을 흔들거나 발을 구르는 것), 내담자는 그 의미를 보다 잘 인식하기 위해 움직임을 반복적으로 과장해 보라고 요구받는다. 비언어적 행동에 대한 이러한 주의가 게슈탈트 상담의 중요한 부분을 형성한다.

사실, 다른 그 어떤 이론 접근도 비음성적 행동에 대한 주의를 이 정도로 주지는 않는다. 게슈탈트주의자는 내담자가 인식하지 못하고 있는 메시지를 의사소통하기 위한 주요 수단으로 몸이 활용된다고 믿는다. 그래서 비음성적인 것에 대한 주의는 자각을 증진시키는 데 많은 기여를 할 수 있다. 앞서 직면은 게슈탈트 상담에서 주요 반응양식으로 활용된다는 것을 언급하였다. 많은 경우, 직면은 비음성적 표현과 음성적 표현 사이의 불일치에 주의를 기울인다.

반복(repetition)은 과장 게임의 언어적 대응에 해당한다. 여기서 게슈탈트 상담자는 내담자에게 하나의 진술을 계속해서, 종종 목소리를 더 높여 가면서 반복하게 요구한다. 이러한 일은 내담자가 내면의 목소리를 듣지 않고 있거나 의미 있는 말을 정서적으로 얼버무린다고 상담자가 의심할 때 실시된다. 반복과 점점 더 큰 목소리를 요구하는 것은 단순히 말을 뱉기보다는 진정으로 들을 수 있게 내담자를 돕는다.

결혼상담 게임

게슈탈트 접근을 하는 사람들은 커플과 작업할 때 몇 가지 연습을 활용한다. 예를 들면, 상담자는 각자의 얼굴을 마주 보게 한 다음, "나는 ~에 대해 당신에게 화가 나."라는 문장으로 시작해서 말을 주고받게 한다. 그다음에는 "나는 ~에 대해 당신에게 감사해."라는 문장으로 시작하는 작업을 하게 한다. 중요한 관계 주제를 반영하는 다른 게임들로는 "나는 당신을 ~해서 괴롭혀." "나는 ~을 잘 따르고 있어." "나는 보고 있어."

등이 있다. "나는 보고 있어."라는 마지막 말은 커플이 서로에게서 보고 있는 바를 발견하도록 돕는 것이 목적이다. Perls는 결혼에 있어서 주된 문제점은 파트너들이 개인이 아니라 개념과 사랑에 빠지는 것이라고 느꼈다. '나는 보고 있어' 게임은 파트너들이 서로를 있는 그대로 보도록 돕는다.

방금 기술한 연습을 해야 할 때, 게슈탈트 상담자는 내담자에게 몇 가지 '규칙'을 준수하도록 요구한다. 가장 흔한 규칙은 (가) 지금-여기에 머물 것, (나) 상대방과 '그것'이 아니라 '너'로 의사소통할 것, (다) '그것' 언어가 아니라 '나' 언어를 활용할 것(즉, "그건 매우 나쁜 느낌이야."가 아니라 "나는 기분이 안 좋아.") 등이다. 이러한 연습 전체를 통틀어 그리고 실제 게슈탈트 상담 전체를 통틀어 하나의 궁극적인 목표, 규칙, 연습이 있다. 즉, 자각 연속체를 활용하는 것이다. 상담자는 신체 감각, 지각, 정서에 대한 내담자의 인식을 촉진하려 한다. 상담자는 자각을 고양시키는 방법으로 내담자에게 종종 "이 감정에 머물러 있기"를 요청한다. 게슈탈트 상담에서 건강에 이르는 핵심이 있다면, 그것은 아마 자각 상태(being awareness)에 머무르는 것이 될 것이다. Fritz Perls가 촉구했듯이 "당신의 마음은 잊어버리고 당신의 감각으로 오라".

게슈탈트 접근에 대한 조망

내담자 중심 상담에서 기법의 역할에 대한 명확성이 결여되어 있는 것처럼, 게슈탈트 상담에서도 적어도 최근까지 상담자-내담자 관계는 비일관적으로 그리고 불명료하게 설명되고 있다. Fritz Perls가 '지금 여기, 나와 너'라는 표현을 좋아하기는 했지만, 실제 상담에서 Perls가 '나-너' 관계를 발전시킨 것 같지는 않다. 예를 들어, Dolliver(1981b)는 나-너 대면에 필수적인 대인관계 특성이 Perls가 내담자 및 워크숍 참여자와 한 작업에서 빠져 있다고 지적하였다. 그의 배타적인 초점은 내담자와 자각을 증진시키기 위한 연습에 있었던 것 같다. 그의 상호작용에서 '나'는 빠져 있다. 사실, Laura Perls는 "Fritz의 접근에서 문제가 되는 것은 그가 있는 그대로의 내담자가 아니라 내담자와 함께 할 수 있는 일에 더 관심을 두었다는 것"이라고 이야기했다(Friedman, 1983, p. 89에서 인용).

다른 게슈탈트 상담자들은 이러한 약점에 주목하고 게슈탈트 상담의 관계 요소를 강화하려 하였다(예: Jacobs & Hycner, 2009; Polster & Polster, 1973; Simkin & Yontef, 1984). 예를 들어, Perls는 자신의 감정과 편견을 자신의 저작에 드러내거나 검토한 것으로 보이지 않는다. 그러나 Shepherd(1970)는 "상담자는 (Perls가 자주 그랬듯이) 이런 것을 내담자의 환상으로 취급하거나 지각의 왜곡 또는 부정확성을 의미한다고 하기보다는 조심스럽게 듣고 인정할 것은 인정('당신이 이야기하는 것은 나에게도 마찬가지로 적용됩니다')할 필요가 있다."(p. 237)라고 주장하였다.

사실, 게슈탈트 상담에서 관계의 역할에 대한 기술에 있어서 일관성과 명확성의 부족은 관계의 역할과 중요성에 관한 서로 다른 두 입장 때문인 것으로 보인다. Greenberg(1983)는 일부의 게슈탈트 상담자들이 Perls의 전통에서 "방법들을 가르치는 사람으로서의 상담자" 역할에 초점을 두는 반면, 다른 상담자들은 관계에 초점을 둔다는 점에 주목하였다. 교사 역할을 취하는 상담자는 바로 이 순간의 경험에 주의를 집중하도록 내담자를 돕기 위해 기법과 연습을 사용한다. 이러한 상담자는 나-너 관계의 중요성을 내담자에게 가르치기 위한 하나의 수단으로 나-너 관계 맺기에 참여한다. 그러나 관계지향적인 게슈탈트 상담자에게는 현재에 이루어지는 진솔한 대면이 변화의 열쇠이다. 이러한 상담자는 상담 작업을 위해 자신을 공유하려 하지만 기법과 연습의 역할은 덜 강조한다.

현재 이루어지고 있는 게슈탈트 상담이 Perls 시대의 그것보다 훨씬 더 관계지향적이라는 점은 명백하다. 게슈탈트 상담자는 내담자와 함께 발전시켜 온 관계의 확장으로 기법을 사용한다(Gelso & Hayes, 1998). Jacobs와 Hycner(2009)는 상담자와 내담자 사이의 정서적 접촉(관계 부분)이 완전한 자각을 위해 필수적이라고 함으로써 이러한 경향을 명백히 하였다. 이들은 상담자/인간과 내담자/인간 간의 접촉 관여 없이 자각 기법만을 활용하는 상담자는 실제로는 내담자의 자각 가능성을 제한하고 두 사람 모두의 존재를 방해할 것이라고 주장하였다.

게슈탈트 상담의 현재

상담심리학에서 게슈탈트 상담의 현재 위치는 어디쯤 될까? 개입의 한 체계로서 게슈탈트 상담의 창의성과 직면(일부 게슈탈트주의자가 상담을 할 때면 종종 공격성이라고 명명되는)은 1960년대 후반과 1970년대 초반의 소용돌이와 아름답게 맞아떨어진다. 자기에 대한 초점, 즉 '당신 자신의 것을 하기'는 그 당시의 시대정신(Zeitgeist)을 포착하고 있다. 그러나 1960년대와 1970년대는 이 분야의 의식에서 오래전에 퇴장하였으므로 게슈탈트 상담의 거대한 대중성은 확실히 쇠퇴하였다. 1980년대가 끝나 갈 무렵에는 자신의 첫 번째 또는 두 번째 이론적 배경을 게슈탈트 상담이라고 하는 상담심리학자는 거의 없었다(Watkins et al., 1986; Zook & Walton, 1989).

게슈탈트 상담의 쇠퇴는 부분적으로 연구 기반의 부족에 기인한다. 게슈탈트 상담의 효과를 지지하는 성과연구는 거의 수행되지 못하였는데, 어느 정도는 게슈탈트주의자의 과학적 연구에 대한 무관심 때문이었다. 아마도 게슈탈트 상담 실제에서 벌어지는 지적인 것에 대한 경시가 부적절하게 연구에 적용된 것 같다. 만약 우리가 '마음보다는 감각'에 더 중요성을 두어야 한다면, 아마도 과학적 연구는 불필요할 것이다. 지난 20년 동안 게슈탈트 상담과 인본주의-경험 상담 일반의 효과성에 대한 연구가 점증해 왔다. 그 증거는 매우 긍정적이다. 분명히 인본주의-경험 상담은 무처치 통제집단의 내담자가 보이는 것 이상의 변화를 산출한다(Elliott et al., 2013). 게슈탈트 상담에 대한 일곱 개의 연구에서 그 처치효과는 다른 인본주의-경험 처치들의 효과와 동등하였다.

현재 상담심리학자들 가운데 게슈탈트 상담자라고 하는 사람은 소수이지만, 게슈탈트 접근은 상담심리 실무에 큰 영향을 주었다. Perls와 그 추종자들이 고안한 기법과 연습 중 많은 것이 일상적으로 상담에 활용되고 있다(예: 1인칭 대명사 요청하기, 지금-여기에 머무르기, 내적 대화를 드러내기). Burke(1989)가 주목했듯이, 두 의자 같은 기법은 매우 다양하게 적용되고 있다. 이 기법은 게슈탈트 상담에서는 예외적이라 할 수 있는 견고한 연구를 통해 내담자의 자각과 행동 변화에 긍정적인 영향을 미치는 것으로 보고되고 있다(Elliot et al., 2013). 빈 의자 기법의 효과에 대한 증거도 존재한다(Elliott et al., 2013).

기법들뿐 아니라 진정성 있는 '나-너' 관계라는 개념은 많은 상담심리학자의 실무에 핵심적인 부분이 되었다. 상담에서 나-너 관계의 중요성을 그렇게 강력하게 검토한 이론도 없다. 상담 실제에서 이것이 가지는 가치에 대한 믿음은 Perls가 살아 있을 때보다 오늘날 더욱 강력하다(Elliott et al., 2013; Gelso & Hayes, 1998; Jacobs & Hycner, 2009).

마지막으로 게슈탈트 상담의 영향은 게슈탈트 원리와 기법을 다른 이론들과 통합하려는 접근들에서 또한 명확히 드러난다. 그러한 통합 노력은 아마도 과정-경험 상담 그리고 보다 최근의 정서 중심 상담(Greenberg, 2002)에서 더 두드러진다. 이 접근은 인간 중심 상담의 공감에 대한 강조와 게슈탈트 상담의 보다 적극적인 기법들을 성공적으로 혼합하였다. 이와 같은 통합은 게슈탈트 상담과 인간 중심 상담이 순수한 형태로는 아니지만 여전히 상담심리 실제에 진정으로 살아 있고 견고하다는 믿음을 가지게 한다. 그리고 과정-경험 또는 정서 중심 통합의 효과를 강력하게 지지하는 연구 증거도 존재한다(Elliott et al., 2013 참조).

지금까지 게슈탈트 상담의 주요 성분을 간략히 살펴보았다. 보다 깊이 있는 논의를 검토하려면, Murdock(2013)과 Prochaska와 Norcross(2010)를 보라. Polster와 Polster(1973)의 매력적인 책, 그리고 Fagan과 Shepherd(1970)의『Gestalt Therapy Now』와 함께 Perls(1969a)의『Gestalt Therapy Verbatim』은 고전으로 남아 있다. Jacobs와 Hycner(2009) 그리고 Joyce와 Sills(2010)는 현재까지의 게슈탈트 상담의 처치에 대한 책을 썼다. 이 책들은 특히 보다 부드러운 관계 지향성에 초점을 두고 있는데, 그 결과 게슈탈트 상담은 과정-경험 접근과 매우 유사해졌다.

요약

인본주의 철학은 훨씬 더 이전 시기에 뿌리를 두고 있지만, 상담에 대한 인본주의 접근은 20세기 중반의 산물이다. 이러한 접근은 정신분석과 행동주의 모두에 대한 반동으로 발전하였다. 이들은 심리학과 상담에서 '제3세력'이라 불린다.

서로 다른 인본주의 접근은 그 세부에서 차이를 보이지만 인간, 상담, 과학에 관한 몇 가지 가정을 공유한다. 이에는 필수적인 가치로서의 민주적 이상, 주관적 경험의 근본적 중요성, 성장과 자기실현을 향한 인간의 타고난 경향, 인간에 대한 필수적인 신뢰, 내담자가 성장하고 발전하도록 돕는 강력한 방법으로서의 진정한 대면의 가치, 인간 경험에 맞는 과학적 방법의 필요성 등이 포함된다.

상담심리학자에게 가장 큰 영향을 미치고 있는 두 인본주의 접근은 Carl Rogers의 인간 중심 상담과 Fritz Perls의 상담이다. 상담에 대한 Rogers의 접근은 성격에 대한 이론 전에 출현하였지만, Rogers는 성격 발달에 관해 명백하고 일관성 있는 일련의 이론적 진술을 개발하였다. 그의 강조는 현상학적인 데 있었다. 즉, 개인의 사적 세상과 전체 인간을 이해할 필요를 강조하였다. 자기와 자기개념은 Rogers의 성격이론에서 핵심 요소이다. 건강한 발달과 건강하지 못한 발달을 기술하려는 노력의 일환으로 그는 실현경향성 및 그것이 어떻게 잘못될 수 있는지 그리고 어떻게 촉진될 수 있는지에 초점을 두었다. 가치의 조건의 형성에 기인한 어려움이 자신으로부터 소외의 중심이다. 반면, 건강한 기능에서는 내적 경험과 행동 사이의 일치가 존재한다.

Rogers에게 성공적인 상담의 열쇠는 기법 또는 정확한 진단이 아니라 치료적 관계에 있다. 사실, 내담자 변화에 필요충분조건이 되는 관계는 상담자의 공감적 이해, 무조건적 긍정적 존중, 일치성으로 나타난다.

비록 내담자 중심 상담에서 기법은 별로 강조되지 않는다고 해도, 이 접근을 따르는 상담자는 바꾸어 말하기, 특히 감정반영을 주로 사용한다. 삶과 상담에 대한 인간 중심 접근은 확실히 비지시적이다.

Rogers는 임상가로서 그리고 과학자로서 자기를 실현시키려 했기 때문에 그의 아이디어는 조심스럽고 철저한 과학적 검증의 대상이 되었다. 많은 아이디어가 지지되었지만 몇몇은 그렇지 못했다. 내담자 중심 상담 그리고 현재의 인간 중심 상담은 그 효과에 대한 경험적 지지를 받고 있다. 최소한 심하게 손상되지 않은 내담자의 경우에는 그렇다. Rogers와 그의 접근은 상담심리학에 근본적인 영향을 미치고 있다.

Fritz Perls의 게슈탈트 접근은 성격 발달보다는 개입을 더 강조한다. 성격에 관한 Perls의 이론적 진술은 체계적이지 않다. 비록 이러한 진술이 처치에 관한 게슈탈트 상담의 개념적 이해와 관련되어 있기는 하지만 말이다. 신경증 또는 성장장애에 관하여 Perls는 신경증의 다섯 개 층(인조, 공포, 교착, 내파, 외파 층)이 있으며, 인간이 성숙하려면 이 각각의 층이 해결되어야 한다고 주장하였다.

음성적 기법 또는 반응 양식 관점에서 게슈탈트 상담자는 기본적으로 직면, 직접 안내, 자기관여된 노출을 활용한다. 게슈탈트 접근의 가장 큰 특징은 연습과 게임의 활용이다. 핵심 이슈를 드러내기 위해 대화, '미해결 과제' '내 책임이죠' '투사하기', 역할 바꾸기, 과장과 반복, 결혼상담 게임과 같은 연습이 활용된다. 연습을 통해 접근되든 아니면 상담자-내담자 관계를 통해 접근되든 상관없이 게슈탈트 상담의 궁극적인 목표는 지금-여기에서 자신의 주관적인 경험을 인식하는 것이다.

상담자-내담자 관계에 관하여 살펴보면, 게슈탈트 상담 내에는 방법을 가르치는 교사 역할을 강조하는 입장과 나-너 관계를 강조하는 입장 사이의 오랜 균열이 존재해 왔다. 현재의 게슈탈트 이론은 내담자 인식의 개발을 위한 전제조건으로 나-너 관계의 중요성을 강조한다.

게슈탈트 상담의 인기는 1960년대 말과 1970년 초반의 전성기 이래 쇠퇴해 오고 있지만, 그 기법과 아이디어는 계속 호소력을 가지고 임상가들에 의해 활용되고 있다. Greenberg의 과정-경험 접근은 경험적으로 지지되는 인간 중심 및 게슈탈트 상담의 통합을 나타낸다.

제**14**장

여성주의 다문화 상담:
변화하는 세상에서 통합과 문화적 역량

미국 보건사회복지부의 2001년 정신건강보고서 첫 줄은 다음과 같이 시작하고 있다. "미국의 힘은 그 문화적 다양성에서 나온다"(p. 3). 그러나 1999년 공중위생국장의 미국 내 정신건강보고서에 따르면, 소수 민족을 위한 정신건강 서비스의 접근성과 질에는 현저한 불평등이 존재한다고 보고하고 있다. 모든 사람이 상담 서비스에 같은 정도의 접근성을 가지고 있는 것이 아니라는 점은 오랫동안 지적되어 왔다. 더욱이 상담을 받아도 같은 정도로 성공적인 경험을 하지는 않는다(Lopez, Barrio, Kopelowicz, & Vega, 2012; Snowden, 2012; S. Sue, Cheng, Saad, & Chu, 2012). 이러한 현상은 특히 미국 내 소수 민족에게는 사실이었는데, 그들은 정신건강 서비스를 잘 이용하지 않으며 조기에 상담을 종결하는 경향이 있다(Brinson & Kottler, 1995; Carter & Forsyth, 2010; Cheung & Snowden, 1990; Sanders Thompson, Bazile, & Akbar, 2004). 더욱이 역사적으로 여성과 소수 민족, 레즈비언, 게이, 양성애자, 트랜스젠더, 가난한 사람들, 장애인, 이민자들이 사회적 차별과 억압을 경험했고(예: Koss et al., 1994; Palombi, 2012; Root, 1995; L. Smith,

http://dx.doi.org/10.1037/14378-014

Counseling Psychology, Third Edition, by C. J. Gelso, E. N. Williams, and B. R. Fretz

Appio, & Chang, 2012; Speight, Isom, & Thomas, 2012; Szymanski & Hilton, 2012; Tolin & Foa, 2006), 이러한 문제가 전통적인 상담 모델에서는 적절하게 다루어지지 않았다.

서로 다른 문화적 배경과 다양한 인구통계학적 배경(예: 성별, 인종/민족, 성적 지향성, 사회계급)을 지닌 사람들에게 더 향상된 서비스를 제공하기 위한 노력으로 20세기 후반에 두 개의 철학적 상담 접근이 소개되었는데, 이는 바로 여성주의 상담(feminist therapy; Enns, 2004; Remer & Oh, 2012 참조)과 다문화 상담(multicultural counseling; Fuertes, 2012; Ponterotto, Casas, Suzuki, & Alexander, 2001)이다. 다음에서 우리는 이 두 가지 상담 모델의 역사적 발전 과정과 상담에서의 가정과 전략을 검토하고, 문화적 역량에 대한 현재의 논의들이 이 두 가지 모델을 어떤 방식으로 결합하고 통합하는지 살펴볼 것이다.

역사적 개관

여성주의 상담은 1960년대의 인식향상(consciousness-raising) 집단에 그 뿌리를 두고 있다. 1960년대에는 여성들이 인식향상 집단을 형성하기 시작했는데, 여기서 여성들은 자신의 문제를 다른 여성들 또한 공유하고 있다는 것을 발견했다(Kaschak, 1981). 이러한 생각, 즉 한 개인의 경험이 사실은 공유된 사회적 경험일 수 있다는 생각이 자주 여성주의 상담과 연계되는 어구를 만들어 냈다(예: 개인적인 것이 정치적인 것이다.; Enns, 2004). 자기발견 집단들이 처음부터 치료집단으로 고안된 것은 아니었지만, 많은 여성은 그러한 집단이 치료적이라고 인식했고(Kravetz, 1978) 전통적인 심리치료에 대한 유망한 대안이라고 느끼게 되었다(Kirsh, 1974).

1970년대에 이르러, 여성주의 상담자들은 인식향상 집단의 요소들을 전통적인 심리치료 모델에 접목시켰는데, 성역할과 억압에 대한 분석을 포함시켰을 뿐 아니라 여성들이 새로운 기술을 연습해 볼 수 있는 안전한 장소로 집단상담을 선택하였다(Enns, 1993). 또한 1970년대에는 미국심리학회(American Psychological Association: APA)에도 변화가 있었다. 1970년에는 심리학에서의 여성의 지위에 대한 특별위원회를 설치했고, 1973년에는 제35분과(여성심리학)가 창설되었다. 소수 민족 여성들이 제35분과에 참여하고 많은 기여를 했기 때문에, 제35분과는 소수 민족 여성들의 어려움이 조명을 받는 하나의 창구가 되었다(Mednick & Urbanski, 1991). 제35분과는 『Psychology of

Women Quarterly』를 출판하기 시작했는데, 여성과 다문화 주제를 출판하는 것으로 명성을 쌓았다(Davenport & Yurich, 1991). 더욱이 제35분과는 1976년에 흑인 여성들의 권리에 대한 특별위원회를, 1977년에는 스페인계 여성들의 문제에 대한 특별위원회를 설치했다(Mednick & Urbanski, 1991).

그러나 1980년대 여성주의 연구들은 소수 민족 여성들의 문제에 많은 관심을 기울이지 않았다. 예를 들어, 『Handbook of Feminist Therapy』(Rosewater & Walker, 1985)는 소수 민족 여성들의 문제를 언급하지 않았다(Enns, 1993). 1980년대에는 전반적인 여성 심리학을 발전시키고 심리치료에서의 여성의 욕구를 정의하는 데 더 많은 관심을 기울였다. 예를 들어, 성격 및 발달에 대한 남성중심적인 이론들을 대체하는 새로운 이론들이 소개되었다(예: Chodorow, 1978; Gilligan, 1982).

1990년대에는 여성주의 상담자들과 연구자들이 직업 내 변화를 요구했는데, 특히 좀더 폭넓은 다양성 문제들을 다룰 것을 제안하였다(Brown, 1994; Comas-Diaz & Greene, 1994). Enns(1993)는 "여성주의 상담자들은 여성과 남성들이 다양한 문제뿐 아니라 인종/민족적 정체성, 경제적 지위, 성격유형, 인종차별, 성차별, 연령차별, 이성애주의 등 다양한 차별에 노출된다는 것을 인식해야 한다."(p. 64)라고 주장했다. 따라서 여성주의 상담은 정체성의 다양한 측면을 강조하는 방향으로 발전해 왔는데, 이러한 개념은 21세기에는 교차성(intersectionality; Cole, 2009; Shields, 2008)이라고 불린다. 시간이 흐르면서 이론과 연구는 남성과 여성의 차이에 초점을 두는 것에서 남성성과 여성성의 교차점(예: androgyny; 양성성)에 초점을 맞추는 것으로 이동했고, 다시 우리의 다양한 측면(예: 성별, 인종/민족, 계급, 나이, 성적 지향성)이 서로 교차되는 것에 초점을 맞추게 되었다.

마찬가지로 다문화 상담은 지난 반세기 동안 여러 단계의 성장과 발전을 경험했다. 비록 1950년대에 소수 민족을 상담하는 것과 관련된 문헌은 아주 적었지만, Jackson(1995)은 1950년대가 다문화 상담 운동의 탄생기이고, 1960년대는 유아기에 해당된다고 평가했다. 1950년대 초기에 소수 민족을 위한 상담은 주로 소수 민족을 주류문화에 동화시킴으로써 주류 사회에 통합시키는 것에 초점을 맞추었다(Copeland, 1983). 그러나 상담자들이 자신의 신념체계를 내담자들에게 강요하지 않으려고 주의를 기울임에 따라 주목할 만한 변화가 나타났다(Wrenn, 1962). 내담자의 믿음과 문화적 배경을 존중하는 것을 강조하면서 다문화 운동을 위한 토대가 마련되었다(Jackson, 1995).

1960년대에는 다문화 상담 운동이 힘을 얻기 시작했다. 1964년에 시민권리장전이

제정되면서 사회에 존재하는 인종/민족 소수자들에게 관심을 가지게 되었다. 소수 민족 상담의 목표는 더 이상 통합의 이름으로 이들을 동화시키는 것이 아니었고, 대신 다양성을 이해하고 감사하는 것이 되었다(Copeland, 1983). 1960년대 '소수 민족 상담'은 백인 상담자가 비백인 내담자와 짝을 이루어 진행하는 상담을 일컬었다. 1970년대에는 사용하는 어휘의 변화와 함께 초점이 이동했는데, 인종, 민족, 또는 문화적으로 다른 상담자-내담자 쌍이 포함될 경우 '문화간(cross-cultural)' '다문화(multicultural)' 상담이라는 용어를 사용하였다(Robinson & Morris, 2000).

1970년대에 들어서면서 연구들이 소수자와 다문화 주제에 초점을 두었다. 『Journal of Non-White Concerns』가 다문화 운동의 주요 역할을 담당했다. 그 당시 대부분의 상담 관련 학술지는 소수자 문제에 대한 논문을 출간하지 않았기 때문에, 많은 소수 민족 저자는 연구와 관점을 논하기 위한 주요 통로로 『Journal of Non-White Concerns』를 활용했다(Harper, 2003). Sundberg(1981)는 1975년부터 1979년까지 몇몇 주요 미국심리학회 학술지(『Journal of Abnormal Psychology』 『Journal of Consulting and Clinical Psychology』 『Journal of Counseling Psychology』 『Professional Psychology』)를 연구했는데, 1~3%에 해당되는 논문만이 문화적 또는 민족적인 자료를 언급하고 있을 뿐이었다. 더욱이 문화 및 민족적인 문제들을 다루는 데 헌신적인 학술지(예: 『International Journal of Psychology』 『Journal of Cross-Cultural Psychology』)에서는 상담 또는 심리치료를 다룬 논문들이 전혀 출판되지 않았음을 Sundberg가 발견했다.

1980년대와 1990년대에 들어 다문화 상담에 대한 연구들이 많이 출판되었다. D. W. Sue 등(1982)은 다문화 상담 역량의 필요성에 대해 획을 긋는 논문을 출판했다. 인사 및 지도에 대한 비백인 문제 협의회는 1985년에 다문화 상담발달협회로 이름을 변경했다. 협회 명칭을 변경함과 더불어 백인을 포함한 모든 인종과 민족의 참여를 독려하는 새로운 전망이 생겨났다(Harper, 2003). 1990년대에는 모든 상담자가 문화적, 인종적, 민족적 문제를 이해해야 할 필요성을 알게 되었다(Davenport & Yurich, 1991). 1992년에 D. W. Sue, Arredondo, McDavis는 자주 인용되는 「Multicultural Counseling Competencies and Standards: A Call to the Profession」을 출판했다. 이 논문은 세 개의 주요 역량을 포함하고 있는데, 문화적으로 역량 있는 상담자는 (가) 자신의 고유한 문화적 가치와 편견을 인식하고 있으며, (나) 다른 세계관과 내담자의 문화적 배경에 대해 알고 있고, (다) 적절한 기술과 개입을 능숙하게 적용할 수 있다. D. W. Sue 등(1982)이 제시한 다문화 역량 모델이 출판된 지 이제 30년 이상이 흘렀고(1986년부터 2005년까지 이 분야에 대한 분석은 Worthington, Soth-McNett, & Moreno, 2007을 참조할 것), 모델은 이후로 몇 차례에 걸쳐 개정되었다(Arredondo et al., 1996; Sue, 2001; D. W. Sue et al., 1992, 1998). 10년 전쯤에는 대부분의 상담심리 훈련 프로그램에서 다문화 역량 훈련을 대학원 프로그램에 포함시켰다(Constantine & Ladany, 2001).

비록 그들의 역사에서는 다소 초점이 달랐지만, 현시점에서 여성주의 상담과 다문화 상담은 포용(inclusiveness)에 관해 광범위한 대화를 나누고 있다(Enns, Williams, & Fassinger, 2012). 진정 상담이론과 실제는 성별, 인종, 민족, 성적 지향성, 사회계층, 연령, 종교/영성, 능력과 같은 다양한 정체성 측면을 통합할 수 있는가? 최근에 상담심리학자들은 이러한 정체성 측면들과 교차점에 초점을 맞추기 시작했다(Enns, 2010; Yakushko, Davidson, & Williams, 2009). 오랜 기간 다양한 정체성을 통합해야 한다는 요구가 있어 왔지만, 이 일은 어렵고 때로는 달성하기 힘든 일로 확인되었다(Williams & Barber, 2004).

Enns 등(2012)은 여성주의와 다문화 접근에서 몇 가지 유사한 점이 있음을 지적하면서 두 개의 통합이 가능하다고 주장했다. 예를 들어, 두 가지 접근 모두 개인이 처한 사회문화적 환경을 강조한다. Pope-Davis, Liu, Toporek, Brittan-Powell(2001)은 "다문화 상담의 주요 특징 중 하나는 맥락(사회정치적, 역사적, 문화적)이 내담자의 행동과 태도, 경험, 세계관 및 지각에 영향을 미치는 요인이다."(p. 131)라고 주장했다. 마찬가지로, 여성주의 이론도 개인 및 사회적 정체성이 상호의존적이라는 인식에 기초하고 있다(Remer & Oh, 2012). 맥락과 환경이 다문화 상담과 여성주의 상담에 공히 중요한 것처럼, 상담심리학에서도 맥락과 환경을 중요시한다(제1장 참조).

여성주의 접근과 다문화 접근의 또 다른 유사점은, 두 가지 모두 파워, 특권, 억압과 같은 주제에 관심을 가지고 있다는 것이다(Enns et al., 2012). Morrow와 Hawxhurst(2012)는 여성주의 다문화 상담에서 파워를 검토하는 것이 중요하다고 주장했는데, 파워의 원천, 개인 내담자의 삶에서 파워(영향력)의 박탈, 전문성 및 권위에 대한 내담자의 문화적 관점, 내담자-상담자 관계 안에서의 파워의 역동과 같은 주제를 살필 것을 주장했다. 또한 Crethar, Rivera, Nash(2008)는 여성주의 다문화 상담 내에서 특권(privilege)을 검토하는 것이 중요하다고 역설했고, 다음과 같이 특권을 정의하였다.

특권은 선별된 사회 구성원들이 특정 변인들을 기반으로 체계적이고 노력 없이 얻은 혜택이다. 이러한 변인들은 사회 내 주류 집단에 속한 사람들 사이에서 나타나는 다양한 특징과 일치한다. 이는 인종적/민족적/문화적 배경, 성별, 사회경제적 계층, 연령, 성적 지향성, 신체적/정신적 능력 등을 포함한다(p. 269).

세 번째로 유사한 점은 두 접근 모두 임파워먼트와 공정함을 촉진시키기 위한 인식과 비판적 의식을 강조한다는 것이다(Enns et al., 2012). 이 점은 두 가지 운동의 역사적 발전 과정에서 파생되는데, 인식향상 집단들이 여성주의 상담 발전에 중요한 역할을 했고, 편견을 인식하는 것이다. 문화적으로 역량이 있는 상담에서 결정적인 요소로 주목을 받아 왔다. 마지막으로, 여성주의 상담과 다문화 상담은 개인의 변화와 사회적 변화를 모두 가치 있게 생각하는데, 개인적인 것을 정치적인 것으로 간주한다. 여성주의처럼(Brown, 1994; Enns & Williams, 2012), 다문화주의는 "정치적인 의미로 가득 차 있다"(Pope-Davis et al., 2001, p. 128). 두 가지 철학과 접근에서는 사회 변화의 정치학이 차별과 억압에 초점을 둘 것을 요구한다. 여성주의 상담과 다문화 상담의 초기 발달 단계에서 어떤 차별 행동들은 꽤 노골적이었다(예: 혐오범죄, 동일 노동에 대한 차별적 임금). 그러나 사회규범이 변하고 차별행동이 불법적인 것이 되면서(또한 비도덕적인 것이 됨), 지난 반세기 동안 편견을 노골적으로 표현하는 것은 감소했다(Dovidio & Gaertner, 1998; Dovidio, Gaertner, Kawakami, & Hodson, 2002). Dovidio 등(2002)은 "현대의 인종차별은 좀 더 미묘하고, 종종 비의도적이면서, 무의식적이다."(p. 88)라고 주장했다. 이렇게 무의식적이고 덜 노골적인 편견을 혐오적인 인종차별(aversive racism)이라고 불러 왔다(Kovel, 1970). 그리고 이것은 여성주의 상담자와 다문화 상담자들이 모두 인식하고 있어야 하는 것이다.

혐오적 인종차별은 반인종차별주의적인 가치와 태도를 신봉하는 사람들이 의도하지 않은 편견(unintentional bias)을 보였을 때 나타난다. 예를 들어, 반인종차별적인 가치를 공개적으로 주장하는 백인 실습생이 처음으로 흑인 내담자를 만났을 때, 눈에 띄게 부정적이면서 우월적이고 거들먹거리는 태도를 취한다. 대체로 그러한 행동은 특징상 암묵적인데(Greenwald & Banaji, 1995), 이는 그러한 행동이 자동적으로 또는 무의식적으로 활성화된다는 것을 의미한다. 혐오적인 인종차별을 나타내는 사람들은 자기보고식 설문지에서는 편견을 부인할 수 있다. 그러나 사회심리학자들은 혐오적인 인종차별을 비언어적으로 측정하는 방법들을 고안해 냈는데, 가령 눈 맞춤의 빈도나 눈 깜박임의 빈도를 측정하는 것으로(Dovidio, Kawakami, Johnson, Johnson, & Howard, 1997), 이는 불편함이나 불안의 표시라고 해석된다. 사실, 이러한 유형의 무의식적 행동은 미세공격(microaggression)이라고도 불려 왔는데, 파워와 특권을 가지고 있는 사람들이 미묘한 방식으로 타인에 대한 우월성을 전달하는 것이다(Fouad & Arredondo, 2007; Vasquez, 2007). 여성주의 상담과 다문화 상담은 모두 내담자로 하여금 편견에 찬 경험(노골적인 표현뿐 아니라 암묵적인 표현 모두)을 탐색하고 사회적인 변화를 옹호하도록 힘을 부여한다.

비록 여성주의 상담과 다문화 상담이 20세기 후반부에 들어서면서 각자의 방식으로 성장했지만, 이 둘은 기본적인 원칙들을 많이 공유하고 있다. 따라서 21세기에는 이러한 두 가지 철학적·응용적 접근을 통합할 것을 강조하고 있다(Enns & Williams, 2012). 이 장의 나머지 부분은 상담심리학자들이 어떻게 이 두 가지 접근을 상담 장면에 적용할 수 있을지에 대해 살펴볼 것인데, 우선 두 가지 접근을 따로 살펴본 다음, 문화적으로 역량 있는 실무를 통해 이 둘을 통합하는 것을 조명할 것이다.

여성주의 상담

매우 다양한 형태의 여성주의가 존재하기 때문에, 여성주의 상담에 대한 접근 또한 매우 다양하다(Enns, 2004). Enns(2010)는 오래된 형태의 여성주의는 "성 사회화(자유 여성주의), 사회의 가부장적 토대(급진적 여성주의), 여성들의 '다른 목소리'와 관계적 강점(문화여성주의)과 같은 성 불평등의 원인 한 가지를 강조하는 경향이 있다."(p. 333)고 주장했다. 현대적인 여성주의 이론들[또는 입지적(locational) 여성주의; Enns, 2010]은 좀 더 통합적인데, 개인의 다양한 사회적 정체성과 다문화주의의 중요성에 초점을 둔다. 입지적 여성주의[예: 포스트모던 여성주의, 유색인종 여성주의, 레즈비언 여성주의, 다국적(transnational) 여성주의, 제3의 물결 여성주의]는 이전의 여성주의에 비해 좀 더 분명하게 특권, 억압, 파워를 분석할 것을 요구하고, 다른 사회적 정체성을 고려하지 않고서도 젠더를 분석할 수 있다는 생각을 부정한다. 그러나 가장 현대적인 여성주의 접근들 역시 여전히 몇 가지 기본적인 원칙에 의존하고 있다.

1980년에 Gilbert는 여성주의 상담의 두 가지 주요 요소를 언급했는데, (가) '개인적인 것은 정치적이다', (나) '치료적 관계는 평등한 것을 지향한다'가 그것이다. 이전에 논한 것처럼, '개인적인 것이 정치적이다'라는 개념은 환경 맥락과 개인적인 임파워먼트를 강조하는 것을 의미한다(제1장 참조). 심리내적인 요인들이 주요한 역할을 담당하던 전통적인 상담에 비해(예를 들어, 개인의 인지, 성격구조, 정서적인 상태를 탐색하는 것), 여성주의 상담은 항상 개인의 정신건강 욕구와 경험에 영향을 미치는 맥락과 구조, 사회적인 요인들을 강조해 왔다. 예를 들어, 내담자의 증상은 환경으로부터의 스트레스 요인에 대처하는 방식으로 이해되는데, 가령 발달 초기 외상사건을 경험하는 동안 내담자는 그 경험을 견뎌 내고 살아남기 위한 하나의 방법으로 해리하는(dissociate) 법을 배웠을 수 있다. Enns(1993)는 다음과 같이 주장했다.

> 여성주의 상담자는 우울, 불안 또는 수동성과 같은 증상들이 제거되어야 하는 문제라고 생각하는 것이 아니라, 내담자가 더욱더 강한 자기인식을 습득해 가면서 좀 더 직접적이고 생산적인 형태의 소통을 통해 다시 초점을 맞추어야 하는 간접적인 형태의 표현이라고 이해한다(p. 11).

따라서 아동기에 대처전략으로서 해리를 사용한 내담자는 비록 그러한 전략이 어렸을 때는 생산적이었지만 성인이 된 이후에는 유용하지 않고 대신 생산적인 관계를 형성하는 것을 방해하고 있다는 것을 이해할 수 있다. 상담자는 불안에 대처하는 새로운 방법을 내담자가 배우도록 조력할 수 있다. 이러한 접근은 내담자가 어린아이로서 보호하는 전략을 사용했던 것이 기능적이었다는 것을 알게 하고, 내담자가 좀 더 기능적인 방법을 찾아서 현재에 대처할 수 있도록 힘을 불어넣는다.

여성주의 상담의 두 번째 주요 요소, 즉 상담 관계가 평등해야 한다는 것은 Roger식 상담에서 이야기하는 것처럼 상담자가 진정성, 공감, 무조건적 존중의 모델이 되어야 한다는 것(제13장 참조), 그리고 상담자가 내담자와 파워를 공유하고 내담자가 관계 안에서 타협하는 법을 배울 수 있도록 도와야 한다는 주장에 기원을 두고 있다. 내담자는 자신의 삶에 대한 전문가로 간주되고, 자신을 위한 적극적인 변화의 주체이며, 개인적인 염려 수준을 넘어서서 사회 변화를 옹호하는 사람이 될 수 있도록 격려받는다(예를 들어, 사회적인 규범들이 어떻게 자신의 지각과 생생한 경험을 형성해 왔는지를 알게 됨으로써). 기본적으로 여성주의 상담자는 강점과 대처에 대한 관점을 지니고 있는데, 여성들이 능력이 있는 것으로 간주하고, 고통은 병리적인 것이 아니라 적응적인 것이라고 생각하며, 어려움에 직면하고 있는 상황에서도 강점과 탄력성이 향상될 수 있다고 생각한다. 이러한 접근은 파워 문제를 해결하려는 욕구와 개인의 임파워먼트라는 이상을 강조한다. Enns(2012a)는 이 모델에서 '타인 위에 군림하는 파워(power over)'가 아니라

'내적인 파워(power within)'를 강조한다고 주장했다.

현대의 여성주의 상담은 다양성, 사회운동, 개인적 정체성과 사회적 정체성의 상호 의존성에 관심을 기울일 것을 강조한다(Enns, 2010; Morrow & Hawxhurst, 2012). Worell 과 Remer(2003)는 상담에서 사회정체성 분석을 활용하는 것에 대해 설명했는데, 내담자가 자신의 사회적 위치를 확인하고 이름을 부여하는 것이다(예를 들어, 성별, 인종, 민족, 성적 지향성, 계층, 연령, 장애에 대해). 이러한 활동은 내담자가 자신의 어떤 정체성이 가장 두드러지는지, 상담에서 어디에 초점을 두는 것이 가장 유용할지를 이해하는 데 도움이 된다. 다른 형태의 분석도 여성주의 상담에서 자주 사용되는데, 성역할 분석(Worrell & Remer, 2003 참조)이나 정치적 분석(Morrow & Hawxhurst, 1998 참조) 등이 있다. 또한 고통이 개인 내에 위치하는 것이 아니라 사회 내에 존재한다고 새롭게 이해하거나 다시 명명함으로써(Brown, 2000) 내담자는 자신의 고통과 대처에 대해 다른 관점을 채택할 수 있다. 이렇게 생각이 바뀌면 새로운 감정과 해석이 떠오르게 되고(Remer & Oh, 2012), 내담자가 행동으로 옮길 수 있도록 힘을 불어넣게 된다. 예를 들어, 섭식장애로 힘들어하는 10대 여성의 경우 자신의 몸에 대해 불안해하는 것이 마른 여성을 이상적인 것으로 묘사하는 대중매체와 관련이 있다는 것을 이해할 수 있을 것이다. 비록 심리적인 문제들이 꽤 복잡하고 따라서 문제의 원인을 간단하게 이야기할 수 없지만, 여성주의 접근에서는 내담자가 자신의 내적인 고통과 그것을 둘러싸고 있는 환경 사이에 관련성이 있음을 볼 수 있도록 도와준다. 내담자는 이러한 이해를 통해 '자신에게 숨 쉴 틈을 주고' 좀 더 개인적인 에너지를 치유의 과정에 쏟을 수 있게 된다.

이러한 상담 접근의 구체적인 예로서 Morrow와 Hawxhurst(2012)는 상담에서 구체적인 문제나 고민을 다루는 일곱 단계를 제안했다. 첫째, 내담자가 상황을 평가하고(어떤 일이 있었났고, 어떤 기분이고, 누가 파워를 가지고 있는가?) 그런 다음 자신을 인정한다(스스로에 대해 가치 있게 생각하는 것은 무엇인가, 당신의 한계, 취약한 점은 무엇인가?). 그 다음 단계들은 개인적인 영역에서(스스로를 위해 무엇을 할 수 있는가?), 대인관계에서(당신의 우군은 누구인가?), 사회적 수준에서(다른 지원 영역 또는 방해 영역은 무엇인가? 예를 들어, 정보의 부족 또는 허락의 부족) 자신의 힘과 무력함을 인정하는 것이다. 그런 다음 내담자는 자신의 가능성들을 분석하고, 내재된 위험 요소들을 평가하고, 선택한다. 또한 Morrow와 Hawxhurst는 '어디에서 그것을 배웠나? 누가 혜택을 받았나? 규칙을 어겼을 때 어떤 일이 발생했나?'와 같은 질문을 사용할 것을 권한다.

여성주의 상담이 처음부터 여성의 다양성에 충분한 관심을 기울인 것은 아니지만

(Enns, 2004), 지난 20년의 기간 동안 특히 현장에서는 패러다임이 바뀌는 것을 목격했다. 1995년에 Laura Brown은 여성주의 상담자들이 반인종주의적인 입장을 포함할 것을 주장했다. 1998년에는 미국심리학회 제17분과(상담심리학 분과)에 소속된 여성의 진보를 위한 부서에서 여성주의와 다문화주의를 통합시키는 것에 대한 학술대회를 개최하였다. 이제 현대의 여성주의 상담은 사회문화적 맥락과 다문화 이슈, 사회정의를 분명하게 강조한다.

다문화 상담

Fuertes(2012)는 상담자가 자신의 이론적인 접근과 기술적인 상담 접근 모두에 '인간의 다양한 요인(즉, 내담자, 상담자 또는 상담 관계에서 나타나는 요인)'을 통합하고, 따라서 좋은 상담과정 및 성공적인 결과로 나아가도록 작업할 때 좋은 다문화 상담으로 정의할 수 있다고 제안했다. Fuertes와 Ponterotto(2003)는 다음과 같이 주장했다.

> 인간의 다양성은 개인에게 의미 있는 집단 관련 요인을 지칭한다. 이러한 요인에는 성별, 사회경제적 배경, 종교, 인종, 민족, 출신 지역/국가, 성적 지향성 등이 포함되는데, 이들은 개인의 정체성, 행동, 가치, 태도, 신념에 대한 정보를 제공하거나 구성한다(p. 52).

계속해서 Fuertes(2012)는 다문화 상담의 정의에 내재되어 있는 가정들을 지적하였다. 첫째, 이 정의는 상담에서의 평가와 개입에 관한 결정에 인간의 다양성과 관련된 정보를 통합시키는 것의 중요함을 강조하고 있다. 둘째, 이 정의는 다문화 상담이 상담과정(예: 관계 형성)뿐 아니라 상담 성과(예: 증상 개선)에 긍정적인 영향을 미치는 것에 관심을 기울여야 한다는 점을 분명히 밝히고 있다. 셋째, 이 정의는 문화가 상담경험의 모든 수준에 퍼져 있다는 것을 인정하는데, 개인 수준(내담자, 상담자)에서부터 상호작용(내담자와 상담자의 관계)까지 스며들어 있음을 인정한다. 따라서 이 정의는 Fuertes가 "층화된 복잡성"(p. 572)이라고 부른 것, 즉 상담실 내에 존재하는 다양성의 요인들을 이해하고 그러한 정보가 상담의 성패에 영향을 미치는 방식을 이해하는 것의 복잡함을 강조한다.

매우 다양한 형태의 다문화 상담이 개발되어 왔다(Fuertes & Gretchen, 2001; Ponterotto,

Fuertes, & Chen, 2000 참조). 그러나 D. W. Sue 등(1992)의 고전적인 저술은 여전히 서로 다른 상담 모델에 정보를 제공하고 있는데, 상담자의 인식과 지식, 기술에 초점을 맞추고 있다(Fuertes & Ponterotto, 2003). 첫째, 다문화 상담자는 자신의 고유한 문화적 배경과 두드러진 문화적 신념과 가치 및 편견을 인식해야 한다. 이러한 자기인식으로의 여정을 시작하는 한 가지 방법은 크레용을 꺼내서 당신에게 가장 중요한 정체성의 측면을 나타내는 상징들을 그림으로 표현해 보는 것이다. 당신은 당신의 정체성의 다양한 측면을 어떻게 인식하고 있는가? 어떤 것들이 다른 것들에 비해 더 두드러지는가? 생각해 낸 어떤 차원 때문에 놀라지는 않았는가? 이 책의 두 번째 저자는 이 기법을 여러 번 실시해 봤는데(여전히 그녀는 이 크레용 작업을 좋아하고 있다), 할 때마다 늘 정체성의 다른 측면들이 두드러지는 것에 흥미로워한다. 보통 그녀는 기본적인 인구통계학적 특성(예: 백인 여성)과 민족적 전통(예: 아일랜드계 미국인)을 확인하지만, 자신의 삶에서 두드러졌던 역할(예: 어머니)과 경험(예: 박사 학위 취득) 또한 포함시킨다. 그녀는 대학원에서 인종적인 존재로서의 자신을 알아 가는 일생의 접근을 시작했고, 자기 자신과 자신의 신념 및 가치, 편견과 맹점을 인식하지 못한다면 다문화 상담에 온전히 그리고 적절하게 관여하는 것이 불가능하다고 생각하고 있다.

　우리 자신을 인종적, 민족적, 성적, 젠더로서의 존재로 인식하기 시작하는 것은 중요한 일이다. 그러나 다른 문화에 대한 지식을 쌓고 일반적인 다문화 관련 문제에 대해서도 알아 가는 것 역시 중요하다. 따라서 다문화 상담자는 다문화와 관련된 최근 이론과 연구물, 기법 등을 알고 있어야 한다. Fuertes(2012)는 다음과 같이 주장했다.

　　인종/민족적 소수자들을 많이 만나고 있는 상담자는 다문화 상담 관련 문헌들을 알고 있어야 하고, 다문화주의가 어떻게 한 개인으로서의 자신과 부합하는지, 평가와 개입에 대한 자신의 접근과 어떻게 조화를 이루는지, 다문화주의가 어떻게 자신의 상담 접근에 정보를 제공해서 상담의 효과를 최대화시킬 수 있는지를 지속적으로 생각해야 한다(p. 580).

　이렇게 지식을 추구하는 것은 완성될 수 있는 무엇이 아니다. 문화적 다양성 요인들은 계속 존재하고 계속해서 변하기 때문에 새로운 지식을 지속적으로 추구해야 한다. 그리고 이러한 새로운 지식을 기존의 지식과 기술에 통합하는 법을 배워야 한다. 일반적으로 좋은 상담의 공통 요인 또는 핵심적인 조건이라고 하는 것들, 예를 들어 안전, 지지, 라포, 치료적 관계(Fuertes & Ponterotto, 2003)는 다문화 상담에서도 중요하다. 즉,

다문화 지식을 사용해서 내담자와 깊이 있게 연계되고, 내담자를 지지하며, 내담자를 조력해서 목표를 성취하도록 돕는 것이 중요하다. Fuertes(2012)는 다음과 같이 이야기했다.

> 비록 상담에서 다문화 역량이 도움이 되고 상담자에게 개인적으로 가치가 있는 것이지만, 다문화 역량은 세상의 다양한 문화에 대한 지식을 구비하는 것과 관련된 것이 아니다. 진정으로 중요한 지식은 어떻게 인종차별과 소외 또는 빈곤이 한 개인에게 영향을 미치는지를 아는 것이다(p. 581).

이러한 문제를 이해하고 최근 연구물을 알고 있다면(제6장 참조), 상담자는 내담자와 관계를 맺을 수 있을 뿐 아니라 적절한 상담개입 방법을 찾을 수 있을 것이다.

다문화 상담의 세 번째 측면은 상담자가 상담 장면으로 가져오는 기술이다. 특정 기술에 대한 연구들이 적은 편이지만(Constantine, Fuertes, Roysircar, & Kindaichi, 2008), 어떤 기술들은 다문화 상담에서 중요하다고 알려졌다. 예를 들어, 다문화 상담자는 자신의 내담자와 개인적 유대감과 작업적인 유대감을 강하게 형성하는데, 강한 작업 동맹과 실제 관계를 형성하는 데 유리한 안전한 환경을 조성한다(Pope-Davis et al., 2001; 제9장 참조). 또한 다문화 상담자는 성별, 인종, 민족, 성적 지향성 등 내담자에게 현저한 문화적 변인과 차별, 특권, 파워, 임파워먼트와 같은 주제에 대해 대화할 의향과 능력을 가지고 있어야 한다(Brown, 2013). 또한 다문화 상담자는 내담자의 문화적 가치 및 삶의 경험에 적합한 개입 전략과 기법들을 사용해야 한다(D. W. Sue & Sue, 2003). D. W. Sue와 Sue(2003)는 "집단과 개인은 서로 다르기 때문에, 모든 상황과 모든 집단에 기법들을 맹목적으로 적용하는 것은 바보 같은 일이다."(p. 20)라고 제안하였다. 즉, 다문화 상담에서 상담자가 문화적으로 유능할 필요가 있다.

이론과 다문화 역량의 통합

문화적으로 역량이 있다는 것은 무엇을 의미하는가? D. W. Sue와 Sue(2003)는 문화적 역량을 "상담자가 다원주의 민주사회에서 효과적으로 기능하는 데 필요한 인식, 지식, 기술을 습득한 것(다양한 배경을 지닌 내담자를 위해 소통하고 협상하고 개입하는 능력)"

(p. 21)이라고 설명하였다. Whaley(2008)는 다양한 용어[문화적 역량(cultural competence), 문화적 민감성(cultural sensitivity), 다문화 상담]를 사용하는 것을 언어학적으로 분석했는데, 주목해야 할 두 가지 중요한 차원이 있다고 제안하였다. 두 가지 차원은 바로 민감성 [sensitivity; D. W. Sue 등(1992)이 조명했던 지식, 인식과 매우 유사함]과 역량[competence; 또는 기술, 이 또한 D. W. Sue 등(1992)의 업적을 반영하고 있음]이다. Whaley는 상담자 훈련은 두 단계로 구성된 과정을 밟아야 한다고 제안하였는데, 우선 상담자가 자신의 문화적 민감성을 향상시키려고 노력한 다음, 문화적으로 역량 있는 개입을 제공할 수 있는 능력을 갖추는 것이다(Ridley, Mendoza, Kanitz, Angermeier, & Zenk, 1994b). 어떤 학자들은 모든 상담이 다문화적이라고 주장했고(Fukuyama, 1990), 더욱이 상담은 문화적으로 중립적일 수 없기 때문에(Coleman, 1998), 문화적으로 역량을 갖추는 일은 여성주의적 관점과 다문화적 관점을 통합하려는 모든 상담심리학자에게 결정적으로 중요한 것이다(Enns et al., 2012). Hall(1997)은 심지어 심리학자들이 오늘날과 같은 다문화 사회에서 더욱더 문화적으로 역량을 갖추어야 한다고 주장했는데, 그렇지 않을 경우 쇠퇴하게 될 것이라고 경고했다.

Laura Brown(2008)은 문화적 역량에 대한 현대적인 접근은 특정 집단에 대해 구체적인 지식을 습득하는 것이라기보다는(비록 그것이 유용한 정보이기는 하지만), 다른 사람들에 대해 궁금해하고 호기심을 가지는 태도를 취하면서, 차이점을 간과하지 않는 태도, 차이점을 알아채지 못한 척하지 않는 태도에 더 가깝다고 주장했다. 이때 정체성이라는 것이 직접적인 관찰을 통해 늘 명백하게 파악할 수 있는 것이 아니라는 것을 이해할 필요가 있다(예를 들어, 한 개인의 겉으로 드러난 형태). 대신, 한 사람을 알아 간다는 것은 그 사람의 다양한 사회적 맥락을 이해할 것을 요구한다. Brown은 〈스타트렉(Star Trek)〉의 사례(예: Borg, Klingon, Romulan, Vulcan)를 좋아했는데, 서로 다른 민족적 배경을 가지고 있는 사람들과 일하는 것이 어떤 의미인지를 이해하기 위한 방식에 집중 조명했다(Brown, 2009 참조). 그녀의 방식을 사용하자면, Romulan과 상담을 하는 장면을 상상해 보자. 상담자는 어떤 기분일까? 내담자가 Romulan이라는 것이 상담자에게 얼마나 현저하고 두드러질까? 당신은 어떤 것이 흥미로운가? 당신은 Romulan의 경험을 어떻게 인식할 수 있는가? Romulan이 한 경험이 현재 상담에서 제기하고 있는 문제와 상관이 없을 때 당신은 어떻게 그러한 경험들을 간과할 수 있는가? 만일 당신이 Borg라면 어떤 종류의 복잡한 문제가 상담 관계에 영향을 미칠 수 있을까? 만일 당신이 다른 사람에 대해 단순히 호기심을 가지고 있고 다른 사람의 문화적 배경에 대해 '전문적인 지식'을 확립하려고 노력하지 않는다면, 당신은 어떤 질문들을 던질 것인가?

문화적 역량은 내담자의 문화배경에 대한 호기심과 이해를 요구할 뿐 아니라 특권과 억압이 작동하는 방식(개인적인 방식과 사회적인 방식 둘 다)에 대한 호기심과 이해를 필요로 한다. Israel(2012)은 상담심리분과 회장 연설에서 상담심리학에서 특권을 이해하는 것이 중요하다고 역설했다. 앞서 우리는 Crethar 등(2008)이 특권을 사회의 다수 집단이 향유하는 노력하지 않고 얻은 혜택으로 정의한 것을 인용했었다. 마찬가지로 McIntosh(1989)는 특권을 주류 집단이 가지고 있는 '투명 배낭'으로 비유했다. 미국에서 특권은 역사적으로 "이성애자이면서 영어를 사용하는 건강한 신체를 소유한 백인 중산층 상류층 남성"에게 주어졌다(Crethar et al., 2008, p. 270). 파워(특권)와 책임에 대한 분석은 여성주의 다문화 상담에서 중요한 요소이다(Williams & Barber, 2004). 그러나 그러한 인식은 종종 훈련 없이는 달성하기 어려운데, 적절한 훈련을 통해 상담자가 좀 더 세련되고 민감한 인식을 발달시킬 수 있다는 증거가 있다(Neville et al., 1996).

다문화 역량에 필요한 자기인식을 증진시킬 때 부딪히게 되는 도전과 저항을 언급한 학자들이 있는데, Ridley(1995), Kiselica(1998), Leong과 Santiago-Rivera(1999), Neville, Worthington, Spanierman(2001)이 여기에 해당된다. 상담자들에게 겉으로 드러나는 편견이 없다고 하더라도 편견과 고정관념을 포함한 행동이 상담 장면에서 발생하는데, 이 경우 신뢰할 만한 관계가 형성되기 어렵다. Kiselica(1998)는 다양성과 관련된 민감한 영역을 탐색하면서 경험하게 되는 불편감을 설명했는데, 매우 도움이 된다. Ridley(1995)가 확인한 특정 방어기제들 역시 유용하다. 그는 일반적인 심리적 방어기제처럼 이러한 방어 역시 보통 무의식적으로 사용된다고 주장했다. 그가 제시한 인종 관련 여덟 개의 방어기제는 그가 '의도하지 않은 인종차별'로 불렀던 것을 이해하는 데 특히 도움이 된다. 여덟 개의 방어기제는 인종(차별)에 대한 몰인식(color blindness), 인종 의식(color consciousness), 문화적 전이(cultural transference), 문화적 역전이(cultural countertransference), 문화적 양가성(cultural ambivalence), 의사전이(pseudotransference), 과잉동일시(overidentification), 억압자와의 동일시(identification with the oppressor)로 구성된다. 여기서는 분량상 한 개의 방어기제만을 설명할 것이고, 다른 일곱 개의 방어기제에 대한 설명과 사례들에 대해서는 Ridley의 저서를 참고하기 바란다. 한 예로서 Ridley(1995)는 인종 의식을 다음과 같이 설명하였다.

인종을 의식하지 못하는 것과 정반대되는 개념으로, 내담자에게 문제가 발생하는 것은 본질적으로 내담자가 소수 민족 일원이기 때문이라고 가정하는 것이다. 인종을 의식하는 상담자는 내담자의 인종(피부색)에 너무나 많은 초점을 두기 때문에, 호소하는 문제에 내담자가 기여하는 바를 간과한다(p. 68).

Leong과 Santiago-Rivera(1999)는 자기지각과 관련해서 다른 종류의 어려움을 제시했는데, 이러한 어려움은 매우 정상적이고 일반적인 사회화 과정으로부터 발생한다. 이들이 제시한 여섯 개의 도전 중에서 아마도 가장 예상하지 못했던 것은, 그릇된 의견일치(false consensus)에 포함된 사회심리학적 요인들 때문에 발생하는 다문화에 대한 이해의 함정과 유인(attraction)-선발(selection)-감소(attrition)라는 틀과 관련이 있다. 그릇된 의견일치는 자기 자신의 행동이 가장 전형적(typical)이라고 생각하는 것인데, 동일한 상황에서 다른 사람들 또한 같은 방식으로 반응할 것이라고 가정한다. 백인 중심적 사고라고 불렀던 것을 구체적인 철학적 입장이라고 볼 필요는 없지만, 이러한 사고방식은 그릇된 의견일치에 불과하다(예: "내가 생각하는 방식으로 대부분의 다른 사람들도 생각해."). 유인-선발-감소라는 틀과 관련해서, 조직심리학자들은 조직이 변화를 시도하는 것이 극도로 어려운 이유는, 현재 일하고 있는 사람들과 비슷한 사람들 그리고 빨리 떠날 것 같지 않은 사람들을 구성원으로 계속 선발하기 때문이라고 주장한다(Schneider & Smith, 2004). 따라서 사람들이 어떻게 생각하고 어떻게 다르게 행동할 수 있는지에 대해 새로운 관점을 갖는 일은 엄청나게 지체된다.

마지막으로, Neville 등(2001)은 인종차별, 백인의 특권, 인종(차별)에 대한 몰인식의 복잡한 측면들을 개관했다(제6장 참조). 인종(차별)에 대한 몰인식이란, 상담자가 인종차별의 존재를 부인하고, 인종이 사람들의 삶에서 중요한 역할을 담당한다는 것을 믿지 않음을 의미한다. Neville 등은 인종(차별)에 대한 몰인식 태도("나는 인종에는 전혀 관심을 기울이지 않는다. 한 사람의 인종이 중요해서는 안 된다.")가 우리의 세계관과 인지 도식에 깊이 배어 있는 인종적 편견이라고 설명한다. 그들은 우리가 이러한 이데올로기뿐 아니라 이러한 이데올로기 때문에 발생하는 인종차별, 그리고 이 관점을 토대로 타인의 행동을 해석할 때 발생하는 오소통(miscommunication)에 대항해야 한다고 제안했다. 이러한 이데올로기에 맞서 싸우기 위해서는 이 분야의 문헌과 교과서들을 개정해서 인종차별을 분석하고, 이러한 개념들을 상담자 훈련에 포함시키는 것이 필요하다. 몇몇 저자가 지적한 것처럼, 우리는 다양한 방식으로 우리 자신이 가지고 있는 편견을 인식하지 못하는데(예: Dovidio, Neville, Ridley), 훈련을 통해 문화적으로 역량이 있는 상담자가 될 수 있다.

다문화 훈련

Hills와 Strozier(1992)는 1980년대의 다문화 훈련의 위상을 개관하면서 "대부분의 응답자는 다문화 주제에 관한 수련과 임상 경험을 확대하는 안에 원칙적으로 동의했지만, 실제 교과목과 실습 장소는 이러한 태도를 반영하지 못했다"(p. 43)고 보고하였다. Ponterotto(1997)는 자신의 연구 결과를 이전 10년 동안의 연구 결과와 비교했는데, 적어도 다문화 훈련과 관련이 있는 교과과정 개발과 연구 수련기회를 포함시키는 것에 있어서는 주목할 만한 진전이 있었다고 결론 내렸다. 그러나 상담 실습과 수퍼비전에 다문화 훈련을 포함시키는 일은 훨씬 더디게 진행되었다. Pope-Davis, Reynolds, Dings, Nielson(1995)은 상담심리학 학생들이 임상심리학 학생들에 비해 훨씬 더 많은 강좌와 수련, 다문화 수퍼비전을 받는다는 것을 발견했다. 그러나 이러한 차이가 발생한 것은 주로 임상심리 프로그램에 훈련이 매우 적었기 때문이지, 상담심리학 내에 그 양이 많기 때문이 아니었다. D. W. Sue, Rivera, Capodilupo, Lin, Torino(2010)는 "인식과 지식 및 기술을 습득해서 인종과 관련된 어려운 대화를 촉진하는 것이 훈련에서 가장 우선시되어야 하겠지만"(p. 212), 특히 백인 수련생들은 인종에 대해 부정적인 감정(예: 불안, 무기력)과 문제가 되는 관점[백인이라는 것 또는 백인으로서 가지고 있는 특권을 부인함, 인종(차별) 몰인식]을 많이 표현하는데, 이는 수업시간과 수퍼비전 관계에서 생산적인 대화를 어렵게 만든다(Constantine & Sue, 2007; D. W. Sue, Lin, Torino, Capodilupo, & Rivera, 2009; Utsey, Gernat, & Hammer, 2005)고 언급하였다.

Ponterotto(1997)가 느낀 다문화 수퍼비전에서의 결함은 Mintz, Bartels, Rideout(1995)의 연구에서도 발견되었는데, 이 연구에서 심리학 인턴들은 "소수 민족 내담자를 상담하기 위한 준비가 충분히 되지 않았다고 보고했다"(p. 316). 상담실습과 인턴과정에 다문화적인 요소를 포함시키는 속도가 더뎌졌다는 것은 의심할 여지가 없는데, 70%에 달하는 현세대 수퍼바이저들이 다문화 주제를 다루기 위한 훈련을 공식적으로 받은 적이 없다고 보고했다(Constantine, 1997). 거의 모든 설문조사에서는 훈련 프로그램의 기관장들이 현재는 과도기적인 단계로서 계속해서 다문화 훈련과 실습을 개선하고 있다고 믿는 것으로 나타났다(Quintana & Bernal, 1995; Speight, Thomas, Kennel, & Anderson, 1995). 다문화 훈련의 효과성에 대해 많은 증거가 존재하지만(수련 관련 문헌에 대한 메타분석 개관에 대해서는 T. B. Smith, Constantine, Dunn, Dinehart, & Montoya, 2006 참조), 서로 다른 결과들이 혼재하고 있다. 예를 들어, 몇몇 연구자는 훈련(특히 백인 상담사들을 훈련했을 때)을 통해 다문화 인식 수준(Chao, Wei, Good, & Flores, 2011)과 지식(Chao, 2012)이 향상되는 데 도움이 되었다는 것을 발견했지만, 훈련 이후에는 체계적인 차이가 거의 없다는 연구 또한 보고되었다(Lee, Sheridan, Rosen, & Jones, 2013).

훈련에 대한 개념적 모델

지금까지는 다문화 역량을 훈련시키기 위해 어떤 내용이 필요한가보다는 그러한 훈련이 필요하다는 것에 동의하는 것이 훨씬 더 수월했다. (앞으로 이어질 단락에서 설명하겠지만) 1990년대에 통합적 발전이 시작되기 전까지 수련의 내용과 과정은 프로그램마다 매우 달랐고, 심지어 동일한 프로그램 내에서도 해마다 차이가 있었다. 많은 학생에게 관련성이 불투명했다. 예를 들어, 문화에 관해 자기인식을 발전시키는 것과 그러한 인식이 어떻게 상담 실습에 영향을 미칠 수 있는지가 명료하지 않았다. 다시 말해서, 일단 학생들이 미국 인디언 문화에 대해 배웠다면, 그들의 상담 전략이 (만일 필요하다면) 어떻게 수정되어야 하는가? 학생들이 각각의 다른 문화에 대해 '무엇을 해야 하는지'와 '무엇을 하지 말아야 하는지'와 관련해서 긴 목록을 배워야 할 수도 있다(예를 들어, '미국 인디언 내담자에게는 꽤 직설적이어야 하고, 미국 흑인들에게는 대가족에게 더 주의를 기울여야 한다.' 등등). 이러한 목록은 상담자로 하여금 문화에 대한 일종의 과잉일반화에 빠질 위험성을 증가시킨다. 더욱이 상담자가 얼마나 많은 '해야 할 일'과 '하지 말아야 할 일'을 기억할 수 있을까?

다행인 것은, 1990년대에 두 가지 종류의 통합적 개념화가 시도되기 시작했는데, 좀 더 포괄적인 다문화 상담이 도래할 것이라는 전망이 생기게 되었다. 이러한 통합적 운동의 시초는 보편적이고(etic), 문화 특수적이고(emic), 개인적인(idiosyncratic) 요인들에 대한 관심을 통합시키는 기법의 발달과 주로 관련이 있다. 앞서 우리는 문화에 대한 인식과 지식을 강조하는 것에서 비롯되는 문화에 대한 과잉일반화의 문제점을 이야기한 적이 있다. 그러나 단순히 전통적인 보편적 요인으로 되돌아가는 것은 동일한 오류를 범하는 일이 될 것이다. 사실, 과거에 범한 오류들이 다문화 상담의 발달로 이어졌다. Leong(1996)은 자신의 통합적 모형의 필요성을 언급하면서 "모든 사람이 어떤 측면에서는 (가) 다른 모든 사람과 같고, (나) 어떤 다른 사람들과 비슷하며, (다) 다른 어느 누구와도 같지 않다"(p. 190)는 고전적인 격언 속에 담겨 있는 세 가지 관점 중 하나에만 협소하게 초점을 맞추는 문제점을 지적했다. Leong은 특정 문화 안에 존재하는 집단 내 차이를 확인한 지금까지의 진전에 대해 언급하면서(제6장의 인종적 정체성과 문화 적응에 대한 논의 참조), 이러한 모델들은 인간 성격의 세 가지 수준이 복잡하고 역동적인 방식으로 상호작용하고 있음을 설명하지 못한다고 지적했다(Leong, 1996, p. 201). Carter와 Qureshi(1995) 역시 이러한 요인들이 단순히 동시에 존재하는 것이 아니라 서로 상호작용하고 있음을 이해할 필요가 있다고 주장했다.

상담심리학에서의 과학자-실무자 모형이 두 번째 종류의 통합에 대한 좋은 예가 될 수 있다. 몇몇 다문화 지도자 또한 다문화 훈련의 파편적 특성과 함께 다문화 훈련이 이론적/경험적 기반과 연계되지 않았다는 점에 불만을 표하면서, 오랜 기간에 걸쳐 심리학 내에서 확립된 이론적 관점에 초기 다문화주의의 발달로부터 배운 것을 통합시키는 것에 초점을 두었다. 그러한 통합의 두 가지 예는 『The Counseling Psychologist』(Fischer, Jome, & Atkinson, 1998; Ridley, Mendoza, & Kanitz, 1994)에 출간되었다.

Ridley 등(1994)은 다문화 훈련을 재검토하고 조작적으로 정의하고 통합하면서, 다문화 훈련의 토대를 제공하기 위한 효과적인 교수법에 대한 문헌들이 필요하다고 지적했다. 그들은 10개의 학습목표와 10개의 교수 전략으로 구성된 매트릭스를 제시했다. 각각의 학습목표(예: 문화적 공감, 기존의 상담이론을 문화적 적절성의 관점으로 비판하는 능력, 집단 내 차이에 대한 지식)는 학습목표를 다문화 훈련에 포함시켜야 할 필요성을 뒷받침하는 문헌을 포함하고 있다. 이들이 제시한 10개의 교수 전략(예: 참여학습, 모방-관찰 학습, 내성)은 다문화 상담 훈련 프로그램에서 제시한 사례들을 포함하고 있다. 이들의 모델은 그때까지 제시된 것 중에서는 최선의 다문화 훈련 '지도'라고 볼 수 있다. 비록 각각의 학습목표를 어떻게 달성할 수 있는지에 대한 정보와 전략을 충분히 제공하고 있지는 않지만, 다문화 역량을 갖추기 위한 과정에서 고려해야 할 측면들을 보여 주고 있다.

Ridley 등(1994)이 효과적인 교수법과 관련된 심리학 문헌을 소환했다면, Fischer 등(1998)은 효과적인 심리치료와 치유의 공통 요인에 대한 심리학적 문헌들을 소개했다. 또한 이들은 (가) 문화적으로 다양한 내담자와 상담을 할 때 고려해야 할 보편적이고(etic) 문화특수적인(emic) 접근 사이의 긴장, (나) 다문화 상담의 "다소 파편화된, 가끔은 배타적이고 자기중심적인 문헌"(Fischer et al., 1998, p. 540), (다) 이전의 다섯 가지 다문화 상담 모델(예: Helms, 1995; Leong, 1996)이 공통 요인 접근을 통해 통합될 수 있을지를 다루었다.

Fischer 등(1998)은 서양에서의 접근뿐 아니라 초문화적 접근의 관점으로 효과적인 상담의 공통 요인에 대한 문헌들을 검토한 후, 효과적인 다문화 상담의 네 가지 필수 요소, 즉 치료적 관계, 세계관 공유, 내담자의 기대, 의식(ritual) 또는 개입을 제안하였다. 연구자들은 이러한 네 가지 요인이 어떻게 전통적인 상담과 관련이 있고, 나아가 다문화 상담 연구에서 도출된 주요 연구 결과와 관련이 있는지를 설명하면서 다음과 같이 결론을 내렸다.

> 상담자는 내담자의 독특한 문화적 맥락 내에서 자신이 무엇을 할 수 있을지에 대해 지속적으로 가설을 세우고, 치료적인 관계를 향상시키며, 세계관을 수렴할 수 있도록 촉진하고, 내담자의 기대를 증진시키며, 문화적으로 적절한 개입을 실행할 필요가 있다. 우리는 심리학자들이 문화적 맥락 내에서 공통 요인에 대한 지식을 적용할 때 문화적으로 다른 내담자를 가장 잘 상담할 수 있다고 믿는다(p. 566).

또한 Fischer 등(1998)은 네 가지 공통 요인 각각을 연구하는 것에 대한 시사점을 구체적으로 기술했는데, 그러한 연구 결과는 모델의 강점과 약점을 확인하는 데 도움이 될 것이다. 긍정적인 결과는, 현재 다문화 훈련을 위해 활용할 수 있는 통합적인 모델들이 존재한다는 것인데, 다양한 문화에 대한 파편적이고 통합되지 않은 경험과 지식을 수집하는 것에 비해 의미 있는 진전이라고 볼 수 있다.

우리가 반드시 학습해야 할 다문화 상담 기법이 존재한다는 생각을 넘어, 이러한 기술을 어떻게 그리고 언제 통합해야 하는지에 대한 질문이 남아 있다. 다문화와 관련된 내용이 한 개의 수업에서 다루어져야 하는지 아니면 저학년과 고학년에서 몇 개의 과목으로 제시되어야 하는지에 대해 논의들이 이어져 왔다(예: Ancis & Ali, 2005; Reynolds, 1995). 아마도 가장 분명하게 합의에 이른 것은 다문화와 관련된 주제가 다문화 상담 수업뿐 아니라 상담심리 프로그램에서 개설하는 대부분의 교과목에 포함되어야 한다는 것이다. 경험상 한 개의 수업만을 개설할 경우 다문화 상담의 모든 필수적인 요소를 접하는 것이 어렵고, 특히 문화적 다양성이라는 것이 별도의 분리된 특별 관심사항이라는 생각을 가지게 한다. 마찬가지로 문화에 대해 어떤 지식과 기술을 배우건 간에 그것을 효과적으로 사용할 수 있으려면 상담자가 자신의 문화를 인식하는 것이 필요하다는 주장에 많은 사람이 동의하고 있다. 자연스럽게 따라오는 주장은 자기인식 훈련이 아주 일찍 시작되어야 한다는 것인데, 그래야만 학기가 진행되면서 학생들이 다른 강의에 내재된 지식과 기술을 의미 있게 이해하고 적용할 수 있다. 마지막으로, 현재는 상담 실습과 인턴 과정까지 이러한 현상이 지속되고 있는지를 확인하는 데 훨씬 더 많은 관심을 기울이고 있는데, 모든 학생이 양질의 수퍼비전을 받으면서 다양한 내담자에게 다문화 지식과 기술을 적용하는지를 확인한다(Brown & Landrum-Brown, 1995).

상담자의 다문화 역량 평가하기

다문화 역량을 훈련하는 것이 중요하지만, 훈련이 성공적이었는지를 평가하는 방법을 갖추는 것 또한 중요하다. 따라서 수많은 상담심리학자가 다문화 역량을 평가하는 검사도구를 개발했다. 초기(그리고 가장 많이 사용된) 검사도구들이 개발될 당시 LaFromboise, Coleman, Hernandez(1991)는 다문화 상담 훈련의 효과성에 대한 연구가 현저히 부족하다는 점을 지적했다. 그러한 훈련의 효과성을 개관한 이들의 논문을 살펴보면, 연구 대부분이 상담의 전체 효과를 측정하는 도구들을 사용하고 있음을 알 수 있다. 이 연구들에는 다문화 민감성과 상담자의 다문화 역량을 측정하는 도구들이 포함되어 있지 않았다. 그때까지 다문화 역량을 측정하는 도구들이 개발되지 않았다는 점을 고려하면 일면 이해가 되기도 한다. 하지만 이러한 도구들이 포함되지 않는다면 다문화 훈련의 효과성에 대한 결론을 내릴 수 없을 것이다. 예를 들어, 다문화 프로그램이 효과적인지를 측정하는 도구들이 일반적인 또는 전통적인 프로그램에 대한 효과를 측정하고 있다면, 과연 다문화 훈련이 효과가 있었는지 어떻게 알 수 있겠는가? 또는 내담자를 포함한 연구에서 내담자의 만족을 측정하고 상담자의 지각을 측정한다면, 문화적으로 민감한 개입으로 내담자가 도움을 받았는지 어떻게 알 수 있는가?

그 이후로 많은 다문화 역량 측정도구가 개발되었다. 가장 초기에 개발된 자기보고식 설문지는 다문화 인식-지식-기술 검사(Multicultural Awareness-Knowledge-Skills Survey: MAKSS; D'Andrea, Daniels, & Heck, 1991)이다. 제목만으로도 이 설문지가 다문화 역량에 대한 Sue 등(1982)의 모델에 기초한 세 개의 하위 척도로 구성되었음을 알 수 있다. MAKSS는 총 60문항, 하위 척도는 각 20문항씩 구성되어 있다. 상담자들은 각각의 문항을 4점 척도로 평정한다. 예를 들어, "삶의 이 시점에서 다른 문화적 배경을 가지고 있는 사람들과 상호작용을 할 때, 당신이 생각하고 행동하는 방식이 어떻게 이 관계에 영향을 미치는지 얼마나 이해하고 있는가?"와 같은 문항에 매우 제한적으로 알고 있다에서 매우 잘 인식하고 있다로 평정한다. 또는 "미국에서 저학년 시기에 흑인, 스페인계, 미국 인디언 같은 소수 민족 아동의 학업성취는 백인 아동의 학업성취와 거의 같다." 와 같은 문항에 전혀 동의하지 않는다에서 매우 동의한다로 평정한다. 예로 든 두 개의 문항들은 반응 형식이 서로 다르고, 어떤 문항들은 자신을 묘사하는 것이지만 어떤 문항들은 옳고 틀림을 알 수 있는 문항들이다. Pope-Davis와 Dings(1995)는 이렇게 문항들을 함께 섞어서 사용하는 것의 장점과 한계를 개관했다. 2003년에는 Kim, Cartwright, Asay, D'Andrea가 33개 문항으로 구성된 상담자용 다문화 인식 지식 기술 검사-개정판(Multicultural Awareness, Knowledge, and Skills Survey-Counselor Edition-Revised: MAKSS-CE-R)을 개발했다. 이 설문지는 문화적 역량을 스스로 평가한 것과 관찰자가 평정한 것을 비교할 수 있는데, 관찰자 평가에 비해 자기보고식 평가가 과장된 것으로 나타났다.

Sodowsky, Taffe, Gutkin, Wise(1994)는 다소 다른 접근을 사용해서 다문화 상담 검사(Multicultural Counseling Inventory: MCI)를 개발했는데, MCI는 다문화 역량의 다양한 차원을 포괄적으로 측정하는 도구이다. 대학원생들을 대상으로 요인분석을 실시한 결과, 네 개의 요인이 도출되었다. 이 네 요인은 다문화 상담 기술(11문항), 다문화 인식(10문항), 다문화 상담 지식(11문항), 다문화 상담 관계(8문항)이다. 관계 하위 척도(다문화 상담 기술 척도와 구분하기 위해)는 구체적으로 '상담자의 신뢰성, 편안함의 정도, 소수 민족 내담자에 대한 고정관념, 세계관'과 같이 소수 민족 내담자와 맺는 상담자의 상호작용 과정을 일컫는다(Sodowsky et al., 1994, p. 142). 상담자는 40문항 각각이 자신을 얼마나 정확히 묘사하는지를 매우 부정확하다에서 매우 정확하다까지 4점 척도로 평정한다.

D. W. Sue 등(1982)의 모델의 두 측면(지식, 인식)에 초점을 두고 요인분석을 실시해서 다문화 상담 지식과 인식 척도(Multicultural Counseling Knowledge and Awareness Scale: MCKAS; Ponterotto, Gretchen, Utsey, Rieger, & Austin, 2002)가 개발되었는데, 이는 다문화 상담 인식 척도(Multicultural Counseling Awareness Scale: MCAS; Ponterotto, Rieger, Barrett, & Sparks, 1994)의 확장판으로 개발되었다. MCKAS는 다문화 상담과 세계관에 대한 일반 지식을 측정하는 32문항, 두 개의 하위 척도로 구성되어 있다. 즉, 지식 20문항, 인식 12문항이다. 이 척도는 7점 리커트 척도상에서 전혀 사실이 아니다에서 매우 그렇다까지 평정한다. 한편, D'Andrea(2004)는 다문화 상담 인식 척도-B형(Multicultural Counseling Awareness Scale-Form B: MCAS:B)을 개발했다. 자기보고식 척도로 고안된 이 척도는 45문항으로 구성되어 있고, 7점 리커트 형식으로 평정한다(Cartwright, Daniels, &

Zhang, 2008에서 재인용). 이 척도에서 점수가 높을수록 지각된 다문화 역량이 높다는 것을 의미한다. Ponterotto와 Potere(2003)는 다문화 교육에 참여한 사람들 또는 수퍼비전이 제공되는 임상 훈련을 받은 사람들을 대상으로 이 척도를 사용했을 때, 지식과 기술 하위 척도 점수가 유의미하게 높은 것을 확인하였다.

Constantine과 Ladany(2001)는 1990년대에 개발된 자기보고식 척도들(MAKSS, MCI, MCKAS)의 경우 신뢰도와 타당도가 입증되었으나, 이후 개정판들이 더 정교하다고 주장했다. 초기에 개발된 척도들의 주요 제한점은 상담자의 자기보고에 기초하고 있다는 것이다(즉, 자신의 다문화 인식, 지식과 기술에 대한 자신의 인식). 자기보고식 척도들이 사회적 정향성(social desirability)에 취약하다는 것은 잘 알려진 사실이다(Pope-Davis & Ding, 1995). 비록 이 척도들이 중요한 정보를 제공하지만, 내담자 또는 관찰자의 관점을 제공하지는 않는다. 이후 개정된 척도, 예를 들어 MAKSS-CE-R(Kim et al., 2003)은 관찰자가 평정하는 것이 가능하다.

그러나 다문화 역량을 관찰자가 평정하도록 고안된 최초의 도구는 다문화 상담 척도-개정판(Cross-Cultural Counseling Inventory-Revised: CCCI-R; LaFromboise et al., 1991)이다. 이 척도는 문화적으로 다양한 내담자들에 대한 상담자의 효과성, 사회정치적 문제들에 대한 인식, 그리고 문화적 민감성을 측정하기 위해 개발되었다. CCCI-R은 20개의 문항으로 구성되어 있는데, 세 개 영역(문화적 인식과 신념, 문화적 지식, 상담 기술에 대한 유연성)에 대한 11개의 역량을 측정한다. 수퍼바이저는 6점 척도(전혀 동의하지 않는다에서 매우 강하게 동의한다까지) 상에서 상담자가 특정 역량을 나타내는지를 평정한다. CCCI-R은 다문화 훈련 프로그램을 평가하는 데에는 많이 사용되지 않았는데, 수퍼바이저가 학생을 관찰하고 평가할 것을 요구하기 때문에 자기보고식 검사만큼 효율적이지는 않다. 반면, CCCI-R은 상담자가 문화적 역량을 보이는지를 관찰해야 하기 때문에 행동 역량을 측정하는 것에 더 가깝다는 이점을 가지고 있다.

이 분야에서는 측정도구들을 계속해서 개선시켰는데, 그럼에도 불구하고 다문화 훈련 프로그램의 성과뿐 아니라, 문화적으로 민감한 상담의 성과에 대한 평가를 향상시키기 위해 더 많은 연구가 진행될 필요가 있다. 지난 45년 동안 다문화 상담 성과 연구들이 양적인 측면에서나 세련됨에 있어서 꾸준히 향상되어 왔지만, D'Andrea와 Heckman(2008)은 Atkinson과 Lowe(1995)의 작업을 확장하면서, 경험적인 성과연구가 "심각하게 부족하다"(p. 360)라고 주장했다. Fuertes(2012)는 더 많은 성과연구가 진행될 필요가 있다고 주장했는데, 치료 특히 소수 민족 내담자에게 사용한 방법들의 효과성을 연구하는 것뿐 아니라, 상담심리학자들에게 특히 관심을 끄는 주제, 예를 들면 긍정심리학, 진로 발달, 심리적 안녕이 어떻게 다문화 이슈와 연계되는지를 연구할 필요가 있다고 제안하였다.

실무 지침 개발

다문화 역량을 갖추기 위한 훈련에 포함시킬 만한 것을 선택한다면, 지난 30년 동안 개발되고 출판된 실무지침일 것이다. 상담심리학자들은 문화적으로 다양한 집단과 상담 및 심리치료를 수행하기 위한 원칙과 지침을 개발하는 데 있어서 최선봉에 있었다. 상담심리학회 내 여성위원회(현재는 여성진보위원회)가 최초로 그런 역할을 담당했다. 이 위원회는 1979년에 '소녀 및 여성 상담과 심리치료에 관한 원칙'을 개발했고, 이것이 제17분과의 정책으로 채택되었는데(Fitzgerald & Nutt, 1986), 1980년대에 걸쳐 미국심리학회 내 여러 분과뿐 아니라 다른 정신건강단체에서 채택되고 승인되었다. 2007년에는 제17분과와 제35분과가 합동으로 위원회를 구성해서 이 원칙을「소녀 및 여성을 위한 미국심리학회 심리 서비스 지침(APA Guidelines for Psychological Practice With Girls and Women)」으로 개정했다(APA, 2007b 참조). 이 실무 지침의 목적은 "미국 내 모든 사회계층과 인종/민족 집단에 속한, 모든 성적 지향과 신체장애를 가지고 있는 여성과 소녀들을 위해, 젠더에 민감하고 문화에 민감한 심리 서비스를 제공하는 것이다"(APA, 2007b, p. 950).

2007년 지침에서는 치료에 민족적 · 성적 편견(예: 진단에서의 편견, 상담자에 의한 성적 부정행위 등)과 여성의 삶에 차별적으로 영향을 미치는 사회적인 문제들(방송매체의 영향, 출산 관련 문제)이 포함되어 있을 때 여성들이 경험하는 문제들을 다룬 문헌을 개관했다. 비록 이 지침이 문화적 역량에 대한 D. W. Sue 등(1982)의 모델에 따라 조직된 것은 아니지만, 저자들은 이 지침이 여성과 소녀들을 대상으로 심리 서비스를 제공함에 있어서 실무자의 인식과 지식 및 기술을 향상시키는 데 도움이 되도록 고안되었다고 인정했다(APA, 2007b, p. 950).

1990년에 미국심리학회는「민족 · 언어 · 문화적 소수 민족 구성원들에게 심리 서비스를 제공하는 전문가들을 위한 지침(Guidelines for Providers of Psychological Services to Ethnic, Linguistic, and Culturally Diverse Populations)」을 출판했다. 2002년에는 제17분

과와 제45분과가 지침 개정 작업을 이끌었고, 「다문화 교육 훈련 실무 및 조직적 변화를 위한 지침(Guidelines for Multicultural Education, Training, Practice, and Organizational Change for Psychologists)」을 채택하였다(APA, 2003a 참조). 2002년에 미국심리학회가 공식적으로 이 지침을 채택했을 때, 저자들은 이 지침이 22년 동안 발전해 왔음을 강조하였다. 지침은 2009년에 미국심리학회 정책으로 소멸될 예정이었으나 연장되었고, 아마도 이 책이 출판될 즈음에 그 효력이 정지될 것이다. 원래의 지침(APA, 2003a)에는 다양한 배경을 지고 있는 내담자들에게 심리 서비스를 제공할 때 영향을 미치는 역사적 · 사회정치적 문제들(예: 인권 학대, 건강보험 불평등)뿐 아니라 변하고 있는 미국 내 인구통계학적 특징과 점증하는 다양성의 문제를 밝히고 있다. 또한 지침에서는 심리학에서의 세계적인 변화를 나타내는 사회적 문제들(유전자 복제, 이주, 기후 변화)에 주목하고 있다. 이러한 변화가 매우 빠르고 의미 있게 나타나고 있기 때문에, 다문화 문제에 대한 민감성이 향상될 필요가 있다.

또한 미국심리학회는 2000년에 「레즈비언, 게이, 양성애 내담자를 위한 심리 서비스 지침(Guidelines for Psychological Practice With Lesbian, Gay, and Bisexual Clients)」을 공식적으로 마련하였다(APA, 2000). 이 지침은 미국심리학회 정책에 따라 10년간 실행될 문서로 결정되었다. 따라서 2000년에 발표된 이 지침은 2010년 말에 만료되었고, 갱신된 지침이 2011년에 채택되었다(APA, 2012b 참조). 이 지침에서는 1975년에 미국심리학회가 취하고 2009년에 재확인한 입장을 주목하고 있는데, 1975년에 미국심리학회는 "동성애 그 자체는 판단, 안정성, 일관성 또는 일반적인 사회적/직업적 능력에 아무런 손상을 주지 않는다."라고 천명했고, 2009년에는 "동성 간에 경험하는 성적/낭만적 매력과 느낌, 행동은 성적 지향 및 정체성과 관계없이 인간 성애(sexuality)의 정상적이고 긍정적인 차이(variations)이다."라고 확인하였다(APA, 2012b, p. 10).

2004년에 제17분과 구성원들은 「노인을 위한 심리 서비스 지침(Guidelines for Psychological Practice With Older Adults)」을 개발하는 데 참여했는데, 이 지침은 주로 제12분과(임상)와 제20분과(성인 발달 및 노화)가 설립한 위원회에서 개발했다(APA, 2004a 참조). 이 지침에서는 변화하고 있는 미국 내 노인인구를 상세히 기술하고 있고, 의료보험제도, 양로원에서의 심리 서비스, 심리학자들이 받을 수 있는 노인 훈련이 부족하다는 점을 언급하고 있다. 가장 최근에는(이 책을 저술하고 있는 시점에) 「장애인에 대한 평가와 개입을 위한 지침(Guidelines for Assessment of and Intervention With Persons With Disabilities)」이 2011년 APA 평의회를 통과했다(APA, 2012a 참조). 5,000만 명의 미국인이 장애를 가지고 살고 있기 때문에(U.S. Department of Education, 2007), 이 지침은 중요할 뿐 아니라 시의적절하다. 지침의 저자들이 주장한 것처럼, "심리학자들이 장애를 가지고 있는 사람들과 효과적으로 작업하기 위해서는, 내담자가 자신의 장애에 부여하는 독특한 의미를 이해하는 것을 포함해서 장애가 어떻게 내담자의 심리적 안녕과 기능에 영향을 미치는지에 익숙해질 필요가 있다"(APA, 2012a, p. 43). 이 지침의 목적은 장애를 가지고 있는 사람들에게 서비스를 제공할 때 더 나은 준비를 하기 위해 필요한 정보를 심리학자들에게 제공하고, 장애인들이 심리학자들의 서비스에 더 다가갈 수 있는 방법을 찾는 것이다.

이 장에서 소개한 모든 실무 지침이 야심 찬 것이고, 이 지침들이 다양성 문제에 대한 심리학자들의 인식과 지식, 기술을 향상시키려는 의도를 가지고 있다는 점은 매우 중요하다. 모든 상담심리학자, 상담심리를 전공하고 있는 학생들은 이러한 문서에 익숙해야 하고, 이 주제에 대해 더 많은 대화를 나누어야 한다. 이러한 과정을 통해 문화적으로 역량 있는 직업인으로 발달할 수 있으며, 상담을 받으려는 내담자들에게 최고의 서비스를 제공할 수 있을 것이다.

요약

미국에서 소수 민족 구성원들에게 제공되는 정신건강 서비스의 질과 가용성은 현저한 격차가 존재한다. 여성주의 상담과 다문화 상담은 이러한 문제에 대한 대응으로 발전했는데, 차별과 억압, 적대적 편견의 문제를 다루기 위한 방편으로, 이 사회에서 다양성이 차지하는 중요성에 대한 인식이 점증하면서 발달하게 되었다. 여성주의와 다문화주의는 모두 1960년대에 성장했고, 현재는 진정한 통합이 가능할 뿐 아니라 이미 진행 중인 것처럼 보인다.

지금까지 우리는 (비록 두 접근이 각각 일련의 모델과 기법들을 가지고 있지만) 여성주의 상담과 다문화 상담의 원칙들에 관해 살펴보았다. 여성주의 상담은 두 가지 기본 개념, 즉 '개인적인 것은 정치적이다.' '치료 관계는 평등을 지향해야 한다.'에 기초하고 있다. '개인적인 것은 정치적이다.'라는 개념은 개인의 경험 속에 존재하는 맥락의 중요성을 강조한다. 비록 우리의 생각과 감정, 행동이 독특한 것처럼 느껴질 수도 있지만, 우리는 다양한 방식으로 사회·문화적 세력에 기초한 공동의 반응들을 경험한다. 여성주의 상담자들은 답 또는 해결책을 찾기 위해 오로지 내적으로만 들여다보는 것이 아니라, 내담자에게 힘을 부여함으로써 그들이 힘을 가지는 또는 가지지 못하는 방식을 포함해서, 환경이 개인적인 경험에 영향을 미치는 방식을 이해하도록 조력한다. 또한 여성주의 상담자들은 내담자가 도움을 구하러 상담에 왔을 때 본질적으로 두 사람 간에는 힘에 차이가 있지만 그러한 힘의 차이가 가능한 최소화되어야 한다고 믿는다.

다문화 상담은 인식, 지식, 기술의 세 가지 기본 원칙에 의존한다. D. W. Sue 등(1982)이 소개한 이 3자 모형은 여전히 모든 다문화 상담 접근의 토대를 형성한다. 다문화 상담자들은 자신의 문화적 배경과 가치 및 신념을 인식하고 있어야 하고, 우리의 관계에서 왜 다양성과 차이가 그렇게 중요한지를 알고 있어야 한다. 또한 다문화 상담자는 계속해서 자신의 지식을 업데이트해야 하는데, 특정 문화에 대한 지식뿐 아니라 더 중요하게는 파워, 특권, 편견, 억압과 같은 좀 더 광범위한 주제에 대해 알고 있어야 하고, 내담자가 이러한 주제를 자신의 다양한 모습에 부여하는 개인적인 의미를 이해해야 한다. 마지막으로, 다문화 상담자는 적절한 기법을 능숙하게 적용할 수 있어야 하는데, 상담 이론과 전략을 적용함에 있어서 '하나가 모든 것에 적합하다.'는 접근을 지양해야 한다.

문화적 역량은 민감성과 기술을 요구하는데, 이 둘은 다문화 훈련을 통해 향상될 수 있다. 다문화 교육이 효과적이라는 좋은 증거들이 있다(Smith et al., 2006). 훈련 모형이 효과적인지를 확인하기 위해서는 다문화 평가 방법이 향상되어야 한다. 마지막으로, 지난 30년 동안 개발되어 온 실무지침의 중요성을 강조해야만 한다. 이 지침들은 심리학자가 다양한 경험과 배경을 가지고 있는 내담자들과 작업을 할 때 무엇이 최선의 실무인지를 이해하는 데 도움이 된다. 이 영역에서 상담심리학자들이 기울인 많은 노력으로 인해, 상담심리학자들은 심리학의 다른 전문 분야로부터 다문화 상담의 효과적인 기준과 전략을 개발하는 리더로서 인정을 받았다.

제 **15** 장

진로심리학: 이론과 개입

상담심리학의 역사에서 계속해서 직업행동의 '정상적인' 발달과 '역기능적인' 측면 둘 다에 대한 관심이 지속되어 왔다. 사람들은 어떻게 그리고 왜 특정한 직업경로를 따르는가? 이 장의 초점은 이 질문에 답하고자 하는 기초 이론과 진로상담에서 개인의 이러한 문제들을 다루기 위해 사용되는 개입에 맞추어져 있다. 진로 선택과 발달에 관한 이론이 그 자체로 진로상담과 개입에 관한 이론은 아니라는 것을 분명히 하고자 한다. 진로 선택과 발달에 있어서 '무엇을, 어떻게, 언제, 왜'에 대한 연구는 개입 전략의 개발을 위한 토대인 만큼 성격과 발달에 대한 기초심리학 연구의 한 부분이다. 그러나 이론과 적용은 분명하게 연결되어 있다.

이 장의 전반부에서는 직업 선택과 발달에 대한 연구에 토대가 되는 세 가지 접근의 발전에 대해 개관하고자 한다. 이러한 연구에서 명백하게 알 수 있듯이, 이론가들과 연구자들은 심리학 내의 다양한 전통, 예를 들면 성격, 발달, 인지 과정에서 사람들의 직업행동의 패턴에 대해 어떻게, 언제, 왜 그런지 설명해 주기를 기대해 왔다. 우리가 이론

http://dx.doi.org/10.1037/14378-015
Counseling Psychology, Third Edition, by C. J. Gelso, E. N. Williams, and B. R. Fretz

을 세 가지 접근으로 분류하는 것은 가능한 많은 분류 방법 중 하나에 불과하다. 어떤 책은 거의 열 개가 넘는 접근법을 소개하고 있으며, 다른 책은 두 개로 분류하고 있다. 우리가 선택한 세 가지 접근에 대해서, 특정한 하나의 기본 이론에 대해서만 검토할 것이다. 각 이론별로 역사적 뿌리, 주요 개념, 주요 척도, 이론적이고 실제적인 장점과 한계를 간략히 설명한다. 우리의 목적은 독자들이 이 장의 후반부에서 구체적인 개입 전략을 논의하기 전에 기본적인 이론들을 숙지하도록 하는 것이다. 이론 및 진로상담 개입에 대한 보다 폭넓은 설명을 원한다면, Amundson, Harris-Bowlsbey, Niles(2009), Brown과 Lent(2005), Gysbers, Heppner, Johnston(2009), Niles와 Harris-Bowlsbey(2005), Savickas(2011), Sharf(2006), Swanson과 Fouad(1999) 등의 책을 참고하기를 바란다.

정의

우리는 먼저 직업행동과 관련된 많은 용어의 사용을 명확하게 하고자 한다. 오랜 시간에 걸쳐서 용어들의 변화는 무엇이 연구되어야 하는지에 대한 관점의 변화를 반영한다. 비록 우리가 살펴보는 용어들은 서로 중복되고 혼용되는 부분이 많지만, 다양한 차이가 발생하게 된 충분한 이유가 있다. 다음 몇 개의 단락에서는 '직업선택(vocational choice), 직업 지도(vocational guidance), 직업심리학(vocational psychology), 진로 발달(career development), 진로심리학(career psychology), 진로상담(career counseling), 교육개발(educational development), 교육상담(educational counseling)'이라는 용어의 기원과 고유한 의미를 설명한다.

직업선택이란 어떤 의미에서 행동적 용어이다. 우리 사회에서는 모든 사람이 돈벌이가 되는 일자리를 찾을 것이라는 분명한 기대가 있다. 어떤 사람이 단지 돈을 주는 직업 이상의 어떤 것, 즉 매력적이고 만족감을 주는 것을 찾기로 선택하는 정도에 따라, 우리는 직업선택을 한다고 말을 한다. 직업선택의 선행사건들, 관련 요인, 선택의 결과들은 직업행동에 대한 연구 분야의 문헌에 주요한 부분을 차지하고 있다. [직업선택(vocational choice)과 직업선택(occupational choice)은 기본적으로 서로 바꾸어 사용할 수 있는 용어이다. 사회학자와 경제학자들은 occupational이라는 단어를 선호하는 경향이 있는 반면에, 심리학자들은 vocational이라는 단어를 선호하는 경향이 있다.] 직업지도는 개인이 현명한 진로 선택을 하는 데 필요한 평가와 추론을 하도록 돕기 위해 개발된 과정에 적용되는 용어이다. 아마도 가장 포괄적인 용어는 Crites(1969)가 직업 행동 및 발달의 학문이라고 정의한 직업심리학이라는 용어일 것이다. 직업행동(vocational behavior)은 개인이 직업을 선택하고 적응하는 과정에서 취하는 반응으로 정의할 수 있으며, 직업발달(vocational development)은 시간이 지남에 따라 직업행동에서 관찰될 수 있는 체계적인 변화로 정의될 수 있다.

진로 발달, 진로상담, 진로심리학이라는 용어들은 모두 1950년대와 1960년대에 직업심리학의 이론 및 연구의 발전에서 도출되었다. 수십 년간 진행된 많은 연구는 직업선택과 발달의 과정을 이해하기 위해 발달심리학에 의존했다. 대부분의 사람이 일생 동안 여러 가지 관련 직업에 종사하고 있음을 지적하면서, Super(1957)는 직업을 가지기 전(학생일 때), 직업을 가지고 일하는 기간, 은퇴할 때까지 개인이 가지는 중요한 위치의 순서를 다루기 위해 진로(career)라는 단어의 사용을 장려했다. 직업(vocational)과 비교해서 진로(career)는 직업 행동 및 발달을 이론화하고 연구할 때 선호하는 단어가 되었다. 그러나 Blustein(2006)이 지적했듯이, 우리가 진로라는 용어를 사용하는 것은 "전 세계에서 소수의 사람들에게만 관련이 있는 사회문화적 체계에 깊이 뿌리를 두고 있다."(p. 3)라고 할 수 있는데, 왜냐하면 모든 사람이 진로를 '선택'할 수 있는 사치를 누리고 있지는 못하기 때문이다. 우리는 이 장에서 진로심리학에 초점을 맞추고 있으며, (좀 더 포괄적인 용어로서의) 일(work)에 대해서는 직업심리학의 현재 연구에 대한 제5장에서 강조하였다.

나아가 우리는 교육개발과 교육상담이라는 용어에 대해서도 언급하고자 한다. 언뜻 보기에 이 용어들은 이 장에서 언급하는 것이 적절하지 않은 것처럼 보일 수도 있다. 그러나 교육을 진로 개발의 일환으로 간주한다면(그리고 현대 기술 사회에서 교육은 진로 가능성의 범위를 설정하는 데 점점 더 중요한 요소가 되고 있으므로), 학위 프로그램의 선택과 이 프로그램에서 수행은 진로심리학과 밀접하게 연관된 것으로 볼 수 있을 것이다. 결과적으로, 상담심리학의 초기부터 대학 장면에서 선택하고, 적응하고, 만족스러운 수행을 하는 것과 관련된 문제에 초점을 둔 상담심리학자들이 있었다. Lapan, Turner, Pierce(2012)는 학업 적응과 성공에 관한 연구 기여 및 문제들에 대한 개괄 논문을 제공했다.

진로이론의 기초

진로 선택 및 개발 이론의 발달을 검토하기 전에, 우리는 100년이 넘는 시간 동안 진로 관련 행동에 대한 끊임없는 관심을 어떻게 설명할 수 있는지, 그리고 왜 오직 직업행동에 관련된 이론 및 실무 문제만을 다루는 적어도 세 개 이상의 전문 학술지(『Journal of Vocational Behavior』『Career Development Quarterly』『Journal of Career Assessment』)가 있는지를 물을 필요가 있다. 어떤 측면에서 보면, 진로 선택은 결혼을 할 것인지, 집을 살 것인지, 휴가를 갈 것인지 등의 모든 사람의 인생에서 하는 많은 선택 중 일부일 뿐이다. 반면, Erikson(1950)에 따르면, Freud는 사람의 정신건강이 사랑하고 일할 수 있는 능력과 긍정적인 관계를 가지고 있음에 대해 분명하게 기록했다. 20세기 후반부에는 Freud의 관찰을 뒷받침하는 경험적 증거가 상당히 축적되었다. Lofquist와 Dawis(1984)는 일이 삶의 만족과 정신건강 모두에 미치는 영향에 대한 몇몇 고전적 연구를 인용했다. 아마도 가장 흥미로운 연구는 Palmore(1969)의 연구일 것인데, 그는 업무 만족도가 한 사람이 얼마나 오래 사는지에 대해 의사의 평가, 흡연, 또는 유전적 요인보다 더 훌륭한 예측 변인임을 발견했다.

사회적 · 경제적으로 진로심리학에 초점을 맞추게 되는 또 다른 원동력이 있다. 앞에서 직업 지도 운동과 평가 기술 발달의 성장에 있어서 두 번의 세계 대전의 역할을 상기해 보자. 인적 자원을 효과적으로 사용하는 것은 직업 분류, 선발 및 승진 절차의 개발에 대한 정부의 지원에 대한 주요한 추진력이었고, 그것은 지금도 계속되고 있다. 어떤 일은 특정한 재능을 필요로 하는데, 이러한 재능을 소유하지 못한 직원을 그 자리에 앉히는 것은 경제적으로도 낭비이고, 특히 전시 상황에서는 치명적일 수 있다. 덜 극적인 면에서 보았을 때도, 결근이나 직업 전환과 같은 일상적인 문제는 비즈니스에서 발생하는 가장 높고 예방 가능한 비용 중 두 가지이다. 매년 수백만 달러가 직원들의 만족도를 높이기 위해 어떤 조치를 취할 수 있는지를 알아보기 위한 연구에 투자되고 있으며, 이는 결근, 이직 및 전반적인 정신건강과 직접적으로 관련된 요인이다(Dawis, 2005; Swanson, 2012).

경제적인 관점과 비교하면, 잘 기능하는 사회는 사회적 소외의 수준이 낮은 사회이다. 즉, 하나의 공동체로서 사회에 기여하지 않는(혹은 어쩌면 행동하는 경우조차도 없는) 사람들이 거의 없다는 것을 말한다. 노동자들의 불만은 오랫동안 사회적 소외의 주요한 요소였다. 높은 실업률이 존재하고 개인 그룹들이 가치 있는 직업을 가지고 성공할 수 있는 기회를 체계적으로 거부당하는 시기에 많은 사회적 불안이 존재한다. 성별, 민족, 문화와 관련하여 실업, 불완전 고용, 급여 및 승진 기회의 불평등과 같은 지속적인 이슈들은 모두 직업 행동 및 개발에 대한 어떤 연구를 어떻게 해야 하는가에 대한 패러다임의 변화에 있어서의 주요 요인이다.

20세기 초반 직업행동 분야에서 일하는 심리학자들은 주로 평가 기술의 개발과 사용에 초점을 맞추었다. 1950년대가 되어서야 이론들이 Parsons(1909)의 선구적인 모델의 '진정한 추론'을 사람들이 어떻게 구현하고 있는지를 다루기 시작했다. Parsons는 현명한 직업 선택은 자기 자신에 대한 지식과 직업 세계에 대한 지식 사이의 관계에 대한 진정한 추리의 문제로 가정했다. 20세기 상반기에 두 종류의 지식을 개발하기 위한 평가가 만들어졌지만, 어떻게 진정한 추론이 보장될 수 있었을까?

이 장에서 검토된 세 가지 접근법은 Parsons의 기초적인 개념에서뿐만 아니라, 전반적인 심리학 분야의 연구 강조를 통한 역사적 발전을 반영하고 있다. 우리가 검토할 첫 번째 접근법은 흔히 20세기 상반기의 측정 성과를 토대로 하는 '특성 중심'이라고 불린다. 두 번째 접근법은 발달적 접근이라고 불리는데, 20세기 중반 발달심리학에서 증가한 문헌을 기반으로 하여 만들어졌다. 세 번째 접근법인 사회적 학습과 인지는 인지행동적 관점이 발달 및 성격 심리학에서 탁월한 설명적 개념이 되었던 1960년대와 그 이후 수십 년 동안의 심리학의 산물로 구분된다. 여기에서 진로심리학의 기초 이론에 초점을 맞추었지만, 또한 제5장에서 가장 최근의 연구와 떠오르는 이론을 검토했다.

특성 지향 이론: 직업의 성격과 작업환경에 대한 Holland의 이론

역사적 근간

초기 형태에서 특성 지향적 접근법은 특성과 요인 접근법으로 알려져 있다. 이 접근법의 본질은 상담자가 그 사람의 특성을 측정하고, 일의 요구사항을 파악하고, 그 사람에게 그 사람의 특성과 직업 요인 사이의 매칭이 되는 일을 권하는 것이다. 20세기 상반기 동안 몇몇 연구는 단순히 근로자들의 측정된 능력을 아는 것만으로도 직업적 성공을 예측하는 데 필요한 정보의 3분의 1을 얻을 수 있다는 것을 보여 주었다(D. Brown, Brooks, & Associates, 1990). 하지만 나머지 3분의 2는 어떻게 해야 할까? 많은 사람이 특정 직업에 필요한 능력을 지니고 있지만(예: 가르치는 것이나 제작하는 것), 개인적인 이유로 그러한 직종에 종사하고 싶어 하지 않는다. 차별, 낮은 소득 잠재력, 바람직하지 않은 직업환경, 동료들과 부모의 영향과 같은 외부 요인들은 많은 사람이 그들의 측정된 능력과 직업 요건 사이에서 잘 맞는 직업을 선택하지 못하게 한다. 또한 관심사나 성격 유형과 같은 내적 요인들이 사람들로 하여금 직업에 필요한 모든 능력이 있음에도 그 직업을 선택하지 않게 할 수도 있다.

동전의 일면으로 봤을 때, 단순 매칭 접근법에서는 많은 부적절한 이유가 있다. 1차적인 이유는 미국에는 2만 개가 넘는 다양한 직업 리스트가 존재함에도 불구하고, 어떤 하나의 직업 이름에 포함되는 엄청나게 다양한 활동이 있다는 것이다. 비교적 좁은 직업이라고 할 수 있는 해양학자의 경우를 고려해 보자. 일부 해양학자들은 대체 에너지 자원에 그들의 연구를 집중하고, 또 어떤 이들은 날씨에 영향을 미치는 해양의 움직임에 관여하며, 다른 이들은 해양생물학에 큰 관심을 가지고 있다. 심지어 이 각각의 범주 안에서도 일부 해양학자들은 연구에 참여하고, 다른 일부는 응용 설계 기술에 종사하며, 다른 이들은 해양 자원을 사용하기 위한 혁신적인 프로세스를 판매한다.

John Holland는 군과 교육계에서의 초기 경력을 토대로, 사람들의 특성과 직업 요구 조건을 단순하게 일치시키는 데에 한계가 있음을 인식하게 되었다. 아마도 과학자-실무자 모델의 가치를 가장 잘 보여 주는 표현 중 하나로, 그는 이러한 경험을 상담자 및 연구자로서 활용하여 기본적 접근법의 특성과 일치하는 이론 모델을 개발했다.

주요 개념

Holland가 그의 상담자로서의 초기 경험에서 얻은 기본 전제는 사람들이 그들의 성격의 표현으로 직업을 선택한다는 것이었다. Holland가 이러한 전제를 가지고 연구를 시작한 지 거의 50년이 지난 지금, 그가 진로 개발에 대한 이론과 연구 그리고 진로상담의 실제에 끼친 영향을 과장한다 해도 지나치지 않다. 어떤 의미에서, 그의 전제는 진로 선택과 개발을 바라보는 중요한 새로운 시각을 만들어 냈다. 직업 요구조건에 대한 개인의 능력과 가능한 다른 특성들과의 매칭에 초점을 두는 대신에, Holland의 연구는 사람들에게 그들 자신에 대한 인식(perceptions of themselves)에 관심을 돌리게 했다. 이러한 인식은 다양한 직업에 대한 사람들의 인식을 조사함으로써 평가될 수 있다 (Holland, 1997).

자신의 성격과 일치하는 업무환경을 찾는 사람들은 자신의 일에서 번창하는 경향이 있을 것이다. "성격과 환경이 일치하지 않으면 불만이 생기고, 진로가 불안해지며,

업무 수행 능력이 저하된다"(Holland, 1996, p. 397). 그러한 일치성을 연구하기 위해서, Holland는 직업행동과 관련된 성격과 환경 모두를 평가할 방법이 필요했다. 비록 다음 단락에서 그와 그의 동료들이 개발한 몇 가지 방법이 간략히 설명되어 있지만, 여기서 주목해야 할 것은 그러한 평가로부터 발전한 결과 구조인, 현재 잘 알려진 RIASEC 모델이다. 약자인 RIASEC의 각 글자는 개인 성격의 여섯 가지 유형 중 하나를 의미하며, 각각은 그에 상응하는 환경 유형을 나타낸다. 여섯 개의 다른 유형을 각각 확인하고 설명하기 위해, 여기에 각각에 대한 전형적인 직업을 열거했다.

1. 실재형(Realistic): 정비공, 항공 교통 관제사
2. 탐구형(Investigative): 경제학자, 생물학자
3. 예술형(Artistic): 편집자, 사진작가
4. 사회형(Social): 운동 코치, 성직자
5. 기업형(Enterprising): 부동산 중개인, 라디오/TV 아나운서
6. 관습형(Conventional): 접수원, 회계사

이 모델에서 사용할 주요 개념은 일치성(congruence), 일관성(consistency), 변별성(differentiation), 정체성(identify)이다. 일치성은 개인의 유형이 그가 일하는 환경에 적합하다는 것이다. 자신의 주된 유형이 예술형이면서 예술적 환경에서 일하는 사람은 완전한 일치가 이루어졌다고 할 수 있다. 예술적인 사람과 관습적인 환경의 조합은 전적으로 모순되는 일이며, 최소한 만족감을 느끼면서 그러한 자리를 유지할 가능성은 거의 없을 것이다([그림 15-1]에서와 같이 RIASEC 육각형에서 사무형은 예술형과 정반대에 위치하고 있다). 개인의 일관성은 여섯 개의 다른 유형에서 자신의 가장 높은 점수 2~3개를 보고, RIASEC 모델에서 이러한 유형의 위치를 조사하여 결정할 수 있다. 주로 현실형의 관심사를 가졌지만 사회적인 흥미 또한 높은 사람([그림 15-1]에서 정반대에 위치함)은 현실적이고 탐구적인 흥미를 가진 사람([그림 15-1]에서 인접한 위치에 있음)에 비해 일관성이 떨어진다. Holland가 말한 일관성의 원칙은, 일관성이 높은 사람들이 그들의 유형에 속할수록, 그들이 성공과 만족을 찾을 직업을 예측할 가능성이 높아진다는 것이다. 변별성은 여섯 개 유형 점수 중 가장 높은 점수와 가장 낮은 점수의 차이의 크기를 검토하여 평가한다. 차이가 클수록 어떤 직업을 선택하면 만족스러울지에 대해 더 정확하게 예측할 수 있다. 반면에 모든 유형에서 비교적 비슷한 점수를 받는 '평면

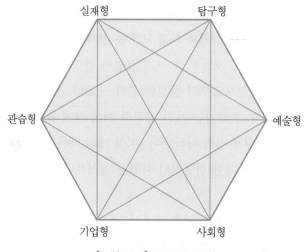

[그림 15-1] RIASEC 모델

프로필'을 가진 사람은 어떤 심각한 도박꾼이라 할지라도 그 사람의 궁극적인 직업 선택을 예측하는 데 많은 돈을 걸지 않을 사람이다. 평면 프로필을 가진 사람은 어떤 경우에는 매우 광범위한 직업에서 만족감을 찾을 수 있지만(예: 모든 점수가 거의 동일하게 높은 경우), 어떤 직업에서도 만족감을 찾지 못할 수 있다(예: 점수가 거의 낮은 경우).

정체성은 한 사람의 목표, 관심사 및 재능의 명확성을 의미하며, 직업 선호도 검사나 진로탐색검사에서 별도의 척도로 측정한다. 두 가지 척도는 다음 단락에서 설명하기로 하겠다. 정체성의 개념은 또한 Holland의 진로 정체감 척도(Vocational Identity Scale)로도 평가될 수 있다(Holland, Johnston, & Asama, 1993).

주요 척도

Holland가 개발한 가장 초기의 척도는 직업 선호도 검사(Vocational Preference Inventory: VPI)로 현재 7차 개정판이 나와 있다(Holland, 1985). 수천 명의 학생들과 성인들의 측정값에 대한 광범위한 분석을 통해 RIASEC 모델의 기초를 이루는 여섯 개의 성격 유형을 산출해 냈다. 직업 선호도 검사는 여섯 가지 유형의 구조와 상호 관계를 다른 심리적 차원과 관련하여 연구하는 연구자에게 여전히 유용하지만, 진로상담 분야에서는 기본적으로 진로탐색검사(Self-Directed Search: SDS; Holland, 1994)로 대체되었다. 현재 4판까지 나온 이 검사는 (최근에는 온라인 버전이 개발되어 판매되고 있는데도) 10대 초반부터 퇴직할 때까지의 수백만 명의 사람들에게 광범위하게 사용되고 있다. 이 검사는 자기평가식이며 스스로 점수를 매기도록 만들어져 있다. 재능, 관심사 및 선호도를 자가 평가할 수 있는 다양한 질문을 포함하고 있고, 대답을 통해 여섯 개의 RIASEC 유형 각각에 대한 점수를 받는다. 이러한 점수는 직업 파인더(Occupations Finder), 교육 기회 파인더(Educational Opportunities Finder) 또는 여가 활동 파인더(Leisure Activities Finder)와 같은 보조 자료와 관련하여 검토할 때, 수검자가 (직업, 교육, 혹은 여가와 관련된) 가장 적합한 환경을 판단하는 데 도움을 준다. 마찬가지로 Holland의 RIASEC 코드는 가장 널리 사용되는 흥미 측정 도구인 Strong 흥미검사(Strong Interest Inventory)의 토대를 형성했다(Donnay, Morris, Schaubhut, & Thompson, 2005; Strong 흥미검사에 대한 자세한 사항은 제10장 참조).

이론적 · 실제적 강점

광범위한 실제 응용 프로그램을 가진 Holland의 이론은 현재 직업 선택과 개발에 관한 모든 이론 중 가장 강력한 것으로 간주되고 있다. 모든 연구 결과가 모든 주요 개념을 전적으로 지지한다는 것을 의미한다는 말은 아니다(다음 단락 참조). 하지만 중요한 연구와 새로운 종류의 진로개입을 생산하는 이 이론의 가치에 대해서는 도전할 수 없다. Borgen(1991)은 Holland의 이론과 관련된 연구의 인용문과 출판물이 다른 진로 선택과 개발 이론에 비해서 여섯 배 이상 많다는 것을 발견했다. 가장 강력한 연구 지원은 여섯 개의 RIASEC 유형의 사람과 환경에 대한 것이다(Betz, Borgen, & Harmon, 2006; Spokane & Cruza-Guet, 2005).

실무적인 관점에서 진로탐색검사(SDS)를 사용하는 사람의 수를 다른 모든 관심 척도와 비교할 때, 경쟁자는 없다. 그것은 자기계발서인『What Color Is Your Parachute?』(Bolles, 2013)와 수천 개의 고등학교 지도 프로그램, 셀 수 없는 다른 진로개입 프로그램에 포함되었다. 사용에 있어서의 '소비자 만족도'는 다른 측정도구들에 비해 항상 높게 평가되어 왔다. 진로탐색검사(SDS)는 여러 해에 걸친 개정을 통해 진로탐색검사 사용자와 상담자 또는 관리 직원의 시간을 모두 고려할 때 비용 효율적인 '사용자 친화적' 척도가 되었다. 실제로 자기평가 및 자기해석 단계에서 이용하는 사람들이 질문을 하지 않는다면, 본질적으로 직원의 시간은 필요하지 않다.

이론적 · 실제적 한계점

Holland는 일치성, 일관성, 변별성, 정체성에 대한 주요 개념을 뒷받침하는 연구 증거가 그가 원했던 것보다 덜 인상적이라는 사실을 자신이 먼저 인정했다. Holland (1997)는 2008년 사망 전 출판된 마지막 저서에서, 누가 만족하고 안정될 것인지에 대한 예측을 개선하는 한 가지 방법으로 직업에 대한 사람들의 태도와 전략을 보기 시작했다.

또한 Holland의 RIASEC 모델은 다양한 인종, 사회경제적, 국제적 배경을 지닌 개인들을 대상으로 검증되었다. 진로탐색검사(SDS)가 현재 여러 언어로 번역되었다는 사실은 진로탐색검사가 전 세계적으로 실용적으로 유용하다는 것을 의미한다. 이해관계의 구조에 대한 보다 철저한 연구 조사는 흥미로운 데이터를 산출해 냈다. 예를 들어, 인종과 민족에 근거한 차이는 적어졌지만(Fouad, 2002), 성별 차이는 여전히 분명하다(Betz & Gwilliam, 2002; Tracey & Robbins, 2005). 제10장에서 설명한 바와 같이, 문화적으로 다양한 인구 집단에 대한 평가를 할 때에는 주의를 기울여야 하지만, 문화적으로 다양한 집단에 대한 Holland의 이론과 평가의 사용을 위한 적어도 합리적인 분량의 경험적 지지물이 존재한다.

발달이론: Super의 전 생애, 생애 공간 관점

역사적 근간

Super는 자신의 경력 초창기인 1930년대에 고용상담자로 일하는 동안, 그 당시에 행해지고 있던 특성과 요인 모델의 몇 가지 결점을 절실하게 깨달았는데, 그것은 바로 내담자의 능력을 평가하고 내담자의 능력에 일치하는 직업을 찾아 주는 것이었다. '한 번에 완전히(once and for all)' 만족스러운 진로 선택을 한다는 개념은 Super에게 중요한 점을 많이 놓친 것 같다는 생각이 들게 했다. 심지어 1942년까지, Super는 직업적 적응이 정적인 결과를 가져오는 일회성 선택적 사건이 아니라 역동적인 전개의 문제라고 이론가들과 실무자들에게 제안했다. 간단히 말해서, 그는 진로 개발을 전 생애에 걸쳐 일어나는 과정으로 여겼다.

주요 개념

Super의 50년 이상의 독창적이고 혁신적인(Borgen, 1991) 사고와 글쓰기 경력에서,

각각 새로운 종류의 평가 방법과 연구 가능한 가설로 이어지는 최소한 세 가지의 주요 개념적 발전이 있었다. 1953년까지 Super는 아동기와 청소년기에 국한되었던 이전의 강조와 비교하여 점점 성인기의 발달에 초점을 맞춘 1930년대와 1940년대의 심리학자들과 사회학자들의 여러 발달 개념을 통합했다. Super(1953)는 진로 개발에 큰 영향을 미치는 다섯 가지 성장 단계에 대해 설명했는데, 유년기, 청소년기의 탐색, 청년기의 확립, 성인기 중반의 유지, 노년기의 쇠퇴가 그것이다. Super에 따르면, 이러한 각각의 단계에서 가장 중요한 질문은 '진로 적응을 위해 이 연령대의 개인에게 일어나야 하는 적절한 직업행동은 무엇인가?'였다. 각 연령대별로 진로 성숙을 달성하기 위해 사람이 작업이 필요한 발달적으로 적절한 과제가 있다. 각 연령대에서 성공적으로 처리되면, 그 사람은 다음 연령대의 과제로 계속 이동한다([그림 15-2] 참조).

아마도 수십 년에 걸친 Super의 이론화와 연구에서 발견된 가장 중요한 연구물은 진로 성공에 대한 30년간의 종단 연구의 핵심적인 결과였을 것이다. 그 결과를 검토하기

나이

생애단계	청소년기 14~25세	청년기 25~45세	중년기 45~65세	노년기 65세 이상
감소 각 연령에 따른 발달적 과제	취미에 시간 덜 쓰기	스포츠 활동 줄이기	본질에 집중하기	노동 시간 줄이기
유지 각 연령에 따른 과제	현재 직업 선택 증명하기	직업적 위치 안정화하기	경쟁에 맞서 자신을 유지하기	즐거운 활동 유지하기
확립 각 연령에 따른 과제	선택한 분야에서 시작하기	적합한 자리에 자리 잡기	새로운 기술 개발하기	원했던 일들 하기
탐색 각 연령에 따른 과제	기회에 대해 덜 배우기	소망하는 기회 찾기	작업할 새로운 과제 찾아내기	좋은 은퇴 장소 찾기
성장 각 연령에 따른 과제	현실적인 자기개념화 개발하기	다른 사람과 관계하는 법 배우기	자신의 한계 수용하기	비직업적인 역할 개발과 가치화하기

[그림 15-2] 전 생애를 통한 발달과제의 순환과 재순환

전에, 20세기의 첫 60년 동안, 사람들이 현실적인 진로 결정을 더 빨리 내릴수록, 그들이 더 성공적일 가능성이 더 높아진다는 것이 지배적인 견해였다는 것을 기억해야 한다. 그들은 더 능률적인 준비, 더 이른 진로 진입, 성공 기회를 가졌을 것이다. 9학년에서 20대 중반까지 학생들의 다양한 생리사회적, 환경적, 직업적, 성격 및 성과 관련 자료를 수집하면서 종단적으로 평가했을 때, Super와 동료들은 이미 자신이 무엇이 되고 싶은지 결정한 9학년 학생들이 종종 근거가 빈약하고 불안정한 선택을 했다는 사실을 발견했다. 이후 직업 적응에 대한 가장 좋은 예측은 9학년 때 결정한 것이 아니라 진로 관련 정보 수집을 적극적으로 지향하는 것이었다. 이 발견이 후속 교육 정책에 미친 엄청난 영향은 Osipow(1983)에 의해 요약되었다.

> Super는 그러한 데이터에 근거하여, 학교 커리큘럼이 청소년들이 직업적 열망의 수준과 그 수준을 도달하기 위해 요구되는 전반적인 교육의 양을 인식하도록 '계획 능력을 발전시키는 것'을 돕는 것에 초점을 맞추어야 한다고 제안했다. 이러한 자기인식은 9학년 때 정하기에는 시기상조인 구체적인 직업 목표를 결정하지 않아도 발전시킬 수 있다. 사실, 학교는 그 나이에 직업 선택 가능성을 제한하기보다는 직업적인 관점을 넓히고 학생들이 효과적으로 탐구에 이용할 수 있는 자원을 사용하도록 가르쳐야 한다. 이 이야기에는 진로 교육 운동의 뿌리가 담겨 있다(p. 163).

1963년까지 Super는 진로 개발이 어떻게 전개되는지에 대한 과정적 측면을 설명하는 방법으로 Rogers의 자기개념(제12장 참조)에 대한 사상의 많은 부분을 통합했다. 간단하게, Super는 우리의 자기개념의 발달과 변화에 따라서 진로 선택과 아마도 진로 전환을 한다고 가정했다. Holland와 같이 Super도 일치성의 개념을 사용했다. 하지만 일치성은 성격의 특성과 환경 사이가 아니라, 오히려 사람들의 일이나 직업, 진로가 자기개념에 어떻게 부합하는 것인지에 대한 것이었다.

자기개념에 대한 Super의 초점은 개인이 자신의 삶에서 가지는 다양한 역할을 살펴보게 했다. 직업은 한 사람이 가질 수 있는 여러 역할 중 하나일 뿐이며, 각각의 역할은 자기개념에 영향을 미친다. 그가 해외 문화의 사람들뿐만 아니라 우리 문화의 사람들이 가지는 여러 가지 역할에 대해 연구할수록(Šverko, 2001), 그는 전 생애에 걸쳐서 근로자, 학생, 주부, 여가를 즐기는 시기(아동/청소년) 등과 같은 역할에서 주안점을 옮기고 발전적인 현상을 재활용하는 것을 더 많이 보게 되었다.

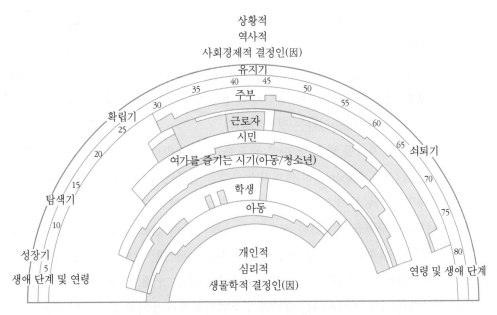

[그림 15-3] 생애–진로 무지개: 도식적 생애주기에서 여섯 가지 삶의 역할

그 연구들로 인해 Super가 어떻게 생애–진로 무지개(Life-Career Rainbow; [그림 15-3] 참조)와 진로 결정인의 아치형 입구(Archway of Career Determinants)를 개발하게 되었는지에 대한 간략한 소개는 그의 사망 이후에 출간된 Super의 마지막 주요 논문들 중 하나에서 발견되었다(Super, 1994). 비록 이러한 발전의 모든 세부 사항을 기술하는 것은 이 개요의 범위를 넘어서지만, 그의 글은 진로심리학자들로 하여금 일생 전반에 걸친 다양한 역할과 직업행동 문제, 두 가지 모두에 주의를 기울이게 하였다. 사실 Super의 연구는 처음에는 발달 단계 이론으로, 이후에는 자기개념 성취 이론으로 인정되었지만, 마지막 몇 년 동안 Super는 '전 생애, 생애 공간 관점'으로 이름 붙이기를 선호했다.

주요 척도

Super의 이론적 제안들은 두 종류의 새로운 척도들의 개발로 이어졌다. 진로 발달 검사(Career Development Inventory)는 사람들이 각기 다른 발전 단계에서 어떤 진로 계획과 진로탐색에 관여했는지를 평가하기 위해 Super의 연구가 낳은 몇 가지 척도 중 하나일 뿐이다(Super, Thompson, Lindeman, Jordaan, & Myers, 1981). 이 척도와 다른 비슷한 것들은 이 척도들에서의 점수가 각 개인들이 그들의 연령에 맞는 직업 관련 과제에 참여하고 있는지 아닌지를 평가하기 때문에 직업성숙도(career maturity) 또는 적응성

(adaptability) 척도라고 불리게 되었다(Juntunen & Even, 2012). 아마도 이러한 척도들의 가장 큰 기여는 '미성숙한' 태도와 능력을 파악함에 있어서, 상담자들이 7세 소녀들의 사회적으로 제한된 직업에 대한 고정관념이든지 70세 노인들의 인생에서의 성취에 대한 희망을 포기하는 것이든지 간에 '발달상의 결핍'을 다루기 위한 개입 프로그램에 보다 훌륭하게 초점을 맞출 수 있다는 것일 것이다.

　　Super의 연구에 자극을 받은 또 다른 중요한 척도는 일의 중요성에 대한 척도였다(Nevill & Super, 1986). Super는 전 세계의 동료들과 일하면서 다양한 역할과 생애 단계에 있는 개개인의 사람들이 그들의 삶의 한 부분으로서의 직업/진로에 각기 다른 중요성을 부과한다는 사실을 발견했다. Super는 어떤 사람이 진로 선택과 개발에 대해 합리적으로 정확한 예측을 할 수 있다면, 이러한 변수를 평가할 필요가 있다는 것을 처음으로 발견한 사람들 중 하나였다. 비록 중요성의 척도는 구체적으로 Super의 개념을 가지고 연구하는 사람들 이외에는 아직까지 광범위하게 사용되고 있지는 않지만, 진로심리학자들이 직업행동 연구에 대해 확장되고 변화하는 패러다임과 관련한 이 장 후반부에 기술된 몇 가지 문제에 주의를 기울이고 있는 이 시점에서 중요성 척도에 대한 보다 많은 관심이 있어야 한다.

이론적·실제적 강점

　　Super의 50년간의 이론과 연구는 상담심리학의 과학적 요소와 실무적 요소 두 가지 모두에 엄청난 영향을 미쳤다. 그는 직업행동에 대한 연구를 가장 강조하는 사람들 사이에 있으면서, 단지 선택의 내용과 그에 따르는 결과만을 보는 것보다는 사람들이 진로 선택을 어떻게 하는지에 대한 기초를 제공했다. 그의 단계에 대한 설계와 전 생애로의 확장은 모든 연령대의 진로교육과 개입의 타이밍과 내용에 영향을 미쳤다. Super의 연구는 특히 지난 수십 년간 등장한 컴퓨터 기술에 적용될 수 있었다. 비록 2012년에는 더 이상 사용할 수 없지만, 가장 성공적인 진로 안내 시스템인 DISCOVER는 그의 발달 과제 체계에 기반을 두고 개발되었다. '생애 공간'이라 불리는 곳에서 우리가 맡고 있는 여러 가지 역할에 대한 그의 늘어난 관심은 구성주의에 더 많은 관심을 가질 필요성이 있다는 전조를 나타냈다(제5장에 기술된 새롭게 부각되는 접근에 대한 내용 참조).

　　Super는 절충주의가 심리학계에서 '더러운 단어'라고 지칭될 때조차도 종종 자신을 절충적이라고 묘사했고(Borgen, 1991), 나중에 그의 이론은 명백하게 부분적인 것이었다. 다른 부분들은 서로 느슨하게 엉켜 있을 뿐이다. 절충주의와 느슨함의 긍정적인 측면은 이론가들과 실무자들에게 매력적이다. 의심할 여지 없이, Super의 이론은 다른 이들의 것들보다 더 포괄적이었다. 최소한 그의 이론의 일부는 직업행동의 다른 이론들과 쉽게 통합될 수 있어 많은 연구자가 고려해 볼 매력적인 체계가 되었다.

이론적 · 실제적 한계점

포괄적 이론은 종종 부분과 가장 명확하지 않은 가설 사이에서 가장 느슨한 관계를 가진다. 따라서 Super의 이론을 많은 이론가와 실무자에게 매우 매력적으로 만드는 바로 그 동일한 요소가 연구자들에게는 명확한 실험의 가능성을 제한한다. 비록 Super의 이론의 많은 부분을 뒷받침할 충분한 자료가 있다 하더라도, 모든 개인에게 자신감 있는 수준의 예측을 허용할 만큼 충분히 입증된 일련의 구체적인 제안들을 작성하는 것은 매우 어려울 것이다. 게다가 Super의 연구는 그 자체로 진로 선택과 개발의 광범위한 개념과 모든 연령에 대한 그들의 교육적 함의를 이해하는 데 좀 더 쉽게 도움을 주지만, 개인의 업무조정 문제에 개입하는 방법을 이해하는 것에는 미치지 않는다.

Super는 연구에 참여한 구성원들이 주로 백인 남성들이었던 시대에 연구를 시작해서, 그의 이론과 관련한 대다수의 연구는 그러한 모집단을 반영하고 있다. 역설적이게도 Super의 후기 이론인 '세그먼트(segments)'가 진로 발달의 사회적 맥락에 많은 관심을 기울이고 있음에도 불구하고, 미국 내에서의 민족성이 그가 제안한 발달적 관계에 어떤 영향을 미치는지에 대한 연구가 거의 없다(진로성숙도에 대한 연구는 예외임). 그러나 그의 연구는 진로심리학에서 발달과 전 생애 관점에 지속적으로 중점을 두는 것을 지지하는 새로운 모델을 위한 토대를 마련했다(Savickas, 2005; Vondracek, 2001; Young, Valach, & Collin, 2002).

사회적 학습과 인지 이론: Krumboltz의 사회학습 이론

역사적 근간

1960년대 초까지 Skinner(1938)의 행동주의와 다른 학습 모델들의 원리들은 점점 더 폭넓은 인간 행동에 적용되고 있었다. Krumboltz와 동료들은 직업선택과 실행의 걸림돌뿐만 아니라, 사람들이 다양한 분야의 일을 추구하는 데 영향을 미치는 요소를 이해하기 위한 포괄적인 접근법에 사회학습 원리(Bandura, 1986)를 결합한 최초의 상담심리학자들이었다(Krumboltz, 1979; Krumboltz, Mitchell, & Jones, 1976).

주요 개념

진로 결정에 영향을 미치는 것으로 가정되는 네 가지 범주의 요소들이 있다. 즉, (가) 유전인 재능 및 특별한 능력, (나) 일자리 기회의 수와 성격과 같은 환경 조건과 사건, (다) 학습 경험, (라) 과제 접근 기술이 이에 해당된다. 이러한 사회학습 접근에서, 이를 진로 결정에 적용했을 때 세 가지 주요한 유형의 학습이 기술된다. 처음 두 가지는 심리학 개론에서 가르치는 도구적(조작적) 및 연합적(고전적) 조건 형성 모델과 유사하다(제12장 참조). 도구적(instrumental) 학습 경험은 어떤 행동에 대한 긍정적인 결과를 경험할 때 확인된다. 예를 들어, 만약 누군가가 과학 프로젝트를 성공적으로 완수하여 상을 받거나 에세이 작문에 대해 칭찬을 받는다면, 이러한 행동들이 반복될 가능성이 훨씬 더 높아진다. 연합적(associative) 학습은 Pavlov의 개 실험에서 타액 분비의 조건화와 같이 중립적인 사건 또는 감정적인 자극 사이에서 만들어진 관계를 기술하는 데 사용된다. 예를 들어, 어떤 젊은이가 고급 가구에 대한 유일한 경험이 치과에서였다면, 그 사람은 안락한 생활을 성취하는 가장 좋은 방법은 치과 의사가 되는 것이라고 생각할지도 모른다. 이 예는 지나친 단순화처럼 보일 수도 있다. 하지만 Krumboltz 등(1976)은 단일 자극이나 사건의 영향에서 일어나는 포괄적 일반화의 수많은 예를 문서화했다. 미디어를 통한 새로운 '영웅(예를 들면, 변호사, 피겨스케이터, 전투기 조종사)' 출현에 특정 종류의 직업이나 기술 훈련 프로그램에의 등록이 영향을 받는다는 것은 잘 알려진 사실이다. 진로 개발에 중요한 세 번째 종류의 학습은 대리(vicarious) 학습이다. 새로운 행동과 기술은 미디어나 직접 관찰을 통한 행동의 관찰로 학습될 수 있다. 20세기 후반 텔레비전에 나온 덕분에 하나의 춤 스타일이 전국에 퍼진 것을 생각해 보라. 좀 더 구체적인 진로 개발을 위해, Krumboltz 등은 학생들이 누군가(학생들의 롤모델) 이러한 과정을 거치는 것을 단지 관찰하는 것을 통해 유용한 직업 정보를 얻는 방법을 배울 수 있다는 사실을 보여 주었다.

이러한 기본적인 학습 유형에 사회학습 이론을 통합함으로써, 이 접근은 성공적인 진로 발달의 세 가지 요소를 명시한다(Mitchell & Krumboltz, 1996). 첫 번째 구성 요소인 자기관찰 일반화(self-observation generalizations)는 사람들이 자신의 경험에 기초하여 자신에게 하는 진술이다. 각각의 사람의 경험은 그 사람이 무엇을 할 수 있는지 없는지에 대한 일반화로 이어진다(과제 효능감). 이러한 일반화는 그 사람이 생각하는 자신의 관심사나 가치로 확대하게 된다. 자전거 수리를 잘하는 친구와 비교해서 그렇지 못한 사람은 기계적 기술이나 관심사가 없다고 결론을 내릴 수도 있다.

나아가, 앞에서 설명한 다양한 종류의 배움에 기초하여, 개인은 그들을 둘러싼 세계와 그것의 특징에 대한 관점을 형성한다. 이러한 견해들은 세계관 일반화(worldview generalizations)라고 불린다. 예를 들어, TV 쇼는 대중들이 성별과 민족의 직업에 대해 사람들이 가지는 고정관념을 결정하는 데 엄청난 영향을 미쳤다. 예를 들어, 비교적 최근까지 TV 쇼는 모든 간호사를 여성으로, 대다수의 청소부를 아프리카계 미국인으로 묘사했다. 텔레비전에서 그러한 고정관념이 광범위하게 논의되고 사회적 이슈로 보도되고 있다는 사실은 진로에 대한 젊은 사람들의 세계관을 형성하는 데 있어서 대리 학습의 원천으로서의 그 중요성을 말해 준다.

이러한 다양한 종류의 학습과 그로 인한 자기 계발 및 세계관을 경력 결정과 행동으로 바꾸기 위해서는, 개인들은 과제접근 기술(task approach skills)을 배우고 참여해야 한다. 진로의사결정에서 가장 중요한 기술은 명확한 가치, 목표 설정, 미래사건 예측, 대안 제시, 정보 검색, 계획 및 일반화이다(Krumboltz & Baker, 1973). "사람들이 (가) 과제접근 기술을 입증하거나 시도함에 있어 긍정적으로 강화되어 왔다거나, (나) 이러한 기술을 보여 줌으로써 긍정적인 강화를 받는 모델을 관찰해 왔다면, 이러한 과제접근 기술을 학습할 가능성이 더 높다"(Mitchell & Krumboltz, 1996, p. 267). 1984년에 이 이론을 발표하면서, Mitchell과 Krumboltz(1984)는 어떻게 이러한 과정에서 왜곡이 부적절한 직업 선택으로 이어지거나, 더 자주, 보다 만족스러운 결정을 내리는 것을 피하게 되는지에 대한 여섯 가지 훌륭한 예를 제시했다.

(가) 불완전한 일반화를 이끌어 내기('나는 우리 학급에서 연설을 두려워하는 유일한 사람이다.'), (나) 단일 기준으로 자기 비교하기('나는 Carl Rogers만큼 따뜻하지 않아서 결코 상담자가 될 수 없다.'), (다) 결과의 정서적 영향에 대한 평가를 과장하는 것('경영대학에 합격하지 못하면 견딜 수 없을 거야.'), (라) 거짓 인과관계를 이끌어 내는 것('성공하기 위해서는 올바른 시간에 올바른 위치에 있어야 한다.'), (마) 관련 사실에 무지함('고등학교 영어 교사들은 하루 종일 학생들이 더 좋은 문학작품을 감상할 수 있도록 돕는다.'), (바) 낮은 확률의 사건에 과도한 가중치를 부여하는 것('나는 캘리포니아에서의 직업을 받아들이지 않을 것이다. 왜냐하면 다음 지진이 일어날 때 바다로 떨어질 것이기 때문이다.')(p. 266)

이러한 왜곡은 이 이론과 관련되고 다음 단락에서 설명될 주요 평가 척도인 진로신념검사(Career Beliefs Inventory; Krumboltz, 1991)의 개발에 기초를 이루고 있다. 이 이론에의 가장 최근 주장에서 Mitchell과 Krumboltz(1996)는 Holland와 Super의 이론의 핵심인 우유부단함과 일치성에 주의를 덜 기울이고, 다음의 세 가지 질문에 더 주목해야 한다는 흥미로운 입장을 취했다.

1. 나의 내담자들의 새로운 학습을 촉진하는 데 얼마나 성공적으로 개입했는가?
2. 내담자들이 끊임없이 변화하는 직업세계에 대처하는 데 나의 개입이 얼마나 도움이 되었나?
3. 내담자들이 그들 자신의 만족스러운 삶을 만들어 내는 데 있어서 얼마나 발전하고 있는가?(Mitchell & Krumboltz, 1996, p. 264)

주요 척도

진로신념검사(Krumboltz, 1991)는 진로 목표를 달성하는 것을 가로막을 수 있는 내담자들의 신념의 일부를 이해하도록 돕기 위해 개발되었다. 이 척도는 다섯 개의 주요 척도와 25개의 하위 척도를 가지고 있어 상담자와 내담자에게 의사결정 과정을 방해하는 비이성적인 믿음과 과도한 일반화의 예를 제공한다. 또한 내담자들의 응답을 Strong 흥미검사와 Myers-Briggs Type Indicator(MBTI) 결과와 결합하는 것을 용이하게 하는 워크북도 있다(Levin, Krumboltz, & Krumboltz, 1995).

이론적 · 실제적 강점

학습과 인지에서 나온 새로운 심리학적 원리와 지식을 진로 행동에 대해 알려진 것과 알려질 필요가 있는 것들을 함께 결합함으로써, Krumboltz는 과학과 직업 분야를 가장 잘 발전시킬 수 있는 일종의 학제 간 협력 모델을 제공했다. 사회학습 모델과 직업행동에 대한 그의 사려 깊은 통합은 이 장에서 검토된 다음 두 가지 접근법의 개발을 직접적으로 자극했으며, 둘 다 직업행동의 중요한 문제를 다루는 데 있어 높은 수준의 구체성으로 나아갔다. 또한 이 모델은 정보 탐색과 진로계획을 장려하기 위한 몇 가지 참신한 접근법의 개발을 촉진했다. 사실, 진로 결정의 사회학습 이론에 관한 가장 지지적인 연구는 진로탐색 행동의 직접적인 강화(도구적 학습) 또는 모델에 의한 시연(대리 학습)이 학생들로 하여금 더 많은 정보를 얻고 합리적인 진로 결정을 내릴 수 있도록 한다는 것을 보여 준 결과에서 발견된다. 게다가 문제가 되는 진로신념에 대한 이론의 자세한 설명과 관련 인지 개입의 개발은 진로상담자들에게 중요한 새로운 전략을 제공한다.

이론적·실제적 한계점

Krumboltz의 초기 이론 발표는 검증 가능한 많은 명제를 포함하고 있음에도 불구하고, 직업정보를 찾는 내담자들과 관련된 명제들만 많은 관심을 받았다. 다른 대부분의 명제에 대한 연구 없이는, 이론의 뚜렷한 개선이 이루어지지 않았다. 또한 이론이 쉽게 생애 전반에 걸친 직업행동 문제와 문화적으로 다양한 집단으로 확장될 수 있지만, 이러한 사람들을 위한 연구 프로그램은 개발된 적이 없다. Krumboltz(2009)는 최근 진로개발에 있어서의 우연이나 우연의 일치(Williams et al., 1998)의 역할에 관심을 돌렸다. 그러나 그의 연구는 널리 사용되고 있는 사회인지 이론처럼 진로상담에 대한 인지적인 접근을 이끄는 선구자의 역할을 했다(Lent, Brown, & Hackett, 1996, 2000; 제5장 참조).

진로상담 개입

진로 발달의 주요하고 기본적인 모델들을 검토했으므로, 이제 이러한 모델의 실제적인 적용에 관심을 돌려 보도록 하겠다. 이러한 이론들을 어떻게 진로상담 분야에서 직업행동과 관련된 광범위하고 복잡한 문제들을 가진 개개인을 돕는 구체적인 개입으로 바꿀 수 있을까? 우리는 이 절에서 진로개입 결정을 상담 상황에 통합하기 위한 모델을 제공하기를 희망한다.

대부분의 대중과 심지어 심리학 분야에서조차도, 진로상담은 한 개인상담자가 어떤 직업 혹은 진로를 택해야 할지를 결정하지 못하는 내담자에게 몇 가지 검사를 실시하고, 그러고 나서 내담자에게 어떤 선택이 최고인지를 말해 주는 것을 함축하고 있다. 일찍이 1991년에 Spokane(1991)은 진로상담에 대한 특별한 인식이 이미 30년이나 늦었다고 말했다. 1960년대부터 앞서 기술한 이론들을 기반으로 직업세계에 관련된 개인적인 문제들과 사회적 관심사, 두 가지를 모두 다루는 새로운 개입의 개발에 대한 꾸준한 증가가 이루어졌다. 이러한 개입은 고도로 구조화된 교실활동에서부터 컴퓨터로 지원되는 개입, 직업 클럽, 개인상담과 근본적으로 구분이 되지 않는 개인화된 관계에 이르기까지 범위가 다양하다. 이러한 개입들 중에 마지막 유형을 제외하고 모든 개입이 대다수 사람의 진로상담에 대한 인식과 상당히 다르기 때문에, 우리는 포괄적인 용어로 진로개입(career interventions)을 사용한다. Spokane처럼, 우리는 진로개입을 "누군가의 진로 선택을 향상시키기 위한 모든 활동(처치 또는 노력)"(p. 22)으로 정의한다. 이 절의 주요 목표는 독자들에게 상담심리학자들에 의해 계속해서 개발되고 있는 광범위한 진로개입을 숙지시키는 것이다.

21세기 초반의 일의 세계는 20세기 중반의 것과는 상당히 다르다. Herr(1996)가 분명하게 말했듯이, 세계 경제의 세계화와 (고도의 컴퓨터 활용 능력을 가진 직종을 제외한) 세계적인 노동력 과잉, 한시적 고용('contingent' workforce), 즉 비정규직의 정착은 진로 안정성의 양상에 영향을 미쳤다. 오늘날 내담자들의 조부모는 대부분 성인기 근로 기간을 한 사람의 고용주를 위해 일했을 것이지만, 부모는 그렇지 않았을 것이다. 이들의 부모들이 같은 자리에서 계속 일을 한다고 해도, 비록 일자리가 바뀌지 않았더라도, 아마도 인수 합병으로 인한 고용주의 변화가 있을 것이다. 다른 이들은 높은 등급의 업무 수행 능력을 20년 또는 30년간 유지한 후에 그들의 자리에서 밀려났다. 전문가들은 30~40년 동안 한 성인이 가질 수 있는 정확한 일자리 수에 대해 각기 다르게 생각하고 있지만, 숫자 7이 자주 인용된다. 과거 세대의 하나, 둘, 혹은 세 번의 일자리가 지금은 청소년기나 대학생 때의 아르바이트를 제외하고도 다섯 번에서 열 번 혹은 그 이상이 되었다. Herr는 진로상담에서 이러한 종류의 변화를 고려하기 위해 새로운 이론이 필요한지에 대한 질문을 던졌다. Meara(1996)는 최소한 우리의 내담자들과 우리 자신에게 우리의 가정을 분명히 할 필요가 있다고 주장했다. 즉, 상담심리학자로서 우리는 현대의 직업세계의 변천에 대응하기 위한 가장 최선의 방법이 미래지향적이고 합리적인 계획을 하는 것이라고 믿고 있다.

Super가 사용한 단어인 (이전에 설명하였지만) 전 생애에 걸친 취업 활동과 관련된 패턴을 언급하는 '진로(career)'의 개념은 현재의 직업세계의 경향에 의해 도전받는 것처럼 보일 수도 있다(Blustein, 2006). 하지만 어떤 의미에서 그의 근본적인 개념은 근로자들이 다수의 직업을 찾아야 하는 압박을 받기 때문에 더욱 중요하게 여겨질 수 있다. 이 장에서 검토한 모든 접근법은 개인이 직무만족도와 만족스러운 성과가 개인의 특성과 작업환경 사이의 어느 정도 적합성과 관련이 있다는 것을 이해할 필요가 있음을 확인했다. 더 이상 일회성으로는 적합하지 않다. 이제 진로는 다양한 '적합성들(fits)'에 걸쳐질 것이다. 이 장의 나머지 부분은 진로개입은 개인이 확장된 노력으로 찾아낼 수 있는 광범위한 적합성과 만족스러운 적합성을 찾기 위한 유용한 전략을 배울 수 있다는 것을 인지하도록 도와야 한다는 관점을 가지고 읽어야 한다는 것을 상기해야 한다.

Krumboltz(1996)는 오늘날 진로상담의 목표는 다음과 같아야 한다고 강하게 주장했다.

> 각각의 내담자가 끊임없이 변화하는 작업환경에서 내담자가 만족스러운 삶을 만들
> 수 있는 기술, 관심사, 신념, 가치, 일하는 습관과 개인적 자질의 학습을 촉진하는 것이
> 다. 진로상담자의 일은 내담자의 학습을 장려하는 것이다. 따라서 진로상담자들은 단순
> 한 중매인이 아니라 코치, 교육자, 멘토로 보일 수 있다(p. 61).

개입의 다양성

상담심리학자들에 의해 현재 제공되고 있는 놀라운 일련의 직업적 개입은 아마도 물
어보는 질문, 사회적 정체성, 전략적 목표, 이론적 지향성, 기법의 최소한 다섯 개의 서
로 다른 측면에 따라 개입이 어떻게 달라지는지를 보는 것으로 이해할 수 있을 것이다.
이 다섯 개 차원의 선택은 점점 늘어나는 직업적 개입에 관한 문헌에 대한 우리의 검토
에 의해 결정되었다. 차원이 확실히 상호배타적이지 않고 각 차원 내의 구성 요소도 아
니지만, 각각의 차원은 진로개입을 위한 다소 다른 강조와 형식으로 이어진다.

내담자들의 질문

1996년에 Savickas는 변화하는 세계관과 경제 상황, 진로상담을 원하는 사람들의 진
로경로를 고려할 때 우리가 아주 유용하다고 생각하는 진로개입에 대한 체계를 설명했
다. Savickas는 진로상담을 받는 내담자들이 여섯 가지 질문을 한다는 것을 확인했다.
이러한 각각의 질문들은 종종 다른 종류의 기관들에 의해 제공되는 여러 종류의 개입
을 요구한다. 여섯 가지 질문은 '(가) 어떻게 직장을 구합니까? (나) 나는 무엇을 선택해
야 합니까? (다) 나는 누구입니까? (라) 내 진로를 어떻게 형성하나요? (마) 직업이 나의
인간적인 성장에 어떻게 도움을 줄 수 있을까요? (바) 어떻게 하면 더 잘할 수 있을까
요?'이다. 잘 훈련된 상담심리학자들은 이러한 각각의 진로와 관련된 질문들을 다루기
위한 서비스를 제공할 준비가 되어 있을지 모르지만, 대개 그들이 가지고 있는 질문에
따라 학생, 직장인 혹은 내담자들은 서로 다른 기관을 갈 것이라는 게 사실이다. 예를
들어, 첫 번째 질문에 도움을 받기 위해서는 직업소개소에 갈 수도 있고, 반면에 세 번
째 질문을 위해서는 개인적인 조언을 구할 가능성이 높다. 마지막 질문을 위해서는 현
재 직장의 인사부서로 갈 수도 있다.

사회적 정체성

어떤 진로개입을 제공하려 할 때는 최소한 나이, 성별, 인종/민족성, 성적 지향성의 네 가지 중요한 사회적 정체성에 대해 고려해야 한다. 상담심리학자들은 진로개입에 관해 참여자 집단이 대부분의 초기 이론과 연구들의 초기 초점이 되었던 중산층 백인 남성과 다를 때 진로개입에 있어 다양성의 필요에 대해 계속해서 배우고 있다.

나이를 먼저 살펴보면, 우리는 이제 진로개입이 전 생애를 다루고 있다는 것을 알 수 있다. 비록 진로상담 이론과 연구의 주된 초점이 청소년과 청년 초기 시절인 경우가 많지만, 상당한 연구가 초등학교와 중등학교에서 이루어지고 있다(Lapan et al., 2012). 진로개입이 효과적으로 이루어진 나이 어린 집단의 한 예가 취학 전 아동들이다(Barak, Shiloh, & Haushner, 1992). 아동들의 관심사를 확장시키기 위한 인지적 구조조정 활동을 통해 얻은 긍정적인 결과는 어린아이들이 가지고 있는 고정관념과 좁은 관심사의 대부분이 취학 전 단계에서의 개입에 의해 극복될 수 있다는 것을 시사한다. 나이 든 연령대에서는 진로상담이 은퇴자들의 필요에 맞춰 수정되었는데, 그들 모두는 그들의 정신적·육체적 건강 모두에 영향을 줄 새로운 역할 결정에 직면하고 있었다(Harper & Shoffner, 2004; Tinsley & Schwendener-Holt, 1992; 제5장 참조). 내담자의 나이를 고려하는 것은 개개인이 진로 발달의 어느 단계에 있다고 생각하는지, 어떤 문제가 상담과 가장 관련 있는지에 대한 질문을 하는 것에 대해 상담자에게 도움이 될 것이다.

마찬가지로 상담자들은 사회적 맥락에서 내담자의 요구를 이해하려고 할 때, 내담자의 성별을 고려해야 한다. 우리는 상담자들이 성별과 진로 발달에 대한 문헌에 정통해야 한다고 생각한다. 여성의 진로 발달을 향상시키기 위해 고안된 개입에 있어 특수한 문제를 다룬 문헌들이 40년 넘게 축적되어 있다. Walsh와 Heppner(2006)가 편집한 『The Handbook of Career Counseling for Women(2nd ed.)』의 다양한 기사에서 여성을 위한 효과적인 진로개입에서의 광범위한 요소에 대한 중요한 자료들을 찾아볼 수 있다. 제5장 또한 직장과 가정의 균형과 관련된 문제를 포함한 이 분야에서의 현재 연구에 대한 자세한 내용을 설명하고 있다.

1990년대가 되어서야 소수 민족들과의 진로상담을 위한 전략과 쟁점들에 관한 수많은 연구가 발표되기 시작했다(Bingham & Ward, 1996; Fouad & Bingham, 1995; Leong, 1993). 진로상담에서 보다 최근의 연구는 다문화주의와 사회정의의 중요성을 강조하고 있다(Byars-Winston & Fouad, 2006; Ratts & Santos, 2012; Vespia, Fitzpatrick, Fouad, Kantamneni, & Chen, 2010). 이 분야의 연구가 성장하고 있기 때문에, 우리는 상담자가 진로 발달에서 민족성과 관련된 문제들에 정통하고, 내담자의 진로관심사에서 민족성의 중요성을 평가해야 할 필요가 있다고 다시 한번 강조한다.

마지막으로, 성적 소수자들이 또 다른 문화 집단을 구성하고 이들에 대한 구체적인 지침이 나타났다. 1970년대에서 1990년대까지 여성의 진로 발달에 대한 문헌에 대한 관심이 엄청나게 증가한 반면(Fitzgerald, Fassinger, & Betz, 1995), 1990년대에는 게이, 레즈비언, 양성애자, 트랜스젠더의 직업발달에 상당한 진전을 보였다(Chung, 2003). Chung(2003)은 21세기의 첫 10년은 평가와 상담자 교육, 특히 소외계층(레즈비언, 양성애자, 트랜스젠더)에 초점을 맞춰야 한다고 제안했다. 확실히 지난 10년 동안 성적 소수자들의 진로 발달 문제를 이해하는 데 있어 발전이 있었다(Bieschke & Toepfer-Hendey, 2006; Datti, 2009; Pope et al., 2004; Schmidt & Nilsson, 2006). 수십 년 전과는 달리, 지금은 문화적으로 다양한 사람과 함께 일하는 진로상담자들을 안내해 줄 수 있는 적절한 문헌이 존재한다.

전략적 목표

비록 진로상담이 어떤 진로 관련 결정을 하는 것이나 일의 역기능을 다루는 '교정적인' 개입으로서 진부하게 여겨짐에도 불구하고, 증가하는 다양한 진로개입의 실제적인 목표는 이 책의 제1장에서 기술된 상담심리학자들의 발달적이고 예방적인 역할을 이행하는 것이다. Jordaan, Myers, Layton, Morgan(1968)의 발달적, 예방적, 치료적인 역할에 대한 간략한 정의를 반복하는 것이 유용할 수 있을 것이다. 그러한 설명에 부합하는 진로개입의 예시가 각각 제공된다.

발달적 역할은 '개인이 잠재력을 발견하고 개발할 수 있도록 하는 여러 종류의 경험으로부터 최대한의 이익을 계획하고, 얻고, 도출하도록 돕는 것'이다(Jordaan et al., 1968, p. 1). 상담심리학자들에 의한 진로심리학에 대한 많은 연구는 중학생과 고등학생을 위한 직업교육 프로그램의 기초가 되었다(Lapan et al., 2012). 나아가 대기업과 정부기관에는 이제 진로개발센터가 있을 수 있다. 이러한 센터의 주요 기능 중 하나는 직원들이 진로를 발전시킬 수 있는 방법에 대해 더 많이 배우도록 돕는 것이다. 고용주들은 많은 직원이 그러한 센터를 가치 있는 혜택으로 본다는 것을 알고 있기 때문에, 직원들의 사기와 고용주에 대한 인식을 높이고 있다. 또한 고용주들은 그들의 가장 재능 있고 동기부여가 된 직원들이 만약 그들이 진로개발센터에서 제공되는 다양한 프로그램에 참여한다면 그들의 회사 내에서 승진에 더 잘 대비할 것이라는 것을 알고 있다. Cooper와 Shullman(2012)은 자문의 성격과 관련한 유용한 정보를 제공했으며, Hesketh(2000)은 조직과 직장에서의 진로 개발 개입에 대한 유용한 개요를 제공했다.

예방적 역할은 '가능하다면 미래에 발생할 수 있는 어려움을 예상하고 회피하고 미연에 방지하는 것'이다(Jordaan et al., 1968, p. 1). 관심사에 대한 좁은 시야를 극복하기 위한 취학 전 아동들에 대한 개입에 대한 Barak 등(1992)의 사례를 다시 생각해 볼수 있다. 그러한 개입은 실제로 지나치게 제한적인 관심사 때문에 발생할 수 있는 어려움을 미연에 방지하기 위해 고안되었다. 고등학생과 대학생은 전형적으로 예방적인 역할이 핵심적인 집단이다. 대학교 신입생들의 상당 부분이 졸업에 이르지 못하지 때문에(Solberg Nes, Evans, & Segerstrom, 2009), 학생들에게 대학과 진로 준비를 하게 하는 것이 중요하다(Lapan et al., 2012). 중퇴율을 최소화하기 위해서 상담자들은 학생들이 의미 있고 일관된 업무와 진로계획을 세우는 것을 도와주어야 한다(Flum & Blustein, 2000). 재취업 주선 상담 역시 마찬가지로, 많은 회사의 '인원 감축(많은 좋은 직원을 해고하는 것)'으로 해고된 직원들로 하여금 그들이 다른 직장을 잡을 수 있도록 도와주는 한 방법으로 매우 자주 여겨지기 때문에 급속히 늘어난 개념이다. 어떤 의미에서 그것은 재취업 주선이 목적이지만, 해고한 회사가 재취업 주선 상담을 제공하는 더 중요한 이유는 실업과 관련된 개인적이고 가족적인 기능 장애를 예방하기 위함이다(Mallinckrodt & Fretz, 1988).

교정적 역할은 뭔가 잘못되어 '바로잡아야' 할 필요가 있을 때 사용된다. 이 역할은 물론 대부분의 사람이 진로상담에서 도움을 받고 있다고 가정하는 역할이다. 왜냐하면 내담자가 만족스러운 선택을 찾을 수 없다고 여기거나, 해결해야 할 업무 적응 문제를 가지고 있기 때문이다. 다른 종류의 진로개입과 교정적 진로개입을 구별하는 것을 돕기 위해 Lowman(1993)은 일과 관련된 불안과 우울, 과로 등의 문제를 언급하고자 '업무 기능장애 상담(counseling of work dysfunction)'이라는 문구를 사용했다. 좀 더 최근에 Swanson(2012)은 "실직과 해고는 정신건강 문제를 유발할 수 있다."(p. 20)라고 하며 그러한 개입은 개인들의 행복감과 만족감을 회복하는 데 도움을 줄 수 있다고 분명하게 말했다.

이론적 접근

대부분의 모든 진로개입은 어떤 질문이 다루어지고 있든, 어떤 모집단을 대상으로하든, 어떤 전략적 목적을 가지고 있든 관계없이, 전형적으로 이 장의 앞부분에서 검토한 이론적 지향 중 하나로 체계화될 것이다. 예를 들어, 발달이론은 발달적 전략목표를 가지고 개입하는 것을 자연스럽게 이끄는데, 아마도 '일하는 것이 어떻게 내가 한 개인으로서 성장하는 것을 도울 수 있을까?'라는 질문으로 다루어질 것이다. 사회학습 이론 접근법은 '내가 무엇을 선택해야 하는가?'라는 질문에 '막힌' 내담자에 대한 교정적 개입에 가장 잘 맞는다. 특성 중심 접근은 재취업 주선 상담에서 핵심적인 역할을 하며, 만족스럽게 일을 하고 있을 때보다 더 새롭고 넓은 기회를 볼 수 있도록 도와줌으로써 고용시장에서 모든 유급의 직업을 찾는 스트레스와 절망을 예방한다. Sharf(2006)는 어떻게 해서 이 진로 개발에 관한 주요 이론들이 진로상담 실무로 '옮겨질' 수 있는지를 볼 수 있는 훌륭한 자료이다.

기법

기법의 차원은 앞서 검토한 네 개의 차원과 질적으로 다르다. 진로개입은 주로 하나의 질문, 즉 사회정체성의 한 가지 중요한 측면, 하나의 특정한 전략적 목표에 초점을 맞출 수 있지만, 기법에 관해서는 전형적으로 각각의 개입마다 다양하다. 진로상담 기법은 크게 (가) 자신과 일의 세계에 대해 배우고, 둘을 합칠 수 있는 평가 전략과 (나) 일자리를 찾고, 구하고, 유지하는 기법의 두 가지 범주로 나뉜다. 첫 번째 범주에서 사용되는 많은 전략은 이 장의 앞부분에 요약된 각 이론에 대한 주요 척도에서 검토되었다. 비록 전통적인 측정도구가 진로상담에서 계속해서 인기가 있지만, 또한 기술의 사용에 대한 강조가 증가하고 있다. 특히 인터넷의 광범위한 사용으로 인해, 많은 컴퓨터 보조 진로지도 시스템이 이용 가능해졌다(Bobek et al., 2005). 때때로 그러한 평가도구들은 진로상담 현장에서 또는 대학의 진로 개발 센터를 통해서 사용되지만, 또한 스스로 찾는 개인들에 의해서도 사용된다. (그 분야가 지속적인 변화를 하고 있음에도 불구하고) 잘 정립된 몇몇 척도가 있다. 우리는 상담자들이 그들의 업무에 인터넷을 사용하는 것의 특정한 이점과 도전에 친숙해질 것을 제안한다(Osborn, Dikel, & Sampson, 2011).

범위를 이해하고 일자리를 찾고 구하는 기법을 잘 보여 주기 위해 『Job Club Counselor's Manual』(Azrin & Basalel, 1980)은 여전히 널리 사용되고 있다. 직업 클럽(Job Club)의 개념은 복지 수급자가 만족스러운 취업을 할 수 있도록 지원하는 것과 재취업 주선 서비스에서 합병 혹은 인원 감축 때문에 곧 해고될 노동자에게 적합한 새로운 직업을 찾는 것을 돕는 것 모두에 효과적으로 사용되었다. 유사한 직업 클럽으로 Kate Wendleton의 5시 클럽(Five O'Clock Club) 시리즈가 있다(예: the Job Search

Workbook; Wendleton, 2007). 다시 한번 말하지만, 정보, 블로그, 직업검색 엔진, 소셜 네트워킹을 위한 인터넷 사용(Osborn et al., 2011)은 오늘날의 진로상담자들에게 필수적인 부분이 되고 있다.

우유부단함: 진로상담의 최종적인 어려움

비록 진로상담과 진로개입을 받는 사람들 대부분이 눈에 띄는 긍정적인 이득을 경험하지만, 만족스러운 결정을 내리지 못하고 그들의 상담 경험에 불만족스러운 채로 남아 있는 소수의 진로상담 내담자 집단이 분명히 존재한다. 대부분의 경우에, 이러한 내담자들의 상담자들은 우유부단한 내담자들과 일한 경험과 결과로 인해 그들의 내담자들만큼 불행하거나 훨씬 더 불행했다. 이 단락에서 우리는 이 가장 까다로운 내담자 집단이 제시하는 문제를 해결하기 위해 과학자−실무자로서 상담심리학자의 업무에 대한 개념적이고 경험적인 결과를 제공하고자 한다. 세 가지 질문이 다루어질 텐데, 각각의 질문은 이전 질문에 대한 발전에 기초하여 제기되었다. 첫째, 우유부단한 내담자의 신뢰성 있고 의미 있게 다양한 유형이 있는가? 둘째, 그러한 유형이 존재한다면, 그들에게 진로상담을 제공할 때 이용되어야 하는 다른 치료법이 있는가? 셋째, 다른 치료법이 필요하다면, 그것이 진로개입의 어떤 변화, 어떤 형태의 심리치료 혹은 어떤 종류의 조합이어야 하는가?

진단의 복귀

Crites(1981)는 상담심리학 분야 초기에 개발된 진로 관련 진단 시스템이 가진 몇 가지 이슈와 문제점에 대해 간결하게 검토했다. 그러한 시스템의 주요한 문제들 중의 하나는 그들이 결코 서로 다른 종류의 진로개입을 제공하는 것과 밀접하게 연결되지 않았다는 것이다. 진로상담 전략은 내담자의 어떤 다른 진단보다 상담자의 이론적인 예측에 더 많이 기반을 두었다. 그러나 Holland와 Holland(1977)가 이야기한 특성 중심 같은 이론적 틀 안에서조차도 진로를 결정하지 못한 것에 대해 걱정하면서도 자신과 직업세계에 관한 정보를 강조하고 나서 만족스러운 옵션을 찾아 선택하도록 하는 전통적인 개입에 호의적으로 대응하지 않는 내담자들이 분명히 있었다.

지난 몇십 년 동안 이러한 내담자들에 대해 더 많이 이해하기 위해 수많은 이론적이고 경험적인 연구가 수행되었다. 연구의 초기 단계에서는 어떻게 하면 우유부단하다고 불리는 내담자들과 단순히 결정하지 못하고 있는 내담자들을 구분할 수 있는지와 각각의 내담자 유형에게 필요한 다른 치료법에 초점을 두었다(Fuqua & Hartman, 1983; Holland & Holland, 1977; Salomone, 1982). 의사결정을 내리지 않은 내담자는 진로 결정은 아직 하지 못했지만, 대부분 반응이 빨랐고 자기평가식인 진로탐색검사(SDS)와 같은 진로개입의 다양한 유형에 원활하게 대응한 사람이었다. 이들의 미결 상태는 단지 현재의 직업에 대한 불만 때문이거나, 아니면 무의식적으로 이전 직장에서 해고되었다는 것 때문에, 다른 직업 선택권을 고려할 필요성에 대한 정상적인 발달 단계이거나 일시적인 대응이었는지도 모른다. 반면에, 우유부단한 사람, 즉 많은 진로개입에 잘 대처할 수 없고 진로 결정이나 직업 결정을 내릴 수 없는 사람들에 대한 연구는 그러한 내담자들이 일반적으로 높은 수준의 걱정과 때로 부적절한 의사결정 기술 및 대처 기술을 보임을 보고했다. 시간이 지나면서 '우유부단한' 내담자들이 동질적인 그룹은 아니라는 것에 대한 증거가 등장했다(Brown & Rector, 2008). 우유부단한 일부 내담자들은 불안으로 움직일 수 없는 듯 보였고, 다른 내담자들은 극복할 수 없는 장벽을 인식한 듯했으며, 또 다른 내담자들은 그저 형편없고 무능한 의사결정자였다. 어떤 경우에 내담자들은 세 가지 유형의 문제를 모두 안고 있었다.

이러한 유형의 우유부단함과 관련하여 변별진단을 수행하는 데 도움이 되는 다양한 측정도구가 개발되었다. 가장 널리 사용된 두 가지는 진로 결정 척도(Career Decision Scale: CDS; Osipow, Carney, Winer, Yanico, & Koschier, 1980)와 진로결정상황 척도(My Vocational Situation: MVS; Holland, Daiger, & Power, 1980; Holland et al., 1993)였지만, 진로 미결정 척도(Coping with Career Indecision Scale; Larson, Heppner, Ham, & Dugan, 1988) 등도 개발되었다. 이러한 측정도구들은 많은 연령대에서 사용되어 왔으며, 도구들의 요인구조, 신뢰도 및 타당도가 연구되었다. 이러한 측정도구들은 '미결정(undecided)'과 '우유부단함(indecisiveness)' 간에 가장 명확한 차이를 가져왔다. 우유부단함이 단일 차원인지 다차원인지에 대해서는 훨씬 명확하지 않다(Lee, 2005; Lucas, 1993).

우유부단함에 대한 최근의 연구는 걱정과 애착(Braunstein-Bercovitz, Benjamin, Asor, & Lev, 2012; Tokar, Withrow, Hall, & Moradi, 2003)과 다양한 인지요인의 문제를 살펴보았다(Bullock-Yowell, Peterson, Reardon, Leierer, & Reed, 2011; Creed, Patton, & Bartrum, 2004; Guay, Senécal, Gauthier, & Fernet, 2003). 이렇게 도움을 주기 어려운 진로상담 내

담자들에 대해 가장 효과적인 진단을 하는 방법은 아직 명확하게 밝혀지지 않았지만, 의심할 여지 없이 앞으로 몇 년 동안 평가 기법의 추가적인 발전이 있을 것이다. 만약 상담심리학자들이 Phillips(1992)의 좋은 충고를 계속 따른다면, 우유부단한 다른 유형의 고객들에게 어떤 것이 가장 잘 맞는지를 결정하기 위해 평가 결과를 변별적 처치와 결합하는 것에도 더 많은 관심이 있을 것이다. 그러한 변별적 치료 계획은 다음 단락에서 집중적으로 다룰 것이다.

치료 계획

일찍이 1970년대 후반에 Holland는 자신의 연구(Holland & Holland, 1977)에서 '우유부단하다'는 꼬리표를 단 사람들과 비교했을 때 단순히 '결정하지 않은' 사람으로 파악된 사람들에게는 진로탐색검사(SDS)와 같은 훨씬 덜 집중적이고 자기평가식인 진로 개입이 제공될 수도 있다는 결론을 내렸다(Holland, 1994). 본질적으로 진로탐색검사(SDS)나 컴퓨터 지원 상담 같은 자조적 치료를 통해 누가 혜택을 받을 수 있는지를 알게 됨으로써 일어나는 전문적인 시간의 엄청난 비용 절감은 진로 결정 척도(CDS)나 진로결정상황 척도(MVS)와 같은 현재 형태의 진단도구도 치료 계획 도구로 매우 유용하게 사용할 수 있도록 한다.

Heppner와 Hendricks(1995)는 단순히 결정하지 못한 내담자와 우유부단한 내담자에 대한 치료를 비교하는 첫 번째 연구의 과정과 결과를 제공했다. 이들의 연구 결과는 우유부단함을 다루는 데 있어서의 복잡한 점에 대해 상당히 분명하게 보여 주었다. 이들은 결정하지 못한 내담자가 최대로 빠르게 진전을 이루었으며 단기 진로상담 회기를 마친 것에 가장 큰 만족감을 느끼고 있다는 사실을 발견했다. 나아가 이들의 연구에서, 결정하지 못한 내담자가 더 많은 개인적인 문제에 대해서 상담자와 작업한 우유부단한 내담자보다 상담 관계를 더 높이 평가했다는 것을 발견했다(상담자에 대한 평가가 아님). 우유부단한 내담자의 제한된 결과와 상담에 대한 좋지 않은 평가는, 그러한 진로 문제들이 더 큰 삶의 맥락에 놓여 있기 때문에, 어떤 '진로상담 내담자들'에게 진짜로 필요한 것은 '개인상담'이라고 일관되게 말해 온 상담심리학자들로부터 틀림없이 "내가 당신에게 그렇게 말했잖아요."라는 반응을 이끌어 낼 것이다(Juntunen, 2006; Swanson, 2002). 진로상담과 개인상담의 관계에 대한 도발적이고 지속적인 논의는 우유부단한 내담자의 도전에 대처하는 마지막 단락의 기초가 된다.

진로상담과 심리치료: 융합, 탈융합, 혼란

우유부단한 내담자를 상담하는 것에 대해 설명된 어려움을 감안할 때, 거의 모든 상담심리학자가 일부 내담자에게는 개인상담과 진로상담을 융합(fusion)하는 것이 필요하다는 데 동의한다는 것은 놀라운 일이 아니다. 그러한 융합의 본질이 무엇이어야 하는가 하는 것이 바로 1990년대 수많은 논문의 주제였다. 『Career Development Quarterly』(42권, pp. 129-173)의 1993년 특별호에는 진로상담과 개인상담/심리치료의 더 많은 융합이 필요하다는 견해에 대한 예시가 실려 있다. Hackett(1993)은 그녀가 생각하기에 진로상담과 개인상담 간에 존재하는 수많은 잘못된 이분법에 대해 기술했으며, 이러한 잘못된 이분법들은 진로상담 영역과 개인상담 영역에서 별도의 수업과 실습을 제공하는 대학원 프로그램뿐만 아니라, 진로상담과 개인상담을 별도로 명명해서 서비스를 제공하는 많은 대학상담센터에 의해 지속된다고 했다.

일부 내담자들에게는 진로상담과 심리치료의 어느 정도 융합이 필요하다는 것이 명백한 것처럼, 일부 진로개입의 경우 융합이 필요하지 않고 융합이 합리적으로 가능하지 않다는 것도 분명하다. 몇몇 진로개입[예: 컴퓨터 지원 프로그램 또는 진로탐색검사(SDS)와 같은 자기평가식 검사]은 상담자와의 개인적 교류를 거의 포함하지 않는다. 일부 진로교육수업, 진로 개발 워크숍 및 예비 은퇴자 교육 프로그램은 30명에서 100명의 집단에게 제공된다. 이러한 유형의 개입은 상담자와의 어떤 개인적인 관계 바깥에서 이루어지는 방식으로, 심리치료와 관련이 거의 없거나 전혀 없는 활동들이 확산(diffusion)된다. 이러한 종류의 개입을 받은 사람들이 개입으로 인해 발생되는 우려에 대처하기 위해 나중에 상담 관계를 요구하지 않을 것이라고 말하는 것은 아니다. 그러나 최소한 처음에는, 진로 중심 상담과 개인 중심 상담 활동에 각각 초점을 맞춘 개별적인 단계가 존재할 것이다.

개인상담이나 소규모 집단상담 상황을 볼 때, 진로에 대한 관심이 상담자와의 관계에서 비롯되는 경우, 심지어 진로상담과 개인상담/심리치료 사이의 어떠한 융합의 성격에 대해서도 혼란이라고 할 수 있을 정도의 엄청나게 많은 의견이 있다(Swanson, 1995, 2002). 진로상담과 심리치료는 기본적으로 스트레스 시기에만 교차로가 제한적으로 존재하거나 중복되는 분리된 '세트'일까, 아니면 진로상담은 심리치료의 여러 부분집합 중 하나일까?

개별적인 세트 개념을 설명하기 위해, 만성 불안 및 우울 등이 있는 사람은 그러한 증상들이 치료될 때까지 진로 문제를 고려하는 데 있어 이득을 얻을 수 없다고 느끼는 일부 상담자들이 있다. 이러한 입장은 주로 특성 중심의 접근 방식으로 일하고, 내담자가 적극적인 자기 및 환경 평가에 참여하고, 이성적인 의사결정과정(매우 불안하거나 우울한 내담자가 수행하기 어려운 모든 단계)을 할 수 있기를 기대하는 상담자들이 취한다.

'부분집합'의 입장은 내담자를 성적 기능장애나 약물 남용 문제를 가진 사람과 다를 바 없는 것으로 보는 인간 중심 이론 상담자들에 의해 설명된다. Krumboltz와 Coon (1995)은 그들의 사회학습관점에서 진로에 대한 관심을 장기적인 관계를 맺을 것인지, 아니면 공포증을 다루어야 할지를 결정하는 것과 같은 일련의 독특한 관심사 집합의 하나로 보았다. 이에 따라 진로상담과 심리치료를 내담자가 상담에 가지고 올 수 있는 많은 걱정거리의 집합체 중 하나로 융합하는 것과 "직업과 관계를 통해 삶을 건설하도록 진로를 개발하려는 사람들을 돕는 것"(Richardson, 2012, p. 191)으로 초점을 움직이는 것에 대해 논쟁하는 상담심리학자들이 늘어나고 있다(Blustein & Spengler, 1995; Juntunen, 2006; Swanson, 2002). Richardson(1996)은 심지어 '진로상담'이라는 꼬리표를 떼야 한다고 주장했다. DeBell(2006)은 모든 상담자와 치료자들이 직장에서 일어나는 문제들(예를 들어, 세계화가 심화되고, 부자와 가난한 사람들 사이의 경제적 격차가 증가하는 것)을 알아야 한다고 제안했다. 당신이 '진로상담'을 하든, '영역-특수 상담'을 하든 (Blustein & Spengler, 1995), 아니면 이름 붙이기를 거부하는 통합 진로/개인상담을 하든 (Richardson, 2012), 중요한 점은 당신이 진로 문제가 개인의 자기개념, 발달적 선택, 정신건강에 미치는 중요성과 상호 영향을 이해해야 하는 것이다.

요약

진로심리학은 상담심리학의 가장 오래되고 가장 중요한 요소 중 하나이다. 100년 이상 연구와 실무 분야로서 진로심리학의 강력함은 심리학자들이 개인과 사회 복지 모두의 진로심리학에 두는 상담의 중요성과 관련이 있다는 것은 의심의 여지가 없다. 이 장의 주요한 부분은 진로심리학의 연구에 대한 세 가지 다양한 접근법을 제시하는 것에 할애되었다.

특성 중심의 이론들은 19세기 초에 개발되기 시작했는데, 그 시기에는 많은 심리학적 연구가 측정에 초점을 맞추고 있었다. 초기 이론들은 특성과 요인으로 알려져 있었고, 업무 요건에 맞는 개인능력을 강조했다. 우리가 탐구한 이러한 유형의 근본적인 이론은 Holland의 직업적 성격에 대한 이론이었다. Holland의 RIASEC 모델은 개인의 능력과 일자리 요건을 일치시키는 것보다는 자신과 직장 환경에 대한 사람들의 평가를 일치시키는 것에 더 많은 영향을 미치는 새로운 연구 및 혁신적인 진로상담 개입을 창출하는 데 가치가 있음이 입증되었다.

진로심리학의 발달이론은 20세기 중반에 주로 등장했는데, 학문으로서의 심리학이 발달 과정에 훨씬 더 많이 관심을 둔 것과 마찬가지였다. 이러한 이론은 '어떤' 선택이 이루어지는 것과 비교하여 '어떻게' 선택이 이루어지는가에 집중한다. Super의 진로 발달의 전 생애 단계 이론 개발에 있어서 일생의 노력은 많은 혁신적인 연구와 새로운 심리학적 평가를 불러일으켰다(예: 일의 중요도). 그의 연구 결과는 젊은 청소년들을 위한 진로지도의 성격을 근본적으로 바꿔 놓았다.

사회학습과 진로 선택 및 개발에 대한 인지이론은 심리학 전반의 본질을 다시 한번 반영하며 가장 최근에 개발된 이론이었다. 인지학습이론은 주로 1960년 이후에 나타났다. Krumboltz와 동료들은 그들이 진로 선택을 할 때 개인들의 마음속에 무슨 생각이 드는지를 이해하는 데 도움을 주기 위해 학습의 기본 원칙들을 처음으로 도입했다. 어떻게 사람들은 그들 자신과 직업세계 둘 다에 대해 믿게 되는가? 이 모델은 다양한 그릇된 신념이 어떻게 만족스럽지 못한 진로 선택을 야기하는지를 조사하는 데 특히 유용했다. 이 모델의 특수성은 특히 자신과 직업세계에 대한 개인의 부적절한 신념을 고치기 위해 새로운 종류의 진로평가 및 개입을 고안하는 데 도움이 되었다.

최근 수십 년 동안 진로(career)라는 단어의 변화하는 의미와 함께, 엄청나게 광범위한 진로개입이 등장했다. 이러한 개입은 교실 활동에서부터 자기평가식 컴퓨터 프로그램, 개별화된 진로상담에 이르기까지 다양하다. 이러한 다양한 개입을 비교할 수 있는 다섯 가지 차원은 내담자의 질문, 사회적 정체성, 전략적 목표, 이론적 방향 및 사용된 기법이다.

'우유부단한' 내담자라는 소수의 내담자에 의해 진로상담자들에게 지속적으로 주어진 어려움은 개별화된 진로상담에서 진단과 치료 계획의 가치를 탐구할 수 있는 기회를 제공했다. 그러한 내담자들과 일할 때, 전통적인 심리치료와 진로상담 사이에는 큰 중복이 있다. 심리치료와 진로상담에서 상담심리학자들이 탐색해야 할 도움이 되는 실제로 많은 중요한 공동의 변화 과정이 있다.

제 **16** 장

개인을 넘어서:
집단치료, 부부치료, 가족치료

이전 장들에서는 치료의 초점이 주로 일대일 개인상담과 심리치료에 있었다. 그러나 상담심리학자들은 개인 작업 이외에도 다양한 치료에 관여하고 있다. 그들은 집단, 부부 및 가족치료를 포함하여 다양한 집단과 함께 작업한다. 이러한 치료법들은 효과적이면서 영향력이 있기 때문에 느리지만 확실하게 심리작업을 하는 공동체에서 광범위하게 받아들여지고 있다. 제16장은 두 부분으로 나뉘어 있다. 집단치료는 부부 및 가족치료법과 매우 다른 방식이기 때문에 별도로 살펴본 후 부부 및 가족 치료를 살펴보고자 한다.

집단상담과 치료

제8장을 통해 여러 연구는 개인상담이나 치료가 내담자의 다양한 문제에 효과적이

http://dx.doi.org/10.1037/14378-016

Counseling Psychology, Third Edition, by C. J. Gelso, E. N. Williams, and B. R. Fretz

라는 것을 분명히 보여 주었다. 또한 일반적으로 상담실을 찾는 내담자는 개인상담을 통해 도움을 받는다고 알려져 있다. 그러면 상담심리학자들은 왜 힘들게 집단상담이나 심리요법과 같은 집단치료를 하는 것일까? 단순히 모든 내담자에게 개인상담을 하지 않는 이유는 무엇일까? 만약 모든 내담자를 개인상담으로만 치료한다면, 상담심리학자의 훈련을 매우 단순화할 수 있다. 왜냐하면 개인상담에서의 개입방법만 훈련시키면 되기 때문이다. 그러므로 모든 상담자를 개인상담에 배정하는 것은 상담소가 더 이상 중재 방법을 선택하는 데 고민할 필요가 없다는 것을 뜻한다. 또한 집단 회의 시간을 정하는 것과 같은 복잡한 계획의 문제로 고심할 필요도 없다.

그럼에도 불구하고 집단상담에 대한 필요성을 말하자면, 우선 집단상담 진행은 많은 내담자를 집단 형식으로 동시에 다룰 수 있기 때문에 상담심리학자의 시간을 효율적으로 사용할 수 있게 해 준다. 이뿐만 아니라 집단치료와 같은 집단 중재들은 개인상담과 마찬가지로 광범위한 문제들에 특히 도움이 되는 것으로 나타났다(Burlingame, Strauss, & Joyce, 2013).

이점과 한계

집단 상담이나 치료 같은 집단 개입들에 특별한 이점들이 있을까? 이에 관한 연구 결과가 아직 명확하지는 않지만, 집단치료의 주요 이점들은 일반적으로 대인관계적(interpersonal)인 것이다. 우선 집단치료 구성원은 다른 집단 구성원들을 관찰한다. 다른 사람들로부터 피드백을 받거나 서로 주면서 도움이 되고, 응집력이 있는 집단의 일부가 되며, 더욱이 나눔과 매우 개인적인 형태의 대인관계적 상호작용을 주고받는 것에 참여함으로써 집단의 이점에 대해 배우게 된다.

집단 개입에서 가장 많은 이익을 얻는 참여자는 대인관계 영역에서 어려움을 겪고 있는 사람들이다. 예를 들어, 친밀한 관계를 원하지만 대인관계 불안에 시달리거나 대인관계 기술에 자신이 없으며 이런저런 이유로 다른 사람들이 멀리 피하는 사람들은 집단치료의 주요 후보들이다. 집단상담은 자신을 잘 드러내지 못하는 사례들에서 특히 효과적일 수 있다. 그 예로, 가족 역동성에 의해 비밀과 수치심이 있는 집단원은 자신의 감정이 다른 집단원들에게 공유되고 받아들여지는 집단 경험을 통해 엄청난 성장을 경험할 수 있다. 마찬가지로 자신의 주요 호소문제 자체가 비밀과 수치심을 일으키는 집단원도 집단치료가 큰 도움이 될 수 있다. 그것은 자신의 근친상간 경험에 대한 수치심과 자책감을 다루는 방안으로 집단치료에 참여하는 여성 집단원을 예로 들 수 있다. 근친상간 외상을 경험한 여성들에 관한 최근의 문헌은 집단치료가 이들에게 매우 효과적일 수 있다는 생각을 뒷받침한다(Burlingame et al., 2013; Ford, Fallot, & Harris, 2009). 또한 억압받고 있는 집단의 구성원들에게 집단상담은 지지와 결속의 원천이 될 수 있다. 고립을 감소시킬 뿐만 아니라 그들이 혼자가 아니라는 것을 알 수 있도록 도와준다.

　Corey, Corey, Corey(2010)에서 논의된 집단치료의 주요 이점들은 다음과 같다.

1. 집단 참여자들은 다른 사람들과 관계하는 스타일을 탐구하고 보다 효과적인 사회적 기술들을 습득할 수 있다.
2. 집단 상황은 새로운 행동에 대한 지지를 제공하고 실험을 장려한다. 참여자들은 새로운 행동을 시도하고 실생활의 행동 목록에 이러한 행동들을 포함시킬지의 여부를 결정할 수 있다.
3. 특히 집단 참여자들의 구성이 관심, 나이, 배경, 문화, 사회경제적 지위 및 문제 유형과 관련하여 다양할 경우에, 개인상담보다도 여러 집단에서 일상생활의 재창조가 많이 일어난다. 이러한 방식으로 집단 참여자들의 구성이 다양할 때 구성원들은 광범위한 성격들과 접촉할 수 있기 때문에 풍부하고 다양한 피드백을 받을 수 있다.
4. 집단 참여자들은 다른 참여자들의 경험을 통해 스스로에 대해 배울 수 있는데, 의미 있는 자기개방을 장려하는 정서적 친밀감과 돌봄을 경험하면서 다른 사람들의 투쟁을 파악하는 것이다.
5. 최적의 집단 설정을 통해 참여자들이 다른 사람들에게 어떻게 영향을 미치는지 발견할 수 있도록 도울 수 있다. 참여자들은 대인관계적으로 어떤 행동이 자신의 문제들 일부(예: 외로움, 고립)를 일으키는지 효과적으로 알 수 있다. 또한 참여자들은 도움이 되지 않는 패턴들을 수정하는 법을 배울 수 있다.

　집단 상담 및 치료의 많은 이점과 효과에 대한 일관된 증거에도 불구하고 집단 상담 및 치료는 모든 것에 효과적이지는 않다. 마찬가지로 집단 상담 및 치료들은 모든 사람에게 효과적인 것이 아니다. 사실 일부 내담자들은 특정 집단상담에 참여함으로써 감정적으로 상처를 받을 수 있다. 예를 들어, 거의 모든 형태의 집단상담 작업에서 집단의 규범과 기대에 따르는 미묘한 압력이 종종 있다. 일부 참여자들은 이러한 기대들을 의문의 여지 없이 받아들이므로 그러한 압력에 특히 취약할 수 있다. Corey와 동료들(2010)이 지적한 바와 같이, 일부 참여자들은 너무 의심이 많거나, 너무 적대적이거나, 너무 취약해서 집단치료를 통해 효과를 얻지 못한다. 특정한 성격장애(예: 경계성 성격, 자기애적 성격, 반사회성 인격장애)로 고통받는 사람들도 집단치료에 적합하지 않다(Yalom & Leszcz, 2005). 상담자와 내담자 모두가 집단에 참여하기 전에, 그가 어떤 유형의 집단상담에 참여하든지 간에 이점과 한계점을 살펴볼 수 있도록 해야 한다. 즉, 집단상담자는 내담자의 존재가 집단에 어떻게 영향을 줄지뿐만 아니라 내담자가 집단에서 어떤 이익을 얻게 될지도 평가해 보아야 한다.

치료집단 작업: 정의와 기본 특성들

집단(group)은 어느 정도의 상호 의존성이 존재하는 개인의 집합체로 정의될 수 있다. 치료집단(therapeutic group)은 어떤 공통된 목표를 추구하는 상호의존적인 개인의 집합체이자 집단 자체가 그 자체의 삶, 자체의 정신, 다시 말해 자체의 성격을 가지기 때문에 항상 개별적인 부분의 합보다 크다.

치료집단에는 집단 심리치료, 집단상담, 만남 및 성장 집단, 훈련 또는 T-group, 구조화된 집단 및 자조 집단과 같은 광범위한 개입들이 포함될 수 있다. 그러나 이번 장에서의 초점은 상담심리학자들이 사용하는 두 개의 주요 치료집단 개입인 집단상담(group counseling)과 집단 심리치료(group psychotherapy)에 있다. 집단상담 및 집단 심리치료라는 용어는 종종 같은 의미로 사용되지만, 그것들은 약간의 차이가 있다.

집단상담은 집단 심리치료보다 예방(vs. 교정)에 더 중점을 두는 경향이 있다. 또한 집단상담은 참여자의 의식적인 관심에 초점을 맞추고, 개인적인 문제뿐만 아니라 교육 및 직업 문제에 대한 관심을 포함한다. 교육적 환경(의료 또는 임상 환경과는 대조적으로)에서 일어나며, 심각한 문제가 있는 사람들보다는 정상적인 범위에 속하는 내담자들에게 사용되는 경향이 있다. 집단상담은 집단치료보다 회기 수가 짧으며, 일반적으로 약 20~25회기의 상한이 있다. 반면, 집단치료는 수년간 지속될 수 있으며, 참여자의 성격 변화를 목표로 한다.

이러한 집단상담과 집단 심리치료의 차이는 종류보다는 심각성의 정도에 있다. 상담

(counseling)과 치료(therapy; 제1장에서의 정의 참조) 사이에 많은 부분이 중복되는 것처럼, 그 두 가지 사이에도 상당한 중복이 있다. 사실 연속선상의 가장 끝부분을 제외하고는 상담 실습 과정에서 대부분의 집단은 그 차이점이 흐려지거나 없어진다. 그리고 이번 장에서 이러한 용어들은 혼용될 것이고, 집단상담에 대한 Corey와 동료들(2010)의 설명은 집단 상담 및 치료 모두에 적용된다. 저자들에 따르면, 집단 상담이나 치료에 참여하는 사람들이 호소하는 문제는 대인관계의 성격을 띠는 경우가 많으며, 이는 집단 형식에 매우 적합하다. 내담자는 집단에서 자신이 가지고 있던 일상의 갈등과 문제가 재현되는 것을 볼 수 있다. 그러나 참여자는 다른 집단 구성원의 피드백과 도움으로 집단에서 이러한 문제들에 대해 작업하고 해결할 수 있다. 이런 식으로 집단은 변화를 위한 수단뿐 아니라 내담자의 현실의 단면을 제공한다. 집단원들은 다른 사람들에게 피드백을 제공하는 것뿐만 아니라 그들이 어떻게 보이는지에 대한 피드백을 얻도록 권장된다. 또한 그들은 중요한 사람들과의 어릴 적 갈등을 재경험하고 다시 살아가는 과정에서 오래된 과제를 해결할 수 있는 기회를 가지게 된다. 집단의 공감과 지지는 내담자들이 무엇을 어떻게 변화하고자 하는지 깨닫게 하며 새로운 행동을 시도할 수 있게 한다. 내담자들은 개인적·문화적 차이를 존중하는 법을 배우고, 동시에 그들이 깊은 수준에서는 다르기보다 오히려 비슷하다는 것을 발견할 수 있게 된다. 삶의 상황은 다르지만 고통과 갈등은 보편적이기 때문이다.

집단상담자의 리더십: 접근 방식, 과제 및 자질

집단상담을 이끄는 것은 매우 복잡하고 역동적이다. 그것은 집단상담을 이끌어 가는데는 각각의 초점에 따라 여러 가지 접근 방법이 있기 때문이다. 게다가 집단상담이 성공하기 위해서는 상담자가 능숙하게 특정 작업을 수행해야 한다. 그러므로 집단을 이끄는 데 효과를 발휘할 수 있는 상담자의 특정 자질이 필요하다고 할 수 있다. 집단 작업의 이러한 각 특징들을 살펴보기로 하자.

집단상담자의 초점

지난 수년 동안, 집단상담자 자신의 관찰 초점을 집단 전체에 맞출지 또는 집단 내

개인에게 맞출지에 대해 상당한 논란이 있었다. 제3의 가능성은 집단원들 간의 상호작용에 초점을 맞추는 것이다.

영국의 타비 스톡(Tavistock) 클리닉에서 가장 강력한 목소리를 낸 집단 중심의 접근법(group-centered approach; 예: Bion, 1961)은 집단이 그 자체로 실체이고 개인들은 집단원들이 이 실체를 이해하고 그것에 어떻게 적응하고 어떻게 기여하는지에 따라 가장 잘 학습할 수 있다는 아이디어에 기반을 둔다. 극단적으로 집단상담자의 의견은 개인을 대상으로 하는 것이기보다는 집단 전체의 기본 의미와 과정을 명확히 하기 위한 것이다. 대조적으로 개인 중심의 접근법(individual-centered approach)에서의 초점은 각 개별 집단원에게 있다. 개인 중심의 접근법에 대해 게슈탈트 집단을 예로 들어 설명해 보면, 집단 참가자가 모두가 주목하는 자리(hot seat)에 배치되고 상담자가 해당 내담자가 경험하고 있는 문제들에 대해 일정 시간 동안 치료 에너지를 전념한다. 때때로 다른 참가자들에게 의견을 묻기는 하겠지만 그들은 아마 관찰과 확인을 통하여 학습이 이루어질 것이다. 개별 구성원들은 모두가 주목하는 자리(hot seat)에 교대로 참여하게 된다. 세 번째 접근법인 대인관계 중심의 접근법(interpersonally centered approach)에서는 집단상담자의 주요 관심이 집단 구성원 간 상호작용에 있다. 여기서의 초점은 집단 참가자들이 어떻게 서로 영향을 주고받는 경험을 하는지에 관심이 있다.

세 가지 접근법을 명확히 이해하기 위해, 집단상담 내담자인 Jane이 어떤 회기에서 집단에 참여해 "오늘 화가 났어요. 나는 어제부터 이 짜증감을 느꼈고, 오늘은 점점 더 커졌어요. 나는 이 집단에 대해 너무나 압박을 느껴요. 그러나 왜 그런지 모르겠어요."라고 표현한다고 상상해 보자. 다음에 주어진 세 가지 집단상담자의 반응을 보고, 각 반응이 세 가지 접근법 중 어느 것에 해당하는지 결정해 보자.

1. "나는 Jim이 지난주에 짜증을 표현했을 때처럼 이번에도 집단 전체가 침묵으로 반응하고 있습니다. 실제로 그것은 조용한 자극과 같은 느낌이 들어요. 지금 집단에서 무슨 일이 일어나고 있는지 궁금합니다."
2. "Jane, 지금 이 감정이 당신에게 어떤 것인지 우리와 함께 나눌 수 있습니까?"
3. "Jane, 당신이 그렇게 말했을 때 나는 Jim을 보았습니다. 그리고 지금 그는 매우 수용적으로 보입니다. Jim, Jane의 경험에 대해 지금 무엇을 느끼고 있습니까?

몇 년 전부터 집단상담에 관한 여러 이론과 연구에 의하면 양극단적인 접근법이 그다지 도움이 되지 못한다는 것을 제안해 왔다(대인관계 접근법은 집단과 개인 두 가지 모두와 조화를 이룬다). 아마도 대다수의 집단상담자는 집단과 개인의 접근법을 통합하려고 시도할 것이다(Horwitz, 1986).

집단상담자의 과제

거의 모든 종류의 집단상담에서, 특별히 집단상담 중 치료집단과 성장집단과 같이 덜 구조화되고 상호작용이 많은 집단상담에서 상담자가 관여해야 하는 일반적인 임무가 있다. 치료집단 작업에서 집단상담자의 수많은 과제를 생각할 수 있지만, Yalom과 Leszcz(2005)는 세 가지 기본적인 과제가 있다고 제안해 왔다. 세 가지 기본적인 과제는 (가) 집단 형성 및 유지, (나) 집단 문화 구축, (다) '지금—여기'의 활성화와 조명이다.

집단 형성 및 유지

집단상담자의 첫 번째 중요한 임무는 집단을 구성하고 결집시키는 것이다. 그것은 집단 구성원의 선택과 준비는 아주 중요하기 때문이다. 연구 및 임상 경험에서는 일반적으로 특정 유형의 개인이 집단상담에 잘 적응하지 못하는 경향이 있다는 것을 지지한다. 편집증적이거나, 건강염려증이 있거나, 반사회적이거나, 뇌 손상이 있거나, 급성 정신병이 있거나, 약물이나 알코올에 중독된 사람들을 집단에 포함시키지 않는 것이 좋다(약물 의존적인 사람을 치료하기 위한 목적이 아닌 이상). 또한 Yalom(1995)은 친밀감을 형성하는 데 극도로 어려움을 겪고 있는 사람들은 적절한 집단 구성원 후보가 아니며(극도라는 말에 강조점을 두고), 급격한 위기 상황에 처한 사람들은 집단 형식을 통해 주어질 수 있는 것보다 더 많은 개인적 관심을 필요로 할 것이라고 언급했다. 마지막으로 Yalom과 Leszcz(2005)는 상호작용하는 집단에 속해서는 안 되는 '이탈자'에 관해 자세하게 논의했다. '이탈자(deviant)'가 의미하는 것은 집단에서 자신이나 다른 집단 구성원과 자신의 관계를 살펴볼 수가 없거나 살피고자 하지 않는 사람을 뜻한다.

긍정적인 집단 구성을 원한다면, 집단과 잘 어울리는 구성원들을 선택하고 대인관계 유형에 합리적인 균형을 이루는 집단을 형성하는 것이 좋다. "잠재적인 희생양과 '부적합'을 피하면서 '합리적인 다양성'을 시도"(Dies, 1987)하기 위해서는 적절한 구성원을 '선별'하고 집단에 잘 맞지 않는 사람들을 '차단'하는 상당한 임상 기술이 필요하다. 이러한 선택을 하기 위해 종종 개인면담이 두 번 이상 필요하다.

선별 과정과 집단의 초기 단계에서 구성원들이 그 집단이 어떠한 모임인지, 그들에게 기대되는 것이 무엇인지 그리고 다른 구성원들로부터 기대할 수 있는 것이 무엇인지에 대해 잘 아는 것은 중요하다. 실제로 집단 상담 및 치료에 대해 많은 사람이 오해하고 있으며, 이러한 잘못된 정보의 대부분은 부정적인 것이다. 예를 들어, '집단은 예측할 수 없으며, 개인이 원하지 않는 것을 공개하도록 강요할 것이다.'(Corey, Corey, & Corey, 2010)는 부정적 생각이다. 이러한 오해를 수정하는 것은 시작 단계에서 중요하다.

일단 집단이 시작되면, 집단상담자의 임무는 집단의 응집력을 위협하는 어떤 것이든 차단하는 것이 필요하다. 따라서 집단상담자는 집단원의 중도 탈락을 예방하기 위해 노력해야 한다. 왜냐하면 집단원의 중도 탈락이 다른 무엇보다도 집단의 존재를 위협하기 때문이다. 계속되는 지각, 결석, 집단 내 파벌의 형성, 집단 밖에서의 구성원들 간의 사교 활동 및 희생양을 만드는 일은 집단의 완전성을 위협하고 집단상담자의 개입을 필요로 한다. 집단의 형성과 유지는 초기 단계에서 매우 중요하기 때문에 때로는 개인의 긴박한 필요를 제쳐 두어야 한다. Yalom(1995)은 여성과 함께 집단을 유지하는 데 어려움이 있는 남성 네 명이 핵심 구성원으로 있는 집단을 예로 들었다. 첫 번째 집단 모임에서는 두 명의 새로운 여성 집단 구성원들이 무시되었다. 남성 구성원들 중 한 명이 집단에 늦게 참여했고, 그 새로운 구성원들의 존재를 인지하지 않고 곧바로 자신이 가진 문제에 대해 논의하기 시작했다. 30분이 흐른 후, Yalom은 지각한 남성 구성원에게 "Mike, 오늘 두 명의 새로운 구성원이 오늘 집단에서 어떻게 느낄지에 대해 당신은 어떤 예감이 드는지 궁금합니다."라고 질문하였다. 이 질문은 두 명의 새로운 구성원을 어떻게 무시했는지에 대한 다른 구성원들의 주의를 환기시켰고, Mike가 다른 사람들의 필요를 무시하는 경향에 대해 작업을 시작하도록 도왔다.

집단 문화 구축

일단 집단이 형성되어 현실화되면, 집단상담자의 주요 임무는 그것을 치료적 사회체계로 발전시키는 것이다. 이를 위해 상담자는 집단 구성원의 상호작용을 이끌어 내는 행동 규칙(종종 명시되지 않는), 규범을 확립하기 위해 노력한다. 이러한 규범 구축은 개인상담보다 집단상담에서 더욱 복잡하다. 개인상담에서는 상담자가 변화의 유일한 대리인이지만 집단상담에서는 아마도 다른 집단 구성원들이 가장 강력한 변화의 대리인 역할을 한다. 집단상담자의 과제는 구성원들 간에 치료적 상호작용을 촉진하는 집단 문화를 만드는 것이다.

앞에서 언급했듯이 치료 문화는 집단 구성원의 행동을 안내하는 규범들을 포함한다. 여기서는 어떤 규범들을 말하는 것일까? 적극적 참여, 즉각적인 감정의 자기개방, 다른 구성원들에 대한 비판단적 수용, 표현의 자발성, 자기이해의 욕구, 현재의 행동 패턴 중 적어도 일부에 대한 불만과 변화에 대한 의지를 말하며, 이것들은 집단상담자가 수립하기 위해 노력하는 주요 규범(또는 가치)이다. 집단 이론과 연구 모두 집단상담자가 두 가지 역할, 즉 기술 전문가와 모델링의 역할(model-setting participant)을 통해 치료 규범 구축을 촉진한다는 주장을 지지한다(Dies, 1987; Yalom & Leszcz, 2005). 집단상담자는 집단의 시작 전과 초기 단계에서 집단의 규칙에 관해 집단 구성원에게 교육할 때 기술 전문가로서의 역할을 한다. 이러한 교육은 집단상담자의 권위와 경험의 무게에 의해 강화되고, 규칙들에 대해 집단상담자가 제시한 이론적 근거가 집단 구성원에게 선명하고 명확한 의미를 부여한다는 사실에 힘입어 강화된다.

집단의 초기 단계 동안, 집단상담자는 기술 전문가로서 규범을 형성하는 데 도움이 되는 다양한 수단을 사용할 수 있다. Yalom(1995), Yalom과 Leszcz(2005)는 이용 가능한 방법들의 예를 제공하였다. 집단 과정을 집단상담자 중심으로 작업하는 것이 아니라 집단 구성원들이 자유롭게 상호작용하는 네트워크를 만들고자 한다면, 집단상담자는 사전 집단 면담이나 첫 번째 집단 회기에서 집단 구성원들에게 암묵적으로 지시할 수 있다. 집단상담자는 반복적으로 모든 구성원이 다른 집단 구성원에게 또는 집단의 문제들에 반응하도록 요청할 수도 있고, 대화가 항상 집단상담자에게 향하는 이유에 대해 문제를 제기할 수도 있다. 집단상담자는 질문에 대답하기를 거절할 수 있다. 집단상담자는 내담자들이 상호작용할 수 있는 방법을 가르치는 연습에 참여하도록 집단에게 요청할 수 있다(예: 집단의 각 구성원에게 다른 모든 구성원의 첫인상을 말하도록 요청). 또는 집단상담자가 서로 상호작용하는 구성원들을 긍정적으로 보상함으로써 행동을 수정시킬 수 있다(예: 집단 구성원을 따뜻하게 대접하거나 집단 구성원의 자세를 보다 수용적으로 바꿈). 자기개방, 감정 표현의 개방성, 즉시성, 자기탐색 등 집단상담자가 촉진하기를 원하는 많은 다른 규범에도 동일한 접근법이 적용될 수 있다.

또한 집단상담자는 모델링 역할을 통해 규범을 형성한다. 예를 들어, 문제의 영역에 있어서 비판단적인 수용과 집단 구성원들의 강점에 대한 이해의 모델을 제공함으로써, 집단상담자는 성장지향적인 집단을 형성하는 데 도움을 준다. 집단상담자는 정직, 자발성 및 인간의 오류 가능성에 대한 모델이 되기도 한다. 그러나 이것은 집단상담자가 모든 감정을 자유롭게 표현한다는 것을 의미하지는 않는다. 어떤 형태의 치료 장면에서와 마찬가지로 참여자들의 필요가 우선적이어야 하고, 유능한 집단상담자는 정직과 개방성뿐만 아니라 책임과 자제의 모델이 된다. 자제력과 개방성과 같은 자질을 통합하는 것은 노련한 집단상담자라 할지라도 쉬운 일은 아니다.

'지금-여기'의 활성화와 조명

일부 집단상담자들은 집단 구성원의 과거 경험에 초점을 맞추고, 다른 집단상담자들은 현재에만 집중한다. 그러나 집단상담자의 초점이 과거냐 현재냐의 여부와 관계없이 집단 구성원들은 '지금' 그리고 '여기에서' 집단상담에 참여하고 있다. 따라서 과거의 경험이 다루어지더라도 현재의 신선하고 살아 있는 방식으로 될 것이다. 우리는 '지금-여기'의 활성화와 조명이 집단치료법의 세 가지 주요 과제 중 하나라는 Yalom과 Leszcz(2005)의 제안에 동의한다.

Yalom(1995)에 따르면, '지금-여기'의 초점이 효과적이려면 상호 연관된 두 개의 요소로 구성되어야 한다. 첫 번째 요소는 '경험하는 것'이다. 집단 구성원들은 현재에서 서로를 받아들여야 한다. 집단 구성원들은 서로에 대해, 집단상담자에 대해, 집단에 대해 강렬한 감정을 표현한다. 이러한 '지금-여기'의 감정을 표현함으로써 집단의 주요한 상호작용을 형성하게 된다. 이 경험('지금-여기의 활성화'라고 함)이 중요하지만 그것만으로 충분하지는 않기 때문에, 집단 구성원이 즉각적인 감정만을 표현하면 그들은 금방 잊어버릴 강렬한 경험을 하게 될 뿐 행동 변화가 일어나지 않는다.

집단 구성원들이 변화하기 위해서 집단상담자는 '지금-여기'의 과정을 조명해야 한다. 따라서 유능한 집단상담자는 구성원들의 상호작용에서 일어나는 일에 대해 그리고 그러한 상호작용의 의미가 어떤 것인지에 대해 관찰하고 생각하도록 도움을 준다. 이것은 개인의 경험에 대한 관찰과 사고를 수행하는 인지적인 요소이며, 개인상담에서와 마찬가지로 집단 내에서의 효과적인 변화에 중요한 역할을 한다. 집단 구성원들은 집단상담자의 도움을 받으며 '지금-여기'의 활성화에 집중하는 반면, 집단상담자만이 집단 과정에 대해 설명하고 집단 내에서 일어나는 경험의 의미에 집단 구성원의 관심을 집중시키도록 안내하는 역할을 담당한다. 그러나 이 두 번째 요소인 '지금-여기'의 과정을 조명하는 것만이 집단에서 실현된다면 그것도 효과가 없을 것이다. 왜냐하면 그러한 상호작용은 감정적으로 감소되기 때문이다.

집단상담자는 '지금-여기' 경험을 활성화하고 또한 그 과정을 밝히려는 노력의 일환으로 자신이 개입할 수 있는 많은 기술을 가지고 있다. Yalom(1995)에 의해 잘 언급되었듯이, 요점은 '지금-여기에서 생각하라.'이다. Yalom(1995)은 이에 대해 다음과 같이 언급했다.

> 집단상담자가 '지금-여기'의 사고 과정에 익숙해져 갈 때, 집단은 자동으로 '지금-여기'로 이끌어 가게 된다. 때때로 나는 양떼를 빽빽한 원 안으로 몰아넣는 양치기처럼 느껴진다. 잘못된 길로 헤매는 것을 막고—개인 경험으로의 개입, 현재 삶의 상황에 대한 토론, 지적 작업들—그들을 다시 원 안으로 안내한다. 집단에서 문제가 제기될 때마다 나는 다음과 같이 생각한다. "이를 집단의 기본 과제에 어떻게 연관시킬 수 있을까? '지금-여기'서 그것을 어떻게 실현할 수 있을까? 나는 끊임없이 이런 노력을 하며 집단의 바로 첫 모임에서부터 그렇게 시작한다."(p. 143)

집단상담자의 개인적 특성들

개인상담에서와 마찬가지로 집단상담자의 개인적 특성들은 매우 중요한데, 이러한 특성들 중에 훌륭한 관계를 제공하는 능력은 가장 중요하다고 할 수 있다. 따라서 집단상담자의 (가) 공감적 이해, (나) 긍정적 존중, 따뜻함, 존경, (다) 진실성이나 일치성을 경험하고 전달할 수 있는 능력이 효과적인 치료집단 작업의 기초가 된다. 그러나 집단상담에서 관계적 작업은 개인상담에서 작업하는 것보다 더 복잡하다. 집단상담자는 구성원과의 치료적 관계를 개발하는 데 능숙해야 할 뿐만 아니라 다른 집단 구성원들 간의 치료적 관계 또한 촉진해야 한다.

이러한 관계적 특성들에 맞춰서, Corey와 동료들(2010)은 15가지 효과적인 집단상담자의 개인적 특성에 대해 논의했다. 이는 용기, 자발적 본보기, 존재감, 선의 및 보살핌, 집단 과정에 대한 신뢰, 개방성, 자기 문화 인식, 공격에 대처함에 있어서의 비방어성, 인적 권위, 체력, 새로운 경험을 추구하려는 의지, 자각, 유머 감각, 창의성, 개인적인 헌신이다. 이러한 집단상담자의 개인적 특성 목록을 초기 단계에 있는 집단상담자는 연구하고 통합해야 한다. 다음에서는 개인적 특성들 중 몇 가지를 자세히 설명하고자 한다.

용기

용기는 개인 및 집단 개입에 관한 문헌에서 충분히 다루어지지 못한 개인적 특성이지만 상담자들과 내담자들 모두에게 중요한 특성이다. 그것은 내담자들이 상담을 시작하고 원하는 변화를 이루기 위해 필요한 위험을 감수하는 데에는 다른 특성들뿐만 아니라 용기가 필요하다. 집단상담자들에게 있어 용기는 (가) 실수를 인정하고 집단 구성원들에게 일어날 수 있는 동일한 위험을 감수하면서 자신의 취약함을 드러내고, (나) 집단상담자가 옳다는 확신이 없는 경우에도 집단 구성원과 직면하고, (다) 집단 구성원이 집단상담자의 감정을 일으키고, (라) 지속적으로 자기를 점검하고 인식 수준을 깊게 하고자 노력하는 자발성에서 드러날 수 있다.

자기 문화 인식

자신의 문화가 선택과 행동에 어떻게 영향을 미치는지에 대한 집단상담자의 통찰력은 그들과 다를지도 모르는 다른 사람들의 세계관을 이해할 수 있는 기준의 틀을 제공한다. 가장 유능한 집단상담자는 문화에서 개인(그들의 상호작용)에 이르기까지 많은 형태의 다양성을 포용한다. 따라서 문화적 및 개인적인 자기인식은 근본적으로 중요한 출발점이라 할 수 있다.

집단 과정에 대한 신뢰

과학자-실무자로서 치료집단을 이끄는 상담자는 집단치료의 가치와 집단의 치료 효과에 대한 신뢰를 가지면서 적절한 과학적 회의론과 주의 깊은 임상적 판단 사이에 균형을 이루어야 한다. 집단치료가 효과적이라는 많은 증거(연구와 임상 증거)가 있기 때문에 집단상담자는 집단상담의 효율성을 확신을 가지고 받아들일 수 있다(Burlingame et al., 2013). 집단 과정의 효과를 신뢰하는 상담자는 그 신뢰를 실현하는 방식으로 행동하는 경향이 있다. 다른 한편으로 Corey, Williams, Moline(2005)은 어떤 상담자들은 집단 작업이 의미 있는 내담자의 변화에 영향을 미치지 않는다는 신념에도 불구하고 집단을 이끈다고 언급했다.

창의성

창의성은 기존에 충분히 강조되지 않은 또 다른 집단상담자의 특성 중의 하나이다. 참신한 아이디어, 자발성 및 창조성을 가지고 각 집단에 개입하는 집단상담자의 능력이 효과성을 이루는 핵심 부분이다(Corey et al., 2010). 새로운 기법과 집단에 접근하는 새로운 방식을 생각해 내는 것은 집단상담자의 소진을 예방한다. 많은 집단 전문가는 참신함을 유지하고 소진을 줄이는 방법으로 공동 리더십을 권장한다. 공동 상담자를 가짐으로써 집단상담자의 부담을 줄일 수 있기 때문이다. 또한 대인관계적이거나 기술적으로 참신한 정보를 제공할 수도 있고, 집단상담자는 자신의 에너지와 열정이 줄어들 때 집단 구성원의 수를 줄일 수도 있다.

비방어성

집단상담자에 대한 비판과 기타 부정적인 반응들은 사실상 모든 집단에서 일정 기간 동안 발생한다. 집단 구성원들은 집단상담자가 구조화를 너무 많이 하거나 너무 적게 한다든지, 충분히 돌보지 않고 너무 선택적으로 돌본다든지, 너무 비판적이거나 요구적이라고 볼 수가 있다. 이렇게 보이는 첫 번째 이유는 집단상담자가 항상 모든 사람이 원하는 것을 할 수 없기 때문이다. 두 번째로는, 집단 구성원들 중 많은 이가 권위, 육아, 돕는 것과 관련된 문제들을 가지기 때문이다. 종종 집단상담자의 역할로 도움과 권위가 결합될 때, 이에 대한 반응들을 피할 수 없다. 동시에 집단에 존재해야 하는 개방성과 함께하는 정신은 집단 구성원들이 가진 어떤 부정적인 반응이든지 표현하고 반영하도록 격려한다. 그렇기에 집단상담자는 어떤 반응들을 기대할 뿐만 아니라 집단 구성원들의 표현과 실험을 촉진하기도 해야 한다.

집단상담자의 이론적 방향성과 '전형적 집단'

개인 상담 및 치료만큼 치료집단 작업에 대한 이론적인 방향성과 접근법들 또한 많이 있다. 상담자의 이론적 방향성을 구현하는 방법들은 이 책의 제11장에서 제14장까지 자세하게 다루었다. Corey(2008)는 집단상담의 다양한 이론적 방향성이 어떻게 적용되는지에 대한 전체적인 내용을 다루었다. 이러한 특정한 이론적 방향성과는 별개로, 실제로 전형적인 집단은 상대적으로 비구조화 경향이 있다. 집단은 약 6~10명의 집단 구성원으로 이루어지고, 90~120분 동안 일주일에 한 번씩 열리며, 6개월에서 수년에 이르기까지 계속되므로 새로운 구성원만 가끔씩 추가된다. 전형적인 치료집단의 초점은 개인, 집단, 집단 구성원 간의 상호작용이라는 세 가지 차원에서 이루어지는 경향이 있다. 기본적으로 집단 안에서 즉각적인 경험이 중요하지만, 집단과 개인의 즉각적인 경험을 인지적으로 이해하는 것 또한 중요하다. 집단상담자는 매우 지시적인 것은 아니지만, 그렇다고 인간 중심 상담자처럼 거의 비지시적인 것도 아니다. 이러한 집단상담자는 집단을 유지하고, 집단 문화를 발전시키며, 집단이 현재에 집중할 수 있도록 돕기 위해 전문가로서의 역할을 한다. 이러한 집단상담자는 합리적 정서(rational-emotive) 중심 상담자처럼 지배적이거나 아는 체하는 사람이 아니다. 전형적으로 활동하는 집단상담자는 이론적인 방향성들, 특히 인본주의와 정신역동적 접근법을 조합한다고 말할 수 있다.

집단상담의 단계

지금까지 집단상담 발달에 대한 광범위한 연구가 축적되어 왔으며, 치료집단은 다양한 발달 단계를 거쳐 진행된다는 일반적인 합의가 있다(Burlingame & McClendon, 2008; Dies, 2003). Tuckman(1965)은 '형성' '폭풍' '규범화' '수행'[나중에 다른 사람들이 '종결(adjourning)'을 추가함]이라는 이름을 붙이면서, 이러한 단계들에 관해 최초로 문헌에 제시하였다. 그러므로 여기서 제안하는 집단상담 단계가 다르더라도 기술되는 방식과 순서는 상당히 유사하다. 집단상담의 단계는 탐색, 전환, 작업, 종결의 순서로 살펴볼 것이다.

먼저, 집단 단계의 모든 특징은 구성원이 다소 폐쇄된 집단에서 확실하게 드러난다. 폐쇄된 집단은 기간 전반에 걸쳐 동일하거나 거의 동일한 구성원을 유지하면서 가끔씩만 새로운 구성원을 추가한다. 집단상담은 단계적으로 진행되지만, 집단상담자들은 단계가 구별되어 차례대로 전개되지 않는다는 것에 합의하고 있다.

탐색 단계

탐색 단계에서 구성원들은 자신을 소개하고, 그들이 집단에 속해 있는 이유를 설명하며, 집단으로부터 자신이 원하는 것을 이야기한다. 집단의 일부 기본 규칙은 초기에 설정되며, 탐색 단계에서 집단 구성원의 상호작용은 표면적인 경향이 있다. 따라서 수용과 영향력의 문제는 첫 번째 단계에서 중요하다고 할 수 있다. 구성원들은 자신이 집단에 잘 적응할지, 다른 구성원들이 자신을 좋아해 주고 자신의 이야기를 들어 줄지 궁금해하며, 결과적으로는 다른 구성원들이 받아들일 수 있는 방식으로 자신을 표현하려고 노력한다. 또한 각 구성원은 마음속으로 자신이 그 집단에 얼마나 많은 영향을 미칠

지에 대해 궁금해한다. Bonney(1969)가 오래전에 언급했듯이, 집단은 의식적으로 그리고 무의식적으로 각 구성원에게 다양한 정도의 힘과 영향력을 부여한다.

집단 구성원들이 방향을 찾고자 하고, 참여 집단이 실제로 무엇을 다루고자 하는지 알고자 하는 초기 모임에서 종종 침묵과 어색함의 시기가 있다. 탐색 단계에서 구성원들은 참여하고 있는 집단상담이 내면의 감정을 공유할 수 있는 안전한 공간인지 알고자 한다. 대표적인 의중을 떠보는 방법으로 자기개방에 관한 노력을 시작하게 된다. 구성원들이 스스로를 표현할 수 있다면, 초기 집단 응집력이 나타나기 시작한다. 따라서 탐색 단계에서 신뢰감을 형성하는 것이 무엇보다 중요하다.

집단상담자들에 관한 부분에서 논의된 바와 같이 중요하고 섬세한 탐색 단계에서 집단상담자는 민감한 지침 사용과 자신의 행동을 통해 치료 규범을 수립하는 것을 돕는다. 또한 집단상담자는 기술 전문가 및 참여자 모델로서의 역할을 한다. 그러므로 탐색 단계의 주요 과제는 집단을 유지하고 탄탄한 기반을 구축하는 것이다.

전환 단계

집단이 탐색 단계를 넘어감에 따라 구성원들은 조금 더 깊이 자신을 노출하고자 할 것이다. 집단 구성원들은 자신의 배경에 대해 이야기하는 것과 그들의 어린 시절의 이야기를 하는 것 이상으로 나아간다. 그러나 전환 단계에서 불안과 방어성 또한 높아지므로 이러한 움직임에는 양가성이 존재한다. 그러므로 더 깊은 탐험으로 나아가고자 하는 충동과 함께 존재의 더 개인적인(따라서 위험한) 방식을 피하고자 하는 충동도 있다.

집단 구성원들이 피상적인 표현을 넘어섬에 따라 집단 장면에서 공격성이 드러나는 것처럼 보인다. [따라서 이 단계에 폭풍(storming)이라는 단어가 사용되었다.] 구성원들은 종종 감정의 공격성과 회피 사이, '공격과 도피'를 번갈아 할 것이다. 전환 단계에서는 힘과 영향력이 탐색 단계에서보다 훨씬 중요하게 된다. 집단상담자는 공격의 대상이 되는 경우가 많으며, 이 단계에서 공격은 지도자가 구조화 및 통제를 너무 많이 또는 너무 적게 하는 것과 관련이 있다. 일부 구성원들은 지도자의 권력을 장악하려고 노력할 것이고, 다른 구성원들은 지도자의 부족한 점을 확실히 알게 될 것이다.

전환 단계에서 집단상담자의 중대한 도전은 민감하고 시의적절한 방식으로 중재하는 것이다. 집단상담자는 불안에 묶여 있는 내담자가 저항에 직면할 수 있도록 돕기 위한 격려와 도전을 모두 제공해야 한다. 이 같은 집단상담자의 요소들을 전환 단계에서 부각되는 갈등과 부정적인 감정을 돕기 위해 집단 작업에서 사용해야 한다. 특히 집단 상담자가 집단 구성원들의 도전이나 공격에 대응하여 방어적이거나 적대적인 태도를 취하지 않는 것이 중요하다. 이때 집단상담자는 자신의 감정을 즉시 공개해야 하며, 집단이 스스로를 탐색할 수 있도록 돕는 치료적 자세를 유지해야 한다. 또한 이 기간 동안에 집단상담자는 수용과 존중, 건설적인 피드백, 불일치에 대한 비파괴적 표현, 더 깊은 자기탐색과 자기개방 같은 성장 촉진 행동을 강화해야 한다.

작업 단계

전환 단계 동안 집단은 이미 많은 의심과 불안을 겪으면서 작업해 왔다. 집단에 헌신할 수 없었거나 처음부터 참여해서는 안 되었던 사람들은 이미 집단을 떠났다. 집단은 더 깊은 신뢰와 결속력을 가지고 있으며, 구성원들은 커다란 방어 없이 의견을 주고받을 수 있을 뿐만 아니라 자신을 깊이 표현할 수 있다. 대립이 일어나는 경우에도, 대립하고 있는 사람을 공격하거나 판단하지 않는 방식으로 행해진다. 집단상담자는 보다 현실적으로 보이며, 집단 구성원은 발생하게 될 전이 또는 다른 왜곡들을 탐색할 준비가 더 잘되어 있다. 전환 단계에서 보이는 권력 투쟁적 특징 없이도, 작업 단계에서 리더십 기능은 구성원들에게 더 쉽게 공유될 수 있다. 작업 단계에서 구성원들은 이전보다 더 깊이 수용되고 지지 받는 것처럼 느끼며, 지속적으로 위험을 무릅쓰고 새로운 행동을 한다. 이러한 지지−위험의 연속은 순환을 이루어 더 큰 위험과 개방을 지원하는데, 이러한 반복은 더 큰 지지와 수용으로 이어진다.

작업 단계는 집단상담자에게 가장 흥미로운 단계일 수 있다. 이는 초기의 저항과 방어를 극복했을 뿐만 아니라 치료적 규범을 수립했고, 구성원들은 '지금−여기'의 삶을 살 수 있기 때문이다. 집단상담자는 집단 내 대인관계 및 개인의 문제에 대한 계속적이고 심화된 탐색을 촉진하는 데 집중할 수 있다. 작업 단계에서 집단상담자의 중요한 기능은 구성원들이 이해한 것을 집단 내에서 또는 집단 외부에서 건설적인 행동으로 옮기도록 돕는 것이다. 이 외에도 집단상담자는 집단에서 관심을 기울이는 방식으로 대응하고, 지속적인 반응을 적절하게 드러내는 참여자 모델로서도 기능해야 한다.

종결 단계

집단 발달의 마지막 단계에서 결말 또는 종결이 핵심 쟁점이 된다. 종결 단계의 기간은 집단이 지속해 온 기간에 따라 달라지므로, 긴 기간 동안 지속한 집단의 경우에는 그 기간만큼 더 긴 종결 단계가 필요하다. 이 단계에서 집단의 주요 임무는 성취된 것들을 되돌아보고, 집단 구성원의 미래에 대한 계획을 희망적인 관점에서 살펴보고, 작별하는 것이다. 구성원의 피드백을 다른 모든 구성원에게 돌아가며 요청하는 '돌아다니며 말하기' 절차를 시작하는 것이 보편적이다. 이러한 집단 경험 자체가 결말의 일부로 평가된다. 일반적으로 구성원들은 집단상담 기간 동안 성장과 성취감을 경험했더라도, 발전시켜 온 집단과 관계를 끝내는 것에 대해 약간의 슬픔과 불안감을 느끼곤 한다. 또한 집단 말미에서 새로운 문제를 나누는 것을 꺼리기 때문에 종결 단계에서는 자기개방이 점점 어려워지는 경향이 있다.

종결 단계에서의 집단상담자의 주된 임무는 구성원들이 종결을 직면하고, 분리와 상실감(loss) 같은 종결의 문제 그리고 긍정적인 감정들 또한 직접 대처하도록 돕는 것이다. 집단상담자는 구성원들이 집단 경험의 의미를 명확히 할 수 있게 하고, 집단 경험이 끝난 후에 어떻게 그들의 학습이 일반화되고 지속될 수 있는지에 대해 적극적으로 생각할 수 있게 하는 구조(structure)를 제공한다. 집단상담자는 구성원의 긍정적인 발달과 행동을 강화시키는 데 구조화된 집단에서는 종종 구성원들의 변화를 강화하기 위한 특정 계약과 숙제를 공식화하도록 돕는다.

다음에서는 집단 개입에 긍정적인 변화를 가져오는 요인을 살펴보고자 한다.

집단 작업에서의 치료 요인

이번 장의 시작 부분에서, 우리는 집단상담 개입이 전체적으로 참여자들의 변화와 성장을 촉진한다는 연구 결과가 있음을 언급했다. 사람들에게 도움이 되는 집단은 어떤 것인가? 그러한 변화를 가능하게 하는 특정 요인들이 있는가? 집단상담의 주창자 중 한 명인 Irving Yalom(1995)은 집단치료 및 치료적 개입에서 일어나는 변화의 기제 또는 변화 조건이 되는 11개의 치료 요인을 제시했다. Yalom은 집단을 이끌었던 그의 경험과 연구 결과를 종합하여 이러한 요인들을 도출했으며, 그의 공식은 집단 작업에 대한 이론과 연구의 잠재적인 안내서가 되었다. 우리가 11가지 치료 요인을 설명할 때, 독자는 집단치료 동안에 이러한 요인들이 상호의존적으로 함께 작용한다는 것을 명심해야 한다. 또한 요인들은 다른 유형의 집단에 대해서는 다른 방식으로 작용한다. 집단의 11가지 치료 요인은 다음과 같다.

1. 희망 심어 주기(instillation of hope): 내담자는 종종 사기가 저하된 채 집단을 시작한다. 그러므로 집단상담이 효과적이기 위해서는 집단의 결과로 인해 변화될 수 있다는 희망감을 느끼기 시작해야 한다. 집단에서 다른 사람들의 변화를 관찰하는 것은 바로 희망에 대한 주요한 추진력이다.

2. 보편성(universality): 많은 사람은 그들이 겪고 있는 갈등 속에서 자신은 인류의 다른 사람들과는 별개인 것처럼, 자신의 문제에 있어서는 고립되고 혼자라고 느끼며 상담을 신청한다. 집단 초기에 경험하는 보편성은 우리 모두가 문제를 겪고 있고, 우리 모두가 비슷하며, 다른 사람들도 우리의 문제를 이해하고 공유할 수 있다는 점이다.

3. 정보 전달(imparting information): 여기에는 집단상담자와 다른 집단 구성원이 제공하는 조언, 제안 및 직접적인 지침과 함께 정신건강, 질병 및 일반적인 정신역동에 대한 집단상담자의 설명이 포함된다. 특별히 특정 유형의 집단(예: 구조화된 집단) 및 치료법(예: 합리적 정서 치료)과 관련한 설명이 해당될 수 있다. 직접적인 조언은 그 자체로 도움이 되지 못할 수 있지만, 그것이 내포하는 관심과 배려가 도움이 될 수 있다.

4. 이타주의(altruism): 집단 구성원들이 다른 사람들을 돕기 위해 가졌던 열정이 핵심 요인이 되는데, 이는 구성원들이 주는 것을 통해 얻는다는 것을 알 수 있게 한다. 주는 것이 다른 사람들에게 되돌려 주도록 자극하는 것뿐만 아니라, 종종 그 자체로 효과성과 자부심을 향상시킨다. 구성원들은 지원, 제안, 공유된 통찰력 및 경험을 통해 서로에게 엄청난 도움이 될 수 있다.

5. 초기 가족의 교정적 재현(the corrective recapitulation of the primary famiy group): 집단은 구성원의 원가족과 유사하게 되는데, 이는 구성원이 원가족과 함께했던 방식으로 집단과 상호작용하는 경향이 있기 때문이다. 내담자는 집단상담자와 다른 구성원의 도움을 받으면서 초기 가족 경험에서 해결해야 할 많은 중요한 문제를 해결하고 미해결된 문제에 묶인 고정 패턴을 바꾸게 된다.

6. 사회화 기술의 발달(development of socializing techniques): 사회적 학습이나 사회적 대인관계 기술의 개발은 모든 치료집단에서 촉진되지만, 가르치는 기술의 유형과 얼마나 직접적으로 가르치는지는 집단에 따라 매우 다양하다. 일부 집단은 사회적 대인관계 기술을 직접 훈련하고, 또 다른 집단들은 주로 구성원 및 집단상담자의 피드백을 통해 암묵적으로 이루어지기도 한다.

7. 모방 행동(imitative behavior): 구성원은 집단상담자 및 다른 구성원들을 자신과 자신의 삶에서 영향력 있는 타인과 동일시하면서 집단 내에서 학습한다. 맹목적인 모방은 해결되지 않은 문제를 드러낼 수도 있지만, 치료집단에서 발생하는 것을 관찰하고 확인함으로써 건전한 종류의 학습을 하게 된다. 이러한 학습은 무의식 수준보다 의식 수준에서 더 자주 발생한다.

8. 대인관계 학습(interpersonal learning): 집단의 강력한 치료 요인으로서 특히 구조화가 적은 집단이 진행될 때, 집단은 한 개인의 사회적 축소판으로 변한다. 즉, 집단은 개인의 사회적 세계를 대표하는 소규모 표본이 된다. 동시에 내담자는 자신에 대해 더 개방적이 되어 자신의 대인관계적 문제점을 드러낼 수 있다. 이러한 대인관계 문제가 발생할 때 내담자는 피드백과 자기관찰을 통해 다른 사람에 대한 영향, 다른 사람과의 관계에서의 부적응 행동, 대인관계에서의 왜곡(예: 전이), 관계 및 다른 사람들로부터 받은 반응에 대한 자신의 책임에 대해 통찰력을 얻는다.

9. 집단 응집력(group cohesiveness): 개인상담에서 내담자-상담자가 작업 동맹 관계를 이루는 것과 집단 응집력은 유사하다. 집단 내에서 응집력은 집단상담자, 다른 집단 구성원 및 집단 전체와 구성원과의 관계를 포함한다. 그렇기에 덜 구조화된 집단에서 거의 모든 집단상담 이론가에게 특히 중요하게 여겨졌지만, 수년 동안 정의하기에 매우 까다로운 요인이었으며 수많은 연구의 대상이 되어 왔다. 집단 응집력이란 간단하게는 구성원이 느끼는 집단의 매력으로 정의할 수 있다. 다만, 집단의 응집력과 개별 구성원의 응집력(집단에 대한 개인적인 끌림) 사이에는 차이가 있다는 점에 유의해야 한다. 연대감, 유대감, 또는 '우리'의 감각이 강한 집단은 응집력이 높다. 응집력이 있는 집단에서는 구성원이 수용되고, 인정을 받고 '받아들여지는' 느낌을 가진다. 집단 응집력은 그 자체로 변화의 기제가 아니라 집단상담이 내담자를 돕도록 도움을 주는 데 효과적인 전제 조건이다.

10. 감정 정화(catharsis): 감정의 표출로서 이러한 감정의 열린 표현은 집단 작업에 필수 요인이지만, 그 자체로는 충분하지 않다. 변화가 일어나기 위해서는 표출된 감

정을 이해하고 처리하여 다루는 것이 필요하다. 감정 정화는 다른 치료 요인과의 상호작용을 통해 도움을 준다. 즉, 구성원들의 감정 정화는 집단 응집력을 높이고 대인관계 학습을 촉진하며 구성원의 보편성에 대한 감각을 심화시키는 것이다.

11. 실존 요인(existential factors): 실제로 개인의 삶과 행동에 대한 기본적이고 궁극적인 책임, 인간의 근원적인 외로움, 죽음에 대한 인식, 인간의 문제와 고통의 필연성을 중심으로 순환하는 요소들의 집합체가 바로 실존 요인이다. 이 요인은 Yalom에 의해 거의 후반부에 포함되었지만, 집단상담 참여자는 집단 내 경험을 통해 깨달은 것 중에서 실존 요인의 일부 항목들을 매우 중요하게 평가했다.

우리는 시작 부분에서 11개의 치료 요인이 다양한 유형의 집단에서 다르게 작용할 것으로 예상된다는 점을 언급했다. 연구 결과에 따르면, 개인 성장집단 및 외래환자 집단에서는 대인관계 학습(자기이해 포함)과 감정 정화를 가장 중요하게 여기는 반면, 입원환자 집단의 내담자는 희망 심어 주기, 보편성, 실존 요인을 더 중요하게 생각하였다('자신의 삶을 위한 궁극적인 책임에 대한 가정'; Kivlighan, Coleman, & Anderson, 2000; Yalom & Leszcz, 2005). Yalom은 이러한 요인들이 집단 유형이나 설정에 따라 달라진다고 주장했지만, 사실은 집단 발달 단계에 따라서 그 요인이 다르게 작용한다. 예를 들어, 집단상담의 초기에는 희망 심어 주기, 보편성, 정보 전달이 상대적으로 더 중요하게 여겨진다. 이타주의와 응집력과 같은 요인은 집단상담 전반에 걸쳐 중요하지만, 집단이 성숙함에 따라 그 성질이 바뀐다. 집단상담 초기에 이타주의는 종종 도움을 주기 위한 질문을 하고 제안을 하는 형태를 취하는 반면, 나중에는 보다 깊이 있는 보살핌과 '함께 있는 것'으로 나타날 수 있다. 응집력은 집단 초반부에는 지지, 수용, 참석을 촉진하는 것을 통해 치료적 요인으로 작용한다. 그러나 후반부의 응집력은 대인관계 학습에 내재하는 더 깊은 자기개방, 직면, 갈등과 같은 경험을 통해 영향을 미친다. 이러한 치료 요인에 대한 최신 연구 개관(review)은 Kivlighan, Miles, Paquin(2010)의 연구에서 찾을 수 있다.

치료집단 작업에 있어서의 윤리적 문제

전문 윤리에 대해서는 제3장에서 자세하게 논의하였다. 윤리 강령은 집단상담에 특

별히 초점을 맞추고 있으며, 이 강령들은 집단으로 작업하고자 계획하는 사람이면 누구
나 신중하게 연구해야 한다. 상담심리학자들에게 있어서 가장 영향력 있는 문서는 집
단지도 전문가협회(Association for Specialists in Group Work, 2007)의 윤리 지침 「Ethical
Guidelines of the Association for Specialists in Group Work」와 미국 집단 정신치료 협
회(American Group Psychotherapy Association, 2002)의 윤리 지침 「Guidelines for Ethics
of the American Group Psychotherapy Association」이다.

집단상담의 목적과 관련하여 네 가지 이슈에 특별히 주의를 기울일 필요가 있다. 첫
번째는 정보에 입각한 동의(informed consent)이다. 잠재적인 집단 구성원이나 내담자는
그들이 무엇을 얻고 있는지 알 권리가 있다. 잠재적인 구성원에게 집단에 대해 알리는
것은 집단상담자가 집단원을 모집하기로 결정하는 즉시 시작되어야 한다. 구성원 모집
에는 목적, 시간 길이, 집단 규모, 지도자의 자격 및 집단 비용에 대한 설명이 포함되어
야 하며, 이때 명확한 근거 없이 주장을 해서는 안 된다. 집단에 가입하는 사람들은 최
소한 (가) 집단 및 집단상담자의 방침 및 기본 규칙의 목적에 대한 설명, (나) 구성원 사
생활에 대한 존중, (다) 모든 관찰 또는 기록에 대한 통지, (라) 비밀보장의 한계에 대한
충분한 논의를 기대할 권리가 있다.

특별한 주의를 필요로 하는 두 번째 쟁점은 비밀보장(confidentiality)이다. 비밀보장은
개인상담보다 집단상담에서 더 복잡해진다. 왜냐하면 집단상담자 자신이 비밀을 유지
해야 할 뿐만 아니라 구성원에 대해서도 염려해야 하기 때문이다. 집단 구성원들이 자
신의 집단 경험에 대해 중요한 사람들과 이야기하기를 원하게 되기 때문에 비밀을 유
지하는 것은 결코 쉬운 일이 아니다. 집단상담자는 잠재적인 내담자와의 첫 접촉에서
비밀보장의 중요성을 강조해야 한다. 집단상담자는 구성원들에게 집단에서 어떻게 배
웠는지, 무엇을 했는지에 대한 설명보다는 집단에서 무엇을 배웠는지에 대해 이야기
하는 것이 더 낫다는 것을 알리는 것이 현명하다(Corey et al., 2010). 예를 들어, 다른 사
람으로부터 물러섬으로써 자신을 보호하는 방법을 배운 사람은 비밀보장 조항을 어기
지 않고도 집단에서 이것을 배웠다는 것을 나눌 수 있다. 집단원들이 표현한 것이 집단
내에서만 머무를 것이라는 신뢰가 없으면, 집단은 집단으로서 해야 할 기능을 할 수가
없다.

세 번째 주목할 만한 문제는 비자발적인 구성원(involuntary membership)에 관한 것이
다. 이 장을 통해 논의된 집단상담 활동의 이론과 실제의 대부분은 자발적 구성원을 전
제로 하고 있다. 그러나 때때로 비자발적인 구성원에게 집단상담을 해야 할 경우가 있

다. 정신병원 또는 구금시설이나 외래 진료소에서 집단상담이 법원 명령에 따라 발생할 수 있고(예: 배우자 학대, 연체 또는 약물 남용으로 기소된 사람), 입원환자 시설에서나 성 범죄자를 위한 집단상담 요구에 대한 요청으로 실시될 수 있다. 어떤 환경에서는 잠재 내담자들에게 집단에 가입하도록 압력을 주기도 한다. 예를 들어, 저자 중 한 명은 상담을 원하는 학생들이 많아 몇 주 동안 기다려야 하는 대학 기관에서 근무했다. 학생들이 개인상담을 기다리는 동안 기관에서는 서비스를 제공하기 위해 '과도기 집단'을 제안하면서, 학생들은 대기자 명단에 머물지 말고 집단에 가입하도록 자주 강요받았다. 이 절차에 대한 연구(A. Collins, Gelso, Kimball, & Sedlacek, 1973)에서 탈락률은 학생들 자신이 선호하는 치료를 기다렸을 때보다 이러한 집단에 참여했을 때가 훨씬 높은 것으로 나타났다. 집단 경험을 위해 요구되는 법적 또는 도덕적 문제가 없다면, 좋게 말하면 그러한 요구사항을 만드는 것이 현명하지 못한 것이며, 나쁘게 말하면 비윤리적이다.

집단상담 윤리에 관한 네 번째 쟁점은 훈련(training)에 관한 것이다. 치료집단 작업은 상담심리학 및 기타 심리학 전문 분야에 있어서 불안정한 역사를 거쳐 왔다. 하지만 한편으로는 집단 경험이 효과적이라고 제안하는 많은 경험적 증거가 있고, 또 다른 한편으로는 심리적 치료 영역에서 부적절한 개입이 발생하기도 했다. 이러한 개입의 일부는 참만남(encounter) 집단 운동의 일환으로 1960년대와 1970년대 초 일부 집단상담자들이 참여한 극단적인 사례와 관련되어 있다. 매우 호전적이고 공격적인 집단상담자들은 때때로 참만남(encounter)과 마라톤 집단의 참여자들로 하여금 점점 더 많은 감정을 표출하도록 밀어붙였으며, 일부 참여자는 그런 공격적인 압력으로 인해 심리적으로 해를 입었다(Lieberman, Yalom, & Miles, 1973).

치료집단을 이끌고자 하는 개인을 위한 적절한 훈련은 무엇인가? 유감스럽게도 집단 유형에 따라서 유형에 맞는 교육이 필요하기 때문에 질문에 대한 명확한 답은 없다. 그러나 몇 가지 일반적인 지침은 가능하다. 잠재적인 집단상담자는 학업 훈련 측면에서, 개인상담의 기본 교과와 상담심리 프로그램에서 받은 평가 이외에도 치료집단의 이론 및 실습에서 최소한 한 과목을 수강해야 한다. 또한 집단지도 전문가협회(2007)는 집단 작업에서 다음과 같은 유형의 경험을 오랫동안 권장해 왔다.

- 집단상담 테이프 분석
- 집단상담 회기 관찰

- 집단 구성원으로 참여
- 지도를 받으면서 집단을 공동으로 지도
- 실습 경험 가지기: 수퍼바이저의 피드백과 실습에 대한 비판적인 자기분석으로 집 단들을 혼자서 이끌기
- 인턴: 교육지도를 받으면서 집단을 이끄는 것에 관한 추가적인 작업하기

가족 및 부부 치료

다음에 나와 있는 사례를 고려해 보면서 '상담할 내담자는 누구인가? 어떤 치료 형식을 사용할 것인가? 내담자 문제의 원인을 어떻게 개념화할 수 있는가?' 등의 질문에 대해 생각해 보자.

> 부모는 18세인 아들을 위해 심리적인 도움을 요청한다. 최근 몇 개월 동안 아들은 집에서 점점 더 화를 내며 호전적이었고 집안일을 도우려 하지 않았다. 학교에서 그의 성적은 떨어졌고, 부모는 그가 술을 마시고 마약에 연루되어 있을지도 모른다고 우려하고 있다. 아들의 행동은 남동생과 누나를 화나게 했다. 부모들은 모든 것을 시도해 보았지만, 더는 아들을 도와줄 수 없다고 말한다.

이전 장들에서 읽은 것을 바탕으로 하면, 우리가 제기한 세 가지 질문에 대한 대답은 비교적 간단하다. 가족치료 용어로 표현하자면 '환자로 여겨지는' 사춘기 소년이 전통적으로 내담자가 된다. 더 큰 책임감, 자기통제, 조절을 촉진하고 알코올 및 마약의 관여를 통제하고 제거하는 것을 목표로 개인상담을 할 수 있다. 정신분석학적 또는 인본주의 지향적인 상담자에게는 내담자 문제의 원인이 내담자 정신에 있는 것으로 보일 것이며, 내재된 갈등과 복합적인 것에 관련된 것으로 여겨질 것이다. 그 외에 인지행동적 또는 여성주의 다문화 상담자에게는 내담자의 문제가 그의 행동을 조장하는 환경적 조건에 결부되어 있는 것으로 개념화될 수 있다.

여기에서는 인간의 문제를 생각하고 다루는 다른 방법을 제시한다. 이 접근 방식을 가족치료 관점(family therapy perspective)이라고 부른다. 이러한 관점에서 볼 때, 앞에서 제기한 세 가지 질문에 대한 답은 전통적이고 개별적인 상담 관점에서 제시된 것과 매

우 다르다. 첫째는, 문제가 있는 청소년이 치료가 필요한 내담자로 간주되지 않는다는 것이다. 치료받는 내담자는 전체 가족 및 가족 내의 하위 체계가 된다. 둘째로, 치료 방식은 사춘기 청소년의 개인상담이 아니라, 부모를 포함하여 전체 가족 또는 하위 체계를 대상으로 실시하는 가족상담이 될 수 있다. 마지막으로, 사춘기 청소년 문제의 원인들은 가족 체계(system), 즉 핵가족 또는 대가족에서 확립된 상호작용 체계에 있는 것으로 간주된다.

앞에 제시한 사례를 볼 때, 가족치료사는 소년의 문제가 가족 안에서의 고통(단순히 그러한 고통의 원인이 아닌)에 대한 증상이라고 가정할 수 있다. 가족 구성원을 자세히 보면, 아버지는 소년에게 비판적이고 지배적인 태도로 행동하는 것을 알 수 있다. 어머니는 수동적으로 아버지의 권위에 복종하는 것으로 보이지만, 실제로는 그의 권위를 수없이 비언어적인 방식으로 약화시킨다. 어머니는 아들에게 벌을 주기 위해 아버지에게로 보내지만, 아버지가 정한 규칙에 대해 수동적으로는 동의하지 않는다. 부모들은 서로가 많은 갈등을 겪지만, 이것들은 감추어져 있고, 심지어 부모 자신들의 문제를 회피하기 위해 10대의 반항에 관심을 쏟게 된다. 나머지 다른 아이들은 무의식적으로 '좋은 아이들'로서의 역할을 유지하려고 노력하며, 따라서 그들의 형제가 '나쁜 아이'가 되는 데 기여하고 있다. 이러한 상황에서는 가족체계 자체가 문제이기 때문에 사춘기 아들의 개인상담은 아마도 별로 효과적이지 않을 것이다. 이 장의 나머지 부분은 방금 했던 관찰들을 정교하고 명료하게 하는 역할을 할 것이며, 그렇게 함으로써 독자들에게 가족치료 관점의 기본을 제공할 것이다.

전문적인 심리학 분야에서 개인보다는 오히려 체계의 관점으로 가족과 부부(결혼한 부부 또는 미혼 커플)를 치료하고 문제들을 개념화하는 것은 최근 현상 중 하나이다. 이러한 방식의 개념화 및 도움은 1950년대에 시작되었으며, 1980년대에 와서 가족 및 부부 체계의 접근 방식이 실제로 상담심리학에서 두드러지게 나타났다(Gelso & Fassinger, 1990). 이 장에서는 가족치료에 대한 대부분의 접근 방식에서 엿볼 수 있는 주요 가정과 개념을 제시하고자 한다. 우리는 가족치료에 대한 주요한 이론적 접근과 부부/가족 상담 장면에서의 변화를 검토할 것이다.

가족치료의 근간을 이루는 핵심 가정들과 개념들을 제시함에 있어서, 우리는 치료에 대한 다른 대부분의 접근법에 영향을 미치는 이론적 입장인 일반 체계이론에 대한 주요 특징을 살펴볼 것이다. 마지막에는 가족 문제를 다루는 주요 접근법을 검토할 것이다.

가족치료의 시작

심리학에 대한 역사 전반에 걸쳐 정신과 행동을 형성하는 데 있어서 가족의 중요성이 인식되어 왔다. 예를 들어, Sigmund Freud는 이러한 관점에서 내담자에 대한 가족 배경의 역할을 잘 알고 있었다. 그러나 Freud를 포함하여 20세기 상반기의 모든 치료자는 개인을 치료할 때 가족을 분리하려고 노력했다. 이렇게 하는 목적은 가족의 건강하지 못한 영향에서 내담자를 벗어나게 하기 위함이었다. 대조적으로 가족치료사의 목적은 가족과 함께 작업하면서 가족과 개인 모두를 돕는 것이다.

Foster와 Gurman(1985)에 따르면 가족치료의 가장 초기 선구자는 20세기 상반기 미국과 영국의 아동상담 및 결혼상담 운동이었다. 아동지도사 및 결혼상담사는 개개인을 이해하고 치료한다는 일반적인 견해에도 불구하고 둘 이상의 가족 구성원을 동시에 치료하는 치료 모델을 개발했다.

1950년대에 시작된 가족치료 운동은 두 방향에서 시작되었다. 그중 하나의 방향은 한 명 이상의 자손이 정신적으로 심하게 혼란에 빠진 가족에 대한 연구였다. 가족치료의 다른 방향은 1950년대에 가족 중심의 치료를 경험하기 시작한 몇몇 창의적인 임상 심리학자의 독립적인 연구였다. Nichols(2010)는 부부 및 가족 치료 운동의 풍부하고 다채로운 역사에 대해 훌륭한 비평을 제공한다.

가족 및 부부 치료의 주요 가설 및 개념: 체계이론

부부 및 가족 치료(Couple and Family Therapy: CFT) 분야는 때로는 체계이론을 엄격하게 따르는 것을 넘어서 발전하는 것 같이 보였지만, 부부 및 가족을 개념화하고 치료하는 체계 방식은 부부 및 가족치료에 대한 심오하고 지속적인 영향을 끼쳐 왔다. 이 관점은 부부 및 가족 치료를 하는 대부분의 치료사가 적어도 부분적으로 공유하는 몇 가지 주요 개념을 포함하고 있다(Lebow, 2008 참조).

가족치료에 있어서 체계이론은 일반 체계이론(general systems theory)이라고 불리는 것에서 크게 영향을 받았다. 체계이론은 물리적 체계에 광범위하게 적용될 뿐만 아니라 사회 및 생물학적 체계로도 확장되었다. 치료자들은 가족 체계에 체계이론의 기본 원

| 표 16-1 | 가족에 적용된 체계이론의 기본 가설과 개념 |

개념	정의
전체성과 상호의존성	전체로서 조직된 체계. 모든 관련된 요소가 상호 의존한다.
순환적 인과관계	체계의 구성원들이 상호 영향을 미친다.
평등	문제를 해결하기 위해 원점으로 돌아갈 필요가 없다. 문제해결을 위해 어디에서든 시작할 수 있기 때문이다.
항상성과 변화	가족은 평형을 추구하고 새로운 도전을 효과적으로 직면하고자 노력한다.
체계, 하위 체계, 삼각구도	가족체계는 하위 체계와 서로 맞물리는 삼각구도로 구성된다.
경계	가족 내의 하위 체계들을 경계로 구분한다. 경계를 넘나드는 상호작용에 대한 무언의 규칙이 존재한다.

리를 적용했던 이론가들로부터 많이 인용해 왔지만, Von Bertalanffy(1968, 1974)의 일반 체계이론에 대한 글이 가족치료 운동에 커다란 영향을 끼쳤다. 이후에 설명하겠지만, 팔로 알토 단체의 구성원은 일반적인 체계 원칙을 적용하는 데 있어서 선두 주자였다(예: Bateson, 1972, 1979; Watzlawick, Beavin, & Jackson, 1967).

가족에게 적용되는 체계이론의 몇 가지 기본 가설과 개념들은 무엇인가? Patricia Minuchin(1985)의 논문에 제시된 가장 기본적인 다섯 가지 개념을 다음에 설명했다. 이에 대한 설명은 〈표 16-1〉에 요약되어 있다.

전체성과 상호의존성

체계이론의 가장 기본적인 가정은 체계가 전체로서 조직되고 체계 내의 요소들은 필연적으로 상호의존적이라는 것이다(P. Minuchin, 1985). 체계가 조직된 전체라고 할 때, 전체는 그 부분의 합보다 더 크다는 뜻을 내포한다. 따라서 가족은 그 안에 있는 개인들의 합 이상이다. 또한 개인들 간의 모든 상호작용과 이러한 개인들이 상호 관계를 맺는 독특한 방식들을 포함한다. 상호의존성이라는 개념은 각 구성원(예: 가족의 각 구성원)의 행동이 모든 다른 상대방의 행동에 어느 정도 종속되어 있음을 의미한다.

가족치료사는 가족 구성원 사이에서 시간 경과에 따라 형성된 상호작용 패턴과 이것이 체계 내에서 구성원의 행동을 어떻게 조절하는지에 관심을 둔다. 상황 속에 존재할 때 구성원을 잘 이해할 수 있기에 체계의 관점에서 전체와 상호의존성의 개념을 염두에 두고, 가족 구성원을 조직된 체계의 일부로 관찰 혹은 치료하는 것이 가장 효과적이다.

순환적 인과관계 및 평등

심리학자는 전형적으로 선형적 인과관계의 관점으로 행동을 개념화한다. 따라서 A(예: 어머니의 거절)는 B(예: 자녀의 낮은 자존감)를 유발한다고 가정한다. 체계이론에 따르면, 선형적 인과관계 관점에서의 사고는 현실에 대해 유효한 그림(현실성 있는 결과)을 산출하지 못한다. 문제는 우리가 제시한 예시의 단순성을 뛰어넘는다는 것이다. A에게는 많은 원인(예: 아버지의 행동, 어머니와 아버지의 상호작용)이 포함되었을 수 있지만, A와 함께 B를 유발하는 하위 요소들은 여전히 선형적 인과관계로 설명할 수 있다.

인과관계에 대해 체계이론가들이 주장하는 더 효과적인 사고방법은 순환적 인과관계 (circular causality)라고 불리는 것이다. 여기서, A는 B를 유발할 수 있으며, 차례로 B1은 A1을 유발하고 A1은 B1을 유발한다. 즉, A와 B는 서로 영향을 끼친다. 예를 들어, 아들의 의존성을 자극하는 군림하는 아버지를 생각해 보자. 아들이 의존적으로 행동할 때, 아버지는 그의 지배력을 증가시킨다. 이것은 아들의 자신감을 더 약화하게 되고, 아들은 더 수동적으로 된다. 아버지는 아들의 행동에 따라서 반응하게 된다. 여기서 아버지와 아들은 각각 상대의 행동에 영향을 미치고 강화하는 인과관계 패턴에 얽혀 있다.

상담자가 가족체계 또는 하위 체계로 작업할 때 이러한 순환적 인과관계가 일관적이면서 강력하게 나타난다. 예를 들어, 부부들과의 최소한의 상담만으로도 자신이 타인의 행동에 원인이 되지 않는다고 여기는 것이 아니라 오히려 각자가 서로에게 영향을 미친다는 것을 알게 된다.

순환적 인과관계의 가설이 시작되는 중심 개념은 평등(equifinality)이다. 이 개념은 최초의 원인과 관계없이 체계의 어떤 시점에 수정이 이루어지면 어떠한 가족 문제도 해결될 수 있음을 의미한다. 개방 체계는 초기 조건에 의해 규정되지 않으며, 체계는 기억을 가지고 있지 않다. 이러한 특징 때문에, 동일 결과성 개념은 가족치료사가 과거를 탐험할 필요가 없음을 시사한다. 치료자는 현재에 초점을 두고 최초의 원인이 탐색되었을 때와 마찬가지로 효과적으로(그리고 보다 효율적으로) 업무를 수행할 수 있다. 대부분의 CFT 이론가뿐만 아니라, 정신분석학 중심의 사람들조차도 가족 내에서의 현재 상호작용 파악에 많은 에너지를 집중하며, 문제를 일으키는 것은 가족 내에서 이루어지는 현재의 상호작용이라고 믿는다.

항상성과 변화

팔로 알토 단체의 Jackson(1957)이 처음으로 이론화한 이래로 가족 항상성에 대한 개념은 가족치료사에게 중요하게 여겨져 왔다. 온도 조절기는 단지 실내 온도를 유지하는 역할만 하듯이, 가족 메커니즘은 가족 단위의 상호작용 유형을 조절하는 역할을 한다. 항상성은 가족 내에서의 기능을 지속적으로 유지한다. 그렇다고 가족이 고정되어 있다는 것을 의미하지는 않는다. Nichols(2010)에 의해 논의된 바와 같이, 가족 항상성은 비정적이고 역동적인 상태를 말하며, 이는 가족이 하루는 A 지점에 있을 수 있고 다른 날에는 B 지점에 있을 수 있는 평형 상태를 의미한다. 가족은 현상 유지를 추구하지만, 그 결과 경직된 채로 행동에 변화가 없는 것이 아니라 안정적인 변화를 보인다. 가족은 매일 변화할 수 있지만 변화의 유형은 안정적이다.

대체로 가족에서의 항상성에 대한 과정은 적응될 수 있다. 가족은 평형 상태를 유지할 수 있으나, 장애가 있는 가정에서 항상성을 유지하도록 하는 과정에서 증상과 부적응 행동이 체계의 일부로서 포함될 수도 있다. P. Minuchin(1985)은 확립된 패턴을 유지하고자 하는 것이 가족을 경직되게 만들고 필요한 변화를 억제한다고 지적했다. 이는 치료에 있어서 변화에 대한 저항은 항상성의 과정으로 간주되기 때문이다.

심리적 증상이 '긍정적인' 기능(예: 가족 균형 유지)을 제공하는 방법의 예로 자존감이 낮고 우유부단한 성격의 10대 소년에 대한 사례가 있다. 치료와 삶의 경험을 통해 이 10대 소년은 점진적으로 더 자신감이 있고 결단력이 생겼다. 몇 년 동안 그를 깊이 염려해 온 부모님은 우울해지고 길을 잃은 기분이 들게 된다. 어머니는 비밀리에 술을 마시며, 아버지는 성적인 자극을 느끼기가 어렵게 된다. 부모님이 아들의 문제에 집중함으로써 자신의 문제에 직면하는 것을 피할 수 있었으며, 가족의 항상성은 유지될 수 있었다(물론 모두에게 큰 부담은 된다).

가족치료에 관한 문헌은 증상이 가족 안에서 어떻게 기능을 발휘하는지에 대한 사례로 가득하다. 사실, 가족 항상성의 개념은 부부 및 가족 치료에서 매우 강력하여 변화지향성 또는 변화라는 동반 개념을 개발하는 데 오랜 시간이 걸렸다(P. Minuchin, 1985). 체계가 항상성을 유지하려고 하는 것처럼, 새로운 도전과 상황을 효과적인 방법으로 받아들이고자 노력한다(Lebow, 2005). 또한 가족이 성장함에 따라 여러 단계를 거치는데, 단계마다 고유한 위기와 어려움이 있는 것으로 보인다(Carter & McGoldrick, 2005). 가족은 이러한 요구사항을 충족시켜야 하며, 건강한 방식으로 지속적인 기능을 수행하려면 주기적으로 재구성해야 한다. 이러한 의미에서 항상성은 변화지향성에 의해 균형을 이루어야 한다.

체계, 하위 체계, 삼각구도

체계이론의 또 다른 가설은 복잡한 체계가 하위 체계로 구성된다는 것이다. 개인이 하위 체계로 간주될 수 있지만, 가족치료사는 가족 내의 더 큰 하위 체계에 주의를 기울일 수 있다. (단순히 배우자가 이혼했거나 또는 재혼한 가정보다 더 복잡한) 부모 하위 체계, 형제 하위 체계, 부모-자녀 하위 체계, 조부모 하위 체계 등을 예로 들 수 있다.

가족치료사에게 특히 중요한 하위 체계의 한 종류를 삼각구도(triangle)라고 부른다. Bowen(1976)이 이론화한 것처럼, 삼각구도는 가족을 포함한 모든 대인관계 하위 체계의 구성 요소로 간주된다. 가족은 일련의 서로 맞물린 삼각구도로 구성되어 있으며, 이러한 삼각구도는 2인의 하위에서 긴장이 일어날 때 발생한다. 따라서 제3의 사람이나 물건은 그 관계에 삼각구도를 형성하게 된다. 예를 들어, 두 연인은 그들 사이의 긴장이 낮으면 안정된 관계를 가질 수 있지만, 스트레스가 발생하면 연인들 중 한 사람이 술이나 친구, 심리치료사와 같은 제3의 사람이나 물건을 통해 삼각구도를 형성하려 한다. 삼각구도의 일반적인 예로 문제가 있는 결혼생활을 하는 남편이 심하게 술을 마시거나 바람을 피우게 될 경우, 그러한 상황에 처한 아내는 자녀, 클럽, 가정 등과 같은 것에 지나치게 몰두하게 된다. 가족에서 삼각구도의 고전적인 예는 남편과 아내가 관계에서 긴장을 겪고 있을 때 나타나며, 긴장을 피하는 수단으로 자녀에게 초점을 맞추게 된다. 부모는 서로 싸우는 대신 아이들에게 집중하게 되는 것이다. 부모 사이의 해결되지 않은 문제가 너무 크면 부모 중 하나가 자녀 중 한 명 이상에게 애착을 느끼게 되어 아이가 정서적인 문제를 일으킬 수 있다.

가족치료사는 일반적으로 가족체계에 존재하는 삼각구도에 세심한 주의를 기울인다. 대부분 가족치료의 주요 임무 중 하나는 삼각구도 패턴에 대해 작업을 실시하여 건강하지 못한 삼각구도를 고치는 것이다. 앞의 예에서 치료사는 부부의 문제를 해결하고 그들 자녀와의 삼각구도를 줄이고자 하는 목표를 두고 부부와 작업할 것이다.

경계선, 규칙, 패턴

대부분의 가족치료사는 가족 내의 하위 체계가 심리적 경계로 구분된다는 체계이론 개념에 동의한다. 더욱이 체계적 관점은 무언의 규칙과 패턴에 의해 가족 상호작용이 이루어진다는 것을 시사한다(P. Minuchin, Colapinto, & Minuchin, 2007).

가족 개입의 주요한 이론적 발전 중 하나인 가족의 하위 체계 사이의 감정적 경계에 대한 개념은 Salvador Minuchin(S. Minuchin, 1974)이 제안했다. 다음 절에서 S. Minuchin의 구조적 가족치료에 관해 논의할 때 경계와 규칙의 개념에 대해 더 많이 언급할 것이다. 지금은 S. Minuchin이 경계를 개인과 하위 체계를 둘러싼 보이지 않는 장벽으로 보았다는 것을 언급하는 것으로 충분하다. 경계는 타인과의 접촉의 양과 종류를 규제하고 가족과 그 하위 체계의 분리성과 독립성을 보호하는 역할을 한다. 어린 자녀가 언제든지 부모의 대화를 방해할 수 있으면 가족의 부모와 자녀 하위 체계의 경계가 너무 부드럽거나 분산되는 것처럼 보인다. 마찬가지로 자녀가 위협을 받을 때마다 부모가 자녀를 보호하기 위해 서두르게 된다면 그 경계는 분산된 것이다. 분산된 경계는 특히 자율 영역에서 건강한 발달을 방해하는 경향이 있는데, 이는 서로 다른 하위 체계의 구성원들 간의 간섭을 초래한다.

반면, 경계가 견고할수록 하위 체계들 간의 감정적인 접촉을 거의 허용하지 않는 결과를 초래하게 된다. 부모와 자식 간의 하위 체계를 예로 든다면, 이 두 하위 체계 사이의 견고한 경계와 감정적인 접촉 부족은 충분한 독립성을 허용하지만 정서적 고립을 초래하기도 한다.

부부 및 가족 치료에 대한 고전적 이론 접근법

이 장의 시작 부분에서 언급했듯이, 지금까지 설명한 일반 체계이론의 가정과 개념과는 별개로, 부부 및 가족 치료의 일반적인 원칙이나 기법 부분에 있어 여러 이론적 관점과 서로 대립되는 부분은 거의 없다. 오히려 가족을 이해하는 데 사용하는 개념적 틀의 측면에서 서로 의견을 달리하는 이론들이 존재한다(Lebow, 2008; M. P. Nicholas, 2010).

부부 및 가족 치료에 대한 최근의 두 가지 접근 방식을 비롯하여 여덟 가지 고전적 접근 방식에 대해 〈표 16-2〉와 다음에 이어질 부분에서 간략하게 설명할 것이다. 지면

표 16-2	부부 및 가족 치료의 주요 이론	
이론	창시자	주요 개념
정신분석학적 대상관계	Ronald Fairbairn, Melanie Klein, John Bowlby	내부 표현, 투사적 식별(제11장 참조)
경험적	Carl Whitaker, Virginia Satir	정서적 경험, 인식, 진솔한 표현
가족체계	Murray Bowen	삼각구도, 자기 개별화, 가족 투사, 다세대 전수
전략적	Jay Haley, Chloe Madanes	순환 정렬, 삼각구도, 일차 및 이차 순서 변경, 지시어 및 역설적 기술
구조적	Salvador Minuchin	가족구조, 하위 체계, 경계
인지적-행동적	Gerald Patterson, Robert Liberman, Neil Jacobson	부모 및 부부 훈련, 행동 기법, 인지적 재구조
이야기	Michael White, David Epson	이야기 조성, 공감 및 발문, 문제의 외현화
해결 중심	Michael de Shazer, Insoo Berg	해결 및 목표, 예외 질문, 언어

의 공간을 고려해서 여기서는 각 이론의 필수적인 요소들만 제시하였지만, 이러한 이론들 사이에 중복되는 부분이 있을 수가 있고 하나의 이론 내에서도 종종 많은 가변성이 있을 수 있다는 점을 유의해야 한다. 이러한 체계와 그 외의 내용에 대한 주의 깊고 명확한 검토를 위해서는 Nichols(2010)의 연구 내용을 참고하기 바란다.

정신분석학적 접근

부부 및 가족 치료와 가장 관련이 있는 정신분석학적 접근법은 대상관계 이론이다 (제11장 참조). 대상관계 이론가들은 인간의 선천적인 욕구로 관계에 대한 욕구가 있다고 가정한다. 태어날 때부터 인간은 중요한 다른 사람들, 특히 인생 초기에 부모와의 지속적인 관계를 추구한다. 모든 정신분석학 이론과 같이 대상관계 이론은 발달 단계들을 제시하는데, 이러한 단계들은 Freud가 제시한 성 심리 단계(구강, 항문, 남근 등)와는 많은 면에서 다르다. 오히려 발달 단계는 일반적으로 일차 양육자와의 관계를 중심으로 이루어진다. 예를 들어, 가장 초기 단계에서는 일차 양육자인 어머니에게 깊은 의존을 보인다. 그러나 후속 단계에서는 다른 사람들과의 관계를 유지하면서 양육자와 분리된 자아를 구분 짓고 그 자아의 개별화에 초점을 맞춘다. 그러므로 부모는 각 단계에 따라 성장하는 자녀의 필요에 부응해야 하지만, 모든 부모는 실수를 저지르게 될 뿐만 아니라 대부분의 사람 또한 많은 실수를 한다. 그렇기에 필요로 하는 것은 완벽함이 아니라 '충분한 양육'이라 할 수 있다(즉, 전체적으로 적절하게 아동의 필요에 부응할 수 있는 부모). 모든 분석 이론에서 가정한 것처럼, 초기 단계에서 아이의 필요가 지나치게 좌절되면 그 필요들이 의식 아래로 잠재되었다가 나중에는 드러나게 된다. 부부 및 가족 치료사에게 가장 큰 관심사는 이러한 필요가 사랑의 대상에 대한 선택과 행동, 그리고 부모로서의 강점과 약점의 측면에서 드러나는 것이다. 이처럼 대상관계 이론의 핵심은 바로 한 개인에게 어떻게 초기 관계가 받아들여져서(내재화되어) 후속 관계로 이어지는가를 알아보는 것이다. 이러한 내재화 과정과 그 효과에 대한 설명은 제11장을 참조하기 바란다.

대상관계 치료사는 전체 가족 및 다양한 가족 하위 체계와 작업하지만, 대부분의 분석 작업에서는 부부 하위 체계가 포함된다. 투사적 동일시(projective identification)의 개념은 대부분의 대상관계 치료사가 부부와 가족 구성원 사이에 문제가 되는 상호작용에 대한 단서로 사용한다. 투사적 동일시의 방어기제를 사용할 때, 한 개인은 무의식에 숨겨진 감정과 생각을 배우자나 다른 중요한 물건에 투사한다(어린 시절 숨겨진 대상의 재현을 반영). 또한 자신의 숨겨진 부분을 다른 사람에게 투사할 뿐만 아니라 결국 이 부분이 자아의 일부이기 때문에 그 부분을 자신과 동일시하게 된다. 대상(예: 배우자)은 이러한 예상에 따라 행동한다. 예를 들어, 어린 시절에 남편은 그를 양육하지 않는 적대적 거부의 대상으로 표현되는 나쁜 어머니를 내면화했다. 남편은 실제로 그렇지 않은데도 부인에게서 거부와 적대감을 본다. 중요한 것은 아내가 이 투사를 '받아들여' 적대적이고 거부적인 대상의 역할을 수행한다는 것이다. 구체적으로 들어가면, 아내 또한 내부적으로 대상 표상(예: 차갑고 멀리 떨어져 있는 아버지의 내사)을 가진다. 아내는 이것을 남편에게 투사하고, 남편은 그 투사를 행동으로 취할 수 있다. 따라서 체계이론의 의미에서, 확실한 순환적 인과 관계로 실제 체계가 작동하는 것이라고 할 수 있다. 대상관계 관점에서의 치료법은 각자가 자신의 억압된 부분(대상 표상)을 인정하고 받아들이는 것을 배우는 것이며, 또 하나 중요한 것은 다른 사람의 투사를 받아들이지 않는 것을 배우는 것이다(Scarf, 1987).

정신분석적 가족치료사는 가족 구성원의 역동성과 가족 체계 및 하위 체계의 역동성 측면에서 내담자의 사례를 평가한다(Nichols, 2010). 초기 평가 단계 동안 대부분의 분석치료사는 가족 전체와 만나게 되고, 초기 단계 다음에 어떤 가족 구성원과 함께 일해야 하는지에 대한 결정이 내려진다. 일반적으로 부부는 함께 작업한다. 사실상 모든 정신분석 접근법에서처럼 부부 및 가족 치료에서도 환자의 전이에 중점을 두는데, 이러한 전이는 개인치료에서보다 훨씬 복잡해진다. 그것은 가족 구성원들 간의 전이뿐만 아니라 각각의 가족 구성원으로부터 치료자에게로 전이가 이루어지기 때문이다.

정신분석치료사는 일반적으로 다른 이론적 배경을 가진 치료자보다 장시간의 치료시간이 필요하다. 주요 목표는 (가) 가족 구성원 개인의 심층적인 변화와 (나) 가족 구성원의 개별화(다른 가족 구성원으로부터)와 동시에 가족과의 관계의 질 향상에 있다. Nichols(2010)는 가족 구성원들이 과거의 무의식적인 문제에 기초하기보다는 건강한 방식으로 상호작용할 수 있도록 무의식적인 갈등에 대해 작업하는 것이 포괄적인 목표라고 언급하였다.

경험적 접근법

경험적 가족치료는 1960년대의 인본주의 심리학 운동에서 비롯되었으며, 제13장에서 묘사한 인본주의 상담의 관점과 매우 유사하다. 개인의 경우와 마찬가지로 가족에서의 근본적인 문제는 그들이 정서적으로 경직되어 있다는 것이다. 치료자의 과제는 가족과 그 구성원이 정서적으로 풀어지도록 돕는 것이다. 가족치료 과정에서 구성원은 자신의 근본적인 감정을 경험하고 그가 경험한 것을 표현하도록 배운다. 그러한 경험과 표현을 통해 가족 구성원 모두가 자기 자신뿐만 아니라 구성원 간에도 감정적으로 서로 접촉할 수 있다.

경험적 가족치료는 즉각적인 경험의 확대에 초점을 맞춘 대부분의 체계지향적인 가족 개입과는 다르다. 경험적 가족치료의 초기에는 가족 체계보다는 개인에게 훨씬 더 많은 관심을 쏟아부었다. 이러한 접근법은 가족 개인 간에 나눔을 가지는 것에 대해 큰 스트레스로 작용했지만, 개인적인 부분에 강조점을 두고 있다. 또한 나중에 논의되겠지만, 경험적 치료사는 체계치료사와는 다르면서 정신분석치료사와는 유사하다. 경험주의 치료사는 가족 구성원들이 다른 가족 구성원의 인식에서뿐만 아니라 개인이 인식하지 못하는 감정을 접하도록 도와준다. 최근 몇 년 사이 경험주의 치료사들은 가족으로서의 상호 연관성에 있어서 체계로서의 가족에 더 중점을 두었다. Nichols(2010)가 지적했듯이 경험주의자들은 가족을 집단의 일체성과 전체성이 없이는 구성원 중 누구도 효과적으로 역할을 수행할 수 없는 팀으로 본다. 개인 문제는 다른 가족 구성원이 참여하도록 확대되며, 구성원은 다른 구성원의 만족스럽지 못한 행동에 대해 자신이 기여하는 부분을 생각해야 한다.

　Nichols(2010)가 지적했듯이, 가족 내에서 차단된 정직한 감정 표현을 치유하고자 하는 경험적 가족치료의 초점은 중요하며, 현재 대중적인 접근법(해결 중심 치료 참조)의 인지적 강조 부분에 있어서 유용한 역할을 한다. 현대 경험주의자들은 가족치료사나 부부 치료사가 유용하게 사용할 수 있는 표현 기법을 사용하고 가르친다. 또한 Johnson과 공동 연구자들(Johnson, 2004; Palmer & Efron, 2007)이 개발한 연구 기반 접근 방식을 통해 경험적 CFT 영역이 활성화되었다.

가족체계 접근법

　일반적 체계이론의 주요 원리를 강력하게 고수하는 부부 및 가족 치료 학파는 가족체계 접근법에 속한다. 다수의 창의적인 치료자는 이러한 접근법을 개선했지만, 수년 동안 창시자이자 원동력의 역할을 한 사람은 Murray Bowen이었다. 그는 가족체계 치료를 시작했을 뿐만 아니라 많은 지도자의 훈련에도 관여했다.

　Bowen은 효과적인 이론이 가족체계를 치료할 것이기 때문에 치료 기법을 만드는 것보다 가족이 어떻게 운영되고 있는지에 대한 이론을 개발하는 데 더 관심이 있었다(Bowen, 1966, 1976). Bowen은 원래 정신분석학자로서 훈련을 받았기에, 그의 가족체계 이론은 정신분석학적인 요소가 많으며 확실히 정신역동적이다. 그의 이론은 가족 및 가족의 개입에 대해 가장 강력하고 포괄적이며 널리 사용되는 이론 중 하나이다.

　Bowen은 1950년대에 가족에 관한 이론화 작업을 시작했다. 그의 이론은 발전했지만, 가장 기본적인 구성은 두 가지 상반된 유형을 중심으로 구분된다. 한 가지는 구성원을 가족으로 끌어들여 가족의 공생 쪽으로 나아가는 것이며, 나머지 하나는 구성원을 개인의 특성으로 구별하는 것이다. 그러므로 이론의 핵심 가설은 성숙한 성격으로 개별화하여 잘 기능하는 부모가 되기 위해서는 가족에 대한 과도하고 분쟁적인 정서적 애착이 수동적으로 받아들여지거나 반발하는 일 없이 해결되어야 한다는 것이다(Becvar & Becvar, 1993; Bowen, 1976, 1978).

다섯 가지 상호 연관된 개념은 Bowen의 풍부하고 광범위한 이론의 핵심적인 역할을 한다. 첫째, 삼각구도(triangulation)의 개념은 Bowen 이론의 중요한 부분이다. 이전에 논의된 바와 같이, 가족체계 치료사는 문제가 있는 가정의 삼각구도에 세심한 주의를 기울이고 내담자가 삼각구도를 벗어날 수 있도록 적극적으로 노력한다. 예를 들어, 부부는 자신의 문제에 직접적으로 대처하고 제3의 사람이나 물건을 그 상황에서 삼각구조화하는 것을 피하도록 돕는다.

둘째, 가족체계 이론에서 가장 기본적인 구성개념은 개별화(differentiation)인데, 이는 사람의 내면과 사람들 사이 모두에서 발생한다. 미개별화 또는 연합은 사람들이 이성과 감정을 분리하지 않고 대신 자신의 감정에 치우칠 때 발생한다. 대인관계 수준에서는 미개별화된 사람이 다른 사람의 감정을 흡수하거나 다른 사람과 맞서서 반응하는 경향이 있다. 그러한 내적 및 대인관계의 미개별화는 가족 내에서 한 세대에서 다음 세대로 넘어가게 된다. 그러므로 가족체계 치료의 핵심 목표는 내담자 자신이 다른 가족 구성원과 개별화되는 방법을 배우도록 돕는 것이다. 이는 개인 또는 부부가 개별화되도록 돕는 것이 전체 가족체계에 건강한 영향을 미치기 때문이다.

세 번째 핵심 개념인 핵가족 감정 체계(nuclear family emotional system) 개념은 한 세대에서 다음 세대로 전수되어 불건강한 패턴을 형성하는 정서적 얽힘을 가리킨다. 원가족에서 개별화가 잘 이루어지지 않으면, 개인은 부모와 감정적으로 연합되거나 감정적으로 단절된다. 결과적으로 그 사람의 내적인 개별화가 잘 이루어지지 않은 것이다. 사람들은 무의식적으로 자신과 거의 동등한 수준으로 개별화된 사람을 찾게 되고, 두 사람은 새로운 연합 관계를 형성한다. 이는 다음 중 하나의 결과를 낳게 된다. (가) 배우자 사이에 방어적인 거리를 두는 것, (나) 관계에서 명백하게 충돌하는 것, (다) 배우자 중 한 명에게 심리적 또는 신체적으로 장애가 생기는 것, (라) 한 명 또는 그 이상의 자녀에게 문제가 투사되는 것이다.

네 번째 핵심 개념은 가족 투사 과정(family projection process)이다. 부모는 일종의 투사를 통해 자녀들에게 그들 자신의 결여된 개별화를 전달한다. 언급한 바와 같이, 미개별화는 결혼생활에 있어서 스트레스를 야기한다. 결과적으로 한 명 이상의 자녀가 종종 무의식적으로 투사 과정 안에서 삼각관계를 이루게 된다. 일반적인 시나리오는 남편이 아내에게서 멀어지고 아내가 자신의 필요를 자녀에게 투사하여 자녀 중의 한 명과 연합하는 것이다. 남편은 부부 관계의 스트레스를 덜어 준다는 이유에서 무의식적으로 이러한 얽힌 관계를 지원하고 아내 또한 결혼생활의 스트레스 상황을 피할 수 있게 된다. 그러나 이로 인해 자녀는 온전한 개별화를 이루지 못하게 되며, 종종 정서적으로 불구가 된다. 그러면 다시 부모는 그 자녀에게 더 많은 관심을 주게 되고, 가족의 패턴은 깊이 고착된다.

다섯 번째 핵심 개념은 다세대 간 전수 과정(multigenerational transmission process)이다. 부모는 자녀에게 개별화의 결여를 전가할 뿐만 아니라 여러 세대 동안 이러한 전수 과정을 계속한다. 따라서 가족체계 이론에서 개별화와 연합의 구조 개념은 개인, 핵가족체계, 확대가족체계에 적용된다. 각 가정에서 가족의 연합에 영향을 받는 자녀들이 계속 가족을 형성할 것이고, 새로 형성된 가정에 개별화의 결여가 있게 되며, 그 사이클은 계속된다. 도중에 일부의 배우자와 자녀는 정서 장애의 증상을 일으키게 되며, 그러한 증상에는 치료가 필요하다. 이처럼 개인들은 '확인된 환자'가 되지만, 미개별화의 문제는 체계의 깊숙한 부분에 있다.

문제는 가족체계에 있지만, Bowen 이론가들은 개인의 개별화를 돕고자 하며, 그것은 결국 체계에 영향을 미친다. 가족체계 치료사는 개인을 포함한 가족 구성원의 모든 조합으로 작업하지만(Kerr, 1981), 그들이 가장 자주 치료하는 대상은 부부이다. Bowen 이론가들은 치료자가 환자들에게 비감정적이고 합리적인 자세를 유지하는 것이 중요하다고 생각한다(예: Ackerman, 1958; Whitaker, 1976). 치료자가 너무 감정적으로 관여하면 삼각구도가 되어 효과가 떨어지기 때문이다.

부부와 작업하면서 가족체계 치료사는 구성원 간의 상호작용을 권장하지 않는다. 치료자들은 각 구성원이 치료사와 순서대로 상호작용하게 하고, 다른 구성원은 관찰하고 공감하도록 노력하게 한다. 내담자가 개별화되는 것을 배우는 것은 이성과 지성을 사용하는 것이기 때문에 내담자가 너무 감정적이 되는 것을 피할 수 있다. 이러한 '탈감정'은 가족체계 치료의 독특한 특징이다.

가족체계 접근법의 주요 단점은 가족과 직접 작업하는 강점을 소홀히 하는 경향이 있다는 것이다(Nichols, 2010). 또한 개별화와 같은 개념이 문화적으로 깊숙이 내재되어 있으므로, 이러한 개념이 집단주의적 문화에서 어떻게 작용할지가 불분명하다. 이러한 한계에도 불구하고 가족체계 접근법은 수년에 걸쳐서 의사들에게 꾸준히 흥미를 끌어 왔으며, 그 효과성을 시험하고자 하는 연구가 거의 없었음에도 Bowen식 전통으로 훈련된 많은 임상 의사에 의해 계속해서 수정되고 정제되었다(예: Carter & McGoldrick, 2005).

전략적 가족치료 접근법

전략적 가족치료(Strategic Family Therapy: SFT)는 가족 문제에 대한 보편적인 체계이론 방향과 치료가 가장 잘 이루어지는 방법에 대한 개념을 공유하는 접근 방식들의 집합체이다. 전략적 가족치료는 일반적으로 치료사가 매우 적극적이고 지시적으로 활동하는 단기 치료로서, 가족 구성원들의 상호 의사소통의 형식에 있어서 명백하게 행동을 수정하는 것을 목표로 한다. 문제해결 치료 및 체계적 치료라고 불리는 전략적 가족치료는 치료사가 내담자와의 상호작용을 통제하고 내담자를 적극적으로 조작하여 보다 구조적으로 행동하게 하므로 치료 접근법에 대한 논란이 있다. 실제로 모든 전략적 치료자는 전략적 가족치료가 통찰력에는 도움이 되지 않고 변화에 대한 내담자의 저항을 심화시킬 수 있으나 치료자의 지시에 따라 적극적으로 일어나는 행동의 변화가 도움이 되는 것에 대해 동의한다.

여러 지도자가 최근에 다른 접근법으로 옮겼지만, 전략적 가족치료에는 여전히 많은 주도적인 인물이 있다(Nichols, 2010). 아마도 전략적 가족치료 접근법에서 가장 두드러진 인물은 Jay Haley와 Chloe Madanes이며, 그들은 이론과 실제에 독창적인 기여를 했다(예: J. Haley, 1976; Madanes, 1981). 캘리포니아 팔로 알토에 있는 정신연구소의 단기치료센터는 많은 창의적 통찰의 본거지이기도 하다(Fisch, Weakland, & Segal, 1982). Mara Selvini Palazzoli(Selvini Palazzoli, Boscolo, Cecchin, & Prata, 1978)가 이끄는 Milan(이탈리아) 집단은 1970년대와 1980년대 전략적 가족치료 운동의 주요한 세력이었지만, 이 집단의 치료사는 본질적으로 다른 치료법 개발을 추구해 왔다.

일반적으로 전략적 치료자는 행동적 치료자와 같이 대개 환자가 보여 주는 부적응 행동의 형태로서 가족에 의해 드러나는 주요 증상을 치료하는 데 초점을 맞춘다. 이러한 증상은 가족 체계에서 비롯된 것으로 해당 체계 내에서 치료된다. 따라서 환자로 지목된 사람(종종 가족 중 버릇없는 아이)은 대개 치료를 위해 격리되지 않는다. 그 사람은 가족치료의 일부로 다루어질 수 있고, 결혼한 부부가 자녀의 증상을 해결하기 위해 함께 작업할 수도 있다.

체계이론에 뿌리를 둔 전략적 가족치료는 가족의 순환적인 서열의 관점에서 증상을 개념화한다. 또한 Bowen의 삼각구도 개념을 차용한 전략적 치료사는 순환 서열을 일반적으로 세 사람을 포함하는 것으로 본다. J. Haley(1976)가 언급한 보편적인 순서는 '(가) 아버지는 불만스러워하며 물러난다. (나) 자녀가 비행을 저지른다. (다) 어머니는 그 비행을 비효과적으로 다룬다. (라) 아버지는 어머니와 자녀에게 개입한다. (마) 자녀는 더 적절하게 행동한다. (바) 어머니는 더욱 효과적이게 되고, 아버지와 자녀에게서 더 많은 기대감을 가진다. (사) 아버지는 불만스러워하며 물러난다.'와 같다.

Selvini Palazzoli와 동료들(Selvini Palazzoli et al., 1978)은 문제 가정을 가족의 항상성을 유지하고자 노력하는 게임으로 간주한다. 건강한 체계는 항상성과 변화 사이의 균형을 유지하며 가족의 전환(예: 첫 번째 자녀가 태어나거나 자녀가 가족을 떠날 때 또는 부모의 직업 상황이 바뀔 때)이 변화를 필요로 하면 그 체계는 변화한다. 그러나 병리적 가정은 무슨 수를 써서라도 현 상태를 유지하려고 한다.

전략적 가족치료에서의 주요 차이점은 1차 변화와 2차 변화 사이에 있다(Watzlawick et al., 1967). 1차 변화는 가족체계를 바꾸지 않으면서 변화를 추구하기 때문에 다소 변화가 없으므로 효과적이지 않다. 2차 변화는 체계 자체를 변화시키기 때문에 더 효과적이다. 문제 가정은 1차 변화만을 추구한다. Nichols(1984)는 부모가 자신에게 집착하는 의존적인 자녀에게 집에만 있어야 한다고 말하던 것에서 자녀의 독립심을 돕는 방편으로 나가 놀라고 바꿔서 말할 수 있다고 언급했다. 그러나 이것은 의존적인 자녀에게 명령하는 지배적인 부모들이라는 기본적인 체계 유형을 변화시키지 않았기 때문에 효과가 없다.

기법 측면에서 전략적 치료자들은 가족 구성원의 어떤 조합으로든 작업할 수 있는데, 어떤 때는 가족 전체와 확장된 가족까지도 포함한다. 하지만 대부분의 경우에는 결혼한 쌍이나 부모가 보통 환자로 지목된, 자녀 중의 한 명과 함께 작업한다. 전략적 가족치료는 경험주의 및 가족체계 접근법과는 달리 보통 공동 치료자를 두지 않는다. 하지만 전략적 치료자는 대개 독특한 방식으로 자문을 구한다. 예를 들어, 상담자는 일방경을 통해 치료법을 관찰하고 적극적인 제안을 위해 치료 회기에 참여할 수도 있다. 앞에서 언급했듯이, 이러한 기법 때문에 전략적 가족치료는 증상지향적이며 간결한 경향이 있다. 팔로 알토의 정신연구소의 전략적 치료자들은 일반적으로 10회기만 진행하는 치료법을 시행한다.

전략적 치료자가 사용하는 가장 빈번한 기술은 지시이다. 내담자는 회기 중 행동에 대한 지시를 받지만, 대부분 지시는 과제의 형태로 제공된다. 이러한 지시는 다음에 설명된 바와 같이 직접적인 제안을 수반하거나 역설적인 개입의 형태일 수 있다.

아마도 전략적 가족치료의 가장 구별되는 특징은 가족체계에서 행동 순서를 극적으로 변화시키기 위해 능동적인 치료 조작을 사용하는 것이다. 가장 자주 사용되는 조작은 역설적 기법이라고 불리는 것이다. 몇 년 전, Dowd와 Milne(1986)은 그러한 개입이 어떻게 작용하는지에 대한 광범위한 토론을 제안했다. 역설의 가장 일반적인 형태 중 하나는 증상 처방이다. 여기에서 치료자는 내담자가 실제로 제거하려는 행동에 관여하도록 내담자에게 지시한다. Watzlawick, Weakland, Fisch(1974)가 제시한 사례를 보면, 어머니는 아들의 잦은 비행에 대해 "그것은 모두 심리적인 문제의 결과이다."라고 합리화했다. 그녀의 전략적 치료자는 앞으로 한 주 동안 아이에게 더 많은 행동을 하도록 지시했고, 어머니는 더 많은 이해로 그를 용서해야 했다. 여기에서, 어머니는 치료사의 지시를 따르면서 문제를 제어 가능한 것으로 보게 된다. 또는 어머니가 지침에 반발할 수 있는데, 이 경우에는 문제를 해결하기 위해 더 큰 조치가 취해진다. 이러한 역설적 개입의 역동성에는 내담자가 무엇을 하는지에 관계없이 긍정적 결과가 성취되는 치료적 이중 구속에 내담자가 놓이게 되는 것을 의미한다. 전략적 치료자들은 이것을 '잃을 것이 없는(no-lose)' 상황으로 보고 있다.

현재의 전략적 가족치료는 여전히 기술 지향적이지만 과거보다 덜 기교적이다. 치료자와 내담자 사이에 존중하고 돌보는 관계를 개발하는데 더 많은 관심을 기울이고 있고(Cade & O'Hanlon, 1993), 치료자가 모든 것을 조종하는 것이 아니라 치료자와 내담자 사이의 협력에 더 많은 관심을 기울이고 있다. 따라서 초기의 인기는 사라졌지만 전략적 가족치료는 계속해서 발전해 나가고 있으며, 가족 및 부부 문제를 치료하는 주요 접근 방법의 하나로서 계속 이어져야 한다.

구조적 접근

구조적 접근 방식은 1970년대에 가족치료 현장에 완전히 스며들었고 가족치료에 있어 가장 대중적이고 영향력 있는 접근법 중 하나로 남아 있다(Lebow, 2008; Nichols, 2010). 구조적 이론은 체계이론과 깊숙이 연관되어 있는데, 가족이 어떻게 운영되는지, 문제가 있는 가정에 어떻게 개입하는지에 대해 유사한 개념을 가지고 있다. 또한 여러 가지 면에서 호소력이 있는 이론으로서 상담자에게 큰 의미를 부여하는 구조 또는 가족의 기본 조직에 대한 개념을 제시한다. 가족이 어떻게 행동하고 정서적으로 잘못되었는지에 관한 이론은 평가와 치료에 대한 명백한 함의를 가지고 있다. 마지막으로, 구조적 이론에 의해 많은 명확한 치료 기술이 제안된다.

구조적 접근 방식의 창시자이자 지도자는 Salvador Minuchin이다. 그의 가족치료에 관한 개념은 비행 자녀를 둔 경제적으로 빈곤하고 많은 문제를 가진 1960년대의 가정들과 작업했을 때 형성되었다. 구조적 접근법의 가장 중요하고 유용한 작업들은 다음과 같다. S. Minuchin의 결정적인 연구(1974), S. Minuchin, Lee, Simon(1996), S. Minuchin과 Nichols(1993), P. Minuchin과 동료들(2007)이다. 이를 통해 가족 기능에 대한 구조적 이론의 핵심을 이루는 세 가지 개념은 구조, 하위 체계, 경계임을 알 수 있다. 가족구조(family structure)의 개념은 가족 구성원이 상호작용하는 조직된 패턴으로 정의될 수 있다. 모든 가족은 상호작용에 있어서 예측 가능한 패턴을 가지고 있으며, 이러한 패턴은 가족 상호작용의 대상, 시기, 방법을 드러낸다. 반복되는 패턴은 심리적 구조로 발전한다. 예를 들면, 아버지는 냉담한 훈육자 역할을 하는 반면에, 어머니는 다정다감하지만 한계를 설정하지 못할 수 있다. 이러한 패턴은 애정과 훈육에 문제가 있을 때, 배우자와 자녀 간의 수많은 상호작용에서 일어날 수 있다. 따라서 부모의 역할은 암시적일지라도 가족구조에 있어서 명확한 요소라 할 수 있다.

가족구조에 있어서 가족 내부와 외부에서 구성원들이 상호작용하는 방법에는 수많은 무언의 규칙이 포함된다. 예를 들면, 아버지가 일하는 동안 어머니가 자녀들과 시간을 보내지만, 부모 간의 갈등이 있을 때마다 자녀들은 말을 잘 듣지 않고, 아버지는 가족 여행을 계획하고 조정하는 데 비해, 가족 구성원들은 서로의 감정을 직접 나누지 않는다. 이처럼 가족의 규칙, 패턴, 구조는 일단 확립되면 변화에 저항하는 힘이 강하게 형성된다. 두 번째 개념은 하위 체계(subsystems)이다. 모든 복잡한 체계는 하위 체계로 나뉜다. 이러한 하위 체계에는 가족 내의 몇 명의 구성원이든 포함될 수 있으며, 하위 체계 집단을 형성하는 것은 연령, 세대, 성별, 관심사 등에 따라 결정된다. 일반적으로 부모 하위 체계와 자녀 하위 체계가 있으며, 분명하지 못한 하위 체계도 있다. 예를 들어, 어머니는 성별이 남성인 자녀들과, 아버지는 여성인 자녀와 또 다른 하위 체계를 형성한다. 하위 체계는 가족 내의 모든 개인이 두 가지 이상의 하위 체계에 속할 수 있다는 점에서 유동적이다. 어떤 가정에서 어머니는 배우자 하위 체계의 일부이거나 다른 면에서는 여성 하위 체계로 또는 운동을 잘하는 하위 체계의 일부일 수 있다.

구조적 접근법의 세 번째 주요 개념은 경계(boundaries)에 관한 것이다. 모든 가족에는 개인과 하위 체계를 둘러싸고 보이지 않는 장벽이 있는데, 이러한 경계의 특성에 관한 S. Minuchin의 개념은 구조 이론에서 가장 흥미롭고 중요한 개념 중 하나이다.

경계는 경계 외부의 사람들과의 접촉량을 조절하는 역할을 한다. 앞에서 언급했듯이, 경계는 견고한 것에서부터 확산되는 것까지 다양하며, '명백한' 경계는 중간 지점에 있다. 이처럼 극도의 경계(견고한 또는 확산)는 좋지 않다. 견고한 경계는 경계선 밖의 개인이나 체계와의 감정적인 접촉을 거의 허용하지 않으므로 S. Minuchin이 분리(disengagement)라고 언급한 결과가 발생하기 때문이다. 반면에 확산 경계는 충분히 견고하지 못해서 외부 개인이나 체계와 너무 많은 감정적인 연결을 조장하여 밀착(enmeshment)을 초래한다.

분리된 개인 또는 하위 체계는 고립되는 경향이 있다. 분리가 독립성을 허용하고 때로는 통제가 잘될 수 있지만, 여기에는 대가를 지불해야 한다. 분리는 따뜻함, 애정, 지지를 제한한다. 다른 면에서 보면, 밀착은 하위 체계 간에 많은 지지와 애정을 지원한다. 밀착된 부모는 풍부한 사랑과 애정을 제공하지만, 동시에 자녀들이 독립적이며 효과적인 개인으로서 발전할 기회를 가지지 못하게 한다.

구조적 치료자는 가족의 경계에 세심한 주의를 기울인다. 밀착이 존재하는 경우(예: 부모 및 자녀 하위 체계 조합들 사이에 존재할 때) 구조적 치료자는 경계를 견고하게 하려고 한다. 반면에 개인이나 하위 체계가 분리되었을 경우 치료자는 경계를 약화하고 의사소통을 개방한다.

중재와 관련하여, 앞에서 설명한 전략적 치료자처럼 구조적 치료자는 매우 적극적이고 지시적이며 때로는 조작적이다. 그러나 전략적 집단에서와는 달리, 구조주의자들은 증상을 드러내서 직접 작업하지 않는다. 대신 문제행동을 변화시키는 최선책은 그 행동을 유지시키는 가족 패턴(구조)을 변경하는 것이므로 구조주의자들은 가족구조를 수정하고자 시도한다. 그들은 환자로 지목된 어린이 또는 청소년이 있는 가족과 함께 작업하는데, 가족 구성원의 어떤 조합으로든 작업할 수 있다. 때로는 개인으로 다루거나 혹은 가족 내의 다른 하위 체계로 작업할 수 있다. 예를 들어, 치료자는 가족 전체와 만나 작업을 진행할 수 있다. 그런 다음 부모 하위 체계와 자녀 하위 체계의 경계를 더 명확하게 해야 한다고 생각하면 치료자는 부모만을 만날 수도 있다. 반면, 같은 가족 내에서 아버지와 아들의 경계를 부드럽게 할 필요가 있으면 치료자는 이 두 사람을 만날 수도 있다.

2020년이 되어 가는 요즘,[1] 구조적 접근법이 가족치료사에게 그 어느 때보다 인기가 있다. 구조적 접근 방식이 단순함, 포괄성, 실용성의 장점이 있고 실무자가 접근법의 기본 개념을 쉽게 이해하고 적용할 수 있기 때문이다. 또한 개인, 가족, 문화에 관심을

---

1) 역자 주: 2014년에 출간된 원서의 시점에 따라 기재함.

기울이고 가족을 이해하고 상담하기 위한 응집력 있는 틀을 제공한다. 이로 인해 구조적 가족치료는 수년 동안 축적된 효과성에 대한 확실한 경험적 지원에 의해 더욱 강화된다(Lebow, 2008; Nichols, 2010).

인지행동적 접근법

이 장에서 논의된 가족치료에 대한 모든 접근법 가운데 인지행동적 접근법이 경험적 연구 결과를 치료 가이드라인의 개발에 가장 많이 포함시킨다. 다른 가족치료보다 행동 중재의 효과에 대한 더 많은 증거가 있지만, 인지행동적 접근법은 종종 가족치료법에 대한 토론에도 포함되지 않는다. 이것은 일반적으로 행동이론이 체계이론이나 체계로서의 가족에는 거의 관심을 기울이지 않는다는 점에서 가족치료법으로 간주되지 않기 때문이다. 예를 들어, 행동치료의 초점은 두 사람의 상황이므로 결혼한 부부와 부모-자녀 관계에 거의 전적인 관심을 부여한다. 그러나 가족치료사의 초점인 삼각구도와 전체 가족 체계는 무시되는 경향이 있다.

행동적 접근법은 가족 문제를 종종 순환적 인과관계보다 선형적 인과관계의 관점으로 개념화한다는 점에서 많은 다른 체계지향적 가족치료법과 다르다. 행동주의 가족상담자는 구체적 문제행동을 분리하고, 대인관계 환경의 어떤 것이 그들을 통제하는지 알아내서, 긍정적인 행동을 증가시키면서 동시에 문제행동을 줄이는 행동 기법을 사용한다. 최근에는 행동치료법에 인지적 개념이 추가되었다. 오늘날 개인상담의 경우와 마찬가지로, 대부분의 행동지향적인 가족상담자는 실제로 인지행동적 가족상담자이다. 인지적 요소의 일환으로, 가족에 대한 내담자의 도식(또는 핵심 신념)에 중점을 두고 가족 도식이 어떻게 가족 구성원의 상호작용에 영향을 주고받는지에 중점을 둔다(Dattillio, 1993, 1997).

대부분의 가족상담자와 마찬가지로 인지행동적 상담자는 적극적이고 지시적인 경향이 있으며, 치료에 대한 내담자의 적극적인 참여 또한 강조한다. 상담자는 종종 교육자로서의 역할을 수행하여 내담자들에게 학습 및 인지적 원리와 기술을 적용하여 내담자의 바람직한 행동을 개발하고 강화하도록 가르친다. 인지행동 가족상담자는 부부상담(예를 들어, 의사소통, 성 문제와 같은 일련의 문제에 대해 초점을 둘 수 있는)과 부모 훈련과 같은 두 가지 일반적인 영역에서 주로 작업해 왔다. 이러한 두 가지 영역에서 어떤 행동과 인식이 수정되어야 하는지를 결정하기 위해 치료에 앞서 신중한 평가가 선행되며, 이를 위해 다양한 평가 기법이 사용된다(제12장에서 논의됨). 인지행동적 치료의 목표는 (변화되어야 할) 목표행동과 인지를 정확하게 지적하고 이에 대한 기준을 얻는 것이다.

많은 인지적 및 행동적 기법과 프로그램이 부부상담과 부모 훈련 분야의 문헌에서 발표되었다. 부부상담에서 치료자는 부부의 각 구성원이 서로에게 바람직한 행동을 확인하고 원하는 것을 의사소통하는 데 도움을 준다. 또한 치료자는 바람직한 행동을 증가시키기 위한 행동지향적인 치료 계획을 개발한다. 초점은 부정적인 것을 줄이는 것보다 긍정적인 것을 늘리는 것에 있으므로 여러 유형의 조건부 계약이 자주 사용된다. 여기에서 한 구성원의 긍정적인 행동은 다른 구성원의 긍정적인 행동에 의존한다. 예를 들어, Charlie는 Jane이 설거지하는 동안 취침 시간 전에 매일 밤 아이들과 30분을 보내는 데 동의한다. 또한 그러한 조건부는 대개 균형을 이룬다. 그것은 Jane은 Charlie가 일주일에 두 번씩 진공청소기를 밀면 매주 Charlie와 하이킹을 간다. 이러한 계약에서 중요한 것은 어느 행동에 대해서도 둘 중 한 명의 구성원이 반대하지 않는 것이다. 반면, 간단한 조건부 계약 방식으로 다루기에는 너무 충돌하는 문제의 경우 행동 상담자가 구조화된 문제해결 기술을 사용한다. 부부는 문제를 명확하게 정의하고 한 번에 한 가지 문제를 토론하며 배우자의 말을 듣고 부연을 하고, 언어적 학대를 피하며, 부족함에 대해서보다는 긍정적인 용어로 자신의 의사를 표현하도록 가르친다(예: "나는 네가 ……하는 방식이 좋다." 그리고 "만약 네가 ……했더라면 난 좋았을 것이다.").

부모 훈련에서 행동과 인지 원리가 부모와 자녀 및 부모와 자녀의 상호작용 행동과 인식을 수정하는 데 사용된다. 그러나 자녀가 도움이 필요한 환자로 지목되면 인지행동적 상담자는 그 행동과 인식을 수용하는 경향이 있다. 가족이 도움을 구하는 문제는 치료자가 볼 때 첫 번째 치료 단계로 판단되는 문제가 아닐 수도 있다. 예를 들어, 가족은 자녀들이 항상 싸우고 있는 것처럼 보이기 때문에 이에 대한 도움을 요청할 수 있다. 치료자는 관찰을 통해 부모가 논쟁할 때 자녀들이 서로 싸우는 것을 종종 발견한다면 치료자는 자녀들의 행동을 직접 수정하기 전에 결혼생활에 대한 접근이 첫 번째 상담 단계라고 판단할 가능성이 있다.

부모 훈련의 첫 번째 단계로서, 부모는 아동 또는 청소년의 문제행동을 기술하고, 빈도를 기록하며, 문제행동에 수반되는 사건을 기록하도록 교육받는다. 마지막 단계는 어떤 사건이 문제행동에 대한 자극이나 강화 요소가 될지 결정하는 것이다. 부모는 행동 기술을 사용하여 체계적으로 개입하도록 교육받는다. 가장 보편적인 기술로 바람

직한 행동은 긍정적으로 강화되고, 바람직하지 않은 행동은 무시되거나 처벌되는 조작
적 조건화가 있다. 강화 요소가 무엇인지에 따라 자녀가 크게 달라지기 때문에 효과적
인 강화 요소 선택에 주의를 기울여야 한다. Premack 원칙은 부모 훈련에 이어 오랫동
안 지속한 원칙이다. 부모에 의해 강하게 요구되는 저빈도 행동에 대한 강화 요소로서
고빈도 행동이 사용된다. 예를 들어, Johnny(5살짜리 소년)가 계속 합리적으로 균형 잡
힌 식사(단순한 과자가 아닌)를 거절함으로써 부모가 난처해지기 시작했다고 가정해 보
자. Johnny가 가장 좋아하는 활동은 세발자전거를 타는 것이고, 그가 뒷마당에서 친구
Stan과 놀고 있음을 발견했다. Premack 원칙은 Johnny가 불평행동을 줄이면서 식사를
잘하도록 하는 것의 조건부 행동으로 가장 좋아하는(고빈도) 행동을 하게 만드는 것이
다. 이 프로그램은 단계별로 구현되고 강화 요소는 최종 목표에 근접하는 바람직한 행
동으로 주어질 것이다.

요컨대, 인지행동적 치료자는 부부와 부모-자녀 상호작용에서 행동과 인지를
수정하는 기법을 고안해 냈다. 인지행동적 치료자는 역사적으로 체계를 무시했지
만, 가족체계를 고려한 치료 프로그램이 개발되어(예: Christensen & Jacobson, 2000;
Sexton & Alexander, 2005), 최근에는 변화가 일어나기 시작했다. 예를 들어, Sexton과
Alexander(2005)의 기능적 가족치료에서 치료자는 가족 내에서 특정한 가족 구성원의
문제행동의 기능을 분석한 다음 가족이 그 기능을 보다 건설적인 방식으로 충족시키도
록 돕는다.

포스트모더니즘 세계에서의 부부 및 가족 치료

1970년대와 1980년대는 부부 및 가족 치료의 황금시대로 평가되었다(Nichols, 2010).
'미국 전역에 훈련 센터가 생겨났고, 세미나로 가득했으며, 새로운 운동의 지도자들은
록스타 같은 인기를 얻으면서'(Nichols & Schwartz, 1998, p. 59) 엄청난 성장이 일어났다.
그러나 결국 부작용이 나타나기 시작했다. 접근법 중 일부는 독창적이기보다는 화려하
고 조작적이고 고압적으로 보였고, 체계의 방향성은 체계가 개인으로 구성되었다는 것
을 종종 잊어버리는 것처럼 나타났기 때문이다. 예를 들어, S. Minuchin과 그의 공동
작업자(S. Minuchin, Rosman, & Baker, 1978, p. 91)는 '가족을 강조하면서 개인을 부인하
는' 위험에 대해 우려했다. 가족치료에서 성공적이었던 일부의 경우는 이론보다는 오

히려 운동 지도자(예: Haley, Madanes, Whitaker, Minuchin)의 카리스마에 기인한 것처럼 보였다. 또한 고전적인 이론에 의해 연구되고 치료된 가족은 주로 두 명의 부모가 있는 핵가족이었으며, 다른 변형(예: 혼혈 가정, 편부모 가정)에는 주의를 기울이지 않았다. 인종, 민족, 문화, 성적 지향, 남녀 간의 권력 불균형에 대해서는 거의 관심을 기울이지 않았다. 게다가 학교, 사회기관, 학회 및 더 광범위한 문화와 같은 대규모 체계의 영향도 근본적으로 무시되었다.

지난 10여 년 동안 부부 및 가족 상담과 치료와 이것이 기반으로 삼은 이론과 철학에 변화가 있었다. 앞에서 암시한 바와 같이 인간의 문제는 가족뿐만 아니라 개인 내에도 존재하는 것으로 나타났다. 심각한 심리적인 문제가 있는 경우에 특히 그렇다. 예를 들어, 정신분열이 부부 및 가족 상담과 치료 초기에는 가족 내에 존재하는 것으로 생각되었지만, 그렇지 않다는 것이 명확해졌으며, 가족이 어려움에 처한 가족 구성원에게 대처하는 방법에 대한 학습을 돕기 위해 교육적 기반의 치료법이 개발되었다(Lebow, 2008; Nichols, 2010). 개인에 대한 관심 외에도 부부 및 가족 상담과 치료는 현재 민족의 역할, 광범위하게는 가족 발달 및 치료에서의 문화에 더 많은 관심을 기울이고 있다(McGoldrick, Giordano, & Garcia-Preto, 2005의 예를 참조).

가족 및 부부 치료에서 1990년대에 이루어진 변화는 실제로 지식, 현실, 진리에 대한 사고방식의 변화를 반영하는 광범위한 철학적 운동의 일부이다. 이러한 철학적 변화는 그 자체가 10년 동안 이루어진 더 넓은 문화적 변화의 일부였다. 학자와 상담자가 진리, 현실, 지식을 어떻게 바라볼지에 대한 근본적인 변화를 포스트모더니즘(postmodernism)이라고 불러 왔다. 그전에 있었던 모더니즘(20세기 전환기에 시작되었던)과는 다르게 포스트모더니즘은 절대 진리는 알 수 없으며 현실은 관찰자의 구성(또는 상담자와 내담자의 공동 구성)이라는 가설을 반영한다. 모더니즘은 사실상 진실과 보편적 원리는 과학에 의해 밝혀질 수 있다는 믿음을 반영했지만—객관적으로 보았을 때—포스트모더니즘은 진리와 보편적 원리가 밝혀지지 않았다고 제안했다. 과학은 다른 관점에 대해서만 유용한 정보를 생성할 수 있기 때문이다. 포스트모더니스트는 어떤 가족치료 이론이 가장 큰 진리 가치를 가졌는지 결정하려고 하지는 않기에 이론들은 다양한 관점을 가지며 유용한 가이드의 역할을 한다.

포스트모던적 사고의 토대가 되는 철학은 구성주의(constructivism)와 사회구성주의(social constructionism)이다. 이러한 철학들 사이에는 미묘한 차이점이 있지만, 현실은 관찰자의 구성이라는 기본 견해를 공유한다. 구성주의자 기반의 가족상담자는 '가족의 실제 상호작용 패턴은 무엇인가?'라는 질문 대신 '가족 구성원이 그 문제에 대해 가정한 것은 무엇인가?'라고 질문한다. 구성주의 치료자는 진리를 찾는 것이 아니라 각 가족 구성원에게 있어 그 문제가 가지는 의미가 무엇인지를 찾고자 한다.

구성주의 공동체는 여러 가지 견해를 다룬다. 다원주의의 일부로서, 인종, 민족, 성별, 성적 지향, 더 넓게는 문화에 대한 관심이 가족치료 운동에 스며들었으며, 21세기에 있어서 가족치료 운동의 핵심 부분이 되었다. 이처럼 문화적 요인에 대해 관심을 기울이지 않으면 치료법이 효과가 없게 될 수도 있다.

전임자들은 항상 해답을 가진 것처럼 보였지만, 오늘날의 가족치료사는 모든 해답을 알고 있다는 가정을 하지 않는다. Nichols(2010)는 구성주의가 가족을 다루는 데 있어 치료자의 겸손을 어떻게 증진시켰는지를 논의했다. 가족치료사는 가족의 기능 장애를 훌륭하게 해소할 수 있는 전문가라기보다는 가족과의 협력자로 여겨지는 경우가 많았다. 치료자가 해답을 가지지 못하는 것과 같이 어떤 이론도 진실을 나타내지 못한다. 이러한 믿음 때문에 오늘날의 가족치료사는 자신의 실습에서 다른 이론들과의 통합을 추구할 가능성이 훨씬 더 크다(Prochaska & Norcross, 2010 참조).

오늘날 CFT의 대부분은 기존의 고전 이론의 개념 구조를 가지고 우리가 논의해 온 요소들을 고려해서 그 이론들을 수정하고자 한다. 그러나 이야기치료법과 해결 중심 치료법이라는 두 가지 주목할 만한 접근법이 최근에 등장하였다. 이러한 등장은 치료자들에게 매우 매력적이지만, 그 접근법들에 대한 효과를 뒷받침하는 연구들이 아직 많이 없다는 한계를 가진다.

이야기치료법

이야기치료법은 결정적으로 포스트모던적이며 그 방향성에 있어서 구성주의적이다. 이야기치료사들은 우리의 삶을 이해하기 위해 만들어 낸 이야기 밖의 실재는 존재하지 않는다고 여기는 점에서 반실재론자이다(Held, 1996). 이야기 가족치료와 관련하여 가장 자주 거론되는 이름은 호주의 Michael White와 뉴질랜드의 가족치료사인 David Epston이다.

이야기치료는 인간의 경험이 어떤 이야기들을 구성하게 되는지 기대하고, 또한 그 이야기들이 어떻게 경험을 깊게 표현하는지에 대해 근본적으로 관심을 가진다. 그렇기에 이야기치료는 체계적 접근법과는 달리 가족 문제를 논하기보다는 개인이 스스로를 재검토하도록 돕는다. 재검토는 거의 대부분 질문을 통해 이루어진다. 즉, 이야기치료사가 전문적 질문자가 되는 것으로, 치료자는 내담자나 가족의 이야기가 무엇이든 간에 위압적이지 않고 공손한 접근법을 찾는다(Freedman & Combs, 1996; White, 1995). 또한 상담자는 이야기적 공감(narrative empathy)을 중요시하는데, 사람 중심 치료자의 관점에서의 공감과 이야기적 공감은 본질적으로 동일하다(Omer, 1997).

특이한 점은 이야기 접근법에서는 내담자를 비난할 부분이 없는 상태로 인식하며, 이러한 수행의 주요한 방법은 문제를 외부화하는 것이다. 따라서 문제는 개인과 가족 외부의 어떤 것, 다시 말해서 고통과 슬픔의 근원은 외부적인 것이 된다. 내담자가 '문제에 관한 이야기'를 하면, 이야기치료사는 그 문제를 그 사람과 분리시킨다. 단지 문제는 그 사람 외부의 '그것'이 되거나 나쁜 영향을 주는 가족이 된다. 치료자는 '그것'이 어떻게 악한 작용을 하는지에 대해 질문을 함으로써 외현화 작업을 강화한다(예를 들어, '분노가 당신에게 어떤 영향을 미치는가?' '분노는 당신에게 무엇을 이야기하는가?' '분노는 당신의 관계에 어떤 작용을 하는가?'). 이는 내담자가 문제를 소유한 것이 아니라 오히려 문제가 내담자를 소유하고 있다는 것을 알 수 있다.

이야기치료에서 변화의 열쇠는 치료자가 내담자의 삶에서의 '독특한 성과들' 또는 '빛나는 사건들'을 들어 주는 것이다. 간단히 말해서, 사건과 성과는 내담자나 가족이 문제에 대하여 승리한 상황으로 나타나며, 그것들은 영웅적인 일화로 간주된다. 이야기치료사는 이것들에 관한 추가 질문들을 통해 사건과 성과를 강조함으로써 내담자가 성공과 성공하게 되는 방법들에 주목하도록 돕는다. 따라서 사람들은 자신을 무력한 희생자가 아닌 용기 있는 주인공으로 바라볼 수 있게 된다. 구성주의자들처럼 이야기치료 또한 문화적 이슈에 매우 민감하다.

해결 중심 치료법

사회구성주의에 내재된 두 번째 가족치료 접근법인 해결 중심 치료(Solution-Focused Therapy: SFT)가 1990년대에 자리를 잡았다. 해결 중심 치료 접근의 주요 개발자는 Michael de Shazer와 Insoo Berg(Berg & de Shazer, 1993; de Shazer, 1988, 1994)이다. 해결 중심 치료는 (앞에서 언급했듯이) 실제로 전략적 치료에서 발전하여 나왔고, 매우 단기간에 이루어지는 작업(보통 2~5회기)에 중점을 두고 있다. 그러나 해결 중심 치료의 초점은 내담자의 문제가 아니라 해결책에 있다는 점에서 전략적 접근 방식에서 크게 벗어난다. 전략적 치료사들처럼 해결 중심 치료의 실무자들은 매우 재주가 좋다. 그들은 내담자가 단기간에 문제를 해결할 수 있도록 몇 가지 독창적인 전략을 고안했다.

해결 중심 치료는 내담자의 강점을 강조하고 그것들을 활용하고자 노력한다. 해결 중심 치료 상담자는 내담자의 문제와 과거의 이야기에 귀를 기울이지만 근본적으로 목표와 해결 방법을 가장 추구한다. 예를 들어, 우울증에 대한 내담자의 경향과 그 우울의 뿌리를 파헤치지 않고, 해결 중심 치료 상담자는 '당신이 우울하다고 느끼지 않는 시기는 언제인가?'라고 질문한다. 치료자는 내담자의 대답을 사용하여 우울을 막을 수 있는 전략을 세운다. 내담자의 대답이 '친구와 함께 있을 때나 기도 모임에 있을 때'일 경우, 해결 중심 치료 상담자는 내담자가 이러한 상황을 어떻게 개발하고 확장할 수 있는지를 고려하도록 돕는다. 치료자는 내담자가 올바른 방향으로 나아가도록 단계를 강화한다.

해결 중심 치료에서 해결책과 목표에 초점을 맞추는 것은 첫 번째 회기부터 시작된다. 첫 번째 작업 공식(formula first task)에서 내담자는 자신의 삶이나 그들이 지속하기 원하는 관계들에서 일어나는 일들을 관찰하도록 요청받는다. 이야기치료사와 마찬가지로 해결 중심 치료 상담자는 올바른 질문(즉, 목표와 해결책에 초점을 맞춘 질문)을 하는 전문가가 된다. 한 예로 기적 질문을 들 수 있다. '어느 날 밤, 당신이 잠들어 있는 동안 기적이 일어났고, 이 문제가 해결되었다고 가정한다. 당신은 이것을 어떻게 알 수 있는가? 무엇이 달라질 것인가?'이다. 예외 질문(exception questions)은 문제에 대한 관심을 환기시키고 내담자가 그 문제를 경험하지 않았던 시기를 묻게 되는데, 다르게 말하면 내담자가 언제 그 문제를 가지게 되었는지를 묻는 것이다. 부부는 '언제 서로 비난하지 않는가?' 또는 '언제 서로에게 좋은 기분이 들었는가?'라는 질문을 받는다. 부부의 답변은 해결책을 세우는 데 사용된다.

또 다른 종류의 질문을 척도 질문(scaling question)이라고 부른다. "0에서 10점 척도로, 0은 당신이 부부 상담을 받기 위해 내게 전화했을 때 당신의 결혼생활에서 느낀 느낌이다. 그리고 10점은 그 '기적'을 겪은 다음 날 당신이 어떻게 느꼈는지에 대한 것이다. 지금 부부 관계를 어떻게 느끼는가?" 내담자가 '3'이라고 말하면 해결 중심 치료 상담자는 "어떻게 이러한 성과를 달성했는가?"라고 묻는다. 또는 작은 단계를 장려하고 강화하기 위해 치료자가 "3점에서 4점이 되려면 무엇을 해야 하는가?"라고 물을 수도 있다. 또는 "1에서 10 척도로, 이번 주에 당신의 아내를 비난하지 않을 것이라고 얼마나 확신하는가?"라고 질문한 다음 "당신이 그녀를 비난하지 않을 확률을 높이려면 무엇을 할 수 있는가?"라고 물을 수 있다. Nichols와 Schwartz(1998)가 지적했듯이, 척도 질문은 '저항을 예상한 후 내담자를 무장해제시키고 변화에 대한 헌신을 격려하는' 영리한 방법이다(p. 387).

해결 중심 치료 기간 동안 상담자와 내담자는 대화를 통해 해결책을 함께 만든다. 해결 중심 치료 상담자에게 언어는 실재이며, 언어 이외에는 어떤 것도 존재하지 않기 때문에 그 자체를 바꿀 필요가 있다. 해결 중심 치료 상담자는 문제에 관한 대화를 해결책에 관한 대화로 바꾸라고 하며, 내담자 자신이 문제를 해결하는 방법의 큰 부분이 된다고 말한다.

집단, 부부 및 가족 상담 관점

여러 가지 이유로, 이 장에서 다루었던 치료법은 상담심리학에서 중심적인 개입으로 받아들여지는 것이 느렸다. 수년 동안 집단치료법은 대기 목록이 너무 길거나 개인 치료법을 이용할 수 없을 때 주로 사용하기 위한 일종의 채우기(fill-in)로 보였다. 집단 상담 및 치료 분야는 연구 기반을 개발하는 데 시간이 걸렸으며, 집단 환경에서 종종 발생했던 1960년대와 1970년대의 몇몇 지나친 집단상담의 시도는 도움이 되지 않았다. 그러나 집단상담과 치료는 개인상담의 부수적 수단으로서의 역할뿐만 아니라 그 자체의 치료로서 많은 장점이 있다는 것이 점차 분명해졌기 때문에 상담심리에서 점점 더 중추적인 역할을 하게 되었다. 21세기까지 Kivlighan과 동료들(2000)에 따르면, 집단치료는 상담심리학자가 수행하는 작업의 근본 요소였다.

부부 및 가족 상담과 치료의 느린 수용은 부분적으로 연구 기반의 부족 때문이었다. 또한 많은 상담심리학자가 발달 단계상 개별화와 건전한 독립을 필요로 하는 대학생들과 함께 일했기 때문에 부부 및 가족 상담과 치료는 그다지 관련성이 없는 것처럼 보였다. 그러나 상담심리학과 부부 및 가족 상담과 치료 분야가 확장됨에 따라 Gelso와 Fassinger(1990)는 "1980년대에 상담심리학이 마침내 가족을 발견했다."(p. 361)라고 결론을 내렸다.

집단치료와 부부 및 가족 상담과 치료에 대한 연구가 증가함으로써 상담심리학에서 다양한 접근법에 대한 수용이 이루어졌다. 또한 치료법에 대한 개별적인 연구 조사가 축적되면서 이에 대한 여러 가지 메타분석이 가능해졌다. 특히 집단상담과 치료의 경우 치료 효과가 전체적으로 매우 긍정적이며, 개인치료에 대한 효과와 동일하다는 것이 분명해졌다(Burlingame et al., 2013). 평론가들은 다양한 내담자 문제 및 진단에 대해 어떤 집단치료가 이점을 가지고 있는지에 대해서 설명했을 뿐만 아니라 혼합된 진단 결과를 가진 집단에게 집단 상담 및 치료가 효과적이라는 것도 강조했다. 매우 주목할 만한 발견 중 하나는 집단치료에서 내담자의 애착유형 부분을 연구한 것이다(예: Markin & Marmarosh, 2010; Marmarosh, Markin, & Spiegel, 2013). 여기서 정신분석가인 John Bowlby가 개발한 애착이론은 집단 응집력, 내담자 자기개방, 대인관계 인지 및 집단치료 결과와 같은 중요한 변수와 관련이 있기 때문에 검토되었다.

부부 및 가족 상담과 치료에 관한 연구 결과는 매우 긍정적이다. Sexton, Datchi, Evans, LaFollette, Wright(2013)는 부부 및 가족 상담과 치료의 효과에 대한 기존 문헌들을 최근에 검토하였다. 연구 결과가 매우 다양하고 수백 건의 연구가 있었지만, 전체적으로 부부 및 가족 상담과 치료로 개입하지 않은 통제집단과 비교했을 때 상당한 효과성이 있어 보인다. 이는 다양한 치료법을 검토하고 폭넓은 요인들을 연구하는 등 다양한 환경에서 연구가 이루어졌기 때문이다. 그러나 개인치료에서와 마찬가지로, 현재 시점에서 핵심은 주어진 문제에 적합한 치료자와 결과를 제시할 때, 어떤 치료법이 가장 효과적인지를 파악하는 것이다. 부부 및 가족 상담과 치료가 전체적으로 효과적이라는 것은 분명하지만, 이 장에서 다루어진 이론 중 일부는 충분히 연구되지 않았다(예: 가족 체계적 접근법, 전략적 접근법). 대부분 치료의 전반적인 효과는 비록 통계적으로 의미가 있고 개입하지 않은 통제집단보다는 우수하지만, 그다지 강력하지는 않다. 따라서 연구 결과가 매우 긍정적이라 할지라도 훨씬 더 많은 연구가 수행되어야 한다.

21세기 현재 시점에서 집단, 부부, 가족 상담 및 치료는 경험적으로 뒷받침된 치료법이다. 그것들은 효과가 있고, 개인상담 및 심리치료와 함께 성장하는 연구 기반을 가진 상담심리학에서 중심이 되는 치료법이 되었으며, 이제는 상담심리학의 박사과정에서 기본 사항이 되었다.

요약

이 장은 크게 두 부분으로 구분된다. 첫 번째 부분은 상담 및 치료 집단에 속하고, 두 번째 부분은 부부 및 가족 상담과 치료(CFT)에 중점을 둔다. 집단상담이나 치료와 관련하여 집단은 대인관계 또는 관계 문제가 있는 내담자에게 특히 유용할 것으로 보이며, 대인관계의 문제가 있을 때 집단의 효과는 가장 크게 나타난다. 그러나 집단상담은 모든 사람에게 도움이 되지는 않으며, 효과적인 집단치료를 하기에 적합하지 못한 몇 가지 특징을 지적했다. 집단에서 집단상담자의 초점은 집단 전체, 집단 내의 개인, 집단 내의 개인 간 상호작용 또는 이러한 접근방식의 통합에 있다. 초점이 무엇이든 간에 집단상담자는 (가) 집단을 만들고 유지하고, (나) 집단 문화 구축을 촉진하고, (다) '지금-여기'를 활성화하고 조명하는 주요 임무를 수행한다. 집단상담자는 집단의 바람직한 규범을 적극적으로 형성해야 하며, 그렇게 함으로써 집단상담자 자신은 기법 전문가 및 모델링 역할을 한다. 집단상담자의 개인적 자질은 사용되는 기법보다 훨씬 중요할 수 있다.

용어가 다를지라도 폐쇄집단에는 진행 과정상에 발달 단계가 있다는 것에 일반적으로 동의한다. 앞에서 탐색 단계, 전환 단계, 작업 단계, 종결 단계를 설명했다. 집단 상담 및 치료에서 획기적인 공헌을 한 것은 집단의 효과성을 이끌어 낸 Irving Yalom의 치료적 요인들이다. 이 요인들의 대부분은 광범위하게 연구되어 왔고, 집단을 이끌 계획을 가진 사람이라면 누구든지 이 요인들을 내면화해야 한다. 집단 작업의 윤리적 문제가 기술되었고, 상담심리학에서의 집단 개입에 대한 느린 수용이 명백하게 설명되었다. 집단상담에 대한 연구들은 다양한 범위의 문제에 대한 효과성뿐만 아니라 집단 상담 및 치료의 일반적인 효과성 또한 명확하게 지지한다.

가족치료 운동은 1950년대에 시작되었고, 부부 및 가족 상담과 치료는 행동에 대한 체계적 관점을 공통적으로 가지는 다양한 관점의 집합으로 묘사되었다. 가족 및 부부에게 적용되는 체계이론에 대한 몇 가지 기본적인 가설이 언급되었고, 부부 및 가족 상담과 치료에 대한 고전적인 또는 포스트모던적인 접근법이 간략하게 설명되었다.

1970년대와 1980년대는 부부 및 가족 상담과 치료의 황금기였고 그 기간에 놀라운 성장을 보여 주었다. 1990년대에 이르러 기존의 고전적인 부부 및 가족 상담과 치료에 대해 많은 질문과 관심이 제기되었고, 더 새로운 모델들이 등장했다. 경제적인 필요에 의한 단기간의 치료와 포스트모던적 사고를 모두 고려하는 이야기치료법 및 해결 중심 치료법과 같은 접근법이 증가하는 경향을 보였다. 이러한 접근법은 내담자의 강점에 좀 더 유연하게 그리고 집중적으로 작용하며 고전적인 접근 방식에서처럼 치료자 중심이기보다는 내담자 중심으로 보인다. 그러나 이러한 접근법의 효율성을 결정하기 위해서는 아직 더 많은 연구가 필요하다.

많은 연구는 다양한 개인, 아동기 및 가족/부부 문제에 대한 부부 및 가족 상담과 치료의 전반적인 효과성을 지지한다. 가장 앞선 연구는 가족/부부 문제가 어떤 접근법, 기법 및 치료자에 의해 가장 잘 다루어지는지를 중심으로 진행된다.

제4부

상담심리학에서의 진로

제17장   상담심리학에서 훈련과 전문성 문제

제**17**장

상담심리학에서 훈련과 전문성 문제

　이 장은 상담심리학 분야의 기초 개념, 연구, 실무 이슈를 다룬 앞 장들과는 사뭇 다르다. 이 장은 아직 상담심리학자의 길로 들어서지 않은 사람들을 포함해서 적어도 그것을 심사숙고하고 있는 독자들을 돕고자 한다. 그래서 유익할 뿐 아니라 조언도 제공하도록 편성되었다. 우리는 수십 년에 걸쳐 젊은 상담심리학자들의 경력 발달을 촉진하는 요인들이 무엇인지 개인적으로 관찰하고 논의한 것들에서 대부분의 관점과 주제들을 선택하였다. 우리는 독자의 경력 발달을 촉진할 뿐 아니라, 때때로 대학원 교육을 받고, 인턴십과 학위 후 경력 방안들을 선택하여 밟고, 상담심리학자로 완전히 자격 인정을 받는 '정상 과정(normality)'을 알게 된 결과로 자기효능감을 향상하기를 바라는 마음에서 많은 제안을 한다.

http://dx.doi.org/10.1037/14378-017

Counseling Psychology, Third Edition, by C. J. Gelso, E. N. Williams, and B. R. Fretz

훈련, 직무 장면, 활동

이 절에서는 상담심리학자가 되기 위해 필요한 대학원 훈련의 종류, 상담심리학자가 일하는 곳, 그들의 전형적인 직무를 검토한다.

상담심리학자는 어떻게 그리고 어디에서 훈련받는가

석사 학위를 가지고 일하는 많은 심리상담자 및 교육−직업 상담자와는 달리, 상담심리학자는 박사과정까지 훈련을 받는다. 박사 학위는 미국심리학회(American Psychological Association: APA)가 인증한 훈련 프로그램을 제공하는 학교에서 취득하기를 강력히 추천한다. 그러한 인증은 상담심리학자로서 전문가의 삶을 영위하는 데 일반적으로 중요한 여러 요인, 즉 자신이 실습한 주(州)에서 심리학자(Psychologist)[1] 자격증을 용이하게 취득할 수 있는 방법, 심리학자로 채용될 수 있는 직장의 범위는 어느 정도인지, 여러 중요한 조직[예: 심리학 분야 건강 서비스 제공자 국가 등록원(National Register of Health Service Providers in Psychology)]에 가입할 수 있는지, 내담자들이 개인상담소에서 상담을 받을 때 보험 혜택을 받을 수 있는 가능성은 어느 정도인지 등과 같은 요인에 영향을 준다. 비록 과거에 많은 상담심리학자가 인증되지 않은 프로그램에서 박사 학위를 받았지만, 대학원생들이 미국심리학회 인증 프로그램에서 훈련받는 것은 점점 더 중요해지고 있으며 기준이 되고 있다.

이 책을 쓰는 현재, 미국심리학회가 인증하는 상담심리학 박사과정 프로그램은 71개가 있다(PhD 66개 프로그램과 PsyD 5개 프로그램). 미국심리학회 인력연구센터(APA Center for Workforce Studies, 2012)는 2009년 약 350명 정도의 상담심리학 박사과정 정원에 5,000명 이상의 지원자들이 경쟁했다고 보고한다. 정확한 수는 해마다 변하고 있지만, 매년 350명에서 400명 사이의 사람들에게 상담심리학 박사 학위가 수여된다. 1980년대에 인증 프로그램의 수가 극적으로 증가하였지만, 인증을 받으려는 프로그램의 수는 지난 10년간 제자리이다. 일부 프로그램은 인증을 받고, 일부는 탈락한다. 미국심

---

1) 역자 주: Psychologist는 임상심리학자와 상담심리학자를 포함해 미국에서 가장 높은 수준의 자격증이기도 하여, 우리나라의 상담심리사 1급 혹은 임상심리사 1급에 해당함(제2장 참조).

리학회 인증 박사과정 프로그램의 최신 리스트를 보고 싶으면, 미국심리학회 홈페이지 (http://www.apa.org/ed/accreditation/programs/index.aspx)에서 볼 수 있다.

상담심리학 훈련의 특성

상담심리학 박사과정 프로그램의 주요 특징은 무엇인가? 그리고 상담심리학에서 훈련의 본질은 무엇인가? 우선, 대부분의 박사과정 프로그램은 대학원 공부를 마치는 데 대략 5~6년 정도 걸리도록 구성되어 있다. 또한 대부분의 프로그램에서는 학생들이 박사과정 도중에 석사 학위를 받거나 석사 학위를 이미 보유하고 있는 상태에서 박사과정에 입학한다.

상담심리학 박사과정 훈련 프로그램은 보편적으로 교육대학 또는 심리학과에 소속되어 있는데, 이 두 학과는 박사과정 입학 전에 석사 학위를 요구하거나 기대하느냐 아니냐에 따라 다소 차이가 있다. 심리학과의 경우, 대개 학생이 석사 학위가 있든 없든 상관없이 박사과정에 입학한다. 만약 석사 학위가 없는 경우, 박사과정 도중에 석사 학위를 취득한다. 많은 교육대학의 경우는 반대로 학생들이 일단 석사 학위가 있어야 하고, 그리고 박사과정에 지원해야 한다. 일부 이러한 프로그램에서는 박사과정 입학 전에 상담 분야에서 일한 경험이 있는 학생을 바람직하게 여긴다. 이것 외에 다른 거의 모든 중요한 측면에서는 교육대학에 있는 상담심리학 프로그램이나 심리학과에 있는 프로그램이나 매우 유사하다. 그러나 상담심리학에서 경력을 쌓고자 숙고하는 학생들은 어떤 프로그램에 지원할지 결정할 때, 이러한 이슈들(경험, 입학 전 석사 학위)에 대한 장점과 단점을 곰곰이 생각해 보아야 한다.

상담심리학 훈련의 또 다른 주요 특징은 과학자-실무자 혹은 과학자-전문가 모델이 이 분야의 기본 훈련모델이라는 것이다. [여기서 실무자(practitioner)와 전문가(professional)라는 용어를 혼용해서 사용함을 주의하라.] 그러므로 박사과정 수준에서의 상담심리학 훈련은 학생들로 하여금 심리학을 실행(practice)하는 것(예: 상담을 하는 것)과 연구를 수행하고 활용하는 것 모두를 준비하도록 한다. 3년 내지 4년 정도 수업을 듣고 박사논문을 완성한다. 논문은 이 분야의 지식 증진을 목표로 하는 과학적 연구의 중요한 부분이다. 학생은 대개 자신의 상담심리학 프로그램의 교수진 중 한 사람인 연구 지도교수와 프로젝트를 발전시키면서 밀접히 작업한다. 훈련의 마지막 단계와 프로그램의 마지막 지점에서 학생들은 박사 전 인턴십(통상 1년 동안 전임으로 대학상담센터나 지역사회 정신건강센터 혹은 병원 장면에서 수퍼비전을 동반한 심도 있는 훈련을 받는 경험)을 마친다. 이 장의 후반부에서 박사 학위논문과 인턴십에 대해 더 자세히 다룰 것이다.

상담심리학자는 어디에서 일하는가

오랜 기간 동안 상담심리학자들을 대상으로 그들이 어디에서 일하며, 무슨 일을 하는지 탐색하기 위해 많은 조사가 있었다. 이러한 조사들의 대부분은 미국심리학회 내 제17분과인 상담심리학 사회(Society of Counseling Psychology) 회원들을 대상으로 하였다. 미국심리학회 인력연구센터(APA's Center for Workforce Studies)는 가장 많은 수의 대상을 선정하여 조사를 실시하였다. 〈표 17-1〉에 최근 미국심리학회 목록조사에서 얻은 직무 장면에 대한 자료가 제시되어 있다(APA Center for Workforce Studies, 2012).

지난 20년간 수치는 극적으로 변했다. 보다시피 참여자의 3분의 1 이상이 독립 개업(independent practice) 직무 장면 범주에 있다. 이는 1990년대 중반 이후 거의 두 배가량 증가한 비율이다. 실제로 (독립 개업, 다른 대인 서비스, 병원, 클리닉 등) 개업 장면을 모두

표 17-1 **다양한 직무 장면에 있는 상담심리학자들의 비율**

장면	APA(2012) (%)	Munley 등(2008) (%)
독립 개업	41.9	38.7
종합대학교	15.0	17.0
기타 대인 서비스	11.9	14.8
병원	7.3	6.2
클리닉	4.3	5.0
정부	3.7	3.5
기타 연구기관	2.7	2.2
의과대학	2.7	1.4
학교 및 기타 교육 장면	1.9	2.2
4년제 대학	1.7	2.1
기업 및 산업체	0.9	0.9
기타	6.0	4.6

주: 기타 범주 외에는 미국심리학회 인력연구센터(APA Center for Workforce Studies, 2012)와 Munley 등(2008)의 자료를 사용했음.

합친다면, 모든 상담심리학자의 3분의 2가 어떤 형태로든 상담 실무를 하고 있다. 대조적으로, 19.4%의 상담심리학자들만이 대학, 종합대학교, 혹은 기타 연구기관 장면에서 일하고 있다고 보고되었다(이는 1990년대 중반 이후 거의 반이 줄어든 수치이다). 그러나 2009년에 갓 박사 학위를 받은 사람들 중 반이 넘는 52.9%는 연구 장면에 갔다. 이러한 수치는 비록 세기가 바뀌기 이전 미국심리학회 목록 결과와는 다르지만, 미국심리학회 제17분과 회원인 상담심리학자들과 회원이 아닌 상담심리학자들 모두를 조사한 Munley, Pate, Duncan(2008)의 조사 결과와 전적으로 일치한다.

따라서 주로 독립 실무자로 일하고 있는 상담심리학자의 비율이 최근 현저하게 증가하였다. 한동안 개업한 상담심리학자의 비율이 약 5% 정도에 머물렀었다. 1970년대 말과 1980년대 초에는 이러한 경향이 바뀌기 시작해서, 1980년대 중반까지 많은 상담심리학자가 자신의 전문성을 발휘하기 위한 전통적인 상담 실무 장면인 상담센터보다 사설상담소에서 주로 일하였다(Fitzgerald & Osipow, 1986; Watkins, Lopez, Campbell, & Himmell, 1986). 당시 조사 대상 중 젊은 상담심리학자들이 더 개인상담 실무 경력을 쌓고자 했다는 사실은 이 추세가 계속되리라는 것을 시사하였다. 그리고 실제로 1990년대에 개업 상담심리학자들의 수가 더욱 증가하였다(Gaddy, Charlot-Swilley, Nelson, & Reich, 1995; Holahan & Yesenosky, 1992). 이와 같은 추세는 확실히 계속되었고 증가하였다(APA, 2012; Goodyear et al., 2008; Munley et al., 2008).

전문가들과 마찬가지로 학생들도 우리가 방금 논의한 이 추세와 자료를 인식하고, 박사과정 훈련 프로그램이 이러한 자료를 그들의 계획에 통합하는 것을 이해하는 것이 중요하다. 한때 연구자들의 본산으로 간주되었던 제17분과는 요즈음 대학에 바탕을 둔 상담심리학자들과의 예전부터의 연계를 유지하는 한편, 상담 실무 장면에 있는 상담심리학자들과의 연계를 증진하는 데 진지한 노력을 기울이고 있다.

상담심리학자는 실제 무슨 일을 하는가

직무분석을 통해 얻어진 가장 근본적이고 명백한 사실은 상담심리학자들이 광범위한 직무를 수행한다는 것이다(APA, 2012; Goodyear et al., 2008; Munley et al., 2008). 그것은 저자들 자신의 경력에서 실제 경험이기도 하다. 왜냐하면 저자들은 모두 교육자, 상담자, 저술자, 연구자, 수퍼바이저, 편집자, 전문가 리더, 관리자였다. 따라서 상담심리학자의 직무 장면만 하더라도 고도로 다양하며, 실제 직무활동도 그러하다. 예를 들면,

표 17-2 상담심리학자들의 주요 업무활동

업무활동	APA(2012) (%)	Munley 등(2008) (%)
건강 및 정신건강 서비스	63.9	59.1
교육	13.0	14.2
경영/관리자	9.8	9.6
연구	5.2	3.5
기타 응용심리학	3.5	1.9
교육 서비스	2.9	2.9
기타 활동	1.7	0.9

주: 기타 범주 외에는 미국심리학회 인력연구센터(APA Center for Workforce Studies, 2012)와 Munley 등(2008)의 자료를 사용했음.

상당수의 상담심리학자는 자신이 일하는 시간을 (개인, 집단, 부부-가족) 상담과 심리치료, 자문, 심리검사 및 평가, 연구와 저술, 강의, 훈련, 수퍼비전, 관리자 업무에 부분적일지라도 투여한다. 이러한 활동들이 수행되는 다양한 직무 장면뿐 아니라 이 전반적 직무 범주 각각에 포함되는 구체적인 활동을 고려하면, 상담심리학에서 활동의 풍부한 다양성을 알 수 있다(〈표 17-2〉 참조).

이러한 다양성의 맥락에서 가장 많은 상담심리학자가 가장 많은 시간을 할애하는 활동은 일반적으로 상담이고, 구체적으로는 개인상담이다. 선행연구 결과(Fitzgerald & Osipow, 1986; Watkins et al., 1986), 1990년대 설문조사(Holahan & Yesenosky, 1992), 21세기에 시행된 설문조사(APA, 2012; Goodyear et al., 2008; Munley et al., 2008)를 종합해 보면, 상담에서 제일 우선하는 것이 무엇인지는 분명하고 일관적이다. 그러나 우리는 이러한 변화를 상담심리학의 서비스 지향성이 증가하고 연구 지향성이 감소하는 것이라고 해석하지 않는다. 우선, 상담심리학자를 더 많이 배출할수록 서비스직을 유지하는 비율이 증가하는 것은 불가피하다. 가능한 학계 교수직은 한정되어 있고, 또 정의상 훈련은 학생들이 단지 상담심리학을 공부하는 것만이 아니라 실무를 하는 것을 가르치는 것에도 초점을 두므로, 우리는 결국 상담심리학자를 단지 학자로만 훈련시킬 수는 없다.

초기 연구와 보다 최근 연구들을 비교하면, 자신이 하는 일을 '심리치료(psychotherapy)'라고 부르는 상담심리학자들의 수가 실질적으로 증가하는 현상이 뚜렷이 나타난다. 초기에는, 심리치료는 (심리학 내에서) 임상심리학자의 단독 영역인 것으로 보였다. 보다 최근에는, 상담심리학자들은 치료를 그들의 임상 실무의 일부로 실시하는 여러 분야(정신과, 정신과적 사회사업, 임상심리학 등)에서 많은 전문가로서 참여해 왔다. 비록 이 추세는 모두 문서화되지는 않았지만, 전공의 역사적 그리고 최근 간결성에 대한 강조 경향에서 볼 때, 상담심리학자가 실시하는 심리치료는 보다 단기적이다. 의료관리 회사가 보험금 상환을 위해 단기 치료를 요구하기 전부터도 그러했다(Gelso & Johnson, 1983; Tyler, 1961 참조).

개인상담과 심리치료에 초점을 두는 상담심리학자들의 수가 증가하면서, 직업 실무에 종사하는 것(예: 진로상담)이 그에 따라 쇠퇴하고 있다고 보는 사람들이 있다(Goodyear et al., 2008). 그러나 진로상담은 여전히 상담심리학자의 주요 활동이다(Chope, 2012). 상담심리학자로서 우리의 정체성이 보다 다양해지면서(Heppner, Carter, Casas, & Stone, 2000), 우리의 중심 가치(제1장 참조)를 잊지 않는 것이 중요하다. 상담심리학자에게 중요한 중심가치[직업심리학, 사회정의와 다문화주의, 건강(wellness)과 긍정심리학, 상담 과정과 성과]는 여전히 건재하고 발전하는 중이다. 상담심리학은 국제화, 기술, 해석적 연구, 신경과학, 유전학과 같은 다른 분야로부터 '첨단' 정보를 유입할 뿐 아니라 그 역사적 뿌리가 향상될 수 있다(Hansen, 2012).

그러므로 이 전공에서 연구와 과학 지향적인 측면이 감소한다고 보기보다는, 연구는 전공의 시작부터 최근에 이르기까지 지속적인 주요 공통주제라고 본다. 과거 10년이 넘는 기간 동안의 연구들을 검토해 보면, 상담심리학자의 연구 역할은 과거 어느 때보다 커졌고(제4~8장 참조), 과학자-실무자 모델이 잘 작동하기 위한 헌신은 증가했다(Hansen, 2012; Vespia & Sauer, 2006).

이제 상담심리학에 대해 알았으니, 어떻게 상담심리학자가 될 것인가

대학원 프로그램 선택

이 절에서는 아직 상담심리학 대학원 프로그램에 들어오지는 않았지만, 상담심리학에 대해 지금까지 알게 된 사실들이 마음에 들고, 다양한 종류와 수준의 대학원 훈련 프로그램에 대해 더 알고자 하는 독자들에게 정보와 조언을 제공한다. 내리기 어려운 결정 중 첫째는 대개 2년 동안 전일제로 공부해야 하는(시간제면 몇 년 더 걸리는) 석사 학위 과정과, 인턴십을 포함해 대개 5년에서 6년 동안 전일제로 공부해야 하는 박사 학위 과정 중 무엇을 선택하느냐이다. (매우 소수의 박사과정 프로그램이 시간제를 허용하며, 시간제로 다닐 경우 박사 학위를 받기까지 종종 10년 혹은 그 이상이 걸린다.) 1940년대 이래로 심리학에서는, 박사 학위만이 독립 개업에 적합한 학위로 인식되었다. 심리학 석사 학위만 마치는 경우는 심리학에서 경력상 기회가 상당히 제한될 것이다. 반면에 심리학 석사 학위와 비교해서, 상담에서 석사 학위는 상담 실무 기회가 더 많다. 상담 석사 학위로 실무자로 일하는 데 관심이 있는 독자들은 정신건강 상담, 부부가족상담, 재활상담, 지역사회 상담과 같은 다양한 상담 프로그램을 고려해야 한다.

상담심리학 박사 학위를 취득하고자 하면, 여러 가지 이유로 석사 학위를 마치는 것이 좋다. 첫째, 학위에 요구되는 기간이 짧기 때문에, 자신이 정말 관심이 있는지, 상담심리학자가 되기까지 필요한 여러 해 동안 학문적으로나 전문적으로 헌신하기를 원하는지를 합리적으로 시험해 볼 수 있다. 특히 박사 학위는 추가로 (최소한) 3년, 혹은 4년 내지 5년 동안 더 공부하고 인턴십도 해야 하기 때문에 일부 학생들은 석사 학위만으로도 전문적 상담자가 될 수 있는 기회는 충분하다고 판단한다.

둘째, 박사과정에 관심이 있는 학생들 중, 심리학 박사과정에 바로 들어가기 위해 필요한 학력 조건(전반적인 심리학 과목 평점 3.5 이상, GRE 1100점 이상)은 갖추지 못했지만, 일반적으로 석사과정에 들어가는 데 필요한 학부 평점인 3.0 이상의 조건은 갖춘 경우가 있다. 이들이 박사과정에 들어가기 위해 자신의 학문적 자격을 향상시키는 방법으로 석사 학위를 취득하고자 하는 경우, 최종적으로 박사 학위를 취득하는 데 필요한 시간보다 1년 내지 2년이 더 걸리기도 한다. 하지만 이 방법은 박사과정 입학 가능성을 높이는 데 분명히 유리하다. 물론 입학을 보장하는 것은 아니다. 그러나 애초에 바로 박사과정에 들어가기는 어려웠지만, 결국 박사과정에 입학하고자 하는 목표를 달성한 석사 졸업생들이 매년 늘고 있다.

심리학 박사과정을 고려하는 사람들에게 자문 역할을 잘 해 주는, 여러 주요 자료 책이 있다. 첫 번째로 그리고 가장 기본이 되는 책은 『Graduate Study in Psychology』로, 미국심리학회가 매년 개정한다(APA, 2013, 최신판 참조). 이 책은 지역별로 승인된 대학교들 내에서 제공하는 모든 유형의 심리학 학위 프로그램을 전부 나열하고 있다. 미국심리학회가 승인한 상담, 임상, 학교 심리학 박사과정들이 명확하게 기재되어 있다. 각 프로그램은 제공하는 학위의 종류, 프로그램의 입학 허가를 받기 위해 요구되는 학점 평점과 여러 시험(예: GRE), 입학 정원과 경쟁률, 가능한 재정적 지원 정도 등의 측면에 대해 간략하게 기술하고 있다. 요약하면, 이 책은 심리학의 거의 모든 프로그램에 대해 많은 통계적 정보를 제공한다.

두 번째 주요 자료는 대학원 지원 과정에서 유용한 방법에 대한 책들로,『Getting In: A Step-by-Step Plan for Gaining Admission to Graduate School in Psychology』(APA, 2007a),『Insider's Guide to Graduate Programs in Clinical and Counseling Psychology』(Norcross & Sayette, 2011),『The Complete Guide to Graduate School Admission: Psychology, Counseling, and Related Professions』(Keith-Spiegel & Wiederman, 2000)이 있다. 이 책들은 지원 시기별 스케줄과 절차들을 설명할 뿐 아니라 경쟁력 있는 박사과정 지원자가 되기 위해 학문적으로나 경험적으로 어떻게 준비해야 하는지도 설명하고 있다. 예를 들면, 학부에서 어떤 과목들을 듣는 것이 단지 높은 학점을 받는 것보다 어떻게 더 중요한지에 대해 기술하고 있다. 다른 절에서는 뛰어난 학점을 받지 못하였거나 높은 GRE 점수를 받지 못한 학생들이 심리학 대학원 과정에 다닐 가능성을 높이는 단계들에 대해 기술하고 있다.

상담심리학 프로그램 지원자들은 프로그램마다 지원 전에 얼마나 많은 심리학 과목을 들어야 하고, 구체적으로 어떤 과목을 들어야 하는지에 대해 매우 다양하다는 것을 알아야 한다. 많은 심리학 대학원 프로그램의 전형적인 지침서에서는 지원자들이 심리학 혹은 심리학 관련 분야를 전공할 것을 제안하지만, 많은 프로그램, 특히 상담심리학 프로그램은 특정적으로 통계와 연구 설계 과목을 학사 학위를 마치기 전이나 후에 전공으로나 선택과목으로 들었다면, 매우 다양한 학부 배경을 가진 지원자들도 고려한다.

박사 학위 유형

지금 석사과정에 있거나 곧 석사과정을 시작할 예정이면서 차후에 여러 박사과정 프로그램을 고려하고 있는 학생들은, 단기간 · 장기간 모두에서 전문가적 발전 목표를 제공하는 측면에서 박사 학위 유형 간의 실제 차이에 대해 아는 것이 중요하며, 보편적으로 그 차이를 어떻게 지각하는지 아는 것은 더 중요하다. 상담심리학 박사과정 프로그램 대부분은 PhD(Doctor of Philosophy, 철학 박사) 학위를 수여하고, 소수는 EdD(Doctor of Education, 교육학 박사) 학위를, 일부 프로그램은 둘 중 하나를 선택하도록 한다. PhD 학위가 기본적으로 연구학위라는 인식이 대학에서는 오랫동안 있어 왔기 때문에, 과학자−실무자를 강조하는 상담심리학이 PhD 학위를 가장 많이 수여하는 것은 놀라운 일이 아니다. 그러나 많은 미국심리학회 승인 상담심리학 프로그램은 오랫동안 교육대학에 자리 잡아 왔으므로, 일부 프로그램에서는 주로 EdD 학위를 수여한다. 초기에는 EdD 학위를 선택한다는 것이 대학의 다른 분야보다 연구 훈련과 박사논문 규정이 덜 엄격하다는 것을 가리켰을 수도 있으나, 오늘날의 교육대학에서는 거의 사실이 아니다.

상담심리학에서는 PsyD(Doctor of Psychology) 학위가 임상심리학만큼 보편적이지 않다. 주된 관심이 연구보다는 전문적 실무에 분명하게 있는 학생들에게는 이러한 보다 실무지향적인 학위 프로그램이 종종 매우 매력적이다. 왜냐하면 이들은 연구 요구가 더 적고, PhD 학위 프로그램에 있는 학생들은 마치는 데 대략 6년이 소요되는 데 비해서, PsyD 학위 프로그램 학생들은 대개 약 5년 정도면 마치기 때문이다(Gaddy et al., 1995). PsyD 프로그램의 한 부분으로 연구에 참여하는 것에는 주의를 덜 기울이므로, 이 프로그램 졸업생들이 연구 생산성을 기초로 임명하고 승진하는 심리학과나 의과대학에 자리 잡는 경우는 적다. Graham과 Kim(2011)은 PsyD 프로그램 졸업생들이 미국심리학회 승인 인턴십을 거치는 경우가 적고, 박사과정에서 연구훈련의 중요성을 강조하는 (이 장 뒤에 논의할) 심리학자 면허/자격증 시험(Examination for Professional Practice in Psychology)에서 점수가 더 낮음을 발견하였다. 간단히 말해서, 그들은 이러한 연구 결과가 "연구를 중심요소로 하는 프로그램이 그렇지 않은 프로그램보다 더 좋은 수행을 보임을 나타낸다."(p. 350)라고 하였다. 반면, 새로운 심리학자를 즉각 투입해서 광범위한 실무를 해야 하는 서비스 장면에서는 PsyD 프로그램의 광범위한 실습 훈련을 마친 졸업생들을 매우 필요로 한다.

대학원에서 도전 과제들

상담심리학 대학원은 지식을 얻는 것뿐 아니라 의미 있는 전문적·개인적 성장을 위한 이상적인 시간이기도 하다. 이 책을 통해서 상담심리학이 개인-환경 간 상호작용을 강조한다는 것을 보았다. 이 절에서는 그러한 이상을 획득하는 데 필수적인 대학원생(개인)과 대학원(환경) 간의 상호작용을 살펴본다. 다른 대부분의 환경과 마찬가지로, 대학원 환경은 어떤 감정과 행동을 이끌어 내는 경향이 있다. 그리고 이러한 감정과 행동의 많은 부분은 학생들이 목표를 달성하는 데 도움을 준다. 그러나 다른 학생들은 또한 종종 목표의 범위를 제한하거나 목표달성이 더 어렵거나 필요 이상으로 좌절하기도 한다. 이 절에서는 전문가적·개인적 발전 모두의 측면에서 대학원 시절에 만족과 생산성을 크게 촉진할 여섯 가지 관점을 밝혀 본다. 불행히도, 이러한 관점의 많은 부분은 대학원 환경에서 부실하게 양성되고 있다. 사실, 이러한 관점의 반대 방향으로 떠미는 많은 교육 시스템의 요인이 있다. 그러므로 상담심리학자로서 개인적 발전의 욕구와 대학원의 환경적 압력을 모두 이해하는 것이 이 절의 본질적 부분이다.

목적 달성을 위한 수단적 태도에서 전문가적 발전으로 변화하기

많은 대학원생이 고등학교와 대학에서 잘 자리 잡기 위한, 소위 목적 달성을 위한 수단(means-to-an-end) 관점을 가지고 대학원에 입학한다. 고등학교 시절에는 좋은 대학을 가기 위한 기회를 잡기 위해 잘하려고 하고, 대학에서는 대학원에 들어가려고 잘하려고 하며, 대학원에서는 박사 학위를 따기 위해 살아남는 데 집중한다. 그리고 나면 인생이 시작된다! 우리는 이러한 목적 달성을 위한 수단 경로를 걷는 공부를 중단하고자 한다. 목적은 여기에 있다! 당신은 이제 상담심리학의 일부이다. (우리는 여기서 이러한 많은 조언 재료를 사용하기 위해 보다 사적인 분위기가 필요하다고 느껴서, 이 장의 나머지 부분에서 2인칭 '당신'을 사용한다.)

우리는 당신이 대학원을 당신의 전문가적 발전의 시작으로 보기를 권한다. 그러한 변화는 당신이 다양한 난제에 맞닥뜨릴 때, 행동가적 입장을 취하도록 할 것이다. 근본적으로, 단지 그럭저럭 해내거나 '장애를 넘는' 정도로만 하기보다 어떻게 하나하나의 경험으로부터 최대한 얻을 것을 얻어 낼 수 있는지 자문해야 한다. 이 절의 다른 다섯 가지 난제 극복 관점을 이해하면 목적 달성을 위한 수단 관점보다 전문가적 발전 관점을 가장 잘 취할 수 있다. 다섯 가지 관점은 (가) 자기보존(self-preservation)에서 자아실현(self-actualization)으로 변화하기, (나) 의존성과 독립성의 균형, (다) 멘토 찾기, (라) 실망에 적극적으로 대처하기, (마) 전문가적 발전에서 개인적 발전 찾기 등이다. 이러한 다섯 가지 관점에 대해, 우리는 당신이 대학원생으로서 부딪치게 될 일부 전형적인 문제 영역과 좌절들을 살펴보고, 그러고 나서 전문적 그리고 개인적 성장 난제를 극복하는 방법들을 제안한다.

자기보존에서 자아실현으로 변화하기

대학원 공부를 막 시작한 학생들에게, 자기보존에서 자아실현으로 전환하는 것은 아마도 가장 현저한 난제일 것이다. 대학원 과정에서 요구조건들의 양이나 질은 학부과정에서 요구하는 것들을 능가할 것이다. 더구나, 같이 수업을 듣는 다른 학생들은 대개 당신만큼 학문적으로 재능이 있을 것이다(혹은 겉으로 보기에는 더 있어 보일 것이다). '첫 내담자'를 보면, 비록 단지 역할연습을 하는 것일지라도, 입이 안 떨어지게 된다. 박사 논문을 쓸 생각을 하면('그녀의 논문이 210페이지라는 얘기 들었어요?'), 당신 자신의 능력을 넘어서는 일처럼 느껴질 것이다. 나중에 이 장에서 이야기할 어떤 심리적 지원이 없는 상태에서 이러한 모든 위협에 부딪히면, 어떤 학생이라도 당연히 다른 경력을 고려할 것이다.

우리가 다룰 주요 염려는 이러한 난제들이 자기회의(self-doubt)가 들고 회피 행동들을 하게 할 가능성이다. 여기에서 회피 행동은 자기보존의 필요성을 느낌으로써 나타난다. 우리는 당신이 어느 정도 자기회의 경험을 하는 것에 대해 걱정하지는 않는다. 그것 없이는 자신의 완전한 잠재력을 발휘하는 단계에 충분히 도달하지 못할 것이다. 우리는 그러한 회의를 가져 보는 것은 괜찮다는 것을 '보증한다'. 그것에 대해 당신이 어떻게 반응하는가가 여기에서 논의할 중요한 요인이다. 아쉽게도 우리가 대처하는 방식은 너무나 자주, 어려운 상황을 최소화하거나 접촉하기를 피하려 한다는 것이다. 극단적인 경우, 그러한 회피는 대학원을 자퇴하거나 장기 계획을 세운 경력 목표를 종료해 버리는 것을 의미하기도 한다. 덜 극단적인 경우, 학생들이 위협적 영역에서 자신의 작업을 최소화하거나 필수 조건들을 극복해야 할 간단한 장애 정도로 간주해 버리는 결과를 낳기도 한다. '가능하면 그럭저럭 최소한으로 하고, 가능하면 빨리 벗어나라.' 가 자기보존 전문가의 신조이다.

그러나 그러한 전략은 학생에게나 프로그램에 있는 교수 모두에게 많은 유감스러운 실망을 가져올 것이다. 만약 과정상 요구되는 것들이 위협으로 느껴지고, 그 과정과 관련된 많은 소재를 피하는 것으로 반응한다면, 자기는 잘하지 못한다는 자기이행적 예언(self-fulfilling prophecy)에 빠져 자기패배적인 행동을 하게 된다. 대학원생들은 때때로 어떠한 연구 활동도 하지 않다가 연구를 하지 않으면 안 되는 상황에 이르러서야, 즉 그들이 논문을 쓰기 시작하지 않으면 안 될 때가 되어서야 연구를 하는 식으로 연구 위협을 다루기도 한다.

이러한 난제들에 부딪쳤을 때 어떻게 해야 할까? 첫째, 말했듯이, 단지 당신에게 무슨 일이 일어나고 있는지 인식하라. 애초의 급성 불안, 공포, 혹은 멀리 도망가고 싶은 욕구, 이 모든 것은 이러한 난제들의 결과일 수 있다. 이러한 것이 꼭 보다 심각한 심리적 문제 또는 상담심리학 전문직에 부적당하다는 것은 아니다. 둘째, 지나친 간략화의 위험에 있을 때, 난제들을 풀어야 할 문제로 재구성할 것을 촉구한다. 개인적 문제해

결과 상담에 관한 문헌(Heppner, Witty, & Dixon, 2004)은 문제 평가, 목표 설정, 문제해결 행위를 위한 많은 방략을 기술하고 있다. 당신 스스로 취할 수 있는 많은 단계가 있다. 즉, 후에 다시 논의하겠지만, 당신이 회의를 압도적으로 느낄 때, 그 단계들은 당신 스스로를 위한 개인상담의 이익을 고려하는 데 좋은 촉매가 될 수 있다. 학업 과정에서 요구되는 것들에 응하기 위해, 당신은 새로운 읽기, 공부하기, 혹은 시간 관리 방법을 고려하고 싶을 것이다. 초기 상담 경험에서 오는 위협감에 대해, 당신은 추가적 기술-확립 워크북(예: Egan, 2009)을 참조하고, 사례집을 공부하고, 동료들의 상담을 관찰하는 등등을 하고 싶을 것이다. 연구에 대해서는, 당신은 당신이 개인적으로 계획하고 실행하는 완전한 연구보다는 훨씬 더 작고 더 분명한 활동을 할 연구팀 프로젝트를 찾으려 할지 모른다.

요약하면, 난제의 원천을 당신이 성장하고 발전하는 영역으로 만들기 위해 당신이 해야 할 것이 무엇인지 자문하기를 제안한다. 즉, 당신의 잠재력을 실현하라. 물론 말하기는 쉽고, 실천하기는 어렵다. (어떤 이는 "나도 자아실현하고 싶어요. 하지만 다음 주에 끔찍한 시험이 있어요."라고 말한다.) 만약 당신이 미래 어느 시점에서나 자기회의가 낳은 자신의 회피 성향을 알아차렸다면, "그만! 내가 피할 수 있는 것이 무엇인지보다 내가 할 수 있는 것이 무엇인지 살펴볼 필요가 있어."라고 말하라. 만약 당신이 이것을 할 수 있다면, 이 장의 이 짧은 절에서의 우리의 목적은 달성한 것이다.

대학원 과정에서 요구되는 많은 일에 직면하면서 자아실현을 위해 투쟁하는 것은 당신 능력의 한계를 테스트하는 것임을 잘 안다. 정말로 하루는 24시간뿐이고, 우리 모두는 잠을 자야 한다. 당신이 동시에 많은 영역에서 난제들에 부딪쳤다면, 우선순위를 정하는 것이 중요할 것이다. 어떤 난제를 지금 하고, 무엇을 나중에 할 것인가? 당신이 학부에서 대학원으로 바로 들어왔다면, 매 학기 닥쳐오는 과업과 요구되는 것들의 대부분을 합당한 수준으로 해낼 수 있어야 한다는 가정을 가지고 있을 것이다. 전문가가 되고 종종 애매하고 광범위한 과업을 다루는 과정의 일부는 사람이 결코 진정 완전하게 '성공하고' '따라잡았다'는 느낌을 가지지 못한 채 살아가는 것을 배우는 것이다. 학기 말에 때때로 느끼는 완성감과 숙달감은 당신이 장기기억에나 쌓아 두어야 할 느낌일 것이다. 전문가 되기는 일정 학기 동안의 과업 수로 규정되지 않는다. 전문가로서 자기관리를 통해, 당신의 전체 경력에 걸쳐 어떤 과업을 가까운 미래에 달성할 수 있고, 어떤 과업이 여러 달 혹은 그 이상 걸리는지를 결정해야 한다. 이렇게 한계를 정하는 방식이 현재 다룰 수 없는 일을 피하는 것이 아니라 연기하는 것이라는 점을 명심해야 한다.

미래 진로를 더 잘 준비하기 위한 방법으로, 당신의 대학원 경험에 강의와 현장학습을 추가하는 것이 중요하다고 제안한다. 많은 대학원생이 대학원 학비를 충당하기 위해 강의 조교가 된다. 그렇게 해서 대개 다양한 과목에 강의 조교로 배정된다. (대학원이나 학부에서 교수가 되기 위한) 경력을 쌓고자 한다면, 강의 경험도 추가로 해 볼 것을 강력히 권한다. 많은 프로그램에서 대학원생이 (강의 조교가 아닌) 강사로, 특히 여름 학기에 강의할 수 있는 기회를 제공한다. 교과목 강의는 귀중한 경험을 하게 할 뿐 아니라 강의 경력이 당신의 성격, 관심사, 욕구, 가치에 맞을지 아는 데 도움을 준다.

마찬가지로, 대학원생들이 '현장학습(externship)' 경험을 해 볼 것을 장려한다. 현장학습이라는 용어는 인턴십을 하기 전에 실습과목 프로그램과 연계한 외부기관에서의 실습 경험을 일컫는다. 현장학습 경험은 학생이 일주일에 20시간 동안 훈련과 서비스를 하는 비교적 공식적인 훈련 프로그램부터 한 학기 동안 일주일에 한나절만 훈련 경험을 하는 보다 비공식적인 프로그램까지 범위가 다양하다. 현장학습은 많은 대학원생이 차후에 인턴십과 경력 기회를 가지는 데 여러 매우 구체적인 가치가 있다. 첫째, 대부분의 인턴십 프로그램은 이전에 구체적인 상담 장면에서 적어도 어느 정도 유효한 경험을 쌓은 사람을 찾는다. 예를 들면, 대학 상담 센터는 정신과병원에서 입원환자들만을 상대로 실습하고 채용되었던 경험만 있는 학생은 인턴으로 다소 꺼릴 수 있다. 둘째, 전통적인 과학자–실무자 프로그램에 있었던 학생은 실습 경험 시간 면에서 광범위한 실습 경험을 많이 하지 못하고, 강도 높은 실습 경험만 많이 쌓았을 수 있다. 반면에, PsyD 프로그램이나 다른 보다 실습지향적인 프로그램에 있는 대학원생들은 박사과정 훈련 내내 기관에서 일주일에 20시간 일하도록 배정받아, 인턴십을 하기 전에 누적 실습시간이 글자 그대로 수천 시간이 되었을 수 있다. 결국, 당신은 실습 경험 시간을 늘리는 방법으로 현장학습을 고려하는 것이 좋을 것이다. 더구나, 비록 현장학습이 구체적 인턴십이나 경력을 준비하는 것이기도 하지만, 상담에서 여러 집단과 양상을 접하며 상담의 폭을 넓힐 수 있기 때문에 또한 좋은 방법이다. 당신의 대학원 훈련 과정에 강의 경험이나 현장학습 경험을 더 할지 말지는, 다시 말하지만 추가 활동으로 인해 압도당하지 않도록 방략을 잘 짜서 하는 것이 중요할 것이다.

자기보존에서 자아실현으로 변화하기에 관한 우리의 마지막 포인트는 우리의 고등교육 시스템에서 때때로 가장 노골적으로 생생한, 우리 사회에서의 경쟁의 역할이다 (예: 전체 가산점수 주기). 그러한 절차들은 명백히 개인 경쟁을 촉진하며, 학생들이 협동 작업이나 상호 협력을 거의 열심히 피할 수 있음을 의미한다. 그러한 절차들이 보다 고

차원적인 사고와 창의성에 얼마나 해로운지에 대해 쓴 글들이 많다. 상담심리대학원 프로그램에 들어온 학생들은 이미 선발된 집단이기 때문에, 학생들이 서로 경쟁심을 느낄 필요가 없다. 우리는 올바른 기능을 하는 대학원 프로그램은 학생들이 같이 협력해서 일할 수 있는 측면들, 예를 들면 가장 힘든 과목들을 대비한 스터디 그룹, 연구 프로젝트에서 서로 돕기, 상담실습에서 건설적인 동료 수퍼비전 제공하기 등을 포함하리라고 진정으로 믿는다.

의존성과 독립성의 균형

우리의 견해로는 의존성과 독립성의 균형과 다음의 두 관점인 멘토 찾기와 실망에 적극적으로 대처하기는, 밀접하게 같이 묶여 있다. 실로 어떤 의미에서 그것은 방금 자아실현과 관련해서 논의한 난제와 불가결하기도 한다. 하지만 어떤 면에서는 이 관점들을 분리해서 고려하는 것이 최선이라고 생각한다. 대학원과 학부 과정에서 모두 어떤 강한 환경적 압력이 의존성을 키운다. 즉, 그 과정에서 학생들로 하여금 의존적으로 행동하게 한다. 비교적 명확한 요구조건들이 주어진다. 그러면 학생들은 갈망하는 학위를 얻고자 그 장애들을 극복해야 하는 것으로 지각한다. 더구나, 학생들은 가용한 전문가들(예: 교수나 수퍼바이저)에 의존하여, 무엇을 할지에 대해 솔직하고 구체적으로 말해야 한다고 느낄 것이다.

비록 가용한 프로그램 구조와 자원에 따라 많은 효과적인 학습이 이루어지는 것이 사실이지만, 난제는 당신에게 일상적으로 주어진 것에 수동적으로 의존하여 자신의 전문가적 발전을 제한해서는 안 된다는 것이다. 그러므로 의존성과 독립성의 균형(balancing)이 난제이다. 당신의 전문가적 발전에 필요한 독립적 행위를 확보하기 위해 어떤 단계가 필요한가?

해결책은 당신 쪽에서 반작용으로, 대학원에서 의존성을 키우는 압력이 있음을 인식하는 것으로 시작한다. 첫째, 당신은 '나의 대학원 프로그램이 나에게 제공할 수 있는 것이 무엇인가?'라는 질문과 더불어, 당신이 대학원 프로그램에서 무엇을 원하는지 자문해야만 한다. 우리는 학생들에게 장기(예: 5년) 목표와 단기(예: 다음 해) 목표 모두에 대해 지속적으로 생각해 볼 것을 조언한다. 다음 해에 구체적으로 어떤 종류의 실습과 연구 경험을 쌓고 싶은가? 다음 5년 동안 어떤 역할을 준비하며 채우고 싶은가? 가까운 미래에 어떤 개인적 상호작용 스타일을 교정하고자 하는가?

학생들은 대학원이 그들의 나머지 인생을 다 채워 주지는 않으므로, 어느 정도 균형을 이루기 위해 어떤 정리를 해야 하는지 자문해야 한다. 대학원에서 요구하는 것들에 온통 마음을 빼앗길 수 있다. 교수들은 자신들이나 학생들에게 잠을 자지 않는 모든 가용한 시간을 채울 요구사항을 만드는 데 능숙하다. 만약 어떤 취미나 여가에 관심이 있다면, 다소 진부하게 들릴 말이 매우 적절할 수 있다. 즉, 시간을 낼 수 없다면, 시간을 만들라.

멘토 찾기

1970년대 이후, 모든 전문직에서 경력 발달에 중요한 기여자 역할을 하는 멘토링 개념에 대한 탐색 연구가 증가하였다(Levinson, 1980). 비록 정의는 매우 다양하지만, Bova와 Phillips(1982)가 제시한 정의가 우리의 의도에 가장 유용하다.

> 멘토는 다음의 원칙들의 대부분을 실행하는 사람들이다. 1. 멘티의 꿈을 이해하고, 조성하고, 격려하려 하고, 2. 종종 멘티들의 꿈과 목표를 축복하며, 3. 멘티들을 자신과 같이 일하도록 불러서 자신의 작업을 관찰하고 참여하는 기회를 제공하고, 4. 멘티들이 조직에서 '앞서 나아갈 수 있는' 정책들을 가르친다. 멘토는 상호 합의에 따라 다른 사람의 경력 발달에 적극적 관심을 가진, 대개 높은 조직적 혹은 구체적 경력상 지위를 가진 사람이다(p. 7).

Bogat와 Redner(1985)는 차후 심리학에서 개인의 전문가적 발전에도 영향을 주므로 대학원에서 멘토의 역할에 주의를 기울였던 초기 사람들 중 하나이다. H. D. Ellis(1992)는 다음과 같이 말하였다.

> 나는 수준 높은 대학원 프로그램은 교수 멘토 시스템을 갖추고 있어서, 학생들이 훈련상 필요한 조언, 상담, 유익한 방향을 얻을 수 있다고 생각한다. 이는 자유롭게 생각을 나누고 자신감을 얻을 수 있는 신뢰 관계여야 한다(p. 575).

상담심리학자들은 효과적인 멘토들의 가치와 특성들을, 특히 다문화적 여성주의 멘토링의 영역에서 탐색해 왔다(Benishek, Bieschke, Park, & Slattery, 2004; Fassinger & Hensler-McGinnis, 2005; Gormley, 2012). 학생들이 목적 달성을 위한 수단 관점을 가지고 있는 한, 교수들을 나중에도 관계를 유지해야 할 사람들로 보지 않을 것이고, 따라서 교수들 중에 멘토를 찾지 않을 것이다. 더구나 학위 과정에서 교수와 학생의 역할은 때때로 거의 대립적인 것처럼 보일 수 있다. 예를 들면, 교수가 모든 권한을 가지고 있고, 학생들이 가치가 없다고 느끼고 흥미도 없는 과목 그리고/혹은 프로그램상 요구조건들을 만들지도 모른다. 이는 명백히 멘토링을 촉진하는 조건은 아니다. 그러나 Schlosser와 Gelso(2001)는 학생과 그의 지도교수 간 라포(rapport)는 긍정적인 멘토 작업 동맹(mentor working alliance)에서 중요한 요인이며, 이를 통해 지도교수가 "지도학생의 발전을 촉진하고 학생에게 전문직 내에서 어떻게 기능할지를 가르친다."라고 하였다(p. 165).

그러므로 대학원 프로그램에서 어떻게 교수와 수퍼바이저 중에 멘토를 찾기 시작할지에 대해 곰곰이 생각해 보는 것이 중요하다. 이러한 말은 우리의 가정들 중 하나를 드러낸다. 즉, 실로 한 멘토 혹은 여러 가까운 멘토가 그러한 상담심리학자로서의 경력 발달을 촉진한다(또한 복합 멘토링에 대해서도 B. Packard, 2003을 참조). 비록 우리는 명백히 멘토 없이 보람 있고 중요한 경력을 발달시킨, 많은 뛰어난 상담심리학자를 알지만, 우리의 견해로는 멘토의 지원이 개인 경력의 초기 단계—인턴십부터 처음 직장을 얻기까지—에서의 발전을 크게 촉진한다. 우리는 당신이 되돌아가서 Bova와 Phillips(1982)가 제시한 정의를 다시 읽고, 당신의 현재 혹은 장래의 지도교수가 이러한 역할에 적합한지에 대해 생각해 보기를 촉구한다. 간단히 말해서, 지도교수는 매 학기 시작할 때 교과목 신청 시 서명이나 하는 사람 이상임을 잘 생각하기를 촉구한다.

실망에 적극적으로 대처하기

당신이 선택한 프로그램을 얼마나 신중하게 조사했든지 간에, 어느 시점에서는 교과목이나 교수, 실습이나 요구조건이 당신이 대학원에 기대한 바와 다르다는 것을 알게될 가능성이 높다.

어떤 시스템도 당신에게 한계를 부여할 것이다. 어려운 과제는 그 시스템 안에서 당신의 진실성을 '팔아 버리며' 희생하지 않고, 당신의 핵심 목표를 달성할 수 있도록 창조적으로 일하는 방법을 아는 것이다. 우리는 종종 대학에 있는 학생들과 인간복지 시스템(human services system)에 있는 전문가들이 '시스템'이 그들 자신이 되는 것을 허용하지 않고, 질식할 것만 같으며, '만약 내가 무엇을 배우고 있는지 생각할 시간도 주지 않은 채 주어진, 그리도 많은 읽을 것과 써야 할 논문들…… 바보 같은 요구조건들과 성적평가 놀이…… 교수들이 주는 비현실적인 압력들이 아니었다면…….' 그들은 창조적이고 생산적이었을 것이라는 주장을 종종 듣는다(M. S. Corey & Corey, 1989, p. 19).

다시 말하건대, 목적 달성을 위한 수단 관점은 그러한 실망에 대해 수동적으로 적응하도록 이끈다. 우리는 보다 능동적인 자기관리 반응을 생각해 보기를 권한다. 먼저, 어떠한 실망이든 같은 프로그램에 있는 동료 학생들, 당신과 같은 초기 수준에 있는 학생이나 상급 수준에 있는 학생 모두와 같이 탐색해 보라. 이러한 방식으로 당신은 다른 사람과 널리 공유되는 관점 혹은 당신에게 독특한 관점을 얻게 되고, 다른 학생들은 그러한 실망을 어떻게 능동적으로 다루었는지 그 방법들을 발견할 수 있다. 그리고 나면, 당신의 우려가 널리 공유되는 것이라면, 학생 대표나 고충처리 절차, 혹은 다른 체계를 통해 교수나 프로그램 주임교수가 그것에 주목하게 할 수 있다. 어떤 의미에서는, 그러한 절차는 개인의 전문가 경력에서 어느 정도 불가피한 실망에 대처하는 법을 배우는 길이기도 하다.

문제가 다른 사람들과 공유할 수 없는 것일 때, 취해야 할 행위는 분명하지 않다. 자기보존에서 자아실현으로 변화하기에 대해 앞 절에서 논의했듯이, 기본적으로 필요한 것은 우려를 해결해야 할 문제로 재구성하는 것이다. 보다 구체적인 행동적 측면에서 무엇이 문제인가? 어떤 가능한 해결책을 마음에 그리고 있는가? 가능한 대안은 무엇인가? 당신과 타인이 얼마나 변해야 하는지 측면에서 일부 해결책들의 부담과 이익은 어떠한가? 간단히 말해서, 일부 '시스템'을 또는 자신을 변화시킴으로써 대안적 해결책에 도달할 수 있는 능동적 역할을 취하는 방법을 고려해 보라.

전문가적 발전에서 개인적 발전 찾기

상담심리학 대학원 공부는 다른 분야, 예컨대 역사, 물리학, 혹은 음악과는 질적으로 다르다. 당신 스스로에 대해 상당히 많이 알아야만 효과적인 상담자가 될 수 있다. 단순히 일련의 기법을 적용하는 문제가 아니다. 당신이 주요 도구이다—광범위한 내담자와 치료개입에 효과적이기 위해 고도로 유연해야 한다. 유연하기 위해서는 당신의 많은 가치, 가정, 개인 스타일을 탐색해야만 할 것이다. 상담자로서 당신은 내담자와 가치 간에, 예를 들면 종교, 낙태, 성 역할, 가족에 대해 주관적으로 느끼는 책임감 등등에서 갈등을 경험할 수 있다. 내담자는 당신과 매우 다른 가치체계를 가진 문화의 한 부분일 수 있으며, 이로 인해 그들은 당신이 그들에게 실행 가능하고 효과적인 선택이라고 고려한 방안들을 닫아 버릴 수 있다. 우리 모두가 다양한 문화에 대비한다는 가정이 대부분의 상담자에게는 불분명할 수 있다(제14장 참조). 당신 자신의 문화적 배경, 성격, 상호작용 스타일이 어떻게 내담자에게 영향을 주는지를 이해하는 것이 당신의 학습에 중요한 부분이다.

당신 자신이 개인적으로 투쟁하는 영역 중 일부는 상담관계에서 진전을 가로막는, 중요한 역전이 문제의 원천일 것이다(제9장 참조). 이러한 모든 영역은 종종 당신 스스로를 위한 개인상담을 통해 접근할 수 있다—상담심리학 훈련 과정의 일부로 개인상담을 받는 것을 의무화해야 할지 말지는 오랫동안 논쟁 주제였다(Kaslow & Friedman, 1984; McEwan & Duncan, 1993; Pope & Tabachnick, 1994). Holzman, Searight, Hughes(1996)는 압도적으로 다수의 학생이 대학원에 있는 동안 치료에 참여하는 것에 대해 매우 호의적인 반응을 보임을 알았다. 그들은 자신이 상담할 때 기본적으로 자신의 느낌을 더 효과적으로 사용할 수 있어서 상담 기술에 도움을 받았다고 느꼈다. 대학원 시절에 개인적 고통을 경험하는 경우, 상담은 그러한 스트레스를 다루는 방법과 내담자와 관련한 상담기술이나 기법에 대한 감각을 향상시키는 방법을 제시한다. 그러니 전문가적 발전적 관점에서 보건대, 대학원에 있으면서 개인상담을 받아 보는 것은 고려해 볼 만한 매우 가치 있는 방안일 것이다.

우리는 당신 스스로의 전문가적 발전을 효과적으로 관리하는 데 도움이 된다고 생각한 여섯 가지 관점을 기술하였다. 이제 우리는 대학원 시절에 당신이 전문가적 발전을 계획할 때 고려할 만한 몇 가지 특별한 기회로 주의를 전환한다.

대학원 시절: 전문적 발달

우리는 네 가지 주제를 설명하는데, 이는 당신이 대학원 시절에 적합한 계획을 세울 때 가치 있는 몇 가지 특별한 고려사항이라 생각된다.

전문적 독서

당신은 이미 대학원 교과과정에서 요구하는 독서량에 거의 압도당해서 더 이상 다른 독서는 상상도 못할 것이다. 그러나 만약 당신이 자신의 전문가적 발전을 효과적으로 해내려면, 지금 당장 일부 선택적인 전문적 독서를 시작해야 한다. 교과과정 설계상, 교과목은 범위가 한정되어 있다. 더구나 이러한 과목을 가르치는 교수나 강사가 모든 것을 아는 것도 아니다(적어도 우리가 아는 한에서는 그러하다). 전반적인 최근 심리학 발달에 뒤처지지 않기 위해서, 우리는 미국심리학회에서 매달 발간하는『APA Monitor』와 주요 학술지인『American Psychologist』를 정기적으로 숙독할 것을 강력히 권한다.

구체적으로 상담심리학의 경우, 이 분야의 주요 경험적 연구 학술지인『Journal of Counseling Psychology』와 주요 개념적 학술지인『The Counseling Psychologist』의 각 호별 목차 내용을 마찬가지로 정독할 것을 권한다. 고려할 만한 다른 학술지는 (미국심리학회 심리치료 분과인 제29분과의 주요 발행지인)『Psychotherapy』와 전문적 실행의 이슈들을 다루는 미국심리학회 주요 학술지인『Professional Psychology: Research and Practice』이다. 당연히 우리 중 누군가 이 학술지들을 처음부터 끝까지 읽는 사람은 거의 없지만, 이 학술지 논문들의 초록만 읽어도 최신 이슈와 주제들에 대해 가장 많은 관심을 가지게 되고 시간이 허락한다면 구체적으로 읽거나 자문을 구하고 싶은 논문들을 적어 둘 수 있다.

또한 우리는 당신 자신의 특별 관심 분야에 대해 일부 선택적 독서를 생각해 보기를 촉구한다. 그것은 직업심리학, 다문화 상담, 건강과 건강관리, 혹은 심리치료에 대한 특정 접근과 같은 주제일 수 있다. 여러 내담자 집단, 치료 기법, 이론적 지향, 그리고/혹은 과학적 연구문제에 대해 거의 모두 전문 학술지가 있으며, 반복해서 이야기하지만 이것의 목차 내용을 훑어보거나 초록을 읽거나 논문의 구체적 관심사를 알아보는 것만으로도 종종 자문을 구하는 가치가 있을 것이다. 당신의 특별 관심 영역에서 최근 저서들을 뒤지지 않고 따라가는 편리한 방법은, 같은 출판사에서 그러한 책들이 발간된다는 것을 알아차렸다면 출판사에 직접 주문하는 것이다. 출판사는 당신을 우송 명단에 기입할 것이다. 그러면 당신은 특정 관심 분야에 대한 많은 최신 발간물을 나열한 카탈로그를 받을 것이다.

이 절을 마무리하면서, 지면의 전부를 무엇을 읽을지에 대해 이야기하는 데 할애하고, 언제 읽을지에 대해서는 할애하지 않았음을 알았다. 이 장의 앞 절에서 언급했듯이, 전문가 삶에서 지속적 과제는 우리가 가치 있다고 생각하는 시간을 어떻게 만들지 아는 것이다. 만약 우리가 읽을 시간이 나도록 기다린다면, 소식지와 책들이 누적되어서 곧 압도당할 것이다. 이러한 학술지들을 정기적으로 읽는 또 다른 가치는, 당신이 수업시간과 연구를 위해 하는 작업이 학술지에 논문을 게재하는 작업과 거의 같은 가치를 가진다는 것을 곧 깨닫게 된다는 것이다. 그러므로 당신은 단지 학술지를 읽는 것뿐 아니라, 학술지에 기여하는 자신을 시각화할 수 있다. 지도교수나 다른 교수의 논문 작성에 대한 조언을 받아들인다면, 대학원생의 많은 연구 프로젝트 혹은 개념적 논문들은 이러한 학술지에 게재되기에 적합할 것이다.

전문 학술대회

전문 학술대회(professional convention)에 대해 우리 스스로 현명하게 기술하지 못하다가, 오랫동안 전문직에 있어 본 후에야 이러한 학술대회가 대학원생의 전문가적 발전에 예기치 않은 많은 방식으로 영향을 줄 수 있음을 서서히 인식하게 되었다. 만약 당신이 이 시점에서 읽기를 멈추고 전문 학술대회에 서둘러 간다면, 당연히 압도적으로 실망할 것이다. 지역적·전국적 학술대회는 종종 거의 매시간 수천 명의 참가자와 많은 논문 회기와 심포지엄의 일정이 잡혀 있는 광범위하고 복합적인 행사이다. 단지 이러한 일부 회기에 참가하고 바로 집이나 호텔로 돌아가면, 학술대회는 당신의 전문가적 발전에 별 기여하는 바가 없게 된다.

우리가 관찰한 바로는, 대학원생들이 학술대회에서 논문을 발표하거나 심포지엄에 참가함으로써 전문 학술대회의 가장 큰 이익을 얻게 된다. 당신은 어떻게 그러한 기회를 얻을 수 있는가? 당신은 아마도 학술대회는 기본적으로 적극적 연구 프로그램에 속해서 실력을 잘 갖춘 전문가들을 위한 것이라 생각할 것이다. 그와는 반대로, 전문 학술대회에서 발표하는 것이 논문을 학술지에 게재하는 것보다 훨씬 더 쉽다. 상담심리학 프로그램에서 완성한 대부분의 석사학위논문 연구 프로젝트는 지역 혹은 전국 단위 학술대회의 포스터 회기 발표에 수락될 가능성이 높다. 포스터 회기(poster session)란 많은 논문이 게시판에 도표와 함께 게시되는 시간을 일컫는다. 발표자가 일정 시간 동안 옆에 서 있으면, 관심 있는 사람들이 다가와서 발표자와 함께 논문에 대해 토론한다. 포스터 회기와는 대조적으로, 심포지엄은 다양한 연구팀원이 여러 간략한 연구 발표를 하면, 몇몇 정통한 토론자가 논평을 하는 것으로 구성된다. 대개 연구팀에 속하거나 멘토가 있어야 심포지엄에서 발표할 기회를 얻게 된다. 모든 학술대회에는 같은 프로그램에 있거나 다른 학교에 소속되어 있어도 심포지엄 주최자(대개 상담기관이나 대학의 중견 연구자)가 주도하는 같은 프로젝트에 참여하고 있는 대학원생들이 발표하는 심포지엄이 있다.

우리는 학부생과 대학원생이 같이 참여하는 것이 막대한 이익을 가져온다는 것을 점차 알게 되었다. 비록 처음에는 결과가 두렵게 느껴지더라도, 그러한 발표에 참여하는 학생들은 대개 크게 향상된 자기효능감과 상담심리학 분야와 연결감을 느끼게 된다.

갑자기 그들은 (자기 지도교수뿐 아니라) 많은 사람이 그들 작업의 세세한 부분까지 꽤 관심이 있고, 그야말로 자신들이 그 특정 영역에서 전문가가 되고 있음을 알게 된다. 또한 주목할 것은 학술대회 발표 경력을 이력서에 올릴 수 있다는 것이다. 그러한 이력은 당신의 전문가적 투신을 뚜렷하게 나타낸다. 실무자나 학교 기관 고용자는 대부분 심리 서비스 면에서 능숙한 기술을 가진 사람뿐 아니라 폭넓은 전문직에 관여했던 사람을 확실히 고려한다. 그러한 관여 경험이 생명력 있는 전문가로 남는 데 유망할 뿐 아니라 기관실무자(staff)로 전국 학술대회에 참가하면 기관의 신임을 얻을 수 있다.

학술대회 참가가 전문가적 발전에 매우 중요한 또 다른 측면이 있다. 모든 학술대회에는 많은 사교 시간이 있다. 즉, 참가자들이 매우 비공식적으로 만나는 기회가 생긴다. 대학원생들이 특히 인맥을 형성할 수 있는 중요한 시간들이다. 다른 많은 상담심리학자를 만나며 폭넓은 경험을 할 수 있는 시간이며, 이 모두 전문가적 발전에 크게 투신하는 것이다. 당신과 마찬가지로 이제 막 경력을 시작한 사람들뿐 아니라 최고로 유명한 실무자와 연구자들을 만날 수 있다. 그러한 접촉은 나중에 계속 연락할 수도 있게 하여, 당신의 연구와 경력 기회에 도움이 될 것이다. 무엇보다 중요한 것은, 이러한 사교 활동을 통해 상담심리학자로서 개인의 전문가적 정체성을 형성함으로써 전문직의 소속감을 크게 향상할 수 있다는 것이다.

관련해서, 이러한 학술대회 활동은 당신의 전문가적 '본거지'를 확인하는 데 도움이 될 것이다. 학술대회는 압도적인 느낌을 줄 수 있으므로, 큰 집단 내에서 인맥을 형성하고 연계할 수 있는 보다 작은 집단을 찾는 것이 중요하다. 예를 들면, 미국심리학회 제17분과(상담심리학 사회) 내에서 수많은 친목회, 원탁회의, 혹은 학술대회 특별 프로그램 편성반이 있다(상담심리학 사회 내 분회와 특별관심 집단들의 전체 명단을 보려면, http://www.div17.org 참조). 이러한 행사에 참여하는 것은 당신이 관심을 가지고 있는 주제들에 관심이 있는 다른 전문가들과 학생들을 만날 수 있는 훌륭한 방법이다. 대학원생으로서 제17분과 학생 분회의 일원이 되면, 분회나 지역 혹은 전국 학술대회 참여에 관해 더 많이 알 수 있다.

인턴십

과거 30년간 상담심리학과 임상심리학 박사과정 학생 수는 두 배가 되었다(Norcross, Kohut, & Wicherski, 2005; Peterson, 2003). 비록 이러한 증가는 주로 임상심리학에서 새로운 PsyD 프로그램이 생긴 데에 기인하지만(Graham & Kim, 2011), 이러한 모든 심리학자가 나중에 인턴십과 박사후 과정 자리를 놓고 경쟁하게 된다. 그러므로 상담심리학 박사과정 학생들이 경쟁이 치열한 인턴십 지원 과정에 대비하는 것이 중요하다. 1987년에 Mary Casey Jacob은 "그 과정을 거치면서, 지금 나는 대학원 첫해부터 준비를 시작해야 한다고 생각한다."(p. 146)라고 말하였다. 인턴십 지원 과정에 도움이 되는 여러 유용한 책으로는 『A Guide to Obtaining a Psychology Internship』(Megargee, 2001), 『Internships in Psychology: The APAGS Workbook for Writing Successful Applications and Finding the Right Fit』(Williams-Nickelson, Prinstein, & Keilin, 2012)이 있다. 지원 과정을 준비하는 데 도움이 되기 위해, 학생들이 대학원 훈련 초기에 다른 자료들보다 이 책들을 활용할 것을 제안한다.

승인된 많은 인턴십 자리 중 하나를 고르는 것은 어려운 과정으로 보일 것이다. 더구나 대학원에 입학하는 것처럼 인턴십 지원은 경쟁 과정이기 때문에, 학생들은 그에 대해 상당한 불안을 느낀다. 의심할 여지 없이 이 두 가지 특징으로 인해 이 주제에 대한 논문들이 넘친다. 안타깝게도, 대부분의 문헌은 인턴십 선택과 관련해서 장기적인 전문가적 발전 측면을 보기보다는 지원 과정과 인턴십 전환 시 발생하는 잠재적 어려움에 관해서만 초점을 맞춘다. 그러므로 우리는 그러한 측면들에 주요 초점을 맞출 것이며, 지원 과정 자체에 대한 많은 유용한 조언을 담은 문헌들을 검토하는 과제는 독자인 당신에게 맡길 것이다.

각 인턴십은 다소 다른 방식의 강도 높은 훈련 경험을 제공한다. 인턴십을 선택하고자 할 때, 당신의 기본적인 의문은 '현재 박사과정에서 훈련을 향상하고 보완하려면 어떤 경험을 해야 하는가'일 것이다. 학생들은 병원, 상담센터, 지역공동체 정신건강센터와 같은 인턴십 장소를 고려해서 많이 선택하지만, 인턴십이 행동주의, 정신분석 등과 같은 이론적 지향 면에서 어떤 경험을 제공하는지, 그리고 진단적 범주(예: 섭식장애, 경력 불만족, 외상후 스트레스 장애)에 따라서 혹은 인구통계학적 특성(예: 성별, 나이, 인종)에 따라 어떠한 다양한 내담자 집단을 만날 기회를 제공하는지에 대해서는 그다지 생각하지 않는다.

인턴십 선택은 경력에 직간접적으로 영향을 준다. 직접적 영향으로는 특정 장소나 서비스 경험을 통해, 그러한 경력을 가진 시장성으로 당신의 첫 번째 직장을 얻을 수 있다는 것이다. 명백히, 병원 장면에서 인턴십을 마친 사람은 병원의 심리학 관련 자리에 지원할 때, 보다 유리한 입장이 된다. 마찬가지로 대학상담센터에서 인턴십을 마친 사람은 대학상담센터 지원 시 대학상담센터에서 한 학기 실습만 해 본 후보자보다 더 경쟁력 있게 된다.

인턴십 선택이 간접적으로 경력에 주는 영향은 인맥 형성 측면이다. 보통 당신의 인턴십 장소에서 같이 일했던 사람들은 비슷한 장소의 다른 전문가들을 알 가능성이 많고, 따라서 다른 곳보다 그러한 장소에서 제공하는 직무 기회를 당신에게 이야기해 줄 수 있을 것이다. 그러므로 잠재적 직무를 얻는 데 도움이 되는, 당신의 비공식적 인맥이 인턴십 선택을 통해 일부 형성될 것이다.

인턴십과 그것이 당신의 자격증 취득, 다른 전문적 자격인정, 취업에 미치는 영향에 대해 몇 가지 중요한 측면을 고려해야 한다. 수백 개의 인턴십이 각 인턴십이 제공하는 훈련의 종류, 후보자들이 갖추어야 할 자격요건, 지원 절차에 대해 간략한 설명을 제공하는 심리학 박사후 과정 및 인턴십 센터 협회(Association of Psychology Postdoctoral and Internship Centers: APPIC) 목록에 나열되어 있다(http://www.appic.org를 보라). 이는 매해 가을에 발행된다. 또한 APPIC은 인턴십 제공과 합격에 대한 지침을 개발하고, 기관과 인턴 지원자 모두 이 지침을 잘 지키는지 확인하기 위해 감독한다. 여러 저자가 최근 지원자들이 경험하는 문제들과 그들의 우려에 어떻게 접근할지에 대해 검토한 바를 제시하고 있다(Huang, Lin, & Chang, 2010; Miville, Adams, & Juntunen, 2007; Parent & Williamson, 2010).

상담심리학자로서 자격증과 기타 자격인정을 받을 시, 미국심리학회가 인증하는 인턴십은, 추가 질문이나 문서 필요 없이 인턴십 수준의 훈련에 필요한 조건들에 부합하면, 대개 완전히 승인된다. APPIC 목록에 나열되어 있는 다른 인턴십도, 인턴십 기관이 발행한 문서를 제시하면, 많은 자격위원회와 채용기관(예: 재향 군인 관리국과 일부 주는 미국심리학회 승인 프로그램에서 인턴십을 마칠 것을 요구한다)에서 승인될 것이다.

APPIC 목록에 공식적으로 나열되어 있지 않은 기관에서 어떤 특수한 경험을 얻기 위해(예: 인턴십 프로그램이 없는 병원에서 AIDS 환자들과 일하기) 특별히 계획된 인턴십을 마치는 것도 가능하다. 만약 미국심리학회 인증 박사과정 프로그램 졸업생이 미국심리학회 인증은 아니지만 수퍼비전도 해 주며 적절한 경험과 훈련을 제공하는 곳에서 인턴십을 마치는 경우, 그 인턴십을 공식적으로 인정하지 않는다면, 자격증 취득과 경력에 중요한 함의를 가진다. 일부 학생은 자신이 상담 실무를 하고 싶은 주가 공식적으로 인정하지 않은 인턴십을 마쳤어도 자격증을 부여하는 것을 알면, 때때로 이러한 경로를 선택한다. 그러나 우리는 이러한 선택은, 졸업생이 일하는 기관의 고용주나 주가 결정을 바꿀 경우 위험 부담이 매우 많다고 느끼기 때문에, 간혹 이러한 경로를 밟으려는 학생에게 그러한 인턴십 선택이 자격증 취득 요건과 경력 기회에 잠재적으로 제한을 가할 수 있다는 것을 명시한 진술서에 서명하도록 한다.

인턴십을 선택할 때, 대학원생들에게는 매우 매혹적으로 보이는 위치, 생활비, 의미 있는 타인과의 거리 등과 같은 다른 요인들을 살펴보기 전에, 앞의 사항들에 먼저 주의를 기울이는 것이 바람직하다. 비록 이러한 모든 개인적 요인은 매우 유용한 2차적 고려사항들이지만, 그것이 주된 고려사항이 된다면, 단기적으로는 선택한 인턴십을 만족할지 몰라도, 장기적 경력 발달 측면에서 중요한 기회를 놓치는 결과를 가져올 것이다. "나는 1년 동안만이라면 어디든 살 수 있어."라는 태도를 취하는 것이 당신의 장기적 경력 발달에 가장 도움이 될 것이다. 요약하면, 인턴십 선택은 장기적인 전문가적 발전에 주요 요소이고, 당신이 속한 프로그램에서 얻은 훈련 경험과 첫 번째 경력으로 전환하기 위해 가졌던 이전 채용 경험을 보완하며, 깊이와 넓이를 더하는 기회를 제공한다.

박사논문

대학원 시절 프로그램 발전을 위해 고려해야 할 마지막 절은, 박사 학위를 취득하기 위한 마지막 필수 조건인 박사논문에 관한 것이다. 이 절의 주된 의도는 당신의 전문가적 발전 맥락에서 박사논문 준비를 돕고자 하는 것이다. 이러한 의도는 이행하기가 간단치 않다.

박사논문에 대한 그리고 그 작업에 대한 학생들의 관점의 역사는 목적을 위한 수단 관점으로 가득하다. 아이러니하게도 그러한 관점으로는 학생의 인생에서 그 무엇보다도 박사논문이 중요해진다. 당신은 당신의 프로그램에 대해 양가감정이 있어서 부분적으로만 관여하고 있든 아니든, 자존감에 위협을 느껴서 피하고 싶든 아니든, 모든 것이 이 마지막 장애에 고착될 수 있다. 그러므로 Garcia, Malott, Brethower(1988)가 대학원을 중도에 그만둔 학생들의 4분의 1이 박사논문만 남겨 놓고 모든 과정을 수료한 학생들[종종 'ABD(all but dissertation)'라고 부르는 상태]이었다고 보고하는 것이 놀랍지 않다. 『Graduate Study in Psychology』(APA, 2013)는 상담심리학 박사과정 프로그램에서 실제로는 오직 1%의 학생만이 자퇴하거나 퇴학당한다고 한다. 그러므로 대부분의 학생은 자신의 자원을 모아서 박사논문을 완성한다.

당신은 앞의 단락이 박사논문을 완성하지 못하는 것이 학생의 관점이나 신경증 때문이라고 설명하기 때문에, 희생자를 비난하는 것처럼 들린다고 타당하게 말할 것이다. 그러나 1960년대 이후, 이러한 논문 완성 실패의 일부 원인은 수퍼비전과 효과적 유인 자극(incentive)의 결여 때문이라고 하는 문헌들이 증가하였다(Garcia et al., 1988 참조). 보다 최근에는 Mallinckrodt, Gelso, Royalty(1990)의 연구에서 다른 환경적 측면들을 제시하고 있다. 이들은 Holland 성격유형(제15장 참조)이 상담심리학의 연구 관심뿐 아니라 연구 요구조건의 완결의 지연과도 관련 있다는 것을 발견하였다. "탐구적 그리고 탐구적–예술적 적성의 학생들은 연구에 가장 많은 관심을 가지고 있다. 기업가적 적성은 가장 낮은 수준의 연구 관심과 훈련 완결의 지연과 관련 있다"(Mallinckrodt et al., 1990, p. 26). 그러므로 개인적·환경적 요인 모두 박사논문이 긍정적인 전문가적 발전 경험이 되지 못하게 작용할 수 있다.

우리는 먼저 환경적 요인들에 대한 접근을 시도한다. 점차적으로 촉진되는 논리적 조치 중 하나는 박사논문에 대한 보다 높은 수준의 지도를 제공하는 구조화된 교과과 정과 지도 시스템의 발달이다. Garcia 등(1988)은 주간 면담, 과제 구체화, 피드백, 유인 자극 등을 포함하는 시스템에 참여하는 학생들이 비교집단보다 유의미하게 더 많은 과 제를 수행했다는 것을 발견했다. 주의할 것은 두 집단 간 완성된 프로젝트에서 질적 차 이는 없었다.

박사논문을 쓰면서 진전을 보지 못하고 중요한 문제에 봉착했을 때, 당신은 정말로 당신의 학교에서 가능한 지도와 지원을 받을, 보다 구조화된 기회를 찾고자 할 것이다. 당신의 영역에서 구조화된 프로그램이 없다면, 학생 지원 서비스 중 일부인 작문센터 에서 유사한 도움을 받을 수 있을 것이다. 비록 그러한 센터들은 기본적으로 학부생들 을 위한 것이지만, 작문 상담자들은 종종 대학원생들이 제시하는 보다 높은 수준의 난 제들을 다루는 것을 고대한다.

박사논문 지도교수 선정 시, 주제 영역의 전문가뿐 아니라 당신이 일하는 스타일과 잘 맞는 사람을 선택해야 한다. 지도교수는 논문 주제를 결정하고 실행하는 것과 같 이, 비교적 명확히 규정되지 않은 과제를 다루는 것을 도와줄 수 있다. 비록 간혹 당신 의 관심 영역의 전문가가 한 명 이상일 수 있지만, 당신과 지도교수의 스타일이 일치할 수 있다면, 진전이 촉진될 것이다. 당신 스타일과 자연스럽게 맞아 보이는 지도교수를 선택하는 데 어려움이 있다면, 그/그녀의 평소 스타일과 방식이 다른 당신과 같이 일할 수 있을지 지도교수에게 물어봄으로써 가능성을 탐색하는 것도 합리적이다.

Mallinckrodt 등(1990)의 연구를 돕는 환경에 대한 연구에서 두 가지 유용한 조언을 얻을 수 있다. 그들은 연구 관심에서의 긍정적 변화는 프로그램이 다음을 학생들에게 전달하는 것과 관련된다고 명시한다.

　모든 실험은 결점이 있고, 한 특정 연구가 지식 축적에 크게 기여할 만한 가치가 있을 필요는 없다는 것…… '과학과 실무의 결혼'―즉, 학생들에게 임상 경험을 연구 아이디어의 원천으로 활용하는 것을 가르치기(p. 30).

　전문가적 발전 관점에서, 당신은 대학원생에서 상담심리학자로서 경력을 수립하기 시작하는 전환적인 환경적 맥락에서 인턴십과 함께 박사논문을 바라볼 것이다. 연구의 시작은 논문 주제 선정부터 하는 것이 좋고, 이를 실습하는 장소나 학교 장면에서 이어 갈 수 있다. 박사논문 주제는 당신의 차후 실무에 특별한 함의를 가지는 것일 수 있다. 예를 들면, 지역공동체 클리닉에 다니는 학대받는 배우자에 대한 연구 혹은 피고용자 지원 계획에 따른 '정체된' 피고용자 연구가 될 수 있다. 간단히 말해서, 단지 적당한 논문 주제를 찾기보다는, 당신에게도 실용적인 주제를 생각해 보아야 한다. 명백히, 이것이 논문 작업에 대해 내적·외적 유인자극을 제공하는 주요 방법이다. 결국 적당하기는 하지만 보람 없는 주제는 때때로 가장 부적당한 박사논문을 완성하게 된다.

박사 학위를 받았으니 이제 무엇을 할 것인가?
박사후 훈련, 자격증, 경력 쌓기 시작

　당신이 매우 열심히 일해 온 보람의 순간이 드디어 온다. 당신은 상담심리학 박사 학위를 받는다. 첫 번째 박사후 요구사항은, 박사 학위가 당신에게 어떤 의미이건 간에, 당신이 타당하게 축하할 일이다. 그리고 나서 당신이 상담심리학자가 되기 위해 일을 시작하는 초기 박사후 시기에 어떤 일이 일어나는지 논의할 필요가 있다.

박사 학위가 충분하지 않을 수 있는 이유

　대부분의 독자에게는 박사 학위를 취득하는 것만 해도 고되고 긴 과정으로 보일 것이기 때문에, 이 절의 제목이 괴로움을 줄 수 있다. 희소식은 이제 박사 학위가 충분하지 않은 세 가지 이유 각각에 대해 과거보다는 쉽게 다룰 수 있다는 것이다. 세 가지 이유란, (가) 과거 수퍼비전을 동반한 박사후 경험의 질에 대한 감독 결여, (나) 심리학 내 특수화(specialization) 출현, (다) 우리가 사는 세계의 급격한 변화 등이다. 이러한 영역의 문제는 모든 심리학자에게 영향을 미치지만, 상담심리학자들에게 가장 관련이 있는 특수한 측면들을 논의하는 데 초점을 둔다.

전문심리학에서 오래 지속된 문제는 새 심리학자들이 심리학자 자격증 취득에 필요한 과정으로 받는 수퍼비전의 질이 매우 일정하지 않다는 것이다. 이러한 질적 차이는 대부분 필수 박사후 수퍼비전에 관한 자격증 법이 주마다 매우 다르다는 것에 직접적으로 관련 있다. 예를 들어, 일부 주는 (인턴십을 마치고) 박사 학위를 받은 후 자격증 시험을 볼 수 있게 하지만, 다른 주는 필수 시간(예: Louisiana에서는 수퍼비전을 받은 1,500시간)이나 연수(예: 코네티컷에서는 1년 간 박사후 경험을 요구; 자세한 것은 http://www.asppb.net 참조)를 보다 구체적으로 요구한다. 어떤 주들은 필수 상담 서비스 시간과 수퍼비전 시간을 구체화하지만, 어떤 주들은 자격증을 가진 심리학자가, 수퍼바이저와 수퍼바이지가 실제 얼마나 면대면 상호작용을 했는지 대한 증거를 제시하지 않고도 수퍼바이저가 새 전문가를 수퍼비전했다고 보고하기만 하면 된다. 명백히, 이렇게 허용범위가 넓은 결과로, 일부 새 전문가들은 그들의 첫 번째 박사후 과정에서 실제로 어떤 수퍼비전도 결코 받지 못하기도 한다.

다른 극단의 경우, 일부 새 심리학자는 레지던트로 박사후 과정을 밟으면서 주 8시간 공식 훈련과 자신의 상담사례들에 대해 주 5시간 개인 수퍼비전을 받는, 강도 높은 추가 훈련을 받는다. 이러한 차이에도 불구하고, 이 두 가지 유형의 새 전문심리학자들 모두 주가 요구하는 수퍼비전을 받는 박사후 과정의 필수 조건에 부합할 수 있다. 주 자격증 관리위원회들은 길고도 많은 논쟁이 있는, 필수 경험조건들의 통일 과정에 들어서기를 꺼린다. 많은 심리학자는 위원회에는 수퍼비전의 질을 감시할 인력도 시간도 없기 때문에 질을 법제화할 수 없다고 느낀다. 다음 절에서 살펴보듯이, 인증된 박사후 과정 기관은 주의 법이나 규정을 변화시키지 않고도 이러한 이슈를 다루는 한 방법이다.

박사후 교육에 보다 주목하는 두 번째 주요 이유는 심리학 내 특수화의 출현이다. 심리학 내 특수화란 1970년대까지는 대개 제2차 세계 대전 말엽까지 등장했던 상담, 임상, 학교, 산업(후에 산업/조직이라고 부름) 심리학 등 네 가지 '전공(specialties)'만을 일컬었다. 상담심리학이 지속적으로 성숙하면서 보다 특수화된 영역들, 즉 신경심리학, 행동주의 심리학, 건강심리학, 법심리학(제2장 참조)과 같은 영역들이 훈련 프로그램과 자격증을 제공하며 등장해서 알려지기 시작하였다. 그러나 1990년대까지 미국심리학회는 오직 애초의 네 개 영역에 대한 자격증 인증 절차만 있었다. 비록 이러한 다양한 전공 훈련 면에서, 박사후 과정과 비교해서 어느 정도를 박사과정 수준에서 가르칠 수 있고 가르쳐야 하는지에 대해 일부 논의가 진행 중에 있으나, 이 새 전공 영역에서 박사후 훈련과 수퍼비전이 필요하다는 데에는 이견이 없다. 사실, 1980년대까지 신경심리학과 건강심리학과 같은 영역에 초점을 둔 많은 박사후 레지던트 과정이 이미 많은 병원에 수립되어 있다(Wiens, 1993).

박사후 교육에 점점 더 주목하는 세 번째 이유는 전체적으로 전문직에 영향을 주는 사회경제적 변화에서 찾을 수 있다. 21세기 경제와 기술의 급속한 변화로 인해 상담서비스를 어디에서 어떻게 제공하는지가 계속 변하게 된다. 오늘날 훈련 프로그램을 얼마나 개선하든지 간에, 그 졸업생이 지금부터 25년간 같은 방식으로 상담 실무를 할 가능성은 적다. 예를 들면, 우리에게 너무나 많은 정보와 우리 삶을 관리하는(예: 구매, 금융업무) 새로운 가능성들을 제공하는 인터넷은 이 책의 초판이 나올 때만 해도 존재하지 않았음을 생각해 보라. 성숙한 전문직은 성숙해 가는 성원이 변화하는 세상에서 가치 있고 이바지하는 전문가로 남기 위해 지식과 기술을 개발할 기회가 많다는 것을 확신할 것이다.

우리 일터의 모든 측면에서 생생한 변화 요구와 경제 압박은 모든 심리학자가 새로운 질문과 그것에 응답하는 방법들에 쉽게 적응할 수 있으며 활력이 넘치는 선수로 남는 것이 중요하다는 것을 강조한다. 박사과정 프로그램의 테두리 내에서 요구하는 훈육에 부합하는 인력을 교육하는 것은 더 이상 적합하지 않다는 것이 매우 명확해졌다. 더구나 우리가 오랫동안 지지해 온 이러한 평생학습은, 충족해야 하는 요구들과 이 요구들의 예상되는 변화속도 때문에, 우리와 타인들에게 보다 가시적이고 공식적이며 체계적이 되었다(APA, 1995, p. 4).

인증된 박사후 레지던트 과정의 출현

2009년 박사 취업 설문조사(APA Center for Workforce Studies, 2009)에 따르면, 약 3분의 2가량의 상담심리학자들이 박사후 연구원이나 실습생 과정을 밟는다고 보고한다. 미국심리학회 홈페이지(http://www.apa.org)에 따르면, 79명의 인증된 박사후 과정 연구원이 있는데, 이 중 42명은 '전통적(traditional)' 연구원이고, 나머지는 아동 임상(7명), 임상 건강(7명), 임상신경심리학(19명), 법심리학(1명), 재활심리학(3명)과 같은 전문 분야에 있다. Raney, Hwang, Douce(2008)는 박사후 훈련 과정을 찾기 위한, 특히 유학생들을 위한 추가 정보를 제공하였다.

비록 가장 오래된 상당수의 박사후 과정 프로그램들은 연구 기술 발전을 지향하고 있지만, 20세기의 마지막 10년 동안 그중 점차 많은 수가, 어떤 경우는 상당히 일반화된 훈련을, 다른 경우는 신경심리학, 건강심리학 혹은 정신분석과 같은 특수 분야에 특화된 훈련을 받을 수 있도록 전문심리학의 심화 훈련을 제공하도록 설계되었다. 이러한 실무지향적인 박사후 과정 프로그램의 질적 관리에 대한 문제는, 심리학 전문직이 심리학 자격증을 취득할 자격을 갖추는 데 활용되는 박사후 경험에 대한 보다 우수한 질적 관리 방법을 확보하려는 열망과 결합하여, 박사후 프로그램의 인증을 위한 공식적 기준과 절차를 발달하게 하였다. 1990년대에 심리학 분야에서 오랫동안 자격증을 발행하고 인증을 담당하는 조직들의 대표들은 신경심리학, 행동주의, 가족, 건강심리학과 같이 박사후 전공 집단으로 발달하고 있는 조직 대표들과 함께 박사후 과정 인증 기준과 절차를 공식화하기 위해 미국심리학회 위원회와 함께 작업하였다. 미국심리학회가 이러한 기준들을 공식적으로 채택하고 나서, 이 기준들을 적용하는 프로그램을 미국심리학회 인증 박사후 레지던트 과정(residencies)이라고 정하였다(APA, 1996). 박사후 훈련 프로그램은 전문심리학 내의, 심화된 일반 전문심리학에서 인증된 혹은 전문 실무 영역(예: 신경심리학과 정신분석)에서 인증된 박사후 레지던트 과정이 되고자 할 수 있다. 박사후 과정 기관 인증 첫해에는 두 기관이 인증받았다. 인증을 원하는 많은 다른 기관이 인증 기준에 부합하기에는 너무 소규모이다. 인증 절차 공식화뿐 아니라 그러한 프로그램의 발달은 진행 중에 있으므로 박사후 기관들이 얼마나 빨리 인증을 받아 일정 수를 확보할지 예상하기는 어렵다.

박사후 과정을 마치는 것이 상담심리학에서 경력을 시작하는 데 필수 조건은 아니라는 것을 특히 상담심리학자들이 알아 두는 것이 중요하다. 지금도 아니고 가까운 시일 내에 되지도 않을 것이다. 상담이나 임상심리학과 같은 보다 전통적인 분야를 넘어서 특수한 전공을 바라는 심리학자들의 경우, 건강심리학이나 신경심리학과 같은 특수 영역에서 박사후 과정을 마치는 것을 기대하는 것이 당연하다. (특수 과정과 비교해서) 일반 전문심리학 영역에서 박사후 과정을 마치는 것은 상담 혹은 임상심리학자에게는 (비록 필수적이거나 기대하지 않아도) 몇 가지 뚜렷한 장점이 있다. 인증된 박사후 레지던트 과정 수가 증가함에 따라, 일부 주에서는 인증된 박사후 기관에서 레지던트 과정을 이수하면 필수 박사후 경험을 자동으로 이행한 것으로 인정하도록 자격증 규정을 바꿀 가능성이 높다. 그러므로 그러한 기관에서 레지던트 과정을 마친 상담심리학자는 주가 자격증 취득 필수 조건으로 규정한 박사후 경험을 충족했다는 것을 증명하기 위해, 경력 첫해 어떠한 서비스를 제공하였고, 어떤 종류의 수퍼비전을 얼마나 받았는지에 관해 더 이상 문서화할 필요가 없을 것이다. 또한 1980년대에 재향군인관리국과 같은 여러 주요 심리학자 채용기관이 심리학 관련 지위에 지원하는 사람들에게 미국심리학회 인증 박사후 인턴십을 마칠 것을 요구하기 시작했던 것처럼, 인증된 박사후 레지던트 과정을 마친 사람들을 선호하는, 매우 선별적인 채용기관들이 발달할 것이다. 비록 박사후 레지던트 과정이 전문심리학 분야의 '공식' 훈련 기간에 1~2년을 더하더라도 그러한 레지던트 과정은 심리학자 자격증을 취득하는 데 필요한 시간보다 더 걸리지는 않는다. 왜냐하면 박사후 레지던트 과정은 박사후 경험 시 대부분의 주가 요구하는 필수조건 이상을 이행하기 때문이다.

인증된 박사후 레지던트 과정의 출현과 관련해서, 박사전(predoctoral) 인턴십이 박사과정 수준에 남아 있어야 하는지 아니면 박사후 과정 수준으로 옮겨야 하는지에 대한 논쟁이 다소 진행되고 있다(Boggs & Douce, 2000). 최근 미국심리학회 인증 기준에 따르면, 인턴십은 박사 학위 취득 전에 마쳐야 한다. 일부 심리학자들은 인턴십을 박사후 과정으로 옮겨야 한다고 주장해 왔다. 그러면 인턴은 인턴 의사처럼 박사로 정체성을 형성할 수 있을 것이다. 그렇게 되면 병원이나 건강관리 회사에서 전문적 서비스에 대한 환급이 보다 쉽게 이루어질 것이다. 옮기는 것이 좋다는 또 다른 주장은 박사 학위 필수 조건들을 이미 다 마친 인턴은 박사논문 또는 다른 박사전 필수 조건들을 마치려 하기보다는 인턴십에 자신의 모든 시간과 에너지를 쏟을 수 있다는 것이다. 반대 주장은 훈련 프로그램이 학생의 이전 훈련에 적절한 인턴십을 선택하고 마치는 데 대한 통제감을 상실할 우려가 있다는 것이다. 또한 자격증 취득을 위해 수퍼비전을 동반한 훈련을 받아야 하지만 훈련 프로그램으로부터 더 이상 옹호받지 못하는 새 전문심리학자를 착취하지 못하도록 하려면, 어떤 통제감이 있어야 하는가? 인턴십 배치에 관한 많은 이러한 논의는 인증된 박사후 프로그램의 발달 시기와 일치하여 시작되고 발전하였다. 상담심리학 프로그램 주임교수는 인턴십이 박사전 과정 수준에 남아 있어야 한다는 입장을 취해 왔다. 박사후 레지던트 과정의 인증이 적절히 자리 잡고 있으므로, 인턴십까지 박사후 과정으로 옮길 가능성은 적어 보인다. 그러한 배치에 관해 무엇이 전개되든, 인턴십이 박사전에 있든 박사후에 있든, 전문심리학자로서 훈련을 마치는 데 필요한 시간의 길이는 달라지지 않는다는 것을 알아 둘 필요가 있다. 대부분의 경우, 변화하더라도 단지 박사과정 필수 조건이 충족되는 순서가 달라지는 정도에 국한될 것이다.

자격증: 필요하지만 충분하지는 않음

법률가나 의사와 마찬가지로, 심리학자와 다른 많은 전문가는 모든 주에서 어떤 형태의 자격증을 받는다. 정의상 전문직은 높은 수준의 구체적인 전문가 훈련을 받기 때문에, 제공되는 서비스가 질적으로 충분한 수준인지 여부에 대해 굳이 대중의 동의를 얻지는 않으리라고 합리적으로 가정할 수 있다. 자격증은 주가 전문직이라는 직함을 사용하는 것을 규제하고, 그 실무를 구성하는 활동을 법적으로 규정하게 한다. 심리학 자격증 법은 대개 자격증 취득에 필요한 훈련과 수퍼비전을 동반한 실습 경험에 대한 규정, 필수 시험 절차, 실무 범위에 대한 규정, 자격증 법규의 세부 항목을 어긴 사람들에게 적용되는 제재 등을 포함한다. 많은 주의 심리학 자격증 법에는 심리학자의 법적 책임감의 일부로 미국심리학회의 윤리적 기준을 포함한다.

Fretz와 Mills(1980)는 주로 1960년대 심리학 자격증 법의 필요성과 발달을 둘러싼 초기 논쟁을 검토하였다. 비록 소수의 심리학자들은 1940년대 임상과 상담심리학의 시작부터 독립적 실무를 하였지만, 다수의 초기 그러한 심리학자들은 자격증이 필요하지 않다고 보는 병원, 클리닉, 대학교에 채용되었다. 1960년대 말, 일부 상담과 심리치료에서 건강보험 환급정책이 등장하면서, 자격증을 취득하려는 심리학자들이 급속히 증가하였다. 그러한 환급이 의료계와 마찬가지로, 종종 자격증을 가진 전문가들에게 제한되었기 때문에 이러한 증가가 발생하였다.

1950년대와 1960년대에 발달한 심리학 자격증 법은 누가 심리학자로서 자격증을 취득할 요건을 갖출 수 있는지에 대해 매우 광범위하게 규정하였다. 심리학자로 자격증을 취득한 많은 사람이 심리학의 다른 분야[예: 법, 신학, 공중위생, 지도, 가족학]에서보다 상담심리학 대학원에서 학위를 마쳤다. 그러한 초기 시절에는, 예를 들면 감각과 지각 같은 연구 분야의 박사 학위를 마친 사람과 상담, 학교, 혹은 임상심리학에서 박사 학위를 마친 사람이 자격증 수여 절차에서 차이가 없었다. 자격증 취득에 필요한 조건들 면에서 주마다 크게 차이가 나는 문제에 접근하기 위해, 미국심리학회와 심리학 분야 건강 서비스 제공자 국가 등록원은 1970년대에 두 번에 걸쳐 자격증 발행 관련 학회를 개최하였다. 그 결과, 훈련 프로그램의 인증과 심리학자 자격증 수여에 모두 중요한 필수조건들에 지속적으로 영향을 줄 권고사항들을 작성하였다.

이러한 권고사항들은 자격관리위원회에 제출할 자격증 취득 요건에서 요구되는 교육적 배경에 대해 보다 매우 제한적인 규정을 포함하였다. 그러나 만약 적절한 교육 요건이 포함되었다면, 훈련 장소 면에서는 유연하였다. 상담심리학에서 크게 중요한 권고사항은 "어디에 위치하였든, 프로그램은 심리학 프로그램이라고 명확히 밝히고 명명하여야 하며, 그러한 프로그램은 전문심리학자들을 교육하고 훈련하는 기관의 의도를 기관 관련 카탈로그와 소책자에 상술하여야 한다"(Wellner, 1978, p. 33). 그러면 많은 상담 및 지도 분야 프로그램이 상담심리학자를 훈련하고자 하는 것과 심리학 훈련 프로그램으로 공식적으로 전환하는 데 필요한 교과과정 변경이 가능해진다. 사실, 1970년대 초기부터 1980년대 말까지 미국심리학회 인증 상담심리학 프로그램 수가 100% 이상 증가한 것은 이러한 변화와 직접 관련이 있다. 새롭게 인증된 프로그램 다수는 원래 교육대학 소속의 상담자 교육 혹은 상담 및 지도 프로그램이었다.

심리학 자격증에 관한 또 다른 이슈는 보다 통일된 자격시험 절차에 대한 열망이다. 1960년대 이후 심리학 분야의 수많은 자격증 법이 존재함에도 불구하고, 1990년대에 이르러서야 미국의 모든 주와 캐나다 주들이 심리학자 자격 요건이 되는 사람들에게 심리학 분야 전문 실무 시험(Examination for Professional Practice in Psychology; 종종 EPPP로 불림)에서 명세화한 최소 합격점을 넘을 것을 요구하였다. 이는 주(州) 및 지역 심리학 이사회 연합(Association of State and Provincial Psychology Boards: ASPPB; 보다 자세한 것은 http://www.asppb.net 참조)에서 개발하고 운영하는 표준화된 시험이다. 비록 많은 주가 ASPPB가 표준으로 권장하는 합격점수로 이동하고는 있지만, 여전히 주마다 합격점수가 다르다(예: 일부는 주는 500점과 같은 특정 점수를 요구하고 다른 주들은 70% 혹은 75%와 같은 정답 비율을 명시하기도 한다).

최근에는 자격증과 관련해서 미국 주들과 캐나다 주들 간에 쉽게 이동할 수 있게 하는 노력이 있다. ASPPB는 심리학자들이 이사하는 주에서 자격증을 취득하는 과정을 돕기 위해, 심리학 분야 전문가 자질 증명서(Certificate of Professional Qualification: CPQ)를 개발하였다. ASPPB 홈페이지(http://www.asppb.net)에 CPQ의 목적은 "증명서를 보유한 개인이 자격증, 교육, 시험, 훈련에서 요구되는 구체적 필수조건들을 충족하고, 자신의 자격증에 반하는 징계처분을 절대 받지 않도록 문서화하는 것이다."라고 명시되어 있다. 각 주가 CPQ(기관 자체는 실무 자격증을 제정하지는 않았다)를 인정할지의 여부는 자율에 맡기고 있지만, 이 글을 쓰고 있는 시점에서는 미국의 33개의 주와 캐나다의 10개 주 그리고 워싱턴 D.C.는 자격증 취득을 위한 CPQ를 인정하고 있으며, 두 개의 주가 추가로 인정하는 '과정에' 있으며, 11개 주는 CPQ를 '인지하고 있다(이는 그들이 CPQ의 조항에 기초한 자격증 필수요건 중 적어도 하나를 보류하고 있다는 의미이다)'.

전공 자격인정서

여러 해 동안 많은 자격증이 심리학자들의 훈련, 실습 경험, 능력을 높은 수준으로 올리기 위해 개발되어 왔다. 전문심리학자가 가장 많이 보유하고 있는 자격인정서 (credentials; 여기서 논의하는 모든 자격인정서 취득 전 선행 요건으로 심리학자 자격증을 보유해야 함)가 심리학 분야 건강 서비스 제공자 국가 등록원(NR)과 그에 해당하는 캐나다 기관인 캐나다 심리학 분야 건강 서비스 제공자 국가 등록원(Canadian Register of Health Service Providers in Psychology)에 열거되어 있다. 이 등록원들은 일반 자격증을 보유하고 있는 심리학자들이 건강 서비스 제공자로서 적합한 자격을 갖추기 위해 합당한 훈련과 수퍼비전을 동반한 실습 경험을 하고 있는지 확인하기 위해 개발되었다. NR은 이제 많은 주에서 건강 서비스 제공자를 지정하는 데 활용하고, 또한 관리의료회사에서도 활용한다.

심리학에서 전문성을 인정하는 가장 오래된 형태는 미국 전문 심리학 이사회 (American Board of Professional Psychology: ABPP)이다. 1947년에 창립되어, 시초의 응용 전문성, 즉 상담, 임상, 산업(후에 산업/조직) 심리학의 수립과 일치하면서, ABPP가 이 전공에서 가장 높은 수준의 달성을 인정하기 위하여 창설되었다. 이는 엄격한 시험 과정을 요구하였고, 성공적으로 마치면 전공에서 면허증서(diploma)를 수여한다. 여러 가지 이유로, ABPP의 초기 40년간 매우 소수의 심리학자가 유자격자(diplomate) 필수 조건을 완수하였다. 1980년대 말, ABPP는 심리학자들이 여러 해 동안 제기한 모든 신청과 시험에 관한 이슈들에 대해 신중하게 접근하였다. 또한 심리학 내 새로운 전공들의 등장을 인식하여 ABPP는 상담, 학교, 임상, 산업/조직 심리학뿐 아니라 행동주의, 신경심리학, 가족, 법, 건강 심리학, 정신분석 영역에서 공인된 위원회 결성을 위한 절차를 창출하였다(Fuertes, Spokane, & Holloway, 2013). 각 전공은 이제 심리학자가 전공 내에서 2년간 수퍼비전을 동반한 실무를 마친 후 치러야 할 표준화된 시험 절차가 있다(www.apbb.org 참조). 심리학자에게 유자격자 명칭을 부여하는 것은 '위원회 공인 (board certified)'으로 인정되는 것이다. 이 용어는 의료계에서 널리 통용되고 인정되는 말이므로, 병원이 다른 관리의료기관들을 승인하는 귀중한 자격인정서이다.

전문직이 자격부여를 개발하고 인증해야 한다는 이슈가 심리학 분야에서 진행 중이다. 1996년에 전문 심리학 분야 조직 자격 인정 위원회(Council of Credentialing Organizations in Professional Psychology: CCOPP)가 심리학자에게 자격을 인정하고 자격

인정서를 수여하기 위한 새로운 절차의 개발이 기존의 표준 절차의 질과 부합하는지 확인하기 위해 창립되었다. CCOPP는 전문심리학자들의 경력 과정을 촉진하고, 대중에게 각 자격인정서의 의미에 대해 명확한 정보를 제공하기 위해 참여집단과 협력한다.

대학원에서 첫 직위로의 전환

"심리학 대학원 프로그램은 학생들에게 전문적 장면에 들어섰을 때 예상되는 사회화, 전문가의 삶에서 요구되는 역할들, 전문가적 발전에 필요한 개인적 적응에 대해서는 보통 말해 주지 않는다"(Olson, Downing, Heppner, & Pinkney, 1986, p. 415). 당신이 어떤 선택을 하든지, 이 중요한 전환에 대한 준비는 Olson 등(1986)의 논문을 읽는 것으로 시작해야 한다. 그들의 분석은 1980년대와 마찬가지로 오늘날에도 정확하다. 우리는 그들이 말한 여섯 가지 신화, 혹은 다르게는 〈표 17-3〉에 나와 있는 바와 같이 '새 전문가들의 여섯 가지 비합리적 신념'이라고 부르는 것을 열거한다. Olson 등의 논문은 이러한 진술 신화로 표현되는 현실을 기술하고, 신입 전문가들이 그런 현실을 대처하는 데 필요한 사항들을 제시한다. 우리도 동의하는 바이지만, 그들은 이러한 전환을 다룰 준비를 하는 것은 당신이 스스로에게 할 수 있는 가장 훌륭한 서비스라고 제안한다. 이러한 신화 뒤에 있는 현실을 다루기 위해 밝힌 몇 가지 요인에 더하여, 다른 놀랄 만한 핵심들이 있다. 당신이 이것을 읽으면, 아마도 단지 상식처럼 여겨질 것이다. 그러나 우리는 신입 전문가들이 지나고 나면 명백해 보이는 것들에 대해 준비가 안 되었다고 느끼는 것을 여러 번 발견한다. 몇 가지 예를 들어 보자.

새로운 상황에서, 당신은 그 상황의 규범을 배워야 할 것이다. 이를테면, 보상받을 행동은 무엇인가? 누가 누구와 상호작용하나? 금기는 무엇인가(예: 토론 주제, 행동, 이론적 입장, 연구 영역, 혹은 받아들여지지 않는 혹은 이류로 여겨지는 정치적 행동들)? 그 지역 문화 내에서 어떻게 자신의 역할과 정체성을 확립할 수 있나? 대부분의 직위에서 하급자, 동료, 상급자(수퍼바이저)와 같은 다양한 역할을 감당해야 할 것이다. 이러한 각 지위는 서로 어떻게 접근하는지부터 어떤 정보, 우려, 이슈들을 공유할지에 이르기까지 다른 사람들과 어떻게 상호작용을 할지에 대한 함의가 있다. 우리가 앞서 논의했던 대학원에서 자기보존에 따라가는 일부 회피행동들의 경우처럼, 어떤 측면에서 당신의 직위에 실망했다면, 비슷하게 당신의 전문가적 직위에서 회피하는 경향을 경험할 수 있다. 무엇보다 특히, 이러한 실망에 대해 할 수 있는 일이 없다고 생각한다면, 당신은 점

표 17-3 | 신입 전문가들의 여섯 가지 비합리적 신념

1. 내가 가방을 풀자마자 나는 정착할 것이다.
2. 나의 새 동료들은 열광적으로 나를 환영하고 그들의 일원으로 받아들일 것이다.
3. 나는 다시는 견습생이 되지 않을 것이다.
4. 나는 나의 일에 필요한 요구사항들을 쉽게 수행할 것이다.
5. 나는 속이는 사람이 아니라는 것을 사람들이 알 수 있도록 일을 완벽하게 수행해야 한다.
6. 나는 여기에 오기까지 매우 열심히 일했으므로, 내 일을 사랑할 것이다.

주: 학술지 *Professional Psychology: Research and Practice, 17*, pp. 416-418에 실린 S. K. Olson, N. E. Downing, P. P. Heppner와 J. Pinkney(1986)의 「Is There Life After Graduate School? Coping With the Transition to Postdoctoral Employment」에서 발췌. 저작권은 1986년에 발행한 미국심리학회에 있음.

차 냉소적이고, 어쩌면 그만두거나 심지어 다른 사람들을 폄하할 수도 있다.

상담심리학자인 Schlossberg(2011)는 과거 몇십 년간 이러한 전환기에 스트레스를 주는 요인들에 대해 광범위하게 서술하였다. Anderson, Goodman, Schlossberg(2012)는 Schlossberg의 전환이론을 사용하여 변화에 대처하는 실용적 방략들을 기술하였다. 개인과 환경 모두에서 장점과 한계점을 평가하는 상담심리학자의 기술은 당신의 전환을 관리하기 위한 선행조건으로, 당신의 상황을 자세히 검토하고, 당신 자신과 지지자원을 자세히 검토하고, 당신의 방략을 자세히 검토하는, 권장된 단계를 밟는 데 필요한 기본이 된다. 그리하여 전환이 당신의 전문가적 발전에 방해가 되기보다는 발전의 일부가 되게 한다.

경력 쌓기

당신의 첫 직위를 선택하고 위에 언급한 전환 국면을 관리하기 시작한 후, 상담심리학자로서의 직위에 만족할 수 있는 평생 패턴을 가지도록 하는, 몇 가지의 보다 구체적인 계획 단계를 거칠 필요가 있을 것이다. 앞 절에서도 설명했듯이, 비록 당신의 첫 번째 직위가 당신이 바랐던 것만큼 좋지는 않더라도, 당신의 '경력' 중 이 시점에 이르러서는 당신 자신의 삶에 대한 통제감 면에서 가장 힘든 장애와 그 이상을 느낄 가능성이 매우 높다.

만약 당신의 첫 번째 직위가 심리학자의 집단 실무를 하거나 다학문적 실무를 하는 것이라면, 당신이 요긴할 일에 대해 얼마나 모르는지, 당신이 제공하려고 잘 준비해 온

서비스를 실시하는 것에 더하여 매일매일의 의무로 인해 당신은 당연히 다소 압도당하는 자신을 발견할 것이다(Stone, Dew, & Sackett, 1998). 심리학 훈련 프로그램은 교과과정에 어떤 '심리학 운영 사업(business of doing psychology)'에 관한 것을 포함하는 것에 대해 부정적이거나 최소한 양가적 태도를 오랫동안 가지고 있었다. 최근까지 신입전문가들이 일부 사업적인 측면에 대처하는 데 필요한 좋은 조언을 얻는 것이 종종 어려웠다. 다행히도 과거 몇 년간 많은 책이 대학, 상담센터, 사설 상담실에서 경력을 쌓을 때 필요한 좋은 조언을 제공하면서 심리학 분야 신입 전문가들에게 투신하고 있다(Lanci & Spreng, 2008; E. Morgan & Landrum, 2012; R. Morgan, Kuther, & Habben, 2005).

비록 매우 많은 심리학자가 지속적으로 자신의 직위, 경력에 대한 만족을 보고하지만, 거의 모든 사람이 현재 직위나 상태가 개선될 부분이 많다고 느낀다. 두 명의 상담심리학자 Rønnestad와 Skovholt(2013)는 그들의 중견 치료자와 초보 치료자에 대한 연구를 근거로 치료자와 상담자 발전에 대한 단계와 주제에 대해 글을 썼다. 『The Developing Practitioner』라는 그들의 책에서, 여러 경력 단계별 치료자의 발전적 과제와 더불어 일하는 스타일과 만족에 관련된 이슈들을 밝혔다. 특히 우리는 그들이 밝힌 전문가의 지속적 성찰 과정을 좋아하며, 그것으로 인하여 우리는 정기적으로 그리고 능동적으로 우리 자신의 발전을 지켜본다.

우리는 적극적으로 지속적인 전문가적 성찰을 하려는 상담심리학자의 시간과 에너지를 가장 효율적으로 사용하게 할 전문가적 발전에 대해 다룬 이 장을 마무리한다. 미국심리학회 제17분과(상담심리학 사회)는 상담심리학자들이 능동적인 동료관계를 유지하기 위한 광범위한 인맥망을 제공한다. 특히 분과에는 수많은 하위 조직과 특별관심집단이 있어서, 동료 집단들이 학술대회에서 정기적으로 함께 만날 뿐 아니라 소식지나 홈페이지를 통해 자료와 관심사들을 나눌 수 있는 기회를 제공한다. 상담심리학자로서 우리는 분과와 적어도 하나의 하위 조직에 참여할 것을 강력히 촉구한다. 분과와 그 하위 조직에 참여하면서 얻는 동료 관계, 인맥 형성은 커다란 가치가 있다.

마무리하며

이 책을 통해서 우리는 독자인 당신이 상담심리학자가 된다는 것이 어떤 의미인지, 이 전문직의 역사에서 무엇이 중요한 포인트였는지, 윤리적 가치와 원칙들이 어떻게 당신의 일상적인 일에 녹아드는지를 이해하였기를 바란다. 또한 우리는 당신이 이 분야(직업심리학, 다양성과 사회정의, 건강 및 긍정 심리학, 심리치료 연구)의 과학적 기반과 상담 및 심리치료의 기초가 되는 이론들(예: 정신분석적, 인지행동적, 인본주의-경험주의적, 여성주의적 다문화적)의 중요성과 비교하여 실무의 미묘한 차이에 대해 이해하였기를 바란다. 우리는 또한 당신이 상담심리학자가 되는 데 필요한 지식과 방략들을 제공하였기를 바란다. 우리는 상담심리학이 우리 일에서 뛰어난 수준의 실현과 의미의 흔치 않은 조합과, 우리와 우리 가족을 위해 오래도록 지속되고 깊이 배려하는 인간관계를 제공하는 전문직임을 알았다. 우리는 당신이 우리와 동참하도록 열렬히 초대한다.

요약

이 장에서 우리는 주로 독자로 하여금 상담심리학에서 평생 지속되는 전문가적 발전의 시작의 의미를 지닌 대학원 교육과 초기 경력 경험에 대한 관점을 발달시키는 데 도움을 주고자 하였다. 우리는 상담심리학자들이 어떻게 훈련받고, 어디에서 일하며, 실제 무엇을 하는지를 개괄하는 것으로 시작하였다. 비록 상담심리학자들은 매우 다양한 일 관련 활동들에 참여하지만, 그들이 일하는 직무 장면은 시간이 흐르면서 계속 변해 왔음을 지적하였다. 보다 많은 상담심리학자는 이제 사설 상담 실무가 주요 직무 장면이 되었다. 그러나 상담심리학 분야(와 과학자-실무자 모형)에서 연구의 중요성과 반향은 여전히 상담심리학의 정체성의 중요한 부분이다.

일단 학생이 상담심리학자가 되겠다고 마음먹었다면, 여러 종류의 프로그램과 대학원 학위(예: PhD 혹은 PsyD)를 고려해야 한다. 그리고 나면 여섯 가지 난제에 대한 관점이 대학원에 대한 전문가적 발전관의 파생들을 탐색하는 데 도움을 준다. 그 난제는 (가) 목적 달성을 위한 수단 태도에서 전문가적 발전으로 변화하기, (나) 자기보존에서 자아실현으로 변화하기, (다) 의존성과 독립성의 균형, (라) 멘토 찾기, (마) 실망에 적극적으로 대처하기, (바) 전문가적 발전에서 개인적 발전 찾기이다.

그다음 절에서는 대부분의 상담심리학 박사과정 프로그램에서 가능한 전문가적 발전과 내실을 이룰 다양한 기회를 검토하였다. 이러한 기회들은 종종 명확하게 이루어지지 않으므로 간과된다. 전문가적 발전을 위한 기회들은 전문적 독서, 전문적 학술대회, 인턴십, 박사논문을 통해 얻는다. 이 장의 마지막 부분에서 우리는 초기 박사후 시기와 자격증과 자격인정서, 상담심리학자로서 경력 확립에 초점을 맞추었다. 이 장은 상담심리학 사회 분과가 신입 전문가들에게 이 전문직의 모든 성원의 활력 및 생기와 관계할 수 있는 보다 많은 기회를 제공하는 방법에 대해 간략히 설명하는 것으로 결론을 맺고 있다.

참고문헌

Abeles, N. (2010). Ethics and the interrogation of prisoners: An update. *Ethics & Behavior, 20,* 243–249. doi:10.1080/10508421003798976

Ackerman, N. (1958). *The psychodynamics of family life.* New York, NY: Basic Books.

Aegisdottir, S., White, M. J., Spengler, P. M., Maugherman, A. S., Anderson, L. A., Cook, R. S., & Rush, J. D. (2006). The meta-analysis of clinical judgment project: Fifty-six years of accumulated research on clinical versus statistical prediction. *The Counseling Psychologist, 34,* 341–382. doi:10.1177/0011000005285875

Ali, S. R., McWhirter, E. H., & Chronister, K. M. (2005). Selfefficacy and vocational outcome expectations for adolescents of lower socioeconomic status: A pilot study. *Journal of Career Assessment, 13,* 40–58. doi:10.1177/1069072704270273

Allen, T. D., Herst, D. E. L., Bruck, C. S., & Sutton, M. (2000). Consequences associated with work-to-family conflict: A review and agenda for future research. *Journal of Occupational Health Psychology, 5,* 278–308. doi:10.1037/1076-8998.5.2.278

Allport, G. W. (1963). *Pattern and growth in personality.* New York, NY: Holt, Rinehart & Winston.

Altmaier, E. M., & Hansen, J. C. (2012). *The Oxford handbook of counseling psychology.* New York, NY: Oxford University Press.

American Educational Research Association, American Psychological Association, and National Council of Measurement in Education. (1999). *Standards for educational and psychological testing.* Washington, DC: American Psychological Association.

American Group Psychotherapy Association. (2002). *AGPA and IBCGP guidelines for ethics.* New York, NY: Author.

American Psychiatric Association. (1994). *Diagnostic and statistical manual of mental disorders* (4th ed.). Washington, DC: Author.

American Psychiatric Association. (2000). *Diagnostic and statistical manual of mental disorders* (4th ed., text revision). Washington, DC: Author.

American Psychiatric Association. (2013). *Diagnostic and statistical manual of mental disorders* (5th ed.). Arlington, VA: American Psychiatric Publishing.

American Psychological Association. (1952). Recommended standards for training counseling psychologists at the doctorate level. *American Psychologist, 7,* 175–181. doi:10.1037/h0056299

American Psychological Association. (1990). *Guidelines for providers of psychological services to ethnic, linguistic, and culturally diverse populations.* Washington, DC: Author.

American Psychological Association. (1995). *Education and training beyond the doctoral degree.* Madison, CT: International Universities Press.

American Psychological Association. (1996). *Guidelines and principles for accreditation of programs in professional psychology.* Washington, DC: Author.

American Psychological Association. (1999). Archival description of counseling psychology. *The Counseling Psychologist, 27,* 589–592. doi:10.1177/0011000099274006

American Psychological Association. (2000). Guidelines for psychotherapy with lesbian, gay, and bisexual clients. *American Psychologist, 55,* 1440–1451. doi:10.1037/0003-066X.55.12.1440

American Psychological Association. (2002). Ethical principles of psychologists and code of conduct. *American Psychologist, 57*, 1060-1073. doi:10.1037/0003-066X.57.12.1060

American Psychological Association. (2003a). Guidelines on multicultural education, training, research, practice, and organizational change for psychologists. *American Psychologist, 58*, 377-402. doi:10.1037/0003-066X.58.5.377

American Psychological Association. (2003b). Report of the Ethics Committee, 2002. *American Psychologist, 58*, 650-657. doi:10.1037/0003-066X.58.8.650

American Psychological Association. (2004a). Guidelines for psychological practice with older adults. *American Psychologist, 59*, 236-260. doi:10.1037/0003-066X.59.4.236

American Psychological Association. (2004b). *Resolution on same-sex families*. Washington, DC: Author.

American Psychological Association. (2005). *Report of the American Psychological Association Presidential Task Force on Psychological Ethics and National Security*. Retrieved from http://apa.org/pubs/info/reports/pens.pdf

American Psychological Association. (2006). *Resolution against torture and other cruel, inhuman, and degrading treatment or punishment*. Retrieved from http://www.apa.org/about/policy/chapter-3.aspx

American Psychological Association. (2007a). *Getting in: A step-by-step plan for gaining admission to graduate school in psychology*. Washington, DC: Author.

American Psychological Association. (2007b). Guidelines for psychological practice with girls and women. *American Psychologist, 62*, 949-979. doi:10.1037/0003-066X.62.9.949

American Psychological Association. (2007c). Report of the Ethics Committee, 2006. *American Psychologist, 62*, 504-511. doi:10.1037/0003-066X.62.5.504

American Psychological Association. (2010). 2010 amendments to the 2002 "Ethical Principles of Psychologists and Code of Conduct". *American Psychologist, 65*, 493. doi:10.1037/a0020168

American Psychological Association. (2012a). Guidelines for assessment of and intervention with persons with disabilities. *American Psychologist, 67*, 43-62. doi:10.1037/a0025892

American Psychological Association. (2012b). Guidelines for psychological practice with lesbian, gay, and bisexual clients. *American Psychologist, 67*, 10-42. doi:10.1037/a0024659

American Psychological Association. (2012c). Report of the Ethics Committee, 2011. *American Psychologist, 67*, 398-408. doi:10.1037/a0028356

American Psychological Association. (2013). *Graduate study in psychology*. Washington, DC: Author.

American Psychological Association (2013, November 4). Guidelines for Prevention in Psychology. *American Psychologist*. Advance online publication. doi:10.1037/a0034569

American Psychological Association, Education Directorate. (1995). *Education and training beyond the doctoral degree*. Madison, CT: International Universities Press.

Amundson, N. E., Harris-Bowlsbey, J., & Niles, S. G. (2009). *Essential elements of career counseling: Processes and techniques*. Upper Saddle River, NJ: Pearson.

Ancis, J. R., & Ali, S. R. (2005). Multicultural counseling training approaches: Implications for pedagogy. In C. Z. Enns & A. L. Sinacore (Eds.), *Teaching and social justice: Integrating multicultural and feminist theories in the classroom* (pp. 85-97). Washington, DC: American Psychological Association. doi:10.1037/10929-005

Andersen, S. M., & Przybylinski, E. (2012). Experiments on transference in interpersonal relations: Implications for treatment. *Psychotherapy, 49*, 370-383. doi:10.1037/a0029116

Anderson, M. L., Goodman, J., & Schlossberg, N. K. (2012). *Counseling adults in transition: Linking Schlossberg's theory with practice in a diverse world* (4th ed.). New York, NY: Springer.

Anderson, S. E., Coffey, B. S., & Byerly, R. T. (2002). Formal organizational initiatives and informal workplace practices: Links related to work-amily conflict and job-related outcomes. *Journal of Management, 28*, 787-810.

Andrews, W., Twig, E., Minami, T., & Johnson, G. (2011). Piloting a practice research network: A 12-month evaluation of the Human Givens approach in primary care at a general medical practice. *Psychology and Psychotherapy: Theory, Research and Practice, 84*, 389–405. doi:10.1111/j.2044-8341.2010.02004.x

APA Center for Workforce Studies. (2009). *Doctorate employment survey*. Washington, DC: American Psychological Association.

APA Center for Workforce Studies. (2012). *2011 APA directory survey and employment update*. Washington, DC: American Psychological Association.

Arbona, C., & Coleman, N. (2008). Risk and resilience. In S. Brown & R. Lent (Eds.), *Handbook of counseling psychology* (4th ed., pp. 483–499). New York, NY: Wiley.

Arredondo, P., Toporek, R., Brown, S. P., Jones, J., Locke, D. C., Sanchez, J., & Stadler, H. (1996). Operationalization of the multicultural counseling competencies. *Journal of Multicultural Counseling and Development, 24*, 42–78. doi:10.1002/j.2161-1912.1996. tb00288.x

Arulmani, G. (2009). The internationalization of career counselling: Bridging cultural processes and labour market demands in India. *Asian Journal of Counselling, 16*, 149–170.

Association for Specialists in Group Work. (2007). *Best practice guidelines, 2007 revisions*. Alexandria, VA: Author.

Astin, H. S. (1984). The meaning of work in women's lives: A sociopsychological model of career choice and work behavior. *The Counseling Psychologist, 12*, 117–126. doi:10.1177/0011000084124002

Atkinson, D. R., & Lowe, S. (1995). The role of ethnicity, cultural knowledge, and conventional techniques in counseling and psychotherapy. In J. G. Ponterotto, J. M. Casas, L. A. Suzuki, & C. M. Alexander (Eds.), *Handbook of multicultural counseling* (pp. 387–414). Thousand Oaks, CA: Sage.

Audet, C., & Everall, R. D. (2003). Counsellor self-disclosure: Clientinformed implications for practice. *Counselling and Psychotherapy Research, 3*, 223–231. doi:10.1080/14733140312331384392

Auletta, A. F., Salvatore, S., Metrangolo, R., Monteforte, G., Pace, V., & Puglisi, M. (2012). The grid of the models of interpretation (GMI): A trans-theoretical method to study therapist interpretive activity. *Journal of Psychotherapy Integration, 22*, 61–84. doi:10.1037/a0028009

Azrin, N. H., & Basalel, V. A. (1980). *Job Club counselor's manual: A behavioral approach to vocational counseling*. Baltimore, MD: University Park Press.

Baker, E. (1985). Psychoanalysis and psychoanalytic psychotherapy. In S. J. Lynn & J. P. Garske (Eds.), *Contemporary psychotherapy: Methods and models* (pp. 19–68). Columbus, OH: Merrill.

Bandura, A. (1969). *Principles of behavior modification*. New York, NY: Holt, Rinehart & Winston.

Bandura, A. (1977). *Social learning theory*. Englewood Cliffs, NJ: Prentice-Hall.

Bandura, A. (1986). *Social foundations of thought and action: A social cognitive theory*. Englewood Cliffs, NJ: Prentice-Hall.

Bandura, A. (1997). *Self-efficacy: The exercise of control*. New York, NY: Freeman.

Barak, A. (2003). Ethical and professional issues in career assessment on the Internet. *Journal of Career Assessment, 11*, 3–21. doi:10.1177/106907202237457

Barak, A., Shiloh, S., & Haushner, O. (1992). Modification of interests through cognitive restructuring: Test of a theoretical model in preschool children. *Journal of Counseling Psychology, 39*, 490–497. doi:10.1037/0022-0167.39.4.490

Barlett, D. L., & Steele, J. B. (2012). *The betrayal of the American dream*. New York, NY: Public Affairs.

Barlow, D. H. (2010). Negative effects from psychological treatments: A perspective. *American Psychologist, 65*, 13–20. doi:10.1037/a0015643

Barnett, J. E. (2008). The ethical practice of psychotherapy: Easily within our reach. *Journal of Clinical Psychology, 64*, 569–575. doi:10.1002/jclp.20473

Barnett, J. E., & Lorenc, S. (2003). APA's new ethics code: An update for psychologists. *The Maryland Psychologist, 48*(3), 1, 26.

Barnett, J. E., & O'Leary, M. (1997). Caveat emptor: Cautions for Internet use. *The Maryland Psychologist, 42*(7), 16–18.

Barnett, J. E., & Scheetz, K. (2003). Technological

advances and telehealth: Ethics, law, and the practice of psychotherapy. *Psychotherapy: Theory, Research, Practice, Training, 40,* 86–93. doi:10.1037/0033-3204.40.1-2.86

Barnett, R. C., & Hyde, J. S. (2001). Women, men, work, and family. *American Psychologist, 56,* 781–796. doi:10.1037/0003-066X.56.10.781

Barrett-Lennard, G. T. (1962). Dimensions of therapist response as causal factors in therapeutic personality change. *Psychological Monographs, 76* (43, Whole No. 562).

Barrett-Lennard, G. T. (1986). The Relationship Inventory now: Issues and advances in theory, method, and uses. In L. Greenberg & W. Pinsoff (Eds.), *The psychotherapeutic process: A research handbook* (pp. 439–475). New York, NY: Guilford Press.

Barrett-Lennard, G. T. (1997). The recovery of empathy toward others and self. In A. C. Bohart & L. S. Greenberg (Eds.), *Empathy reconsidered: New directions in psychotherapy* (pp. 103–121). Washington, DC: American Psychological Association. doi:10.1037/10226-004

Barrick, M. R., Mount, M. K., & Gupta, R. (2003). Meta-analysis of the relationship between the five-factor model of personality and Holland's occupational types. *Personnel Psychology, 56,* 45–74. doi:10.1111/j.1744-6570.2003.tb00143.x

Barron, J. W. (1998). *Making diagnosis meaningful.* Washington, DC: American Psychological Association.

Bateman, A., & Fonagy, P. (2007). The use of transference in dynamic psychotherapy. *American Journal of Psychiatry, 164,* 680. doi:10.1176/appi.ajp.164.4.680

Bateson, G. (1972). *Steps in an ecology of mind.* New York, NY: Ballantine.

Bateson, G. (1979). *Mind and nature.* New York, NY: Dutton.

Beauchamp, T. L., & Childress, J. F. (1994). *Principles of biomedical ethics* (4th ed.). New York, NY: Oxford University Press.

Beauregard, T. A., Ozbilgin, M., & Belle, M. P. (2009). Revisiting the social construction of family in the context of work. *Journal of Managerial Psychology, 24,* 46–65.

doi:10.1108/02683940910922537

Bechtoldt, H., Norcross, J. C., Wyckoff, L. A., Pokrywa, M. L., & Campbell, L. F. (2001). Theoretical orientations and employment settings of clinical and counseling psychologists: A comparative study. *The Clinical Psychologist, 54*(1), 3–6.

Beck, A. T. (1967). *Depression: Clinical, experimental, and theoretical aspects.* New York, NY: Hoeber.

Beck, A. T. (1976). *Cognitive therapy and the emotional disorders.* New York, NY: International Universities Press.

Beck, A. T., & Weishaar, M. E. (2011). Cognitive therapy. In R. J. Corsini & D. Wedding (Eds.), *Current psychotherapies* (9th ed., pp. 276–309). Belmont, CA: Brooks/Cole.

Becvar, D. S., & Becvar, R. S. (1993). *Family therapy: A systemic integration* (3rd ed.). Boston, MA: Allyn & Bacon.

Beers, C. W. (1908). *A mind that found itself.* Garden City, NY: Longman, Green.

Beidel, D. C., & Turner, S. M. (1998). *Shy children, phobic adults.* Washington, DC: American Psychological Association.

Belar, C. D., & Perry, N. W. (1992). National conference on scientist-ractitioner education and training for the professional practice of psychology. *American Psychologist, 47,* 71–75. doi:10.1037/0003-066X.47.1.71

Belkin, G. S. (1980). *Contemporary psychotherapies.* Chicago, IL: Rand McNally.

Bell, M. E., & Goodman, L. A. (2006). Seeking social justice for victims of intimate partner violence: Real-world struggles in pursuit of systemic change. In R. L. Toporek, L. H. Gerstein, N. A. Fouad, G. Roysircar, & T. Israel (Eds.), *Handbook for social justice in counseling psychology: Leadership, vision, and action* (pp. 155–169). Thousand Oaks, CA: Sage. doi:10.4135/9781412976220.n12

Benishek, L. A., Bieschke, K. J., Park, J., & Slattery, S. M. (2004). A multicultural feminist model of mentoring. *Journal of Multicultural Counseling and Development, 32,* 428–442.

Benjamin, A. (1987). *The helping interview.* Boston, MA:

Houghton Mifflin.

Bennett, V. C. (1985). School psychology. In E. M. Altmaier & M. E. Meyer (Eds.), *Applied specialties in psychology* (pp. 129-144). New York, NY: Random House.

Bennett-Levy, J. (2003). Mechanisms of change in cognitive therapy: The case of automatic thought records and behavioural experiments. *Behavioural and Cognitive Psychotherapy, 31*, 261-277. doi:10.1017/ S1352465803003035

Berg, I. A., Pepinsky, H. B., & Shoben, E. J. (1980). The status of counseling psychology: 1960. In J. Whiteley (Ed.), *The history of counseling psychology* (pp. 105-113). Monterey, CA: Brooks/Cole.

Berg, L. K., & de Shazer, S. (1993). Making numbers talk: Language in therapy. In S. Friedman (Ed.), *The new language of change* (pp. 5-25). New York, NY: Guilford Press.

Bergin, A. E., & Garfield, S. L. (1971). *Handbook of psychotherapy and behavior change.* New York, NY: Wiley.

Bernstein, B. L., & Kerr, B. (1993). Counseling psychology and the scientist-practitioner model: Implementation and implications. *Counseling Psychologist, 21,* 136-151.

Bersoff, D. N. (2008). *Ethical conflicts in psychology* (4th ed.). Washington, DC: American Psychological Association.

Betz, N. E. (2006). Basic issues and concepts in the career development and counseling of women. In W. B. Walsh & M. J. Heppner (Eds.), *Handbook of career counseling for women* (2nd ed., pp. 45-74). Mahwah, NJ: Erlbaum.

Betz, N. E. (2008). Advances in vocational theories. In S. D. Brown & R. W. Lent (Eds.), *Handbook of counseling psychology* (4th ed., pp. 357-374). Hoboken, NJ: Wiley.

Betz, N. E., Borgen, F. H., & Harmon, L. W. (2006). Vocational confidence and personality in the prediction of occupational group membership. *Journal of Career Assessment, 14,* 36-55. doi:10.1177/1069072705282434

Betz, N. E., Borgen, F. H., Rottinghaus, P., Paulsen, A., Halper, C. R., & Harmon, L. W. (2003). The expanded Skills Confidence Inventory: Measuring basic dimensions of vocational activity. *Journal of Vocational Behavior, 62,* 76-100. doi:10.1016/S0001-8791(02)00034-9

Betz, N. E., & Fitzgerald, L. F. (1987). *The career psychology of women.* New York, NY: Academic Press.

Betz, N. E., & Gwilliam, L. R. (2002). The utility of measures of selfefficacy for the Holland themes for African American and European American college students. *Journal of Career Assessment, 10*, 283-300. doi:10.1177/10672702010003001

Beutler, L. E., & Berren, M. (Eds.). (1995). *Integrative assessment of adult personality.* New York, NY: Guilford Press.

Beutler, L. E., Harwood, T. M., Michelson, A., Song, X., & Holman, J. (2011). Resistance/reactance level. *Journal of Clinical Psychology, 67*, 133-142. doi:10.1002/jclp.20753

Beutler, L. E., Rocco, F., Moleiro, C. M., & Talebi, H. (2001). Resistance. *Psychotherapy: Theory, Practice, Research, Training, 38*, 431-436. doi:10.1037/0033-3204.38.4.431

Bieschke, K. J., & Toepfer-Hendey, E. (2006). Career counseling with lesbian clients. In W. B. Walsh & M. J. Heppner (Eds.), *Handbook of career counseling for women* (2nd ed., pp. 351-385). Mahwah, NJ: Erlbaum.

Biggs, P., & Blocher, D. (1987). *Foundations of ethical counseling.* New York, NY: Springer.

Bingham, R. P., & Ward, C. M. (1996). Practical applications of career counseling with ethnic minority women. In M. L. Savickas & W. B. Walsh (Eds.), *Handbook of counseling theory and practice* (pp. 291-314). Palo Alto, CA: Davies-Black.

Bion, W. R. (1961). *Experiences in groups.* New York, NY: Basic Books. doi:10.4324/9780203359075

Bischoff, M. M., & Tracey, T. J. G. (1995). Client resistance as predicted by therapist behavior: A study of sequential dependence. *Journal of Counseling Psychology, 42*, 487-495. doi:10.1037/0022-0167.42.4.487

Blaine, B., & McElroy, J. (2002). Selling stereotypes: Weight loss infomercials, sexism, and weightism. *Sex Roles, 46*, 351-357. doi:10.1023/A:1020284731543

Blair, L. (2010). A critical review of the scientist-practitioner model for counselling psychology. *Counselling Psychology Review, 25*, 19-30.

Blais, M. A., Malone, J. C., Stein, M. B., Slavin-Mulford, J., O'Keefe, S., Renna, M., & Sinclair, S. J. (2013). Treatment as usual (TAU) for depression: A comparison of psychotherapy, pharmacotherapy, and combined treatment at a large academic medical center. *Psychotherapy, 50,* 110-118. doi:10.1037/a0031385

Blatt, S. (1995). Why the gap between psychotherapy research and clinical practice: A response to Barry Wolfe. *Journal of Psychotherapy Integration, 5,* 73-76.

Blocher, D. H. (1966). *Developmental counseling.* New York, NY: Ronald Press.

Blocher, D. H. (1974). *Developmental counseling* (2nd ed.). New York, NY: Ronald Press.

Blustein, D. L. (2001). Extending the reach of vocational psychology: Toward an integrative and inclusive psychology of work. *Journal of Vocational Behavior, 59,* 171-182. doi:10.1006/jvbe.2001.1823

Blustein, D. L. (2006). *The psychology of working: A new perspective for career development, counseling, and public policy.* Mahwah, NJ: Erlbaum.

Blustein, D. L., Chaves, A. P., Diemer, M. A., Gallagher, L. A., Marshall, K. G., Sirin, S., & Bhati, K. S. (2002). Voices of the forgotten half: The role of social class in the school-to-work transition. *Journal of Counseling Psychology, 49,* 311-323. doi:10.1037/0022-0167.49.3.311

Blustein, D. L., Murphy, K. A., Kenny, M. E., Jernigan, M., Perez-Gualdron, L., Castaneda, T., . . . Davis, O. (2010). Exploring urban students'constructions about school, work, race, and ethnicity. *Journal of Counseling Psychology, 57,* 248-254. doi:10.1037/a0018939

Blustein, D. L., & Spengler, P. M. (1995). Personal adjustment: Career counseling and psychotherapy. In W. B. Walsh & S. H. Osipow (Eds.), *Handbook of vocational psychology* (2nd ed., pp. 295-329). Hillsdale, NJ: Erlbaum.

Bobek, B. L., Robbins, S. B., Gore, P. A., Harris-Bowlsbey, J., Lapan, R. T., Dahir, C. A., & Jepsen, P. A. (2005). Training counselors to use computer-assisted career guidance systems more effectively: A model curriculum. *Career Development Quarterly, 53,* 363-371. doi:10.1002/j.2161-0045.2005.tb00667.x

Bogat, G. A., & Redner, R. L. (1985). How mentoring affects the professional development of women in psychology. *Professional Psychology: Research and Practice, 16,* 851-859. doi:10.1037/0735-7028.16.6.851

Boggs, K. R., & Douce, L. A. (2000). Current status and anticipated changes in psychology internships: Effects on counseling psychology training. *Counseling Psychologist, 28,* 672-686. doi:10.1177/0011000000285005

Bohart, A. C. (2000). Paradigm clash: Empirically supported treatments versus empirically supported psychotherapy practice. *Psychotherapy Research, 10,* 488-493. doi:10.1080/713663783

Bohart, A. C., & Tallman, K. (2010). Clients: The neglected common factor in psychotherapy. In B. L. Duncan, S. D. Miller, B. E. Wampold, & M. A. Hubble (Eds.), *The heart and soul of change: Delivering what works in therapy* (2nd ed., pp. 83-111). Washington, DC: American Psychological Association. doi:10.1037/12075-003

Bolles, R. N. (2013). *What color is your parachute?* Berkeley, CA: Ten Speed Press.

Bonitz, V. (2008). The use of physical touch in the "talking cure": A journey to the outskirts of psychotherapy. *Psychotherapy: Theory, Research, Practice, Training, 45,* 391-404. doi:10.1037/a0013311

Bonney, W. C. (1969). Group counseling and developmental processes. In G. M. Gazda (Ed.), *Theories and methods of group counseling in the schools* (pp. 157-180). Springfield, IL: Thomas.

Borders, L. D., Fong-Beyette, M. L., & Cron, E. A. (1988). In-session cognitions of a counseling student: A case study. *Counselor Education and Supervision, 28,* 59-70. doi:10.1002/j.1556-6978.1988.tb00788.x

Bordin, E. S. (1979). The generalizability of the psychoanalytic concept of the working alliance. *Psychotherapy: Theory, Research and Practice, 16,* 252-260. doi:10.1037/h0085885

Bordin, E. S., & Bixler, R. S. (1946). Test selection: A process of counseling. *Educational and Psychological Measurement, 6,* 361-373. doi:10.1177/001316444600600306

Borgen, F. H. (1984). Counseling psychology. *Annual Review of Psychology, 35,* 579-604. doi:10.1146/annurev.ps.35.020184.003051

Borgen, F. H. (1991). Megatrends and milestones in vocational behavior: A 20-year counseling psychology retrospective. *Journal of Vocational Behavior, 39*, 263–290. doi:10.1016/0001-8791(91)90037-M

Borgen, F. H. (1992). Expanding scientific paradigms in counseling psychology. In S. D. Brown & R. W. Lent (Eds.), *Handbook of counseling psychology* (pp. 111–130). New York, NY: Wiley.

Borkovec, T. D., Echemendia, R. J., Ragusea, S. A., & Ruiz, M. (2001). The Pennsylvania Practice Research Network and future possibilities for clinically meaningful and scientifically rigorous psychotherapy effectiveness research. *Clinical Psychology: Science and Practice, 8,* 155–167. doi:10.1093/clipsy.8.2.155

Borkovec, T. D., & Sibrava, N. J. (2005). Problems with the use of placebo conditions in psychotherapy research, suggested alternatives, and some strategies for the pursuit of the placebo phenomenon. *Journal of Clinical Psychology, 61,* 805–818. doi:10.1002/jclp.20127

Boswell, J. F., Nelson, D. L., Nordberg, S. S., McAleavey, A. A., & Castonguay, L. G. (2010). Competency in integrative psychotherapy: Perspectives on training and supervision. *Psychotherapy: Theory, Practice, Research, Training, 47,* 3–11. doi:10.1037/a0018848

Botta, R. A. (2003). For your health? The relationship between magazine reading and adolescents'body image and eating disturbances. *Sex Roles, 48,* 389–399. doi:10.1023/A:1023570326812

Bova, B. M., & Phillips, R. R. (1982, November). *The mentoring relationship as an educational experience.* Paper presented at the national conference of the Adult Education Association of the United States of America, San Antonio, TX. (ERIC Document Reproduction Service, No. ED224 944)

Bowen, M. (1966). The use of family theory in clinical practice. *Comprehensive Psychiatry, 7,* 345–374. doi:10.1016/S0010-440X(66)80065-2

Bowen, M. (1976). Theory in the practice of psychotherapy. In P. Guerin (Ed.), *Family therapy* (pp. 42–89). New York, NY: Gardner Press.

Bowen, M. (1978). *Family therapy in clinical practice.* New York, NY: Aronson.

Bowlby, J. (1973). *Attachment and loss: Vol. 2. Separation.* London, England: Hogarth Press.

Bowman, G. D., & Stern, M. (1995). Adjustment to occupational stress: The relationship of perceived control to effectiveness of coping strategies. *Journal of Counseling Psychology, 42,* 294–303. doi:10.1037/0022-0167.42.3.294

Bozarth, J. D. (1984). Beyond reflection: Emergent modes of empathy. In R. F. Levant & J. M. Shlien (Eds.), *Client-centered therapy and the person-centered approach* (pp. 59–75). New York, NY: Praeger.

Bozarth, J. D. (1990). The essence of client-centered therapy. In G. Lietaer, J. Rombouts, & R. Van Balen (Eds.), *Client-centered and experiential psychotherapy in the nineties* (pp. 59–64). Leuven, Belgium: Leuven University Press.

Bozarth, J. D. (1997). Empathy from the framework of client-centered theory and the Rogerian hypothesis. In A. C. Bohart & L. S. Greenberg (Eds.), *Empathy reconsidered: New directions in psychotherapy* (pp. 81–102). Washington, DC: American Psychological Association. doi:10.1037/10226-003

Brabeck, M., Walsh, M. E., Kenny, M., & Comilang, K. (1997). Interprofessional collaboration for children and families: Opportunities for counseling psychology in the 21st century. *Counseling Psychologist, 25,* 615–636. doi:10.1177/0011000097254006

Brady, J. P. (1980). Some views on effective principles of psychotherapy. *Cognitive Therapy and Research, 4,* 271–306.

Brammer, L. M., & Abrego, P. J. (1981). Intervention strategy for coping with transitions. *Counseling Psychologist, 9*(2), 19–36. doi:10.1177/001100008100900203

Brammer, L. M., Abrego, P. J., & Shostrom, E. L. (1993). *Therapeutic counseling and psychotherapy* (6th ed.). Englewood Cliffs, NJ: Prentice-Hall.

Brammer, L. M., & MacDonald, G. (1996). *The helping relationship: Process and skills* (6th ed.). Boston, MA: Allyn & Bacon.

Brammer, L., & Shostrom, E. (1977). *Therapeutic psychology: Fundamentals of counseling and psychotherapy* (3rd ed.). Englewood Cliffs, NJ: Prentice-Hall.

Braunstein-Bercovitz, H., Benjamin, B. A., Asor, S., & Lev,

M. (2012). Insecure attachment and career indecision: Mediating effects of anxiety and pessimism. *Journal of Vocational Behavior, 81,* 236-244. doi:10.1016/j.jvb.2012.07.009

Brenner, C. (1973). *An elementary textbook of psychoanalysis.* New York, NY: International Universities Press.

Breuer, J., & Freud, S. (1955). *Studies on hysteria. The standard edition of the complete works of Sigmund Freud* (Vol. 2, pp. 1-305). London, England: Hogarth Press. (Original work published 1895)

Brinson, J. A., & Kottler, J. A. (1995). Minorities' underutilization of counseling centers'mental health services: A case for outreach and consultation. *Journal of Mental Health Counseling, 17,* 371-385.

Brown, D., Brooks, L., & Associates. (1990). *Career choice and development* (2nd ed.). San Francisco, CA: Jossey-Bass.

Brown, D., Brooks, L., & Associates. (1996). *Career choice and development* (3rd ed.). San Francisco, CA: Jossey-Bass.

Brown, L. S. (1994). *Subversive dialogues: Theory in feminist therapy.* New York, NY: Basic Books.

Brown, L. S. (1995). Cultural diversity in feminist therapy: Theory and practice. In H. Landrine (Ed.), *Bringing cultural diversity to feminist psychology: Theory, research, and practice* (pp. 143-161). Washington, DC: American Psychological Association. doi:10.1037/10501-007

Brown, L. S. (2000). Discomforts of the powerless: Feminist constructions of distress. In R. A. Neimeyer & J. D. Raskin (Eds.), *Constructions of disorder: Meaning-making frameworks for psychotherapy* (pp. 287-308). Washington, DC: American Psychological Association. doi:10.1037/10368-012

Brown, L. S. (2008). *Cultural competence in trauma therapy: Beyond the flashback.* Washington, DC: American Psychological Association. doi:10.1037/11752-000

Brown, L. S. (2009). Cultural competence: A new way of thinking about integration in therapy. *Journal of Psychotherapy Integration, 19,* 340-353. doi:10.1037/a0017967

Brown, L. S. (2013). Compassion amidst oppression: Increasing cultural competence for managing difficult dialogues in psychotherapy. In A. W. Wolf, M. R. Goldfried, & J. C. Muran (Eds.), *Transforming negative reactions to clients: From frustration to compassion* (pp. 139-158). Washington, DC: American Psychological Association. doi:10.1037/13940-006

Brown, M. T., & Landrum-Brown, J. (1995). Counselor supervision: Cross-cultural perspectives. In J. G. Ponterotto, J. M. Casas, L. A. Suzuki, & C. M. Alexander (Eds.), *Handbook of multicultural counseling* (pp. 263-286). Thousand Oaks, CA: Sage.

Brown, S. D., & Lent, R. W. (1984). *Handbook of counseling psychology.* New York, NY: Wiley.

Brown, S. D., & Lent, R. W. (Eds.). (2005). *Career development and counseling: Putting theory and research to work.* Hoboken, NJ: Wiley.

Brown, S. D., & Rector, C. C. (2008). Conceptualizing and diagnosing problems in vocational decision making. In S. D. Brown & R. W. Lent (Eds.), *Handbook of counseling psychology* (4th ed., pp. 392-407). Hoboken, NJ: Wiley.

Brown, S. D., Ryan Krane, N. E., Brecheisen, J., Castelino, P., Budisin, I., Miller, M., & Edens, L. (2003). Critical ingredients of career choice interventions: More analyses and new hypotheses. *Journal of Vocational Behavior, 62,* 411-428. doi:10.1016/S0001-8791(02)00052-0

Brown, T. (2002). A proposed model of bisexual identity development that elaborates on experiential differences of women and men. *Journal of Bisexuality, 2,* 67-91. doi:10.1300/J159v02n04_05

Browne, A. (1993). Violence against women by male partners: Prevalence, outcomes, and policy implications. *American Psychologist, 48,* 1077-1087. doi:10.1037/0003-066X.48.10.1077

Bruce, N., Shapiro, S. L., Constantino, M. J., & Manber, R. (2010). Psychotherapist mindfulness and the psychotherapist process. *Psychotherapy: Theory, Research, Practice, Training, 47,* 83-97. doi:10.1037/a0018842

Buki, L. P., & Selem, M. (2012). Health disparities: Issues and opportunities for counseling psychologists. In N. A. Fouad, J. A. Carter, & L. M. Subich (Eds.),

APA handbook of counseling psychology: Vol. 2. Practice, interventions, and applications (pp. 235–251). Washington, DC: American Psychological Association. doi:10.1037/13755-010

Bullock-Yowell, E., Peterson, G. W., Reardon, R. C., Leierer, S. J., & Reed, C. A. (2011). Relationships among career and life stress, negative career thoughts, and career decision state: A cognitive information processing perspective. *Career Development Quarterly, 59,* 302–314. doi:10.1002/j.2161-0045.2011.tb00071.x

Bureau of Labor Statistics, U.S. Department of Labor. (2010). Earnings and employment by occupation, race, ethnicity, and sex. Retrieved from http://www.bls.gov/opub/ted/2011/ted_20110914.htm

Burkard, A. W., Ponterotto, J. G., Reynolds, A. L., & Alfonso, V. C. (1999). White counselor trainees'racial identity and working alliance perceptions. *Journal of Counseling & Development, 77,* 324–329. doi:10.1002/j.1556-6676.1999.tb02455.x

Burke, J. F. (1989). *Contemporary approaches to psychotherapy and counseling: The self-regulation and maturity model.* Pacific Grove, CA: Brooks/Cole.

Burlingame, G. M., & McClendon, D. T. (2008). Group therapy. In J. Lebow (Ed.), *Twenty-first century psychotherapies: Contemporary approaches to theory and practice* (pp. 347–388). New York, NY: Wiley.

Burlingame, G. M., Strauss, B., & Joyce, A. S. (2013). Change mechanisms and effectiveness in small group treatments. In M. J. Lambert (Ed.), *Bergin and Garfield's handbook of psychotherapy and behavior change* (6th ed., pp. 640–689). New York, NY: Wiley.

Burton, N. E., & Wang, M. (2005). *Predicting long-term success in graduate school: A collaborative validity study* (GRE Board Research Report No. 99-14R). Princeton, NJ: Educational Testing Service.

Butcher, J. (Ed.). (2005). *MMPI-2: A practitioner's guide.* Washington, DC: American Psychological Association.

Butcher, J. N. (2011). *A beginner's guide to the MMPI-2* (3rd ed.). Washington, DC: American Psychological Association.

Butler, G., Fennell, M., & Hackmann, A. (2008). *Cognitive-behavioral therapy for anxiety disorders.* New York, NY: Guilford Press.

Byars-Winston, A. M., & Fouad, N. A. (2006). Metacognition and multicultural competence: Expanding the culturally appropriate career counseling model. *Career Development Quarterly, 54,* 187–201. doi:10.1002/j.2161-0045.2006.tb00151.x

Byron, K. (2005). A meta-analytic review of work-amily conflict and its antecedents. *Journal of Vocational Behavior, 67,* 169–198. doi:10.1016/j.jvb.2004.08.009

Cade, B., & O'Hanlon, W. (1993). *A brief guide to brief therapy.* New York, NY: Norton.

Caldwell, J. C., & Vera, E. (2010). Critical incidents in counseling psychology: Professionals and trainees' social justice development. *Training and Education in Professional Psychology, 4,* 163–176. doi:10.1037/a0019093

Campbell, D. T., & Fiske, D. W. (1959). Convergent and discriminant validation by the multitrait-multimethod matrix. *Psychological Bulletin, 56,* 81–105. doi:10.1037/h0046016

Campbell, T. C., & Durrah, D. (2012). Homelessness: An unnatural disaster. In N. A. Fouad, J. C. Carter, & L. M. Subich (Eds.), *APA handbook of counseling psychology: Vol. 2. Practice, interventions, and applications* (pp. 285–303). Washington, DC: American Psychological Association.

Carlson, D. S. (1999). Personality and role variables as predictors of three forms of work-amily conflict. *Journal of Vocational Behavior, 55,* 236–253. doi:10.1006/jvbe.1999.1680

Carmichael, S., & Hamilton, C. (1967). *Black power: The politics of liberation.* New York, NY: Vintage.

Carroll, L. (2001). *Alice's adventures in wonderland.* London, England: Macmillan. (Original work published 1865)

Carroll, L., Gilroy, P. J., & Ryan, J. (2002). Counseling transgendered, transsexual, and gender-variant clients. *Journal of Counseling & Development, 80,* 131–139. doi:10.1002/j.1556-6678.2002.tb00175.x

Carter, B., & McGoldrick, M. (Eds.). (2005). *The expanded family life cycle: Individual, family, and social perspectives.* Boston, MA: Allyn & Bacon.

Carter, J. A. (2006). Theoretical pluralism and technical eclecticism. In C. D. Goodheart, A. E. Kazdin, & R. J. Sternberg (Eds.), *Evidence-based psychotherapy: Where practice and research meet* (pp. 63-79). Washington, DC: American Psychological Association. doi:10.1037/11423-003

Carter, J. A., & Goodheart, C. D. (2012). Interventions and evidence in counseling and psychology: A view on evidence-based practice. In N. A. Fouad, J. A. Carter, & L. M. Subich (Eds.), *APA handbook of counseling psychology: Vol. 1. Theories, research, and methods* (pp. 155-166). Washington, DC: American Psychological Association. doi:10.1037/13754-006

Carter, R. T., & Forsyth, J. (2010). Reactions to racial discrimination: Emotional stress and help-seeking behaviors. *Psychological Trauma: Theory, Research, Practice, and Policy, 2*, 183-191. doi:10.1037/a0020102

Carter, R. T., & Qureshi, A. (1995). A typology of philosophical assumptions in multicultural counseling and training. In J. G. Ponterotto, J. M. Casas, L. A. Suzuki, & C. M. Alexander (Eds.), *Handbook of multicultural counseling* (pp. 239-262). Thousand Oaks, CA: Sage.

Cartwright, B. Y., Daniels, J., & Zhang, S. (2008). Assessing multicultural competence: Perceived versus demonstrated performance. *Journal of Counseling & Development, 86*, 318-322. doi:10.1002/j.1556-6678.2008.tb00515.x

Cass, V. C. (1979). Homosexuality identity formation: A theoretical model. *Journal of Homosexuality, 4*, 219-235. doi:10.1300/J082v04n03_01

Castonguay, L. G. (2011). Psychotherapy, psychopathology, research and practice: Pathways of connections and integration. *Psychotherapy Research, 21*, 125-140. doi:10.1080/10503307.2011.563250

Castonguay, L. G., Boswell, J. F., Constantino, M. J., Goldfried, M. R., & Hill, C. E. (2010). Training implications of harmful effects of psychological treatments. *American Psychologist, 65*, 34-49. doi:10.1037/a0017330

Castonguay, L. G., Boswell, J. F., Zack, S. E., Baker, S., Boutselis, M. A., Chiswick, N. R., . . . Holtforth, M. G.

(2010). Helpful and hindering events in psychotherapy: A practice research network study. *Psychotherapy: Theory, Research, Practice, Training, 47*, 327-344. doi:10.1037/a0021164

Castonguay, L. G., Locke, B. D., & Hayes, J. A. (2011). The Center for Collegiate Mental Health: An example of a practice-research network in university counseling centers. *Journal of College Student Psychotherapy, 25*, 105-119. doi:10.1080/87568225.2011.556929

Cattell, R. B. (1973). The measurement of the healthy personality and the healthy society. *Counseling Psychologist, 4*(2), 13-18. doi:10.1177/001100007300400205

Chambless, D. L. (1996). In defense of dissemination of empirically supported psychological interventions. *Clinical Psychology: Science and Practice, 3*, 230-235.

Chambless, D. L., & Ollendick, T. H. (2001). Empirically supported psychological interventions: Controversies and evidence. *Annual Review of Psychology, 52*, 685-716. doi:10.1146/annurev.psych.52.1.685

Chao, R. C. (2012). Racial/ethnic identity, gender-role attitudes, and multicultural counseling competence: The role of multicultural counseling training. *Journal of Counseling & Development, 90*, 35-44. doi:10.1111/j.1556-6676.2012.00006.x

Chao, R. C.-L., Wei, M., Good, G. E., & Flores, L. Y. (2011). Race/ethnicity, color-blind racial attitudes, and multicultural counseling competence: The moderating effects of multicultural counseling training. *Journal of Counseling Psychology, 58*, 72-82. doi:10.1037/a0022091

Charles, S. T., & Carstensen, L. L. (2010). Social emotional aging. *Annual Review of Psychology, 61*, 383-409. doi:10.1146/annurev.psych.093008.100448

Chesir-Teran, D. (2003). Conceptualizing and assessing heterosexism in high schools: A setting-level approach. *American Journal of Community Psychology, 31*, 267-279. doi:10.1023/A:1023910820994

Cheung, F. K., & Snowden, L. R. (1990). Community mental health and ethnic minority populations. *Community Mental Health Journal, 26*, 277-291. doi:10.1007/BF00752778

Chien, J.-C., Fischer, J. M., & Biller, E. (2006). Evaluating a metacognitive and planned happenstance career training course for Taiwanese college students. *Journal of Employment Counseling, 43,* 146–153. doi:10.1002/j.2161-1920.2006.tb00014.x

Chin, J. L. (Ed.). (2004). *The psychology of prejudice and discrimination: Vol. 3. Bias based on gender and sexual orientation.* Westport, CT: Praeger.

Chodorow, N. J. (1978). *The reproduction of mothering.* Berkeley: University of California Press.

Chope, R. C. (2012). Career counseling. In E. M. Altmaier & J. C. Hansen (Eds.), *The Oxford handbook of counseling psychology* (pp. 545–569). New York, NY: Oxford University Press.

Christensen, A., & Alexander, J. F. (2000). *Reconcilable differences.* New York, NY: Wiley.

Chronister, K. M., & Aldarondo, E. (2012). Partner violence victimization and perpetration: Developmental and contextual implications for effective practice. In N. A. Fouad, J. C. Carter, & L. M. Subich (Eds.), *APA handbook of counseling psychology: Vol. 2. Practice, interventions, and applications* (pp. 125–151). Washington, DC: American Psychological Association. doi:10.1037/13755-006

Chung, R. C., Bemak, F., Ortiz, D. P., & Sandoval-Perez, P. A. (2008). Promoting the mental health of immigrants: A multicultural/social justice perspective. *Journal of Counseling & Development, 86,* 310–317. doi:10.1002/j.1556-6678.2008.tb00514.x

Chung, Y. B. (2003). Career counseling with lesbian, gay, bisexual, and transgendered persons: The next decade. *Career Development Quarterly, 52,* 78–86. doi:10.1002/j.2161-0045.2003.tb00630.x

Chung, Y. B., & Singh, A. A. (2009). Lesbian, gay, bisexual, and transgender Asian Americans. In N. Tewari & A. N. Alvarez (Eds.), *Asian American psychology: Current perspectives* (pp. 233–246). New York, NY: Psychology Press.

Chung, Y. B., Szymanski, D. M., & Markle, E. (2012). Sexual orientation and sexual identity: Theory, research, and practice. In N. A. Fouad, J. C. Carter, & L. M. Subich (Eds.), *APA handbook of counseling psychology: Vol.*

1. Theories, research, and methods (pp. 423–451). Washington, DC: American Psychological Association. doi:10.1037/13754-016

Chwalisz, K. (2006). Statistical versus clinical prediction: From assessment to psychotherapy process and outcome. *The Counseling Psychologist, 34,* 391–399. doi:10.1177/0011000005285878

Chwalisz, K. (2012). Counseling health psychology: Applications. In N. A. Fouad, J. C. Carter, & L. M. Subich (Eds.), *APA handbook of counseling psychology: Vol. 2. Practice, interventions, and applications* (pp. 205–234). Washington, DC: American Psychological Association.

Chwalisz, K., & Obasi, E. (2008). Promoting health and preventing and reducing disease. In S. Brown & R. Lent (Eds.), *Handbook of counseling psychology* (4th ed., pp. 517–534). New York, NY: Wiley.

Claiborn, C. D., & Lichtenberg, J. W. (1989). Interactional counseling. *Counseling Psychologist, 17,* 355–453. doi:10.1177/0011000089173001

Coalition for an Ethical Psychology. (2010). *A call for annulment of the APA's PENS report.* Retrieved from http://ethicalpsychology.org/pens/

Cohen, L. H., Sargent, M. M., & Sechrest, L. B. (1986). Use of psychotherapy research by professional psychologists. *American Psychologist, 41,* 198–206. doi:10.1037/0003-066X.41.2.198

Cokley, K. O. (2002). Testing Cross's revised racial identity model: An examination of the relationship between racial identity and internalized racism. *Journal of Counseling Psychology, 49,* 476–483. doi:10.1037/0022-0167.49.4.476

Cokley, K. O. (2003). What do we know about the motivation of African American students? Challenging the "anti-intellectual" myth. *Harvard Educational Review, 73,* 524–558.

Cole, E. R. (2009). Intersectionality and research in psychology. *American Psychologist, 64,* 170–180. doi:10.1037/a0014564

Coleman, E. (1982). Developmental stages of the coming out process. *Journal of Homosexuality, 7,* 31–43. doi:10.1300/J082v07n02_06

Coleman, H. L. K. (1995). Strategies for coping with cultural diversity. *The Counseling Psychologist, 23,* 722-740. doi:10.1177/0011000095234011

Coleman, H. L. K. (1998). General and multicultural counseling competency: Apples and oranges? *Journal of Multicultural Counseling and Development, 26,* 147-156. doi:10.1002/j.2161-1912.1998.tb00194.x

Collins, A., Gelso, C. J., Kimball, R., & Sedlacek, W. E. (1973). Evaluation of a counseling center innovation. *Journal of College Student Personnel, 14,* 144-148.

Collins, L. H. (2007). Practicing safer listserv use: Ethical use of an invaluable resource. *Professional Psychology: Research and Practice, 38,* 690-698. doi:10.1037/0735-7028.38.6.690

Comas-Díaz, L., & Greene, B. (Eds.). (1994). *Women of color: Integrating ethnic and gender identities in psychotherapy.* New York, NY: Guilford Press.

Connolly Gibbons, M. B., Thompson, S. M., Scott, K., Schauble, L. A., Mooney, T., Thompson, D., . . . Crits-Christoph, P. (2012). Supportive-expressive dynamic psychotherapy in the community mental health system: A pilot effectiveness trial for the treatment of depression. *Psychotherapy, 49,* 303-316. doi:10.1037/a0027694

Constantine, M. G. (1997). Facilitating multicultural competency in counseling supervision. In D. B. Pope-Davis & H. L. K. Coleman (Eds.), *Multicultural counseling competencies* (pp. 310-324). Thousand Oaks, CA: Sage.

Constantine, M. G., Fuertes, J. N., Roysircar, G., & Kindaichi, M. M. (2008). Multicultural competence: Clinical practice, training and supervision, and research. In W. B. Walsh (Ed.), *Biennial review of counseling psychology* (Vol. 1, pp. 97-127). New York, NY: Routledge.

Constantine, M. G., & Ladany, N. (2001). New visions for defining and assessing multicultural counseling competence. In J. G. Ponterotto, J. M. Casas, L. A. Suzuki, & C. M. Alexander (Eds.), *Handbook of multicultural counseling* (2nd ed., pp. 482-498). Thousand Oaks, CA: Sage.

Constantine, M. G., & Sue, D. W. (2006). Factors contributing to optimal human functioning in people of color in the United States. *Counseling Psychologist, 34,* 228-244. doi:10.1177/0011000005281318

Constantine, M. G., & Sue, D. W. (2007). Perceptions of racial microaggressions among Black supervisees in cross-racial dyads. *Journal of Counseling Psychology, 54,* 142-153. doi:10.1037/0022-0167.54.2.142

Coogan, P. A., & Chen, C. P. (2007). Career development and counselling for women: Connecting theories to practice. *Counselling Psychology Quarterly, 20,* 191-204. doi:10.1080/09515070701391171

Cook, D. A., & Helms, J. E. (1988). Relationship dimensions as predictors of visible racial/ethnic group students' perceptions of crossracial supervision. *Journal of Counseling Psychology, 35,* 268-274. doi:10.1037/0022-0167.35.3.268

Cook, T. D., & Campbell, D. T. (1979). *Quasi-experimentation: Design and analysis for field settings.* Chicago, IL: Rand-McNally.

Cooper, M. (2008). *Essential research findings in counselling and psychotherapy: The facts are friendly.* Thousand Oaks, CA: Sage.

Cooper, M., O'Hara, M., Schmid, P. F., & Wyatt, G. (Eds.). (2007). *The handbook of person-centered psychotherapy and counseling.* New York, NY: Palgrave Macmillan.

Cooper, S. E., & Shullman, S. L. (2012). Counseling psychologists as consultants. In E. M. Altmaier & J. C. Hansen (Eds.), *The Oxford handbook of counseling psychology* (pp. 837-855). New York, NY: Oxford University Press.

Copeland, E. J. (1983). Cross-cultural counseling and psychotherapy: A historical perspective, implications for research and training. *Personnel and Guidance Journal, 62,* 10-15. doi:10.1111/j.2164-4918.1983.tb00108.x

Corazzini, J. G. (1997). Using research to determine the efficacy and modes of treatment in university counseling centers. *Journal of Counseling Psychology, 44,* 378-380. doi:10.1037/0022-0167.44.4.378

Corey, G. (2008). *Theory and practice of group counseling* (7th ed.). Pacific Grove, CA: Brooks/Cole.

Corey, G., Corey, M. S., & Callanan, P. (1979). *Professional and ethical issues in counseling and psychotherapy.*

Monterey, CA: Brooks/Cole.

Corey, G., Williams, G. T., & Moline, M. E. (1995). Ethical and legal issues in group counseling. *Ethics and Behavior, 5,* 161-183.

Corey, M., Corey, G., & Corey, C. (2010). *Groups: Process and practice* (8th ed.). Pacific Grove, CA: Brooks/Cole.

Corey, M. S., & Corey, G. (1989). *Becoming a helper.* Belmont, CA: Wadsworth.

Coster, J. S., & Schwebel, M. (1997). Well-functioning in professional psychologists. *Professional Psychology: Research and Practice, 28,* 5-13. doi:10.1037/0735-7028.28.1.5

Costigan, C. L., Koryzma, C., Hua, J. M., & Chance, L. J. (2010). Ethnic identity, achievement, and psychological adjustment: Examining risk and resilience among youth from immigrant Chinese families in Canada. *Cultural Diversity and Ethnic Minority Psychology, 16,* 264-273. doi:10.1037/a0017275

Cottone, R. R., & Clause, R. E. (2000). Ethical decision-making models: A review of the literature. *Journal of Counseling & Development, 78,* 275-283. doi:10.1002/j.1556-6676.2000.tb01908.x

Courtois, C. A. (1988). *Healing the incest wound: Adult survivors in therapy.* New York, NY: Norton.

Courtois, C. A. (2000). *Recollections of sexual abuse: Treatment principles and guidelines.* New York, NY: Norton.

Courtois, C. A. (2011). Retraumatization and complex traumatic stress: A treatment overview. In M. P. Duckworth & V. M. Follette (Eds.), *Retraumatization: Assessment, treatment, and prevention* (pp. 163-190). New York, NY: Routledge.

Courtois, C. A. (2012). Feminist multicultural counseling with traumatized individuals. In C. Z. Enns & E. N. Williams (Eds.), *The Oxford handbook of feminist multicultural counseling psychology* (pp. 373-391). New York, NY: Oxford University Press. doi:10.1093/oxfordhb/9780199744220.013.0020

Crawford, M., & Unger, R. (2004). *Women and gender: A feminist psychology* (4th ed.). New York, NY: McGraw-Hill.

Creed, P. A., Patton, W., & Bartrum, D. (2004). Internal and external barriers, cognitive style, and the career development variables of focus and indecision. *Journal of Career Development, 30,* 277-294. doi:10.1023/B:JOCD.0000025116.17855.ea

Crethar, H. C., Rivera, E. T., & Nash, S. (2008). In search of common threads: Linking multicultural, feminist, and social justice counseling paradigms. *Journal of Counseling & Development, 86,* 269-278. doi:10.1002/j.1556-6678.2008.tb00509.x

Crites, J. O. (1969). *Vocational psychology.* New York, NY: McGraw-Hill.

Crites, J. O. (1981). *Career counseling: Models, methods, and materials.* New York, NY: McGraw-Hill.

Crits-Christoph, P., & Barber, J. P. (Eds.). (1991). *Handbook of short-term dynamic psychotherapy.* New York, NY: Basic Books.

Crits-Christoph, P., Barber, J. P., & Kurcius, J. S. (1993). The accuracy of therapists'interpretations and the development of the therapeutic alliance. *Psychotherapy Research, 3,* 25-35. doi:10.1080/10503309312331333639

Crits-Christoph, P., & Connolly Gibbons, M. B. (2001). Relational interpretations. *Psychotherapy: Theory, Practice, Research, Training, 38,* 423-428. doi:10.1037/0033-3204.38.4.423

Cross, W. E., Jr. (1971, July). The Negro-to-Black conversion experience: Toward a psychology of Black liberation. *Black World, 20,* 13-27.

Croteau, J. M., Bieschke, K. J., Fassinger, R. E., & Manning, J. L. (2008). Counseling psychology and sexual orientation: History, selective trends, and future directions. In S. D. Brown & R. W. Lent (Eds.), *Handbook of counseling psychology* (4th ed., pp. 194-211). Hoboken, NJ: Wiley.

Dana, R. H. (2000). *Handbook of cross-cultural and multicultural personality assessment.* Mahwah, NJ: Erlbaum.

Dana, R. H. (2005). *Multicultural assessment: Principles, applications, and examples.* New York, NY: Taylor & Francis.

D'Andrea, M. (2004). *Development of the Multicultural Counseling Assessment Survey Form I.* Honolulu: University of Hawaii at Manoa, Department of Counselor

Education.

D'Andrea, M., Daniels, J., & Heck, R. (1991). Evaluating the impact of multicultural counseling training. *Journal of Counseling & Development, 70*, 143-150. doi:10.1002/j.1556-6676.1991.tb01576.x

D'Andrea, M., & Heckman, E. F. (2008). A 40-year review of multicultural outcome research: Outlining a future research agenda for the multicultural counseling movement. *Journal of Counseling & Development, 86*, 356-363. doi:10.1002/j.1556-6678.2008.tb00520.x

Datti, P. A. (2009). Applying social learning theory to career decision making in gay, lesbian, bisexual, transgender, and questioning young adults. *Career Development Quarterly, 58*, 54-64. doi:10.1002/j.2161-0045.2009.tb00173.x

Dattilio, F. M. (1993). Cognitive techniques with couples and families. *The Family Journal, 1*, 51-65. doi:10.1177/106648079300100108

Dattilio, F. M. (1997). *Integrative cases in couples and family therapy: A cognitive-behavioral perspective*. New York, NY: Guilford Press.

Dattilio, F. M., & Freeman, A. (Eds.). (2007). *Cognitive-behavioral strategies in crisis intervention* (3rd ed.). New York, NY: Guilford Press.

Davenport, D. S., & Yurich, J. M. (1991). Multicultural gender issues. *Journal of Counseling & Development, 70*, 64-71. doi:10.1002/j.1556-6676.1991.tb01562.x

Dawis, R. V. (1992). The individual difference tradition in counseling psychology. *Journal of Counseling Psychology, 39*, 7-19. doi:10.1037/0022-0167.39.1.7

Dawis, R. V. (1996). The theory of work adjustment and person- environment correspondence counseling. In D. Brown, L. Brooks, & Associates (Eds.), *Career choice and development* (3rd ed., pp. 75-120). San Francisco, CA: Jossey-Bass.

Dawis, R. V. (2005). The Minnesota theory of work adjustment. In S. D. Brown & R. W. Lent (Eds.), *Career development counseling: Putting theory and research to work* (pp. 3-23). Hoboken, NJ: Wiley.

Dawis, R. V., Dohm, T. E., Lofquist, L. H., Chartrand, J. M., & Due, A. M. (1987). *Minnesota Occupational Classification System III*. Minneapolis: Vocational

Psychology Research, Department of Psychology, University of Minnesota.

Dawis, R. V., England, G. W., & Lofquist, L. H. (1964). A theory of work adjustment. *Minnesota Studies in Vocational Rehabilitation, 15*, 1-27.

Dawis, R. V., & Lofquist, L. H. (1978). A note on the dynamics of work adjustment. *Journal of Vocational Behavior, 12*, 76-79. doi:10.1016/0001-8791(78)90008-8

Dawis, R. V., & Lofquist, L. H. (1984). *A psychological theory of work adjustment*. Minneapolis: University of Minnesota Press.

DeBell, C. (2006). What all applied psychologists should know about work. *Professional Psychology: Research and Practice, 37*, 325-333. doi:10.1037/0735-7028.37.4.325

Defense of Marriage Act, Public Law 104-199, 110 Stat. 2419 (1996). Retrieved http://www.gpo.gov/fdsys/pkg/BILLS-104hr3396enr/pdf/

Deffenbacher, J. L., & Suinn, R. M. (1988). Systematic desensitization and the reduction of anxiety. *Counseling Psychologist, 16*, 9-30. doi:10.1177/0011000088161002

Delgado-Romero, E. A., Lau, M. Y., & Shullman, S. L. (2012). The Society of Counseling Psychology: Historical values, themes, and patterns viewed from the American Psychological Association presidential podium. In N. A. Fouad, J. C. Carter, & L. M. Subich (Eds.), *APA handbook of counseling psychology: Vol. 1. Theories, research, and methods* (pp. 3-29). Washington, DC: American Psychological Association. doi:10.1037/13754-001

Dermer, S. B., Smith, S. D., & Barto, K. K. (2010). Identifying and correctly labeling sexual prejudice, discrimination, and oppression. *Journal of Counseling & Development, 88*, 325-331. doi:10.1002/j.1556-6678.2010.tb00029.x

Derogatis, L. (1977). *SCL-90: Administration, scoring and procedures manual for the revised version*. Baltimore, MD: Clinical Psychometric Research.

de Shazer, S. (1988). *Clues: Investigating solutions in brief therapy*. New York, NY: Norton.

de Shazer, S. (1994). *Words were originally magic*. New York, NY: Norton.

Diamond, L. M. (2008). *Sexual fluidity: Understanding women's love and desire*. Cambridge, MA: Harvard University Press.

Dies, R. R. (1987). Clinical implications of research on leadership in short-term group psychotherapy. In R. R. Dies & K. R. MacKenzie (Eds.), *Advances in group psychotherapy: Integrating research and practice* (pp. 27-78). New York, NY: International Universities Press.

Dies, R. R. (2003). Group psychotherapies. In A. Gurman & S. Messer (Eds.), *Essential psychotherapies* (2nd ed., pp. 515-550). New York, NY: Guilford Press.

DigitalBuzzBlog. (2011). *Facebook stats*. Retrieved from http://digitalbuzzblog.com/facebook-statistics-stats-facts-2011/

Doctors, S. R. (1996). Notes on the contribution of the analyst's selfawareness to optimal responsiveness. In A. Goldberg (Ed.), *Progress in self psychology: Vol. 12. Basic ideas reconsidered* (pp. 55-66). Hillsdale, NJ: Analytic Press.

Dolliver, R. H. (1981a). Personal sources for theories of psychotherapy. *Journal of Contemporary Psychotherapy, 12*, 53-59. doi:10.1007/BF00946234

Dolliver, R. H. (1981b). Some limitations in Perls'Gestalt therapy. *Psychotherapy: Theory, Research & Practice, 18*, 38-45. doi:10.1037/h0085959

Donnay, D., Morris, M., Schaubhut, N., & Thompson, R. (2005). *Strong Interest Inventory manual: Research, development, and strategies for interpretation*. Mountain View, CA: Consulting Psychologists Press.

Dovidio, J. F., & Gaertner, S. L. (1998). On the nature of contemporary prejudice: The causes, consequences, and challenges of aversive racism. In J. Eberhardt & S. T. Fiske (Eds.), *Confronting racism: The problem and the response* (pp. 3-32). Newbury Park, CA: Sage.

Dovidio, J. F., Gaertner, S. L., Kawakami, K., & Hodson, G. (2002). Why can't we just get along? Interpersonal biases and interracial distrust. *Cultural Diversity and Ethnic Minority Psychology, 8*, 88-102. doi:10.1037/1099-9809.8.2.88

Dovidio, J., Kawakami, K., Johnson, C., Johnson, B., & Howard, A. (1997). The nature of prejudice: Automatic and controlled processes. *Journal of Experimental Social Psychology, 33*, 510-540. doi:10.1006/jesp.1997.1331

Dowd, E., & Milne, C. (1986). Paradoxical interventions in counseling psychology. *Counseling Psychologist, 14*, 237-282.

Drummond, R. J. (1996). *Appraisal procedures for counselors and helping professionals* (3rd ed.). Englewood Cliffs, NJ: Merrill.

Duckworth, J. C., & Anderson, W. P. (1995). *MMPI & MMPI-2: Interpretation manual for counselors and clinicians* (4th ed.). Odessa, FL: Psychological Assessment Resources.

Duncan, B. L., Miller, S. D., Wampold, B. E., & Hubble, M. A. (Eds.). (2010). *The heart and soul of change, second edition: Delivering what works in therapy*. Washington, DC: American Psychological Association.

Dunkle, J. H., & Friedlander, M. L. (1996). Contribution of therapist experience and personal characteristics to the working alliance. *Journal of Counseling Psychology, 43*, 456-460.

Eagle, M. N. (2011). *From classical to contemporary psychoanalysis: A critique and integration*. New York, NY: Routledge.

Eagle, M. N., & Wolitzky, D. L. (1997). Empathy: A psychoanalytic perspective. In A. Bozart & L. Greenberg (Eds.), *Empathy reconsidered: New directions in psychotherapy* (pp. 217-244). Washington, DC: American Psychological Association.

Eby, L. T., Maher, C. P., & Butts, M. M. (2010). The intersection of work and family life: The role of affect. *Annual Review of Psychology, 61*, 599-622. doi:10.1146/annurev.psych.093008.100422

Egan, G. (1986). *The skilled helper* (3rd ed.). Monterey, CA: Brooks/Cole.

Egan, G. (1998). *The skilled helper: A problem-management approach to helping* (6th ed.). Pacific Grove, CA: Brooks/Cole.

Egan, G. (2009). *The skilled helper*. Belmont, CA: Brooks/Cole.

Eisenman, R. (1995). Why psychologists should study race. *American Psychologist, 50*, 42-43. doi:10.1037/0003-066X.50.1.42

Eisman, E. J., Dies, R. R., Finn, S. E., Eyde, L. D., Kay, G. G., Kubiszyn, T. W., . . . Moreland, K. (2000). Problems and limitations in the use of psychological assessment in the contemporary health care delivery system. *Professional Psychology: Research and Practice, 31,* 131-140. doi:10.1037/0735-7028.31.2.131

Ekman, P., & Friesen, W. V. (1969). The repertoire of non-verbal behavior. *Semiotica, 1,* 49-98.

Ellenberger, H. (1970). *The discovery of the unconscious.* New York, NY: Basic Books.

Elliott, R. (1998). Editor's introduction: A guide to the empirically supported treatments controversy. *Psychotherapy Research, 8,* 115-125.

Elliott, R., Bohart, A. C., Watson, J. C., & Greenberg, L. S. (2011). Empathy. In J. C. Norcross (Ed.), *Psychotherapy relationships that work* (2nd ed., pp. 132-152). New York, NY: Oxford University Press.

Elliott, R., Greenberg, L. S., Watson, J. C., Timulak, L., & Freire, E. (2013). Research on humanistic-experiential psychotherapies. In M. J. Lambert (Ed.), *Bergin and Garfield's handbook of psychotherapy and behavior change* (6th ed., pp. 495-538). New York, NY: Wiley.

Ellis, A. (1962). *Reason and emotion in psychotherapy.* New York, NY: Lyle Stuart.

Ellis, A. (1995). Rational emotive behavior therapy. In R. J. Corsini & D. Wedding (Eds.), *Current psychotherapies* (5th ed., pp. 162-196). Itasca, IL: Peacock.

Ellis, A. (2011). Rational emotive behavior therapy. In R. J. Corsini & D. Wedding (Eds.), *Current psychotherapies* (9th ed., pp. 196-234). Belmont, CA: Brooks/Cole.

Ellis, H. D. (1992). Graduate education in psychology. Past, present, and future. *American Psychologist, 47,* 570-576. doi:10.1037/0003-066X.47.4.570

Enns, C. Z. (1993). Twenty years of feminist counseling and therapy: From naming biases to implementing multifaceted practice. *Counseling Psychologist, 21,* 3-87. doi:10.1177/0011000093211001

Enns, C. Z. (2004). *Feminist theories and feminist psychotherapies: Origins, themes, and diversity* (2nd ed.). Binghamton, NY: Haworth Press.

Enns, C. Z. (2010). Locational feminisms and feminist social identity analysis. *Professional Psychology: Research and Practice, 41,* 333-339. doi:10.1037/a0020260

Enns, C. Z. (2012a). Feminist approaches to counseling. In E. M. Altmaier & J. C. Hansen (Eds.), *The Oxford handbook of counseling psychology* (pp. 434-459). New York, NY: Oxford University Press.

Enns, C. Z. (2012b). Gender: Women-theories and research. In N. A. Fouad, J. C. Carter, & L. M. Subich (Eds.), *APA handbook of counseling psychology: Vol. 1. Theories, research, and methods* (pp. 397-422). Washington, DC: American Psychological Association.

Enns, C. Z., & Williams, E. N. (Eds.). (2012). *The Oxford handbook of feminist multicultural counseling psychology.* New York, NY: Oxford University Press.

Enns, C. Z., Williams, E. N., & Fassinger, R. E. (2012). Feminist multicultural psychology: Evolution, change, and challenge. In C. Z. Enns & E. N. Williams (Eds.), *The Oxford handbook of feminist multicultural counseling psychology* (pp. 3-23). New York, NY: Oxford University Press. doi:10.1093/oxfordhb/9780199744220.013.0001

Epstein, D., Bell, M. E., & Goodman, L. A. (2003). Transforming aggressive prosecution policies: Prioritizing victims' long-term safety in the prosecution of domestic violence cases. *Journal of Gender, Social Policy, & the Law, 11,* 465-498.

Erikson, E. H. (1950). *Childhood and society.* New York, NY: Norton.

Erikson, E. H. (1959). Identity and the life cycle. *Psychological Issues, 1,* Monograph 1.

Erikson, E. H. (1968). *Identity: Youth and crisis.* Oxford, England: Norton.

Espelage, D. L., & Poteat, V. P. (2012a). Counseling psychologists in schools. In N. A. Fouad, J. A. Carter, & L. M. Subich (Eds.), *APA handbook of counseling psychology: Vol. 2. Practice, interventions, and applications* (pp. 541-566). Washington, DC: American Psychological Association.

Espelage, D. L., & Poteat, P. (2012b). School-based prevention of peer relationship problems. In E. M. Altmaier & J. C. Hansen (Eds.), *The Oxford handbook of counseling psychology* (pp. 703-722). New York, NY: Oxford Press.

Exner, J. E., Jr., & Weiner, I. B. (2003). *The Rorschach: A comprehensive system* (4th ed.). New York, NY: Wiley.

Eysenck, H. J. (1952). The effects of psychotherapy: An evaluation. *Journal of Consulting Psychology, 16*, 319-324. doi:10.1037/h0063633

Eysenck, H. J. (1959). Learning theory and behavior therapy. *Journal of Mental Science, 105*, 61-75.

Eysenck, H. J. (Ed.). (1960). *Behavior therapy and the neuroses.* Oxford, England: Pergamon Press.

Fagan, J., & Shepherd, I. L. (Eds.). (1970). *Gestalt therapy now.* New York, NY: Harper & Row.

Farber, B. A. (2003). Patient self-disclosure: A review of the research. *Journal of Clinical Psychology, 59*, 589-600. doi:10.1002/jclp.10161

Farber, B. A. (2006). *Self-disclosure in psychotherapy.* New York, NY: Guilford Press.

Farber, B. A., & Doolin, E. M. (2011). Positive regard and affirmation. In J. C. Norcross (Ed.), *Psychotherapy relationships that work* (2nd ed., pp. 168-188). New York, NY: Oxford University Press.

Farber, B. A., & Hall, D. (2002). Disclosure to therapists: What is and is not discussed in psychotherapy. *Journal of Clinical Psychology, 58*, 359-370. doi:10.1002/jclp.1148

Farmer, H. S. (1985). Model of career and achievement motivation for women and men. *Journal of Counseling Psychology, 32*, 363-390. doi:10.1037/0022-0167.32.3.363

Fassinger, R. (2000). Gender and sexuality in human development: Implications for prevention and advocacy in counseling psychology. In S. D. Brown & R. W. Lent (Eds.), *Handbook of counseling psychology* (2nd ed., pp. 346-378). New York, NY: Wiley.

Fassinger, R. E. (2004). Centralizing feminism and multiculturalism in counseling. *Journal of Multicultural Counseling and Development, 32*, 344-345.

Fassinger, R. E., & Arseneau, J. R. (2007). "I'd rather get wet than be under that umbrella": Differentiating the experiences and identities of lesbian, gay, bisexual, and transgender people. In K. J. Bieschke, R. M. Perez, & K. A. DeBord (Eds.), *Handbook of counseling and psychotherapy with lesbian, gay, bisexual, and transgender clients* (2nd ed., pp. 19-49). Washington, DC: American Psychological Association. doi:10.1037/11482-001

Fassinger, R. E., & Hensler-McGinnis, N. F. (2005). Multicultural feminist mentoring as individual and small-group pedagogy. In C. Z. Enns & A. L. Sinacore (Eds.), *Teaching and social justice: Integrating multicultural and feminist theories in the classroom* (pp. 143-161). Washington, DC: American Psychological Association. doi:10.1037/10929-009

Fenichel, O. (1945). *The psychoanalytic theory of neurosis.* New York, NY: Norton.

Fisch, R., Weakland, J., & Segal, L. (1982). *The tactics of change: Doing therapy briefly.* San Francisco, CA: Jossey-Bass.

Fischer, A. R., Jome, L. M., & Atkinson, D. R. (1998). Reconceptualizing multicultural counseling. *Counseling Psychologist, 26*, 525-588. doi:10.1177/0011000098264001

Fitzgerald, L. F., Fassinger, R. E., & Betz, N. E. (1995). Theoretical advances in the study of women's career development. In W. B. Walsh & S. H. Osipow (Eds.), *Handbook of vocational psychology: Theory, research, and practice* (2nd ed., pp. 67-109). Mahwah, NJ: Erlbaum.

Fitzgerald, L. F., & Nutt, R. (1986). The Division 17 principles concerning the counseling/psychotherapy of women: Rationale and implementation. *Counseling Psychologist, 14*, 180-216. doi:10.1177/0011000086141019

Fitzgerald, L. F., & Osipow, S. H. (1986). An occupational analysis of counseling psychology: How special is the specialty? *American Psychologist, 41*, 535-544. doi:10.1037/0003-066X.41.5.535

Flanagan, D. P., & Kaufman, A. S. (2009). *Essentials of WISC-IV assessment.* New York, NY: Wiley.

Flores, L. Y., Hsieh, C., & Chiao, H. (2011). Vocational psychology and assessment with immigrants in the United States: Future directions for training, research, and practice. *Journal of Career Assessment, 19*, 323-332. doi:10.1177/1069072710395538

Flores, L. Y., Rooney, S. C., Heppner, P. P., Browne, L. D., & Wei, M.-F. (1999). Trend analyses of major contributions in *The Counseling Psychologist* cited from 1986 to 1996. *The Counseling Psychologist, 27*, 73-95.

doi:10.1177/0011000099271006

Flum, H., & Blustein, D. L. (2000). Reinvigorating the study of vocational exploration: A framework for research. *Journal of Vocational Behavior, 56*, 380-404. doi:10.1006/jvbe.2000.1721

Ford, J. D., Fallot, R., & Harris, M. (2009). Group therapy. In C. A. Courtois & J. D. Ford (Eds.), *Treating complex traumatic stress disorders: An evidence-based guide* (pp. 415-440). New York, NY: Guilford Press.

Foreman, M. E. (1966). Some empirical correlates of psychological health. *Journal of Counseling Psychology, 13*, 3-11. doi:10.1037/h0023052

Forrest, L. (2008). President's report. *Society of Counseling Psychology Newsletter, 29*(2), 1.

Forsyth, D. R., & Strong, S. R. (1986). The scientific study of counseling and psychotherapy: A unificationist view. *American Psychologist, 41*, 113-119. doi:10.1037/0003-066X.41.2.113

Fosha, D. (2000). *The transforming power of affect: A model for accelerated change.* New York, NY: Basic Books.

Fosshage, J. L. (1997). Psychoanalysis and psychoanalytic psychotherapy: Is there a meaningful distinction in the process? *Psychoanalytic Psychology, 14*, 409-425. doi:10.1037/h0079733

Foster, S., & Gurman, A. (1985). Family therapies. In S. Lynn & J.Garske (Eds.), *Contemporary psychotherapies: Models and methods* (pp. 377-418). Columbus, OH: Merrill.

Fouad, N. A. (1997). School-to-work transition: Voice from an implementer. *The Counseling Psychologist, 25*, 403-412. doi:10.1177/0011000097253003

Fouad, N. A. (2002). Cross-cultural differences in vocational interests: Between-group differences on the Strong Interest Inventory. *Journal of Counseling Psychology, 49*, 283-289. doi:10.1037/0022-0167.49.3.282

Fouad, N. A., & Arredondo, P. (2007). *Becoming culturally oriented: Practical advice for psychologists and educators.* Washington, DC: American Psychological Association. doi:10.1037/11483-000

Fouad, N. A., & Bingham, R. B. (1995). Career counseling with racial and ethnic minorities. In W. B. Walsh & S. H. Osipow (Eds.), *Handbook of vocational psychology* (2nd ed., pp. 331-366). Hillsdale, NJ: Erlbaum.

Fouad, N. A., Carter, J. C., & Subich, L. M. (Eds.). (2012). *APA handbook of counseling psychology.* Washington, DC: American Psychological Association.

Fouad, N. A., & Chan, P. M. (1999). Gender and ethnicity: Influence on test interpretation and reception. In J. W. Lichtenberg & R. K. Goodyear (Eds.), *Scientist-practitioner perspectives on test interpretation* (pp. 31-58). Needham Heights, MA: Allyn & Bacon.

Fouad, N. A., Gerstein, L. H., & Toporek, R. L. (2006). Social justice and counseling psychology in context. In R. L. Toporek, L. H. Gerstein, N. A. Fouad, G. Roysircar, & T. Israel (Eds.), *Handbook for social justice in counseling psychology: Leadership, vision, and action* (pp. 1-16). Thousand Oaks, CA: Sage. doi:10.4135/9781412976220.n1

Fouad, N. A., McPherson, R., Gerstein, L., Blustein, D., Elman, N., Helledy, K., & Metz, A. (2004). Houston, 2001: Context and legacy. *The Counseling Psychologist, 32*, 15-77. doi:10.1177/0011000003259943

Fouad, N. A., & Prince, J. P. (2012). Social justice in counseling psychology. In E. M. Altmaier & J. C. Hansen (Eds.), *The Oxford handbook of counseling psychology* (pp. 856-872). New York, NY: Oxford University Press.

Fouts, G., & Burggraf, K. (2000). Television situation comedies: Female weight, male negative comments, and audience reactions. *Sex Roles, 42*, 925-932. doi:10.1023/A:1007054618340

Frank, G. (1998). On the relational school of psychoanalysis: Some additional thoughts. *Psychoanalytic Psychology, 15*, 141-153. doi:10.1037/0736-9735.15.1.141

Franklin, K. (1998). Unassuming motivations: Contextualizing the narratives of antigay assailants. In G. M. Herek (Ed.), *Sexual orientation and stigma: Understanding prejudice against lesbians, gay men, and bisexuals* (pp. 1-23). Thousand Oaks, CA: Sage. doi:10.4135/9781452243818.n1

Franklin, K. (2000). Antigay behaviors among young adults: Prevalence, patterns, and motivators in a non-criminal population. *Journal of Interpersonal Violence, 15*, 339-362. doi:10.1177/088626000015004001

Fredrickson, B. L., & Roberts, T. A. (1997). Objectification theory: Toward understanding women's lived experiences and mental health risks. *Psychology of Women Quarterly, 21,* 173-206. doi:10.1111/j.1471-6402.1997.tb00108.x

Freedman, J., & Combs, G. (1996). *Narrative therapy: The social construction of preferred reality.* New York, NY: Norton.

Fretz, B. R. (1966). Postural movements in a counseling dyad. *Journal of Counseling Psychology, 13,* 335-343. doi:10.1037/h0023716

Fretz, B. R. (1985). Counseling psychology. In E. M. Altmaier & M. E. Meyer (Eds.), *Applied specialties in psychology* (pp. 45-74). New York, NY: Random House.

Fretz, B. R. (1993). Counseling psychology: A transformation for the third age. *The Counseling Psychologist, 21,* 154-170. doi:10.1177/0011000093211010

Fretz, B. R., & Mills, D. H. (1980). *Licensing and certification of psychologists and counselors.* San Francisco, CA: Jossey-Bass.

Freud, A. (1966). The ego and the mechanisms of defense. In *The writings of Anna Freud* (Vol. 2). New York, NY: International Universities Press. (Original work published 1936)

Freud, S. (1938). The interpretation of dreams. In A. A. Brill (Ed.), *The basic writings of Sigmund Freud* (pp. 179-549). New York, NY: Random House. (Original work published 1900)

Freud, S. (1940). An outline of psychoanalysis. *International Journal of Psychoanalysis, 21,* 27-84.

Freud, S. (1953). The ego and the id. In J. Strachey (Ed.), *Standard edition of the complete psychological works of Sigmund Freud* (Vol. 19, pp 3-66). London, England: Hogarth Press. (Original work published 1923)

Freud, S. (1959). The dynamics of transference. In E. Jones (Ed.) & J. Riviere (Trans.), *Collected papers* (Vol. 2). New York, NY: Basic Books. (Original work published 1912)

Freud, S. (1961). The ego and the id. In J. Strachey (Ed. & Trans.), *The standard edition of the complete psychological works of Sigmund Freud* (Vol. 19, pp. 3-66). London, England: Hogarth Press. (Original work published 1923)

Friedlander, M. L., Escudero, V., Heatherington, L., & Diamond, G. M. (2011). Alliance in couple and family therapy. In J. Norcross (Ed.), *Psychotherapy relationships that work* (2nd ed., pp. 92-109). New York, NY: Oxford University Press.

Friedman, M. (1983). *The healing dialogue in psychotherapy.* New York, NY: Aronson.

Frone, M. R. (2003). Work-amily balance. In J. C. Quick & L. E. Tetrick (Eds.), *Handbook of occupational health psychology* (pp. 143-162). Washington, DC: American Psychological Association. doi:10.1037/10474-007

Fuertes, J. N. (2012). Multicultural counseling and psychotherapy. In E. M. Altmaier & J. C. Hansen (Eds.), *The Oxford handbook of counseling psychology* (pp. 570-588). New York, NY: Oxford University Press.

Fuertes, J. N., & Gretchen, D. (2001). Emerging theories of multicultural counseling. In J. G. Ponterotto, J. M. Casas, L. A. Suzuki, & C. M. Alexander (Eds.), *Handbook of multicultural counseling* (pp. 509-541). Newbury Park, CA: Sage.

Fuertes, J., Mislowack, A., Brown, S., Gur-Arie, S., Wilkinson, S., & Gelso, C. J. (2007). Correlates of the real relationship in psychotherapy: A study of dyads. *Psychotherapy Research, 17,* 423-430. doi:10.1080/10503300600789189

Fuertes, J. N., & Ponterotto, J. G. (2003). Culturally appropriate intervention strategies. In G. Roysircar, P. Arredondo, J. N. Fuertes, R. Toporek, & J. G. Ponterotto (Eds.), *Multicultural competencies 2003: Association for Multicultural Counseling and Development* (pp. 51-58). Alexandria, VA: American Counseling Association.

Fuertes, J., Spokane, A., & Holloway, E. (2013). *Specialty competencies in counseling psychology.* New York, NY: Oxford University Press.

Fukuyama, M. A. (1990). Taking a universal approach to multicultural counseling. *Counselor Education and Supervision, 30,* 6-17. doi:10.1002/j.1556-6978.1990.tb01174.x

Fuqua, D. R., & Hartman, B. W. (1983). Differential diagnosis and treatment of career indecision. *Personnel and Guidance Journal, 62,* 27-29. doi:10.1111/j.2164-4918.1983.tb00112.x

Fuqua, D. R., Newman, J. L., Anderson, M. W., & Johnson, A. W. (1986). Preliminary study of internal dialogue in a training setting. *Psychological Reports, 58,* 163–172. doi:10.2466/pr0.1986.58.1.163

Gable, S. L., & Haidt, J. (2005). What (and why) is positive psychology? *Review of General Psychology, 9,* 103–110. doi:10.1037/1089-2680.9.2.103

Gadassi, R., Gati, I., & Dayan, A. (2012). The adaptability of career decision-making profiles. *Journal of Counseling Psychology, 59,* 612–622. doi:10.1037/a0029155

Gaddy, C. D., Charlot-Swilley, D. C., Nelson, P. D., & Reich, J. N. (1995). Selected outcomes of accredited programs. *Professional Psychology: Research and Practice, 26,* 507–513. doi:10.1037/0735-7028.26.5.507

Gallessich, J. (1985). Toward a meta-theory of consultation. *The Counseling Psychologist, 13,* 336–354. doi:10.1177/0011000085133002

Garb, H. N. (1994). Judgment research: Implications for clinical practice and testimony in court. *Applied & Preventive Psychology, 3,* 173–183. doi:10.1016/S0962-1849(05)80069-1

Garcia, M. E., Malott, R. W., & Brethower, D. (1988). A system of thesis and dissertation supervision: Helping graduate students succeed. *Teaching of Psychology, 15,* 186–191.

Garfield, S. L. (1985). Clinical psychology. In E. M. Altmaier & M. E. Meyer (Eds.), *Applied specialties in psychology* (pp. 19–44). New York, NY: Random House.

Gaston, L., Marmar, C. R., Thompson, L. W., & Gallagher, D. (1988). Relation of patient pretreatment characteristics to the therapeutic alliance in diverse psychotherapies. *Journal of Consulting and Clinical Psychology, 56,* 483–489. doi:10.1037/0022-006X.56.4.483

Gazzola, N., & Stalikas, A. (2004). Therapist interpretations and client processes in three therapeutic modalities: Implications for psychotherapy integration. *Journal of Psychotherapy Integration, 14,* 397–418. doi:10.1037/1053-0479.14.4.397

Gelso, C. J. (1979a). Research in counseling: Clarifications, elaborations, defenses, and admissions. *The Counseling Psychologist, 8*(3), 61–67. doi:10.1177/001100007900800312

Gelso, C. J. (1979b). Research in counseling: Methodological and professional issues. *The Counseling Psychologist, 8*(3), 7–36. doi:10.1177/001100007900800303

Gelso, C. J. (1985). Rigor, relevance, and counseling research: On the need to maintain our course between Scylla and Charybdis. *Journal of Counseling & Development, 63,* 551–553. doi:10.1002/j.1556-6676.1985.tb00678.x

Gelso, C. J. (1992). Realities and emerging myths about brief therapy. *The Counseling Psychologist, 20,* 464–471. doi:10.1177/0011000092203005

Gelso, C. J. (1993). On the making of a scientist-practitioner: A theory of research training in professional psychology. *Professional Psychology: Research and Practice, 24,* 468–476. doi:10.1037/0735-7028.24.4.468

Gelso, C. J. (1995). A theory for all seasons: The four psychologies of psychoanalysis. *Contemporary Psychology, 40,* 331–333. doi:10.1037/003561

Gelso, C. J. (2005). Introduction to special issue. *Psychotherapy: Theory, Research, Practice, Training, 42,* 419–420. doi:10.1037/0033-3204.42.4.419

Gelso, C. J. (2006). Applying theories in research: The interplay of theory and research in science. In E. T. L. Leong & J. T. Austin (Eds.), *The psychology research handbook* (2nd ed., pp. 455–464). Thousand Oaks, CA: Sage. doi:10.4135/9781412976626.n32

Gelso, C. J. (2009). *The real relationship in a postmodern world: Theoretical and empirical explorations.* Washington, DC: American Psychological Association. doi:10.1080/10503300802389242

Gelso, C. J. (2011). *The real relationship in psychotherapy: The hidden foundation of change.* Washington, DC: American Psychological Association. doi:10.1037/12349-000

Gelso, C. J. (in press). A tripartite model of the therapeutic relationship: Theory, research, and practice. *Psychotherapy Research.*

Gelso, C. J., Betz, N. E., Friedlander, M. L., Helms, J. E., Hill, C. E., Patton, M. A., . . . Wampold, B. E. (1988). Research in counseling: Prospects and recommendations. *The Counseling Psychologist, 16,* 385–406. doi:10.1177/0011000088163006

Gelso, C. J., & Bhatia, A. (2012). Crossing theoretical lines: The role and effect of transference in nonanalytic psychotherapies. *Psychotherapy, 49,* 384-390. doi:10.1037/a0028802

Gelso, C. J., & Carter, J. A. (1985). The relationship in counseling and psychotherapy: Components, consequences, and theoretical antecedents. *The Counseling Psychologist, 13,* 155-243. doi:10.1177/0011000085132001

Gelso, C. J., & Carter, J. A. (1994). Components of the psychotherapy relationship: Their interaction and unfolding during treatment. *Journal of Counseling Psychology, 41,* 296-306. doi:10.1037/0022-0167.41.3.296

Gelso, C. J., & Fassinger, R. E. (1990). Counseling psychology: Theory and research on interventions. *Annual Review of Psychology, 41,* 355-386. doi:10.1146/annurev.ps.41.020190.002035

Gelso, C. J., & Fassinger, R. E. (1992). Personality, development, and counseling psychology: Depth, ambivalence, and actualization. *Journal of Counseling Psychology, 39,* 275-298. doi:10.1037/0022-0167.39.3.275

Gelso, C. J., & Fretz, B. R. (1992). *Counseling psychology.* New York, NY: Harcourt Brace.

Gelso, C. J., & Fretz, B. R. (2001). *Counseling psychology* (2nd ed.). New York, NY: Harcourt.

Gelso, C. J., & Harbin, J. (2007). Insight, action, and the therapeutic relationship. In L. G. Castonguay & C. E. Hill (Eds.), *Insight in psychotherapy* (pp. 293-311). Washington, DC: American Psychological Association. doi:10.1037/11532-014

Gelso, C. J., & Hayes, J. A. (1998). *The psychotherapy relationship: Theory, research, and practice.* New York, NY: Wiley.

Gelso, C. J., & Hayes, J. A. (2007). *Countertransference and the therapist's inner experience: Perils and possibilities.* Mahwah, NJ: Erlbaum.

Gelso, C. J., & Johnson, D. H. (1983). *Explorations in time-limited counseling and psychotherapy.* New York, NY: Teachers College Press.

Gelso, C. J., Kelley, F. A., Fuertes, J. N., Marmarosh, C.,

Holmes, S. E., Costa, C., & Hancock, G. R. (2005). Measuring the real relationship in psychotherapy: Initial validation of the Therapist Form. *Journal of Counseling Psychology, 52,* 640-649. doi:10.1037/0022-0167.52.4.640

Gelso, C. J., Kivlighan, D. M., Busa-Knepp, J., Spiegel, E. B., Ain, S., Hummel, A. M., . . . Markin, R. D. (2012). The unfolding of the real relationship and the outcome of brief psychotherapy. *Journal of Counseling Psychology, 59,* 495-506. doi:10.1037/a0029838

Gelso, C. J., Kivlighan, D. M., Wine, B., Jones, A., & Friedman, S. C. (1997). Transference, insight, and the course of time-limited therapy. *Journal of Counseling Psychology, 44,* 209-217. doi:10.1037/0022-0167.44.2.209

Gelso, C. J., & Lent, R. W. (2000). Scientific training and scholarly productivity: The person, the training environment, and their interaction. In S. D. Brown & R. W. Lent (Eds.), *Handbook of counseling psychology* (3rd ed., pp. 109-139). New York, NY: Wiley.

Gelso, C. J., & Palma, B. (2011). Directions for research on self-disclosure and immediacy: Moderation, mediation, and the inverted U. *Psychotherapy, 48,* 342-348. doi:10.1037/a0025909

Gelso, C. J., & Samstag, L. W. (2008). A tripartite model of the therapeutic relationship. In S. D. Brown & R. W. Lent (Eds.), *Handbook of counseling psychology* (4th ed., pp. 267-283). Hoboken, NJ: Wiley.

Gelso, C. J., & Woodhouse, S. (2002). The termination of psychotherapy: What research tells us about the process of ending treatment. In G. S. Tryon (Ed.), *Research applications to the process of counseling* (pp. 344-369). Boston, MA: Allyn & Bacon.

Gelso, C. J., & Woodhouse, S. (2003). Toward a positive psychotherapy: Focus on human strength. In W. B. Walsh (Ed.), *Counseling psychology and optimal human functioning* (pp. 171-198). Mahwah, NJ: Erlbaum.

Gendlin, E. T. (1970). Research in psychotherapy with schizophrenic patients and the nature of that "illness." In J. T. Hart & T. M. Tomlinson (Eds.), *New directions in client-centered therapy* (pp. 280-291). Boston, MA: Houghton Mifflin.

Gerstein, L. H., & Shullman, S. L. (1992). Counseling psychology and the workplace: The emergence of organizational counseling psychology. In S. D. Brown & R. W. Lent (Eds.), *Handbook of counseling psychology* (2nd ed., pp. 581-625). New York, NY: Wiley.

Gibson, J., & Brown, S. D. (1992). Counseling adults for life transitions. In S. D. Brown & R. W. Lent (Eds.), *Handbook of counseling psychology* (2nd ed., pp. 285-313). New York, NY: Wiley.

Gilbert, L. A. (1980). Feminist therapy. In A. Brodsky & R. T. Hare-Mustin (Eds.), *Women and psychotherapy* (pp. 245-265). New York, NY: Guilford Press.

Gilbert, L. A., & Rader, J. (2008). Work, family, and dual-earner couples: Implications for research and practice. In S. D. Brown & R. W. Lent (Eds.), *Handbook of counseling psychology* (4th ed., pp. 426-443). Hoboken, NJ: Wiley.

Gilbert, L. A., & Waldroop, J. (1978). Evaluation of a procedure for increasing sex-fair counseling. *Journal of Counseling Psychology, 25,* 410-418. doi:10.1037/0022-0167.25.5.410

Gill, M. M. (1994). *Transitions in psychoanalysis.* Hillsdale, NJ: Analytic Press.

Gilligan, C. (1982). *In a different voice.* Cambridge, MA: Harvard University Press.

Gladding, S. T. (1999). *Group work: A counseling specialty* (3rd ed.). Columbus, OH: Prentice-Hall.

Gladstein, G. A. (1983). Understanding empathy: Integrating counseling, developmental, and social psychology perspectives. *Journal of Counseling Psychology, 30,* 467-482. doi:10.1037/0022-0167.30.4.467

Glick, P., & Fiske, S. T. (1996). The Ambivalent Sexism Inventory: Differentiating hostile and benevolent sexism. *Journal of Personality and Social Psychology, 70,* 491-512. doi:10.1037/0022-3514.70.3.491

Glosoff, H. L., Herlihy, B., & Spence, E. B. (2000). Privileged communication in the counselor-lient relationship. *Journal of Counseling & Development, 78,* 454-462. doi:10.1002/j.1556-6676.2000.tb01929.x

Goates-Jones, M. K., Hill, C. E., Stahl, J. V., & Doschek, E. E. (2009). Therapist response modes in the exploration stage: Timing and effectiveness. *Counselling Psychology*

Quarterly, 22, 221-231. doi:10.1080/09515070903185256

Goldfried, M. R. (1988). Application of rational restructuring to anxiety disorders. *The Counseling Psychologist, 16,* 50-68. doi:10.1177/0011000088161004

Goldfried, M. R., & Davila, J. (2005). The role of relationship and technique in therapeutic change. *Psychotherapy: Theory, Research, Practice, Training, 42,* 421-430. doi:10.1037/0033-3204.42.4.421

Goldfried, M. R., & Davison, G. C. (1994). *Clinical behavior therapy* (2nd ed.). New York, NY: Wiley Interscience.

Goldman, L. (1961). *Using tests in counseling.* New York, NY: Appleton-Century-Crofts.

Goldman, L. (Ed.). (1978). *Research methods for counselors.* New York, NY: Wiley.

Goldman, L. (1979). Research is more than technology. *The Counseling Psychologist, 8*(3), 41-44. doi:10.1177/001100007900800306

Goodman, L. A., Dutton, M. A., Weinfurt, K., & Cook, S. (2003). The Intimate Partner Violence Strategies Index: Development and application. *Violence Against Women, 9,* 163-186. doi:10.1177/1077801202239004

Goodman, L. A., Koss, M. P., & Russo, N. F. (1993). Violence against women: Physical and mental health effects. *Applied & Preventive Psychology, 2,* 79-89. doi:10.1016/S0962-1849(05)80114-3

Goodman, L. A., Liang, B., Helms, J. E., Latta, R. E., Sparks, E., & Weintraub, S. R. (2004). Training counseling psychologists as social justice agents: Feminist and multicultural principles in action. *The Counseling Psychologist, 32,* 793-836. doi:10.1177/0011000004268802

Goodman, L. A., & Smyth, K. F. (2011). A call for a social networkoriented approach to services for survivors of intimate partner violence. *Psychology of Violence, 1,* 79-92. doi:10.1037/a0022977

Goodman, M. B., & Moradi, B. (2008). Attitudes and behaviors toward lesbian and gay persons: Critical correlates and mediated relations. *Journal of Counseling Psychology, 55,* 371-384. doi:10.1037/0022-0167.55.3.371

Goodyear, R. K. (1990). Research on the effects of test interpretation. *The Counseling Psychologist, 18,* 240-

257. doi:10.1177/0011000090182006

Goodyear, R. K., Murdock, N., Lichtenberg, J. W., McPherson, R., Koetting, K., & Petren, S. (2008). Stability and change in counseling psychologists' identities, roles, functions, and career satisfaction across 15 years. *The Counseling Psychologist, 36*, 220-249. doi:10.1177/0011000007309481

Gore, P. A., & Leuwerke, W. C. (2000). Predicting occupational considerations: A comparison of self-efficacy beliefs, outcome expectations, and person-nvironment congruence. *Journal of Career Assessment, 8*, 237-250. doi:10.1177/106907270000800303

Gormley, B. (2012). Feminist multicultural mentoring in counseling psychology. In C. Z. Enns & E. N. Williams (Eds.), *The Oxford handbook of feminist multicultural counseling psychology* (pp. 451-464). New York, NY: Oxford Press. doi:10.1093/oxfordhb/9780199744220.013.0024

Gottfredson, G. D. (1999). John L. Holland's contributions to vocational psychology: A review and evaluation. *Journal of Vocational Behavior, 55*, 15-40. doi:10.1006/jvbe.1999.1695

Gottfredson, L. S. (1981). Circumscription and compromise: A developmental theory of occupational aspirations. *Journal of Counseling Psychology, 28*, 545-579. doi:10.1037/0022-0167.28.6.545

Gottfredson, L. S. (1996). Gottfredson's theory of circumscription and compromise. In D. Brown, L. Brooks, & Associates. (Eds.), *Career choice and development* (3rd ed., pp. 179-232). San Francisco, CA: Jossey-Bass.

Gottfredson, L. S. (2005). Applying Gottfredson's theory of circumscription and compromise in career guidance counseling. In S. D. Brown & R. W. Lent (Eds.), *Career development counseling: Putting theory and research to work* (pp. 71-100). Hoboken, NJ: Wiley.

Gough, B., Weyman, N., Alderson, J., Butler, G., & Stoner, M. (2008). "They did not have a word": The parental quest to locate a "true sex" for their intersex children. *Psychology and Health, 23*, 493-507. doi:10.1080/14768320601176170

Graff, H., & Luborsky, L. (1977). Long-term trends in transference and resistance: A report on quantitative-analytic methods applied to four psychoanalyses. *Journal of the American Psychoanalytic Association, 25*, 471-490. doi:10.1177/000306517702500210

Graham, J. M., & Kim, Y. (2011). Predictors of doctoral student success in professional psychology: Characteristics of students, programs, and universities. *Journal of Clinical Psychology, 67*, 340-354. doi:10.1002/jclp.20767

Grawe, K. (1997). Research-informed psychotherapy. *Psychotherapy Research, 7*, 1-19. doi:10.1080/10503309712331331843

Green, B. F. (1981). A primer of testing. *American Psychologist, 36*, 1001-1011. doi:10.1037/0003-066X.36.10.1001

Greenberg, J. R., & Mitchell, S. A. (1983). *Object relations in psychoanalytic theory.* Cambridge, MA: Harvard University Press.

Greenberg, L. S. (1983). The relationship in Gestalt therapy. In M. Lambert (Ed.), *Psychotherapy and patient relationships* (pp. 126-153). Homewood, IL: Dow Jones-Irwin.

Greenberg, L. S. (1985). An integrative approach to the relationship in counseling and psychotherapy. *The Counseling Psychologist, 13*, 251-259. doi:10.1177/0011000085132003

Greenberg, L. S. (2002). *Emotion-focused therapy: Coaching clients to work through their feelings.* Washington, DC: American Psychological Association. doi:10.1037/10447-000

Greene, C. H., & Banks, L. M. (2009). Ethical guideline evolution in psychological support to interrogation operations. *Consulting Psychology Journal: Practice and Research, 61*, 25-32. doi:10.1037/a0015102

Greenhaus, J. H., & Beutell, N. J. (1985). Sources of conflict between work and family roles. *Academy of Management Review, 10*, 76-88.

Greenhaus, J. H., & Powell, G. N. (2006). When work and family are allies: A theory of work-amily enrichment. *Academy of Management Review, 31*, 72-92. doi:10.5465/AMR.2006.19379625

Greenson, R. R. (1967). *The technique and practice of*

psychoanalysis, Vol. 1. New York, NY: International Universities Press.

Greenwald, A. G., & Banaji, M. R. (1995). Implicit social cognition: Attitudes, self-esteem, and stereotypes. *Psychological Review, 102,* 4-27. doi:10.1037/0033-295X.102.1.4

Gregory, R. J. (2011). *Psychological testing: History, principles, and applications* (6th ed.). New York, NY: Pearson.

Grummon, D. L. (1965). Client-centered theory. In B. Stefflre (Ed.), *Theories of counseling* (pp. 30-90). New York, NY: McGraw-Hill.

Guay, F., Senécal, C., Gauthier, L., & Fernet, C. (2003). Predicting career indecision: A self-determination theory perspective. *Journal of Counseling Psychology, 50,* 165-177. doi:10.1037/0022-0167.50.2.165

Gustad, J. W., & Tuma, A. H. (1957). The effects of different methods of test introduction and interpretation on client learning and counseling. *Journal of Counseling Psychology, 4,* 313-317. doi:10.1037/h0041195

Gysbers, N. C. (1997). Involving counseling psychology in the school-towork movement. *The Counseling Psychologist, 25,* 413-427. doi:10.1177/0011000097253004

Gysbers, N. C., Heppner, M. J., & Johnston, J. A. (2009). *Career counseling: Contexts, processes, and techniques* (3rd ed.). Alexandria, VA: American Counseling Association.

Hackett, G. (1993). Career counseling and psychotherapy: False dichotomies and recommended remedies. *Journal of Career Assessment, 1,* 105-117. doi:10.1177/106907279300100201

Hackett, G., & Betz, N. E. (1981). A self-efficacy approach to the career development of women. *Journal of Vocational Behavior, 18,* 326-339. doi:10.1016/0001-8791(81)90019-1

Hackett, G., & Lent, R. W. (1992). Theoretical advances and current inquiry in career psychology. In S. D. Brown & R. W. Lent (Eds.), *Handbook of counseling psychology* (pp. 419-451). New York, NY: Wiley.

Hackney, H. (1978). The evolution of empathy. *Personnel and Guidance Journal, 57,* 35-38. doi:10.1002/j.2164-4918.1978.tb05091.x

Hage, S. M., & Romano, J. L. (2010). History of prevention and prevention groups: Legacy for the 21st century. *Group Dynamics: Theory, Research, and Practice, 14,* 199-210. doi:10.1037/a0020736

Hage, S. M., Romano, J. L., Conyne, R. K., Kenny, M., Schwartz, J. P., & Waldo, M. (2007). Best practice guidelines on prevention practice, research, training, and social advocacy for psychologists. *The Counseling Psychologist, 35,* 493-566. doi:10.1177/0011000006291411

Haldeman, D. C. (2012). The evolving family. In N. A. Fouad, J. C. Carter, & L. M. Subich (Eds.), *APA handbook of counseling psychology: Vol. 2. Practice, interventions, and applications* (pp. 105-123). Washington, DC: American Psychological Association.

Haley, A. (1976). *Roots.* Garden City, NY: Doubleday.

Haley, J. (1976). *Problem-solving therapy.* San Francisco, CA: Jossey-Bass.

Hall, C. C. I. (1997). Cultural malpractice: The growing obsolescence of psychology with the changing U.S. population. *American Psychologist, 52,* 642-651. doi:10.1037/0003-066X.52.6.642

Hall, D. A., & Farber, B. A. (2001). Patterns of patient disclosure in psychotherapy. *Journal of the American Academy of Psychoanalysis, 29,* 213-230. doi:10.1521/jaap.29.2.213.17262

Hall, E. T. (1963). A system for the notation of proxemic behavior. *American Anthropologist, 65,* 1003-1026. doi:10.1525/aa.1963.65.5.02a00020

Hambleton, R. K., Merenda, P. F., & Spielberger, C. D. (2005). *Adapting educational and psychological tests for cross-cultural assessment.* Mahwah, NJ: Erlbaum.

Hansen, J. C. (2012). Contemporary counseling psychology. In E. M. Altmaier & J. C. Hansen (Eds.), *The Oxford handbook of counseling psychology* (pp. 917-922). New York, NY: Oxford University Press.

Hansen, J. C., Dik, B. J., & Zhou, S. (2008). An examination of the structure of leisure interests of college students, working-age adults, and retirees. *Journal of Counseling Psychology, 55,* 133-145. doi:10.1037/0022-0167.55.2.133

Hanson, W. E., Claiborn, C. D., & Kerr, B. (1997). Differential effects of two test-interpretation styles in counseling: A field study. *Journal of Counseling Psychology, 44*, 400-405. doi:10.1037/0022-0167.44.4.400

Harbin, J. M., Gelso, C. J., & Pérez Rojas, A. E. (2013). Therapist work with client strengths: Development and validation of a measure. *The Counseling Psychologist*. Advance online publication. doi:10.1177/0011000012470570

Harding, S. (1998). Gender, development, and post-enlightenment philosophy of science. *Hypatia, 13*, 146-167.

Harper, F. D. (2003). Background: Concepts and history. In F. D. Harper & J. McFadden (Eds.), *Culture and counseling: New approaches* (pp. 1-19). Needham Heights, MA: Allyn & Bacon.

Harper, F. D., & Bruce-Sanford, G. C. (1989). *Counseling techniques: An outline and overview*. Alexandria, VA: Douglass.

Harper, M. C., & Shoffner, M. F. (2004). Counseling for continued career development after retirement: An application of the theory of work adjustment. *Career Development Quarterly, 52*, 272-284. doi:10.1002/j.2161-0045.2004.tb00648.x

Hartmann, H. (1958). *Ego psychology and the problem of adaptation*. New York, NY: International Universities Press. (Original work published 1939) doi:10.1037/13180-000

Harvey, V. S. (1997). Improving readability of psychological reports. *Professional Psychology: Research and Practice, 28*, 271-274. doi:10.1037/0735-7028.28.3.271

Haverkamp, B. E., Morrow, S. L., & Ponterotto, J. G. (2005). A time and place for qualitative and mixed methods in counseling psychology research. *Journal of Counseling Psychology, 52*, 123-125. doi:10.1037/0022-0167.52.2.123

Hayes, J. A. (1997). What does the Brief Symptom Inventory measure in college and university counseling center clients? *Journal of Counseling Psychology, 44*, 360-367. doi:10.1037/0022-0167.44.4.360

Hayes, J. A., Gelso, C. R., & Hummel, A. M. (2011). Managing countertransference. *Psychotherapy, 48*, 88-97. doi:10.1037/a0022182

Hayes, J. A., McCracken, J. E., McClanahan, M. K., Hill, C. E., Harp, J. S., & Carozzoni, P. (1998). Therapist perspectives on countertransference: Qualitative data in search of a theory. *Journal of Counseling Psychology, 45*, 468-482. doi:10.1037/0022-0167.45.4.468

Hayes, S. C., Strosahl, K. D., & Wilson, K. G. (1999). *Acceptance and commitment therapy: An experiential approach to behavior change*. New York, NY: Guilford Press.

Healy, C. C. (1990). Reforming career appraisals to meet the needs of clients in the 1990s. *The Counseling Psychologist, 18*, 214-226. doi:10.1177/0011000090182004

Healy, P. M., & Palepu, L. (2003). The fall of Enron. *Journal of Economic Perspectives, 17*, 3-26. doi:10.1257/089533003765888403

Heath, S. R. (1964). *The reasonable adventurer*. Pittsburgh, PA: University of Pittsburgh Press.

Heesacker, M., & Lichtenberg, J. W. (2012). Theory and research for counseling interventions. In E. M. Altmaier & J. C. Hansen (Eds.), *The Oxford handbook of counseling psychology* (pp. 71-94). New York, NY: Oxford University Press.

Held, B. S. (1996). Solution-focused therapy and the post-modern: A critical analysis. In S. D. Miller, M. A. Hubble, & B. L. Duncan (Eds.), *Handbook of solution-focused brief therapy* (pp. 27-43). San Francisco, CA: Jossey-Bass.

Helms, J. E. (1984). Toward a theoretical explanation of the effects of race on counseling: A Black and White model. *The Counseling Psychologist, 12*(4), 153-165. doi:10.1177/0011000084124013

Helms, J. E. (1992). *A race is a nice thing to have*. Topeka, KS: Content Communications.

Helms, J. E. (1994). How multiculturalism obscures racial factors in the therapy process. *Journal of Counseling Psychology, 41*, 162-165. doi:10.1037/0022-0167.41.2.162

Helms, J. E. (1995). An update of Helms's White and people of color racial identity models. In J. C. Ponterotto,

J. M. Casas, L. A. Suzuki, & C. M. Alexander (Eds.), *Handbook of multicultural counseling* (pp. 181-198). Thousand Oaks, CA: Sage.

Helms, J. E., & Cook, D. A. (1999). *Using race and culture in counseling and psychotherapy: Theory and process.* Boston, MA: Allyn & Bacon.

Helms, J. E., & Talleyrand, R. M. (1997). Race is not ethnicity. *American Psychologist, 52,* 1246-1247. doi:10.1037/0003-066X.52.11.1246

Henretty, J. R., & Levitt, H. M. (2010). The role of the therapist selfdisclosure in psychotherapy: A qualitative review. *Clinical Psychology Review, 30,* 63-77. doi:10.1016/j.cpr.2009.09.004

Heppner, M. J., & Hendricks, F. (1995). A process and outcome study examining career indecision and indecisiveness. *Journal of Counseling & Development, 73,* 426-437. doi:10.1002/j.1556-6676.1995.tb01776.x

Heppner, P. P. (1999). Thirty years of *The Counseling Psychologist:* 1969-1999. *The Counseling Psychologist, 27,* 5-13. doi:10.1177/0011000099271001

Heppner, P. P., & Anderson, W. P. (1985). On the perceived non-utility of research in counseling. *Journal of Counseling & Development, 63,* 545-547. doi:10.1002/j.1556-6676.1985.tb00676.x

Heppner, P. P., Casas, J. M., Carter, J., & Stone, G. L. (2000). The maturation of counseling psychology: Multifaceted perspectives, 1978-1998. In S. D. Brown & R. W. Lent (Eds.), *Handbook of counseling psychology* (3rd ed., pp. 3-49). New York, NY: Wiley.

Heppner, P. P., & Krauskopf, C. J. (1987). An information-processing approach to personal problem solving. *The Counseling Psychologist, 15,* 371-447. doi:10.1177/0011000087153001

Heppner, P. P., Wampold, B. E., & Kivlighan, D. M. (2008). *Research in counseling* (3rd ed.). Belmont, CA: Thompson Brooks/Cole.

Heppner, P. P., Witty, T. E., & Dixon, W. A. (2004). Problem-solving appraisal and human adjustment: A review of 20 years of research using the Problem Solving Inventory. *The Counseling Psychologist, 32,* 344-428. doi:10.1177/0011000003262793

Herek, G. M. (2004). Beyond "homophobia": Thinking about sexual prejudice and stigma in the twenty-first century. *Sexuality Research & Social Policy, 1,* 6-24.

Herek, G. M. (2008). Hate crimes and stigma-related experiences among sexual minority adults in the United States: Prevalence estimates from a national probability sample. *Journal of Interpersonal Violence, 24,* 54-74. doi:10.1177/0886260508316477

Herek, G. M., Gillis, J. R., & Cogan, J. C. (1999). Psychological sequelae of hate crime victimization among lesbian, gay, and bisexual adults. *Journal of Consulting and Clinical Psychology, 67,* 945-951. doi:10.1037/0022-006X.67.6.945

Herman, J. L. (1992). *Trauma and recovery: The aftermath of violence-from domestic to political terror.* New York, NY: Basic Books.

Herr, E. L. (1996). Toward the convergence of career theory and practice. In M. L. Savickas & W. B. Walsh (Eds.), *Handbook of career counseling theory and practice* (pp. 13-35). Palo Alto, CA: Davies-Black.

Hesketh, B. (2000). Prevention and development in the workplace. In S. D. Brown & R. W. Lent (Eds.), *Handbook of counseling psychology* (3rd ed., pp. 471-498). New York, NY: Wiley.

Hiebert, B., Uhlemann, M. R., Marshall, A., & Lee, D. Y. (1998). The relationship between self-talk, anxiety, and counseling skill. *Canadian Journal of Counselling, 32,* 163-171.

Hill, C. E. (1978). The development of a system for classifying counselor responses. *Journal of Counseling Psychology, 25,* 461-468. doi:10.1037/0022-0167.25.5.461

Hill, C. E. (1982). Counseling process research: Philosophical and methodological dilemmas. *The Counseling Psychologist, 10,* 7-19. doi:10.1177/0011000082104003

Hill, C. E. (1985). *Manual for the Hill counselor verbal response modes category system* (rev. ed.). Unpublished manuscript, University of Maryland.

Hill, C. E. (1986). An overview of the Hill counselor and client verbal response modes category systems. In L. S. Greenberg & W. M. Pinsol (Eds.), *The psychotherapeutic process: A research handbook* (pp. 131-160). New York,

NY: Guilford Press.

Hill, C. E. (1989). *Therapist techniques and client outcome: Eight cases of brief psychotherapy.* Newbury Park, CA: Sage.

Hill, C. E. (1990). Review of exploratory in-session process research. *Journal of Consulting and Clinical Psychology, 58,* 288-294. doi:10.1037/0022-006X.58.3.288

Hill, C. E. (2004). Immediacy. In C. Hill (Ed.), *Helping skills: Facilitating exploration, insight, and action* (2nd ed., pp. 283-297). Washington, DC: American Psychological Association. doi:10.1037/10624-000

Hill, C. E. (2009). *Helping skills: Facilitating exploration, insight and action* (3rd ed.). Washington, DC: American Psychological Association.

Hill, C. E. (Ed.). (2012). *Consensual qualitative research: A practical resource for investigating social science phenomena.* Washington, DC: American Psychological Association.

Hill, C. E., & Corbett, M. M. (1993). A perspective on the history of process and outcome research in counseling psychology. *Journal of Counseling Psychology, 40,* 3-24. doi:10.1037/0022-0167.40.1.3

Hill, C. E., Gelso, C. J., & Mohr, J. J. (2000). Client concealment and self-presentation in therapy: Comment on Kelly (2000). *Psychological Bulletin, 126,* 495-500. doi:10.1037/0033-2909.126.4.495

Hill, C. E., Helms, J. E., Tichenor, V., Spiegel, S. B., O'Grady, K. E., & Perry, E. S. (1988). The effects of therapist response modes in brief psychotherapy. *Journal of Counseling Psychology, 35,* 222-233. doi:10.1037/0022-0167.35.3.222

Hill, C. E., Knox, S., Thompson, B. J., Williams, E. N., Hess, S. A., & Ladany, N. (2005). Consensual qualitative research: An update. *Journal of Counseling Psychology, 52,* 196-205. doi:10.1037/0022-0167.52.2.196

Hill, C. E., Mahalik, J. R., & Thompson, B. J. (1989). Therapist self-disclosure. *Psychotherapy: Theory, Research, Practice, Training, 26,* 290-295. doi:10.1037/h0085438

Hill, C. E., Nutt-Williams, E., Heaton, K., Thompson, B. J., & Rhodes, R. (1996). Therapist retrospective recall of impasses in long-term psychotherapy: A qualitative analysis. *Journal of Counseling Psychology, 43,* 207-217. doi:10.1037/0022-0167.43.2.207

Hill, C. E., & O'Brien, K. M. (1999). *Helping skills: Facilitating exploration, insight, and action.* Washington, DC: American Psychological Association.

Hill, C. E., O'Grady, K. E., Balinger, V., Busse, W., Falk, D. R., Hill, M., . . . Taffe, R. (1994). Methodological examination of videotapeassisted reviews in brief therapy: Helpfulness ratings, therapist intentions, client reactions, mood, and session evaluation. *Journal of Counseling Psychology, 41,* 236-247. doi:10.1037/0022-0167.41.2.236

Hill, C. E., Thompson, B. J., Cogar, M. C., & Denman, D. W. (1993). Beneath the surface of long-term therapy: Therapist and client report on their own and each other's covert processes. *Journal of Counseling Psychology, 40,* 278-287. doi:10.1037/0022-0167.40.3.278

Hill, C. E., Thompson, B. J., & Williams, E. N. (1997). A guide to conducting consensual qualitative research. *The Counseling Psychologist, 25,* 517-572. doi:10.1177/0011000097254001

Hill, C. E., & Williams, E. N. (2000). The process of individual therapy. In S. D. Brown & R. W Lent (Eds.), *Handbook of counseling psychology* (3rd ed., pp. 670-710). New York, NY: Wiley.

Hill, C. E., & Williams, E. N. (2012). The sample. In C. E. Hill (Ed.), *Consensual qualitative research: A practical resource for investigating social science phenomena* (pp. 71-81). Washington, DC: American Psychological Association.

Hill, R. (2005). *Positive aging: A guide for mental health professionals and consumers.* New York, NY: Norton.

Hills, H. I., & Strozier, A. L. (1992). Multicultural training in APA-approved counseling psychology programs: A survey. *Professional Psychology: Research and Practice, 23,* 43-51. doi:10.1037/0735-7028.23.1.43

Hofmann, S. G. (2011). *An introduction to modern CBT: Psychological solutions to mental health problems.* Chichester, United Kingdom: Wiley-Blackwell.

Holahan, W., & Yesenosky, J. M. (1992). Subgroups within Division 17: Divisiveness or opportunity for cohesion? *The Counseling Psychologist, 20,* 660-676.

doi:10.1177/0011000092204010

Holinger, P. C. (1999). Noninterpretive interventions in psychoanalysis and psychotherapy: A developmental perspective. *Psychoanalytic Psychology, 16,* 233-253. doi:10.1037/0736-9735.16.2.233

Holland, J. L. (1985). *The Vocational Preference Inventory.* Odessa, FL: Psychological Assessment Resources.

Holland, J. L. (1994). *Self-Directed Search Form R* (4th ed.). Odessa, FL: Psychological Assessment Resources.

Holland, J. L. (1996). Exploring careers with a typology: What we have learned and some new directions. *American Psychologist, 51,* 397-406. doi:10.1037/0003-066X.51.4.397

Holland, J. L. (1997). *Making vocational choices: A theory of vocational personalities and work environments* (3rd ed.). Odessa, FL: Psychological Assessment Resources.

Holland, J. L. (1998). *Self-Directed Search Form R* (4th ed.). Odessa, FL: Psychological Assessment Resources.

Holland, J. L., Daiger, D. C., & Power, P. G. (1980). *My vocational situation.* Palo Alto, CA: Consulting Psychologists Press.

Holland, J. L., & Holland, J. E. (1977). Vocational indecision: More evidence and speculation. *Journal of Counseling Psychology, 24,* 404-414. doi:10.1037/0022-0167.24.5.404

Holland, J. L., Johnston, J. A., & Asama, N. F. (1993). The Vocational Identity Scale: A diagnostic and treatment tool. *Journal of Career Assessment, 1,* 1-12. doi:10.1177/106907279300100102

Holt, R. (1970). Yet another look at clinical and statistical prediction: Or, is clinical psychology worthwhile? *American Psychologist, 25,* 337-349. doi:10.1037/h0029481

Holzman, L. A., Searight, H. R., & Hughes, H. M. (1996). Clinical psychology graduate students and personal psychotherapy: Results of an exploratory survey. *Professional Psychology: Research and Practice, 27,* 98-101. doi:10.1037/0735-7028.27.1.98

Hood, A. B., & Johnson, R. W. (2007). *Assessment in counseling: A guide to the use of psychological assessment procedures.* Washington, DC: American Counseling Association.

Horne, S. G., & Aurora, K. S. K. (2012). Feminist multicultural counseling psychology in transnational contexts. In C. Z. Enns & E. N. Williams (Eds.), *The Oxford handbook of feminist multicultural counseling psychology* (pp. 240-252). New York, NY: Oxford University Press. doi:10.1093/oxfordhb/9780199744220.013.0013

Horvath, A. O. (2009). How real is the "real relationship"? *Psychotherapy Research, 19,* 273-277. doi:10.1080/10503300802592506

Horvath, A. O., Del Re, A. C., Flückiger, C., & Symonds, D. (2011). Alliance in individual psychotherapy. In J. Norcross (Ed.), *Psychotherapy relationships that work* (2nd ed., pp. 25-69). New York, NY: Oxford University Press.

Horvath, A. O., & Greenberg, L. (1994). *The working alliance: Theory, research, and practice.* New York, NY: Wiley.

Horwitz, L. (1974). *Clinical prediction in psychotherapy.* New York, NY: Aronson.

Horwitz, L. (1986). An integrated, group-centered approach. In I. L. Kutash & A. Wolf (Eds.), *Psychotherapist's casebook: Theory and technique in the practice of modern therapies* (pp. 353-363). San Francisco, CA: Jossey-Bass.

Hoshmand, L. (1989). Alternate research paradigms: A review and teaching proposal. *The Counseling Psychologist, 17,* 3-79. doi:10.1177/0011000089171001

Howard, G. S. (1984). A modest proposal for a revision of strategies for counseling research. *Journal of Counseling Psychology, 31,* 430-441. doi:10.1037/0022-0167.31.4.430

Howard, G. S. (1985). Can research in the human sciences become more relevant to practice? *Journal of Counseling & Development, 63,* 539-544. doi:10.1002/j.1556-6676.1985.tb00675.x

Howard, G. S. (1986). The scientist-ractitioner model in counseling psychology: Toward a deeper integration of theory, research, and practice. *The Counseling Psychologist, 14,* 61-105. doi:10.1177/0011000086141006

Howard, G. S. (1992). Behold our creation! What counseling psychology has become and might yet become. *Journal of Counseling Psychology, 39,* 419-442. doi:10.1037/0022-0167.39.4.419

Howard, G. S. (1993). Ecocounseling psychology: An introduction and overview. *The Counseling Psychologist, 21,* 550-559. doi:10.1177/0011000093214002

Huang, P., Lin, C., & Chang, Y. (2010). Current status of fulltime internship training in counseling psychology. *Bulletin of Educational Psychology, 42,* 123-142.

Hudson, J. I., Hiripi, E., Pope, H. G., & Kessler, R. C. (2007). The prevalence and correlates of eating disorders in the National Comorbidity Survey Replication. *Biological Psychiatry, 61,* 348-358. doi:10.1016/j.biopsych.2006.03.040

Humphrey, S. E., Nahrgang, J. D., & Morgeson, F. P. (2007). Integrating motivational, social, and contextual work design features: A meta-analytic summary and theoretical extension of the work design literature. *Journal of Applied Psychology, 92,* 1332-1356. doi:10.1037/0021-9010.92.5.1332

Hunter, M., & Struve, J. (1998). *The ethical use of touch in psychotherapy.* Thousand Oaks, CA: Sage. doi:10.1080/10720169808400156

Internet World Stats. (2011). *The Internet big picture: World Internet users and population stats.* Retrieved from http://www.internetworldstats.com/stats.htm

Israel, T. (2012). Exploring privilege in counseling psychology: Shifting the lens. *The Counseling Psychologist, 40,* 158-180. doi:10.1177/0011000011426297

Ivey, A., Ivey, M., Myers, J., & Sweeney, T. (2005). *Developmental counseling and therapy: Promoting wellness over the lifespan.* Boston, MA: Lahaska/Houghton-Mifflin.

Ivey, A. E. (1979). Counseling psychology-The most broadly-based applied psychology specialty. *The Counseling Psychologist, 8*(3), 3-6. doi:10.1177/001100007900800302

Ivey, A. E. (1986). *Developmental therapy: Theory into practice.* San Francisco, CA: Jossey-Bass.

Ivey, A. E., Ivey, M. B., & Zalaquett, C. P. (2010). *Intentional interviewing and counseling: Facilitating client development in a multicultural society* (7th ed.). Belmont, CA: Brooks-Cole.

Iwakabe, S., Rogan, K., & Stalikas, A. (2000). The relationship between client emotional expressiveness, therapist interventions, and the working alliance: An exploration of eight emotional expression events. *Journal of Psychotherapy Integration, 10,* 375-401. doi:10.1023/A:1009479100305

Jackson, D. D. (1957). The question of family homeostasis. *The Psychiatric Quarterly Supplement, 31,* 79-90.

Jackson, M. L. (1995). Multicultural counseling: Historical perspectives. In J. G. Ponterotto, J. M. Casas, L. A. Suzuki, & C. M. Alexander (Eds.), *Handbook of multicultural counseling* (pp. 3-16). Thousand Oaks, CA: Sage.

Jackson, Z. V., Wright, S. L., & Perrone-McGovern, K. M. (2010). Work-family interface for men in nontraditional careers. *Journal of Employment Counseling, 47,* 157-166. doi:10.1002/j.2161-1920.2010.tb00100.x

Jacob, M. C. (1987). Managing the internship application experience: Advice from an exhausted but contented survivor. *The Counseling Psychologist, 15,* 146-155. doi:10.1177/0011000087151009

Jacobs, L., & Hycner, R. (2009). *Relational approaches in Gestalt therapy.* Santa Cruz, CA: Gestalt Press.

Jacobson, E. (1938). *Progressive relaxation.* New York, NY: Brunner/Mazel.

Jahoda, M. (1958). *Current concepts of positive mental health.* New York, NY: Basic Books. doi:10.1037/11258-000

James, L. (2008). *Fixing hell.* New York, NY: Grand Central.

Jeffrey, T. B., Rankin, R. J., & Jeffrey, L. K. (1992). In service of two masters: The ethical-egal dilemma faced by military psychologists. *Professional Psychology: Research and Practice, 23,* 91-95. doi:10.1037/0735-7028.23.2.91

Jennings, L., & Skovholt, T. M. (1999). The cognitive, emotional, and relational characteristics of master therapists. *Journal of Counseling Psychology, 46,* 3-11. doi:10.1037/0022-0167.46.1.3

Johnson, D. H., & Gelso, C. J. (1980). The effectiveness of time limits in counseling and psychotherapy: A critical review. *The Counseling Psychologist, 9*(1), 70-83. doi:10.1177/001100008000900115

Johnson, S. M. (2004). *The practice of emotionally-focused* marital therapy: Creating connections. New York, NY: Brunner/Routledge.

Johnson, W. B. (2002). Consulting in the military context: Implications of the revised training principles. *Consulting Psychology Journal: Practice and Research, 54,* 233-241. doi:10.1037/1061-4087.54.4.233

Johnson, W. B., & Kennedy, C. H. (2010). Preparing psychologists for high-risk jobs: Key ethical considerations for military clinical supervisors. *Professional Psychology: Research and Practice, 41,* 298-304. doi:10.1037/a0019899

Joint Commission on Mental Illness and Mental Health. (1961). *Action for mental health.* New York, NY: Basic Books.

Jones, D. A., & McIntosh, B. R. (2010). Organizational and occupational commitment in relation to bridge employment and retirement intentions. *Journal of Vocational Behavior, 77,* 290-303. doi:10.1016/j.jvb.2010.04.004

Jones, E. (1953). *The life and works of Sigmund Freud* (Vol. 1). New York, NY: Basic Books.

Jones, E. (1955). *The life and works of Sigmund Freud* (Vol. 2). New York, NY: Basic Books.

Jones, E. (1957). *The life and works of Sigmund Freud* (Vol. 3). New York, NY: Basic Books.

Jones, K. D., & Heesacker, M. (2012). Addressing the situation: Evidence for the significance of microcontexts with the gender role conflict construct. *Psychology of Men & Masculinity, 13,* 294-307. doi:10.1037/a0025797

Jordaan, J. E., Myers, R. A., Layton, W. C., & Morgan, H. H. (1968). *The counseling psychologist.* Washington, DC: American Psychological Association.

Jordan, A. E., & Meara, N. M. (1990). Ethics and the professional practice of psychologists: The role of virtues and principles. *Professional Psychology: Research and Practice, 21,* 107-114. doi:10.1037/0735-7028.21.2.107

Joyce, A. S., Duncan, S. C., & Piper, W. E. (1995). Task analysis of "working" responses to dynamic interpretation in short-term individual psychotherapy. *Psychotherapy Research, 5,* 49-62. doi:10.1080/10503309512331331136

Joyce, N. R., & Rankin, T. J. (2010). The lessons of the development of the first APA ethics code: Blending science, practice, and politics. *Ethics & Behavior, 20,* 466-481. doi:10.1080/10508422.2010.521448

Joyce, P., & Sills, C. (2010). *Skills in Gestalt counselling and psychotherapy* (2nd ed.). Thousand Oaks, CA: Sage.

Juntunen, C. L. (2002). Development, developmental concerns, and counseling. In C. L. Juntunen & D. R. Atkinson (Eds.), *Counseling across the lifespan: Prevention and treatment* (pp. 23-37). Thousand Oaks, CA: Sage. doi:10.4135/9781452231792.n2

Juntunen, C. L. (2006). The psychology of working: The clinical context. *Professional Psychology: Research and Practice, 37,* 342-350. doi:10.1037/0735-7028.37.4.342

Juntunen, C. L., & Even, C. E. (2012). Theories of vocational psychology. In N. A. Fouad, J. A. Carter, & L. M. Subich (Eds.), *APA handbook of counseling psychology: Vol. 1. Theories, research, and methods* (pp. 237-267). Washington, DC: American Psychological Association.

Kabat-Zinn, J. (1990). *Full catastrophe living: Using the wisdom of your body and mind to face stress, pain and illness.* New York, NY: Delta.

Kagan, N., Armsworth, M. W., Altmaier, E. M., Dowd, E. T., Hansen, J. C., Mills, D. E., . . . Vasquez, M. J. T. (1988). Professional practice of counseling psychology in various settings. *The Counseling Psychologist, 16,* 347-365. doi:10.1177/0011000088163004

Kagan, N. I., Kagan, H., & Watson, M. G. (1995). Stress reduction in the workplace: The effectiveness of psychoeducational programs. *Journal of Counseling Psychology, 42,* 71-78. doi:10.1037/0022-0167.42.1.71

Kalbeitzer, R. (2009). Psychologists and interrogations: Ethical dilemmas in times of war. *Ethics & Behavior, 19,* 156-168. doi:10.1080/10508420902772793

Kanfer, F. H. (1977). The many faces of self-control, or behavior modification changes its focus. In R. B. Stuart (Ed.), *Behavioral self-managment* (pp. 1-48). New York, NY: Brunner/Mazel.

Kaschak, E. (1981). Feminist psychotherapy: The first decade. In S. Cox (Ed.), *Female psychology: The emerging self* (pp. 387-400). New York, NY: St. Martin's.

Kashubeck-West, S., & Mintz, L. B. (2001). Eating disorders in women: Etiology, assessment, and treatment. *The Counseling Psychologist, 29,* 627-634.

doi:10.1177/0011000001295001

Kashubeck-West, S., Saunders, K. J., & Coker, A. (2012). Body image. In K. L. Goodheart, J. R. Clopton, & J. J. Robert-Mccomb (Eds.), *Eating disorders in women and children: Prevention, stress management, and treatment* (2nd ed., pp. 163-180). Boca Raton, FL: CRC Press.

Kashubeck-West, S., & Tagger, L. (2012). Feminist multicultural perspectives on body image and eating disorders in women. In C. Z. Enns & E. N. Williams (Eds.), *The Oxford handbook of feminist multicultural counseling psychology* (pp. 392-410). New York, NY: Oxford University Press. doi:10.1093/oxfordhb/9780199744220.013.0021

Kaslow, N. J., & Friedman, D. (1984). The interface of personal treatment and clinical training for psychotherapist trainees. In F. W. Kaslow (Ed.), *Psychotherapy with psychotherapists* (pp. 33-57). New York, NY: Haworth.

Kasper, L. B., Hill, C. E., & Kivlighan, D. M., Jr. (2008). Therapist immediacy in brief psychotherapy: Case study I. *Psychotherapy: Theory, Research, Practice, Training, 45*, 281-297. doi:10.1037/a0013305

Keith-Spiegel, P., & Wiederman, M. W. (2000). *The complete guide to graduate school admission: Psychology, counseling, and related professions.* Hillsdale, NJ: Erlbaum.

Kelley, F. A., Gelso, C. J., Fuertes, J. N., Marmarosh, C., & Lanier, S. H. (2010). The Real Relationship Inventory: Development and psychometric investigation of the Client Form. *Psychotherapy: Theory, Research, Practice, Training, 47*, 540-553. doi:10.1037/a0022082

Kelly, A. E. (1998). Clients'secret keeping in outpatient therapy. *Journal of Counseling Psychology, 45*, 50-57. doi:10.1037/0022-0167.45.1.50

Kelly, A. E., & Yuan, K.-H. (2009). Clients'secret keeping and the working alliance in adult outpatient therapy. *Psychotherapy: Theory, Practice, Research, Training, 46*, 193-202. doi:10.1037/a0016084

Kenny, M. E., Bower, M. E., Perry, J. C., Blustein, D. L., & Amtzis, A. T. (2004). *The Tools for Tomorrow Program: Integrating school-to-career psychoeducation into high school curriculum.* Chestnut Hill, MA: Boston College.

Kenny, M. E., & Walsh-Blair, L. Y. (2012). Educational development: Applications. In N. A. Fouad, J. A. Carter, & L. M. Subich (Eds.), *APA handbook of counseling psychology: Vol. 2. Practice, interventions, and applications* (pp. 29-55). Washington, DC: American Psychological Association.

Kernberg, O. (1975). *Borderline conditions and pathological narcissism.* New York, NY: Aronson.

Kerr, M. (1981). Family systems theory and therapy. In A. Gurman & D. Kniskern (Eds.), *Handbook of family therapy* (pp. 226-264). New York, NY: Brunner/Mazel.

Kiesler, D. J. (1971). Experimental designs in psychotherapy research. In A. Bergin & S. Garfield (Eds.), *Handbook of psychotherapy and behavior change* (pp. 36-74). New York, NY: Wiley.

Kim, B. S. K., Carwright, B. Y., Asay, P. A., & D'Andrea, M. J. (2003). A revision of the Multicultural Awareness, Knowledge, and Skills Survey—Counselor Edition. *Measurement and Evaluation in Counseling and Development, 36*, 161-180.

Kinsey, A. C., Pomeroy, W. B., & Martin, C. E. (1948). *Sexual behavior in the human male.* Philadelphia, PA: Saunders.

Kinsey, A. C., Pomeroy, W. B., Martin, C. E., & Gebhard, P. (1953). *Sexual behavior in the human female.* Philadelphia, PA: Saunders.

Kirsch, I. (2005). Placebo psychotherapy: Synonym or oxymoron? *Journal of Clinical Psychology, 61*, 791-803. doi:10.1002/jclp.20126

Kirsh, B. (1974). Consciousness-raising groups as therapy for women. In V. Franks & V. Burtle (Eds.), *Women in therapy: New psychotherapies for a changing society* (pp. 326-354). New York, NY: Brunner/Mazel.

Kiselica, M. S. (1998). Preparing Anglos for the challenges and joys of multiculturalism. *The Counseling Psychologist, 26*, 5-21. doi:10.1177/0011000098261001

Kitchener, K. S. (1984). Intuition, critical evaluation and ethical principles: The foundation for ethical decisions in counseling psychology. *The Counseling Psychologist, 12*(3), 43-55. doi:10.1177/0011000084123005

Kitchener, K. S. (2000). *Foundations of ethical practice, research and teaching in psychology.* Mahwah, NJ:

Erlbaum.

Kitchener, K. S., & Anderson, S. K. (2011). *Foundations of ethical practice, research, and teaching in psychology and counseling* (2nd ed.). New York, NY: Taylor & Francis.

Kivlighan, D. M. (2002). Transference, interpretations, and insight: A research-practice model. In G. S. Tryon (Ed.), *Counseling based on process research: Applying what we know* (pp. 166-196). Boston, MA: Allyn & Bacon.

Kivlighan, D. M., Jr., Coleman, M. N., & Anderson, D. C. (2000). Process, outcome, and methodology in group counseling research. In S. Brown & R. Lent (Eds.), *Handbook of counseling psychology* (3rd ed., pp. 767-796). New York, NY: Wiley.

Kivlighan, D. M., Jr., Miles, J. R., & Paquin, J. D. (2010). Therapeutic factors in group counseling: Asking new questions. In R. Conyne (Ed.), *The Oxford handbook of group counseling* (pp. 121-136). New York, NY: Oxford University Press.

Klonoff, E. A., Landrine, H., & Campbell, R. (2000). Sexist discrimination may account for well-known gender differences in psychiatric symptoms. *Psychology of Women Quarterly, 24*, 93-99. doi:10.1111/j.1471-6402.2000.tb01025.x

Knapp, S., & VandeCreek, L. (1997). *Jaffee v. Redmond:* The Supreme Court recognizes a psychotherapist-atient privilege in federal courts. *Professional Psychology: Research and Practice, 28*, 567-572. doi:10.1037/0735-7028.28.6.567

Knapp, S., & VandeCreek, L. (2003). An overview of the major changes in the 2002 APA ethics code. *Professional Psychology: Research and Practice, 34*, 301-308. doi:10.1037/0735-7028.34.3.301

Knapp, S., & VandeCreek, L. (2004). A principle-based analysis of the 2002 American Psychological Association Ethics Code. *Psychotherapy: Theory, Research, Practice, Training, 41*, 247-254. doi:10.1037/0033-3204.41.3.247

Knapp, S. J., Gottlieb, M. C., Handelsman, M. M., & VandeCreek, L. D. (2012). *APA handbook of ethics in psychology.* Washington, DC: American Psychological Association.

Knox, S., & Hill, C. E. (2003). Therapist self-disclosure:

Research-based suggestions for practitioners. *Journal of Clinical Psychology, 59*, 529-539. doi:10.1002/jclp.10157

Kohlberg, L. (1984). *Essays in moral development.* New York, NY: Harper & Row.

Kohut, H. (1971). *The analysis of the self.* New York, NY: International Universities Press.

Kohut, H. (1977). *The restoration of the self.* New York, NY: International Universities Press.

Kohut, H. (1984). *How does analysis cure?* Chicago, IL: University of Chicago Press.

Kolden, G. G., Klein, M. H., Wang, C.-C., & Austin, S. B. (2011). Congruence/genuineness. In J. C. Norcross (Ed.), *Psychotherapy relationships that work* (2nd ed., pp. 187-202). New York, NY: Oxford University Press.

Koocher, G. P., & Keith-Spiegel, P. (2008). *Ethics in psychology and the mental health professions* (3rd ed.). New York, NY: Oxford University Press.

Koocher, G. P., & Morray, E. (2000). Regulation of telepsychology: A survey of state attorneys general. *Professional Psychology: Research and Practice, 31*, 503-508. doi:10.1037/0735-7028.31.5.503

Koss, M. P., Goodman, L. A., Brown, A., Fitzgerald, L. F., Keita, G. P., & Russo, N. F. (1994). *No safe haven: Male violence against women at home, at work, and in the community.* Washington, DC: American Psychological Association. doi:10.1037/10156-000

Kovel, J. (1970). *White racism: A psychohistory.* New York, NY: Pantheon.

Kravetz, D. (1978). Consciousness-raising groups in the 1970s. *Psychology of Women Quarterly, 3*, 168-186. doi:10.1111/j.1471-6402.1978.tb00532.x

Krumboltz, J. D. (Ed.). (1966). *Revolution in counseling: Implications of behavioral science.* Boston, MA: Houghton Mifflin.

Krumboltz, J. D. (1968). Future directions for counseling research. In J. M. Whiteley (Ed.), *Research in counseling: Evaluation and refocus* (pp. 184-203). Columbus, OH: Merrill.

Krumboltz, J. D. (1979). A social learning theory of career decision making. In A. M. Mitchell, G. B. Jones, & J. D. Krumboltz (Eds.), *Social learning and career decision making* (pp. 19-49). Cranston, RI: Carrol Press.

Krumboltz, J. D. (1988). *Career Beliefs Inventory*. Palo Alto, CA: Consulting Psychologists Press.

Krumboltz, J. D. (1991). *Manual for the Career Beliefs Inventory*. Palo Alto, CA: Consulting Psychologists Press.

Krumboltz, J. D. (1996). Learning theory of career counseling. In M. L. Savickas & W. B. Walsh (Eds.), *Handbook of career counseling theory and practice* (pp. 55-80). Palo Alto, CA: Davies-Black.

Krumboltz, J. D. (2009). The happenstance learning theory. *Journal of Career Assessment, 17,* 135-154. doi:10.1177/1069072708328861

Krumboltz, J. D., & Baker, R. D. (1973). Behavioral counseling for vocational decision. In H. Borow (Ed.), *Career guidance for a new age* (pp. 143-186). Boston, MA: Houghton Mifflin.

Krumboltz, J. D., & Coon, D. W. (1995). Current professional issues in vocational psychology. In W. B. Walsh & S. H. Osipow (Eds.), *Handbook of vocational psychology* (2nd ed., pp. 391-426). Mahwah, NJ: Erlbaum.

Krumboltz, J. D., Mitchell, A. M., & Jones, G. B. (1976). A social learning theory of career selection. *The Counseling Psychologist, 6*(1), 71-81. doi:10.1177/001100007600600117

Krumboltz, J. D., & Mitchell, L. K. (1979). Relevant rigorous research. *The Counseling Psychologist, 8*(3), 50-52. doi:10.1177/001100007900800309

Krumboltz, J. D., & Thoresen, C. E. (1969). *Behavioral counseling*. New York, NY: Holt, Rinehart & Winston.

Kuder, G. E, & Zytowski, D. G. (1991). *Kuder Occupational Interest Survey Form DD: General manual*. Monterey, CA: California Testing Bureau.

Kuhn, T. S. (1970). *The structure of scientific revolutions*. Chicago, IL: University of Chicago Press.

LaFromboise, T., Coleman, H. L. K., & Gerton, J. (1993). Psychological impact of biculturalism: Evidence and theory. *Psychological Bulletin, 114,* 395-412. doi:10.1037/0033-2909.114.3.395

LaFromboise, T. D., Coleman, H. L. K., & Hernandez, A. (1991). Development and factor structure of the Cross-Cultural Counseling Inventory—Revised. *Professional Psychology: Research and Practice, 22,* 380-388.

doi:10.1037/0735-7028.22.5.380

Lambert, M. J. (Ed.). (1983). *A guide to psychotherapy and patient relationships*. Homewood, IL: Dow Jones-Irwin.

Lambert, M. J. (Ed.). (2013). *Bergin and Garfield's handbook of psychotherapy and behavior change* (6th ed.). New York, NY: Wiley.

Lambert, M. J., & Bergin, A. E. (1994). The effectiveness of psychotherapy. In A. Bergin & S. Garfield (Eds.), *Handbook of psychotherapy and behavior change* (4th ed., pp. 143-189). New York, NY: Wiley.

Lambert, M. J., & Hill, C. E. (1994). Assessing psychotherapy outcomes and process. In A. E. Bergin & S. L. Garfield (Eds.), *Handbook of psychotherapy and behavior change* (4th ed., pp. 72-113). New York, NY: Wiley.

Lambert, M. J., & Veermersch, D. A. (2008). Measuring and improving psychotherapy outcome in routine practice. In S. Brown & R. Lent (Eds.), *Handbook of counseling psychology* (4th ed., 233-248). New York, NY: Wiley.

Lampropoulos, G. K. (2000). A reexamination of the empirically supported treatments critiques. *Psychotherapy Research, 10,* 474-487. doi:10.1093/ptr/10.4.474

Lampropoulos, G. K., Goldfried, M. R., Castonguay, L. G., Lambert, M. L., Stiles, W. B., & Nestoros, J. N. (2002). What kind of research can we realistically expect from the practitioner? *Journal of Clinical Psychology, 58,* 1241-1264. doi:10.1002/jclp.10109

Lanci, M., & Spreng, A. (2008). *The therapist's starter guide: Setting up and building your practice, working with clients, and managing professional growth*. Hoboken, NJ: Wiley.

Langs, R. J. (1974). *The technique of psychoanalytic psychotherapy, Vol. 1*. New York, NY: Aronson.

Langs, R. J. (1976). *The bipersonal field*. New York, NY: Aronson.

Lapan, R. T., & Jingeleski, J. (1992). Circumscribing vocational aspirations in junior high school. *Journal of Counseling Psychology, 39,* 81-90. doi:10.1037/0022-0167.39.1.81

Lapan, R. T., Turner, S., & Pierce, M. E. (2012). College and career readiness: Policy and research to support effective counseling in schools. In N. A. Fouad, J.

A. Carter, & L. M. Subich (Eds.), *APA handbook of counseling psychology: Vol. 2. Practice, interventions, and applications* (pp. 57-73). Washington, DC: American Psychological Association. doi:10.1037/13755-003

Larson, L. M. (2012). Worklife across the lifespan. In E. M. Altmaier & J. C. Hansen (Eds.), *The Oxford handbook of counseling psychology* (pp. 128-178). New York, NY: Oxford University Press.

Larson, L. M., Heppner, P. P., Ham, T., & Dugan, K. (1988). Investigating multiple subtypes of career indecision through cluster analysis. *Journal of Counseling Psychology, 35,* 439-446. doi:10.1037/0022-0167.35.4.439

Larson, L. M., Rottinghaus, P. J., & Borgen, F. H. (2002). Meta-analyses of Big Six interests and Big Five personality variables. *Journal of Vocational Behavior, 61,* 217-239. doi:10.1006/jvbe.2001.1854

Larson, L. M., Wei, M., Wu, T. F., Borgen, F. H., & Bailey, D. C. (2007). Discriminating among educational majors and career aspirations in Taiwanese undergraduates: The contribution of personality and selfefficacy. *Journal of Counseling Psychology, 54,* 395-408. doi:10.1037/0022-0167.54.4.395

Lebow, J. L. (2005). *Handbook of clinical family therapy.* New York, NY: Wiley.

Lebow, J. L. (2008). Couple and family therapy. In J. L. Lebow (Ed.), *Twenty-first century psychotherapy* (pp. 307-346). New York, NY: Wiley.

Lecca, P. J., Quervalú, I., Nunes, J. V., & Gonzales, H. F. (1998). *Cultural competency in health, social, and human services: Directions for the twenty-first century.* New York, NY: Garland.

Lee, D. L., Sheridan, D. J., Rosen, A. D., & Jones, I. (2013). Psychotherapy trainees' multicultural case conceptualization content: Thematic differences across three cases. *Psychotherapy, 50,* 206-212. doi:10.1037/a0028242

Lee, D. Y., Uhlemann, M. R., & Haase, R. F. (1985). Counselor verbal and nonverbal responses and perceived expertness, trustworthiness, and attractiveness. *Journal of Counseling Psychology, 32,* 181-187. doi:10.1037/0022-0167.32.2.181

Lee, K. (2005). Coping with career indecision: Differences between four career choice types. *Journal of Career Development, 31,* 279-289. doi:10.1007/s10871-005-4741-0

Lehavot, K., Barnett, J. E., & Powers, D. (2010). Psychotherapy, professional relationships, and ethical considerations in the MySpace generation. *Professional Psychology: Research and Practice, 41,* 160-166. doi:10.1037/a0018709

Lejuez, C. W., Hopko, D. R., Levine, S., Gholkar, R., & Collins, L. M. (2005). The therapeutic alliance in behavior therapy. *Psychotherapy: Theory, Research, Practice, Training, 42,* 456-468. doi:10.1037/0033-3204.42.4.456

Lent, R. W. (2008). Understanding and promoting work satisfaction: An integrative review. In S. D. Brown & R. W. Lent (Eds.), *Handbook of counseling psychology* (4th ed., pp. 462-480). Hoboken, NJ: Wiley.

Lent, R. W., Brown, S. D., & Hackett, G. (1994). Toward a unifying social cognitive theory of career and academic interest, choice, and performance. *Journal of Vocational Behavior, 45,* 79-122. doi:10.1006/jvbe.1994.1027

Lent, R. W., Brown, S. D., & Hackett, G. (1996). Career development for a social cognitive perspective. In D. Brown, L. Brooks, & Associates. (Eds.), *Career choice and development* (3rd ed., pp. 373-421). San Francisco, CA: Jossey-Bass.

Lent, R. W., Brown, S. D., & Hackett, G. (2000). Contextual supports and barriers to career choice: A social cognitive analysis. *Journal of Counseling Psychology, 47,* 36-49. doi:10.1037/0022-0167.47.1.36

Leong, F. T. L. (1993). The career counseling process with racial-ethnic minorities: The case of Asian Americans. *Career Development Quarterly, 42,* 26-40. doi:10.1002/j.2161-0045.1993.tb00242.x

Leong, F. T. L. (1996). Toward an integrative model for cross-cultural counseling and psychotherapy. *Applied & Preventive Psychology, 5,* 189-209. doi:10.1016/S0962-1849(96)80012-6

Leong, F. T. L., & Santiago-Rivera, A. L. (1999). Climbing the multiculturalism summit: Challenges and pitfalls. In P. Pedersen (Ed.), *Multiculturalism as a fourth force* (pp. 61-72). Philadelphia: Brunner/Mazel.

Lev, A. I. (2007). Transgender communities: Developing identity through connection. In K. J. Bieschke, R. M. Perez, & K. A. DeBord (Eds.), *Handbook of counseling and psychotherapy with lesbian, gay, bisexual, and transgender clients* (2nd ed., pp. 147-175). Washington, DC: American Psychological Association. doi:10.1037/11482-006

Levant, R., & Shlien, J. (Eds.). (1984). *Client-centered therapy and the person-centered approach: New directions in theory, research, and practice.* New York, NY: Praeger.

Levenson, H. (2010). *Brief dynamic therapy.* Washington, DC: American Psychological Association.

Levin, A. S., Krumboltz, J. D., & Krumboltz, B. L. (1995). *Exploring your career beliefs: A workbook for the Career Beliefs Inventory with techniques for integrating your Strong and MBTI results.* Palo Alto, CA: Consulting Psychologists Press.

Levin, M. (1995). Does race matter? *American Psychologist, 50,* 45-46. doi:10.1037/0003-066X.50.1.45

Levinson, D. J. (1980). The mentoring relationship. In M. Morgan (Ed.), *Managing career development* (pp. 117-119). New York, NY: Van Nostrand.

Levitsky, A., & Perls, F. S. (1970). The rules and games of Gestalt therapy. In J. Fagan & I. L. Shepherd (Eds.), *Gestalt therapy now* (pp. 140-149). New York, NY: Harper & Row.

Levitt, M. J., Lane, J. D., & Levitt, J. L. (2005). Immigration stress, social support, and adjustment in the first post-migration year: An intergenerational analysis. *Research in Human Development, 2,* 159-177. doi:10.1207/s15427617rhd0204_1

Levy, K. N., & Scala, J. W. (2012). Transference, transference interpretations, and transference-focused psychotherapies. *Psychotherapy, 49,* 391-403. doi:10.1037/a0029371

Lewin, K. (1935). *A dynamic theory of personality: Selected papers.* New York, NY: McGraw-Hill.

Lewis, J., Arnold, M., House, R., & Toporek, R. L. (2002). *American Counseling Association advocacy competencies.* Alexandria, VA: American Counseling Association.

Lichtenberger, E. O., & Kaufman, A. S. (2013). *Essentials of WAIS-IV assessment* (2nd ed.). New York, NY: Wiley.

Lieberman, M., Yalom, I., & Miles, M. (1973). *Encounter groups: First facts.* New York, NY: Basic Books.

Lietaer, G. (1984). Unconditional positive regard: A controversial basic attitude in client-centered therapy. In R. F. Levant & J. M. Shlien (Eds.), *Client-centered therapy and the person-centered approach* (pp. 41-58). New York, NY: Praeger.

Lightsey, O. R., Jr. (1996). What leads to wellness? The role of psychological resources in wellbeing. *The Counseling Psychologist, 24,* 589-735. doi:10.1177/0011000096244002

Lilienfeld, S. O. (2007). Psychological treatments that cause harm. *Perspectives on Psychological Science, 2,* 53-70. doi:10.1111/j.1745-6916.2007.00029.x

Lindon, J. A. (1994). Gratification and provision in psychoanalysis: Should we get rid of the "rule of abstinence"? *Psychoanalytic Dialogues, 4,* 549-582. doi:10.1080/10481889409539038

Linehan, M. M. (1993). *Cognitive behavioral therapy of borderline personality disorder.* New York, NY: Guilford Press.

Linehan, M. M. (1997). Validation and psychotherapy. In A. Bohart & L. Greenberg (Eds.), *Empathy reconsidered: New directions in psychotherapy* (pp. 353-392). Washington, DC: American Psychological Association. doi:10.1037/10226-016

Linskey, A. (2012, November 7). Voters approve same-sex marriage law. *The Baltimore Sun.* Retrieved from http://articles.baltimoresun.com/2012-11-01/news/bs-md-same-sex-ballot-20121106

Liu, W. M. (2012). Developing a social class and classism consciousness. In E. M. Altmaier & J. C. Hansen (Eds.), *The Oxford handbook of counseling psychology* (pp. 326-345). New York, NY: Oxford University Press.

Liu, W. M., & Pope-Davis, D. B. (2003). Moving from diversity to multiculturalism: Exploring power and its implications for multicultural competence. In D. B. Pope-Davis, H. L. K. Coleman, W. M. Liu, & R. L. Toporek (Eds.), *Handbook of multicultural competencies in counseling and psychotherapy* (pp. 90-102).

Thousand Oaks, CA: Sage. doi:10.4135/9781452231693. n6

Llewelyn, S. P. (1988). Psychological therapy as viewed by clients and therapists. *British Journal of Clinical Psychology, 27,* 223-237. doi:10.1111/j.2044-8260.1988. tb00779.x

Lobel, S. A. (1999). Impacts of diversity and work-life initiatives in organizations. In G. N. Powell (Ed.), *Handbook of gender and work* (pp. 453-474). Thousand Oaks, CA: Sage. doi:10.4135/9781452231365.n23

Locke, B. D., Buzolitz, J. S., Lei, P.-W., Boswell, J. F., McAleavey, A. A., Sevig, T. D., . . . Hayes, J. A. (2011). Development of the Counseling Center Assessment of Psychological Symptoms-62 (CCAPS-62). *Journal of Counseling Psychology, 58,* 97-109. doi:10.1037/a0021282

Loftquist, L. H., & Dawis, R. V. (1984). Research on work adjustment and satisfaction: Implications for career counseling. In S. D. Brown & R. W. Lent (Eds.), *Handbook of counseling psychology* (pp. 216-237). New York, NY: Wiley.

Lopez, S. J., & Edwards, L. M. (2008). The interface of counseling psychology and positive psychology: Assessing and promoting strengths. In S. Brown & R. Lent (Eds.), *Handbook of counseling psychology* (4th ed., pp. 86-99). New York, NY: Wiley.

Lopez, S. J., Edwards, L. M., Magyar-Moe, J. L., Pedrotti, J. T., & Ryder, J. A. (2003). Fulfilling its promise: Counseling psychology's efforts to promote optimal human functioning. In W. B. Walsh (Ed.), *Counseling psychology and optimal human functioning* (pp. 171-198). Mahwah, NJ: Erlbaum.

Lopez, S. J., Magyar-Moe, J. L., Petersen, S. E., Ryder, J. A., Krieshok, T. S., O'Byrne, K. K., . . . Fry, N. A. (2006). Counseling psychology's focus on positive aspects of human functioning. *The Counseling Psychologist, 34,* 205-227. doi:10.1177/0011000005283393

Lopez, S. J., Tree, H., Bowers, K., & Burns, M. E. (2004). *KU strengths mentoring protocol.* Unpublished manuscript, University of Kansas.

López, S. R., Barrio, C., Kopelowicz, A., & Vega, W. A. (2012). From documenting to eliminating disparities in mental health care for Latinos. *American Psychologist, 67,* 511-523. doi:10.1037/a0029737

Low, K. S. D., & Rounds, J. (2006). Vocational interests: Bridging person and environment. In D. Segal & J. Thomas (Eds.), *Comprehensive handbook of personality and psychology: Vol. 1: Personality and everyday functioning* (pp. 251-267). New York, NY: Wiley.

Lowe, C. M. (1969). *Value orientations in counseling and psychotherapy: The meanings of mental health.* San Francisco, CA: Chandler.

Lowman, R. (1993). *Counseling and psychotherapy of work dysfunctions.* Washington, DC: American Psychological Association. doi:10.1037/10133-000

Luborsky, L. (1984). *Principles of psychoanalytic psychotherapy: A manual for supportive-expressive treatment.* New York, NY: Basic Books.

Luborsky, L., Singer, B., & Luborsky, L. (1975). Comparative studies of psychotherapies: Is it true that "Everyone has won and all must have prizes?" *Archives of General Psychiatry, 32,* 995-1008. doi:10.1001/archpsyc.1975.01760260059004

Lucas, M. S. (1993). A validation of types of career indecision at a counseling center. *Journal of Counseling Psychology, 40,* 440-446. doi:10.1037/0022-0167.40.4.440

Lyons, H. Z., Brenner, B. R., & Fassinger, R. E. (2005). A multicultural test of the theory of work adjustment: Investigating the role of heterosexism and fit perceptions in the job satisfaction of lesbian, gay, and bisexual employees. *Journal of Counseling Psychology, 52,* 537-548. doi:10.1037/0022-0167.52.4.537

Lyons, H. Z., & O'Brien, K. M. (2006). The role of person-nvironment fit in the job satisfaction and tenure intentions of African American employees. *Journal of Counseling Psychology, 53,* 387-396. doi:10.1037/0022-0167.53.4.387

Maccoby, E. E. (1980). *Social development: Psychological growth and the parent-child relationship.* San Diego, CA: Harcourt.

MacIsaac, D. S. (1996). Optimal frustration: An endangered concept. In A. Goldberg (Ed.), *Progress in self psychology: Vol. 12. Basic ideas reconsidered* (pp. 3-16). Hillsdale, NJ: Analytic Press.

Madanes, C. (1981). *Strategic family therapy*. San Francisco, CA: Jossey-Bass.

Madrid, P. A., Garfield, R., Jaberi, P., Daly, M., Richard, G., & Grant, R. (2008). Mental health services in Louisiana school-based health centers post-Hurricanes Katrina and Rita. *Professional Psychology: Research and Practice, 39*, 45-51. doi:10.1037/0735-7028.39.1.45

Magoon, T. M., & Holland, J. L. (1984). Research training and supervision. In S. Brown & R. Lent (Eds.), *Handbook of counseling psychology* (pp. 682-715). New York, NY: Wiley.

Maheu, M. M. (2001). Practicing psychotherapy on the Internet: Risk management challenges and opportunities. *Register Report, 27*, 23-28.

Mahler, M. S., Bergman, A., & Pine, F. (1975). *The psychological birth of the human infant: symbiosis and individuation*. New York, NY: Basic Books.

Mallinckrodt, B. (2010). The psychotherapy relationship as attachment: Evidence and implications. *Journal of Personal and Social Relationships, 27*, 262-270. doi:10.1177/0265407509360905

Mallinckrodt, B., & Fretz, B. R. (1988). Social support and the impact of job loss on older professionals. *Journal of Counseling Psychology, 35*, 281-286. doi:10.1037/0022-0167.35.3.281

Mallinckrodt, B., Gelso, C. J., & Royalty, G. M. (1990). Impact of the research training environment and counseling psychology students'Holland personality type on interest in research. *Professional Psychology: Research and Practice, 21*, 26-32. doi:10.1037/0735-7028.21.1.26

Mallinckrodt, B., Porter, M. J., & Kivlighan, D. M. (2005). Client attachment to therapist, depth of session exploration, and object relations in brief psychotherapy. *Psychotherapy: Theory, Research, Practice, Training, 42*, 85-100. doi:10.1037/0033-3204.42.1.85

Maltzman, S. (2012). Process and outcomes in counseling and psychotherapy. In E. M. Altmaier & J. C. Hansen (Eds.), *The Oxford handbook of counseling psychology* (pp. 95-127). New York, NY: Oxford University Press.

Mann, J. (1973). *Time-limited psychotherapy*. Cambridge, MA: Harvard University Press.

Mann, J. (1991). Time-limited psychotherapy. In P. Crits-Christoph & J. P. Barber (Eds.), *Handbook of short-term dynamic psychotherapy* (pp. 17-44). New York, NY: Basic Books.

Marcia, J. E. (1966). Development and validation of ego-identity status. *Journal of Personality and Social Psychology, 3*, 551-558. doi:10.1037/h0023281

Markin, R. D., & Kivlighan, D. M. (2007). Bias in psychotherapy ratings of transference and insight. *Psychotherapy, 44*, 300-315. doi:10.1037/0033-3204.44.3.300

Markin, R. D., & Marmarosh, C. (2010). Application of adult attachment theory to group member transference and the group therapy process. *Psychotherapy: Theory, Research, Practice, Training, 47*, 111-121. doi:10.1037/a0018840

Marmarosh, C. L. (2012). Empirically supported perspectives on transference. *Psychotherapy, 49, 364-369*. doi:10.1037/a0028801

Marmarosh, C. L., Gelso, C. J., Markin, R. D., Majors, R., Mallory, C., & Choi, J. (2009). The real relationship in psychotherapy: Relationships to adult attachments, working alliance, and therapy outcome. *Journal of Counseling Psychology, 56*, 337-350. doi:10.1037/a0015169

Marmarosh, C., Markin, R. D., & Spiegel, E. (2013). *Attachment in group psychotherapy*. Washington, DC: American Psychological Association. doi:10.1037/14186-000

Maruish, M. E. (1999). *The use of psychological testing for treatment planning and outcome assessment*. Hillsdale, NJ: Erlbaum.

Maslow, A. (1970). *Motivation and personality* (2nd ed.). New York, NY: Harper & Row.

Maslow, A. H. (1954). *Motivation and personality*. New York, NY: Harper & Row.

Maslow, A. H. (1968). *Toward a psychology of being* (2nd ed.). New York, NY: Van Nostrand Reinhold.

Masten, A. S., Burt, K. B., Roisman, G. I., Obradovic, J., Long, J. D., & Tellegen, A. (2004). Resources and resilience in the transition to adulthood: Continuity and change. *Development and Psychopathology, 16*, 1071-

1094. doi:10.1017/S0954579404040143

Matheny, K. B., Aycock, D. W., Pugh, J. L., Curlette, W. L., & Cannella, K. A. S. (1986). Stress coping: A qualitative and quantitative synthesis with implications for treatment. *The Counseling Psychologist, 14*, 499-549. doi:10.1177/0011000086144001

Mathy, R. M., Kerr, D. L., & Haydin, B. M. (2003). Methodological rigor and ethical considerations in Internet-mediated research. *Psychotherapy: Theory, Research, Practice, Training, 40*, 77-85. doi:10.1037/0033-3204.40.1-2.77

May, R. (1967). *Psychology and the human dilemma.* New York, NY: Van Nostrand Reinhold.

Mayotte-Blum, J., Slavin-Mulford, J., Lehmann, M., Pesale, F., Becker-Matero, N., & Hilsenroth, M. (2012). Therapeutic intimacy across longterm psychodynamic psychotherapy: An evidence-based case study. *Journal of Counseling Psychology, 59*, 27-40. doi:10.1037/a0026087

McArthur, C. (1954). Analyzing the clinical process. *Journal of Counseling Psychology, 1*, 203-208. doi:10.1037/h0061275

McCarn, S. R., & Fassinger, R. E. (1996). Revisioning sexual minority identity formation: A new model of lesbian identity and its implications for counseling and research. *The Counseling Psychologist, 24*, 508-534. doi:10.1177/0011000096243011

McCarthy, P. R., & Betz, N. E. (1978). Differential effects of self-disclosing versus self-involving counselor statements. *Journal of Counseling Psychology, 25*, 251-256. doi:10.1037/0022-0167.25.4.251

McCrae, R. R., & Costa, P. T., Jr. (1999). A five-factor theory of personality. In L. A. Pervin & O. P. John (Eds.), *Handbook of personality: Theory and research* (2nd ed., pp. 139-153). New York, NY: Guilford Press.

McCrae, R. R., & Costa, P. T., Jr. (2008). The five-factor theory of personality. In O. P. John, R. W. Robins, & L. A. Pervin (Eds.), *Handbook of personality: Theory and research* (3rd ed., pp. 159-181). New York, NY: Guilford Press.

McCullough Vaillant, L. (1997). *Changing character: Short-term anxietyregulating psychotherapy for restructuring*

defenses, affects, and attachment. New York, NY: Basic Books.

McEwan, J., & Duncan, P. (1993). Personal therapy in the training of psychologists. *Canadian Psychology/Psychologie canadienne, 34*, 186-197. doi:10.1037/h0078766

McGoldrick, M., Giordano, J., & Garcia-Preto, N. (Eds.). (2005). *Ethnicity and family therapy* (3rd ed.). New York, NY: Guilford Press.

McIntosh, P. (1989, July/August). White privilege: Unpacking the invisible knapsack. *Peace and Freedom*, 10-12.

McKee-Ryan, F. M., Song, Z., Wanberg, C. R., & Kinicki, A. J. (2005). Psychological and physical well-being during unemployment: A meta-analytic study. *Journal of Applied Psychology, 90*, 53-76. doi:10.1037/0021-9010.90.1.53

McLeod, J. (2011). *Qualitative research in counselling and psychotherapy.* London, United Kingdom: Sage.

McPherson, R., Pisecco, S., Elman, N., Crosbie-Burnett, M., & Sayger, T. (2000). Counseling psychology's ambivalent relationship with master's level training. *The Counseling Psychologist, 28*, 687-700. doi:10.1177/0011000000285006

McWhirter, E. H., & McWhirter, B. T. (2007). Grounding clinical training and supervision in an empowerment model. In E. Aldarondo (Ed.), *Advancing social justice through clinical practice* (pp. 417-442). Mahwah, NJ: Erlbaum.

McWilliams, N. (2011). *Psychoanalytic diagnosis: Understanding personality structure in the clinical process* (2nd ed.) New York, NY: Guilford Press.

Meade, C. J., Hamilton, M. K., & Yuen, R. K.-W.(1982). Consultation research: The time has come, the walrus said. *The Counseling Psychologist, 10*(4), 39-51. doi:10.1177/0011000082104009

Meara, N. M. (1990). 1989 Division 17 presidential address: Science, practice, and politics. *The Counseling Psychologist, 18*, 144-167. doi:10.1177/0011000090181012

Meara, N. M. (1996). Prudence and career assessment: Making our implicit assumptions explicit. In M. L. Savickas & W. B. Walsh (Eds.), *Handbook of career* counseling theory and practice (pp. 315-330). Palo Alto, CA: Davies-Black.

Meara, N. M., & Myers, R. A. (1998). A history of Division 17 (Counseling Psychology): Establishing stability amid change. In D. A. Dewsbury (Ed.), *Unification through division: Histories of the divisions of the American Psychological Association* (Vol. III, pp. 9-41). Washington, DC: American Psychological Association.

Meara, N. M., Schmidt, L. D., & Day, J. D. (1996). Principles and virtues: A foundation for ethical decisions, policies, and character. *The Counseling Psychologist, 24,* 4-77. doi:10.1177/0011000096241002

Mednick, M. T., & Urbanski, L. L. (1991). The origins and activities of APA's Division of the Psychology of Women. *Psychology of Women Quarterly, 15,* 651-663. doi:10.1111/j.1471-6402.1991.tb00437.x

Meehl, P. E. (1954). *Clinical versus statistical prediction.* Minneapolis: University of Minnesota Press. doi:10.1037/11281-000

Megargee, E. I. (2001). *A guide to obtaining a psychology internship* (4th ed.). New York, NY: Brunner-Routledge.

Meichenbaum, D. (1977). *Cognitive-behavior modification.* New York, NY: Plenum Press. doi:10.1007/978-1-4757-9739-8

Meichenbaum, D. H., & Deffenbacher, J. L. (1988). Stress inoculation training. *The Counseling Psychologist, 16,* 69-90. doi:10.1177/0011000088161005

Menninger, K., Mayman, M., & Pruyser, P. (1963). *The vital balance: The life process in mental health and illness.* New York, NY: Wiley.

Merluzzi, T. V., & Hegde, K. (2003). Implications of social and cultural influences for multicultural competencies in health psychology. In D. B. Pope-Davis, H. L. K. Coleman, W. M. Liu, & R. L. Toporek (Eds.), *Handbook of multicultural competencies in counseling and psychology* (pp. 420-438). Thousand Oaks, CA: Sage. doi:10.4135/9781452231693.n27

Mermin, G. B. T., Johnson, R. W., & Murphy, D. P. (2007). Why do boomers plan to work longer? *Journals of Gerontology: Series B: Psychological Sciences and Social Sciences, 62,* S286-S294. doi:10.1093/geronb/62.5.S286

Messer, S. B., & Warren, C. S. (1995). *Models of brief psychodynamic therapy.* New York, NY: Guilford Press.

Meyer, G. J., Finn, S. E., Eyde, L., Kay, G. G., Kubiszyn, T., Moreland, K., . . . Dies, R. (1998). *Benefits and costs of psychological assessment in health care delivery: Report of the Board of Professional Affairs Psychological Assessment Work Group, Part I.* Washington, DC: American Psychological Association.

Mintz, L. B., Bartels, K. M., & Rideout, C. A. (1995). Training in counseling ethnic minorities and race-based availability of graduate school resources. *Professional Psychology: Research and Practice, 26,* 316-321. doi:10.1037/0735-7028.26.3.316

Mintz, L. B., & O'Neil, J. M. (1990). Gender roles, sex, and the process of psychotherapy: Many questions and few answers. *Journal of Counseling & Development, 68,* 381-387. doi:10.1002/j.1556-6676.1990.tb02515.x

Mintz, L. B., & Tager, D. (2012). Feminist therapy with male clients: Empowering men to be their whole selves. In C. Z. Enns & E. N. Williams (Eds.), *The Oxford handbook of feminist multicultural counseling psychology* (pp. 322-338). New York, NY: Oxford University Press. doi:10.1093/oxfordhb/9780199744220.013.0017

Minuchin, P. (1985). Families and individual development: Provocations from the field of family therapy. *Child Development, 56,* 289-302.

Minuchin, P., Colapinto, J., & Minuchin, S. (2007). *Working with families of the poor* (2nd ed.). New York, NY: Guilford Press.

Minuchin, S. (1974). *Families and family therapy.* Cambridge, MA: Harvard University Press.

Minuchin, S., Lee, W.-Y., & Simon, G. M. (1996). *Mastering family therapy: Journeys of hope and transformation.* New York, NY: Wiley.

Minuchin, S., & Nichols, M. P. (1993). *Family healing: Tales of hope and renewal from family therapy.* New York, NY: Free Press.

Minuchin, S., Rosman, B., & Baker, L. (1978). *Psychosomatic families.* Cambridge, MA: Harvard University Press.

Mishne, J. M. (1993). *The evolution and application of clinical theory: Perspectives from four psychologies.* New York, NY: Free Press.

Mitchell, K. E., Levin, A. S., & Krumboltz, J. D. (1999). Planned happenstance: Constructing unexpected career opportunities. *Journal of Counseling & Development, 77*, 115-124. doi:10.1002/j.1556-6676.1999.tb02431.x

Mitchell, L. K., & Krumboltz, J. D. (1984). Social learning approaches to career decision making. In D. Brown, L. Brooks, & Associates. (Eds.), *Career choice and development* (pp. 235-280). San Francisco, CA: Jossey-Bass.

Mitchell, L. K., & Krumboltz, J. D. (1996). Krumboltz's learning theory of career choice and counseling. In D. Brown, L. Brooks, & Associates (Eds.), *Career choice and development* (3rd ed., pp. 233-280). San Francisco, CA: Jossey-Bass.

Mitchell, S. A. (1993). *Hope and dread in psychoanalysis*. New York, NY: Basic Books.

Miville, M. L., Adams, E. M., & Juntunen, C. L. (2007). Counseling psychology perspectives on the predoctoral internship supply-demand imbalance: Strategies for problem definition and resolution. *Training and Education in Professional Psychology, 1*, 258-266. doi:10.1037/1931-3918.1.4.258

Monro, F., & Huon, G. (2005). Media-portrayed idealized images, body shame, and appearance anxiety. *International Journal of Eating Disorders, 38*, 85-90. doi:10.1002/eat.20153

Moore, W. E. (1970). *The professions: Roles and rules*. New York, NY: Sage.

Moradi, B., & Funderburk, J. R. (2006). Roles of perceived sexist events and perceived social support in the mental health of women seeking counseling. *Journal of Counseling Psychology, 53*, 464-473. doi:10.1037/0022-0167.53.4.464

Moradi, B., & Huang, Y. (2008). Objectification theory and psychology of women: A decade of advances and future directions. *Psychology of Women Quarterly, 32*, 377-398. doi:10.1111/j.1471-6402.2008.00452.x

Moradi, B., Mohr, J. J., Worthington, R. L., & Fassinger, R. E. (2009). Counseling psychology research on sexual (orientation) minority issues: Conceptual and methodological challenges and opportunities. *Journal of Counseling Psychology, 56*, 5-22. doi:10.1037/a0014572

Moradi, B., & Yoder, J. D. (2012). The psychology of women. In E. M. Altmaier & J. C. Hansen (Eds.), *The Oxford handbook of counseling psychology* (pp. 346-374). New York, NY: Oxford University Press.

Morgan, E. M., & Landrum, R. E. (2012). *You've earned your doctorate in psychology, now what? Seeking a job as an academic or professional psychologist*. Washington, DC: American Psychological Association.

Morgan, R. D., Kuther, T. L., & Habben, C. J. (Eds.). (2005). *Life after graduate school in psychology: Insider's advice from new psychologists*. New York, NY: Psychology Press.

Morran, D. K. (1986). Relationship of counselor self-talk and hypothesis formulation to performance level. *Journal of Counseling Psychology, 33*, 395-400. doi:10.1037/0022-0167.33.4.395

Morran, D. K., Kurpius, D. J., & Brack, G. (1989). Empirical investigation of counselor self-talk categories. *Journal of Counseling Psychology, 36*, 505-510. doi:10.1037/0022-0167.36.4.505

Morrow, S. L. (2012). Sexual orientations and identity. In E. M. Altmaier & J. C. Hansen (Eds.), *The Oxford handbook of counseling psychology* (pp. 409-433). New York, NY: Oxford University Press.

Morrow, S. L., & Hawxhurst, D. (1998). Feminist therapy: Integrating political analysis in counseling and psychotherapy. *Women & Therapy, 21*, 37-50. doi:10.1300/J015v21n02_03

Morrow, S. L., & Hawxhurst, D. (2012). Political analysis: Cornerstone of feminist multicultural counseling and psychotherapy. In C. Z. Enns & E. N. Williams (Eds.), *The Oxford handbook of feminist multicultural counseling psychology* (pp. 339-357). New York, NY: Oxford University Press. doi:10.1093/oxfordhb/9780199744220.013.0018

Morrow, S. L., & Smith, M. L. (2000). Qualitative research for counseling psychology. In S. D. Brown & R. W. Lent (Eds.), *Handbook of counseling psychology* (3rd ed., pp. 199-230). New York, NY: Wiley.

Munley, P. H., Pate, W. E., II, & Duncan, L. E. (2008). Demographic, educational, employment, and professional characteristics of counseling psychologists.

The Counseling Psychologist, 36, 250-280. doi:10.1177/0011000006296915

Muran, J. C., Castonguay, L. G., & Strauss, B. (2010). A brief introduction to psychotherapy research. In L. G. Castonguay, J. C. Muran, L. Angus, J. A. Hayes, N. Ladany, & T. Anderson (Eds.), *Bringing psychotherapy research to life: Understanding change through the work of leading clinical researchers* (pp. 3-13). Washington, DC: American Psychological Association. doi:10.1037/12137-001

Murdock, N. L. (2013). *Theories of counseling and psychotherapy: A case approach* (3rd ed.). New York, NY: Pearson.

Murdock, N. L., Alcorn, J., Heesacker, M., & Stoltenberg, C. (1998). Model training program in counseling psychology. *The Counseling Psychologist, 26,* 658-672. doi:10.1177/0011000098264008

Murphy, K. A., Blustein, D. L., Bohlig, A. J., & Platt, M. G. (2010). The college-to-work career transition: An exploration of emerging adulthood. *Journal of Counseling & Development, 88,* 174-181. doi:10.1002/j.1556-6678.2010.tb00006.x

Murphy, K. R., & Dzieweczynski, J. L. (2005). Why don't measures of broad dimensions of personality perform better as predictors of job performance? *Human Performance, 18,* 343-357. doi:10.1207/s15327043hup1804_2

Mussell, M. P., Binford, R. B., & Fulkerson, J. A. (2000). Eating disorders: Summary of risk factors, prevention programming, and prevention research. *The Counseling Psychologist, 28,* 764-796. doi:10.1177/0011000000286002

Myers, R. A., & Cairo, P. C. (1992). Counseling and career adjustment. In S. D. Brown & R. W. Lent (Eds.), *Handbook of counseling psychology* (2nd ed., pp. 549-580). New York, NY: Wiley.

Myers, S. B., Sweeney, A. C., Popick, V., Wesley, K., Bordfeld, A., & Fingerhut, R. (2012). Self-care practices and perceived stress levels among psychology graduate students. *Training and Education in Professional Psychology, 6,* 55-66. doi:10.1037/a0026534

Nathan, P. E. (1998). The *DSM-IV* and its antecedents: Enhancing syndromal diagnosis. In J. W. Barron (Ed.), *Making diagnosis meaningful* (pp. 3-28). Washington, DC: American Psychological Association. doi:10.1037/10307-001

Nathan, P. E. (2007). Efficacy, effectiveness, and the clinical utility of psychotherapy research. In S. G. Hofmann & J. Weinberger (Eds.), *The art and science of psychotherapy* (pp. 69-83). New York, NY: Routledge.

National Center for Educational Statistics. (2010). *Status and trends in the education of racial and ethnic minorities.* Retrieved from http://nces.ed.gov/pubs2007/minoritytrends/chapter3.asp

Neimeyer, G., & Resnikoff, A. (1982). Qualitative strategies in counseling research. *The Counseling Psychologist, 10*(4), 75-85. doi:10.1177/0011000082104015

Neimeyer, G., Saferstein, J., & Rice, K. G. (2005). Does the model matter? The relationship between science-practice emphasis and outcomes in academic training programs in counseling psychology. *The Counseling Psychologist, 33,* 635-654. doi:10.1177/0011000005277821

Neimeyer, G., Taylor, J., Wear, D., & Buyukgoze-Kavas, A. (2011). How special are the specialties? Workplace settings in counseling and clinical psychology in the United States. *Counselling Psychology Quarterly, 24,* 43-53. doi:10.1080/09515070.2011.558343

Neimeyer, R. A. (1993). An appraisal of constructivist psychotherapies. *Journal of Consulting and Clinical Psychology, 61,* 221-234. doi:10.1037/0022-006X.61.2.221

Nevill, D. D., & Super, D. E. (1986). *The Salience Inventory manual: Theory, application, and research.* Palo Alto, CA: Consulting Psychologists Press.

Neville, H. A. (2009). Rationalizing the racial order: Racial color-blindness as a legitimizing ideology. In T. Koditschek, S. K. Cha-Jua, & H. A. Neville (Eds.), *Race struggles* (pp. 115-133). Chicago: University of Illinois Press.

Neville, H. A., Awad, G. H., Brooks, J. E., Flores, M. P., & Bluemel, J. (2013). Color-blind racial ideology: Theory, training, and measurement implications in psychology. *American Psychologist, 68,* 455-466. doi:10.1037/a0033282

Neville, H. A., Heppner, M. J., Louie, C. E., Thompson, C. E., Brooks, L., & Baker, C. E. (1996). The impact of multicultural training on White racial identity attitudes and therapy competencies. *Professional Psychology: Research and Practice, 27,* 83-89. doi:10.1037/0735-7028.27.1.83

Neville, H. A., Lilly, R. L., Duran, G., Lee, R. M., & Browne, L. (2000). Construction and initial validation of the Color-Blind Racial Attitudes Scale (CoBRAS). *Journal of Counseling Psychology, 47,* 59-70. doi:10.1037/0022-0167.47.1.59

Neville, H. A., Spanierman, L., & Doan, B. T. (2006). Exploring the association between color-blind racial ideology and multicultural counseling competencies. *Cultural Diversity and Ethnic Minority Psychology, 12,* 275-290. doi:10.1037/1099-9809.12.2.275

Neville, H. A., Spanierman, L. B., & Lewis, J. A. (2012). The expanded psychosocial model of racism: A new model for understanding and disrupting racism and White privilege. In N. A. Fouad, J. C. Carter, & L. M. Subich (Eds.), *APA handbook of counseling psychology: Vol. 2. Practice, interventions, and applications* (pp. 333-360). Washington, DC: American Psychological Association.

Neville, H. A., Worthington, R. L., & Spanierman, L. B. (2001). Race, power, and multicultural counseling psychology: Understanding White privilege and color-blind racial attitudes. In J. G. Ponterotto, J. M. Casas, L. A. Suzuki, & C. M. Alexander (Eds.), *Handbook of multicultural counseling* (2nd ed., pp. 257-288). Thousand Oaks, CA: Sage.

Newman, M. G., Castonguay, L. G., Borkovec, T. D., Fisher, A. J., & Nordberg, S. S. (2008). An open trial of integrative therapy for generalized anxiety disorder. *Psychotherapy: Theory, Research, Practice, Training, 45,* 135-147. doi:10.1037/0033-3204.45.2.135

Nicholas, D. R., & Stern, M. (2011). Counseling psychology in clinical health psychology: The impact of specialty perspective. *Professional Psychology: Research and Practice, 42,* 331-337. doi:10.1037/a0024197

Nichols, M. (1984). *Family therapy: Concepts and methods.* New York, NY: Gardner Press.

Nichols, M. P. (2010). *Family therapy: Concepts and methods* (7th ed.). Boston, MA: Allyn & Bacon.

Nichols, M. P., & Schwartz, R. C. (1998). *Family therapy: Concepts and methods* (4th ed.). Boston, MA: Allyn & Bacon.

Nickelson, D. W. (1998). Telehealth and the evolving health care system: Strategic opportunities for professional psychology. *Professional Psychology: Research and Practice, 29,* 527-535. doi:10.1037/0735-7028.29.6.527

Niemann, Y. F. (2001). Stereotypes about Chicanas and Chicanos: Implications for counseling. *The Counseling Psychologist, 29,* 55-90. doi:10.1177/0011000001291003

Niles, S. G., & Harris-Bowlsbey, J. (2005). *Career development interventions in the 21st century* (2nd ed.). Upper Saddle River, NJ: Pearson.

Norcross, J. C. (2010). The therapeutic relationship. In B. L. Duncan, S. D. Miller, B. E. Wampold, & M. A. Hubble (Eds.), *The heart and soul of change: Delivering what works in therapy* (2nd ed., pp. 113-141). Washington, DC: American Psychological Association. doi:10.1037/12075-004

Norcross, J. C. (Ed.). (2011). *Psychotherapy relationships that work* (2nd ed.). New York, NY: Oxford University Press.

Norcross, J. C., & Halgin, R. P. (2005). Training in psychotherapy integration. In J. C. Norcross & M. R. Goldfried (Eds.), *Handbook of psychotherapy integration* (2nd ed., pp. 439-458). New York, NY: Oxford University Press.

Norcross, J. C., Kohut, J. L., & Wicherski, M. (2005). Graduate study in psychology, 1971 to 2004. *American Psychologist, 60,* 959-975. doi:10.1037/0003-066X.60.9.959

Norcross, J. C., & Lambert, M. J. (2006). The therapy relationship. In J. C. Norcross, L. E. Beutler, & R. F. Levant (Eds.), *Evidence-based practices in mental health: Debate and dialogue about the fundamental questions* (pp. 208-218). Washington, DC: American Psychological Association. doi:10.1037/11265-000

Norcross, J. C., & Lambert, M. J. (2011). Introduction. In J. Norcross (Ed.), *Psychotherapy relationships that work* (2nd ed., pp. 3-24). New York, NY: Oxford University Press.

Norcross, J. C., & Sayette, M. A. (2011). *Insider's guide to graduate programs in clinical and counseling psychology*. New York, NY: Guilford Press.

Norcross, J. C., Sayette, M. A., Mayne, T. J., Karg, R. S., & Turkson, M. A. (1998). Selecting a doctoral program in professional psychology: Some comparisons among PhD counseling, PhD clinical, and PsyD clinical psychology programs. *Professional Psychology: Research and Practice, 29*, 609-614. doi:10.1037/0735-7028.29.6.609

Norsworthy, K. L., Abrams, E. M., & Lindlau, S. (2012). Activism, advocacy, and social justice in feminist multicultural counseling psychology. In C. Z. Enns & E. N. Williams (Eds.), *The Oxford handbook of feminist multicultural counseling psychology* (pp. 465-482). New York, NY: Oxford University Press. doi:10.1093/oxfordhb/9780199744220.013.0025

Nunnally, J. (1978). *Psychometric theory* (2nd ed.) New York, NY: McGraw-Hill.

Nutt-Williams, E., & Hill, C. E. (1996). The relationship between selftalk and therapy process variables for novice therapists. *Journal of Counseling Psychology, 43*, 170-177. doi:10.1037/0022-0167.43.2.170

O'Leary, K. D., & Wilson, G. T. (1987). *Behavior therapy: Application and outcome* (2nd ed.). Englewood Cliffs, NJ: Prentice Hall.

Olkin, R. (2012). Disability: A primer for therapists. In E. M. Altmaier & J. C. Hansen (Eds.), *The Oxford handbook of counseling psychology* (pp. 460-479). New York, NY: Oxford University Press.

Olson, S. K., Downing, N. E., Heppner, P. P., & Pinkney, J. (1986). Is there life after graduate school? Coping with the transitions to postdoctoral employment. *Professional Psychology: Research and Practice, 17*, 415-419. doi:10.1037/0735-7028.17.5.415

Omer, H. (1997). Narrative empathy. *Psychotherapy: Theory, Research, Practice, Training, 34*, 19-27. doi:10.1037/h0087748

O'Neil, J. M. (1981). Male sex role conflicts, sexism, and masculinity: Psychological implications for men, women, and the counseling psychologist. *The Counseling Psychologist, 9*(2), 61-80. doi:10.1177/001100008100900213

O'Neil, J. M. (2008). Summarizing 25 years of research on men's gender role conflict using the Gender Role Conflict Scale: New research paradigms and clinical implications. *The Counseling Psychologist, 36*, 358-445. doi:10.1177/001000008317057

O'Neil, J. M. (2012). The psychology of men. In E. M. Altmaier & J. C. Hansen (Eds.), *The Oxford handbook of counseling psychology* (pp. 375-408). New York, NY: Oxford University Press.

O'Neill, P. (2002). Tectonic change: The qualitative paradigm in psychology. *Canadian Psychology/Psychologie canadienne, 43*, 190-194. doi:10.1037/h0086915

Orlinsky, D. E., & Rønnestad, M. H. (2005). *How psychotherapists develop: A study of therapeutic work and professional growth*. Washington, DC: American Psychological Association. doi:10.1037/11157-000

Ormerod, A. J., Joseph, D. L., Weitzman, L. M., & Winterrowd, E. (2012). Career issues and challenges viewed through a feminist multicultural lens: Work-life interface and sexual harassment. In C. Z. Enns & E. N. Williams (Eds.), *The Oxford handbook of feminist multicultural counseling psychology* (pp. 277-303). New York, NY: Oxford University Press.

Osborn, D. S., Dikel, M. R., & Sampson, J. P. (2011). *The internet: A tool for career planning* (3rd ed.). Broken Arrow, OK: National Career Development Association.

Osipow, S. H. (1983). *Theories of career development* (3rd ed.). Englewood Cliffs, NJ: Prentice-Hall.

Osipow, S. H. (1987). Counseling psychology: Theory, research, and practice in career counseling. *Annual Review of Psychology, 38*, 257-278. doi:10.1146/annurev.ps.38.020187.001353

Osipow, S. H., Carney, C. C., Winer, J. L., Yanico, B., & Koschier, M. (1980). *The Career Decision Scale* (3rd ed.). Columbus, OH: Marathon Consulting and Press.

Osofsky, J. D. (1995). Perspectives on attachment and psychoanalysis. *Psychoanalytic Psychology, 12*, 347-362. doi:10.1037/h0079699

Pabian, Y. L., Welfel, W., & Beebe, R. S. (2009). Psychologists' knowledge of their states' laws pertaining to Tarasoff-type situations. *Professional Psychology: Research and Practice, 40*, 8-14. doi:10.1037/a0014784

Packard, B. W.-L. (2003). Student training promotes mentoring awareness and action. *Career Development Quarterly, 51*, 335-345. doi:10.1002/j.2161-0045.2003.tb00614.x

Packard, T. (2009). The 2008 Leona Tyler Award Address: Core values that distinguish counseling psychology: Personal and professional perspectives. *The Counseling Psychologist, 37*, 610-624. doi:10.1177/0011000009333986

Palmer, G., & Efron, D. (2007). Emotionally-focused family therapy: Developing the model. *Journal of Systemic Therapies, 26*, 17-24. doi:10.1521/jsyt.2007.26.4.17

Palmore, E. (1969). Predicting longevity. *The Gerontologist, 9*, 247-250. doi:10.1093/geront/9.4_Part_1.247

Palombi, B. J. (2012). Women with disabilities: The cultural context of disability, feminism, able-bodied privilege, and microaggressions. In C. Z. Enns & E. N. Williams (Eds.), *The Oxford handbook of feminist multicultural counseling psychology* (pp. 199-220). New York, NY: Oxford University Press. doi:10.1093/oxfordhb/9780199744220.013.0011

Paniagua, F. A. (1998). *Assessing and treating culturally diverse clients* (2nd ed.). Thousand Oaks, CA: Sage.

Paniagua, F. A. (2005). *Assessing and treating culturally diverse clients* (3rd ed.). Thousand Oaks, CA: Sage.

Parent, M. C., & Williamson, J. B. (2010). Program disparities in unmatched internship applicants. *Training and Education in Professional Psychology, 4*, 116-120. doi:10.1037/a0018216

Parsons, F. (1909). *Choosing a vocation*. Boston, MA: Houghton Mifflin.

Passons, W. R. (1975). *Gestalt approaches to counseling*. New York, NY: Holt, Rinehart & Winston.

Patterson, C. H. (1984). Empathy, warmth, and genuineness in psychotherapy: A review of reviews. *Psychotherapy: Theory, Research, Practice, Training, 21*, 431-439. doi:10.1037/h0085985

Patterson, C. J. (2009). Children of lesbian and gay parents: Psychology, law, and policy. *American Psychologist, 64*, 727-736. doi:10.1037/0003-066X.64.8.727

Patton, M. J. (1984). Managing social interaction in counseling: A contribution from the philosophy of science. *Journal of Counseling Psychology, 31*, 442-456. doi:10.1037/0022-0167.31.4.442

Patton, M. J., Kivlighan, D. M., & Multon, K. D. (1997). The Missouri psychoanalytic counseling research project: Relation of changes in process and outcome. *Journal of Counseling Psychology, 44*, 189-208. doi:10.1037/0022-0167.44.2.189

Patton, M. J., & Meara, N. M. (1992). *Psychoanalytic counseling*. New York, NY: Wiley.

Paul, G. L. (1966). *Insight versus desensitization in psychotherapy*. Stanford, CA: Stanford University Press.

Paul, G. L. (1967). Strategy of outcome research in psychotherapy. *Journal of Consulting Psychology, 31*, 109-118. doi:10.1037/h0024436

Pedersen, P. (Ed.). (1999). *Multiculturalism as a fourth force*. Philadelphia, PA: Brunner/Mazel.

Pepinsky, H. B., Hill-Frederick, K., & Epperson, D. L. (1978). Silver anniversary: The *Journal of Counseling Psychology* as a matter of policies. *Journal of Counseling Psychology, 25*, 483-498. doi:10.1037/h0078070

Pepinsky, H. B., & Pepinsky, P. N. (1954). *Counseling theory and practice*. New York, NY: Ronald Press. doi:10.1037/10631-000

Peräkylä, A. (2010). Shifting the perspective after the patient's response to an interpretation. *International Journal of Psychoanalysis, 91*, 1363-1384. doi:10.1111/j.1745-8315.2010.00323.x

Perls, F. S. (1947). *Ego, hunger, and aggression*. New York, NY: Random House.

Perls, F. S. (1969a). *Gestalt therapy verbatim*. New York, NY: Bantam.

Perls, F. S. (1969b). *In and out of the garbage pail*. Lafayette, CA: Real People Press.

Perls, F. S. (1970). Four lectures. In J. Fagan & J. L. Shepherd (Eds.), *Gestalt therapy now* (pp. 14-38). New York, NY: Harper & Row.

Perls, F. S., Hefferline, R., & Goodman, P. (1951). *Gestalt therapy: Excitement and growth in personality*. New York, NY: Dell.

Perrone, K. M. (2005). Work-amily interface for same-sex, dual-earner couples: Implications for counselors. *Career Development Quarterly, 53*, 317-324. doi:10.1002/

j.2161-0045.2005.tb00662.x

Persons, J. B. (2008). *The case formulation approach to cognitive-behavior therapy.* New York, NY: Guilford Press.

Peterson, D. R. (2003). Unintended consequences: Ventures and misadventures in the education of professional psychologists. *American Psychologist, 58,* 791-800. doi:10.1037/0003-066X.58.10.791

Phillips, S. D. (1992). Career counseling: Choice and implementation. In S. D. Brown & R. W. Lent (Eds.), *Handbook of counseling psychology* (2nd ed., pp. 513-547). New York, NY: Wiley.

Phinney, J. S. (1996). When we talk about American ethnic groups, what do we mean? *American Psychologist, 51,* 918-927. doi:10.1037/0003-066X.51.9.918

Piaget, J. (1952). *The language and thought of the child.* London, England: Routledge & Kegan Paul.

Pickman, A. J. (1994). *The complete guide to outplacement counseling.* Hillsdale, NJ: Erlbaum.

Pieterse, A. L. & Miller, M. J. (2010). Current considerations in the assessment of adults: A revision and extension of culturally inclusive models. In J. G. Ponterotto, J. M. Casas, L. A. Suzuki, & C. M. Alexander (Eds.), *Handbook of multicultural counseling* (3rd ed., pp. 649-666). Thousand Oaks, CA: Sage.

Pine, F. (1990). *Drive, ego, object, and self: A synthesis for clinical work.* New York, NY: Basic Books.

Pleck, E. H., & Pleck, J. H. (1980). *The American man.* Englewood Cliffs, NJ: Prentice-Hall.

Podsakoff, N. P., LePine, J. A., & LePine, M. A. (2007). Differential challenge stressor-indrance stressor relationship with job attitudes, turnover intentions, turnover, and withdrawal behavior: A meta-analysis. *Journal of Applied Psychology, 92,* 438-454. doi:10.1037/0021-9010.92.2.438

Polkinghorne, D. E. (1984). Further extensions of methodological diversity for counseling research. *Journal of Counseling Psychology, 31,* 416-429. doi:10.1037/0022-0167.31.4.416

Polster, E., & Polster, M. (1973). *Gestalt therapy integrated: Contours of theory and practice.* New York, NY: Vintage Books.

Ponterotto, J. G. (1988). Racial/ethnic minority research in the *Journal of Counseling Psychology:* A content analysis and methodological critique. *Journal of Counseling Psychology, 35,* 410-418. doi:10.1037/0022-0167.35.4.410

Ponterotto, J. G. (1997). Multicultural counseling training: A competency model and national survey. In D. B. Pope-Davis & H. L. K. Coleman (Eds.), *Multicultural counseling competencies* (pp. 111-130). Thousand Oaks, CA: Sage.

Ponterotto, J. G. (2005). Qualitative research in counseling psychology: A primer on research paradigms and philosophy of science. *Journal of Counseling Psychology, 52,* 126-136. doi:10.1037/0022-0167.52.2.126

Ponterotto, J. G., Casas, J. M., Suzuki, L. A., & Alexander, C. M. (Eds.). (2001). *Handbook of multicultural counseling* (2nd ed.). Thousand Oaks, CA: Sage.

Ponterotto, J. G., Fuertes, J. N., & Chen, E. C. (2000). Models of multicultural counseling. In S. D. Brown & R. W. Lent (Eds.), *Handbook of counseling psychology* (3rd ed., pp. 639-669). New York, NY: Wiley.

Ponterotto, J. G., Gretchen, D., Utsey, S. O., Rieger, B. P., & Austin, R. (2002). A revision of the Multicultural Counseling Awareness Scale. *Journal of Multicultural Counseling and Development, 30,* 153-180. doi:10.1002/j.2161-1912.2002.tb00489.x

Ponterotto, J. G., & Park-Taylor, J. (2007). Racial and ethnic identity theory, measurement, and research in counseling psychology: Present status and future directions. *Journal of Counseling Psychology, 54,* 282-294. doi:10.1037/0022-0167.54.3.282

Ponterotto, J. G., & Potere, J. C. (2003). The Multicultural Counseling Knowledge and Awareness Scale (MCKAS): Validity, reliability, and user guidelines. In D. B. Pope-Davis, H. L. K. Coleman, W. M. Liu, & R. L. Toporek (Eds.), *Handbook of multicultural competencies: In counseling & psychology* (pp. 137-153). Thousand Oaks, CA: Sage. doi:10.4135/9781452231693.n9

Ponterotto, J. G., Rieger, B. P., Barrett, A., & Sparks, R. (1994). Assessing multicultural counseling competence: A review of instrumentation. *Journal of Counseling & Development, 72,* 316-322. doi:10.1002/j.1556-

6676.1994.tb00941.x

Pope, K. S. (2011). Are the American Psychological Association's detainee interrogation policies ethical and effective? Key claims, documents, and results. *Zeitschrift fur Psychologie/Journal of Psychology, 219,* 150–158. doi:10.1027/2151-2604/a000062

Pope, K. S., & Tabachnick, B. G. (1994). Therapists as patients: A national survey of psychologists'experiences, problems, and beliefs. *Professional Psychology: Research and Practice, 25,* 247–258. doi:10.1037/0735-7028.25.3.247

Pope, K. S., & Vasquez, M. J. T. (2010). *Ethics in psychotherapy and counseling: A practical guide.* Hoboken, NJ: Wiley.

Pope, K. S., & Vetter, V. A. (1992). Ethical dilemmas encountered by members of the American Psychological Association. *American Psychologist, 47,* 397–411. doi:10.1037/0003-066X.47.3.397

Pope, M., Barret, B., Szymanski, D. M., Chung, Y. B., Singaravelu, H., McLean, R., & Sanabria, S. (2004). Culturally appropriate career counseling with gay and lesbian clients. *Career Development Quarterly, 53,* 158–177. doi:10.1002/j.2161-0045.2004.tb00987.x

Pope-Davis, D. B., Coleman, H. L. K., Liu, W. M., & Toporek, R. L. (2003). *Handbook of multicultural competencies in counseling and psychology.* Thousand Oaks, CA: Sage.

Pope-Davis, D. B., & Dings, J. G. (1995). The assessment of multicultural counseling competencies. In J. G. Ponterotto, J. M. Casas, L. A. Suzuki, & C. M. Alexander (Eds.), *Handbook of multicultural counseling* (pp. 287–311). Thousand Oaks, CA: Sage.

Pope-Davis, D. B., Liu, W. M., Toporek, R. L., & Brittan-Powell, C. S. (2001). What's missing from multicultural competency research: Review, introspection, and recommendations. *Cultural Diversity and Ethnic Minority Psychology, 7,* 121–138. doi:10.1037/1099-9809.7.2.121

Pope-Davis, D. B., Reynolds, A. L., Dings, J. G., & Nielson, D. (1995). Examining multicultural counseling competencies of graduate students in psychology. *Professional Psychology: Research and Practice, 26,* 322–329. doi:10.1037/0735-7028.26.3.322

Potoczniak, D. J. (2007). Development of bisexual men's identities and relationships. In K. J. Bieschke, R. M. Perez, & K. A. DeBord (Eds.), *Handbook of counseling and psychotherapy with lesbian, gay, bisexual, and transgender clients* (2nd ed., pp. 119–145). Washington, DC: American Psychological Association. doi:10.1037/11482-005

Prensky, M. (2001). Digital natives: Digital immigrants. *Horizon, 9,* 1–6.

Prilleltensky, I. (1997). Values, assumptions, and practices: Assessing the moral implications of psychological discourse and action. *American Psychologist, 52,* 517–535. doi:10.1037/0003-066X.52.5.517

Prochaska, J. O., & Norcross, J. C. (1999). *Systems of psychotherapy: A transtheoretical analysis* (4th ed.). Belmont, CA: Brooks/Cole.

Prochaska, J. O., & Norcross, J. C. (2007). *Systems of psychotherapy: A transtheoretical analysis* (7th ed.). Pacific Grove, CA: Brooks/Cole.

Prochaska, J. O., & Norcross, J. C. (2010). *Systems of psychotherapy: A transtheoretical analysis* (7th ed.). Belmont, CA: Brooks/Cole.

Pyant, C. T., & Yanico, B. J. (1991). Relationship of racial identity and gender-role attitudes to Black women's psychological well-being. *Journal of Counseling Psychology, 38,* 315–322. doi:10.1037/0022-0167.38.3.315

Quenk, N. L. (2009). *Essentials of Myers-Briggs Type Indicator assessment* (2nd ed.). New York, NY: Wiley.

Quintana, S. M. (2007). Racial and ethnic identity: Developmental perspectives and research. *Journal of Counseling Psychology, 54,* 259–270. doi:10.1037/0022-0167.54.3.259

Quintana, S. M., & Bernal, M. E. (1995). Ethnic minority training in counseling psychology. *The Counseling Psychologist, 23,* 102–121. doi:10.1177/0011000095231010

Quintana, S. M., Chew, A., & Schell, G. (2012). Counseling psychology theory and research on race and ethnicity: Implications for a psychological science of diversity. In N. A. Fouad, J. C. Carter, & L. M. Subich (Eds.), *APA handbook of counseling psychology: Vol. 1. Theories, research, and methods* (pp. 453–489). Washington, DC:

American Psychological Association. doi:10.1037/13754-017

Quirk, M. P., Strosahl, K., Kreilkamp, T., & Erdberg, P. (1995). Personality feedback consultation to families in a managed mental health care practice. *Professional Psychology: Research and Practice, 26*, 27-32. doi:10.1037/0735-7028.26.1.27

Radloff, T. D. L. (2007). Measuring the impact of higher education on racial prejudice and opposition to race-based policy. *New York Sociologist, 2*, 1-15.

Ragusea, A. S., & VandeCreek, L. (2003). Suggestions for the ethical practice of online psychotherapy. *Psychotherapy: Theory, Research, Practice, Training, 40*, 94-102. doi:10.1037/0033-3204.40.1-2.94

Raimy, V. C. (1950). *Training in clinical psychology.* New York, NY: Prentice-Hall.

Raney, S. C., Hwang, B. J., & Douce, L. A. (2008). Finding postdoctoral training and employment in the United States. In N. T. Hasan, N. A. Fouad, & C. Williams-Nickelson (Eds.), *Studying psychology in the United States: Expert guidance for international students* (pp. 131-139). Washington, DC: American Psychological Association.

Raque-Bogdan, T. L., Torrey, C. L., Lewis, B. L., & Borges, N. J. (2013). Counseling health psychology: Assessing health psychology training within counseling psychology doctoral programs. *The Counseling Psychologist, 41*, 428-452. doi:10.1177/0011000012439611

Raskin, N., Rogers, C., & Witty, M. (2011). Client-centered therapy. In R. J. Corsini & D. Wedding (Eds.), *Current psychotherapies* (9th ed., pp. 148-195). Belmont, CA: Brooks/Cole.

Raskin, N. J., & Rogers, C. R. (1995). Person-centered therapy. In R. J. Corsini & D. Wedding (Eds.), *Current psychotherapies* (5th ed., pp. 128-161). Itasca, IL: Peacock.

Ratts, M. J., & Santos, K. (2012). Career counseling without borders: Moving beyond traditional career practices of helping. In D. Capuzzi & M. Stauffer (Eds.), *Career counseling: Foundations, perspectives, and applications* (2nd ed., pp. 111-125). New York, NY: Routledge.

Reardon, R. C., & Lenz, J. G. (1998). *The Self-Directed Search and related Holland career materials: Practitioner's guide.* Odessa, FL: Psychological Assessment Resources.

Remer, P. A., & Oh, K. H. (2012). Feminist therapy in counseling psychology. In C. Z. Enns & E. N. Williams (Eds.), *The Oxford handbook of feminist multicultural counseling psychology* (pp. 304-321). New York, NY: Oxford University Press. doi:10.1093/oxfordhb/9780199744220.013.0016

Rest, J. R. (1984). Research on moral development: Implications for training counseling psychologists. *The Counseling Psychologist, 12*(3), 19-29. doi:10.1177/0011000084123003

Reynolds, A. L. (1995). Challenges and strategies for teaching multicultural counseling courses. In J. G. Ponterotto, J. M. Casas, L. A. Suzuki, & C. M. Alexander (Eds.), *Handbook of multicultural counseling* (pp. 312-330). Thousand Oaks, CA: Sage.

Richardson, M. S. (1996). From career counseling to counseling/ psychotherapy and work, jobs, and career. In M. L. Savickas & W. B. Walsh (Eds.), *Handbook of career counseling theory and practice* (pp. 347-360). Palo Alto, CA: Davies-Black.

Richardson, M. S. (2012). Counseling for work and relationship. *The Counseling Psychologist, 40*, 190-242. doi:10.1177/0011000011406452

Richardson, M. S., & Patton, M. J. (1992). Guest editors' introduction to the centennial articles. *Journal of Counseling Psychology, 39*, 3-6. doi:10.1037/h0092604

Ridley, C. R. (1995). *Overcoming unintentional racism in counseling and therapy.* Thousand Oaks, CA: Sage.

Ridley, C. R., Li, L. C., & Hill, C. L. (1998). Multicultural assessment: Reexamination, reconceptualization, and practical application. *The Counseling Psychologist, 26*, 827-910. doi:10.1177/0011000098266001

Ridley, C. R., Mendoza, D. W., & Kanitz, B. E. (1994). Multicultural training: Reexamination, operationalization, and integration. *The Counseling Psychologist, 22*, 227-289. doi:10.1177/0011000094222001

Ridley, C. R., Mendoza, D. W., Kanitz, B. E., Angermeier, L., & Zenk, R. (1994). Cultural sensitivity in multicultural counseling: A perceptual schema model. *Journal of Counseling Psychology, 41*, 125-136. doi:10.1037/0022-0167.41.2.125

Rimm, D. C., & Cunningham, H. M. (1985). Behavior therapies. In S. Lynn & J. Garske (Eds.), *Contemporary psychotherapies* (pp. 221-259). Columbus, OH: Merrill.

Rimm, D. C., & Masters, J. C. (1979). Behavior therapy: *Techniques and empirical findings*. New York, NY: Academic Press.

Rivas-Drake, D., Hughes, D., & Way, N. (2009). A preliminary analysis of associations among ethnic racial socialization, ethnic discrimination, and ethnic identity among urban sixth graders. *Journal of Research on Adolescence, 19,* 558-584. doi:10.1111/j.1532-7795.2009.00607.x

Robbins, S. B. (1989). Role of contemporary psychoanalysis in counseling psychology. *Journal of Counseling Psychology, 36,* 267-278. doi:10.1037/0022-0167.36.3.267

Roberts, D. S., & Geller, E. S. (1995). An "actively caring" model for occupational safety: A field test. *Applied & Preventive Psychology, 4,* 53-59. doi:10.1016/S0962-1849(05)80051-4

Robinson, F. P. (1950). *Principles and procedures of student counseling*. New York, NY: Harper.

Robinson, D. T., & Morris, J. R. (2000). Multicultural counseling: Historical context and current training considerations. *Western Journal of Black Studies, 24,* 239-253.

Robitschek, C., & Woodson, S. J. (2006). Vocational psychology: Using one of counseling psychology's strengths to foster human strength. *The Counseling Psychologist, 34,* 260-275. doi:10.1177/0011000005281321

Rodin, J., Silberstein, L. R., & Striegel-Moore, R. H. (1985). Women and weight: A normative discontent. In T. B. Sonderegger (Ed.), *Nebraska Symposium on Motivation: Psychology and gender* (pp. 267-307). Lincoln: University of Nebraska Press.

Rogers, C. R. (1939). *The clinical treatment of the problem child*. Boston, MA: Houghton Mifflin.

Rogers, C. R. (1942). *Counseling and psychotherapy*. Boston, MA: Houghton Mifflin.

Rogers, C. R. (1951). *Client-centered therapy*. Boston, MA: Houghton Mifflin.

Rogers, C. R. (1957). The necessary and sufficient conditions for therapeutic personality change. *Journal of Consulting Psychology, 21,* 95-103. doi:10.1037/h0045357

Rogers, C. R. (1959). A theory of therapy, personality, and interpersonal relationships, as developed in the client-centered framework. In S. Koch (Ed.), *Psychology: A study of science: Vol. 3. Formulations of the person and the social context* (pp. 184-246). New York, NY: McGraw-Hill.

Rogers, C. R. (1961). *On becoming a person*. Boston, MA: Houghton Mifflin.

Rogers, C. R. (1962). Toward becoming a fully functioning person. In A. W. Combs (Ed.), *Perceiving, behaving, becoming: A new focus for education* (pp. 21-33). Washington, DC: Yearbook Association for Supervision and Curriculum Development. doi:10.1037/14325-003

Rogers, C. R. (Ed.). (1967). *The therapeutic relationship and its impact: A study of psychotherapy with schizophrenics*. Madison: University of Wisconsin Press.

Rogers, C. R. (1973). My philosophy of interpersonal relationships and how it grew. *Journal of Humanistic Psychology, 13,* 3-15. doi:10.1177/002216787301300202

Rogers, C. R. (1975). Empathy: An unappreciated way of being. *The Counseling Psychologist, 5,* 2-10. doi:10.1177/001100007500500202

Rogers, C. R. (1980). *A way of being*. Boston, MA: Houghton Mifflin.

Rogers, C. R., & Dymond, R. (1954). *Psychotherapy and personality change*. Chicago, IL: University of Chicago Press.

Romano, J. L., & Hage, S. M. (2000). Prevention and counseling psychology: Revitalizing commitments for the 21st century. *The Counseling Psychologist, 28,* 733-763. doi:10.1177/0011000000286001

Rønnestad, M. H., & Skovholt, T. M. (2013). *The developing practitioner: Growth and stagnation of therapists and counselors*. New York, NY: Routledge.

Root, M. P. P. (1995). The psychology of Asian American women. In H. Landrine (Ed.), *Bringing cultural diversity to feminist psychology: Theory, research, and practice* (pp. 265-301). Washington, DC: American Psychological Association. doi:10.1037/10501-012

Rosenhan, D. L. (1973, January 19). On being sane in insane places. *Science, 179,* 250-258. doi:10.1126/science.179.4070.250

Rosewater, L. B., & Walker, L. E. A. (Eds.). (1985). *Handbook of feminist therapy.* New York, NY: Springer.

Rosin, H. M., & Korabik, K. (2002). Do family-friendly policies fulfill their promise? An investigation of their impact on work-amily conflict and work and personal outcomes. In D. L. Nelson & R. J. Burke (Eds.), *Gender, work stress, and health* (pp. 211-226). Washington, DC: American Psychological Association. doi:10.1037/10467-013

Rottinghaus, P. J., Larson, L. M., & Borgen, F. H. (2003). Theoretical and empirical linkages of self-efficacy and interests. *Journal of Vocational Behavior, 62,* 221-236. doi:10.1016/S0001-8791(02)00039-8

Rowe, J. W., & Kahn, R. L. (1998). *Successful aging.* New York, NY: Pantheon.

Roysircar, G. (2006). Prevention work in school and with youth: Promoting competence and reducing risks. In R. L. Toporek, L. H. Gerstein, N. A. Fouad, G. Roysircar, & T. Israel (Eds.), *Handbook for social justice in counseling psychology: Leadership, vision, and action* (pp. 77-85). Thousand Oaks, CA: Sage. doi:10.4135/9781412976220.n6

Rozee, P. D., & Koss, M. P. (2001). Rape: A century of resistance. *Psychology of Women Quarterly, 25,* 295-311. doi:10.1111/1471-6402.00030

Rude, S. S., Weissberg, N., & Gazda, G. M. (1988). Looking to the future: Themes from the Third National Conference for Counseling Psychology. *The Counseling Psychologist, 16,* 423-430. doi:10.1177/0011000088163008

Ruelas, S. R., Atkinson, D. R., & Ramos-Sanchez, L. (1998). Counselor helping model, participant ethnicity and acculturation level, and perceived counselor credibility. *Journal of Counseling Psychology, 45,* 98-103. doi:10.1037/0022-0167.45.1.98

Rushton, J. P. (1995). Construct validity, censorship, and the genetics of race. *American Psychologist, 50,* 40-41. doi:10.1037/0003-066X.50.1.40.b

Rust, P. C. (2003). Finding a sexual identity and community: Therapeutic implications and cultural assumptions in scientific models of coming out. In L. D. Garnets & D. C. Kimmel (Eds.), *Psychological perspectives on lesbian, gay, and bisexual experiences* (pp. 227-269). New York, NY: Columbia University Press.

Rust, P. C. (2007). The construction and reconstruction of bisexuality. In B. Firestein (Ed.), *Becoming visible: Counseling bisexuals across the lifespan* (pp. 3-27). New York, NY: Columbia University Press.

Ryan, A., Safran, J. D., Doran, J. M., & Muran, J. C. (2012). Therapist mindfulness, alliance and treatment outcomes. *Psychotherapy Research, 22,* 289-297. doi:10.1080/10503307.2011.650653

Rychlak, J. F. (1968). *A philosophy of science for personality theory.* Boston, MA: Houghton Mifflin. doi:10.1037/10535-000

Ryum, T., Stiles, T. C., Svartberg, M., & McCullough, L. (2010). The role of transference work, the therapeutic alliance, and their interaction in reducing interpersonal problems among psychotherapy patients with Cluster C personality disorders. *Psychotherapy: Theory, Research, Practice, Training, 47,* 442-453. doi:10.1037/a0021183

Safran, J. D., & Muran, C. (2000). *Negotiating the therapeutic alliance: A relational treatment guide.* New York, NY: Guilford Press.

Safran, J. D, Muran, C., & Eubanks-Carter, C. (2011). In J. Norcross (Ed.), *Psychotherapy relationships that work* (2nd ed., pp. 224-238). New York, NY: Oxford University Press.

Safran, J. D., Muran, J. C., Samstag, L. W., & Stevens, C. (2001). Repairing alliance ruptures. *Psychotherapy: Theory, Research, Practice, Training, 38,* 406-412. doi:10.1037/0033-3204.38.4.406

Salaway, G., Caruso, J. B., Nelson, M. R., & Ellison, N. B. (2008). *The ECAR study of undergraduate students and information technology, 2008.* Retrieved from http://net.educause.edu/ir/library/pdf/ers0808/rs/ers0808w.pdf

Salk, R. H., & Engeln-Maddox, R. (2011). "If you're fat, then I'm humongous!": Frequency, content, and impact of fat talk among college women. *Psychology of Women Quarterly, 35,* 18-28. doi:10.1177/0361684310384107

Salomone, P. R. (1982). Difficult cases in career counseling: II. The indecisive client. *Personnel and Guidance*

Journal, 60, 496-500. doi:10.1002/j.2164-4918.1982. tb00703.x

Sampson, J. P., Jr., Peterson, G. W., Lenz, J. G., Reardon, R. C., & Saunders, D. E. (1996). *Career Thoughts Inventory.* Odessa, FL: Psychological Assessment Resources.

Samstag, L. W., Muran, J. C., & Safran, J. D. (2004). Defining and identifying alliance ruptures. In D. P. Charman (Ed.), *Core processes in brief psychodynamic psychotherapy: Advancing effective practice* (pp. 187-214). Mahwah, NJ: Erlbaum.

Sanders Thompson, V. L., Bazile, A., & Akbar, M. (2004). African Americans'perceptions of psychotherapy and psychotherapists. *Professional Psychology: Research and Practice, 35,* 19-26. doi:10.1037/0735-7028.35.1.19

Savickas, M. L. (1996). A framework for linking career theory and practice. In M. L. Savickas & W. B. Walsh (Eds.), *Handbook of career counseling theory and practice* (pp. 191-208). Palo Alto, CA: Davies-Black.

Savickas, M. L. (2002). Career construction: A developmental theory of vocational behavior. In S. D. Brown & R. W. Lent (Eds.), *Career choice and development* (4th ed., pp. 149-205). San Francisco, CA: Jossey-Bass.

Savickas, M. L. (2003). Toward a taxonomy of human strengths: Career counseling's contribution to positive psychology. In W. B. Walsh (Ed.), *Counseling psychology and optimal human functioning* (pp. 229-250). Mahwah, NJ: Erlbaum.

Savickas, M. L. (2005). The theory and practice of career construction. In S. D. Brown & R. W. Lent (Eds.), *Career development and counseling: Putting theory and research to work* (pp. 42-70). Hoboken, NJ: Wiley.

Savickas, M. L. (2011). *Career counseling.* Washington, DC: American Psychological Association.

Savin-Williams, R. C. (2001). *Mom, Dad, I'm gay: How families negotiate coming out.* Washington, DC: American Psychological Association.

Scarf, M. (1987). *Intimate partners: Patterns in love and marriage.* New York, NY: Random House.

Scheel, M. J., Berman, M., Friedlander, M. L., Conoley, C. W., Duan, C., & Whiston, S. (2011). Whatever happened to counseling in counseling psychology? *The Counseling Psychologist, 39,* 673-692. doi:10.1177/0011000010380278

Scheel, M. J., & Conoley, C. W. (2012). Psychotherapy process and outcome research in counseling psychology. In N. A. Fouad, J. A. Carter, & L. M. Subich (Eds.), *APA handbook of counseling psychology: Vol. 1. Theories, research, and methods* (pp. 203-236). Washington, DC: American Psychological Association. doi:10.1037/13754-008

Scheel, M. J., Davis, C. K., & Henderson, J. D. (2013). Therapist use of client strengths: A qualitative study of positive processes. *The Counseling Psychologist, 41,* 392-427. doi:10.1177/0011000012439427

Scherman, A., & Doan, R. E. (1985). Subjects, designs, and generalizations in Volumes 25-29 of the *Journal of Counseling Psychology. Journal of Counseling Psychology, 32,* 272-276. doi:10.1037/0022-0167.32.2.272

Schiffman, J. B., Delucia-Waack, J. L., & Gerrity, D. A. (2006). An examination of the construct of homophobia: Prejudice or phobia? *Journal of LGBT Issues in Counseling, 1,* 75-93. doi:10.1300/J462v01n01_06

Schlossberg, N. K. (2011). The challenge of change: The transition model and its applications. *Journal of Employment Counseling, 48,* 159-162. doi:10.1002/j.2161-1920.2011.tb01102.x

Schlosser, L. Z., & Gelso, C. J. (2001). Measuring the working alliance in advisor-dvisee relationships in graduate school. *Journal of Counseling Psychology, 48,* 157-167. doi:10.1037/0022-0167.48.2.157

Schmidt, C. K., & Nilsson, J. E. (2006). The effects of simultaneous developmental processes: Factors relating to the career development of lesbian, gay, and bisexual youth. *Career Development Quarterly, 55,* 22-37. doi:10.1002/j.2161-0045.2006.tb00002.x

Schmidt, L. (1977). Why has the professional practice of psychological counseling developed in the United States? *The Counseling Psychologist, 7*(2), 19-21. doi:10.1177/001100007700700208

Schneider, B. (2008). The people still make the place. In D. B. Smith (Ed.), *The people make the place: Dynamic linkages between individuals and organizations* (pp. 267-289). New York, NY: Taylor & Francis.

Schneider, B., & Smith, D. B. (Eds.). (2004). *Personality and organization*. Mahwah, NJ: Erlbaum.

Schneider, K. J., & Krug, O. T. (2010). *Existential-humanistic therapy*. Washington, DC: American Psychological Association.

Schultheiss, D. E. P. (2006). The interface of work and family life. *Professional Psychology: Research and Practice, 37*, 334-341. doi:10.1037/0735-7028.37.4.334

Schweizer, K., Brunner, F., Schützmann, K., Schönbucher, V., & Richter-Apelt, H. (2009). Gender identity and coping in female 46, XY adults with androgen biosynthesis deficiency (intersexuality/DSD). *Journal of Counseling Psychology, 56*, 189-201. doi:10.1037/a0013575

Scott, C. W. (1980). History of the division of counseling psychology: 1945-963. In J. M. Whiteley (Ed.), *The history of counseling psychology* (pp. 25-40). Monterey, CA: Brooks/Cole.

Section on Counseling Health Psychology of Division 17. (2005). *Bylaws*. Retrieved from http://www.apa.org/divisions/div17/sections/health/Bylaws.html

Segal, U., Elliott, D., & Mayadas, N. (Eds.). (2010). *Immigration worldwide: Policies, practices, and trends*. New York, NY: Oxford University Press.

Seligman, M. E. P. (1995). The effectiveness of psychotherapy: The *Consumer Reports* study. *American Psychologist, 50*, 965-974. doi:10.1037/0003-066X.50.12.965

Seligman, M. E. P. (2002). *Authentic happiness*. New York, NY: Free Press.

Seligman, M. E. P., & Csikszentmihalyi, M. M. (2000). Positive psychology: An introduction. *American Psychologist, 55*, 5-14. doi:10.1037/0003-066X.55.1.5

Seligman, M. E. P., Rashid, T., & Parks, A. C. (2006). Positive psychotherapy. *American Psychologist, 61*, 774-788. doi:10.1037/0003-066X.61.8.774

Sell, R. L. (1997). Defining and measuring sexual orientation: A review. *Archives of Sexual Behavior, 26*, 643-658. doi:10.1023/A:1024528427013

Selvini Palazzoli, M., Boscolo, L., Cecchin, G., & Prata, G. (1978). *Paradox and counterparadox*. New York, NY: Aronson.

Sexton, T. L., & Alexander, J. F. (2005). Functional family therapy for externalizing disorders in adolescents. In J. Lebow (Ed.), *Handbook of clinical family therapy* (pp. 164-191). New York, NY: Wiley.

Sexton, T. L., Datchi, C., Evans, L., LaFollette, J., & Wright, L. (2013). The effectiveness of couple and family-based clinical interventions. In M. J. Lambert (Ed.), *Bergin and Garfield's handbook of psychotherapy and behavior change* (6th ed., pp. 587-639). New York, NY: Wiley.

Sharf, R. S. (2006). *Applying career development theory to counseling*. Belmont, CA: Thompson Higher Education.

Shean, G. D. (2012). Some limitations on the external validity of psychotherapy efficacy studies and suggestions for future research. *American Journal of Psychotherapy, 66*, 227-242.

Shedler, J. (2010). The efficacy of psychodynamic psychotherapy. *American Psychologist, 65*, 98-109. doi:10.1037/a0018378

Sheets, R. L., & Mohr, J. J. (2009). Perceived social support from friends and family and psychosocial functioning in bisexual young adult college students. *Journal of Counseling Psychology, 56*, 152-163. doi:10.1037/0022-0167.56.1.152

Shepherd, I. L. (1970). Limitations and cautions in the Gestalt approach. In J. Fagan & I. L. Shepherd (Eds.), *Gestalt therapy now* (pp. 234-238). New York, NY: Harper & Row.

Sherman, M. D., & Thelen, M. H. (1998). Distress and professional impairment among psychologists in clinical practice. *Professional Psychology: Research and Practice, 29*, 79-85. doi:10.1037/0735-7028.29.1.79

Shields, S. A. (2008). Gender: An intersectionality perspective. *Sex Roles, 59*, 301-311. doi:10.1007/s11199-008-9501-8

Shirk, S. R., & Karver, M. S. (2011). Alliance in child and adolescent psychotherapy. In J. Norcross (Ed.), *Psychotherapy relationships that work* (2nd ed., pp. 70-91). New York, NY: Oxford University Press.

Shullman, S. L. (2002). Reflections of a consulting counseling psychologist: Implications of the Principles for Education and Training at the Doctoral and Postdoctoral Level in Consulting Psychology for the Practice of Counseling

Psychology. *Consulting Psychology Journal: Practice and Research, 54*, 242-251. doi:10.1037/1061-4087.54.4.242

Shullman, S. L., Celeste, B. L., & Stickland, T. (2006). Extending the Parsons legacy: Applications of counseling psychology in pursuit of social justice through the development of public policy. In R. L. Toporek, L. H. Gerstein, N. A. Fouad, G. Roysircar, & T. Israel (Eds.), *Handbook for social justice in counseling psychology: Leadership, vision, and action* (pp. 499-513). Thousand Oaks, CA: Sage. doi:10.4135/9781412976220.n33

Shultz, K. S., & Wang, M. (2011). Psychological perspectives on the changing nature of retirement. *American Psychologist, 66*, 170-179. doi:10.1037/a0022411

Siegel, L. (1985). Industrial and organizational psychology. In E. M. Altmaier & M. E. Meyer (Eds.), *Applied specialties in psychology* (pp. 207-238). New York, NY: Random House.

Silverman, D. K. (1998). The tie that binds: Affect regulation, attachment, and psychoanalysis. *Psychoanalytic Psychology, 15*, 187-212. doi:10.1037/0736-9735.15.2.187

Silvia, P. J. (2003). Self-efficacy and interest: Experimental studies of optimal incompetence. *Journal of Vocational Behavior, 62*, 237-249. doi:10.1016/S0001-8791(02)00013-1

Simkin, J. S., & Yontef, G. M. (1984). Gestalt therapy. In R. J. Corsini (Ed.), *Current psychotherapies* (3rd ed., pp. 279-319). Itasca, IL: Peacock.

Simon, J., & Osipow, S. H. (1996). Continuity of career: The vocational script in counseling older adults. *Career Development Quarterly, 45*, 152-162. doi:10.1002/j.2161-0045.1996.tb00265.x

Simons, A. D., Padesky, C. A., Montemarano, J., Lewis, C. C., Marakami, J., Lamb, K., . . . Beck, A. T. (2010). Training and dissemination of cognitive behavior therapy for depression in adults: A preliminary examination of therapist competence and client outcomes. *Journal of Consulting and Clinical Psychology, 78*, 751-756. doi:10.1037/a0020569

Skinner, B. F. (1938). *The behavior of organisms: An experimental analysis.* New York, NY: Appleton.

Skovholt, T., Schauble, P., Gormally, J., & Davis, R. (1978).

Guest editors'introduction. *The Counseling Psychologist, 7*(4), 2. doi:10.1177/001100007800700401

Skovholt, T. M., & Jennings, L. (2004). *Master therapist: Exploring expertise in therapy and counseling.* Needham Heights, MA: Allyn & Bacon.

Skovholt, T. M., & Ronnestad, M. H. (1992). *The evolving professional self.* New York, NY: Wiley.

Slan-Jerusalim, R., & Chen, C. P. (2009). Work-family conflict and career development theories: A search for helping strategies. *Journal of Counseling & Development, 87*, 492-499. doi:10.1002/j.1556-6678.2009.tb00134.x

Slavin, J. H. (1989). Post-doctoral training for psychologists in psychoanalysis. *Psychologist Psychoanalyst, 9*, 8-11.

Slimp, P. A. O., & Burian, B. K. (1994). Multiple role relationships during internship: Consequences and recommendations. *Professional Psychology: Research and Practice, 25*, 39-45. doi:10.1037/0735-7028.25.1.39

Sloane, R. B., Staples, F. R., Cristol, A. H., Yorkston, N. J., & Whipple, K. (1975). *Psychotherapy versus behavior therapy.* Cambridge, MA: Harvard University Press.

Smith, B. L. (1998). Psychological testing, psychodiagnosis, and psychotherapy. In J. W. Barron (Ed.), *Making diagnosis meaningful* (pp. 227-245). Washington, DC: American Psychological Association.

Smith, E. J. (2006). The strength-based counseling model. *The Counseling Psychologist, 34*, 13-79. doi:10.1177/0011000005277018

Smith, L., Appio, L., & Chang, J. (2012). Feminist multicultural counseling psychology and poverty. In C. Z. Enns & E. N. Williams (Eds.), *The Oxford handbook of feminist multicultural counseling psychology* (pp. 199-220). New York, NY: Oxford University Press. doi:10.1093/oxfordhb/9780199744220.013.0008

Smith, L. C., Shin, R. Q., & Officer, L. M. (2012). Moving counseling forward on LGB and transgender issues: Speaking queerly on discourses and microaggressions. *The Counseling Psychologist, 40*, 385-408. doi:10.1177/0011000011403165

Smith, M. L., & Glass, G. V. (1977). Meta-analysis of psychotherapy outcome studies. *American Psychologist, 32*, 752-760. doi:10.1037/0003-066X.32.9.752

Smith, T. B., Constantine, M. G., Dunn, T. W., Dinehart, J. M., & Montoya, J. A. (2006). Multicultural education in the mental health professions: A meta-analytic review. *Journal of Counseling Psychology, 53*, 132-145. doi:10.1037/0022-0167.53.1.132

Smith, T. S., McGuire, J. M., Abbott, D. W., & Blau, B. I. (1991). Clinical ethical decision making: An investigation of the rationales used to justify doing less than one believes one should. *Professional Psychology: Research and Practice, 22*, 235-239. doi:10.1037/0735-7028.22.3.235

Snowden, L. R. (2012). Health and mental health policies' roles in better understanding and closing African American-hite American disparities in treatment access and quality of care. *American Psychologist, 67*, 524-531. doi:10.1037/a0030054

Snyder, C. R., Lopez, S. J., & Pedrotti, J. T. (2011). *Positive psychology: The scientific and practical explorations of human strengths* (2nd ed.). Thousand Oaks, CA: Sage.

Sodowsky, G. R., Taffe, R. C., Gutkin, T. B., & Wise, S. L. (1994). Development of the Multicultural Counseling Inventory: A self-report measure of multicultural competencies. *Journal of Counseling Psychology, 41*, 137-148. doi:10.1037/0022-0167.41.2.137

Solberg, V. S., Howard, K. A., Blustein, D. L., & Close, W. (2002). Career development in the schools: Connecting school-to-work-to-life. *The Counseling Psychologist, 30*, 705-725. doi:10.1177/0011000002305003

Solberg Nes, L., Evans, D. R., & Segerstrom, S. C. (2009). Optimism and college retention: Mediation by motivation, performance, and adjustment. *Journal of Applied Social Psychology, 39*, 1887-1912. doi:10.1111/j.1559-1816.2009.00508.x

Soldz, S. (2008, June 24). The torture trainers and the American Psychological Association. *Counterpunch.* Retrieved from http://www.counterpunch.org/soldz0625008.html

Sophie, J. (1986). A critical examination of stage theories of lesbian identity development. *Journal of Homosexuality, 12*, 39-51. doi:10.1300/J082v12n02_03

Southern Poverty Law Center. (2012). Southern Poverty Law Center report: As election season heats up, extremist groups at record levels. Retrieved from http://www.splcenter.org/get-informed/news/southern-poverty-law-center-report-as-election-season-heats-upextremist-groups-at

Speight, S. L., Isom, D. A., & Thomas, A. J. (2012). From Hottentot to Superwoman: Issues of identity and mental health for African American women. In C. Z. Enns & E. N. Williams (Eds.), *The Oxford handbook of feminist multicultural counseling psychology* (pp. 115-130). New York, NY: Oxford University Press. doi:10.1093/oxfordhb/9780199744220.013.0006

Speight, S. L., Thomas, A. J., Kennel, R. G., & Anderson, M. E. (1995). Operationalizing multicultural training in doctoral programs and internships. *Professional Psychology: Research and Practice, 26*, 401-406. doi:10.1037/0735-7028.26.4.401

Speight, S. L., & Vera, E. M. (2004). A social justice agenda: Ready, or not? *The Counseling Psychologist, 32*, 109-118. doi:10.1177/0011000003260005

Spengler, P. M. (1998). Multicultural assessment and a scientist-practitioner model of psychological assessment. *The Counseling Psychologist, 26*, 930-938. doi:10.1177/0011000098266004

Spengler, P. M., Strohmer, D. C., Dixon, D. N., & Shivy, V. A. (1995). A scientist-practitioner model of psychological assessment. *The Counseling Psychologist, 23*, 506-534. doi:10.1177/0011000095233009

Spiegler, M. D., & Guevremont, D. C. (2010). *Contemporary behavior therapy* (5th ed.). Pacific Grove, CA: Brooks/Cole.

Spokane, A. R. (1991). *Career intervention.* Englewood Cliffs, NJ: Prentice-Hall.

Spokane, A. R., & Cruza-Guet, M. C. (2005). Holland's theory of vocational personalities in work environments. In S. D. Brown & R. W. Lent (Eds.), *Career development counseling* (pp. 24-41). Hoboken, NJ: Wiley.

Staggs, G. D., Larson, L. M., & Borgen, F. H. (2007). Convergence of personality and interests: Meta-analysis of the Multidimensional Personality Questionnaire and the Strong Interest Inventory. *Journal of Career Assessment, 15*, 423-445. doi:10.1177/1069072707305760

Stanley, S. M., Markham, H. J., & Whitton, S. W. (2002). Communication, conflict, and commitment: Insights on the foundations of relationship success from a national survey. *Family Process, 41,* 659-675. doi:10.1111/j.1545-5300.2002.00659.x

Steenbarger, B. N. (1992). Toward science-practice integration in brief counseling and therapy. *The Counseling Psychologist, 20,* 403-450. doi:10.1177/0011000092203001

Stoltenberg, C. D., Kashubeck-West, S., Biever, J. L., Patterson, T., & Welch, I. D. (2000). Training models in counseling psychology: Scientist-practitioner versus practitioner-scholar. *The Counseling Psychologist, 28,* 622-640. doi:10.1177/0011000000285002

Stone, C., Dew, E., & Sackett, S. (1998, August). *Work experiences and career and job satisfaction of new counseling psychologists.* Paper presented at the American Psychological Association Convention, San Francisco, CA.

Stone, G. L. (1984). In defense of the artificial. *Journal of Counseling Psychology, 31,* 108-110. doi:10.1037/0022-0167.31.1.108

Strauss, B. S. (1997). Treating, teaching, and training: Clinical psychologists in hospitals. In R. J. Sternberg (Ed.), *Career paths in psychology: Where your degree can take you* (pp. 133-150). Washington, DC: American Psychological Association.

Stricker, G. (1997). Are science and practice commensurable? *American Psychologist, 52,* 442-448. doi:10.1037/0003-066X.52.4.442

Strohmer, D. C., & Arm, J. R. (2006). The more things change the more they stay the same: Reaction to Aegisdottir et al. *The Counseling Psychologist, 34,* 383-390. doi:10.1177/0011000005285879

Stromberg, C. (1993, April). Privacy, confidentiality and privilege. *The Psychologist's Legal Update.* Washington, DC: National Register of Health Service Providers in Psychology.

Strong, E. K. (1943). *Vocational interests of men and women.* Palo Alto, CA: Stanford University Press.

Strong, S. R. (1991). Theory-driven science and naive empiricism in counseling psychology. *Journal of Counseling Psychology, 38,* 204-210. doi:10.1037/0022-0167.38.2.204

Strong, T., & Zeman, D. (2010). Dialogic considerations of confrontation as a counseling activity: An examination of Allen Ivey's use of confronting as a microskill. *Journal of Counseling & Development, 88,* 332-339. doi:10.1002/j.1556-6678.2010.tb00030.x

Strupp, H. H., & Binder, J. L. (1984). *Psychotherapy in a new key.* New York, NY: Basic Books.

Sue, D. W. (2001). Multidimensional facets of cultural competence. *The Counseling Psychologist, 29,* 790-821. doi:10.1177/0011000001296002

Sue, D. W., Arredondo, P., & McDavis, R. J. (1992). Multicultural counseling competencies and standards: A call to the profession. *Journal of Counseling & Development, 70,* 477-486. doi:10.1002/j.1556-6676.1992.tb01642.x

Sue, D. W., Bernier, J. E., Durran, A., Feinberg, L., Pedersen, P., Smith, E. J., & Vasquez-Nuttall, E. (1982). Cross-cultural counseling competencies. *The Counseling Psychologist, 10,* 45-52. doi:10.1177/0011000082102008

Sue, D. W., Capodilupo, C. M., Torino, G. C., Bucceri, J. M., Holder, A. M. B., & Esquilin, M. E. (2007). Racial microaggressions in everyday life: Implications for clinical practice. *American Psychologist, 62,* 271-286. doi:10.1037/0003-066X.62.4.271

Sue, D. W., Carter, R. T., Casas, J. M., Fouad, N. A., Ivey, A. E., Jensen, M., . . . Vazquez-Nutall, E. (1998). *Multicultural counseling competencies: Individual and organizational development.* Thousand Oaks, CA: Sage.

Sue, D. W., Lin, A. I., Torino, G. C., Capodilupo, C. M., & Rivera, D. P. (2009). Racial microaggressions and difficult dialogues on race in the classroom. *Cultural Diversity and Ethnic Minority Psychology, 15,* 183-190. doi:10.1037/a0014191

Sue, D. W., Rivera, D. P., Capodilupo, C. M., Lin, A. I., & Torino, G. C. (2010). Racial dialogues and White trainee fears: Implications for education and training. *Cultural Diversity and Ethnic Minority Psychology, 16,* 206-213. doi:10.1037/a0016112

Sue, D. W., & Sue, D. (2003). *Counseling the culturally different: Theory and practice* (4th ed.). New York, NY:

Wiley.

Sue, D. W., & Sue, D. (2008). *Counseling the culturally diverse: Theory and practice* (5th ed.). Hoboken, NJ: Wiley.

Sue, D. W., & Sue, D. (2012). *Counseling the culturally different: Theory and practice* (6th ed.). New York, NY: Wiley.

Sue, S., Cheng, J. K. Y., Saad, C. S., & Chu, J. P. (2012). Asian American mental health: A call to action. *American Psychologist, 67*, 532-544. doi:10.1037/a0028900

Sullivan, H. S. (1954). *The psychiatric interview.* New York, NY: Norton.

Sundberg, N. D. (1981). Cross-cultural counseling and psychotherapy: A research overview. In A. J. Marsella & P. B. Pedersen (Eds.), *Cross-cultural counseling and psychotherapy* (pp. 28-62). Elmsford, NY: Pergamon Press.

Sundel, M., & Sundel, S. S. (1999). *Behavior change in the human services* (4th ed.). Thousand Oaks, CA: Sage.

Super, D. E. (1942). *The dynamics of vocational adjustment.* New York, NY: Harper.

Super, D. E. (1953). A theory of vocational development. *American Psychologist, 8*, 185-190. doi:10.1037/h0056046

Super, D. E. (1955). Transition: From vocational guidance to counseling psychology. *Journal of Counseling Psychology, 2*, 3-9. doi:10.1037/h0041630

Super, D. E. (1957). *The psychology of careers.* New York, NY: Harper & Row.

Super, D. E. (1963). Self-concepts in vocational development. In D. E. Super, R. Starishevsky, N. Matlin, & J. P. Jordaan (Eds.), *Career development: Self-concept theory* (pp. 17-32). New York, NY: College Entrance Examination Board.

Super, D. E. (1973). The Work Values Inventory. In D. G. Zytowski (Ed.), *Contemporary approaches to interest measurement* (pp. 189-205). Minneapolis: University of Minnesota Press.

Super, D. E. (1994). A life span, life space perspective on convergence. In M. L. Savickas & R. W. Lent (Eds.), *Convergence in career development theories* (pp. 63-74). Palo Alto, CA: Consulting Psychologists Press.

Super, D. E., & Nevill, D. D. (1986). *The Values Scale.* Palo Alto, CA: Consulting Psychologists Press.

Super, D. E., Thompson, A. S., Lindeman, R. H., Jordaan, J. P., & Myers, R. A. (1981). *Career Development Inventory.* Palo Alto, CA: Consulting Psychologists Press.

Suzuki, L. A., Onoue, M. A., Fukui, H., & Ezrapour, C. (2012). Foundations of counseling psychology: Assessment. In N. A. Fouad (Ed.), *APA handbook of counseling psychology: Vol. 1. Theories, research, and methods* (pp. 167-200). Washington, DC: American Psychological Association.

Suzuki, L. A., & Ponterotto, J. G. (2008). *Handbook of multicultural assessment: Clinical, psychological, and educational applications.* San Francisco, CA: Jossey-Bass.

Suzuki, L. A., Ponterotto, J. G., & Meller, P. J. (Eds.). (2008). *Handbook of multicultural assessment* (3rd ed.). San Francisco, CA: Jossey-Bass.

Šverko, B. (2001). Life roles and values in international perspective: Super's contribution through the Work Importance Study. *International Journal for Educational and Vocational Guidance, 1*, 121-130. doi:10.1023/A:1016929016249

Swanson, J., & Fouad, N. (1999). *Career theory and practice.* Mahwah, NJ: Erlbaum.

Swanson, J. L. (1995). The process and outcome of career counseling. In W. B. Walsh & S. H. Osipow (Eds.), *Handbook of vocational psychology* (2nd ed., pp. 217-259). Hillsdale, NJ: Erlbaum.

Swanson, J. L. (2002). Understanding the complexity of clients'lives: Infusing a truly integrative career-personal perspective into graduate training. *The Counseling Psychologist, 30*, 815-832. doi:10.1177/001100002237756

Swanson, J. L. (2012). Work and psychological health. In N. A. Fouad, J. A. Carter, & L. M. Subich (Eds.), *APA handbook of counseling psychology: Vol. 2. Practice, interventions, and applications* (pp. 3-27).Washington, DC: American Psychological Association.

Swim, J. K., Hyers, L. L., Cohen, L. L., & Ferguson, M. J. (2001). Everyday sexism: Evidence for its incidence, nature, and psychological impact from three daily diary studies. *Journal of Social Issues, 57*, 31-53.

doi:10.1111/0022-4537.00200

Szasz, T. S. (1960). The myth of mental illness. *American Psychologist, 15*, 113-118. doi:10.1037/h0046535

Szymanski, D. M., & Hilton, A. N. (2012). Feminist counseling psychology and lesbians, bisexual women, and transgender persons. In C. Z. Enns & E. N. Williams (Eds.), *The Oxford handbook of feminist multicultural counseling psychology* (pp. 131-154). New York, NY: Oxford University Press. doi:10.1093/oxfordhb/9780199744220.013.0007

Szymanski, D. M., & Ikizler, A. S. (2013). Internalized heterosexism as a mediator in the relationship between gender role conflict, heterosexist discrimination, and depression among sexual minority men. *Psychology of Men & Masculinity, 14*, 211-219. doi:10.1037/a0027787

Szymanski, D. M., Kashubeck-West, S., & Meyer, J. (2008). Internalized heterosexism: A historical and theoretical overview. *The Counseling Psychologist, 36*, 510-524. doi:10.1177/0011000007309488

Szymanski, D. M., & Moffitt, L. B. (2012). Sexism and heterosexism. In N. A. Fouad, J. C. Carter, & L. M. Subich (Eds.), *APA handbook of counseling psychology: Vol. 2. Practice, interventions, and applications* (pp. 361-390). Washington, DC: American Psychological Association.

Task Force on the Promotion and Dissemination of Psychological Procedures. (1995). Training in and dissemination of empirically validated psychological treatments. *The Clinical Psychologist, 48*, 3-23.

Tenopyr, M. L. (1997). Improving the workplace: Industrial/organizational psychology as a career. In R. J. Sternberg (Ed.), *Career paths in psychology: Where your degree can take you* (pp. 185-196). Washington, DC: American Psychological Association.

Thompson, A. S., & Super, D. E. (Eds.). (1964). *The professional preparation of counseling psychologists: Report of the 1964 Greyston Conference.* New York, NY: Bureau of Publications, Teachers College, Columbia University.

Thompson, C. E., & Neville, H. A. (1999). Racism, mental health, and mental health practice. *The Counseling Psychologist, 27*, 155-223. doi:10.1177/

0011000099272001

Thoresen, C. E., & Eagleston, J. R. (1985). Counseling for health. *The Counseling Psychologist, 13*, 15-87.

Tiedeman, D. B. (1980). Status and prospect in counseling psychology: 1962. In J. M. Whiteley (Ed.), *The history of counseling psychology* (pp. 125-132). Monterey, CA: Brooks/Cole.

Tinsley, D. J., & Schwendener-Holt, M. J. (1992). Retirement and leisure. In S. D. Brown & R. W. Lent (Eds.), *Handbook of counseling psychology* (2nd ed., pp. 627-662). New York, NY: Wiley.

Tinsley, H. E. A., & Bradley, R. W. (1986). Test interpretation. *Journal of Counseling & Development, 64*, 462-466. doi:10.1002/j.1556-6676.1986.tb01166.x

Tokar, D. M., Withrow, J. R., Hall, R. J., & Moradi, B. (2003). Psychological separation, attachment security, vocational self-concept crystallization, and career indecision: A structural equation analysis. *Journal of Counseling Psychology, 50*, 3-19. doi:10.1037/0022-0167.50.1.3

Tolin, D. F., & Foa, E. B. (2006). Sex differences in trauma and posttraumatic stress disorder: A quantitative review of 25 years of research. *Psychological Bulletin, 132*, 959-992. doi:10.1037/0033-2909.132.6.959

Topa, G., Moriano, J. A., Depolo, M., Alcover, C. M., & Morales, J. F. (2009). Antecedents and consequences of retirement planning and decision-making: A meta-analysis and model. *Journal of Vocational Behavior, 75*, 38-55. doi:10.1016/j.jvb.2009.03.002

Toporek, R. L., Gerstein, L. H., Fouad, N. A., Roysircar, G., & Israel, T. (2006). *Handbook for social justice in counseling psychology: Leadership, vision and action.* Thousand Oaks, CA: Sage.

Toporek, R. L., & Liu, W. M. (2001). Advocacy in counseling: Addressing race, class, and gender oppression. In D. B. Pope-Davis & H. L. K. Coleman (Eds.), *The intersection of race, class, and gender in multicultural counseling* (pp. 285-413). Thousand Oaks, CA: Sage.

Town, J. M., Diener, M. J., Abbass, A., Leichsenring, F., Driessen, E., & Rabung, S. (2012). A meta-analysis of psychodynamic psychotherapy outcomes: Evaluating the effects of research-specific procedures. *Psychotherapy, 47*, 276-290. doi: 10.1037/a0029564

Tracey, T. J. G., & Robbins, S. B. (2005). Stability of interests across ethnicity and gender: A longitudinal examination of grades 8 through 12. *Journal of Vocational Behavior, 67*, 335-364. doi:10.1016/j.jvb.2004.11.003

Tuason, M. T. G., Güss, C. D., & Carroll, L. (2012). The disaster continues: A qualitative study on the experiences of displaced Hurricane Katrina survivors. *Professional Psychology: Research and Practice, 43*, 288-297. doi:10.1037/a0028054

Tucker, C. M., Ferdinant, L. A., Mirsu-Paun, A., Herman, K. C., Delgado-Romero, E., van den Berg, J. J., & Jones, J. D. (2007). The roles of counseling psychologists in reducing health disparities. *The Counseling Psychologist, 35*, 650-679.

Tuckman, B. W. (1965). Developmental sequence in small groups. *Psychological Bulletin, 63*, 384-399. doi:10.1037/h0022100

Tunnell, G. B. (1977). Three dimensions of naturalness: An expanded definition of field research. *Psychological Bulletin, 84*, 426-437. doi:10.1037/0033-2909.84.3.426

Tyler, L. (1961). *The work of the counselor.* New York, NY: Appleton-Century-Crofts.

Tyler, L., Tiedeman, D., & Wrenn, C. G. (1980). The current status of counseling psychology: 1961. In J. M. Whiteley (Ed.), *The history of counseling psychology* (pp. 114-124). Monterey, CA: Brooks/Cole.

Tyson, K., Darity, W., Jr., & Castellino, D. R. (2005). It's not "a Black thing": Understanding the burden of acting White and other dilemmas of high achievement. *American Sociological Review, 70*, 582-605. doi:10.1177/000312240507000403

Ullmann, L. P., & Krasner, L. (1965). *Case studies in behavior modification.* New York, NY: Holt, Rinehart & Winston.

Unger, R. K. (1979). Toward a redefinition of sex and gender. *American Psychologist, 34*, 1085-1094. doi:10.1037/0003-066X.34.11.1085

Urofsky, R. I., Engels, D. W., & Engebretson, K. (2009). Kitchener's principle ethics: Implications for counseling practice and research. *Counseling and Values, 53*, 67-78.

doi:10.1002/j.2161-007X.2009.tb00114.x

U.S. Census. (2010). *Race and Hispanic origin of the foreign-born population in the United States: 2007* (American Community Surveys ACS-11). Washington, DC: Author.

U.S. Department of Education. (2007). *NIDRR long-range plan for fiscal years 2005-2009: Executive summary.* Retrieved from http://www.ncddr.org/new/announcements/lrp/fy2005-2009/exec-summ.html

U.S. Department of Health and Human Services. (1999). *Mental health: A report of the Surgeon General.* Rockville, MD: Author.

U.S. Department of Health and Human Services. (2001). *Mental health: Culture, race, and ethnicity—A supplement to* Mental health: A report of the Surgeon General. Rockville, MD: Author.

Utsey, S. O., Gernat, C. A., & Hammar, L. (2005). Examining White counselor trainees' reactions to racial issues in counseling and supervision dyads. *The Counseling Psychologist, 33*, 449-478.

Utsey, S. O., Ponterotto, J. G., & Porter, J. S. (2008). Prejudice and racism, year 2008—still going strong: Research on reducing prejudice with recommended methodological advances. *Journal of Counseling & Development, 86*, 339-347. doi:10.1002/j.1556-6678.2008.tb00518.x

Vacha-Haase, T., & Duffy, M. (2012). Counseling psychologists working with older adults. In E. M. Altmaier & J. C. Hansen (Eds.), *The Oxford handbook of counseling psychology* (pp. 480-499). New York, NY: Oxford University Press.

Vacha-Haase, T., Hill, R. D., & Bermingham, D. W. (2012). Aging theory and research. In N. A. Fouad, J. C. Carter, & L. M. Subich (Eds.), *APA handbook of counseling psychology: Vol. 1. Theories, research, and methods* (pp. 491-505). Washington, DC: American Psychological Association.

Vasquez, M. J. T. (2007). Cultural difference and the therapeutic alliance: An evidence-based analysis. *American Psychologist, 62*, 878-885. doi:10.1037/0003-066X.62.8.878

Vasquez, M. J. T. (2012). Psychology and social justice: Why we do what we do. *American Psychologist, 67,* 337-346. doi:10.1037/a0029232

Verquer, M. L., Beehr, T. A., & Wagner, S. H. (2003). A meta-analysis of relations between person–rganization fit and work attitudes. *Journal of Vocational Behavior, 63,* 473-489. doi:10.1016/S0001-8791(02)00036-2

Vespia, K. M., Fitzpatrick, M. E., Fouad, N. A., Kantamneni, N., & Chen, Y. (2010). Multicultural career counseling: A national survey of competencies and practices. *Career Development Quarterly, 59,* 54-71. doi:10.1002/j.2161-0045.2010.tb00130.x

Vespia, K. M., & Sauer, E. M. (2006). Defining characteristic or unrealistic ideal: Historical and contemporary perspectives on scientistpractitioner training in counselling psychology. *Counselling Psychology Quarterly, 19,* 229-251. doi:10.1080/09515070600960449

von Bertalanffy, L. (1968). *General system theory: Foundations, development, applications.* New York, NY: Braziller.

von Bertalanffy, L. (1974). General systems theory and psychiatry. In S. Arieti (Ed.), *American handbook of psychiatry* (Vol. 1, pp. 1095-1117). New York, NY: Basic Books.

Vondracek, F. W. (2001). The developmental perspective in vocational psychology. *Journal of Vocational Behavior, 59,* 252-261.

Voydanoff, P. (2005). Social integration, work-family conflict and facilitation, and job and marital quality. *Journal of Marriage and Family, 67,* 666-679. doi:10.1111/j.1741-3737.2005.00161.x

Vygotsky, L. S. (1978). *Mind in society: The development of higher psychological processes.* Cambridge, MA: Harvard University Press.

Wachtel, P. L. (Ed.). (1993). *Therapeutic communication: Principles and effective practice* (pp. 110-134). New York, NY: Guilford Press.

Wachtel, P. L. (2011). *Inside the session.* Washington, DC: American Psychological Association.

Wallerstein, R. (1989). Psychoanalysis and psychotherapy: An historical perspective. *International Journal of Psychoanalysis, 70,* 563-591.

Walsh, W. B. (Ed.). (2003). *Counseling psychology and optimal human functioning.* Mahwah, NJ: Erlbaum.

Walsh, W. B., & Betz, N. E. (2001). *Tests and assessment* (3rd ed.). Englewood Cliffs, NJ: Prentice-Hall.

Walsh, W. B., & Chartrand, J. M. (1994). Emerging directions of person-environment fit. In M. L. Savickas & R. W. Lent (Eds.), *Convergence in career development theories* (pp. 187-195). Palo Alto, CA: Consulting Psychologists Press.

Walsh, W. B., & Heppner, M. J. (Eds.). (2006). *Handbook of career counseling for women* (2nd ed.). Mahwah, NJ: Erlbaum.

Walsh, W. B., & Osipow, S. H. (Eds.). (1983). *Handbook of vocational psychology.* Hillsdale, NJ: Erlbaum.

Walsh, W. B., & Savickas, M. L. (2005). *Handbook of vocational psychology* (3rd ed.). Mahwah, NJ: Erlbaum.

Wampold, B. E. (2001). *The great psychotherapy debate: Models, methods and findings.* Mahwah, NJ: Erlbaum.

Wampold, B. E. (2006). The psychotherapist. In J. C. Norcross, L. E. Beutler, & R. F. Levant (Eds.), *Evidence-based practices in mental health: Debate and dialogue about the fundamental questions* (pp. 200-208). Washington, DC: American Psychological Association.

Wampold, B. E., & Bhati, K. S. (2004). Attending to the omissions: A historical examination of evidence-based practice movements. *Professional Psychology: Research and Practice, 35,* 563-570. doi:10.1037/0735-7028.35.6.563

Wampold, B. E., Lichtenberg, J. W., & Waehler, C. A. (2002). Principles of empirically supported interventions in counseling psychology. *The Counseling Psychologist, 30,* 197-217. doi:10.1177/0011000002302001

Wampold, B. E., Mondin, G. W., Moody, M., Stich, F, Benson, K., & Ahn, H. (1997). A meta-analysis of outcome studies comparing bona fide psychotherapies: Empirically, "all must have prizes." *Psychological Bulletin, 122,* 203-215. doi:10.1037/0033-2909.122.3.203

Wampold, B. W. (2003). Bashing positivism and reversing a medical model under the guise of evidence. *The Counseling Psychologist, 31,* 539-545. doi:10.1177/0011000003256356

Watkins, C. E., & Campbell, V. L. (2000). *Testing and assessment in counseling practice* (2nd ed.). NY: Taylor

& Francis.

Watkins, C. E., Campbell, V. L., Hollifield, J., & Duckworth, J. (1989). Projective techniques: Do they have a place in counseling psychology training? *The Counseling Psychologist, 17*, 511–513. doi:10.1177/0011000089173010

Watkins, C. E., Jr., Campbell, V. L., & McGregor, P. (1988). Counseling psychologists'uses of and opinions about psychological tests. *The Counseling Psychologist, 16*, 476–486. doi:10.1177/0011000088163010

Watkins, C. E., Lopez, F. G., Campbell, V. L., & Himmell, C. D. (1986). Contemporary counseling psychology: Results of a national survey. *Journal of Counseling Psychology, 33*, 301–309. doi:10.1037/0022-0167.33.3.301

Watzlawick, P., Beavin, J., & Jackson, D. (1967). *The pragmatics of communication.* New York, NY: Norton.

Watzlawick, P., Weakland, J., & Fisch, R. (1974). *Change: Principles of problem formation and problem resolution.* New York, NY: Norton.

Wechsler, D. (1998). *Wechsler Adult Intelligence Scale* (3rd ed.). San Antonio, TX: Psychological Corporation.

Weinrich, J. D., & Klein, F. (2002). Bi-gay, bi-straight, and bi-bi: Three bisexual subgroups identified using cluster analysis of the Klein Sexual Orientation Grid. *Journal of Bisexuality, 2*(4), 109–139. doi:10.1300/J159v02n04_07

Weiss, D. J., Dawis, R. V., Lofquist, L. V., Gay, E., & Hendel, D. D. (1975). *The Minnesota Importance Questionnaire.* Minneapolis: University of Minnesota, Department of Psychology, Work Adjustment Project.

Welfel, E. R. (1992). Psychologist as ethics educator: Successes, failures, and unanswered questions. *Professional Psychology: Research and Practice, 23*, 182–189. doi:10.1037/0735-7028.23.3.182

Welfel, E. R., & Lipsitz, N. E. (1984). The ethical behavior of professional psychologists: A critical analysis of the research. *The Counseling Psychologist, 12*(3), 31–42. doi:10.1177/0011000084123004

Wellner, A. M. (Ed.). (1978). *Education and credentialing in psychology.* Washington, DC: American Psychological Association.

Wendleton, K. (2007). *The Five O'Clock Club job search workbook.* Independence, KY: Delmar Cengage Learning.

Werner, E. E., & Smith, R. S. (1982). *Vulnerable but invincible: A longitudinal study of resilient children and youth.* New York, NY: McGraw Hill.

Werth, J. L., Kopera-Frye, K., Blevins, D., & Bossick, B. (2003). Older adult representation in the counseling psychology literature. *The Counseling Psychologist, 31*, 789–814. doi:10.1177/0011000003258391

Werth, J. L., Welfel, E. R., & Benjamin, G. A. H. (Eds.). (2009). *The duty to protect: Ethical, legal, and professional considerations for mental health professionals.* Washington, DC: American Psychological Association. doi:10.1037/11866-000

Whalen, M., Lese, K., Barber, J., Williams, E. N., Judge, A., Nilsson, J., & Shibazaki, K. (2004). Counseling practice with feminist-multicultural perspectives. *Journal of Multicultural Counseling and Development, 32*, 379–389.

Whaley, A. L. (2008). Cultural sensitivity and cultural competence: Toward clarity of definitions in cross-cultural counselling and psychotherapy. *Counselling Psychology Quarterly, 21*, 215–222. doi:10.1080/09515070802334781

Whiston, S. C. (2009). *Principles and applications of assessment in counseling* (3rd ed.). Belmont, CA: Cengage Learning.

Whiston, S. C., Campbell, W. L., & Maffini, C. S. (2012). Work-family balance: A counseling psychology perspective. In N. A. Fouad, J. A. Carter, & L. M. Subich (Eds.), *APA handbook of counseling psychology: Vol. 2. Practice, interventions, and applications* (pp. 75–102). Washington, DC: American Psychological Association.

Whiston, S. C., & Rahardja, D. (2008). Vocational counseling process and outcome. In R. W. Lent & S. D. Brown (Eds.), *Handbook of counseling psychology* (4th ed., pp. 444–461). New York, NY: Wiley.

Whitaker, C. (1976). The hindrance of theory in clinical work. In P. Guerin (Ed.), *Family therapy: Theory and practice* (pp. 154–164). New York, NY: Gardner Press.

White, M. (1995). *Re-authoring lives: Interviews and essays.* Adelaide, Australia: Dulwich Centre.

White, R. W. (1973). The concept of the healthy personality: What do we really mean? *The Counseling Psychologist,*

4(2), 3-12. doi:10.1177/001100007300400203

Whiteley, J. N. (Ed.). (1980). *The history of counseling psychology*. Monterey, CA: Brooks/Cole.

Whiteley, J. N. (1984a). Counseling psychology: A historical perspective. *The Counseling Psychologist, 12*(1), 3-109. doi:10.1177/0011000084121001

Whiteley, J. N. (1984b). A historical perspective on the development of counseling psychology as a profession. In S. G. Brown & R. W. Lent (Eds.), *Handbook of counseling psychology* (pp. 3-55). New York, NY: Wiley.

Whiteley, J. N., & Fretz, B. R. (Eds.). (1980). *The present and future of counseling psychology*. Monterey, CA: Brooks/Cole.

Whiteley, J. N., Kagan, N., Harmon, L. W., Fretz, B. R., & Tanney, F. (Eds.). (1984). *The coming decade in counseling psychology*. Alexandria, VA: American Association for Counseling and Development.

Wiens, A. N. (1993). Postdoctoral education-training for specialty practice. *American Psychologist, 48*, 415-422. doi:10.1037/0003-066X.48.4.415

Wiesemann, C. (2011). Is there a right not to know one's sex? The ethics of "gender verification" in women's sports competition. *Journal of Medical Ethics, 37*, 216-220. doi:10.1136/jme.2010.039081

Williams, E. N. (2002). Therapist techniques. In G. S. Tryon (Ed.), *Counseling based on process research: Applying what we know* (pp. 232-264). Boston: Allyn & Bacon.

Williams, E. N. (2003). The relationship between momentary states of therapist self-awareness and perceptions of the counseling process. *Journal of Contemporary Psychotherapy, 33*, 177-186. doi:10.1023/A:1023969502532

Williams, E. N., & Barber, J. S. (2004). Power and responsibility in therapy: Integrating feminism and multiculturalism. *Journal of Multicultural Counseling and Development, 32*, 390-401.

Williams, E. N., Barnett, J. E., & Canter, M. B. (2013). History of Division 29, 1993-013: Another 20 years of psychotherapy. *Psychotherapy, 50*, 131-138. doi:10.1037/a0030900

Williams, E. N., & Enns, C. Z. (2012). Making the

political personal. In C. Z. Enns & E. N. Williams (Eds.), *The Oxford handbook of feminist multicultural counseling psychology* (pp. 485-489). New York, NY: Oxford University Press. doi:10.1093/oxfordhb/9780199744220.013.0026

Williams, E. N., & Fauth, J. (2005). A psychotherapy process study of therapist in session self-awareness. *Psychotherapy Research, 15*, 374-381. doi:10.1080/10503300500091355

Williams, E. N., Hayes, J. A., & Fauth, J. (2008). Therapist self-awareness: Interdisciplinary connections and future directions. In S. D. Brown & R. W. Lent (Eds.), *Handbook of counseling psychology* (4th ed., pp. 303-319). Hoboken, NJ: Wiley.

Williams, E. N., & Hill, C. E. (2001). Evolving connections: Research that is relevant to clinical practice. *American Journal of Psychotherapy, 55*, 336-343.

Williams, E. N., Hurley, K., O'Brien, K., & de Gregorio, A. (2003). Development and validation of the Self-Awareness and Management Strategies (SAMS) Scales for therapists. *Psychotherapy: Theory, Practice, Research, Training, 40*, 278-288. doi:10.1037/0033-3204.40.4.278

Williams, E. N., & Morrow, S. L. (2009). Achieving trustworthiness in qualitative research: A pan-paradigmatic perspective. *Psychotherapy Research, 19*, 576-582. doi:10.1080/10503300802702113

Williams, E. N., Polster, D., Grizzard, B., Rockenbaugh, J., & Judge, A. (2003). What happens when therapists feel bored or anxious: A qualitative study of distracting self-awareness and therapists' management strategies. *Journal of Contemporary Psychotherapy, 33*, 5-18. doi:10.1023/A:1021499526052

Williams, E. N., Soeprapto, E., Like, K., Touradji, P., Hess, S., & Hill, C. E. (1998). Perceptions of serendipity: Career paths of prominent academic women in counseling psychology. *Journal of Counseling Psychology, 45*, 379-389. doi:10.1037/0022-0167.45.4.379

Williams-Nickelson, C., Prinstein, M. J., & Keilin, W. G. (2012). *Internships in psychology: The APAGS workbook for writing successful applications and finding the right fit*. Washington, DC: American Psychological Association.

Williamson, E. G. (1939). *How to counsel students.* New York, NY: McGraw-Hill. doi:10.1037/13902-000

Wilson, G. T. (2005). Psychological treatment of eating disorders. *Annual Review of Clinical Psychology, 1,* 439–465. doi:10.1146/annurev.clinpsy.1.102803.144250

Wilson, G. T. (2011). Behavior therapy. In R. J. Corsini & D. Wedding (Eds.), *Current psychotherapies* (9th ed., pp. 235-275). Ithaca, IL: Peacock.

Wilson, G. T., Grilo, C., & Vitousek, K. (2007). Psychological treatment of eating disorders. *American Psychologist, 62,* 199-216. doi:10.1037/0003-066X.62.3.199

Wirth, L. (1945). The problem of minority groups. In R. Linton (Ed.), *The science of man in the world crisis* (pp. 346-369). New York, NY: Columbia University Press.

Wolf, E. S. (1991). Advances in self psychology: The evolution of psychoanalytic treatment. *Psychoanalytic Inquiry, 11,* 123-146. doi:10.1080/07351699109533848

Wolpe, J. (1958). *Psychotherapy by reciprocal inhibition.* Stanford, CA: Stanford University Press.

Wong, Y. J. (2006). Strength-centered therapy: A social constructionist, virtues-based psychotherapy. *Psychotherapy: Theory, Research, Practice, Training, 43,* 133-146. doi:10.1037/0033-3204.43.2.133

Woodhouse, S. S., Schlosser, L. Z., Ligiero, D. P., Crook, R. E., & Gelso, C. J. (2003). Client attachment to therapist: Relation to client transference and recollection of parental caregiving. *Journal of Counseling Psychology, 50,* 395-408. doi:1037/0022-0617.50.4.395

Worell, J., & Remer, P. (2003). *Feminist perspectives in therapy: An empowerment model for women* (2nd ed.). Hoboken, NJ: Wiley.

Worthington, E. L., Jr., Hight, T. L., Ripley, J. S., Perrone, K. M., Kurusu, T. A., & Jones, D. R. (1997). Strategic hope-focused relationship-enrichment counseling with individual couples. *Journal of Counseling Psychology, 44,* 381-389. doi:10.1037/0022-0167.44.4.381

Worthington, R. L., & Juntunen, C. L. (1997). The vocational development of non-college-bound youth. *The Counseling Psychologist, 25,* 323-363. doi:10.1177/0011000097253001

Worthington, R. L., & Reynolds, A. L. (2009). Within-group differences in sexual orientation and identity. *Journal of Counseling Psychology, 56,* 44-55. doi:10.1037/a0013498

Worthington, R. L., Soth-McNett, A. M., & Moreno, M. V. (2007). Multicultural counseling competencies research: A 20-year content analysis. *Journal of Counseling Psychology, 54,* 351-361. doi:10.1037/0022-0167.54.4.351

Wrenn, C. G. (1962). The culturally encapsulated counselor. *Harvard Educational Review, 32,* 444-449.

Wrenn, C. G. (1966). Birth and early childhood of a journal. *Journal of Counseling Psychology, 13,* 485-488. doi:10.1037/h0024024

Wright, B. A., & Lopez, S. J. (2002). Widening the diagnostic focus: A case for including human strengths and environmental resources. In C. R. Snyder & S. J. Lopez (Eds.), *The handbook of positive psychology* (pp. 26-44). New York, NY: Oxford University Press.

Yakushko, O. (2009). Xenophobia: Understanding the roots and consequences of negative attitudes toward immigrants. *The Counseling Psychologist, 37,* 36-66. doi:10.1177/0011000008316034

Yakushko, O., Davidson, M. M., & Williams, E. N. (2009). Identity salience model: A paradigm for integrating multiple identities in clinical practice. *Psychotherapy: Theory, Research, Practice, Training, 46,* 180-192. doi:10.1037/a0016080

Yakushko, O., & Morgan, M. L. (2012). Immigration. In N. A. Fouad, J. C. Carter, & L. M. Subich (Eds.), *APA handbook of counseling psychology: Vol. 2. Practice, interventions, and applications* (pp. 473-495). Washington, DC: American Psychological Association.

Yakushko, O., Watson, M., & Thompson, S. (2008). Stress and coping in the lives of recent immigrants and refugees: Considerations for counseling. *International Journal for the Advancement of Counselling, 30,* 167-178. doi:10.1007/s10447-008-9054-0

Yalom, I. D. (1995). *The theory and practice of group psychotherapy* (4th ed.). New York, NY: Basic Books.

Yalom, I. D., & Leszcz, M. (2005). *The theory and practice of group psychotherapy* (5th ed.). New York, NY: Basic Books.

Yang, E., & Gysbers, N. C. (2007). Career transitions of college seniors. *Career Development Quarterly, 56,* 157-170. doi:10.1002/j.2161-0045.2007.tb00028.x

Yee, A. H., Fairchild, H. H., Weizmann, E., & Wyatt, C. E. (1993). Addressing psychology's problems with race. *American Psychologist, 48,* 1132-1140. doi:10.1037/0003-066X.48.11.1132

Yeh, Y.-J., & Hayes, J. A. (2011). How does disclosing countertransference affect perceptions of the therapist and the session? *Psychotherapy, 48,* 322-329. doi:10.1037/a0023134

Young, R. A., Valach, L., & Collin, A. (2002). A contextual explanation of career. In D. Brown, L. Brooks, & Associates (Eds.), *Career choice and development* (4th ed., pp. 206-250). San Francisco, CA: Jossey-Bass.

Zook, A., & Walton, J. M. (1989). Theoretical orientations and work settings of clinical and counseling psychologists: A current perspective. *Professional Psychology: Research and Practice, 20,* 23-31. doi:10.1037/0735-7028.20.1.23

Zunker, V. G. (1990). *Using assessment results for career development* (3rd ed.). Pacific Grove, CA: Brooks/Cole.

Zwiebach, L., Rhodes, J., & Roemer, L. (2010). Resource loss, resource gain, and mental health among survivors of Hurricane Katrina. *Journal of Traumatic Stress, 23,* 751-758. doi:10.1002/jts.20579

찾아보기

Norcross, J. C. 220, 257, 330, 333, 420
Norsworthy, K. L. 179
Nunes, J. V. 164
Nunnally, J. 300
Nutt-Williams, E. 221

O
O'Brien, K. M. 227
O'Neil, J. M. 170
O'Neill, P. 117
Obasi, E. 203
Orlinsky, D. 211
Osborn, D. S. 499
Osipow, S. H. 313

P
Pabian, Y. L. 82
Packard, T. 21
Palma, B. 245
Parsons, F. 25, 127, 479
Patton, M. J. 353, 356
Pavlov, I. 373, 380
Pedersen, P. 154
Pepinsky, H. B. 323
Pepinsky, P. N. 323
Perls, F. S. 410, 412
Perry, N. W. 324
Phinney, J. S. 156, 157
Piaget, J. 24
Pine, F. 335, 347

Ponterotto, J. G. 464
Pope, K. S. 84
Pope-Davis, D. B. 159, 160
Posner, L. 431
Powell, G. N. 147
Prochaska, J. O. 257, 330, 333, 420

Q
Quervalú, I. 164
Quintana, S. M. 167

R
Rank, O. 359
Rankin, R. J. 86
Rest, J. R. 81
Reynolds, A. L. 174
Rhodes, R. 221
Richardson, M. S. 504
Robbins, S. B. 336, 351
Rogers, C. R. 29, 82, 184, 243, 293, 316, 410
Romano, J. L. 19
Rosenhan, D. L. 316

S
Safran, J. D. 360
Sampson, J. P. 499
Savickas, M. L. 495
Scheel, M. J. 21, 198
Scheetz, K. 87, 88

Schmidt, L. D. 44, 62
Schwartz, R. C. 555
Seligman, M. 185
Shivy, V. 323
Shostrom, E. L. 29, 319, 222
Shullman, S. L. 498
Sibrava, N. J. 219
Siegel, L. 35
Sifneos, P. 359
Singer, B. 212
Skinner, B. F. 372
Smith, E. J. 199
Smith, M. L. 212
Smith, T. S. 88
Smyth, K. F. 172
Spanierman, L. B. 161
Spengler, P. M. 323
Stricker, G. 32
Strickland, T. 52
Strohmer, D. C. 323
Strong, E. K. 304
Strupp, H. H. 359, 360
Sue, D. W. 452
Super, D. E. 23, 137, 183, 313, 484, 485, 488, 492, 494
Szymanski, D. M. 170, 174

T
Talleyrand, R. M. 157
Tenopyr, M. L. 35
Thompson, B. J. 221

내용

저자 소개

Charles J. Gelso 박사는 미국 메릴랜드 대학교 칼리지파크 캠퍼스의 심리학과 명예교수이다. 그는 심리치료에서의 치료 관계 및 대학원 교육의 연구 훈련 환경 분야에서 폭넓은 저술 활동을 펼쳐 왔다. 최근 저서로는 『The real relationship in psychotherapy: The hidden foundation of change』 및 Jeffrey Hayes와 공동으로 저술한 『Countertransference and the therapist's inner experience: Perils and possibilities』가 있다. 그는 학술지 『Psychotherapy』 및 『Journal of Counseling Psychology』의 편집장을 역임했으며, 관련 분야에서 주요한 상을 다수 수상한 바 있다.

Elizabeth Nutt Williams 박사는 공립 교양 명예 대학인 미국 메릴랜드 세인트메리스 대학교의 심리학과 교수이며, 핵심 교과 과정의 학과장이다. 그녀의 최근 저서로서 Carl Enns와 공동 저술한 『The Oxford handbook of feminist multicultural counseling psychology』는 여성주의와 다문화 이론의 교차점 이를 상담 실제에 적용하는 데 대한 그녀의 오랜 관심사를 반영한다. 그녀는 교육업적뿐 아니라 심리치료 과정 연구 분야에서의 탁월한 연구업적으로 심리치료연구학회(Society of Psychotherapy Research) 및 미국심리학회(American Psychological Association)의 심리치료분과(제29분과)로부터 여러 상을 수상하였다. 그녀는 제29분과의 회장과 상담심리학회의 여성 진흥 분과 뉴스레터 편집장이자 분과 학회장을 역임했으며, 많은 학술지(『Psychotherapy』 『Psychotherapy Research』 『Psychology of Women Quarterly』 『The Counseling Psychologist』)의 편집위원으로 활동하고 있다.

Bruce R. Fretz 박사(1939~2012)는 자신의 경력 대부분을 미국 메릴랜드 대학교 칼리지파크 캠퍼스의 심리학과 교수로 지냈고, 오랫동안 메릴랜드 대학교의 상담심리학 박사과정 프로그램의 훈련 지도감독 또는 공동 주임을 역임했다. 또한 그는 상담심리학 분야의 리더로서 미국심리학회의 상담심리분과(제17분과)의 여러 보직을 담당하였다. 1991년에서 1992년까지 1년 동안 상담심리분과 학회장을 역임하기도 하였다. 그는 상담심리학 분야의 주요 학술지에 학술논문을 폭넓게 게재하였으며, 1985년에서 1990년까지는 학술지 『The Counseling Psychologist』의 편집장으로 활동했다. 그는 존경받는 교육자로서 박사과정의 고급 강의뿐 아니라 대학 학부생들을 위한 심리학입문 강의를 하는 것을 좋아하였다. 그는 Charles Gelso 박사와 더불어 『상담심리학(Counseling psychology)』 세 판 모두에 참여한 공저자이다. 그의 경력에 대해 더 알고 싶다면, 『The Counseling Psychologist』에 게재된 Gelso, Hill 및 O'Brien (2013)이 그를 추모한 글을 읽어 보기 바란다.

역자 소개

이동귀(Lee Dong-gwi)
연세대학교 문과대학 심리학과 교수

박현주(Park Hyun-joo)
동국대학교 사범대학 교육학과 교수

천성문(Cheon Seong-moon)
부경대학교 미래융합대학 평생교육상담학과 교수

이희경(Lee Hee-kyung)
가톨릭대학교 사회과학부 심리학전공 교수

김동민(Kim Dong Min)
중앙대학교 사범대학 교육학과 교수

서영석(Seo Young Seok)
연세대학교 교육과학대학 교육학부 교수

이성직(Lee Seong-jik)
연세대학교 문과대학 심리학과 겸임교수

장석환(Chang Seok-hwan)
차의과학대학교 미술치료대학원 교수

함경애(Ham Kyong-ae)
신라대학교 상담치료대학원 겸임교수

상담심리학
Counseling Psychology (3rd Edition)

2020년 3월 20일 1판 1쇄 인쇄
2020년 3월 30일 1판 1쇄 발행

지은이 • Charles J. Gelso · Elizabeth Nutt Williams · Bruce R. Fretz
옮긴이 • 이동귀 · 박현주 · 천성문 · 이희경 · 김동민
　　　　서영석 · 이성직 · 장석환 · 함경애
펴낸이 • 김진환
펴낸곳 • ㈜**학지사**
　　　　04031 서울특별시 마포구 양화로 15길 20 마인드월드빌딩
대표전화 • 02-330-5114　　팩스 • 02-324-2345
등록번호 • 제313-2006-000265호

홈페이지 • http://www.hakjisa.co.kr
페이스북 • https://www.facebook.com/hakjisa

ISBN 978-89-997-2085-7　93180

정가 28,000원

이 도서의 국립중앙도서관 출판시도서목록(CIP)은 서지정보유통지
원시스템 홈페이지(http://seoji.nl.go.kr)와 국가자료공동목록시스템
(http://www.nl.go.kr/kolisnet)에서 이용하실 수 있습니다.
(CIP 제어번호: CIP2020008756)

출판 · 교육 · 미디어기업 **학지사**

간호보건의학출판 **학지사메디컬** www.hakjisamd.co.kr
심리검사연구소 **인싸이트** www.inpsyt.co.kr
학술논문서비스 **뉴논문** www.newnonmun.com
원격교육연수원 **카운피아** www.counpia.com